Lições de Direito Processual do Trabalho

Teoria e Prática

1ª edição — 2013
2ª edição — 2014
3ª edição — 2015
4ª edição — 2017

LEONARDO TIBO BARBOSA LIMA

Juiz do Trabalho substituto do TRT da 3ª Região (aprovado em 1º lugar). Professor. Especialista em Direito Público pela UGF/RJ — Universidade Gama Filho. Mestre em Direito do Trabalho e Doutor em Direito Privado pela PUC/MG — Pontifícia Universidade Católica de Minas Gerais. Membro do Instituto de Ciências Jurídicas e Sociais. Ex-advogado trabalhista. Técnico Judiciário do TRT da 3ª Região e Juiz do Trabalho substituto do TRT da 18ª Região.

Lições de Direito Processual do Trabalho

Teoria e Prática

4ª edição

Revista e Ampliada

LTr®

EDITORA LTDA.

Rua Jaguaribe, 571
CEP 01224-003
São Paulo, SP — Brasil
Fone (11) 2167-1101
www.ltr.com.br

Agosto, 2017

Produção Gráfica e Editoração Eletrônica: GRAPHIEN DIAGRAMAÇÃO E ARTE
Projeto de Capa: FABIO GIGLIO
Impressão: GRÁFICA SANTUÁRIO

versão impressa — LTr 5768.3 — ISBN 978-85-361-9323-6
versão digital — LTr 9194.6 — ISBN 978-85-361-9337-3

Dados Internacionais de Catalogação na Publicação (CIP)
(Câmara Brasileira do Livro, SP, Brasil)

Lima, Leonardo Tibo Barbosa

Lições de direito processual do trabalho : teoria e prática / Leonardo Tibo Barbosa Lima. — 4. ed. rev. e atual. — São Paulo : LTr, 2017.

Bibliografia.

1. Direito processual do trabalho 2. Processo (Direito) 3. Recursos (Direito) I. Título.

17-05273 CDU-347.9:331

Índices para catálogo sistemático:

1. Direito processual do trabalho 347.9:331
2. Processo trabalhista : Direito do trabalho 347.9:331

À minha família, Bruna, minha amada esposa, que acompanhou doce e pacientemente cada passo dessa jornada; Maria Helena, minha saudosa mãe e advogada espiritual, e Juraci, meu querido pai e revisor; Graciele, Renato, Maria Luisa e Felipe; Sílvia, Leonardo e Alice; Elaine; Flávia, Adyr e Lara; Renata, Sérgio e Helena; Clenda e Ronaldo;

Aos amigos dos TRTs da 3ª e 18ª Região;

Aos colegas e alunos da FAPAM;

Aos meus eternos professores, em especial a Luiz Otávio Linhares Renault, Márcio Túlio Viana, José Roberto Freire Pimenta, Maurício Godinho Delgado e Gregório Assagra de Almeida;

À Bruna Paula e ao Vinícius Manoel, pela valiosa ajuda na revisão e pesquisa;

Enfim, a todos os amigos e demais incentivadores desse projeto.

Sumário

Apresentação

Este livro partiu da ideia de transportar para o papel o ensino ministrado na graduação do curso de Direito. A didática, a ética e a atualidade são, portanto, suas características intrínsecas, uma vez que, na graduação, os professores, enquanto educadores, têm a preocupação permanente de tentar transmitir não só o ensino do conteúdo atual, mas, principalmente, a formação científica e ética do aluno, tudo isso da maneira que mais facilitar o aprendizado.

E isso não facilita a tarefa. A aula, agora escrita, alcança uma diversidade de pessoas, além, simplesmente, daqueles alunos matriculados em um período do curso de Direito de determinada instituição. É preciso lidar, antes de tudo, com a heterogeneidade do leitor, em respeito a ele, que lê, pensa e age a partir do que encontra nessas linhas. Isso tudo sem perder a objetividade e a clareza.

É por esse motivo que, sem a pretensão de esgotar o tema, esta obra procurará apresentar, além da teoria, um pouco de prática, como a oferta de auxílio na elaboração de peças e textos jurídicos, abordagem das questões doutrinárias polêmicas e, ainda, no próprio estudo do Direito em si, enquanto ciência e instrumento, sempre que isso for possível.

Além disso, é preciso destacar que o número reduzido de citações de outros autores foi proposital, a fim de tornar o texto mais aprazível de ser lido, valorizando dessa forma as palavras, na tentativa de ser fiel, ao máximo, à realidade das salas de aula.

Por outro lado, foi farta a utilização da jurisprudência, especialmente a do TST, tendo em vista a prioridade em trazer para a sala de aula o posicionamento atual dos Tribunais com os quais o estudante terá maior contato.

A expectativa é de que as horas dispensadas à leitura deste livro sejam úteis, despertando no caro amigo leitor a amizade colorida com o Direito Processual do Trabalho, à semelhança do que sente o autor, pois aquele que vive sem paixão tudo enxerga em preto e branco.

Sucesso a todos!

O Autor.

Nota à 4ª edição

É com alegria que ofertamos ao leitor a 4ª edição da obra *Lições de Direito Processual do Trabalho — Teoria e Prática.*

As principais novidades desta nova edição são: a atualização da jurisprudência do TST (até o Informativo n. 160), do STJ (até o Informativo n. 597) e do STF (até o Informativo n. 856 e Resolução 219/17); a inclusão e a atualização de Súmulas dos citados Tribunais; comentários acerca dos Enunciados do Fórum Permanente de Processualistas Civis e do I e II Fórum Nacional de Processo do Trabalho; abordagem das disposições das Instruções Normativas ns. 39 e 40, do C. TST; anotações sobre a reforma trabalhista, conforme Lei n. 13.467/17; atualização à luz das Leis n. 13.256/16 e n. 13.363/16, que promoveram alterações no texto do CPC de 2015; exame da Resolução n. 185/17, do CSJT, sobre o PJe; revisão integral do texto, com inclusão de novos subitens, para facilitar a localização dos assuntos, bem como a sua visualização, de forma esquematizada.

Por fim, vale destacar que o texto está mais rico, detalhado e profundo, tendo em vista o amadurecimento natural de ideias, especialmente em decorrência da aplicação prática do CPC de 2015, tudo sem perder de vista o estilo simples e direto que acompanha a obra desde a sua primeira edição.

O Autor.

Siglas

ACP: Ação Civil Pública
ACT: Acordo Coletivo de Trabalho
ADI: Ação Direta de Inconstitucionalidade
AgReg: Agravo Regimental
AGU: Advocacia-Geral da União
AI: Agravo de Instrumento
ANAMATRA: Associação Nacional dos Magistrados da Justiça do Trabalho
AR: Ação Rescisória
BNDT: Banco Nacional de Devedores Trabalhistas
C.: Colendo
CAGED: Cadastro Geral dos Empregados e Desempregados
CAPES: Coordenação e Aperfeiçoamento de Pessoal de Nível Superior
CC: Código Civil
CCT: Convenção Coletiva de Trabalho
CD/SD: Certificado de dispensa e seguro desemprego
CDC: Código de Defesa do Consumidor
CEF: Caixa Econômica Federal
CF: Constituição Federal
CGJT: Corregedoria Geral da Justiça do Trabalho
CGPJT: Consolidação Geral dos Provimentos da Justiça do Trabalho
CLT: Consolidação das Leis do Trabalho
CNDT: Certidão Negativa de Débitos Trabalhistas
CNJ: Conselho Nacional de Justiça
CNT: Conselho Nacional do Trabalho

CP: Código Penal

CPC: Código de Processo Civil

CPP: Código de Processo Penal

CSJT: Conselho Superior da Justiça do Trabalho

CTN: Código Tributário Nacional

DARF: Documento de arrecadação da Receita Federal

DEJT: Diário Eletrônico da Justiça do Trabalho

DENATRAN: Departamento Nacional de Trânsito

DJ: Diário da Justiça

DJe: Diário Eletrônico da Justiça

DPVAT: Danos Pessoais Causados por Veículos Automotores de Vias Terrestres (Seguro)

EB: Recurso de Embargos

EBCT: Empresa Brasileira de Correios e Telégrafos

EC: Emenda Constitucional

ECA: Estatuto da Criança e do Adolescente

ED: Embargos de Declaração

FAT: Fundo de Amparo ao Trabalhador

FENABAN: Federação Nacional dos Bancos

FGTS: Fundo de garantia por tempo de serviço

FGTS: Fundo de Garantia por Tempo de Serviço

FPPC: Fórum Permanente de Processualistas Civis

GFIP: Guia de Recolhimento do FGTS e Informações à Previdência Social

GPS: Guia da Previdência Social

GRU: Guia de Recolhimento da União

HC: *Habeas Corpus*

I FNPT: Primeiro Fórum Nacional de Processo do Trabalho

IAC: Incidente de assunção de competência

II FNPT: Segundo Fórum Nacional de Processo do Trabalho

IN: Instrução Normativa

INSS: Instituto Nacional da Seguridade Social

IPCA-E: Índice de Preços ao Consumidor Amplo Especial

IR: Imposto de Renda

IRDR: Incidente de resolução de demandas repetitivas

IUJ: Incidente de uniformização de jurisprudência

JCJ: Junta de Conciliação e Julgamento

LACP: Lei da Ação Civil Pública

LC: Lei Complementar
LEF: Lei de executivos fiscais
LINDB: Lei de Introdução às normas do Direito Brasileiro
LMS: Lei do Mandado de Segurança
LOMAN: Estatuto da Magistratura
LOMPU: Lei Orgânica do Ministério Público da União
LONMP: Lei Orgânica Nacional do Ministério Público
MI: Mandado de Injunção
MP: Ministério Público
MPE: Ministério Público Eleitoral
MPF: Ministério Público Federal
MPM: Ministério Público Militar
MPT: Ministério Público do Trabalho
MPU: Ministério Público da União
MS: Mandado de Segurança
MSC: Mandado de Segurança Coletivo
MTE: Ministério do Trabalho e Emprego
MTE: Ministério do Trabalho e Emprego
OIT: Organização Internacional do Trabalho
OJ: Orientação Jurisprudencial
p.: Página
PFN: Procuradoria da Fazenda Nacional
PJe: Processo Judicial eletrônico
PN: Precedente Normativo
RAIS: Relatório Anual de Informações Sociais
Rcl: Reclamação
RE: Extraordinário
REsp: Recurso Especial
RHC: Recurso em Habeas Corpus
RICGJT: Regimento interno da Corregedoria-Geral da Justiça do Trabalho
RITST: Regimento Interno do Tribunal Superior do Trabalho
RO: Recurso Ordinário
RPV: Requisição de Pequeno Valor
RR: Recurso de Revista
SDC: Seção de Dissídios Coletivos
SDI- I ou SBDI- I: Primeira (Sub) Seção de Dissídios Individuais

SDI-II ou SBDI-II: Segunda (Sub) Seção de Dissídios Individuais

SDI: Seção de Dissídios Individuais

SPC: Serviço de proteção ao crédito

STF: Supremo Tribunal Federal

STJ: Superior Tribunal de Justiça

TR: Taxa Referencial

TRCT: Termo de rescisão do contrato de trabalho

TRT: Tribunal Regional do Trabalho

TST: Tribunal Superior do Trabalho

v. g.: "*verbi e gratia*" (significado: "por exemplo")

1 Considerações Iniciais

1.1. O CURSO DE DIREITO

O curso de graduação Direito não deve ser confundido com as carreiras jurídicas profissionais. Estas, por vezes, exigem uma habilitação a qual pode ser uma prova, um concurso ou outro processo seletivo, geralmente com acesso franqueado apenas a quem é graduado em Direito.

Assim é que, ao contrário do que dita o senso comum, o curso não é voltado para a formação específica de advogados, professores, magistrados, promotores, etc., mas para a sedimentação do conhecimento jurídico produzido e para a estimulação da produção do próprio conhecimento. Por certo que esse objetivo também vem acompanhado da finalidade profissional, de maneira que o curso também visa a preparar o egresso para a vida prática, seja qual for a carreira escolhida por ele.

A situação econômica do país gera reflexos nas Faculdades de Direito. Hodiernamente, muitos são os alunos que necessitam conciliar o curso com o trabalho, razão pela qual dispõem de pouco tempo para dedicação ao estudo, além dos efeitos que sofrem em decorrência natural do cansaço. Mesmo aqueles que têm o privilégio de se dedicarem exclusivamente aos estudos, compartilham com os demais colegas o anseio pelo sucesso profissional, sobretudo no que se refere à estabilidade financeira.

Disso advêm, já nos primeiros anos do curso, alunos que manifestam o interesse em prestar concursos públicos, por exemplo. Há quem já faça um cursinho ou até mesmo quem já seja servidor público e almeje cargo mais elevado, razão pela qual lançam mão da comparação entre o cursinho preparatório para concursos e o curso de Direito. Como o processo de formação é mais doloroso, o curso do Direito geralmente é preterido. Paulo Roberto de Gouvêa Medina bem explica esse conflito:

> Boa parte dos que batem às portas das Faculdades de Direito anseia por uma carreira no serviço público. E, por isso, espera que o curso lhe dê, antes de tudo, preparação para os concursos de seu interesse. Ora, o curso de bacharelado não pode descer da posição eminente em que se situa, no plano cultural, de modo a transformar-se num cursinho preparatório para concursos públicos. (...) O curso de graduação em Direito deve preparar o estudante para a vida profissional — o que significa descortinar um amplo horizonte, do ponto de vista da formação universitária. Entram, aí, a filosofia que se imprime ao curso e as matérias que nele se oferecem. (2010, p. 60).

Por vezes, o excesso de preocupação com o exame da OAB, com o edital do próximo concurso, ou até mesmo com o trabalho de conclusão do curso, tiram o foco do aluno daquilo que mais lhe será cobrado na vida profissional: a capacidade de pensar por si mesmo.

A internet facilitou demasiadamente o acesso à informação. Basta digitar nos sites de busca qualquer tema jurídico para o aluno encontrar artigos, livros e teses, das mais simples às mais complexas. E à medida que as fontes de consulta vão se tornando mais "fáceis", na via inversa a capacidade de pensar vai ficando cada vez menos estimulada. O resultado é a cola, a cópia, o plágio... Há excesso de ingredientes, mas há pouca gente interessada em seguir corretamente a receita e elaborar o prato por conta própria.

Existe, portanto, um aparente conflito entre o que oferece o curso de graduação em Direito e o que dele espera o aluno. Como conciliar isso? Em primeiro lugar, a estrutura curricular de um curso de graduação deve procurar ser crescentemente atrativa, a fim de estimular o aluno a duvidar, pesquisar e compreender. Noutras palavras, é preciso fornecer ao aluno os instrumentos necessários ao desenvolvimento de um olhar crítico para o Direito, tomando-o objeto de um estudo científico. Para isso, a instituição de ensino deve estimular a pesquisa. Esses são os passos seguros rumo ao conhecimento jurídico de base.

Além disso, o curso de Direito precisa oferecer disciplinas profissionalizantes, para que o aluno simule a prática e aprenda a aplicar os conhecimentos que adquiriu.

Do aluno, espera-se que estude. Mas como estudar corretamente?

1.2. COMO ESTUDAR DIREITO O DIREITO

Não há uma só maneira de estudar o Direito. Cada um pode seguir seus próprios métodos, mas existem alguns postulados derivados da experiência que costumam ser muito úteis. É o que aqui se pretende mostrar, a título de sugestão, para quem se inicia nessa jornada.

O primeiro ponto a considerar é que o Direito é uma Ciência. Essa afirmativa é verdadeira, porque o Direito abriga ao menos três características científicas: possui objeto próprio, princípios próprios e metodologia própria.

O objeto do Direito já foi somente a norma jurídica, durante a ditadura do positivismo jurídico. Mas hoje ele é mais amplo. Nos ensinamentos de Miguel Reale, o Direito é tridimensional, abrigando o fato, o valor e a norma jurídica. Por isso é que o Direito influencia tudo e de tudo sofre influência. Da Medicina à Física, onde houver sociedade em seu complexo de fatos e valores, haverá necessidade de existirem normas, como já afirmou Ulpiano.

Princípios, por sua vez, são postulados científicos, máximas abstratas e genéricas, que concentram informações conclusivas sobre um tema. O Direito os possui como tal e mais além. No Direito, hodiernamente, os princípios têm força normativa, uma vez que se unem às regras para formar a norma jurídica.

Por fim, resta dizer da metodologia. Aqui abre-se destaque para a hermenêutica jurídica, que identifica os métodos de interpretação da norma jurídica.

Ocorre que, além dessa metodologia formal e clássica, há uma metodologia informal. É a metodologia do estudo do Direito, relativa aos métodos para apreensão do conhecimento jurídico, consistente no que fazer para entender e guardar as informações estudadas.

Nas próximas linhas, tentar-se-á transmitir ao leitor um pouco da experiência nessa "metodologia informal", a fim de auxiliá-lo no estudo do Direito. Para estudar direito o Direito, é preciso observar as seguintes regras:

1. *Organização das disciplinas*: o estudante deve identificar quais disciplinas pretende estudar e qual o tempo que dispõe para o estudo. O graduando, por exemplo, deve identificar as disciplinas do semestre, como Direito Constitucional, Direito Civil, Direito Penal, Teoria Geral do Processo e Direito Empresarial. O concursando deve fazer o mesmo com as disciplinas objeto do edital do concurso ou do exame.

Uma vez identificadas as disciplinas, é necessário saber de quanto tempo dispõe o estudante para o estudo diário. Muitos estudantes se desanimam ao perceberem que dispõem de apenas uma ou duas horas de estudo por dia. Entretanto, isso pode ser suficiente, se tudo for conciliado com muita disciplina. Vários são os relatos de pessoas que conseguiram a aprovação em concursos muito difíceis, com apenas três horas de estudo por dia.

A seguir, o estudante deve estabelecer uma relação de prioridade entre as disciplinas, conforme a quantidade, a complexidade e a exigência. Por exemplo, na graduação, o aluno deve verificar quais são as disciplinas com mais e menos aulas, as mais complexas e as mais simples e quais são os professores mais exigentes ou menos exigentes. Para um concurso ou exame, o candidato deve fazer separação semelhante. Em um concurso para a magistratura do trabalho, por exemplo, o estudo do Direito do Trabalho, do Direito Processual do Trabalho e do Direito Constitucional deve ter mais espaço na organização dos estudos do que o Direito Penal, o Internacional e o Administrativo, por exemplo.

Por fim, o estudante dever organizar o seu tempo, de maneira que estude apenas uma matéria por dia, conforme a prioridade de cada qual. Para um concurso da área trabalhista, por exemplo, as disciplinas podem ser organizadas da seguinte forma:

Segunda	Terça	Quarta	Quinta	Sexta	Sábado	Domingo
Direito do Trabalho	Processo Civil	Direito Empresarial	Processo do Trabalho	Direitos Humanos	Revisão	Descanso
Processo do Trabalho	Direito Administrativo	Direito Internacional	Direito Constitucional	Direito da Criança		
Direito Constitucional	Direito Previdenciário	Direito Civil	Direito do Trabalho	Direito Penal		

A tabela acima está organizada por semana, de maneira que na primeira semana o estudante deve estudar Direito do Trabalho, Processo Civil, Direito Empresarial, Processo do Trabalho e Direitos Humanos. Na segunda semana, estudará Processo do Trabalho, Direito Administrativo, Direito Internacional, Direito Constitucional e Direito da Criança e do Adolescente. Finalmente, na terceira semana, o estudo será de Direito Constitucional, Direito Previdenciário, Direito Civil, Direito do Trabalho e Direito Penal. Veja-se que as matérias mais cobradas são estudadas com mais frequência.

O sábado é destinado à revisão das disciplinas. Vale lembrar que a revisão é diferente do estudo. Naquela, o aluno apenas deve fazer uma leitura rápida do que foi estudado durante a semana, somente para ajudar a memorizar o assunto. Essa revisão é fundamental para armazenar as informações na parte do cérebro responsável pela memória de longo prazo.

Só a repetição e a emoção têm a chave para guardar informações nessa parte do cérebro. Os exercícios usam a repetição para operar este fenômeno, como demonstra a famosa curva de Ebbinghaus, ou curva do esquecimento:

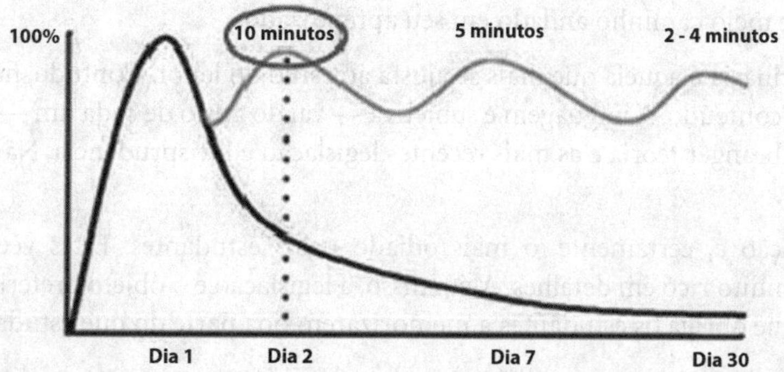

Fonte: Juris Way. Disponível em: http://www.jurisway.org.br. Acesso em: 16 jul. 2012.

Como é possível verificar, a curva demonstra que a revisão está diretamente ligada à aprendizagem de longo prazo. Caso ela não seja feita, em aproximadamente trinta dias o cérebro descartará a informação, por entender que ela é desnecessária.

O domingo é o dia da família, dos amigos e do lazer. Sem um dia de descanso, a qualidade dos estudos cai, como na fábula do cortador de lenha. Diz a estória que, certa vez, uma empresa contratou o melhor lenhador das redondezas, pagando-lhe mais que os outros em razão da impressionante quantidade de lenha que conseguia cortar. No primeiro dia, cortou por horas, e ao invés de fazer uma pausa para refeição com os demais colegas, decidiu prosseguir no trabalho. De fato, cortou mais lenha que todos.

Entretanto, ao longo das semanas, o número de lenha cortada foi diminuindo gradativamente, por mais que o lenhador se esforçasse. Deixou de tomar café, almoçar e até de dormir, tudo para conseguir manter sua produção, a qual caía a cada dia.

Esgotado, o lenhador reclamou com o patrão: "— Não sei o que acontece. Ao contrário dos demais, corto lenha o dia todo, mas eles cortam mais lenha do que eu a cada dia que passa...". Então lhe disse o patrão: "- Você já reparou que enquanto os seus colegas param para comer, aproveitam para amolar os machados?"

2. *O quê e como estudar*. Ciente da disciplina a ser estudada no dia, o estudante deve dividi-la por assunto (pontos), como fazem os livros, com seus capítulos, e os concursos, nos editais. Em Direito Processual do Trabalho, por exemplo, o primeiro dia de estudos pode ser o de Princípios. O segundo, o da Organização da Justiça do Trabalho, e assim sucessivamente.

A boa compreensão de cada tema deve envolver a análise de quatro fontes: a) doutrina; b) legislação; c) jurisprudência; e d) exercícios.

A doutrina abrange as aulas do curso de Direito ou de um outro curso (como um cursinho, para os concursandos) e as obras jurídicas. Nas aulas, o aluno deve procurar anotar as palavras mais importantes proferidas pelo professor, sem que seu texto se torne uma cópia exata do que foi falado. É que o aluno não deve usar as anotações de maneira que atrapalhe o seu entendimento sobre o assunto. Há alunos que anotam tudo, na esperança de estudar, depois, sozinhos. Ocorre que, sozinhos, vêem-se diante de dúvidas intermináveis, desperdiçando a presença do professor, transformando as aulas em textos.

Quanto aos livros, a metodologia é semelhante. O estudante deve fazer resumos apenas para facilitar uma revisão. A exemplo das anotações de aulas, os alunos não devem transformar os resumos em uma obsessão. O segredo é nunca deixar o conhecimento para depois, ou seja, o resumo deve refletir aquilo que o aluno entendeu e não o que ele pretende compreender noutro momento.

As anotações de aula e os resumos dos livros devem ser, portanto, sintéticos. Eles serão peça chave nas revisões e nos estudos para véspera de provas, sobretudo nas provas orais. No entanto, as anotações nunca devem comprometer a devida atenção à exposição do professor. Quem realmente presta atenção ao professor, durante a aula, já terá bem mais que meio caminho andado em seu aprendizado.

Uma boa obra doutrinária é aquela que mais se ajusta ao estilo do leitor. Contudo, há fatores indispensáveis para isso: a linguagem e o conteúdo. A linguagem é subjetiva — vai do gosto de cada um — e o conteúdo, objetivo. Este, para ser bom, deve abranger teoria e as mais recentes legislação e jurisprudência. Na dúvida, peça indicação ao professor da disciplina.

O estudo da legislação é, certamente, o mais odiado pelos estudantes. Estes vêem-se diante de textos indecifráveis, abstratos e muito rico em detalhes. Além disso, a legislação é o objeto preferido das provas objetivas (de múltipla escolha), o que obriga os estudantes a memorizarem boa parte do que estudam.

Para o estudo da legislação, talvez o melhor método seja o de tornar o estudo divertido, usando a chave da emoção para guardar no cérebro as informações mais importantes. Para isso, o estudante deve abusar da imaginação, utilizando toda sorte de instrumentos, como canetas coloridas, desenhos, colagens, etc. Quanto mais engraçada for a forma de estudar, mais o seu cérebro irá guardar a informação.

No estudo da Constituição Federal, por exemplo, poderá memorizar o art. 1º da seguinte forma:

Art. 1º A República Federativa do Brasil, formada pela união indissolúvel dos Estados e Municípios e do Distrito Federal, constitui-se em Estado Democrático de Direito e tem como fundamentos:

I — a soberania;

II — a cidadania;

III — a dignidade da pessoa humana;

IV — os valores sociais do trabalho e da livre iniciativa;

V — o pluralismo político.

Parágrafo único. Todo o poder emana do povo, que o exerce por meio de representantes eleitos ou diretamente, nos termos desta Constituição.

Da leitura do artigo, pode-se criar um macete: um francês (para lembrar que o artigo fala da República Federativa do Brasil), casado (para memorizar que os Estados, Municípios e o Distrito Federão formam uma União indissolúvel), veio para o Brasil e disse "— So Ci Di Va Plu" (Soberania, Cidadania, Dignidade, Valores e Pluralismo).

O estudo da jurisprudência deve ser uma rotina, seguindo o plano de estudo quanto a cada matéria. Hoje, os principais tribunais superiores dispõem de informativos semanais, com a síntese de suas principais decisões. É possível até cadastrar um e-mail no site desses tribunais e os receber semanal e gratuitamente. A dica aqui é de, após a leitura de cada decisão, elaborar uma pequena frase, em que seja possível identificar a decisão do tribunal. O aluno deve ir colecionando essas frases para leitura no dia da revisão semanal e no dia que antecede a prova que irá fazer. Sobretudo nas provas subjetivas, o conhecimento jurisprudencial é peça fundamental na obtenção de boas notas.

Além dos informativos, o aluno deve estudar as súmulas dos tribunais superiores. O macete, quanto às súmulas, está na sua separação por temas. Por exemplo, em Processo do Trabalho, o estudante deve separar as súmulas que tratem de recursos, mandado de segurança, ação rescisória, etc. Pode ser útil também o uso da mesma técnica dos informativos, isto é, elaborando pequenas frases mais curtas que as próprias súmulas, apenas para facilitar a revisão.

Por fim, os exercícios. Os livros podem fornecer ao aluno o conhecimento atualizado da teoria, da jurisprudência e da legislação. Todavia, por melhor que seja o livro, o cérebro humano só guardará as informações que são necessárias. O exercício, por sua vez, exige do cérebro a informação, razão pela qual somente com a realização de exercícios a teoria, a jurisprudência e a legislação ficarão registrados na memória do estudante. Entretanto, o exercício só produzirá efeitos se o aluno os fizer com disciplina. Essa é a parte que mais depende do esforço do aluno e, por isso mesmo, talvez seja o principal diferencial entre aqueles que vão bem e aqueles que vão mal nas avaliações.

O exercício deve ser feito ao final do estudo de cada ponto. O aluno deve tentar responder sem consulta, a menos que ela seja permitida na prova respectiva. O importante aqui é descobrir o que mais é cobrado na prova. Por isso é que o aluno deve tentar resolver provas anteriores da disciplina que cursa, ou da banca que irá elaborar a prova do concurso que almeja.

Ninguém detém todo o conhecimento. Ninguém que já tenha conseguido seus objetivos o fez sabendo absolutamente tudo o que poderia ser cobrado. A aprovação vem para aquele que sabe mais, quanto àquilo que é cobrado na prova. A ciência do que mais cai só vem através dos exercícios.

3. *Estudo de base x estudo de prova.* Finalmente, quanto aos estudos, cabe lembrar ao estudante que existem dois ciclos de estudo. Um para criar uma base de conhecimento, e outro para fazer a prova.

O estudo de base é feito a longo prazo. Sua metodologia é a citada no item 2, envolvendo o estudo da doutrina, da legislação e da jurisprudência e a realização de exercícios.

Cerca de trinta dias antes da prova, no caso dos concursos, e uma semana, na graduação, o aluno deve suspender o estudo de base para realização de uma revisão especial para a prova. Ela consiste em reler os resumos produzidos, com ênfase em um deles, a depender da espécie de prova. Se for uma prova objetiva, o aluno deve dar especial atenção à leitura da lei e das súmulas dos tribunais. Caso seja uma prova de segunda etapa, dissertativa, o foco estará na doutrina e na jurisprudência.

4. *Como responder às questões da prova*. Nas provas objetivas, o estudante deve começar pelas questões que julgar mais fáceis, visto que estas provas geralmente oferecem um tempo reduzido para sua resolução, fator que também serve como seleção. Além disso, a resolução de questões mais difíceis em primeiro lugar certamente deixaria o candidato mais cansado e com a sensação de que a prova foi mais difícil do que realmente era.

É preciso ter muita atenção com questões que apresentem alternativas absolutas ou muito genéricas. Na Ciência Jurídica, diferentemente das exatas, há poucos postulados absolutos, isto é, sem exceções. Por isso, tendem a estar erradas as alternativas que contenham as palavras *sempre*, *exclusivamente*, *somente*, *apenas*, *qualquer*, *nunca*, *nenhum*, etc.

Outra dica é verificar a quantidade de questões de que o aluno sabe a resposta. Se, por exemplo, entre elas houver mais letras "A", "C" e "D" do que "B", haverá grande probabilidade de que as questões duvidosas tenham como resposta a letra "B".

Calha lembrar, entretanto, que o melhor método para responder a questões objetivas é o exercício com provas anteriores. Além de tudo que já foi dito, há o fato de que muitas questões são repetidas, o que poderá ser fundamental na solução das questões mais difíceis.

A resposta das questões dissertativas dependem, essencialmente, de um bom Português e de uma boa organização das ideias. Aqui, a resolução de provas anteriores também é bem-vinda, mas seu potencial aumenta muito com o estudo em grupo, no qual as respostas possam ser apresentadas e corrigidas por colegas ou professores.

Em Direito, toda resposta deve conter a seguinte organização:

a) Conceito do instituto (doutrina);

b) Fundamento (legislação);

c) Correntes (doutrina);

d) Opinião do autor; e

e) Jurisprudência.

Exemplificando, imagine-se que a pergunta fosse a seguinte: *disserte sobre a autonomia científica do Direito Processual do Trabalho*. Uma boa resposta deveria começar conceituando o que é o Direito Processual do Trabalho e o que significa autonomia científica. Depois, seria o caso de citar a legislação sobre o assunto, partindo *sempre* da Constituição Federal para, somente depois, citar outras normas, como a CLT, o CPC e súmulas vinculantes. O passo seguinte seria dizer sobre as correntes, no caso, monista e dualista. Após a apresentação das principais teses sobre o assunto, o aluno deveria apresentar sua opinião, dizendo qual corrente lhe parece mais adequada. Por fim, se houver jurisprudência sobre o tema, só então o aluno deverá citá-la, pois ela é apenas a visão de um tribunal, a qual não é absoluta.

1.3. O QUE FAZER COM O DIREITO PROCESSUAL DO TRABALHO

O domínio do Direito Processual do Trabalho oferecerá um leque de opções profissionais ao estudante. Em apertada síntese, apresentam-se algumas das mais importantes carreiras jurídicas na área trabalhista, as quais exigem o conhecimento do Direito Processual do Trabalho:

1. Advocacia. O estudante que optar por ser advogado trabalhista atuará perante a Justiça do Trabalho e órgãos extrajudiciais, como o Ministério do Trabalho e Emprego, na defesa de seu cliente, o qual poderá ser o trabalhador ou o tomador de serviços. O início da carreira depende de aprovação no exame da Ordem dos Advogados do

Brasil, que consiste em uma prova de duas fases. Na primeira, o estudante deverá obter uma nota mínima em uma prova de múltipla escolha, com 80 (oitenta) questões fechadas, sobre várias matérias, inclusive o Direito Processual do Trabalho. Uma vez aprovado, o estudante torna-se apto a participar da segunda etapa, composta de quatro ou cinco questões dissertativas e de uma peça prático-profissional, na qual o candidato deverá resolver um caso prático, como se advogado fosse. Entre as opções ofertadas, o aluno poderá escolher a área trabalhista e responder a questões de Direito e de Processo do Trabalho;

2. Academia. O egresso do curso de Direito poderá seguir a carreira acadêmica, a fim de aperfeiçoar seus conhecimentos na área de Direito Processual do Trabalho. Para isso, deverá participar de um curso de pós-graduação, oferecido em duas modalidades: *lato sensu* e *stricto sensu*. A pós-graduação *lato sensu* visa formar especialistas, fornecendo ao estudante um estudo mais aprofundado e voltado para a atuação profissional. Já a pós-graduação *stricto sensu* tem como finalidade a formação de mestres e doutores. O mestrado habilita o estudante a ser professor. Já o doutorado o transforma em pesquisador. Existem muitos cursos de pós-graduação em Direito Processual do Trabalho, o que poderá ser consultado no portal da CAPES — Coordenação e Aperfeiçoamento de Pessoal de Nível Superior (<http://www.capes.gov.br>).

3. Carreiras públicas. O Direito Processual do Trabalho é disciplina obrigatória em várias carreiras públicas. A título de exemplo, serão abordadas as carreiras federais. No Poder Judiciário, o estudante poderá prestar concurso para a magistratura trabalhista, ingressando no cargo de Juiz do Trabalho substituto, atuando na prestação jurisdicional. Ainda no âmbito desse Poder, há os cargos de servidores, os quais se dividem em Oficial de Justiça, Analista Judiciário e Técnico Judiciário, cujas atribuições envolvem o auxílio ao Juiz do Trabalho. No Poder Executivo, há cargos de servidor e de auditor do Ministério do Trabalho e Emprego, responsáveis por desempenharem a fiscalização do cumprimento da legislação trabalhista. Ainda nesse Poder, há o cargo de Advogado da União, pertencente à Advocacia Geral da União, no qual o aprovado defenderá a União nas relações de trabalho. No Poder Legislativo, existem os cargos de consultor e procurador, do Senado e da Câmara de Deputados, respectivamente. A função desses profissionais é de auxiliar as Casas Legislativas na elaboração de projetos de lei na área trabalhista. Por fim, no Ministério Público da União, o estudante poderá concorrer ao cargo de Procurador do Trabalho e atuar como membro do Ministério Público do Trabalho, na defesa da ordem jurídica trabalhista, do regime democrático e dos interesses sociais trabalhistas.

Realizada essa pequena introdução, é chegada a hora de dar início às lições de Direito Processual do Trabalho.

2 Teoria Geral do Processo do Trabalho

2.1 CONCEITO

O Direito Processual do Trabalho é um ramo do Direito que reúne princípios, normas e órgãos, com a finalidade de concretizar o Direito Material do Trabalho, regendo as atividades jurisdicionais no âmbito da Justiça do Trabalho.

O Direito Material do Trabalho é espécie de direito fundamental (arts. 6º e 7º, da CF), de segunda dimensão.[1] Como tal, necessita de instrumentos que promovam a sua concretização, ou seja, que sejam capazes de tornar realidade a norma constitucional abstrata. É aí que entra o Direito Processual do Trabalho, apresentando-se como uma ferramenta destinada a aplicar a lei trabalhista.

A relação jurídica material estabelecida entre trabalhador e tomador de serviços[2] é privada,[3] regida por leis e por cláusulas contratuais. Quando, eventualmente, surge um conflito entre eles, por vezes procuram a Jurisdição,[4] que é uma atividade estatal destinada a solucionar conflitos, a qual é prestada pelo Poder Judiciário. No caso das relações trabalhistas, a Constituição Federal de 1988 atribuiu essa atividade a um órgão especializado do Poder Judiciário: a Justiça do Trabalho.

Ao provocarem a atividade jurisdicional, os interessados dão início a uma nova relação jurídica, autônoma em relação àquela relação material, que é a relação jurídica processual. Nesta, tomador de serviços e trabalhador passam a ser chamados de partes. A principal diferença entre essas relações é que, na processual, há a presença

(1) Os direitos de primeira dimensão são os civis e políticos. Os de terceira dimensão são os metaindividuais.

(2) Antes da EC 45/04, a Justiça do Trabalho julgava apenas demandas entre empregados e empregadores, salvo singelas exceções, como a do artífice (art. 652, "a", III, da CLT). A partir da Emenda, a competência foi ampliada, pelo que é mais adequado se referir às partes como sendo *trabalhador* e *tomador de serviços*, figuras que englobam as de empregado e empregador.

(3) Prevalece na doutrina o entendimento de que a relação de trabalho é de natureza privada, uma vez que o Estado dela não é parte como sujeito soberano. Isso não impede, contudo, a existência de normas cogentes de ordem pública, destinadas à tutela de direitos públicos incidentais, como é o caso das regras de segurança e medicina do trabalho e as relativas ao FGTS, que é um fundo de interesse público.

(4) A Jurisdição não é o único método de resolução de conflitos, vale destacar. Além dela, existe, por exemplo, a arbitragem.

do Estado, através do juiz.[5] Este ingressa na relação jurídica originariamente estabelecida só entre trabalhador e tomador de serviços, a fim de decidir o conflito, fazendo uso de poderes e deveres estabelecidos na lei processual.

2.2. *FUNDAMENTOS*

No processo, os atos das partes e do Juiz são regidos por normas e princípios específicos, daí porque se diz da existência de um Direito Processual do Trabalho. Este retira sua validade da Constituição Federal, especialmente, dos arts. 111 a 116.

Além da Constituição, o Processo do Trabalho é regido, principalmente, pelas seguintes normas (ordem cronológica):

a) CLT — Consolidação das Leis do Trabalho, de 1943,[6] dos arts. 643 a 910;

b) Decreto n. 779/69, o qual versa sobre aplicação de normas processuais trabalhistas à União Federal e aos Estados, Municípios, Distrito Federal e Autarquias ou Fundações de direito público que não explorem atividade econômica;

c) Lei n. 4.725/65, que estabelece normas sobre o procedimento dos dissídios coletivos;

d) Lei n. 5.584/70, que dispõe sobre normas de Direito Processual do Trabalho, altera dispositivos da CLT, disciplina a concessão e prestação de assistência judiciária na Justiça do Trabalho e dá outras providências;

e) Decreto-Lei n. 2.322/87, relativo à incidência de juros e correção monetária no Processo do Trabalho;

f) Lei n. 7.701/88, que trata da especialização de Turmas dos Tribunais do Trabalho em processos coletivos;

g) Lei n. 8.177/91, que também rege os juros e a correção monetária dos débitos trabalhistas;

h) Lei Complementar n. 75/93, que estrutura o Ministério Público do Trabalho;

i) Lei n. 8.984/95, que firma a competência da Justiça do Trabalho para conciliar e julgar dissídios coletivos com origem no cumprimento de Convenções e Acordos Coletivos de Trabalho;

j) Lei n. 11.419/06, que institui o Processo eletrônico;

Quando nenhuma dessas normas for capaz de atender às necessidades surgidas na relação processual trabalhista, o Juiz deverá aplicar o direito processual comum (art. 769 da CLT), se o processo estiver na fase de conhecimento, e a Lei n. 6.830/80, que trata das Execuções Fiscais, caso o processo esteja na fase de execução (art. 889 da CLT).

O direito processual comum é composto de uma infinidade de normas, mas as principais são: a) o Código de Processo Civil; b) Lei n. 7.347/85, da Ação Civil Pública; c) Lei n. 8.009/90, do bem de família; d) Lei n. 8.078/90, o Código de Defesa do Consumidor; e) Lei n. 12.016/09, do Mandado de Segurança.

Além dessas normas, o Direito Processual do Trabalho também retira seu fundamento dos princípios processuais, os quais serão estudados oportunamente.

São dessas normas e princípios[7] que o Direito Processual do Trabalho nasce. Em outras palavras, essas são as suas principais *fontes*. Contudo, a doutrina costuma enumerar outras fontes, classificando-as em *materiais* e *formais*.

---

(5) Por isso é que a relação jurídica processual é de natureza pública, com existência de normas cogentes.

(6) Muito embora seja de 1943, a CLT foi profundamente modificada por inúmeras reformas legais, pelo que pouco resta de seu texto original.

(7) Norma jurídica é o resultado da fusão entre regra e princípio. Sem desconhecer esse postulado, insta esclarecer que a referência feita aos princípios, de forma separada, decorre apenas da necessidade de distinguir, para a boa compreensão do texto, as normas anteriormente citadas dos princípios que ainda serão apresentados, em momento oportuno.

As *fontes materiais* dizem respeito aos fatos sociais. E isso decorre de uma condição lógica. Ora, um ramo do Direito não surge ao sabor do acaso. Ele é pensado e criado em função de fatos sociais que demonstraram a necessidade de sua concepção. Em sua origem, portanto, o Direito Processual do Trabalho era um clamor da sociedade.

Já as *fontes formais* decorrem de atos. Se esses atos são do Estado, as fontes são chamadas de *diretas*, sendo exemplo a Constituição Federal, a legislação trabalhista e as súmulas vinculantes do STF. São todas elas genéricas e imperativas.

Caso o ato não provenha do Estado, ou, vindo dele, não seja genérico e abstrato, a fonte será chamada de *indireta*. No primeiro caso, temos a doutrina, cuja elaboração é facultada a todos.[8] No segundo, a jurisprudência dos tribunais, a qual guarda pertinência com casos específicos e concretos, sem poder de vinculação.[9]

Por fim, há ainda as fontes formais *explicativas*, as quais são destinadas à interpretação e aplicação das outras fontes. É o caso da analogia, da equidade e dos princípios gerais do direito.

Existem atos, contudo, que intrigam a doutrina, a ponto de torná-los polêmicos quanto à sua natureza enquanto fonte. Veja-se o caso dos *Regimentos Internos dos Tribunais*. Apesar de não serem leis em sentido formal, a própria lei lhes delega o trato de determinados assuntos, como é o caso do art. 909, da CLT, o qual estabelece que "a ordem dos processos no Tribunal Superior do Trabalho será regulada em seu regimento interno". Em casos como esse, não há como negar a natureza jurídica de fonte formal direta.

Outro caso curioso é o dos *costumes*, que são atos praticados com habitualidade, diferenciando-se dos *usos*, por possuírem caráter obrigatório, enquanto estes são apenas facultativos. É exemplo de uso a cor das folhas de papel utilizadas nos processos. Não há lei que obrigue o uso do papel branco, razão pela qual toda sorte de cor é permitida. Entretanto, imagine-se que alguém queira fazer uso de um papel preto, com tintas brancas. Isso causará estranheza ou talvez até repulsa, mas não será proibido.

Já o costume é diferente. Um exemplo dele seria o protesto, ato que consiste em declarar ao Juiz a discordância em relação a uma decisão interlocutória, contra a qual não caiba recurso imediato. Imagine-se que, em uma audiência, o Juiz indefira a produção de uma prova. A CLT não admite a interposição de recurso imediato dessa decisão, tampouco apresenta alternativa. Daí que muitos advogados passaram a declarar sua discordância em ata, fazendo constar os seus protestos. Isso tornou-se costume, pois, caso a parte não proteste imediatamente, sua reação não mais será admitida quando da eventual interposição de um recurso, uma vez que se terá operado a preclusão (art. 507 do CPC de 2015).

É, pois, o costume uma fonte formal direta, quando for incorporado como ato estatal.

2.3. NATUREZA JURÍDICA

Como visto, o direito processual comum é fonte subsidiária do Direito Processual do Trabalho (art. 769 da CLT). Mas será o Direito Processual do Trabalho uma espécie do gênero do Processo Civil ou será um ramo autônomo do Direito?

(8) O leitor terá contato, ao longo desta obra, com inúmeros enunciados de juristas, aprovados em Fóruns de debate. A natureza jurídica desses enunciados é de doutrina, de maneira que apenas constituem fonte formal indireta.

(9) Se bem que, com o advento do Código de Processo Civil de 2015, a jurisprudência dos Tribunais superiores passou a ser de observância obrigatória pelos julgadores. Não se trata de jurisprudência vinculante, nos moldes da Súmula Vinculante (Lei n. 11.417/06), mas, na prática, as súmulas e teses prevalecentes do TST, deverão ser observadas, pena de ensejar o ajuizamento de Reclamação ou simplesmente haver a inadmissibilidade ou o julgamento antecipado de recursos. Esse tema será abordado com mais profundidade no capítulo referente aos recursos.

Para os *monistas*, o Direito Processual do Trabalho não é um ramo autônomo, sendo apenas uma parte de um corpo maior, chamado Processo Civil.[10] Essa é, contudo, a corrente minoritária.[11] Já a corrente majoritária afirma que os dois ramos não se confundem, sendo autônomos.[12]

Na clássica lição de Alfredo Rocco (2003), um ramo do Direito será autônomo quando possuir um vasto objeto de estudo, princípios e método próprios. Ora, tudo isso o Direito Processual do Trabalho possui. A prova dessa constatação está na existência da Justiça do Trabalho, de cadeira acadêmica própria dos cursos de Direito, de obras específicas e de fontes normativas que regulamentam essa peculiar relação jurídica processual, evidenciando sua autonomia institucional, didática, científica e legal, respectivamente.

2.4. APLICAÇÃO, EFICÁCIA, INTERPRETAÇÃO E INTEGRAÇÃO.

1. *Aplicação*. A *aplicação* de uma norma refere-se à sua incidência no caso concreto. A norma jurídica é abstrata, elaborada para reger fatos sociais genéricos. Cabe ao aplicador do direito torná-la real, aplicando-a a um caso específico, técnica que é chamada de *subsunção*.

Para incidir no caso concreto, a norma precisa ter eficácia, ser interpretada e, eventualmente, integrada por outra norma jurídica. Por isso é que se diz que, em verdade, a norma jurídica só se manifesta como tal após esse percurso, de maneira que o texto escrito de uma lei, *v. g.*, é apenas um conjunto de palavras até que interpretação revele sua natureza de norma.

2. *Eficácia*. É a aptidão da norma para produzir efeitos no tempo e no espaço.

2.1. *Eficácia no espaço*. Do ponto de vista social, toda norma é eficaz, estando pronta para produzir seus efeitos, desde que esteja em vigor. Do ponto de vista jurídico, porém, a norma processual trabalhista rege-se, *no espaço*, pelo princípio da *territorialidade* (art. 13, do CPC de 2015), segundo o qual, a lei processual produz eficácia em todo o território nacional. Uma sentença proferida no exterior pode ser cumprida no Brasil, mas ela deverá ser previamente homologada pelo Superior Tribunal de Justiça (art. 105, I, "i" da CF), homologação essa que é chamada de *juízo de delibação*.

2.2 *Eficácia no tempo*. Já a eficácia *no tempo* é regida por três princípios (art. 14, do CPC de 2015): *irretroatividade, imediatidade* e *vedação à repetição de fases*.

Esses princípios servem para solucionar conflitos de leis processuais trabalhistas no tempo. Imagine-se, por exemplo, que uma nova lei processual trabalhista foi editada. Como ela produzirá seus efeitos em relação aos processos findos, aos pendentes e aos futuros?

(10) É adepto da corrente monista, entre outros, Valentin Carrion (2005, p. 578-579).

(11) Em verdade, já não podemos afirmar, com certeza, que a corrente monista é minoritária. É que o CPC de 2015 trouxe como novidade o Título "Das normas fundamentais e da aplicação das normas processuais", visando estabelecer bases de uma teoria geral do processo. Dessa forma, a corrente monista pode ganhar espaço entre os doutrinadores, o que só será possível saber com o passar do tempo.

(12) Enunciado n. 1 do II FNPT: "CLT, ART. 769. A autonomia do Direito Processual do Trabalho, respeitados os princípios, é compatível com a Teoria do Diálogo das Fontes."

Em regra, a lei nasce para reger os fatos futuros, não devendo prejudicar o direito adquirido, o ato jurídico perfeito e a coisa julgada (art. 6º da Lei de Introdução às Normas do Direito Brasileiro). A base dessa norma é o princípio da irretroatividade, que veda a aplicação da nova lei processual às relações jurídicas processuais findas.

Quanto às relações jurídicas processuais pendentes, isto é, aquelas que ainda tramitavam perante os órgãos jurisdicionais, quando da vigência da nova norma processual trabalhista, o princípio aplicável é o da imediatidade. Por ele, a norma deve ser aplicada imediatamente (art. 912 da CLT[(13)]), não importando em qual fase o processo esteja.

Todavia, se uma fase foi concluída sob a vigência da lei antiga, permanecerá válida, não podendo ser repetida sob os critérios da nova lei, por força do princípio da vedação da repetição de fases (art. 915 da CLT[(14)]). Por exemplo, se a nova lei foi editada durante a fase recursal, não terá eficácia sobre as fases passadas, quais sejam, postulatória, instrutória e decisória. Assim, caso a nova lei tenha alterado as regras da instrução processual, por exemplo, não será aplicada aos processos que já tiverem superado essa fase.

Deve-se atentar, porém, para uma exceção, estabelecida pelo Supremo Tribunal Federal. Como será mais bem estudado adiante, a Emenda Constitucional n. 45, de 2004, alterou a Constituição Federal, entre outros motivos, para ampliar a competência da Justiça do Trabalho, a qual passou a julgar as relações de trabalho, além das relações de emprego.

Antes dessa mudança, o trabalho prestado a um tomador fora da relação de emprego, isto é, sem a presença dos elementos fático-jurídicos do art. 3º da CLT, deveria ser objeto de conhecimento da Justiça comum. É o caso de um trabalhador autônomo.

Pelos princípios vistos, relativos à eficácia no tempo, os processos já sentenciados deveriam ser enviados à Justiça do Trabalho, pois, uma vez encerrada a fase decisória, as fases seguintes (recursal ou executória), por estarem *pendentes*, sofreriam os efeitos na nova lei processual, de forma imediata. Ademais, tratava-se de competência absoluta (SCHIAVI, 2011).

Entretanto, o STF adotou entendimento diferente e, por questões de política judiciária, excluiu a aplicação imediata da EC n. 45/04 aos processos já sentenciados, pela absoluta inconveniência de transferir para os escaninhos do judiciário trabalhista os processos com provimento jurisdicional adiantado no âmbito da Justiça comum.[(15)] Foi o que constou da Súmula Vinculante n. 22, que trata da nova competência para julgar ações de indenização por danos morais, as quais anteriormente eram da competência da Justiça comum:

> Súmula Vinculante n. 22: A Justiça do Trabalho é competente para processar e julgar as ações de indenização por danos morais e patrimoniais decorrentes de acidente de trabalho propostas por empregado contra empregador, inclusive aquelas que ainda não possuíam sentença de mérito em primeiro grau quando da promulgação da Emenda Constitucional n. 45/04.

Pela Súmula Vinculante, portanto, a Justiça do Trabalho é competente ou passou a ser competente para processar e julgar as ações de indenização por danos morais futuras, incluídas as pendentes que não possuíam sentença de mérito em primeiro grau, quando da promulgação da EC n. 45/04. As pendentes que já possuíam sentença deveriam permanecer na Justiça comum. Esse também foi o entendimento do Superior Tribunal de

(13) Art. 912, da CLT. "Os dispositivos de caráter imperativo terão aplicação imediata às relações iniciadas, mas não consumadas, antes da vigência desta Consolidação."

(14) Art. 915, da CLT. "Não serão prejudicados os recursos interpostos com apoio em dispositivos alterados ou cujo prazo para interposição esteja em curso à data da vigência desta Consolidação".

(15) "[...] Importante relembrar que o STF não negou vigência à regra *perpetuatio jurisdicionis*, nem esteve a desprezar o preceito segundo o qual a mudança da competência material impõe a imediata declinação de competência (art. 87 do CPC), mas relativizou esses dogmas em razão de política judiciária: a absoluta inconveniência de transferir para os escaninhos do judiciário trabalhista os processos com provimento jurisdicional adiantado no âmbito da Justiça Comum. Privilegiou-se então a competência hierárquica em detrimento da competência material da Justiça do Trabalho. [...] Não subsistem, portanto, as razões que motivaram, em abstrato, a contemporização da parte final do art. 87 do CPC pela Súmula Vinculante n. 22 do STF. Recurso de revista não conhecido." (TST. RR — 9950500-23.2006.5.09.0092. Relator: Ministro Augusto César Leite de Carvalho. 6ª Turma. DEJT: 04.02.2011).

Justiça, segundo o qual "a competência estabelecida pela EC n. 45/2004 não alcança os processos já sentenciados" (Súmula n. 367).

3. *Interpretação*. Além de aplicada, a lei processual trabalhista deve ser interpretada, isto é, dependerá de esforço intelectual (e não mecânico ou mecatrônico) para ter definida sua extensão, delimitando em quais casos ela será ou não eficaz. Essa tarefa é, primordialmente, exercida pelo juiz, mas não é dele privativa, uma vez que as partes e todos aqueles podem e devem interpretar a norma. A decisão, entretanto, é que é privativa do juiz.

O princípio mais importante da interpretação da norma processual trabalhista é o da *conformidade* com a Constituição. Repita-se: toda e qualquer interpretação deve partir da Constituição para a norma processual e não o contrário (art. 1º, do CPC de 2015). É preciso, portanto, que o intérprete conheça bem o texto, os princípios e a ideologia constitucional, para só então aventurar-se a interpretar a lei processual.

A Constituição Federal é um coração que pulsa dentro do Estado Democrático de Direito. Esse coração bate ao ritmo de dois princípios fundamentais: a dignidade da pessoa humana e o devido processo legal. A grosso modo e pedindo vênia para tratar desses princípios mais adiante, pode-se dizer que a dignidade da pessoa humana manda que todo o ordenamento jurídico tenha como fim o ser humano, estando todo o resto a serviço da preservação da vida humana. Pelo devido processo legal, qualquer procedimento relacionado à vida humana deve observar a lei, ser justo, célere e eficaz.

Desses dois princípios basilares brotam muitos outros, os quais merecerão destaque em momento oportuno.

A interpretação é uma atividade e, como tal, acontece por meio de métodos. A doutrina clássica de Savigny aponta quatro grandes métodos: gramatical, histórico, teleológico e sistemático.

Para memorizar:

Tele- teleológico
Grama- gramatical
Sistema- sistemático
Histórico- histórico

O método gramatical consiste em interpretar a norma através de seu próprio texto, buscando o significado de cada palavra, segundo as regras de semântica e de ortografia. Para os leigos na Ciência Jurídica, esse é o único método existente, razão pela qual é comum ver algum deles se indignar com o fato de um "não" virar "talvez", ou de um "deve" virar "pode" aos olhos de um jurista.

Pelo método histórico, o intérprete investiga as fontes materiais da norma, a fim de conhecer o contexto histórico em que foi concebida, bem assim os fatos sociais que ensejaram a sua produção (Heurística). Na etapa seguinte, os fatos encontrados são avaliados e selecionados, conforme seu grau de aproximação com a verdade (crítica). Por fim, o intérprete estabelece o sentido da norma (hermenêutica).

O prefixo "tele", de origem grega (*teleos*), é relativo à finalidade da palavra que complementa. O método teleológico, portanto, investiga a finalidade da norma, isto é, busca compreender qual era a verdadeira intenção do legislador, ao elaborar determinada norma jurídica.

O método sistemático tenta estabelecer o sentido da norma, em conjunto com as demais normas que compõem o sistema normativo vigente. Enquanto os demais métodos tomam a norma como um objeto separado, o método sistemático a analisa como uma peça de uma complexa engrenagem. Havendo conflito entre as normas, o intérprete deverá fazer uso dos critérios hierárquico, temporal e especial.

Esses métodos devem ser utilizados em conjunto. Imagine-se, por exemplo, que do art. 1º de uma determinada lei de 2012 conste a seguinte regra: "Todos os homens são livres". O método gramatical concluiria que somente os homens são livres, excluindo as mulheres. Já o método histórico, considerando a vigência do Estado Democrático de Direito, apontaria que a palavra "homem" nos tempos atuais abrangeria todos os seres humanos, sejam homens, mulheres, homossexuais, crianças ou pessoas com deficiência. Fazendo uso do método teleológico, o intérprete determinaria que a norma não seria aplicada aos condenados por crimes que estivessem cumprindo pena, uma vez que sua finalidade é promover a paz e não colocar em risco a sociedade. Por fim, pelo método sistemático, as normas anteriores que dispusessem de forma contrária deveriam ser revogadas (critério temporal).

O resultado desse processo interpretativo pode ser de duas ordens. Ou o intérprete amplia o sentido da norma, ou o restringe. No caso proposto, o sentido da norma foi ampliado, uma vez que alcançou todos os seres humanos, muito embora isso não constasse expressamente no texto normativo.

Esses métodos clássicos de interpretação têm sido questionados, quando a norma interpretada é a Constituição Federal. A doutrina mais atualizada expressa que os direitos fundamentais possuem métodos próprios, os quais não se destinam à interpretação das normas (para estabelecer o sentido), mas sim à sua concretização, a bem de tornar realidade a ideologia constitucional. Canotilho (1993) cita, por exemplo, os métodos jurídico, tópico-problemático, hermenêutico-concretizador, científico-espiritual, o normativo-estruturante e o comparativo.

4. *Integração*. Apesar de corretamente aplicada e interpretada, pode acontecer de uma norma não abrigar todas as respostas para resolver um caso concreto. Por mais abrangente que possa ser a interpretação, a norma pode conter *lacunas*. Conforme leciona Carlos Henrique Bezerra Leite (2007), essas lacunas podem ser de três espécies: normativa, ontológica e axiológica. Pela primeira, não há norma processual trabalhista dispondo sobre a situação surgida no processo. Nas demais lacunas a norma até existe, dispondo expressamente sobre a situação, mas sua aplicação deve ser evitada, no primeiro caso por ser ultrapassada; no segundo, por ser injusta.

Para memorizar:

Lacuna normativa: a norma não existe.

Lacuna ontológica: a norma existe, mas está ultrapassada.

Lacuna axiológica: a norma existe, mas é injusta.

A Constituição Federal determina que "a lei não excluirá da apreciação do Poder Judiciário lesão ou ameaça a direito" (art. 5º, XXXV), pelo que se diz que a jurisdição é inafastável. Assim, cabe ao aplicador do Direito *completar* os espaços vazios da norma, por exemplo, com outra norma (analogia), com os costumes e com os princípios gerais do direito.

2.5. APLICAÇÃO DO CPC DE 2015 AO PROCESSO DO TRABALHO

1. *Regras gerais*. A CLT determina que, nos "casos omissos", o *direito processual comum* será fonte subsidiária do direito processual do trabalho, exceto naquilo em que for incompatível com as normas do processo trabalhista (art. 769). No processo de execução trabalhista, a fonte subsidiária será a Lei de Execuções Fiscais (Lei n. 6.830/80), por força do art. 889 da CLT.

Da redação do art. 769 da CLT podem ser extraídos dois requisitos para a aplicação subsidiária do Processo Civil ao Processo do Trabalho. O primeiro deles é que a CLT seja omissa, ou seja, que haja lacuna normativa, ontológica ou axiológica. O segundo refere-se a que as normas do processo comum não colidam com as normas do Processo do Trabalho. Por esse segundo requisito, deve-se entender que as normas processuais comuns não devem contrariar os princípios do Processo do Trabalho. Esses princípios serão analisados em tópico próprio.

Ocorre que o Novo Código de Processo Civil inovou ao estipular que "na ausência de normas próprias que regulem os processos penais, eleitorais, administrativos ou trabalhistas e nos processos coletivos as disposições deste Código lhes serão aplicadas supletiva e subsidiariamente" (art. 15).

De início, cumpre fazer distinção entre os termos *subsidiário* e *supletivo*, os quais, apesar de serem coloquialmente utilizados como sinônimos, não o são. Conforme consta da Emenda Parlamentar relativa ao citado artigo, constante do PL 8.046/10, a aplicação subsidiária "significa a integração da legislação subsidiária na legislação principal, de modo a preencher os claros e as lacunas da lei principal", ao passo que a supletiva ou complementar "ocorre quando uma lei completa a outra".

Em outras palavras, a aplicação subsidiária do CPC à CLT teria lugar quando esta fosse omissa (lacuna normativa), ao passo que a supletiva não dependeria da omissão, podendo ser aplicada conjuntamente (lacunas ontológicas e axiológicas).

Pelo texto do art. 15, do CPC de 2015, portanto, seria possível aplicar uma norma do CPC, mesmo havendo dispositivo expresso na CLT.

Em vista disso, ainda no Parlamento, surgiu a interpretação de que, pela nova regra, os arts. 769 e 889 da CLT seriam tacitamente revogados, fazendo com que o CPC passasse a ser fonte supletiva e subsidiária da CLT, inclusive no processo de execução. Para evitar que isso acontecesse, foi proposta emenda destinada a excluir o processo trabalhista da redação do art. 15, do CPC de 2015. Todavia, a ausência do ramo trabalhista do citado dispositivo concebeu interpretação ainda mais radical, qual seja, a de que toda a parte processual da CLT seria revogada, já que a aplicação supletiva e subsidiária seria destinada apenas aos ramos expressos no texto do artigo, o que marcaria o fim do Direito Processual do Trabalho. Desta feita, o texto final do projeto foi aprovado com a inclusão do processo trabalhista no citado dispositivo do CPC.

No nosso sentir, o art. 15, do CPC de 2015, não revogou os arts. 769 e 889, da CLT, porque estes têm natureza de norma jurídica especial, de maneira que não podem ser tacitamente revogados por norma geral, que é o direito comum. Nesse sentido também é o entendimento acolhido no I Fórum Nacional de Processo do Trabalho — FNPT[16] e do C. TST.[17]

Ademais, o art. 769 da CLT refere-se a *direito processual comum*, que não se resume ao CPC, mas também a outros estatutos, como o CDC e a Lei da Ação Civil Pública, por exemplo, de sorte que o art. 15 do CPC de 2015 só regulamenta a aplicação do CPC.

Não se deve olvidar que, do ponto de vista da CLT, o art. 769 estabelece dois filtros para permitir a aplicação de normas do direito processual comum, que são a existência de omissão e o respeito aos princípios trabalhistas. De outra face, o art. 15, do CPC de 2015, apenas ampliou o requisito da omissão para abranger não só as lacunas normativas (integradas pela aplicação subsidiária), mas também lacunas axiológicas e ontológicas (objeto da aplicação supletiva), sem a necessidade de cumulação entre elas.[18]

Destarte, apesar de haver norma expressa na CLT, é possível cogitar da aplicação supletiva do CPC de 2015, quando o dispositivo importado for compatível com os princípios do processo trabalhista, *v. g.*, para proteger o trabalhador hipossuficiente, simplificar as formas, tornar mais célere o processo e garantir mais efetividade à execução.[19] Havendo omissão parcial,[20] o requisito da compatibilidade prevalece sobre o da omissão.[21]

(16) Enunciado n. 1 do I FNPT. "NCPC, art. 15 e CLT, art. 769. Subsistência deste, em sua plenitude. Autonomia do Processo do Trabalho. A cláusula de contenção ou norma principiológica, fundamental, do Processo do Trabalho, prevista no art. 769 da CLT, permanece hígida e incólume até pelo reconhecimento, no art. 15 do NCPC, da autonomia do Processo do Trabalho ou mesmo pela ausência de revogação expressa ou derrogação tácita daquele comando, notadamente pela impossibilidade de a lei geral revogar a lei especial (CLT)."

(17) Art. 1º da IN n. 39 do C. TST. "Aplica-se o Código de Processo Civil, subsidiária e supletivamente, ao Processo do Trabalho, em caso de omissão e desde que haja compatibilidade com as normas e princípios do Direito Processual do Trabalho, na forma dos Arts. 769 e 889 da CLT e do art. 15 da Lei n. 13.105, de 17.03.2015."

(18) Enunciado n. 2 do I FNPT. "Art. 769 da CLT. O Direito Processual do Trabalho não exige a obrigatoriedade de preenchimento de todas as aparentes lacunas normativas, é instrumental e visa precipuamente a resolução de conflitos sociais. O devido processo legal importa na resposta a pretensão trazida e a satisfação do direito material violado."

(19) Nesse sentido é o Enunciado n. 2 do II FNPT: "CLT, arts. 769 e 889. CPC, art. 15. Diante da previsão de aplicação supletiva do CPC ao Processo do Trabalho (art. 15), o requisito da compatibilidade, previsto nos arts. 769 e 889 da CLT, deve ser interpretado no sentido da máxima efetividade da Jurisdição Trabalhista."

(20) Ocorre quando a CLT trata do instituto, mas não de forma completa. É o caso das normas referentes às provas, por exemplo. A CLT trata desse tema (arts. 818 a 830), mas de forma incompleta, gerando a omissão parcial. Em casos assim, a integração não deve consistir simplesmente na importação de todas as normas do CPC, mas apenas aquelas que sejam efetivamente compatíveis com os princípios do Processo do Trabalho.

(21) Sobre o tema, concordamos com o Enunciado n. 3 do II FNTP: "CLT, art. 769. CPC, art. 15. Na aplicação supletiva do CPC ao Processo do Trabalho, em caso de omissão parcial, o requisito da compatibilidade é mais relevante que o requisito da omissão, respeitados os princípios do Processo do Trabalho."

Cabe ao aplicador do Direito acompanhar a evolução social e dar lugar de destaque à concretização dos direitos. Como se sabe, a maior parte do texto processual celetista vigente, muito embora tenha sido bastante alterado, é antiga, nascida em um tempo em que não se conheciam as demandas em massa e as novas tecnologias. Não é lógico nem justo que o operador do Direito Processual do Trabalho assista aos avanços do Processo Civil apenas como curioso. Entretanto, é preciso ter em mente a necessidade de respeitar os princípios do Direito Processual do Trabalho, pena de comprometer a sua autonomia.

2. *Entrada em vigor do CPC de 2015*. O dia em que o CPC de 2015 entrou em vigor foi motivo de polêmica na comunidade jurídica. Publicado no DOU de 17.03.2015, o CPC de 2015 dispôs, no art. 1.045, que a entrada em vigor ocorreria após um ano da data de sua publicação oficial.

Houve quem contasse o prazo de 365 dias, encontrando o dia 16/03/2016. Outros contaram o lapso alterando apenas o ano, concluindo por 17/03/2016. Prevaleceu, contudo, a corrente que fixou o dia 18/03/2016,[22] a qual é a mais adequada, também no nosso sentir, tendo em vista que "a contagem do prazo para entrada em vigor das leis que estabeleçam período de vacância far-se-á com a inclusão da data da publicação e do último dia do prazo, entrando em vigor no dia subsequente à sua consumação integral" (art. 8º, § 1º, da LC 95/98).

3. *Novidades do CPC de 2015*. Até mesmo o legislador pode ter dificuldades em enumerar as novidades do texto legal do CPC de 2015. É que a lei é dinâmica e o que vai ou não representar uma novidade depende do filtro da interpretação. Mas alguns institutos possuem muita aptidão para se firmarem como *novidade*.

Sempre com os olhos voltados ao Processo do Trabalho e tendo em conta apenas o desejo de saciar um pouco a curiosidade do leitor, a nós parecem mais relevantes as seguintes inovações, na fase de conhecimento: criação de normas gerais sobre aplicação das normas processuais (arts. 1º ao 15); regulação pormenorizada dos procedimentos de cooperação internacional e nacional (arts. 26 a 41); modificação nas regras sobre a gratuidade da Justiça (arts. 98 a 102), com a revogação parcial da Lei 1.060/50 (art. 1.072, III) e a previsão de prazo para duração do benefício (art. 98, § 3º); exigência de instauração de incidente processual para a desconsideração da personalidade, com obediência ao contraditório (arts. 133 a 137); previsão da figura do "*amicus curiae*" (art. 138); novas hipóteses de suspeição e impedimento (v. g., art. 144, VIII); adoção de métodos alternativos de solução de conflitos, como a conciliação, a mediação e a arbitragem (art. 3º, § 3º, e arts. 165 a 175); regramento específico para a advocacia pública (arts. 182 a 184) e para a defensoria pública (arts. 185 a 187); mais informalidade (art. 188) e flexibilidade (art. 190) na prática dos atos processuais, com regras inclusive para os eletrônicos (arts. 193 a 199); contagem dos prazos em dias úteis (art. 212); dilação dos prazos do Juiz (art. 226); julgamento em ordem preferencial por ordem cronológica (art. 12); adoção do sistema de intimações a cargo das partes (arts. 269 a 275); observância de precedentes, com a determinação para que os Juízes e Tribunais apliquem os enunciados de súmulas e teses jurídicas (arts. 927 e 928); simplificação dos procedimentos, com a extinção do rito sumário e a previsão de apenas um trâmite para o processo de conhecimento (art. 318), ressalvados os procedimentos especiais, bem como a unificação das tutelas antecipada e cautelar, que passam a ser espécies da tutela provisória (art. 294); fundamentação exaustiva das decisões (art. 489, § 1º); previsão expressa acerca da prova emprestada (art. 372); formulação de perguntas às testemunhas de forma direta pelas partes (art. 459); admissão de prova técnica simplificada (art. 464, § 3º); transformação da oposição em ação autônoma (arts. 682 a 686).

No cumprimento da sentença e no processo de execução, podem ser citadas como novidades: possibilidade de citação postal do executado (art. 513, § 2º); utilização de cadastros de inadimplentes (art. 782, § 3º); incumbência de indicação dos meios menos gravosos pela parte executada (art. 805); penhorabilidade de rendimentos superiores a 50 salários-mínimos mensais (art. 833, § 2º); tratamento da penhora "*on line*" (art. 837); penhora de veículo por termo nos autos (art. 845, § 1º); liquidação forçada de quotas e ações (art. 861); definição de critérios para estabelecimento do preço vil (art. 891); parcelamento de arrematações (art. 895); extinção dos embargos à arrematação (art. 903, § 4º).

(22) Corrente adotada tanto o STJ (decisão do Tribunal Pleno, na sessão administrativa de 02/03/2016), quanto o TST (Resolução n. 203/16).

Por fim, na temática dos recursos: ampliação dos poderes de saneamento do relator (art. 938); incidente de assunção de competência (art. 947); incidente de arguição de inconstitucionalidade (arts. 948 a 950); juízo de delibação (arts. 960 a 963); incidente de resolução de demandas repetitivas (arts. 976 a 987); regramento da reclamação (arts. 988 a 993); extinção do agravo retido e dos embargos infringentes; fim do exame de admissibilidade pelo Juízo "*a quo*" (art. 1.010, § 3º).

4. *Instruções Normativas do TST*. A entrada em vigor do CPC de 2015, com todas as suas novidades e também com a polêmica acerca do alcance das aplicabilidades supletiva e subsidiária, levou preocupação à mais alta Corte trabalhista do país. Imagine-se, por exemplo, que um processo chegue ao C. TST daqui a muitos anos e tenha a decisão anulada por ter aplicado um instituto do CPC de 2015 que a jurisdição da Corte entenda por inaplicável ao Processo do Trabalho. Os efeitos disso seriam cruéis para as partes e causaria insegurança jurídica.

Foi com a finalidade de evitar situações dessa natureza que o C. TST editou a Instrução Normativa n. 39/16, a qual se manifesta sobre a aplicação ou não de algumas das mais importantes novidades do CPC de 2015, bem como a Instrução Normativa n. 40/16, que dispõe sobre o cabimento de agravo de instrumento em caso de admissibilidade parcial de recurso de revista no Tribunal Regional do Trabalho.

Como esta obra tem uma proposta didática de estudo do Direito Processual do Trabalho, o exame acerca dos dispositivos das referidas Instruções será feito oportunamente, no momento em que cada tema for tratado.

Neste espaço, além de dar a notícia da edição da referidas Instruções, cabe tecer breve considerações acerca de sua natureza jurídica e de sua compatibilidade com o sistema constitucional vigente. Em outras palavras, teria o C. TST competência para editar uma *norma* geral e abstrata sobre a aplicação do CPC de 2015 ao Processo do Trabalho?

A resposta depende da natureza jurídica dessa *norma*. Caso seja emprestada às Instruções Normativas qualquer espécie de obrigatoriedade na sua aplicação pelos magistrados trabalhistas, a nós parece haver manifesta incompatibilidade com a independência da magistratura (arts. 95, I a III e 5º, XXXVII e LIII, ambos da CF), a separação dos Poderes (arts. 1º e 22, I, da CF) e a reserva legal (art. 5º, II, da CF). Ora, somente o Poder Legislativo pode editar normas cogentes, gerais e abstratas. Foi com base nesses argumentos que a Associação Nacional dos Magistrados da Justiça do Trabalho — ANAMATRA ajuizou, no Supremo Tribunal Federal, Ação Direta de Inconstitucionalidade (ADI 5.516), a qual ainda não foi apreciada.

De outra face, se as referidas Instruções tiverem apenas a finalidade de divulgar o posicionamento do C. TST em relação à aplicação do CPC de 2015 ao Processo do Trabalho, não haverá qualquer ofensa à ordem constitucional vigente, uma vez que não vinculará nenhum órgão da Justiça do Trabalho.

Atendendo à Consulta 0017652-49.2016.5.00.0000, a Corregedoria Geral da Justiça do Trabalho, por intermédio do Ministro Corregedor-Geral, em 01/09/2016, explicou que a natureza jurídica da IN 39/16 não é normativa:

> "CONCLUSÃO
>
> Sendo assim, acolho a presente Consulta, para assentar que: 1) a intepretação do Juiz do Trabalho em sentido oposto ao estabelecido na Instrução Normativa n. 39/2016 não acarreta qualquer sanção disciplinar; 2) a interpretação concreta quanto à aplicabilidade das normas do CPC (Lei n. 13.105/2015), em desconformidade com as regras da Instrução Normativa n. 39/2016 não desafia o manejo da correição parcial, por incabível à espécie, até porque a atividade hermenêutica do ordenamento jurídico exercida pelo magistrado encerra tão somente o desempenho da sua função jurisdicional, o que não implica em tumulto processual para os efeitos do caput do art. 13 do RICGJT, apto a ensejar a medida correicional; 3) como consequência lógica da resposta atribuída à segunda questão, tem- se por prejudicada a terceira questão e, por conseguinte, a sua resposta.
>
> Todavia, cumpre salientar que a Instrução Normativa n. 39/2016 foi aprovada considerando a imperativa necessidade de o Tribunal Superior do Trabalho firmar posição acerca das normas do novo Código de Processo Civil aplicáveis e inaplicáveis ao Processo do Trabalho, e, assim, resguardar às partes a segurança jurídica exigida nas demandas judiciais, evitando-se eventual declaração de nulidade em prejuízo da celeridade processual.
>
> Ressalte-se que tal imperativo se revela ainda mais premente diante das peculiaridades do Direito Processual do Trabalho, advindas da relação material celebrada entre empregados e empregadores, na qual se verifica, a rigor, a condição de hipossuficiência do trabalhador.

Por esse motivo é que se espera a colaboração e comprometimento dos órgãos da Justiça do Trabalho de primeiro e de segundo graus, a fim de que adéquem os seus atos processuais aos parâmetros estabelecidos na Instrução Normativa n. 39/2016, com vistas à uniformização das normas a serem aplicadas no âmbito do Processo do Trabalho.

Dê-se ciência à consulente, bem como aos Corregedores dos Tribunais Regionais do Trabalho.

Publique-se. Após, arquive-se."

Prevalecendo a decisão da CGJT, a nós parece que as Instruções Normativas são bem-vindas, pois constituem um instrumento útil na árdua tarefa de interpretar o alcance da aplicabilidade do CPC de 2015 ao Processo do Trabalho. Todavia, a bem de não pairar dúvidas quanto a essa natureza, seria mais adequado proceder à substituição das Instruções por outro ato administrativo, como a Recomendação, por exemplo, para que o termo "normativa" não desperte a interpretação acerca da natureza jurídica de *norma*.

2.6. PRINCÍPIOS

Princípios são postulados da Ciência Jurídica, máximas abstratas que sustentam todo o arcabouço normativo. Mais que isso, hoje é crescente a doutrina que lhes empresta força normativa autônoma (BONAVIDES, 2004). E é isso que faz a Constituição Federal, ao apresentá-los, no Título I, como fundamentos do Estado brasileiro.

Pode-se dizer, dessa forma, que os princípios desempenham três grandes funções: *informativa*, *interpretativa* e *normativa*. A primeira é direcionada ao legislador, o qual fica obrigado a observar e respeitar os princípios constitucionais, quando da elaboração da norma. Sob a influência da segunda função, o intérprete deve se valer dos princípios constitucionais para estabelecer o sentido válido da norma interpretada. A função normativa faz do princípio uma norma autônoma, com força normativa própria.

Tarefa árdua está na classificação dos princípios. O problema reside no fato de raro se encontrarem autores que compartilhem da mesma classificação, pelo que se diz que, em matéria de princípios, cada qual elege os seus. Para se ter uma ideia da celeuma que envolve o tema, observe-se a classificação de alguns dos principais autores brasileiros:

a) *Mauro Schiavi* (2011): protecionismo temperado, informalidade, conciliação, celeridade, simplicidade, oralidade e função social do processo;

b) *Carlos Henrique Bezerra Leite* (2007): proteção, finalidade social, busca da verdade real, indisponibilidade, conciliação, normatização coletiva, simplicidade, despersonalização do empregador e extrapetição;

c) *Wagner Giglio* (2007): protecionista, jurisdição normativa, depersonalização do empregador, simplificação do procedimento, extrapetição, iniciativa extraparte e coletivização das ações individuais;

d) *Renato Saraiva* (2012): dispositivo, concentração, oralidade, identidade física, contraditório e ampla defesa, imparcialidade, imediatidade, conciliação, irrecorribilidade das decisões interlocutórias, *jus postulandi*, devido processo legal, duplo grau, boa fé e lealdade, preclusão, impugnação específica, proteção, eventualidade, verdade real, *non reformatio in pejus*, instrumentalidade, extrapetição, inafastabilidade e normatização coletiva;

e) *Cléber Lúcio de Almeida* (2008): unidade essencial entre o direito processual e o direito material do trabalho, facilitação da defesa em juízo dos direitos trabalhistas, simplificação das formas e procedimentos, interpretação e aplicação das normas em sentido favorável à solução definitiva do conflito de interesses, prioridade da tutela específica sobre a tutela monetária, livre indagação da verdade, justiça e equidade da decisão, conciliação, imperatividade da execução e supremacia do interesse público;

f) *Manoel Antônio Teixeira Filho* (2009): correção da desigualdade e jurisdição normativa;

g) *Sérgio Pinto Martins* (2012): princípios gerais e princípio da proteção.

O Enunciado n. 4 do II FNPT destaca os princípios do acesso à Justiça, celeridade, conciliação, simplicidade, concentração, proatividade judicial e cooperação.[23]

Não obstante essa variedade de classificações, pode-se dizer que, do ponto de vista do conteúdo, o entendimento é bem parecido. Nesse aspecto, no estudo do Direito Processual do Trabalho, é consenso se dizer da existência de princípios *gerais* do processo, aplicados a todas as espécies de Processo (Civil, Penal, Trabalho, etc), e de princípios *específicos* do Processo do Trabalho.

2.6.1. PRINCÍPIOS GERAIS DO PROCESSO

Entre os princípios gerais do processo, encontram-se os *informativos* e os *fundamentais*. Aqueles são princípios ideais, de máxima abstração, os quais visam a melhoria do processo.

2.6.1.1. Princípios informativos

São princípios informativos do processo:

a) *Lógico*: seleciona os meios mais eficazes e céleres de solucionar os conflitos, buscando aumentar o grau de certeza e diminuir equívocos do processo;

b) *Jurídico*: estabelece a igualdade das partes no processo e exige justiça nas decisões;

c) *Político*: direciona o processo para a segurança jurídica e a paz social, com o mínimo de intervenção na liberdade individual. Além disso, estabelece a proibição de escusa do Juiz em decidir, mesmo que haja lacunas na norma jurídica ("*non liquet*");

d) *Econômico*: exige que o processo seja economicamente acessível a todos, tanto em relação ao custo financeiro quanto à sua duração, sendo exemplo de sua incidência a criação da assistência judiciária e a possibilidade de litigar gratuitamente;

e) *Instrumental*: determina que o processo seja um instrumento para a concretização do direito material, notadamente dos direitos fundamentais; e

f) *Efetivo*: manda que o processo realize a tempo e a contento o que foi decidido.

2.6.1.2. Princípios fundamentais

Os princípios gerais fundamentais, por sua vez, são princípios que decorrem diretamente da Constituição Federal, possuindo natureza jurídica de direitos fundamentais processuais, vinculando todo o sistema processual brasileiro. Diante disso, o Juiz deve:

a) interpretar as normas, sempre partindo da Constituição Federal;

b) conferir a tais princípios máxima efetividade;

c) solucionar eventuais conflitos entre eles, por meio do princípio da proporcionalidade;

d) fazê-los prevalecer sobre as normas infraconstitucionais que lhe forem contrárias.

Entre esses princípios, possuem aplicabilidade no Processo do Trabalho os expostos a seguir:

1. *Devido processo legal*. É um princípio basilar, de sustentação para todos os demais princípios processuais, à semelhança do que o princípio da dignidade da pessoa humana é em relação aos demais princípios de direito material. Previsto no art. 5º, LIV, da Constituição Federal, o princípio do devido processo legal exige que o processo seja justo, célere e equânime. Atualmente, ele pode ser compreendido a partir de quatro pontos de vista:

a) *Geral*: é um princípio que visa garantir a vida, a liberdade e a propriedade, uma vez que assegura à sociedade a submissão a leis razoáveis e condizentes com os anseios sociais;

(23) "O Direito Processual do Trabalho visa ao amplo acesso à Justiça, à celeridade processual, à conciliação, à simplificação dos atos praticados de modo concentrado, à proatividade judicial e à cooperação para a melhor solução da lide."

b) *Formal*: essa é a definição clássica do princípio, nascido para obrigar ao Juiz a observar a lei e os princípios no exercício da atividade jurisdicional, conduzindo o processo de forma justa, célere e isonômica, na solução dos casos concretos que lhe são submetidos;

c) *Material ou substancial*: a esse aspecto, o princípio do devido processo legal incide na elaboração e na interpretação das normas jurídicas, as quais deverão ser criadas e interpretadas à luz da Constituição Federal, de forma razoável e com máxima eficácia, inclusive nas relações entre particulares;

d) *Processual*: no sentido processual, o devido processo legal determina que o processo tramite com observância das normas jurídicas e perante os órgãos preestabelecidos.

2. *Isonomia*. Na perspectiva formal desse princípio, consta que todos são iguais perante a lei, sem distinção de qualquer natureza, inclusive nas relações processuais (art. 5º, *caput*, da Constituição Federal). Todavia, o conteúdo desse princípio tem se ampliado, notadamente na perspectiva material. Ora, a lei não pode fechar os olhos para a realidade, uma vez que não basta dizer que todos são iguais, para que, efetivamente, todos passem a ser iguais. Assim é que, desde que haja uma justificativa racional e expressa, é possível corrigir desigualdades, através da criação de determinados privilégios a uma das partes. Por isso é que hoje é possível se falar em justiça gratuita para os pobres, inversão do ônus da prova em favor do hipossuficiente e prazos especiais para o defensor público. Oferta-se um exemplo, imaginando-se que uma mãe possua três bombons e 1 maçã para distribuir entre seus três filhos. O mais velho tem dez anos, o do meio conta seis anos e o caçula está com três anos de idade. Do ponto de vista formal, a igualdade seria alcançada com a distribuição de um bombom para cada filho e a divisão da maçã em três partes. Mas a mãe se vê diante da seguinte situação: o filho do meio é diabético. Então, talvez a decisão mais aproximada da igualdade material fosse aquela que desse dois bombons ao filho mais velho, por necessitar de mais comida para se saciar, a maçã ao filho do meio, por ser diabético, e um bombom para o caçula, por ser pequeno, não devendo comer muito doce.

O CPC de 2015 abriga o princípio da isonomia no art. 7º, dispondo que "é assegurada às partes paridade de tratamento em relação ao exercício de direitos e faculdades processuais, aos meios de defesa, aos ônus, aos deveres e à aplicação de sanções processuais, competindo ao juiz zelar pelo efetivo contraditório".

3. *Contraditório*. Pelo contraditório, as partes devem poder reagir ao que foi dito contra elas. Para isso, devem conhecer previamente o que foi dito. Então se diz que o contraditório é o direito de informação, com a possibilidade de reação. Essa é a visão clássica do princípio. Atualmente, além do binômio *informação-reação*, o contraditório abrange a participação democrática das partes no convencimento do Juiz e a proibição de surpresa (contraditório substancial), a qual obriga que as partes sejam intimadas das decisões e dos demais atos do Juiz e das outras partes. Esse princípio, que está previsto no art. 5º, LIV, da Constituição Federal, comporta exceções de três ordens:

a) *Contraditório inexigível*: o contraditório não está presente em procedimentos inquisitivos, destinado à investigação, os quais não concluirão com a restrição a bens e a direitos, ou, em outras palavras, a sanções de qualquer espécie. São exemplos o inquérito policial, o inquérito civil[24] e a sindicância preparatória para instauração de processo administrativo disciplinar;

b) *Contraditório inútil*: se não houver prejuízo, a ausência do contraditório não torna nulo o processo, consoante art. 370 do CPC de 2015. É o caso, por exemplo, de o Juiz indeferir a oitiva de uma terceira testemunha destinada a provar um fato que já tinha sido confirmado pelas duas anteriores; e

(24) "Inquérito Civil. Ação investigativa do Ministério Público do Trabalho. Procedimento administrativo. O Ministério do Trabalho, fiscalizando a reclamada, constatou a contratação de estudantes de nível médio para desempenho de funções específicas dos empregados da empresa, em fraude à lei reguladora do estágio. Em consequência foi instaurado procedimento investigatório pelo Ministério Público do Trabalho, com audiências com vista à pronta solução do problema detectado. Sem êxito qualquer conciliação, foi ajuizada Ação Civil Pública. A pretensão do empregador de ver anulado o inquérito não procede. A uma, porque se trata de procedimento administrativo, cuja característica é a informalidade, a duas, porque, conforme registrado pelo TRT, durante a investigação do Ministério do Trabalho e o procedimento do *Parquet*, fora observado o devido processo legal, oportunizando-se ampla defesa e contraditório à Ré. Daí a inconsistência da denúncia de lesão ao art. 5º, incisos LV e LVI da Constituição da República. Recurso de revista não conhecido." (TST. Processo: RR — 9895500-43.2004.5.09.0016. Relator: Ministro Horácio Raymundo de Senna Pires. 3ª Turma. DEJT: 07.05.2010).

c) *Contraditório diferido*: aqui o contraditório não é dispensado. Ele existirá, mas em uma ordem inversa. Como ensina Dinamarco (2009), a estrutura básica do contraditório deve obedecer à sequência do pedido, intimação da parte contrária, contraditório e decisão. No contraditório diferido, após o pedido, haverá a decisão. Somente depois dela é que a outra parte será intimada para apresentação de sua reação. É o caso das tutelas provisórias de urgência e evidência e da ação monitória (art. 9º, parágrafo único, do CPC de 2015).

4. *Ampla defesa*. O princípio da ampla defesa, que também consta do art. 5º, LIV, da Constituição Federal, complementa o contraditório, instrumentalizando a reação. Por ele, a parte deve dispor de todos os meios legítimos para exercitar o contraditório, incluindo a possibilidade de produzir provas, aduzir razões e interpor recursos. É princípio chave na democratização do processo, porque permite a participação das partes no processo de decisão.

5. *Duração razoável do processo*. A Emenda Constitucional n. 45, de 2004, acrescentou o inciso LXXVIII ao art. 5º da Constituição Federal, positivando o princípio da duração razoável do processo. Veja-se que o texto constitucional não exige que o processo seja rápido, mas, sim, que tenha duração razoável. A respeito disso, a Corte Europeia fixou três critérios para concretizar o processo de duração razoável: a complexidade do assunto, o comportamento dos litigantes e a atuação do órgão jurisdicional. Isso demonstra que apenas o caso concreto será capaz de fornecer os elementos de aferição da razoável duração do processo. O CPC de 2015 também fez referência à razoável duração do processo (art. 4º).

6. *Identidade física do juiz*. Esse princípio vincula o Juiz da instrução processual à redação da sentença, isto é, o Juiz perante o qual foram produzidas as provas deve ser o mesmo que proferirá a decisão. Todavia, ele comporta algumas exceções, como nos casos em que o Juiz é convocado para atuar no Tribunal, no que ele é promovido, aposenta-se ou recebe a concessão de licenças.

Tradicionalmente aplicável no Processo Civil, esse princípio passou a ser aplicado no Processo Penal, a partir da Lei n. 11.719/08, mas tinha aplicação polêmica no Processo do Trabalho. Desde 1963, tanto o TST quanto o STF vinham entendendo pela sua não aplicação, através das Súmulas ns. 136 e 222, respectivamente. A razão disso reside no fato de que a Justiça do Trabalho de primeiro grau era formada por uma junta de juízes, sendo um togado e dois classistas, pelo que não fazia sentido vincular os três juízes à prolação da sentença.

Ocorre que a Emenda Constitucional n. 24, de 1999, extinguiu a representação classista na Justiça do Trabalho, instituindo como órgão de primeira instância o Juiz do trabalho e não mais as Juntas de Conciliação e Julgamento (art. 111 da CF). Assim, entende-se que o princípio da identidade física do Juiz deveria passa a ser aplicado nas relações processuais trabalhistas, posto que extinta foi a causa impeditiva. Entretanto, em 2003, o TST manteve o texto da súmula, alterando apenas a redação de Juntas de Conciliação e Julgamento para Vara do Trabalho, consoante Resolução n. 121, de 19.11.2003. Felizmente, em 2012, o TST cancelou a Súmula n. 136, passando a admitir o princípio da identidade física no Processo do Trabalho, restando apenas a Súmula n. 222, do STF,[25] em sentido contrário.

O CPC de 2015, no entanto, suprimiu a referência expressa ao princípio da identidade física do juiz, que era feita pelo CPC de 1973 no art. 132.

7. *Outros princípios*. Existem muitos outros princípios classificados pela doutrina como gerais, muitos dos quais de fácil assimilação, pelo que se pede vênia para apenas citar os principais. São eles:

a) *Juiz natural ou imparcialidade* (art. 5º, XXX, da CF);

b) *Motivação das decisões* (art. 93, IX, da CF);

c) *Publicidade* (art. 5º, LX, da CF, e arts. 8º e 11, do CPC de 2015);

d) *Inafastabilidade da jurisdição* ou "*non liquet*" (art. 5º, XXXV da CF, e art. 3º, do CPC de 2015);

(25) Súmula do STF n. 222. "O princípio da identidade física do juiz não é aplicável às juntas de conciliação e julgamento da Justiça do Trabalho."

e) *Dispositivo* ou *inércia da jurisdição* (art. 2º do CPC de 2015), o qual determina que o processo comece por provocação das partes, havendo exceção prevista na CLT (art. 856), permitindo que o Presidente do Tribunal instaure de ofício o dissídio coletivo de greve, permissão essa de duvidosa constitucionalidade;

f) *Lealdade* e *boa-fé* (art. 5º do CPC de 2015);

g) *Inquisitivo* ou *impulso oficial* (art. 2º do CPC de 2015);

h) *Instrumentalidade* ou *finalidade do processo*, o qual dispõe que o processo é um instrumento de concretização do direito material, não sendo um fim em si mesmo (arts. 188 e 277, do CPC de 2015);

i) *Preclusão*, que veda o retorno a etapas já ultrapassadas do processo (arts. 278 e 507, do CPC de 2015);

j) *Perpetuatio jurisdicionis*, que estabelece a fixação da competência no momento da propositura da ação, sendo irrelevantes as modificações posteriores,[26] salvo quando se suprimir o órgão jurisdicional ou se alterar a competência absoluta (art. 43 do CPC de 2015);

k) *Estabilização da demanda* (art. 329 do CPC de 2015), que veda a alteração das partes, do pedido e da causa de pedir, após a citação do réu;

l) *Economia processual*, voltado aos atos processuais (art. 54 do CPC de 2015);

m) *Duplo grau de jurisdição*, o qual decorre do devido processo legal, para a doutrina, enquanto para o STF, possui apenas índole infraconstitucional.[27]

n) *Proporcionalidade e razoabilidade* (art. 8º do CPC de 2015), os quais, depois de muito tempo transitando em uma órbita implícita, passam a constar explicitamente no texto normativo;

o) *Eficiência* (art. 8º do CPC de 2015).

2.6.2. PRINCÍPIOS ESPECÍFICOS DO PROCESSO DO TRABALHO

Como visto, os princípios são mandamentos nucleares, de máxima abstração. Dessa forma, para classificar um princípio como sendo específico do Processo do Trabalho, seria necessário identificar a característica de ser ele aplicado apenas às relações processuais trabalhistas. A partir desse critério, é possível concluir que o Direito Processual do Trabalho tem apenas três princípios específicos: proteção, finalidade social e jurisdição normativa.[28]

2.6.2.1. Princípio da proteção

O princípio da proteção está para o Processo do Trabalho, assim como o devido processo legal está para o processo em geral. É o princípio básico, que sustenta toda a ideologia do Processo do Trabalho.[29]

É preciso ter em mente que a lógica do Direito Material do Trabalho não é a mesma do Direito Civil, muito embora elas tenham uma relação contratual como objeto. No Direito do Trabalho, o contrato celebrado entre as partes dá poderes ao empregador (dirigir, fiscalizar e punir), aos quais o empregado está subordinado. Por isso a relação é de pura desigualdade jurídica. É como se o empregador já tivesse automaticamente a tutela da Justiça do Trabalho, ao passo que o empregado, para exigir seus direitos, só resta recorrer a ela.

Dessa forma, melhor seria comparar o Direito do Trabalho com o Direito do Consumidor ou com o Direito Ambiental. Nessa perspectiva, pergunto ao leitor: já é chegada a hora de o Direito do Consumidor proteger menos

(26) Súmula do STJ n. 58: "Proposta a execução fiscal, a posterior mudança de domicilio do executado não desloca a competência já fixada."

(27) [...] não é possível, sob as sucessivas Constituições da República, erigir o duplo grau em princípio e garantia constitucional, tantas são as previsões, na própria Lei Fundamental, do julgamento de única instância ordinária, já na área cível, já, particularmente, na área penal. [...] (STF. RHC 79.785. Relator: Ministro Sepúlveda Pertence. Plenário. DJ: 22.11.2002).

(28) Para Valentim Carrion, o Processo do Trabalho não dispõe de princípios próprios, sendo apenas espécie de processo civil (CARRION, 2005, p. 578/579). Já para Wilson Batalha, a autonomia do Processo do Trabalho é apenas relativa (BATALHA, 1985, p. 139).

(29) Para se ter uma ideia na importância da proteção ao trabalhador e do papel da Justiça do Trabalho, o site do TST noticiou, no dia 08.06.2012, que o Instituto Brasileiro de Geografia e Estatística — IBGE (Censo 2010) apontou que 6,22% dos menores entre 10 e 14 anos trabalham e que as crianças e adolescentes são vítimas em mais de 50% dos acidentes do trabalho. (Fonte: <http://agenciabrasil.ebc.com.br/noticia/2011-05-03/tst-lanca-campanha-contra-acidentes-de-trabalho-e-diz-que-dados-sao-desatualizados>. Acesso em: 18 jul. 2012).

o consumidor e o Direito Ambiental proteger menos o meio ambiente? A mesma resposta deve ser a dada se a pergunta for sobre o Direito do Trabalho.

Outra importante mensagem a ser passada em relação ao princípio da proteção é que ele não serve para julgar pessoas ou definir casos particulares. Ora, a sociedade, que é leiga em relação à ciência jurídica, muitas vezes recorre a fatos concretos e exemplos isolados, para demonstrar que nem todo empregado é bom, nem todo empregado é ruim. Mas, definitivamente, o Direito do Trabalho não tem como objeto a moral das pessoas. O que o Direito do Trabalho faz é proteger a parte no contrato que está mais vulnerável, isso de forma jurídica, sem levar em conta, por óbvio, a bondade de um ou a maldade de outro, especialmente porque nenhum ramo do Direito faz isso. Não se deve olvidar de que a própria proteção é relativizada quando a subordinação também o é, como no caso, por exemplo, do diretor de Sociedade Anônima, que tem seu contrato de trabalho suspenso quando de sua eleição, justamente pelo fato de sua subordinação ficar anulada, ou do empregado gerente, que fica dispensado do controle de jornada de trabalho.

Nas relações materiais trabalhistas, tendo por base as lições de Américo Plá Rodriguez (2000), o princípio da proteção se subdivide em princípio da norma mais favorável, princípio da condição mais benéfica e princípio do "*in dubio pro misero*." Ele visa proteger o trabalhador, por ser a parte hipossuficiente na relação trabalhista, já que está submetido ao poder diretivo do empregador, subordinando-se às suas ordens em relação de dependência, seja técnica, econômica, social, política ou jurídica.

Ora, se o Direito Processual do Trabalho é um instrumento de concretização do Direito Material do Trabalho, por óbvio que sua atuação também deverá ser pautada no princípio da proteção, mas em um viés processual. De nada adiantaria ao trabalhador receber direitos diretamente da Constituição Federal, direitos esses especialmente criados para ele em consideração à sua condição de subordinação jurídica no contrato de trabalho, se não lhe fosse destinada uma justiça especializada. Ademais, a própria ideia de criar uma justiça especializada reside na necessidade de estender a proteção jurídica para além dos portões da fábrica.

Mais uma vez, é importante comparar o Direito do Trabalho com o Direito do Consumidor ou o Direito Ambiental. De que adiantaria normas para proteger o consumidor ou o meio ambiente se, quando a questão fosse levada à Justiça, essa proteção fosse diminuída? Imagine-se um processo administrativo de licença ambiental no qual esta fosse concedida sem a exigência de estudos técnicos de impacto ambiental? Seria a morte do próprio Direito Ambiental.

Não se trata de agir com desigualdade, mas, sim, de corrigi-la. É justamente para garantir a isonomia processual que a *lei protege o trabalhador*. Não fosse assim, as causas trabalhistas somente teriam um vencedor: o capital. É para promover justiça que o Direito Processual do Trabalho compensa a desigualdade da relação de trabalho, sendo, por exemplo, mais simples que a Justiça comum.

O princípio da proteção, quando aplicado às relações processuais trabalhistas, tem vida autônoma em relação ao princípio da proteção do direito material. No processo, o princípio da proteção atua como uma espécie de filtro, pelo qual devem passar todos os princípios do direito processual comum. Estes, como resultado, poderão ser aplicados integralmente, parcialmente, com adaptações, ou simplesmente não serem aplicados. Pode-se dizer que, após passar pelo filtro do princípio da proteção, os princípios do direito processual comum tornam-se *peculiaridades* do Processo do Trabalho. As principais serão examinadas a seguir.

1. *Simplicidade e informalidade*. Os atos do Direito Processual do Trabalho são simples e informais.

Simples, porque, em regra, deles não se exige grau elevado de técnica, como é o caso dos recursos, os quais podem ser interpostos por mera petição, sem necessidade de apresentação de razões recursais (art. 889). Isso não ocorre, porém, nos recursos de natureza extraordinária, como o recurso de revista e de embargos no TST, como será visto no capítulo próprio desta obra.

Informais, porque a forma é menos importante que o conteúdo, como é o caso das petições iniciais, as quais podem ser verbais (art. 840). Ambos os princípios produzem seus efeitos mesmo quando a parte atua em juízo por intermédio de advogado ou de sindicato.

Esses princípios influenciam também o procedimento, que é bem mais *resumido* que o do processo comum. Em verdade, o processo de conhecimento trabalhista cabe em uma única audiência, com leitura da inicial, recebimento da defesa, produção de provas e a prolação de sentença.

Até a conduta de todos aqueles que participam do processo trabalhista é, de certa forma, influenciada por esses ditames, o que se pode notar com uma simples visita aos Fóruns do Trabalhado (em regra): a linguagem é menos técnica, o Juiz é mais acessível, os advogados interagem mais e as partes negociam com mais intensidade.

2. *Primazia da conciliação e celeridade.* Nos termos do art. 764 da CLT, os conflitos submetidos ao Processo do Trabalho estão sempre sujeitos à conciliação, devendo os juízes empregar sempre os seus esforços e persuasão na solução conciliatória das demandas. Por isso é que nas audiências trabalhistas se negocia tanto, podendo o acordo ser realizado a qualquer momento, inclusive após a decisão. É que o reclamante geralmente pleiteia parcelas de natureza alimentar (salários, adicionais, etc), necessárias ao sustento seu e de sua família. Um acordo é sempre mais rápido que uma sentença definitiva.[30]

Com efeito, isso faz com que o Processo do Trabalho deva ser ainda mais célere que o Processo Civil. Segundo o art. 765 da CLT, os juízes e tribunais deverão velar pelo rápido andamento das causas, justamente para que a tutela do trabalhador seja rápida e eficaz.

3. *Jus postulandi.* Para facilitar o acesso à justiça, não há necessidade de a parte, empregado ou empregador, fazer-se representar em juízo através de advogado (art. 791 da CLT). Esse princípio está revestido de grande polêmica, uma vez que a Constituição Federal estabelece que o advogado é essencial à administração da justiça (art. 133). Entretanto, a jurisprudência do STF[31] e do TST[32], acertadamente, vem considerando constitucional o princípio em tela, ao argumento de que esse princípio é essencial à proteção do trabalhador.

O ideal, na verdade, seria que os Defensores Públicos da União atuassem perante a Justiça do Trabalho, como acontece na Justiça Federal, pois a prática tem revelado que o uso do *jus postulandi* pode prejudicar o empregado, mormente quando o empregador vai a juízo através de advogado. Apesar de constar a atuação na Justiça do Trabalho como um dos deveres da Defensoria Pública da União (art. 14 da Lei Complementar n. 80/94), essa previsão legal não tem sido aplicada, haja vista a existência de norma específica determinando que, na Justiça do Trabalho, a assistência judiciária seja prestada através dos sindicatos (art. 14 da Lei n. 5.584/70).

O uso do *jus postulandi* é franqueado às partes apenas nas instâncias ordinárias, ou seja, para litigar no TST, a parte deverá se fazer representar por advogado (Súmula 425, do TST).[33]

Comungamos do entendimento estabelecido no Enunciado 3 do I FNPT, segundo o qual "[...] Onde houver dificuldade de acesso digital deverá haver um servidor com atribuição para atermar a reclamação trabalhista em questão, podendo ser oficiado o sindicato profissional, ou a Defensoria Pública da União ou a OAB."[34]

---

(30) Além disso, o acordo permite evitar o risco do *tudo ou nada*. É que a sentença, em regra, ao dar o direito ao vencedor, faz vencida a parte contrária. O acordo, de outra face, permite o *empate*, sem haver vencedores e vencidos.

(31) STF. HC 6.730-2/PR. Relator: Ministro Moreira Alves. Plenário. DJ: 06/04/90.

(32) [...] "Sempre foi da tradição do Direito Processual do Trabalho poderem, empregado e empregador, postular e defender pessoalmente seus direitos, independentemente da assistência dos profissionais do Direito, devendo ser destacado que, antes mesmo da atual Constituição prescrever a indispensabilidade do advogado à administração da Justiça (art. 133), idêntica norma já existia na legislação infraconstitucional (art. 62 da Lei n. 4.215, de 27.4.63 — Estatuto da Ordem dos Advogados do Brasil), mas nem por isso entendeu-se que fora revogada a norma consolidada (art. 791). Por isso mesmo, ao elevar ao nível constitucional o princípio que consagra a indispensabilidade do advogado à administração da Justiça, o constituinte não pretendeu, por certo, extinguir o *jus postulandi* das partes no Judiciário Trabalhista, visto que condicionou sua aplicação "aos limites da lei" (art. 113 — parte final), o que autoriza a conclusão de que, enquanto não sobrevier norma federal dispondo em sentido contrário, a subsistência do art. 791 da CLT, que é federal, revela-se compatível com a nova ordem constitucional. Recurso de revista parcialmente provido." (TST. Processo: RR — 357147-39.1997.5.17.5555. Relator: Ministro Milton de Moura França. 4ª Turma. DJ: 05/05/2000).

(33) Súmula n. 425 do TST. "*Jus postulandi* na Justiça do Trabalho. Alcance. O *jus postulandi* das partes, estabelecido no art. 791 da CLT, limita-se às Varas do Trabalho e aos Tribunais Regionais do Trabalho, não alcançando a ação rescisória, a ação cautelar, o mandado de segurança e os recursos de competência do Tribunal Superior do Trabalho."

(34) Enunciado n. 3 do I FNPT. "Art. 8º da DUDH, art. 5º, XXXV da CF, ART. 839 da CLT. *Jus Postulandi.* O *jus postulandi* é uma característica do Processo do Trabalho que atende ao art. 5º, XXXV da CF e ao art. 8ºda DUDH, independente do meio utilizado para a tramitação da

4. *Oralidade, concentração e imediatidade.* O princípio da oralidade abrange os princípios da concentração, da imediatidade, da irrecorribilidade das decisões interlocutórias e da identidade física do juiz. O Processo do Trabalho é ainda mais oral que o Processo Civil. Isso não significa que os atos processuais evitem a forma escrita. O que se quer dizer é que os atos poderão ser praticados verbalmente, devendo ser posteriormente reduzidos a termo, como ocorre com a petição inicial. Além desta, existem outros atos processuais que podem ser produzidos oralmente, como a defesa, a impugnação à defesa, a realização de protestos e a sentença, os quais devem ser praticados na audiência. Por isso é que se diz do princípio da *concentração*, uma vez que todos esses atos estão concentrados na audiência.

A *imediatidade* ou *imediação*, por sua vez, estabelece que o contato do Juiz com a produção das provas deve ser direto, imediato, sem obstáculos. É o que ocorre, notadamente, com a prova testemunhal, a qual é produzida perante o juiz.

A principal decorrência prática desse princípio é o prestígio do juízo de primeiro grau na interpretação dos depoimentos das testemunhas, já que ele teve contato direto com elas, a ponto de olhar nos olhos e sentir se falavam a verdade ou não.[35]

O princípio da identidade física do juiz, como já visto, é aplicável ao Processo do Trabalho. Quanto à irrecorribilidade das decisões interlocutórias, será objeto do próximo item.

5. *Irrecorribilidade imediata das decisões interlocutórias.* Essa peculiaridade decorre da oralidade, da celeridade e da concentração. Consoante redação do art. 893, § 1º, da CLT, "os incidentes do processo são resolvidos pelo próprio Juízo ou Tribunal, admitindo-se a apreciação do merecimento das decisões interlocutórias somente em recursos da decisão definitiva." Assim é que, pelo menos de imediato, não cabe qualquer recurso contra decisões interlocutórias. Eventual insurgência contra uma decisão dessa espécie deverá ser feita no recurso cabível contra a decisão, como é o caso do recurso ordinário (cabível contra a sentença do juízo de primeiro grau) e do recurso de revista (cabível contra acórdão de TRT).

Todavia, caso a decisão interlocutória contenha vício de ilegalidade ou abuso de direito e fira direito líquido e certo, isto é, que pode ser provado com prova documental, a parte prejudicada poderá impetrar um mandado de segurança, nos termos do art. 5º, LXIX, da CF. Entretanto, o TST vem restringindo ao máximo o uso do *writ* contra decisões interlocutórias.[36]

O mesmo Tribunal reconhece a existência de exceções, enumerando situações em que decisões interlocutórias desafiam recurso imediato, tema que será mais bem estudado no capítulo sobre recursos, ao qual remetemos o leitor.[37]

demanda. É a realização do princípio do acesso à justiça. Onde houver dificuldade de acesso digital deverá haver um servidor com atribuição para atermar a reclamação trabalhista em questão, podendo ser oficiado o sindicato profissional, ou a Defensoria Pública da União ou a OAB."

(35) "Prova oral — Valoração — É privilegiada a valoração da prova testemunhal produzida pelo juízo de origem, que está em posição privilegiada para avaliar a credibilidade dos depoimentos, pelo contato direto com partes e testemunhas, permitindo ao julgador observar, através do comportamento, modo de falar, etc., qual depoimento é verdadeiro em suas alegações, correspondendo à realidade fática. Tudo isso em atenção aos princípios da imediatidade, livre convencimento motivado (art. 131 do CPC), bem como o da oralidade, que assegura ao juiz uma maior participação na condução do processo e segurança na análise do complexo probatório. O contato contínuo e imediato do juiz com as partes e testemunhas permite-lhe ao inquiri-las perceber a lisura daqueles que prestam seus depoimentos." (TRT 3ª Região. Processo: RO 00082-2010-140-03-00-3. Relator: Desembargador Paulo Roberto de Castro. 7ª Turma. DEJT: 21.07.2010).

(36) "Mandado de Segurança. Decisão que deferiu a oitiva de testemunhas do reclamante por meio de carta precatória. Existência de recurso próprio. Recurso Ordinário. Orientação Jurisprudencial 92 Da SBDI-2. 1. O mandado de segurança em exame foi impetrado contra decisão que deferiu a oitiva das testemunhas do reclamante por meio de carta precatória. 2. O apontado ato coator trata-se de decisão interlocutória e, como tal, é irrecorrível de imediato, nos termos do art. 893, § 1º, da CLT e da Súmula n. 214. Cumpre salientar, contudo, que por se tratar de decisão interlocutória proferida anteriormente à sentença, esta é plenamente impugnável por meio do recurso ordinário, razão pela qual é incabível o mandado de segurança em exame, nos termos da Orientação Jurisprudencial n. 92 da SBDI-2. 3. Processo extinto sem resolução do mérito." (TST. Processo: RO — 1642-83.2011.5.15.0000. Relator: Guilherme Augusto Caputo Bastos. SDI-II. DJ: 11.05.2012).

(37) Súmula n. 214 do TST. "Decisão Interlocutória. Irrecorribilidade. Na Justiça do Trabalho, nos termos do art. 893, § 1º, da CLT, as decisões interlocutórias não ensejam recurso imediato, salvo nas hipóteses de decisão: a) de Tribunal Regional do Trabalho contrária à Súmula ou Orientação Jurisprudencial do Tribunal Superior do Trabalho; b) suscetível de impugnação mediante recurso para o mesmo Tribunal; c) que acolhe exceção de incompetência territorial, com a remessa dos autos para Tribunal Regional distinto daquele a que se vincula o juízo excepcionado, consoante o disposto no art. 799, § 2º, da CLT."

Mesmo com o advento do CPC de 2015, o C. TST sinaliza que o princípio da irrecorribilidade imediata das decisões interlocutórias permanecerá intangível.(38)

6. *Gratuidade ao empregado* e *depósito recursal para o empregador*. Nos termos do art. 5º, LXXIV, da CF, "o Estado prestará assistência jurídica integral e gratuita aos que comprovarem insuficiência de recursos." A assistência jurídica é gênero, do qual são espécies a gratuidade de despesas processuais, conhecida como justiça gratuita (Lei n. 1.060/50 e, atualmente, art. 98 do CPC de 2015), e a de advogado, tarefa que, na Justiça do Trabalho, compete aos sindicatos (Lei n. 5.584/70).

Veja-se que a Constituição não distingue entre empregado e empregador. Entretanto, na maioria das vezes o empregador é uma empresa, a qual exerce atividade organizada na circulação de bens e serviços, situação que não condiz com a declaração de pobreza, uma vez que as empresas se submetem ao procedimento falimentar, quando estão em situação de penúria. Por isso, em regra, o benefício só é garantido ao trabalhador e à massa falida.(39) Para obter o pálio da justiça gratuita, a empresa deve provar sua situação de penúria financeira.(40)

A concessão da justiça gratuita para o empregado depende apenas da declaração da parte, o que pode ser feito pelo próprio advogado,(41) razão pela qual a mera contratação de advogado particular não é empecilho à concessão desse benefício.(42) Ela abrange o pagamento das custas e despesas processuais.

A Lei n. 13.467/17 (reforma trabalhista) modifica o instituto da justiça gratuita no processo do trabalho. Alterando o § 3º e criando o § 4º, a lei dispõe que, para fazer jus ao benefício, o interessado deverá comprovar a insuficiência de recursos para o pagamento das custas, salvo se perceber salário igual ou inferior a 40% do limite máximo dos benefícios do Regime Geral de Previdência Social, situação em que haverá presunção de insuficiência financeira e o benefício poderá ser concedido de ofício.

O depósito recursal está previsto no art. 899 da CLT e que consiste em uma quantia a ser depositada pelo vencido na conta do Fundo de Garantia do empregado, ainda que mínima tenha sido a sucumbência do empregador(43) no objeto da ação. Ele tem valor máximo fixado em lei, sem jamais ultrapassar o valor da condenação. Sua finalidade é dupla, pois visa garantir o cumprimento da sentença e, em segundo plano, evitar a interposição excessiva de

(38) Art. 1º, § 1º, da IN 39/16 do C. TST. "Observar-se-á, em todo caso, o princípio da irrecorribilidade em separado das decisões interlocutórias, de conformidade com o art. 893, § 1º da CLT e Súmula n. 214 do TST."

(39) Súmula n. 86 do TST. "Deserção. Massa falida. Empresa em liquidação extrajudicial. Não ocorre deserção de recurso da massa falida por falta de pagamento de custas ou de depósito do valor da condenação. Esse privilégio, todavia, não se aplica à empresa em liquidação extrajudicial."

(40) Enunciado n. 16 do I FNPT: "[...] A presunção relativa de veracidade sobre a insuficiência de meios para demandar em juízo, sem prejuízo próprio ou da família, milita em favor da pessoa natural. A pessoa jurídica deverá provar, pelos meios de prova em direito admitidos, que não pode arcar com os custos do processo, sem prejuízo de sua manutenção. Harmonização dos princípios Constitucionais relativos à ordem econômica e financeira (art. 170) e art. 790, § 3º, CLT e art. 99, § 3º, NCPC."

(41) Súmula n. 463, I, do TST. "I — A partir de 26.06.2017, para a concessão da assistência judiciária gratuita à pessoa natural, basta a declaração de hipossuficiência econômica firmada pela parte ou por seu advogado, desde que munido de procuração com poderes específicos para esse fim (art. 105 do CPC de 2015); II — No caso de pessoa jurídica, não basta a mera declaração: é necessária a demonstração cabal de impossibilidade de a parte arcar com as despesas do processo."

(42) "Assistência judiciária gratuita. Declaração de pobreza. A declaração de miserabilidade, por si só, possibilita a isenção de custas nos termos do art. 4º da Lei n. 1.060/50, conforme redação atualizada da Lei n. 7.510/86, que, em momento algum, estabelece como obstáculo à obtenção da gratuidade da justiça a contratação de advogado particular nem exige como requisito do benefício a assistência sindical, tampouco a vontade expressa de se responsabilizar. A existência de declaração da parte de não poder demandar sem prejuízo de seu sustento ou de sua família, tal como há nos autos, apresentada a qualquer tempo e grau de jurisdição, enseja a concessão do benefício da assistência judiciária gratuita. O v. acórdão regional, portanto, encontra-se em consonância com o disposto na Orientação Jurisprudencial n. 304 da c. SBDI-1. Recurso de revista não conhecido." (TST. Processo: RR — 50100-84.2008.5.17.0161. Relator: Ministro Aloysio Corrêa da Veiga. 6ª Turma. DEJT: 06.07.2012).

(43) O depósito recursal não é exigido do empregado: "Preparo — Recurso obreiro — Depósito recursal — Inexigibilidade. O preparo, como pressuposto de admissibilidade de recurso obreiro, compreende apenas o pagamento das custas processuais. Ao contrário do que alega a Recorrida, não abrange o depósito recursal, haja vista que inexiste regra legal que condicione o recolhimento do depósito recursal ao empregado sucumbente. Com efeito, no presente caso, em que o recurso foi aviado pelo empregado beneficiário da justiça gratuita, conforme decidido na instância primeva, não é exigido o pagamento prévio de qualquer valor para o conhecimento de seu apelo. O art. 18 do CPC apenas prevê a multa por litigância de má-fé e a indenização devida à parte contrária, mas não exige que estes valores integrem o depósito como condição de admissibilidade recursal." (TRT 3ª Região. Processo: RO 00270-2006-022-03-00-5. Relator: juíza convocada Olívia Figueiredo Pinto Coelho. 8ª Turma. DJMG 29.07.2006).

recursos. A justiça gratuita abrange o depósito recursal (art. 98, § 1º, VIII, do CPC de 2015). Entretanto, essa regra é de aplicação polêmica do Processo do Trabalho, o que será mais bem examinado oportunamente, no capítulo referente aos recursos.

De se ressaltar que a Lei n. 13.467/17 (reforma trabalhista) cria isenções do depósito recursal para os beneficiários da justiça gratuita, as entidades filantrópicas e as empresas em recuperação judicial (art. 899, § 10, da CLT).

7. *Verdade real.* O Direito Material do Trabalho abriga o princípio da primazia da realidade, pelo qual a verdade dos fatos se sobrepõe a informações meramente formais constantes, por exemplo, da CTPS do trabalhador. Esse princípio encontra correspondência nas relações processuais no princípio da verdade real, cujo papel na Justiça trabalhista é mais relevante que na Justiça comum.

Em regra, o empregado tem mais dificuldades de provar o que alega do que o empregador de se defender. É que este exerce atividade organizada, dispondo de todos os registros relativos ao contrato de trabalho, além do fato de existir a subordinação, a qual, na prática, muitas vezes resulta na assinatura de documentos pelo empregado que não condizem com a realidade do que se passa. Por isso é que o Juiz deve dar especial atenção à prova produzida pelo empregado, sem estabelecer hierarquia entre elas. É comum ver, na Justiça do Trabalho, por exemplo, o depoimento de uma única testemunha prevalecer em face de numerosos cartões de ponto.

8. *Outras peculiaridades decorrentes do princípio da proteção.* Vários outros princípios do direito processual comum sofrem modificações em razão da passagem pelo filtro do princípio da proteção, tornando-se peculiaridades no Processo do Trabalho. Citem-se, ainda, em apertada síntese:

a) *Extrapetição*, pela qual as normas trabalhistas de ordem pública devem ser aplicadas pelo Juiz, ainda que não haja pedido específico sobre elas, como é o caso da anotação do contrato de trabalho na CTPS do empregado (art. 29, da CLT), da multa do art. 467, da CLT, pelo não pagamento das verbas incontroversas na primeira audiência, e dos pedidos de juros e correção monetária, os quais sequer precisam constar da inicial e da sentença para serem deferidos[44];

b) *Arquivamento*, caso o reclamante não compareça à audiência inicial (art. 844 da CLT), enquanto a ausência da reclamada induz a revelia;

c) *Execução "ex officio"*, em função de que o Juiz deve fazer mais do que simplesmente dar impulso oficial ao processo. Na fase de execução, cabe ao Juiz realizá-la de ofício, como se exequente fosse, determinando todas as medidas cabíveis a fim de dar cumprimento à decisão, ainda que não requeridas pelo exequente;

d) *Não correção monetária sobre os débitos do empregado* (Súmula 187 do TST);

e) *Especialidade ou tecnicidade*, segundo a qual a Justiça do Trabalho deve sempre primar pelo cumprimento específico das condenações, ou seja, pelo resultado prático, evitando simplesmente substituí-las pela indenização substitutiva. Assim é que, por exemplo, o Juiz deve esgotar as tentativas de obrigar o empregador a fazer ele próprio as anotações necessárias na CTPS do empregado, para só depois determinar à Vara do Trabalho a realização das anotações (art. 39, § 1º, da CLT); e

f) *Inexistência de duplo grau de jurisdição nas causas do rito sumário*, que é aplicado às causas cujo valor não exceda a dois salários mínimos, a fim de possibilitar uma decisão definitiva mais rapidamente (art. 2º, § 4º, da Lei n. 5.584/70).

2.6.2.2. Princípio da finalidade social

Em última análise, esse princípio também se destina a proteger o trabalhador. Ocorre que, enquanto o princípio da proteção decorre das normas jurídicas positivadas, o princípio da finalidade decorre da atuação

(44) Súmula n. 211 do TST. "Juros de mora e correção monetária. Independência do pedido inicial e do título executivo judicial. Os juros de mora e a correção monetária incluem-se na liquidação, ainda que omisso o pedido inicial ou sua condenação."

ativa do Juiz no caso concreto, para buscar uma solução justa.[45] Esse princípio desempenha, portanto, uma função semelhante a que ocorre na aplicação do princípio da proporcionalidade, que atua na lacuna dos demais princípios.

Na aplicação da norma jurídica processual trabalhista, o Juiz deverá atender ao interesse social, fazendo-o prevalecer sobre os interesses individuais (arts. 850, parágrafo único, e 852-I, § 1º, da CLT).

Para memorizar:

Princípio da proteção: a lei corrige a desigualdade, de forma abstrata;
Princípio da finalidade social: o juiz corrige a desigualdade, no caso concreto.

Segundo Humberto Theodoro Júnior, o princípio da proteção é o princípio mais importante do Processo do Trabalho, sendo o maior diferenciador em relação ao processo comum (2002, p. 48). De outra face, para Carlos Henrique Bezerra Leite, o princípio da finalidade social é a própria razão de ser do Processo do Trabalho (2007, p. 73). Em síntese, ele é o princípio que visa concretizar a justiça social.

São exemplos da aplicação do princípio da finalidade social: a inversão do ônus da prova, quando este se tornar excessivo para o empregado; o máximo aproveitamento da petição inicial, evitando-se a declaração de sua inépcia; e a facilitação do acesso à justiça pelo trabalhador, na interpretação das regras de competência territorial constantes do art. 651 da CLT,[46] e na desnecessidade de provar a comunicação da gravidez ao empregador.[47]

2.6.2.3. Princípio da jurisdição normativa ou normatização coletiva

A Constituição Federal de 1988 determina que ninguém será obrigado a fazer ou a deixar de fazer alguma coisa, senão quando existir lei. Esta recebeu da Constituição o poder de inovar na ordem jurídica, de forma geral e abstrata, criando direitos, deveres e obrigações.

Em regra, só a lei em sentido formal dispõe desse poder. Ocorre que a própria Constituição criou uma exceção. Nos dissídios coletivos de natureza econômica, a sentença normativa que decide o conflito trabalhista pode fazer o mesmo que a lei, criando direitos, deveres e obrigações para as partes dessa peculiar relação jurídica processual (art. 114, § 2º, da CF). Carnelutti já afirmou que a sentença normativa tem "corpo de sentença e alma de lei". Essa espécie de decisão possui eficácia *ultra partes*, produzindo efeitos nos contratos individuais de trabalho de todos os trabalhadores pertencentes à categoria profissional representada pelo respectivo sindicato, o qual foi parte no dissídio coletivo.

---

(45) "[...]A processualística trabalhista, de cunho especial, tem direção ao princípio da finalidade social, que permite ao juiz uma atuação mais ativa, na medida em que auxilia o trabalhador em busca de solução justa. Esta vertente diferenciada é a mesma que tenta igualar ao processo partes que outrora tinham, pela natureza do contrato de trabalho, condições naturalmente desiguais." (TRT da 3ª Região; Processo: 00240-2006-103-03-00-9 RO; Data de Publicação: 03.06.2006; Órgão Julgador: Oitava Turma; Relator: Paulo Mauricio R. Pires; Revisor: Denise Alves Horta)

(46) "[...] O mencionado dispositivo e seus parágrafos devem ser interpretados à luz da finalidade social visada pelo legislador, facilitar o ingresso em juízo do litigante economicamente mais frágil, possibilitando-lhe melhores condições para a defesa de seus direitos e acompanhamento da demanda. Na hipótese, o empregado, como mecânico de manutenção de aeronaves, que prestava serviços em várias localidades, porquanto percorria vários aeroportos pelo país, inclusive o Aeroporto Internacional Tancredo Neves — Confins/MG, pode optar em ajuizar a reclamatória na Vara do Trabalho daquela localidade, para processar e julgar o feito, que inclusive é seu domicílio, sendo competente para o feito." (TRT 3ª Região. Processo: RO 00508-2011-092-03-00-0. Relator: Desembargador Paulo Roberto de Castro. 7ª Turma. DEJT: 19.04.2012).

(47) "Recurso de Revista. Procedimento sumaríssimo. Empregada gestante. Estabilidade provisória. Gravidez na época da dispensa. Desnecessidade de comunicação do fato ao empregador. Efeitos. O dispositivo constitucional que prevê a estabilidade da gestante exige, para sua plena configuração, que a empregada esteja grávida na data da dispensa, sendo irrelevante a ausência de comunicação ao empregador e mesmo o conhecimento do fato pela empregada. Trata-se de responsabilidade objetiva assentada em princípio de finalidade social, na proteção do nascituro (item I da Súmula n. 244 do TST). Recurso de revista em procedimento sumaríssimo conhecido e provido." (TST. Processo: RR-134800-81.2005.5.04.0024. Relator: Ministro Horácio Raymundo de Senna Pires. 6ª Turma. DEJT: 14.08.2009).

O poder de editar sentenças normativas é uma competência exclusiva da Justiça do Trabalho. Ele não é, todavia, ilimitado, uma vez que não poderá diminuir os direitos trabalhistas constantes da Constituição Federal, das normas de ordem pública e das convenções e acordos coletivos de trabalho da categoria (art. 7º e 114, § 2º, da CF). É que esse conjunto normativo estabelece um nível mínimo de direitos, o qual não poderá ser rebaixado, pena de ofensa ao princípio da *vedação ao retrocesso* que protege a existência e garante a progressividade dos direitos fundamentais.

O princípio da normatização coletiva atribui ao Judiciário trabalhista a legitimidade para editar sentenças normativas, com conteúdo e força de lei. Essa legitimidade é objeto de severas críticas pela doutrina, ao argumento de que o exercício do poder normativo jurisdicionaliza o conflito entre capital e trabalho, e retira das partes envolvidas a iniciativa da negociação coletiva, a única técnica verdadeiramente legítima para solucionar essa espécie de controvérsia.

Há quem veja no poder normativo da Justiça do Trabalho um retrocesso, pois configura uma prática de intervenção estatal nas relações coletivas de trabalho, ferindo a liberdade sindical. Convergindo com essas críticas, a Emenda Constitucional n. 45/04 acabou transformando o dissídio coletivo de natureza econômica em juízo arbitral,(48) exigindo o comum acordo das partes para a *instauração da instância* (art. 114, § 2º), como é chamado o ajuizamento do dissídio coletivo.

Além dos princípios que foram objeto de análise neste capítulo, outros serão apresentados no decorrer desta obra, por estarem mais intimamente ligados a determinados institutos, como a petição inicial, a defesa, a audiência, as provas, as nulidades, os recursos e o processo de execução.

2.6.3. PRINCÍPIOS GERAIS ESTABELECIDOS PELO CPC DE 2015

O CPC de 2015 estabeleceu novos princípios gerais do processo, os quais já eram relatados pela doutrina. Sem embargo, sua aplicação ao Processo do Trabalho depende da filtragem do art. 769, da CLT. A seguir serão examinados os de maior relevância.

1. *Conciliação*. O art. 3º, §§ 1º, 2º e 3º, do CPC de 2015, determina que a solução consensual dos conflitos deve ser estimulada pelo Estado, inclusive com a adoção de métodos alternativos, como a mediação e arbitragem.

O princípio já estava previsto na CLT (art. 764),(49) de maneira que passa pelo filtro do art. 769, com exceção da arbitragem, que não é admitida em dissídios individuais, por conta da indisponibilidade dos direitos trabalhistas.(50)

Quanto à mediação, a questão é polêmica. Como se sabe, o mediador é um terceiro interveniente na relação jurídica, que tem como tarefa aproximar as partes e induzir o debate, sem, contudo, fazer propostas(51) ou decidir as questões controvertidas.(52) A polêmica reside no fato de que a conciliação seria a única forma alternativa de resolução dos conflitos individuais do trabalho, sendo esta uma atribuição exclusiva dos magistrados trabalhistas (arts. 764, § 1º, 846 e 850, da CLT). Essa perspectiva levou o TST a negar aplicabilidade da mediação no Processo do Trabalho (art. 2º, IV, e art. 14 da IN 39/16). Essa também é a conclusão do II FNPT.(53)

(48) Entretanto, a corrente majoritária, que inclui o TST, entende que a EC n. 45/04 apenas criou um pressuposto processual anômalo.

(49) Nesse sentido é o Enunciado n. 7 do I FNPT. "Art. 764, § 3º da CLT e art. 3º, § 3º do NCPC. O art. 3º, § 3º do NCPC tem clara inspiração no princípio da conciliação do art. 764, § 3º da CLT, sendo desnecessária sua aplicação por haver norma celetista."

(50) "[...] O instituto da arbitragem não se aplica como forma de solução de conflitos individuais trabalhistas, seja sob a ótica do art. 114, §§ 1º e 2º, da CF, seja à luz do art. 1º da Lei n. 9.307/1996, pois a intermediação da câmara de arbitragem (pessoa jurídica de direito privado) não é compatível com o modelo de intervencionismo estatal norteador das relações de emprego no Brasil. Quando se trata de Direito Individual do Trabalho, o princípio tuitivo do emprego inviabiliza qualquer tentativa de se promover a arbitragem, alcançando, inclusive, o período pós-contratual, ou seja, a homologação da rescisão, a percepção das verbas daí decorrentes e até mesmo eventual celebração de acordo. [...] (TST-E-ED-RR-25900-67.2008.5.03.0075, SBDI-I, rel. Min. João Oreste Dalazen, 16.4.2015)

(51) Quanto o terceiro faz propostas, o instituto é o da conciliação.

(52) Na situação em que o terceiro tem poder de decisão, o instituto é o da arbitragem.

(53) Enunciado n. 6 do II FNPT: "CLT, arts. 846 e 850. CPC, arts. 165 e seguintes. Conciliação e Mediação. Arts. 165 e seguintes do CPC. Incompatibilidade com o Processo do Trabalho. Inexistência de Lacuna Normativa. Arts. 846 e 850 da CLT. Embora vocacionado à solução negociada dos conflitos, a teor do disposto no art. 764 da CLT, no âmbito do Processo do Trabalho, não se mostra compatível o regramento

A nosso ver, a conciliação é, de fato, privativa do magistrado trabalhista. Todavia, nada impede que ela seja antecedida de tratativas entre as próprias partes, com ou sem a intervenção de terceiros. Imagine-se a hipótese em que, aguardando o horário da audiência, um amigo em comum das partes se aproxime delas e inicie uma conversa, ao final da qual as partes acabam chegando a uma composição. Ao entrarem na sala de audiências e derem notícia dos termos do acordo, não haverá empecilho para a homologação do acordo pelo Juiz. Ora, quantas vezes situações como essas ocorrem sem que sequer o magistrado delas tenha notícia? Qual seria o mal jurídico da criação de centrais de mediação ou da realização de audiências de mediação, sob a condução de terceiros, para apenas colher as tratativas das partes, desde que a homologação do acordo continuasse a ser uma prerrogativa exclusiva do Juízo? Para nós, nenhum problema haveria. Por isso, entendemos pela aplicação do instituto da mediação no Processo do Trabalho, como técnica processual, sem prescindir da conciliação como função privativa do magistrado.

No que tange aos dissídios coletivos de trabalho, os quais serão objeto de exame em capítulo específico, não há óbice à aplicação dos institutos da mediação e da arbitragem, tendo em vista a igualdade pressuposta das partes e a ausência de vedação legal. Essa também é a conclusão do art. 14, da IN 39/16, do C. TST.

Outra questão relevante, em se tratando de conciliação, é a *composição judicial* envolvendo sujeito estranho ao processo, cuja relação jurídica não é objeto do processo. Um exemplo de fácil ocorrência na Justiça do Trabalho é o acordo celebrado entre o empregado doméstico e um familiar do empregador, com melhores condições financeiras, que comparece na audiência espontaneamente. Como a matéria é da competência da Justiça do Trabalho, tendo em vista que a causa versa sobre o contrato de emprego, não há óbice para que a responsabilidade pelo adimplemento dos direitos transacionados seja assumida por um terceiro. Nos termos do art. 515, § 2º, do CPC, a possibilidade de esse acordo ser homologado pelo Juízo passou a figurar de forma expressa na lei processual. No nosso sentir, trata-se de instituto aplicável ao Processo do Trabalho, porque compatível com o princípio da conciliação.[54]

Caso curioso e verídico[55] ocorreu quando as partes celebraram acordo sobre matéria cuja competência material não é da Justiça do Trabalho. Um advogado ajuizou ação de cobrança de honorários advocatícios contra o cliente, que compareceu à audiência e ofereceu pagar a dívida de forma parcelada, o que foi aceito pela parte autora. Trata-se de demanda de competência da Justiça comum (Súmula n. 363 do C. STJ), em relação à qual o Juiz do Trabalho não tem competência para homologar acordos. Esclarecida a questão processual, foi sugerido às partes que o acordo fosse registrado na Ata de audiência, com assinatura de duas testemunhas presentes. Em que pese o processo tenha sido extinto, sem julgamento do mérito e sem a homologação do acordo, é incontestável que a transação possui força de título executivo extrajudicial (art. 784, III, do CPC de 2015), a ser eventualmente executado na Justiça comum.

2. *Cooperação*. Todos aqueles que participam do processo, não só o juiz, devem envidar esforços para que o processo cumpra a sua missão de solucionar o conflito, de forma justa e efetiva.

A primeira modalidade dessa cooperação é a geral, que envolve todos aqueles que participam do processo. O art. 6º do CPC de 2015 dispôs que "todos os sujeitos do processo devem cooperar entre si para que se obtenha, em tempo razoável, decisão de mérito justa e efetiva." Um exemplo de como essa cooperação acontece na prática encontra-se no art. 190, do CPC de 2015 (*negócio processual*). Ele permite que as partes possam estipular mudanças no procedimento para ajustá-lo às especificidades da causa, bem como convencionar sobre ônus, poderes, faculdades e deveres processuais, antes ou durante o processo, desde que os direitos admitam autocomposição. Além disso, o art. 191 permite que as partes, de comum acordo com o juiz, possam fixar calendário para a prática dos atos processuais.

---

inserto nos arts. 165 e seguintes do CPC, porque a conciliação deve ser realizada única e exclusivamente pelo Juiz, inexistindo lacuna normativa a justificar a heterointegração. Inteligência dos arts. 846 e 850 da CLT."

(54) Esse também é o entendimento consolidado no Enunciado n. 8 do II FNPT: "CPC, art. 515, § 2º. CLT, Art. 764. Art. 764 da CLT. O art. 515, § 2º do CPC é compatível com o Processo do Trabalho, essencialmente vocacionado à solução negociada do conflito, condicionada a validade do ajuste à preservação dos direitos fundamentais e aos limites éticos que norteiam a atividade autocompositiva, e submetida ao crivo do Poder Judiciário."

(55) Para preservação da intimidade das partes, peço vênia para não revelar os dados do processo.

Também são exemplos da cooperação geral o "*amicus curiae*" (art. 138 do CPC de 2015), que ingressa na lide para prestar auxílio na compreensão dos fatos, e os auxiliares da Justiça (arts. 149 e seguintes do CPC de 2015).

Outra modalidade de cooperação é a realizada entre os Juízos, com a utilização, por exemplo, de Cartas precatória, rogatória e de ordem, as quais serão mais bem vistas oportunamente, bem como de auxílio de gestão processual e administrativa, com a troca de experiências e fornecimento de suporte material e pessoal.

Para nós, a cooperação, em todas as suas modalidades, já tinha previsão no art. 646: "os órgãos da Justiça do Trabalho funcionarão perfeitamente coordenados, em regime de mútua colaboração, sob a orientação do presidente do Tribunal Superior do Trabalho." Além disso, o art. 645 vai ainda mais longe, abrangendo qualquer pessoa que tenha contato com o Processo do Trabalho, mesmo não sendo sujeito dele, ao dispor que "o serviço da Justiça do Trabalho é relevante e obrigatório, ninguém dele podendo eximir-se, salvo motivo justificado."(56)

Quanto à cooperação entre Juízos, a doutrina tem se inclinado pela sua aplicabilidade ao Processo do Trabalho. Nesse sentido são os Enunciados n. 35,(57) 36,(58) 37,(59) 38(60) e 39(61) do I FNPT, bem como o Enunciado n. 5(62) do II FNPT.

Todavia, no que tange à cooperação na modalidade de *negócio processual*, vale destacar que tanto o I FNPT,(63) quanto o C. TST (art. 2º, II, da IN 39/16), não concordam com sua aplicação ao Processo do Trabalho, ao argumento de que não existe lacuna na CLT, que possui ritos processuais próprios e rígidos. Em sentido oposto é o entendimento do FPPC.(64)

3. *Finalidade social*. O art. 8º do CPC estabelece que "ao aplicar o ordenamento jurídico, o Juiz atenderá aos fins sociais e às exigências do bem comum, resguardando e promovendo a dignidade da pessoa humana e observando a proporcionalidade, a razoabilidade, a legalidade, a publicidade e a eficiência." Trata-se de princípio que também já tinha previsão na CLT, como foi visto (*v. g.*, arts. 850, parágrafo único, e 852-I, § 1º).

---

(56) No nosso sentir, portanto, o negócio jurídico sempre existiu na prática do Processo do Trabalho, muito embora de forma verbal. É que é muito comum que prazos sejam *negociados* entre o Juiz e as partes, sem que os trâmites da negociação constem da ata de audiência. Um exemplo corriqueiro é o negócio que envolve prazos para manifestação sobre laudos periciais ou para a impugnação à defesa, situações em que o Juiz apenas faz constar o prazo, sem mencionar que isso foi objeto de acordo entre as partes. Por isso é que, no nosso sentir, desde que não fira norma cogente de ordem pública, não há razão para excluir "*a priori*" o negócio processual da relação processual trabalhista.

(57) "CLT, art. 769 e NCPC: art. 67. Cooperação Judicial. Os preceitos da cooperação nacional são compatíveis com os princípios do Processo do Trabalho."

(58) "CLT, art. 769 e NCPC, art. 69, inciso II c/c art. 55, § 3º. Cooperação Nacional. Reunião De Processos. Aplicabilidade Ao Processo do Trabalho. O art. 69, II, do NCPC é compatível com o Processo do Trabalho e, em consonância com a novel racionalidade que decorre dos preceitos de cooperação judiciária, cria uma nova modalidade concertada de modificação de competência, como forma de gestão coletiva dos dissídios, sem os pressupostos clássicos da conexão ou da continência. Aplicação do art. 69, II c/c art. 55, § 3º."

(59) "CLT, art. 769 e NCPC, art. 34 c/c art. 237. Cooperação Internacional Passiva — Competência Processual Concorrente. Compete ao juízo federal comum ou do trabalho apreciar pedido de auxílio direto passivo que demande prestação de atividade jurisdicional (art. 34 c/c art. 237, ambos do NCPC)."

(60) "CLT, art. 769 e NCPC, arts. 67, 68, 69 e § 2º. Cooperação Entre Órgãos. A cooperação judiciária entre órgãos judiciários, no âmbito dos respectivos Tribunais, regiões ou comarcas, prevista no art. 67 do NCPC compreende: a) a cooperação para a prática de atos processuais (arts. 68 e 69); b) a cooperação destinada à concentração de atos de gestão judiciária e de administração de justiça entre órgãos judiciais concernentes à harmonização, racionalização e agilização de rotinas, procedimentos e práticas comuns (art. 1º, I, Recomendação n. 38, CNJ); c) a cooperação para a gestão coletiva de conflitos e a formulação de políticas jurisdicionais, de gestão judiciária e de administração da justiça (art. 9º, anexo da Recomendação N. 38, CNJ)."

(61) "CLT, art. 769 e NCPC, art. 67. Sistema Nacional de Cooperação Judicial. O conjunto de normas legais sobre a cooperação judiciária, incluídas as normas legais e administrativas, compõem o sistema nacional de cooperação judiciária que inclui todos os ramos do poder judiciário e a rede nacional de cooperação judiciária, respondendo pela organização, operacionalidade e definição das estratégias relacionadas à implementação, consolidação e aprimoramento da cooperação judiciária (art. 67 do NCPC)."

(62) "CLT, art. 769. CPC, art. 67 e seguintes. A cooperação judicial nacional é importante para promover o combate ao trabalho em condições análogas a escravo e trabalho infantil."

(63) Enunciado n. 6 do I FNPT: "CLT, arts. 769, 849, 852-C e NCPC, art. 190 NCPC. Negócio Jurídico Processual. Inexistência de Lacuna Ontológica ou Axiológica. Previsão na CLT e na Lei n. 5.584/70. Celeridade dos Ritos Trabalhistas, Ordinário, Sumaríssimo ou Alçada. Duração Razoável do Processo. A previsão contida no art. 190, do NCPC, não se aplica aos processos que envolvam dissídios individuais de RELAÇÃO DE TRABALHO, tendo em vista que a CLT tem rito próprio (ordinário, sumaríssimo ou alçada), conforme arts. 849, 852-C e art. 2º, §§ 3º e 4º, da Lei n. 5.584/70. Aplicação dos arts.769, 849, 852-C da CLT e NCPC, art. 190."

(64) Enunciado n. 131 do FPPC. "(art. 190; art. 15) Aplica-se ao Processo do Trabalho o disposto no art. 190 no que se refere à flexibilidade do procedimento por proposta das partes, inclusive quanto aos prazos."

Não obstante, vale ressaltar que a finalidade social do Processo do Trabalho é um princípio processual, que tem o objetivo de corrigir a desigualdade entre as partes na relação processual, quando ela persistir, apesar do princípio da proteção. No processo civil, no entanto, a finalidade social funciona como uma regra de hermenêutica, que orienta como o Juiz deve aplicar o direito material.

4. *Preponderância da tutela de mérito ou primazia do julgamento de mérito.* O CPC de 2015 está permeado da ideologia de persecução da tutela de mérito, a qual deve ser buscada pelas partes e pelo Juiz, sempre que as irregularidades de forma puderem ser superadas. Isso corresponde a uma conduta mais intensa em favor do julgamento do mérito da causa, mais do que o princípio da instrumentalidade das formas foi capaz de fazer.

Pelo novo princípio, o Juiz deve, sempre que possível, julgar o mérito integral da causa, incluída a atividade satisfativa (art. 4º).

Ocorre que esta nova ideologia do processo civil já era aplicada no Processo do Trabalho por meio do princípio da simplicidade, o qual sempre municiou o Juiz para sanar as irregularidades, seja concedendo à parte a oportunidade para corrigir vícios, seja simplesmente interpretando os seus atos de maneira a conservá-los ao máximo. Cite-se, por exemplo, a petição inicial, a qual, parte por força da lei (art. 840, § 1º, da CLT), parte por esforço do Juiz, quase nunca é indeferida ou declarada inepta, mas sim aproveitada ao máximo a fim de dar prosseguimento ao processo, até a prestação da tutela de mérito.

Por isso, no nosso sentir, o novo princípio é compatível com o Processo do Trabalho. É o que também concluiu o I FNPT.[65]

5. *Simplicidade.* Identificamos o princípio da simplicidade no CPC de 2015 em todo o seu texto, com forte inspiração no Processo do Trabalho.

Uma das finalidades desse princípio é a tentativa de inibir o fenômeno indesejado da duplicação de demandas. A legislação anterior era um convite à multiplicação de processos. Por exemplo: a parte ajuizava uma ação cautelar; depois, a ação principal, na qual fazia pedido de tutela antecipada; em seguida, fazia uso de toda sorte de recursos, mesmo sabendo que a jurisprudência dos tribunais superiores não lhe seria favorável; finalmente, após anos de tramitação, o processo poderia ser julgado extinto, sem julgamento do mérito, por falta de algum pressuposto processual.

Outra finalidade desse princípio é imprimir celeridade ao processo, extirpando da lei os incidentes desnecessários.

Atendendo a essas finalidades, o CPC de 2015, *v. g.*, unificou os ritos (art. 318) e as tutelas antecipada e cautelar, que passam a ser espécies da tutela provisória (art. 294), as quais, quando requeridas em caráter antecedente, transformam-se em processo principal, sem a necessidade de ajuizamento de outra ação. Também cuidou de extinguir recursos (como os embargos infringentes) e reduzir o alcance de outros (como o agravo de instrumento), além de ter dado força vinculativa à jurisprudência dos tribunais superiores (arts. 927 e 928).

Esse princípio é compatível com a simplicidade do Processo do Trabalho, muito embora neste, o procedimento seja ainda mais simples que o do processo comum.

6. *Contraditório substancial.* Já foi dito que atualmente, além do binômio *informação-reação*, o contraditório abrange a participação democrática das partes no convencimento do Juiz e a proibição de surpresa, a qual obriga que as partes sejam intimadas das decisões e dos demais atos do Juiz e das outras partes (perspectiva substancial).

O CPC de 2015 tratou expressamente da temática, estabelecendo a vedação de *decisão surpresa*, isto é, a proferida sem a manifestação prévia das partes, salvo nos casos de tutelas provisórias e ação monitória (art. 9º do CPC de 2015), bem assim a decisão que estiver embasada “em fundamento a respeito do qual não se tenha dado

---

(65) Enunciado n. 48 do I FNPT. “[...] O princípio da primazia do julgamento de mérito, inserido no sistema processual pelo art. 4º do NCPC tem aplicação no direito processual do trabalho, uma vez que o Poder Judiciário deve buscar a solução definitiva da lide em qualquer espécie de conflito, com o fim de que a jurisdição possa atingir seus escopos jurídicos e sociais. Tal dispositivo se coaduna, ainda, com o princípio da simplicidade que permeia o Processo do Trabalho, observando, assim, a regra do art. 769 da CLT.

às partes oportunidade de se manifestar, ainda que se trate de matéria sobre a qual deva decidir de ofício (art. 10 do CPC de 2015).

Imagine-se, por exemplo, que o Juiz, no momento em que está redigindo a sua sentença, resolva buscar na *internet* uma informação importante, como a distância entre o local de trabalho e a casa do empregado, em uma demanda que envolva o debate acerca de horas "*in itinere*." Nesse caso, para que o resultado da pesquisa possa servir de embasamento da sentença, deve o Magistrado converter o feito em diligência e determinar a intimação das partes, para que possam se manifestar sobre o documento, pena de a decisão ser considerada *surpresa*.

Há vozes no sentindo de que esse princípio não é aplicável ao Processo do Trabalho, por conta dos princípios da simplicidade, da celeridade e da informalidade.[(66)]

No nosso sentir, contudo, o princípio deve ser aplicado ao Processo do Trabalho, tendo em vista que os próprios princípios do direito processual trabalhista devem guardar compatibilidade com a Constituição. Os arts. 9º e 10 do CPC de 2015 nada mais fizeram que consolidar uma anterior intepretação do art. art. 5º, LIV, da Constituição.[(67)] Vale lembrar que o interesse público está acima do particular, inclusive nas relações de trabalho (art. 8º, da CLT).

A IN 39/16 do C. TST também orienta a aplicar o contraditório substancial, definindo a decisão surpresa como sendo "a que, no julgamento final do mérito da causa, em qualquer grau de jurisdição, aplicar fundamento jurídico ou embasar-se em fato não submetido à audiência prévia de uma ou de ambas as partes" (art. 4º, § 1º).

O Enunciado n. 108[(68)] do Fórum Permanente de Processualistas Civis — FPPC também conclui pela aplicabilidade dos arts. 9º e 10 do CPC de 2015 ao Processo do Trabalho.

Considerando a aplicabilidade do contraditório substancial, é de se indagar se ele também se aplica às questões preliminares (como as condições da ação e os pressupostos processuais).

Oferta-se um exemplo: a parte autora deduz pretensão de natureza criminal, em relação à qual a Justiça do Trabalho carece de competência material. Ao fazer conclusos os autos para decidir, o Juiz verifica que a parte ré não se manifestou sobre esse pedido. Seria necessário converter o feito em diligência antes de decidir, de ofício, pela decretação da incompetência?

Temos a convicção de que não será necessário, uma vez que as partes tiveram a oportunidade de se manifestar sobre as questões processuais até o encerramento da instrução processual. Com efeito, o art. 4º, § 2º, da IN 39/16 do C. TST, bem acrescenta que não pode ser considerada como *surpresa* a decisão que "[...] as partes tinham obrigação de prever, concernente às condições da ação, aos pressupostos de admissibilidade de recurso e aos pressupostos processuais, salvo disposição legal expressa em contrário."

Outro instituto diretamente ligado ao princípio do contraditório substancial é o *incidente de desconsideração da personalidade jurídica* (arts. 133 a 137 do CPC de 2015), o qual será examinado com mais profundidade oportunamente. Por ora, vale destacar que a inovação do CPC de 2015 está na exigência de observância de contraditório (art. 135), o qual nem sempre costumava existir. A IN 39/16 do C. TST declarou a aplicabilidade desse incidente ao Processo do Trabalho (art. 6º), com ressalvas, entre elas a de que ele é compatível com a determinação de medidas cautelares e com a adoção do contraditório diferido (art. 6º, § 2º).

(66) Nesse sentido é o Enunciado n. 17 do I FNPT: "NCPC, art. 10, art. 769 da CLT. Proibição de fundamento "surpresa", em decisão sem prévio contraditório. Inaplicabilidade no Processo do Trabalho. Prevalência da simplicidade, celeridade e informalismo. Não se aplica ao Processo do Trabalho o art. 10 do NCPC, que veda motivação diversa da utilizada pelas partes, ainda que se trate de matéria sobre a qual deva decidir de ofício. Prevalência dos princípios da simplicidade, da celeridade, da informalidade e do *jus postulandi*, norteadores do Processo do Trabalho.

(67) Veja-se, por exemplo, a seguinte ementa, de 2012: "PRINCÍPIO DO CONTRADITÓRIO. DIMENSÃO SUBSTANCIAL. O princípio do contraditório, na sua dimensão substancial, impõe não só a mera possibilidade de participação das partes, mas também a exigência de condições de poder influenciar o órgão julgador. Se uma das partes não teve a oportunidade de manifestar-se previamente sobre documentos juntados pelo adversário, que foram determinantes na decisão do Magistrado, o prejuízo é manifesto e a violação ao princípio constitucional está configurada." (TRT da 3.ª Região; Processo: 0123500-40.2004.5.03.0104 AP; Data de Publicação: 16.07.2012; Órgão Julgador: Terceira Turma; Relator: Camilla G.Pereira Zeidler; Revisor: Convocado Vitor Salino de Moura Eca)

(68) "(Art. 9º; art. 15) No Processo do Trabalho, não se proferirá decisão contra uma das partes, sem que esta seja previamente ouvida e oportunizada a produção de prova, bem como não se pode decidir com base em causa de pedir ou fundamento de fato ou de direito a respeito do qual não se tenha oportunizado manifestação das partes e a produção de prova, ainda que se trate de matéria apreciável de ofício."

3 Justiça do Trabalho

Além de princípios e normas, o Direito Processual do Trabalho faz uso de instituições para cumprir suas finalidades. Por isso é que a Constituição Federal de 1988 trata, entre os arts. 111 e 116, da Justiça do Trabalho, órgão do Poder Judiciário da União especializado na conciliação e julgamento de demandas de natureza trabalhista.

Antes, porém, de compreender a Justiça do Trabalho brasileira, é oportuno tecer breves comentários acerca da história das instituições trabalhistas e de sua situação no Direito comparado.

3.1. JUSTIÇA DO TRABALHO NO DIREITO COMPARADO

1. *Itália*. Em 1893, foram criados os "Probiviri"[69], pequenas juntas arbitrais compostas por representantes dos empregados e dos empregadores. Posteriormente, foi criada a magistratura trabalhista (1925), que passou a integrar o Poder Judiciário em 1927, pela Carta Del Lavoro. Entretanto, a magistratura do trabalho acabou sendo abolida e, a partir de então, as causas trabalhistas passaram a ser julgadas pela Justiça comum, com rito especial, situação que perdura até os dias atuais.

2. *França*. Em 1806, foram criados na França os "*Conseils de Prud'hommes*"[70]. Eles se tornaram órgãos do Poder Judiciário em 1905, permanecendo como tal desde então. Seus membros são eleitos entre representantes dos empregados e dos empregadores, para o exercício de um mandato de cinco anos. A jurisdição trabalhista, no entanto, não goza de plena autonomia, estando vinculada à jurisdição civil, de maneira que os recursos das decisões do Conselho são julgados, em regra, pelos Tribunais civis. Na França, há um Código do Trabalho, o qual contém normas de direito material e processual do trabalho, à semelhança da CLT brasileira.

3. *Alemanha*. A Constituição alemã de Weimar, de 1919, foi uma das primeiras[71] constituições sociais da história, assim chamada porque continha os direitos fundamentais de segunda dimensão. No entanto, antes dela, a Alemanha já possuía Tribunais Industriais (1908).

(69) Árbitros.

(70) Segundo Tarcísio Corrêa Brito, "o vocábulo '*prud'homeme*' originou-se no período medieval do termo '*prude*', designando o homem probo, leal, de bom conselho insigne, antigos '*preud'homme*' e '*preudefemme*'." (BRITO *in* EÇA; TOLEDO FILHO; 2009, p. 201). No sentido jurídico, a melhor tradução talvez seja "Tribunais Industriais".

(71) A primeira foi a do México, de 1917.

A Alemanha é uma federação, nos termos da Constituição de 1949, atualmente em vigor, fato que aproxima a organização de sua Justiça do Trabalho da experiência brasileira. Assim como no Brasil, a Justiça do Trabalho alemã está estruturada em três instâncias, com Tribunais do Trabalho ("*Arbeitsgericht*") na primeira, compostas por um Juiz togado e dois classistas; Tribunais Estaduais ("*Landesarbeitsgericht*"), na segunda; e o Tribunal Federal do Trabalho ("*Bundesarbeitsgericht*"), na terceira. Não há um Código do Trabalho, mas muitas leis esparsas, específicas sobre os assuntos trabalhistas, inclusive processuais (*Arbeitsgerichtgesestz*[(72)]). A Justiça do Trabalho alemã é especializada e independente da jurisdição civil. (EÇA; TOLEDO FILHO; 2009, p. 12).

4. *Espanha.* Na Espanha, foram criados Tribunais Industriais em 1926. Em 1940, no entanto, as relações trabalhistas e previdenciárias passaram a ser julgadas por varas e câmaras especializadas (*Fuero del Trabajo*). Lá a jurisdição é una, mas há divisões em razão da matéria. Dessa forma, a organização judiciária trabalhista possui setores especializados nas quatro instâncias do Poder Judiciário: Juizado Social (1ª), Câmaras Sociais (2ª), Câmara Social (3ª) da Audiência Nacional e Câmara Social do Tribunal Supremo (4ª). O *Codigo Del Trabajo* de 1926 possui normas de direito material e processual do trabalho.

5. *Bélgica.* A Justiça do Trabalho belga[(73)] é composta de duas instâncias, sendo a primeira o Tribunal do Trabalho, com composição classista,[(74)] e a Corte do Trabalho, a segunda. A competência abrange, além das relações entre empregados e empregadores, as questões sobre seguridade social (art. 578 do Código Judiciário de 1967), pelo que se pode dizer que a Justiça do Trabalho da Bélgica é social, tal qual ocorre na Espanha.

6. *Reino Unido, Inglaterra, Escócia, País de Gales e Irlanda do Norte* formam o Reino Unido, muito embora cada qual conserve independência como país. Lá também existe Justiça do Trabalho, como órgão do Poder Judiciário, inicialmente chamada de "*Industrial Tribunals*",[(75)] pelo "*Industrial Training Act 1964*"[(76)], e depois de "*Employment Tribunal*",[(77)] por força do "*Employment Rights Act 1998*",[(78)] esta que é uma verdadeira CLT do Direito do Trabalho britânico. O Processo do Trabalho, por sua vez, é regido pelas disposições do "*Employment Tribunals Rules of Procedure* 2013".[(79)]

7. *Áustria.* As causas trabalhistas na Áustria são julgadas pela Justiça comum (Tribunais Regionais). No entanto, a Capital Viena é exceção, pois possui um Tribunal do Trabalho e Assuntos Sociais, cujos recursos são julgados pelo Tribunal Regional Superior (EÇA, 2012, p. 30-31).

8. *Portugal.* Muito embora possua um Código de Processo Laboral (2000), Portugal ainda não estruturou uma Justiça especializada para as causas trabalhistas, as quais são julgadas pela Justiça comum. É preciso considerar, porém, que a estrutura do Poder Judiciário português passou por recente reforma (2008), a qual "ainda está em trâmite" (EÇA, 2012, p. 233), tendo sido criados órgãos especializados pela Lei n. 62/2013.

9. *Argentina.* Na Argentina há a Justiça Nacional do Trabalho, a qual "é exercida pelos juízes nacionais de primeira instância (tribunal unipessoal) e pela Câmara Nacional de Apelações do Trabalho (tribunal colegiado, dividido em salas de três membros cada uma), ou seja, há dupla instância." (EÇA; TOLEDO FILHO; 2009, p. 28).

A Lei n. 18.345, aprovada pelo Decreto 106/98, dispõe sobre a "*Organizacion y Procedimiento de la Justicia Nacional del Trabajo.*" Nos termos do art. 20, a competência material da Justiça do Trabalho argentina abrange todas as relações de trabalho, inclusive as mantidas entre o Estado e seus servidores, individuais e coletivas. Não obstante, cada província tem sua própria lei processual (EÇA, 2012, p. 20).

10. *Uruguai.* A conciliação dos conflitos individuais entre empregados e empregadores uruguaios é feita pelo Centro de Negociação de Conflitos Individuais do Trabalho, em Montevidéu, ou pela Oficina de Trabalho

(72) Lei do Tribunal do Trabalho.

(73) Para obter mais informações, o leitor pode acessar o site <www.justice.belgium.be>.

(74) Com juízes togados e classistas, nos moldes das antigas Juntas de Conciliação e Julgamento brasileiras.

(75) Sugestão de tradução: "Tribunais Industriais."

(76) Sugestão de tradução: "Lei de Aprendizagem Industrial, de 1964."

(77) Sugestão de tradução: "Tribunal do Trabalho."

(78) Sugestão de tradução: "Lei do Direito do Trabalho". Essa lei está disponível em <www.legislation.gov.uk >.

(79) Sugestão de tradução: "Código de Processo dos Tribunais do Trabalho."

dependente do Ministério do Trabalho e Seguridade Social, no interior, cujo procedimento é regido pela Lei n. 18.572/09, com as modificações da Lei n. 18.847/11. Os acordos são executados perante a Justiça comum, que possui órgãos especializados para homologá-los e para julgar as causas trabalhistas inconciliáveis, quais sejam, os "*Juzgados Letrados del Trabajo de Montevideo*" e os "*Juzgados Letrados de Primera Instancia*", no interior.

11. *Chile.* O Chile possui "*Juzgados de Letras del Trabajo y de Cobranza Laboral y Previsional* ", órgãos que compõem os "*Tribunales Laborales*" que, por sua vez, integram o Poder Judiciário chileno, por força da Lei n. 20.022/05, que modificou o Código de Organização dos Tribunais.

O Código do Trabalho chileno, a exemplo de nossa CLT, rege tanto as relações materiais quanto as processuais do trabalho. As normas relativas ao Direito Processual do Trabalho chileno estão dispostas no Livro V do Código do Trabalho, cujo art. 420 estabelece a competência material, para julgar causas decorrentes das relações individuais e coletivas do trabalho, bem como questões de seguridade social.

12. *Colômbia.* As causas trabalhistas são julgadas pela Justiça comum, que dispõe de órgãos especializados: Corte Suprema de Justiça ("*Sala de Casación Laboral*"); Tribunais Superiores de Distrito Judicial ("Salas de 1º Laboral"); Juizados de Circuito (Comarca) Trabalhista; Juízes Cíveis do Circuito (Comarca). (EÇA, 2012, p. 81). O Processo do Trabalho é regido pelo Código de Processo do Trabalho (Decreto-Lei n. 2.158/48).

13. *Paraguai.* Os Juizados do Trabalho e Tribunais do Trabalho formam a Justiça do Trabalho no Paraguai, com aplicação de procedimento próprio definido pela "*Ley procesal laboral,*" que prima pela conciliação e celeridade. (EÇA, 2012, p. 30-31).

14. *Peru.* A Lei Processual Trabalhista (Lei n. 29.497/10) estabelece os órgãos da Justiça do Trabalho peruana: Sala de Direito Constitucional e Social; Salas Laborais; Juizados Especializados de Trabalho e Juizados de Paz Letrados.

15. *Equador.* As demandas trabalhistas no Equador ficam a cargo da Justiça comum, que segue regras procedimentais especiais estabelecidas pelo "*Codigo del Trabajo*" (art. 574 e seguintes).

16. *Venezuela.* A Lei Orgânica do Trabalho, de 1990, organizou a Justiça do Trabalho em dois níveis, sendo o primeiro a instância conciliatória, que fica a cargo dos "*Tribunales de Sustanciación, Mediación y Ejecución.*" O segundo nível é a instância judicial, que é composta pelos "*Tribunales de Juicio*" (primeira instância) e pelos "*Tribunales Superiores del Trabajo*" (segunda instância). O Tribunal Supremo de Justiça, por sua vez, possui um órgão especial para julgamento dos recursos trabalhistas, que é a Sala Social. (EÇA, 2012, p. 243).

17. *Bolívia.* O Direito Processual do Trabalho boliviano está codificado (Decreto-Lei n. 16.896/79). A Justiça comum tem competência trabalhista e previdenciária, com órgãos especiais, e está organizada em três instâncias (ordem crescente): "*Juzgados del Trabajo y Seguridad Social*", "*Corte Nacional del Trabajo y Seguridad Social*"; e "*Corte Suprema de Justicia en su Sala Social y Administrativa*".

18. *México.* A Lei Federal do Trabalho mexicana contém normas de Direito Processual do Trabalho (artigos 685 e seguintes). No México, as "*Juntas de Conciliación y Arbitraje*", que podem ser federais ou locais, possuem competência para julgar os dissídios individuais privados, ao passo que o "*Tribunal Federal de Conciliación y Arbitraje*" julga os dissídios dos empregados do Estado. Ambos são autônomos e independentes.

19. *Outros países com Justiça do Trabalho.* Se considerarmos a existência de ao menos um órgão judicial especializado de primeira instância, sem prejuízo da coexistência com meios alternativos de resolução extrajudicial de conflitos, como arbitragem e mediação, o Direito Comparado revela que também existe Justiça do Trabalho no seguintes países: *Costa Rica, El Salvador, Guatemala, Honduras, Nicarágua, Panamá, República Dominicana, Turquia, Dinamarca, Estônia, Finlândia, Hungria, Irlanda, Islândia, Noruega, Holanda, Suécia, Suíça, Austrália, Nova Zelândia, Filipinas, Singapura* e *África do Sul.*

20. *Outros órgãos relevantes.* Nos países em que não há Justiça do Trabalho — seja como órgão independente, seja como parte da organização da Justiça comum (mas com procedimento próprio) — observa-se a tendência de absorção da respectiva competência por outros órgãos, públicos ou privados, mas sempre de modo a dar um tratamento especial e diferente dos demais litígios civis.

Nos *Estados Unidos da América*, por exemplo, existe um procedimento administrativo que tramita perante o "*National Labor Relations Board*",[80] que é uma agência federal independente de proteção dos direitos dos empregados privados.[81] Se houver recusa do condenado em cumprir a sentença, ela é executada pelo Tribunal Federal mais próximo. (EÇA, 2012, p. 115-116). Além disso, o sistema arbitral privado e a Justiça comum também podem ser utilizados. Vale ressaltar que os Estados membros podem criar departamentos estaduais semelhantes, para fazer cumprir as leis trabalhistas estaduais.

No *Canadá*, as questões trabalhistas são julgadas por órgãos extrajudiciais (arbitragem privada), como é o caso do Conselho Nacional de Relações do Trabalho, cujas decisões fazem coisa julgada. (EÇA, 2012, p. 41-43).

A *China*, por seu turno, possui um sistema de mediação e arbitragem que, muito embora seja privado, é custeado integralmente pelo Estado. Em 2009, ingressaram nas cortes arbitrais 964.000 casos. As causas trabalhistas só podem ser apreciadas pelo Judiciário (o qual ainda está em fase de desenvolvimento) quando a sentença arbitral for de improcedência. (EÇA, 2012, p. 67-69).

Já o *Japão* também tem a mediação como principal instrumento de pacificação nas relações de trabalho, sem prejuízo do acesso à Justiça comum. Todavia, em 2004, o Japão criou um procedimento especial para julgamento das causas trabalhistas, mais célere, demonstrando a crescente preocupação com a especialização de suas Cortes.

Como se percebe, a Justiça do Trabalho não é uma criação brasileira, tampouco é exclusiva de nosso sistema jurídico. Ela cumpre papel relevante em todo o mundo, evidenciando a necessidade de oferecer tutela jurisdicional específica para as relações de trabalho.

Vale salientar que a Organização Internacional do Trabalho foi fundada em 1919, possui atualmente 185 países membros, todos unidos no compromisso de concretizar cerca de 300 normas, entre convenções e recomendações, de maneira que a Justiça do Trabalho é um importante instrumento internacional de proteção dos direitos trabalhistas.

3.2. JUSTIÇA DO TRABALHO NO BRASIL

3.2.1. HISTÓRICO

A organização da Justiça do Trabalho brasileira passou por cinco fases,[82] cujos divisores são momentos históricos responsáveis pela alteração dos paradigmas dessa instituição. As fases são as seguintes:

1. *Período anterior à institucionalização*. Até 1907, não havia órgão ou procedimento especial destinados a compor os conflitos decorrentes das relações de trabalho. Nessa fase, eventuais demandas eram submetidas à Justiça comum, que seguia o rito processual do Regulamento 737, de 1850.

2. *Institucionalização*. Em 1907, o art. 8º, do Decreto 1.637/07,[83] que tratava da organização de sindicatos e cooperativas, fez menção aos Conselhos Permanentes de Conciliação e Arbitragem, os quais teriam a atribuição de compor os conflitos trabalhistas. Entretanto, esses conselhos jamais saíram do papel. Só em 1922, no Estado de São Paulo, o Brasil conheceu o primeiro órgão jurisdicional efetivamente criado para solucionar as controvérsias entre capital e trabalho: o Tribunal Rural.[84] Este órgão nasceu do aperfeiçoamento do antigo Patronato Agrícola,

(80) Sugestão de tradução: "Conselho Nacional de Relações de Trabalho"

(81) Mais informações estão disponíveis em <www.nlrb.gov>.

(82) A doutrina majoritariamente reconhece a existência de quatro fases. Contudo, salta aos olhos a existência de uma quinta, na opinião do autor, em virtude das modificações introduzidas no texto constitucional pela EC n. 45/04.

(83) "Art. 8º. Os sindicatos que se constituírem com o espírito de harmonia entre patrões e operários, como sejam os ligados por conselhos permanentes de conciliação e arbitragem, destinados a dirimir as divergências e contestações entre o capital e o trabalho, serão considerados como representantes legais da classe integral dos homens do trabalho e, como tais, poderão ser consultados em todos os assumptos da profissão."

(84) De 1884 a 1920, cerca de três milhões de estrangeiros desembarcaram no Brasil, mais da metade em São Paulo (TST, 2011, p. 23).

que integrava a Secretaria de Agricultura do Estado de São Paulo. Ele tinha composição paritária, sendo presidido pelo Juiz de Direito da comarca e por dois juízes classistas, um dos empregados e outro dos empregadores. Em 1923, o Decreto n. 16.027 criou o Conselho Nacional do Trabalho — CNT, vinculado ao Ministério da Agricultura, Indústria e Comércio.

A criação do CNT teve como principal causa a pressão internacional, surgida a partir da criação da Organização Internacional do Trabalho, em 1919, na qual o Brasil ingressou nesse mesmo ano. Na primeira Sessão do Conselho (23.08.1923), o Ministro Miguel Calmon Du Pin destacou que (*sic*) "os compromissos assumidos, em virtude de tratados internacionais impunham ao governo a criação de um instituto, ao qual caberia a missão de examinar a oportunidade da aplicação entre nós dos projetos de Convenção e Recomendações adaptadas nas sucessivas Conferências Internacionais do Trabalho [...]" (TST, 2011, p. 27).

Finalmente, em 1932, foram criadas as Juntas de Conciliação e Julgamento e as Comissões Mistas de Conciliação, vinculadas ao Ministério do Trabalho, Comércio e Indústria, ou seja, ao Poder Executivo Federal. As primeiras tinham competência para julgar os dissídios individuais e as segundas, os coletivos, com exceção das causas sobre acidente do trabalho e de empregados não sindicalizados, cuja competência era da Justiça comum. Elas adotaram a composição paritária, com representação dos empregados e empregadores, a exemplo dos Tribunais Rurais e dos tribunais italianos instituídos pela "*Carta del Lavoro*" de 1927.

3. *Constitucionalização*. A Constituição de 1934 previu, pela primeira vez, a Justiça do Trabalho, mas como órgão do Poder Executivo. Ainda sob a égide da composição paritária, foram organizadas três instâncias, sendo as Juntas de Conciliação e Julgamento, os Conselhos Regionais do Trabalho e o Conselho Nacional do Trabalho, este último composto por duas Câmaras, sendo uma trabalhista e outra previdenciária.

A Constituição de 1937 (art. 139) não mencionou expressamente que a Justiça do Trabalho estava vinculada ao Poder Executivo, razão pela qual o Supremo Tribunal Federal passou a adotar o entendimento de que ela passara a pertencer ao Poder Judiciário.

Apenas em 1939 o termo "Justiça do Trabalho" aparece pela primeira vez na legislação infraconstitucional (TST, 2011, p. 29), no Decreto n. 1.237, de 2 de maio daquele ano.

4. *Consolidação*. Essa fase tem início com a efetiva organização e instalação da Justiça do Trabalho, em 1941. No dia 1º de maio, em um discurso de solenidade do Estádio do Vasco da Gama,(85) o Presidente Getúlio Vargas noticiou a instalação da Justiça do Trabalho (TST, 2011, p. 29).

O Decreto n. 979/46 alterou o nome do CNT para *Tribunal Superior do Trabalho* e dos Conselhos Regionais do Trabalho para *Tribunais Regionais do Trabalho* (TST, 2011, p. 30).

A Constituição de 1946 (art. 94) expressamente declarou a Justiça do Trabalho como órgão do Poder Judiciário da União e alterou a sua estrutura, fazendo referência ao Tribunal Superior do Trabalho e aos Tribunais Regionais do Trabalho, mantendo as Juntas de Conciliação e Julgamento como órgãos de primeira instância. As Constituições de 1967, 1969 e 1988 conservaram essa mesma estrutura. A Emenda Constitucional n. 24/99, todavia, extinguiu as Juntas de Conciliação e Julgamento e a tradição da representação paritária em todas as instâncias, estabelecendo em seu lugar as Varas do Trabalho, conduzidas apenas por juízes togados.

5. *Ampliação*. Em 2004, a Emenda Constitucional n. 45 promoveu alterações substanciais em todo o Poder Judiciário. Em relação à Justiça do Trabalho, as alterações mais importantes foram a ampliação da competência e a transformação da jurisdição normativa em juízo arbitral. Em ligeiras linhas, a Justiça do Trabalho passou a ser competente para julgar "as ações oriundas da relação de trabalho, abrangidos os entes de Direito Público externo e da Administração Pública direta e indireta da União, dos Estados, do Distrito Federal e dos Municípios". Entretanto,

(85) O discurso está disponível em: <https://www.youtube.com/watch?v=GMlb5DW5VQo>. Acesso em: 20 set. 2016.

o STF excluiu da competência da Justiça do Trabalho as causas relativas aos servidores públicos estatutários[86] e os servidores temporários.[87]

Quanto à jurisdição normativa, a Constituição passou a exigir, para os dissídios coletivos de natureza econômica, que as partes concordem com a instauração da respectiva instância (art. 114, § 2º).

6. *O que virá?* A continuidade dessa ampliação de competência é um forte anseio da Justiça do Trabalho, mormente em relação à matéria criminal (crimes contra a organização do trabalho) e previdenciária, a exemplo do que ocorre em tantos outros países, como já relatado.

Todavia, por consistir em uma forma de intervenção do Estado na economia, a Justiça do Trabalho convive com constante ameaça de sua extinção, principalmente durante momentos de crises financeiras e também pela ideologia política liberal. Em verdade, ao tutelar as relações de trabalho de forma célere, a Justiça do Trabalho acaba sendo objeto das mais severas críticas e atos de refreio,[88] porque gera custos de forma mais rápida do que a Justiça comum gera renda, por exemplo.[89]

Qualquer que seja o futuro da Justiça do Trabalho, é preciso que ele seja bem debatido, de forma democrática, e leve em conta toda a história dessa instituição. A pura e simples extinção, para atender apenas a sentimentos de antipatia, constitui um perigoso passo para o retrocesso social e vai na contramão dos postulados da história.

3.2.2. ATUAL ESTRUTURA

A Justiça do Trabalho tem sua atual estrutura prevista no art. 111 da Constituição Federal de 1988, com a redação que lhe foi dada pela Emenda Constitucional n. 24/99, que extinguiu a representação classista nas composições paritárias das Juntas de Conciliação e Julgamento.

A primeira instância da Justiça do Trabalho passou a ser exercida por Varas do Trabalho. Entretanto, principalmente em avaliações objetivas, o estudante deve estar atento, pois o aludido artigo estabelece como órgão de primeiro grau da Justiça do Trabalho o *Juiz do Trabalho* e não a *Vara do Trabalho*. São órgãos da Justiça do Trabalho, portanto, o Tribunal Superior do Trabalho, os Tribunais Regionais do Trabalho e o Juiz do Trabalho.

Para memorizar:

Órgãos da Justiça do Trabalho:

- TST (3ª instância)
- TRT (2ª instância)
- Juiz do Trabalho (1ª instância)

(86) "Inconstitucionalidade. Ação Direita. Competência da Justiça do Trabalho. Incompetência reconhecida. Causas entre o Poder Público e seus servidores estatutários. Ações que não se reputam oriundas da relação de trabalho. Conceito estrito desta relação. Feitos da competência da Justiça comum. Interpretação do art. 114, I, CF, introduzido pela Emenda Constitucional 45/2004. Precedentes. Liminar deferida para afastar outra interpretação. O disposto no art. 114 da Constituição da República não abrange as causas instauradas entre o Poder Público e servidor que lhe seja vinculado pelo regime jurídico-estatutário." (STF. ADI 3395-6, Rel. Min. Cezar Peluso. DJ 06.04.2006).

(87) "Reclamação. Contrato temporário. Regime jurídico administrativo. Descumprimento da ADI n. 3.395. Competência da Justiça Federal. Contrato firmado entre a Anatel e a Interessada tem natureza jurídica temporária e submete-se ao regime jurídico administrativo, nos moldes da Lei n. 8.745/1993; do inciso XXIII do art. 19 da Lei n. 9.472/1997 e do Decreto n. 2.424/1997. Incompetência da Justiça Trabalhista para o processamento e o julgamento das causas que envolvam o Poder Público e servidores que lhe sejam vinculados por relação jurídico-administrativa. Precedentes. Reclamação julgada procedente." (STF. Rcl. 4.762, Rel. Min. Cármen Lúcia, julgamento em 2.3.2007, Primeira Turma, DJ de 23.3.2007).

(88) Veja-se, por exemplo, as críticas do relator do Orçamento de 2016 (PLN 07/2015), que motivou o corte de 50% dos recursos da Justiça do Trabalho, ao dizer que tem "alergia da Justiça do Trabalho." O vídeo está disponível em <https://www.youtube.com/watch?v=mllh7ySkpaY>. Acesso em: 20.09.2016. Por força desse corte orçamentário, durante o ano de 2016 toda sorte de economia foi implementado pelos Tribunais trabalhistas. Na 3ª Região, por exemplo, as medidas foram desde a economia de papel, o desligamento dos aparelhos de ar condicionado, até a redução do expediente forense.

(89) Por exemplo, se um empregador ajuíza uma ação de cobrança na Justiça comum, a decisão de mérito certamente demorará muito mais que a decisão proferida pela Justiça do Trabalho, em uma demanda movida por um de seus empregados.

3.2.2.1. *Tribunal Superior do Trabalho*

Trata-se do órgão superior da Justiça do Trabalho. Ele foi criado pela Constituição de 1946, desde quando possui sede em Brasília e jurisdição em todo o território nacional. Ele está para a Justiça do Trabalho como o Superior Tribunal de Justiça está para a Justiça comum, mas com uma importante diferença: o TST é a terceira instância da Justiça do Trabalho, e não um órgão de superposição como é o STJ. O resultado prático disso é que o recurso extraordinário para o STF somente será interposto das decisões do TST, uma vez que essa espécie recursal tem cabimento contra decisões de única ou última instância (art. 102, III, da CF).

O STJ, diferentemente, é um tribunal de superposição e não de terceira instância, uma vez que suas atribuições são especiais, como a homologação de sentenças estrangeiras (art. 105, I, "i", da CF). Por isso é que as decisões dos Tribunais Regionais Federais e dos Tribunais de Justiça desafiam recurso especial (STJ) e recurso extraordinário (STF) ao mesmo tempo.

Não obstante, com o advento da Lei n. 13.015/14[(90)], que modificou as normas relativas ao julgamento dos recursos no âmbito do TST, a afirmativa de que este tribunal tem natureza de terceira instância deixou de ser categórica. É que a citada lei passou a exigir que os Tribunais Regionais do Trabalho uniformizem sua jurisprudência antes de admitirem os recursos para o TST, o qual passou a ser um tribunal que julga teses, pacificando as divergências entre os Tribunais Regionais e interpretando a Lei trabalhista. Dessa forma, a exemplo do STF e do STJ, o TST transformou-se em um guardião da lei, "*in casu*", a trabalhista. A premissa de que o TST deixou de ser a terceira instância trabalhista é imprescindível para afastar de sua jurisdição as questões de mérito acerca de fatos e provas, medida essencial para a própria viabilidade do funcionamento do TST, que anda sobrecarregado com o julgamento de processos que, muitas vezes, versam sobre temas pacificados.

Sem embargo, o fato é de que, ao menos formalmente, o TST continua a ser a terceira instância da Justiça do Trabalho, tendo em vista que o Recurso Extraordinário[(91)] para o STF ainda tem seu cabimento vinculado aos julgamentos proferidos pelo TST, já que o Recurso de Revista é admissível em face das normas constitucionais (art. 896, "c", da CF).

A Emenda Constitucional n. 45/04 elevou o número de Ministros do TST de 17 para 27, entre as principais razões, pela necessidade de preparar a justiça trabalhista para a ampliação da competência. Os Ministros devem ter mais de trinta e cinco e menos de sessenta e cinco anos de idade, e sua nomeação é feita pelo Presidente da República, após aprovação pela maioria absoluta do Senado Federal. Um quinto dos cargos de Ministro é preenchido por advogados e membros do Ministério Público do Trabalho com mais de dez anos de efetivo exercício de suas respectivas atividades, indicados por seus pares ao TST, em lista sêxtupla,[(92)] o qual elabora lista tríplice, para encaminhamento ao Presidente da República.[(93)] Os demais cargos são preenchidos por juízes dos Tribunais Regionais do Trabalho, indicados pelo TST, em lista tríplice[(94)] (art. 111-A da CF).

(90) A análise mais completa da Lei n. 13.015/14 encontra-se no capítulo relativo aos recursos, ao qual remetemos o leitor que queira dela se inteirar imediatamente.

(91) Isso porque o Recurso Extraordinário só é admitido em causas decididas em única ou *última instância* (art. 102, III, da CF), de sorte que, para transformar o TST em Tribunal de superposição, no nosso sentir, seria necessária uma reforma legal, excluindo a hipótese de Recurso de Revista por ofensa à Constituição.

(92) Regimento Interno do TST: "Art. 5º. O Presidente do Tribunal, ocorrendo vaga destinada a membro do Ministério Público do Trabalho e a advogado militante, dará imediata ciência à Procuradoria-Geral do Trabalho e ao Conselho Federal da Ordem dos Advogados do Brasil, respectivamente, para formação e encaminhamento de lista sêxtupla ao Tribunal, que escolherá, dentre os nomes que a compõem, os que integrarão a lista tríplice a ser encaminhada ao Presidente da República."

(93) Regimento Interno do TST: "Art. 6º. O Tribunal Pleno, para o preenchimento das vagas aludidas no artigo anterior, pelo voto secreto da maioria absoluta de seus membros, escolherá, em escrutínios secretos e sucessivos, os nomes que integrarão a lista tríplice a ser encaminhada ao Presidente da República."

(94) Regimento Interno do TST: "Art. 4º. Para preenchimento de vaga de Ministro, destinada aos Juízes da carreira da Magistratura do Trabalho, o Presidente do Tribunal convocará o Pleno para, pelo voto secreto e em escrutínios sucessivos, escolher, dentre os Juízes da carreira, integrantes dos Tribunais Regionais do Trabalho, os nomes para a formação da lista tríplice a ser encaminhada ao Presidente da República."

Para memorizar:

TST (trinta sem três) = 27 Ministros

A estrutura interna do TST está prevista na Lei n. 7.701/88 e no Regimento Interno do TST (RITST), aprovado pela Resolução Administrativa n. 1.295, de 2008. O TST está dividido em órgãos, os quais serão vistos a seguir.

1. *Órgãos de Direção*. São órgãos de Direção a Presidência, a Vice-Presidência e a Corregedoria Geral da Justiça do Trabalho. Os ocupantes desses cargos serão eleitos entre os Ministros mais antigos da Corte, mediante escrutínio secreto e pelo voto da maioria absoluta, para um mandato único de dois anos (arts. 29 e 30, do RITST).

2. *Órgãos de funcionamento conjunto ao TST*. A Constituição Federal criou dois órgãos para funcionar junto ao TST (art. 111-A, § 2º, da CF). São eles:

a) *Escola Nacional de Formação e Aperfeiçoamento de Magistrados do Trabalho* — ENAMAT, cabendo-lhe regulamentar os cursos oficiais para o ingresso e promoção na carreira, entre outras funções; e

b) *Conselho Superior da Justiça do Trabalho* — CSJT, cabendo-lhe exercer a supervisão administrativa, orçamentária, financeira e patrimonial da Justiça do Trabalho de primeiro e segundo graus, como órgão central do sistema, cujas decisões terão efeito vinculante, conforme estabelecido em lei. O Conselho é composto por nove membros, sendo o Presidente do TST, o Vice-Presidente do TST, o Corregedor-Geral da Justiça do Trabalho, três Ministros do TST e três Presidentes de Tribunais Regionais do Trabalho.

3. *Órgãos jurisdicionais*. Estes órgãos são responsáveis pelo exercício da jurisdição no TST, competindo-lhe o conhecimento e julgamento de ações e recursos. São eles:

a) *Tribunal Pleno*: é constituído por todos os Ministros da Corte. O quorum de funcionamento é de quatorze Ministros. É sua a competência de processar, conciliar e julgar, em grau originário ou recursal, os dissídios individuais e coletivos "que excedam a jurisdição dos Tribunais Regionais, os conflitos de direito sindical, assim como outras controvérsias decorrentes de relação de trabalho e os litígios relativos ao cumprimento de suas próprias decisões, de laudos arbitrais e de convenções e acordos coletivos" (art. 67 do RITST).

Também é da competência do Tribunal Pleno a edição de *Súmulas*, em dissídios individuais, e de *Precedentes Normativos*, em dissídios coletivos (art. 68, VII, do RITST). As primeiras são enunciados jurisprudenciais que sintetizam o entendimento predominante do TST, servindo de paradigma para o julgamento de ações e recurso no âmbito de toda a Justiça do Trabalho. Elas não são vinculantes, como as editadas pelo STF, mas justamente por sintetizarem o entendimento do TST[95] acabam por influenciar as decisões das instâncias inferiores, uma vez que, em grau de recurso, as decisões contrárias às súmulas acabam sendo cassadas.

Os Precedentes Normativos, por sua vez, são enunciados de direito coletivo, que orientam a elaboração das sentenças normativas. Estas têm um conteúdo muito parecido com a de convenções e acordos coletivos do trabalho, mas, enquanto estes possuem cláusulas, aquelas possuem capítulos, criados a partir dos Precedentes Normativos do Tribunal Pleno do TST. Estes, portanto, não têm natureza de jurisprudência, servindo apenas de referência para a elaboração de sentenças normativas;

Nos termos da Lei n. 13.467/17 (reforma trabalhista), as Súmulas e outros enunciados de jurisprudência do TST e de TRT não podem restringir direitos legalmente previstos, nem criar obrigações que não estejam previstas em lei (art. 8º, § 2º, da CLT).

(95) Art. 173 do RITST. "Os Precedentes Normativos e as Orientações Jurisprudenciais expressarão a jurisprudência prevalecente das respectivas Subseções, quer para os efeitos do que contém a Súmula n. 333 do TST quer para o que dispõe o art. 557, *caput*, e § 1º-A do Código de Processo Civil."

b) *Órgão Especial*: é composto por 14 (quatorze) Ministros, sendo o Presidente do TST, o Vice-Presidente do TST, o Corregedor-Geral da Justiça do Trabalho, os quatro Ministros mais antigos do TST e outros sete Ministros eleitos pelo Tribunal Pleno. O quorum mínimo de funcionamento é de oito Ministros. Suas atribuições são delegadas pelo Tribunal Pleno (art. 63 e 69 do RITST), por força de aprovação pela maioria de seus membros.[96] No caso do TST, o Órgão Especial tem competência jurisdicional residual (art. 69, I, "h", do RITST).

c) *Seção de Dissídios Individuais*: esse órgão está dividido em duas subseções, sendo a *1ª Subseção de Dissídios Individuais* (SBDI-I), composta por 14 (quatorze) Ministros, entre eles os ocupantes dos cargos de direção, e a *2ª Subseção de Dissídios Individuais* (SBDI-II), composta de 10 (dez) Ministros, entre os quais também fazem parte o Presidente do TST, o Vice-Presidente do TST e o Corregedor-Geral do TST. Consoante o art. 73 do RITST, a SBDI-II julga: *originariamente*, as ações rescisórias, os mandados de segurança, os *habeas corpus* e as ações cautelares; em *única instância*, os conflitos de competência e os agravos de petição; e, em *última instância*, agravos de instrumento e recursos ordinários das decisões originárias dos Regionais. Já a SBDI-I julga, em *última instância*, os embargos de divergência e agravos regimentais, e, *originariamente*, as matérias residuais.

Quando a relevância da matéria exige a adoção de um entendimento uniforme pelo TST, é possível que as duas Subseções Individuais atuem de forma conjunta, situação em que a reunião ganha a alcunha de *SDI Plena*.[97]

Em 1996, o número de processos na Justiça do Trabalho chegou a números preocupantes.[98] Para tentar reduzir essa cifra, foram criados três institutos: as Comissões de Conciliação Prévia, o rito sumaríssimo e as Orientações Jurisprudenciais (OJs). Os dois primeiros serão estudados oportunamente. As OJs, a exemplo das súmulas, são enunciados de jurisprudência que sintetizam o entendimento das Seções Especializadas. Tanto a SBDI-I, quanto a SBDI-II, portanto, podem propor edição OJs à Comissão de Jurisprudência e Precedentes Normativos (art. 53 a 55 do RITST[99]), a fim de consolidar o seu entendimento, relativamente às matérias que são de sua competência. Essa inovação surgiu em função da burocracia existente para editar súmulas, uma vez que estas requerem a manifestação do Tribunal Pleno, além de exigir um número de julgados muito grande[100]. A edição das OJs é menos burocrática, atribuindo mais dinamismo e atualidade aos entendimentos do TST. As OJs podem, inclusive, transformar-se em súmulas.

d) *Seção de Dissídios Coletivos*: essa Seção é composta por 9 (nove) Ministros, entre eles os ocupantes dos três cargos de direção do Tribunal, e tem como quorum de funcionamento a presença de cinco de seus membros (art. 64 do RITST). Nos termos do art. 2º da Lei n. 7.701/88, a Seção de Dissídios Coletivos (SDC) tem a competência de conciliar e julgar, *originariamente*, os dissídios coletivos que excedam a jurisdição dos Tribunais Regionais do Trabalho, bem assim as respectivas ações rescisórias, mandados de segurança e conflitos de competência relativos às relações coletivas de trabalho. Em *última instância*, compete-lhe julgar: c.4.1) os recursos ordinários das sentenças normativas proferidas pelos Tribunais Regionais do Trabalho nos dissídios coletivos e das decisões

(96) "Compete aos tribunais de justiça definir as competências que serão delegadas ao Órgão Especial, desde que aprovadas pela maioria absoluta de seus membros." (STF, MS 26.411).

(97) Exemplo de julgamento da SDI Plena foi o tema relativo às contribuições previdenciárias: "[...] Em relação a período abrangido pela antiga redação do art. 43 da Lei n. 8.212/91, somente serão devidos juros e multa moratória se não quitada a contribuição previdenciária até o dia dois do mês seguinte ao da liquidação da sentença que determinou a obrigatoriedade do pagamento de verbas trabalhistas ao empregado. Entendimento consentâneo com as normas insculpidas nos arts. 195, I, a, da Constituição Federal, 43 da Lei n. 8.212/91, em sua antiga redação, e 276, *caput*, do Decreto n. 3.048/99. [...]" (TST-EEDRR-38000-88-2005-5-17-0101, SDI Plena, Rel. Min. João Oreste Dalazen, DEJT 14.3.2014)

(98) O número de processos recebidos passou de 9.744.846 (1991-1995) para 12.002.629 (1996-2000). Fonte: CESTP/TST (Disponível em: <http://www.tst.jus.br/documents/10157/26fdba4e-dc1a-4455-b249-af670092ce8b>. Acesso em 19 mar. 2015).

(99) RITST: "Art. 53. A Comissão de Jurisprudência e de Precedentes Normativos constitui-se de três Ministros titulares e um suplente, designados pelo Órgão Especial, excluídos os titulares que integram outras comissões permanentes, os membros da direção e aqueles mencionados no § 1º do art. 47".

(100) RITST: "Art. 165. O projeto de edição de Súmula deverá atender a um dos seguintes pressupostos: I — três acórdãos da Subseção Especializada em Dissídios Individuais, reveladores de unanimidade sobre a tese, desde que presentes aos julgamentos pelo menos 2/3 (dois terços) dos membros efetivos do órgão; II — cinco acórdãos da Subseção Especializada em Dissídios Individuais, prolatados por maioria simples, desde que presentes aos julgamentos pelo menos 2/3 (dois terços) dos membros efetivos do órgão; III — quinze acórdãos de cinco Turmas do Tribunal, sendo três de cada, prolatados por unanimidade; ou IV — dois acórdãos de cada uma das Turmas do Tribunal, prolatados por maioria simples."

de ações rescisórias e mandados de segurança pertinentes àqueles dissídios; e c.4.2) os embargos infringentes interpostos contra decisão não unânime proferida em processo de dissídio coletivo de sua competência originária. A SDC pode, ainda, editar OJs das matérias afetas à sua competência, à semelhança do que fazem as Seções de Dissídios Individuais.

e) *Turmas*: as 8 (oito) Turmas do TST são compostas por 3 (três) Ministros, dentre aqueles que não exercem cargos de direção. Elas têm competência para julgar os recursos de revista, com os respectivos agravos de instrumento, recursos esses que compõem a maior parte dos processos que tramitam na corte superior da Justiça do Trabalho.

Além desses órgãos, o TST possui três Comissões Permanentes: Comissão Permanente de Regimento Interno, Comissão Permanente de Documentação e Comissão Permanente de Jurisprudência e Precedentes Normativos.

Para memorizar:

Tribunal Pleno:

- Todos os Ministros (27);
- Edita Súmulas e Precedentes Normativos.

Órgão Especial: 14 membros

SBDI-I:

- 14 membros;
- Competência originária: residual;
- Última instância: EB e AReg;
- Edita OJs.

SBDI-II:

- 10 membros;
- Competência originária: AR, MS, HC e AC;
- Única instância: AP e CC;
- Última instância: RO e AI;
- Edita OJs.

SDC:

- 9 membros;
- Competência originária: DC, AR, MS e CC;
- Última instância: RO e EI;
- Edita OJs.

Turmas:

- 3 membros;
- Competência recursal: RR e AI.

Curiosidade:

A nomenclatura da jurisprudência do TST:

- 1943: a Justiça do Trabalho era um órgão do Poder Executivo. Por isso, a jurisprudência do TST era chamada de "prejulgado";
- 1977: uma ADI declarou que, desde 1946, com a incorporação da Justiça do Trabalho ao Poder Judiciário, o termo "prejulgado" não poderia mais ser utilizado;
- 1982: sessenta prejulgados foram transformados em "súmulas";
- 1985: o termo "súmula" foi substituído por "enunciado", porque o art. 896, da CLT, diz que não cabe recurso contra "enunciado".
- 1998: foram criados os "precedentes" das Seções Especializadas, pois eles "precediam" os enunciados. Logo depois passaram a ser chamados de "Orientações Jurisprudenciais."
- Atualmente, os "enunciados" são chamados de "súmulas", sendo este o termo adotado pela CLT.

3.2.2.2. Tribunais Regionais do Trabalho

A Constituição de 1946 substituiu os Conselhos Regionais do Trabalho pelos *Tribunais Regionais do Trabalho*. A Constituição Federal de 1988 os manteve e, a partir da Emenda Constitucional n. 45/04, criou uma composição mínima de sete juízes, que serão recrutados na respectiva região e nomeados pelo Presidente da República, entre os brasileiros com mais de trinta e menos de sessenta e cinco anos (art. 115). Em simetria com o TST, os Regionais também destinam um quinto de seus cargos de Desembargador para os advogados e membros do Ministério Público do Trabalho com mais de dez anos de efetivo exercício de suas respectivas atividades profissionais. Os demais membros são provenientes da carreira da magistratura de primeira instância, mediante promoção de juízes do trabalho, por ordem alternada de antiguidade e merecimento.

Atualmente, existem vinte e quatro TRTs, seguindo a regra de um Tribunal por Estado da Federação, com exceção do Estado de São Paulo, que possui dois TRTs(101), e dos TRTs da 8ª Região, que abrange os Estados do Pará e do Amapá, da 10ª Região, que alcança Brasília e Tocantins, e da 14ª Região, com jurisdição sobre os Estados do Acre e Rondônia.

No intuito de facilitar o acesso à Justiça do Trabalho, a EC 45/04 ainda previu a possibilidade de os Tribunais Regionais instalarem justiça itinerante, com a realização de audiências e outras atividades jurisdicionais fora da sede do Tribunal, e de criarem Câmaras Regionais, funcionando descentralizadamente (art. 115, §§ 1º e 2º, da CF).

A composição interna de cada TRT será organizada nos termos do respectivo Regimento Interno. É comum a adoção de uma organização similar à do TST, com a divisão de Seções Especializadas, além do Tribunal Pleno e das Turmas.

A competência dos Tribunais Regionais do Trabalho poderá ser originária ou recursal. Originariamente, será o Regional competente para julgar os Dissídios Coletivos de abrangência regional, entre outras ações, como ação rescisória, mandado de segurança e ação cautelar. Em segunda instância, compete aos TRT's julgar os recursos ordinários interpostos contra sentenças de Juízes do Trabalho, além de agravos de petição e de instrumento contra decisões do juízo *a quo*.

(101) O Tribunal da capital e zona metropolitana de São Paulo é o da 2ª Região. O interior do Estado de São Paulo está sob a jurisdição do Tribunal de Campinas, da 15ª Região.

3.2.2.3. *Juízes do Trabalho*

A primeira instância da Justiça do Trabalho é exercida pelos Juízes do Trabalho, nas Varas do Trabalho (art. 116 da CF), cuja criação depende de lei (art. 112 da CF). Onde ainda não existir Vara do Trabalho, competirá ao Juiz de direito julgar as causas trabalhistas. No entanto, o eventual recurso dessa decisão deverá ser julgado pelo TRT do respectivo Estado e não pelo Tribunal de Justiça. Essa hipótese tem sido cada vez mais rara de acontecer na prática. A uma, porque o número de Varas do Trabalho é crescente. A duas, porque, para que a competência seja exercida pelo juízo comum, não basta a ausência de Vara do Trabalho na respectiva localidade, mas sim que o lugar não esteja inserido na jurisdição trabalhista.

As Varas do Trabalho geralmente são localizadas em Municípios mais populosos, mas sua jurisdição abrange os demais que lhe sejam próximos. Portanto, se o Município "A" não possui uma Vara do Trabalho, mas, por lei, estiver sob a jurisdição do Município "B", o Juiz de Direito da comarca "A" não será competente e, sim, o Juiz do Trabalho da Vara do Trabalho do Município "B".

Os Juízes do Trabalho ingressam na carreira mediante concurso público de provas e títulos, sendo-lhes aplicadas todas as normas relativas às prerrogativas, garantias e deveres constantes da Constituição Federal para os magistrados em geral (arts. 93 e 95, da CF). Desde a Emenda Constitucional n. 24, de 1999, não mais existem juízes classistas nos órgãos da Justiça do Trabalho.

Compete aos Juízes do Trabalho julgar os Dissídios Individuais, Ações de Cumprimento de sentença normativa ou acordos e convenções coletivas de trabalho, Inquérito para apuração de falta grave e Mandados de Segurança contra atos dos Auditores Fiscais do Trabalho, além de executar suas próprias decisões.

As Varas do Trabalho são compostas por serviços auxiliares, destinados a dar suporte administrativo ao Juiz do Trabalho. Nas grandes cidades, onde há mais de uma Vara do Trabalho, existe um setor de Distribuição, responsável pelo recebimento de petições iniciais, atermações e protocolos, entre outras atividades. Um dos Juízes será o Presidente do Foro[102] e terá a atribuição de administrar os trabalhos dos distribuidores.

Cada Vara do Trabalho terá uma Secretaria, sob a direção de um Diretor, indicado pelo Juiz Titular. Cabe ao Diretor exercer a função de secretário, responsabilizando-se pelo recebimento, autuação, andamento, guarda e conservação dos processos e demais papéis, entre várias outras atribuições (art. 711 da CLT). O Diretor também é o responsável por chefiar os trabalhos da secretaria, delegando ordens aos demais serventuários, velando sempre pela boa ordem do serviço (art. 712 da CLT).

Além do setor de Distribuição e da Secretaria, as Varas do Trabalho são auxiliadas pelos serviços dos Oficiais de Justiça, que realizam atos decorrentes das execuções dos julgados das Varas e dos Regionais, além do que mais lhes for cometido pelos Juízes do Trabalho (art. 721 da CLT).

(102) Não confundir com o "fórum", que é o edifício em que a Vara do Trabalho está instalada.

4 Ministério Público do Trabalho

Além da Justiça do Trabalho, outra importante instituição que compõe o sistema jurídico do Direito Processual do Trabalho é o Ministério Público do Trabalho (MPT), que é um órgão do Ministério Público da União. No Brasil, o Ministério Público é uma instituição independente, autônoma e permanente, essencial à função jurisdicional do Estado, incumbindo-lhe a defesa da ordem jurídica, do regime democrático e dos interesses sociais e individuais indisponíveis. Está fundamentado na Constituição Federal (art. 127 a 130-A), na Lei Complementar n. 75/93 (Lei Orgânica do Ministério Público da União) e na Lei n. 8.625/93 (Lei Orgânica Nacional do Ministério Público). Antes de falar propriamente do MPT, calha tecer algumas considerações gerais sobre o Ministério Público.

4.1. NORMAS GERAIS SOBRE O MINISTÉRIO PÚBLICO

4.1.1. HISTÓRICO

A origem do Ministério Público é controvertida. Há quem afirme que essa instituição foi criada há mais de quatro mil anos, identificando-a no "*magiaí*", que era um funcionário da realeza egípcia. Mas a maior parte da doutrina aponta a Ordenança francesa, de 25 de março de 1302, do rei Felipe IV, como o nascedouro do Ministério Público.

Segundo Carlos Henrique Bezerra Leite (2011, p. 27), o termo "ministério" vem do latim "*manus*", que deu origem a "ministrar", "ministro" e "administrar". Os primeiros membros do Ministério Público eram conhecidos como "agentes do rei" ("*les gens du roi*"), incumbindo-lhes a defesa dos interesses da realeza. Antes de ganharem assento ao lado do juiz, nos tribunais, ficavam sobre o "*Parquet*" (assoalho), denominação que ainda hoje é utilizada para fazer referência ao Ministério Público.

No Brasil, a primeira Constituição a se referir ao Ministério Público foi a de 1934, que o concebeu como órgão autônomo. Antes, na Constituição de 1891, havia apenas a previsão de nomeação do Procurador-Geral da República pelo Presidente da República, entre os Ministros do STF, sendo que o Ministério Público era considerado um órgão do Poder Judiciário.

A Constituição de 1937 foi omissa e, retrocedendo à primeira República, previu apenas a nomeação do Procurador-Geral da República pelo Presidente da República.

A Constituição de 1946 voltou a dispor sobre a instituição, conferindo-lhe autonomia, a qual durou até a Carta de 1967, que voltou a incluir o Ministério Público como órgão do Poder Judiciário. Logo depois, a Emenda

Constitucional n. 1 (ou Carta de 1969) vinculou o *Parquet* ao Poder Executivo, ficando assim até a Constituição de 1988, responsável por conferir ao Ministério Público a natureza jurídica de instituição independente.

4.1.2. NATUREZA JURÍDICA

Muito se tem discutido acerca da natureza jurídica do Ministério Público, especialmente quanto à sua vinculação ou não a um dos três Poderes do Estado. Há quem diga que não pode haver instituição avulsa, isto é, que não esteja vinculada a um dos três Poderes, por força do que dispõe o art. 2º, da Constituição Federal de 1988. Mas esse não parece ser o melhor entendimento.

A primeira razão para crer que o Ministério Público não está vinculado a qualquer dos três Poderes do Estado está na sua posição no art. 127, que trata do *Parquet*, no texto constitucional. Esse artigo inaugura o quarto Capítulo do Título "Organização dos Poderes", denominado de "Funções essenciais à Justiça." Ou seja, o constituinte cuidou de tratar pormenorizadamente do Poder Legislativo, do Executivo e do Judiciário, para só depois se dedicar ao Ministério Público, ao contrário do que fizeram as Constituições anteriores. A segunda razão reside no fato de a Constituição ter manifestado, expressamente, a autonomia do Ministério Público (art. 127, § 2º). Ora, não há antinomias entre normas criadas pelo Poder Constituinte Originário, razão pela qual, se a própria Constituição não vinculou o Ministério Público a um dos três Poderes, mas, ao contrário, declarou expressamente a sua independência, não é por via interpretativa que se há de estabelecer vínculos.

Não é viável também a hipótese de ser o *Parquet* um quarto Poder. Se o fosse, tal constaria, expressamente, do art. 2º da CF. Aliado a isso, existe o fato de o art. 127 defini-lo como "instituição permanente", evidenciando a intenção de criar uma novel figura institucional, com características e atribuições próprias, mas sem a natureza jurídica de Poder.

4.1.3. CARACTERÍSTICAS E ATRIBUIÇÕES

Segundo o art. 127, da CF, "o Ministério Público é instituição permanente, essencial à função jurisdicional do Estado, incumbindo-lhe a defesa da ordem jurídica, do regime democrático e dos interesses sociais e individuais indisponíveis." É oportuno analisar os importantes institutos explícitos e implícitos referidos no texto constitucional.

1. *Instituição permanente.* A característica da permanência impede que o Ministério Público seja extinto por reformas constitucionais, de maneira que o art. 127 da CF tem natureza jurídica de cláusula pétrea implícita.

2. *Essencial à função jurisdicional do Estado.* Na verdade, o Ministério Público é essencial não só à função jurisdicional do Estado, mas sim à própria democracia, razão pela qual sua atuação vai muito além da participação nos processos judiciais. É de notória relevância, por exemplo, a atuação extrajudicial do *Parquet* na prevenção de danos ao interesse público, seja investigando ou celebrando Termos de Ajustamento de Conduta. Incumbe-lhe, ainda, oficiar perante os Poderes Legislativo e Executivo, sempre que o interesse público estiver presente.

3. *Defesa da ordem jurídica.* Entende-se por ordem jurídica todo o sistema jurídico formado por normas, princípios e instituições, tendo como base a Constituição Federal. Além de atuar em nome próprio na defesa do interesse público, o Ministério Público tem atribuição de fiscalizar o cumprimento da lei ("*custos legis*"), notadamente nas relações jurídicas processuais.

4. *Defesa do regime democrático.* O Estado Democrático de Direito é uma conquista da humanidade. Entre suas principais características estão o respeito aos direitos fundamentais, com ênfase na proteção à dignidade da pessoa humana, no pluralismo político e na observância do devido processo legal. O Ministério Público é sentinela da democracia, devendo velar pelos bens jurídicos que são caros à ideia de Estado Democrático de Direito.

5. *Defesa dos interesses sociais e individuais indisponíveis.* Os interesses ou direitos sociais são direitos fundamentais de segunda dimensão (art. 6º da CF) e os individuais, de primeira (art. 5º da CF). Ambos são objeto da atuação do Ministério Público, bastando que sejam indisponíveis. Isso significa que o *Parquet* velará pelos direitos fundamentais protegidos pelas normas de ordem pública, como os direitos da personalidade, da saúde e da segurança, por exemplo.

6. *Defesa do interesse público.* O interesse público referido no art. 127, da CF, não corresponde ao interesse da Administração Pública, uma vez que esta dispõe de instituições próprias destinadas a prestar-lhe auxílio, como a Advocacia Geral da União, por exemplo. A doutrina tem interpretado essa locução como referência aos direitos fundamentais de terceira dimensão, quais sejam, os direitos difusos, coletivos e individuais homogêneos (arts. 81 e 82, do Código de Defesa do Consumidor). A presença do interesse público é intrínseca aos direitos difusos, pois estes são direitos transindividuais de natureza indivisível, cujos titulares são pessoas indeterminadas e ligadas por circunstâncias de fato. Quanto aos direitos coletivos e individuais homogêneos, porém, a atuação do Ministério Público dependerá da existência da indisponibilidade, dada a possibilidade de eles serem disponíveis.

Além dessas atribuições, o art. 129 da Constituição Federal, enumera outras, de maneira meramente exemplificativa, quais sejam:

> Art. 129. São funções institucionais do Ministério Público:
>
> I — promover, privativamente, a ação penal pública, na forma da lei;
>
> II — zelar pelo efetivo respeito dos Poderes Públicos e dos serviços de relevância pública aos direitos assegurados nesta Constituição, promovendo as medidas necessárias à sua garantia;
>
> III — promover o inquérito civil e a ação civil pública, para a proteção do patrimônio público e social, do meio ambiente e de outros interesses difusos e coletivos;
>
> IV — promover a ação de inconstitucionalidade ou representação para fins de intervenção da União e dos Estados, nos casos previstos nesta Constituição;
>
> V — defender judicialmente os direitos e interesses das populações indígenas;
>
> VI — expedir notificações nos procedimentos administrativos de sua competência, requisitando informações e documentos para instruí-los, na forma da lei complementar respectiva;
>
> VII — exercer o controle externo da atividade policial, na forma da lei complementar mencionada no artigo anterior;
>
> VIII — requisitar diligências investigatórias e a instauração de inquérito policial, indicados os fundamentos jurídicos de suas manifestações processuais;
>
> IX — exercer outras funções que lhe forem conferidas, desde que compatíveis com sua finalidade, sendo-lhe vedada a representação judicial e a consultoria jurídica de entidades públicas.
>
> § 1º A legitimação do Ministério Público para as ações civis previstas neste artigo não impede a de terceiros, nas mesmas hipóteses, segundo o disposto nesta Constituição e na lei.
>
> § 2º As funções do Ministério Público só podem ser exercidas por integrantes da carreira, que deverão residir na comarca da respectiva lotação, salvo autorização do chefe da instituição.
>
> § 3º O ingresso na carreira do Ministério Público far-se-á mediante concurso público de provas e títulos, assegurada a participação da Ordem dos Advogados do Brasil em sua realização, exigindo-se do bacharel em direito, no mínimo, três anos de atividade jurídica e observando-se, nas nomeações, a ordem de classificação.
>
> § 4º Aplica-se ao Ministério Público, no que couber, o disposto no art. 93.
>
> § 5º A distribuição de processos no Ministério Público será imediata.

São funções privativas do Ministério Público a promoção da ação penal, a atuação judicial "*custos legis*" e a instauração do inquérito civil público (art. 8º, § 1º da Lei n. 7.347/85). Todas as demais funções são concorrentes.

4.1.4. PRINCÍPIOS INSTITUCIONAIS

A atuação do Ministério Público é pautada pela observância de determinados princípios. São eles a *unidade*, a *indivisibilidade* e a *independência funcional* (art. 127, § 1º, da CF). Há ainda o princípio do *promotor natural*, cuja existência é polêmica.

1. *Unidade.* Parte da doutrina entende que esse princípio estabelece a existência de uma única instituição, muito embora dentro dela exista uma divisão meramente administrativa e não orgânica. Essa interpretação sofre críticas, pois, se de fato o Ministério Público fosse um único órgão, não seria possível haver a divisão entre Ministério Público da União e dos Estados, com diferentes chefes, carreiras[103] e estruturas. A melhor exegese desse

(103) O art. 185 da LC 75/93 veda a transferência ou aproveitamento de cargos entre os ramos do Ministério Público, de maneira que o membro aprovado no concurso para Procurador do Trabalho, por exemplo, jamais poderá atuar como Procurador da República, ainda que exista vacância do cargo.

princípio parece ser a que vê na unidade uma meta, fazendo com que todos os membros do Ministério Público busquem a mesma finalidade, estando, pois, unidos em torno dela.

2. *Indivisibilidade.* Os membros pertencentes ao mesmo ramo do Ministério Público poderão fazer-se substituir uns pelos outros, uma vez que atuam apenas como representantes do *Parquet*. Como exemplo, o Procurador do Trabalho "A" pode ajuizar uma Ação Civil Pública e, sem necessidade de subestabelecimento, o Procurador do Trabalho "B" pode comparecer à audiência e interpor recursos.

3. *Independência funcional.* No plano jurídico, não há hierarquia entre os próprios membros do *Parquet*. Internamente, somente há que se falar em hierarquia administrativa, como acontece nos conflitos de atribuições, em que a decisão superior deverá ser cumprida pelos membros em conflito.

4. *Promotor natural.* O princípio do juiz natural determina que o órgão jurisdicional seja preexistente aos fatos que ensejam a demanda, a fim de vedar a prática de criar tribunais "*ad hoc*" ou de exceção, concebidos para condenar, ao invés de fazer justiça (art. 5º, XXX, da CF). Ora, se a Constituição manda que o órgão julgador seja anterior à causa de pedir, com muito mais razão o órgão que acusa também deve ser preexistente, daí porque se diz que a Constituição também abriga o princípio *implícito* do promotor natural. Para o Supremo Tribunal Federal, todavia, esse princípio não foi acolhido pela Constituição Federal de 1988 (STF. Processo: HC-90277. Relator: Ministra Ellen Gracie. 2ª Turma. DJE: 01.08.2008).

4.1.5. AUTONOMIA, GARANTIAS, PRERROGATIVAS E VEDAÇÕES

Para que o Ministério Público obtenha sucesso no exercício de suas atribuições constitucionais, a Constituição lhe conferiu autonomia, garantias e prerrogativas, como também estabeleceu vedações. Em regra, aplicam-se aos membros do Ministério Público as normas relativas à magistratura. A seguir, uma síntese em relação a cada um desses institutos.

1. Autonomia. O art. 127, § 2º, da CF, assegura ao Ministério Público autonomia funcional e administrativa. Por autonomia funcional, entende-se que inexiste hierarquia, no plano jurídico, entre o Ministério Público e os Poderes do Estado, tampouco entre representante do MP e o juiz ou quaisquer outros agentes públicos. Já foi visto que a independência funcional veda a hierarquia jurídica interna, entre os membros do *Parquet*. A autonomia funcional, por sua vez, produz efeitos externos. Pode-se dizer, dessa forma, que os membros do Ministério Público são agentes políticos (MEIRELLES, 1989, p. 68). Essa autonomia funcional é indispensável para que os membros do Ministério Público atuem com liberdade, sem influências e pressões externas, prestando contas apenas à Constituição, à ordem jurídica e à democracia.

Quanto à autonomia administrativa, serve também para garantir liberdade na atuação do Ministério Público. Ela confere a esta instituição a competência para propor a criação e extinção de seus cargos e serviços públicos, a política remuneratória, os planos de carreira, a organização e o funcionamento, bem assim para prover seus cargos por concurso público (art. 127, § 2º, da CF). A organização, atribuições e o estatuto do Ministério Público são matérias reservadas à Lei Complementar (art. 128, § 5º, da CF) e são de iniciativa concorrente do Procurador-Geral da República e do Presidente da República[104] (art. 61, § 1º, II, "d"), quanto ao Ministério Público da União. A autonomia administrativa abrange, ainda, a autonomia financeira, a qual permite ao Ministério Público elaborar sua própria proposta orçamentária, além de poder implementar a infraestrutura necessária ao desempenho de suas funções.

2. *Garantias.* São atributos constitucionais pessoais do membro do Ministério Público. Elas não são privilégios, pois estão fundadas na necessidade de garantir segurança e liberdade ao representante do *Parquet*, o que, indiretamente, acaba interessando a toda a sociedade, sem ferir o princípio da isonomia. Elas estão previstas no art. 128, § 5º, I, da CF, e no art. 17 da LC 75/93. São elas a *vitaliciedade*, a *inamovibilidade* e a *irredutibilidade de subsídios*.

(104) Para Leite (2011, p. 51), na competência corrente, o Presidente da República poderá propor projeto de lei que disponha sobre normas gerais de organização do Ministério Público.

A *vitaliciedade* é o atributo que protege o membro do Ministério Público da perda do cargo, o que só ocorrerá por sentença judicial transitada em julgado(105). Ela não é adquirida automaticamente, somente depois de dois anos de efetivo exercício, período em que a perda do cargo poderá ocorrer por via administrativa, mediante decisão da maioria absoluta do respectivo Conselho Superior (art. 198 da LC n. 75/93), assegurados a ampla defesa e o contraditório.

A *inamovibilidade* é garantia que veda o afastamento, a remoção ou a transferência compulsórios do membro do Ministério Público. Ela é automática, não dependendo de aprovação em estágio probatório para produzir efeitos, mas não é absoluta, uma vez que, por motivo de interesse público, o órgão colegiado competente pode, pelo voto da maioria absoluta de seus membros, decidir pela remoção do membro do Ministério Público, assegurada a ampla defesa (art. 128, § 5º, I, "b", da CF).

Por fim, a última garantia é a da *irredutibilidade de subsídios*. Os membros do Ministério Público, a exemplo dos demais agentes políticos, têm sua remuneração fixada na forma de subsídios. A Constituição veda a redução nominal dos subsídios, isto é, do valor que consta como remuneração desses agentes, e não a redução real, decorrente dos efeitos da inflação. A irredutibilidade também não é uma garantia absoluta e, como os demais agentes políticos, os membros do Ministério Público também estão submetidos aos ditames dos arts. 37, X e XI, 150, II, 153, III e § 2º, I, da CF.

3. *Prerrogativas*. Ao contrário das garantias, as prerrogativas não são atributos constitucionais pessoais do membro do Ministério Público, mas sim funcionais, estando ligadas ao cargo. Elas estão previstas na CF (art. 94), na LC 75/93 (art. 18) e na Lei n. 8.625/93 (art. 40).

Tanto as prerrogativas quanto as garantias são irrenunciáveis (art. 21, da LC 75/93).

4. *Vedações*. Em contrapartida às garantias e prerrogativas, a lei impõe aos membros do Ministério Público algumas vedações, calcadas na necessidade de garantir a lisura, a probidade e, bem assim, a independência da instituição, haja vista a importância de suas atribuições constitucionais. Essas vedações estão previstas na Constituição Federal (art. 128, § 5º, II), na Lei Orgânica do Ministério Público da União (art. 237 da LC n. 75/93) e na Lei Orgânica Nacional do Ministério Público (art. 44 da Lei n. 8.625/93), sendo as seguintes: a) receber, a qualquer título e sob qualquer pretexto, honorários, percentagens ou custas processuais; b) exercer a advocacia; c) participar de sociedade comercial, na forma da lei; d) exercer, ainda que em disponibilidade, qualquer outra função pública, salvo uma de magistério; e) exercer atividade político-partidária; e f) receber, a qualquer título ou pretexto, auxílios ou contribuições de pessoas físicas, entidades públicas ou privadas, ressalvadas as exceções previstas em lei.

A Emenda Constitucional n. 45/04 tornou absoluta a vedação do exercício de atividade político-partidária. A LC 75/93 ressalvava a filiação e o direito de afastamento para exercer o cargo eletivo ou a ele concorrer (art. 237, V), exceção que não mais prevalece diante do texto constitucional.

Além dessas vedações, aplica-se aos membros do *Parquet* a quarentena, constante do art. 95, parágrafo único, V, da CF, para os magistrados, considerando a igualdade entre as carreiras, quanto às garantias e vedações. Fica, portanto, proibido aos membros do Ministério Público "exercer a advocacia no juízo ou tribunal do qual se afastou, antes de decorridos três anos do afastamento do cargo por aposentadoria ou exoneração".

A LC 75/93 impõe sanção de suspensão de quarenta e cinco a noventa dias para o membro do Ministério Público que descumprir as vedações por ela estabelecidas.

5. *Deveres*. O art. 236 da LOMPU (LC 75/93) impõe aos membros do Ministério Público alguns deveres, quais sejam: a) cumprir os prazos processuais; b) guardar segredo sobre assunto de caráter sigiloso que conheça em razão do cargo ou função; c) velar por suas prerrogativas institucionais e processuais; d) prestar informações aos

(105) O art. 38, § 1º da Lei 8.625/93, estabelece que o membro vitalício do Ministério Público somente perderá o cargo por sentença judicial transitada em julgado, proferida em ação civil própria, nos seguintes casos: prática de crime incompatível com o exercício do cargo, exercício da advocacia e abandono do cargo por prazo superior a trinta dias corridos.

órgãos da administração superior do Ministério Público, quando requisitadas; e) atender ao expediente forense e participar dos atos judiciais, quando for obrigatória a sua presença; ou assistir a outros, quando conveniente ao interesse do serviço; f) declarar-se suspeito ou impedido, nos termos da lei; g) adotar as providências cabíveis em face das irregularidades de que tiver conhecimento ou que ocorrerem nos serviços a seu cargo; h) tratar com urbanidade as pessoas com as quais se relacione em razão do serviço; i) desempenhar com zelo e probidade as suas funções; e j) guardar decoro pessoal.

O art. 129, § 2º, da CF, ainda estabelece aos membros do Ministério Público o dever de residir na comarca da respectiva lotação, salvo autorização do chefe da instituição.

4.1.6. ORGANIZAÇÃO INSTITUCIONAL

Externamente, o Ministério Público é uma instituição permanente, desvinculada dos Poderes do Estado. Internamente, ele está estruturado da seguinte forma: a) Ministério Público da União (MPU), compreendendo o Ministério Público Federal (MPF), o Ministério Público do Trabalho (MPT), o Ministério Público Militar (MPM) e o Ministério Público do Distrito Federal; e b) Ministério Público dos Estados (MPE). Essa divisão é apenas administrativa, com ramos especializados, e não orgânica.

Conforme já decidiu o STF (ADI 789), o Ministério Público que oficia perante o Tribunal de Contas da União não é uma instituição autônoma, estando excluída dessa organização, mas seus membros possuem os mesmos direitos e vedações (art. 130 da CF)[(106)].

A atuação do Ministério Público na Justiça Eleitoral se dá através dos membros do Ministério Público Estadual, na primeira e na segunda instâncias, cabendo este mister ao MPU, no TSE.

A exemplo do que fez com o Poder Judiciário, a Emenda Constitucional n. 47/04 criou o Conselho Nacional do Ministério Público (CNMP), consoante arts. 92, I-A e 130-A da CF, a fim de exercer controle da atuação administrativa e financeira do Ministério Público e do cumprimento dos deveres funcionais de seus membros. Ele é composto pelo Procurador-Geral da República, que o preside, e por outros treze membros, estes nomeados pelo Presidente da República, aprovada a escolha pelo Senado Federal, para mandato de dois anos, permitida uma recondução, sendo: a) quatro membros do MPU, assegurada a representação de cada uma de suas carreiras; b) três membros do MPE; c) dois juízes, indicados, um pelo STF e outro pelo STJ; d) dois advogados, indicados pelo Conselho Federal da OAB; e e) dois cidadãos de notável saber jurídico e reputação ilibada, indicados, um pela Câmara dos Deputados e outro pelo Senado Federal.

São atribuições do CNMP: a) zelar pela autonomia funcional e administrativa do Ministério Público, podendo expedir atos regulamentares, no âmbito de sua competência, ou recomendar providências; b) zelar pela observância do art. 37 e apreciar, de ofício ou mediante provocação, a legalidade dos atos administrativos praticados por membros ou órgãos do Ministério Público da União e dos Estados, podendo desconstituí-los, revê-los ou fixar prazo para que se adotem as providências necessárias ao exato cumprimento da lei, sem prejuízo da competência dos Tribunais de Contas; c) receber e conhecer das reclamações contra membros ou órgãos do Ministério Público da União ou dos Estados, inclusive contra seus serviços auxiliares, sem prejuízo da competência disciplinar e correicional da instituição, podendo avocar processos disciplinares em curso, determinar a remoção, a disponibilidade ou a aposentadoria com subsídios ou proventos proporcionais ao tempo de serviço e aplicar outras sanções administrativas, assegurada ampla defesa; d) rever, de ofício ou mediante provocação, os processos disciplinares de membros do Ministério Público da União ou dos Estados julgados há menos de um ano; e e) elaborar relatório anual, propondo as providências que julgar necessárias sobre a situação do Ministério Público no País e as atividades do Conselho, o qual deve integrar a mensagem prevista no art. 84, XI.

---

(106) "Segundo precedente do STF (ADI 789/DF), os Procuradores das Cortes de Contas são ligados administrativamente a elas, sem qualquer vínculo com o Ministério Público comum. Além de violar os arts. 73, § 2º, I, e 130, da CF, a conversão automática dos cargos de Procurador do Tribunal de Contas dos Municípios para os de Procurador de Justiça — cuja investidura depende de prévia aprovação em concurso público de provas e títulos — ofende também o art. 37, II, do texto magno." (ADI 3.315, Rel. Min. Ricardo Lewandowski, julgamento em 6-3-2008, Plenário, *DJE* de 11-4-2008.)

O Ministério Público da União é chefiado pelo Procurador-Geral da República. Este é nomeado pelo Presidente da República entre integrantes da carreira, com mais de trinta e cinco anos de idade, após aprovação pela maioria absoluta do Senado Federal, para cumprir um mandato de dois anos, com reconduções infinitas (art. 25 da LC n. 75/93). A destituição do Procurador-Geral da República antes do término do mandato é possível, mas dependerá da iniciativa do Presidente da República e autorização prévia da maioria absoluta do Senado Federal (art. 128, §§ 1º e 2º, da CF).

O STF já decidiu que o conflito de atribuição entre órgãos do Ministério Público deve ser dirimido pelo Procurador-Geral da República e não pelo Poder Judiciário (ACO 1.567).

A chefia do Ministério Público Federal também é exercida pelo Procurador-Geral da República. Já os Ministérios Públicos do Trabalho e Militar possuem seus próprios Procuradores-Gerais, os quais, além de mais de trinta e cinco anos de idade, devem ter, pelo menos, cinco anos de carreira (arts. 88 e 121 da LC75/93). A duração do mandato é de dois anos e destituição de ambos os cargos pode de feita por iniciativa do Conselho Superior, mediante proposta aprovada pelo voto secreto de dois terços dos membros, a qual deverá ser enviada ao Procurador-Geral da República (arts. 88 e 121, da LC 75/93).

O Ministério Público Eleitoral não dispõe de carreira própria, servindo-se dos membros do MPF em todas as instâncias (art. 72 da LC n. 75/93). As funções eleitorais do MPF perante os Juízes e Juntas Eleitorais serão exercidas pelo Promotor Eleitoral (art. 78 da LC n. 75/93). O cargo de Procurador-Geral Eleitoral é ocupado pelo Procurador-Geral da República (art. 73 da LC n. 75/93), a quem compete atuar perante o TSE (art. 74 da LC n. 75/93).

O chefe do Ministério Público do Distrito Federal é o Procurador-Geral de Justiça, que é indicado pelo Presidente da República, sem qualquer limitação de idade, para o exercício de um mandato de dois anos, com possibilidade de apenas uma recondução ao cargo. Sua destituição pode ser feita por deliberação da maioria absoluta do Poder Legislativo (art. 128, § 3º, da CF).

O Ministério Público dos Estados é chefiado pelo Procurador-Geral de Justiça, cabendo a cada ente federado elaborar Lei Complementar para organizar a instituição no âmbito de sua competência.

O ingresso nas carreiras do Ministério Público só pode ocorrer mediante aprovação em concurso público de provas e títulos, com participação da OAB, sendo vedada a nomeação de membros "*ad hoc*". Para concorrer a uma das vagas, o candidato deverá ter, no mínimo, três anos de atividade jurídica (art. 129, § 3º, da CF).

Para memorizar:

MPF:

- Chefia: Procurador-Geral da República;
- Nomeação: Presidente da República;
- Requisitos: integrante da carreira com mais de 35 anos de idade;
- Destituição: pelo Presidente da República, precedida de autorização do Senado.

MPT:

- Chefia: Procurador-Geral do Trabalho;
- Nomeação: Procurador-Geral da República;
- Requisitos: integrante da carreira com mais de 35 anos de idade e de 5 anos de carreira;
- Destituição: por proposta do Conselho Superior ao Procurador-Geral da República, mediante voto secreto de 2/3 dos membros.

MPM:

- Chefia: Procurador-Geral da Justiça Militar;
- Nomeação: Procurador-Geral da República;
- Requisitos: integrante da carreira com mais de 35 anos de idade e de 5 anos de carreira;
- Destituição: por proposta do Conselho Superior ao Procurador-Geral da República, mediante voto secreto de 2/3 dos membros.

MPDF:

- Chefia: Procurador-Geral de Justiça;
- Nomeação: Presidente da República;
- Requisitos: não há limites para a idade;
- Destituição: por deliberação da maioria absoluta do Poder Legislativo.

4.2. MINISTÉRIO PÚBLICO DO TRABALHO

4.1.1. CONCEITO E HISTÓRIA

O Ministério Público do Trabalho — MPT é o ramo do Ministério Público da União especializado que atua, judicialmente, perante a Justiça do Trabalho e, extrajudicialmente, na defesa da ordem jurídica trabalhista e dos interesses sociais e individuais indisponíveis de natureza trabalhista.

Sua criação está atrelada ao surgimento da Justiça do Trabalho. Desde a concepção do Conselho Nacional do Trabalho — CNT (1923), a atuação do MPT já se fazia presente na pessoa do Procurador-Geral e dos Procuradores Adjuntos, designados para emitir pareceres nos processos que tramitavam naquele Conselho (LEITE, 2011, p. 98). Com a edição da CLT, o MPT foi merecedor de todo o Título IX, onde constavam suas funções e organização, texto que foi derrogado, em face da Constituição Federal e da LC 75/93.

Mas o grande marco desse ramo do *Parquet* foi, certamente, a Constituição Federal de 1988, por ter erigido todo o Ministério Público à condição de instituição independente e autônoma e por lhe ter incumbido a defesa da ordem jurídica, do regime democrático e dos direitos sociais e individuais indisponíveis (art. 127).

4.1.2. ESTRUTURA

A estrutura do MPT está prevista no art. 85 da LOMPU (Lei Orgânica do Ministério Público da União). Segundo ela, são órgãos do MPT: a) Procurador-Geral do Trabalho; b) Colégio de Procuradores do Trabalho; c) Conselho Superior do Ministério Público do Trabalho; d) Câmara de Coordenação e Revisão do Ministério Público do Trabalho; e) Corregedoria do Ministério Público do Trabalho; f) Subprocuradores-gerais do Trabalho; g) Procuradores Regionais do Trabalho; e h) Procuradores do Trabalho. Cabe aqui tecer um breve comentário sobre cada um desses órgãos.

1. *Procurador-Geral do Trabalho*. É o chefe da instituição, competindo-lhe exercer as funções administrativas (art. 91) e jurisdicionais atribuídas ao MPT, estas junto ao Plenário do TST, propondo as ações cabíveis e manifestando-se nos processos de sua competência. Ele é nomeado pelo Procurador-Geral da República a partir de uma lista tríplice, entre os integrantes do MPT com mais de trinta e cinco anos de idade e cinco anos na carreira, devendo exercer um mandato de dois anos, sendo possível uma recondução. Caberá ao próprio Procurador-Geral do Trabalho escolher o seu Vice-Presidente, entre os Subprocuradores-Gerais Trabalho. A exoneração do Procurador-Geral do Trabalho, antes do término do mandato, será proposta ao Procurador-Geral da República pelo Conselho Superior, mediante deliberação obtida com base em voto secreto de dois terços de seus integrantes;

2. *Colégio de Procuradores do Trabalho*. Integrado por todos os membros da carreira em exercício e presidido pelo Procurador-Geral do Trabalho, esse órgão tem função deliberativa, sendo o responsável pela elaboração das listas tríplice (para a escolha do Procurador-Geral do Trabalho) e sêxtupla (para preenchimento das vagas nos Tribunais destinadas ao MPT), bem como pela eleição de quatro membros do Conselho Superior, manifestando-se pelo voto plurinominal, facultativo e secreto;

3. *Conselho Superior do Ministério Público do Trabalho*. Esse é o órgão deliberativo que exerce o poder normativo no âmbito do MPT. A ele também cabe editar medidas administrativas de gestão de pessoal. É composto pelo Procurador-Geral do Trabalho, Vice-Procurador-Geral do Trabalho, quatro Suprocuradores-Gerais do Trabalho eleitos pelo Colégio de Procuradores e outros quatro membros, eleitos por seus pares. As reuniões ordinárias ocorrem uma vez por mês e as extraordinárias dependem de convocação do Procurador-Geral do Trabalho ou de proposta da maioria absoluta dos membros. Suas decisões são tomadas pela maioria de votos, presente a maioria absoluta dos membros;

4. *Câmara de Coordenação e Revisão do Ministério Público do Trabalho*. Trata-se de um órgão de coordenação, de integração e de revisão do exercício funcional na Instituição. É composto por três membros do MPT, sendo um indicado pelo Procurador-Geral do Trabalho e dois pelo Conselho Superior do Ministério Público do Trabalho, juntamente com seus suplentes, para um mandato de dois anos, sempre que possível, entre os integrantes do último grau da carreira;

5. *Corregedoria do Ministério Público do Trabalho*. Dirigida pelo Corregedor-Geral, a Corregedoria é o órgão fiscalizador das atividades funcionais e da conduta dos membros do Ministério Público. O Corregedor-Geral é nomeado pelo Procurador-Geral do Trabalho, dentre os Subprocuradores-Gerais do Trabalho, integrantes de lista tríplice elaborada pelo Conselho Superior, para mandato de dois anos, renovável uma vez;

6. *Subprocuradores-Gerais do Trabalho*. Os Subprocuradores equivalem, para fins didáticos, aos Ministros do TST na carreira da magistratura. Eles são o último grau da carreira e estão lotados nos ofícios da Procuradoria-Geral do Trabalho, que funciona junto ao TST. Exercem privativamente as funções de Corregedor-Geral e de Coordenador da Câmara de Coordenação e Revisão do MPT;

7. *Procuradores Regionais do Trabalho*. Estão lotados nos ofícios nas Procuradorias Regionais do Trabalho nos Estados e no Distrito Federal, que funcionam perante os Tribunais Regionais do Trabalho. O cargo de Procurador Regional equivale, para fins didáticos, ao de Desembargador na carreira da magistratura;

8. *Procuradores do Trabalho*. São os órgãos iniciais da carreira, equivalendo, para fins didáticos, aos Juízes do Trabalho na carreira da magistratura. Atuam perante as Varas do Trabalho e os Tribunais Regionais do Trabalho, estando lotados nos ofícios nas Procuradorias Regionais do Trabalho nos Estados e no Distrito Federal.

Para memorizar:

Pro colégio Conca correu, sem procurar problema!

Pro- *Procurador-Geral do Trabalho*

Colégio- *Colégio de Procuradores do Trabalho*

Con- *Conselho Superior do MPT*

Ca- *Câmara de Coordenação e Revisão do MPT*

Correu- *Corregedoria do Ministério Público do Trabalho*

Sem- *Subprocuradores-Gerais do Trabalho*

Procurar- *Procuradores Regionais do Trabalho*

Problema- *Procurador do Trabalho*

4.1.3. ATRIBUIÇÕES

A LOMPU apresenta um rol exemplificativo das atribuições judiciais do MPT:

> Art. 83. Compete ao Ministério Público do Trabalho o exercício das seguintes atribuições junto aos órgãos da Justiça do Trabalho:
>
> I — promover as ações que lhe sejam atribuídas pela Constituição Federal e pelas leis trabalhistas;
>
> II — manifestar-se em qualquer fase do processo trabalhista, acolhendo solicitação do Juiz ou por sua iniciativa, quando entender existente interesse público que justifique a intervenção;
>
> III — promover a ação civil pública no âmbito da Justiça do Trabalho, para defesa de interesses coletivos, quando desrespeitados os direitos sociais constitucionalmente garantidos;
>
> IV — propor as ações cabíveis para declaração de nulidade de cláusula de contrato, acordo coletivo ou convenção coletiva que viole as liberdades individuais ou coletivas ou os direitos individuais indisponíveis dos trabalhadores;
>
> V — propor as ações necessárias à defesa dos direitos e interesses dos menores, incapazes e índios, decorrentes das relações de trabalho;
>
> VI — recorrer das decisões da Justiça do Trabalho, quando entender necessário, tanto nos processos em que for parte, como naqueles em que oficiar como fiscal da lei, bem como pedir revisão dos Enunciados da Súmula de Jurisprudência do Tribunal Superior do Trabalho;
>
> VII — funcionar nas sessões dos Tribunais Trabalhistas, manifestando-se verbalmente sobre a matéria em debate, sempre que entender necessário, sendo-lhe assegurado o direito de vista dos processos em julgamento, podendo solicitar as requisições e diligências que julgar convenientes;
>
> VIII — instaurar instância em caso de greve, quando a defesa da ordem jurídica ou o interesse público assim o exigir;
>
> IX — promover ou participar da instrução e conciliação em dissídios decorrentes da paralisação de serviços de qualquer natureza, oficiando obrigatoriamente nos processos, manifestando sua concordância ou discordância, em eventuais acordos firmados antes da homologação, resguardado o direito de recorrer em caso de violação à lei e à Constituição Federal;
>
> X — promover mandado de injunção, quando a competência for da Justiça do Trabalho;
>
> XI — atuar como árbitro, se assim for solicitado pelas partes, nos dissídios de competência da Justiça do Trabalho;
>
> XII — requerer as diligências que julgar convenientes para o correto andamento dos processos e para a melhor solução das lides trabalhistas;
>
> XIII — intervir obrigatoriamente em todos os feitos nos segundo e terceiro graus de jurisdição da Justiça do Trabalho, quando a parte for pessoa jurídica de Direito Público, Estado estrangeiro ou organismo internacional.

Entre essas atribuições, desperta debate a prevista no inciso VIII, que atribui ao MPT legitimidade ativa para instaurar a instância em caso de greve, quando a defesa da ordem jurídica ou o interesse público estiverem presentes. É que a EC 45/04 deu nova redação ao art. 114, § 3º, da CF, determinando que a legitimidade ativa do MPT para instaurar a instância em caso de greve somente estará presente quando a paralisação ocorrer em atividade essencial, ainda assim quando houver possibilidade de lesão ao interesse público. Para a corrente majoritária, a EC n. 45/04 revogou o inciso VIII, do art. 83, da LOMPU. Mas há quem diga que os referidos dispositivos legais devem ser analisados de forma sistemática, juntamente com a Lei n. 7.783/89 (lei de greve), de maneira que a única delimitação para atuação do MPT seria que o movimento paredista decorresse das relações de trabalho.

Parece ter razão a primeira vertente, uma vez que a intenção do legislador, claramente, foi de restringir a atuação ministerial para estimular a negociação entre as partes. Tanto é que o próprio dissídio coletivo de natureza econômica passou a exigir o comum acordo das partes envolvidas, para ser ajuizado (art. 114 § 2º).

Além do dissídio de greve, dispõe a CLT que a Procuradoria do Trabalho poderá ajuizar o dissídio coletivo de extensão das novas condições de trabalho a todos empregados da categoria beneficiada por sentença normativa (art. 869, "d", da CLT).

Fora da LOMPU, há previsões de outras atuações judiciais — por exemplo, o art. 793 da CLT, que atribui à Procuradoria do Trabalho a legitimidade para ajuizar ação trabalhista em favor do menor de dezoito anos, na falta de seus representantes legais — e extrajudiciais, como "*custos legis*", atuando como interveniente e não como parte. Citem-se, por exemplo: a) nos processos de dissídio coletivo, a emissão de parecer escrito ou de protesto pelo pronunciamento oral, na audiência ou sessão de julgamento (art. 11 da Lei n. 7.701/88); b) a apresentação de parecer oral nas sessões de julgamento dos recursos ordinários, em procedimento rito sumaríssimo (art. 895, § 1º, III, da CLT); e c) a emissão de parecer escrito em até oito dias da distribuição do processo.

Carlos Henrique Bezerra Leite enumera as hipóteses em que o parecer do Ministério Público do Trabalho será obrigatório (*sic*):

> [...] a elaboração de parecer circunstanciado no Ministério Público do Trabalho será obrigatória nos dissídios individuais em que figurem, como partes ou interessados, crianças, adolescentes, incapazes e índios; nas ações civis públicas, quando não ajuizadas pelo próprio Ministério Público (Lei n. 7.347/85, art. 5º, § 1º); nos mandados de segurança (Lei n. 1.533/51, art. 10); nos dissídios coletivos, em caso de greve que possa acarretar lesão ao interesse público; nas ações de competência originária dos Tribunais, quando houver previsão regimental expressa; nos pedidos de seqüestro formulados em procedimentos relativos a precatórios (CPC, art. 731); quando houver solicitação expressa do Juiz ou Relator e o órgão do *Parquet* entender relevante a sua intervenção. (LEITE, 2011, p. 115).

Na atuação como "*custos legis*", o MPT deve zelar pelo interesse público primário do Estado, que é a persecução de bem comum, e não o secundário, mediante o qual o Estado atua buscando fins próprios, como se particular fosse. Sempre que houver interesse público primário, o MPT terá legitimidade para arguir, em parecer ou em recurso, a nulidade detectada, como entende a SDI-I do TST[107]. Lado outro, o MPT não tem legitimidade para arguir prescrição em favor de entidade de direito público, em matéria de direito patrimonial, pois nessa hipótese não há interesse público primário. Nesse sentido é o entendimento do TST, constante da OJ n. 130 da SDI-I[108].

Questão controvertida reside na possibilidade de o Ministério Público do Trabalho atuar perante o Supremo Tribunal Federal. Imagine-se, por exemplo, que o MPT seja autor de uma Ação Civil Pública em que, por versar matéria constitucional, houve interposição de recurso extraordinário para o STF. Poderia o Procurador do Trabalho oficiar perante o STF, por exemplo, fazendo uma sustentação oral? Carlos Henrique Bezerra Leite entende que sim, pois esse seria um direito inerente ao direito de ação. Ocorre que a Constituição Federal foi clara ao estabelecer que o Procurador-Geral da República é o membro do Ministério Público que oficia perante o STF (art. 103,

(107) Orientação Jurisprudencial n. 350 da SDI-I do TST. "Ministério Público do Trabalho. Nulidade do contrato de trabalho não suscitada pelo ente público no momento da defesa. Argüição em parecer. Possibilidade. O Ministério Público do Trabalho pode arguir, em parecer, na primeira vez que tenha de se manifestar no processo, a nulidade do contrato de trabalho em favor de ente público, ainda que a parte não a tenha suscitado, a qual será apreciada, sendo vedada, no entanto, qualquer dilação probatória."

(108) Orientação Jurisprudencial n. 130 da SDI-I do TST. "Prescrição. Ministério Público. Arguição. "*custos legis*". Ilegitimidade (atualizada em decorrência do CPC de 2015) Ao exarar o parecer na remessa de ofício, na qualidade de "custos legis", o Ministério Público não tem legitimidade para arguir a prescrição em favor de entidade de direito público, em matéria de direito patrimonial."

§ 1º, a CF), razão pela qual o Ministério Público do Trabalho não possui legitimidade para atuar perante a Corte Suprema. Esse é, inclusive, o entendimento do próprio STF, segundo o qual "(...) a representação institucional do Ministério Público da União — MPU nas causas instauradas nessa Corte, inclusive em tema de reclamação, está inserida na esfera de atribuições do Procurador-Geral da República, chefe do MPU (CF, art. 128, § 1º) e em cujo âmbito está estruturado o MPT (...)" (STF — Rcl 5.873, AgR/ES. Relator: Ministro Celso de Melo. J. 09.12.2009).

A atuação extrajudicial do MPT está prevista no art. 84 da LOMPU:

> Art. 84. Incumbe ao Ministério Público do Trabalho, no âmbito das suas atribuições, exercer as funções institucionais previstas nos Capítulos I, II, III e IV do Título I, especialmente:
>
> I — integrar os órgãos colegiados previstos no § 1º do art. 6º, que lhes sejam pertinentes;
>
> II — instaurar inquérito civil e outros procedimentos administrativos, sempre que cabíveis, para assegurar a observância dos direitos sociais dos trabalhadores;
>
> III — requisitar à autoridade administrativa federal competente, dos órgãos de proteção ao trabalho, a instauração de procedimentos administrativos, podendo acompanhá-los e produzir provas;
>
> IV — ser cientificado pessoalmente das decisões proferidas pela Justiça do Trabalho, nas causas em que o órgão tenha intervindo ou emitido parecer escrito;
>
> V — exercer outras atribuições que lhe forem conferidas por lei, desde que compatíveis com sua finalidade.

Na verdade, a hipótese do inciso XI, do art. 83, da LOMPU, qual seja, atuar como árbitro, quando for solicitado pelas partes, é uma atividade tipicamente extrajudicial.

No âmbito das atribuições extrajudiciais, merece destaque a atuação do MPT como agente de articulação social, atuando na prevenção de infrações às normas trabalhistas, por meio de palestras, audiências públicas, etc, e na orientação das entidades governamentais e não governamentais, na execução de políticas públicas, especialmente em questões de grande relevância social, como a erradicação do trabalho escravo, infantil e discriminatório, áreas em que a atuação do MPT é prioritária (LEITE, 2011, p. 127).

4.1.4. INSTRUMENTOS

Para a consecução de suas atribuições, a lei disponibiliza ao MPT instrumentos de atuação, sendo os mais importantes a Ação Civil Pública, o Inquérito Civil Público, o Termo de Ajustamento de Conduta, a Ação Anulatória de cláusulas convencionais e os Recursos, os quais merecem breves comentários.

1. *Ação Civil Pública*. Essa espécie de ação serve para a proteção de qualquer bem difuso ou coletivo (art. 1º, IV, da Lei n. 7.347/85) e individual homogêneo (art. 91 do CDC), podendo ter por objeto a condenação em dinheiro ou o cumprimento de obrigação de fazer ou não fazer (art. 3º, da Lei n. 7.347/85), sendo o Ministério Público um de seus legitimados ativos (art. 5º da Lei n. 7.347/85). No âmbito da Justiça do Trabalho, essa legitimação pertence ao Ministério Público do Trabalho (art. 83, III, da LOMPU). A competência para julgar a ACP é fixada pela extensão do dano causado ou a ser reparado, nos termos da OJ 130 da SDI-II do TST:

> Orientação Jurisprudencial n. 130 da SDI-II do TST. "Ação Civil Pública. Competência. Local do dano. Lei n. 7.347/1985, art. 2º. Código de Defesa do Consumidor, art. 93. I — A competência para a Ação Civil Pública fixa-se pela extensão do dano. II — Em caso de dano de abrangência regional, que atinge cidades sujeitas à jurisdição de mais de uma Vara do Trabalho, a competência será de qualquer das varas das localidades atingidas, ainda que vinculadas a Tribunais Regionais do Trabalho distintos. III — Em caso de dano de abrangência suprarregional ou nacional, há competência concorrente para a ação civil pública das varas do trabalho das sedes dos Tribunais Regionais do Trabalho. IV - Estará prevento o juízo a que a primeira ação houver sido distribuída."

Nas obrigações de fazer, é possível a fixação de multa diária ("astreintes") como forma de compelir o réu a cumpri-las. Nas condenações indenizatórias, os valores executados devem ser revertidos a um fundo público, o qual, no âmbito da Justiça do Trabalho, deve ser o FAT — Fundo de Amparo ao Trabalhador. São exemplos de hipóteses de cabimento da ACP na Justiça do Trabalho: desvirtuamento das cooperativas de prestação autônoma de serviços que impliquem a possibilidade de existência de vínculo de emprego[109], terceirização ilícita[110], observância de normas relativas à saúde, segurança e medicina do trabalho[111] e combate às dispensas discriminatórias[112].

2. *Inquérito Civil Público*. À semelhança do Inquérito Policial, o ICP é um procedimento extrajudicial destinado a coletar provas de fatos lesivos à ordem jurídica trabalhista e aos direitos sociais e individuais indisponíveis. Sua fundamentação está contida na CF (art. 129, III), na LACP (Lei n. 7.347/85) e na Resolução 69/07 do CSMPT. Trata-se de um instrumento privativo do Ministério Público (art. 8º, § 1º da LACP), o qual não está obrigado a fazê-lo (art. 9º da LACP), mormente se já existirem provas suficientes dos fatos que seriam investigados. No âmbito trabalhista, a atribuição de instaurá-lo é do MPT (art. 84, II, da LC 75/93). Ele possui natureza inquiritória, visando a formação da convicção do próprio representante do Ministério Público, razão pala qual sua tramitação está imune à observância dos princípios do contraditório e da ampla defesa[113]. Concluída a colheita das provas, o ICP pode ser arquivado, caso os fatos não constituam ilicitudes, ou servir ao ajuizamento de uma Ação Civil Pública ou à celebração de um Termo de Ajustamento de Conduta, mas sua instauração não é imprescindível a esses instrumentos. O ICP será uma prova documental, ainda que se tenha baseado em outras espécies de prova, como o depoimento de testemunhas[114].

3. *Termo de Ajustamento de Conduta*. Previsto no art. 5º, § 6º da LACP, o TAC é um pacto celebrado entre o MPT ou outro legitimado (art. 5º da LACP) e o infrator da legislação trabalhista, mediante o qual este confessa uma prática ilegal e se compromete, voluntariamente, a cumprir determinadas obrigações, sob pena de incorrer no pagamento de indenizações e multas[115]. Ele possui natureza de confissão com compromisso e não de transação, uma vez que o MPT e os demais legitimados, não sendo titulares do direito objeto do pacto, não poderiam fazer concessões ou assumir obrigações de forma recíproca[116]. Há vantagens para o infrator e para a sociedade, uma vez que aquele evita o ajuizamento de uma ACP, que lhe seria mais penosa, e aquela consegue a reparação dos danos de maneira mais rápida e, por vezes, mais eficaz. Uma vez firmado, o TAC possuirá natureza de título executivo extrajudicial, podendo ser executado na Justiça do Trabalho (art. 876 da CLT).

(109) TST. RR-694466-28.2000.5.11.5555. Rel. Ministro Horácio R. de Senna Pires. 6ª Turma. DJ 19.05.2006.

(110) TST. AIRR-32840-28.2002.5.03.0085. Rel. Juiz Conv. Josenildo dos S. Carvalho. 2ª Turma. DJ 22.03.2005.

(111) TST — *Idem.*

(112) "Ministério Público do Trabalho. Ação civil coletiva. Legitimidade ativa. Supressão de pagamento ou dispensa com intuito punitivo e discriminatório. Direitos individuais homogêneos. Garantia de acesso ao Judiciário. O Ministério Público do Trabalho tem legitimidade para ajuizar ação civil coletiva em face de empregador que, com intuito punitivo e discriminatório, suprime o pagamento de adicionais e gratificações ou dispensa empregados que ajuizaram reclamação trabalhista e não aderiram a acordo judicial, ainda que a postulação envolva sanções de caráter pecuniário. Trata-se, com efeito, da tutela de direitos individuais homogêneos, sendo cabível a defesa coletiva para facilitar o acesso à Justiça, conferindo uniformidade e relevância às decisões judiciais nos conflitos de massa. Ademais, a pretensão ostenta interesse social relevante, não só para a categoria dos empregados atingidos, mas também para todos os trabalhadores, na medida em que visa assegurar a garantia fundamental de acesso ao Judiciário sem discriminações ou retaliações. Com base nessas premissas e citando precedentes da própria Corte e do STF, a SBDI-I, por unanimidade, conheceu dos embargos, por divergência jurisprudencial e, no mérito, deu-lhes provimento para, reformando o acórdão que extinguira o feito sem resolução de mérito, declarar a legitimidade ativa do Parquet e determinar o retorno dos autos à Turma de origem para julgar o recurso de revista da primeira reclamada como entender de direito." (TST. E-ED-RR-197400-58.2003.5.19.0003. Relator: Ministro Augusto César Leite de Carvalho. SBDI-I. DEJT: 21.6.2012). (inf. 14)

(113) TST. RR-33900-69.2005.5.01.005. Rel. Ministro Carlos Alberto Reis de Paula. 8ª Turma. DJ 06.05.2011.

(114) TST. RR-157400-94.2004.5.01.0063. Rel. Juiz Conv. Flavio Portinho Sirangelo. 3ª Turma. DJ 01.06.2012.

(115) "Termo de Ajustamento de Conduta — O Termo de Ajustamento de Conduta é instrumento legal sem finalidade punitiva, teleologicamente focado no interesse social a ser protegido. Tem função educativa, de instrução às pessoas jurídicas que se dispõem à cumprir o que determina a lei. Trata-se de um instituto jurídico que soluciona conflitos metaindividuais, firmado por algum ou alguns dos órgãos públicos legitimados para ajuizar ação civil pública e pelo investigado (empregador), no qual se estatui, de forma voluntária, o modo, lugar e prazo em que o inquirido deve adequar sua conduta aos preceitos normativos, mediante cominação, sem que para tanto, a priori, necessite de provocação do Poder Judiciário, com vistas à natureza jurídica de título executivo extrajudicial. Tem plena eficácia, podendo, no entanto, ser desconstituído pela vontade unilateral de uma das partes a qualquer tempo, de modo que, não há norma legal ou contratual que o torne *ad eternum*, mormente considerando que não se fixou qualquer prazo para a sua validade." (TRT 3ª Reg. RO 00176-2011-143-03-00-2. Relator: Juiz Conv. Luiz Antonio de Paula Iennaco. Turma Recursal de Juiz de Fora. DEJT 08.03.2012).

(116) [...] "a hipótese da Lei n. 7.347/85 não trata de transação entre o MPT e o infrator, como parece crer a agravante, muito menos de avença com o intuito de arrefecer o comando da legislação trabalhista. O escopo é compelir o infrator ao cumprimento da legislação existente, sob pena de obrigação mais onerosa do que aquela inicialmente fixada na lei descumprida e ordinariamente aplicável." (TRT 3ª Reg. AP 01380-2011-148-03-00-2. Relator: Juiz Conv. Milton V.Thibau de Almeida. 9ª Turma. DEJT 24.02.2012).

4. *Ação Anulatória de cláusulas convencionais*. Consoante o disposto nos arts. 127, da CF, 83, da LC n. 75/93, e 7º, § 5º, da Lei n. 7.701/88, constitui atribuição do MPT propor as ações cabíveis para declaração de nulidade de cláusula de contrato, acordo coletivo ou convenção coletiva que viole as liberdades individuais ou coletivas ou os direitos individuais indisponíveis dos trabalhadores. A AACC é, portanto, uma ação de conhecimento, de natureza constitutivo-negativa, que visa declarar a nulidade de cláusulas constantes de Convenções e Acordos Coletivos de Trabalho, bem assim de contratos individuais de trabalho, que causem lesão à ordem jurídica trabalhista e aos direitos sociais e individuais indisponíveis. Por ter natureza declaratória, não é possível cumular pedidos de devolução de valores ou indenizatórios, cabendo a cada trabalhador o posterior ajuizamento de sua própria ação, na qual serão pleiteados pedidos condenatórios(117). A competência para o seu julgamento é dos Tribunais Regionais do Trabalho, se a abrangência da norma for regional, e do Tribunal Superior do Trabalho, se a norma tiver alcance excedente aos limites do TRT, salvo se a cláusula objeto da ação constar de contrato individual de trabalho, quando então a competência será do Juiz do Trabalho(118). São exemplos de cláusulas que ensejam o ajuizamento da AACC: a imposição de contribuição assistencial a empregados não sindicalizados em favor de entidade sindical(119); o estabelecimento de jornada de trabalho superior a 12 horas contínuas, com o subsequente repouso de 24 horas, denominado plantão 12 x 24(120); e a supressão do intervalo para repouso e alimentação(121).

Não obstante, nos termos da Lei n. 13.467/17 (reforma trabalhista), as ações anulatórias de cláusulas convencionais deverão estar limitadas à análise dos elementos de validade dos negócios jurídicos previstos no art. 104 do Código Civil (agente capaz; objeto lícito, possível, determinado ou determinável; e forma prescrita ou não defesa em lei), devendo intervir o mínimo possível na autonomia da vontade coletiva (art. 2º, § 3º, da CLT). De outra face, o art. 611-A, da CLT, acrescentado pela referida lei, apresenta rol de direitos que podem ser objeto de negociação coletiva, enquanto o art. 611-B lista os direitos que não podem ser objeto de supressão ou redução por negociação coletiva.

5. *Recursos*. Ainda que não tenha intervindo no processo como parte, o MPT poderá recorrer das decisões da Justiça do Trabalho, quando entender necessário (art. 83, VI, da LOMPU). Poderá, ainda, pedir a revisão das súmulas do TST (art. 156, § 1º do RITST).

O prazo para o MPT recorrer, tanto nos processos em que atue como parte quanto nos que oficie como "*custos legis*", era em dobro, por força do art. 188 do CPC de 1973. O CPC de 2015, no entanto, estabeleceu apenas que o Ministério Público terá prazo em dobro para "manifestar-se nos autos" (art. 180). A polêmica reside no fato de que, para os outros entes públicos (Fazenda Pública e Defensoria Pública) e para os litisconsortes com procuradores diferentes, o texto foi claro em afirmar que o prazo em dobro aplica-se "para todas as manifestações processuais" (arts. 183, 186 e 229).

(117) "Ação Declaratória de Nulidade de cláusula normativa e de inexistência de relação jurídica obrigacional — Exequibilidade — Ministério Público — Impossibilidade. Sendo a ação apenas declaratória, a decisão decorrente não viabiliza a execução nos mesmos autos, pois foge aos limites da lide, não competindo ao Órgão do Ministério Público reivindicar os valores descontados, oriundos de cláusula coletiva excluída pela Justiça. Os empregados é que passam a ser titulares do direito à devolução dos valores ou mesmo o Sindicato da Categoria, mas, como este é o envolvido, poderá haver substituição extraordinária, mas pela via processual adequada, perante o Juízo de 1º grau. A ação declaratória possui seus limites e se esgotam com a decisão final." (TRT 3ª Reg. AP 2751/99. Relator: Desembargador Jose Miguel de Campos. Tribunal Pleno. DJMG 23.03.2000).

(118) "Recurso de Revista. Incompetência funcional ou hierárquica. Juízo de primeiro grau. Ação Anulatória de Cláusula de acordo coletivo ou convenção coletiva. A controvérsia acerca da competência hierárquica ou funcional para apreciação e julgamento da ação anulatória de cláusula de acordo coletivo ou convenção coletiva encontra-se pacificada, no âmbito desta Corte, no sentido de que o conhecimento e julgamento dessa ação compete originariamente aos Tribunais Regionais do Trabalho (por aplicação analógica do art. 678, I, alínea "a", da CLT) ou ao Tribunal Superior do Trabalho (art. 702, I, "b", da CLT), conforme a base territorial dos sindicatos convenentes e a abrangência do instrumento coletivo objeto de impugnação estejam limitados, ou não, à jurisdição do Tribunal Regional. Precedentes da SDC desta Corte." (TST. RR-688590-44.2000.5.02.5555. Rel. Ministra Rosa Maria Weber Candiota da Rosa. 3ª Turma. DJ 22.08.2008).

(119) TST. RO-44900-55.2009.5.10.0000. Rel. Ministra Kátia Magalhães Arruda. SDC. DEJT 01.07.2011.

(120) TST. ROAA-8000-25.2005.5.24.0000. Rel. Ministra Kátia Magalhães Arruda. SDC. DJ 22.08.2008.

(121) TST. RO-339300-45.2009.5.04.0000. Rel. Ministro Fernando Eizo Ono. SDC. DEJTJ 25.03.2011.

No nosso sentir, no entanto, o prazo do MPT continua a ser dobrado, porque a lei processual deve ser interpretada segundo o interesse social (art. 8º, do CPC), o qual, no caso, é pela ampliação do prazo, para que o *Parquet* consiga atuar de forma mais efetiva.

Esse prazo é aplicável ao Processo do Trabalho (art. 769 da CLT).

Caso o MPT recorra na condição de "*custos legis*", o objeto do recurso deve versar sobre questões ligadas ao interesse público primário do Estado, razão pela qual, em regra, não terá legitimidade para recorrer na defesa de Empresas Públicas e Sociedades de Economia Mista, uma vez que estas exercem atividade econômica. Nesse sentido é o entendimento do TST, constante da OJ n. 237 da SDI-I do TST[122]. Entretanto, caso haja interesse público primário, o fato de serem reclamadas Empresas Públicas e Sociedades de Economia Mista não impedirá a atuação do MPT, como consta da OJ n. 338 da SDI-I do TST[123].

Além desses instrumentos, o MPT pode fazer uso de outros, como, por exemplo, o *parecer*[124] e a *Ação Rescisória*, esta a fim de desconstituir decisão que desafie o interesse público, lembrando-se que as hipóteses do art. 996, do CPC de 2015, são apenas exemplificativas, de maneira que a legitimidade do MPT deverá ser aferida no caso concreto. Esse é o entendimento do TST, o qual está consolidado na Súmula n. 407.[125]

(122) Orientação Jurisprudencial n. 237 da SDI-I do TST. "Ministério Público do Trabalho. Ilegitimidade para recorrer. O Ministério Público não tem legitimidade para recorrer na defesa de interesse patrimonial privado, inclusive de empresas públicas e sociedades de economia mista."

(123) Orientação Jurisprudencial n. 338 da SDI-I do TST. "Ministério Público do Trabalho. Legitimidade para recorrer. Sociedade de Economia Mista e Empresa Pública. Contrato nulo. Há interesse do Ministério Público do Trabalho para recorrer contra decisão que declara a existência de vínculo empregatício com sociedade de economia mista ou empresa pública, após a CF/1988, sem a prévia aprovação em concurso público."

(124) Orientação Jurisprudencial da SDI-I do TST n. 350. "Ministério Público do Trabalho. Nulidade do contrato de trabalho não suscitada pelo ente público no momento da defesa. Argüição em parecer. Possibilidade. O Ministério Público do Trabalho pode arguir, em parecer, na primeira vez que tenha de se manifestar no processo, a nulidade do contrato de trabalho em favor de ente público, ainda que a parte não a tenha suscitado, a qual será apreciada, sendo vedada, no entanto, qualquer dilação probatória".

(125) Súmula 407 do TST. "Ação Rescisória. Ministério Público. Legitimidade "*ad causam*" prevista no art. 967, III, "a", "b" e "c" do CPC de 2015. Art. 487, III, "a" e "b", do CPC de 1973. Hipóteses meramente exemplificativas (nova redação em decorrência do CPC de 2015). A legitimidade "ad causam" do Ministério Público para propor ação rescisória, ainda que não tenha sido parte no processo que deu origem à decisão rescindenda, não está limitada às alíneas "a", "b" e "c" do inciso III do art. 967 do CPC de 2015 (art. 487, III, "a" e "b", do CPC de 1973), uma vez que traduzem hipóteses meramente exemplificativas."

5 Competência trabalhista

A jurisdição é a atividade estatal de "dizer o direito", consistente em realizar o Direito de modo imparcial, imperativo e criativo nas situações jurídicas concretamente deduzidas (DIDIER JÚNIOR, 2009, p. 67). Ela é exercida pelos órgãos do Poder Judiciário em todo o território nacional. A competência, por sua vez, determina qual é o juízo responsável por exercer a jurisdição. Nesse capítulo, será estudada a competência da Justiça do Trabalho.

5.1. *PRINCÍPIOS*

As regras de competência estão calcadas em princípios específicos. São eles: competência para a competência ("*Kompetenz Kompetenz*"), perpetuação da jurisdição ("*perpetuatio jurisdicionis*"), tipicidade, indisponibilidade e competência implícita.

1. "*Kompetenz Kompetenz*". Originário do direito alemão, este princípio determina que os juízes são competentes para analisar e declarar sua própria competência.[126] Essa pequena porção de competência faz com que nenhum juiz seja totalmente incompetente, pois ao menos o será para analisar sua competência. Quando dois ou mais juízes se declaram competentes ou incompetentes, surge o conflito de competência, que deve ser sanado por órgão superior, como será visto mais à frente.

2. *Perpetuatio jurisdicionis*. A competência é definida no momento do ajuizamento da ação (art. 43, do CPC de 2015), sendo irrelevantes as modificações do estado de fato ou de direito posteriores.[127]

Nos locais onde existe mais de uma Vara do Trabalho, a ação é ajuizada através da distribuição entre os vários juízes, pela ordem rigorosa de entrada das demandas, e, sucessivamente, a cada Vara (art. 713, da CLT). Quando, porém, a Vara do Trabalho for única, haverá distribuição apenas para fins de registro da ação. É que não

(126) "[...] 18. Outrossim, vige na jurisdição privada, tal como sucede naquela pública, o princípio do Kompetenz-Kompetenz, que estabelece ser o próprio juiz quem decide a respeito de sua competência. [...]" (STJ — MS 11.308/DF; Relator Ministro Luiz Fux; Primeira Seção; DJe 19.05.2008).

(127) "[...] o princípio da *perpetuatio jurisdictionis*, previsto no art. 87 do CPC, segundo o qual a competência se define no momento da propositura da ação, sendo irrelevantes as modificações do estado de fato ou de direito ocorridas posteriormente, salvo quando suprimirem o órgão judiciário ou alterarem a competência em razão da matéria ou da hierarquia. [...]" (STJ — CC 134.097/DF; Relator Ministro Raul Araújo; Segunda Seção; DJe 05.11.2015).

há, no Processo do Trabalho, o ato de despachar a inicial, como no Processo Civil, de maneira que o momento de ajuizamento da ação será sempre aquele no qual a ação foi distribuída, havendo ou não mais de uma Vara do Trabalho.

O CPC de 2015 adotou a sistemática da CLT, ao dispor que "considera-se proposta a ação quando a petição inicial for protocolada" (art. 312).

2.1. *Exceções.* No momento da distribuição a competência é fixada e se perpetua, sendo irrelevantes as modificações do estado de fato ou de direito ocorridas posteriormente, a não ser nos seguintes casos: a) supressão do órgão jurisdicional (art. 43, do CPC de 2015); b) alteração da competência absoluta (art. 43, do CPC de 2015); c) conexão (art. 54, do CPC de 2015); e d) continência (art. 54, do CPC de 2015).

Para memorizar:

Casos em que há modificação da competência: sua Conexão bateu Continência

- **Su:** supressão do órgão jurisdicional;
- **A**: alteração da competência absoluta;
- **Conexão**
- (*bateu*)
- **Continência**

2.1.1. *Supressão do órgão jurisdicional.* Quando a lei extingue uma Vara do Trabalho, por exemplo, os processos que nela estavam em curso devem ser enviados ao juízo que passou a ser competente para analisá-los, havendo, portanto, modificação da competência.

2.1.2. *Alteração de competência absoluta.* O mesmo que foi dito acima vale para quando a lei modifica a competência absoluta. Foi o que aconteceu com o advento da EC n. 45/04, que alterou a competência material da Justiça do Trabalho. Os processos que ainda não tinham decisão na Justiça comum foram enviados para a Justiça especializada, nos termos da Súmula Vinculante n. 22 do STF. Destarte, não se aplica o princípio da "*perpetuatio jurisdicionis*" à competência absoluta.[128]

2.1.3. *Conexão e continência.* Ocorrerá *conexão*, quando, entre duas ou mais ações, houver coincidência de pedido ou de causa de pedir (art. 54, do CPC de 2015). A *continência*, por sua vez, exige que as partes e a causa de pedir sejam as mesmas, e que o pedido de uma seja mais abrangente que o da outra (art. 56, do CPC de 2015). Caso o Juiz identifique a existência da conexão ou da continência, poderá ordenar a reunião dos processos a qualquer momento, desde que o faça antes da sentença,[129] para que sejam decididos conjuntamente (art. 55, § 1º, do CPC de 2015). Como se percebe, a reunião dos processos não é obrigatória.

2.2. *Reunião por risco de contradição.* Além das exceções citadas, o CPC de 2015 inova ao estabelecer que o Juiz poderá determinar a reunião de processos sempre que houver o risco de haver decisões contraditórias entre eles, ainda que não fique configurada a conexão (art. 55, § 3º).

2.3. *Distribuição por dependência.* O art. 286 do CPC de 2015 estabelece casos em que a distribuição de uma ação deverá, obrigatoriamente, ser feita a determinado juízo. Trata-se da chamada *distribuição por dependência*, a qual deverá ocorrer, quando as causas de qualquer natureza: a) relacionarem-se por conexão ou continência com outra já ajuizada; b) forem idênticas a outra já ajuizada (litispendência e coisa julgada); e c) contiverem reiteração

(128) "[...] Tratando-se de competência *ratione materiae*, não há falar em *perpetuatio jurisdicionis*, tendo imediata aplicação os novos ditames. Assim, com o advento da Emenda Constitucional n. 20/98, que acresceu ao art. 114 o § 3º (atual inciso VIII, na redação da Emenda Constitucional n. 45/04), esta Justiça especializada tornou-se competente para a execução das contribuições sociais incidentes sobre as verbas objeto de suas decisões, ainda que proferidas anteriormente a 16.12.1998, data de sua promulgação. Recurso de revista conhecido e provido." (TST. RR — 956400-49.2002.5.06.0906. Relatora: Ministra Rosa Maria Weber. 3ª Turma. DEJT: 20.11.2009).

(129) Súmula do STJ n. 235. "A conexão não determina a reunião dos processos, se um deles já foi julgado."

de pedido de um processo extinto, sem julgamento de mérito (sucessão). Em todos esses casos, a competência será do juízo prevento, isto é, aquele que recebeu a distribuição em primeiro lugar.

A distribuição por dependência de causas conexas ocorre por motivos de economia, para fazer com que apenas uma decisão resolva vários processos, e de segurança jurídica, a fim de evitar que causas parecidas tenham decisões conflitantes. O mesmo ocorre no caso da continência.

Quando os elementos das ações forem coincidentes (partes, causa de pedir e pedido), haverá litispendência em relação a uma ação que ainda não tenha decisão definitiva ou coisa julgada, quanto à ação que já tenha sido decidida. Também por segurança jurídica, evitando decisões conflitantes, as novas causas deverão ser distribuídas ao juízo prevento.

As situações das letras "a" e "b" citadas são aplicadas ao Processo do Trabalho, nos termos do art. 769 da CLT, sem maiores polêmicas.

Já a hipótese da letra "c" desperta dúvidas. Ela é uma inovação trazida pela Lei n. 10.358/01, que alterou o CPC de 1973, tendo sido mantida no CPC de 2015. Trata-se da *distribuição por sucessão*, pela qual o juízo que tiver conhecido causa anterior, na hipótese de extinção, sem julgamento do mérito, fica prevento para conhecer das causas futuras idênticas (art. 286, II, do CPC de 2015). A ideia é evitar que as partes escolham o juízo que julgará o processo. Por exemplo, imagine-se que em um Município existam três Varas do Trabalho, sendo que os Juízes da 1ª e da 2ª Vara têm entendimento contrário ao defendido pelo reclamante. Para fazer com que sua ação fosse julgada pelo juízo da 3ª Vara, evitando os demais, bastaria ao reclamante ajuizar três ações e desistir das duas que fossem distribuídos aos Juízes da 1ª e da 2ª Vara.

De uma face, é pacífico o entendimento pelo qual a distribuição por sucessão é aplicada no Processo do Trabalho, nas hipóteses do art. 485 do CPC de 2015. A polêmica está em saber se ela também é aplicada no caso de *arquivamento*.

É que, além da das hipóteses de extinção do processo, sem julgamento do mérito, descritas no art. 485 do CPC de 2015, entre as quais está a desistência da ação, o Processo do Trabalho dispõe de uma figura própria, que é o arquivamento da ação por ausência do reclamante à primeira audiência (art. 844 da CLT). Tanto é distinta, que ela dá causa à perempção, que é a perda temporária (por seis meses) do direito de ajuizar nova ação trabalhista, no caso de dois arquivamentos seguidos (art. 732 da CLT), sem que as demais hipóteses do art. 485 do CPC de 2015 tenham o mesmo efeito.

Para a primeira corrente, tanto o arquivamento da ação trabalhista, por ausência do reclamante (art. 844 da CLT), quanto qualquer outro motivo que acarrete a extinção do processo (art. 485 do CPC de 2015) dão ensejo à aplicação do art. 286, II, do CPC de 2015, razão pela qual o juízo que processou a reclamação continua prevento na hipótese de ser renovada a demanda (MOURA, 2012, p. 872). Nesse sentido, já decidiu o TRT da 3ª Região.(130)

Outra corrente, todavia, entende que o arquivamento é um instituto peculiar do Processo do Trabalho, dispondo até de sanção própria (perempção), razão pela qual não pode ser regido pelas regras do processo comum. Assim, apenas os casos do art. 485 do CPC de 2015 autorizam a aplicação da distribuição por sucessão no Processo do Trabalho, entendimento este que o TST já considerou ser razoável.(131)

Parece mais acertada a primeira corrente. É que as normas do CPC relativas à boa-fé e à lealdade processual devem ser aplicadas subsidiariamente ao Processo do Trabalho, uma vez que elas não afrontam os princípios deste

(130) Mandado de Segurança. Arquivamento do Feito. Prevenção do juízo natural. Interpretando-se o disposto no art. 253, II, do CPC, de aplicação subsidiária ao Processo do Trabalho, tem-se que a prevenção do juízo natural ali estabelecida abrange não apenas as hipóteses de homologação judicial do pedido de desistência mas, também e com mais razão caso em que o autor deixa de comparecer, sem justificativa, à audiência, ensejando o arquivamento do feito. [...]. Mandado de segurança de que não se conhece. (TRT 3ª Região. MS 00085-2003-000-03-00-0. Relator: Desembargador Bolívar Viégas Peixoto. SDI-I. DJMG 23.05.2003).

(131) Nulidade — Prevenção da vara para a qual distribuída ação anterior — Extinção sem julgamento do mérito — Ausência do reclamante à audiência inaugural — Violação do Art. 253 do CPC não configurada. Não incorre em violação do art. 253 do CPC o Tribunal Regional que confirma não haver ficado preventa a Vara do Trabalho para a qual inicialmente distribuído o feito, porque extinta a ação, sem julgamento do mérito, ante a ausência do autor à audiência inaugural. Recurso de revista de que não se conhece. (TST. RR — 13400-80.2003.5.17.0001. Relator: Ministro João Batista Brito Pereira. 5ª Turma. DEJT: 19.12.2008).

e, muito pelo contrário, o fazem mais forte. Ora, o arquivamento proposital é um instituto que permite a escolha do juízo, ferindo de morte os princípios citados, motivo pelo qual a aplicação do art. 286, II, do CPC de 2015, em casos assim, é medida cogente, devendo induzir a prevenção do juízo para o qual a ação foi distribuída em primeiro lugar.

3. *Tipicidade*. Esse princípio determina que as regras de competência devem ser definidas expressamente na Constituição Federal e nas leis infraconstitucionais, vedando a criação de competências por vias extralegais.

4. *Indisponibilidade*. Uma vez fixada a regra de competência, ela se torna indisponível para o órgão jurisdicional, de maneira que ele não poderá se recusar a julgar. É que ao Juiz não é dado o poder de julgar de maneira contrária ao que determina a lei. Esse princípio é corolário do princípio da inafastabilidade da jurisdição.

5. *Competência implícita*. Como pode ocorrer com qualquer norma jurídica, há casos em que as regras de competência também apresentam lacunas. Para integrá-las, a jurisprudência do STF vem admitindo a competência implícita,[132] isto é, aquela que decorre da interpretação da norma jurídica e não expressamente da lei. Esse princípio também é corolário do princípio da inafastabilidade da jurisdição, pois impede que uma demanda deixe de ser julgada por falta de previsão legal (tipicidade).

5.2. CLASSIFICAÇÃO DA COMPETÊNCIA

A competência costuma ser classificada pela doutrina como absoluta e relativa, como se explica a seguir.

1. *Competência absoluta*. Algumas regras de competência são fixadas em função do interesse público, como acontece com a competência material e a hierárquica. Elas são chamadas de absolutas porque não admitem a modificação por convenção das partes (art. 62, do CPC de 2015). Por tocar ao interesse público, não há preclusão para sua alegação, de maneira que essa espécie de competência poderá ser suscitada a qualquer momento e em qualquer grau de jurisdição. A decisão proferida por Juiz absolutamente incompetente é nula, podendo ser atacada mesmo após o respectivo trânsito em julgado, por meio de Ação Rescisória (art. 966, II, do CPC).

2. *Competência relativa*. As regras que fixam a competência em razão do valor da causa e do território são afetas aos interesses das partes, razão pela qual podem ser derrogadas por elas, pelo menos em regra. Todavia, estão sujeitas à preclusão (arts. 278 e 507, do CPC de 2015), de maneira que devem ser alegadas na primeira vez que competir às partes falar nos autos, pena de a competência ser prorrogada, fazendo com que o Juiz passe a ser competente. Este, por ausência de interesse público, não poderá declarar de ofício a incompetência relativa.

5.3. CRITÉRIOS DE FIXAÇÃO DA COMPETÊNCIA

Existem três critérios para fixar a competência da Justiça do Trabalho, quais sejam, o objetivo, o funcional e o territorial.

1. *Critério objetivo*. As ações têm três elementos, sendo eles as partes, a causa de pedir e o pedido. Com base em tais elementos, o critério objetivo fixa três espécies de competência, respectivamente consideradas: em razão da pessoa, em razão da matéria e em razão do valor da causa.

1.1. *Pessoal*. A primeira espécie é fixada em função de uma peculiaridade do sujeito, como ocorre com a União, que é demandada perante a Justiça Federal. Para parte da doutrina, a competência da Justiça do Trabalho já foi pessoal, pois vinculava sua atuação à presença do empregado em um dos polos da ação. Hoje ela não existe mais no âmbito da Justiça do Trabalho.

(132) "[...] No plano federal, as hipóteses de competência cível ou criminal dos tribunais da União são as previstas na Constituição da República ou dela implicitamente decorrentes, salvo quando esta mesma remeta à lei a sua fixação [...]." (STF. ADI 2.797. Relator: Ministro Sepúlveda Pertence. Plenário. DJ: 19.12.2006).

1.2. *Material*. A competência material leva em conta a causa de pedir, ou seja, a relação jurídica material que deu ensejo ao ajuizamento da demanda. Hodiernamente, a competência da Justiça do Trabalho é material, pois se fixa a partir da identificação de uma relação de trabalho.

1.3. *Valor da causa*. Por fim, o valor da causa é determinante da competência na Justiça comum, como acontece com os Juizados Especiais. Na Justiça do Trabalho, porém, o valor da causa somente é determinante para o rito processual, não sendo capaz de alterar a competência.

2. *Critério funcional*. Pelo critério funcional, as competências são distribuídas entre os órgãos do Poder Judiciário, conforme a função desempenhada por cada qual deles. A distribuição dessa competência pode ser *vertical*, quando houver hierarquia entre os órgãos, competência hierárquica, ou *horizontal*, quando não houver hierarquia. No primeiro caso, é vertical a competência do Juiz do Trabalho para julgar ações trabalhistas, e a do Tribunal para julgar recursos. No segundo, por exemplo, é horizontal a competência da SDI para julgar dissídios individuais, e da SDC para julgar dissídios coletivos, no âmbito do TST.

A competência funcional comporta, ainda, uma tríplice divisão: por grau de jurisdição, por fases do processo e pelo objeto do juízo.

2.1. *Competência funcional por grau de jurisdição*. A divisão funcional por grau de jurisdição compreende a competência *originária* e a *recursal*.

2.1.1. *Competência originária*. Entende-se por *competência originária* aquela que fixa o juízo perante o qual a ação deva ter início. Em regra, essa competência é dos juízes de primeiro grau. Entretanto, algumas causas começam diretamente no Tribunal, como é o caso das Ações Rescisórias e dos Dissídios Coletivos, os quais devem ter início perante os Tribunais.

2.1.2. *Competência recursal*. A *competência recursal* é aquela que atribui ao órgão de instância superior a tarefa de julgar recursos. O princípio do duplo grau de jurisdição garante à parte o direito de obter a revisão da decisão que lhe foi entregue pelo órgão jurisdicional. A parte devolve ao Poder Judiciário a sua causa, para que seja revista por órgão de instância superior. É o caso, por exemplo, do recurso ordinário, interposto em face das decisões do Juiz do Trabalho, o qual é julgado pelo Tribunal Regional do Trabalho (art. 895 da CLT). Para o STF, esse princípio não encontra guarida no texto constitucional, mas apenas na legislação infraconstitucional.

2.2. *Competência funcional por fase do processo*. Essa modalidade distribui a competência entre os órgãos do Poder Judiciário, conforme a fase processual, a fim de que se especializem na prática de determinados atos. É o caso, por exemplo, da criação de Varas do Trabalho especializadas em execução (juízos de execução).

2.3. *Competência funcional pelo objeto do juízo*. Geralmente ocorre nos Tribunais, para cumprir competências especiais, como acontece com a SDI-I do TST, que tem entre suas atribuições a uniformização da jurisprudência do tribunal.

3. *Critério territorial*. O último critério utilizado para a fixação da competência jurisdicional é o territorial, que é amplamente utilizado na Justiça do Trabalho. Na Justiça comum há a divisão territorial em comarcas. A divisão em comarcas não ocorre na Justiça especializada, a qual delimita o seu território apenas pela jurisdição dos juízos. Assim, o TRT da 3ª Região, por exemplo, tem jurisdição sobre todo o Estado de Minas Gerais, enquanto o juízo de Pará de Minas, por sua vez, exerce jurisdição sobre Pará de Minas e os municípios vizinhos, como é o caso de Pitangui.

5.4. COMPETÊNCIA INTERNACIONAL

Em regra, compete à Justiça do Trabalho julgar as causas cuja prestação dos serviços tenha ocorrido no Brasil, pouco importando a nacionalidade das partes. O art. 651, § 2º, da CLT, no entanto, estabelece exceção a essa regra, quando então será possível ajuizar ações no Brasil, cuja causa de pedir remeta a trabalho realizado no exterior. Pelo seu texto, a Justiça do Trabalho será competente para julgar as causas dos trabalhadores brasileiros, ainda que a prestação dos serviços tenha sido realizada fora do território nacional, mas desde que não exista tratado internacional dispondo de modo contrário. Essa competência é concorrente, de maneira que o trabalhador poderá optar por ajuizar a ação no juízo do local da prestação dos serviços.

Decidindo, porém, pelo ajuizamento da ação perante a Justiça do Trabalho brasileira, o trabalhador deverá fazê-lo em uma Vara do Trabalho. Mas qual? Não há consenso doutrinário. Para uma primeira vertente, a competência seria da Vara do Trabalho do local da sede da empresa, que será ré no processo, em aplicação subsidiária do CPC de 2015 (art. 46). Outra corrente, no entanto, entende que seria perante o juízo do local da contratação do trabalhador, pois a CLT tem regras próprias quanto à competência territorial.

Assiste razão à segunda corrente, ao nosso ver. Em verdade, a CLT não é omissa, considerando que o art. 651, § 3º, da CLT, estabelece que, "em se tratando de empregador que promova realização de atividades fora do lugar do contrato de trabalho, é assegurado ao empregado apresentar reclamação no foro da celebração do contrato ou no da prestação dos respectivos serviços". Assim, o trabalhador deverá ajuizar a ação perante a Vara do Trabalho do local em que foi contratado. Nesse sentido é o entendimento do TST.(133)

Quanto ao direito material a ser aplicado, era entendimento consolidado do TST a aplicação da regra "*lex loci executionis*", constante do art. 198 do Código de Bustamente (Convenção de Havana, de 1928),(134) consoante redação da Súmula 207.(135)

A par disso, a Lei n. 7.064/82 dispõe sobre a situação de trabalhadores contratados ou transferidos para prestar serviços no exterior. Segundo a aludida lei, o direito material a ser aplicado é aquele que se mostrar mais favorável ao trabalhador, em obediência ao princípio da proteção. Ocorre que essa lei regia somente os casos dos trabalhadores de empresas de engenharia. Só a partir da Lei n. 11.962/09, que alterou a redação do art. 1º da Lei n. 7.064/82, que essa regra foi estendida a todos os trabalhadores, prestem ou não serviços a empresas de engenharia.

Diante disso, o TST cancelou a Súmula n. 207, por meio da Resolução n. 181/12, publicada no DEJT em 19, 20 e 23.04.2012. Destarte, o direito material a ser aplicado passa a ser o mais favorável e não mais o do local da execução de serviços. (136)

5.5. *COMPETÊNCIA MATERIAL*

A competência material é absoluta, sendo fixada pelo critério objetivo da matéria (causa de pedir) que envolve a relação jurídica material. Não se trata de saber qual é a lei a ser aplicada ao caso concreto, mas sim a natureza da relação jurídica que será objeto do processo. Assim, em uma relação jurídica trabalhista, o do Trabalho pode fazer uso da CLT, do Código Civil, do Código de Defesa do Consumidor e de qualquer outra lei, sem que se altere a sua competência material para julgar a causa. Desde que exista uma relação jurídica de natureza trabalhista, o Juiz do Trabalho será competente.

(133) "Competência em razão do lugar. Serviços prestados exclusivamente no exterior. A reclamante fora contratada no Brasil (Ibiporã/PR) e prestou serviços exclusivamente no exterior (Manchester — Inglaterra). Nessa hipótese, em que o empregador realiza suas atividades fora do lugar da contratação, o foro competente para processar e julgar a lide é fixado pelo § 3º do art. 651 da CLT, que assegura 'ao empregado apresentar reclamação no foro da celebração do contrato ou no da prestação dos respectivos serviços'. Dessa forma, não há falar que o reconhecimento da competência da Justiça do Trabalho do Brasil para conhecer do litígio tenha resultado em afronta ao *caput* do art. 651 da CLT. [...]. Recurso de Revista de que se conhece em parte e a que se dá provimento. (TST. RR 343000-09.2006.5.09.0513. Relator: Ministro João Batista Brito Pereira. 5ª Turma. DEJT: 28.08.2009).

(134) Art. 198. Também é territorial a legislação sobre acidentes do trabalho e proteção social do trabalhador.

(135) Súmula n. 207 do TST. "Conflitos de leis trabalhistas no espaço. Princípio da '*lex loci executionis*' — A relação jurídica trabalhista é regida pelas leis vigentes no país da prestação de serviço e não por aquelas do local da contratação."

(136) "[...] o recente cancelamento da Súmula 207/TST deveu-se, exatamente, à evolução da jurisprudência do TST, que passou a julgar aplicável o direito brasileiro, afastando a aplicação do referido verbete, que consagrava o princípio da *lex loci executionis* em hipóteses como a dos autos. Observância do princípio da norma mais favorável, ao possibilitar a aplicação da norma vigente do local da contratação, e não a do país da prestação dos serviços, caso aquela se mostre mais favorável ao trabalhador. Recurso que não logra demonstrar a incorreção ou o desacerto do despacho negativo de admissibilidade do recurso de revista. Agravo de instrumento a que se nega provimento." (TST. AIRR 641-86.2010.5.03.0047. Relator: Juiz Convocado Flavio Portinho Sirangelo. 6ª Turma. DEJT: 27.04.2012).

Também não são relevantes para a fixação da competência material o tipo de pedido e os sujeitos da relação. Basta que o pano de fundo da demanda seja a relação de trabalho.

A competência material da Justiça do Trabalho foi bastante modificada pela EC n. 45/04, responsável por ampliar o número de relações jurídicas abrangidas pela jurisdição trabalhista. Ela está concentrada, quase toda, no art. 114 da Constituição Federal, que dispõe o seguinte:

> Art. 114. Compete à Justiça do Trabalho processar e julgar:
>
> I — as ações oriundas da relação de trabalho, abrangidos os entes de direito público externo e da administração pública direta e indireta da União, dos Estados, do Distrito Federal e dos Municípios;
>
> II — as ações que envolvam exercício do direito de greve;
>
> III — as ações sobre representação sindical, entre sindicatos, entre sindicatos e trabalhadores, e entre sindicatos e empregadores;
>
> IV — os mandados de segurança, *habeas corpus* e *habeas data*, quando o ato questionado envolver matéria sujeita à sua jurisdição;
>
> V — os conflitos de competência entre órgãos com jurisdição trabalhista, ressalvado o disposto no art. 102, I, *o*;
>
> VI — as ações de indenização por dano moral ou patrimonial, decorrentes da relação de trabalho;
>
> VII — as ações relativas às penalidades administrativas impostas aos empregadores pelos órgãos de fiscalização das relações de trabalho;
>
> VIII — a execução, de ofício, das contribuições sociais previstas no art. 195, I, *a* , e II, e seus acréscimos legais, decorrentes das sentenças que proferir;
>
> IX — outras controvérsias decorrentes da relação de trabalho, na forma da lei.
>
> § 1º Frustrada a negociação coletiva, as partes poderão eleger árbitros.
>
> § 2º Recusando-se qualquer das partes à negociação coletiva ou à arbitragem, é facultado às mesmas, de comum acordo, ajuizar dissídio coletivo de natureza econômica, podendo a Justiça do Trabalho decidir o conflito, respeitadas as disposições mínimas legais de proteção ao trabalho, bem como as convencionadas anteriormente.
>
> § 3º Em caso de greve em atividade essencial, com possibilidade de lesão do interesse público, o Ministério Público do Trabalho poderá ajuizar dissídio coletivo, competindo à Justiça do Trabalho decidir o conflito.

Além do art. 114, há previsão da competência material na CLT (art. 652), a qual está hoje abrangida pela Constituição, como será visto adiante.

Ao exame de cada tema.

1. *Compete à Justiça do Trabalho processar e julgar*. Na redação anterior à EC n. 45/04, o art. 114 da Constituição Federal estabelecia competir à Justiça do Trabalho *conciliar e julgar*. O termo *conciliar* foi substituído por *processar*, fato que despertou a atenção dos intérpretes e gerou a polêmica sobre a eventual supressão do princípio da conciliação no Processo do Trabalho. Hoje, todavia, a doutrina já sedimentou o entendimento pelo qual a supressão da expressão *conciliar* ocorreu tão somente em função da criação de um rol de demandas, descritas nos incisos do aludido art. 114, entre as quais figuram algumas cuja natureza não permite a conciliação. É o caso, por exemplo, das ações de execução fiscal, que possuem objeto (dívida ativa) indisponível. Portanto, a conciliação, pelo menos quanto às demandas tipicamente trabalhistas, continua a ser um princípio do Processo do Trabalho.

2. *As ações oriundas da relação de trabalho, abrangidos os entes de direito público externo e da administração pública direta e indireta da União, dos Estados, do Distrito Federal e dos Municípios*. A redação do art. 114 da CF, antes da EC 45/04, era mais restrita, como se vê a seguir:

> Art. 114. Compete à Justiça do Trabalho conciliar e julgar os dissídios individuais e coletivos entre trabalhadores e empregadores, abrangidos os entes de direito público externo e da administração pública direta e indireta dos Municípios, do Distrito Federal, dos Estados e da União, e, na forma da lei, outras controvérsias decorrentes da relação de trabalho, bem como os litígios que tenham origem no cumprimento de suas próprias sentenças, inclusive coletivas.

Veja-se que, pelo texto anterior, a Justiça do Trabalho julgava apenas as ações entre empregados e empregadores. Isso levou parte da doutrina a afirmar que a competência fixada pela CF era pessoal, uma vez que levava em conta os sujeitos da relação (empregado e empregador) e não a natureza da relação jurídica. Com a EC n. 45/04, entretanto, esse panorama mudou. A relação de trabalho passou a ser o critério determinante para definir a competência (material).

2.1. *Relação de trabalho e relação de emprego.* A *relação de trabalho* referida pela Constituição é gênero do qual são espécies a relação de emprego, a relação de trabalho "*stricto sensu*" e a relação jurídico-administrativa. Ela compreende todas as formas de trabalho humano, uma vez que as pessoas jurídicas não trabalham, mas apenas prestam serviços através do trabalho humano.

A *relação de emprego* é aquela em que se encontram presentes todos os elementos fático-jurídicos descritos no art. 3º da CLT, quais sejam, *pessoalidade, não-eventualidade, onerosidade* e *subordinação jurídica.* Esse tipo de relação é a mais utilizada no sistema capitalista e é a que mais contém desigualdade entre as partes, haja vista a presença da subordinação, razão pela qual é merecedora de proteção específica, dada pelo Direito do Trabalho. Antes da EC 45/04, somente esse tipo de relação jurídica poderia ser julgada pela Justiça do Trabalho.

Havendo por base uma relação de emprego, a competência da Justiça do Trabalho abrangerá não só as demandas que versem sobre direitos tipicamente trabalhistas, como férias, 13º salário e aviso-prévio, por exemplo. Desde que a matéria tenha como pano de fundo a relação de emprego, a competência será da Justiça do Trabalho. É o caso, por exemplo, das ações que buscam a condenação ao pagamento de indenização por danos morais decorrentes de acidente do trabalho.

Quando o trabalho humano é prestado a entes privados, sem a presença de algum ou alguns dos elementos fático-jurídicos da relação de emprego, haverá uma relação de trabalho "*stricto sensu*". São os casos, por exemplo: a) do profissional autônomo, que presta serviços sem subordinação; b) do eventual, que trabalha esporadicamente para o tomador; e c) do voluntário, que labuta sem esperar remuneração. A partir da EC n. 45/04, todos esses profissionais passaram a poder ajuizar suas ações perante a Justiça do Trabalho.

2.2. *Relação de consumo.* A relação de trabalho "*stricto sensu*" não pode ser confundida com a prestação de serviços realizada nas *relações de consumo*, uma vez que esta está excluída da competência da Justiça do Trabalho.(137)

2.2.1. *Critério para distinção.* A relação de consumo é a estabelecida entre consumidor e fornecedor, podendo consistir na produção, montagem, criação, construção, transformação, importação, exportação, distribuição ou comercialização de produtos ou prestação de serviços (art. 3º do CDC). Enquanto o fornecedor oferece produtos e serviços, o consumidor os adquire como destinatário final. Caso o objeto dessa relação seja um produto, não haverá indubitavelmente competência trabalhista para conhecer da matéria, pois o objeto não será trabalho humano. O problema existe quando a relação de consumo envolver a prestação de serviços por pessoa física.(138)

A relação de trabalho e a prestação de serviços ao consumidor têm em comum o fato de se originarem de um contrato de atividade. Já as diferenças são mais difíceis de serem definidas.

Entre os vários critérios sugeridos pela doutrina, aquele que parece ser mais eficiente nessa tarefa é o que procura identificar em que polo da relação está o *hipossuficiente.* É que o Direito do Consumidor nasceu para proteger o consumidor, que é juridicamente hipossuficiente, assim como o Direito do Trabalho surgiu para proteger o trabalhador, que também o é. Ora, em uma relação jurídica, não pode haver partes juridicamente fracas nos dois polos, pois aí haveria igualdade entre elas. Dessa forma, a identificação do lado da parte mais frágil é que determinará se a competência será da Justiça comum ou da Justiça do Trabalho.

Imagine-se, por exemplo, que *Alex* contrate *Ricardo* para pintar as paredes de sua casa. Ricardo se apresenta com uniforme personalizado, veículo próprio, ajudantes e portando sua própria tinta e pincéis. Ao final, Ricardo entrega a Alex o serviço pronto e um cartão de visitas, no qual constam seu nome, endereço e telefones para agendamento de futuros serviços. Nesse caso, Ricardo se comporta como um empresário, exercendo profissionalmente atividade econômica organizada para a prestação de serviços (art. 966 do CC). Alex, por sua vez, é um consumidor de uma atividade fornecida no mercado de consumo, mediante remuneração, nos termos do art. 3º, § 2º, do CDC.

---

(137) "Agravo de Instrumento. Recurso de Revista. Preliminar de incompetência da Justiça do Trabalho. A competência da Justiça do Trabalho, ampliada pela EC n. 45/2004 (art. 114, I, CF), abrange as relações de emprego e também as de trabalho, com suas lides conexas (art. 114, I a IX, CF). Não atinge, porém, relações de caráter público-administrativo, que envolvam servidores administrativos e entes de Direito Público (STF), não abrangendo, ainda, relações de consumo. Agravo de instrumento desprovido." (TST. AIRR — 20440-83.2005.5.15.0071. Relator: Mauricio Godinho Delgado. 6ª Turma. DEJT: 13.08.2010).

(138) É que, sendo pessoa jurídica, a relação será da competência da Justiça comum.

Assim é que o hipossuficiente é Alex, que contratou os serviços como destinatário final, sem qualquer controle ou interferência na prestação dos serviços, pelo que a competência para julgar as demandas oriundas dessa relação será da Justiça comum.

No mesmo exemplo, imagine-se agora que Ricardo tenha se apresentado de forma desorganizada, sem uniforme, veículo ou ajudantes, bem como que tenha feito uso da tinta e dos pincéis comprados por Alex, que lhe encomendou serviços de pintura sob orientações expressas de como tudo deveria ser feito, tendo inclusive inspecionado todo o trabalho. Ao final, Ricardo entrega o serviço e exige o pagamento em dinheiro, uma vez que não possui conta bancária. Ora, fica claro que o hipossuficiente na relação é Ricardo, sendo Alex o tomador de serviços, razão pela qual a competência para julgar a ação eventualmente oriunda dessa relação será da Justiça do Trabalho.

Em que pesem os exemplos citados, há casos que se situam em uma zona cinzenta, na qual não se pode dizer, abstratamente, se trata-se de uma relação de trabalho ou de uma relação de consumo. Em situações como essas, caberá ao Juiz verificar as peculiaridades do caso concreto, mas fazendo uso do critério da hipossuficiência.

2.2.2. *Profissionais liberais*. Caso prático polêmico é o dos profissionais liberais, como o advogado. Este não é considerado empresário, salvo se sua atividade constituir elemento de empresa (art. 966, parágrafo único, do CC). Isso faz com que muitos defendam a tese de que a relação entre o advogado e seu cliente é uma relação de trabalho. Esse é o entendimento da sétima Turma do TST,[139] por exemplo.

Ocorre que, para que a relação seja de consumo, não é necessário que o prestador de serviços seja empresário. Basta que o destinatário final seja o sujeito hipossuficiente da relação. Ora, os advogados autônomos exercem atividade organizada, prestando serviços especializados, razão pela qual, em regra, o hipossuficiente é o cliente. Esse é o entendimento do STJ, cuja Súmula n. 363 estabelece ser da competência da Justiça comum a cobrança de honorários ajuizada por profissionais liberais. É também esse o entendimento da maioria das turmas do TST.[140]

No entanto, o caso concreto pode apresentar minúcias relevantes. O advogado pode ser, por exemplo, empregado, situação em que a competência para julgar eventuais demandas oriundas dessa relação será da Justiça do Trabalho. Em outras situações, o caso real pode demonstrar a hipossuficiência do advogado, motivo pelo qual a competência será da Justiça do Trabalho.

Desse modo, melhor seria que os Tribunais Superiores deixassem a identificação das relações para o Juiz decidir, no caso concreto, mediante as provas dos fatos. Eventuais súmulas deveriam apenas estabelecer o critério correto, como o que aqui foi apresentado. Caso contrário, deverá haver uma súmula para cada tipo de profissional liberal.

Veja-se, por exemplo, que o TST já reconheceu como relação de consumo a corretagem de imóveis[141] e a venda de marmitas a vários compradores.[142]

---

(139) "Recurso de Revista. Ação de cobrança. Honorários advocatícios. Competência da Justiça do Trabalho. Esta 7ª Turma adotou o entendimento, no sentido de que a competência para apreciar e julgar as ações de cobrança de honorários advocatícios é desta Justiça especializada, tendo em vista que se trata de uma relação de trabalho, e não de consumo . Precedentes. Recurso de revista de que se conhece e a que se dá provimento." (TST. RR-74700-26.2008.5.22.0002. Relator: Ministro Pedro Paulo Manus. 7ª Turma. DEJT 29.06.2012).

(140) "Recurso de Revista. Incompetência da Justiça do Trabalho. Ação de cobrança de honorários advocatícios. Esta Corte Superior, por meio da SBDI-1, vem reiteradamente decidindo que a expressão — relação de trabalho — constante do inciso I do art. 114 da Constituição Federal não abarca as relações de consumo de que deriva a cobrança de honorários advocatícios, por tratar-se de pleito de natureza estritamente civil e, pois, afeta à competência da Justiça Comum. Há precedentes. Recurso de revista não conhecido." (TST. RR-85000-89.2008.5.15.0051. Relator: Ministro Augusto César Leite de Carvalho. 6ª Turma. DEJT: 29.06.2012).

(141) "Procedimento sumaríssimo. Incompetência da Justiça do Trabalho. Comissões Sobre Vendas de Imóveis. [...] Esta Corte superior firmou jurisprudência de que a Justiça do Trabalho é incompetente para apreciar pedido de comissões decorrente de contrato de corretagem de imóveis. É que a relação jurídica que envolve a corretagem de imóveis, acertada diretamente entre o corretor e o proprietário do imóvel, não caracteriza relação típica de trabalho, de que trata o art. 114, inciso I, da CF, e sim relação de consumo, de natureza eminentemente civil. [...]. Recurso de revista não conhecido." (TST. RR-111100-60.2007.5.18.0010. Relator: Ministro José Roberto Freire Pimenta. 2ª Turma. DEJT: 13.04.2012).

(142) "Recurso de Revista. Preliminar de incompetência da Justiça do Trabalho. Fornecimento de refeições. Relação de consumo. Âmbito Civil/Comercial. Competência da Justiça Comum. I — A competência da Justiça do Trabalho, embora tenha sido ampliada com o advento

2.3. *Entes de Direito Público interno*

2.3.1. *Administração Pública direta.* Como se viu, as relações de emprego e as de trabalho "*stricto sensu*" são de competência da Justiça do Trabalho e, quanto a isso, não despertam polêmica na doutrina. O mesmo não se pode dizer das relações jurídico-administrativas. Estas consistem na relação estabelecida entre uma pessoa jurídica de Direito Público interno, da Administração Pública direta — União, Estados, Municípios e respectivas autarquias e fundações — e uma pessoa física, que trabalha para eles, sem relação de emprego.(143) Essa relação se desdobra em quatro espécies de vínculos administrativos, que são o *estatutário*, o *comissionado*, o *temporário* e o *irregular*. Além do vínculo administrativo, é possível estabelecer vínculo empregatício, sob as normas da CLT.

O vínculo *estatutário* é aquele regido por lei (estatuto) própria, como é o caso da Lei n. 8.112/90. O trabalhador ocupa cargo, cujo provimento é efetivo e depende da prévia aprovação em concurso público (art. 37, II, da CF)

O Poder Público dispõe de cargos de provimento *comissionado*, destinados a cumprir atribuições de direção, chefia e assessoramento, para os quais seus ocupantes não necessitam de aprovação prévia em concurso público e são demissíveis "*ad nutum*" (art. 37, V, da CF).

Caso a contratação seja urgente e haja excepcional interesse público, a Administração Pública poderá contratar trabalhadores *temporários*, mediante celebração de contrato administrativo, após seleção pública simplificada (art. 37, IX, da CF).

Existe, por fim, a possibilidade de a Administração Pública tomar serviços à margem da lei, de maneira *irregular*, sem a realização de concurso público ou fora das hipóteses dispensadas por lei.

Pela letra da lei, a Justiça do Trabalho seria competente para julgar todos esses quatro tipos de vínculo, uma vez que constou expressamente do art. 114, I, da CF, que a competência abrangeria os entes "da administração pública direta e indireta da União, dos Estados, do Distrito Federal e dos Municípios."

Ocorre que, por força de decisão liminar proferida na ADI n. 3.395 MC, o STF reconheceu a incompetência da Justiça do Trabalho para julgar causas entre o Poder Público e seus servidores estatutários,(144) de maneira que a relação estatuária será julgada pela Justiça comum, ficando inalterada a antiga jurisprudência do STJ sobre o tema.(145)

---

da Emenda Constitucional n. 45/2004, que deu nova redação ao art. 114 da Constituição, não abrange a ação em que a lide consiste na cobrança de pagamento pela prestação de serviços ajustados na contratação para fornecimento de refeições aos empregados da recorrida. II — Examinando a fundamentação do acórdão regional, verifica-se que a causa de pedir e o pedido giram em torno da inadimplência da LBZ Serviços no pagamento das refeições que lhe foram fornecidas durante 6 meses pelo recorrente, com responsabilidade subsidiária das outras demandadas. III — É fácil perceber que a pretensão não se assenta em alegada relação de emprego ou de trabalho, mas em contrato de cunho eminentemente civil, mediante o qual o recorrente vendia, tanto à recorrida LBZ como a outros clientes, todos considerados como consumidores finais, o produto consistente nas marmitas que preparava em local próprio, diverso das empresas recorridas, em típica atividade comercial. Jurisprudência e Súmula n. 363 do STJ. IV — Recurso desprovido." (TST. RR-514800-54.2006.5.12.0018. Relator: Ministro Antônio José de Barros Levenhagen. 4ª Turma. DEJT: 10.09.2010).

(143) O vínculo de emprego é o mantido sob a presença dos elementos fático-jurídicos da relação de emprego (art. 3º, da CLT), mediante o qual o Poder Público contrata trabalhadores após realização de concurso público (art. 37, II, da CF). Esse tipo de vínculo será sempre da competência da Justiça do Trabalho, não importando qual ente público seja o tomador de serviços.

(144) "Inconstitucionalidade. Ação direta. Competência. Justiça do Trabalho. Incompetência reconhecida. Causas entre o Poder Público e seus servidores estatutários. Ações que não se reputam oriundas de relação de trabalho. Conceito estrito desta relação. Feitos da competência da Justiça Comum. Interpretação do art. 114, inc. I, da CF, introduzido pela EC 45/2004. Precedentes. Liminar deferida para excluir outra interpretação. O disposto no art. 114, I, da Constituição da República, não abrange as causas instauradas entre o Poder Público e servidor que lhe seja vinculado por relação jurídico-estatutária." (STF. ADI 3.395 MC. Relator(a): Min. Cezar Peluso. Tribunal Pleno. DJ: 10.11.2006 PP-00049).

(145) Súmula do STJ n. 173. "Compete à Justiça Federal processar e julgar o pedido de reintegração em cargo público federal, ainda que o servidor tenha sido dispensado antes da instituição do regime jurídico único."

Posteriormente, o STF acabou limitando ainda mais o inciso I, do art. 114, da CF, pois excluiu da competência da Justiça do Trabalho as demandas decorrentes do vínculo temporário,[(146)] comissionado[(147)] (confirmando a Súmula n. 218[(148)] do C. STJ) e irregular,[(149)] ainda que haja pedido de pagamento de FGTS, verbas rescisórias e/ou outras parcelas tipicamente trabalhistas.[(150)]

Em resumo, a Justiça do Trabalho somente será competente para julgar as demandas decorrentes das relações trabalho mantidas com a Administração Pública, caso exista vínculo de emprego formalizado, com ingresso por concurso público (salvo para os empregados contratados antes da CF/88[(151)]) e registro do contrato de trabalho na CTPS.[(152)]

Havendo cumulação de pedidos (trabalhista e estatutário), a competência será do Juízo onde primeiro for intentada a ação, cabendo conhecer somente os pedidos de sua jurisdição, devendo extinguir os demais, sem resolução de mérito.[(153)]

2.3.2. *Administração Pública indireta*. O regime de contratação das pessoas jurídicas de direito público interno, da Administração Pública indireta — Fundações Privadas e regime privado, Empresas Públicas e Sociedades de Economia Mista — é o celetista, razão pela qual a competência é da Justiça do Trabalho, ainda que se refira a questões pré-contratuais.[(154)]

---

(146) "Servidores públicos. Regime temporário. Justiça do Trabalho. Incompetência. No julgamento da ADI 3.395-MC/DF, este Supremo Tribunal suspendeu toda e qualquer interpretação do inciso I do art. 114 da CF (na redação da EC n. 45/2004) que inserisse, na competência da Justiça do Trabalho, a apreciação de causas instauradas entre o Poder Público e seus servidores, a ele vinculados por típica relação de ordem estatutária ou de caráter jurídico-administrativo. As contratações temporárias para suprir os serviços públicos estão no âmbito de relação jurídico-administrativa, sendo competente para dirimir os conflitos a Justiça comum e não a Justiça especializada." (STF. Rcl 4.872. Relator: Ministro Menezes Direito. Plenário. DJe: 07.11.2008).

(147) "O disposto no art. 114, I, da CF, não abrange as causas instauradas entre o Poder Público e servidor que lhe seja vinculado por relação jurídico-estatutária, entendida esta como a relação de cunho jurídico-administrativo originada de investidura em cargo efetivo ou em cargo em comissão. Tais premissas são suficientes para que este STF, em sede de reclamação, verifique se determinado ato judicial confirmador da competência da Justiça do Trabalho afronta sua decisão cautelar proferida na ADI 3.395/DF. A investidura do servidor em cargo em comissão define esse caráter jurídico-administrativo da relação de trabalho. Não compete ao STF, no âmbito estreito de cognição próprio da reclamação constitucional, analisar a regularidade constitucional e legal das investiduras em cargos efetivos ou comissionados ou das contratações temporárias realizadas pelo Poder Público." (STF. Rcl 4.785-MC-AgR. Relator: Ministro Gilmar Mendes. Plenário. DJe: 14.03.2008).

(148) Súmula do STJ n. 218. "Compete à Justiça dos Estados processar e julgar ação de servidor estadual decorrente de direitos e vantagens estatutárias no exercício de cargo em comissão."

(149) "Agravo regimental — Reclamação — Administrativo e Processual Civil — Dissídio entre servidor e poder público — ADI n. 3.395/DF-MC — Incompetência da Justiça do Trabalho. 1. Compete à Justiça comum pronunciar-se sobre a existência, a validade e a eficácia das relações entre servidores e o poder público, fundadas em vínculo jurídico-administrativo. É irrelevante a argumentação de que o contrato é temporário ou precário, ainda que extrapolado seu prazo inicial, bem assim se o liame decorre de ocupação de cargo comissionado ou função gratificada. 2. Não descaracteriza a competência da Justiça comum, em tais dissídios, o fato de se requerer verbas rescisórias, FGTS e outros encargos de natureza símile, dada a prevalência da questão de fundo, que diz respeito à própria natureza da relação jurídico-administrativa, visto que desvirtuada ou submetida a vícios de origem, como fraude, simulação ou ausência de concurso público. [...]" (STF. Rcl. 4626. Relator: Ministro Dias Toffoli. Tribunal Pleno. DJe: 31.05.2011).

(150) "[...] Não descaracteriza a competência da Justiça comum o fato de se requererem verbas rescisórias, FGTS e outros encargos de natureza símile, dada a prevalência da questão de fundo, a qual diz respeito à própria natureza da relação jurídico-administrativa, ainda que desvirtuada ou submetida a vícios de origem. [...]" (STF. AgReg na Rcl 4.351/PE; Relator Ministros Dias Toffoli; DJe 13.04.2016)

(151) "[...] Em regime de repercussão geral, fica reafirmada a jurisprudência do Supremo Tribunal Federal no sentido de ser da competência da Justiça do Trabalho processar e julgar demandas visando a obter prestações de natureza trabalhista, ajuizadas contra órgãos da Administração Pública por servidores que ingressaram em seus quadros, sem concurso público, antes do advento da CF/88, sob regime da Consolidação das Leis do Trabalho — CLT. [...]" (STF. ARE 906.491. Relator Ministro Teori Zavascki. DJe 23.02.2016).

(152) "[...] 3. A ADI n. 3.395/DF-MC não alcança as causas envolvendo vínculo de trabalho não temporário com o Poder Público regido pela CLT, cuja competência para a apreciação pelo Poder Judiciário recaía, conforme jurisprudência da Suprema Corte, sobre a Justiça especializada, por força do art. 114 da CF/88, em sua redação originária. [...]" (STF, AgReg na Rcl 19.837/MG; Relator Ministro Dias Toffoli; DJe 28.04.2016)

(153) Súmula do STJ n. 170: Compete ao juízo onde primeiro for intentada a ação envolvendo acumulação de pedidos, trabalhista e estatutário, decidi-la nos limites da sua jurisdição, sem prejuízo do ajuizamento de nova causa, com o pedido remanescente, no juízo próprio.

(154) "A justiça do trabalho é competente para julgar as demandas instauradas entre pessoas jurídicas de direito privado integrantes da Administração indireta e seus empregados, cuja relação é regida pela CLT, irrelevante o fato de a ação ser relativa ao período pré-contratual. [...]" (STF. ARE 774137 AgR/BA. Relator Ministro Teori Zavascki. DJe 14.10.2014).

2.4. *Entes de Direito Público externo*. Quanto aos entes de Direito Público externo, como Estados estrangeiros e Organizações Internacionais, o texto do inciso I está em vigor, razão pela qual, não sendo a relação de consumo, a competência será da Justiça do Trabalho.

Todavia, a polêmica reside na questão relativa às *imunidades diplomáticas* (Convenções de Viena de 1961 e 1963). Caso um trabalhador brasileiro tenha prestado serviços, no território nacional, a Estado estrangeiro ou a organismo internacional, poderá ajuizar sua ação perante a Justiça do Trabalho brasileira? A questão é polêmica. De início, há que se conhecerem alguns critérios e conceitos importantes.

2.4.1. *Estado estrangeiro e organismo internacional*. Estado estrangeiro é aquele que reúne os elementos próprios do Estado, quais sejam, povo, território e soberania. São exemplos de Estados estrangeiros a Argentina, os Estados Unidos, a Itália, a França, etc. As organizações internacionais, por sua vez, são associações de Estados criadas por motivos políticos, econômicos ou sociais. Elas foram reconhecidas como sujeitos de direito internacional pela Convenção de Viena, de 1986. São exemplos de organizações internacionais a Organização das Nações Unidas — ONU e a Organização Internacional do Trabalho — OIT.

2.4.2. *Atos de império e atos de gestão*. A doutrina costuma classificar os atos dos Estados estrangeiros em atos de império e atos de gestão. Os primeiros são atos que decorrem da soberania, como é caso da celebração de tratados. De outro lado, nos atos de gestão, o Estado estrangeiro não age sob o pálio de sua soberania, mas sim como se fosse um sujeito particular, administrando interesses privados. Um exemplo disso seria justamente a contratação de serviços para limpeza ou manutenção de equipamentos. Essa classificação não é feita em relação aos atos dos organismos internacionais.

2.4.3. *Imunidade de jurisdição e de execução*. Há diferença entre imunidade de jurisdição e imunidade de execução. A primeira impede que o ente seja julgado, incidindo, portanto, na fase de conhecimento do processo. A segunda, por sua vez, veda a prática de atos de execução da decisão, incidindo na fase executiva, na qual se busca efetivar a decisão proferida, por meios expropriatórios, nos termos do art. 22 da Convenção de Viena, de 1961.[155]

2.4.4. *Imunidade absoluta e imunidade relativa*. Por fim, resta dizer da diferença existente entre imunidade absoluta e imunidade relativa. Esta é a imunidade que protege, integralmente, todos os bens e direitos da pessoa de Direito Público externo de quaisquer decisões judiciais de um Estado estrangeiro. A absoluta, por sua vez, é a imunidade que protege os bens e direitos da pessoa de quaisquer atos judiciais expropriatórios. Por isso é que se diz que a imunidade de execução é absoluta (atos expropriatórios) e a de jurisdição, relativa (atos decisórios).

2.4.5. *Renúncia à imunidade*. Desde que realizada de forma expressa, admite-se a renúncia à imunidade pelo Estado acreditante. A alegação de imunidade deve ser feita na defesa, de maneira que não poderá ser apresentada, caso o autor da ação seja o Estado estrangeiro, e o réu, por via de reconvenção, faça pedidos condenatórios. A renúncia à imunidade de jurisdição não implica renúncia à imunidade de execução, para a qual nova renúncia expressa é necessária. (art. 32 Convenção de Viena, de 1961).

2.4.6. *Processos contra Organismos Internacionais*. Quanto aos Organismos Internacionais, a existência de imunidade dependerá dos termos do Tratado que tiver constituído a Organização, tal qual entendem o TST[156] e o STF.[157] Caso o Tratado seja omisso, deve prevalecer a imunidade absoluta (de jurisdição e de execução),

(155) Art. 22. [...] 3. Os locais da Missão, em mobiliário e demais bens neles situados, assim como os meios de transporte da Missão, não poderão ser objeto de busca, requisição, embargo ou medida de execução.

(156) "[...] As organizações ou os organismos internacionais não se equiparam ou se assemelham ao Estado estrangeiro em relação à imunidade de jurisdição porque, quando se estabelecem em determinado país, pactuam regras próprias (tratado de sede). Havendo norma escrita prevendo a imunidade da organização internacional, não se pode dizer que para elas não mais vige o costume internacional que conferia imunidade ao Estado. Nesse sentido, diversos são os precedentes desta Corte, que, aliás, espelha o entendimento do STF. Correto, portanto, o julgado recorrido que, ao reconhecer a Imunidade de jurisdição no que diz respeito à ONU-PNUD — desconstituindo, assim, o acórdão rescindendo que concluiu de forma diversa -, adotou posicionamento consentâneo com a jurisprudência consolidada no âmbito desta Corte. Recurso Ordinário a que se nega provimento." (TST. RO-1548-24.2010.5.06.0000. Relator: Ministra Maria de Assis Calsing. SDI-II. DEJT 24.02.201??).

(157) "Reclamação Trabalhista. Imunidade de jurisdição de que desfruta a Organização de Aviação Civil Internacional (art. 267, inciso IV, do Código de Processo Civil). Organismo Internacional vinculado à ONU, da qual faz parte o Brasil. Convenção sobre privilégios e imunidades das agências especializadas. Legitima é a alegação de imunidade de jurisdição. Apelação a que se nega provimento." (STF.

porque, em relação aos Organismos Internacionais, não se faz a divisão entre atos de império e atos de gestão. Nesse sentido é o entendimento do TST, consubstanciado na OJ n. 416 da SDI-I.(158) Assim, a Justiça do Trabalho somente será competente para julgar ações trabalhistas em face de Organismos Internacionais, nas hipóteses de haver autorização por Tratado ou de renúncia expressa à imunidade pela respectiva Organização.

2.4.7. *Processos contra Estados estrangeiros.* Em relação aos Estados estrangeiros, vigora o princípio consuetudinário do "*par in parem non habet judicium*", segundo o qual entre iguais não há jurisdição.(159) Ora, se um Estado é soberano, por vias óbvias não pode estar submetido à jurisdição de outro Estado, pena de se estabelecer relação de subordinação, incompatível com a soberania. Por isso é que, em regra, os atos dos Estados estrangeiros devem estar imunes à jurisdição de outro Estado.

Ocorre que os atos dos Estados estrangeiros comportam a divisão entre atos de império e atos de gestão, estando os primeiros acobertados pelo manto da imunidade absoluta (vedando a prática de atos decisórios e executivos) e, os segundos, pelo da imunidade relativa (que veda apenas a prática de atos executivos). Essa classificação dá margem para a existência de duas correntes interpretativas de peso na seara trabalhista.

Pela primeira, a contratação de empregados é um ato oficial do Estado e não de seus dirigentes consulares. É que a Convenção de Viena, de 1961, só exclui da imunidade os atos privados (de gestão) dos dirigentes consulares e diplomáticos e não os dos Estados,(160) fazendo com que o ato de contratação de empregados fique absolutamente imune à jurisdição brasileira. Assim, a Justiça do Trabalho somente poderá processar e julgar as causas em face de Estados estrangeiros, caso estes, expressamente, renunciem à imunidade. Caso contrário, o processo deve ser extinto, sem julgamento do mérito, restando ao trabalhador ajuizar sua ação perante a Justiça do Estado estrangeiro. Por essa vertente, tanto a imunidade de jurisdição quanto a de execução, portanto, seriam de natureza absoluta. Ademais, de que adiantaria ao credor obter uma sentença que não pudesse ser executada? Esse já foi o entendimento do STF e é seguido por parte minoritária da doutrina.

Pela segunda corrente, a contratação de serviços, inclusive os de natureza trabalhista, é simplesmente um ato de gestão. Assim é que o Estado estrangeiro não poderia alegar a imunidade no processo de conhecimento. O processo teria seu curso normal até a sentença. A partir daí, entretanto, a execução não seria possível, ante a imunidade absoluta do Estado estrangeiro, de maneira que somente o cumprimento espontâneo, pelas vias diplomáticas, poderia dar ensejo à satisfação do credor. Para o cumprimento forçado, o exequente deveria promover a execução perante a Justiça do Estado estrangeiro.

Em que pesem os fortes argumentos da primeira corrente, com ela não se pode concordar, sob pena de se relativizar a soberania brasileira. Ora, se é permitido aos Estados estrangeiros contratar trabalhadores no Brasil, é preciso garantir aos contratados o respeito à sua dignidade (art. 1º, III, da CF), o que significa, entre outras

---

ACi 9703. Relator(a): Ministro Djaci Falcão. Tribunal Pleno. DJ 27.10.1989). O STF também declarou a incompetência da Justiça do Trabalho em relação à ONU/PNUD, diante da alegação de imunidade de jurisdição, respaldada por norma internacional incorporada ao ordenamento jurídico brasileiro (RE 599.076).

(158) Orientação Jurisprudencial n. 416 da SDI-I do TST. "Imunidade de jurisdição. Organização ou organismo internacional. As organizações ou organismos internacionais gozam de imunidade absoluta de jurisdição quando amparados por norma internacional incorporada ao ordenamento jurídico brasileiro, não se lhes aplicando a regra do Direito Consuetudinário relativa à natureza dos atos praticados. Excepcionalmente, prevalecerá a jurisdição brasileira na hipótese de renúncia expressa à cláusula de imunidade jurisdicional."

(159) "[...] 1. Ambas as Turmas que compõem a Segunda Seção reiteradamente orientam que é de natureza absoluta a imunidade de jurisdição decorrente de ato de império, por força do princípio par in parem non habet judicium, segundo o qual, nessas hipóteses, nenhum Estado soberano pode ser submetido, contra a sua vontade, à condição de parte perante o foro doméstico de outro Estado [...]." (STJ — AgRg no RO 68/RJ; Relator Ministro Marco Aurélio Bellizze; Segunda Seção; DJe 19.02.2016)

(160) "Artigo 31. 1. O agente diplomático gozará de imunidade de jurisdição penal do Estado acreditado. Gozará também da imunidade de jurisdição civil e administrativa, a não ser que se trate de: a) uma ação real sobre imóvel privado situado no território do Estado acreditado, salvo se o agente diplomático o possuir por conta do Estado acreditado para os fins da missão; b) uma ação sucessória na qual o agente diplomático figure, a título privado e não em nome do Estado, como executor testamentário, administrador, herdeiro ou legatário; c) uma ação referente a qualquer profissão liberal ou atividade comercial exercida pelo agente diplomático no Estado acreditado fora de suas funções oficiais. 2. [...]. 3. O agente diplomático não está sujeito a nenhuma medida de execução a não ser nos casos previstos nas alíneas 'a', 'b' e 'c' do parágrafo 1 deste artigo e desde que a execução possa realizar-se sem afetar a inviolabilidade de sua pessoa ou residência. 4. A imunidade de jurisdição de um agente diplomático no Estado acreditado não o isenta da jurisdição do Estado acreditante".

coisas, facultar-lhes o acesso à justiça e garantir a concretização dos direitos fundamentais. Nesse sentido é o entendimento atual do TST[161] e do STF.[162]

A imunidade de execução, tida por absoluta pelo STF, vem sendo relativizada pela jurisprudência, com o passar do tempo, sob a justificativa de que somente os bens afetos ao serviço da missão diplomática seriam impenhoráveis, estando os demais despidos de imunidade. Assim sendo, seria possível realizar a penhora "*on line*", pela ferramenta Bacen Jud, das contas do Estado estrangeiro que não abriguem quantias destinadas a custear as atividades da missão diplomática.[163]

Todavia, o art. 86, da Consolidação Geral dos Provimentos da Justiça do Trabalho expressamente dispõe que cabe ao Juiz do Trabalho abster-se de realizar a penhora via Bacen Jud em face de Estado estrangeiro ou organismo internacional.[164]

2.5. *Complementação de aposentadoria.* Na primeira edição desta obra, foi destacado o entendimento do STF[165] pela competência da Justiça do Trabalho para julgar as causas que tratam dos planos fechados de complementação de aposentadoria do empregado, os quais são instituídos por empresas privadas (LC n. 109/2001, art. 31, I), com a finalidade de complementar os benefícios da Previdência Social de seus empregados.

Entretanto, o Pretório Excelso modificou sua jurisprudência, resolvendo pela competência da Justiça comum, ao argumento de que a relação entre o associado e a entidade de previdência privada não é trabalhista.[166]

Destarte, no nosso sentir não mais prevalece a jurisprudência do C. TST acerca da competência da Justiça do Trabalho para julgar ação de complementação de pensão requerida por viúva de ex-empregado.[167]

---

(161) "Recurso de Revista. Imunidade de jurisdição — Estado estrangeiro (alegação de violação aos arts. 114 da Constituição Federal e 31, item 1, da Convenção de Viena de 1961, ratificada pelo Decreto n. 56.435/65, e divergência jurisprudencial). O Tribunal Regional adotou o entendimento firmado pelo Supremo Tribunal Federal, no sentido de que a Imunidade de jurisdição do Estado estrangeiro reveste-se de caráter relativo. Significa dizer que a decisão regional está calcada na teoria da imunidade jurisdicional relativa dos Estados soberanos, construída a partir do novo quadro normativo delineado no âmbito dos direitos internacional e comparado, a qual está fundamentada na natureza do ato motivador da instauração da causa em juízo, que relativizou a imunidade de jurisdição em relação às demandas que envolvem atos de gestão, como na presente hipótese. Nesse diapasão tem-se, pois, que a interpretação dada à Convenção de Viena não a desrespeita, mas lhe dá cumprimento, nos exatos termos da moderna visão das relações contratuais, no direito internacional. Logo, não há como admitir recurso, por violação de preceito constitucional e legal e de Convenção Internacional ratificada pelo Brasil, quando a Suprema Corte, interpretando e aplicando as normas pertinentes, já ditou entendimento acerca da matéria, não havendo como adotar conclusão diversa. Recurso de revista não conhecido. [...]" (TST. RR-173900-27.2005.5.02.0015. Relator: Ministro Renato de Lacerda Paiva. 2ª Turma. DEJT 16.03.2012).

(162) "Estado estrangeiro. Imunidade judiciária. Causa trabalhista. Não há imunidade de jurisdição para o estado estrangeiro, em causa de natureza trabalhista. Em princípio, esta deve ser processada e julgada pela justiça do trabalho, se ajuizada depois do advento da Constituição Federal de 1988 (art. 114). Na hipótese, porém, permanece a competência da justiça federal, em face do disposto no parágrafo 10 do art. 27 do A.D.C.T. da Constituição Federal de 1988, c/c art. 125, ii, da E.C. n. 1/69. Recurso ordinário conhecido e provido pelo Supremo Tribunal Federal para se afastar a imunidade judiciária reconhecida pelo juízo federal de primeiro grau, que deve prosseguir no julgamento da causa, como de direito." (STF. ACi 9696. Relator(a): Ministro Sydney Sanches. Tribunal Pleno. DJ: 12.10.1990).

(163) "[...] há de se conceder em parte a segurança impetrada, para declarar a imunidade à execução das contas bancárias da impetrante que foram alvo de penhora, mantendo, assim, a antecipação de tutela quanto ao desbloqueio das contas e liberação da quantia à impetrante, porém autorizando o prosseguimento da execução quanto aos bens que forem comprovadamente desafetos à Missão diplomática." (TST. ROMS n. 282/2003-000-10-00-1. Relator: Renato de Lacerda Paiva. SBDI-II. DJ: 26.08.2005).

(164) "Art. 86. Relativamente ao Sistema BACEN JUD, cabe ao juiz do trabalho: I — abster-se de emitir ordem judicial de bloqueio promovida em face de Estado estrangeiro ou organismo internacional;"

(165) Agravo regimental no agravo de instrumento. Constitucional. Complementação de aposentadoria. Competência da Justiça do Trabalho. Agravo regimental ao qual se nega provimento. 1. A jurisprudência do Supremo Tribunal Federal firmou-se no sentido de que compete à Justiça do Trabalho o julgamento das questões relativas à complementação de aposentadoria quando decorrentes de contrato de trabalho. 2. As questões sobre ocorrência de prescrição e do direito às diferenças pleiteadas demandariam o exame da legislação infraconstitucional e de cláusulas do regulamento pertinente. 3. Imposição de multa de 5% do valor corrigido a causa. Aplicação do art. 557, § 2º, c/c arts. 14, inc. II e III, e 17, inc. VII, do Código de Processo Civil (STF. AI 702.330-AgR. Relatora: Ministra Cármen Lúcia. 1ª Turma. DJ: 06.02.2009).

(166) Complementação de aposentadoria. A competência para analisar a matéria é da Justiça Comum em razão da inexistência de relação trabalhista entre o beneficiário e a entidade fechada de previdência complementar. A competência não pode ser definida levando-se em consideração o contrato de trabalho já extinto como no caso deste RE. Por essa razão, a relação entre o associado e a entidade de previdência privada não é trabalhista, estando disciplinada no regulamento das instituições. (STF. REs 586453 e 583050. Relatora: Ministra Ellen Gracie. Plenário. DJe: 05.06.2013).

(167) Orientação Jurisprudencial da SDI-I do TST n. 26. "Competência da Justiça do Trabalho. Complementação de pensão requerida por viúva de ex-empregado. A Justiça do Trabalho é competente para apreciar pedido de complementação de pensão postulada por viúva de ex-empregado, por se tratar de pedido que deriva do contrato de trabalho".

2.6. *Trabalho do preso.* Muito embora o art. 28 da Lei de Execuções Penais afaste o trabalho do preso do regime celetista,[168] não há como negar que se trata de espécie de relação de trabalho, pelo que concordamos com a proposta do Enunciado n. 10 do I FNPT,[169] que conclui pela competência da Justiça do Trabalho para julgar as controvérsias alusivas ao trabalho do preso. É o que já ocorre com contratos especiais, sem vínculo de emprego, como o do estagiário, por exemplo.

Todavia, a jurisprudência do STJ é pela competência da Justiça comum.[170]

2.7. *Intervenção judicial.* O Código de Processo Penal prevê, como medida assecuratória, a intervenção judicial, que consiste no "sequestro de bens imóveis, adquiridos pelo indiciado com os proventos da infração, ainda que já tenham sido transferidos a terceiro" (art. 125), bastando, para a decretação da medida, "a existência de indícios veementes da proveniência ilícita dos bens" (art. 126).

Considerando o poder geral de cautela do Juiz Trabalhista (art. 300 do CPC de 2015 c/c art. 765 da CLT), o qual permite a determinação, de ofício, de tutelas provisórias (art. 297 do CPC de 2015), tanto de evidência, quanto de urgência, é razoável admitir que a medida de intervenção judicial tenha lugar na Justiça do Trabalho, nos casos em que houve indícios da dilapidação do patrimônio com a finalidade fugir da responsabilidade trabalhista. Nesse sentido é o Enunciado n. 11 do I FNPT.[171]

2.8. *Dissolução de cooperativas de trabalho.* O Enunciado n. 14 do I FNPT propõe que seja reconhecida a competência da Justiça do Trabalho para decretar a dissolução de cooperativas de trabalho.[172] Entretanto, essa conclusão não nos convence, tendo em vista que a dissolução da sociedade cooperativa implicaria na imposição de uma decisão acerca da relação jurídica civil entre os cooperados e não na de trabalho, que eventualmente possa existir entre o cooperado e a cooperativa.

2.9. *Autorização para trabalho infantil artístico e desportivo.* Trabalho infantil é o realizado por pessoa menor de 16 anos, o qual é, em regra, proibido (art. 7º, XXXIII, da CF). Uma exceção muito conhecida é a do menor aprendiz, assim admitido a partir dos 14 anos de idade (art. 428 da CLT).

Outra exceção é o trabalho artístico e desportivo, o qual não tem limitação de idade, pois a arte é uma forma de expressão, vinculada ao direito fundamental da liberdade de pensamento (art. 5º, IV, da Constituição). Entretanto, o trabalho infantil artístico e desportivo depende de disciplina (por portaria) ou autorização (por alvará) do Juízo da Infância e da Adolescência, nos termos do art. 149, II, "a" e "b" do Estatuto da Criança e do Adolescente — ECA), que deverá fazer constar expressos os limites do trabalho, como duração, jornada, remuneração, etc.

O C. STJ já decidiu por várias vezes Conflito de Competência em favor da Justiça comum, mesmo após a Emenda Constitucional n. 45/04 (CC 53.279, CC 98.033 e CC 110378).

---

(168) Art. 28. O trabalho do condenado, como dever social e condição de dignidade humana, terá finalidade educativa e produtiva.

(169) "[...] Após a Emenda Constitucional n. 45/2004, a Justiça do Trabalho não está adstrita a controvérsias alusivas às relações de emprego, estando revogado o parágrafo único do art. 28 da LEP que dispõe que não se aplica ao trabalho do preso o regime da CLT. A discussão salarial decorrente de trabalho de preso deve ser dirimida pela Justiça Especializada, por se tratar de espécie de relação de trabalho, atraindo assim o disposto no art. 651 da CLT para fins de se estabelecer o foro competente para dirimir a controvérsia."

(170) "Conflito negativo de competência. Juízos das varas de execução penal e trabalhista. Remuneração por trabalho prestado na condição de condenado perante estabelecimento prisional. Emenda Constitucional n. 45/2004. Lei 7.210/1984. Competência da vara de execução penal. 1. Compete ao Juízo da Vara de Execução Penal pronunciar-se acerca de situação em que se estabeleça conflito entre o Estado e o apenado, como no caso de cobrança de remuneração relativa ao trabalho prestado pelo condenado perante estabelecimento prisional. 2. Aplicação do art. 28, § 2º, da Lei n. 7.210/1984. 3. A Emenda Constitucional n. 45/2004, ao alterar a competência da Justiça Obreira, não incluiu as relações decorrentes do trabalho do preso à apreciação do Juízo Trabalhista, por se tratar de relação institucional entre o condenado e o Estado, a qual é regida por direito público, qual seja, pela LEP. 4. Conflito conhecido para declarar-se competente o Juízo de Direito da 3ª Vara Criminal de Dourados-MS, o suscitante." (STJ. CC 92851. Relator Ministro Jorge Mussi. Terceira Seção. DJe 19.09.2008).

(171) "[...] Após a Emenda Constitucional n. 45/2004, a Justiça do Trabalho não está adstrita a controvérsias alusivas às relações de emprego, comportando a intervenção judicial em empresas e organizações para evitar a dilapidação patrimonial, garantir a manutenção dos postos de trabalho e promover a regularidade das obrigações trabalhistas. Inteligência dos art. 114 da CF/88 e art. 15 NCPC."

(172) "[...] Após a emenda constitucional n. 45/2004, a Justiça do Trabalho passou a dirimir todas as controvérsias decorrentes de relações de trabalho. A Justiça do Trabalho tem atribuição para dirimir conflito de interesses que diga respeito à atuação de cooperativa de trabalho e, constatada a fraude na atuação do ente cooperativo, cabível o manejo da ação competente para fins de se perseguir a dissolução da cooperativa, tudo nos termos do art. 114 da CF/88 c/c art. 18 da Lei n. 12.690/2012. Inteligência dos art. 114 da CF/88 e art. 18 da Lei n. 12.690/2012 e art. 15 do NCPC."

No nosso sentir, entretanto, com o advento da EC n. 45/04, a competência material para disciplina e autorização do trabalho infantil artístico e desportivo passou a ser da Justiça do Trabalho. Nesse sentido também é a Recomendação Conjunta n. 01/2014, da Corregedoria Geral da Justiça do Tribunal de Justiça do Estado de São Paulo, da Corregedoria Regional do TRT da 2ª Região, da Corregedoria Regional do TRT da 15ª Região, do MPT da 2ª Região, do MPT da 15ª Região e do MP do Estado de São Paulo.(173) Todavia, o Ministro Marco Aurélio, do STF, concedeu, em 14/08/2015, medida liminar para suspender a eficácia da expressão "inclusive artístico", constante do citado ato conjunto.(174)

2.10. *Transportador autônomo de cargas*. A Lei n. 11.442/07 dispõe sobre o transporte rodoviário de cargas por conta de terceiros e mediante remuneração. O respectivo art. 2º, I, prevê a figura do Transportador Autônomo de Cargas — TAC, pessoa física que trabalha profissionalmente como transportador rodoviário de cargas.

Com efeito, o art. 5º, parágrafo único, da referida lei estabelece que a competência para julgamento das ações oriundas dos contratos de transporte de cargas é da Justiça comum. No nosso sentir, contudo, esse dispositivo contraria o disposto no art. 114, I, da Constituição, que determina ser da Justiça do Trabalho a competência para julgar as ações oriundas da relação de trabalho, o que inclui o trabalho prestado por pessoa física, de forma remunerada, tal qual é o caso do TAC.

Foi com base nesse fundamento que a Associação Nacional dos Procuradores do Trabalho (ANTP) e a Associação Nacional dos Magistrados da Justiça do Trabalho (Anamatra) ajuizaram Ação Direta de Inconstitucionalidade (ADI 3.961) contra o referido dispositivo. Ocorre que ADI foi julgada extinta, sem resolução de mérito, por ilegitimidade ativa.(175)

Nada impede, portanto, que os Juízes do Trabalho, pela via do controle difuso, declarem a inconstitucionalidade do art. 5º, parágrafo único, da Lei n. 11.442/07, e julguem ações ajuizadas pelo TAC em face do tomador de seus serviços.

2.11. *Representação comercial.* O trabalho do representante comercial autônomo é regido pela Lei n. 4.886/65, cujo art. 1º admite a prestação de serviços como pessoa física, de forma remunerada. Ocorre que o art. 39 estabelece que a competência para julgamento das ações oriundas dessa relação jurídica é da Justiça comum.

Assim como no caso do transportador autônomo de cargas, para nós o contrato de representação comercial é espécie de relação de trabalho, quando prestado por pessoa física, o que atrai a competência da Justiça do Trabalho (art. 114, I, da CF). Esse também é o entendimento do C. TST.(176)

---

(173) "[...] resolvem recomendar aos Juízes de Direito da Infância e da Juventude, aos Juízes do Trabalho da Segunda e da Décima Quinta Região e aos Membros do Ministério Público Estadual e do Ministério Público do Trabalho da Segunda e da Décima Quinta Região, que tomem como diretriz, para efeito de competência: I — as causas que tenham como fulcro os direitos fundamentais da criança e do adolescente e sua proteção integral, nos termos da Lei n. 8.069, de 13 de julho de 1990, inserem-se no âmbito da competência dos Juízes de Direito da Infância e da Juventude; II — As causas que tenham como fulcro a autorização para trabalho de crianças e adolescentes, inclusive artístico e desportivo, e outras questões conexas derivadas dessas relações de trabalho, debatidas em ações individuais e coletivas, inserem-se no âmbito da competência dos Juízes do Trabalho, nos termos do art. 114, incisos I e IX, da Constituição da República."

(174) "Convencido da urgência da apreciação do tema, defiro a liminar pleiteada tal como o fiz no dispositivo do voto proferido: Diante do exposto, admito a ação direta de inconstitucionalidade e voto no sentido de implementar a medida acauteladora, para suspender, até o exame definitivo deste processo, a eficácia da expressão "inclusive artístico", constante do inciso II da Recomendação Conjunta n. 1/14 e do art. 1º, inciso II, da Recomendação Conjunta n. 1/14, bem como para afastar a atribuição, definida no Ato GP n. 19/2013 e no Provimento GP/CR n. 07/2014, quanto à apreciação de pedidos de alvará visando a participação de crianças e adolescentes em representações artísticas e a criação do Juizado Especial na Justiça do Trabalho, ficando suspensos, por consequência, esses últimos preceitos. Alfim, neste primeiro exame, assento ser da Justiça Comum a competência para analisar tais pedidos. Publiquem." (STF. ADI 5326).

(175) "[...] Os interesses das categorias profissionais substituídas pela Associação Nacional dos Magistrados do Trabalho — ANAMATRA e pela Associação Nacional dos Procuradores do Trabalho — ANPT não são diretamente afetados pela norma impugnada, que dispõe sobre transporte rodoviário de cargas. Ilegitimidade ativa das entidades de classe por falta de pertinência temática. [...]" (STF. ADI 3961. Relator Ministro Roberto Barroso. DJe 04.08.2016).

(176) "Recurso de Revista — Competência material da Justiça do Trabalho — Relação de Trabalho — Trabalhador Autônomo — Representante Comercial. Após a edição da Emenda Constitucional n. 45/2004, a Justiça do Trabalho é competente para o exame da lide quando o vínculo existente entre as partes for de trabalho. Na hipótese, esta Justiça Especial é competente para o processamento e julgamento do litígio envolvendo a presente relação jurídica de trabalho autônomo — representação comercial. Recurso de revista não conhecido. [...]." (TST. RR — 215600-81.2005.5.17.0009. Relator: Ministro Luiz Philippe Vieira de Mello Filho. 4ª Turma. DEJT: 01.06.2012).

O fim dessas polêmicas pode estar próximo, já que o STF reconheceu a existência de repercussão geral no caso da relação entre representante comercial e empresa representada, no RE 606.003.

2.12. *Outros profissionais autônomos*. Apenas a título ilustrativo, vale dizer que o C. TST já considerou como relação de trabalho, atraindo a competência da Justiça do Trabalho, a perícia judicial realizada pelo perito contábil,(177) o agenciamento de propaganda,(178) o serviço de motorista autônomo.(179)

3. *As ações que envolvam exercício do direito de greve*. A greve é o direito fundamental dos trabalhadores (art. 9º da CF) de suspender a prestação pessoal de serviços ao empregador para exigir melhores condições de trabalho, devendo ser coletiva, temporária e pacífica, e podendo ser total ou parcial (art. 2º da Lei n. 7.783/89). Tem natureza jurídica de autotutela, competindo aos trabalhadores a decisão sobre a oportunidade de exercê-la, bem como os interesses que devam ser defendidos por meio dela (art. 9º da CF).

Os abusos cometidos durante a greve são objeto de uma ação coletiva específica, chamada de dissídio coletivo de greve. O inciso em apreço abrange não só esse dissídio, como qualquer outra ação que tenha sua causa de pedir vinculada ao exercício do direito de greve, como, por exemplo, ações possessórias. Estas são até objeto da Súmula Vinculante do STF, de n. 23, segundo a qual "a Justiça do Trabalho é competente para processar e julgar ação possessória ajuizada em decorrência do exercício do direito de greve pelos trabalhadores da iniciativa privada". O STF já decidiu, com repercussão geral, que os interditos proibitórios, que visam prevenir danos à propriedade do empregador, também devem ser ajuizados perante a Justiça do Trabalho.(180)

Caso a greve seja promovida por trabalhadores da Administração Pública, exceto na condição de empregados públicos, a competência para julgar as ações afetas ao movimento será da Justiça comum. Nesse sentido tem

(177) "Honorários periciais contábeis — Ação de cobrança — EC 45/2004 — ART. 114, I e IX, DA CF — relação de trabalho — Competência da Justiça do Trabalho. 1. [...]. 2. O Regional, com base no art. 114 da CF, entendeu que a Justiça do Trabalho é incompetente para dirimir a controvérsia, na medida em que não se trata de relação de trabalho, mas, sim, de consumo, o que refoge à Competência albergada pelo citado dispositivo constitucional. 3. Ocorre que, *in casu*, o Autor pretende o recebimento dos honorários periciais decorrentes da prestação de serviços na qualidade de perito e assistente técnico contábil judicial, pois atuou em vários processos trabalhistas na forma contratada pelo Réu, nos quais foram celebrados acordos judiciais, sem que ocorresse a quitação dos seus honorários, nos termos ajustados. 4. Nesse contexto, verifica-se que a controvérsia instalada diz respeito ao pagamento de honorários periciais decorrentes da relação de trabalho estrita (CF, art. 114, I), que não se confunde com a relação de consumo, pois nesta última o consumidor pleiteia a prestação do serviço. Na ação trabalhista, o profissional é que postula o recebimento dos honorários, no caso, periciais, pelo trabalho desenvolvido. 5. [...]. Recurso de revista provido." (TST. RR-446600-12.2007.5.12.0001. Relator: Ministro Ives Gandra Martins Filho. 7ª Turma. DEJT: 07.10.2011).

(178) "Agravo de Instrumento. Recurso de Revista. Competência da Justiça do Trabalho. Relação de Trabalho. Agenciador de Propaganda. EC 45/2004. [...]. Com o marco constitucional introduzido pela EC n. 45/2004, a competência judicial mais ainda se ampliou, consagrando a competência desta Justiça especializada também para os litígios decorrentes da relação de trabalho. Sob esse enfoque, tendo em vista que a competência da Justiça do Trabalho abrange as relações de emprego e também as de trabalho, com suas lides conexas (art. 114, I a IX, CF), necessário reconhecer que esta Justiça Especializada é competente para julgar as lides entre agenciadores de propaganda e veículos de divulgação. [...]. Agravo de instrumento desprovido." (TST. AIRR-140440-64.2005.5.03.0001. Relator: Ministro Mauricio Godinho Delgado. 6ª Turma. DEJT: 11.06.2010).

(179) "Recurso Ordinário em Ação Rescisória. Art. 485, V, do CPC. Ação Civil Pública. Medicina e Segurança do Trabalho. Motorista Autônomo. Competência da Justiça do Trabalho. Ausência de Elemento que aponte para relação consumerista entre tomador de serviço e trabalhadores. Para fins de fixação da competência desta Justiça Especializada, interessa que a controvérsia, delineada no pedido e causa de pedir, guarde pertinência com o trabalho humano. A exceção a tal regra foi firmada pelo STF que, extraiu do art. 114, I, da Constituição Federal a impossibilidade da Justiça do Trabalho decidir sobre relações entre servidores e o Poder Público, o que não é o caso (ADI 3395). Registre-se, ademais, que não se verifica, no caso vertente, relação entre cliente e profissional autônomo, que coloque o primeiro em desvantagem contratual, técnica e econômica capaz de invocar, a seu favor, a proteção do Código de Defesa do Consumidor. Recurso ordinário conhecido e desprovido." (TST. RO-327-27.2013.5.23.0000 , Relator Ministro: Alberto Luiz Bresciani de Fontan Pereira, Data de Julgamento: 02.08.2016, Subseção II Especializada em Dissídios Individuais, Data de Publicação: DEJT 05.08.2016)

(180) "Competência jurisdicional. Justiça do Trabalho *versus* Justiça comum. Ação de Interdito Proibitório. Movimento grevista. Acesso de funcionários e clientes à agencia bancária: 'piquete'. Art. 114, II, da CF. Jurisprudência do STF. Competência da Justiça do Trabalho. 'A determinação da competência da Justiça do Trabalho não importa que dependa a solução da lide de questões de direito civil' (CJ 6.959), bastando que a questão submetida à apreciação judicial decorra da relação de emprego. Ação de interdito proibitório cuja causa de pedir decorre de movimento grevista, ainda que de forma preventiva. O exercício do direito de greve respeita a relação de emprego, pelo que a EC n. 45/2003 incluiu, expressamente, na competência da Justiça do Trabalho conhecer e julgar as ações dele decorrentes (art. 114, II, da CR)." (STF. RE 579.648. Relator: Ministra Cármen Lúcia. Plenário. DJe: 06.03.2009).

sido a jurisprudência do TST.[181] Mas de quem seria a competência para julgar um dissídio de greve, no caso do movimento deflagrado por servidores públicos de regimes diversos, isto é, metade celetista e metade estatutária?

Por um lado, a competência material é absoluta e não admite prorrogação, razão pela qual a paralisação dos estatutários deveria ser julgada pela Justiça comum, cabendo à Justiça do Trabalho a decisão do movimento dos celetistas. Mas, de outro lado, é preciso considerar que a greve é um direito coletivo, ou seja, é um direito transindividual, de natureza indivisível, pertencente à categoria dos trabalhadores, os quais estão ligados com o empregador por uma relação jurídica de base (art. 81, II, do CDC). E essa relação jurídica de base é coletiva, sendo, essencialmente, jurídico-administrativa, pois é estabelecida entre a categoria (servidores públicos) e a Administração Pública, como já decidiu o STF na ADI 3.395, e não entre cada um dos trabalhadores e o Poder Público. Assim é que a causa de pedir, determinante da competência material, tem natureza jurídico-administrativa e não contratual (celetista), tanto é que a Administração Pública não poderá celebrar CCT e ACT, razão pela qual a competência deve ser somente da Justiça comum. Nesse sentido é o entendimento do STJ.[182]

Por fim, resta saber da competência para julgar ações indenizatórias promovidas por terceiros, prejudicados em função do movimento grevista. Imagine-se, por exemplo, que um movimento grevista faça piquetes na frente do prédio onde funciona a sede da empresa empregadora, impedindo que as pessoas nele entrem ou dele saiam, independentemente de serem ou não empregados. Caso as pessoas que trabalham no prédio para outros empregadores decidam ajuizar ações com pedido de indenização por danos morais, em razão do cárcere privado a que foram submetidas, a quem competirá decidir a demanda?

A corrente restritiva entende que a competência será da Justiça comum, uma vez que os terceiros não mantêm relação jurídica, sequer de base, com o movimento grevista. O direito à indenização deriva, no caso, da responsabilidade civil extracontratual, nascida de ato ilícito, sendo, portanto, civil.

Com a devida vênia, a razão não está com essa vertente. É que o texto do inciso II, do art. 114, da CF, não exige a existência de uma relação de base entre as partes, na fixação da competência. A greve é que a exige, pois só se pode fazer greve contra o empregador. O que o texto constitucional diz é que, em havendo greve, as ações que tenham origem em atos (ilícitos) praticados pelo movimento grevista, durante a paralisação, serão da competência da Justiça especializada, ainda que envolvam terceiros. É que esse tipo de ação (indenizatória) não tem como objeto a greve, como no caso dos servidores públicos referido, mas sim um ato ilícito que surgiu em função do movimento grevista. Destarte, não há como ser sustentada uma interpretação restritiva no caso proposto, razão pela qual a competência será da Justiça do Trabalho. Este é o entendimento do TST.[183]

---

(181) "Recurso de Revista. Servidor público estatutário. Direito de greve. Incompetência da Justiça do Trabalho. Em se tratando de servidores vinculados por típica relação de ordem estatutária (situação dos servidores da Junta Comercial do Distrito Federal) ou de caráter jurídico-administrativo, o STF (por meio da ADIN n. 3.395-MC/DF), suspendeu, cautelarmente, qualquer interpretação do art. 114, I, da Constituição Federal, que incluísse, na competência da Justiça do Trabalho, a apreciação de causas concernentes ao poder público e seus servidores. Registre-se que, até a presente data, não foi julgado, pelo STF, o mérito da mencionada ADIN. Assim, extingue-se o feito, sem resolução do mérito, nos termos do art. 267, IV, do CPC. Recurso de revista de que se conhece e a que se dá provimento." (TST. RR-55141-69.2006.5.10.0008. Relator: Ministro Pedro Paulo Manus. 7ª Turma. DEJT: 18.11.2011).

(182) "Conflito de Competência. Greve de servidores públicos municipais. Regime jurídico diverso. Estatutários e celetistas. Conflito positivo de competência entre a Justiça Estadual e a Justiça do Trabalho. [...] 5. Tratando-se de direito coletivo, a definição da competência não se faz com base no regime jurídico a que está submetido cada servidor municipal, mas sim com fundamento no movimento deflagrado, que, no caso, é a greve dos servidores municipais buscando melhoras na remuneração e nas condições de trabalho no serviço público, tanto é assim que é assistida por Sindicato que representa tanto os servidores estatutários quanto os celetistas. 6. A origem da lide coletiva é a mesma, qual seja, a greve deflagrada contra o serviço público. Não é possível cindir a greve em duas, para analisar as questões apresentadas pelas diversas espécies de servidores públicos. 7. A greve é una, devendo ser decidida a sua legalidade ou ilegalidade em um único juízo. Acaso, se acolhesse a tese da agravante poderíamos enfrentar a absurda hipótese da mesma greve ser julgada ilegal na Justiça Estadual, e legal na Justiça do Trabalho. 8. O movimento grevista que envolve o Poder Público e seus servidores, estatutários ou não, são julgados pela Justiça Comum, nos termos da decisão proferida pelo Supremo Tribunal Federal na ADIn n. 3.395. Agravo regimental improvido." (STJ. AgRg no CC 116994/SP. Relator: Ministro Humberto Martins. S1 — Primeira Seção. DJe: 03.06.2011).

(183) "Recurso de Revista. Ação de reparação de danos a terceiros. Atos relacionados ao exercício do direito de greve. Cárcere privado e constrangimento ilegal. Competência '*ratione materiae*' da Justiça do Trabalho. A Justiça do Trabalho é competente para julgar pedido de indenização contra o Sindicato, em face dos atos que se desenrolaram durante o exercício do direito de greve, pela prática de ato ilícito contra terceiros que sofreram constrangimento ilegal e cárcere privado, impedidos de se retirar do prédio onde era realizada a manifestação por seis horas. A competência da Justiça do Trabalho decorre da expressa dicção do inciso II do art. 114 da CF, que ao remeter às "ações

4. *As ações sobre representação sindical, entre sindicatos, entre sindicatos e trabalhadores e entre sindicatos e empregadores.* A má redação do inciso III, do art. 114, da CF, deu origem a duas correntes de interpretação. Pela primeira, mais restritiva, a expressão *ações sobre representação sindical*, contida no referido inciso, encerra em si uma única categoria de dissídio, sendo aquela mediante a qual sindicatos, trabalhadores e empregadores litigam sobre a representatividade das organizações sindicais. Dessa forma, o resto do texto apenas cita as partes do litígio de representação sindical, quais sejam, sindicatos contra sindicatos, sindicatos contra trabalhadores e sindicatos contra empregadores.

Já a segunda corrente, que é mais ampla, enxerga na mesma expressão apenas um exemplo de dissídio, de maneira que o texto que lhe segue também seria exemplificativo e contemplaria outras espécies de dissídios individuais sindicais, sendo qualquer um existente "entre sindicatos, entre sindicatos e trabalhadores e entre sindicatos e empregadores."

Com razão a segunda corrente. A vírgula após a locução *representação sindical* não está ali para separar uma espécie de ação dos seus sujeitos, mas para enumerar várias espécies de demanda. É que a redação do inciso III, do art. 114, da CF, teve a intenção de fixar a competência da Justiça do Trabalho para os dissídios decorrentes de todas as matérias essencialmente sindicais, transformando a Justiça do Trabalho no foro das atividades sindicais. Caso assim não fosse, o texto ter-se-ia encerrado após a expressão "representação sindical". Como a lei não contém palavras inúteis ou ociosas, fica evidente que a intenção do legislador foi a de alcançar todas as espécies de dissídios sindicais, optando por classificá-los, tanto de forma objetiva, pela expressão *representação sindical*, quanto subjetiva, a partir das partes litigantes. Segundo Amauri Mascaro Nascimento (2008), ao invés de *representação sindical*, o texto constitucional deveria ter usado *conflitos sindicais*.

Some-se a isso o fato de que a competência de todo o art. 114 da CF é *material* e não *pessoal*, de maneira que os sujeitos referidos do inciso III apenas exemplificam as hipóteses de relações jurídicas sindicais.

Assim, além das ações sobre representação sindical, a Justiça do Trabalho é competente para julgar, por exemplo, ações que versem sobre a cobrança de contribuições sindicais e entre sindicato de trabalhadores, eis que derivam das atividades típicas do sindicato. Nesse sentido é o entendimento do STF.[184]

A doutrina costuma dividir os conflitos sindicais em quatro espécies:

a) *dissídios individuais sindicais*, nos quais o sindicato atua como substituto processual da categoria ou em nome próprio, reivindicando direito seu;

b) *dissídios intersindicais não coletivos*, em que se discutem as questões de representatividade, incluindo as ações de declaração de vínculo sindical entre sindicatos e federações, ações cautelares, etc;

c) *dissídios intrassindicais*, decorrentes das atividades internas dos sindicatos, como a cobrança de mensalidades dos filiados, convocação de assembleias, eleições sindicais, entre outras demandas; e

d) *dissídios sindicais sobre contribuições sociais*, versando sobre a cobrança do imposto sindical, das contribuições confederativas e das contribuições assistenciais.

---

que envolvem o direito de greve", não limita àquelas relacionadas à relação do trabalho. Aplica-se o art. 515, § 1º, do CPC, afastada a incompetência da Justiça do Trabalho, para julgamento imediato da causa e, diante dos fatos narrados, a retratar que se trata de matéria de direito, é de se verificar que os atos e condutas que norteiam o direito de greve devem seguir o que determina a norma legal, sendo repudiada a prática de violência ou ilícito, pelo constrangimento a terceiros, como determinam os §§ 2º e 3º do art. 6º da Lei n. 7.783/89. Incumbe, assim, ao Sindicato que procedeu à conduta ilícita, reparar o dano causado, por força do art. 5º, V, da CF, c/c art. 927 do Código Civil c/c arts. 146 e 148 do Código Penal. Recurso de revista conhecido e provido." (TST. RR-333000-76.2008.5.12.0001. Relator: Ministro Aloysio Corrêa da Veiga. 6ª Turma. DEJT: 14.05.2010).

(184) "Conflito negativo de competência. STJ. TST. Contribuição sindical. EC n. 45/2004. A discussão relativa à legitimidade do sindicato para receber a contribuição sindical representa matéria funcional à atuação sindical, enquadrando-se, diante da nova redação dada pela EC n. 45/2004 ao art. 114, III, da CF, na competência da Justiça do Trabalho." (TST. CC 7.456. Relator: Ministro Menezes Direito. Plenário. DJe: 20.06.2008).

Todas essas ações, portanto, são da competência da Justiça do Trabalho, nos termos do art. 114, III, da CF. Por isso, no nosso sentir ficam superadas as Súmulas ns. 4(185), 57(186) e 222(187) do C. STJ.

5. *Os mandados de segurança, habeas corpus e habeas data, quando o ato questionado envolver matéria sujeita à sua jurisdição.* Desde o advento da CF, a Justiça do Trabalho sempre teve competência para julgar Mandados de Segurança contra ato ilegal ou abusivo de magistrados trabalhistas, no exercício das funções jurisdicionais,(188) que ferissem direito líquido e certo dos impetrantes (art. 5º, LXIX, da CF). Como o "*writ*" deve ser impetrado perante a autoridade superior, o Juiz do Trabalho de primeira instância jamais pôde decidir um mandado de segurança, porque abaixo dele não há autoridade com jurisdição.

A novidade trazida pela EC n. 45/04 está na possibilidade de a Justiça do Trabalho julgar o MS contra ato de outras autoridades, sem jurisdição. O caso clássico é o do Fiscal do Trabalho que, no exercício de suas funções (poder de polícia), comete ato ilegal ou abusivo, quando então o *writ* deverá ser impetrado perante o Juiz do Trabalho, na primeira instância.(189)

Outra novidade é a possibilidade de a Justiça especializada julgar *habeas corpus*, uma ação constitucional que visa garantir a liberdade de locomoção contra ato ilegal ou abusivo (art. 5º, LXVIII, da CF). Sua utilização se dá, em regra, em matéria criminal. Ocorre que a Justiça do Trabalho não tem competência em matéria criminal, como reiteradamente já decidiu o STF.(190) Assim, o uso do *habeas corpus* na Justiça do Trabalho está restrito às matérias cíveis.

A doutrina costuma citar uma hipótese de sua aplicabilidade em matéria cível, que é a do depositário infiel. Este é o encargo público de guardar bens penhorados, incumbindo ao depositário apresentá-los, quando for ordenado pelo Juiz competente, sob pena de prisão (art. 5º, LXVII, da CF). Ocorre que a Súmula Vinculante n. 25, do STF, dispôs que "é ilícita a prisão civil de depositário infiel, qualquer que seja a modalidade do depósito". Assim, caso o depositário tenha sua prisão decretada por ordem de Juiz do Trabalho, caberá a impetração de *habeas corpus* perante o respectivo TRT.

Mas existem outras hipóteses. Por exemplo, recentemente, houve no TST a impetração de um *habeas corpus* em favor de um famoso jogador de futebol, a fim de garantir que pudesse jogar por outro clube, que não naquele que obteve em juízo trabalhista decisão determinando sua reapresentação imediata. As partes entraram em acordo, de maneira que o HC não foi julgado, mas fica o exemplo de um caso concreto, além da hipótese do depositário infiel, que ensejou a impetração do HC perante a Justiça do Trabalho.

Por sua vez, o *habeas data* também é um remédio constitucional, mas que serve para tutelar o acesso a informações relativas à pessoa do impetrante, constantes de registros ou bancos de dados de caráter público, a fim de conhecê-las e retificá-las, caso estejam equivocadas (art. 5º, LXXII, da CF). Ele está regulamentado pela Lei n. 9.507/97.

---

(185) Súmula do STJ n. 4. "Compete à Justiça Estadual julgar causa decorrente do processo eleitoral sindical."

(186) Súmula do STJ n. 57. "Compete à Justiça Comum Estadual processar e julgar ação de cumprimento fundada em acordo ou convenção coletiva não homologados pela Justiça do Trabalho."

(187) Súmula do STJ n. 222. "Compete à Justiça Comum processar e julgar as ações relativas à contribuição sindical prevista no art. 578 da CLT."

(188) Se o ato for administrativo ou de gestão, a competência é da Justiça Federal.

(189) "[...] Com a edição da Emenda Constitucional n. 45, de 08 de dezembro de 2004, os juízes de primeira instância da Justiça do Trabalho passaram a ter competência para processar e julgar mandados de segurança impetrados contra ato de autoridade fiscalizadora das relações de trabalho quando no exercício deste mister, respeitado o critério da hierarquia funcional, quando, por tais atos, impingirem sanções administrativas a empregadores. [...]." (TST. MS-1636696-71-2005-5-00-0000. Relator: Ministro Renato de Lacerda Paiva. Tribunal Pleno. DJ: 01.06.2007).

(190) "Competência criminal. Justiça do Trabalho. Ações penais. Processo e julgamento. Jurisdição penal genérica. Inexistência. Interpretação conforme dada ao art. 114, I, IV e IX, da CF, acrescidos pela EC n. 45/2004. Ação direta de inconstitucionalidade. Liminar deferida com efeito *ex tunc*. O disposto no art. 114, I, IV e IX, da CF, acrescidos pela EC n. 45, não atribui à Justiça do Trabalho competência para processar e julgar ações penais." (STF. ADI 3.684-MC. Relator: Ministro Cezar Peluso. Plenário. DJ 03.08.2007).

Veja-se que o banco de dados é que deve ser público, de maneira que a entidade que os gerencia pode ser pública ou privada, como já decidiu o STJ.(191) Tanto é assim que o parágrafo único, do art. 1º, da Lei n. 9.507/97, considera de caráter público "todo registro ou banco de dados contendo informações que sejam ou que possam ser transmitidas a terceiros ou que não sejam de uso privativo do órgão ou entidade produtora ou depositária das informações".

O fato é que o cabimento do *habeas data* da Justiça do Trabalho é possível, mas é improvável, uma vez que as relações de trabalho são privadas, de maneira que os bancos de dados eventualmente existentes revestem-se da mesma natureza. Pode-se cogitar, hipoteticamente, do ajuizamento do *habeas data* por um empregado que deseja obter informações pessoais lançadas pelo empregador no Cadastro Geral dos Empregados e Desempregados — CAGED, pelo Relatório Anual de Informações Sociais — RAIS.

O *direito de informações* tutelado pelo *habeas data* não se confunde com o *direito de acesso à informação* constante do art. 5º, XXXIII, da CF. Este é mais amplo, pois garante a qualquer pessoa o direito de obter informações de interesse particular ou coletivo, enquanto aquele somente garante o direito de informações relativas à pessoa do impetrante.

O direito de acesso à informação (art. 5º, XXXIII, da CF) está regulamentado pela Lei n. 12.527/11. Caso esse direito seja violado, o remédio constitucional cabível será o mandado de segurança, que é residual, já que o *habeas data* só cabe no caso do art. 5º, LXXII, da CF.

6. *Os conflitos de competência entre órgãos com jurisdição trabalhista, ressalvado o disposto no art. 102, I, o.* Os conflitos de competência são incidentes processuais destinados a determinar qual órgão jurisdicional é o competente para julgar determinada ação. O tema tem previsão na CLT, nos arts. 803 e seguintes, bem como na CF.

Nos termos do art. 804 da CLT, haverá conflito de competência, quando ambas as autoridades se considerarem competentes (conflito positivo) ou quando se declararem incompetentes (negativo).

Em regra, portanto, caberá à Justiça do Trabalho solucionar seus próprios conflitos de competência, os quais podem ser suscitados pelos próprios juízes e desembargadores, pelo Ministério Público do Trabalho e por qualquer parte interessada ou seu representante (art. 805 da CLT), salvo, quanto a estes, se já tiverem oposto na causa exceção de incompetência (art. 806 da CLT).

Consoante os arts. 803 e 808 da CLT, e a jurisprudência do Supremo Tribunal Federal, os conflitos de competência serão solucionados da seguinte forma:

a) entre Juízes do Trabalho de primeira instância, incluindo os Juízes de Direito investidos na jurisdição trabalhista, pertencentes à mesma Região, pelo Tribunal Regional do Trabalho respectivo;(192)

b) entre Juízes do Trabalho de primeira instância, incluindo os Juízes de Direito investidos na jurisdição trabalhista, pertencentes a Regiões diferentes, pelo Tribunal Superior do Trabalho;(193) e

c) entre Tribunais Regionais do Trabalho, pelo Tribunal Superior do Trabalho.

---

(191) "[...] 'Entidades governamentais' é uma expressão que abrange órgãos da administração direta ou indireta. Logo, a expressão 'entidades de caráter público' não pode referir-se a organismos públicos, mas a instituições, entidades e pessoas jurídicas privadas que prestem serviços para o público ou de interesse público, envolvendo-se aí não só concessionários, permissionários ou exercentes de atividades autorizadas, mas também agentes de controle e proteção de situações sociais ou coletivas, como as instituições de cadastramento de dados pessoais para controle ou proteção do crédito ou divulgadoras profissionais de dados pessoais, como as firmas de assessoria e fornecimento de malas-diretas [...]." (STJ. REsp 781969/RJ. Relator: Ministro Luiz Fux. 1ª Turma. DJ 31.05.2007).

(192) "Conflito de competência. STJ: juiz de direito investido de jurisdição trabalhista *versus* junta de conciliação e julgamento. Conflito de competência entre juiz de direito investido de jurisdição trabalhista e juiz do Trabalho. Competência do TRT para dirimir o conflito." (STF. CC 7.061. Relator: Ministro Carlos Velloso. Plenário. DJ: 31.10.2001).

(193) Súmula do STJ n. 236. "Não compete ao Superior Tribunal de Justiça dirimir conflitos de competência entre juízes trabalhistas vinculados a Tribunais Regionais do Trabalho diversos."

Não haverá conflito de competência entre Juiz do Trabalho de primeira instância e o respectivo Tribunal Regional do Trabalho,[194] tampouco entre Juiz do Trabalho ou Tribunal Regional e o TST,[195] por questões de hierarquia. Também não há falar em conflito de competência quando ao menos um dos processos já tenha sentença transitada em julgado.[196]

Pode haver, entretanto, conflito entre órgãos da Justiça do Trabalho (Juiz do Trabalho ou TRT) e da Justiça comum, quando então a competência para solucioná-lo será do STJ, nos termos do art. 105, I, "d", da CF.

Caso o conflito envolva o TST e qualquer outro Juiz ou Tribunal da Justiça comum, incluindo o STJ, a competência será do STF, por força do disposto no art. 102, I, "o", da CF. Esta ressalva consta do texto do art. 114, V, da CF.

O eventual conflito de atribuições dos membros do *Parquet* trabalhista será resolvido pela Câmara de Coordenação e Revisão do Ministério Público do Trabalho (art. 103, VII, da LOMPU), com recurso para o Procurador-Geral do Trabalho (art. 91, VII, da LOMPU). Caso o conflito ocorra entre ramos diferentes do MPU, a competência será do Procurador-Geral da República (art. 26, VII, da LOMPU).

Para memorizar:

Conflito entre:	**Quem julga:**
Juiz x Juiz	TRT
TRT x TRT	TST
TST x qualquer outro	STF
Justiça do Trabalho x Justiça comum	STJ

7. *As ações de indenização por dano moral ou patrimonial, decorrentes da relação de trabalho.* Com a edição desse inciso, pôs-se fim à polêmica da competência da Justiça do Trabalho para julgar demandas relativas à responsabilidade civil extracontratual. Estando, pois, presentes a conduta ilícita, o nexo causal, a culpa e o dano, nada obstará que a causa seja proposta perante a Justiça especializada, desde que todos esses elementos tenham como pano de fundo a relação de trabalho.

Ocorre que o referido inciso não foi expresso quanto à competência para julgar ações decorrentes de acidentes do trabalho. Eis aí o ponto nevrálgico da interpretação desse dispositivo legal.

7.1. *Acidente do trabalho.* Acidente do trabalho é o evento que ocorre pelo exercício do trabalho a serviço do empregador, provocando lesão corporal ou perturbação funcional que cause a morte ou a perda ou redução, permanente ou temporária, da capacidade de trabalhar (art. 19 da Lei n. 8.213/91).

O trabalhador vitimado por um acidente do trabalho tem duas pretensões independentes, sendo uma em face do Estado e outra em relação ao seu empregador, nos termos do art. 7º, XXVIII, da CF.[197]

(194) Súmula 420 do TST. "Competência funcional. Conflito negativo. TRT e Vara do Trabalho de idêntica Região. Não configuração — Não se configura conflito de competência entre Tribunal Regional do Trabalho e Vara do Trabalho a ele vinculada."

(195) "[...] Nesse contexto, verifica-se não há possibilidade jurídico-processual de instauração de conflito de competência entre Juízo de 1º grau trabalhista e o TST, em virtude de o primeiro estar submetido hierarquicamente às decisões proferidas por este Tribunal, que se qualifica constitucionalmente como instância de superposição em relação às Cortes Trabalhistas inferiores (arts. 111-A, § 1º, da CF e 895, 896 e 897 da CLT), sendo o caso de se aplicar, por analogia, a Súmula 420 do TST. Conflito negativo de competência não conhecido." (TST. CC — 7376-32.2011.5.00.0000. Relator: Ministro Ives Gandra Martins Filho. SDI-II. DEJT: 02/03/2012).

(196) Súmula do STJ n. 59. "Não há conflito de competência se já existe sentença com trânsito em julgado, proferida por um dos juízos conflitantes."

(197) Art. 7º da CF: "XXVIII — seguro contra acidentes de trabalho, a cargo do empregador, sem excluir a indenização a que este está obrigado, quando incorrer em dolo ou culpa;"

A primeira pretensão diz respeito à obtenção de um benefício previdenciário, o qual é administrado pelo Instituto Nacional de Seguridade Social — INSS. Nesse caso, o trabalhador apenas deverá provar que sofreu um acidente de trabalho e sua condição de segurado.

No que tange à segunda pretensão, o trabalhador deverá provar a culpa do empregador no evento danoso, a fim de que lhe seja reconhecido o direito a obter uma indenização pelos danos materiais e morais sofridos.

Caso o INSS negue o benefício previdenciário, deverá deduzir sua pretensão perante a Justiça comum. Nos termos do art. 109, I, da CF, compete ao Juiz Federal julgar as causas em face do INSS, com exceção, entre outras, das relativas aos acidentes do trabalho.(198) Por isso é que o STJ(199) e o STF(200) firmaram entendimento pelo qual a competência nesses casos é da Justiça Estadual.

Quanto ao empregador, qual será a justiça competente para julgar a demanda? Por longos anos, houve muita resistência em atribuir à Justiça do Trabalho essa competência, pois sempre se considerou que a responsabilidade por acidente do trabalho é extracontratual, não estando diretamente ligada à relação de trabalho. Não obstante, a SDI-I do TST passou a entender, desde 09.12.2003, que a competência era da Justiça do Trabalho, pela redação da OJ n. 327.

Em 2004, a EC 45, acrescentando o inciso VI ao art. 114, da CF, aparentemente adotou a tese do TST. Todavia, apesar da redação do inciso constitucional em comento, o STF continuou a entender que a competência era da Justiça comum, com respaldo do princípio da unidade de convicção, pelo qual o mesmo fato (acidente) deve ser solucionado pela mesma Justiça.(201) Como competia à Justiça comum o julgamento das ações acidentárias em face do INSS, o mesmo foro deveria ser destinado às demandas contra o empregador.

Percebendo o equívoco do STF, o TST, então, converteu a OJ n. 327 na Súmula 392,(202) em 20.04.2005, consolidando o seu posicionamento quanto à temática, verbete que foi atualizado posteriormente para incluir a previsão de competência também nos casos de ações ajuizadas pelos dependentes ou sucessores do trabalhador falecido.

Depois de muito debate e de um trabalho hercúleo de juristas, como o do Dr. Sebastião Geraldo de Oliveira, o STF mudou o seu entendimento e pôs fim à polêmica em 02/12/2009, editando a Súmula Vinculante n. 22, através da qual foi reconhecida a competência da Justiça do Trabalho para processar e julgar as ações de indenização por danos morais e materiais decorrentes do acidente do trabalho.(203) Com isso, não mais prevalece o verbete da Súmula n. 15, do C. STJ(204) em relação às demandas movidas contra o empregador, ficando restrita, portanto, às causas ajuizadas contra a Previdência Social.

(198) "Art. 109. Aos juízes federais compete processar e julgar: I — as causas em que a União, entidade autárquica ou empresa pública federal forem interessadas na condição de autoras, rés, assistentes ou oponentes, exceto as de falência, as de acidentes de trabalho e as sujeitas à Justiça Eleitoral e à Justiça do Trabalho; [...]"

(199) Súmula n.15 do STJ. "Compete à justiça estadual processar e julgar os litígios decorrentes de acidente do trabalho."

(200) Súmula do STF n. 501: "Compete à justiça ordinária estadual o processo e o julgamento, em ambas as instâncias, das causas de acidente do trabalho, ainda que promovidas contra a União, suas autarquias, empresas públicas ou sociedades de economia mista." E também Súmula do STF n. 235: "É competente para a ação de acidente do trabalho a justiça cível comum, inclusive em segunda instância, ainda que seja parte autarquia seguradora."

(201) "Competência. Ação de indenização. Dano moral. Acidente do trabalho. Fato histórico único. Unidade de convicção. Feito da competência da Justiça comum. Inteligência do art. 114, VI, da CF [...]. É da competência da Justiça comum a ação de indenização por dano moral, quando o fato também qualifique acidente do trabalho." (STF. RE 438.639. Relator: Ministro Cezar Peluso. Plenário. Julgamento em 09/03/2005, DJe: 06.03.2009).

(202) Súmula n. 392 do TST. "Dano moral e material. Relação de trabalho. Competência da Justiça do Trabalho (redação alterada na sessão do Tribunal Pleno realizada em 27.10.2015) — Res. 200/2015, DEJT divulgado em 29.10.2015 e 03 e 04.11.2015 Nos termos do art. 114, inc. VI, da Constituição da República, a Justiça do Trabalho é competente para processar e julgar ações de indenização por dano moral e material, decorrentes da relação de trabalho, inclusive as oriundas de acidente de trabalho e doenças a ele equiparadas, ainda que propostas pelos dependentes ou sucessores do trabalhador falecido."

(203) Súmula Vinculante n. 22: A Justiça do Trabalho é competente para processar e julgar as ações de indenização por danos morais e patrimoniais decorrentes de acidente de trabalho propostas por empregado contra empregador, inclusive aquelas que ainda não possuíam sentença de mérito em primeiro grau quando da promulgação da Emenda Constitucional n. 45/04.

(204) Súmula do STJ n. 15. "Compete à Justiça Estadual processar e julgar os litígios decorrentes de acidente do trabalho."

Ocorre que parte da polêmica continuou. É que no caso de morte da vítima qual é a Justiça competente para apreciar a demanda da viúva e dos herdeiros do trabalhador? Veja-se que a família do "de cujus" não manteve qualquer relação com o empregador, sendo apenas terceiros estranhos à relação de trabalho. Essa espécie de dano é chamada de *dano moral por ricochete* ou *dano moral reflexo*. Abraçando a tese de que essa é uma relação de natureza civil, o STJ editou a Súmula 366,[205] entendendo pela competência da Justiça comum.

Com a devida vênia ao colendo STJ, esse não é o melhor entendimento. É que o inciso IX, do art. 114, da CF, expressamente determinou que outras demandas oriundas da relação de trabalho também seriam da competência da Justiça do Trabalho. Ora, entre a demanda da vítima e a de seus herdeiros há apenas a diferença das partes, uma vez que a matéria (acidente decorrente da relação de trabalho) continuava a mesma. A competência da Justiça do Trabalho foi estabelecida em razão da matéria e não da pessoa. Assim é que terceiros também podem demandar perante a Justiça do Trabalho, desde que suas pretensões sejam oriundas da relação de trabalho. Nesse sentido foi o entendimento do STF, ao decidir o Conflito de Competência 7.545.[206] Por essa razão, o STJ acabou cancelando a Súmula n. 366, em 16.09.2009.

7.2. *Relação pré-contratual*. Por fim, resta saber da competência para julgar as ações que tenham origem pré-contratual, isto é, que decorram de fatos ocorridos antes de a relação de trabalho ser estabelecida. Imagine-se, por exemplo, que alguém se candidate a um emprego e, durante o processo seletivo, tenha recebido a informação de que ele seria contratado em, no máximo, uma semana. Em função disso, o trabalhador acaba fazendo sua mudança com toda a família para a cidade na qual os serviços seriam prestados. No entanto, passados dois meses, após refazer várias promessas, o tomador de serviços desiste da contratação. Independentemente do mérito da causa, onde o obreiro deve ajuizar a sua demanda de indenização por danos morais e materiais?

A questão é polêmica. Para uma primeira vertente, a competência é da Justiça comum, pois ainda não havia relação de emprego. Nesse sentido já decidiu o STJ.[207] Já para outra, a responsabilidade civil pré-contratual já sofre efeitos do contrato, incidindo a culpa "*in contrahendo*", razão pela qual a competência deveria ser da Justiça especializada. É esse o entendimento de alguns Tribunais Regionais do Trabalho, como o da 3ª Região.[208]

Parece ter razão a segunda corrente. É que a competência inserida no inciso VI, do art. 114, da CF, é material, ou seja, diz respeito ao assunto que envolve a relação jurídica material que, no caso, foi a promessa de um contrato de emprego. As tratativas possuem a mesma natureza do contrato a ser celebrado, pois já envolvem as mesmas partes e o mesmo objeto.

8. *As ações relativas às penalidades administrativas impostas aos empregadores pelos órgãos de fiscalização das relações de trabalho.*

8.1. *Multas aplicadas por órgãos de fiscalização*. No exercício do poder de polícia, o Estado fiscaliza atividades particulares, podendo também aplicar penalidades administrativas aos infratores da lei, como a multa, por exemplo.

---

(205) Súmula n. 366 do STJ. "Compete à Justiça estadual processar e julgar ação indenizatória proposta por viúva e filhos de empregado falecido em acidente de trabalho."

(206) "A competência para julgar ações de indenização por danos morais e materiais decorrentes de acidente de trabalho, após a edição da EC 45/2004, é da Justiça do Trabalho. (...) O ajuizamento da ação de indenização pelos sucessores não altera a competência da Justiça especializada. A transferência do direito patrimonial em decorrência do óbito do empregado é irrelevante." (STF. CC 7.545. Relator: Ministro Eros Grau. Plenário. DJe: 14.08.2009).

(207) "[...] 2. A jurisprudência desta Corte orientou-se no sentido de que não compete à Justiça do Trabalho decidir os feitos em que se discutem critérios utilizados pela Administração para a seleção e admissão de pessoal nos seus quadros, uma vez que envolve fase anterior à investidura no emprego público. 3. Desse modo, não há falar na incidência do disposto no art. 114, I, da CF, com a redação dada pela EC 45/2004, segundo a qual compete à Justiça do Trabalho o processamento e julgamento das "ações oriundas da relação de trabalho, abrangidos os entes de direito público externo e da administração pública direta e indireta da União, dos Estados, do Distrito Federal e dos Municípios". 4. Mantida a competência do Juízo estadual. 5. Agravo regimental não provido. (STJ. AgRg no CC 98613/RS. Relator: Ministro Benedito Gonçalves. 1ª Seção. DJe: 22.10.2009).

(208) "Responsabilidade pré-contratual e danos morais. Admissão frustrada. Para a responsabilidade pré-contratual (configurada quando se realizam negociações entre pretenso empregador e empregado, de modo a induzir este a preparar-se para contratar e depois, sem justificativa, frustrar-se a admissão), há de se demonstrar a existência de gravame; a conduta ilícita da empresa; e o nexo causal entre o evento lesivo e a conduta, que devem estar simultaneamente presentes, para legitimar-se a reparação de cunho moral." (TRT 3ª Região. RO 01466-2011-137-03-00-1. Relator: Juiz convocado Danilo Faria. 3ª Turma. DEJT: 18.06.2012).

Nas relações de trabalho, a atribuição de fiscalizar o cumprimento da legislação trabalhista é especificamente do Ministério do Trabalho e Emprego — MTE. Nada impede, entretanto, que outros órgãos fiscalizem o cumprimento da lei trabalhista, como acontece com o controle interno de cada qual, mas essa é uma atribuição precípua e típica do MTE.

Imagine-se, por exemplo, que um Auditor Fiscal do Trabalho verifique irregularidades na segurança dos trabalhadores de uma empresa e, sem respaldo em laudo técnico, decida interditar o estabelecimento, infringindo o disposto no art. 161 da CLT.(209) Pela redação do inciso em comento, as eventuais ações ajuizadas para obter o levantamento da interdição do estabelecimento passam a ser da competência da Justiça do Trabalho.

Da mesma forma, por via inversa, caso a fiscalização do MTE resulte em multa, após a inscrição desta na Dívida Ativa da União, a respectiva execução fiscal deverá ser proposta perante a Justiça especializada, como já restou pacificado pelo STJ.(210) Por isso é que se diz que o rol do art. 876 da CLT, que enumera os títulos executivos executáveis na Justiça do Trabalho, é meramente exemplificativo, uma vez que dele não consta a Certidão de Dívida Ativa originária das multas aplicadas pelo MTE.

As entidades que exercem a fiscalização de profissões regulamentadas, como o CREA, o CRM e a OAB, por exemplo, não poderão demandar ou ser demandadas perante a Justiça do Trabalho, pois atuam no controle ético dos profissionais e não na fiscalização das relações de trabalho.

8.2. *Multas relativas ao FGTS*. O ponto polêmico desse inciso está nas causas relativas ao Fundo de Garantia por Tempo de Serviço — FGTS. O TST vinha entendendo que as ações relativas ao Fundo de Garantia somente seriam da competência da Justiça do Trabalho, quando as partes fossem empregado e empregador.(211) Com o advento da EC 45/04 e fixação da competência em razão da matéria, o TST cancelou a Súmula 176, admitindo o ajuizamento de ações em desfavor da Caixa Econômica Federal — CEF, que é agente operador do Fundo, como nos casos de negativa de levantamento do FGTS.(212)

Ora, se é possível ajuizar uma ação em face da CEF na Justiça do Trabalho, tendo como pano de fundo o FGTS, por lógica também deve ser da competência da Justiça especializada o processamento das execuções fiscais, cujas dívidas ativas decorram de multas por infração às normas do Fundo, ainda mais em função de a competência agora ser fixada em razão da matéria e não da pessoa. Não é esse, entretanto, o entendimento do STJ, para quem "a relação jurídica que se estabelece entre o FGTS e o empregador, da qual decorre a obrigação de recolhimento

(209) Art. 161 da CLT. "O Delegado Regional do Trabalho, à vista do laudo técnico do serviço competente que demonstre grave e iminente risco para o trabalhador, poderá interditar estabelecimento, setor de serviço, máquina ou equipamento, ou embargar obra, indicando na decisão, tomada com a brevidade que a ocorrência exigir, as providências que deverão ser adotadas para prevenção de infortúnios de trabalho."

(210) "Conflito negativo de competência. Justiça Federal e Trabalhista. Execução Fiscal movida pela União. Multa trabalhista aplicada ao empregador. Exegese do art. 114, VII, da Carta Magna de 1988, acrescido pela Ementa Constitucional n. 45/2004. 1. O inciso VII do art. 114, da Carta Magna de 1988, prevê a competência da Justiça Trabalhista para processar e julgar as ações relativas às penalidades administrativas impostas aos empregadores pelos órgãos de fiscalização das relações de trabalho. 2. Ressoa inequívoco que as alterações engendradas no texto constitucional foram no afã de transferir à justiça Trabalhista a competência para processar e julgar os litígios envolvendo multas trabalhistas, aplicadas por autoridade administrativa vinculada ao Poder Executivo (Ministério do Trabalho); de sorte que as execuções fiscais se incluem no termo "ação", utilizado pelo legislador de forma genérica. 3. Exegese induzida pela inequívoca inviabilidade da execução fiscal ser ajuizada na Justiça Federal e os respectivos embargos, que se constituem como "ação" autônoma, tramitarem na Justiça Trabalhista. Precedentes: CC 57.291 — SP, Relator Ministro CASTRO MEIRA, Primeira Seção, DJ de 01º de agosto de 2006; CC 57.291 — SP, Relator Ministro TEORI ALBINO ZAVASCKI, Primeira Seção, DJ de 15 de maio de 2006; CC 45.607 — SP, Relatora Ministra DENISE ARRUDA, Primeira Seção, DJ de 27 de março de 2006. 4. Conflito Negativo de Competência conhecido para declarar a competência do juízo da 82ª Vara do Trabalho de São Paulo –SP." (STJ. CC 62836/SP. Relator: Ministro Luiz Fux. S1 — 1ª Seção. DJ: 18.12.2006).

(211) Súmula n. 176 do TST. "Fundo de garantia. Levantamento do depósito. A Justiça do Trabalho só tem competência para autorizar o levantamento do depósito do Fundo de Garantia do Tempo de Serviço na ocorrência de dissídio entre empregado e empregador."

(212) "Agravo de Instrumento em Recurso de Revista. 1. Competência da Justiça do Trabalho. Levantamento de valores do FGTS. Com o advento da EC 45/2004, não restam dúvidas de que esta Justiça Especializada é competente para apreciar o pedido de expedição de alvará para liberação dos depósitos do FGTS, dirigidos contra a Caixa Econômica Federal, ficando superado o entendimento contido na Súmula 176 desta Corte, por isso já cancelada. Do art. 114 da Constituição Federal extrai-se que a circunstância de a Caixa Econômica Federal figurar no polo passivo da relação jurídica, na condição de mera gestora do instituto, não afasta a competência material da Justiça do Trabalho. Agravo de instrumento conhecido e não provido. [...]." (TST. AIRR — 538-52.2010.5.20.0000. Relatora: Ministra Dora Maria da Costa. 8ª Turma. DEJT: 27.05.2011).

de contribuições para referido Fundo, tem natureza estatutária, decorrente da lei, e não contratual".[213] Assim, o STJ decidiu pela competência da Justiça Federal.[214] Essa tese, entretanto, é manifestamente contrária à adotada pelo próprio STJ em relação às execuções fiscais decorrentes de multa de fiscalização, aplicada pelo MTE, como já foi dito.

9. *A execução, de ofício, das contribuições sociais previstas no art. 195, I, a , e II, e seus acréscimos legais, decorrentes das sentenças que proferir*. As contribuições sociais a que alude o inciso em comento são as previdenciárias, devidas pelos empregadores, sobre a folha de salários, e a dos empregados, sobre a remuneração auferida.[215]

Em relação a esse tributo, duas situações podem ocorrer no Processo do Trabalho. Na primeira, a ação pode versar apenas sobre a existência de vínculo de emprego, sem qualquer pedido de natureza pecuniária, razão pela qual a sentença proferida nessa situação será apenas declaratória, incidindo as contribuições sociais previdenciárias sobre os valores pagos durante o período laborado. Na outra, a demanda pode tratar do pagamento de valores, com pedidos condenatórios, sobre os quais haverá incidência das contribuições sociais previdenciárias.

Interpretando o inciso em epígrafe, o STF fixou entendimento pelo qual as contribuições sociais previdenciárias decorrentes do período laborado, relativas aos processos cuja sentença tenha sido apenas declaratória de vínculo, devem ser objeto de ação própria, a ser ajuizada pela União, perante a Justiça comum. Destarte, a competência da Justiça do Trabalho alcança apenas a execução das contribuições sociais previdenciárias relativas ao objeto da condenação constante das sentenças que proferir.[216]

Respeitando o entendimento do STF, o TST editou a Súmula n. 368:

> Súmula 368. DESCONTOS PREVIDENCIÁRIOS E FISCAIS. COMPETÊNCIA. RESPONSABILIDADE PELO PAGAMENTO. FORMA DE CÁLCULO.
>
> I. A Justiça do Trabalho é competente para determinar o recolhimento das contribuições fiscais. A competência da Justiça do Trabalho, quanto à execução das contribuições previdenciárias, limita-se às sentenças condenatórias em pecúnia que proferir e aos valores, objeto de acordo homologado, que integrem o salário-de-contribuição.
>
> II. É do empregador a responsabilidade pelo recolhimento das contribuições previdenciárias e fiscais, resultantes de crédito do empregado oriundo de condenação judicial, devendo ser calculadas, em relação à incidência dos descontos fiscais, mês a mês, nos termos do art. 12-A da Lei n. 7.713, de 22/12/1988, com a redação dada pela Lei n. 12.350/2010.
>
> III. Em se tratando de descontos previdenciários, o critério de apuração encontra-se disciplinado no art. 276, § 4º, do Decreto n. 3.048/1999 que regulamentou a Lei n. 8.212/1991 e determina que a contribuição do empregado, no caso de ações trabalhistas, seja calculada mês a mês, aplicando-se as alíquotas previstas no art. 198, observado o limite máximo do salário de contribuição.

A execução das contribuições sociais previdenciárias na Justiça do Trabalho é realizada de ofício, pelo Juiz do Trabalho (art. 876, parágrafo único, da CLT). A Justiça do Trabalho tem sido a maior fonte arrecadadora de

(213) "Conflito negativo de competência — Execução Fiscal — Cobrança promovida pela Caixa Econômica Federal — Dívida de FGTS — Relação jurídica existente entre o FGTS e o empregador possui natureza estatutária, decorrente de lei — Competência da Justiça Federal. 1. A relação jurídica que se estabelece entre o FGTS e o empregador, da qual decorre a obrigação de recolhimento de contribuições para referido Fundo, tem natureza estatutária, decorrente da lei, e não contratual. Ela decorre da lei, e não da relação de trabalho. 2. O art. 114, inciso I, da CF/1988, alterado pela Emenda Constitucional n. 45/04, não contempla hipótese de execução fiscal promovida pela CEF ante empresa devedora de FGTS, haja vista que o vínculo entre devedor e credor forma negócio jurídico sem os atributos existentes na relação de trabalho. Conflito de competência conhecido para declarar competente o Juízo Federal da 3ª Vara de Franca, o suscitado." (STJ. CC 67558/SP. Relator: Ministro Humberto Martins. 1ª Seção. DJe: 01.10.2009).

(214) Súmula do STJ n. 349. "Compete à Justiça Federal ou aos juízes com competência delegada o julgamento das execuções fiscais de contribuições devidas pelo empregador ao FGTS."

(215) Art. 195 da CF. "A seguridade social será financiada por toda a sociedade, de forma direta e indireta, nos termos da lei, mediante recursos provenientes dos orçamentos da União, dos Estados, do Distrito Federal e dos Municípios, e das seguintes contribuições sociais: I — do empregador, da empresa e da entidade a ela equiparada na forma da lei, incidentes sobre: a) a folha de salários e demais rendimentos do trabalho pagos ou creditados, a qualquer título, à pessoa física que lhe preste serviço, mesmo sem vínculo empregatício; [...] II — do trabalhador e dos demais segurados da previdência social, não incidindo contribuição sobre aposentadoria e pensão concedidas pelo regime geral de previdência social de que trata o art. 201;"

(216) "Recurso extraordinário. Repercussão geral reconhecida. Competência da Justiça do Trabalho. Alcance do art. 114, VIII, da CF. A competência da Justiça do Trabalho prevista no art. 114, VIII, da CF, alcança apenas a execução das contribuições previdenciárias relativas ao objeto da condenação constante das sentenças que proferir." (STF. RE 569.056. Relator: Ministro Menezes Direito. Plenário. DJe: 12.12.2008).

contribuições sociais previdenciárias. A exclusão da execução das contribuições relativas ao período laborado certamente diminuiu a arrecadação, razão pela qual foi editada a Lei n. 11.457/07, alterando a redação do parágrafo único, do art. 876, da CLT, para fazer constar expressamente a competência para executar também as sentenças declaratórias.(217) Ocorre que a interpretação de uma lei deve ser feita a partir da Constituição e não o contrário, de maneira que a Lei n. 11.457/07 deve ser reputada inconstitucional. Esse é o entendimento do TST, que, na reunião plenária do dia 17.11.08, manteve a súmula 368, mesmo após a edição da referida lei.

De quem será a competência para executar as contribuições sociais previdenciárias decorrentes dos termos de acordo firmados perante as Comissões de Conciliação Prévia? A questão é polêmica e ainda não conseguiu a unanimidade no TST, tendo a maioria da SDI-I decidido pela competência da Justiça do Trabalho(218). Essa interpretação parece ser mesmo a melhor, uma vez a matéria envolvida é tipicamente trabalhista.

As contribuições sociais previdenciárias por parte do empregador incidem, como já dito, sobre a folha de salários, em regra, pelo percentual de 20%. Além desse percentual, devem ser acrescidos 1, 2 ou 3%, relativos ao adicional de Seguro de Acidente de Trabalho (SAT), conforme o grau de risco de cada estabelecimento da empresa.(219) Esse adicional tem dupla finalidade, pois visa reforçar os cofres da Previdência Social, para arcar com os benefícios acidentários, além de punir as empresas que mais registram casos de acidentes.

A contribuição relativa ao SAT deve ser executada perante a Justiça do Trabalho? Há quem diga que a competência da Justiça especializada não abrange o SAT, uma vez que se trata de um adicional específico. Entretanto, essa não parece ser a melhor tese, já que o SAT é apenas um percentual que eleva o valor da própria contribuição social previdenciária, razão pela qual a Justiça do Trabalho deve executá-la. Esse é o entendimento atual do TST, consubstanciado na Súmula n. 454.(220)

A execução das contribuições sociais previdenciárias na Justiça do Trabalho é realizada de ofício, pelo Juiz do Trabalho (art. 876, parágrafo único, da CLT).

10. *Outras controvérsias decorrentes da relação de trabalho na forma da lei.* O legislador quis, por meio desse inciso, criar uma competência residual para a Justiça do Trabalho, reforçando a ideia de que a competência descrita no art. 114 da CF tem natureza material, fundada no tema *relações de trabalho*.

É possível perceber que o texto do inciso em comento utilizou terminologia diferente daquela descrita no inciso I do art. 114, lá se referindo a ações *oriundas*, enquanto aqui refere-se a *decorrentes*. Semanticamente, esses termos possuem o mesmo significado, que é *originário*, *proveniente* ou *procedente*. Juridicamente, entretanto, a doutrina tem procurado distingui-los, considerando o termo *decorrente* mais abrangente que *oriundo*. Dessa forma, todas as ações que tiverem como pano de fundo a relação de trabalho são dela decorrentes, ainda que envolvam terceiros, que não o trabalhador e o tomador de serviços (SCHIAVI, 2011). Diante do texto do inciso IX, todos os demais incisos do art. 114, da CF, passam a ser exemplificativos, tendo sido expressamente consignados apenas para evitar polêmicas quanto a determinados assuntos.

(217) Art. 876 da CLT. [...]. "Parágrafo único. Serão executadas *ex-officio* as contribuições sociais devidas em decorrência de decisão proferida pelos Juízes e Tribunais do Trabalho, resultantes de condenação ou homologação de acordo, inclusive sobre os salários pagos durante o período contratual reconhecido." (Redação dada pela Lei n. 11.457, de 2007).

(218) "Competência da Justiça do Trabalho. Execução de ofício de contribuição previdenciária. Acordo firmado perante Comissão de Conciliação Prévia. A Justiça do Trabalho é competente para executar, de ofício, as contribuições previdenciárias referentes ao valor fixado em acordo firmado perante Comissão de Conciliação Prévia, nos termos do art. 114, IX, da CF c/c o art. 43, § 6º, da Lei n. 8.212/91 e os arts. 876 e 877-A da CLT. Com esse entendimento, a SBDI-I, em sua composição plena, vislumbrando divergência jurisprudencial específica, conheceu dos embargos, por maioria, e, no mérito, ainda por maioria, deu-lhes provimento para restabelecer a decisão do Regional. Vencidos, quanto ao conhecimento, os Ministros Lelio Bentes Corrêa e Dora Maria da Costa e, no mérito, a Ministra Maria Cristina Peduzzi." (TST. E-RR-40600-80.2009.5.09.0096. Relator: Ministro José Roberto Freire Pimenta. SBDI-I. DEJT: 24.05.2012).

(219) Súmula n. 351 do STJ. "A alíquota de contribuição para o Seguro de Acidente do Trabalho (SAT) é aferida pelo grau de risco desenvolvido em cada empresa, individualizada pelo seu CNPJ, ou pelo grau de risco da atividade preponderante quando houver apenas um registro."

(220) Súmula n. 454 do TST. "Competência da Justiça do Trabalho. Execução de ofício. Contribuição social referente ao seguro de acidente de trabalho (SAT). Arts. 114, VIII, e 195, I, "a", da Constituição da República. (conversão da Orientação Jurisprudencial n. 414 da SBDI-1) Compete à Justiça do Trabalho a execução, de ofício, da contribuição referente ao Seguro de Acidente de Trabalho (SAT), que tem natureza de contribuição para a seguridade social (arts. 114, VIII, e 195, I, "a", da CF), pois se destina ao financiamento de benefícios relativos à incapacidade do empregado decorrente de infortúnio no trabalho (arts. 11 e 22 da Lei n. 8.212/1991)."

Os exemplos de competência material decorrente das relações de trabalho são vastos. Calha trazer aqui as causas já reconhecidas pelo TST como da competência da Justiça do Trabalho:

OJ da SBDI-I do TST n. 138. "COMPETÊNCIA RESIDUAL. REGIME JURÍDICO ÚNICO. LIMITAÇÃO DA EXECUÇÃO. Compete à Justiça do Trabalho julgar pedidos de direitos e vantagens previstos na legislação trabalhista referente a período anterior à Lei n. 8.112/90, mesmo que a ação tenha sido ajuizada após a edição da referida lei. A superveniência de regime estatutário em substituição ao celetista, mesmo após a sentença, limita a execução ao período celetista."

Súmula do TST n. 19. "QUADRO DE CARREIRA — A Justiça do Trabalho é competente para apreciar reclamação de empregado que tenha por objeto direito fundado em quadro de carreira."

Súmula do TST n. 300. "COMPETÊNCIA DA JUSTIÇA DO TRABALHO. CADASTRAMENTO NO PIS — Compete à Justiça do Trabalho processar e julgar ações ajuizadas por empregados em face de empregadores relativas ao cadastramento no Programa de Integração Social (PIS)."

Súmula do TST n. 389. "SEGURO-DESEMPREGO. COMPETÊNCIA DA JUSTIÇA DO TRABALHO. DIREITO À INDENIZAÇÃO POR NÃO LIBERAÇÃO DE GUIAS.

I — Inscreve-se na competência material da Justiça do Trabalho a lide entre empregado e empregador tendo por objeto indenização pelo não-fornecimento das guias do seguro-desemprego.

II — O não-fornecimento pelo empregador da guia necessária para o recebimento do seguro-desemprego dá origem ao direito à indenização."

Súmula do TST n. 392. "DANO MORAL E MATERIAL. RELAÇÃO DE TRABALHO. COMPETÊNCIA DA JUSTIÇA DO TRABALHO (redação alterada na sessão do Tribunal Pleno realizada em 27.10.2015) — Res. 200/2015, DEJT divulgado em 29.10.2015 e 03 e 04.11.2015 Nos termos do art. 114, inc. VI, da Constituição da República, a Justiça do Trabalho é competente para processar e julgar ações de indenização por dano moral e material, decorrentes da relação de trabalho, inclusive as oriundas de acidente de trabalho e doenças a ele equiparadas, ainda que propostas pelos dependentes ou sucessores do trabalhador falecido."

Fica superado, portanto, o verbete da Súmula 161, do C. STJ.[221] De outra face, permanece válida a Súmula n. 82 do C. STJ,[222] que ressalva a competência trabalhista para as causas relativas ao FGTS.

Noutra questão, o STF já firmou entendimento pelo qual a competência para processar e julgar a execução de créditos trabalhistas, no caso de empresa em fase de recuperação judicial, é do juízo universal da falência, restando à Justiça do Trabalho a competência apenas quanto à fase de conhecimento das respectivas causas.[223]

A SDI-II do TST, por sua vez, já decidiu que a Justiça do Trabalho não é competente para cancelar ato administrativo que constitui crédito tributário[224] e julgar Ação Civil Pública ajuizada pelo MPT, em questões de saúde, segurança e higiene de trabalhadores autônomos.[225]

11. *Dissídios coletivos*. Os dissídios coletivos são uma espécie de ação coletiva, destinados a tutelar direitos das categorias profissionais e econômicas. A grosso modo, eles podem ser de três espécies: econômicos, jurídicos

(221) Súmula do STJ n. 161. "É da competência da Justiça Estadual autorizar o levantamento dos valores relativos ao PIS / PASEP e FGTS, em decorrência do falecimento do titular da conta."

(222) Súmula do STJ n. 82. "Compete à Justiça Federal, excluídas as reclamações trabalhistas, processar e julgar os feitos relativos à movimentação do FGTS."

(223) "A questão central debatida no presente recurso consiste em saber qual o juízo competente para processar e julgar a execução dos créditos trabalhistas no caso de empresa em fase de recuperação judicial. Na vigência do DL 7.661/1945 consolidou-se o entendimento de que a competência para executar os créditos ora discutidos é da Justiça estadual comum, sendo essa também a regra adotada pela Lei n. 11.101/2005. O inciso IX do art. 114 da CF apenas outorgou ao legislador ordinário a faculdade de submeter à competência da Justiça laboral outras controvérsias, além daquelas taxativamente estabelecidas nos incisos anteriores, desde que decorrentes da relação de trabalho. O texto constitucional não o obrigou a fazê-lo, deixando ao seu alvedrio a avaliação das hipóteses em que se afigure conveniente o julgamento pela Justiça do Trabalho, à luz das peculiaridades das situações que pretende regrar. A opção do legislador infraconstitucional foi manter o regime anterior de execução dos créditos trabalhistas pelo juízo universal da falência, sem prejuízo da competência da Justiça laboral quanto ao julgamento do processo de conhecimento." (STF. RE 583.955. Relator: Ministro Ricardo Lewandowski. Plenário. DJe: 28.08.2009)

(224) AR. Incompetência da Justiça do Trabalho. Cancelamento de ato administrativo que constitui crédito tributário. A SBDI-II, em face do disposto nos arts. 109 e 114 da Constituição Federal, concluiu pela incompetência da Justiça do Trabalho para determinar o cancelamento de ato administrativo que constitui crédito tributário. Registrou, ainda, ser o decurso do prazo para interposição do recurso cabível suficiente para a comprovação do trânsito em julgado, tendo em vista a peculiaridade da sentença rescindenda, que, por meio de decisão interlocutória, pôs fim à relação tributária afeta à União, terceira estranha à lide e autora da ação rescisória. Com esses fundamentos, a Subseção, por unanimidade, negou provimento ao recurso ordinário, mantendo o acórdão do Tribunal *a quo*, em que se julgou procedente a ação rescisória para desconstituir a decisão rescindenda no tocante à determinação do cancelamento de inscrição em dívida ativa da União. (TST. RO-187-96.2010.5.05.0000. Relator: Ministro Pedro Paulo Manus. SBDI-II. DEJT: 26.06.2012). (inf. 15)

(225) "[...] Em se tratando de controvérsia envolvendo questões de saúde, segurança e higiene do trabalho, subsiste a competência da Justiça do Trabalho e o interesse de atuação do Ministério Público do Trabalho, ainda que o pedido e a causa de pedir não decorram de contrato de emprego ou de trabalho, mas envolvam a tutela de direitos trabalhistas coletivos de motoristas autônomos (caminhoneiros) que prestam serviço junto a terminais de carga e descargas de grãos mantidos por empresa de logística. [...]" (TST-RO-327-27.2013.5.23.0000, SBDI-II, rel. Min. Alberto Luiz Bresciani de Fontan Pereira, 2.8.2016.)

e de greve. Os primeiros visam estabelecer melhores condições de trabalho, enquanto os segundos, interpretar as cláusulas de CCT, ACT e Sentença Normativa. Os dissídios de greve servem para obter a declaração de abusividade da greve.

Antes da EC n. 45/04, os dissídios econômicos possuíam natureza de ação judicial. Todavia, com o advento da citada Emenda, esse dissídio passou a ser arbitral, uma vez que necessita da adesão voluntária das partes (art. 114, § 2º, da CF). Ele também passou a ser residual, estando à sua frente a opção de submeter o litígio à arbitragem privada (art. 114, § 1º, da CF).

Os dissídios jurídicos e de greve permaneceram sendo ações judiciais. No caso da greve, além dos sindicatos, a legitimidade para a instauração da instância foi conferida, concorrentemente, ao Ministério Público do Trabalho, na hipótese de a greve ter potencial ofensivo de causar lesão ao interesse público (art. 114, § 3º, da CF). Com o novo texto constitucional, houve revogação implícita do art. 856 da CLT, que previa a possibilidade de ajuizamento desse dissídio pelo próprio Presidente do Tribunal competente, no caso de greve[226].

Como já se disse, a greve é um direito fundamental (art. 9º da CF), razão pela qual não se pode conceber que seja ilegal, mas apenas abusiva, como sucede com qualquer outro direito. Nesse sentido é a Súmula n. 189 do TST[227].

12. *Dissídios constantes do art. 652 da CLT*. Antes mesmo da EC n. 45/04, o art. 652 da CLT já trazia previsão de alguns assuntos da competência da Justiça do Trabalho, como se pode observar:

> Art. 652 — Compete às Juntas de Conciliação e Julgamento:
> a) conciliar e julgar:
> I — os dissídios em que se pretenda o reconhecimento da estabilidade de empregado;
> II — os dissídios concernentes a remuneração, férias e indenizações por motivo de rescisão do contrato individual de trabalho;
> III — os dissídios resultantes de contratos de empreitadas em que o empreiteiro seja operário ou artífice;
> IV — os demais dissídios concernentes ao contrato individual de trabalho;
> b) processar e julgar os inquéritos para apuração de falta grave;
> c) julgar os embargos opostos às suas próprias decisões;
> d) impor multas e demais penalidades relativas aos atos de sua competência;
> V — as ações entre trabalhadores portuários e os operadores portuários ou o Órgão Gestor de Mão-de-Obra — OGMO decorrentes da relação de trabalho;
> Parágrafo único. Terão preferência para julgamento os dissídios sobre pagamento de salário e aqueles que derivarem da falência do empregador, podendo o Presidente da Junta, a pedido do interessado, constituir processo em separado, sempre que a reclamação também versar sobre outros assuntos.

Todos esses assuntos foram abrangidos pela nova redação do art. 114 da CF. Insta ressaltar, apenas, que os incisos III e V não tratam de competência material, mas de competência em razão da pessoa, quais sejam, o pequeno operário ou artífice e o trabalhador avulso. Esses trabalhadores podiam ajuizar suas ações perante a Justiça do Trabalho, mesmo antes da EC n. 45/04, como exceção à regra da competência pessoal dos empregados. Se podiam antes, com muito mais razão o podem agora, uma vez que a natureza de suas atividades são de relação de trabalho "*stricto sensu*".

Não foi por outro motivo que o C. STJ cancelou a Súmula n. 230.[228]

Sem embargo, a Lei n. 13.467/17 (reforma trabalhista) acrescenta a alínea "*f*" ao art. 652 da CLT, criando a competência material para decidir quanto à homologação de acordo extrajudicial. Trata-se de ação voluntária, perante a Justiça do Trabalho, que será objeto de exame no Capítulo 20, ao qual remetemos o leitor.

---

(226) Art. 856 da CLT. "A instância será instaurada mediante representação escrita ao Presidente do Tribunal. Poderá ser também instaurada por iniciativa do presidente, ou, ainda, a requerimento da Procuradoria da Justiça do Trabalho, sempre que ocorrer suspensão do trabalho."

(227) Súmula do TST n. 189. "Greve. Competência da Justiça do Trabalho. Abusividade — A Justiça do Trabalho é competente para declarar a abusividade, ou não, da greve."

(228) Súmula do STJ n. 230 (cancelada). "Compete à Justiça Estadual processar e julgar ação movida por trabalhador avulso portuário, em que se impugna ato do órgão gestor de mão-de-obra de que resulte óbice ao exercício de sua profissão."

5.6. COMPETÊNCIA TERRITORIAL

A competência territorial ou local deriva do critério territorial, o qual divide a competência de forma geográfica, entre os órgãos do Poder Judiciário. Na Justiça Estadual comum, o território de cada Tribunal é divido em comarcas, que às vezes são compostas por vários municípios, sendo um deles escolhido para sediar o órgão jurisdicional de primeira instância.

Na Justiça do Trabalho ocorre fenômeno parecido, com a diferença de não haver o uso do termo "comarca". Assim, no âmbito da primeira instância, os municípios se agrupam em torno da jurisdição de um *juízo*, o qual é composto por uma ou várias Varas do Trabalho. Na segunda instância, como já visto em capítulo anterior, há a divisão em regiões, havendo um Tribunal Regional do Trabalho localizado em cada qual delas. Por fim, na terceira instância, o TST exerce jurisdição sobre todo o território nacional.

A competência "*ratione loci*" é relativa, razão pela qual não pode ser suscitada de ofício(229) e, no silêncio ou a requerimento das partes, pode ser prorrogada, como consta da OJ n. 149 da SDI-II do TST.(230)

No âmbito da Justiça do Trabalho, as regras de competência territorial estão contidas no art. 651 da CLT:

> Art. 651. A competência das Juntas de Conciliação e Julgamento é determinada pela localidade onde o empregado, reclamante ou reclamado, prestar serviços ao empregador, ainda que tenha sido contratado noutro local ou no estrangeiro.
>
> § 1º Quando for parte de dissídio agente ou viajante comercial, a competência será da Junta da localidade em que a empresa tenha agência ou filial e a esta o empregado esteja subordinado e, na falta, será competente a Junta da localização em que o empregado tenha domicílio ou a localidade mais próxima.
>
> § 2º A competência das Juntas de Conciliação e Julgamento, estabelecida neste artigo, estende-se aos dissídios ocorridos em agência ou filial no estrangeiro, desde que o empregado seja brasileiro e não haja convenção internacional dispondo em contrário.
>
> § 3º Em se tratando de empregador que promova realização de atividades fora do lugar do contrato de trabalho, é assegurado ao empregado apresentar reclamação no foro da celebração do contrato ou no da prestação dos respectivos serviços.

Esse artigo dispõe de uma regra e duas exceções, estas últimas constantes dos §§ 1º e 3º. Quanto ao § 2º, trata-se de competência internacional, já examinada quando da análise do art. 114 da CF, em tópico anterior. Insta tratar das outras duas, além do foro de eleição, do foro da Ação Civil Pública e do foro para controvérsias decorrentes da relação de trabalho.

1. *Regra do local da prestação dos serviços.* A regra está contida no "*caput*" do art. 651, pela qual a competência será determinada pelo local da prestação dos serviços. Todos os outros critérios, como o local da contratação ou o domicílio das partes, serão insignificantes.

Esse é um exemplo da incidência do *princípio da proteção* no Processo do Trabalho. É que, ao invés de fixar a competência pelo domicílio do réu, como faz o processo civil comum (art. 94 do CPC), o legislador procurou facilitar a produção da prova, prestigiando o trabalhador. De fato, é no local da prestação dos serviços que estão as provas da relação de trabalho, como as testemunhas, o local de trabalho para perícias, os documentos do estabelecimento etc.

Equivoca-se, portanto, quem acha que a regra mais protetora seria a que fixasse a regra da competência territorial pelo domicílio do trabalhador. Aparentemente, isso facilitaria o acesso à justiça, é bem verdade. Mas tal fato só aconteceria no momento do ajuizamento da ação, pois a maioria das provas passaria a depender da

(229) Orientação Jurisprudencial da SDI-II do TST n. 149. "Conflito de competência. Incompetência territorial. Hipótese do art. 651, § 3º, da CLT. Impossibilidade de declaração de ofício de incompetência relativa. Não cabe declaração de ofício de incompetência territorial no caso do uso, pelo trabalhador, da faculdade prevista no art. 651, § 3º, da CLT. Nessa hipótese, resolve-se o conflito pelo reconhecimento da competência do juízo do local onde a ação foi proposta". No mesmo sentido é a Súmula do STJ n. 33: "A incompetência relativa não pode ser declarada de ofício."

(230) Orientação Jurisprudencial da SDI-II do TST n. 149. "Conflito de competência. Incompetência territorial. Hipótese do art. 651, § 3º, da CLT. Impossibilidade de declaração de ofício de Incompetência relativa. Não cabe declaração de ofício de incompetência territorial no caso do uso, pelo trabalhador, da faculdade prevista no art. 651, § 3º, da CLT. Nessa hipótese, resolve-se o conflito pelo reconhecimento da competência do juízo do local onde a ação foi proposta."

expedição de Cartas Precatórias, sempre muito mais demoradas do que o processo principal. Além disso, o trabalhador que tem dificuldades de se locomover, para ajuizar a ação perante o local da prestação de serviços, certamente encontraria a mesma dificuldade para comparecer à audiência designada no juízo deprecado.

É, pois, em benefício do trabalhador hipossuficiente que a competência é fixada, em regra, pelo local da prestação dos serviços, pois é nesse local, por presunção, que estão localizadas as provas de que o reclamante fará uso.

Questão polêmica reside na situação do trabalhador que é transferido, seja de maneira temporária, seja de maneira definitiva, uma vez que, nesse caso, serão múltiplos os locais de prestação de serviços. Para uma primeira corrente interpretativa, a competência seria do último local em que o trabalhador prestou seus serviços. Esse é, por sinal, o atual entendimento do TST.[231] Para outra corrente, no entanto, haverá competência concorrente entre todos os juízos dos locais em que o trabalhador tiver prestado serviços, resolvendo-se o conflito pela prevenção.

Data venia, parece que a hipótese deve ser examinada à luz do princípio da finalidade social da norma, a qual foi pensada para facilitar o acesso do trabalhador à Justiça, especialmente em relação à produção das provas. Assim, melhor seria que o próprio trabalhador optasse pelo juízo onde estivesse localizada a maior parte dos meios de prova de que necessitará utilizar-se no processo. O TST já decidiu assim, mas aplicando o § 3º do art. 651, da CLT, e não o "*caput*".[232]

Contudo, não se trata de aplicar o § 3º do art. 651, da CLT, pois, como será visto adiante, ele trata de outra hipótese, que não a do empregado transferido. A questão pede a interpretação do "*caput*" do referido artigo, o que deve ser feito à luz do princípio da finalidade da norma, que permite ao Juiz realizar a correção das desigualdades processuais quando a lei não for capaz de proteger.

2. *Agente ou viajante comercial.* A hipótese do § 1º, do art. 651, da CLT, é uma exceção, criada em função de uma peculiaridade na prestação dos serviços. Ela trata do empregado que é viajante, ou seja, ele está vinculado a uma empresa que tem sede fixa, mas ele, empregado, se desloca continuamente, como é o caso dos motoristas.

A redação inicial desse parágrafo dispunha que o empregado deveria ajuizar a ação no local de seu domicílio, salvo na hipótese de estar subordinado a uma agência ou filial do empregador, quando então a competência seria do juízo deste local. Essa redação permitia a interpretação de que a lei facultava ao empregado a escolha entre um e outro juízo.

---

(231) "Conflito negativo: Competência em razão do lugar — Reclamação Trabalhista — Ajuizamento no lugar da prestação de serviços — Art. 651, -*caput*-, da CLT. 1. Trata-se de conflito negativo de competência suscitado pelo Juízo da 4ª Vara do Trabalho de Duque de Caxias (RJ), que se declarou incompetente, em razão do lugar, para julgar a ação trabalhista ajuizada pelo Reclamante em Paulínia (SP), por entender aplicável a regra do § 3º do art. 651 da CLT, que permite a tramitação do feito tanto no juízo do local da prestação dos serviços quanto naquele em que houve a contratação. 2. Quanto ao mérito, considerado o depoimento pessoal do Reclamante, no sentido de que fora contratado em São Paulo (SP), onde laborou por 7 anos, quando então foi transferido para o Rio de Janeiro (RJ), e de que comparecia esporadicamente na base em Paulínia, mas não prestava serviços nessa localidade, sendo que, depois da transferência da base para Duque de Caxias (RJ), este foi inegavelmente o último local da prestação dos serviços, vem à baila o disposto no art. 651, -*caput*-, da CLT, de modo que o foro competente é o do local da prestação de serviços, -*in casu*-, o Juízo da 4ª Vara do Trabalho de Duque de Caxias (RJ), para onde deverá ser remetida a ação trabalhista principal. Conflito negativo de competência julgado improcedente, a fim de estabelecer a competência do Juízo da 4ª Vara do Trabalho de Duque de Caxias (RJ) para julgar a ação trabalhista." (TST. CC — 3436-59.2011.5.00.0000. Relator: Ministro Ives Gandra Martins Filho. SDI-II. DEJT: 02.09.2011).

(232) "Conflito de competência. Competência em razão do lugar. Prestação de serviços em localidades diferentes. Eleição de foro pelo empregado. Local da contratação e da prestação de serviços. art. 651, § 3º, da CLT. 1. Segundo o disposto no § 3º do art. 651 da CLT, em se tratando de empregador que promova realização de atividades fora do lugar do contrato de trabalho, faculta-se a eleição de foro ao empregado, que pode optar por demandar o empregador no local onde foi celebrado o contrato ou em qualquer localidade onde tenha prestado serviços. Busca-se, assim, facilitar o acesso do trabalhador à Justiça, com atenção ao princípio da proteção ao hipossuficiente. 2. No caso dos autos, embora expressamente admita o reclamante que seu último local de prestação de serviços foi o Município de Camaçari-BA, tem-se que o empregado foi contratado na Cidade de São Paulo, onde prestou serviços por algum tempo, até ser transferido para a Bahia. 3. Ademais, o próprio contrato de trabalho prevê que todas as demandas dele oriundas deverão ser dirimidas pelo Foro Judicial da Cidade de São Paulo. 4. Nesse contexto, não há como se reconhecer a competência da 1ª Vara do Trabalho de Camaçari-BA para apreciar e julgar a demanda, sob o singelo fundamento de que lá se deu a última prestação de serviços pelo empregado. Precedentes. 5. Conflito de competência que se julga procedente." (TST. CC — 38541-34.2010.5.00.0000. Relator: Ministro Guilherme Augusto Caputo Bastos. SDI-II. DEJT: 17.09.2010).

A Lei n. 9.851/99 alterou a redação do aludido parágrafo, deixando mais claro que a regra é do ajuizamento da ação perante o juízo da agência ou filial a qual o empregado estiver subordinado. Somente se inexistir a subordinação a uma filial, é que o empregado poderá optar por ajuizar a ação no local de seu domicílio ou da Vara do Trabalho mais próxima.

Veja-se que a hipótese do trabalhador viajante é a única em que a CLT prevê expressamente a possibilidade de ajuizamento da ação no local do domicílio do empregado.

3. *Empregador que promove a realização de suas atividades fora do lugar do contrato de trabalho.* Entre as regras de competência territorial, essa é, certamente, a que desperta maior polêmica. Fazendo-se a interpretação gramatical do parágrafo em tela, uma vertente entende que essa previsão legal nasceu para reger a hipótese de o empregador ser itinerante.

Veja-se que não se trata de empregado transferido, tampouco viajante, mas, sim, de empregador que se transfere de um lugar para o outro, continuamente. É o caso, por exemplo, dos circos e feiras, que não se fixam em nenhum lugar, indo de cidade em cidade, levando consigo seus empregados. Para essa vertente, somente empregadores como o circo e as feiras promovem atividades fora do lugar do contrato de trabalho, quando então o empregado poderá optar em ajuizar sua demanda perante o juízo do local da contratação ou do lugar da prestação de serviços. A entender de outra forma, isto é, admitindo-se qualquer espécie de empresa, a exceção do § 3º passaria a ser a regra, porque é exatamente contrária ao "*caput*" do art. 651 da CLT.

Outra corrente, no entanto, interpreta o aludido parágrafo de forma mais abrangente. Para ela, a exceção do § 3º aconteceria sempre que o empregado fosse contratado em um local para trabalhar em outro diferente, situação em que a lei lhe facultaria optar entre o local da contratação ou o da prestação de serviços, para deduzir sua demanda em juízo.

A segunda corrente parece mais acertada. Imagine-se, por exemplo, que um empregado tenha sido contratado em Rio Branco, no Estado do Acre, local da sede do empregador, para trabalhar na construção de uma estrada na cidade de Porto Alegre, no Rio Grande do Sul. Ao final da obra, o empregado retorna ao Acre e, após receber as verbas decorrentes da cessação do contrato, percebe que suas horas extras não foram pagas. Pela primeira corrente, o caso é de se aplicar a regra do "*caput*" do art. 651 da CLT, uma vez que a empresa não é itinerante, de maneira que o empregado somente poderia ajuizar a ação no Rio Grande do Sul, o que, *data venia*, não faz sentido nem protegeria o empregado, especialmente em se considerando que a empresa também tem sede em Rio Branco. Aí sim seria o caso de se expedir uma Carta Precatória para produzir provas no local da prestação dos serviços. Também é esse o entendimento do TST.(233)

A SDI-I, do TST, tem decidindo que o art. 651, § 3º, da CLT, também tem lugar quando a empresa demandada possuir estabelecimentos em diferentes localidades do país, ainda que eles não estejam situados no local do ajuizamento da ação, que pode ser, inclusive, o *do domicílio do autor*.(234)

---

(233) Agravo de Instrumento em Recurso de Revista. Justiça do Trabalho. Competência Territorial. art. 651, § 3º, da CLT. Nega-se provimento ao agravo de instrumento, quando não demonstrados os requisitos de cabimento do recurso de revista, previstos no art. 896 da CLT. A jurisprudência do Tribunal Superior do Trabalho preconiza a pertinência do art. 651, § 3º, da CLT, no sentido de que tal preceito estabelece opção em favor do empregado, sempre que este é contratado em determinada localidade, mas presta serviços em outra. Com isso, facilita-se o acesso do trabalhador ao Poder Judiciário, mormente em situações como a vertente, na qual o empregado se desloca de seu domicílio para trabalhar em localidade distante. Precedentes. Decisão agravada que se mantém. Agravo de instrumento a que se nega provimento. (Processo: AIRR — 43740-90.2007.5.08.0106, Data de Julgamento: 18/04/2012, Relator Ministro: Walmir Oliveira da Costa, 1ª Turma, Data de Publicação: DEJT 20.04.2012).

(234) "Exceção de incompetência em razão do lugar. Ajuizamento de reclamação trabalhista no foro do domicílio do empregado. Aplicação ampliativa do § 3º do art. 651 da CLT. Impossibilidade. Não demonstração de que a empresa demandada presta serviços em diferentes localidades do país. Em observância ao princípio constitucional do amplo acesso à jurisdição (art. 5º, XXXV, da CF), é possível o ajuizamento de demanda trabalhista no foro do domicílio do empregado, desde que seja mais favorável que a regra do art. 651 da CLT e que fique demonstrado que a empresa reclamada regularmente presta serviços em diversas localidades do território nacional. No caso, o reclamante foi contratado e prestou serviços na cidade de Brusque/SC, local diverso do seu atual domicílio, Pelotas/RS, onde ajuizou a reclamatória. Contudo, não há notícia nos autos de que a empresa demandada preste serviços em diferentes localidades do país, razão pela qual não há cogitar em aplicação ampliativa do § 3º do art. 651 da CLT, prevalecendo, portanto, a regra geral que estabelece a competência da Vara do Trabalho do local da prestação dos serviços. Com esse entendimento, a SBDI-I, por unanimidade, conheceu dos embargos interpostos pelo

Dessa forma, pode-se dizer que a regra continua sendo a fixação da competência pelo *local da prestação de serviços* (art. 651, "*caput*", da CLT),[235] admitindo-se o ajuizamento da reclamação trabalhista no *domicílio do reclamante* se, alternativamente: a) o empregado for viajante (art. 651, § 1º, da CLT); b) o domicílio do reclamante "coincidir com o local da prestação dos serviços ou da contratação,"[236] c) "a reclamada for empresa de grande porte e prestar serviços em âmbito nacional."[237]

4. *Foro de eleição*. Nas relações civis, as partes têm a faculdade de eleger um foro como o competente para conhecer dos eventuais conflitos surgidos (art. 63, do CPC de 2015).

Considerando a omissão normativa da CLT, seria essa regra aplicável ao Processo do Trabalho? Nunca é demais lembrar que a aplicação subsidiária do CPC ao Processo do Trabalho não decorre somente da existência de lacunas. É preciso que, além da omissão, a regra do processo comum não ofenda os princípios do Direito Processual do Trabalho, notadamente o da proteção.

Assim, a eleição de foro é até possível, desde que ele seja estabelecido em favor do empregado.[238] Nessas condições, a jurisprudência do TST tem sido assente em permitir a cláusula de foro de eleição.[239]

Como visto, a hipótese do § 3º, do art. 651, da CLT, autoriza ao empregado escolher entre o local da prestação de serviços e o da contratação, no caso de não coincidirem esses locais. Nesse caso, o empregador poderia fazer constar da CTPS do empregado essa opção, para não ser pego de surpresa futuramente. Todavia, essa escolha deverá ser livremente feita pelo empregado, sob pena de ser considerada nula, nos termos dos arts. 9º e 769, da CLT, c/c art. 63, § 3º do CPC.

Não obstante, a IN 39/16, do C. TST, concluiu pela inaplicabilidade da regra do art. 63 do CPC de 2015, que permite a modificação da competência territorial por eleição de foro (art. 2º, I).

---

reclamante, por divergência jurisprudencial, e, no mérito, por maioria, negou-lhes provimento. Vencidos os Ministros José Roberto Freire Pimenta, Lelio Bentes Corrêa, Hugo Carlos Scheuermann e Cláudio Mascarenhas Brandão." (TST-E-RR-420-37.2012.5.04.0102, SBDI-I, Rel. Min. Renato de Lacerda Paiva, 19.2.2015, informativo n. 100).

(235) "[...] A Vara do Trabalho do domicílio do empregado, quando não coincidente com a localidade da celebração do contrato ou da prestação dos serviços, normalmente não é competente para o julgamento de dissídio individual típico resultante do contrato de emprego. A determinação da competência territorial, em regra, define-se pelo local da prestação dos serviços do empregado, seja ele reclamante ou reclamado (art. 651, *caput*, da CLT). Cuida-se de norma de cunho protecionista e ditada pela observância do princípio constitucional da acessibilidade (art. 5º, XXXV). Excepcionalmente, nos termos do art. 651, § 3º, da CLT, toma-se em conta o juízo da localidade da contratação do empregado. [...]"(TST- E-RR 775-66.2013.5.07.0025, SBDI-I, rel. Min. João Oreste Dalazen, 29.10.2015.)

(236) "[...] Para a fixação da competência territorial devem prevalecer os critérios objetivos estabelecidos no art. 651, *caput* e § 3º, da CLT, admitindo-se o ajuizamento da reclamação trabalhista no domicílio do reclamante apenas se este coincidir com o local da prestação dos serviços ou da contratação. Assim, na hipótese em que o autor foi contratado na cidade de Alvorada do Norte/GO, e posteriormente transferido para Porto Velho/RO, local da extinção do pacto laboral, não atende ao comando legal o ajuizamento da reclamação em Brasília/DF, domicílio do advogado que patrocina a reclamação. De outra sorte, o declínio da competência em favor de uma das varas do trabalho de Porto Velho/RO também não se mostra adequado, eis que impediria a defesa dos direitos do autor, domiciliado no Estado de Goiás. (TST-CC-1-64.2014.5.14.0006, SBDI-II, rel. Min Douglas Alencar Rodrigues, 12.4.2016).

(237) "Conflito de competência. Competência territorial. Ajuizamento de reclamação trabalhista no foro do domicílio do reclamante. Local diverso da contratação e da prestação de serviços. Empresa de âmbito nacional. Possibilidade. Admite-se o ajuizamento da reclamação trabalhista no domicílio do reclamante quando a reclamada for empresa de grande porte e prestar serviços em âmbito nacional. Trata-se de interpretação ampliativa do art. 651, *caput* e § 3º da CLT, em observância ao princípio constitucional do amplo acesso à jurisdição e ao princípio protetivo do trabalhador. No caso, a ação fora ajuizada em Ipiaú/BA, domicílio do reclamante, embora a contratação e a prestação de serviços tenham ocorrido em Porto Velho/RO. [...]" (TST-CC-54-74.2016.5.14.0006, SBDI-II, rel. Min. Alberto Luiz Bresciani de Fontan Pereira, red. p/ acórdão Min. Luiz Philippe Vieira de Mello Filho, 27.9.2016).

(238) Seria o caso, por exemplo, de o contrato de emprego facultar ao empregado escolher entre o foro do local da prestação de serviços e o do seu domicílio.

(239) "Conflito negativo de competência em razão do lugar. Reclamação Trabalhista. Ajuizamento no lugar do domicílio da reclamante. Possibilidade de eleição do foro apenas se coincidente com o local da contratação ou da prestação de serviços (Art. 651, § 3º, da CLT). Conflito negativo de competência suscitado pelo Juízo da 81ª Vara do Trabalho de São Paulo (2ª Região), que se declarou incompetente, em razão do lugar, para julgar a reclamação trabalhista ajuizada pela reclamante em São João da Boa Vista (15ª Região), no intuito de dar garantia e efetividade ao princípio constitucional de acesso a Justiça. Esta Subseção Especializada já firmou posicionamento no sentido de que prevalecem os critérios objetivos de fixação da competência territorial, consoante as regras do art. 651, -*caput*- e parágrafo 3º, para admitir-se o ajuizamento da ação no domicílio do reclamante apenas se este coincidir com o da contratação ou o da prestação dos serviços, caso em que a eleição de foro será possível. Conflito de competência que se julga improcedente, para declarar competente o Juízo da 81ª Vara do Trabalho de São Paulo." (TST. CC — 1221-76.2012.5.00.0000. Relator: Ministro Pedro Paulo Manaus. SDI-II. DEJT: 15.06.2012).

5. *Foro da Ação Civil Pública.* A ação civil pública é uma espécie de *dissídio metaindividual*, destinada a tutelar direitos difusos, coletivos (art. 1º, IV, da Lei n. 7.347/85) e individuais homogêneos (art. 91 do CDC), sendo possível fazer pedido condenatório de pagamento pecuniário ou de cumprimento de obrigação de fazer ou não fazer (art. 3º, da Lei n. 7.347/85).

A competência para julgar a ACP é, ao mesmo tempo, territorial e funcional. É funcional, na medida em que é fixada pela extensão do dano causado ou a ser reparado, nos termos da LACP (art. 2º da Lei n. 7.347/85).[240] Por ter um viés funcional, essa competência é reconhecida pela doutrina como absoluta.

O viés territorial é dado pelo art. 93 do CDC:

> "Art. 93. Ressalvada a competência da Justiça Federal, é competente para a causa a justiça local:
>
> I — no foro do lugar onde ocorreu ou deva ocorrer o dano, quando de âmbito local;
>
> II — no foro da Capital do Estado ou no do Distrito Federal, para os danos de âmbito nacional ou regional, aplicando-se as regras do Código de Processo Civil aos casos de competência concorrente."

Aplicando o art. 93 do CDC, no âmbito da Justiça do Trabalho, pode ser criada a seguinte regra: se a extensão do dano limitar-se ao âmbito regional, a competência será de uma das Varas do Trabalho da capital do Estado; se for de âmbito suprarregional ou nacional, o foro é do Distrito Federal. Esse era o entendimento do TST, consubstanciado na antiga redação da OJ 130 da SDI-II. A competência jamais será dos Tribunais, como vinha decidindo o TST.[241]

A regra do art. 93 do CDC, no entanto, vinha sendo muito criticada pela doutrina. Imagine-se, por exemplo, que uma empresa sediada na divisa entre os Estados de Roraima e do Amazonas, ocupando o território dos dois Estados, descumpra normas de segurança e medicina do trabalho, motivando o ajuizamento de uma Ação Civil Pública pelo Ministério Público do Trabalho local. Aplicando-se a regra fria do CDC, a competência seria de uma das Varas do Trabalho do Distrito Federal. Ora, seria muito mais lógico, econômico e protetivo permitir que o ajuizamento dessa ACP fosse feita em uma das Varas do Trabalho da Capital de quaisquer dos dois Estados, em competência concorrente, a determinar-se pela prevenção.

Felizmente, o TST alterou seu entendimento em setembro de 2012, modificando a redação da OJ 130 da SDI-II.[242] Pela nova regra, se a extensão do dano limitar-se ao âmbito regional, a competência será de qualquer das Varas do Trabalho das localidades atingidas, ainda que vinculadas a Tribunais Regionais do Trabalho distintos. Se for de âmbito suprarregional ou nacional, o foro será das Varas do Trabalho das sedes dos Tribunais Regionais do Trabalho.

6. *Foro para ações decorrentes das relações de trabalho*

6.1. *Regra geral.* Em se tratando de ações decorrentes da relação de trabalho, a competência territorial segue a sistemática do art. 651 da CLT, como já exposto. É esse o espírito da IN 27/05, do C. TST.[243]

Todavia, algumas situações comportam exceção. As principais serão vistas a seguir.

---

(240) Art. 2º As ações previstas nesta Lei serão propostas no foro do local onde ocorrer o dano, cujo juízo terá competência funcional para processar e julgar a causa. Parágrafo único A propositura da ação prevenirá a jurisdição do juízo para todas as ações posteriormente intentadas que possuam a mesma causa de pedir ou o mesmo objeto.

(241) "Ação Civil Pública. Competência funcional. Competência territorial. 1. Ação civil pública intentada pelo Ministério Público do Trabalho diretamente no Tribunal Superior do Trabalho visando à imposição de obrigações de fazer e de não fazer em favor de empregados de empresa de âmbito nacional. 2. A ação civil pública "trabalhista" não é causa que se inscreve na competência originária dos Tribunais do Trabalho, pois: a) assemelha-se mais a um dissídio individual plúrimo; b) a Lei Complementar n. 75/93 deferiu ao Ministério Público do Trabalho a titularidade para a ação civil pública "junto aos órgãos da Justiça do Trabalho" (art. 83 "*caput*" e inc. III); c) não há lei que cometa aos Tribunais do Trabalho tal competência, mostrando-se tecnicamente insustentável para tanto a invocação da analogia. Assim, como todo dissídio individual, deve ingressar perante uma Vara do Trabalho [...]." (TST. ACP — 92867-26.1993.5.55.5555. Relator: Ministro João Oreste Dalazen. SDC. DJ: 22.11.2002).

(242) Orientação Jurisprudencial da SDI-II do TST n. 130. "Ação civil pública. Competência. Local do dano. Lei 7.347/1985, art. 2º. Código de Defesa do Consumidor, art. 93. I — A competência para a Ação Civil Pública fixa-se pela extensão do dano. II — Em caso de dano de abrangência regional, que atinge cidades sujeitas à jurisdição de mais de uma Vara do Trabalho, a competência será de qualquer das varas das localidades atingidas, ainda que vinculadas a Tribunais Regionais do Trabalho distintos. III — Em caso de dano de abrangência suprarregional ou nacional, há competência concorrente para a ação civil pública das Varas do Trabalho das sedes dos Tribunais Regionais do Trabalho. IV — Estará prevento o juízo a que a primeira ação houver sido distribuída".

(243) "Art. 1º As ações ajuizadas na Justiça do Trabalho tramitarão pelo rito ordinário ou sumaríssimo, conforme previsto na Consolidação das Leis do Trabalho, excepcionando-se, apenas, as que, por disciplina legal expressa, estejam sujeitas a rito especial, tais como o Mandado de Segurança, Habeas Corpus, Habeas Data, Ação Rescisória, Ação Cautelar e Ação de Consignação em Pagamento."

6.2. *Trabalhador criança ou adolescente.* Muito embora o trabalho de pessoas menores de 16 anos seja proibido (art. 7º, XXXIII, da CF), caso o trabalho tenha sido realizado não há qualquer óbice ao acesso à Justiça. Pelo contrário, ele deve ser ainda mais facilitado, pelo que, em casos assim, faz jus o trabalhador a ajuizar ação em seu domicílio, por força do disposto no art. 147, I, do Estatuto da Criança e do Adolescente. Esse também é o entendimento do Enunciado n. 8 do I FNPT.[244]

6.3. *Idoso.* O Estatuto do Idoso garante às pessoas com mais de 60 anos todos os direitos fundamentais inerentes à pessoa humana, assegurando-lhes oportunidades e facilidades (art. 2º), entre as quais nos parece razoável incluir o acesso à Justiça, pelo que a competência territorial deve ser concorrente entre o local da prestação de serviços (art. 651, "*caput*", da CLT) e o local do seu domicílio (art. 53, III, "e", do CPC de 2015). Esse é o entendimento do Enunciado n. 9 do I FNPT.[245]

6.4. *Pessoa com deficiência.* A Convenção Internacional sobre Direitos das Pessoas com Deficiência foi ratificada pelo Brasil por meio do Decreto n. 6.949/09, pelo quórum qualificado do art. 5º, § 3º, da CF, pelo que é equivalente a uma Emenda Constitucional. O respectivo art. 13 garante o amplo acesso à justiça às pessoas com deficiência, "como participantes diretos ou indiretos, inclusive como testemunhas, em todos os procedimentos jurídicos, tais como investigações e outras etapas preliminares."

Nos termos do art. 1º da Convenção, *pessoas com deficiência* "são aquelas que têm impedimentos de longo prazo de natureza física, mental, intelectual ou sensorial, os quais, em interação com diversas barreiras, podem obstruir sua participação plena e efetiva na sociedade em igualdades de condições com as demais pessoas."

Por sua vez, o Estatuto da Pessoa com Deficiência (Lei n. 13.146/15) estabelece ser "vedado exigir o comparecimento de pessoa com deficiência perante os órgãos públicos quando seu deslocamento, em razão de sua limitação funcional e de condições de acessibilidade, imponha-lhe ônus desproporcional e indevido," hipótese em que, "quando for de interesse da pessoa com deficiência, ela apresentará solicitação de atendimento domiciliar [...]" (art. 95, II). Além disso, impõe ao poder público o dever de "assegurar o acesso da pessoa com deficiência à justiça, em igualdade de oportunidades com as demais pessoas [...]."

Em vista disso, no nosso sentir, as pessoas com deficiência também fazem jus à regra de competência territorial concorrente entre o entre o local da prestação de serviços (art. 651, "*caput*", da CLT) e o local do seu domicílio (art. 95, II, da Lei n. 13.146/15).

6.5. *Viúva e filhos menores do trabalhador falecido.* Na ação de compensação por danos morais decorrentes da morte de empregado, movida pela viúva e filhos menores do "*de cujus*", a competência territorial também deverá ser concorrente entre o local da prestação de serviços e o domicílio dos filhos, por força de aplicação do art. 147, I, do ECA. Esse é o entendimento do C. TST.[246]

---

(244) Art. 651, CLT e art. 147, ECRIAD. Acidente de Trabalho. Ação movida por criança e adolescente. Competência territorial concorrente. Local do domicílio dos reclamantes ou locais da prestação do trabalho. Ausência de disciplina legal específica na CLT. Aplicação Analógica do disposto no art. 147, I, do ECRIAD. 1. Na hipótese de julgamento de dissídio individual movido por criança e adolescente, admite-se excepcionalmente a fixação da competência territorial pelo foro do local do domicílio dos reclamantes ou do local de trabalho. 2. Aplicação analógica do disposto no art. 147, I, do Estatuto da Criança e do Adolescente (Ecriad), diante da ausência de disciplina legal específica na CLT.

(245) Art. 651, CLT e art. 53, III, "e", NCPC c/c art. 2º da lei 10.741/03 (estatuto do idoso). Ação movida por idoso. Pretensão deduzida em nome próprio. Competência territorial concorrente. Local do domicílio do reclamante ou local da prestação de trabalho. Ausência de disciplina legal específica na CLT. Aplicação analógica do disposto no art. 2º da lei 10.741/03 (Estatuto do Idoso) c/c art. 53, III, "e", do NCPC. 1. Na hipótese de julgamento de dissídio individual movido por idoso, admite-se excepcionalmente a fixação da competência territorial pelo foro do local do domicílio do reclamante. 2. Aplicação analógica do disposto no art. 53, III, "e", do NCPCc/c art. 2º da Lei 10.741/2003 (Estatuto do Idoso), diante da ausência de disciplina legal específica na CLT. Aplicação do art. 651, CLT e art. 53, III, "e", NCPC c/c art. 2º da Lei 10.741/2003.

(246) "Na hipótese de julgamento de dissídio individual movido por viúva e filhos menores de ex-empregado falecido em decorrência de acidente de trabalho, na defesa de direito próprio, admite-se excepcionalmente a fixação da competência territorial pelo foro do local do domicílio dos reclamantes. Aplicação analógica do disposto no art. 147, I, do Estatuto da Criança e do Adolescente (ECA), diante da ausência de disciplina legal específica na CLT. No caso, ressaltou-se que por se tratar de situação excepcional, a qual refoge à regra do *caput* do art. 651 e parágrafos, da CLT — em que a competência territorial define-se pelo local da prestação dos serviços do empregado, e, excepcionalmente, pela localidade da contratação —, cumpre ao órgão jurisdicional colmatar a lacuna mediante a aplicação de norma

5.7. COMPETÊNCIA EM RAZÃO DA PESSOA, DA HIERARQUIA E DO VALOR DA CAUSA

Resta analisar, em apertada síntese, a competência em razão da pessoa, da hierarquia e do valor da causa, no âmbito da Justiça do Trabalho.

Desde o advento da EC 45/04, que adotou a competência material, não mais se pode falar em competência em razão da pessoa, perante a Justiça do Trabalho.

Quanto ao valor da causa, esse jamais foi critério de competência utilizado na Justiça do Trabalho, tanto que não é um requisito da petição inicial (art. 840 da CLT). Ele serve à fixação dos ritos processuais (art. 652-A da CLT, e art. 2º, § 3º, da Lei n. 5.584/70).

O termo "funcional" é utilizado para se referir a um critério de fixação de competência. Já o termo "hierárquico" serve para designar uma competência propriamente dita, fixada a partir do critério funcional.

A competência hierárquica pressupõe a existência de uma subordinação administrativa entre os órgãos da Justiça do Trabalho. Assim, o TST é o órgão administrativo máximo, aos quais estão subordinados os Tribunais Regionais do Trabalho, que, por sua vez, estão acima dos Juízes do Trabalho de primeira instância.

Não há que se falar em subordinação jurídica, uma vez que cada Juiz tem independência para decidir conforme sua convicção motivada. O que há é apenas uma subordinação para fins administrativos. E é em função disso, por exemplo, que é possível estabelecer a competência para decidir conflitos de competência, como já foi visto.

A competência hierárquica é absoluta, de maneira que não está submetida à derrogação pelas partes e deve ser declarada de ofício pelo juízo.

As regras de competência hierárquica estão na CLT (arts. 653, 678, 680 e 702), na Lei n. 7.701/88, e nos Regimentos Internos dos Tribunais. Elas especificam a ordem dos trabalhos internos de cada órgão, sendo que as principais já foram objeto de tratamento em capítulo anterior, destinado à análise da organização da Justiça do Trabalho.

Aqui, calha salientar apenas dois entendimentos consolidados pelo TST. No primeiro deles, o Tribunal decidiu que as ações anulatórias são da competência do mesmo juízo em que foi praticado o ato supostamente viciado,[247] de maneira que a ela não se aplicam as regras da Ação Rescisória. No outro, a Corte Superior trabalhista julgou que o pedido de antecipação de tutela, no âmbito dos tribunais, deve ser dirigido ao relator do processo, ao qual compete decidir e imediatamente depois submeter sua decisão ao respectivo colegiado.[248]

compatível com o princípio da acessibilidade. [...]" (TST-ERR-86700-15.2009.5.11.0007, SBDI-I, rel. Min. Aloysio Corrêa da Veiga, red. p/ acórdão Min. João Oreste Dalazen, 12.11.2015.)

(247) Orientação Jurisprudencial da SDI-II do TST n. 129. "Ação Anulatória. Competência originária. Em se tratando de ação anulatória, a competência originária se dá no mesmo juízo em que praticado o ato supostamente eivado de vício."

(248) Orientação Jurisprudencial da SDI-II do TST n. 68. "Antecipação de tutela. Competência. Nos Tribunais, compete ao relator decidir sobre o pedido de antecipação de tutela, submetendo sua decisão ao Colegiado respectivo, independentemente de pauta, na sessão imediatamente subsequente."

6 Partes e Procuradores

6.1. CONCEITO E FUNDAMENTO

Na relação jurídica material, *parte* é a pessoa que é titular de um direito, em relação a alguma coisa (direito real) ou a outra pessoa (direito obrigacional). Na relação jurídica processual, todavia, parte é a pessoa que ajuíza uma demanda, bem assim a que tem uma demanda ajuizada contra si.

A consequência dessa diferença é que nem sempre quem é parte na relação material será parte no processo.

A CLT dispõe de normas próprias sobre as partes no processo (arts. 791 a 793), mas a aplicação subsidiária do CPC é fundamental (art. 769, da CLT).

No Processo do Trabalho, a parte autora é, em regra, o empregado, e a parte ré, o empregador. E isso não se dá ao acaso. É que, diferentemente do que ocorre nos contratos civis, no contrato de trabalho o empregado está subordinado ao empregador, o que significa dizer que este tem um poder sobre aquele. Esse poder, chamado de empregatício, confere ao empregador o direito de dirigir, fiscalizar e punir, os quais o trabalhador não tem em relação ao seu patrão. Dessa forma, via de regra, o empregador não precisa da Justiça do Trabalho para obter a satisfação dos seus direitos na relação contratual. Por exemplo, se o empregado comete uma falta grave, o empregador pode dispensá-lo por justa causa independentemente do ajuizamento de qualquer ação na Justiça do Trabalho, o que não ocorre com o trabalhador que, para ter seu contrato resolvido por culpa do empregador precisa ajuizar uma ação trabalhista. Até mesmo uma dívida trabalhista segue essa lógica, já que o empregador pode descontar valores relativos a ela do salário do empregado, enquanto este precisa da tutela jurisdicional trabalhista.

Em vista disso, o Processo do Trabalho é pensado e construído levando em conta essa desigualdade, pelo que é protecionista, sob pena de o empregado se ver em situação de sujeição tanto na relação material quanto na processual.

Estabelecidas essas premissas, já se pode passar à análise das peculiaridades do Processo do Trabalho em relação às partes e aos procuradores.

6.2. CAPACIDADE

A *capacidade civil* ou *de direito* é a aptidão que uma pessoa tem para adquirir direitos e cumprir obrigações. Nos termos do Código Civil (CC), toda pessoa é capaz de direitos e deveres na ordem civil (art. 1º), capacidade essa que começa a partir do nascimento com vida, no caso das pessoas naturais (art. 2º), e do registro dos atos constitutivos, para as pessoas jurídicas (art. 45).

Já a *capacidade civil de fato* é a habilitação para a prática de todos os atos da vida civil. Ela é adquirida, quando a pessoa natural completa a idade de dezoito anos (art. 5º do CC) ou pela emancipação (art. 5º, parágrafo único, do CC), desde que estejam ausentes as causas que geram a incapacidade (arts. 3º e 4º, do CC).

A *capacidade processual*, por sua vez, é a aptidão que uma pessoa tem para participar de uma relação jurídica processual, isto é, para estar juízo. Possui natureza jurídica de pressuposto processual subjetivo de validade do processo. Ela é independente da capacidade civil, de maneira que uma pode existir sem a outra, como na hipótese do art. 72 do CPC de 2015. São três as suas espécies: a) capacidade processual de direito ou de ser parte (art. 70 do CPC de 2015); b) capacidade processual de fato ou *"ad processum"* (art. 71 do CPC de 2015); e c) capacidade processual postulatória (art. 791 da CLT e art. 1º da Lei n. 8.906/94).

1. *Capacidade processual de direito* ou *de ser parte*. A capacidade processual de direito ou de ser parte tem os mesmos requisitos da capacidade civil de direito, ou seja, qualquer pessoa pode ser parte em um processo, mesmo que seja absoluta ou relativamente incapaz aos olhos do Direito Civil (arts. 3º e 4º CC). Segundo o art. 70, do CPC de 2015, "toda pessoa que se encontre no exercício de seus direitos tem capacidade para estar em juízo."

2. *Capacidade processual de fato* ou *"ad processum"*. Nem todo mundo pode atuar sozinho em processo. Apenas aqueles que podem estar em juízo, sem a necessidade do auxílio de outra pessoa, é que têm capacidade de fato ou "*ad processum*". Nos termos do art. 71, do CPC de 2015, "o incapaz será representado ou assistido por seus pais, por tutor ou por curador, na forma da lei."

3. *Capacidade postulatória*. A capacidade postulatória é a autorização para praticar diretamente atos processuais. No Processo Civil comum, a parte pode ter capacidade processual de direito e de fato, mas só poderá praticar atos processuais, em regra, por meio de um procurador legalmente habilitado para isso, que é o advogado. O Processo do Trabalho, porém, possui regras específicas.

3.1. *Advogado*. A atuação do advogado será mais bem examinada no tópico "*6.8 Procuradores*", neste capítulo, ao qual remetemos o leitor.

3.2. *Jus postulandi*. O "*jus postulandi*" é a capacidade postulatória deferida às próprias partes, de maneira que autor e réu poderão praticar *quase* todos os atos processuais, sem a necessidade de constituir advogado (art. 791 da CLT). *Quase*, porque há limites.

Como *primeiro* limite, a parte só poderá fazer uso do "*jus postulandi*" para praticar atos em causa própria, pois a atuação profissional no processo, representando terceiros, é uma prerrogativa privativa dos advogados (art. 1º da Lei n. 8.906/94). Por isso é que o TST já decidiu que os atos praticados por estagiário somente serão válidos se acompanhados pelo advogado.(249)

O *segundo limite* é a vedação à interposição de recursos e ao ajuizamento de determinadas ações, como a ação rescisória, a ação cautelar e o mandado de segurança, perante o TST, por serem atos privativos de advogado e por exigirem conhecimentos técnicos. Nesse sentido é a súmula n. 425 do TST.(250)

A doutrina se divide quanto à existência de um *terceiro limite*. Caso as partes não possuam vínculo de emprego, mas apenas de relação de trabalho "*stricto sensu*", nos termos da nova competência da Justiça do Trabalho, prevalecerá o "*jus postulandi*"?

(249) "[...] 2. Recurso de Revista. Intimação por meio de estagiário desacompanhado de advogado. Invalidade. O estagiário de advocacia somente pode praticar ato privativo de advocacia — em conjunto com advogado e sob responsabilidade deste — (art. 3º, § 2º, da Lei 8.906/1994). Logo, a simples carga dos autos, um dia antes da publicação da decisão, realizada por estagiário de advocacia, desacompanhado de advogado, conquanto habilitado nos autos, não há de ser considerada como termo inicial do prazo para a interposição do Recurso Ordinário. Recurso de Revista de que se conhece em parte e a que se dá provimento." (TST. RR — 94241-39.2003.5.10.0007. Relator: Ministro João Batista Brito Pereira. 5ª Turma. DEJT: 05.08.2011).

(250) Súmula n. 425 do TST. "*Jus postulandi* na Justiça do Trabalho. Alcance. O *jus postulandi* das partes, estabelecido no art. 791 da CLT, limita-se às Varas do Trabalho e aos Tribunais Regionais do Trabalho, não alcançando a ação rescisória, a ação cautelar, o mandado de segurança e os recursos de competência do Tribunal Superior do Trabalho."

Para a primeira corrente, a previsão expressa do art. 791 da CLT não deixa dúvidas de que apenas empregados e empregadores podem fazer uso do "*jus postulandi*" na Justiça do Trabalho, como se vê:

> "Art. 791. Os empregados e os empregadores poderão reclamar pessoalmente perante a Justiça do Trabalho e acompanhar as suas reclamações até o final."

Outra corrente, no entanto, sustenta que o art. 791 da CLT deve ser interpretado à luz do art. 114 da CF, razão pela qual o "*jus postulandi*" deve ter máxima aplicabilidade subjetiva, alcançando todas as partes que litigam perante a Justiça do Trabalho. É a posição contida, por exemplo, no Enunciado n. 67, da 1ª Jornada da ANAMATRA:

> "Enunciado n. 67. JUS POSTULANDI. ART. 791 DA CLT. RELAÇÃO DE TRABALHO. POSSIBILIDADE. A faculdade de as partes reclamarem, pessoalmente, seus direitos perante a Justiça do Trabalho e de acompanharem suas reclamações até o final, contida no art. 791 da CLT, deve ser aplicada às lides decorrentes da relação de trabalho."

A razão parece estar com a segunda corrente. O princípio processual da proteção é aplicado em todos os processos da Justiça do Trabalho, incluindo as ações que versem sobre a relação de trabalho "*stricto sensu*", senão não haveria razão para deslocar a competência da Justiça comum para a Justiça do Trabalho. Assim, é preciso estender aos novos litigantes a mesma proteção conferida aos empregados.

Além disso, o art. 791 da CLT deve ser lido a partir da Constituição Federal, pena de haver uma subversão hermenêutica, passando a lei a preponderar sobre a Constituição, o que é um absurdo.

Por fim, é bem de se ver que, se o pequeno operário ou artífice e o trabalhador avulso, que não são empregados, faziam uso do "*jus postulandi*", antes mesmos do advento da EC n. 45/04 (art. 652 da CLT), por que haveriam de perder essa prerrogativa agora?

Constitucionalidade. O "*jus postulandi*" já foi considerado constitucional pelo STF inúmeras vezes. Na ADI-1.127-8, o STF julgou inconstitucional o termo "qualquer", constante do art. 1º da Lei n. 8.906/94, que dizia ser privativo do advogado o ato de postular em "qualquer" órgão do Poder Judiciário, justamente por entender que na Justiça do Trabalho a contratação de advogado é facultativa.

3.3. *Sindicato, solicitador e provisionado*. Além do "*jus postulandi*" e da intermediação dos advogados, o § 1º, do art. 791 da CLT, assegura às partes o direito de se fazerem representar por sindicato e por solicitador ou provisionado, inscrito na OAB.

O texto do mencionado dispositivo foi mal redigido, já que o sindicato não possui capacidade postulatória, sendo esta uma prerrogativa dos advogados, como mencionado. O significado jurídico do referido parágrafo é no sentido de que a parte pode vir a juízo através do advogado do sindicato. Caso a parte seja incapaz, aí sim, poderá fazer-se representar pelo próprio sindicato (art. 793 da CLT).

Quando a CLT foi promulgada, existiam as figuras do solicitador ou provisionado, que eram *advogados práticos*, ou seja, pessoas que detinham os conhecimentos necessários para advogar, porém sem a titulação acadêmica correspondente. Hoje, nos termos do art. 8º da Lei n. 8.906/94, exige-se a graduação em Direito como requisito para inscrição nos quadros da OAB, razão pela qual a previsão celetista do solicitador e do provisionado está implicitamente revogada.

4. *Perda da capacidade*. A perda da capacidade processual provoca a suspensão do processo, a fim de que o Juiz designe prazo razoável para que o vício seja *sanado, sob pena de* (art. 76, § 1º, do CPC de 2015): a) extinção, se a incapacidade for do autor; b) revelia, se a incapacidade for do réu; c) revelia ou exclusão do processo, se a incapacidade for de terceiro.

Sem embargo, se o processo estiver na fase recursal, o relator não conhecerá do recurso ou das contrarrazões de quem tiver perdido a capacidade processual. A novidade trazida pelo CPC de 2015, no entanto, está no fato de que, antes de adotar tais providências, o relator deve dar oportunidade para a parte sanear o vício (art. art. 76, § 2º, do CPC de 2015), dispositivo que, no entendimento do C. TST, é aplicável ao Processo do Trabalho (art. 3º, I, da IN 39/16).

6.3. REPRESENTAÇÃO

Na relação material, a *representação* é um ônus conferido a uma pessoa para que atue pelo incapaz. Caso este possua incapacidade absoluta, essa pessoa será o seu representante em sentido estrito e, na hipótese de a incapacidade ser relativa, será seu assistente. A representação de incapazes menores é chamada de *tutela*, e a de maiores de *curatela*.

Na relação processual, esse ônus é transportado para o processo, de maneira que o representante não será parte, tampouco pleiteará interesses seus. Ele apenas atuará em nome e na defesa de direito alheio (do representado).

Em regra, cada pessoa se apresenta pessoalmente para demandar. Quando, por questões de ordem natural ou legal, a pessoa não tiver capacidade processual ou não puder comparecer pessoalmente em juízo, ela se fará representar por outrem.

No Processo do Trabalho, se a incapacidade da pessoa for a processual de fato ou "*ad processum*", a representação será feita pelos seus representantes legais e, na falta destes, pelo Ministério Público do Trabalho, pelo sindicato, pelo Ministério Público estadual ou pelo curador nomeado pelo juízo (art. 793 da CLT).

Lado outro, se a incapacidade da pessoa for a postulatória, a representação deverá ser feita por um advogado. Nada impede, portanto, que a pessoa demande representada por seus pais e por um advogado ao mesmo tempo, pois são representações diferentes.

Não haverá a necessidade de representação por incapacidade de direito, uma vez que todas as pessoas possuem esta capacidade.

1. *Empregado*. A seguir serão examinados os casos de representação do empregado, como parte do processo.

1.1. *Capazes*. No caso de o empregado não poder comparecer pessoalmente à Justiça do Trabalho, apesar de ser capaz, poderá fazer-se representar por outro empregado que pertença à mesma profissão, ou pelo sindicato — que tem a prerrogativa de representar os interesses individuais de seus associados perante as autoridades administrativas e judiciárias (art. 513, "a", da CLT) –, desde que sua ausência esteja justificada por uma doença ou por outro motivo relevante (art. 843, § 2º, da CLT).

1.2. *Incapazes*. O Código Civil apresenta o rol de pessoas incapazes. Entre eles estão, *v.g.*, os menores de dezesseis anos, que são absolutamente incapazes, e os maiores de dezesseis e menores de dezoito, relativamente incapazes para certos atos (arts. 3º e 4º). As pessoas absoluta e relativamente incapazes necessitam de seus pais, tutores ou curadores para estarem em juízo, porque não possuem a capacidade processual de fato, pelo que se diz que devem ser *representados*.

1.3. *Emancipados*. O Código Civil prevê a cessação antecipada da incapacidade relativa pela emancipação, que pode se dar pela concessão dos pais, pelo casamento, pelo exercício de emprego público, pela colação de grau em curso superior, pelo estabelecimento de empreendimento civil ou comercial e pela relação de emprego. Surge daí uma polêmica: a emancipação civil implica na automática aquisição da capacidade processual de fato?

Parte da doutrina entende que, uma vez emancipada, a pessoa adquire automaticamente a capacidade "*ad processum*", ficando dispensada do dever de demandar por meio de um representante.

Outra corrente, no entanto, é pela independência das capacidades, já que as relações jurídicas também são independentes. Ademais, segundo essa vertente, a CLT possui regramento próprio, no art. 793, o qual estabelece que "a reclamação trabalhista do menor de 18 anos será feita por seus representantes legais e, na falta destes, pela Procuradoria da Justiça do Trabalho, pelo sindicato, pelo Ministério Público estadual ou por curador nomeado em juízo".

Parece mais acertada a primeira corrente. É que não há razão para exigir de alguém que pode praticar todos os atos da vida civil por conta própria o dever de litigar por intermédio de um representante. No caso, apesar de o art. 793 ser uma norma especial, salta aos olhos a sua defasagem ontológica, uma vez que os maiores de dezesseis e menores de dezoito anos dos dias atuais detêm, em regra, muito mais acesso à educação e à integração social do que tinham os jovens de mesma idade, ao tempo da edição da CLT. Portanto, enquanto *partes* no processo, os emancipados maiores de dezesseis e menores de dezoito anos possuem também a capacidade processual de fato ou "*ad processum*".

Entretanto, é imperioso deixar claro que aqui se está a falar das implicações da emancipação na *capacidade processual-trabalhista* e não na *capacidade material-trabalhista*, pois não restam dúvidas de que a emancipação civil gera consequências diferentes nas relações materiais de trabalho. A CF, por exemplo, proíbe o trabalho "noturno, perigoso ou insalubre a menores de dezoito e de qualquer trabalho a menores de dezesseis anos, salvo na condição de aprendiz, a partir de quatorze anos" (art. 7º, XXXIII). É certo que normas como estas, pertinentes à saúde e segurança do menor, são de ordem pública, não podendo ser derrogadas pelas partes, como se daria pela emancipação.

1.4. *Menores de 18 anos*. O menor de 18 anos de idade não possui legitimidade "*ad processum.*" Por isso, para ser parte em um processo ele deve estar assistidos pelos pais ou representante legal, na falta dos quais os assistentes podem ser o Procurador do Trabalho, o sindicato, o representante do Ministério Público estadual ou um curador nomeado pelo Juízo (art. 793 da CLT c/c art. 83, V, da LC n. 75/93).

O menor com idade entre 16 e 18 pode, desde que assistido, ser interrogado, uma vez que nessa idade ele já pode ser empregado (art. 7º, XXXIII, da CF, c/c art. 792 da CLT).

1.5. *Ações plúrimas*. Pode acontecer, ainda, de várias ações serem reunidas em um só processo, inicialmente ou por conexão, quando se tratar de empregados da mesma empresa, nos *dissídios plúrimos* (art. 842, da CLT). Nesse caso, sendo muitos os autores, podem fazer-se representar pelo sindicato ou por um dos autores, ao qual caberá representar os demais (art. 843 da CLT).

2. *Empregador*. A ausência do empregador na audiência em que deveria apresentar defesa só pode ser ilidida em caso de doença que o impossibilite de se locomover, o que deve ser provado por atestado médico, nos termos da jurisprudência pacífica do TST.[251] Apesar de se referir ao empregador, essa súmula tem sido aplicada, por analogia, ao empregado.

2.1. *Empregador pessoa jurídica*. As pessoas jurídicas regularmente inscritas nos registros pertinentes também possuem capacidade processual de fato, razão pela qual não necessitam ser representadas. Juridicamente, seus administradores, quando sócios ou proprietários, não a representam, mas sim as *presentam*, de maneira que os atos destes são reconhecidos como atos próprios da pessoa jurídica. As pessoas naturais que *presentam* a pessoa jurídica são aquelas descritas no catálogo do art. 75 do CPC de 2015. Entretanto, caso a administração recaia sobre terceiro, estranho aos quadros sociais da pessoa jurídica, aí sim haverá representação.

O art. 843, § 1º, da CLT, estabelece que, no Processo do Trabalho, a pessoa jurídica que for empregadora será representada pelo gerente ou qualquer outro preposto que tenha conhecimento dos fatos. O TST tem interpretado esse artigo de forma a exigir que o preposto seja empregado (com CTPS assinada) da pessoa jurídica, salvo em se tratando de microempresa e empresa de pequeno porte (Súmula n. 377[252]). Nesse caso o preposto pode ser qualquer pessoa que tenha conhecimento dos fatos, como o contador da empresa, por exemplo. No nosso sentir, além dessas empresas, também não deve ser exigida a condição de empregado do preposto de empresas individuais de responsabilidade Ltda. (art. 980-A, do CC), porque são ainda menores que as microempresas.

É preciso dizer que a Lei n. 13.467/17 (reforma trabalhista) acrescentou um terceiro parágrafo ao art. 843 da CLT, para estabelecer que o preposto não mais precisa ser empregado da parte ré, inclusive para grandes empresas.

2.2. *Empregador pessoa física*. Quando o empregador é uma pessoa física, tal qual ocorre no caso do empregado doméstico, também é possível se fazer substituir por preposto que tenha conhecimento dos fatos (art. 843, § 1º, da CLT), uma vez que, em relação ao empregador, o contrato de trabalho é impessoal (arts. 2º, 10

(251) Súmula TST n. 122. Revelia. Atestado médico — A reclamada, ausente à audiência em que deveria apresentar defesa, é revel, ainda que presente seu advogado munido de procuração, podendo ser ilidida a revelia mediante a apresentação de atestado médico, que deverá declarar, expressamente, a impossibilidade de locomoção do empregador ou do seu preposto no dia da audiência.

(252) Súmula do TST n. 377. "Preposto. Exigência da condição de empregado. Exceto quanto à reclamação de empregado doméstico, ou contra micro ou pequeno empresário, o preposto deve ser necessariamente empregado do reclamado. Inteligência do art. 843, § 1º, da CLT e do art. 54 da Lei Complementar n. 123, de 14 de dezembro de 2006."

e 448 da CLT). Nesse sentido é o teor da citada Súmula n. 377 do C. TST, bem como a jurisprudência reiterada dos Tribunais trabalhistas.(253)

2.3. *Entes sem personalidade jurídica*. Existem, ainda, entes sem personalidade jurídica, como o espólio, o condomínio e a massa falida, que, não obstante à ausência de personalidade, possuem capacidade de fato ou "*ad processum*", por força de lei (art. 75 do CPC de 2015).

2.4. *Réu preso*. Por fim, há de se saber da polêmica envolvendo a aplicação ou não do art. 72 do CPC de 2015, que determina ao Juiz que nomeie um curador (que é um representante) na hipótese de o réu estar preso ou ser revel, neste caso, quando citado por edital ou com hora certa, enquanto não for constituído advogado. A corrente minoritária é pela aplicação do aludido dispositivo, enxergando lacuna normativa na CLT. A corrente majoritária, com mais acerto, entende não haver lacuna, haja vista que o art. 841, § 1º, da CLT, regula a citação por edital no âmbito do Processo do Trabalho, sem fazer qualquer referência à nomeação de um curador. Nesse sentido, tem-se inclinado a jurisprudência do TST.(254)

2.5. *Empregador falecido*. Se o empregador é pessoa física ou um empresário que atua individualmente e falece, a ação deve ser proposta contra o espólio, que só existirá mediante a abertura de inventário, situação em que o inventariante representará o espólio (art. 75, VII, do CPC de 2015). Nesse sentido é o entendimento do TST.(255)

Caso o administrador dos bens do "*de cujus*" não tenha requerido o inventário, o credor trabalhista poderá fazê-lo (art. 616, VI, do CPC de 2015) e até mesmo o Juiz, de ofício.(256)

3. *Forma*. A representação deve estar formalizada nos autos, sendo a sua regularidade um pressuposto processual de desenvolvimento válido e regular do processo.

3.1. *Incapacidade de fato*. No caso da representação por incapacidade processual de fato, a representação se faz provar pela certidão de nascimento, quando for incumbida aos pais do menor, ou pela sentença judicial, no caso do tutor nomeado pelo juiz, por exemplo.

3.1.2. *Incapacidade postulatória*. Em se tratando de incapacidade postulatória, a representação será materializada no contrato de *mandato*, cujo instrumento é a *procuração*. Esta é desnecessária para o procurador da União, Estados, Municípios e Distrito Federal, bem como suas autarquias e fundações públicas, nos termos da Lei n. 9.469/97, sendo essencial, no entanto, que o procurador declare, expressamente, que ocupa o respectivo cargo, não bastando a simples indicação do número da OAB.(257)

---

(253) Veja-se, por exemplo: "Réu Pessoa Física. Preposto Não Empregado. Possibilidade. A Súmula 377/TST enuncia que "exceto quanto à reclamação de empregado doméstico, ou contra micro ou pequeno empresário, o preposto deve ser necessariamente empregado do reclamado. Inteligência do art. 843, § 1º, da CLT e do art. 54 da Lei Complementar n. 123, de 14 de dezembro de 2006". A exigência do vínculo de emprego está direcionada à pessoa jurídica e se justifica em face da necessidade do representante ter conhecimento dos fatos que se passam na empresa, contribuindo para a busca da verdade real e evitando a "indústria" de prepostos profissionais. Se a Súmula excetua o micro ou o pequeno empresário, muito mais razão há para afastar a regra em relação à pessoa física do reclamado. Preliminar de nulidade acolhida." (TRT da 3.ª Região; PJe: 0010255-27.2015.5.03.0052 (RO); Disponibilização: 18.08.2016; Órgão Julgador: Turma Recursal de Juiz de Fora; Relator: Juliana Vignoli Cordeiro)

(254) "Recurso de Revista. Nulidade processual. Nomeação de curador ao revel. Citação por edital. Processo do Trabalho. A regra prevista no art. 9º, II, do Código de Processo Civil, que exige nomeação de curador especial ao réu revel, citado por edital, não tem aplicação subsidiária ao Processo do Trabalho em face da existência de norma expressa na Consolidação das Leis do Trabalho regendo a matéria alusiva à citação por edital, conforme o disposto no art. 841, § 1º, da Consolidação das Leis do Trabalho. O procedimento previsto na lei processual civil revela-se incompatível, ainda, com o princípio da celeridade que orienta o processo nesta Justiça especial. Precedentes. Recurso de revista não conhecido [...]." (TST. RR — 38900-96.2004.5.05.0018. Relator: Ministro Lelio Bentes Corrêa. 1ª Turma. DEJT: 06.07.2012).

(255) "Agravo de Instrumento. Recurso de Revista. Execução. Execução processada contra o espólio do devedor. Impossibilidade. Competência deslocada para o juízo universal da ação de inventário. arts. 1.017 do CPC e 1.792 do CC. A alegada violação dos dispositivos da Constituição da República apontados pelo Recorrente somente poderia ocorrer de forma reflexa, a depender do exame da legislação infraconstitucional. Aplicação do art. 896, § 2º, da CLT e da Súmula n. 266 do TST. Agravo de Instrumento não provido". (TST. AIRR — 130400-38.1996.5.02.0301. Relatora: Juíza Convocada Maria Laura Franco Lima de Faria. 8ª Turma. DEJT: 08.06.2012).

(256) "[...] Ao tomar conhecimento de que ultrapassado o prazo (Art. 983 do CPC) ninguém requereu a abertura do inventário, o juiz deve fazê-lo de ofício. A norma do Art. 989 do CPC é imperativa." (STJ. REsp 515.034/RS. Relator Ministro Humberto Gomes de Barros. Terceira Turma. DJ 26.03.2007, p. 231).

(257) Súmula do TST n. 436. "Representação processual. Procurador da União, Estados, Municípios e Distrito Federal, suas autarquias e fundações públicas. Juntada de instrumento de mandato. I — A União, Estados, Municípios e Distrito Federal, suas autarquias e fundações

O TST já consolidou o entendimento pelo qual a validade do mandato não está condicionada à juntada do contrato social da pessoa jurídica de direito privado, a fim de verificar se o outorgante tinha poderes para subscrever a procuração.(258)

A atuação do advogado fora da seção da OAB em que está inscrito, sem a comunicação à seccional respectiva, não gera a nulidade do ato, constituindo apenas infração disciplinar.(259)

4. *Irregularidade de representação.* A irregularidade de representação é vício que acarreta (art. 76, § 1º, do CPC de 2015): a) extinção do processo, sem resolução de mérito (art. 485, IV, do CPC de 2015), se a incapacidade for do autor; b) revelia, se a incapacidade for do réu; c) revelia ou exclusão do processo, se a incapacidade for de terceiro.

Na regência do CPC de 1973, a irregularidade de representação do advogado não podia ser saneada na fase recursal (arts. 13 e 37).(260) Com o advento do CPC de 2015, no entanto, cabe ao relator dar oportunidade para a parte sanear o vício (art. 76, § 2º, do CPC de 2015), dispositivo que, no entendimento do C. TST, é aplicável ao Processo do Trabalho (art. 3º, I, da IN 39/16). Em vista disso, o C. TST alterou a Súmula 383.(261)

6.4. LEGITIMIDADE

6.4.1. CONCEITO

Atualmente, a ação é vista com um direito abstrato, que não depende nem se subordina ao direito material.

Imagine-se, por exemplo, que Francisco contrate César para gerenciar o seu estabelecimento comercial e que, após um mês de trabalho, não tenha havido o pagamento de salário. César tem, em função da mora de seu empregador, dois direitos, o primeiro é o direito de receber o seu salário. O outro, abstrato, é o direito de ação, ou seja, o direito de buscar a proteção do Estado para receber o seu salário por ordem judicial.

Acontece que Francisco pode resolver pagar o salário de César espontaneamente, razão pela qual não haverá necessidade de ajuizar uma ação para isso. Entretanto, como o direito de ação é autônomo, César poderá, ainda assim, ajuizar uma ação, a qual certamente será julgada improcedente.

No exemplo citado, Francisco e César são titulares de direitos e obrigações em uma relação jurídica material, razão pela qual, e só por isso, poderão ser partes em um processo que verse sobre o contrato de emprego celebrado entre eles. É a isso que se atribui o nome de *legitimidade*. Esta é, portanto, uma condição para o exercício do direito de ação. Gustavo, por exemplo, que nada tem a ver com a relação entre Francisco e César, não será parte legítima na ação relativa àquele contrato de emprego.

públicas, quando representadas em juízo, ativa e passivamente, por seus procuradores, estão dispensadas da juntada de instrumento de mandato e de comprovação do ato de nomeação. II — Para os efeitos do item anterior, é essencial que o signatário ao menos declare-se exercente do cargo de procurador, não bastando a indicação do número de inscrição na Ordem dos Advogados do Brasil."

(258) Orientação Jurisprudencial da SDI-I do TST n. 255. "Mandato. Contrato social. Desnecessária a juntada. O art. 75, inciso VIII, do CPC de 2015 (art. 12, VI, do CPC de 1973) não determina a exibição dos estatutos da empresa em juízo como condição de validade do instrumento de mandato outorgado ao seu procurador, salvo se houver impugnação da parte contrária".

(259) Orientação Jurisprudencial da SDI-I do TST n. 7. "Advogado. Atuação fora da seção da OAB onde o advogado está inscrito. Ausência de comunicação. (Lei n. 4.215/1963, § 2º, art. 56). Infração disciplinar. Não importa nulidade. A despeito da norma então prevista no art. 56, § 2º, da Lei n. 4.215/63, a falta de comunicação do advogado à OAB para o exercício profissional em seção diversa daquela na qual tem inscrição não importa nulidade dos atos praticados, constituindo apenas infração disciplinar, que cabe àquela instituição analisar".

(260) Antiga redação da Súmula do TST n. 383. "Mandato. arts. 13 e 37 do CPC. Fase Recursal. Inaplicabilidade. I — É inadmissível, em instância recursal, o oferecimento tardio de procuração, nos termos do art. 37 do CPC, ainda que mediante protesto por posterior juntada, já que a interposição de recurso não pode ser reputada ato urgente. II — Inadmissível na fase recursal a regularização da representação processual, na forma do art. 13 do CPC, cuja aplicação se restringe ao Juízo de 1º grau."

(261) Atual redação da Súmula do TST n. 383. "Recurso. Mandato. Irregularidade de representação. CPC de 2015, arts. 104 e 76, § 2º (nova redação em decorrência do CPC de 2015). I — É inadmissível recurso firmado por advogado sem procuração juntada aos autos até o momento da sua interposição, salvo mandato tácito. Em caráter excepcional (art. 104 do CPC de 2015), admite-se que o advogado, independentemente de intimação, exiba a procuração no prazo de 5 (cinco) dias após a interposição do recurso, prorrogável por igual período mediante despacho do juiz. Caso não a exiba, considera-se ineficaz o ato praticado e não se conhece do recurso. II — Verificada a irregularidade de representação da parte em fase recursal, em procuração ou substabelecimento já constante dos autos, o relator ou o órgão competente para julgamento do recurso designará prazo de 5 (cinco) dias para que seja sanado o vício. Descumprida a determinação, o relator não conhecerá do recurso, se a providência couber ao recorrente, ou determinará o desentranhamento das contrarrazões, se a providência couber ao recorrido (art. 76, § 2º, do CPC de 2015)."

Em palavras mais técnicas, a legitimidade é uma condição ideal para ser parte em uma demanda, de maneira que legítima será aquela a quem a lei autorize a defesa, em juízo, do alegado direito ou incumba o ônus de suportar *os efeitos da providência pedida* (LIMA, 2012).

Quem ajuíza uma ação (no exemplo, César) possui *legitimidade ativa* e, aquele em face de quem ela é ajuizada (Francisco), *legitimidade passiva*. Ambas são legitimidades "*ad processum*", pois se referem à relação jurídica processual.

A análise da legitimidade "*ad processum*" não é feita em concreto, mas sim em abstrato. É que o juiz, ao receber a ação, não terá condições imediatas de saber se o autor de fato é ou não é a titular do direito material alegado, tampouco se o réu é realmente a pessoa que figurou como parte na relação jurídica material. Tudo dependerá das provas que serão produzidas. Assim, compete ao Juiz fazer a verificação da existência dessa legitimidade a partir do que o autor alegar na petição inicial, ou seja, através de suas *assertivas*. Estas dão nome à *teoria da asserção*, a qual consiste justamente na ideia de que as condições da ação devem ser analisadas "*in abstrato*" e possui ampla aplicação no Processo do Trabalho. Nesse sentido é a jurisprudência do TST.[262]

6.4.2. LEGITIMIDADE ORDINÁRIA

1. *Regra geral*. Sempre que o titular do direito material for também o titular do direito de ação, a legitimidade será *ordinária*. A regra é, portanto, que cada um pleiteie, em juízo, um direito próprio, em nome próprio (art. 18, do CPC de 2015).

2. *Compensação por danos morais e espólio*. O espólio possui legitimidade para pleitear compensação por danos morais?

Para responder a essa questão é preciso, contudo, estabelecer um marco divisor. Caso a ação já tenha sido iniciada pelo trabalhador e este venha a falecer no curso do processo, haverá sucessão processual, que tanto pode ser feita pelo espólio quanto pelos dependentes habilitados na Previdência Social, o que será visto mais adiante. É que, no caso, a possibilidade de sucesso da ação é um bem em potencial deixado pelo "*de cujus*", o qual poderá ser repartido entre os herdeiros. Daí porque o espólio, mesmo sem personalidade jurídica, poderá prosseguir no processo.[263]

Outra situação é a do trabalhador que morre antes do ajuizamento da ação, como em virtude de um acidente do trabalho.

A SDI-I, do C. TST, decidiu que, nesse caso, o espólio tem legitimidade ativa.[264]

Para nós, contudo, em situações como essa, não há falar em dano moral do trabalhador, uma vez que se trata de direito personalíssimo, extinguindo-se juntamente com a morte de seu titular. O que pode ocorrer é que os próprios herdeiros tenham sofrido danos morais, em virtude da dor provocada pela perda do ente querido, modalidade que é chamada de *dano moral reflexo* ou *por ricochete*. É certo que, na hipótese, não haverá sucessão

(262) "Recurso de Revista. Preliminar de ilegitimdade passiva *ad causam*. A legitimidade passiva *ad causam* é constatada em razão do que afirma o demandante (teoria da asserção). Tem legitimidade passiva a reclamada que, em razão de ter participado da relação jurídica discutida nos autos, em princípio possa vir a responder pela satisfação da pretensão manifestada em juízo. Recurso de revista de que não se conhece. [...]" (TST. RR — 57400-50.2007.5.04.0305. Relatora: Ministra Kátia Magalhães Arruda. 6ª Turma. DEJT: 06.07.2012).

(263) "Agravo de Instrumento de Recurso de Revista. Indenização por dano moral decorrente de acidente de trabalho. Falecimento no curso da demanda. Espólio. Legitimidade Ativa. O espólio detém legitimidade ativa para postular indenização por danos morais decorrentes de acidente de trabalho, porquanto a reparação é de natureza patrimonial e decorre do contrato de trabalho havido entre a reclamada e o *de cujus*. Ademais, na hipótese, o ofendido, em vida, teve a iniciativa do ajuizamento da ação, revelando, expressamente, a sua intenção de ser ressarcido pela demandada. Agravo de instrumento desprovido. [...]" (TST. AIRR — 309840-46.2005.5.12.0027. Relator: Ministro José Roberto Freire Pimenta. 2ª Turma. DEJT: 09.03.2012).

(264) "Indenização por dano moral. Dano sofrido pelo empregado. Ação proposta pelo espólio. Legitimidade ativa. O espólio tem legitimidade ativa para pleitear pagamento de indenização por danos morais quando o prejuízo a ser reparado foi experimentado pelo próprio empregado, em razão de acidente de trabalho. Hipótese que não se confunde com aquela em que o pleito de indenização é oriundo do dano sofrido pelos herdeiros. Sob esse entendimento, a SBDI-I, por unanimidade, conheceu dos embargos, por divergência jurisprudencial e, no mérito, por maioria, negou-lhes provimento. Vencidos os Ministros Brito Pereira, relator, Renato de Lacerda Paiva, Walmir Oliveira da Costa e José Roberto Freire Pimenta." "TST-E-RR-1187-80.2010.5.03.0035, SBDI-I, rel. Min. Brito Pereira, red. p/ acórdão Min. Márcio Eurico Vitral Amaro, 12.5.2016.)

processual, mas sim incontroversa legitimidade ativa ordinária dos próprios herdeiros, os quais serão os titulares do direito material em debate. A nós parece mais acertada a linha de pensamento do C. STJ que, em ação civil, decidiu que "o espólio, ainda que representado pelo inventariante, não possui legitimidade ativa para ajuizar ação de cobrança do seguro obrigatório (DPVAT) em caso de morte da vítima no acidente de trânsito."(265)

A polêmica prossegue e agora reside em saber se o espólio poderia sofrer esse dano moral por via reflexa e, por conseguinte, ajuizar a respectiva ação indenizatória como legitimado ordinário. Uma primeira vertente não faz distinção entre o espólio e os habilitados em função da legitimidade ativa concorrente.(266) Outra, no entanto, entende que o espólio carece dessa legitimidade, por não possuir personalidade jurídica.(267)

Com a devida licença, parece mais racional a segunda corrente. O espólio é apenas uma ficção jurídica, composta pela reunião dos bens e direitos do "*de cujus*", de maneira que a ele não são reconhecidos os direitos da personalidade. Ora, se o dano moral é justamente uma ofensa a um dos direitos da personalidade, não há falar em ocorrência do dano moral reflexo para o espólio. Nesse caso, os herdeiros é que, diretamente, e não por interposição do espólio, possuirão legitimidade ativa.

Podemos sintetizar nossas conclusões da seguinte forma, em relação ao empregado que faleceu vítima de acidente do trabalho, por culpa do empregador, antes do ajuizamento da ação trabalhista: somente os herdeiros podem pleitear, em nome próprio, compensação por danos morais que eles mesmos sofreram, em virtude da perda do ente querido. Dessa ação o espólio não fará parte, porque não tem legitimidade ativa.

6.4.3. LEGITIMIDADE EXTRAORDINÁRIA

Nos termos do art. 18º do CPC de 2015, "ninguém poderá pleitear, em nome próprio, direito alheio, salvo quando autorizado pelo ordenamento jurídico". Dessa forma, a norma jurídica pode conferir a uma pessoa legitimidade para pleitear, em nome próprio, o direito de outra. Essa legitimidade é chamada de *legitimidade extraordinária*.

---

(265) "[...] Antes da vigência da Lei 11.482/2007, a indenização do seguro obrigatório DPVAT, na ocorrência do falecimento da vítima, deveria ser paga em sua totalidade ao cônjuge ou equiparado e, na sua ausência, aos herdeiros legais. Depois da modificação legislativa, o valor indenizatório passou a ser pago metade ao cônjuge não separado judicialmente e o restante aos herdeiros da vítima, segundo a ordem de vocação hereditária (art. 4º da Lei 6.194/1974, com a redação dada pela Lei 11.482/2007). Desse modo, depreende-se que o valor oriundo do seguro obrigatório (DPVAT) não integra o patrimônio da vítima de acidente de trânsito (créditos e direitos da vítima falecida) quando se configurar o evento morte, mas passa diretamente para os beneficiários. Como se vê, a indenização do seguro obrigatório (DPVAT) em caso de morte da vítima surge somente em razão e após a sua configuração, ou seja, esse direito patrimonial não é preexistente ao óbito da pessoa acidentada, sendo, portanto, direito próprio dos beneficiários, a afastar a inclusão no espólio. De fato, apesar de o seguro DPVAT possuir a natureza de seguro obrigatório de responsabilidade civil (e não de danos pessoais), deve ser aplicado, por analogia, nesta situação específica, o art. 794 do CC/2002 (art. 1.475 do CC/1916), segundo o qual o capital estipulado, no seguro de vida ou de acidentes pessoais para o caso de morte, não está sujeito às dívidas do segurado, nem se considera herança para todos os efeitos de direito. Precedentes citados: REsp 1.132.925-SP, Quarta Turma, DJe 6/11/2013; e REsp 1.233.498-PE, Terceira Turma, DJe 14/12/2011. (STJ. REsp 1.419.814-SC, Rel. Min. Ricardo Villas Bôas Cueva, julgado em 23/6/2015, DJe 3.8.2015.)

(266) "Recurso de Revista. Indenização por danos materiais e morais. Legitimidade ativa do espólio. Os sucessores têm legitimidade para propor ação judicial pleiteando reparação por danos materiais e morais sofridos pelo *de cujus*. Essa demanda pode ser ajuizada pessoalmente pelos herdeiros ou pelo espólio, que é o conjunto de bens que constituem o patrimônio moral e material do *de cujus*. No caso dos autos, o espólio é representado pela viúva do empregado falecido, não havendo dúvida quanto à sua legitimidade ativa ad causam. Recurso de Revista não conhecido." (TST. RR — 1501-97.2010.5.22.0002. Relatora: Juíza Convocada Maria Laura Franco Lima de Faria. 8ª Turma. DEJT: 13.04.2012).

(267) "[...] Espólio. Parte autora. Ilegitimidade *ad causam*. Indenização por dano moral reflexo. Discute-se, *in casu*, se o espólio é ou não parte legítima para pleitear indenização por danos morais reflexos sofridos pelos familiares da falecida, consistente no constrangimento causado pela empregadora ao cancelar o Plano de Saúde de sua empregada que se encontrava hospitalizada e posteriormente faleceu. No caso em análise, verifica-se que foram os sucessores da Empregada que efetivamente sofreram, por via reflexa, o dano moral gerado pelo não cumprimento de cláusula contratual trabalhista firmada entre a Obreira e a Empregadora. Assim, o direito de pleitear indenização pelo dano moral sofrido de forma reflexa é pessoal dos familiares ofendidos. São eles os titulares desse direito, obtido não por herança, mas por interesse próprio. Desse modo, são os sucessores da Empregada que possuem legitimidade *ad causam* para pleitear a indenização em nome próprio, consequentemente o espólio carece de legitimidade para pleitear indenização quanto a este tema. Recurso de Revista conhecido e provido. [...]" (TST. RR — 147200-60.2005.5.04.0402. Relator: Ministro José Simpliciano Fontes de F. Fernandes. 2ª Turma. DEJT: 26.06.2009).

Ela não se confunde com a representação. Nesta, o representante não atua em nome próprio, isto é, não se apresenta como parte, mas apenas como um auxiliar da parte, que é o representado. Na legitimidade extraordinária, ocorre fenômeno diferente. O nome do titular do direito material sequer aparece, de maneira que apenas o nome do legitimado extraordinário é que constará da petição inicial.

A maior parte da doutrina entende que *legitimidade extraordinária* e *substituição processual* são dois nomes diferentes para a mesma coisa. Costuma-se usar a primeira locução para designar o instituto, e, a segunda, para falar da pessoa que possui essa legitimidade. Assim, geralmente se diz "substituto processual", ao invés de "legitimado extraordinário".

Corrente minoritária entende, entretanto, que a substituição processual é uma espécie de legitimidade extraordinária.

O problema dessa segunda corrente está no fato de que, para alguma coisa ser gênero de outra, deve haver pelo menos duas espécies diferentes. Exemplificando, para que "A" seja o gênero de "A1", deve existir ao menos um "A2", senão "A" e "A1", na prática, serão a mesma coisa. Ora, não se conhece outra espécie de legitimidade extraordinária, que não a substituição processual, razão pela qual se pode dizer que ambas são sinônimas.

A legitimidade extraordinária permite que o substituto processual pratique qualquer ato judicial, como a apresentação de petições, recursos e impugnações. A ele só é vedado renunciar ao direito objeto da ação, pois, em última análise, ele pertence a terceiros.

Quanto aos direitos que podem ser tutelados por meio da atuação do substituto processual, são apenas os coletivos e os individuais homogêneos.[268] Os individuais cabem aos seus respectivos titulares ou representantes, e os difusos, por não possuírem titulares, são objeto de outra espécie de legitimidade: a *legitimidade autônoma*. Por intermédio desta, o legitimado pleiteia, em nome próprio, direitos de pessoas indeterminadas.

1. *Substitutos*. Como foi dito, a legitimidade extraordinária só poderá ser atribuída ao substituto processual pela norma jurídica. É o que fazem, por exemplo, a CLT (art. 513, "a"), a Lei da Ação Civil Pública (art. 5º) e o Código de Defesa do Consumidor (art. 82), respectivamente:

> "Art. 513. São prerrogativas dos sindicatos: a) representar, perante as autoridades administrativas e judiciárias, os *interesses gerais da respectiva categoria ou profissão liberal* ou interesses individuais dos associados relativos à atividade ou profissão exercida;" (Grifo nosso)
>
> "Art. 5º Têm legitimidade para propor a ação principal e a ação cautelar:
>
> I — o Ministério Público;
>
> II — a Defensoria Pública;
>
> III — a União, os Estados, o Distrito Federal e os Municípios;
>
> IV — a autarquia, empresa pública, fundação ou sociedade de economia mista;
>
> V — a associação que, concomitantemente:
>
> a) esteja constituída há pelo menos 1 (um) ano nos termos da lei civil;
>
> b) inclua, entre suas finalidades institucionais, a proteção ao meio ambiente, ao consumidor, à ordem econômica, à livre concorrência ou ao patrimônio artístico, estético, histórico, turístico e paisagístico.
>
> § 1º O Ministério Público, se não intervier no processo como parte, atuará obrigatoriamente como fiscal da lei.
>
> § 2º Fica facultado ao Poder Público e a outras associações legitimadas nos termos deste artigo habilitar-se como litisconsortes de qualquer das partes.
>
> § 3º Em caso de desistência infundada ou abandono da ação por associação legitimada, o Ministério Público ou outro legitimado assumirá a titularidade ativa.

(268) Art. 81 do Código de Defesa do Consumidor: "a defesa dos interesses e direitos dos consumidores e das vítimas poderá ser exercida em juízo individualmente, ou a título coletivo. Parágrafo único. A defesa coletiva será exercida quando se tratar de: I — interesses ou direitos difusos, assim entendidos, para efeitos deste código, os transindividuais, de natureza indivisível, de que sejam titulares pessoas indeterminadas e ligadas por circunstâncias de fato; II — interesses ou direitos coletivos, assim entendidos, para efeitos deste código, os transindividuais, de natureza indivisível de que seja titular grupo, categoria ou classe de pessoas ligadas entre si ou com a parte contrária por uma relação jurídica base; III — interesses ou direitos individuais homogêneos, assim entendidos os decorrentes de origem comum."

§ 4º O requisito da pré-constituição poderá ser dispensado pelo juiz, quando haja manifesto interesse social evidenciado pela dimensão ou característica do dano, ou pela relevância do bem jurídico a ser protegido.

§ 5º Admitir-se-á o litisconsórcio facultativo entre os Ministérios Públicos da União, do Distrito Federal e dos Estados na defesa dos interesses e direitos de que cuida esta lei.

§ 6º Os órgãos públicos legitimados poderão tomar dos interessados compromisso de ajustamento de sua conduta às exigências legais, mediante cominações, que terá eficácia de título executivo extrajudicial."

"Art. 82. Para os fins do art. 81, parágrafo único, são legitimados concorrentemente:

I — o Ministério Público,

II — a União, os Estados, os Municípios e o Distrito Federal;

III — as entidades e órgãos da Administração Pública, direta ou indireta, ainda que sem personalidade jurídica, especificamente destinados à defesa dos interesses e direitos protegidos por este código;

IV — as associações legalmente constituídas há pelo menos um ano e que incluam entre seus fins institucionais a defesa dos interesses e direitos protegidos por este código, dispensada a autorização assemblear.

§ 1º O requisito da pré-constituição pode ser dispensado pelo juiz, nas ações previstas nos arts. 91 e seguintes, quando haja manifesto interesse social evidenciado pela dimensão ou característica do dano, ou pela relevância do bem jurídico a ser protegido."

Além dessas leis, há previsão de substituição processual, na Constituição Federal, para os sindicatos atuarem na defesa da categoria que representam:

"Art. 8º É livre a associação profissional ou sindical, observado o seguinte:

[...]

III — ao sindicato cabe a defesa dos direitos e interesses coletivos ou individuais da categoria, inclusive em questões judiciais ou administrativas;"

1.1. *Sindicatos*. Durante muito tempo, o TST negou que a atuação dos sindicatos, nos termos art. 8º da CF, tivesse natureza de substituição processual. Até 2003, a Corte Superior trabalhista tinha o entendimento consolidado de que a atuação dos sindicatos tinha natureza jurídica de representação.[269] Em função disso, o TST exigia que as petições iniciais viessem acompanhadas da identificação de todos os trabalhadores representados, com a respectiva autorização, tal qual o tratamento dado às associações civis comuns pela CF.[270]

Esse entendimento foi extremamente prejudicial aos sindicatos, uma vez que uma das maiores motivações para a sua atuação reside justamente na possibilidade de ocultar os empregados, evitando as demissões e o assédio moral dos empregadores, como retaliação ao ajuizamento de ações.

Embora tarde, a famigerada Súmula n. 310, que continha o referido entendimento, foi cancelada, potencializando em muito a atuação dos sindicatos. A partir desse marco histórico, a jurisprudência do TST alterou seu norte, passando a admitir a atuação do sindicato em ações de grande importância para os trabalhadores. Hoje, o TST entende, por exemplo, que o sindicato, na condição de substituto processual, tem legitimidade ativa e

(269) Súmula do TST n. 310. (Cancelada). "Sindicato Autor da Ação na Condição de Substituto Processual. I — O Art. 8º, inciso III, da Constituição da República, não assegura a substituição processual pelo sindicato; II — A substituição processual autorizada ao sindicato pelas Leis ns. 6.708, de 30.10.1979 e 7.238, de 29.10.1984, limitada aos associados, restringe-se às demandas que visem aos reajustes salariais previstos em lei, ajuizadas até 3 de julho de 1989, data em que entrou em vigor a Lei n. 7.788. (L-007.788-1989 — revogada); III — A Lei 7.788-89, em seu Art. 8º, assegurou, durante sua vigência, a legitimidade do sindicato como substituto processual da categoria. (L-007.788-1989 — revogada); IV — A substituição processual autorizada pela Lei n. 8.073, de 30 de julho de 1990 ao sindicato alcança todos os integrantes da categoria e é restrita às demandas que visem à satisfação de reajustes salariais específicos resultantes de disposição prevista em lei de política salarial; V — Em qualquer ação proposta pelo sindicato como substituto processual, todos os substituídos serão individualizados na petição inicial e, para o início da execução, devidamente identificados, pelo número da Carteira de Trabalho e Previdência Social ou de qualquer documento de identidade; VI — É lícito aos substituídos integrar a lide como assistente litisconsorcial, acordar, transigir e renunciar, independentemente de autorização ou anuência do substituto; VII — Na liquidação da sentença exeqüenda, promovida pelo substituto, serão individualizados os valores devidos a cada substituído, cujos depósitos para quitação serão levantados através de guias expedidas em seu nome ou de procurador com poderes especiais para esse fim, inclusive nas ações de cumprimento; VIII — Quando o Sindicato for o autor da ação na condição de substituto processual, não serão devidos honorários advocatícios."

(270) Art. 5º, XXI, da CF: "as entidades associativas, quando expressamente autorizadas, têm legitimidade para representar seus filiados judicial ou extrajudicialmente;"

passiva para atuar nas Ações Rescisórias,[271] para pleitear diferença de adicional de insalubridade[272] e que as ações ajuizadas por ele interrompem a prescrição.[273]

Mais que isso. A abrangência da legitimidade do sindicato tem sido objeto de crescente ampliação. Atualmente, o TST já não restringe a sua ação apenas como substituto processual (na defesa de direitos coletivos e individuais homogêneos), estendendo-lhe a *legitimidade autônoma*, para defender direitos difusos, e até mesmo a legitimidade para pleitear direitos individuais subjetivos da categoria,[274] como horas extras[275] e equiparação salarial de um único empregado,[276] por exemplo. Além disso, "quando houver sintomas de que a legitimação coletiva vem sendo utilizada de forma indevida ou abusiva, o magistrado poderá, de ofício, afastar a presunção legal de legitimação de associação regularmente constituída para propositura de ação coletiva."[277]

---

(271) Súmula do TST n. 406. "Ação Rescisória. Litisconsórcio. Necessário no polo passivo e facultativo no ativo. Inexistente quanto aos substituídos pelo Sindicato. I — O litisconsórcio, na ação rescisória, é necessário em relação ao polo passivo da demanda, porque supõe uma comunidade de direitos ou de obrigações que não admite solução díspar para os litisconsortes, em face da indivisibilidade do objeto. Já em relação ao polo ativo, o litisconsórcio é facultativo, uma vez que a aglutinação de autores se faz por conveniência e não pela necessidade decorrente da natureza do litígio, pois não se pode condicionar o exercício do direito individual de um dos litigantes no processo originário à anuência dos demais para retomar a lide. II — O Sindicato, substituto processual e autor da reclamação trabalhista, em cujos autos fora proferida a decisão rescindenda, possui legitimidade para figurar como réu na ação rescisória, sendo descabida a exigência de citação de todos os empregados substituídos, porquanto inexistente litisconsórcio passivo necessário."

(272) Orientação Jurisprudencial da SDI-I do TST n. 121. "Substituição processual. Diferença do adicional de insalubridade. Legitimidade. O sindicato tem legitimidade para atuar na qualidade de substituto processual para pleitear diferença de adicional de insalubridade".

(273) Orientação Jurisprudencial da SDI-1 do TST n. 359. Substituição processual. Sindicato. Legitimidade. Prescrição. Interrupção. A ação movida por sindicato, na qualidade de substituto processual, interrompe a prescrição, ainda que tenha sido considerado parte ilegítima "*ad causam*".

(274) "[...] Recurso de Revista. Sindicato. Substituição processual da categoria. Art. 8º, III, da Constituição Federal. Ampla Legitimidade. Depreende-se do v. acórdão proferido no julgamento do RE 210.029-3/RS que, para o Supremo Tribunal Federal, a legitimidade sindical posta no art. 8º, III, da Constituição Federal é ampla e alcança não apenas os direitos coletivos *amplo sensu* (direitos difusos, direitos coletivos *stricto sensu* e individuais homogêneos), mas, ainda, os direitos individuais subjetivos dos trabalhadores integrantes da categoria. Precedentes do STF e desta Corte. Assim, é forçoso reconhecer que a substituição processual não se restringe às hipóteses em que se discutam direitos e interesses coletivos, podendo a entidade sindical defender, inclusive, direitos individuais subjetivos de sua categoria. Recurso de revista de que se conhece e a que se dá provimento. (TST. RR — 60140-36.2007.5.02.0046. Relator: Ministro Guilherme Augusto Caputo Bastos. 2ª Turma. DEJT: 29.06.2012).

(275) "Sindicato. Substituição processual. Legitimidade ativa *ad causam*. Horas extras excedentes à sexta diária. O Supremo Tribunal Federal, em demandas originárias da Justiça do Trabalho, tem reiteradamente se manifestado no sentido da legitimidade ampla dos sindicatos, na substituição processual, seja para defesa de direitos coletivos, individuais homogêneos ou mesmo de direitos subjetivos específicos. Assim, reconhece-se a legitimidade ativa *ad causam* do sindicato da categoria Informativo TST — n. 112 Período: 23 de junho a 3 de agosto de 2015 2 profissional dos bancários para postular, na qualidade de substituto processual, o pagamento de horas extras excedentes à sexta diária, em virtude de suposta desobediência à norma do art. 224, *caput* e § 2º da CLT. [...]" (TST- ERR 1315-78.2012.5.03.0052, SBDI-I, rel. Min. João Oreste Dalazen, 25.6.2015.)

(276) "Sindicato. Legitimidade para atuar como substituto processual. Direito individual heterogêneo. Pedido de equiparação salarial em benefício de um único empregado. Possibilidade. Art. 8º, III, da CF. O art. 8º, III, da CF autoriza expressamente a atuação ampla dos entes sindicais na defesa dos direitos e interesses individuais e coletivos dos integrantes da categoria respectiva, de maneira irrestrita. Assim sendo, reconhece-se a legitimidade do sindicato profissional para pleitear, na qualidade de substituto processual, equiparação salarial em benefício de um único empregado, ainda que se trate de direito individual heterogêneo do substituído. [...]" (TST. E-RR-990-38.2010.5.03.0064, SBDI-I, rel. Min. Lelio Bentes Corrêa, 19.3.2015.)

(277) "[...] Embora o anteprojeto da Lei 7.347/1985, com inspiração no direito norte-americano, previsse a verificação da representatividade adequada das associações (*adequacy of representation*) ao propor que a legitimação fosse verificada no caso concreto pelo juiz, essa proposição não prevaleceu. O legislador optou por indicar apenas quesitos objetivos: a) estar a associação constituída há pelo menos 1 ano; e b) incluir, entre suas finalidades institucionais, a proteção ao meio ambiente, ao consumidor, à ordem econômica, à livre concorrência ou ao patrimônio artístico, estético, histórico, turístico e paisagístico. Nesse passo, segundo entendimento doutrinário, o legislador instituiu as ações coletivas visando tutelar interesses metaindividuais partindo da premissa de que são, presumivelmente, propostas em prol de interesses sociais relevantes ou, ao menos, de interesse coletivo, por legitimado ativo que se apresenta, *ope legis*, como representante idôneo do interesse tutelado. De outro lado, ressalte-se que, muito embora a presunção *iuris et de iure*seja inatacável — nenhuma prova em contrário é admitida -, no caso das presunções legais relativas ordinárias admite-se prova em contrário, apreciadas segundo o critério ou sistema de provas das leis processuais. Por isso, de regra, toda presunção legal permite prova contrária. Assim, segundo entendimento doutrinário, "qualquer regra jurídica pode pôr a presunção e há de entender-se relativa, se a regra, que a criou, não diz que é absoluta, isto é, se explícita ou implicitamente, não exclui a prova em contrário". Ciente disso, convém mencionar que o art. 125, III, do CPC (correspondente ao art. 139, III, do CPC/2015) estabelece que é poder-dever do juiz, na direção do processo, prevenir ou reprimir qualquer ato contrário à dignidade da Justiça. Nessa esteira de entendimento, o STF (AI 207.808 AgR-ED-ED, Segunda Turma, DJ 8.6.2001) já se manifestou no sentido de que o magistrado deve repelir situações que culminem por afetar — ausente a necessária base de credibilidade institucional — o próprio coeficiente de legitimidade político-social do Poder Judiciário. Portanto, contanto que não seja exercido de modo a ferir a necessária

1.2. *Associações*. Associações civis, diferentemente dos sindicatos, dependem de declaração prévia[278] e expressa dos filiados para serem representados por ela judicialmente.[279]

2. *Substituídos*. Na hipótese de um substituto processual ajuizar uma ação coletiva, o substituído (titular do direito material) poderá ajuizar uma ação individual (art. 104, do CDC), bem como ingressar na ação coletiva como assistente litisconsorcial (art. 18, parágrafo único, do CPC de 2015).

Para memorizar:

- **Representação:** nome alheio, direito alheio;
- **Legitimidade ordinária:** nome próprio, direito próprio;
- **Legitimidade extraordinária:** nome próprio, direito alheio (coletivos e individuais homogêneos);
- **Legitimidade autônoma:** nome próprio, direito de todos (difuso).

6.5. SUCESSÃO PROCESSUAL

A *sucessão processual* é o fenômeno que consiste na alteração da legitimidade ordinária *no curso do processo*. Em outras palavras, é a substituição das partes no processo, em razão da cessão de direitos ou da morte de uma delas.[280] Ela não se confunde com a substituição processual, vista no tópico anterior, uma vez que esta tem natureza de legitimidade extraordinária, enquanto aquela, de alteração da legitimidade ordinária.

Seus principais fundamentos estão nos arts. 10 e 448, da CLT, na Lei n. 6.858/80 e nos arts. 108 a 112 do CPC de 2015.

Como consta do conceito, a sucessão processual decorre da *morte de uma das partes* (art. 110 do CPC) ou da *cessão dos direitos que são objeto da ação trabalhista*, mas neste caso é imprescindível o consentimento da outra parte, sem o qual o cessionário (quem adquiriu o direito) só poderá intervir no processo como assistente litisconsorcial do cedente (quem alienou o bem) (art. 102 do CPC).

No caso de morte,[281] as regras gerais do CPC de 2015 são as seguintes (art. 313, § 2º):

a) *falecido o réu*, ordenará a intimação do autor para que promova a citação do respectivo espólio, de quem for o sucessor ou, se for o caso, dos herdeiros, no prazo que designar, de no mínimo 2 (dois) e no máximo 6 (seis) meses;

---

imparcialidade inerente à magistratura, e sem que decorra de análise eminentemente subjetiva do juiz, ou mesmo de óbice meramente procedimental, é plenamente possível que, excepcionalmente, de modo devidamente fundamentado, o magistrado exerça, mesmo que de ofício, o controle de idoneidade (adequação da representatividade) para aferir/afastar a legitimação *ad causam* de associação." (STJ. REsp 1.213.614-RJ, Rel. Min. Luis Felipe Salomão, julgado em 1º.10.2015, DJe 26.10.2015.)

(278) "[...] Associação não tem legitimidade ativa para defender os interesses dos associados que vierem a se agregar somente após o ajuizamento da ação de conhecimento. [...] (STJ. RE 573.232-SC. REsp 1.468.734-SP, Rel. Min. Humberto Martins, julgado em 1º.3.2016, DJe 15.3.2016.)

(279) "A autorização estatutária genérica conferida a associação não é suficiente para legitimar a sua atuação em juízo na defesa de direitos de seus filiados, sendo indispensável que a declaração expressa exigida no inciso XXI do art. 5º da CF ("as entidades associativas, quando expressamente autorizadas, têm legitimidade para representar seus filiados judicial ou extrajudicialmente") seja manifestada por ato individual do associado ou por assembleia geral da entidade. Por conseguinte, somente os associados que apresentaram, na data da propositura da ação de conhecimento, autorizações individuais expressas à associação, podem executar título judicial proferido em ação coletiva. [...]" (STF. RE 573232/SC, rel. orig. Min. Ricardo Lewandowski, red. p/ o acórdão Min. Marco Aurélio, 14.5.2014.)

(280) "[...] A sucessão processual implica a substituição de parte integrante do polo passivo sem prejuízo dos atos praticados pelo sucedido, que permanecem eficazes. Em outras palavras, altera-se a titularidade da ação, porém aproveitam-se todos os atos válidos praticados pela parte substituída. [...] (TST-E-ED-RR-790304-68.2001.5.01.0026, SBDI-I, rel. Min. Rosa Maria Weber, red. p/ acórdão Min. Guilherme Augusto Caputo Bastos, 10.3.2015.)

(281) O CPC de 2015 não faz mais distinção entre o fato de a morte da parte ocorrer durante ou fora da audiência de instrução, prevendo apenas que, em qualquer hipótese, o processo será suspenso.

b) *falecido o autor* e sendo transmissível o direito em litígio, determinará a intimação de seu espólio, de quem for o sucessor ou, se for o caso, dos herdeiros, pelos meios de divulgação que reputar mais adequados, para que manifestem interesse na sucessão processual e promovam a respectiva habilitação no prazo designado, sob pena de extinção do processo sem resolução de mérito.

O procedimento que permite a entrada dos sucessores e dos herdeiros no processo, nas situações citadas acima, é chamado de habilitação, que é regida pelos arts. 687 a 692 do CPC de 2015, consistindo, em apertada síntese, na apresentação de petição, pela parte interessada, com oitiva das partes do processo, em cinco dias, e decisão imediata.

Não obstante, o Processo do Trabalho possui peculiaridades, como se verá a seguir.

1. *Sucessão processual do empregado.*

1.1. *Morte.* No caso de morte do empregado, o art. 1º da Lei n. 6.858/50[(282)] garante aos dependentes habilitados perante a Previdência Social e, na sua falta, os sucessores previstos na lei civil, a expedição de alvará para levantamento de valores relativos ao FGTS e ao PIS/PASEP, independentemente de inventário.

Os dependentes a que se refere o aludido dispositivo são, nos termos do art. 16 da Lei n. 8.213/91: a) o cônjuge, o companheiro e os filhos menores de 21 anos ou inválidos, desde que não tenham se emancipado entre 16 e 18 anos de idade; b) os pais; e c) os irmãos não emancipados, menores de 21 anos ou inválidos.

A jurisprudência do TST tem dado ao art. 1º da Lei 6.858/50 interpretação extensiva, permitindo que o procedimento ali previsto seja aplicado para quaisquer direitos do titular, não recebidos em vida, decorrentes da relação de emprego.[(283)]Assim é que os dependentes do empregado poderão ajuizar ações, prosseguir naquelas já ajuizadas e ainda receber, em ação de consignação em pagamento, os valores que são devidos ao empregado falecido.[(284)]

Na hipótese de haver dependentes menores de dezoito anos, os valores que lhes forem devidos deverão ser depositados em caderneta de poupança, rendendo juros e correção monetária, até que a maioridade seja alcançada ou por ordem do juiz, para aquisição de imóvel destinado à residência familiar ou para atender a necessidades relativas à subsistência e educação do menor (art. 1º, § 1º, da Lei n. 6.858/50).

Caso o empregado falecido tenha deixado bens, haverá a necessidade de proceder à abertura do inventário, de maneira que caberá ao inventariante a representação do espólio, nos termos do art. 75, VII, do CPC de 2015. Todavia, ainda assim, haverá legitimidade concorrente entre o espólio e os dependentes habilitados.[(285)]

Também haverá necessidade de abertura de inventário, para fins trabalhistas, quando o empregado for o demandado, na hipótese, por exemplo, de uma ação de cobrança ajuizada pelo empregador. Nesse caso, como se trata de uma dívida e não de um crédito, a legitimidade será do espólio do empregado, que é o conjunto de bens e direitos deixado por ele, os quais serão utilizados para pagamento das dívidas e, havendo sobras, para distribuição entre os herdeiros.

---

(282) Lei 6.858/50. Art. 1º "Os valores devidos pelos empregadores aos empregados e os montantes das contas individuais do Fundo de Garantia do Tempo de Serviço e do Fundo de Participação PIS-PASEP, não recebidos em vida pelos respectivos titulares, serão pagos, em quotas iguais, aos dependentes habilitados perante a Previdência Social ou na forma da legislação específica dos servidores civis e militares, e, na sua falta, aos sucessores previstos na lei civil, indicados em alvará judicial, independentemente de inventário ou arrolamento".

(283) "Recurso de Revista do reclamado. 1. Ilegitimidade ativa *ad causam*. Herdeiro. Esta Corte Superior, ao interpretar o art. 1º da Lei n. 6.858/80, tem entendido que os dependentes habilitados perante a Previdência Social e os sucessores previstos na lei civil têm legitimidade para pleitear os direitos do titular não recebidos em vida decorrentes da relação empregatícia, independentemente de inventário ou arrolamento [...]" (TST. RR — 13200-66.2009.5.06.0002. Relator: Ministro Guilherme Augusto Caputo Bastos. 2ª Turma. DEJT: 25.05.2012).

(284) "[...] 2. Legitimidade ativa. Sucessores do empregado falecido em nome próprio. O Tribunal Regional reconheceu a legitimidade dos autores, esposo e filho da empregada falecida, para propor ação visando a indenização por danos morais e materiais decorrentes de acidente do trabalho com resultado morte, entendendo que a legitimidade, nesse caso, pode ser tanto dos dependentes previdenciários quanto do espólio. [...]" (TST. RR — 91000-26.2005.5.18.0052. Relator: Ministro Guilherme Augusto Caputo Bastos. 2ª Turma. DEJT: 26.11.2010).

(285)" [...] Na hipótese, ante a ausência de prova da abertura de inventário, não se aplicam as disposições insertas no art. 12, V, do CPC, conforme pretende a reclamada, mas sim, por analogia, a inteligência do § 1º do mesmo artigo, segundo o qual todos os herdeiros e sucessores do falecido estão legitimados como autores ou réus nas ações em que o espólio for parte. Precedentes. Recurso de revista não conhecido. [...] (TST. RR — 91000-26.2005.5.18.0052. Relator: Ministro Guilherme Augusto Caputo Bastos. 2ª Turma. DEJT: 26.11.2010).

Atualmente, o INSS não mais realiza o cadastro prévio dos dependentes, fazendo-o apenas por ocasião da concessão dos benefícios. Isso não retira a eficácia do art. 1º da Lei n. 6.858/50, uma vez que o TST tem admitido a prova da habilitação até a fase de liquidação de sentença.[(286)] Caberá, dessa forma, aos herdeiros do empregado, realizar a habilitação perante a Previdência Social, tão logo ocorra a morte do titular dos direitos.

No nosso sentir, contudo, a exigência dessa certidão pode ser dispensada em alguns casos. Em se tratando de *cônjuge, companheiro (a) e o filho menor de 21 anos ou incapaz*, a dependência econômica é presumida (art. 16, § 4º, da Lei 8.213/91), o que dispensa a apresentação de certidão do INSS, prevista no art. 1º, da Lei 6.858/80. É que esta constitui norma jurídica em branco, admitindo a complementação de seu alcance por meio da referida norma previdenciária. Por isso, apenas com base na certidão de óbito (da qual consta a identificação do *cônjuge, companheiro (a) e o filho menor de 21 anos ou incapaz)*, deve o Juiz considerar regular a representação do polo passivo, o que geralmente ocorre em ações de consignação em pagamento.

De outra face, quando os herdeiros são pai, mãe ou irmão do "*de cujus*", a sua dependência deve ser provada, seja por meio de declaração do INSS (art. 1º, da Lei 6.858/80), seja pela sua nomeação como inventariante.

1.2. *Cessão de créditos.* A outra causa da sucessão processual é a cessão de créditos, nos termos do art. 286 do CC.[(287)] Não há vedação legal à cessão de créditos trabalhistas, de maneira que os empregados poderão ceder a terceiros (cessionários) direitos decorrentes do contrato de trabalho.[(288)] Entretanto, a jurisprudência do TST não vem admitindo a sucessão processual nessa hipótese (art. 100 da Consolidação Geral dos Provimentos da Corregedoria-Geral da Justiça do Trabalho), já que o instituto da cessão de créditos é tipicamente civil.

Está certo o posicionamento do TST, pois o crédito trabalhista tem natureza alimentar, em função de ser destinado ao custeio das necessidades básicas e vitais do empregado. Por isso é que a lei o dotou de certos privilégios em relação a outros créditos, os quais não se justificam na cessão de crédito a terceiros. Assim, caberá ao cessionário ajuizar ação na Justiça comum para haver o crédito que obteve por cessão do empregado, dada a alteração de sua natureza.

Por essa razão, no nosso sentir, havendo a cessão de crédito do empregado no curso do processo, o Juiz deverá ignorar seus efeitos, de maneira que o processo não deverá ser extinto, mas sim prosseguir até a satisfação do crédito trabalhista.[(289)]

2. *Sucessão processual do empregador*

2.1. *Regra.* Com relação ao empregador, a regra é a de que qualquer alteração em sua estrutura jurídica ou na sua propriedade não afetará os direitos decorrentes dos contratos de trabalho (arts. 10 e 448, da CLT). Dessa forma, caso um dos sócios da sociedade empregadora faleça e também na hipótese de haver mudanças no quadro societário, nenhuma repercussão sofrerá o processo.

2.2. *Morte.* Como já foi visto, pode ocorrer, todavia, de ser empregador uma pessoa natural ou um empresário que atua individualmente. Nesse caso, haverá sucessão processual. Caberá ao Juiz suspender o processo e determinar

(286) "[...] a falta de habilitação dos herdeiros perante a Previdência Social, por si só, não autoriza a extinção do processo sem julgamento do mérito, na medida em que a habilitação pode ser feita até mesmo quando da liquidação da sentença. Precedentes. [...]" (TST. RR — 13200-66.2009.5.06.0002. Relator: Ministro Guilherme Augusto Caputo Bastos. 2ª Turma. DEJT: 25.05.2012).

(287) Art. 286. O credor pode ceder o seu crédito, se a isso não se opuser a natureza da obrigação, a lei, ou a convenção com o devedor; a cláusula proibitiva da cessão não poderá ser oposta ao cessionário de boa-fé, se não constar do instrumento da obrigação.

(288) "Agravo de Instrumento. Cessão de crédito trabalhista. Violação do art. 78 do Ato das Disposições Constitucionais Transitórias. Não Configuração. Desprovimento. 1. O art. 78 do Ato das Disposições Constitucionais Transitórias prevê, de forma genérica, a possibilidade de cessão dos créditos consignados em precatório, sendo que a ressalva constante do referido dispositivo, quanto aos créditos de natureza alimentícia, refere-se apenas à forma de liquidação do precatório. 2. Assim, não se vislumbra afronta direta ao referido preceito constitucional, mas, sim, observância à sua disposição, na hipótese em que a egrégia Corte Regional reconhece a validade da cessão, promovida pela reclamante em favor de terceiro, de crédito trabalhista representado em precatório. 3. Agravo de instrumento a que se nega provimento." (TST. AIRR — 33747-06.1986.5.18.0001. Relator: Ministro Guilherme Augusto Caputo Bastos. 2ª Turma. DEJT: 20.08.2010).

(289) "[...]. Fato novo. Cessão de crédito. Questão não afeta à Justiça do Trabalho. Consoante previsto no art. 100 da Consolidação dos Provimentos da Corregedoria-Geral da Justiça do Trabalho, publicado no DEJT de 30/10/2008, — *a cessão de crédito prevista no art. 286 do Código Civil não se aplica na Justiça do Trabalho* —. Nesse contexto, a juntada aos autos de documento informando a cessão dos créditos oriundos da presente demanda a terceiro não envolvido na lide não tem o condão de interferir no regular processamento do feito, por se tratar de relação jurídica de natureza civil. Não há falar, portanto, em violação dos arts. 267, IV e VI, e 462 do CPC, 114 da Constituição da República e 896 da CLT, tampouco em contrariedade às Orientações Jurisprudenciais de n. 81 e 270 da SBDI-I do TST. Precedente da SBD-I. Recurso de embargos não conhecido. (TST. E-ED-RR — 643127-28.2000.5.04.0661. Relator: Ministro Lelio Bentes Corrêa. SDI-I. DEJT: 19.08.2011).

a regularização do polo passivo, o que será feito mediante a abertura de inventário, com a consequente nomeação do inventariante, que representará o espólio (art. 75, VII, do CPC de 2015). Nesse sentido é o entendimento do TST.[(290)]

2.3. *Cessão de créditos*. Além dessa hipótese, haverá sucessão processual na cessão de créditos. No caso de o empregador possuir um crédito trabalhista em relação ao empregado (como uma indenização decorrente da desídia deste), a cessão será possível, mas a competência passará a ser da Justiça comum, considerando a modificação da natureza do crédito, como explicado na sucessão processual do empregado.

2.4. *Venda ou trespasse*. Contudo, além da cessão de crédito, o empregador pode alienar o seu estabelecimento, ocorrendo a denominada *sucessão trabalhista*, regulada pelas normas de Direito Material do Trabalho. Ela consiste na substituição do empregador na relação jurídica material (contrato de trabalho). Nesse caso, haverá uma cessão de débitos do empregador a um terceiro, o qual passará a ser o único responsável por todos os débitos trabalhistas, consoante entendimento do TST.[(291)]

Imagine-se, por exemplo, que "José" ajuíze ação trabalhista em face de "Banco A" e que, no curso da ação, haja sucessão trabalhista, pela aquisição do estabelecimento comercial pelo "Banco B". A ação deverá ser voltada contra este, pois a sucessão trabalhista repercute no processo, ensejando a sucessão processual, como consta da OJ 261 da SDI-I do TST.[(292)]

Ainda no exemplo anterior, caso o "Banco A" faça parte de um grupo econômico, formado com "Banco C" e "Banco D", não haverá sucessão trabalhista nem processual destes dois últimos, a não ser que o negócio expressamente contemple a compra de todo o grupo. Esse é o entendimento da SDI-I do TST, consolidado na OJ n. 411.[(293)]

6.6. LITISCONSÓRCIO

O *litisconsórcio* é o instituto processual que permite a multiplicidade de demandantes em um dos polos da relação jurídica processual, quando autorizado por lei. Ele tem previsão no CPC de 2015 (arts. 113 a 118) e na CLT (arts. 455 e 842).

A mesma classificação feita pela doutrina, no processo comum, é utilizada no Processo do Trabalho. Assim, o litisconsórcio tem as seguintes espécies:

a) quanto à formação, *inicial* e *ulterior*, conforme surja antes ou no curso do processo;

b) quanto ao polo, *ativo* e *passivo*, a depender de se verificar se sua formação ocorre entre os reclamantes ou os reclamados;

(290) "Agravo de Instrumento. Recurso de Revista. Execução. Execução processada contra o espólio do devedor. Impossibilidade. Competência deslocada para o juízo universal da ação de inventário. arts. 1.017 do CPC e 1.792 do CC. A alegada violação dos dispositivos da Constituição da República apontados pelo Recorrente somente poderia ocorrer de forma reflexa, a depender do exame da legislação infraconstitucional. Aplicação do art. 896, § 2º, da CLT e da Súmula n.º 266 do TST. Agravo de Instrumento não provido". (TST. AIRR — 130400-38.1996.5.02.0301. Relatora: Juíza Convocada Maria Laura Franco Lima de Faria. 8ª Turma. DEJT: 08.06.2012).

(291) "Agravo de Instrumento em Recurso de Revista. Sucessão de empresas. Responsabilidade solidária. O Tribunal, soberano na análise probatória, entendeu que houve a sucessão trabalhista e a aplicação dos arts. 10 e 448 da CLT conduz à conclusão de que a sucessora, no caso a ora Agravante, é responsável pelos débitos da empresa sucedida, uma vez que sucessão de empresas pressupõe a cessão de créditos e débitos, ainda que trabalhistas. Agravo de Instrumento não provido." (TST. AIRR — 448400-33.2006.5.02.0084. Relatora: Ministra Maria de Assis Calsing. 4ª Turma. DEJT: 20.04.2012).

(292) Orientação Jurisprudencial da SDI-I do TST n. 261. "Bancos. Sucessão trabalhista. As obrigações trabalhistas, inclusive as contraídas à época em que os empregados trabalhavam para o banco sucedido, são de responsabilidade do sucessor, uma vez que a este foram transferidos os ativos, as agências, os direitos e deveres contratuais, caracterizando típica sucessão trabalhista."

(293) Orientação Jurisprudencial da SDI-I do TST n. 411. "Sucessão trabalhista. Aquisição de empresa pertencente a grupo econômico. Responsabilidade solidária do sucessor por débitos trabalhistas de empresa não adquirida. Inexistência. O sucessor não responde solidariamente por débitos trabalhistas de empresa não adquirida, integrante do mesmo grupo econômico da empresa sucedida, quando, à época, a empresa devedora direta era solvente ou idônea economicamente, ressalvada a hipótese de má-fé ou fraude na sucessão."

c) quanto à obrigatoriedade, *facultativo* e *necessário*, considerando o interesse das partes, no primeiro caso, e a imposição da lei, no segundo (art. 114 do CPC de 2015); e

d) quanto aos efeitos, *simples e unitário,* sendo que, na primeira espécie, a decisão tem efeitos diferentes para os litisconsortes e os atos benéficos ou maléficos não produzem efeitos quanto aos demais litisconsortes, e, na segunda hipótese, a sentença produzirá efeitos iguais aos litisconsortes e os atos, quando benéficos, produzem efeitos para todos, ao passo que os maléficos, a ninguém, nem mesmo a quem os praticou (arts. 116 e 117, do CPC de 2015).

No Processo do Trabalho, o litisconsórcio é, em regra:

a) *inicial*, mas nada impede que as partes e o próprio Juiz ("*iusu iudicis*") promovam a inclusão superveniente de uma parte em um dos polos da ação;

b) *facultativo*, sendo essa regra relativa para o litisconsórcio passivo, e absoluta para o ativo, pois ninguém é obrigado a ajuizar uma ação. No polo passivo, é exemplo de exceção (litisconsórcio necessário) a hipótese da Súmula n. 406 do TST,(294) a qual exige a citação de todos os participantes da ação principal, no caso de ajuizamento de ação rescisória. Outra hipótese de litisconsórcio necessário está prevista na Lei n. 13.467/17 (reforma trabalhista), que considera obrigatória a presença no processo, como litisconsorte necessário, dos sindicatos signatários de normas coletivas que sejam objeto de ação anulatória (art. 611-A, § 5º, da CLT); e

c) *simples*, de maneira que a revelia de um dos litisconsortes passivos não prejudicará os demais.(295)

1. *Ação plúrima*. A CLT tem previsão de, pelo menos, dois litisconsórcios facultativos específicos do Processo do Trabalho. O primeiro deles está no art. 842, que trata das ações plúrimas.(296) Estas são ações conexas, com pluralidade de partes no polo ativo, cuja formação é permitida quando houver identidade de matéria (mesma causa de pedir e pedido) e de empregador (empregados da mesma empresa ou estabelecimento). Imagine-se, por exemplo, que *Ana*, *Beatriz* e *Cláudia* trabalhem para a empresa *Delta* e tenham horas extras a receber. Ao invés de ajuizarem ações individuais, elas podem fazer uso do dissídio plúrimo e mover as respectivas ações em apenas um processo. Não se confunde, portanto, com o dissídio coletivo, que é espécie de ação coletiva, como já foi visto.

Nos termos do art. 843 da CLT, o sindicato pode representar as partes do dissídio plúrimo. O TST já decidiu, inclusive, que a simples presença do representante sindical com o seu advogado já confere poderes a estes para atuarem pelos representados, ausentes na audiência.(297)

Como é cediço, quando o reclamado é ente Administração Pública direta, autárquica e fundacional, e não sendo o crédito de pequeno valor,(298) o pagamento será feito por precatório, consoante o disposto no art. 100

(294) Súmula do TST n. 406. "Ação Rescisória. Litisconsórcio. Necessário no polo passivo e facultativo no ativo. Inexistente quanto aos substituídos pelo sindicato. I — O litisconsórcio, na ação rescisória, é necessário em relação ao polo passivo da demanda, porque supõe uma comunidade de direitos ou de obrigações que não admite solução díspar para os litisconsortes, em face da indivisibilidade do objeto. Já em relação ao polo ativo, o litisconsórcio é facultativo, uma vez que a aglutinação de autores se faz por conveniência e não pela necessidade decorrente da natureza do litígio, pois não se pode condicionar o exercício do direito individual de um dos litigantes no processo originário à anuência dos demais para retomar a lide. II — O Sindicato, substituto processual e autor da reclamação trabalhista, em cujos autos fora proferida a decisão rescindenda, possui legitimidade para figurar como réu na ação rescisória, sendo descabida a exigência de citação de todos os empregados substituídos, porquanto inexistente litisconsórcio passivo necessário."

(295) "[...] O entendimento desta 3ª Turma é o de que em se tratando de litisconsórcio passivo, a declaração de revelia de um dos litisconsortes não acarreta a confissão dos demais (art. 320, I, CPC). A apresentação de contestação específica por um dos reclamados obsta a presunção de veracidade dos fatos alegados na inicial. Recurso de revista não conhecido [...]. Conclusão: Recurso de revista parcialmente conhecido e provido." (TST. RR — 26600-74.2006.5.01.0073. Relator: Ministro Horácio Raymundo de Senna Pires. 3ª Turma. DEJT: 25.05.2012).

(296) Art. 842. "Sendo várias as reclamações e havendo identidade de matéria, poderão ser acumuladas num só processo, se se tratar de empregados da mesma empresa ou estabelecimento."

(297) "[...] Recurso de Revista. Ação plúrima. Mandato tácito. Caracterização. Reclamantes que não compareceram à audiência. Presença do representante do sindicato. Consoante disposto na parte final do art. 843, cabeça, da Consolidação das Leis do Trabalho, a presença do sindicato nas audiências, em caso de ações plúrimas, torna dispensável o comparecimento de todos os autores. Dessa forma, o advogado investido de poderes por meio de mandato tácito, por ter acompanhado o representante sindical na audiência, encontra-se investido em poderes de representação processual em relação a todos os autores, independentemente de haverem ou não comparecido à audiência. Recurso de revista conhecido e provido.[...]" (TST. RR — 26440-77.2003.5.04.0006. Relator: Ministro Lelio Bentes Corrêa. 1ª Turma. DEJT: 13.04.2012).

(298) Art. 87 do ADCT da CF. "Para efeito do que dispõem o § 3º do art. 100 da Constituição Federal e o art. 78 deste Ato das Disposições Constitucionais Transitórias serão considerados de pequeno valor, até que se dê a publicação oficial das respectivas leis definidoras pelos

da CF. No caso das ações plúrimas, a aferição do que vem a ser obrigação de pequeno valor deve considerar os créditos de cada reclamante, separadamente, e não em conjunto, nos termos da OJ n. 9, do Tribunal Pleno do TST.[299]

2. *Subempreitada.* A outra espécie de litisconsórcio prevista na CLT é descrita no art. 455, relativamente às causas que envolvam a prestação de empreitada e subempreitada.[300] Exemplificando, a construtora *Alfa* contrata a empresa *Beta Acabamentos* para realizar a instalação de portas nos cômodos de um edifício, em fase final de construção. *Pedro*, que é empregado de *Beta*, poderá ajuizar ação em face das duas empresas, quando então haverá *litisconsórcio inicial passivo facultativo simples.*

3. *Prazo em dobro.* O art. 229 do CPC de 2015 garante aos litisconsortes, no caso de possuírem procuradores diferentes, em escritórios de advocacia distintos, a dobra dos prazos para praticar atos processuais, como é o caso da contestação e do recurso.[301] Esse instituto, no entanto, não passa pelo filtro do princípio da proteção, uma vez que torna mais moroso o procedimento, indo de encontro à celeridade do processo trabalhista. Esse é também o entendimento da SDI-I do TST.[302]

4. *Limitação.* Há limites à quantidade de litisconsortes? A doutrina costuma denominar de *multitudinário* o litisconsórcio formado pelo excessivo número de litigantes em um dos polos da relação processual. Nesses casos, verificada a inconveniência do litisconsórcio em relação ao princípio da proteção e ao interesse público, poderá o Juiz limitar o número de litisconsortes, fazendo uso da prerrogativa da direção do processo que lhe é conferida pelo art. 765 da CLT.[303] O art. 113, § 1º, do CPC de 2015 estabelece que essa limitação pode ser feita tanto no processo de conhecimento quanto no processo de execução, sempre que houver comprometimento da rápida solução do litígio ou prejuízo à defesa ou ao cumprimento da sentença.

5. *Ação declaratória de responsabilidade.* Caso o reclamante opte por ajuizar a ação apenas em face de um dos litisconsortes, será possível manejar posteriormente uma ação declaratória contra aquele que não participou da demanda inicial? Imagine-se, por exemplo, que *José* tenha trabalhado como vigilante para a empresa *X Vigilância Ltda.*, prestando serviços de forma terceirizada no estabelecimento do *Banco Z S/A*. Credor de verbas rescisórias, José ajuíza ação apenas em face de *X Vigilância Ltda.*, obtendo sentença condenatória. Verificando que a executada não dispõe de bens suficientes para garantir a execução, José lança mão de ação declaratória em face do *Banco Z S/A*, a fim de obter a declaração de responsabilidade subsidiária e, por via indireta, obter dele o pagamento do débito da executada.

---

entes da Federação, observado o disposto no § 4º, do art. 100, da Constituição Federal, os débitos ou obrigações consignados em precatório judiciário, que tenham valor igual ou inferior a: I — quarenta salários-mínimos, perante a Fazenda dos Estados e do Distrito Federal; II — trinta salários-mínimos, perante a Fazenda dos Municípios. Parágrafo único. Se o valor da execução ultrapassar o estabelecido neste artigo, o pagamento far-se-á, sempre, por meio de precatório, sendo facultada à parte exeqüente a renúncia ao crédito do valor excedente, para que possa optar pelo pagamento do saldo sem o precatório, da forma prevista no § 3º do art. 100".

(299) Orientação Jurisprudencial do Pleno do TST n. 9. "Precatório. Pequeno valor. Individualização do crédito apurado. Reclamação trabalhista plúrima. Execução direta contra a Fazenda Pública. Possibilidade. Tratando-se de reclamações trabalhistas plúrimas, a aferição do que vem a ser obrigação de pequeno valor, para efeito de dispensa de formação de precatório e aplicação do disposto no § 3º, do art. 100, da CF, deve ser realizada considerando-se os créditos de cada reclamante."

(300) Art. 455. "Nos contratos de subempreitada responderá o subempreiteiro pelas obrigações derivadas do contrato de trabalho que celebrar, cabendo, todavia, aos empregados, o direito de reclamação contra o empreiteiro principal pelo inadimplemento daquelas obrigações por parte do primeiro. Parágrafo único — Ao empreiteiro principal fica ressalvada, nos termos da lei civil, ação regressiva contra o subempreiteiro e a retenção de importâncias a este devidas, para a garantia das obrigações previstas neste artigo."

(301) Art. 191. "Quando os litisconsortes tiverem diferentes procuradores, ser-lhes-ão contados em dobro os prazos para contestar, para recorrer e, de modo geral, para falar nos autos."

(302) Orientação Jurisprudencial da SDI-I do TST n. 310. "Litisconsortes. Procuradores distintos. Prazo em dobro. art. 229, *caput* e §§ 1º e 2º, do CPC de 2015. Art. 191 do CPC de 1973. Inaplicável ao Processo do Trabalho (atualizada em decorrência do CPC DE 2015). Inaplicável ao Processo do Trabalho a norma contida no art. 229, *caput* e §§ 1º e 2º, do CPC de 2015 (art. 191 do CPC de 1973), em razão de incompatibilidade com a celeridade que lhe é inerente.".

(303) "Art. 765. Os Juízos e Tribunais do Trabalho terão ampla liberdade na direção do processo e velarão pelo andamento rápido das causas, podendo determinar qualquer diligência necessária ao esclarecimento delas".

Ora, se o litisconsórcio é facultativo, deve ser formado até a prolação da decisão definitiva, pena de se relativizar a coisa julgada. Ademais, uma ação declaratória dessa espécie acabaria por ter efeitos condenatórios sem, contudo, garantir à reclamada o direito ao contraditório quanto ao mérito da condenação. Nesse sentido já decidiu a SDI-I do TST.[304]

6.7. INTERVENÇÃO DE TERCEIROS

A intervenção de terceiros é o instituto processual que permite o ingresso no processo de quem não é parte, quando houver a demonstração de interesse jurídico na demanda. O interesse é jurídico, quando decorre de uma relação jurídica que o terceiro tenha com uma das partes ou com o objeto do litígio, a qual será afetada pela decisão judicial a eles relativa.

Em regra, pelo *princípio da singularidade*, a relação processual só é estabelecida entre o demandante e o demandado, razão pela qual somente a lei pode criar hipóteses de intervenção de terceiros.

A doutrina costuma classificar a intervenção de terceiros pelo critério da iniciativa. Quando esta é do terceiro, diz-se da intervenção *espontânea*. Caso ela seja de uma das partes, será denominada de *provocada*. É espontânea a assistência e provocadas, as demais.

6.7.1. MODALIDADES DO DIREITO PROCESSUAL COMUM

No CPC de 2015 (arts. 119 a 138), as modalidades de intervenção de terceiro do processo comum são a assistência, a denunciação da lide, o chamamento ao processo, a *desconsideração da personalidade jurídica* e o "*amicus curiae*". A *oposição*, que era espécie de intervenção de terceiros no CPC de 1973, passou a ser considerada uma ação autônoma promovida por terceiro (art. 682 do CPC de 2015), a exemplo dos embargos de terceiro (art. 672 do CPC de 2015). Já a *nomeação à autoria* foi extinta, mas sua finalidade pode ser alcançada agora por um procedimento simples, previsto nos arts. 338 e 339 do CPC de 2015.

A *nomeação à autoria* tinha lugar quando o réu era um mero detentor do objeto da ação, de maneira que poderia nomear o verdadeiro titular (arts. 62 a 69 do CPC de 1973). Trata-se ilegitimidade passiva, razão pela qual o CPC de 2015 transformou o instituto em mero incidente. Se o réu alegar que é mero detentor do objeto, deverá indicar o verdadeiro titular da ação (art. 339 do CPC de 2015), situação em que o Juiz facultará ao autor a opção de alterar a petição inicial para substituir o réu, por economia processual (art. 338 do CPC de 2015). Nesse incidente não se exige mais a *dupla concordância*, isto é, que tanto a parte adversa quanto o terceiro nomeado concordem com a nomeação, expressa ou tacitamente.

No nosso sentir, esse incidente é aplicável ao Processo do Trabalho, porque prestigia a celeridade e a superação de vícios sanáveis, sendo cabível nas hipóteses em que o réu alegar sua ilegitimidade passiva e indicar o titular da relação material.

E as modalidades de intervenção de terceiros do processo comum? Elas são compatíveis com os princípios do Direito Processual do Trabalho? A questão é polêmica. O Enunciado n. 68, da 1ª Jornada de Direito Material e Processual do Trabalho, da ANAMATRA, por exemplo, admite a intervenção de terceiros no processo trabalhista.[305] No entanto, há quem defenda a incompatibilidade absoluta.

(304) "Responsabilidade subsidiária. Ajuizamento de ação autônoma apenas contra o tomador de serviços. Impossibilidade. Existência de sentença condenatória definitiva prolatada em ação em que figurou como parte somente o prestador de serviços. Não é possível o ajuizamento de ação autônoma pleiteando a responsabilidade subsidiária do tomador de serviços quando há sentença condenatória definitiva prolatada em ação anteriormente proposta pelo mesmo reclamante, em que figurou como parte apenas o prestador de serviços. Tal procedimento afrontaria a coisa julgada produzida na primeira ação e o direito à ampla defesa e ao contraditório, resguardado ao tomador de serviços. Assim, reiterando a jurisprudência da Corte, a SBDI-I, por unanimidade, conheceu dos embargos por divergência jurisprudencial e, no mérito, por maioria, negou-lhes provimento. Vencidos os Ministros Augusto César Leite de Carvalho, José Roberto Freire Pimenta e Delaíde Miranda Arantes." (TST. E-RR-9100-62.2006.5.09.0011. Relator: Ministro Horácio Raymundo de Senna Pires. SBDI-I. DEJT: 08.03.2012).

(305) Enunciado da Jornada da Anamatra n. 68. "Intervenção de terceiros. I — Admissibilidade da intervenção de terceiros nos Processos submetidos à jurisdição da Justiça do Trabalho. II — Nos processos que envolvem crédito de natureza privilegiada, a compatibilidade da

Ao nosso ver, o procedimento sumaríssimo não deve admitir a intervenção de terceiros como regra. É que a sua finalidade social está direcionada para a celeridade e simplicidade do procedimento, à semelhança dos Juizados Especiais Cíveis da Justiça comum, criados pela Lei n. 9.099/95, a qual deve ser aplicada subsidiariamente ao processo trabalhista, nos termos do art. 769 da CLT.

Já no procedimento ordinário, a melhor resposta deve ser dada caso a caso, verificando-se as peculiaridades do caso concreto, levando-se em conta a ampliação da competência da Justiça do Trabalho. Nesse sentido é o entendimento da 2ª Turma do TST.(306)

A seguir, apresenta-se uma breve análise de cada modalidade e sua aplicabilidade no processo trabalhista.

6.7.1.1. Assistência

O termo *assistência* é plurívoco, isto é, serve para designar vários institutos do direito processual. Dois já foram vistos, quais sejam, a assistência como espécie de representação do relativamente incapaz, e como benefício, pelo qual a parte pode demandar com gratuidade de advogado (sindicato) e de despesas processuais (justiça gratuita).

A hipótese tratada aqui tem a natureza jurídica de intervenção de terceiros. Ela está prevista nos arts. 119 a 124 do CPC de 2015. Nela, o terceiro interveniente ingressa na relação processual de maneira voluntária, a fim de auxiliar uma das partes primitivas, que será o assistido (art. 119 do CPC de 2015). Ela tem cabimento a todo o tempo e em qualquer grau de jurisdição e espécie de processo (art. 119, parágrafo único, do CPC de 2015). Para parte da doutrina, no entanto, isso não abrange o processo de execução, porque este não se destina à formação do título executivo, mas apenas à satisfação do credor. No nosso sentir, parece mais razoável admitir a assistência também no processo de execução, por ser a interpretação que mais favorece a participação democrática no processo (art. 6º, do CPC de 2015).

Há duas espécies de assistência:

a) a *simples* ou *adesiva*, em que o assistente não possui qualquer relação jurídica com a parte adversa, exercendo os mesmos poderes e sujeitando-se aos mesmos ônus do assistido (art. 121 do CPC de 2015); e

b) a *listisconsorcial*, em que o assistente possui relação jurídica com o adversário do assistido. Na verdade, a assistência litisconsorcial é um litisconsórcio facultativo ulterior (art. 124 do CPC de 2015). O assistente também é titular da relação material, razão pela qual ele tem legitimidade para litigar de maneira independente, podendo até mesmo contrariar o assistido.

Ambas as espécies de assistência têm ampla aplicabilidade na Justiça do Trabalho e estão condicionadas à demonstração de existência de interesse jurídico por parte do assistente e não o meramente econômico.(307) O interesse jurídico estará presente sempre que a decisão puder gerar efeitos na relação jurídica que o assistente mantiver com uma das partes.

---

intervenção de terceiros está subordinada ao interesse do autor, delimitado pela utilidade do provimento final. III — Admitida a denunciação da lide, é possível à decisão judicial estabelecer a condenação do denunciado como co-responsável".

(306) "Recurso de Revista. Denunciação da Lide. Inaplicabilidade ao caso concreto. Ofensa ao art. 70 do CPC. Não configuração. Anteriormente ao advento da Emenda Constitucional n. 45/2004, o entendimento desta Corte Superior, consagrado na Orientação Jurisprudencial n. 227 da SBDI-1, era pela incompatibilidade da denunciação da lide nesta Justiça Especializada, porquanto se reconhecia a incompetência desta para analisar a segunda lide. Contudo, com a reforma do Texto Constitucional, a competência da Justiça do Trabalho, prevista no art. 114 da Constituição Federal, teve o seu rol ampliado, razão pela qual se passou a discutir a aplicabilidade daquela Intervenção de terceiros caso a caso, devendo-se verificar o interesse do trabalhador em ver o denunciado como parte integrante do polo passivo da relação processual, em observância aos princípios norteadores do Processo do Trabalho, assim como à competência para julgamento da lide surgida entre o denunciante e o denunciado. No caso concreto, a aplicação do instituto não traria qualquer benefício ao trabalhador, não havendo falar em violação do art. 70, III, do CPC. Ademais, a presença da seguradora na ação implicaria no pronunciamento do juiz a respeito das relações entre ela e a reclamada, o que escapa dos limites da competência da Justiça do Trabalho. Precedentes da 2ª Turma, da SBDI-1 e demais Turmas desta Corte Superior. Recurso de revista não conhecido. [...]" (TST. RR — 163500-60.2007.5.15.0034. Relator: Ministro Guilherme Augusto Caputo Bastos. 2ª Turma. DEJT: 01.06.2012).

(307) Súmula do TST n. 82: "Assistência. A intervenção assistencial, simples ou adesiva, só é admissível se demonstrado o interesse jurídico e não o meramente econômico".

Um exemplo de assistência simples, com interesse jurídico, seria o ingresso do sindicato, como assistente de um trabalhador pertencente a sua categoria, no processo em que é discutido com o empregador o fornecimento de equipamentos de proteção individual. Já a qualificada tem cabimento, *v. g.*, no caso do empregado que ingressa em uma ação civil pública, proposta pelo MPT em face do empregador, uma vez que haverá relação jurídica entre o assistente e a parte *ex adversa* do assistido.[308]

6.7.1.2. Denunciação da lide

Nessa modalidade, regida pelos arts. 125 a 129 do CPC de 2015, tanto o autor quanto o réu podem querer a intimação de um terceiro para ingressar na relação processual: o primeiro, para que o terceiro venha compor litisconsórcio ativo; o segundo, a fim de que o devedor subsidiário integre a demanda no polo passivo.

Imagine-se, por exemplo, que o empregador aplique justa causa nos empregados *Giovane*, *Vinícius* e *Manoel*. Todavia, somente *Vinícius* teve a iniciativa de ajuizar uma ação trabalhista, para provar sua inocência. Ele não poderia exigir que seus colegas também ajuizassem a ação, porque o direito de ação é subjetivo, de maneira que ninguém pode ser obrigado a exercê-lo. Em vista disso, a solução para *Vinícius* será fazer a denunciação da lide a *Giovane* e *Manoel*, para que eles possam integrar o polo ativo.

Na segunda situação, suponha que *Lucas* ajuíze ação de indenização por danos morais, decorrentes de assédio moral, em face de seu empregador. Este, verificando que a gerente *Carla* foi a autora dos atos ilícitos, denuncia a lide a esta, para que nela ingresse e suporte o ônus de uma eventual condenação, de forma regressiva.

O CPC de 2015 limitou o número de denunciações da lide sucessivas (quando o denunciado também promove uma denunciação da lide) a apenas duas no mesmo processo (art. 125, § 2º).

A OJ n. 227 da SDI-I do TST vedava, expressamente, a aplicação da denunciação da lide no Processo do Trabalho.[309] Entretanto, ela foi cancelada em 2005, razão pela qual o caso concreto pode revelar hipóteses de sua incidência, mas apenas no caso de direito de regresso, uma vez que as demais hipóteses do art. 70 do CPC (evicção e direitos reais) fogem à matéria trabalhista.

O *chamamento à autoria*, previsto no art. 486 da CLT é, na verdade, hipótese de denunciação da lide. Essa figura será examinada mais à frente.

6.7.1.3. Chamamento ao processo

Essa intervenção é provocada pelo réu, no processo de conhecimento, a fim promover o ingresso de terceiro, denominado chamado, como litisconsorte passivo, para suportar os ônus da condenação, de forma solidária. Ela tem previsão nos arts. 130 a 132 do CPC de 2015 e aplicação duvidosa no Processo do Trabalho.

Em regra, apenas a hipótese de solidariedade passiva (art. 130, III, do CPC de 2015) autoriza o chamamento ao processo na Justiça do Trabalho, uma vez que as duas outras (devedor que chama o fiador e fiador que chama fiador) fogem à matéria trabalhista.

Pode-se ofertar um exemplo, na hipótese de só uma das empresas pertencentes a um determinado grupo empresarial ser demandada por um empregado que prestou serviços a todas. A reclamada poderia chamar ao

(308) "Recurso de Revista. Acordo homologado em Ação Civil Pública. Assistência litisconsorcial do empregado. Efeitos. Coisa julgada. Irrecorribilidade. [...] No caso dos autos, a decisão proferida no Tribunal Regional explicitou que foi judicialmente homologado acordo em Ação Civil Pública ajuizada pelo Ministério Público do Trabalho em face da reclamada e que — o autor participou da ação civil pública referida como assistente litisconsorcial, consoante deflui dos termos da procuração por ele outorgada ao advogado que, inclusive, fez-se presente na audiência em que entabulada a avença referida-. Necessária a consideração, nesta hipótese, de que o acordo homologado na ação civil pública produz efeitos em relação aos empregados que dele participaram na condição de assistentes litisconsorciais do Ministério Público do Trabalho, já que, -[N] a hipótese de assistência litisconsorcial, a coisa julgada atingirá o assistente, como, aliás, atingiria ainda que não houvesse o pedido de assistência, pois o regime do litisconsórcio, conquanto facultativo, é unitário [...]. Recurso de revista conhecido e provido." (TST. RR — 565-64.2010.5.12.0030. Relator: Juiz Convocado Flavio Portinho Sirangelo. 6ª Turma. DEJT: 20.04.2012).

(309) Orientação Jurisprudencial da SDI-I do TST n. 227. "Denunciação da lide. Processo do Trabalho. Incompatibilidade". (cancelada) — DJ 22.11.2005.

processo as demais empresas, uma vez que há entre elas solidariedade. Nesse caso, no entanto, uma eventual ação regressiva entre as empresas seria da competência da Justiça comum.

6.7.1.4. Desconsideração da personalidade jurídica

O CPC de 2015 regulou o instituto da desconsideração da personalidade jurídica, previstos nos arts. 50, do CC, e 28, do CDC. Esse instituto já vinha sendo aplicado de forma ampla no Processo do Trabalho, sendo regido apenas pela Consolidação Geral dos Provimentos da Justiça do Trabalho — CGJT (arts. 68 e 69). A finalidade do instituto é fazer recair a execução sobre os bens do sócio da empresa que não possuir bens livres e desembaraços para saldar a dívida trabalhista.

Pelas regras da CGPJT, os requisitos da desconsideração da personalidade jurídica eram: a) decisão fundamentada (art. 93, IX, da CF); b) citação do sócio para, no prazo de 48h, indicar bens da empresa ou, não havendo, garantir a execução, sob pena de penhora (art. 880, da CLT); c) registrar o sócio como executado, inclusive na capa dos autos; d) incluir o sócio no cadastro nacional dos devedores trabalhistas (art. 642-A, da CLT).

No CPC de 2015, a desconsideração da personalidade jurídica passou a ser um *incidente de intervenção de terceiros*. Suas principais características são: a) deve ser requerido pela parte ou pelo MP, inclusive na petição inicial (art. 133 do CPC de 2015); b) cabe em todas as fases do processo (art. 134 do CPC de 2015); c) uma vez instaurado, suspende o processo, salvo se requerido na petição inicial (art. 134, § 3º, do CPC de 2015); d) o sócio deverá ser citado para se defender, no prazo de 15 dias (art. 135 do CPC de 2015); e) o incidente será decidido por decisão interlocutória (art. 136 do CPC), que desafia *agravo de instrumento*, na primeira instância, ou *agravo interno*, quando proferida pelo relator, no Tribunal.

A IN 39/16 do C. TST, por sua vez, estabeleceu os seguintes parâmetros (art. 6º): a) o incidente é aplicável ao Processo do Trabalho (art. 15 do CPC de 2015 c/c art. 769, da CLT); b) no processo de execução, pode ser instaurado de ofício, pelo Juiz (art. 878 da CLT); c) da decisão interlocutória, na fase de conhecimento, não caberá recurso imediato (art. 893, § 1º, da CLT); na fase de execução, desafia *agravo de petição* (art. 897, "a", da CLT); no Tribunal, cabe *agravo interno* da decisão proferida pelo relator (art. 932, VI, do CPC de 2015); d) a instauração do incidente suspende o processo (art. 134, § 3º, do CPC de 2015); e) durante o incidente poderá ser concedida tutela de urgência de natureza cautelar (art. 301 do CPC de 2015).

O I FNPT, no entanto, concluiu que o incidente em comento não é aplicável a Processo do Trabalho, porque a execução é processada de ofício, bem como pelo princípio da simplicidade.(310) *Data venia*, não podemos concordar com tais argumentos. A uma, porque o incidente pode ser instaurado também no processo de conhecimento, o qual não é movido de ofício pelo Juiz. A duas, porque, mesmo no processo de execução há previsão de defesa do executado, por exemplo, por meio da exceção de pré-executivdade e dos embargos, o que demonstra que a *execução de ofício* não constitui óbice ao contraditório. A três, porque, como já explicado no capítulo sobre Teoria Geral do Processo, o princípio da simplicidade é apenas um corolário do princípio da proteção, não se sobrepondo ao princípio do contraditório, que é um princípio fundamental do processo.

Por isso, a nós parece mais adequado o Enunciado n. 124 do Fórum Permanente de Processualistas Civis (FPPC), segundo o qual "a desconsideração da personalidade jurídica no Processo do Trabalho deve ser processada na forma dos arts. 133 a 137, podendo o incidente ser resolvido em decisão interlocutória ou na sentença."

No nosso sentir, as disposições contidas na CGPJT e na IN 39/16 devem ser aplicadas em conjunto as normas do CPC de 2015, atuando como filtro necessário para a aplicação do incidente de desconsideração da personalidade jurídica no Processo do Trabalho, considerando as suas peculiaridades.

(310) Enunciado n. 30 do I FNPT. "CLT, art. 769 e NCPC, arts.133-137 C/C ART. 789, 790, II e art. 792, IV. Incidente de Desconsideração da Personalidade jurídica. O incidente de desconsideração de personalidade jurídica (arts. 133 a 137 do NCPC) é incompatível com o Processo do Trabalho, uma vez que neste a execução se processa de ofício, a teor dos arts. 876, parágrafo único e 878 da CLT, diante da análise do comando do art. 889 celetista (c/c art. 4º, § 3º da Lei 6830/80), além do princípio de simplificação das formas e procedimentos que informa o Processo do Trabalho, tendo a nova sistemática processual preservado a execução dos bens dos sócios (arts. 789, 790, II e art. 792, IV,do NCPC)."

Por isso, sugerimos que o procedimento observe o seguinte:

a) o incidente é aplicável ao Processo do Trabalho (art. 15 do CPC de 2015 c/c art. 769, da CLT);

b) cabe em todas as fases do processo (art. 134 do CPC de 2015);

c) deve ser requerido pela parte ou pelo MP, inclusive na petição inicial (art. 133 do CPC de 2015);

d) no processo de execução, pode ser instaurado de ofício, pelo Juiz (art. 878 da CLT);

e) uma vez instaurado, suspende o processo (art. 134, § 3º, do CPC de 2015);

f) o Juiz pode determinar a imediata penhora de bens, como tutela de urgência de natureza cautelar (art. 301 do CPC de 2015);

g) o sócio deverá ser citado para se defender, no prazo de 15 dias (art. 135 do CPC de 2015);

h) a decisão interlocutória será fundamentada (art. 93, IX, da CF) e os requisitos de mérito são os da *teoria menor* — basta a insolvência da pessoa jurídica para o pagamento de suas obrigações, independentemente da existência de desvio de finalidade ou de confusão patrimonial — (art. 28, § 5º, do CDC);

i) na fase de conhecimento, não caberá recurso imediato (art. 893, § 1º, da CLT); na fase de execução, desafia Agravo de Petição (art. 897, "a", da CLT), dispensado o preparo;[311] no Tribunal, cabe *agravo interno* da decisão proferida pelo relator (art. 932, VI, do CPC de 2015);

j) havendo decisão de procedência: o sócio será citado para, no prazo de 48h, indicar bens da empresa ou, não havendo, garantir a execução, sob pena de penhora (art. 880, da CLT); o sócio deverá ser registrado como executado; o sócio será incluído no cadastro nacional dos devedores trabalhistas (art. 642-A, da CLT).

É bem de se ver que, apesar de a lei exigir o contraditório, este pode ser diferido, ou seja, é possível que a decisão de desconsideração da personalidade jurídica seja realizada antes da defesa pelo sócio, sempre que a citação deste colocar em risco a efetividade da medida (art. 300, § 2º, do CPC).

Cabe destacar que a Lei n. 13.467/17 (reforma trabalhista) regulamenta o incidente de desconsideração da personalidade jurídica no processo do trabalho, estabelecendo que ele será aplicado nos mesmos moldes do CPC (art. 855-A da CLT), com as seguintes especificidades: a) da decisão interlocutória que acolher ou rejeitar o incidente não caberá recurso imediato, quando ela ocorrer na fase de conhecimento. Caso o incidente tenha lugar na fase de execução, a decisão desafiará agravo de petição, independentemente de garantia do juízo. Se a decisão for proferida pelo relator, em sede recursal, será cabível agravo interno; b) a instauração do incidente suspenderá o processo, sem prejuízo de concessão de tutela de urgência de natureza cautelar, na forma do art. 301 do CPC de 2015.

6.7.1.5. *Amicus curiae*

O "*amicus curiae*" ou *amigo da Corte* era um instituto de natureza controvertida,[312] previsto na Lei das Ações Diretas de Inconstitucionalidade e de Constitucionalidade (art. 7º, § 2º, da Lei n. 9.868/99). Pela Lei da ADI/ADC, o Ministro relator do processo no STF poderia admitir, até o início do julgamento, a manifestação e órgãos e entidades, a depender da relevância da matéria e da representatividade do postulante. Mas o STF já admitiu pessoas naturais como "*amicus curiae*" (MS 32.033).

O CPC de 2015 regulou o instituto como modalidade de intervenção de terceiros, com as seguintes características (art. 138): a) os requisitos são a relevância da matéria, a especificidade do tema ou a repercussão social da controvérsia; b) pode ser instaurado de ofício ou a requerimento das partes e interessadas, pessoas naturais ou jurídicas; c) a decisão do Juiz ou relator será irrecorrível; d) os poderes do "*amicus curiae*" são definidos pelo juiz, mas ele terá legitimidade para recorrer da decisão que julgar o incidente de resolução de demandas repetitivas.

(311) Enunciado n. 126 do FPPC: "(art. 134; art. 15) No Processo do Trabalho, da decisão que resolve o incidente de desconsideração da personalidade jurídica na fase de execução cabe agravo de petição, dispensado o preparo."

(312) No entanto, a doutrina já o considerava uma modalidade "*sui generis*" de intervenção de terceiros.

Antes mesmo do CPC de 2015 entrar em vigor, a Lei n. 13.015/14 criou a figura do "*amicus curiae*" no recurso de revista, mas com a natureza jurídica de assistente simples (art. 896-C, § 8º, da CLT[(313)]).

No nosso sentir, o advento do CPC de 2015 produziu duas alterações no "*amicus curiae*" no Processo do Trabalho: a) a natureza jurídica passou a ser de modalidade autônoma de intervenção de terceiros e não mais de assistência simples; b) pode ser admitido em qualquer instância e não somente no recurso de revista.

O art. 3º, II, da IN 39/16 dispõe que o "*amicus curiae*" é aplicável ao Processo do Trabalho. Esse também é o entendimento do FPPC[(314)] e do I FNPT,[(315)] com os quais concordamos.

O II FNPT aprovou o Enunciado n. 9,[(316)] segundo o qual o "*amicus curiae*" pode ser admitido para ajudar na conciliação trabalhista, com o que concordamos. Oferta-se um exemplo, com base em um caso verídico. Durante a conciliação, surgiu uma controvérsia relativa ao percentual da obra (perfuração de um poço) que foi concluída pelo trabalhador, a fim de estabelecer um critério para remuneração, pelo que foi nomeado um senhor que trabalhava profissionalmente furando poços, para fazer a avaliação. Trata-se de típica intervenção como "*amicus curiae*".

Como não se trata de perito, o "*amicus curiae*" pode recair sobre qualquer pessoa, física ou jurídica, independentemente de qualquer cadastro prévio. Todavia, por força do princípio democrático, as partes devem ter a oportunidade de se manifestar sobre a nomeação dessa intervenção de terceiros.

Também nos parece razoável as conclusões de que o "*amicus curiae*" pode ser nomeado para atuar na conciliação de dissídios coletivos e ações coletivas, conforme Enunciados 33[(317)] e 34[(318)] do II FNPT, respectivamente.

Por fim, resta dizer que o STF já decidiu que o "*amicus curiae*" não é cabível em Mandado de Segurança (MS 29.192).

6.7.2. MODALIDADES DO DIREITO PROCESSUAL DO TRABALHO

O Processo do Trabalho possui três modalidades específicas de intervenção de terceiro, quais sejam, o *chamamento à autoria*, a *integração à lide* e a intervenção "*iussu iudicis*".

6.7.2.1. Chamamento à autoria

Essa modalidade interventiva tem previsão no art. 486 da CLT e possui, na verdade, natureza jurídica de denunciação da lide. Ela trata dos efeitos do "*factum principis*"[(319)] nos contratos de trabalho.

---

(313) Art. 896-C. [...] § 8º O relator poderá admitir manifestação de pessoa, órgão ou entidade com interesse na controvérsia, inclusive como assistente simples, na forma da Lei n. 5.869, de 11 de janeiro de 1973 (Código de Processo Civil).

(314) Enunciado n. 250 do FPPC: "(art. 138; art. 15). Admite-se a intervenção do *amicus curiae* nas causas trabalhistas, na forma do art. 138, sempre que o juiz ou relator vislumbrar a relevância da matéria, a especificidade do tema objeto da demanda ou a repercussão geral da controvérsia, a fim de obter uma decisão respaldada na pluralidade do debate e, portanto, mais democrática."

(315) Enunciado n. 44 do I FNPT. "CLT, art. 769 e NCPC, art.138. Possibilidade de intervenção do *amicus curiae*no processo trabalhista. O instituto da intervenção do *amicus curiae*, perante a primeira e as instâncias superiores, contida no art. 138 do NCPC, é compatível com o Processo do Trabalho, nas hipóteses específicas de sua previsão."

(316) CPC, art. 138. CLT, art. 765. O *amicus curiae* na conciliação trabalhista. O *amicus curiae*, previsto no art. 138, é aplicável no Processo do Trabalho, conforme art. 765 da CLT, podendo o magistrado admitir a participação no processo, de pessoa física ou jurídica, órgão ou entidade especializada, com o propósito de prestar informações relevantes acerca de matéria técnica e/ou fática relacionada ao objeto da lide, em benefício de um justo juízo conciliatório.

(317) "*Amicus curiae* na conciliação do dissídio coletivo. O amicus curiae, previsto no art. 138 do CPC, é aplicável ao Processo do Trabalho. Este instituto pode ser utilizado no dissídio coletivo."

(318) "*Amicus curiae* na conciliação das ações coletivas. O sistema de jurisdição metaindividual trabalhista tem como objetivo tutelar os direitos coletivos trabalhistas, abrangendo os direitos coletivos em sentido estrito, individuais homogêneos e difusos, fomentando, assim, o pleno acesso ao Poder Judiciário. Diante da complexidade e pluralidade das matérias envolvidas nas ações coletivas, é permitido ao magistrado de ofício ou a requerimento da parte lançar mão do *amicus curiae*."

(319) É um ato do Estado, de natureza geral, como uma lei, que torna impossível a continuidade da exploração de determinada atividade econômica.

Seria o caso, por exemplo, de uma lei proibir a comercialização de um determinado produto, como uma bebida. Nesse caso, o Estado é quem acará com o pagamento da indenização que, desde o advento da CF, é apenas a multa de 40% do FGTS (art. 18, § 1º, da Lei n. 8.036/90).

Uma vez demandado, caberá ao empregador denunciar a lide ao Estado ou chamá-lo à autoria, como diz a CLT, a fim de que arque com o pagamento da referida multa. O § 3º do art. 486 da CLT diz, expressamente, que, nesse caso, o Juiz do Trabalho deverá dar-se por incompetente e remeter os autos à Justiça comum. Com o advento da EC 45/04, no entanto, essa previsão foi revogada, uma vez que a competência da Justiça do Trabalho agora é material, permitindo que a ação tenha prosseguimento em face do Estado, sem modificação de competência.

6.7.2.2. Integração à lide

Trata-se de intervenção de terceiros fundamentada no "costume processual", para atender a uma necessidade específica e muito comum no Processo do Trabalho, que é a de incluir uma empresa no polo passivo, a requerimento do réu (GARCIA, 2014).

O caso mais comum é o de terceirização, em que o reclamante ajuíza ação exclusivamente contra a empresa tomadora e esta requer a citação da empresa prestadora de serviços.

Para nós, a figura da integração à lide guarda correspondência com o novel incidente dos arts. 338 e 339, do CPC de 2015, que já foi objeto de comentários. Dessa forma, a integração da lide passou de "costume processual" a incidente formalmente previsto na lei.

6.7.2.3. Intervenção iussu iudicis

Para parte da doutrina, a integração à lide e a intervenção "*iussu iudicis*" são o mesmo instituto. No entanto, a nós parece que as figuras, embora muito parecidas, não se confundem. A diferença está apenas no fato de que, na intervenção "*iussu iudicis*", a integração do terceiro é determinada pelo juiz, de ofício, quando ele identificar a presença de litisconsórcio necessário, ao passo que na integração à lide ela é requerida pelo réu e o litisconsórcio pode ser facultativo.

A intervenção "*iussu iudicis*" era prevista no art. 91 do CPC de 1939.[320] Todavia, o CPC de 1973 não a repetiu de forma completa, dizendo apenas que "o juiz ordenará ao autor que promova a citação de todos os litisconsortes necessários, dentro do prazo que assinar, sob pena de declarar extinto o processo" (art. 47, parágrafo único). Essa redação fez com que boa parte da doutrina considerasse que o instituto havia sido extinto, já que o Juiz não mais poderia agir de ofício. Todavia, ele continuou a ser utilizado na Justiça do Trabalho, por "costume processual", porque era compatível com os princípios da finalidade social, da celeridade e da economia.

6.8. PROCURADORES

Como foi dito, no Processo Civil comum, a parte pode ter capacidade processual de direito e de fato, mas só poderá praticar atos processuais, em regra, por meio de um procurador legalmente habilitado para isso, que é o advogado.

O Processo do Trabalho, porém, possui regras específicas, pois poderão praticar atos processuais, sem a necessidade de constituir advogado (art. 791 da CLT).

1. *Alcance do "jus postulandi"*. Ao tratar do "*jus postulandi*", o art. 839 da CLT diz que a reclamação poderá ser apresentada pelos empregados e empregadores, pessoalmente. Com a EC n. 45/04, esse dispositivo deve ser lido à luz do art. 114 da CF, que criou a competência material da Justiça do Trabalho para as causas oriundas e decorrentes da relação de trabalho. Isso significa que o "*jus postulandi*" também deve ser facultado às partes que não sejam empregados e empregadores.

(320) Art. 91. "O juiz, quando necessário, ordenará a citação de terceiros, para integrarem a contestação. Se a parte interessada não promover a citação no prazo marcado, o juiz absolverá o réu da instância."

Ora, a razão para a ampliação da competência da Justiça do Trabalho foi justamente estender a proteção processual aos hipossuficientes que trabalham sem vínculo empregatício. Não seria justo nem razoável, por exemplo, exigir que uma diarista seja representada por advogado e facultar essa representação à empregada doméstica.

Por isso, no nosso sentir, o "*jus postulandi*" alcança todas as ações na Justiça do Trabalho.

2. *Mandato*

2.1. *Procuração*. Para que a parte possa ser representada por um advogado ou pelo sindicato, é preciso celebrar um contrato de mandato, cujo instrumento é a *procuração*. Excepcionalmente, é permitido ao representante postular sem ela, como nos casos de urgência ou para evitar prescrição e decadência (art. 104 do CPC de 2015), mas, nesses casos, a procuração deverá ser juntada aos autos em 15 dias, prazo prorrogável por igual período por despacho do juiz (art. 104, § 1º, do CPC de 2015). Nos termos do art. 104, § 2º, do CPC de 2015, "o ato não ratificado será considerado ineficaz relativamente àquele em cujo nome foi praticado, respondendo o advogado pelas despesas e por perdas e danos."

O recurso não tem sido considerado pela jurisprudência como ato urgente, uma vez que a parte tinha ciência de que haveria uma decisão e dispunha de prazo suficiente para praticar o ato. A jurisprudência vinha entendendo que não pera possível, portanto, interpor recurso sem procuração.

Todavia, com o avento do CPC de 2015, houve uma mudança nesse cenário (arts. 76 e 104 c/c Súmula n. 383, do TST[321]): a) se o recurso for interposto sem procuração, a parte terá o prazo de 5 dias[322] para juntar a procuração, independentemente de intimação; b) se a procuração estiver nos autos, mas contiver algum vício, como a falta de assinatura, por exemplo, a parte deve ser intimada para, no prazo de 5 dias, saná-lo.

Se a procuração for outorgada com poderes específicos para ajuizamento de reclamação trabalhista, não será válida para outras demandas, como o mandado de segurança e a ação rescisória, mas a parte deverá ser intimada para sanear a irregularidade.[323]

2.2. *Mandato tácito*. A procuração não precisa ser, necessariamente, expressa. Com fundamento no princípio da informalidade, é possível que ela ocorra tacitamente, pelo comparecimento da parte e de seu advogado à audiência, desde que essa presença conste da respectiva ata. A doutrina chama essa espécie de procuração de *mandato tácito*.

2.3. *Mandato "apud acta"*. Quando expressa, a procuração também não precisa vir em documento escrito. Ela pode ser celebrada verbalmente, na própria audiência, fazendo o Juiz do Trabalho constar da ata que a parte constituiu determinado advogado como seu procurador. Essa espécie de procuração é chamada de "*apud acta*".

(321) Súmula do TST n. 383. "Recurso. Mandato. Irregularidade de representação. CPC de 2015, arts. 104 e 76, § 2º (nova redação em decorrência do CPC de 2015). I — É inadmissível recurso firmado por advogado sem procuração juntada aos autos até o momento da sua interposição, salvo mandato tácito. Em caráter excepcional (art. 104 do CPC de 2015), admite-se que o advogado, independentemente de intimação, exiba a procuração no prazo de 5 (cinco) dias após a interposição do recurso, prorrogável por igual período mediante despacho do juiz. Caso não a exiba, considera-se ineficaz o ato praticado e não se conhece do recurso. II — Verificada a irregularidade de representação da parte em fase recursal, em procuração ou substabelecimento já constante dos autos, o relator ou o órgão competente para julgamento do recurso designará prazo de 5 (cinco) dias para que seja sanado o vício. Descumprida a determinação, o relator não conhecerá do recurso, se a providência couber ao recorrente, ou determinará o desentranhamento das contrarrazões, se a providência couber ao recorrido (art. 76, § 2º, do CPC de 2015)."

(322) Pelo art. 104, § 1º, do CPC de 2015, o prazo é de 15 dias. Ocorre que, no Processo do Trabalho, o prazo de interposição dos recursos é de oito dias. Por isso, o C. TST firmou entendimento de que o prazo, no Processo do Trabalho deve ser de cinco dias, como previsto no art. 932, parágrafo único, do CPC de 2015.

(323) Orientação Jurisprudencial da SDI-II do TST n.151. "Ação rescisória e mandado de segurança. Irregularidade de representação processual verificada na fase recursal. Vício processual sanável (nova redação em decorrência do CPC de 2015) A procuração outorgada com poderes específicos para ajuizamento de reclamação trabalhista não autoriza a propositura de ação rescisória e mandado de segurança. Constatado, todavia, o defeito de representação processual na fase recursal, cumpre ao relator ou ao tribunal conceder prazo de 5 (cinco) dias para a regularização, nos termos da Súmula n. 383, item II, do TST."

Para parte da doutrina, não há distinção entre *mandato tácito* e procuração "*apud acta*". A par dessa polêmica, o fato é que ambos estão previstos no art. 791, § 3º, da CLT, introduzido pela Lei n. 12.437/11, conferindo poderes apenas da cláusula "*ad judicia*". Isso significa que o advogado terá amplos poderes, com exceção de receber quitação, confessar, reconhecer a procedência do pedido, transigir, desistir, renunciar, firmar compromisso e receber e dar quitação (art. 105 do CPC de 2015).

Antes mesmo da Lei n. 12.437/11, a jurisprudência do TST já aceitava o mandato tácito e a procuração "*apud acta*" de forma pacífica, conforme Súmula n. 164 (Súmula cancelada) e OJ n. 286,[324] da SDI-I, do TST. Este não vem aceitando, porém, o substabelecimento do mandato pelo advogado constituído por uma dessas modalidades de procuração.[325]

2.4. *Substabelecimento*. O C. TST consolidou sua jurisprudência sobre o substabelecimento na Súmula n. 395:

> Súmula n. 395, do C. TST. MANDATO E SUBSTABELECIMENTO. CONDIÇÕES DE VALIDADE (nova redação dos itens I e II e acrescido o item V em decorrência do CPC de 2015)
>
> I — Válido é o instrumento de mandato com prazo determinado que contém cláusula estabelecendo a prevalência dos poderes para atuar até o final da demanda (§ 4º do art. 105 do CPC de 2015) . (ex-OJ n. 312 da SBDI-1 — DJ 11.08.2003)
>
> II — Se há previsão, no instrumento de mandato, de prazo para sua juntada, o mandato só tem validade se anexado ao processo o respectivo instrumento no aludido prazo. (ex-OJ n. 313 da SBDI-1 — DJ 11.08.2003)
>
> III — São válidos os atos praticados pelo substabelecido, ainda que não haja, no mandato, poderes expressos para substabelecer (art. 667, e parágrafos, do Código Civil de 2002). (ex-OJ n. 108 da SBDI-1 — inserida em 01.10.1997)
>
> IV — Configura-se a irregularidade de representação se o substabelecimento é anterior à outorga passada ao substabelecente. (ex-OJ n. 330 da SBDI-1 — DJ 09.12.2003)
>
> V — Verificada a irregularidade de representação nas hipóteses dos itens II e IV, deve o juiz suspender o processo e designar prazo razoável para que seja sanado o vício, ainda que em instância recursal (art. 76 do CPC de 2015).

Até o advento da Lei n. 8.952/94, o substabelecimento só era válido se houvesse reconhecimento de firma do outorgante, o que não mais é exigido pela novel legislação.[326] O substabelecimento não datado não gera nulidade, devendo ser considerada a data de sua juntada aos autos.[327]

2.5. *Fazenda Pública*. A Fazenda Pública está dispensada de juntar instrumento de mandato, sendo essencial, porém, que o signatário ao menos declare-se como procurador, não bastando a indicação do número da OAB.[328]

(324) Orientação Jurisprudencial da SDI-I do TST n. 286. "Agravo de Instrumento. Traslado. Mandato tácito. Ata de audiência. Configuração. I — A juntada da ata de audiência, em que consignada a presença do advogado, desde que não estivesse atuando com mandato expresso, torna dispensável a procuração deste, porque demonstrada a existência de mandato tácito. II — Configurada a existência de mandato tácito fica suprida a irregularidade detectada no mandato expresso".

(325) Orientação Jurisprudencial da SDI-I do TST n. 200. "Mandato Tácito. Substabelecimento inválido. É inválido o substabelecimento de advogado investido de mandato tácito".

(326) Orientação Jurisprudencial da SDI-I do TST n. 75. "Substabelecimento sem o reconhecimento de firma do substabelecente. Inválido (anterior à lei n. 8.952/1994). Não produz efeitos jurídicos recurso subscrito por advogado com poderes conferidos em substabelecimento em que não consta o reconhecimento de firma do outorgante. Entendimento aplicável antes do advento da Lei n. 8.952/1994".

(327) Orientação Jurisprudencial da SDI-I do TST n. 371. Irregularidade de representação. Substabelecimento não datado. Inaplicabilidade do art. 654, § 1º, do Código Civil (atualizada em decorrência do CPC de 2015). Não caracteriza a irregularidade de representação a ausência da data da outorga de poderes, pois, no mandato judicial, ao contrário do mandato civil, não é condição de validade do negócio jurídico. Assim, a data a ser considerada é aquela em que o instrumento for juntado aos autos, conforme preceitua o art. 409, IV, do CPC de 2015 (art. 370, IV, do CPC de 1973). Inaplicável o art. 654, § 1º, do Código Civil.

(328) Súmula do TST n. 436. "Representação processual. Procurador da União, Estados, Municípios E Distrito Federal, suas autarquias e fundações públicas. Juntada de instrumento de mandato (conversão da Orientação Jurisprudencial n. 52 da SBDI-I e inserção do item II à redação). I — A União, Estados, Municípios e Distrito Federal, suas autarquias e fundações públicas, quando representadas em juízo, ativa e passivamente, por seus procuradores, estão dispensadas da juntada de instrumento de mandato e de comprovação do ato de nomeação. II — Para os efeitos do item anterior, é essencial que o signatário ao menos declare-se exercente do cargo de procurador, não bastando a indicação do número de inscrição na Ordem dos Advogados do Brasil."

2.6. *Pessoa Jurídica.* A pessoa jurídica não está obrigada a exibir seus estatutos como condição de validade do instrumento de mandato outorgado ao seu procurador,[329] mas será inválido o instrumento de mandato em nome de pessoa jurídica que não contenha, pelo menos, o nome da entidade outorgante e do signatário da procuração, conforme Súmula 456 do C. TST, a qual também dispõem sobre a oportunidade de sanar a irregularidade:

> Súmula n. 456 do C. TST. REPRESENTAÇÃO. PESSOA JURÍDICA. PROCURAÇÃO. INVALIDADE. IDENTIFICAÇÃO DO OUTORGANTE E DE SEU REPRESENTANTE (inseridos os itens II e III em decorrência do CPC de 2015)
>
> I — É inválido o instrumento de mandato firmado em nome de pessoa jurídica que não contenha, pelo menos, o nome do outorgante e do signatário da procuração, pois estes dados constituem elementos que os individualizam.
>
> II — Verificada a irregularidade de representação da parte na instância originária, o juiz designará prazo de 5 (cinco) dias para que seja sanado o vício. Descumprida a determinação, extinguirá o processo, sem resolução de mérito, se a providência couber ao reclamante, ou considerará revel o reclamado, se a providência lhe couber (art. 76, § 1º, do CPC de 2015).
>
> III — Caso a irregularidade de representação da parte seja constatada em fase recursal, o relator designará prazo de 5 (cinco) dias para que seja sanado o vício. Descumprida a determinação, o relator não conhecerá do recurso, se a providência couber ao recorrente, ou determinará o desentranhamento das contrarrazões, se a providência couber ao recorrido (art. 76, § 2º, do CPC de 2015).

2.7. *Revogação do mandato.* A parte pode revogar o mandato outorgado ao seu advogado, devendo constituir outro no mesmo ato (art. 111 do CPC de 2015). A simples juntada de nova procuração, sem reserva de poderes, revoga a primeira.[330] O advogado, por sua vez, também pode renunciar ao mandato, desde que prove ter cientificado o mandante, para que este constitua novo procurador. Contudo, o advogado continuará a representar o seu cliente durante dez dias após o aviso, a fim de evitar-lhe prejuízos (art. 112 do CPC de 2015).

2.8. *Assinatura eletrônica.* Nos dias de hoje, é possível praticar atos pela forma virtual, por meio do sistema *e-doc*. Nesses casos, o advogado se cadastra nesse sistema e passa a assinar eletronicamente as suas petições, através de uma senha pessoal. Imagine-se, por exemplo, que o advogado "A" seja procurador de José em um processo, com procuração devidamente constante dos autos, e que, por não estar cadastrado no sistema *e-doc*, tenha pedido a "B", seu colega, que o faça por ele. "B" assina eletronicamente a petição que, porém, tem o nome de "A" como procurador. Esse ato é válido?

Para uma primeira corrente, o ato é inválido, uma vez que o autor da petição deve necessariamente coincidir com a pessoa que assina eletronicamente o documento, nos termos dos arts. 1º, § 2º, III, e 18 da Lei n. 11.419/06. Esse é, por exemplo, o entendimento do STJ (Resolução n. 1, de 10.2.10).

Para a segunda vertente, entretanto, é possível validar esse ato na hipótese de "B" também possuir procuração nos autos. Foi essa a decisão tomada por unanimidade pela SDI-I do TST.[331]

Com razão o TST, pois, no Processo do Trabalho, só haverá nulidade, quando dos atos inquinados resultar manifesto prejuízo às partes litigantes (art. 794 da CLT). Além disso, as relações virtuais são regidas pelo princípio da *existência concreta*, pelo qual deve predominar o que verdadeiramente ocorre e não o que é estipulado, de maneira que o autor da petição deve ser "B", que assinou eletronicamente o documento, e não "A", cujo nome apenas constou da petição.

2.9. *Morte.* No Processo do Trabalho, em razão do "*jus postulandi*", havendo a morte do procurador de qualquer das partes, ainda que durante a audiência de instrução, o processo terá seguimento, facultado à parte o direito de constituir procurador a qualquer momento, pelo que não se aplica a regra do art. 313, § 3º, do CPC de 2015.

(329) Orientação Jurisprudencial da SDI-I do TST n. 255. "Mandato. Contrato Social. Desnecessária a juntada (atualizada em decorrência do CPC de 2015). O art. 75, inciso VIII, do CPC de 2015 (art. 12, VI, do CPC de 1973) não determina a exibição dos estatutos da empresa em juízo como condição de validade do instrumento de mandato outorgado ao seu procurador, salvo se houver impugnação da parte contrária."

(330) Orientação Jurisprudencial da SDI-I do TST n. 349. "Mandato. Juntada de nova procuração. Ausência de ressalva. Efeitos. A juntada de nova procuração aos autos, sem ressalva de poderes conferidos ao antigo patrono, implica revogação tácita do mandato anterior".

(331) "Embargos. Interposição por meio do sistema E-DOC. Assinatura digital firmada por advogado diverso do subscritor do recurso. Existência de instrumento de mandato outorgado para ambos os causídicos. Irregularidade de representação. Não configuração. [...]"(TST. E-RR-236600-63.2009.5.15.0071. Relator: Min. Aloysio Corrêa da Veiga. SBDI-I. DEJT: 12.04.2012). (inf. 05).

6.9. ASSISTÊNCIA JUDICIÁRIA E JUSTIÇA GRATUITA

Assistência judiciária e *justiça gratuita* não se confundem. A primeira é gênero, compreendendo a gratuidade de advogado e de despesas processuais. A segunda, por sua vez, é espécie, abrangendo as despesas processuais.

1. *Gratuidade de advogado.* Na Justiça comum, a parte que não pode pagar por um advogado tem à sua disposição a Defensoria Pública. Na Justiça do Trabalho essa função caberia à Defensoria Pública da União (arts. 14 e 20 a 22 da LC 80/19). Todavia, essa função tem sido atribuída aos sindicatos, por força do art. 14, da Lei n. 5.584/70.

Cabe, pois, ao sindicato, contratar um advogado para atuar na defesa dos empregados da categoria, inclusive daqueles que não sejam filiados (art. 18 da Lei n. 5.584/70). É que a remuneração do advogado contratado pelo sindicato será feita pela parte vencida, por meio de *honorários assistenciais*, como será visto mais adiante (art. 16 da Lei n. 5.584/70).

2. *Gratuidade da Justiça.* A gratuidade de justiça refere-se à isenção quanto ao pagamento de despesas processuais (custas, emolumentos e honorários periciais). O tema será abordado com maior profundidade no Capítulo 7, ao qual remetemos o leitor.

Calha dizer que a Lei n. 13.467/17 (reforma trabalhista) estabelece que a justiça gratuita não mais isenta seu beneficiário do pagamento de honorários periciais, quando ele for sucumbente no objeto da perícia (art. 790-B da CLT).

6.10. ATOS ILÍCITOS DAS PARTES

A CLT é omissa quanto à disciplina dos atos ilícitos praticados pelas partes, o que atrai a aplicação do CPC naquilo que for compatível com os princípios do processo trabalhista (art. 769 da CLT).

No Código de Processo civil as duas espécies de atos processuais ilícitos mais relevantes são a *litigância de má-fé* e o *atentado à dignidade da justiça*; mas a doutrina tem acrescentado o *assédio processual*. A cobrança das multas ou indenizações decorrentes desses atos é feita nos próprios autos do processo (art. 777, do CPC de 2015).

O beneficiário da justiça gratuita não está isento do pagamento dessas multas (art. 98, § 4º, do CPC de 2015), mas a exigência ficará suspensa por cinco anos ou até que possa pagar, sem prejuízo do sustento próprio ou da família.[332]

1. *Litigância de má-fé.* Considera-se litigante de má-fé aquele que (art. 79 do CPC de 2015): a) deduzir pretensão ou defesa contra texto expresso de lei ou fato incontroverso; b) alterar a verdade dos fatos; c) usar do processo para conseguir objetivo ilegal; d) opuser resistência injustificada ao andamento do processo; e) proceder de modo temerário em qualquer incidente ou ato do processo; f) provocar incidentes manifestamente infundados; e g) interpuser recurso com intuito manifestamente protelatório.

A responsabilidade independe da demonstração de dano.[333]

(332) "As partes beneficiárias da justiça gratuita não estão isentas do pagamento da multa do art. 557, § 2º do CPC (contra recurso manifestamente inadmissível ou infundado), porém, o recolhimento do numerário deve ficar suspenso, nos termos do art. 12 da Lei 1.060/1950 ("Art. 12. A parte beneficiada pela isenção do pagamento das custas ficará obrigada a pagá-las, desde que possa fazê-lo, sem prejuízo do sustento próprio ou da família, se dentro de cinco anos, a contar da sentença final, o assistido não puder satisfazer tal pagamento, a obrigação ficará prescrita")." (STF. RE 775.685)

(333) "[...] É desnecessária a comprovação de prejuízo para que haja condenação ao pagamento de indenização por litigância de má-fé (art. 18, *caput* e § 2º, do CPC). [...] Portanto, tem-se que o preenchimento das condutas descritas no art. 17 do CPC, que define os contornos fáticos da litigância de má-fé, é causa suficiente para a configuração do prejuízo à parte contrária e ao andamento processual do feito, até porque, caso prevalecesse a tese quanto à exigibilidade de comprovação do prejuízo causado pelo dano processual, isso impossibilitaria, muitas vezes, que o próprio juiz pudesse — como de fato pode — decretar a litigância de má-fé *ex officio*, na medida em que o prejuízo

As sanções para quem pratica atos que importem litigância de má-fé são multa de 1% a 10% e indenização pelos prejuízos sofridos pela parte ré, sem limites, incluindo os honorários advocatícios e as despesas desembolsadas.

A justiça gratuita e o princípio da proteção não excluem a sanção por litigância de má-fé do empregado.

Havendo litisconsórcio, cada qual responderá de maneira proporcional ao seu interesse na causa ou solidariamente, se houver colusão (art. 81, § 1º, do CPC de 2015).

O advogado também responderá por litigância de má-fé, mas sua sanção dependerá de ação própria na Justiça comum.

2. *Ato atentatório à dignidade da justiça.* Pratica ato atentatório à dignidade da justiça quem (art. 77, IV e VI, do CPC de 2015): a) não cumprir com exatidão os provimentos mandamentais; b) criar embaraços à efetividade dos provimentos jurisdicionais; c) provocar inovação ilegal no estado de fato de bem ou direito litigioso.

São atos atentatórios à dignidade da Justiça, por exemplo: a) a omissão do depositário em restituir a coisa depositada, o qual será reputado como infiel (art. 161, parágrafo único, do CPC de 2015); b) a ausência injustificada do autor ou do réu à audiência de conciliação, situação em que a multa será de até 2% do valor da causa ou da vantagem econômica pretendida, que será revertida em favor da União (art. 334, § 8º, do CPC de 2015); e c) a oposição de embargos à execução com intuito manifestamente protelatório (art. 918, parágrafo único, do CPC de 2015).

A sanção consistirá em (art. 77, § 2º, do CPC de 2015): a) responsabilidade penal, civil e processual; b) multa de até 20% sobre o valor da causa, de acordo com a gravidade da conduta. Vale destacar que a multa só tem aplicabilidade em relação a atos do executado em processo executivo.(334)

3. *Assédio processual.* Essa é a denominação utilizada para designar atos que, conquanto lícitos, acabam tornando-se ilícitos, em função do efeito maléfico que produzem à integridade física e psíquica da parte, configurando um verdadeiro abuso de direito.(335)

---

não estaria efetivamente comprovado nos autos. Precedentes citados: EDcl no REsp 816.512-PI, Primeira Seção, DJe 16.11.2011; REsp 861.471-SP, Quarta Turma, DJe 22.3.2010; REsp 872.978-PR, Segunda Turma, DJe 25.10.2010. (STJ. EREsp 1.133.262-ES, Rel. Min. Luis Felipe Salomão, julgado em 3.6.2015, DJe 4.8.2015.)

(334) "[...] A multa por ato atentatório à dignidade da Justiça previsto no art. 600, III, do CPC/1973 constitui punição cuja aplicabilidade restringe-se aos atos do executado em procedimento executivo. Infere-se do art. 600, III, do CPC/1973 que o ato atentatório à dignidade da Justiça se restringe ao processo de execução e que a conduta de deslealdade processual caracteriza-se somente como aquela praticada pelo executado. Isso porque o código se utiliza da expressão "ato do executado", além do fato de as hipóteses previstas nos incisos I, II e IV do mesmo art. 600 se referirem a circunstâncias inerentes ao procedimento executivo. Ademais, apesar de o inciso III do citado dispositivo legal tratar da situação de resistência injustificada às ordens judiciais, podendo levar à conclusão de que seria aplicável a qualquer "tipo de processo", inclusive o de conhecimento, isso não se revela como possível. A razão é bem simples: a cabeça do dispositivo, conforme já destacado, faz alusão expressa a "atos do executado", e somente dele. Acrescente-se que, para ato atentatório à dignidade da Justiça, o art. 601 do CPC/1973 regula a sanção no patamar de até 20% (vinte por cento) sobre o valor atualizado da execução, a ser revertido em proveito do exequente. Mais uma vez, fica claro que a norma aqui discutida tem o seu âmbito de aplicação limitado às execuções, pois, repita-se, até o valor da multa tem como parâmetro o montante cobrado na execução, a ser revertido em proveito do credor/exequente. Acerca da multa, entendimento doutrinário explicita que "seu caráter é eminentemente punitivo, e não indenizatório, razão pela qual, na fixação do valor, o juiz levará em conta, não necessariamente a existência ou o montante do dano que possa ter sofrido o credor, mas sim a gravidade da culpa ou do dolo com que agiu o devedor". Nesse viés, o STJ apresenta entendimento sobre a utilização do método restritivo de interpretação das normas que estabelecem penalidades, e a aplicação da interpretação restritiva não se refere apenas à parte que pode praticar o ato (no caso, o executado), mas também à "espécie de processo" no qual há resistência ao cumprimento da ordem judicial. Não caberia, portanto, ao intérprete querer estender a incidência do art. 600 do CPC/1973 às ações do processo de conhecimento, cautelar e aos procedimentos especiais. Assim, a regra é taxativa. Precedentes citados: REsp 758.270-RS, Primeira Turma, julgado em 8.5.2007, DJ 04.6.2007; REsp 1459154-RJ, Terceira Turma, julgado em 4/9/2014, DJe 11/9/2014. (STJ. REsp 1.231.981-RS, Rel. Min. Luis Felipe Salomão, julgado em 15.12.2015, DJe 3.3.2016.)

(335) Nesse sentido: "Assédio processual. Configuração. Indenização devida. Configura assédio processual o uso sucessivo de instrumentos procedimentais lícitos visando protelar a solução definitiva da controvérsia e abalar a esfera psicológica da parte contrária. Trata-se, portanto, de ato ilícito (art. 187 do CC c/c art. 16 do CPC) que gera dano de natureza moral, vez que atinge principalmente a saúde psíquica da vítima. No caso, registrou o TRT que o autor, ao ajuizar a ação rescisória, fez acusações absolutamente desprovidas de razão e de provas, configurando, desse modo, ato de deslealdade processual a autorizar a imposição de multa a título indenizatório. Sob esse entendimento, a SBDI-II, por unanimidade, conheceu do recurso ordinário e, no mérito, negou-lhe provimento, mantendo a condenação ao pagamento

Por exemplo, o direito de recorrer é reconhecido pela lei. Entretanto, a parte que recorre com o intuito meramente protelatório pratica assédio processual.[(336)] A prática de assédio processual pode gerar direito a indenização por danos materiais e morais, nos termos da lei civil.

4. *Penalidades específicas do Processo do Trabalho.* Segundo o art. 652, IV, "d", da CLT, compete ao Juiz do Trabalho impor multas e demais penalidades relativas aos atos de sua competência.

4.1. *Empregador.* Com efeito, a CLT prevê multas específicas a serem aplicadas pelo Juiz do Trabalho ao empregador que: a) deixar de cumprir ordem de reintegração de empregado (art. 729, da CLT); b) impedir ou tentar impedir que empregado seu preste depoimento perante o juízo (art. 729, § 1º, da CLT); c) dispensar o empregado pelo fato de ter prestado depoimento como testemunha.

4.2. *Testemunha.* Além disso, o art. 730 da CLT também prevê multa para aqueles que se recusarem a depor como testemunhas, sem motivo justificado.

4.3. *Questões residuais.* Por fim, o art. 733 da CLT atribui ao Juiz do Trabalho o poder de fixar multas para as infrações à lei processual trabalhista para as quais não haja penalidades cominadas.

4.4. *Sanções previstas na Lei n. 13.467/17 (reforma trabalhista).* A referida lei regulamenta a responsabilidade por dano processual no processo do trabalho, por meio da criação dos artigos 793-A, 793-B, 793-C e 793-D, na CLT, estabelecendo, em síntese, o seguinte: a) a parte que litigar por má-fé responderá por perdas e danos, seja reclamante, reclamado ou terceiro interveniente; b) as hipóteses de litigância de má-fé são as mesmas do art. 80 do CPC de 2015; c) a multa também é idêntica à prevista no art. 81 do CPC de 2015; d) a novidade ficar por conta da previsão, no art. 793-D, de que a multa por litigância de má-fé também será aplicada à testemunha que intencionalmente alterar a verdade dos fatos ou omitir fatos essenciais ao julgamento da causa, multa essa que será cobrada nos mesmos autos em que houve foi prestado o depoimento.

de indenização, a título de dano moral, no percentual de 10% sobre o montante atualizado da execução." (TST-RO-293-76.2012.5.09.0000, SBDI-II, rel. Min. Alberto Luiz Bresciani de Fontan Pereira, 2.2.2016.)

(336) "[...] O exercício do direito de recorrer — como, aliás, de qualquer direito — está limitado pela ética, que deve pautar todas as condutas humanas, abarcando, por óbvio, as ações praticadas dentro das relações jurídico-processuais. A parte que se vale de recursos com intuito flagrantemente protelatório viola, sim, o dever de lealdade processual, mas viola, sobretudo, o direito fundamental do ex-adverso a uma jurisdição célere, direito este que foi alçado à condição de princípio constitucional, albergado no celebrado art. 5º da Carta Magna, inciso LXXVIII [...] Nesse contexto, se a postergação processual atenta contra a dignidade da Justiça, deve-se concluir que também fere a dignidade do ex-adverso, que é a principal vítima da conduta ilícita. E se a dignidade, como sinônimo de honra, é um dos atributos da personalidade (art. 20/CCB), feri-la significa impingir dano moral a outrem. Não há como escapar de tal conclusão. É fato que existe todo um arcabouço normativo que permeia a legislação adjetiva para coibir o mau uso do instrumento processual, gerando punições pertinentes e específicas (*verbi gratia*: CPC, arts. 17 e 18; parágrafo único do art. 538; § 4º do art. 461 e arts. 600 e 601). Porém, essas punições processuais não se confundem com o dever de reparar, que emerge nas situações em que o dano moral é profundo o bastante para que se acionem os dispositivos civis correlatos (arts. 186, 187 e 927 do CC). Advirta-se, no entanto, que as circunstâncias do caso concreto é que se encarregarão de revelar se se tratou de protelação capaz de gerar profundo abalo moral, repudiável pelo Direito, ou mero aborrecimento, não passível de reparação. Não se pode dizer que, em toda e qualquer circunstância, a protelação afetará a dignidade da parte prejudicada a ponto de ensejar a reparação civil. É importantíssimo frisar que o Judiciário Trabalhista deve estar atento para evitar a banalização do instituto. Recurso a que se dá parcial provimento, mantendo o dever de indenizar, mas reduzindo o quantum arbitrado." (TRT da 3ª Região. RO 01597-2010-035-03-00-7. Relator: Juiz Convocado Carlos Roberto Barbosa. Turma Recursal de Juiz de Fora. DEJT: 11.07.2012).

7 Atos, Termos, Prazos e Despesas Processuais

7.1. ATOS

1. *Conceito*. Atos jurídicos são condutas humanas com repercussão no mundo jurídico, constituindo, conservando, desenvolvendo ou modificando direitos. Quando praticados no âmbito da relação jurídica processual, os atos serão processuais.

2. *Princípios*. A disciplina dos atos processuais trabalhistas tem previsão específica na CLT, a partir do art. 770, mas ela não é integral, razão pela qual se socorre da aplicação subsidiária do CPC. Os princípios da *cooperação*, da *publicidade*, da *informalidade* e da *instrumentalidade* completam a fundamentação da dinâmica dos atos processuais na Justiça do Trabalho.

2.1. *Cooperação*. O CPC de 2015 positivou o princípio da *cooperação*, o qual cria um elo entre todos aqueles que participam do processo, a fim de que atuem para que o processo cumpra a sua missão de solucionar o conflito de forma justa e efetiva (art. 6º do CPC de 2015). Como já foi dito, esse princípio é compatível com os arts. 645 e 646, da CLT.

2.2. *Publicidade*. Do princípio da *publicidade* emanam dois efeitos. O primeiro estabelece a regra de que os atos processuais devem ser públicos, isto é, não poderão ser secretos. Somente o interesse social (art. 770 da CLT) e a defesa da intimidade (art. 5º, LX, da CF) poderão estabelecer exceções lícitas a essa regra, as quais dependem de determinação do Juiz (art. 93, IX, da CF). O segundo efeito faz com que a consulta dos atos processuais fique franqueada, com ampla liberdade, tanto para as partes quanto para seus procuradores (art. 779 da CLT). Muito embora a CLT faça referência expressa somente às partes e seus procuradores, é preciso lembrar que a publicidade é um direito fundamental, razão pela qual não admite interpretação restritiva, quando da análise de sua proteção. Dessa forma, não só as partes, mas toda a sociedade tem acesso livre aos autos do processo.

2.3. *Informalidade*. Pelo princípio da *informalidade*, deve-se entender que os atos processuais trabalhistas não exigem forma especial e, desde que em Português (art. 192 do CPC de 2015), podem ser praticados de forma verbal ou escrita. Na primeira hipótese, serão reduzidos a termo. Na segunda, poderão ser escritos a tinta, datilografados ou a carimbo (art. 771 da CLT).

2.4. *Instrumentalidade*. Já o princípio da *instrumentalidade*, por sua vez, determina que, entre a forma e o conteúdo, este prevalecerá (art. 277 do CPC de 2015). Assim, os atos que contenham vício de forma podem ser reputados válidos, desde que possam ser realizados de outro modo, prevalecendo sua finalidade essencial (arts. 227 e 352 do CPC de 2015).

Examinados os princípios, já é possível tecer breves comentários sobre as regras que regem os atos processuais trabalhistas.

3. *Regras gerais*. Os atos poderão ser praticados nos dias úteis, das seis às vinte horas (art. 770 da CLT). O sábado é considerado dia útil, razão pela qual é permitida a prática de atos processuais nesse dia, como no caso da citação realizada pelo oficial de justiça. Caso o ato seja de penhora, o Juiz poderá autorizar o cumprimento nos domingos e feriados (art. 770, parágrafo único, da CLT).

O ato pode ser praticado pela via eletrônica, até as 24 horas do dia (art. 3º, parágrafo único, da Lei n. 11.419/06). Já o ato que deva ser realizado perante o órgão da Justiça do Trabalho deve obedecer ao respectivo horário de expediente.(337)

4. *Distribuição*. A distribuição das ações deve ser feita pela ordem rigorosa de sua apresentação perante o órgão judiciário (art. 783 da CLT). Após a realização do cadastramento da ação, será fornecido à parte um recibo com as informações essenciais (art. 785 da CLT). Constam desse recibo a data e o horário da audiência, da qual o reclamante já sai devidamente intimado (art. 841, § 2º, da CLT).

A CLT determina que a reclamação seja distribuída antes de sua redução a termo (art. 786), no caso das reclamações verbais, realizadas em função do "*jus postulandi*". Após a distribuição, caso o reclamante não retorne à Vara do Trabalho para reduzir a termo sua ação, operar-se-á a *perempção*, a qual impossibilita o ajuizamento da mesma ação trabalhista pelo prazo de seis meses (art. 786, parágrafo único, c/c art. 731, da CLT). Se a ação for escrita, o demandante deverá apresentar duas vias, desde logo acompanhadas dos documentos (art. 787 da CLT).

5. *Audiências*. Em regra, as audiências ocorrerão na sede do juízo, em dias úteis, entre oito e dezoito horas, mas poderão ser realizadas em outro local, em casos especiais, desde que constem de edital afixado na sede, com antecedência mínima de vinte e quatro horas (art. 813 da CLT). Este prazo também deve ser observado quando da designação de audiências extraordinárias (art. 813, § 2º, da CLT). O tempo máximo de duração de uma audiência é de cinco horas seguidas, salvo quando houver matéria urgente (art. 813 da CLT) ou relevante, como na hipótese de instrução do feito, a fim de que a produção da prova não seja cindida.

6. *Comunicação dos atos*.

6.1. *Notificação*. Ajuizada a ação, ao Diretor de Secretaria da Vara do Trabalho, independentemente de despacho, procederá à notificação(338) do reclamado, no prazo de quarenta e oito horas (art. 841 da CLT).

A notificação não é pessoal, sendo suficiente que seja entregue no endereço da parte.(339)

Em regra, este ato é comunicado, preferencialmente, pela via postal, sendo por oficial de justiça, quando o local não for servido pelo serviço de correio, ou por edital, quando o réu criar embaraços ou não for encontrado (art. 841, § 1º, da CLT).

---

(337) "[...] são intempestivos os embargos apresentados, porque foram protocolizados às 18 horas e 08 minutos do último dia do prazo, após, portanto, o término do expediente forense." (TRT da 3ª Região. AP 00862-2009-012-03-00-2. Relator: Desembargador Márcio Ribeiro Valle. 8ª Turma. DEJT: 05.07.2012).

(338) O termo "notificação" é usado pela CLT em função do Código de Processo Civil de 1939, vigente à época da elaboração do texto celetista. Ele corresponde à citação inicial, do Código de Processo Civil atual (art. 285). Na sistemática celetista, o termo "citação" é utilizado apenas para o processo de execução, correspondendo ao ato pelo qual o oficial de justiça dá ciência ao executado do prazo de quarenta e oito horas para pagar ou garantir a execução (art. 880 da CLT). Mas no rito sumaríssimo, criado pela Lei n. 9.957/00, a CLT adota o termo "citação" ao invés de "notificação" (art. 852-B, II).

(339) "[...] O art. 841 da CLT não exige que a citação ocorra na pessoal do reclamado, sendo suficiente que seja entregue no endereço da parte. No caso, embora o reclamado não negue que a carta de citação foi recebida por sua esposa, no endereço residencial do casal, alega que, à época, estava separado de fato, razão pela qual arguiu a nulidade da citação. Todavia, as provas produzidas nos autos não confirmaram que a parte residia em outro endereço, e os depoimentos colhidos ratificaram a informação de que a esposa do reclamado recebia as correspondências dele com habitualidade. Assim, ficou comprovado que tanto a citação quanto a intimação da sentença foram direcionadas para o endereço do reclamado e recebidas por pessoas a ele vinculadas, não havendo falar, portanto, em cerceio de defesa ou em ofensa ao princípio do contraditório. [...]" (TST-RO-1266-96.2012.5.03.0000, SBDI-II, rel. Min. Luiz Philippe Vieira de Mello Filho, 9.8.2016).

No rito sumaríssimo, não haverá notificação por edital, devendo a parte indicar o correto endereço do réu (art. 852-B, II, da CLT).

A Súmula n. 16, do TST, consolidou o entendimento pelo qual a notificação presume-se recebida pelo destinatário, quarenta e oito horas depois de sua postagem.[340]

6.2. *Citação.* No Processo do Trabalho, a citação é o ato pelo qual o oficial de justiça dá ciência ao executado do prazo de quarenta e oito horas para pagar ou garantir a execução (art. 880 da CLT).

6.3. *Intimação.* A ciência de atos e termos do processo, para que alguém faça ou deixe de fazer alguma coisa, ocorre pela *intimação* (art. 269 do CPC de 2015).

6.3.1. *Advogados.* Atualmente, os advogados são intimados mediante a publicação no Diário Eletrônico da Justiça do Trabalho, que substituiu o Diário Oficial publicado em papel. A Lei n. 11.419/06 regulamenta as intimações pela via eletrônica.

Nos termos do art. 272, § 5º, do CPC de 2015, é nula a intimação feita em nome de advogado diverso daquele expressamente indicado em petição, ainda que haja procuração nos autos, salvo se constatada a inexistência de prejuízo.[341] Contudo, é entendimento do C. TST, declarado na IN 39/16, que não haverá nulidade se a intimação não foi feita por falta de cadastro do próprio advogado.[342]

6.3.2. *Testemunhas.* O CPC de 2015 trouxe novas regras sobre a intimação de testemunhas (art. 455). Conjugando os dispositivos do CPC, com os da CLT, no nosso sentir, duas são as situações possíveis:

a) *no rito ordinário*, as testemunhas devem comparecer às audiências, independentemente de intimação *pelo Juízo*, levadas pela parte a quem o depoimento interesse (art. 825 da CLT). É ônus da parte intimar as testemunhas que pretende ouvir. Ausente a testemunha, a intimação ou a condução coercitiva *pelo Juízo* depende da apresentação de rol, com nome, endereço e CPF, no prazo fixado na audiência inicial, e da comprovação da intimação feita pela parte (art. 825 da CLT c/c art. 455 do CPC).[343] Nesse sentido é a jurisprudência do C. TST;[344]

b) *no rito sumaríssimo*, para que a testemunha seja intimada *pelo Juízo*, é necessário comprovar o seu convite (art. 852-H), o que pode ser feito, independentemente da apresentação de rol.

A comprovação da intimação feita pela parte à testemunha pode ser demonstrada por qualquer meio, como, por exemplo, através de correspondência com aviso de recebimento ou mesmo pelas novas mídias eletrônicas, como mensagens de texto de celular.

6.3.3. *União.* Na liquidação de sentença, o Juiz deve intimar a União para ter vista dos cálculos, antes de homologá-los, sendo este ato facultado em relação às partes (art. 879 da CLT).

6.3.4. *Cartas.* Quando o destinatário do ato a ser comunicado estiver fora dos limites da competência do juízo, ele fará uso de *carta precatória, carta de ordem* ou *carta rogatória*, nos mesmos moldes do processo civil (art. 237 do CPC de 2015), aplicados subsidiariamente em razão da omissão da CLT (art. 769).

---

(340) Súmula do TST n. 16. "Notificação. Presume-se recebida a notificação 48 (quarenta e oito) horas depois de sua postagem. O seu não-recebimento ou a entrega após o decurso desse prazo constitui ônus de prova do destinatário".

(341) Súmula do TST n. 427. "Intimação. Pluralidade de advogados. Publicação em nome de advogado diverso daquele expressamente indicado. Nulidade. Havendo pedido expresso de que as intimações e publicações sejam realizadas exclusivamente em nome de determinado advogado, a comunicação em nome de outro profissional constituído nos autos é nula, salvo se constatada a inexistência de prejuízo".

(342) "Art. 16. Para efeito de aplicação do § 5º do art. 272 do CPC, não é causa de nulidade processual a intimação realizada na pessoa de advogado regularmente habilitado nos autos, ainda que conste pedido expresso para que as comunicações dos atos processuais sejam feitas em nome de outro advogado, se o profissional indicado não se encontra previamente cadastrado no Sistema de Processo Judicial Eletrônico, impedindo a serventia judicial de atender ao requerimento de envio da intimação direcionada. A decretação de nulidade não pode ser acolhida em favor da parte que lhe deu causa (CPC, art. 276)."

(343) Enunciado n. 32 do I FNPT. "CLT, arts. 825 e 852-H, § 3º e NCPC, art. 455, § 4º. Arrolamento de testemunhas. Na hipótese de arrolamento de testemunhas, aplica-se a sistemática do art. 455, § 4º, do NCPC, mediante prévia cientificação das partes interessadas."

(344) "[...] Nos termos do art. 825 da CLT, as testemunhas comparecerão à audiência independentemente de notificação ou intimação. Caso faltem, cabe à parte provar que as convidou e registrar justificativa para tal ausência. Não havendo o registro, o indeferimento na audiência inaugural do requerimento de intimação das testemunhas faltosas não implica cerceamento do direito de defesa. [...]" (TST-EED-ARR-346-42.2012.5.08.0014, SBDI-I, rel. Min. Caputo Bastos, redator João Oreste Dalazen, 8.5.2015).

7. *Novas regras decorrentes do princípio da cooperação*. O CPC de 2015 trouxe interessantes inovações, as quais são aplicáveis ao Processo do Trabalho, por força do princípio da cooperação, que é compatível com os princípios da informalidade e da celeridade.

A primeira delas está no art. 269, § 1º, o qual permite que a intimação possa ser feita por uma parte à outra, por meio de aviso de recebimento. Dessa forma, por exemplo, verificando que o órgão da Justiça do Trabalho não será capaz de intimar o réu, pode o autor fazê-lo mediante carta registrada com aviso de recebimento.

Já o art. 190, do CPC de 2015, autoriza que as partes estipulem mudanças no procedimento para ajustá-lo às especificidades da causa, bem como convencionar sobre ônus, poderes, faculdades e deveres processuais, antes ou durante o processo, desde que os direitos admitam autocomposição. Será possível, por exemplo, que as partes façam um acordo sobre o ônus da prova. No entanto, o juiz deverá controlar a validade dessas convenções, indeferindo-as nos casos de nulidade ou de abuso contra parte em situação vulnerável, como no caso de uma das partes estar desacompanhada de advogado.

Ocorre que o C. TST, por meio da IN 39/16 (art. 2º, II), manifestou-se contra a aplicação do negócio jurídico processual ao Processo do Trabalho, o que foi objeto de análise no Capítulo 2, ao qual remetemos o leitor.

7.2. TERMOS

1. *Conceito*. Termo é a reprodução gráfica de um ato praticado de forma verbal, o qual poderá ser escrito a tinta, datilografado ou a carimbo (art. 771 da CLT), devendo ser assinado por quem o haja praticado ou, não sendo possível fazê-lo, firmado a rogo, na presença de duas testemunhas (art. 772 da CLT).

1.2. *Forma*. Por força do princípio da simplicidade, os termos serão objetivos, constando de simples notas datadas e rubricadas pelo Diretor de secretaria e seus assistentes.

1.3. *Exemplos*. Um exemplo muito comum de termo é a *atermação*, ato pelo qual o servidor da Justiça do Trabalho reduz a termo a reclamação trabalhista verbal, feita com a prerrogativa do "*jus postulandi*."

Outro importante exemplo é a adjudicação dos bens penhorados, a qual se dá por termo nos autos (art. 880, § 2º, do CPC de 2015).

Também a quitação dos valores pagos na execução é feita por termo nos autos (art. 906 do CPC de 2015).

Uma novidade do CPC de 2015 (art. 845, § 1º) é a possibilidade de realizar a penhora de veículos por termo dos autos, o que dispensa a apreensão prévia do bem, o mesmo podendo ser feito em relação a bens móveis que tenham sua matrícula nos autos.

7.3. PRAZOS

1. *Conceito*. Prazo é o intervalo de tempo entre dois atos. A sistemática dos prazos processuais está prevista nos arts. 770 e seguintes da CLT, bem como na jurisprudência do TST e na aplicação subsidiária do CPC (art. 769).

Nos termos do art. 218, do CPC de 2015, os prazos são fixados em lei e, quando esta não o fizer, pelo Juiz. Na omissão deste, o prazo será de cinco dias. Considerando a omissão da CLT e a ausência de ofensa a princípios, essa sistemática é aplicável ao Processo do Trabalho, pelo que estamos de acordo com o Enunciado n. 4 do I FNPT.[345]

2. *Início, contagem e fim*. Nos termos do art. 775 da CLT, em regra, os prazos são *contínuos*, contando-se dia a dia, sem interrupção, *irreleváveis*, não comportando dilação após o seu decurso, e *prorrogáveis*, a critério do Juiz ou nos casos de força maior devidamente comprovada.

(345) "O art. 218 do NCPC é aplicado ao Processo do Trabalho, por compatibilidade. Inteligência dos arts. 774 e 769 da CLT e Art. 15 e 218 do NCPC."

Dessa forma, no nosso sentir, não tem aplicabilidade no Processo do Trabalho o art. 219, do CPC de 2015, o qual estipula que os prazos em dias, estabelecidos por lei ou pelo juiz, computar-se-ão somente os dias úteis. Foi o que também entendeu o C. TST, nos termos do art. 2º, III, da IN 39/16, e o I FNPT.[346]

A contagem do prazo é a delimitação do termo inicial (*dies a quo*) e do final (*dies ad quem*). Há diferença entre o *início do prazo* e o *início da contagem do prazo*. O primeiro ocorre no dia em que o destinatário teve ciência da intimação, e o segundo, a partir do primeiro dia útil seguinte. Assim, o dia do início do prazo é excluído da respectiva contagem, a qual inclui o dia do vencimento (art. 775 da CLT). Havendo encerramento antes ou início depois da hora normal do expediente forense e no caso de indisponibilidade da comunicação eletrônica, os dias do começo e do vencimento do prazo serão protraídos para o primeiro dia útil seguinte (art. 224, § 1º, do CPC de 2015).[347]

Na prática, a aplicação dessa regra gerava dúvidas, uma vez que o sábado é dia útil, porém, sem expediente forense. Por isso, o TST consolidou o seguinte entendimento: a) se a parte foi intimada na *sexta*, este será o dia de início do prazo, mas a contagem só começará na segunda-feira ou no dia útil seguinte;[348] b) se a parte foi intimada no *sábado*, o dia do início do prazo será a segunda-feira ou o dia útil seguinte e a contagem terá início na terça-feira ou dia útil seguinte.[349] Esse entendimento do TST agora está expresso na lei, no art. 224, do CPC de 2015.

Ao contrário do processo civil (art. 231, do CPC de 2015), a juntada do mandado aos autos não influencia na contagem do prazo, porque, no Processo do Trabalho, o prazo tem início na data da ciência do ato de comunicação (*v. g.*, notificação, intimação, etc).

Quanto ao termo final, na hipótese dos prazos terminarem em dia que não haja expediente forense, o vencimento será prorrogado para o próximo dia útil seguinte, nos termos do art. 770, parágrafo único, da CLT. O vencimento dos prazos será certificado nos processos pelo Diretor de Secretaria ou seus assistentes (art. 776 da CLT).

Vale destacar que a Lei n. 13.467/17 (reforma trabalhista) altera o art. 775 da CLT, instituindo que os prazos serão contados em dias úteis, com exclusão do dia do começo e inclusão do dia do vencimento, podendo ser prorrogados por decisão do juízo ou em virtude de força maior, devidamente comprovada (§ 1º). A citada lei também acrescenta parágrafo segundo ao art. 775 da CLT, para estabelecer que o juízo pode dilatar os prazos e alterar a ordem de produção dos meios de prova, para adequá-la às necessidades do conflito, a fim de conferir maior efetividade à tutela do direito.

3. *Suspensão*. O recesso forense corresponde a um período do ano em que os prazos ficam suspensos, o qual tradicionalmente coincide com as festas de final de ano. Ele atende aos anseios da Justiça, porque permite uma parada para realização de trabalhos internos que, por força do excesso de trabalho, ficam relegados a segundo plano. Contudo, atende também aos interesses dos advogados, os quais só dispõem de "férias" quando os prazos ficam suspensos.

Na Justiça do Trabalho o recesso é regulado por cada Tribunal, mediante resoluções administrativas, mas geralmente é estabelecido entre os dias 20 de dezembro e 06 de janeiro.

Ocorre que o CPC de 2015 passou a regular a matéria, fixando a suspensão dos prazos processuais entre 20 de dezembro e 20 de janeiro (art. 220), período durante o qual somente os prazos ficarão suspensos, o que compreende a realização de audiências (art. 220, § 2º). As demais atividades dos órgãos dos Tribunais não serão afetadas (art. 220, § 1º), uma vez que *as férias coletivas só são permitidas nos Tribunais Superiores* (art. 93, XII, da CF).

(346) Enunciado n. 5 do I FNPT. "Art. 775 da CLT e art. 219 do NCPC. Contagem de prazo. Por haver norma própria na CLT (art. 775) os prazos processuais trabalhistas são contados em dias corridos e não em dias úteis. Aplicação do art. 775 da CLT e art. 219 do NCPC."

(347) Enunciado n. 270 do FPPC. "(art. 224, § 1º; art. 15) Aplica-se ao Processo do Trabalho o art. 224, § 1º."

(348) Súmula do TST n. 1. "Quando a intimação tiver lugar na sexta-feira, ou a publicação com efeito de intimação for feita nesse dia, o prazo judicial será contado da segunda-feira imediata, inclusive, salvo se não houver expediente, caso em que fluirá no dia útil que se seguir".

(349) Súmula do TST n. 262. "Prazo judicial. Notificação ou intimação em sábado. Recesso forense. I — Intimada ou notificada a parte no sábado, o início do prazo se dará no primeiro dia útil imediato e a contagem, no subseqüente."

No nosso sentir, o recesso forense da Justiça do Trabalho deve observar o lapso fixado pelo CPC de 2015, por se tratar de lei, a qual prevalece sobre as resoluções administrativas.

O CPC de 2015 ainda dispôs sobre outras causas de suspensão dos prazos, todas aplicáveis ao Processo do Trabalho, quais sejam: a) se uma parte criar obstáculo ao prazo da outra, como no caso de não devolver os autos antes do início do prazo fixado para manifestação da parte contrária (art. 221); b) realização de programas de autocomposição, como as conhecidas "semanas da conciliação" (art. 221, parágrafo único).

4. *Classificação*. A doutrina costuma classificar os prazos da seguinte forma: a) quanto à origem, podem ser *legais*, *judiciais* ou *convencionais*; b) quanto à alteração, *dilatórios* e *peremptórios*, sendo que estes não podem ser reduzidos ou ampliados pelo juiz, enquanto aqueles o podem; e c) quanto ao destinatário, *próprios* e *impróprios*, os primeiros destinados às partes, admitindo-se a preclusão, e os segundos, ao juiz, não comportando tal possibilidade.

O art. 191, do CPC de 2015, admite que as partes, de comum acordo com o juiz, possam fixar calendário para a prática dos atos processuais, como seria o caso do adiamento ou antecipação de uma audiência ou mesmo sobre os prazos para formulação de quesitos de uma perícia. Além disso, o respectivo § 2º dispensa a intimação das partes para a prática de ato processual ou a realização de audiência cujas datas tiverem sido designadas no acordo, o que já era prática comum no Processo do Trabalho (Súmula n. 197 do TST[350]).

Nas Varas do Trabalho onde for difícil o transporte, o Juiz pode prorrogar os prazos, sejam dilatórios ou peremptórios, por até dois meses, mas não pode deduzi-los, salvo com a anuência das partes (art. 222 do CPC de 2015). Havendo calamidade pública, a prorrogação pode ser superior a dois meses (art. 222, § 2º, do CPC de 2015).

5. *Preclusão, prescrição e decadência.*

5.1. *Preclusão*. A *preclusão* é a perda do direito de praticar um ato processual (arts. 278 e 507, do CPC de 2015), em decorrência dos seguintes fatos: a) decurso do prazo, sem a prática do ato (*temporal*); b) prática do ato (*consumativa*); e c) prática de ato contrário (*lógica*). Existem três outras formas de preclusão enumeradas pela doutrina, que, na verdade, são apenas subespécies das já citadas, quais sejam, a *máxima*, que é efeito da coisa julgada, a *ordinária*, a qual decorre da não garantia da execução para embargá-la, e a *projudicato*, que impede o Juiz de decidir novamente o que já foi decidido (art. 507 do CPC de 2015). A preclusão não opera seus efeitos em relação às matérias de ordem pública (art. 64, § 1º, e 342 do CPC de 2015).

5.2. *Prescrição e decadência*. A preclusão não se confunde com a *prescrição* e a *decadência*, uma vez que estes institutos são de natureza material.

A *prescrição* é a perda da pretensão de exigir em juízo o direito subjetivo, de natureza condenatória. Nos termos do art. 7º, XXIX, da CF, quem pretende demandar na Justiça do Trabalho deverá fazê-lo em até dois anos após o término do contrato de trabalho e, uma vez ajuizada a ação, as pretensões estarão limitadas ao período de cinco anos anteriores à data do ajuizamento.

A *decadência* é a perda do direito potestativo, de natureza constitutiva. Existem três prazos decadenciais nas relações de trabalho, quais sejam: a) *trinta dias*, para instauração de inquérito judicial para apuração de falta grave, na hipótese de o empregado ter sido previamente suspenso (art. 853 da CLT); b) *dois anos*, para o ajuizamento da Ação Rescisória (art. 975 do CPC de 2015); e c) *cento e vinte dias*, para impetração do mandado de segurança (art. 23 da Lei n. 12.016/09).

Ajuizada a ação trabalhista, o prazo prescricional bienal será *interrompido*, reiniciando-se do zero, ao final da ação, na hipótese de esta ser extinta, sem julgamento do mérito, inclusive no caso de arquivamento,[351] e na ação de protesto judicial.[352] O TST já decidiu que o prazo prescricional também é interrompido com o ajuizamento

(350) Súmula do TST n. 197. "O prazo para recurso da parte que, intimada, não comparecer à audiência em prosseguimento para a prolação da sentença conta-se de sua publicação."

(351) Súmula do TST n. 268. "Prescrição. Interrupção. Ação trabalhista arquivada. A ação trabalhista, ainda que arquivada, interrompe a prescrição somente em relação aos pedidos idênticos".

(352) Orientação Jurisprudencial da SDI-I do TST n. 392. "Prescrição. Interrupção. Ajuizamento de protesto judicial. Marco inicial. (republicada em razão de erro material). O protesto judicial é medida aplicável no Processo do Trabalho, por força do art. 769 da CLT e do

da primeira ação, inclusive no caso de arquivamento, mas o prazo de cinco anos deverá ser contado apenas da propositura da primeira ação trabalhista,[353] de maneira que ele não será reiniciado.

Está previsto na Lei n. 13.467/17 (reforma trabalhista), que a interrupção da prescrição somente ocorrerá pelo ajuizamento da ação trabalhista, ainda que perante juízo incompetente e mesmo que venha a ser extinta sem resolução do mérito, deixando claro que os efeitos só existirão em relação aos pedidos idênticos (art. 11, § 3º, da CLT).

Já no caso de *suspensão*, o prazo retoma seu curso exatamente pelo mesmo tempo que lhe restava para terminar. A provocação das Comissões de Conciliação Prévia suspende o prazo prescricional por até dez dias. Polêmica existe, no entanto, quanto à suspensão ou não do prazo prescricional durante a suspensão do contrato de trabalho, quando todas as obrigações ficam suspensas, inclusive o direito potestativo de resilir o contrato. É o caso, por exemplo, do período de licença por acidente do trabalho ou o da aposentadoria por invalidez. Para a corrente majoritária, o prazo prescricional não fica suspenso, correndo normalmente, já que seria necessário haver previsão legal expressa para isso.

Parece mais acertada, todavia, a corrente minoritária, que atrela a prescrição ao contrato de trabalho. É que os direitos trabalhistas são direitos fundamentais, razão pela qual a interpretação dos fatos que os limitam deve ser restrita. Ademais, o fim do contrato serve como termo inicial do prazo prescricional bienal, razão pela qual é razoável considerar que a prescrição quinquenal sofra os efeitos da suspensão do contrato.

Os direitos de natureza declaratória, por sua vez, são imprescritíveis (art. 11, § 1º, da CLT).

Os arts. 332, § 1º, e 487, II, do CPC de 2015 autorizam ao Juiz pronunciar a prescrição de ofício. No entanto, esse dispositivo não deve ser aplicado ao Processo do Trabalho, uma vez que, além da omissão da CLT, é preciso que a norma do processo comum seja compatível com o princípio da proteção. Nesse caso, o pronunciamento da prescrição de ofício anda em sentido contrário à proteção do empregado.

5.3. *Prescrição intercorrente.* Há polêmica, no Processo do Trabalho, em torno da aplicação da prescrição *intercorrente*, que é a perda da pretensão executória. O processo de conhecimento termina com a sentença. Entre esta e o início da execução, deve ser observado o mesmo prazo prescricional da pretensão condenatória, que, no Processo do Trabalho, é de dois anos após o término do contrato de trabalho.

A corrente majoritária entende que, no Processo do Trabalho, não há espaço para a prescrição intercorrente, uma vez que a execução é de ofício (art. 878 da CLT). Este é o entendimento do TST,[354] inclusive por meio da IN 39/16 (art. 2º, VIII), que entende inaplicáveis os arts. 921, §§ 4º e 5º, e 924, V, do CPC de 2015, que versam sobre a prescrição intercorrente.

Para a vertente menor, entretanto, a previsão legal de que a prescrição é matéria de embargos à execução é a prova de que a prescrição intercorrente tem aplicação na Justiça do Trabalho (art. 884, § 1º, da CLT). É o que entende o STF.[355]

Com a razão a primeira corrente, *data máxima vênia*. É que a prescrição é a perda do direito de praticar um ato. Se a execução é ato judicial, não há falar em prescrição.

---

art. 15 do CPC de 2015. O ajuizamento da ação, por si só, interrompe o prazo prescricional, em razão da inaplicabilidade do § 2º do art. 240 do CPC de 2015 (§ 2º do art. 219 do CPC de 1973), incompatível com o disposto no art. 841 da CLT."

(353) "Prescrição. Interrupção. Reclamação trabalhista arquivada. Marco inicial para o reinício da contagem do prazo prescricional bienal e quinquenal. O ajuizamento anterior de reclamação trabalhista, ainda que arquivada, interrompe a prescrição bienal e quinquenal, para pedidos idênticos, sendo que o cômputo do biênio é reiniciado a partir do trânsito em julgado da decisão proferida na ação anteriormente ajuizada, enquanto que a prescrição quinquenal conta-se da data da propositura dessa primeira reclamação trabalhista (art. 219, § 1º, do CPC c/c art. 202, parágrafo único, do CC). Com esse entendimento, a SBDI-I, por unanimidade, conheceu dos embargos por divergência jurisprudencial e, no mérito, por maioria, negou-lhes provimento. Vencido o Ministro Ives Gandra Martins Filho." (TST. E-ED-RR19800-17.2004.5.05.0161. Relator: Ministro Renato de Lacerda Paiva. SDI-I. DEJT: 14/06/2012).

(354) Súmula do TST n. 114. "Prescrição intercorrente. É inaplicável na Justiça do Trabalho a prescrição intercorrente".

(355) Súmula do STF n. 327. "O Direito Trabalhista admite a prescrição intercorrente".

Sem embargo, há uma hipótese em que a prescrição intercorrente pode ter lugar na execução trabalhista, qual seja, a que o exequente deixar de praticar ato que lhe competia, causando a paralisação do processo por cinco anos.[356] Imagine-se, por exemplo, que, na liquidação por artigos, o exequente não apresente a prova que lhe foi exigida, causando a suspensão do processo por cinco anos, ao final dos quais a prescrição intercorrente poderá ser pronunciada, a pedido do executado.

Vale destacar que a Lei n. 13.467/17 (reforma trabalhista) regula o tema acrescentando o art. 11-A à CLT, dispondo que a prescrição intercorrente será aplicada ao processo do trabalho, no prazo de dois anos, a contar do dia em que o exequente deixar de cumprir determinação judicial no curso da execução, o que poderá ser pronunciado de ofício pelo juízo, em qualquer grau de jurisdição.

6. *Fazenda Pública.* O Decreto-Lei n. 779/69 prevê que a Fazenda Pública dispõe de prazo em quádruplo, para se defender e, em dobro, para recorrer (art. 1º). Como no processo trabalhista a defesa é apresentada em audiência e esta é realizada na primeira data desimpedida, depois de cinco dias da notificação (art. 841 da CLT), no caso de ser reclamada a Fazenda Pública, a audiência ocorrerá em vinte dias. Não obstante, a Recomendação n. 02/2012, da Corregedoria Geral da Justiça do Trabalho — CGJT, autoriza que a União possa protocolar sua defesa, no prazo de 20 dias, dispensando a realização de audiência inicial, quando a matéria for unicamente de direito.

7. *Ministério Público do Trabalho.* O prazo para o MPT recorrer, tanto nos processos em que atue como parte quanto nos que oficie como "*custos legis*", era em dobro, por força do art. 188 do CPC de 1973. O CPC de 2015, no entanto, estabeleceu apenas que o Ministério Público terá prazo em dobro para "manifestar-se nos autos" (art. 180). A polêmica reside no fato de que, para os outros entes públicos (Fazenda Pública e Defensoria Pública) e para os litisconsortes com procuradores diferentes, o texto foi claro em afirmar que o prazo em dobro aplica-se "para todas as manifestações processuais" (arts. 183, 186 e 229).

No nosso sentir, no entanto, o prazo do MPT continua a ser dobrado, porque a lei processual deve ser interpretada segundo o interesse social (art. 8º, do CPC de 2015), o qual, no caso, é pela ampliação do prazo, para que o *Parquet* consiga atuar de forma mais efetiva.

Esse prazo é aplicável ao Processo do Trabalho (art. 769 da CLT).

O MPT dispõe, ainda, de oito dias para exarar seu parecer, contados da data em que lhe for distribuído o processo (art. 5º da Lei n. 5.584/70).

8. *Litisconsortes.* O art. 229 do CPC de 2015 garante aos litisconsortes, no caso de possuírem procuradores diferentes, em escritórios de advocacia distintos, a dobra dos prazos para praticar atos processuais, como é o caso da contestação e do recurso.[357]

Esse instituto, no entanto, não passa pelo filtro do princípio da proteção, uma vez que torna mais moroso o procedimento, indo de encontro à celeridade do processo trabalhista. Esse é também o entendimento da SDI-I do TST.[358]

9. *Perícia.* O prazo para o perito entregar o laudo será fixado pelo juiz, sendo o mesmo para a entrega dos laudos dos assistentes das partes (art. 3º da Lei n. 5.584/70).

---

(356) Enunciado n. 82 do I FNPT. "[...] A prescrição intercorrente (CLT, art. 884, § 1º) somente será reconhecida, nas execuções trabalhistas, nas hipóteses em que a paralisação do processo for imputável exclusivamente ao exequente, não se aplicando às situações de desconhecimento do paradeiro do executado ou de bens deste para garantia da execução (NCPC, art. 921, III, §§ 1º a 5º)."

(357) Art. 191. "Quando os litisconsortes tiverem diferentes procuradores, ser-lhes-ão contados em dobro os prazos para contestar, para recorrer e, de modo geral, para falar nos autos."

(358) Orientação Jurisprudencial da SDI-I do TST n. 310. "Litisconsortes. Procuradores distintos. Prazo em dobro. Art. 229, *caput* e §§ 1º e 2º, do CPC de 2015. Art. 191 do CPC de 1973. Inaplicável ao Processo do Trabalho. Inaplicável ao Processo do Trabalho a norma contida no art. 229, *caput* e §§ 1º e 2º, do CPC de 2015 (art. 191 do CPC de 1973), em razão de incompatibilidade com a celeridade que lhe é inerente."

10. *Atos do Juiz*. O art. 226, do CPC de 2015, inovou ao dispor sobre os prazos para a prática de atos pelo Juiz, quais sejam: a) *cinco dias*, para despachos; b) *dez dias*, para decisões interlocutórias; e c) *trinta dias*, para sentenças. A IN 39/16 nada dispôs sobre o assunto.

No nosso sentir, esses prazos são aplicáveis ao Processo do Trabalho, tendo em vista que a CLT é omissa e, considerando o elevado volume de processos que tramitam na Justiça do Trabalho, não ofende os princípios processuais trabalhistas, sendo razoáveis.

11. *Atos da Secretaria*. O CPC de 2015 fixou o prazo de um dia para os servidores fazerem conclusos os autos ao Juiz (art. 228, *caput*). Isso significa, por exemplo, que, protocolada uma petição na segunda-feira, cabe ao servidor prepará-la e colocá-la à disposição do juízo até a terça-feira. Para os demais atos, o prazo será de cinco dias (art. 228, I, do CPC de 2015).

Após a conclusão, o Juiz praticará um dos atos do art. 226, do CPC de 2015 (despachos, decisões interlocutórias ou sentenças) e, havendo ordem em qualquer um deles, caberá ao servidor cumpri-la no prazo de cinco dias (art. 228, do CPC de 2015).

12. *Tabela de prazos*. O quadro a seguir apresenta um resumo dos principais prazos relativos ao processo trabalhista.

Ato	Prazo
Reduzir a termo a reclamação	5 dias (art. 786, parágrafo único, da CLT)
Audiência em dissídio individual	5 dias (art. 841 da CLT)
Notificação	48 horas (art. 841 da CLT)
Tolerância para chegada do juiz à audiência	15 minutos (art. 815, § 1º, da CLT)
Convocação para audiências extraordinárias	24 horas (art. 813, § 2º, da CLT)
Defesa oral em audiência	20 minutos (art. 847 da CLT)
Impugnação à defesa	20 minutos (isonomia)
AIJ de exceção de suspeição	48 horas (art. 802 da CLT)
Resposta à exceção de incompetência	24 horas (art. 800 da CLT)
Razões finais orais	10 minutos (art. 850 da CLT)
Juntada da ata da audiência	48 horas (art. 851, § 2º, da CLT)
Interpor e contrarrazoar recursos em geral	8 dias (art. 6º da Lei n. 5.584/70)
Embargos de declaração	5 dias (art. 897-A da CLT).
Recolhimento de custas e depósito recursal	8 dias (art. 789, § 1º, da CLT)
Vista da conta de liquidação	10 dias (art. 879, § 2º, da CLT)
Fixação do edital de citação	5 dias (art. 880, § 3º, da CLT)
Pagamento ou garantia da execução	48 horas (art. 880 da CLT)
Praça e leilão de bem penhorado	10 dias (art. 888 da CLT)
Edital de praça e leilão	20 dias (art. 888 da CLT)
Pagamento da arrematação	24 horas (art. 888, §§ 2º e 4º, da CLT)
Embargos à execução	5 dias (art. 884 da CLT)
Impugnação aos embargos à execução	5 dias (art. 884 da CLT)
Embargos à penhora	5 dias (art. 884, § 3º, da CLT)
Impugnação à liquidação	5 dias (art. 884, § 3º, da CLT)
Audiência nos embargos à execução	5 dias (art. 884, § 2º, da CLT)
Decisão dos embargos	5 dias (art. 885 da CLT)
Audiência em dissídio coletivo	10 dias (art. 860 da CLT)
Oitiva dos réus no dissídio coletivo	30 dias (art. 874 da CLT)
Extensão das decisões do dissídio coletivo	30 a 60 dias (art. 870, § 1º, da CLT)
Revisão das decisões do dissídio coletivo	1 ano (art. 873 da CLT)

7.4. DESPESAS

Os custos que o Estado tem em decorrência do exercício de sua atividade jurisdicional são, em parte, arcados pelas partes. As despesas processuais têm natureza jurídica de tributo, mais precisamente de taxa, uma vez que decorrem da utilização de serviço público específico e divisível (art. 77 do Código Tributário Nacional).

1. *Custas e emolumentos*. A matéria está prevista nos arts. 789, 789-A, 790 e 790-A da CLT. Os emolumentos são estabelecidos em valores fixos, destinados ao custeio de despesas relativas a documentos de interesse das partes ou de terceiros, tendo como fato gerador o uso de determinados serviços, como a autenticação de cópias. Já as custas têm a finalidade de financiar as despesas gerais da atividade jurisdicional, sendo pagas, em regra, pelo vencido.

No processo de conhecimento, as custas são fixadas a partir do percentual de 2% incidente sobre o valor da causa (quando vencido o reclamante), da condenação (vencida a reclamada) ou do acordo (1% para o reclamante e 1% para a reclamada). Nas ações plúrimas, incidirão sobre o respectivo valor global.(359) Elas têm o valor mínimo de R$ 10,64 (art. 789 da CLT). No Processo de Execução, o fato gerador costuma ser um ato processual, como uma diligência do oficial de justiça. As custas de execução são pagas ao final, sempre pelo executado (art. 789-A).

A Lei n. 13.467/17 (reforma trabalhista) altera o *caput* do art. 789 da CLT, para criar um valor máximo para as custas processuais, qual seja, o de quatro vezes o limite máximo dos benefícios do Regime Geral de Previdência Social.

Dessa forma, em termos práticos, para o reclamante ajuizar uma ação trabalhista, não é necessário recolher previamente as custas. Estas somente serão pagas pelo vencido, conforme determinar a sentença. Para recorrer, no entanto, a parte vencida deverá recolher as custas, além do depósito recursal (art. 789, § 1º, da CLT). Iniciado o Processo de Execução, as custas serão o último débito a ser pago.

Nos dissídios coletivos, as partes vencidas são solidariamente responsáveis (art. 789, § 4º, da CLT).

Caso a parte vencida na primeira instância recolha as custas e, por ocasião do recurso, venha a se tornar vencedora, caberá ao vencido restituir-lhe o que houver pago de custas, inclusive em se tratando da Fazenda Pública (art. 790-A, parágrafo único, da CLT). Na hipótese inversa, a parte vencida na segunda instância está obrigada a pagar as custas fixadas na sentença originária, independentemente de intimação (Súmula 25 do C. TST, a qual será mais bem examinada no Capítulo referente aos recursos).

Se o sindicato presta assistência jurídica ao empregado que não for beneficiário da justiça gratuita, ficará responsável solidariamente pelo pagamento das custas, entre a entidade sindical e o trabalhador (art. 790, § 1º, da CLT). Havendo, porém, a concessão do benefício, nenhuma responsabilidade terá o sindicato.(360)

As custas não pagas serão executadas nos mesmos moldes das decisões judiciais (art. 790, § 2º, da CLT).

Nos termos do art. 90, § 3º, CPC de 2015, "Se a transação ocorrer antes da sentença, as partes ficam dispensadas do pagamento das custas processuais remanescentes, se houver." No nosso sentir o artigo é aplicável ao Processo do Trabalho, tendo em vista se tratar de um instituto que favorece a conciliação. Essa também é a conclusão do Fórum Permanente de Processualistas Civis.(361)

2. *Honorários periciais*. Além dessas despesas processuais típicas, há os honorários periciais, que têm natureza jurídica de remuneração, uma vez que são destinados ao perito. O valor será fixado pelo juiz, devendo ser pago pela parte vencida no objeto da perícia (art. 790-B).

Insta ressaltar que a Lei n. 13.467/17 (reforma trabalhista) estabelece que a justiça gratuita não mais isenta seu beneficiário do pagamento de honorários periciais, quando ele for sucumbente no objeto da perícia (art. 790-B da CLT). Além disso, a aludida lei dispõe que (§§ 1º ao 4º, do art. 790-B, da CLT): a) os valores deverão

(359) Súmula do TST n. 36. "CUSTAS. Nas ações plúrimas, as custas incidem sobre o respectivo valor global".

(360) Súmula n. 223 do STF. "Concedida isenção de custas ao empregado, por elas não responde o sindicato que o representa em juízo."

(361) Enunciado n. 112 do FPPC. "(arts. 90, § 3º, 15) No Processo do Trabalho, se a transação ocorrer antes da sentença, as partes ficam dispensadas do pagamento das custas processuais, se houver."

respeitar o limite estabelecido por norma do CSJT; b) o valor fixado pode ser parcelado; c) não será possível exigir adiantamento de honorários periciais; d) caso o beneficiário da justiça gratuita não tenha obtido créditos capazes de suportar o pagamento dos honorários periciais, seja na demanda ou em qualquer outro processo, o encargo será suportado pela União.

3. *Honorários advocatícios.*

3.1. *Honorários sucumbenciais.* Esses honorários são os que decorrem da sucumbência, isto é, do resultado da demanda.

Não obstante o "*jus postulandi*", caso haja atuação do advogado, haverá condenação de honorários advocatícios? A questão é polêmica e necessita compreender previamente a distinção entre ações decorrentes da relação de emprego e as demais, decorrentes da relação de trabalho.

3.1.1. *Ações decorrentes da relação de emprego.*

3.1.1.1. *Regra geral.* Caso o processo verse sobre direitos decorrentes de uma relação contratual de emprego, que envolva empregado e empregador, nos termos dos arts. 2º e 3º da CLT, os advogados particulares não serão agraciados com o pagamento honorários advocatícios *sucumbenciais*, custeados pela parte vencida. Eles apenas serão remunerados por seus próprios clientes, por meio de honorários *contratuais.*

3.1.1.2. *Honorários assistenciais.* Pode acontecer, entretanto, de o empregado fazer uso da assistência judiciária prestada por seu sindicato, através de advogado contratado por este. Nesse caso, haverá condenação ao pagamento de *honorários assistenciais* de 10% a 20%[362] do valor líquido da condenação,[363] a serem suportados pela parte vencida e revertidos em favor do sindicato assistente, nos termos do art. 16, da Lei n. 5.584/70 e da Súmula n. 219, I,[364] do TST. Esse entendimento continua válido, mesmo após o advento da CF, cujo art. 133 diz que o advogado é essencial à administração da justiça.[365]

Os honorários assistenciais serão devidos independentemente da atuação do sindicato em sua base territorial.[366]

Se houver fixação de honorários advocatícios nesses moldes, isto é, por força da assistência judiciária prestada pelo sindicato, não será lícito ao advogado cobrar honorários contratuais do reclamante.[367]

(362) Súmula do TST n. 219. "Honorários Advocatícios. Cabimento (alterada a redação do item I e acrescidos os itens IV a VI em decorrência do CPC de 2015). [...] V — Em caso de assistência judiciária sindical ou de substituição processual sindical, excetuados os processos em que a Fazenda Pública for parte, os honorários advocatícios são devidos entre o mínimo de dez e o máximo de vinte por cento sobre o valor da condenação, do proveito econômico obtido ou, não sendo possível mensurá-lo, sobre o valor atualizado da causa (CPC de 2015, art. 85, § 2º); VI — Nas causas em que a Fazenda Pública for parte, aplicar-se-ão os percentuais específicos de honorários advocatícios contemplados no Código de Processo Civil." Antes da vigência do CPC de 2015, o entendimento do TST era de que o percentual dos honorários era de até 15%.

(363) Orientação Jurisprudencial da SDI-I do TST n. 348. "Honorários advocatícios. Base de cálculo. Valor líquido. Lei n. 1.060, de 05.02.1950. Os honorários advocatícios, arbitrados nos termos do art. 11, § 1º, da Lei n. 1.060, de 05.02.1950, devem incidir sobre o valor líquido da condenação, apurado na fase de liquidação de sentença, sem a dedução dos descontos fiscais e previdenciários".

(364) Súmula do TST n. 219. "Honorários Advocatícios. Cabimento (alterada a redação do item I e acrescidos os itens IV a VI em decorrência do CPC de 2015). I — Na Justiça do Trabalho, a condenação ao pagamento de honorários advocatícios não decorre pura e simplesmente da sucumbência, devendo a parte, concomitantemente: a) estar assistida por sindicato da categoria profissional; b) comprovar a percepção de salário inferior ao dobro do salário mínimo ou encontrar-se em situação econômica que não lhe permita demandar sem prejuízo do próprio sustento ou da respectiva família. (art.14,§ 1º, da Lei n. 5.584/1970). (ex-OJ n. 305da SBDI-I). [...]"

(365) Súmula do TST n. 329. "Honorários advocatícios. Art. 133 da CF/1988. Mesmo após a promulgação da CF/1988, permanece válido o entendimento consubstanciado na Súmula n. 219 do Tribunal Superior do Trabalho".

(366) "[...] O art. 14 da Lei n. 5.584/1970 prescreve que a assistência judiciária será prestada pelo sindicato da categoria profissional do trabalhador, sem qualquer referência, ainda que vaga, à base territorial. Essa mesma ilação foi seguida na diretriz da Súmula n. 219 do TST. Desse modo, se o autor está assistido por sindicato de sua categoria profissional, tem-se por preenchido o requisito da assistência sindical necessário à concessão de honorários advocatícios, sendo irrelevante o fato de ser de base territorial diversa. [...]" (TST-E-RR-127600-85.2007.5.04.0401, SBDI-I, rel. Ministro Augusto César Leite De Carvalho, 29.10.2015.)

(367) "Agravo Regimental. Agravo de Instrumento em Recurso de Revista. Honorários advocatícios na Justiça do Trabalho. Ação de restituição. Cumulação indevida de honorários de assistência sindical e honorários contratuais. 1. Não se dá provimento a agravo regimental que não desconstitui os fundamentos da decisão agravada. 2. No caso em apreciação, o Tribunal Regional entendeu não

3.1.2. *Ações decorrentes da relação de trabalho*. Quando a ação não for decorrente da relação de trabalho, haverá condenação de honorários *sucumbenciais* normalmente, nos moldes do CPC, conforme dispõe o art. 5º, da Instrução Normativa n. 27[(368)] e a Súmula 219, III e IV,[(369)] ambas do TST.

É o caso das ações rescisórias[(370)] e das ações anulatórias de auto de infração,[(371)] por exemplo. Isso também se aplica quando a condenada for a Fazenda Pública.[(372)]

No entanto, o TST já excluiu dessa regra as ações de indenização por danos decorrentes de acidente do trabalho, ajuizadas pela família do trabalhador vitimado. Segundo a maioria da SDI-I do TST, nesses casos, o deferimento de honorários advocatícios sucumbenciais só existirá, quando preenchidos os mesmos requisitos que se exigiriam ao empregado, quais sejam, a assistência sindical e insuficiência econômica.[(373)]

Esse entendimento, *data venia*, não parece ser o melhor, já que essa é uma típica demanda decorrente da relação de trabalho, pois as partes não mantêm entre si o vínculo de emprego. Nesse sentido parece caminhar a jurisprudência do TST, uma vez que em 20/06/2013, a mesma SDI, também por maioria, deferiu os honorários advocatícios sucumbenciais à viúva e aos filhos de empregado falecido em acidente do trabalho, independentemente dos requisitos da Lei n. 5.584/70 e da Súmula n. 219, do TST, aplicando a Instrução Normativa n. 27/05, do TST.[(374)]

---

ser devida cumulação dos honorários de assistência sindical (15%) e honorários contratuais (30%), vinculados ao êxito da demanda. Adotou como fundamento a premissa de que, se o trabalhador procura o sindicato em busca de assistência judiciária gratuita, não é razoável que o advogado contratado pela entidade sindical cobre do hipossuficiente quaisquer valores. 3. Assim, a condenação em honorários assistenciais, com fundamento na Lei nº 5.584/70, ao eleger como um de seus requisitos a hipossuficiência, não justifica a cumulação com honorários contratuais, porque incompatível com a legislação trabalhista, sem perder de vista a boa-fé que deve nortear a relação entre advogado e cliente. 4. Esclareça-se que o art. 22 da Lei nº 8.906/94, tido como violado, sequer cogita de cumulação de honorários assistenciais e contratuais, de modo a tornar inviável a revisão pretendida. Agravo regimental a que se nega provimento." (TST. AgR-AIRR-75740-58.2007.5.09.0093. Relator: Ministro Walmir Oliveira da Costa. 1ª Turma. DEJT: 28.09.2012).

(368) "Art. 5º. Exceto nas lides decorrentes da relação de emprego, os honorários advocatícios são devidos pela mera sucumbência".

(369) Súmula do TST n. 219. "Honorários Advocatícios. Cabimento (alterada a redação do item I e acrescidos os itens IV a VI em decorrência do CPC de 2015). [...] III — São devidos os honorários advocatícios nas causas em que o ente sindical figure como substituto processual e nas lides que não derivem da relação de emprego; IV — Na ação rescisória e nas lides que não derivem de relação de emprego, a responsabilidade pelo pagamento dos honorários advocatícios da sucumbência submete-se à disciplina do Código de Processo Civil (arts. 85, 86, 87 e 90)."

(370) Súmula do TST n. 219. "Honorários Advocatícios. Cabimento (alterada a redação do item I e acrescidos os itens IV a VI em decorrência do CPC de 2015). [...] II — É cabível a condenação ao pagamento de honorários advocatícios em ação rescisória no processo trabalhista. [...] IV — Na ação rescisória e nas lides que não derivem de relação de emprego, a responsabilidade pelo pagamento dos honorários advocatícios da sucumbência submete-se à disciplina do Código de Processo Civil (arts. 85, 86, 87 e 90)."

(371) "[...] 3. Ação anulatória de auto de infração. Lide que não decorre da relação de emprego. Honorários advocatícios devidos pela mera sucumbência. Art. 5º da IN 27/TST. Considerando que a presente lide não decorre de uma relação de emprego, reputa-se correta a tese regional que entendeu devido o pagamento de honorários advocatícios em razão da mera sucumbência. Aplicação do art. 5º da IN 27/TST, que dispõe: -Exceto nas lides decorrentes da relação de emprego, os honorários advocatícios são devidos pela mera sucumbência-. Recurso de revista não conhecido." (TST. RR — 8000-48.2009.5.03.0136. Relatora: Ministra Delaíde Miranda Arantes. 7ª Turma. DEJT: 10.08.2012).

(372) Enunciado n. 42 do I FNPT. "Nas ações de competência da Justiça do Trabalho por força do art. 114, VII, da Constituição Federal, quando devidos honorários advocatícios pela Fazenda Pública, são aplicáveis os parâmetros previstos no art.85, §§ 3º e 4º, do NCPC."

(373) Honorários advocatícios. Demanda proposta por herdeiros de empregado acidentado falecido. Deferimento condicionado à observância da Súmula n. 219 do TST e da Orientação Jurisprudencial n. 305 da SBDI-1. Na Justiça do Trabalho, o deferimento de honorários advocatícios condiciona-se à comprovação de insuficiência econômica e de assistência sindical, requisitos estabelecidos na Súmula n. 219 do TST e na Orientação Jurisprudencial n. 305 da SBDI-I, ainda que a ação de indenização por danos materiais e morais seja proposta por herdeiros de trabalhador falecido em decorrência de acidente de trabalho. Com esse entendimento, a SBDI-I, por unanimidade, conheceu de embargos por divergência jurisprudencial e, no mérito, por maioria, negou-lhes provimento. Vencidos os Ministros Horácio Raymundo de Senna Pires, relator, Ives Gandra Martins Filho e Delaíde Miranda Arantes, que conheciam e davam provimento ao recurso para, aplicando o entendimento consagrado na parte final do item III da Súmula n. 219 do TST, condenar a reclamada ao pagamento de honorários advocatícios pela mera sucumbência, por não se tratar de demanda de empregado. (TST. E-ED-RR-25300-43.2008.5.03.0076. Relator: Ministro Horácio Raymundo de Senna Pires, red. p/ acórdão Min. Renato de Lacerda Paiva. SBDI-I. DEJT 22.03.2012).

(374) "Honorários advocatícios. Deferimento. Empregado falecido. Demanda proposta pelos sucessores em nome próprio. Não aplicação dos requisitos da Lei n. 5.584/70. Incidência da parte final da IN n. 27/2005 do TST. Nos autos de ação em que a viúva e os filhos de empregado falecido em acidente do trabalho postulam, em nome próprio, indenização por dano moral e material, o deferimento de honorários advocatícios não depende do preenchimento dos requisitos da Lei n. 5.584/70, pois os dependentes do *de cujus* não são filiados a sindicato. Incide, na hipótese, o art. 5º da Instrução Normativa n. 27/2005 do TST. Assim, não vislumbrando contrariedade à Orientação Jurisprudencial n. 305 da SBDI-I e às Súmulas n. 219 e 329 do TST, a SBDI-I, por maioria, não conheceu dos embargos da

Com a Emenda Constitucional n. 45/04, várias ações decorrentes da relação de trabalho ajuizadas perante a Justiça comum foram remetidas à Justiça do Trabalho. Foi o que aconteceu, por exemplo, com ações de indenização por danos morais e materiais decorrentes de acidente do trabalho ou doença profissional. Em casos como esse, o TST firmou o entendimento pelo qual os honorários advocatícios são devidos pela mera sucumbência, isto é, independentemente da intervenção assistencial do sindicato.[375]

3.1.3. *Fase recursal.* O CPC de 2015 inovou ao prever o pagamento de honorários sucumbenciais na fase de recursos. Nos termos do art. 85, § 11, "o tribunal, ao julgar recurso, majorará os honorários fixados anteriormente levando em conta o trabalho adicional realizado em grau recursal [...]." Todavia, essa previsão fica limitada às ações que não decorram da relação de emprego, inclusive em se tratando de Recurso Extraordinário, para o STF.[376]

Essa regra se aplica também ao recurso de Embargos de Declaração.[377]

3.1.4. *Honorários contra a Fazenda Pública.* Com a finalidade de evitar condenações abusivas, o CPC de 2015 estatui regras especiais para o arbitramento dos honorários sucumbenciais contra a Fazenda Pública. Nos termos do art. 85, § 3º, nas causas em que a Fazenda Pública for parte, a fixação dos honorários observará os seguintes percentuais:

a) mínimo de 10% e máximo de 20% sobre o valor da condenação ou do proveito econômico obtido até 200 salários-mínimos;

b) mínimo de 8% e máximo de 10% sobre o valor da condenação ou do proveito econômico obtido acima de 200 salários-mínimos até 2.000 salários-mínimos;

c) mínimo de 5% e máximo de 8% sobre o valor da condenação ou do proveito econômico obtido acima de 2.000 salários-mínimos até 20.000 salários-mínimos;

d) mínimo de 3% e máximo de 5% sobre o valor da condenação ou do proveito econômico obtido acima de 20.000 salários-mínimos até 100.000 salários-mínimos;

e) mínimo de 1% e máximo de 3% sobre o valor da condenação ou do proveito econômico obtido acima de 100.000 salários-mínimos.

3.1.5. *Jurisprudência do STJ.* Nas causas em que houver condenação ao pagamento de honorários sucumbenciais, entendemos que a jurisprudência sumulada do C. STJ deve ser observada, porque decorre da interpretação do CPC. Por isso, pedimos venia para citar as que têm pertinência com as causas trabalhistas:

Súmula do STJ n. 14: Arbitrados os honorários advocatícios em percentual sobre o valor da causa, a correção monetária incide a partir do respectivo ajuizamento.

Súmula do STJ n. 201: Os honorários advocatícios não podem ser fixados em salários-mínimos.

Súmula do STJ n. 303: Em embargos de terceiro, quem deu causa à constrição indevida deve arcar com os honorários advocatícios.

reclamada, vencidos os Ministros Dora Maria da Costa, Antônio José de Barros Levenhagen e Renato de Lacerda Paiva." (TST. E-ED-RR-9955100-27.2006.5.09.0015. Relator: Ministro Brito Pereira. SBDI-I. DEJT 20.6.2013).

(375) Orientação Jurisprudencial da SDI-I do TST n. 421. "Honorários advocatícios. Ação de indenização por danos morais e materiais decorrentes de acidente de trabalho ou de doença profissional. Ajuizamento perante a Justiça comum antes da promulgação da Emenda Constitucional n. 45/2004. Posterior remessa dos autos à Justiça do Trabalho. Art. 85 do CPC de 2015. Art. 20 do CPC de 1973. Incidência. A condenação em honorários advocatícios nos autos de ação de indenização por danos morais e materiais decorrentes de acidente de trabalho ou de doença profissional, remetida à Justiça do Trabalho após ajuizamento na Justiça comum, antes da vigência da Emenda Constitucional n. 45/2004, decorre da mera sucumbência, nos termos do art. 85 do CPC de 2015 (art. 20 do CPC de 1973), não se sujeitando aos requisitos da Lei n. 5.584/1970."

(376) "[...] Descabe a fixação de honorários recursais, preconizados no art. 85, § 11 do Código de Processo Civil de 2015, quando tratar-se de extraordinário formalizado no curso de processo cujo rito os exclua." (STF. AG. REG. NO ARE n. 948.578-RS).

(377) "Após 18 de março de 2016, data do início da vigência do Novo Código de Processo Civil, é possível condenar a parte sucumbente em honorários advocatícios na hipótese de o recurso de embargos de declaração não atender os requisitos previstos no art. 1.022 do referido diploma e tampouco se enquadrar em situações excepcionais que autorizem a concessão de efeitos infringentes." (STF. RE 929925 AgR-ED/RS, rel. Min. Luiz Fux, 7.6.2016).

Súmula do STJ n. 306: Os honorários advocatícios devem ser compensados quando houver sucumbência recíproca, assegurado o direito autônomo do advogado à execução do saldo sem excluir a legitimidade da própria parte.

Súmula do STJ n. 345: São devidos honorários advocatícios pela Fazenda Pública nas execuções individuais de sentença proferida em ações coletivas, ainda que não embargadas.

Súmula do STJ n. 453: Os honorários sucumbenciais, quando omitidos em decisão transitada em julgado, não podem ser cobrados em execução ou em ação própria.

Súmula do STJ n. 517: São devidos honorários advocatícios no cumprimento de sentença, haja ou não impugnação, depois de escoado o prazo para pagamento voluntário, que se inicia após a intimação do advogado da parte executada.

Súmula do STJ n. 519: Na hipótese de rejeição da impugnação ao cumprimento de sentença, não são cabíveis honorários advocatícios.

3.2. *Honorários obrigacionais.* Além dos honorários advocatícios *contratuais* (decorrentes do ajuste entre a parte e seu advogado), dos *assistenciais* (quando há assistência do sindicato) e dos *sucumbenciais* (pagos pela parte vencida ao advogado da parte vencedora), existem os honorários *obrigacionais*. Estes devem ser pagos pela parte vencida à parte vencedora, a fim de ressarcir o que esta tiver gasto com o pagamento dos honorários contratuais. Essa modalidade de honorários deve ser objeto de pedido na inicial, com fundamento nos arts. 389 e 404 do CC. Tanto a doutrina(378) quanto a jurisprudência(379) vinham admitido essa postulação nas causas trabalhistas. Todavia, a jurisprudência do C. TST está se posicionando contra o pagamento de honorários advocatícios obrigacionais.(380)

3.3. *Honorários advocatícios na Lei n. 13.467/17 (reforma trabalhista).* A citada lei acrescenta o art. 791-A à CLT, para instituir honorários advocatícios em todas as ações trabalhistas, observando-se as seguintes regras: a) são devidos pela parte vencida ao advogado da parte vencedora, ainda que esteja atuando em causa própria; b) serão fixados entre 5% e 15%, sobre o valor que resultar da liquidação da sentença, do proveito econômico obtido ou, não sendo possível mensurá-lo, sobre o valor atualizado da causa; c) os critérios para fixação serão o grau de zelo do profissional, o lugar da prestação do serviço, a natureza e a importância da causa, o trabalho realizado pelo advogado e o tempo exigido para o serviço; d) havendo procedência parcial, o juízo arbitrará honorários de sucumbência recíproca, vedada a compensação entre os honorários; e) se o vencido for beneficiário da justiça gratuita, o valor deverá ser compensado da quantia que tiver sido obtida na demanda ou em qualquer outro processo, e, se não tiver obtido nenhum valor, o crédito ficará sob condição suspensiva de exigibilidade e somente poderá ser executado se, nos próximos dois anos, o credor demonstrar que o beneficiário deixou a situação de insuficiência financeira, extinguindo-se o crédito caso o credor não se desincumba desse ônus.

4. *Justiça gratuita*

4.1. *CLT.* Pelo texto celetista, são isentos do pagamento das custas, emolumentos e honorários periciais os beneficiários da justiça gratuita, a Fazenda Pública e o Ministério Público do Trabalho (art. 790-A da CLT). As

(378) Enunciado da 1ª Jornada da ANAMATRA n. 53. "Reparação de danos. Honorários contratuais de advogado. Os arts. 389 e 404 do Código Civil autorizam o Juiz do Trabalho a condenar o vencido em honorários contratuais de advogado, a fim de assegurar ao vencedor a inteira reparação do dano".

(379) "[...] 7. Ficou claro que o Código Civil associou os honorários advocatícios, não apenas à sucumbência processual, mas também à mora e ao inadimplemento das obrigações, localizando-a nos Direito das Obrigações e dando-lhe sentido mais amplo, para ressarcimento pleno das perdas e danos. Por isto, depois do CC de 2002, a parte vencedora pode receber da parte vencida, não só os honorários sucumbenciais, como também os honorários obrigacionais, que são complementares e sucessivos e não opostos [...]." (TRT da 3ª Região. RO 00808-2009-095-03-00-4. Relator: Desembargador Antônio Álvares da Silva. 4ª Turma. DEJT: 29.01.2010).

(380) "[...] O Tribunal Regional entendeu devido o pagamento de indenização para o ressarcimento de despesas com honorários advocatícios, com base nos arts. 389 e 404 do Código Civil. Ocorre que, no âmbito da Justiça do Trabalho, há legislação própria disciplinando os honorários advocatícios e tem-se como pressupostos, para o seu deferimento, a assistência por sindicato da categoria profissional e a percepção de salário inferior ou igual à dobra do salário mínimo ou a prova da situação econômica insuficiente ao sustento próprio ou de sua família (Lei n. 5.584/70 e Súmulas 219 e 329/TST). No presente caso, não são devidos os honorários advocatícios, porquanto o Reclamante não se encontra assistido por entidade sindical representante de sua categoria profissional. Recurso de revista conhecido e provido. [...]" (TST. RR — 73000-55.2008.5.03.0095 , Relator Ministro: Douglas Alencar Rodrigues, Data de Julgamento: 24.08.2016, 7ª Turma, Data de Publicação: DEJT 16.09.2016)

entidades fiscalizadoras do exercício profissional, como a OAB, não estão abrangidas pela isenção (art. 790-A, parágrafo único, da CLT).

Vale destacar que a CLT fala em isenção, por isso, no nosso sentir, não se aplica ao Processo do Trabalho a previsão do art. 98, § 3º, do CPC de 2015, que estabelece a suspensão da cobrança das despesas processuais, por cinco anos.

A Lei n. 13.467/17 (reforma trabalhista) modifica o instituto da justiça gratuita no processo do trabalho. Alterando o § 3º e criando o § 4º, a lei dispõe que, para fazer jus ao benefício, o interessado deverá comprovar a insuficiência de recursos para o pagamento das custas, salvo se perceber salário igual ou inferior a 40% do limite máximo dos benefícios do Regime Geral de Previdência Social, situação em que haverá presunção de insuficiência financeira e o benefício poderá ser concedido de ofício.

Convém salientar também que a Lei n. 13.467/17 (reforma trabalhista) estabelece que a justiça gratuita não mais isenta seu beneficiário do pagamento de honorários periciais, quando ele for sucumbente no objeto da perícia (art. 790-B da CLT). Além disso, a aludida lei dispõe que (§§ 1º ao 4º, do art. 790-B, da CLT): a) os valores deverão respeitar o limite estabelecido por norma do CSJT; b) o valor fixado pode ser parcelado; c) não será possível exigir adiantamento de honorários periciais; d) caso o beneficiário da justiça gratuita não tenha obtido créditos capazes de suportar o pagamento dos honorários periciais, seja na demanda ou em qualquer outro processo, o encargo será suportado pela União.

4.2. *CPC de 2015*. O CPC de 2015 revogou a maior parte da Lei n. 1.060/50, que dispõe sobre a gratuidade da Justiça. Pelo art. 98, § 1º, do novel código de processo, a gratuidade da Justiça abrange:

a) as taxas ou as custas judiciais;

b) os selos postais;

c) as despesas com publicação na imprensa oficial, dispensando-se a publicação em outros meios;

d) a indenização devida à testemunha que, quando empregada, receberá do empregador salário integral, como se em serviço estivesse;

e) as despesas com a realização de exame de código genético — DNA e de outros exames considerados essenciais;

f) os honorários do advogado e do perito e a remuneração do intérprete ou do tradutor nomeado para apresentação de versão em português de documento redigido em língua estrangeira;

g) o custo com a elaboração de memória de cálculo, quando exigida para instauração da execução;

h) os depósitos previstos em lei para interposição de recurso, para propositura de ação e para a prática de outros atos processuais inerentes ao exercício da ampla defesa e do contraditório;

i) os emolumentos devidos a notários ou registradores em decorrência da prática de registro, averbação ou qualquer outro ato notarial necessário à efetivação de decisão judicial ou à continuidade de processo judicial no qual o benefício tenha sido concedido.

Todavia, ela não abrange as despesas processuais e os honorários advocatícios decorrentes de sua sucumbência, dívida que ficará suspensa por cinco anos, tempo em que poderá ser cobrada, caso o beneficiário venha a reunir condições para pagá-la (inclusive de forma parcelada), ou será extinta, se o beneficiário permanecer em condição de insuficiência econômica (art. 98, §§ 2º, 3º e 6º, do CPC de 2015). Já as multas serão sempre exigíveis (art. 98, § 4º, do CPC de 2015). Como já foi dito, no nosso sentir, a suspensão não se aplica ao Processo do Trabalho, porque a CLT garante a isenção das despesas.

Sem embargo, pela Lei n. 13.467/17 (reforma trabalhista), o beneficiário da justiça gratuita não ficará isento do pagamento de honorários advocatícios sucumbenciais. Nos termos do art. 791-A, acrescentado à CLT pela lei, quando o vencido for beneficiário da justiça gratuita, o valor dos honorários deverá ser compensado da quantia que tiver sido obtida na demanda ou em qualquer outro processo, e, se não tiver obtido nenhum valor, o crédito ficará sob condição suspensiva de exigibilidade e somente poderá ser executado se, nos próximos dois anos, o credor demonstrar que o beneficiário deixou a situação de insuficiência financeira, extinguindo-se o crédito caso o credor não se desincumba desse ônus.

Semelhante instituto residia no art. 12, da Lei n. 1.060/50,[381] agora revogado pelo CPC de 2015. O STF já havia declarado a constitucionalidade do dispositivo (RE 249.003, 249.277 e 284.729), pelo que o art. 98, §§ 2º, 3º e 6º, do CPC de 2015, também deve ser considerado constitucional.

Os termos do art. 99, § 4º, do CPC de 2015, "a assistência do requerente por advogado particular não impede a concessão de gratuidade da justiça," o que, no nosso sentir, tem aplicabilidade na Justiça do Trabalho, por favorecer o acesso à justiça, pelo que concordamos com o Enunciado n. 245 do FPPC.[382]

4.3. *Acesso ao benefício*. O CPC de 2015 prevê, ainda, as seguintes regras (art. 99): a) o pedido pode ser feito na inicial, na contestação ou no recurso; b) o Juiz só poderá indeferir o benefício se houver provas da suficiência econômica nos autos; c) a declaração de insuficiência feita por pessoa natural tem presunção de veracidade; d) o simples fato de o postulante litigar por meio de advogado particular não impede a concessão do benefício; e) o direito é pessoal e não se estende aos litisconsortes e sucessores.

No Processo do Trabalho, no entanto, a gratuidade da Justiça tem temperos próprios.

Para ter direito à justiça gratuita, o empregado pode optar por fazer prova de que ganha menos de dois salários mínimos (art. 14, § 1º, da Lei n. 5.584/70) ou simplesmente declarar que não dispõe de meios para arcar com as despesas processuais, sem prejuízo de seu sustento (art. 790, § 3º, da CLT), declaração essa que pode ser substituída pela afirmação do advogado, sem necessidade de procuração específica (art. 99 do CPC de 2015). Preenchidos esses requisitos, a justiça gratuita pode ser concedida de ofício pelo juiz, em qualquer grau de jurisdição ou fase do processo (art. 790, § 3º, da CLT), mas, na fase recursal, o requerimento deve ser feito no prazo alusivo ao recurso.[383]

Não é demais repetir que a Lei n. 13.467/17 (reforma trabalhista) modifica o instituto da justiça gratuita no processo do trabalho. Alterando o § 3º e criando o § 4º, a lei dispõe que, para fazer jus ao benefício, o interessado deverá comprovar a insuficiência de recursos para o pagamento das custas, salvo se perceber salário igual ou inferior a 40% do limite máximo dos benefícios do Regime Geral de Previdência Social, situação em que haverá presunção de insuficiência financeira e o benefício poderá ser concedido de ofício.

4.4. *Empregador*. Como já foi visto no capítulo sobre princípios, o empregador também faz jus à justiça gratuita. Se for pessoa física, basta declarar sua situação de penúria, como ocorre com o empregado. Todavia, se for pessoa jurídica, em função da presunção de suficiência econômica, ela deverá fazer prova de situação de penúria financeira (Súmula n. 481, do STJ[384]). Esse também é o sentido do Enunciado n. 16 do I FNPT.[385] Mas há quem entenda que, na Justiça do Trabalho, a pessoa jurídica só fará jus ao benefício na hipótese de falência por força do que dispõe a Súmula n. 86 do TST.[386]

---

(381) "Art. 12. A parte beneficiada pela isenção do pagamento das custas ficará obrigada a pagá-las, desde que possa fazê-lo, sem prejuízo do sustento próprio ou da família, se dentro de cinco anos, a contar da sentença final, o assistido não puder satisfazer tal pagamento, a obrigação ficará prescrita"

(382) Enunciado n. 245 do FPPC 245. "(art. 99, § 4º, 15). O fato de a parte, pessoa natural ou jurídica, estar assistida por advogado particular não impede a concessão da justiça gratuita na Justiça do Trabalho."

(383) Orientação Jurisprudencial da SDI-I do TST n. 269. "Justiça gratuita. Requerimento de isenção de despesas processuais. Momento oportuno. I — O benefício da justiça gratuita pode ser requerido em qualquer tempo ou grau de jurisdição, desde que, na fase recursal, seja o requerimento formulado no prazo alusivo ao recurso; II — Indeferido o requerimento de justiça gratuita formulado na fase recursal, cumpre ao relator fixar prazo para que o recorrente efetue o preparo (art. 99, § 7º, do CPC de 2015)."

(384) Súmula do STJ n. 481. "Faz jus ao benefício da justiça gratuita a pessoa jurídica com ou sem fins lucrativos que demonstrar sua impossibilidade de arcar com os encargos processuais".

(385) Enunciado n. 16 do I FNPT: "[...] A presunção relativa de veracidade sobre a insuficiência de meios para demandar em juízo, sem prejuízo próprio ou da família, milita em favor da pessoa natural. A pessoa jurídica deverá provar, pelos meios de prova em direito admitidos, que não pode arcar com os custos do processo, sem prejuízo de sua manutenção. Harmonização dos princípios Constitucionais relativos à ordem econômica e financeira (art. 170) e art. 790, § 3º, CLT e art. 99, § 3º, NCPC."

(386) Súmula do TST n. 86. "Deserção. Massa falida. Empresa em liquidação extrajudicial. Não ocorre deserção de recurso da massa falida por falta de pagamento de custas ou de depósito do valor da condenação. Esse privilégio, todavia, não se aplica à empresa em liquidação extrajudicial".

4.5. *Perícia.* Caso o beneficiário da justiça gratuita seja vencido no objeto da perícia, o pagamento dos respectivos honorários será feito através de recursos provenientes de um fundo próprio, administrado pela Justiça do Trabalho, até o limite de R$ 1.000,00, nos termos da Resolução n. 66/10 do CSJT — Conselho Superior da Justiça do Trabalho (Súmula n. 457,[387] do TST). No entanto, esse valor pode ser majorado, desde que o Juiz o faça por meio de decisão fundamentada. Em vista disso, no nosso sentir, não é aplicável ao Processo do Trabalho a suspensão da exigência das despesas, bem como o seu parcelamento (art. 98, §§ 2º, 3º e 6º, do CPC de 2015).

4.6. *Depósito recursal.* No Processo do Trabalho a gratuidade de Justiça abrange os emolumentos,[388] mas não o depósito recursal, isso porque a finalidade deste não é fiscal, mas sim de garantir a execução. Por isso, mesmo com o advento da LC n. 132/09, que alterou o art. 3º da Lei n. 1.060/50, incluindo, expressamente, os depósitos previstos em lei para a interposição de recursos, o posicionamento do TST deve permanecer o mesmo.

Todavia, vale ressaltar que a questão é polêmica, haja vista que o FPPC concluiu que a justiça gratuita abrange o depósito recursal.[389]

Vale dizer que a Lei n. 13.467/17 (reforma trabalhista) cria isenções do depósito recursal para os beneficiários da justiça gratuita, as entidades filantrópicas e as empresas em recuperação judicial (art. 899, § 10, da CLT), e permite sua substituição por fiança bancária ou seguro garantia judicial (art. 899, § 11, da CLT).

A Fazenda Pública está dispensada da realização de depósito recursal (art. 1º, IV, do Decreto n. 779/69). Entretanto, caso a Fazenda Pública vencida não seja a União, haverá pagamento de custas, mas apenas ao final do processo (art. 1º, VI, do Decreto n. 779/69).

Considerando o princípio da gratuidade judiciária, que rege o Processo do Trabalho, comungamos da jurisprudência do C. STJ, segundo a qual, uma vez deferida, a assistência jurídica gratuita perdura por todo o processo, independentemente de renovação.[390]

(387) Súmula do TST n. 457. "Honorários periciais. Beneficiário da justiça gratuita. Responsabilidade da União pelo pagamento. Resolução n. 66/2010 do CSJT. Observância. (conversão da Orientação Jurisprudencial n. 387 da SBDI-1 com nova redação) A União é responsável pelo pagamento dos honorários de perito quando a parte sucumbente no objeto da perícia for beneficiária da assistência judiciária gratuita, observado o procedimento disposto nos arts. 1º, 2º e 5º da Resolução n. 66/2010 do Conselho Superior da Justiça do Trabalho — CSJT."

(388) Orientação Jurisprudencial da SDI-II do TST n. 91. "Mandado de segurança. Autenticação de cópias pelas secretarias dos Tribunais Regionais do Trabalho. Requerimento indeferido. Art. 789, § 9º, da CLT. Não sendo a parte beneficiária da assistência judiciária gratuita, inexiste direito líquido e certo à autenticação, pelas Secretarias dos Tribunais, de peças extraídas do processo principal, para formação do agravo de instrumento".

(389) Enunciado n. 246 do FPPC. "(arts. 99, § 7º, e 15). Dispensa-se o preparo do recurso quando houver pedido de justiça gratuita em sede recursal, consoante art. 99, § 6º, aplicável ao Processo do Trabalho. Se o pedido for indeferido, deve ser fixado prazo para o recorrente realizar o recolhimento."

(390) "[...] Quando a assistência judiciária gratuita for deferida, a eficácia da concessão do benefício prevalecerá, independentemente de renovação de seu pedido, em todas as instâncias e para todos os atos do processo — alcançando, inclusive, as ações incidentais ao processo de conhecimento, os recursos, as rescisórias, assim como o subsequente processo de execução e eventuais embargos à execução -, somente perdendo sua eficácia por expressa revogação pelo Juiz ou Tribunal. [...]" (STJ. AgRg nos EAREsp 86.915-SP, Rel. Min. Raul Araújo, julgado em 26/2/2015, DJe 4/3/2015.)

8 Nulidades

8.1. *CONCEITO, NATUREZA JURÍDICA E FUNDAMENTOS*

Os atos processuais podem conter vícios que são imperfeições capazes de gerar a sua invalidade. Entretanto, todos os atos processuais, inclusive os viciados, são válidos, até que o Juiz os decrete inválidos, dispondo sobre a extensão de seus efeitos (eficácia). Assim é que, mesmo sendo decretado inválido, um ato pode continuar a produzir efeitos, caso assim decida o juiz, de maneira fundamentada.

Imagine-se, por exemplo, que uma testemunha preste depoimento sob juramento, escondendo ser amante da parte. Ao descobrir tal condição, pode o Juiz decretar o depoimento inválido, mas preservar parte de sua eficácia para considerá-lo como meras informações, as quais poderão ser úteis na elucidação da verdade dos fatos.

As regras sobre as nulidades processuais estão contidas nos arts. 794 e seguintes da CLT e nos arts. 276 e seguintes do CPC de 2015, aplicados subsidiariamente (art. 769 da CLT).

Além dessas regras, as nulidades são regidas pelos seguintes princípios:

1. *Relatividade*. Toda nulidade deve ser *decretada* e não *declarada* (art. 276 e art. 282 do CPC de 2015), de maneira que não existe nulidade processual automática ou de pleno direito (*"juris et de jure"*). Veja-se, por exemplo, a regra do art. 64, § 4º, do CPC de 2015, que estabelece que "salvo decisão judicial em sentido contrário, conservar-se-ão os efeitos de decisão proferida pelo juízo incompetente até que outra seja proferida, se for o caso, pelo juízo competente." Por isso se diz que as nulidades são sempre relativas.

2. *Transcendência*. Não será decretada a nulidade se não houver prejuízo efetivo e manifesto ("*pas de nullité sans grief*") (art. 794 da CLT).

3. *Não torpeza*. É vedada a alegação de nulidade pela parte que a houver provocado (art. 795 e 796, "b", da CLT c/c art. 276 do CPC de 2015).

4. *Convalidação* ou *preclusão*. As partes têm o ônus de alegar a nulidade na primeira vez em que lhes couber falar nos autos, pena de preclusão e, consequentemente, de convalidação (art. 795 da CLT c/c art. 278 do CPC de 2015).

5. *Efeito expansivo*. Um ato viciado pode acabar por gerar a nulidade de outros atos que dele dependiam (art. 281 do CPC de 2015).

6. *Instrumentalidade das formas.* Permite que os atos inválidos produzam eficácia, desde que seu conteúdo esteja preservado (art. 277 do CPC de 2015). Esse princípio se desdobra em três outros:

6.1. *Economia.* Refere-se a não repetição dos atos que puderem ser aproveitados (art. 796, "a", da CLT e art. 282, §§ 1º e 2º, do CPC de 2015).

6.2. *Utilidade.* Diz respeito à conservação dos atos úteis (art. 277 e art. 283, parágrafo único, do CPC de 2015).

6.3 *Confinamento.* É possível realizar a anulação parcial do ato, isto é, confinando a nulidade apenas na parte do ato em que não for possível aproveitar (art. 281 e art. 283, "*caput*", do CPC de 2015).

O CPC de 2015 reafirmou que será "nulo o processo quando o membro do Ministério Público não for intimado a acompanhar o feito em que deva intervir" (art. 279) e que "as citações e intimações serão nulas quando feitas sem a observância das prescrições legais" (art. 280).

A novel legislação processual valorizou muito a instrumentalidade das formas, a ponto de permitir o saneamento de nulidades na segunda instância, ao dispor, no art. 938, § 1º, que, uma vez "constatada a ocorrência de vício sanável, inclusive aquele que possa ser conhecido de ofício, o relator determinará a realização ou a renovação do ato processual, no próprio tribunal ou em primeiro grau de jurisdição, intimadas as partes." Cumprida a diligência, sempre que possível, o relator prosseguirá no julgamento do recurso.[391] É o caso, por exemplo, de falta de apresentação de procuração e guia de custas ou depósito recursal.[392]

8.2. *CLASSIFICAÇÃO*

Os vícios processuais podem ser classificados quanto à sua *natureza* (formais e materiais) e quanto aos seus *efeitos* (anulabilidades e nulidades), a depender na norma afrontada.

1. *Vícios formais e materiais.* Os vícios processuais decorrem da afronta a uma norma jurídica, podendo ser formais, quando o ato não obedecer à forma prescrita, ou materiais, quando o conteúdo é que for viciado, como *verbi gratia,* na situação de erro, em que a parte se confunde com os termos jurídicos e declara a renúncia ao direito, pensando que está apenas desistindo da ação. Um exemplo de vício formal é o do ato que é praticado de forma secreta, sem observância da publicidade. O vício costuma receber nomes diferentes, a depender de ser formal ou material. No primeiro caso, ela é chamada de *invalidade.* No segundo, de *irregularidade.*

2. *Vícios anuláveis e nulos.* Caso a norma afrontada seja de ordem dispositiva, no exclusivo interesse das partes, haverá *anulabilidade.* Imagine-se, *v. g.*, que as partes tenham celebrado um contrato com cláusula de convenção de arbitragem. Esta decorre de norma dispositiva, pelo que a sua inobservância deve ser suscitada pela parte contrária, pena de ser convalidada, operando-se a preclusão.

Na hipótese de a norma afrontada ser de ordem pública, o efeito será a *nulidade* do ato, a qual poderá ser *absoluta* ou *relativa.*

Será *absoluta* a nulidade quando o ato viciado desafiar norma de ordem pública estipulada exclusivamente no interesse público. É o caso das normas que estabelecem as condições da ação e a maior parte dos pressupostos processuais. Como estes costumam ser divididos em pressupostos de validade e existência, há quem faça a mesma divisão em relação às nulidades. Assim, a nulidade absoluta poderá decorrer de *invalidade*, quando o ato existir,

(391) Enunciado n. 199 do FPPC. (arts. 938, § 1º, e 15) No Processo do Trabalho, constatada a ocorrência de vício sanável, inclusive aquele que possa ser conhecido de ofício pelo órgão jurisdicional, o relator determinará a realização ou a renovação do ato processual, no próprio tribunal ou em primeiro grau, intimadas as partes; cumprida a diligência, sempre que possível, prosseguirá no julgamento do recurso.

(392) Enunciado n. 332 do FPPC. (arts. 938, § 1º, e 15). Considera-se vício sanável, tipificado no art. 938, § 1º, a apresentação da procuração e da guia de custas ou depósito recursal em cópia, cumprindo ao relator assinalar prazo para a parte renovar o ato processual com a juntada dos originais.

mas não for válido, ou de vício de *inexistência*, para os atos que sequer possuam os elementos essenciais de sua constituição, como seria o caso de uma sentença proferida pela parte.

A nulidade absoluta poderá ser suscitada pelas partes ou pelo juiz, de ofício, a qualquer tempo e em qualquer grau de jurisdição. Por isso é que, apesar de o art. 795, § 1º, da CLT,[393] usar o termo "incompetência de foro", a regra ali contida trata da incompetência material, uma vez que o aludido dispositivo permite que o Juiz a declare de ofício.

Muito embora a nulidade decorra da ofensa a norma de ordem pública, como de regra são as normas processuais, há casos em que ela também atende ao interesse das partes. Nessa hipótese, ela será *relativa*, não podendo ser conhecida de ofício pelo juiz, cabendo às partes o ônus de alegá-la, também na primeira vez em que lhes couber falar nos autos, sob pena de preclusão. É o caso, por exemplo, das regras de competência territorial. Esta decorre de ordem pública, mas permite que o interesse das partes a modifique, como na hipótese em que, ajuizada a ação perante o juízo da Vara do Trabalho do local do domicílio do réu, ao invés daquele da prestação de serviços (art. 651 da CLT), a reclamada não se opõe, situação que modificará a competência, sem qualquer nulidade.

Essas classificações costumam variar, tanto na doutrina quanto na jurisprudência. Invariável é, geralmente, o fato de as nulidades relativas admitirem a convalidação, e as absolutas não.

O trânsito em julgado atribui à sentença a característica da coisa julgada. Esta tem eficácia preclusiva absoluta, o que significa dizer que, a partir do seu advento, as próprias nulidades absolutas estarão convalidadas, a não ser que sejam desconstituídas por Ação Rescisória, mas apenas durante o prazo de dois anos.

Para memorizar:

	Vícios quanto aos efeitos	Exemplo
Sanáveis (precluem)	*Nulidade relativa* Ordem pública, interesse da parte e *ex officio*	Incompetência relativa
	Anulabilidade Dispositiva, interesse da parte e a requerimento	Convenção de arbitragem
Insanáveis (não precluem)	*Nulidade absoluta* Ordem pública, interesse público e *ex officio*	Condições da ação
	Inexistência Ordem pública, interesse público e *ex officio*	Sentença da parte

Vícios quanto à natureza	Exemplo
Irregularidade: vício material	Erro
Invalidade: vício formal	Publicidade

(393) Art. 795. "As nulidades não serão declaradas senão mediante provocação das partes, as quais deverão argüi-las à primeira vez em que tiverem de falar em audiência ou nos autos. § 1º Deverá, entretanto, ser declarada *ex officio* a nulidade fundada em incompetência de foro. Nesse caso, serão considerados nulos os atos decisórios".

9 Ação, Processo e Procedimento

9.1. AÇÃO, PRETENSÃO, DEMANDA E CAUSA

1. *Conceitos.* A *ação* é um direito *público, subjetivo,*[394] *abstrato, autônomo* e *independente* da relação jurídica material.[395] Também é *incondicionado,* conforme fundamentos que serão apresentados mais à frente. Em outras palavras, ela é o *direito de estabelecer uma relação jurídica processual e de participar dela.*

Desde que o Estado proibiu a vingança privada e a justiça pelas próprias mãos, as pessoas passaram a ter o direito de bater às portas do Judiciário (*ação*), a fim de obter do Juiz a tutela estatal (*sentença*), para acolher sua *pretensão*, ou seja, para subordinar o interesse do réu ao seu interesse. A *pretensão* é, portanto, a vontade de exigir do réu a satisfação de um direito, por exemplo, uma obrigação. Quando esta pretensão é efetivamente deduzida em juízo, ela ganha a nomenclatura de *demanda.*

Assim, o autor pode apresentar ao Juiz a sua demanda, porque tem o direito de ação. O instrumento da demanda é a petição, tal qual a procuração é o instrumento do mandato.

A *demanda* é sempre do autor.[396] Ela é formada por três elementos chamados (equivocadamente, pois se referem à demanda) de *elementos da ação,* quais sejam, *partes* (demandante, demandado e juiz), *causa de pedir* (fatos e fundamentos jurídicos) e *pedido* (condenatório, constitutivo ou declaratório, em relação ao bem jurídico almejado). Sem um desses elementos, sequer haverá demanda.

Após o autor deduzir sua pretensão em juízo, por meio de uma petição inicial ou da atermação, o Juiz verificará sua aptidão para se tornar uma *causa.* Esta é relação jurídica processual propriamente dita, a qual envolverá, além do autor, a parte ré.

(394) Para Dinamarco (2009), a ação não é direito subjetivo, mas um poder, pois permite produzir efeitos na esfera jurídica alheia. Quando muito, poderia ser chamada de direito ao processo, exercido contra o Estado.

(395) Teorias da ação: a) *imanentista,* a ação é o direito material em movimento, Não é autônoma nem independente; b) *concreta,* a ação é um direito autônomo em relação ao direito material. Mas depende dele, pois só haverá ação no caso de procedência; c) *abstrata,* a ação é direito autônomo e independente do direito material, pois é abstrato, voltado contra o Estado, a fim de obter uma sentença, que pode ser de procedência ou improcedência; d) *eclética,* além de autônomo, independente e abstrato, a ação é um direito condicionado, caso a parte busque sentença de mérito.

(396) Se o réu tiver uma demanda, deverá apresentar reconvenção, que também é uma ação.

1.1. *Condições da ação*. A demanda se tornará uma causa, se estiverem presentes três condições, chamadas (equivocadamente) de *condições da ação*: a) legitimidade, que é a adequação entre os sujeitos e a causa; b) *possibilidade jurídica do pedido*, sendo impossível o que não for permitido pela norma jurídica; e c) *interesse de agir*, que é a necessidade e a utilidade da prestação jurisdicional, sem a qual a demanda não poderia ser satisfeita.

O CPC de 2015, no entanto, suprimiu a impossibilidade jurídica do pedido como uma condição da ação (art. 17),[397] porque seu exame se confunde com o mérito da causa.[398]

Por isso é que o direito de ação é também *incondicionado*, já que as condições, a rigor, não são da ação, mas da *causa*. Fica a advertência, porém, de que esta não é uma posição incontroversa na doutrina, havendo quem defenda que elementos e condições pertencem à ação, e não à demanda e à causa, respectivamente.

Com o avento dos arts. 625-A a 625-H, da CLT, incluídos pela Lei n. 9.958/00, houve quem sustentasse que a submissão da demanda a uma Comissão de Conciliação Prévia era uma condição da ação. Contudo, o debate perdeu força, tendo em vista a decisão do STF, na ADI 2.160-5/DF, segundo a qual a referida submissão não é obrigatória.

2. *O CPC de 2015 extingue a categoria das condições da ação?* O CPC de 1973 tinha adotado expressamente a teoria das condições da ação, ao estabelecer no: a) art. 3º, que para propor ou contestar ação é necessário ter interesse e legitimidade;" b) no art. 267, VI, que "extingue-se o processo, sem resolução de mérito:" quando não concorresse "qualquer das condições da ação, como a possibilidade jurídica, a legitimidade das partes e o interesse processual;" c) e no art. 301, X, que competia ao réu, antes de discutir o mérito, alegar "carência de ação."

O CPC de 2015, por sua vez, suprimiu as locuções *condições da ação* e *carência de ação*, ao dizer tão somente: a) no art. 17, que "para postular em juízo é necessário ter interesse e legitimidade"; b) no art. 337, XI, que "incumbe ao réu, antes de discutir o mérito, alegar: [...] ausência de legitimidade ou de interesse processual;" c) e no art. 485, VI, que "O juiz não resolverá o mérito quando: verificar ausência de legitimidade ou de interesse processual."

Em vista disso, vozes de peso na doutrina[399] têm concluído que o CPC de 2015 excluiu a categoria jurídica das condições da ação.

Data maxima venia, no nosso sentir, ainda que fosse do interesse do legislador excluir tal categoria jurídica do direito processual, não seria possível fazê-lo, a não ser que adotasse modelo diferente do da ação, para levar a efeito o processo. É que, como se viu, a ação é o *direito de estabelecer uma relação jurídica processual e de participar dela*, direito este cuja demanda só pode ser transformada em causa mediante certas condições, sem as quais a parte carece do direito de ação.

Assim é que, a nosso ver, o CPC de 2015 apenas reuniu todas as questões processuais (pressupostos processuais e condições da ação), com a finalidade de simplificar o procedimento, mas sem extinguir categorias jurídicas. Por isso, não há problemas em fazer referência aos pressupostos processuais e às condições da ação como *questões preliminares*, para distingui-las das *questões de mérito*, todavia, os institutos continuam a fazer parte de categorias distintas, inconfundíveis. Veja-se que, por exemplo, tanto a revelia, quando a responsabilidade são matérias de mérito, mas não se confundem.

Além disso, vale destacar que ações especiais possuem condições da ação específicas, como é o caso do direito líquido e certo, no mandado de segurança (art. 5º, LXIX, da CF, e Lei n. 12.016/09), o que prova que o instituto não foi extinto.

O exame dos pressupostos processuais será feito a seguir, quando então o leitor certamente ampliará sua compreensão do que agora defendemos.

(397) No nosso sentir, contudo, essa condição da ação ainda subsiste no mandado de segurança (Lei n. 12.016/09), como será visto no Capítulo 18.

(398) Impossível é o pedido vedado pela lei. Com efeito, a possibilidade jurídica do pedido nunca foi, tecnicamente, uma condição da ação, situação que consta agora expressa do CPC de 2015 (art. 17), inclusive. Isso porque a eventual impossibilidade jurídica do pedido só pode ser identificada após o exame de fatos e provas, o qual ocorre no mérito da causa.

(399) Como é o caso de Fredie Diddier Júnior, por exemplo, em suas aulas e palestras.

3. *Teorias da exposição e da asserção*. O exame das condições da ação pelo Juiz pode ser feito de duas formas. Pela *teoria da exposição*, cabe à parte provar a existência de cada uma das condições da ação. Já pela *teoria da asserção*, essa análise deve ser feita a partir das assertivas do demandante, de forma abstrata.

Na teoria da asserção, se o demandante afirma, de modo inteligível e lógico, a legitimidade das partes e o interesse de agir, eventuais equívocos serão objeto do mérito da causa.

Essa segunda teoria tem sido mais amplamente aplicada no Processo do Trabalho, considerando o princípio da proteção.

4. *Carência de ação*. Caso uma das condições da ação não esteja presente, o Juiz não admitirá o estabelecimento da relação jurídica processual (*causa*) e o processo será extinto, sem julgamento do mérito (art. 485, VI, do CPC), situação jurídica chamada de *carência de ação*.

5. *Desistência da ação*. Enquanto o réu não houver apresentado defesa, pode o autor desistir do direito de ação independentemente da concordância daquele (art. 485, § 4º, do CPC de 2015), situação em que o processo será extinto, sem resolução de mérito (art. 485, VII, do CPC de 2015). É que a defesa torna litigioso (controvertido) o objeto e, por isso, a causa deve permanecer estável a partir desse evento. Após a defesa, contudo, a desistência só terá lugar com a concordância do réu, ainda assim, apenas até a sentença (art. 485, § 5, do CPC de 2015).

Sem embargo, o CPC de 2015 criou a possibilidade de desistência da ação, mesmo sem a concordância do réu, mas antes da sentença, no caso em que sua causa for idêntica à decidida em sede de Recurso Especial ou Recurso Extraordinário (art. 1.040, §§ 1º e 3º).

No nosso sentir, apenas a hipótese referente ao Recurso Extraordinário (para o STF) é aplicável ao Processo do Trabalho, tendo em visa que a CLT possui regramento próprio sobre a matéria de recursos, na qual não há a possibilidade de haver interposição de Recurso Especial (para o STJ), mas apenas de Revista (para o TST).

Para memorizar:

- **Ação:** é o direito de iniciar o processo, levando a demanda ao conhecimento do juízo. É público, subjetivo, autônomo, independente e incondicionado;
- **Pretensão:** é o interesse em subordinar o interesse do réu ao do autor;
- **Demanda**: é a pretensão deduzida em juízo, por intermédio de petição ou de atermação. Possui três elementos:
  - Partes;
  - Causa de pedir; e
  - Pedido
- **Causa:** é relação jurídica processual. Possui três condições para ser formada, sob pena de extinção do processo, sem julgamento de mérito:
  - Legitimidade;
  - Interesse;
  - Possibilidade jurídica do pedido.

De se ressaltar que a Lei n. 13.467/17 (reforma trabalhista) altera o art. 841 da CLT, acrescentando-lhe um terceiro parágrafo, para instituir que a desistência da ação só poderá ocorrer, sem o consentimento do réu, até o momento em que a contestação for oferecida. A novidade está na hipótese em que a contestação é feita de forma eletrônica, pelo PJe. Antes, a parte autora poderia desistir da ação até o momento em que, na audiência, o juiz declarasse o respectivo recebimento. Com a modificação, o marco para a desistência será o simples envio da contestação pelo sistema do PJe, de maneira que, ocorrendo esse envio, a parte autora só poderá desistir da ação com a concordância do réu. A alteração é polêmica, já que o recebimento da defesa é ato formal e precisa ocorrer em audiência (art. 847 da CLT).

9.2. PROCESSO E PROCEDIMENTO

Uma vez preenchidas as condições da ação, a causa possui aptidão para se tornar uma relação jurídica processual. Esta se desenvolverá por um método chamado de *processo*, pelo qual a atividade jurisdicional do Estado é realizada. Nessa perspectiva, o processo é um instrumento da jurisdição.

O termo *processo*, no entanto, é plurívoco, isto é, admite vários significados. Além de designar o método pelo qual se desenvolve a jurisdição, pode significar também, por exemplo: a) o ramo do Direito relativo ao estudo das normas e instituições que regem as atividades jurisdicionais; b) a norma jurídica que rege as relações jurídicas processuais; c) os autos, nos quais são reunidos os atos processuais; e d) como conjugação do verbo (processar), o exercício do direito de ação.

Processo e *procedimento* não se confundem. O primeiro, como já visto, é um método que rege a atividade jurisdicional do Estado. Essa atividade é desenvolvida, por meio de uma marcha para frente, por uma sucessão de atos processuais, os quais, por sua vez, são executados em determinada ordem (fases do processo) e em determinado ritmo (prazos processuais). O procedimento é, pois, essa marcha, que estabelece o rito do processo.

A importância dessa diferenciação não é meramente didática. É que a competência para legislar sobre processo, por exemplo, é da União (art. 22, I, da CF), enquanto a relativa aos procedimentos é concorrente (art. 24, XI, da CF). Já a organização judiciária é feita pela iniciativa legislativa dos próprios tribunais (art. 125, § 1º, da CF).

9.3 RELAÇÃO JURÍDICA PROCESSUAL

A relação jurídica processual é autônoma[400] e é regida por normas de Direito Público. Ela é formada pela parte autora, pelo Juiz (Estado) e pela parte ré.

As partes têm *bônus* (faculdades processuais, as quais não precluem) e *ônus* (sujeitos à preclusão).[401] Já o Juiz tem *poderes*, *deveres* e *responsabilidades* (arts. 139 a 143 do CPC de 2015 c/c art. 3º, III, da IN 39 do C. TST[402]), como, por exemplo, o *poder* de determinar diligências e o *dever* de julgar, sob penda de responder civilmente por perdas e danos (art. 143 do CPC de 2015[403]). Por isso é que os atos dos juízes não precluem. Nessa ótica, a estrutura da relação jurídica processual pode ser representada da seguinte forma:

---

(400) Teorias sobre a natureza jurídica da relação processual, em ordem cronológica, conforme Dinamarco (2009): a) *processo como procedimento*: teoria da fase imanentista, quando o processo não era autônomo. O processo era confundido com o procedimento; b) *processo como contrato*: teve muita força dos séculos 18 e 19. Pensavam que o processo era um negócio jurídico privado, ou seja, um contrato (ótica privatista). c) *processo como quase contrato*: também de ótica privatista. Se o processo não era contrato nem delito, seria um quase contrato; d) *processo como relação jurídica*: teoria de Oskar Von Bullow. A relação jurídica material é o direito em discussão no processo. A relação jurídica processual é a estrutura por meio da qual essa discussão ocorrerá. Isso torna o processo público e autônomo; e) *processo como situação jurídica*: teoria de James Goldschmit. O processo é uma sucessão de diferentes situações jurídicas, capazes de gerar para os sujeitos deveres, poderes, ônus, faculdades e sujeições; f) *processo como procedimento em contraditório*: de Elio Fazzalari. O procedimento contém atos interligados de maneira lógica e regidos por determinadas normas, sendo que o posterior, também regido por normas, dependerá do anterior, tudo isso com a presença do contraditório; e g) *teoria mista*: é uma relação jurídica em contraditório.

(401) Há diferença entre faculdade, ônus e dever: a) *faculdade* é a qualidade do ato que, se não cumprido, não gera consequências punitivas, como o exercício do "*jus postulandi*", por exemplo; b) *ônus* é qualidade do ato que, se não cumprido, gera preclusão, como a apresentação de defesa ou a interposição de recurso; e c) *dever* é uma obrigação compulsória imposta pela lei, como é o caso do juiz, que tem o dever de julgar. Em sentido estrito, as partes não têm deveres de praticar atos processuais; mas em sentido amplo, elas têm alguns deveres (genéricos), como o de agir com lealdade e boa-fé.

(402) Art. 3º. "Sem prejuízo de outros, aplicam-se ao Processo do Trabalho, em face de omissão e compatibilidade, os preceitos do Código de Processo Civil que regulam os seguintes temas: [...] III — art. 139, exceto a parte final do inciso V [...];"

(403) Sobre a responsabilidade civil do magistrado, vale dizer que o art. 143 consolidou o entendimento prevalecente de que quem responde por perdas e danos é o Estado, de forma objetiva (independentemente de culpa), o qual tem a prerrogativa de acionar o magistrado de forma regressiva, desde que prove o dolo ou a fraude, ou no caso de recusa, omissão ou retardamento, sem justo motivo, de providência que deva ordenar de ofício ou a requerimento da parte.

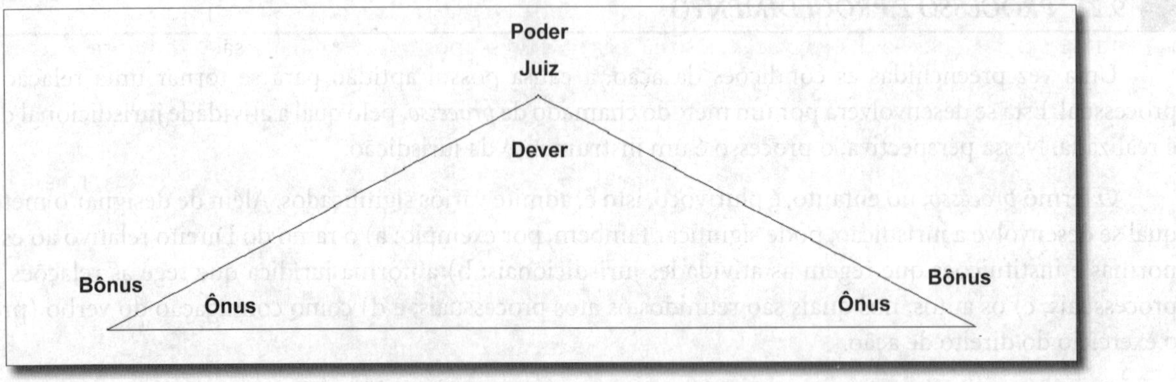

Além de *autônoma*, essa relação é *complexa* (pois envolve inúmeras situações jurídicas), *dinâmica* (porque é contínua) e *pública* (em razão da participação do juiz).

9.4. PRESSUPOSTOS PROCESSUAIS

Os pressupostos processuais são elementos indispensáveis à *existência*, à *validade* e ao *desenvolvimento regular* do processo. Sua classificação é muito polêmica na doutrina. Aqui, procurou-se apresentar uma classificação que atendesse, prioritariamente, à didática.

1. *Pressupostos de existência*. No plano da existência, o processo só existirá se houver uma demanda ajuizada por alguém com *capacidade processual* e *capacidade postulatória*, perante um Juiz investido na jurisdição. Se houver réu,(404) o processo só existirá se houver a determinação de sua citação. Os princípios que regem esses pressupostos são, principalmente, os da investidura, do Juiz natural, do contraditório, da ampla defesa e do devido processo legal.

Os pressupostos de existência podem ser representados pela seguinte figura:

Na figura anterior, os pressupostos que estão dentro do triângulo são *objetivos*, pois dizem respeito ao processo propriamente dito. Já os que estão fora são *subjetivos*, porque são relativos aos sujeitos. Também é possível visualizar os princípios citados e, abaixo do Juiz e dentro do triângulo, algumas situações que fazem parte do dever funcional do Juiz, ao receber uma demanda: a análise do direito de ação, a investidura na jurisdição, a realização de prévia distribuição e a determinação do procedimento correto.

(404) Já que é possível existir processo sem réu, como na ação para levantamento de FGTS.

2. *Pressupostos de validade*. Preenchidos os pressupostos de existência, o processo já existe, mas a sua validade depende da inexistência de determinadas situações. Os pressupostos de validade são, em regra, negativos, pois exigem que o processo não incorra em um fato típico processual, capaz de gerar sua nulidade, tal qual acontece no Direito Penal em relação aos crimes.

Quanto ao juiz, ele não pode ser *absolutamente incompetente*, nem estar *impedido* de julgar o processo. Esses são os únicos pressupostos subjetivos de validade.

São pressupostos objetivos: a inexistência de *inépcia na petição inicial*, a *citação válida* e a ausência de *coisa julgada, litispendência, falta de caução legal, perempção, continência* e *conexão*.

Os princípios relativos aos pressupostos de validade são, principalmente, a *ausência de dolo* e *simulação das partes*, a *efetividade*, a *publicidade*, a *isonomia*, a *preclusão* e a *instrumentalidade do processo*.

Os pressupostos de validade podem ser representados pela seguinte figura:

3. *Pressupostos de desenvolvimento regular*. Essa espécie de pressupostos não implica necessariamente na decretação da nulidade do processo, com a sua extinção. A sua ausência depende da alegação das partes e, ainda assim, pode o Juiz sanear o processo, determinando a repetição do ato ou a sua convalidação.

Os pressupostos de desenvolvimento regular subjetivos só existem quanto ao juiz. Eles são os de *inexistência de suspeição* e de *competência relativa*.

Quanto aos objetivos, são: *forma prescrita ou não defesa em lei* e *inexistência de convenção de arbitragem*, além de outras irregularidades e invalidades afetas a determinado procedimento.

Os princípios relativos a essa espécie de pressupostos são, principalmente, a *boa-fé e a lealdade processual*, a *duração razoável do processo*, a *adequação* e a *celeridade*.

Os pressupostos de desenvolvimento regular do processo podem ser representados pela seguinte figura:

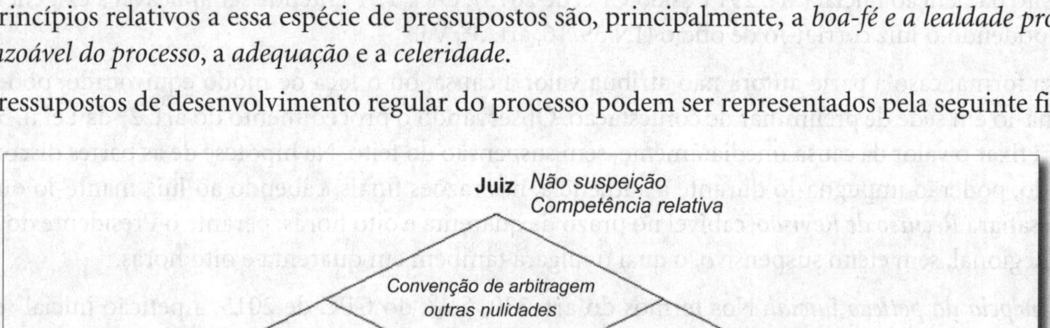

4. *Pressupostos processuais em espécie.* Eles estão descritos no art. 337 do CPC de 2015. Apesar de já serem de domínio do leitor afeto ao Processo Civil, vale tecer breves considerações sobre eles.

4.1. *Incompetência absoluta e relativa.* A incompetência absoluta, a que se refere o art. 337 do CPC de 2015, é a material e a funcional.

Quanto à competência relativa, no nosso sentir, no processo trabalhista é inócua a regra do art. 64 c/c art. 337, II, do CPC de 2015 (que inovou ao permitir a apresentação de exceção de incompetência relativa como preliminar da contestação), tendo em vista que, no Processo do Trabalho isso sempre ocorreu, por força do princípio da simplicidade, de maneira que ela veio apenas positivar uma conduta já observada na Justiça do Trabalho.

Além disso, a nosso ver, o art. 340, do CPC de 2015, que autoriza a apresentação de contestação no foro de domicílio do réu, para remessa ao juízo competente, não tem aplicação no Processo do Trabalho, tendo em vista que a CLT possui regramento próprio (art. 799 e ss, da CLT), devendo a defesa deve ser apresentada em audiência, após a frustração da tentativa de conciliação (art. 847 da CLT).

Todavia, cabe sublinhar que, com a Lei n. 13.467/17 (reforma trabalhista), a exceção de incompetência territorial passará a poder ser apresentada antes da audiência, em petição a ser protocolada no prazo de até cinco dias a contar da notificação, observando-se o seguinte procedimento (art. 800 da CLT): a) protocolada a petição, o processo será suspenso e a audiência inicialmente designada será cancelada; b) o juiz ouvirá o reclamante, para se manifestar em cinco dias; c) havendo necessidade de produção de prova oral, o juízo designará audiência de instrução, situação em que o excipiente (reclamado) poderá ouvir suas testemunhas por meio de carta precatória; d) decidida a exceção, o processo retomará seu curso no juízo competente, com a designação de audiência para apresentação de defesa e instrução do processo.

Ainda que o Juiz seja incompetente, os atos por ele praticados serão válidos até que haja decisão que decrete o alcance da nulidade (art. 64, § 4º, do CPC de 2015).[405]

4.2. *Inexistência ou nulidade da citação.* Esta corresponde, no Processo do Trabalho, à notificação, que é feita pela via postal, em regra. "Presume-se recebida a notificação 48 (quarenta e oito) horas depois de sua *postagem.* O seu não-recebimento ou a entrega após o decurso desse prazo constitui ônus de prova do destinatário" (Súmula n. 16, do C. TST).

4.3. *Incorreção do valor da causa.* O CPC de 2015 extinguiu a impugnação ao valor da causa como meio autônomo de impugnação, de maneira que agora ela deve ser feita em preliminar de contestação, a exemplo do que já acontecia no Processo do Trabalho (art. 337, III, do CPC de 2015).

Em verdade, a CLT não exige a atribuição do valor da causa, até porque a Lei n. 5.584/70 autoriza que o próprio Juiz o fixe. Ocorre que, desde o advento do procedimento sumaríssimo (Lei n. 9.957/00), o valor da causa passou a determinar o rito processual. Por isso é que, desde então, o valor da causa passou a ser considerado como um requisito da petição inicial (art. 291 e ss do CPC de 2015). O C. TST entende ser aplicável a exigência do valor da causa, podendo o Juiz corrigi-lo de ofício (IN 39/16, art. 3º, V).

Dessa forma, caso a parte autora não atribua valor à causa, ou o faça de modo equivocado, poderá a parte ré impugná-lo em sede de preliminar de contestação. Observando o procedimento do art. 2º da Lei n. 5.584/70, o Juiz deverá fixar o valor da causa imediatamente, sem suspensão do feito. Na hipótese de as partes discordarem do valor fixado, poderão impugná-lo durante a audiência, nas razões finais, cabendo ao Juiz mantê-lo ou não. Esta decisão desafiará *Recurso de Revisão*, cabível no prazo de quarenta e oito horas, perante o Presidente do respectivo Tribunal Regional, sem efeito suspensivo, o qual o julgará também em quarenta e oito horas.

4.4. *Inépcia da petição inicial.* Nos termos do art. 330, § 1º, do CPC de 2015, a petição inicial será inepta, quando: a) lhe faltar pedido ou causa de pedir; b) o pedido for indeterminado, ressalvadas as hipóteses legais em

(405) Enunciado n. 50 do I FNPT. "[...] A decisão sobre competência absoluta ou relativa conserva seu efeito até que outra seja proferida pelo juízo competente. Houve mudança de diretriz do legislador no direito processual comum, que aproveita ao direito processual do trabalho, na medida em que é constatado o ancilosamento da norma trabalhista. A norma traz maior efetividade, não sendo prejudicial às partes. Inteligência do art. 795, § 2º, CLT c/c art. 64, § 4º, NCPC."

que se permite o pedido genérico; c) da narração dos fatos não decorrer logicamente a conclusão; e d) contiver pedidos incompatíveis entre si.

Calha lembrar, contudo, que a análise da petição inicial deverá ser feita à luz do princípio da simplicidade, observando-se os requisitos do art. 840 da CLT.

4.5. *Perempção*. No Processo do Trabalho, a perempção é a suspensão do direito de demandar, decorrente de dois motivos: a) o arquivamento da reclamação por duas vezes seguidas (art. 732 da CLT); e b) a não apresentação à Vara do Trabalho, no prazo de cinco dias, para reduzir a termo a reclamação verbal já distribuída.

O *arquivamento* é uma causa de extinção do processo, sem julgamento do mérito, tipicamente trabalhista. Ele ocorre quando o reclamante (empregado) não comparece à primeira audiência designada, na qual seria realizada a proposta de conciliação (art. 844 da CLT). Para evitá-lo, o empregado poderá fazer-se representar por outro empregado que pertença à mesma profissão, ou pelo sindicato (art. 843, § 2º, da CLT).

Em relação ao arquivamento, é importante dizer que a Lei n. 13.467/17 (reforma trabalhista) institui a condenação do reclamante ao pagamento de custas, ainda quando for beneficiário da justiça gratuita, ressalvada a hipótese de comprovação de que sua ausência decorreu de algum motivo legalmente justificável, o que deverá ser feito no prazo de quinze dias (art. 844, § 2º, da CLT). Além disso, o pagamento das citadas custas será condição para a propositura de nova demanda (art. 844, § 3º, da CLT).

As demais causas de extinção do processo, sem julgamento do mérito, contidas no art. 485 do CPC, não constituem hipóteses de arquivamento. Por isso é que, por exemplo, se o reclamante comparece à audiência e desiste da ação por duas vezes seguidas (art. 485, VIII, do CPC de 2015), não haverá perempção.

4.6. *Litispendência*. A litispendência é um fenômeno jurídico, consistente na existência de uma ação anterior, ainda em trâmite, idêntica a que acaba de ser proposta. Essa identidade será aferida pelos elementos da ação, que são partes, pedido e causa de pedir. Sobre a polêmica que envolve a eventual existência de litispendência em relação às ações coletivas, remetemos o leitor ao Capítulo 9 desta obra.

4.7. *Coisa julgada*. Caso a identidade de demandas ocorra entre um processo em trâmite e um já extinto, haverá coisa julgada. Entretanto, somente a coisa julgada material, formada nos processos extintos com resolução de mérito (art. 487 do CPC de 2015), impedirá o prosseguimento da nova ação. Se a coisa julgada foi formal, decorrente da extinção do processo, sem julgamento de mérito (art. 485 do CPC de 2015), haverá possibilidade de ajuizamento de demanda idêntica.

Nos termos da Súmula 397, do TST, a sentença normativa proferida nos dissídios coletivos não faz coisa julgada material, mas somente formal.

A preliminar de coisa julgada pode ser conhecida de ofício e alegada pela parte a qualquer momento, inclusive na segunda instância[(406)] e na execução,[(407)] não se sujeitando à preclusão.

(406) "[...] A arguição de coisa julgada somente em sede de recurso ordinário, acompanhada de documentos para sua comprovação, não obsta o conhecimento da referida preliminar de ofício (art. 267, § 3º, V, do CPC), ensejando apenas a responsabilidade da parte pelas custas de retardamento, conforme a parte final do § 3º do art. 267 do CPC. No caso, prevaleceu a tese de que a arguição de matéria de ordem pública não sofre, em grau ordinário, o efeito da preclusão, e que a Súmula n. 8 do TST não trata da juntada de documentos relativos a questões dessa natureza, não incidindo na hipótese, portanto. [...]" (TST-E-RR-114400-29.2008.5.03.0037, SBDI-I, rel. Min. Márcio Eurico Vitral Amaro, 19.3.2015)

(407) "É possível acolher alegação de coisa julgada formulada em sede de exceção de pré-executividade caso se verifique, na fase de execução, que o comando da sentença exequenda transitada em julgado conflita com o comando de outra sentença, anteriormente transitada em julgado, proferida em idêntica demanda. Efetivamente, existe grande polêmica na doutrina a respeito do conflito entre sentenças transitadas em julgado, especificamente no que se refere à definição de qual decisão deve prevalecer, a primeira ou a segunda. Diante da ausência de disposição específica no CPC, cabe ao intérprete colmatar essa lacuna legislativa, sempre tomando como norte a CF. Nessa tarefa integrativa, a primeira questão que se coloca é saber se a ausência de uma condição da ação causaria a invalidade ou a inexistência da sentença proferida. Consoante parte da doutrina, não há atividade jurisdicional autêntica nesse caso, mas apenas aparência de jurisdição — ou a forma externa de jurisdição -, de modo que a carência de ação conduziria à própria inexistência da sentença. Firmada essa premissa, tem-se por inexistente a segunda sentença proferida em demanda idêntica a outra já transitada em julgado, tendo em vista que o autor na segunda demanda careceria de interesse jurídico em provocar a jurisdição. A propósito, reforça essa conclusão o fato de a coisa julgada ser um pressuposto processual negativo (ou extrínseco). Ressalte-se, ademais, que persiste o entendimento de que deve prevalecer a primeira sentença também quando se tem em foco o plano da validade, ou seja, ainda que se admita o ingresso da segunda sentença no mundo

4.8. *Conexão*. Como já foi dito alhures, ocorrerá *conexão*, quando, entre duas ou mais ações, houver coincidência de pedido ou de causa de pedir (art. 54, do CPC de 2015). Ela não se confunde com a *continência*, a qual estará presente quando as partes e a causa de pedir forem as mesmas e o pedido de uma for mais abrangente que o da outra (art. 56, do CPC de 2015).

Caso o Juiz identifique a existência da conexão, poderá ordenar a reunião dos processos a qualquer momento, desde que o faça antes da sentença,[408] para que sejam decididos conjuntamente (art. 55, § 1º, do CPC de 2015), de maneira que, ao menos formalmente, um processo será extinto, tão logo seja juntado ao outro.

A existência de prejudicialidade é uma hipótese de exceção à regra da Súmula 235 do STJ, que proíbe a reunião de processos após a sentença. É o caso, por exemplo, de uma ação declaratória ajuizada com a finalidade de declarar a inexistência de relação jurídica que fundamenta a execução que corre em outro processo, de forma que o Juiz poderá reunir a ação declaratória ao processo de execução, para julgar os respectivos embargos em conjunto.[409]

4.9. *Incapacidade de parte, defeito de representação ou falta de autorização*. A ausência desses pressupostos não conduz à imediata extinção do processo, uma vez que esses vícios podem ser sanados. Na eventualidade de haver quaisquer desses vícios, o Juiz deverá conceder à parte prazo para sua correção, ao final do qual, silente a parte, o processo será extinto, sem julgamento do mérito.

4.10. *Convenção de arbitragem*. A arbitragem não é válida nos dissídios individuais. Nos dissídios coletivos, entretanto, a sua previsão poderá constar do instrumento coletivo, como cláusula compromissória, quando então caberá à parte suscitante (autora) provar que houve submissão da demanda ao juízo arbitral.

4.11. *Legitimidade e interesse*. O art. 337 do CPC de 2015 fez constar a legitimidade e o interesse processual no inciso XI, fato que levou parte da doutrina a interpretar que esses dois institutos tiveram sua natureza jurídica modificada de *condição da ação* para *pressuposto processual*, teoria com a qual não pactuamos, como já fundamentado alhures, quando foram examinadas as condições da ação. No nosso sentir, o art. 337 apenas inovou em dispor, de forma mais abrangente, em um só dispositivo, todas as questões processuais preliminares.

4.12. *Falta de caução ou de outra prestação, que a lei exige como preliminar*. No Processo do Trabalho, é o caso dos embargos à execução, que exigem a garantia do juízo.

4.13. *Indevida concessão do benefício de gratuidade de justiça*. No Processo do Trabalho, a gratuidade judiciária sempre pôde ser impugnada no corpo da contestação, como preliminar, de maneira que nenhuma inovação trouxe para o processo trabalhista o art. 337, XIII, do CPC de 2015. Reconhecemos, contudo, que, no Processo Civil, essa inovação produz efeitos, já que o combate à concessão da justiça gratuita deixa de ser uma impugnação autônoma para se tornar apenas uma questão preliminar, a ser arguída em preliminar de contestação.

5. *Falta de pressupostos processuais*. A falta de pressupostos processuais, em regra, gera a *nulidade do processo*, o qual deverá ser suspenso (art. 313 do CPC de 2015) ou extinto, sem resolução de mérito (art. 485 do CPC de 2015). Em se tratando de nulidades, contudo, cabe ao Juiz aplicar as regras e princípios que regem o tema, conforme foi analisado no capítulo anterior.

Em relação aos *pressupostos de existência*, o Juiz deve decretar a nulidade do processo de ofício, com efeitos "*ex tunc*", ou seja, retroagindo à data do ajuizamento da ação. Já em relação aos *pressupostos de validade*, apesar de

---

jurídico como ato judicial existente. Isso porque a segunda sentença traz em si as máculas da inconstitucionalidade e da ausência de boa-fé. Superada a polêmica acerca de qual das sentenças deve prevalecer, há controvérsia também em torno do instrumento processual adequado para se alegar o vício coisa julgada. Em que pese a existência de dissenso a respeito do tema, firmada a premissa de que a segunda sentença é inexistente, cabe concluir que não há necessidade de ação rescisória, podendo-se obter a declaração de inexistência perante o próprio juízo de origem, por meio de ação ou objeção, esteja ou não transcorrido o prazo decadencial do art. 495 do CPC." (STJ. REsp 1.354.225-RS, Rel. Min. Paulo de Tarso Sanseverino, julgado em 24/2/2015, DJe 5.3.2015).

(408) Súmula do STJ n. 235. "A conexão não determina a reunião dos processos, se um deles já foi julgado."

(409) "[...] Se prolatada sentença no curso da execução, assim como ocorre nos embargos, terá ela o condão de extinguir o feito executivo. Dessa forma, é possível determinar a reunião de processo de conhecimento e de execução para julgamento conjunto, quando ocorrer a relação de prejudicialidade entre eles, sendo inaplicável a Súmula 235 do STJ." (STJ. REsp 1.221.941-RJ, Rel. Min. Luis Felipe Salomão, julgado em 24/2/2015, DJe 14.4.2015).

o Juiz também decretar a nulidade do processo de ofício, os efeitos "*ex nunc*", ou seja, o processo terá existido, mas a partir da decretação da nulidade cessarão os seus efeitos.

Quanto aos pressupostos de *desenvolvimento regular*, sua observância, em regra, depende da manifestação das partes, podendo o Juiz admitir o seu saneamento. Uma exceção é a *suspeição*, a qual, uma vez identificada pelo Juiz, deve ser declarada de ofício. Os efeitos da decretação também são, em regra, "*ex nunc*".

6. *Suspensão e extinção do processo*. Aplicam-se ao Processo do Trabalho as causas de suspensão (arts. 313 a 315, do CPC de 2015) e extinção do processo, sem resolução de mérito (arts. 485 a 486, do CPC de 2015). As duas medidas (suspensão e extinção) decorrem do exame dos pressupostos processuais, como foi dito, sendo a primeira referente às nulidades sanáveis e a segunda, às insanáveis.

6.1. *Causas de suspensão*. As regras gerais de suspensão do processo, sem prejuízo de outras especialmente estabelecidas,[410] estão previstas no art. 313, do CPC de 2015, as quais serão examinadas a seguir.

6.1.1. *Morte ou perda da capacidade processual de qualquer das partes, de seu representante legal ou de seu procurador*. O CPC de 2015 não faz mais distinção entre o fato de a morte da parte ocorrer durante ou fora da audiência de instrução, prevendo apenas que, em qualquer hipótese, o processo será suspenso. A mudança é bem-vinda: a prática revelou que a morte da parte, durante a audiência, inviabilizava o prosseguimento do feito, uma vez que todos os sujeitos do processo (incluindo os procuradores e o Juiz) ficavam psicologicamente abalados, no mínimo por uma questão de compaixão.

Tendo em vista a existência do "*jus postulandi*", a morte do procurador não suspende o processo, sendo facultada à parte a nomeação de novo procurador a qualquer momento. Por isso não se aplica a regra do art. 313, I e § 3º.[411] Todavia, pelos motivos supra descritos, havendo a morte do advogado durante a audiência, é razoável admitir a suspensão do processo, por força maior (art. 313, VI).

No caso de o direito ser intransmissível,[412] contudo, a morte da parte implicará na extinção do processo, sem resolução de mérito.

6.1.2. *Convenção das partes*. No nosso sentir, essa é uma hipótese de negócio jurídico processual, o que reforça nossa conclusão de que esse novel instituto é aplicável ao Processo do Trabalho. Nos termos do art. 313, § 4º, a duração máxima da suspensão, nesse caso, é de seis meses.

6.1.3. *Arguição de impedimento ou de suspeição*. As hipóteses de impedimento e suspeição estão descritas, respectivamente, nos arts. 144 e 145, do CPC de 2015, as quais são aplicáveis ao Processo do Trabalho de forma supletiva, a fim de completar o art. 801 da CLT, que contém lacuna axiológica, sem qualquer ferimento aos princípios processuais trabalhistas.[413]

Também é compatível com o Processo do Trabalho a suspensão do feito, na forma do art. 799, da CLT.

6.1.4. *Admissão de incidente de resolução de demandas repetitivas*. O referido instituto é uma das novidades do CPC de 2015. Instaurado o incidente, o processo é suspenso, tendo em vista que esse incidente também existe na dinâmica recursal trabalhista, a partir da Lei 13.015/14. Cite-se, por exemplo, o art. 896-C, da CLT, que também autoriza a suspensão do processo nos casos de Recurso de Revista repetitivo.

6.1.5. *Julgamento de outra causa*. Se em outro processo estiver sendo apurado direito (incluindo a declaração de existência ou inexistência de relação jurídica), fato ou prova, cuja decisão possa influenciar no processo, este

(410) Como as do art. 134, § 3º (incidente de desconsideração da personalidade jurídica), por exemplo.

(411) § 3º. "No caso de morte do procurador de qualquer das partes, ainda que iniciada a audiência de instrução e julgamento, o juiz determinará que a parte constitua novo mandatário, no prazo de 15 (quinze) dias, ao final do qual extinguirá o processo sem resolução de mérito, se o autor não nomear novo mandatário, ou ordenará o prosseguimento do processo à revelia do réu, se falecido o procurador deste."

(412) Seria o caso, por exemplo, de uma ação com pedido de autorização para trabalhado infantil artístico.

(413) Os institutos do impedimento e da suspeição foram mais bem examinados no Capítulo 11, ao qual remetemos o leitor.

poderá ser suspenso no prazo de até um ano (art. 313, § 4º, do CPC de 2015) ao final do qual a parte tem direito líquido e certo à retomada do processo (art. 313, § 5º, do CPC de 2015).[414]

O inciso VII, do art. 313, também determina a suspensão do processo "quando se discutir em juízo questão decorrente de acidentes e fatos da navegação de competência do Tribunal Marítimo."

Esgotado o prazo de um ano, o Juiz deverá apreciar a questão prejudicial,[415] caso em que a decisão de mérito terá força de lei sobre ela, se (art. 503, § 1º, do CPC de 2015): a) dessa resolução depender o julgamento do mérito; b) a seu respeito tiver havido contraditório prévio e efetivo, não se aplicando no caso de revelia; c) o juízo tiver competência em razão da matéria e da pessoa para resolvê-la como questão principal.[416]

6.1.6. *Força maior*. Por aplicação analógica, força maior é o acontecimento inevitável, em relação à vontade da parte, e para a realização do qual esta não concorreu, direta ou indiretamente (art. 501, da CLT).

6.1.7. *Maternidade e paternidade dos advogados*. A Lei n. 13.363/16 inseriu mais uma hipótese de suspensão processual, que é o parto ou a concessão de adoção, quando a advogada ou o advogado responsável pelo processo constituir o único patrono da causa (art. 313, IX e X, do CPC de 2015). Trata-se de medida bem-vinda, que resguarda o direito tanto do causídico, quanto da criança.

No caso da advogada, o período de suspensão será de trinta dias, "contado a partir da data do parto ou da concessão da adoção, mediante apresentação de certidão de nascimento ou documento similar que comprove a realização do parto, ou de termo judicial que tenha concedido a adoção, desde que haja notificação ao cliente" (art. 313, § 6º, do CPC de 2015).

Em se tratando de advogado, o período de suspensão será de oito dias, "contado a partir da data do parto ou da concessão da adoção, mediante apresentação de certidão de nascimento ou documento similar que comprove a realização do parto, ou de termo judicial que tenha concedido a adoção, desde que haja notificação ao cliente" (art. 313, § 7º, do CPC de 2015).

6.2. *Causas de extinção do processo, sem resolução de mérito*. Sem prejuízo de outros casos especiais previstos no CPC, as regras gerais sobre essa modalidade de extinção estão descritas no art. 485.

6.2.1. *Indeferimento da petição inicial*. A petição inicial que não reúne os requisitos legais (arts. 840 e 852-B, I, da CLT, c/c arts. 319, 320, 321 e 330, do CPC de 2015) deve ser indeferida, não sem antes ser concedida à parte a oportunidade de sanar o vício (art. 321 do CPC de 2015), no prazo de 15 dias.[417]

6.2.2. *Inércia das partes*. Quando o processo ficar parado durante mais de um ano, por negligência das partes, a parte será intimada para suprir a falta, no prazo de cinco dias. Decorridos "in albis", o Juiz extinguirá o processo, condenando as partes proporcionalmente ao pagamento das custas (art. 485, §§ 1º e 2º).

6.2.3. *Abandono da causa*. Se a inércia for do autor, deixando de promover os atos e as diligências que lhe incumbir por mais de trinta dias, ficará configurado o abandono da causa, hipótese em que ele deverá ser intimado para suprir sua falta no prazo de 5 dias, pena de ser condenado ao pagamento de custas e, se for o caso, de honorários advocatícios (art. 485, §§ 1º e 2º, do CPC de 2015). Todavia, a extinção do processo fica condicionada

(414) "[...] A suspensão de reclamação trabalhista para além do prazo de um ano previsto no art. 265, § 5º, do Código de Processo Civil fere direito líquido e certo da parte de ver entregue a prestação jurisdicional. [...]" (TST- RO-185-54.2014.5.17.0000, SBDI-II, rel. Min. Delaíde Miranda Arantes, 1.9.2015).

(415) "[...] A suspensão do processo determinada com base no art. 110 do CPC não pode superar um ano, de modo que, ultrapassado esse prazo, pode o juiz apreciar a questão prejudicial. [...]" (STJ. REsp 1.198.068-MS, Rel. Min. Marco Buzzi, julgado em 2/12/2014, DJe 20/2/2015.)

(416) Enunciado n. 52 do I FNPT. "[...] Presentes os requisitos legais, a resolução de questão prejudicial pode ser realizada ainda sem pedido das partes. A alteração legislativa deve ser aplicada aos processos iniciados apenas após a vigência da Lei n. 13.105/2015. Aplicação harmônica dos art.. 503, § 1º, I a III, § 2º, e 1.054, ambos do NCPC."

(417) Súmula do TST n. 263. "Petição inicial. Indeferimento. Instrução obrigatória deficiente (atualizada em decorrência do CPC de 2015) — Res. 208/2016, DEJT divulgado em 22, 25 e 26.04.2016 Salvo nas hipóteses do art. 330 do CPC de 2015 (art. 295 do CPC de 1973), o indeferimento da petição inicial, por encontrar-se desacompanhada de documento indispensável à propositura da ação ou não preencher outro requisito legal, somente é cabível se, após intimada para suprir a irregularidade em 15 (quinze) dias, mediante indicação precisa do que deve ser corrigido ou completado, a parte não o fizer (art. 321 do CPC de 2015)."

ao requerimento do réu, sempre que este já tiver contestado a ação (art. 485, § 5º, do CPC de 2015), tendo o CPC de 2015 positivado o entendimento do C, STJ (Súmula n. 240).

6.2.4. *Ausência dos pressupostos processuais*. A falta de quaisquer dos pressupostos processuais citados (incisos IV, V e VII, do art. 485, do CPC de 2015) tem como efeito a extinção do processo, sem resolução do mérito.

6.2.5. *Ausência das condições da ação*. Uma vez decretada a carência de ação, por falta das condições da ação já examinadas, o processo também deverá ser extinto, sem resolução do mérito.

6.2.6. *Desistência*. Como já foi dito, enquanto o réu não houver apresentado defesa, pode o autor desistir do direito de ação independentemente da concordância daquele (art. 485, § 4º, do CPC de 2015), situação em que o processo será extinto, sem resolução de mérito (art. 485, VII, do CPC de 2015). Após a defesa, contudo, a desistência só terá lugar com a concordância do réu, ainda assim, apenas até a sentença (art. 485, § 5, do CPC de 2015).

Sem embargo, o CPC de 2015 criou a possibilidade de desistência da ação, mesmo sem a concordância do réu, mas antes da sentença, no caso em que sua causa for idêntica à decidida em sede de Recurso Especial ou Recurso Extraordinário (art. 1.040, §§ 1º e 3º).

No nosso sentir, apenas a hipótese referente ao Recurso Extraordinário (para o STF) é aplicável ao Processo do Trabalho, tendo em visa que a CLT possui regramento próprio sobre a matéria de recursos, na qual não há a possibilidade de haver interposição de Recurso Especial (para o STJ), mas apenas de Revista (para o TST).

6.2.7. *Morte*. Em regra, a morte das partes autoriza a sucessão processual, sendo causa apenas de suspensão do processo. Todavia, se a ação versar sobre direito intransmissível, a sucessão não será possível e o processo será extinto, sem resolução de mérito. É o caso, por exemplo, de uma ação que versa exclusivamente sobre a reintegração do empregado dispensado de forma irregular.

9.5. ESPÉCIES DE DISSÍDIOS

A ação é sempre a mesma, única e singular: o direito ao processo. Por isso é que ela é um direito contra o Estado. A demanda é que é movida contra o réu e pode variar, conforme a variação de seus elementos. Assim, por exemplo, se a demanda for movida contra a Fazenda Pública, com uma causa de pedir fundada em direito líquido e certo, o direito de ação será o mesmo, mas a demanda fará com que o processo siga um rito especial, que é o do mandado de segurança.

O melhor é dizer, pois, "ação com pedido de...", pois isso evidenciará o direito de ação e a natureza da demanda.

A CLT utiliza dois termos peculiares, frutos da época em que a Justiça do Trabalho era administrativa e não jurisdicional. Trata-se do termo *dissídio*, em vez de demanda, e *reclamação*, ao invés de ação, e, algumas vezes, de petição.

1. *Dissídio*. O dissídio é, pois, o mesmo que demanda. No Processo do Trabalho, do ponto de vista da natureza dos elementos subjetivos (partes) e objetivos (pedidos e causas de pedir), os dissídios podem ser de três espécies: a) individuais; b) coletivos; e c) metaindividuais.

Se os sujeitos da demanda forem sindicatos e a causa de pedir e os pedidos versarem sobre criação de novas condições econômicas para a categoria, interpretação de cláusulas convencionais ou abusividade da greve, a demanda será coletiva (dissídio coletivo). Lado outro, se as partes forem empregador e empregado e a causa de pedir e o pedido decorrerem do contrato de trabalho, o dissídio (demanda) será individual.

No dissídio metaindividual, as partes são substitutos processuais, cuja legitimidade extraordinária é conferida pela lei, para atuarem na defesa de direitos difusos, coletivos ou individuais homogêneos.

Na verdade, como se viu, todas essas ações são demandas. O que justifica a mudança do nome e do procedimento especial é a peculiaridade dos elementos da demanda (partes, pedido e causa de pedir).

2. *Reclamação*. Já o termo reclamação costuma aparecer no lugar de *ação* e de *petição*. Por isso é comum encontrar a terminologia *reclamatória trabalhista*, *reclamação trabalhista* ou *ação trabalhista*, ao invés de *ação com pedido de verbas rescisórias*, por exemplo. No nosso sentir, apenas a locução "*ação reclamatória*" não merece prestígio, porque é tautológica.

Contudo, há uma boa notícia para os estudantes que têm dificuldade em lidar com toda essa confusão terminológica. É que, na prática, esses termos podem se misturar, sem gerar qualquer prejuízo para as partes ou nulidade para o processo. Afinal, não é o nome que consta no recipiente que vai determinar o seu conteúdo ou, em outras palavras, não é porque está escrito remédio em um frasco que o líquido que ali está deixará de ser um veneno.

9.6. O DISSÍDIO INDIVIDUAL E SEUS PROCEDIMENTOS

Dissídio individual é, na verdade, como se disse, uma demanda individual, isto é, que tem, como partes, o trabalhador e o tomador de serviços; como causa de pedir, a relação de trabalho ou de emprego; e, como pedido, a condenação, a declaração ou a constituição envolvendo direitos relativos aos bens jurídicos pretendidos.

Entre os arts. 763 e 836, a CLT trata de normas gerais sobre o Direito Processual do Trabalho, que servem a toda sorte de dissídios.[418] A partir do art. 837, até o art. 855, a CLT apresenta normas específicas dos dissídios individuais, entre as quais estão as que regem os procedimentos ou ritos.

O dissídio individual possui três ritos, quais sejam, o *rito ordinário*, o *sumaríssimo* e o *sumário*. Inicialmente, será apresentado o rito ordinário, para, a partir dele, serem tecidas considerações acerca das especificidades dos demais ritos.

Negócio processual. Vale salientar que a possibilidade de as partes celebrarem negócio processual, para alterar os ritos fixados na lei, é polêmica. De um lado, pela impossibilidade, estão o I FNPT[419] e o C. TST (art. 2º, II, da IN 39/16). De outro, o FPPC.[420]

No nosso sentir, como já exposto, o negócio jurídico processual sempre existiu na prática do Processo do Trabalho, muito embora de forma verbal. É que é muito comum que prazos sejam *negociados* entre o Juiz e as partes, sem que os trâmites da negociação constem da ata de audiência. Um exemplo corriqueiro é o negócio que envolve prazos para manifestação sobre laudos periciais ou para a impugnação à defesa, situações em que o Juiz apenas faz constar o prazo, sem mencionar que isso foi objeto de acordo entre as partes. Por isso é que, no nosso sentir, desde que não fira norma cogente de ordem pública, não há razão para excluir "*a priori*" o negócio processual da relação processual trabalhista.

9.6.1. RITO ORDINÁRIO

O rito ordinário é o rito padrão do Processo do Trabalho, isto é, não sendo o caso dos demais ritos, ele será seguido. Podemos dividir a metodologia do rito ordinário em quatro fases. Procurou-se utilizar os termos da CLT e, entre parênteses, a terminologia tecnicamente correta.

(418) Pela ordem: disposições disciplinares; atos, termos e prazos processuais; distribuição; custas e emolumentos; partes e procuradores; nulidades; exceções; conflitos de competência; audiências; provas; e decisão e eficácia. Boa parte desses assuntos já foi tratada nos capítulos anteriores. A parte que ainda não o foi, será vista mais adiante por questões de didática.

(419) Enunciado n. 6 do I FNPT: "CLT, arts. 769, 849, 852-C e NCPC, art. 190 NCPC. Negócio Jurídico Processual. Inexistência de Lacuna Ontológica ou Axiológica. Previsão na CLT e na Lei n. 5.584/70. Celeridade dos Ritos Trabalhistas, Ordinário, Sumaríssimo ou Alçada. Duração Razoável do Processo. A previsão contida no art. 190, do NCPC, não se aplica aos processos que envolvam dissídios individuais de RELAÇÃO DE TRABALHO, tendo em vista que a CLT tem rito próprio (ordinário, sumaríssimo ou alçada), conforme arts. 849, 852-C e art. 2º, §§ 3º e 4º, da Lei n. 5.584/70. Aplicaçãodos arts.769, 849, 852-C da CLT e NCPC, art. 190."

(420) Enunciado n. 131 do FPPC. "(art. 190; art. 15) Aplica-se ao Processo do Trabalho o disposto no art. 190 no que se refere à flexibilidade do procedimento por proposta das partes, inclusive quanto aos prazos."

1. *Fase postulatória.* O dissídio (demanda) tem início com a provocação do Judiciário trabalhista, o que pode ser feito por meio de uma reclamação (petição inicial) ou de uma atermação (reclamação verbal reduzida a termo por um servidor da Justiça do Trabalho), nos termos do art. 840, da CLT. A reclamação será apresentada diretamente à Secretaria da Vara do Trabalho (art. 837 da CLT) ou, nas localidades em que existir mais de uma Vara, no respectivo foro, quando então será distribuída (art. 838 da CLT).

Nos termos do art. 839 da CLT, as partes poderão demandar pessoalmente ("*jus postulandi*"), ou por meio de representantes, quais sejam, o advogado, o respectivo sindicato ou, residualmente, o Ministério Público do Trabalho.

Caso a reclamação seja escrita (petição inicial), deverá conter os seguintes requisitos (art. 840, § 1º, da CLT): a) designação do juízo a que for dirigida; b) qualificação do reclamante e do reclamado; c) breve exposição dos fatos de que resulte o dissídio (demanda); d) pedido; e) data; e f) a assinatura do reclamante ou de seu representante.

Para memorizar*:

Requisitos da petição inicial trabalhista: *Ju Qua Bre Pe Da aS*

- Ju: juízo ao qual é dirigida;
- Qua: qualificação das partes;
- Bre: breve exposição dos fatos;
- Pe: pedido;
- Da: data; e
- As: assinatura.

Muito embora a CLT não inclua o *valor da causa* entre os requisitos da petição inicial, tanto a doutrina quanto a jurisprudência têm exigido sua referência, em aplicação subsidiária do CPC de 2015, tendo em vista que ele determinará o rito processual.

Uma vez recebida, a Secretaria providenciará a notificação do reclamado (réu) no prazo de quarenta e oito horas, preferencialmente pela via postal, salvo se aquele criar embaraços ao seu recebimento ou não for encontrado, quando então será expedido edital (art. 841 da CLT). Haverá a presunção de que a notificação chegou ao destinatário, no prazo de quarenta e oito horas úteis[421] após a sua postagem.[422]

A notificação será acompanhada de uma via da reclamação (petição inicial) e de uma folha de registro, na qual constem o dia, a hora e o local da audiência. Esta será marcada para a primeira data desimpedida, depois de cinco dias do recebimento da notificação (art. 841 da CLT). Como a notificação tem presunção de recebimento após quarenta e oito horas úteis da data da postagem, na prática, a audiência não ocorrerá antes de sete dias da remessa postal.

2. *Fase instrutória.* Essa fase tem início com a abertura da audiência, o que se dá pelo *pregão*.[423] No rito ordinário, a audiência é contínua, isto é, não deverá se interrompida, mas o Juiz poderá fracioná-la, por motivo de força maior (art. 849 da CLT). Na prática, existe o costume de se dividir a audiência em três partes: audiência inicial, audiência de instrução e audiência de decisão. Na verdade, todas elas são uma mesma audiência, a qual apenas foi suspensa e depois retomada em dia posterior.

(421) Porque, em regra, o serviço postal só funciona em dias úteis.

(422) Súmula do TST n. 16. "Notificação. Presume-se recebida a notificação 48 (quarenta e oito) horas depois de sua postagem. O seu não-recebimento ou a entrega após o decurso desse prazo constitui ônus de prova do destinatário".

(423) É o ato pelo qual as partes são chamadas a adentrarem à sala de audiência.

Na *audiência inicial*, após a realização do pregão, o Juiz se certifica da presença das partes e faz a primeira proposta de conciliação (art. 846 da CLT). Caso ela seja bem sucedida, os termos do acordo constarão da respectiva ata, entre os quais pode ser estabelecida uma cláusula penal,(424) para o caso de descumprimento (art. 846, § 2º, da CLT), o que não poderá ser superior ao montante principal.(425) Entretanto, na hipótese de o acordo não acontecer, o Juiz procederá à leitura da reclamação (petição inicial), a qual pode ser dispensada pelas partes, o que normalmente acontece (art. 847 da CLT). Feito isso, o reclamado (réu) terá o prazo de vinte minutos para aduzir sua defesa, caso seja verbal, ou simplesmente entregá-la, na hipótese de ser escrita (art. 847 da CLT). Após o recebimento da defesa, é comum o Juiz suspender a audiência, designando desde já outra data para o prosseguimento.

Entre a audiência inicial e a instrução, geralmente são praticados dois atos processuais. Se a defesa tiver apresentado fato modificativo, extintivo ou impeditivo do direito, ou simplesmente juntar documentos, o Juiz abrirá vista ao reclamante (autor) para se manifestar, nos termos do art. 350 do CPC, aplicado subsidiariamente ao Processo do Trabalho (art. 769 da CLT). Pelo princípio da isonomia, o reclamante disporá do mesmo prazo que o reclamado, qual seja, vinte minutos, se a impugnação for verbal. Sendo escrita, o prazo deverá ser de 15 dias, como expressamente dispôs o art. 350 do CPC de 2015.

O outro ato processual praticado nesse interstício consiste na produção da prova pericial, geralmente realizada nas causas que envolvam pedidos de adicional de insalubridade ou periculosidade (art. 195 da CLT), ou de indenização por danos decorrentes de acidente do trabalho, para apuração do nexo causal entre o trabalho e o acidente.

Após a realização da perícia, o Juiz deve abrir vista do laudo às partes, para impugnações e esclarecimentos.

Cumprido isso e não havendo outras pendências, será realizada a *audiência de instrução*. Nesta, serão ouvidas as partes e as testemunhas, estas até o máximo de três (art. 848 da CLT). Terminada a instrução, as partes poderão aduzir razões finais orais, em prazo não excedente de dez minutos para cada uma, ao final das quais será feita a segunda proposta de conciliação (art. 850 da CLT). Essa segunda proposta é essencial e, ao contrário da primeira, sua ausência pode custar a anulação do processo, caso haja prejuízo e manifestação tempestiva da parte interessada.(426)

3. *Fase decisória*. Pelo texto da CLT (art. 831), a segunda proposta de conciliação deveria ser seguida da prolação imediata da sentença. Todavia, é costume adiar a audiência uma vez mais, designando data para a *audiência de decisão*, a qual deverá ocorrer em até 30 dias, nos termos do art. 226 do CPC de 2015, aplicado ao Processo do Trabalho, subsidiariamente (art. 769 da CLT). Na prática, essa audiência não ocorre. Ela apenas fixa a data e o horário em que as partes deverão comparecer para terem acesso à decisão, na Secretaria da Vara do Trabalho. Caso as partes já tenham saído da audiência de instrução devidamente cientes da data da decisão, o prazo para recurso começará imediatamente e sua contagem, a partir do dia útil seguinte, independentemente de nova intimação ou publicação no *site* do Tribunal (Súmula 197 do TST(427)), uma vez que a decisão será considerada como publicada, no ato em que for disponibilizada na Secretaria.

Caso as partes não tenham sido previamente intimadas, aí, sim, deverá constar da decisão a ordem de intimação das partes (art. 852 da CLT).

(424) Geralmente essa cláusula fixa multa de 50% sobre o valor das parcelas vincendas, com o respectivo vencimento antecipado. Esse valor é revertido ao reclamante.

(425) Orientação Jurisprudencial da SDI-I do TST n. 54. "Multa. Cláusula penal. Valor superior ao principal. O valor da multa estipulada em cláusula penal, ainda que diária, não poderá ser superior à obrigação principal corrigida, em virtude da aplicação do art. 412 do Código Civil de 2002 (art. 920 do Código Civil de 1916)".

(426) "Recurso de Revista. Preliminar de nulidade por cerceio de defesa. Ausência da segunda proposta conciliatória. Nulidade não verificada. Recurso não conhecido. A orientação capitulada pelo art. 850 da CLT diz respeito ao andamento da audiência de julgamento, sendo certo que o referido dispositivo legal deve ser analisado à luz do que consigna o art. 794 da CLT, que, ao tratar das nulidades, declara que -nos processos sujeitos à apreciação da Justiça do Trabalho só haverá nulidade quando resultar dos atos inquinados manifesto prejuízo às partes litigantes-. Não se vislumbram, portanto, as violações legais e constitucionais apontadas, haja vista que o Regional apurou que a ausência da proposta final conciliatória não importou em manifesto prejuízo à Ré. Recurso de Revista não conhecido." (TST. RR — 100400-54.2007.5.15.0092. Relatora: Ministra Maria de Assis Calsing. 4ª Turma. DEJT 17.08.2012).

(427) Súmula do TST n. 197. "Prazo. O prazo para recurso da parte que, intimada, não comparecer à audiência em prosseguimento para a prolação da sentença conta-se de sua publicação".

A ata será assinada pelo juiz, no prazo improrrogável de quarenta e oito horas, e dela deverão constar todos os trâmites da instrução da reclamação, de forma resumida. Contudo, a sentença deverá constar de forma integral (art. 851 da CLT), com relatório, fundamentos e conclusão (art. 832 da CLT).

4. *Fase recursal.* Na fase de conhecimento dos processos que correm em primeira instância, somente serão cabíveis a revisão do valor da causa (art. 2º. §§ 1º e 2º, da Lei 5.584/70), os embargos de declaração (art. 897-A da CLT), o recurso ordinário (art. 895 da CLT), o agravo de instrumento (art. 897, "b", da CLT). Os trâmites e as demais espécies recursais serão vistos em capítulo próprio.

9.6.2. RITO SUMARÍSSIMO

O rito sumaríssimo está previsto nos arts. 852-A a 852-I da CLT, incluídos pela Lei n. 9.957/00, e tem lugar na concorrência de dois requisitos: a) causas cujo valor não exceda a quarenta salários mínimos; e b) ausência da Fazenda Pública[(428)] como parte. Ele segue as mesmas fases do rito ordinário, com algumas peculiaridades, a seguir alinhadas.

1. *Fase postulatória.* Nos termos do art. 852-B da CLT, a reclamação (petição inicial) deverá conter, além dos requisitos do art. 840, § 1º, da CLT: a) pedido certo, determinado e com o respectivo valor; e b) o correto endereço para a notificação postal, uma vez que não é permitida a citação por edital. A ausência desses requisitos importará no arquivamento (extinção do processo, sem julgamento do mérito) e condenação do reclamante ao pagamento de custas sobre o valor da causa (art. 852-B, § 1º, da CLT).

A data da audiência observará o quinquídio[(429)] do art. 841 da CLT, mas deverá ocorrer em, no máximo, quinze dias do ajuizamento (art. 852-B, III, da CLT).

2. *Fase instrutória.* Ao contrário do rito ordinário, a audiência do rito sumaríssimo não poderá ser fracionada, ao que a CLT denominou como audiência *única* (art. 852-C da CLT). Assim, haverá apenas uma audiência, na qual será colhida a defesa e instruído o feito. Apenas excepcionalmente, a audiência poderá ser interrompida, como no caso de necessidade de produção da prova pericial, hipótese em que a próxima audiência deverá ocorrer no prazo máximo de trinta dias, salvo motivo relevante e justificado nos autos pelo Juiz (art. 852-H, § 7º, da CLT).

Aberta a audiência, o Juiz esclarecerá as partes presentes sobre as vantagens da conciliação e usará os meios adequados de persuasão para a solução conciliatória do litígio, a qualquer memento da sessão (art. 852-E da CLT). Podem ser designados dois juízes para atuarem simultaneamente na mesma audiência, a fim de torná-la mais dinâmica e célere (art. 852-C da CLT).

Após o recebimento da defesa, caso esta tenha vindo acompanhada de documentos, abrir-se-á vista ao reclamante, ao qual caberá impugná-los imediatamente, salvo absoluta impossibilidade, a critério do Juiz (art. 852-H, § 1º, da CLT).

Quanto às provas, o Juiz dirigirá o processo com liberdade para determinar a sua produção, considerado o ônus probatório de cada litigante, podendo limitar ou excluir as que considerar excessivas, impertinentes ou protelatórias, bem como para apreciá-las e dar especial valor às regras de experiência comum ou técnica (art. 852-D da CLT). Nos termos do art. 852-H, enumeram-se ainda as seguintes peculiaridades em relação às provas:

a) todas as provas serão produzidas em audiência, ainda que não requeridas previamente;

b) as testemunhas, até o máximo de duas para cada parte, comparecerão à audiência, independentemente de intimação, salvo se ficar comprovado que houve convite e não atenderam, quando então serão intimadas, fazendo com que sua ausência enseje a condução coercitiva;

(428) União, Estados, Distrito Federal e Municípios e suas respectivas autarquias e fundações públicas.

(429) Prazo de cinco dias, entre a notificação e a audiência.

c) a prova pericial será possível, mas somente quando imprescindível, como no caso de pedido relativo aos adicionais de insalubridade e periculosidade;

d) o prazo para a elaboração do laudo pericial será fixado pelo juiz, mas o prazo para as partes manifestarem-se sobre ele é o *comum*(430) de cinco dias.

Na ata de audiência, serão registrados, resumidamente, os atos essenciais, as afirmações fundamentais das partes e as informações úteis à solução da causa, trazidas pela prova testemunhal (art. 852-F da CLT). Serão decididos, de plano, todos os incidentes e exceções, que possam interferir no prosseguimento da audiência e do processo, como é o caso das exceções de suspeição, impedimento e incompetência relativa, bem como da impugnação ao valor da causa. As demais questões serão decididas na sentença, tal qual é o caso, *v. g.*, da análise das condições da ação e dos pressupostos processuais (art. 852-G da CLT).

A CLT não faz previsão da segunda proposta de conciliação e das razões finais, no rito sumaríssimo. Entretanto, ao menos quanto à conciliação, é razoável que o Juiz a faça, considerando os princípios que regem o processo trabalhista.

3. *Fase decisória.* Encerrada a instrução processual, o Juiz proferirá a decisão da qual não será necessário constar o relatório (art. 852-I da CLT). No rito sumaríssimo, a jurisdição será de equidade, isto é, o Juiz pode dar especial atenção aos fins sociais (princípio da finalidade social) da lei e às exigências do bem comum, adotando, em cada caso, a decisão que reputar mais justa e equânime (art. 852-I, § 1º, da CLT). Caso a sentença não seja proferida na audiência, as partes deverão ser intimadas (art. 852-I, § 3º da CLT).

É dever das partes e dos procuradores informar nos autos as mudanças de endereço ocorridas no curso do processo, sob pena de serem reputadas eficazes as intimações enviadas ao local anteriormente indicado (art. 852-B, § 2º, da CLT).

4. *Fase recursal.* Nas causas sujeitas ao rito sumaríssimo, os Tribunais Regionais poderão designar turmas específicas para o julgamento de *recurso ordinário* interposto, o qual obedecerá às seguintes regras, constantes do art. 895, § 1º, da CLT:

a) será imediatamente distribuído, uma vez recebido no Tribunal, devendo o relator liberá-lo, no prazo máximo de dez dias, e a Secretaria do Tribunal ou Turma colocá-lo imediatamente em pauta para julgamento, sem revisor;

b) terá parecer oral do representante do Ministério Público presente à sessão de julgamento, se este entender necessário o parecer, com registro na certidão; e

c) terá acórdão consistente unicamente na certidão de julgamento, com a indicação suficiente do processo e parte dispositiva, e das razões de decidir do voto prevalente. Se a sentença for confirmada pelos próprios fundamentos, a certidão de julgamento, registrando tal circunstância, servirá de acórdão.

Só caberá recurso de revista, nas causas sujeitas ao rito sumaríssimo, por contrariedade a súmula do TST, súmula vinculante do STF ou por violação direta da Constituição Federal (ar. 896, § 9º, da CLT).

9.6.3. RITO SUMÁRIO

O rito sumário foi instituído pela Lei n. 5.584/70 e, em que pesem as divergências, ainda vigora mesmo após o advento do procedimento sumaríssimo e da proibição constitucional de utilização do salário mínimo como valor de referência.(431)

(430) Significa que o processo não poderá sair da Secretaria, salvo para cópias, com retorno imediato.

(431) Súmula do TST n. 356. "Alçada recursal. Vinculação ao salário mínimo. O art. 2º, § 4º, da Lei n. 5.584/1970, foi recepcionado pela CF/1988, sendo lícita a fixação do valor da alçada com base no salário mínimo".

Segundo o art. 2º, § 3º, da referida lei, o rito sumário tem lugar nas causas que não excedam o valor de dois salários mínimos. Ele é em tudo igual ao rito sumaríssimo, salvo o seguinte: a) das atas não precisarão constar os depoimentos, mas apenas o seu resumo, inclusive quanto à matéria de fato (art. 2º, § 3º, da Lei n. 5.584/70 e art. 851, § 1º, da CLT); e b) as decisões serão irrecorríveis, salvo quando a matéria versada for de natureza constitucional (art. 2º, § 4º, da Lei n. 5.584/70).

Tecnicamente, a *alçada* é o instituto processual que estabelece um limite ao recurso, com base no valor da causa. Como no rito sumário não é possível recorrer, a prática forense o apelidou de *dissídio de alçada*.

Como se disse, na hipótese em que a causa verse sobre matéria constitucional, o recurso será cabível. Mas qual? Para uma primeira corrente, seria o recurso extraordinário, para o STF. *Data venia*, razão assiste à corrente que sustenta ser o recurso ordinário para o TRT. É que o recurso extraordinário tem natureza extraordinária, como o próprio nome diz, versando apenas sobre questões de direito e, ainda assim, sobre aquelas que tenham relevância e transcendência, o que não parece ser o caso dos *dissídios de alçada*. Nesse sentido já decidiu o TST.(432)

9.6.4. INQUÉRITO PARA APURAÇÃO DE FALTA GRAVE

O inquérito para apuração de falta grave é um dissídio (demanda) individual, pelo qual o empregador deduz em juízo a pretensão de dispensar um empregado detentor de estabilidade, por ter cometido falta grave. Ele está previsto nos arts. 853 a 855 da CLT.

A doutrina diverge sobre o conceito de falta grave. Todavia, como este é um assunto de Direito material do Trabalho e foge, portanto, do objeto desta obra, será suficiente considerar que se trata de uma das condutas tipificadas no art. 483 da CLT, mas com gravidade mais acentuada que a justa causa. Não fosse assim, a CLT teria usado a nomenclatura "inquérito para apuração de justa causa".

Originariamente, essa demanda era voltada contra o empregado detentor da estabilidade decenal, extinta pela Constituição Federal, que a substituiu pelo regime do FGTS. Além dos empregados que já eram estáveis ao advento dessa alteração, hodiernamente, o inquérito é necessário para dispensar: a) o dirigente sindical (art. 8º, VIII, da CF e art. 543, § 3º, da CLT); b) os empregados eleitos diretores das cooperativas (art. 55 da Lei n. 5.764/71); c) os empregados membros do Conselho da Previdência Social (Lei n. 8.213/91, art. 3º, 7º); d) os membros das Comissões de Conciliação Prévia, que representam os empregados (art. 625-B, § 1º, da CLT); e e) os empregados membros do Conselho Curador do FGTS (art. 3º, § 9º, da Lei n. 8.036/90). Caso um desses empregados cometa falta grave capaz de justificar a ruptura contratual, o empregador deverá ajuizar o dissídio de inquérito para apuração de falta grave.

Se o empregador tiver a intenção de suspender o empregado durante o período de tramitação do processo, deverá ajuizar o dissídio dentro de trinta dias, contados da data da suspensão (art. 853 da CLT).

O inquérito para apuração de falta grave deverá ser ajuizado perante a Vara do Trabalho (art. 853 da CLT) e tramitará pelo rito ordinário (art. 854 da CLT), mas terá as seguintes peculiaridades: a) a petição inicial deverá ser necessariamente escrita (art. 853 da CLT); b) o número de testemunhas poderá chegar a seis para cada parte (art. 821 da CLT); e c) por costume, as partes são chamadas de requerente e requerido e não de reclamante e reclamado.

Na hipótese de o inquérito ser julgado improcedente, a sentença condenará o empregador a reintegrar o empregado e a pagar os salários devidos desde a suspensão, caso ela tenha ocorrido (art. 855 da CLT). Quando

(432) "[...] Recurso de Revista. Rito ordinário. Causa de alçada. Matéria constitucional. Competência da Justiça do Trabalho. Honorários de defensor dativo. Segundo o art. 2º, § 4º, da Lei n. 5.584/70, -salvo se versarem sobre matéria constitucional, nenhum recurso caberá das sentenças proferidas nos dissídios da alçada a que se refere o parágrafo anterior, considerado, para esse fim, o valor do salário mínimo à data do ajuizamento da ação-. Nesse sentido, em se tratando de procedimento comum sumário instituído pela Lei 5.584/70, o recurso ordinário apenas terá pertinência caso trate de matéria constitucional, nos termos do § 4º, da Lei 5.584/70. Na hipótese dos autos, o Tribunal Regional não conheceu do recurso ordinário do ente público, por entender que a matéria debatida em primeiro plano, ou seja, o pagamento de honorários de defensor dativo, não possui viés constitucional. Ocorre que, a despeito de o objeto da demanda (pagamento de honorários do advogado dativo) não envolver matéria constitucional, verifica-se que o recurso ordinário também tratava sobre a competência da Justiça do Trabalho para apreciar a lide, matéria nitidamente de índole constitucional. Nesse sentido, o recurso ordinário lograva conhecimento. Recurso de revista conhecido e provido." (TST. RR — 1573-62.2010.5.09.0094. Relator: Ministro Mauricio Godinho Delgado. 3ª Turma. DEJT: 10.08.2012).

a reintegração não for aconselhável, caberá o pagamento de uma indenização ao empregado, correspondente ao dobro dos valores que seriam devidos ao empregado, se fosse despedido sem justa causa, nos contratos por tempo indeterminado (art. 497 da CLT). Se for procedente, terá natureza constitutivo-negativa e extinguirá o vínculo empregatício.

9.6.5. DISSÍDIOS DECORRENTES DA RELAÇÃO DE TRABALHO.

As ações decorrentes da relação de trabalho, quais sejam, aquelas que não tenham como causa de pedir fatos relativos ao vínculo de emprego, seguirão a mesma dinâmica dos dissídios individuais, inclusive quanto aos ritos, prazos e recursos.

Algumas dessas demandas, entretanto, têm procedimento especial previsto em lei, razão pela qual seguirão o rito que lhes é próprio, com a aplicação apenas subsidiária das normas gerais de Processo do Trabalho, previstas na CLT. É o caso, por exemplo da ação rescisória, do mandado de segurança, da ação de consignação em pagamento, das ações cautelares, do *habeas corpus* e do *habeas data* (art. 1º, da IN n. 27/05, do TST).

Uma das disposições comuns a todas essas ações, fruto da aplicação subsidiária do Processo do Trabalho, é a sistemática recursal, a qual será a prevista na CLT, inclusive quanto à nomenclatura, à alçada, aos prazos, às competências e ao depósito recursal (art. 899 da CLT), sendo este exigível sempre que houver condenação em pecúnia, como pressuposto recursal extrínseco dos recursos (art. 2º, da IN n. 27/05, do TST).

Outra disposição igual para todas as ações é a que diz respeito às despesas processuais. Em relação às custas, ficarão a cargo do vencido, devendo ser pagas após o trânsito em julgado da decisão, salvo no caso de recurso, quando deverão ter o recolhimento comprovado no prazo recursal (art. 3º, da IN n. 27/05, do TST).

Havendo sucumbência recíproca, as custas e os honorários advocatícios serão divididos entre as partes, proporcionalmente (art. 3º, § 3º, e art. 5º, da IN n. 27/05, do TST).

Os honorários periciais, por sua vez, serão suportados pela parte sucumbente na pretensão objeto da perícia, salvo se beneficiária da justiça gratuita, facultando ao Juiz exigir o depósito prévio dos honorários (art. 6º, da IN n. 27/05, do TST).

A Lei n. 13.467/17 (reforma trabalhista) estabelece que a justiça gratuita não mais isenta seu beneficiário do pagamento de honorários periciais, quando ele for sucumbente no objeto da perícia (art. 790-B da CLT). Além disso, a referida lei dispõe que (§§ 1º ao 4º, do art. 790-B, da CLT): a) os valores deverão respeitar o limite estabelecido por norma do CSJT; b) o valor fixado pode ser parcelado; c) não será possível exigir adiantamento de honorários periciais; d) caso o beneficiário da justiça gratuita não tenha obtido créditos capazes de suportar o pagamento dos honorários periciais, seja na demanda ou em qualquer outro processo, o encargo será suportado pela União.

Com a Lei n. 13.467/17 (reforma trabalhista), o beneficiário da justiça gratuita também não ficará isento do pagamento de honorários advocatícios sucumbenciais. Nos termos do art. 791-A, acrescentado à CLT pela lei, quando o vencido for beneficiário da justiça gratuita, o valor dos honorários deverá ser compensado da quantia que tiver sido obtida na demanda ou em qualquer outro processo, e, se não tiver obtido nenhum valor, o crédito ficará sob condição suspensiva de exigibilidade e somente poderá ser executado se, nos próximos dois anos, o credor demonstrar que o beneficiário deixou a situação de insuficiência financeira, extinguindo-se o crédito caso o credor não se desincumba desse ônus.

9.7. O DISSÍDIO COLETIVO E SEU PROCEDIMENTO

9.7.1. TEORIA GERAL

1. *Conceito*. O dissídio coletivo é uma demanda "*sui generis*", que tem como partes entidades sindicais profissionais ou econômicas, empresas e o MPT no caso de greve. Do ponto de vista objetivo, tem por fim criar,

estender, revisar ou interpretar normas jurídicas e declarar a legitimidade[433] ou a abusividade do movimento grevista. Ele é regido pelas disposições da CF (art. 114, §§ 2º e 3º), da CLT (arts. 856 a 875), da Lei n. 7.701/88 e da Lei n. 4.725/56.

2. *Classificação.* Quanto à causa de pedir, o dissídio coletivo pode ser classificado em: a) *econômico,* o qual versa sobre o estabelecimento de novas condições de trabalho; b) *jurídico,* que trata da interpretação de determinada norma coletiva aplicada a um caso concreto;[434] e c) *decorrente de greve,* em que se discute a legitimidade ou a abusividade do movimento paredista.

Ao julgar o dissídio coletivo de greve, o Tribunal também decide sobre o retorno dos empregados ao trabalho, bem como se os dias parados serão descontados, pagos ou compensados. Entretanto, também é possível que, concluindo pela legitimidade do movimento grevista, o Tribunal decida o mérito econômico da causa, se as partes com isso concordarem (art. 114, § 2º, da CF). Nesse caso, a pauta de reivindicações será apreciada, transformando o dissídio de greve em um típico dissídio coletivo econômico. Por isso é que a doutrina costuma afirmar que o dissídio de greve é híbrido.

Os dissídios costumam ser classificados, ainda, pelo seu pedido, em: a) *originários,* cujos pedidos são inéditos; b) *de revisão,* no qual o pedido consiste na prolação de nova decisão para um dissídio que já havia sido ajuizado anteriormente, mas que, por questões fáticas, ficou desatualizado no decorrer de um ano (art. 873 da CLT); e c) *de extensão,* em que o pedido é no sentido de estender os efeitos da decisão aos empregados da mesma empresa ou aos demais trabalhadores da mesma categoria situados no limite da jurisdição do Tribunal, os quais não haviam sido beneficiados por ela (art. 868 da CLT).

3. *Natureza jurídica.* A natureza jurídica do dissídio coletivo é polêmica. Os dissídios coletivos jurídicos e de greve despertam menos debates, uma vez que se amoldam nas características das ações metaindividuais, buscando a tutela para os interesses da categoria decorrentes dos direitos previstos na lei e nas normas coletivas.

Comum acordo. Quanto ao dissídio coletivo econômico, a discussão é fervorosa, a começar pelo fato dessa espécie de demanda veicular pretensões relativas à criação do direito (normas jurídicas), função que é típica do Poder Legislativo. Como se não bastasse, a EC n. 45/04 criou um requisito inusitado: o *comum acordo* (art. 114, § 2º, da CF).

No nosso sentir, desde o advento da EC n. 45/04, o dissídio coletivo econômico perdeu a sua natureza de ação, passando a ser um procedimento de *arbitragem judicial.* É que a ação é um direito público, subjetivo, abstrato, autônomo, independente e incondicionado, como já foi explicado. Ela pertence aos cidadãos e é exercida contra o Estado, o qual não pode deixar de apreciá-la, pelo princípio da inafastabilidade da jurisdição (art. 5º, XXXV, da CF).

Pelo novo texto constitucional, dado pela EC n. 45/04, o dissídio coletivo necessita do *comum acordo* entre as partes, para ser ajuizado (art. 114, § 2º, da CF). Ora, exigido o *comum acordo* das partes, o dissídio coletivo não pode ser uma ação, uma vez que estaria ferindo o princípio da inafastabilidade jurisdicional. A ação é um direito que não depende da vontade do réu em participar do processo, haja vista a existência da revelia.

A própria origem do comum acordo denuncia a *natureza arbitral* do dissídio coletivo. Ele surgiu em função da greve dos petroleiros, em 1995. Julgado o respectivo dissídio de greve, o TST aplicou elevada multa ao sindicato. Já a Petrobrás dispensou cinquenta grevistas. Em vista disso, a Central Única dos Trabalhadores — CUT foi até à OIT, cujo Comitê de Liberdade Sindical recomendou ao Brasil a adoção de três medidas: a) a reintegração dos grevistas; b) a criação de arbitragem, no lugar do dissídio coletivo, com a necessidade do comum acordo das partes; e c) a manutenção do dissídio coletivo apenas em caso de greve em atividades essenciais.

(433) O termo mais adequado é *legitimidade*, ao invés de *legalidade*, tendo em vista que a greve é um direito fundamental (art. 9º da CF), razão pela qual sempre será legal. Todavia, poderá ser abusiva, situação em que será considerada ilegítima.

(434) Orientação Jurisprudencial da SDC do TST n. 7 "Dissídio coletivo. Natureza jurídica. Interpretação de norma de caráter genérico. Inviabilidade. Não se presta o dissídio coletivo de natureza jurídica à interpretação de normas de caráter genérico, a teor do disposto no art. 313, II, do RITST".

Rapidamente foi aprovada uma lei de anistia aos grevistas e elaborado um projeto de Emenda Constitucional, o qual resultou na criação do comum acordo.

Por isso, para nós, o termo *comum acordo* tem natureza jurídica de *compromisso arbitral* e o *dissídio coletivo*, de *arbitragem judicial*. Só o dissídio coletivo de greve e o jurídico mantiveram sua natureza de ação, pois, para sua instauração, não é necessário haver o comum acordo.(435)

Vale destacar que o dissídio coletivo econômico perdeu sua natureza de ação, mas não de demanda, uma vez que esta é a pretensão deduzida em juízo, o que pode ser feito tanto em um juízo jurisdicional (em que há jurisdição) quanto arbitral judicial (em que há equidade, realizada por um órgão do Poder Judiciário).

Entretanto, é preciso ressaltar que nosso entendimento é minoritário. Para a maior parte da doutrina, o comum acordo é um *pressuposto processual anômalo*, de maneira que o dissídio coletivo não deixou de ser uma ação. Essa é a corrente adotada pelo TST.(436) Sua natureza seria, dessa forma, de ação "*sui generis*", porque, apesar de ter partes e causa de pedir coletivos, o pedido do dissídio coletivo econômico é de criação do direito, fato que o distingue das demais ações metaindividuais.

3. *Requisitos*. Além do comum acordo, o dissídio coletivo requer a prova de que a negociação coletiva tenha sido frustrada, o que pode ser feito com a comprovação de que a arbitragem privada foi provocada, sem sucesso (art. 114, § 1º, da CF).

Na eventualidade de a parte suscitada (réu) não aceder ao comum acordo, a alternativa será fazer uso de instrumentos de pressão, como a greve. Todavia, o TST vem admitindo o "*comum acordo tácito*",(437) resultado da ausência de oposição expressa da parte suscitada quanto à instauração da instância.

Preenchidos os requisitos do comum acordo e da negociação frustrada, será possível instaurar a instância.

4. *Competência*. A competência para conciliar e julgar os dissídios coletivos é funcional e territorial, variando conforme a abrangência do dissídio. Se de âmbito regional, será do respectivo Tribunal Regional (art. 677 da CLT). Se de âmbito suprarregional ou nacional, será do TST (art. 2º da Lei n. 7.701/88).

A abrangência da empresa ou do estabelecimento não será relevante para a fixação da competência e, sim, o alcance do dissídio.(438) Dessa forma, por exemplo, não basta que a empresa tenha estabelecimentos em todo o território nacional para deslocar a competência para o TST. Será preciso que, efetivamente, o dissídio envolva as categorias de mais de um Estado, relativamente ao respectivo estabelecimento do empregador.

---

(435) "Dissídio coletivo de natureza econômica. Greve deflagrada no curso da instrução processual. Comum acordo. Desnecessidade. É possível a apreciação de dissídio coletivo de natureza econômica, ainda que ausente o comum acordo, se houver deflagração de greve por qualquer das partes no curso da instrução processual. [...]" (TST-RO-381- 24.2014.5.17.0000, SDC, rel. Min. Mauricio Godinho Delgado. 14.3.2016).

(436) "Embargos de declaração. Dissídio coletivo de natureza econômica. Instauração da instância pelo sindicato representante da categoria econômica. Extinção do processo. 1. Embargos de declaração interpostos, de *-per si-*, por ambas as partes, sob o argumento de que a SDC foi omissa quanto ao conteúdo do § 2º do art. 114 da Constituição da República, quando, de ofício, extinguiu o processo sem resolução de mérito, com fundamento no art. 267, IV e VI, do CPC. 2. A decisão embargada, ao extinguir o dissídio coletivo ajuizado pelo sindicato patronal, adotou como fundamento a jurisprudência reiterada da SDC do TST, proferida mesmo após as alterações promovidas pela Emenda Constitucional n. 45/2004 ao § 2º, do art. 114, da Constituição Federal. 3. Esse dispositivo constitucional não trata de questão processual atinente ao interesse ou à legitimidade para o sindicato instaurar a instância coletiva, mas, apenas, introduziu o pressuposto processual anômalo do comum acordo para o ajuizamento do dissídio coletivo de natureza econômica, quando instaurado pelo sindicato profissional, ao qual a Constituição da República outorgou a prerrogativa da defesa dos interesses dos trabalhadores. Embargos de declaração a que se nega provimento." (TST. ED-RO — 20400-54.2009.5.16.0000. Relator: Ministro Walmir Oliveira da Costa. SDC. DEJT: 25.05.2012).

(437) "[...] Com a edição da Emenda Constitucional n.º 45/2004, estabeleceu-se novo requisito para o ajuizamento de dissídio coletivo de natureza econômica, qual seja, que haja comum acordo entre as partes. Trata-se de requisito constitucional para instauração do dissídio coletivo e diz respeito à admissibilidade do processo. A expressão "comum acordo", de que trata o mencionado dispositivo constitucional, não significa, necessariamente, petição conjunta das partes, expressando concordância com o ajuizamento da ação coletiva, mas a não oposição da parte, antes ou após a sua propositura, que se pode caracterizar de modo expresso ou tácito, conforme a sua explícita manifestação ou o seu silêncio. [...]" (TST. RO — 158900-36.2009.5.04.0000. Relatora: Ministra Kátia Magalhães Arruda. SDC. DEJT: 16.08.2013).

(438) Precedente normativo do TST n. 10 "Banco do Brasil como parte em dissídio coletivo no TRT. Os Tribunais Regionais do Trabalho são incompetentes para processar e julgar Dissídios Coletivos em que sejam partes o Banco do Brasil S.A. e entidades sindicais dos bancários".

5. *Legitimidade.* A legitimidade para instauração do *dissídio coletivo econômico* e do *dissídio coletivo jurídico* é dos sindicatos profissionais e patronais ou das empresas (art. 856 da CLT), salvo se não houver sindicato representativo da categoria, quando então a legitimidade será da federação e, na falta, da confederação (art. 857, parágrafo único, da CLT). É preciso haver correspondência entre as respectivas entidades sindicais (profissionais e patronais) que participam do dissídio.[439]

O sindicato atua como substituto processual de toda a categoria,[440] nos termos dos arts. 8º, III, da CF e 513, da CLT. Sua legitimidade é aferida pelo registro no Ministério do Trabalho,[441] o qual lhe confere personalidade sindical.

O art. 856 da CLT autoriza a instauração da instância pelo Presidente do Tribunal, de ofício. Para nós, esse dispositivo está derrogado pela EC n. 45/04, que não manteve essa previsão.

O TST não vem reconhecendo a possibilidade de pessoa jurídica de direito público ser parte em dissídio coletivo, salvo se versar exclusivamente sobre cláusulas sociais de convenções e acordos coletivos, as quais não têm repercussão econômica imediata, como é o caso das que criam estabilidades provisórias, seguros ou regras sobre segurança e medicina do trabalho.[442]

Quanto aos *dissídios coletivos de greve*, há certa celeuma sobre a legitimidade ativa, cuja compreensão só pode ser alcançada por meio de uma interpretação sistemática da legislação.

O art. 856 da CLT[443] dá a entender que o único legitimado para instauração do dissídio de greve é o MPT, bastando para isso que ocorra a suspensão do trabalho. Entretanto, esse dispositivo deve ser lido conjuntamente com o art. 8º da Lei n. 7.783/89,[444] que expressamente estende a legitimidade ativa a qualquer das partes (sindicato profissional, sindicato patronal ou empresa).

Entretanto, nem sempre o TST reconheceu a legitimidade ativa dos sindicatos profissionais para instauração de dissídio de greve visando à declaração de legitimidade do movimento paredista que ele mesmo deflagrou. Até 2010, o Pretório trabalhista havia consolidado esse entendimento na OJ n. 12 da SDC, no nosso sentir, contrariando o que expressamente dispõe o art. 8º da Lei 7.783/89. Felizmente, a referida orientação jurisprudencial foi cancelada pela Resolução n. 166/2010.

A Lei Complementar n. 75/93, por sua vez, estabelece um limite para a atuação do MPT. Pelo art. 83, VIII,[445] o dissídio coletivo de greve só pode ser instaurado pelo *parquet* quando a defesa da ordem jurídica ou o interesse público assim o exigir. Contudo, essa norma deve ser lida em conjunto com o art. 114, § 3º, da Constituição,[446]

---

(439) Orientação Jurisprudencial da SDC do TST n. 22. "Legitimidade "ad causam" do sindicato. Correspondência entre as atividades exercidas pelos setores profissional e econômico envolvidos no conflito. Necessidade. É necessária a correspondência entre as atividades exercidas pelos setores profissional e econômico, a fim de legitimar os envolvidos no conflito a ser solucionado pela via do dissídio coletivo".

(440) Orientação Jurisprudencial da SDC do TST n. 23. "Legitimidade "ad causam". Sindicato representativo de segmento profissional ou patronal. Impossibilidade. A representação sindical abrange toda a categoria, não comportando separação fundada na maior ou menor dimensão de cada ramo ou empresa".

(441) Orientação Jurisprudencial da SDC do TST n. 15. "Sindicato. Legitimidade "*ad processum*". Imprescindibilidade do registro no Ministério do Trabalho. A comprovação da legitimidade "*ad processum*" da entidade sindical se faz por seu registro no órgão competente do Ministério do Trabalho, mesmo após a promulgação da Constituição Federal de 1988".

(442) Orientação Jurisprudencial da SDC do TST n. 5. "Dissídio coletivo. Pessoa jurídica de direito público. Possibilidade jurídica. Cláusula de natureza social. Em face de pessoa jurídica de direito público que mantenha empregados, cabe dissídio coletivo exclusivamente para apreciação de cláusulas de natureza social. Inteligência da Convenção n. 151 da Organização Internacional do Trabalho, ratificada pelo Decreto Legislativo n. 206/2010.

(443) "Art. 856 — A instância será instaurada mediante representação escrita ao Presidente do Tribunal. Poderá ser também instaurada por iniciativa do presidente, ou, ainda, a requerimento da Procuradoria da Justiça do Trabalho, sempre que ocorrer suspensão do trabalho."

(444) "Art. 8º A Justiça do Trabalho, por iniciativa de qualquer das partes ou do Ministério Público do Trabalho, decidirá sobre a procedência, total ou parcial, ou improcedência das reivindicações, cumprindo ao Tribunal publicar, de imediato, o competente acórdão."

(445) "Art. 83. Compete ao Ministério Público do Trabalho o exercício das seguintes atribuições junto aos órgãos da Justiça do Trabalho: [...] VIII — instaurar instância em caso de greve, quando a defesa da ordem jurídica ou o interesse público assim o exigir;"

(446)"Art. 114. [...] § 3º Em caso de greve em atividade essencial, com possibilidade de lesão do interesse público, o Ministério Público do Trabalho poderá ajuizar dissídio coletivo, competindo à Justiça do Trabalho decidir o conflito."

com redação dada pela EC n. 45/04, que limita a atuação do MPT aos casos de greve em atividade essencial, com possibilidade de lesão ao interesse público.

A interpretação sistemática desses diplomas legais leva à conclusão de que os legitimados para ajuizar o dissídio coletivo de greve são o sindicato profissional, o sindicato patronal, as empresas (empregador) e o MPT, este somente nos casos de greve em atividade essencial,(447) com a possibilidade de lesão ao interesse público ou à ordem jurídica.

Os *dissídios de revisão* e de *extensão* poderão ser instaurados pelo Ministério Público do Trabalho (art. 114, § 3º da CF, art. 874 da CLT e art. 869, "d", da CLT). Já os arts. 869, "c", e 874, da CLT autorizam a instauração dos dissídios coletivos de revisão e de extensão, de ofício, pelo Presidente do Tribunal, os quais estão em vigor, haja vista que não exigem o *comum acordo*.

Com efeito, o art. 869 da CLT também confere legitimidade ativa para instauração do dissídio de extensão a: a) um ou mais empregadores, ou de qualquer sindicato destes; b) um ou mais sindicatos de empregados.

O dissídio de revisão, por sua vez, também pode ser instaurado pelas associações sindicais ou de empregador ou empregadores interessados no cumprimento da decisão (art. 874 da CLT).

6. *Interesse de agir*. Além do dissídio coletivo, a Constituição faculta às partes a utilização de métodos alternativos de solução de conflitos, como a mediação e a arbitragem (art. 114, §§ 1º e 2º). Nesse sentido é a IN 39/16, do C. TST.(448) Celebrado o acordo extrajudicial, as partes não têm interesse jurídico na sua homologação judicial.(449)

A jurisprudência do C. TST não reconhece o interesse de agir do empregador para instaurar dissídio coletivo econômico, uma vez que a lei não exige autorização da Justiça do Trabalho para negociar, tampouco que o fornecimento de melhores condições de trabalho se dê por negociação coletiva.(450) Concordamos, em regra, com esse entendimento, mas ressalvas são necessárias. Há direitos que só podem ser transacionados coletivamente, como é o caso da redução provisória de salários (art. 7º, VI, da CF), o que deve ser feito mediante compensação (oferta de benefícios, por exemplo), situações que, no nosso sentir, evidenciam a presença de interesse de agir do empregador para instaurar dissídio coletivo econômico, no caso de a negociação não ser bem sucedida.

7. *Cumprimento*. A sentença normativa não é executada nos moldes dos dissídios individuais, mas, sim, pelo ajuizamento de uma demanda cognitiva, chamada de *ação de cumprimento*, que é ajuizada perante a Vara do Trabalho competente. Ela está prevista no art. 872 da CLT e na Lei n. 7.701/88.

Isso ocorre porque a sentença normativa não é um título executivo (art. 876 da CLT), seja judicial (art. 475-N, do CPC), seja extrajudicial (art. 585 do CPC). Ela deve ser vista como uma norma jurídica. Basta lembrar que quando o legislador edita uma lei, esta não pode ser executada. Para que se possa exigir o seu cumprimento, é

(447) "Art. 10. São considerados serviços ou atividades essenciais: I — tratamento e abastecimento de água; produção e distribuição de energia elétrica, gás e combustíveis; II — assistência médica e hospitalar; III — distribuição e comercialização de medicamentos e alimentos; IV — funerários; V — transporte coletivo; VI — captação e tratamento de esgoto e lixo; VII — telecomunicações; VIII — guarda, uso e controle de substâncias radioativas, equipamentos e materiais nucleares; IX — processamento de dados ligados a serviços essenciais; X — controle de tráfego aéreo; XI — compensação bancária." (Lei n. 7.783/89).

(448) "Art. 14. Não se aplica ao Processo do Trabalho o art. 165 do CPC, salvo nos conflitos coletivos de natureza econômica (Constituição Federal, art. 114, §§ 1º e 2º)."

(449) "Dissídio coletivo. Homologação de instrumento coletivo privado. Inadequação da via eleita. Na hipótese em que ajuizado dissídio coletivo com o fim de homologar cláusulas objeto de acordo extrajudicial, resultante de negociação coletiva mediada administrativamente pela Vice-Presidência do TRT, decidiu a SDC, à unanimidade, conhecer do recurso ordinário e, no mérito, dar-lhe provimento para extinguir o processo sem resolução do mérito, por ausência de interesse de agir das partes (art. 267, VI do CPC). In casu, registrou-se a inadequação da via eleita, pois o dissídio coletivo não é o meio próprio para obter homologação de instrumento coletivo privado sem prévio processo instaurado." (TST-RO-210221-97.2013.5.21.0000, SDC, rel. Min. Maria Cristina Irigoyen Peduzzi, 14.3.2016.)

(450) "[...] A empresa empregadora carece de interesse de agir para suscitar dissídio coletivo de natureza econômica, pois não necessita de autorização da Justiça do Trabalho, nem de negociação coletiva, para conceder aos seus empregados melhores condições de trabalho. [...]" (TST-DC-956-69.2015.5.00.0000, SDC, rel. Min. Walmir Oliveira da Costa, 11.5.2015).

preciso ajuizar uma ação de conhecimento, como é o caso da ação civil pública, cujos efeitos atingirão todos os trabalhadores.

Da mesma forma que a lei, a sentença normativa, para ter seu cumprimento exigido, necessita do ajuizamento de uma ação, a fim de que o título executivo seja formado e, então, haja a execução.

Assim, uma vez reconhecido o direito por sentença normativa, não caberá ação individual sobre a matéria, por falta de interesse de agir, mas, sim, a *ação de cumprimento*.(451)

Imagine-se, por exemplo, que uma sentença normativa tenha concedido 10% de aumento para a categoria dos metalúrgicos, além de adicional de horas extras de 60%. Se um determinado empregador não conceder o aumento a seus empregados, será o caso de ajuizamento de ação de cumprimento, uma vez que o que se pretende é a execução geral da vantagem concedida. Lado outro, se um metalúrgico não recebeu suas horas extras com o adicional de 60%, aí sim poderá ajuizar uma reclamação trabalhista, individualmente, para obter a satisfação de seu crédito. É que, nesse caso, a pretensão do reclamante não é o cumprimento integral da sentença normativa, mas sim a tutela de seu direito subjetivo, ferido pelo inadimplemento do empregador.

Na hipótese de o sindicato necessitar da tutela jurisdicional para obrigar os empregadores a cumprirem os direitos constantes da lei, no entanto, o instrumento será a *ação civil pública*.

Nos termos do art. 872 da CLT, a legitimidade ativa para ajuizamento da ação de cumprimento é dos sindicatos profissionais e dos próprios empregados. Para nós, no entanto, os sindicatos econômicos e o próprio empregador também podem ajuizar ação de cumprimento, como acontece na hipótese em que a sentença normativa determina o fim da greve e o retorno dos trabalhadores aos seus postos de trabalho.

A doutrina majoritária enxerga a *ação de cumprimento* como um dissídio individual, ao argumento de que seu trâmite observa o rito ordinário ou sumaríssimo, a depender do valor da causa, se maior ou menor que quarenta salários mínimos, respectivamente.(452)

No nosso sentir, no entanto, o rito processual não é capaz de alterar a natureza da demanda, a qual é definida a partir de seus elementos (parte, causa de pedir e pedido). Dessa forma, se a parte autora for o sindicato profissional, por exemplo, tratar-se-á de típico caso de legitimação extraordinária, pela qual o substituto processual atua em nome próprio, na defesa de direitos da categoria (coletivos "*stricto sensu*"). A ação teria, portanto, natureza de dissídio metaindividual, como será mais bem visto no tópico seguinte. O mesmo ocorrerá se a ação for ajuizada por um empregado (art. 872, parágrafo único, da CLT), promovendo uma situação curiosa, uma vez que permitirá que uma pessoa física atue como substituto processual de sua categoria.

Mas haverá casos em que a ação de cumprimento terá natureza de dissídio individual, como na hipótese já citada, em que uma empresa (empregador) ajuíza a ação a fim de obter o fim da greve, com retorno de seus empregados aos respectivos postos de trabalho. Nessa situação, a empresa atua em nome próprio, na defesa de direito próprio, razão pela qual a demanda será individual.

De toda sorte, o procedimento da ação de cumprimento observa os ritos ordinário ou sumaríssimo. A única peculiaridade reside no fato de que a defesa não poderá versar sobre a matéria de fato ou de direito já apreciada na sentença normativa (art. 872, parágrafo único, da CLT). O objeto da demanda limitar-se-á, portanto, às alegações de cumprimento do que foi decidido.

A sentença normativa poderá ser objeto de *ação de cumprimento* a partir do vigésimo dia subsequente ao do julgamento, fundada no acórdão ou na certidão de julgamento (art. 872, parágrafo único, da CLT), sendo

---

(451) Orientação Jurisprudencial da SDI-I do TST n. 188. "Decisão normativa que defere direitos. Falta de interesse de agir para ação individual. Falta interesse de agir para a ação individual, singular ou plúrima, quando o direito já foi reconhecido através de decisão normativa, cabendo, no caso, ação de cumprimento".

(452) "Agravo de instrumento. Recurso de revista. Ação de cumprimento. Valor da causa inferior a 40 salários mínimos. Alteração do rito processual. A jurisprudência deste Tribunal tem entendido que, atuando o sindicato em nome próprio, a controvérsia tem natureza de dissídio individual, submetida, se o valor da causa não ultrapassa quarenta salários mínimos e a ação foi ajuizada após o início da vigência da Lei 9.957/00, ao rito sumaríssimo. Precedentes. Agravo de Instrumento não provido." (TST. AIRR — 1031-72.2011.5.02.0007. Relatora: Juíza Convocada Maria Laura Franco Lima de Faria. 8ª Turma. DEJT: 24.08.2012).

dispensável a comprovação do trânsito em julgado da sentença normativa,[453] salvo se concedido efeito suspensivo pelo Presidente do Tribunal (art. 7º, § 2º, c/c 8º da Lei n. 7.701/88).

Dessa forma, a ação de cumprimento pode ser ajuizada antes do trânsito em julgado da sentença normativa, por exemplo, durante a fase recursal. Em vista disso surgiu a tese de que o prazo prescricional de dois anos (art. 11 da CLT e art. 7º, XXIX, da CF) para ajuizamento da ação de cumprimento fluiria da publicação da sentença normativa. Todavia, o TST, adotando a tese contrária, consolidou o entendimento de que o prazo prescricional para o ajuizamento da ação de cumprimento só tem início a partir da data do trânsito em julgado da sentença normativa, tendo em vista que o ajuizamento anterior é apenas uma faculdade[454].

Pode ocorrer de a sentença normativa sofrer modificação por ocasião do julgamento de recurso. Nesse caso, se já existir uma ação de cumprimento em tramitação com sentença transitada em julgado, qual das duas decisões prevalecerá?

Para uma primeira vertente, deverá prevalecer a coisa julgada proferida na ação rescisória, uma vez que o art. 6º, § 3º, da Lei n. 4.725/65, veda a devolução das vantagens recebidas pelos trabalhadores.

No nosso sentir, no entanto, parece mais razoável a corrente que trata a coisa julgada da sentença proferida em sede de ação de cumprimento como especial, porque depende de condição resolutiva. Dessa forma, ela será modificada na mesma proporção da sentença normativa, sem que os trabalhadores sejam obrigados a devolver as vantagens recebidas. Nesse sentido é o entendimento consolidado da SDI-I do TST.[455]

Sobre o tema da modificação da sentença normativa, vale sublinhar que o STF já decidiu que "não ofende a coisa julgada decisão extintiva de ação de cumprimento de sentença normativa, na hipótese em que o dissídio coletivo tiver sido extinto sem julgamento de mérito." (STF. RE 428154/PR, rel. Min. Marco Aurélio, red. p/ o acórdão Min. Roberto Barroso, 7.5.2015).

A ação de cumprimento também tem cabimento para exigir o cumprimento de normas jurídicas constantes de convenções e acordos coletivos de trabalho, apesar do art. 872 da CLT fazer referência expressa apenas à sentença normativa. É que, substancialmente, os acordos e convenções em nada se diferem da sentença normativa, pois todos têm natureza de norma jurídica, contanto que aqueles são autônomos e esta, heterônoma. Ademais, o art. 1º da Lei 8.984/95 expressamente dispõe que compete à Justiça do Trabalho *"conciliar e julgar os dissídios que tenham origem no cumprimento de convenções coletivas de trabalho ou acordos coletivos de trabalho, mesmo quando ocorram entre sindicatos ou entre sindicato de trabalhadores e empregador."* Esse também é o entendimento consolidado do TST.[456]

A decisão prolatada na ação de cumprimento desafia recurso ordinário e recurso de revista, tal qual ocorre com os dissídios individuais.

Transitada em julgado, a sentença proferida na ação de cumprimento será objeto de execução, nos mesmos moldes dos dissídios individuais.

Em que pese tudo o que foi dito em relação à ação de cumprimento, é preciso destacar que, para nós, de forma minoritária na doutrina, ela não mais se aplica aos dissídios coletivos econômicos. Isso acontece porque, no nosso sentir, o dissídio coletivo econômico passou a ter natureza jurídica de arbitragem judicial a partir da EC n. 45/04, pelas razões já expostas, motivo pelo qual a respectiva sentença normativa nada mais é que uma sentença

(453) Súmula do TST n. 246. "Ação de cumprimento. Trânsito em julgado da sentença normativa. É dispensável o trânsito em julgado da sentença normativa para a propositura da ação de cumprimento".

(454) Súmula do TST n. 350. "Prescrição. Termo inicial. Ação de cumprimento. Sentença normativa. O prazo de prescrição com relação à ação de cumprimento de decisão normativa flui apenas da data de seu trânsito em julgado".

(455) Orientação Jurisprudencial da SDI-I do TST n. 277. "Ação de cumprimento fundada em decisão normativa que sofreu posterior reforma, quando já transitada em julgado a sentença condenatória. Coisa julgada. Não-configuração. A coisa julgada produzida na ação de cumprimento é atípica, pois dependente de condição resolutiva, ou seja, da não-modificação da decisão normativa por eventual recurso. Assim, modificada a sentença normativa pelo TST, com a conseqüente extinção do processo, sem julgamento do mérito, deve-se extinguir a execução em andamento, uma vez que a norma sobre a qual se apoiava o título exeqüendo deixou de existir no mundo jurídico."

(456) Súmula do TST n. 286. "Sindicato. Substituição processual. Convenção e acordo coletivos. A legitimidade do sindicato para propor ação de cumprimento estende-se também à observância de acordo ou de convenção coletivos."

arbitral. Ocorre que a sentença arbitral é um título executivo judicial (art. 475-N, IV, do CPC), pelo que poderá ser executada, dispensando o ajuizamento da ação de cumprimento.

9.7.2. DISSÍDIO COLETIVO ORIGINÁRIO

O procedimento do dissídio coletivo originário, seja econômico, jurídico ou de greve, tem cinco fases, quais sejam, instauração, conciliação, julgamento, recursal e cumprimento, todas elas vistas a seguir.

1. *Instauração da instância.* O dissídio coletivo originário será instaurado, necessariamente, por representação (ou petição) escrita, endereçada ao Presidente do Tribunal (art. 856 da CLT) pelo sindicato, salvo se não houver sindicato representativo da categoria, quando então a legitimidade será da federação e, na falta, da confederação (art. 857, parágrafo único, da CLT). No caso de dissídio coletivo de natureza econômica, a representação deverá ser apresentada na forma de cláusulas, das quais constem as pretensões do requerente, de forma fundamentada.(457)

Da petição inicial deverá constar a designação e qualificação dos requerentes e dos requeridos, a natureza do estabelecimento ou serviço, os motivos do dissídio e as bases de conciliação (art. 858 da CLT). Ela deverá ser acompanhada da autorização da assembleia da respectiva entidade sindical,(458) na qual deverá constar a pauta reivindicatória,(459) nos termos de seus estatutos,(460) estando derrogado o art. 859 da CLT,(461) na parte em que fixa parâmetros para a realização da assembleia, por força do art. 8º, I, da CF, que veda a intervenção do Estado na autonomia sindical. A prova disso está no cancelamento da Súmula 177 do TST, que afirmava a constitucionalidade do aludido dispositivo celetista. O edital de convocação para a assembleia deve ser publicado em jornal que circule em cada um dos municípios componentes da base territorial(462) e também é essencial à instauração da instância.(463)

No dissídio coletivo de greve, notadamente nos ligados aos serviços e atividades essenciais, é comum o suscitante formular pedido liminar na petição inicial, de natureza cautelar incidental (art. 796 do CPC), requerendo o imediato retorno dos empregados ao trabalho.

2. *Conciliação.* Recebida a representação (petição inicial), o Presidente verificará o preenchimento dos requisitos legais e, em seguida, designará *audiência de conciliação*, dentro do prazo de dez dias, determinando a notificação dos requeridos pela via postal (art. 860 da CLT).

A presidência da audiência pode ser delegada pelo Presidente do Tribunal ao Juiz de primeira instância, geralmente o mais próximo do local do dissídio, ou, se na sede do Tribunal, ao desembargador Vice-Presidente, o

(457) Orientação Jurisprudencial da SDC do TST n. 32. "Reivindicações da categoria. Fundamentação das cláusulas. Necessidade. Aplicação do precedente normativo n. 37 do TST. É pressuposto indispensável à constituição válida e regular da ação coletiva a apresentação em forma clausulada e fundamentada das reivindicações da categoria, conforme orientação do item VI, letra "e", da Instrução Normativa n. 4/93". Precedente Normativo do TST n. 37. "Dissídio coletivo. Fundamentação de cláusulas. Necessidade. Nos processos de dissídio coletivo só serão julgadas as cláusulas fundamentadas na representação, em caso de ação originária, ou no recurso".

(458) Orientação Jurisprudencial da SDC do TST n. 19 "Dissídio coletivo contra empresa. Legitimação da entidade sindical. Autorização dos trabalhadores diretamente envolvidos no conflito. A legitimidade da entidade sindical para a instauração da instância contra determinada empresa está condicionada à prévia autorização dos trabalhadores da suscitada diretamente envolvidos no conflito".

(459) Orientação Jurisprudencial da SDC do TST n. 8. "Dissídio coletivo. Pauta reivindicatória Não registrada em ata. Causa de extinção. A ata da assembléia de trabalhadores que legitima a atuação da entidade sindical respectiva em favor de seus interesses deve registrar, obrigatoriamente, a pauta reivindicatória, produto da vontade expressa da categoria".

(460) Orientação Jurisprudencial da SDC do TST n. 35. "Edital de convocação da AGT. Disposição Estatutária Específica. Prazo mínimo entre a publicação e a realização da Assembléia. Observância Obrigatória. Se os estatutos da entidade sindical contam com norma específica que estabeleça prazo mínimo entre a data de publicação do edital convocatório e a realização da assembléia correspondente, então a validade desta última depende da observância desse interregno".

(461) Art. 859. "A representação dos sindicatos para instauração da instância fica subordinada à aprovação de assembléia, da qual participem os associados interessados na solução do dissídio coletivo, em primeira convocação, por maioria de 2/3 (dois terços) dos mesmos, ou, em segunda convocação, por 2/3 (dois terços) dos presentes".

(462) Orientação Jurisprudencial da SDC do TST n. 28 "Edital de convocação da AGT. Publicação. Base territorial. Validade. O edital de convocação para a AGT deve ser publicado em jornal que circule em cada um dos municípios componentes da base territorial".

(463) Orientação Jurisprudencial da SDC do TST n. 29. "Edital de convocação e ata da Assembléia Geral. Requisitos essenciais para instauração de Dissídio Coletivo. O edital de convocação da categoria e a respectiva ata da AGT constituem peças essenciais à instauração do processo de dissídio coletivo".

que é muito comum acontecer (art. 866 da CLT). Comparecendo as partes, o Presidente estimulará a conciliação, podendo até mesmo apresentar a solução que lhe pareça capaz de resolver o dissídio (art. 862 da CLT).

Havendo acordo, este será submetido à homologação pela SDC do Tribunal, na primeira sessão (art. 863 da CLT), não sendo cabível qualquer recurso, salvo para o MPT (art. 7º, § 5º, da Lei n. 7.701/88). O acordo terá eficácia somente em relação às partes que o assinaram, salvo se for instaurado dissídio de extensão.[464]

Lado outro, se não houver acordo, ou na ausência das partes, haverá a determinação de que se realizem as diligências necessárias, caso existam,[465] e, em seguida, será dada vista dos autos ao Ministério Público do Trabalho, para exarar seu parecer (art. 864 da CLT c/c art. 11 da Lei n. 7.701/88).

Nos termos do art. 844 da CLT, a revelia é a ausência da parte à audiência na qual deve apresentar defesa. Indaga-se, diante disso, se há revelia em sede de dissídio coletivo, seja econômico, jurídico ou de greve.

Em relação ao dissídio coletivo econômico, a exigência do *comum acordo* sepultou a polêmica, tendo em vista que ele só será instaurado mediante a concordância, ainda que de forma tácita, do suscitado. Além disso, para nós, essa espécie de dissídio possui natureza de arbitragem judicial, razão pela qual não haverá a revelia, tendo em vista que este instituto decorre do princípio da inafastabilidade da jurisdição.

Quanto ao dissídio coletivo jurídico e de greve, o art. 846 expressamente prevê que, não comparecendo as partes ou uma delas, o processo será submetido a julgamento, depois de realizadas as diligências necessárias e ouvido o MPT. Verifica-se, portanto, que a defesa não é um ônus da parte suscitada, uma vez que o que se espera dela é o comparecimento à audiência designada para tentativa de acordo. Dessa forma, como a audiência não se destina ao oferecimento de defesa, não há falar em revelia em dissídio coletivo.

Além disso, a representação não veicula pretensões decorrentes de direitos subjetivos violados, mas sim à interpretação (dissídio jurídico) e à declaração de legitimidade ou abusividade do movimento paredista (dissídio de greve), os quais são indisponíveis, razão pela qual ainda que a revelia fosse admitida, o seu principal efeito, que é a presunção de veracidade dos fatos alegados pelo suscitante, não ocorreria (art. 345, II, do CPC de 2015).

3. *Julgamento*. Após o parecer do MPT, o processo será submetido a julgamento (art. 864 da CLT), o qual será feito pela Seção de Dissídios Coletivos do respectivo Tribunal, no prazo de até sessenta dias (art. 6º, § 2º, da Lei n. 4.725/56). As partes devem ser notificadas da decisão (art. 867 da CLT).

A sentença do dissídio coletivo é chamada de *sentença normativa*. Como definida por Calamandrei, ela tem "*corpo de sentença e alma de lei*". Tem corpo de sentença, porque é proferida nos autos de um processo judicial, e, alma de lei, porque cria direitos e deveres. Na verdade, formalmente, a sentença normativa se parece mais com uma convenção ou acordo coletivo do trabalho, porque contém numerosas cláusulas, dispondo sobre os mais variados direitos. Parte dessas cláusulas consta dos Precedentes Normativos do TST, que não têm força jurisprudencial, mas apenas orientam a elaboração das sentenças normativas.

Para uma parte da doutrina, a sentença normativa tem natureza jurídica constitutiva, porque se destina à criação de direitos não previstos na lei. Para outra, a natureza seria dispositiva, uma vez que a natureza constitutiva destina-se a constituir uma relação jurídica e não um direito.

Para nós, quanto ao dissídio coletivo econômico, a natureza da sentença normativa é arbitral, pelas razões já expostas. Em relação ao dissídio coletivo jurídico, a natureza da respectiva decisão é meramente declaratória, uma vez que apenas indica a interpretação correta de uma norma coletiva a ser aplicada em um caso concreto.

No dissídio de greve, a sentença normativa é declaratória na parte em que decide se a greve é legítima ou abusiva. Todavia, é comum haver a determinação do fim do movimento paredista, com a imposição de multa

(464) Orientação Jurisprudencial da SDC do TST n. 2. "Acordo homologado. Extensão a partes não subscreventes. Inviabilidade. É inviável aplicar condições constantes de acordo homologado nos autos de dissídio coletivo, extensivamente, às partes que não o subscreveram, exceto se observado o procedimento previsto no art. 868 e seguintes, da CLT".

(465) Art. 865 da CLT: "Sempre que, no decorrer do dissídio, houver ameaça de perturbação da ordem, o presidente requisitará à autoridade competente as providências que se tornarem necessárias".

por descumprimento. À primeira vista, essa parte da sentença parece ter natureza mandamental, por ser uma ordem. Mas também poderia ser executiva "*lato sensu*", considerando a fixação da multa. Todavia, não se pode perder de vista que todas essas determinações não são autoexecutáveis, uma vez que sua concretização depende do ajuizamento de ação de cumprimento para a formação do título executivo. Dessa forma, parece mais razoável a tese de que a natureza dessa decisão é dispositiva, uma vez que a sentença normativa é uma norma jurídica e não uma relação jurídica, como já ressaltado.

A sentença normativa terá efeito "*ultra partes*", alcançando toda a categoria (art. 10, da Lei n. 4.725/56), independentemente de ser o empregado filiado ou não ao respectivo sindicato, e vigorará (art. 867, parágrafo único, da CLT):

a) a partir da data de sua publicação, quando ajuizado o dissídio após o prazo de sessenta dias anterior à data-base da categoria (art. 616, § 3º), ou, quando não existir acordo, convenção ou sentença normativa em vigor, da data do ajuizamento; ou

b) a partir do dia imediato ao termo final de vigência do acordo, convenção ou sentença normativa, quando ajuizado o dissídio no prazo de sessenta dias, anterior à data-base da categoria (art. 616, § 3º).

A coisa julgada no dissídio coletivo é meramente formal, possuindo prazo de validade de até quatro anos (art. 868, parágrafo único, da CLT). Se for fixado prazo inferior, com o seu término, a sentença normativa permanecerá em vigor, salvo se outra sentença normativa, convenção coletiva de trabalho ou acordo coletivo de trabalho superveniente produzir sua revogação, desde que respeitado o prazo máximo de quatro anos[(466)]. Isso permite, por exemplo, que novos dissídios coletivos sejam ajuizados ao final do prazo, impedindo o cabimento de ação rescisória.[(467)] Essa regra visa estimular a negociação coletiva.

De forma indireta, no entanto, a sentença normativa faz coisa julgada material. É que as vantagens recebidas durante a sua vigência são definitivas, não sendo passíveis de devolução em função de uma eventual alteração da sentença normativa decorrente do julgamento de recurso, nos termos do art. 6º, § 3º, da Lei n. 4.725/56. Todavia, após a vigência, os proventos não integram os contratos de trabalho.

Historicamente, a jurisprudência do STF vem limitando o potencial criativo das sentenças normativas. Segundo o pretório excelso, a sentença normativa não pode criar cláusulas que não tenham respaldo pela lei.[(468)] Além disso, também não poderá contrariar as regras estabelecidas na legislação trabalhista,[(469)] de maneira que só poderá inovar no vazio legislativo. Por exemplo, a sentença normativa poderá fixar adicional de 100%, a partir da segunda hora extra trabalhada, porque a parcela tem previsão legal, a qual permite ampliação (art. 7º, XVI, da CF), mas não poderá criar um 14º salário, por ausência de previsão legal.

A sentença normativa deve respeitar três princípios, destinados a estabelecer os seus limites, quais sejam, o do *patamar civilizatório mínimo*, o do *respeito às convenções anteriores* e o da *proporcionalidade*.

(466) Precedente normativo do TST n. 120. "Sentença normativa. Duração. Possibilidade e limites. A sentença normativa vigora, desde seu termo inicial até que sentença normativa, convenção coletiva de trabalho ou acordo coletivo de trabalho superveniente produza sua revogação, expressa ou tácita, respeitado, porém, o prazo máximo legal de quatro anos de vigência".

(467) Súmula do TST n. 397. "Ação rescisória. Art. 966, IV, do CPC de 2015. Art. 485, IV, do CPC de 1973. Ação de cumprimento. Ofensa à coisa julgada emanada de sentença normativa modificada em grau de recurso. Inviabilidade. Cabimento de mandado de segurança. Não procede ação rescisória calcada em ofensa à coisa julgada perpetrada por decisão proferida em ação de cumprimento, em face de a sentença normativa, na qual se louvava, ter sido modificada em grau de recurso, porque em dissídio coletivo somente se consubstancia coisa julgada formal. Assim, os meios processuais aptos a atacarem a execução da cláusula reformada são a exceção de pré-executividade e o mandado de segurança, no caso de descumprimento do art. 514 do CPC de 2015 (art. 572 do CPC de 1973)."

(468) "Dissídio coletivo. Ausência de previsão legal para cláusulas deferidas. Poder normativo da Justiça do Trabalho: limites na lei. A jurisprudência da Corte é no sentido de que as cláusulas deferidas em sentença normativa proferida em dissídio coletivo só podem ser impostas se encontrarem suporte na lei." (STF. RE 114.836. Relator: Ministro Maurício Corrêa. 2ª Turma. DJ: 6-3-1998).

(469) "Recursos igualmente providos, quanto à cláusula 14ª (antecipação, para junho, da primeira parcela do 13º salário), por exceder seu conteúdo à competência normativa da Justiça do Trabalho, cujas decisões, a despeito de configurarem fonte de direito objetivo, revestem o caráter de regras subsidiárias, somente suscetíveis de operar no vazio legislativo, e sujeitas à supremacia da lei formal (art. 114, § 2º, da Constituição)." (STF. RE 197.911. Relator: Ministro Octavio Gallotti. 1ª Turma. DJ: 7.11.1997).

O *patamar civilizatório mínimo* é um conjunto de direitos formados pela Constituição Federal (notadamente o art. 7º), pela legislação sobre segurança e medicina do trabalho e pelas convenções internacionais ratificadas pelo Brasil. O resultado do dissídio coletivo não poderá restringir os direitos previstos nessas normas.

Pelo segundo princípio, as convenções anteriores previstas nos instrumentos normativos também devem ser respeitadas, pena do dissídio coletivo piorar as condições dos trabalhadores, ofendendo o disposto no "*caput*" do art. 7º da CF.

O último limite é dado pelo princípio da *proporcionalidade*. Ao criar direitos, a sentença normativa deve fazer uso da equidade, a fim de não aviltar o empregador. A empresa é essencial ao sistema capitalista e, bem assim, ao desenvolvimento social. É preciso encontrar o equilíbrio entre a justa remuneração dos empregados e a manutenção da empresa.

O art. 2º da Lei n. 4.725/56 estabelece, por exemplo, que a sentença tomará por base o índice resultante do salário real médio da categoria nos últimos vinte e quatro meses anteriores ao término da vigência do último acordo ou sentença normativa, adaptando as taxas encontradas às situações configuradas pela ocorrência conjunta ou separadamente dos seguintes fatores: a) repercussão dos reajustamentos salariais na comunidade e na economia nacional; b) adequação do reajuste às necessidades mínimas de sobrevivência do assalariado e de sua família; c) perda do poder aquisitivo médio real ocorrido entre a data da entrada da representação e a da sentença; d) necessidade de considerar a correção de distorções salariais para assegurar adequada hierarquia salarial, na categoria profissional dissidente e, subsidiariamente, no conjunto das categorias profissionais, como medida de equidade social.

4. *Recurso*. Uma vez publicada a decisão, as partes poderão interpor *recurso ordinário* para o TST, no caso de o dissídio coletivo ter sido julgado pelo TRT (art. 895, II, da CLT). Se o dissídio foi, originariamente, instaurado perante o TST, só caberá recurso se a decisão não tiver sido unânime. Nesse caso, o recurso será o de *embargos infringentes* (art. 894, I, da CLT), o qual será julgado pela própria SDC do TST.[470]

Ambos os recursos deverão ser interpostos no prazo de oito dias e terão apenas o efeito devolutivo (art. 6º, da Lei n. 4.725/56). No entanto, o Presidente do Tribunal pode conceder o efeito suspensivo (art. 7º, § 2º, c/c 8º da Lei n. 7.701/88), o qual terá eficácia pelo prazo improrrogável de cento e vinte dias (art. 9º da Lei n. 7.701/88), contados da publicação, salvo se o recurso ordinário for julgado antes do término do prazo (art. 9º da Lei n. 7.701/88). A decisão do Presidente do Tribunal desafiará recurso de agravo para o Tribunal Pleno, no prazo de cinco dias (art. 6º, § 1º, da Lei n. 4.725/56).

Caso a sentença normativa não seja publicada nos vinte dias subsequentes ao julgamento, poderá qualquer dos litigantes ou o MPT, quando autor do dissídio coletivo, interpor *recurso ordinário*, fundado, apenas, na certidão de julgamento, inclusive com pedido de efeito suspensivo. Nesse caso, publicado o acórdão, reabrir-se-á o prazo para eventual aditamento do recurso interposto (art. 7º, § 2º, da Lei n. 7.701/88).

9.7.3. DISSÍDIO COLETIVO DE EXTENSÃO

No âmbito das grandes empresas, com estabelecimentos espalhados por todo o território nacional, o dissídio coletivo originário, seja econômico, jurídico ou de greve, pode dar ensejo a uma situação inusitada. É possível, por exemplo, que apenas os empregados que trabalham no estabelecimento empresarial situado em Belo Horizonte, devidamente substituídos por seus sindicatos, tenham instaurado o dissídio coletivo, de maneira que apenas eles serão beneficiários das vantagens auferidas no litígio. Em vista disso, o art. 868 da CLT prevê o dissídio coletivo de extensão, que tem a finalidade de estender as vantagens obtidas aos demais empregados da empresa que forem da mesma profissão dos dissidentes.

Pode ocorrer, ainda, que os empregados de um sindicato obtenham vantagens para a categoria, as quais não serão aplicadas aos trabalhadores que, muito embora pertençam à mesma categoria, estão representados por outro sindicato, que não foi parte no dissídio coletivo. Seria o caso, por exemplo, de o sindicato dos comerciários de Belo

(470) O recurso de revista não é cabível nos dissídios coletivos (art. 896 da CLT).

Horizonte conseguir um aumento salarial mediante um dissídio coletivo econômico. Entretanto, os comerciários de Contagem, por estarem vinculados a um sindicato próprio, que não foi parte naquele dissídio, não obterão o referido aumento. Como as duas categorias estão sob a jurisdição do mesmo Tribunal Regional, que é o da 3ª Região, é possível que o sindicato dos comerciários de Contagem instaure dissídio coletivo de extensão, a fim de obter as mesmas vantagens deferidas aos comerciários de Belo Horizonte. Nesse caso, nos termos do art. 869 da CLT, o dissídio de extensão será instaurado: a) por solicitação de um ou mais empregadores, ou de qualquer sindicato destes; b) por solicitação de um ou mais sindicatos de empregados; c) "*ex officio*", pelo Tribunal que houver proferido a decisão; e d) por solicitação do MPT.

Recebida a representação, o Presidente do Tribunal determinará a intimação dos empregados, empregadores e respectivos sindicatos interessados, para que manifestem sua aquiescência ou discordância com a extensão da decisão, fixando prazo entre trinta e sessenta dias (art. 870, § 1º, da CLT). É possível a designação de audiência, se isso facilitar a oitiva dos interessados (art. 860 da CLT).

Decorrido o prazo assinalado, o Presidente do Tribunal remeterá os autos ao Ministério Público do Trabalho, para emissão de parecer, no prazo de oito dias (art. 870, § 2º, da CLT, c/c art. 6º da Lei n. 5.584/70). Em seguida, o processo será concluso para julgamento, pelo Tribunal.

Para que seja julgado procedente, o dissídio de extensão exige que 3/4 dos empregadores e ¾ dos empregados, ou os respectivos sindicatos, tenham manifestado sua concordância com a extensão da decisão (art. 870 da CLT).

A sentença normativa entrará em vigor na data estabelecida pelo Tribunal (art. 871 da CLT), que também fixará o prazo de sua vigência, o qual não poderá ser superior a quatro anos (art. 868, parágrafo único, da CLT).

9.7.4. DISSÍDIO COLETIVO DE REVISÃO

Como já foi ressaltado, a sentença normativa nos dissídios econômicos não faz coisa julgada material, de maneira que o respectivo trânsito em julgado só produz efeitos endoprocessuais, isto é, serve apenas para extinguir o processo. Por esse motivo, não cabe ação rescisória contra a sentença normativa transitada em julgado, mas sim dissídio coletivo de revisão ou, simplesmente, um novo dissídio coletivo econômico.

O dissídio coletivo de revisão depende da cumulação de dois fatos, nos termos do art. 873 da CLT: a) o transcurso de mais de um ano da vigência da sentença normativa; e b) a modificação, nesse espaço de tempo, das circunstâncias que ditaram as condições de trabalho, de modo que tais condições se hajam tornado injustas ou inaplicáveis. Esses dois requisitos estão fundamentados na cláusula "*rebus sic standibus*" (ou "estando as coisas como estão"), que possibilita o ajuste das obrigações contratuais assumida às mudanças das circunstâncias que envolveram a celebração.

Nos termos do art. 874 da CLT, a instância poderá ser instaurada: a) pelos empregadores, ou respectivo sindicato; b) pelos sindicatos profissionais; c) "*exofficio*", pelo Tribunal que houver proferido a decisão; e d) pelo MPT.

Instaurada a instância, o Presidente do Tribunal determinará a intimação dos empregados, empregadores e respectivos sindicatos interessados, para que manifestem sua aquiescência ou discordância com a revisão da decisão, no prazo de 30 dias (art. 874, parágrafo único, da CLT). É possível a designação de audiência, se isso favorecer a oitiva e a composição dos interessados (art. 860 da CLT).

Em seguida, o Presidente do Tribunal remeterá os autos ao Ministério Público do Trabalho, para emissão de parecer, no prazo de oito dias (art. 875 da CLT, c/c art. 6º da Lei n. 5.584/70), ao final dos quais o Tribunal decidirá.

9.7.5. TUTELAS DE URGÊNCIA EM DISSÍDIOS COLETIVOS

Pela jurisprudência do C. TST, são incompatíveis com a natureza e finalidade do dissídio coletivo as pretensões de provimento judicial de arresto, apreensão ou depósito,[471] além da pretensão de reconhecimento

(471) Orientação Jurisprudencial da SDC do TST n. 3. "Arresto. Apreensão. Depósito. Pretensões insuscetíveis de dedução em sede coletiva. São incompatíveis com a natureza e finalidade do dissídio coletivo as pretensões de provimento judicial de arresto, apreensão ou depósito".

de enquadramento sindical[472] e de categoria diferenciada.[473] No entanto, é possível ajuizar protesto destinado a preservar a data base da categoria, nos casos em que a negociação coletiva não prospera antes do termo final do acordo, convenção ou sentença normativa (art. 616, § 3º da CLT e art. 219, § 1º do Regimento Interno do TST).

Com a devida *venia*, é preciso fazer ressalvas na citada jurisprudência do C. TST, uma vez que o Juiz deve dispor de poder geral de cautela (art. 301), como regra, uma vez que se trata de poder intrínseco ao exercício jurisdicional. É o caso, por exemplo, da concessão de arresto de bens em sede de dissídio coletivo de greve, durante o qual o empregador inicia a dilapidação de seu patrimônio. Nesse sentido também é o entendimento do Enunciado n. 47 do I FNPT.[474]

No dissídio de greve é comum o pedido de medida liminar para que o Tribunal determine o retorno de parte dos empregados ao trabalho, a fim de garantir um percentual mínimo de continuidade dos serviços de natureza essencial (art. 11 da Lei n. 7.783/89). Nessa hipótese, incumbe à parte suscitante demonstrar a existência de "*fumus boni juris*" e "*periculum in mora*" (art. 300 do CPC de 2015).[475] Em casos assim, prestigiando o contraditório, o Tribunal costuma intimar o suscitado para prestar informações sobre a paralisação, como o percentual da paralisação e os serviços atingidos. Somente quando a intimação do suscitado puder prejudicar a eficácia da medida cautelar, a concessão desta pode ser feita "*inaudita altera pars*" (art. 300, § 2º do CPC de 2015).

9.8. O DISSÍDIO METAINDIVIDUAL E SEU PROCEDIMENTO

O termo *metaindividual* tem origem no prefixo grego "*meta*", que significa "*além*" ou "*fora*". Existem certos interesses que transcendem a um só indivíduo, razão pela qual podem ser chamados de *metaindividuais* ou *coletivos*, em sentido lato.

A demanda metaindividual abriga, em sua origem, interesses de massa. Há pelo menos três grandes vantagens em postular esses interesses de forma coletiva em juízo: a uniformização da decisão, o que evita decisões contraditórias; a celeridade e economia do processo, tendo em vista que a Justiça do Trabalho será chamada a se pronunciar em apenas um processo, ao invés de fazê-lo em centenas; e a efetivação da proteção do trabalhador vulnerável, porque ele sequer aparecerá como parte, evitando as dispensas em retaliação, a discriminação e o assédio processual, além de gastos com advogados e despesas processuais.

O dissídio metaindividual é regido por um microssistema, composto pela Constituição Federal, pela Lei da Ação Civil Pública — LACP (Lei n. 7.347/85), pelo Código de Defesa do Consumidor — CDC (Lei n. 8.078/90) e pela Lei do Mandado de Segurança — LMS (Lei n. 12.016/09).[476]

1. *Interesses e direitos*. A causa de pedir e o pedido, nos dissídios metaindividuais, devem versar sobre a defesa dos interesses e direitos difusos, coletivos e individuais homogêneos. As características de cada qual são definidas pelo art. 81 do CDC e pelo art. 21 da LMS, a partir de diferenças subjetivas (substituídos) e objetivas (origem).

---

(472) Orientação Jurisprudencial da SDC do TST n. 9. "Enquadramento sindical. Incompetência material da Justiça do Trabalho. O dissídio coletivo não é meio próprio para o Sindicato vir a obter o reconhecimento de que a categoria que representa é diferenciada, pois esta matéria — enquadramento sindical — envolve a interpretação de norma genérica, notadamente do art. 577 da CLT".

(473) Orientação Jurisprudencial da SDC do TST n. 36. "Empregados de empresa de processamento de dados. Reconhecimento como categoria diferenciada. Impossibilidade. É por lei e não por decisão judicial, que as categorias diferenciadas são reconhecidas como tais. De outra parte, no que tange aos profissionais da informática, o trabalho que desempenham sofre alterações, de acordo com a atividade econômica exercida pelo empregador".

(474) "Em situações excepcionais, após justificação prévia e em caráter incidental, é possível, diante do poder geral de cautela inscrito no art. 765 da CLT e na parte final do art. 301 do NCPC, a concessão de tutela cautelar de arresto em sede de dissídio coletivo de greve fundada no inadimplemento de obrigações fundamentais pelo empregador ou quando fundada em comprovada antissindicalidade patronal."

(475) Art. 801. O requerente pleiteará a medida cautelar em petição escrita, que indicará: I — a autoridade judiciária, a que for dirigida; II — o nome, o estado civil, a profissão e a residência do requerente e do requerido; III — a lide e seu fundamento; IV — a exposição sumária do direito ameaçado e o receio da lesão; V — as provas que serão produzidas. Parágrafo único. Não se exigirá o requisito do n. III senão quando a medida cautelar for requerida em procedimento preparatório.

(476) Enunciado n. 43 do I FNPT. "[...] Mesmo após o advento do NCPC, as lacunas do processo coletivo do trabalho, típico ou atípico, são superadas pela aplicação do chamado microssistema processual coletivo formado, em sua fundação, pela Constituição Federal, Lei n. 7.347/1985 (Lei da Ação Civil Pública — LACP: arts. 1º, IV; 19; e 21) e pela Lei n. 8.078/1990 (Código de Proteção e Defesa do Consumidor –CPDC: arts. 81 a 90)."

A classificação é feita da seguinte forma:

a) *interesses ou direitos difusos*, assim entendidos os transindividuais, de natureza indivisível, de que sejam titulares pessoas indeterminadas e ligadas por circunstâncias de fato;

b) *interesses ou direitos coletivos*, assim entendidos os transindividuais, de natureza indivisível, de que seja titular grupo, categoria ou classe de pessoas ligadas entre si ou com a parte contrária por uma relação jurídica base; e

c) *interesses ou direitos individuais homogêneos*, assim entendidos os decorrentes de origem comum.

Para a maior parte da doutrina, não há diferença relevante entre os termos *interesse* e *direito*, os quais foram utilizados como sinônimos pelo legislador.

Por sua vez, a *relação jurídica base*, que caracteriza o direito coletivo, é a que une pessoas em torno de um grupo, categoria ou classe, como o estatuto de uma entidade sindical ou o contrato de trabalho, por exemplo. Para facilitar a memorização, o estudante pode lembrar-se de que, nos direitos coletivos, as pessoas podem ser identificadas através do *CGC*, ou seja, *Classe*, *Grupo* ou *Categoria*.

Na prática, alguns aspectos fáticos podem ajudar na classificação desses direitos. No âmbito trabalhista, na maioria das vezes, haverá um fato, decorrente da conduta do empregador. Se esse fato gerar um dano a um número indeterminado de indivíduos, entre os quais os empregados do agente causador da lesão e terceiros não empregados, o direito será difuso. Se esse fato atingir somente os trabalhadores da empresa, ele *geralmente* será coletivo, se versar sobre melhoria das condições de trabalho (obrigações de fazer que beneficiem a todas as vítimas). Lado outro, *geralmente* será individual homogêneo, quando tratar de direitos subjetivos relacionados ao pagamento de direitos trabalhistas inadimplidos.

Ofertam-se os seguintes exemplos: a) *direitos difusos*: greve em serviço público ou atividade essencial, riscos ao meio ambiente do trabalho, discriminação em matéria de emprego e contratação de empregados públicos sem concurso; b) *direitos coletivos*: dispensas em massa, sem prévia negociação, redução de jornada de trabalho exaustiva, falta de equipamentos de proteção individuais adequados e descumprimento generalizado de norma coletiva; e c) *direitos individuais homogêneos*: pagamento de adicionais de periculosidade e insalubridade, de horas extras, de equiparação salarial e de adicional noturno.

Para memorizar:

Direitos	Difusos	Coletivos	Individuais homogêneos
Substituídos	Pessoas indeterminadas	CGC: pessoas determináveis, pertencentes a Classe, Grupo ou Categoria	Pessoas determinadas
Origem	Circunstâncias de fato	Relação jurídica base	Origem comum
Exemplo	Oferta de emprego discriminatória	Dispensa em massa	Pagamento de adicional noturno

2. Partes. A legitimidade ativa para ajuizamento de um dissídio metaindividual é do tipo extraordinária (para atuar em nome próprio, na defesa de direito alheio) ou autônoma (para atuar em nome próprio, na defesa de direito difuso), razão pela qual o substituto processual só será reconhecido como tal por lei (art. 18 do CPC de 2015).

O Juiz pode controlar, restringindo ou ampliando a legitimidade ativa dos substitutos processuais? Em alguns países, como ocorre nos Estados Unidos da América, esse controle é possível ("*adequacy of representation*"). Cabe ao Juiz, fundamentadamente e caso a caso, verificar se o candidato a substituto processual reúne os atributos suficientes para pleitear direitos alheios em nome próprio. Esse sistema é chamado de "*ope judicis*", ou seja, por obra do juiz. Noutros sistemas, porém, os requisitos para admissão de um sujeito como legitimado extraordinário só podem ser fixados pela lei, pelo que é denominado de "*ope legis*", isto é, por força da lei.

Já a *legitimidade adequada* adotada pelo direito brasileiro é "*ope legis*", de maneira que ela não depende da aferição de requisitos fáticos pelo Juiz, operando-se de pleno direito.

Entretanto, nosso sistema contempla uma peculiaridade. Nos termos do art. 5º, LXX, "b", da CF, c/c art. 21 da LMS e 5º, V, da LACP, para adquirir a legitimidade ativa, as *associações* devem comprovar seu funcionamento há, pelo menos, um ano (pré-constituição), além de incluir, em suas finalidades institucionais, a proteção ao meio ambiente, ao consumidor, à ordem econômica, à livre concorrência ou ao patrimônio artístico, estético, histórico, turístico e paisagístico (pertinência temática). No entanto, o Juiz poderá dispensar o requisito da pré-constituição, quando haja manifesto interesse social evidenciado pela dimensão ou característica do dano, ou pela relevância do bem jurídico a ser protegido (art. 1º, § 4º, da LACP).

Para parte da doutrina, a aferição dos requisitos das associações pelo magistrado é um típico caso de legitimação adequada "*ope judicis*".

No nosso sentir, porém, essa peculiaridade das associações não constitui espécie de legitimidade adequada "*ope judicis*". Em verdade, todos os legitimados possuem legitimidade adequada "*ope legis*", inclusive o sindicato, uma vez que, mesmo no caso das associações, a margem de discricionariedade do Juiz é mínima, pois os requisitos são fixados pela própria lei, de forma objetiva: um ano de funcionamento e previsão de atuação no estatuto.

No Processo do Trabalho, os principais legitimados ativos são o sindicato e o Ministério Público do Trabalho. O primeiro, autorizado pela Constituição Federal (art. 5º, LXX, "b", e art. 8º, III), pela CLT (art. 513, "a") e pela LMS (art. 21). O segundo, pela LACP (art. 5º, I) e pelo CDC (art. 81, I).

A atuação do Ministério Público do Trabalho e do sindicato pode ser simultânea? A questão é polêmica. Para o TST, a legitimidade de ambos é concorrente,[477] tendo em vista que o art. 129, § 1º, da Constituição, estabelece que a "legitimação do Ministério Público para as ações civis previstas neste artigo não impede a de terceiros, nas mesmas hipóteses, segundo o disposto nesta Constituição e na lei."

Não obstante, a prática revela que essa legitimidade concorrente pode produzir efeitos indesejados. É que muitos sindicatos ficam acomodados com a atuação do Ministério Público do Trabalho, sobrecarregando este órgão com demandas que poderiam ser ajuizadas pela própria entidade sindical. Isso se reflete na qualidade da atuação da Instituição Ministerial, que se vê obrigada a atuar, preponderantemente, pela via judicial, enfraquecendo sua ação extrajudicial, essencial à prevenção dos danos relacionados às relações de trabalho.

Atento a isso, há quem defenda a separação entre as atribuições do Ministério Público do Trabalho e dos sindicatos, no que se refere à atuação como substituto processual da categoria, com fundamento no art. 127 da Constituição, que determina a atuação do *parquet* na "defesa da ordem jurídica, do regime democrático e dos interesses sociais e individuais indisponíveis". Em outras palavras, o MPT atuaria na defesa de direitos trabalhistas de interesse público, enquanto o sindicato, na tutela de interesses patrimoniais. Por exemplo, se uma empresa descumpre normas relativas à segurança e medicina do trabalho, seria do Ministério Público do Trabalho a legitimidade para ajuizar ação objetivando o respectivo cumprimento, com o fornecimento e equipamentos de proteção individual. Já o sindicato também ajuizaria uma ação coletiva, porém, para obter o pagamento do adicional de insalubridade.

Para nós, as correntes não são excludentes, mas complementam-se. É interessante adotar a divisão das atribuições como um princípio, de natureza abstrata, e não como regra. Dessa forma, é desejável que o sindicato seja um sujeito verdadeiramente ativo, pelo que a divisão, nesse aspecto, é saudável. Entretanto, esse controle não caberá ao Juiz, a uma, porque a legitimidade de ambos é "*ope legis*"; a duas, porque isso prejudicaria a defesa efetiva

(477)"[...] Da legitimidade do sindicato litisconsorte — Aplicação das Súmulas 221, item II, e 296, item I, do TST. Têm legitimidade para propor a ação civil pública, na Justiça do Trabalho, tanto o Ministério Público do Trabalho — CR, art. 129, III, quanto os Sindicatos — CR, art. 129, 1º; art. 8º, III, sendo que a Lei n. 7.347/85, art. 5º, também confere essa legitimidade aos entes públicos. Trata-se, portanto, de hipótese típica de legitimidade concorrente, em que o enfoque de atuação é, no entanto, distinto, pois, enquanto o Ministério Público do Trabalho defende a ordem jurídica protetiva do trabalhador, os Sindicatos defendem os trabalhadores protegidos pelo ordenamento jurídico-laboral. Não configuração de violação legal e divergência jurisprudencial. Aplicação das Súmulas 221, item II, e 296, item I, do TST. Não conhecido. [...]" (TST. E-RR — 411239-43.1997.5.07.5555. Relator: Ministro Carlos Alberto Reis de Paula. 3ª Turma. DEJT: 06/09/2007).

dos direitos metaindividuais, ao passo que o que se pretende com essa espécie de tutela é justamente ampliar o universo da proteção.

Diferentemente do instituto da representação, a substituição processual e a legitimação autônoma não têm como requisito a identificação dos titulares dos direitos materiais, sejam difusos, coletivos ou individuais homogêneos. Por isso é que o sindicato ou o Ministério Público do Trabalho não necessitam apresentar um *rol de substituídos*, contendo o nome e a qualificação dos trabalhadores beneficiários da tutela pretendida. Vale lembrar que, durante muito tempo, o TST negou que a atuação dos sindicatos, nos termos art. 8º da CF, tivesse natureza de substituição processual. Até 2003, a Corte Superior trabalhista tinha o entendimento consolidado de que a atuação dos sindicatos tinha natureza jurídica de representação.[478] Em função disso, o TST exigia que as petições iniciais viessem acompanhadas da identificação de todos os trabalhadores representados, com a respectiva autorização, tal qual o tratamento dado às associações civis comuns pela CF;[479] mas a súmula n. 310, que continha o referido entendimento, acabou sendo cancelada.

Todavia, a rotina forense evidencia que muitos sindicatos ainda apresentam rol de substituídos, com a identificação dos trabalhadores, de onde se extrai a indagação sobre os eventuais efeitos desse equívoco. Para uma primeira vertente, o rol teria o condão de transformar a substituição processual em representação, corrente com a qual não podemos concordar, tendo em vista que o legitimado postula em nome próprio, o que impede a configuração do instituto da representação. Além disso, a transformação dos institutos esvaziaria as vantagens da substituição processual.

Outra corrente, com fundamento no fato de que a juntada do rol é de um equívoco, entende que a referida lista deve ser desconsiderada pelo Juiz. Para nós, essa é a melhor solução para o caso, considerando o princípio da finalidade social do Processo do Trabalho, o qual permite ao Juiz do Trabalho realizar os ajustes processuais necessários à efetividade da proteção.

Todavia, não é este o posicionamento do TST. O pretório trabalhista, em decisão por maioria, proferida pela SDI-I, decidiu que a juntada do rol de substituídos tem como consequência a limitação dos efeitos da decisão judicial aos indivíduos constantes da lista, impossibilitando que outros, ainda que integrem o núcleo de vítimas atingidas pelo evento danoso, possam habilitar-se no processo de execução para se beneficiarem da coisa julgada coletiva.[480]

(478) Súmula do TST n. 310. (Cancelada). "Sindicato Autor da Ação na Condição de Substituto Processual. I — O Art. 8º, inciso III, da Constituição da República, não assegura a substituição processual pelo sindicato; II — A substituição processual autorizada ao sindicato pelas Leis ns. 6.708, de 30-10-1979 e 7.238, de 29-10-1984, limitada aos associados, restringe-se às demandas que visem aos reajustes salariais previstos em lei, ajuizadas até 3 de julho de 1989, data em que entrou em vigor a Lei n. 7.788. (L-007.788-1989 — revogada); III — A Lei 7.788-89, em seu Art. 8º, assegurou, durante sua vigência, a legitimidade do sindicato como substituto processual da categoria. (L-007.788-1989 — revogada); IV — A substituição processual autorizada pela Lei n. 8.073, de 30 de julho de 1990 ao sindicato alcança todos os integrantes da categoria e é restrita às demandas que visem à satisfação de reajustes salariais específicos resultantes de disposição prevista em lei de política salarial; V — Em qualquer ação proposta pelo sindicato como substituto processual, todos os substituídos serão individualizados na petição inicial e, para o início da execução, devidamente identificados, pelo número da Carteira de Trabalho e Previdência Social ou de qualquer documento de identidade; VI — É lícito aos substituídos integrar a lide como assistente litisconsorcial, acordar, transigir e renunciar, independentemente de autorização ou anuência do substituto; VII — Na liquidação da sentença exeqüenda, promovida pelo substituto, serão individualizados os valores devidos a cada substituído, cujos depósitos para quitação serão levantados através de guias expedidas em seu nome ou de procurador com poderes especiais para esse fim, inclusive nas ações de cumprimento; VIII — Quando o Sindicato for o autor da ação na condição de substituto processual, não serão devidos honorários advocatícios."

(479) Art. 5º, XXI, da CF: "as entidades associativas, quando expressamente autorizadas, têm legitimidade para representar seus filiados judicial ou extrajudicialmente;"

(480)"Ação coletiva. Sindicato. Substituição processual. Relação dos substituídos apresentada na petição inicial. Execução. Extensão a membro da categoria que não figurou no rol dos substituídos. Impossibilidade. Violação da coisa julgada. O sindicato tem legitimidade para atuar na qualidade de substituto processual de toda a categoria nos casos em que se pretende discutir lesões de origem comum aos substituídos. Todavia, ao ingressar com ação coletiva acompanhada do rol de substituídos — o qual não é essencial à propositura da ação — o sindicato opta por restringir sua atuação aos trabalhadores enumerados na lista que ele próprio juntou aos autos. Nesse caso, não é possível, em sede de execução, estender os efeitos da decisão ao reclamante que não constou do rol apresentado com a inicial, sob pena de ampliar os limites subjetivos da lide e afrontar a intangibilidade da coisa julgada material. Com esse entendimento, a SBDI-I, em sua composição plena, conheceu dos embargos, por divergência jurisprudencial, e, no mérito, por maioria, deu-lhes provimento para restabelecer o acórdão do Regional, no particular. Vencidos os Ministros Luiz Philippe Vieira de Mello Filho, LelioBentes Corrêa, Augusto

Quanto à *legitimidade passiva*, via de regra, pertencerá ao empregador. Na hipótese de este ser pessoa jurídica de direito público e praticar ato que cause dano ou ameaça de ofensa a direito líquido e certo, poderá ser o caso de impetração de mandado de segurança coletivo.

3. *Espécies de ações*. No âmbito trabalhista, as ações mais importantes para a proteção dos direitos difusos, coletivos e individuais homogêneos são a ação civil pública, a ação coletiva e o mandado de segurança coletivo, cuja análise é objeto do capítulo referente às ações cíveis especiais aplicáveis ao Processo do Trabalho.

4. *Litispendência*. A existência simultânea de duas demandas (cujos elementos são parte, causa de pedir e pedido idênticos) induz litispendência (art. 337, § 1º, do CPC de 2015). Isso ocorre entre ações individuais e metaindividuais? Imagine-se, por exemplo, que o sindicato tenha ajuizado uma ação civil pública a fim de obter o pagamento de adicional noturno para os empregados de determina empresa. Não obstante, um dos empregados substituídos também tenha ajuizado sua própria ação individual, pleiteando a mesma tutela.

Para casos assim, tanto o CDC (art. 104) quanto a LMS (art. 22, § 1º) expressamente dispõem que não haverá litispendência, de maneira que as ações serão processadas separadamente e terão decisões independentes. Entretanto, o autor da ação individual poderá se beneficiar da decisão da ação civil pública, se requerer a suspensão do seu processo no prazo de 30 (trinta) dias, a contar da ciência, nos autos, do ajuizamento da ação coletiva.

Durante muito tempo, no entanto, a jurisprudência do TST era pela existência da litispendência,(481) o que impedia o prosseguimento da ação individual. Todavia, por ocasião do julgamento dos Embargos em Recurso de Revista n. 18800-55.2008.5.22.0003 (DEJT: 09/01/2012), a SDI-I do TST alterou seu posicionamento, para reconhecer que não há litispendência entre ação individual e ação civil pública.(482)

Entretanto, essa decisão não sepultou integralmente a polêmica. Como foi dito, para uma parte da doutrina, a ação civil pública e a ação coletiva não se confundem, porque o objeto da primeira seria a tutela de direitos difusos e coletivos, e a da segunda, dos individuais homogêneos. Dessa forma, adotando essa divisão, a mesma SDI-I do TST decidiu, posteriormente, por maioria, que há litispendência entre ação individual e ação coletiva, de maneira que somente em relação à ação civil pública é que ela não será induzida.(483)

César Leite de Carvalho, José Roberto Freire Pimenta e Delaíde Miranda Arantes." (TST. E-ED-RR-9849840-70.2006.5.09.0011. Relator: Ministro Aloysio Corrêa da Veiga. SBDI-I. DEJT: 23.05.2013).

(481) "Recurso da fase de conhecimento — litispendência. É dispensável para a configuração da litispendência a comprovação de que o reclamante se acha incluído em rol de substituídos, uma vez que o sindicato, quando atua como substituto processual, age em nome e em favor de todos os integrantes da categoria, identificados ou não. A jurisprudência desta Corte tem admitido a existência de litispendência quando há ação com o sindicato como substituto processual e outra com o empregado individualmente, ambas com o mesmo objeto. Recurso conhecido e provido [...]". (TST. RR — 261135-19.1996.5.09.5555. Relator: Ministro Ronaldo Lopes Leal. 1ª Turma. DJ: 31.03.2000).

(482) "[...] II — Recurso de Revista. Ação Individual. Litispendência. Ação ajuizada por sindicato como substituto processual. A decisão do TRT não se coaduna com o atual entendimento desta Corte acerca da matéria. No julgamento dos Embargos em Recurso de Revista n.º 18800-55.2008.5.22.0003, sob a relatoria do Ministro Augusto César Leite de Carvalho, passou-se a adotar o entendimento de que não há litispendência entre ação civil pública e reclamação trabalhista individual. Mediante a análise do art. 104 da Lei n.º 8.078/90, aplicável subsidiariamente ao Processo do Trabalho, segundo o qual as ações coletivas previstas nos incisos I e II e parágrafo único do art. 81 da referida lei não induzem litispendência para as ações individuais, concluiu-se que não há identidade de partes entre a ação pendente (ação civil pública movida por entidade associativa) e a ação posterior (reclamação trabalhista do empregado/reclamante). Precedentes. Recurso de revista a que se dá provimento." (TST. RR — 455-32.2011.5.18.0008. Relatora: Ministra Kátia Magalhães Arruda. 6ª Turma. DEJT: 20.09.2013).

(483) "Recurso de embargos. Ação coletiva. Reclamação trabalhista. Litispendência. Dissenso jurisprudencial. Não configuração. Aresto paradigma que trata de ação civil pública. Na hipótese em que, no acórdão embargado, foi consignada a litispendência entre a ação individual, na qual se pleiteava a observância de acordo coletivo de trabalho, no que tange à alternância de promoções por antiguidade e merecimento, e a ação coletiva proposta pelo sindicato como substituto processual da categoria profissional, com o mesmo objetivo, mostra-se inespecífico o aresto colacionado, que trata da configuração da litispendência entre ação individual e ação civil pública. Com esse entendimento, a SDBI-I, por maioria, não conheceu dos embargos. Ressaltou-se, no caso, que, embora haja tendência da Subseção a equiparar a ação coletiva e a ação civil pública em questões de substituição processual, ainda remanesce controvertida a possibilidade de se aplicar os critérios previstos no Código de Defesa do Consumidor a ambas as ações. Vencidos os Ministros Augusto César Leite de Carvalho, Luiz Philippe Vieira de Mello Filho, José Roberto Freire Pimenta e Delaíde Miranda Arantes, que conheciam dos embargos ao fundamento de, quanto aos critérios para a verificação da litispendência, não haver distinção ontológica entre a ação civil pública e a ação coletiva que inviabilize o exame da especificidade da divergência jurisprudencial." (TST. E-EDRR-15400-16.2002.5.01.0007. Relator: Ministro Brito Pereira. SDI-I. DEJT: 29.11.2012).

Parece-nos mais razoável, como já foi consignado, a conclusão de que não há diferença entre ação civil pública e ação coletiva, ao menos no âmbito do Processo do Trabalho, razão pela qual a decisão do TST parece contraditória. Se não há litispendência em relação à ação civil pública, também não deveria haver para com a ação coletiva. Inexistem motivos para distinguir as ações, já que possuem o mesmo rito e visam ao mesmo fim.

Entre duas demandas metaindividuais, *v. g.*, duas ações civis públicas, não há litispendência. Entretanto, elas poderão ser reunidas, a fim de evitar decisões conflitantes.

5. *Coisa julgada e execução*. Quanto a esses temas, remetemos o leitor aos respectivos capítulos (14 e 16, respectivamente), cujos temas foram tratados separadamente, para fins didáticos. De toda sorte, vale dizer que, a fim de prevenir a ocorrência de litispendência e coisa julgada, concordamos com o Enunciado n. 45 do I FNPT, segundo o qual "[...] os demais juízos deverão ser notificados das decisões proferidas em ações civis públicas e ações coletivas que produzam efeitos em empresas com filiais em outras jurisdições distintas da competência do juízo prolator da decisão [...]."

Para memorizar:

Direitos	Difusos	Coletivos	Individuais homogêneos
Ações	ACP	ACP e MSCol	ACP*, ACole MSCol
Litispendência	Não há	Não há, mas só se beneficia da coisa julgada quem desistir da ação individual em 30 dias	

*** há quem entende que a ACP não é cabível para a tutela dos direitos individuais homogêneos**

10 Petição Inicial

A petição inicial é o instrumento da demanda e o meio pelo qual o direito de ação é exercido. Seus requisitos estão no art. 840 da CLT, mas o art. 319 do CPC de 2015 é aplicável subsidiariamente (art. 769 da CLT),(484) de forma imediata.(485)

Nesse capítulo, a petição inicial será vista com ênfase na perspectiva prática.

10.1. FORMATAÇÃO

A lei não determina a maneira com que uma petição deva ser formatada. Mas algumas regras podem ser traçadas, a partir da experiência forense e, por que não, das normas da ABNT.

O primeiro ponto a ser considerado é o fato de que a petição precisa ser de fácil assimilação, o que envolve objetividade, clareza e organização. Além disso, é preciso lembrar que os juízes e os servidores são pessoas comuns, inclusive com limitações visuais, como a miopia, e lidam com muitos processos ao mesmo tempo, razão pela qual isso deve ser levado em conta, na escolha do tamanho e da cor da fonte.

Por fim, resta dizer que o tamanho do papel, das margens e do espaço entre os parágrafos também é importante, porque os autos são formados com presilhas, têm suas folhas numeradas a mão e, muitas vezes, os despachos são feitos na própria petição.

Considerando tudo isso, sugerimos as seguintes configurações: a) *fonte*: Arial ou Times New Roman, cor preta; b) *tamanho*: 12 ou 14; c) *espaçamento*: 1,5 ou duplo; d) *margens*: superior e esquerda, 3 cm e inferior e direita, 2 cm; e) *papel*: A4; e f) *distância entre o endereçamento e a qualificação das partes*: 8 cm. Na qualificação das partes, deve-se colocar em negrito somente o nome delas, para facilitar a visualização. Outros destaques no texto devem ser feitos somente em itálico, para não poluir a imagem.

(484) Enunciado n. 15 do I FNPT. "[...] Aplica-se o disposto nos §§ 1º, 2º e 3º do art. 319, do NCPC, ao Processo do Trabalho, diante da omissão da CLT sobre as hipóteses que trata (art. 840, § 1º) e considerando a compatibilidade dos ordenamentos. Cumprimento dos princípios da simplicidade, informalidade, economia processual e celeridade, conforme preceitua o art. 769 da CLT. Com isso, preserva-se a garantia Constitucional do acesso à Justiça (art. 5º, XXXV). Realização das regras do art. 319, §§ 1º, 2º e 3º NCPC; e art. 840, § 1º c/c art. 769, CLT."

(485) Enunciado n. 424 do FPPC. "(art. 319; art. 15, Lei 11.419/2006) Os parágrafos do art. 319 devem ser aplicados imediatamente, inclusive para as petições iniciais apresentadas na vigência do CPC-1973."

Abaixo, um exemplo de como a petição deve ser formatada:

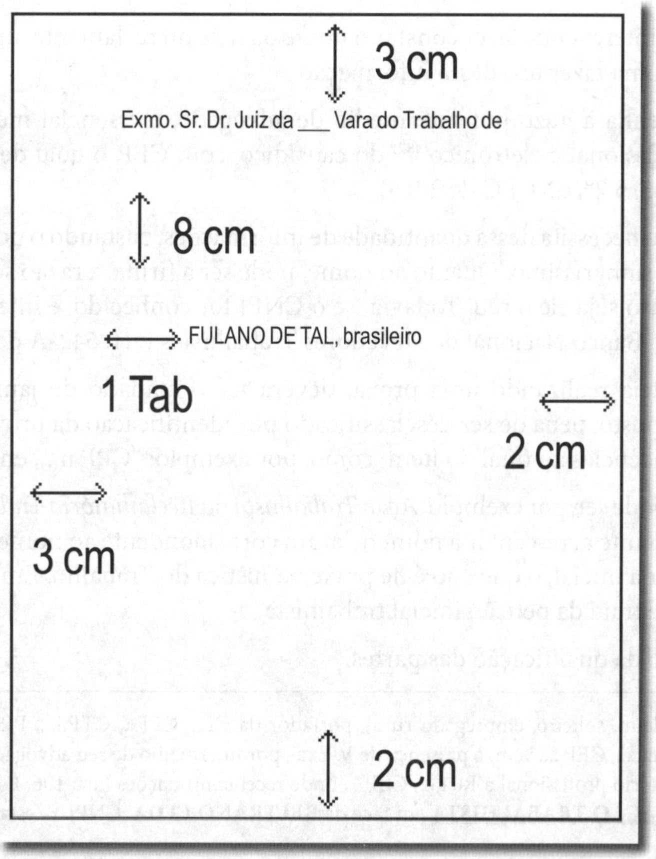

10.2. ENDEREÇAMENTO

A petição deve ser endereçada ao juízo competente, que geralmente é o da Vara do Trabalho, e não à pessoa do juiz, por isso não há necessidade de flexionar o gênero, caso o juízo seja exercido por uma juíza. O pronome de tratamento para o juízo é "excelência". A Justiça do Trabalho não está organizada em comarcas, razão pela qual é um equívoco endereçar a petição ao "juiz da comarca".

É no endereçamento que será indicada a competência para julgamento da demanda, razão pela qual é imprescindível conhecer as disposições dos arts. 114 da CF (competência material) e 651 da CLT (competência territorial).

Oferta-se um exemplo de endereçamento:

"Exmo. Sr. Dr. Juiz da Vara do Trabalho de Pará de Minas, MG."

Note que evitou-se dizer *Juiz do Trabalho da Vara do Trabalho*, para que não houvesse repetições desnecessárias.

10.3. QUALIFICAÇÃO DAS PARTES

Em relação ao reclamante, é necessário citar o nome, a nacionalidade, o estado civil, a profissão e o endereço, com o respectivo CEP. Além disso, é importante citar a numeração dos documentos pessoais, como a CTPS, a CI, o PIS e o CPF. Este é essencial para a busca no banco de dados da Justiça do Trabalho, bem como para o acesso no processo eletrônico (PJe). Em vista disso, o CPC de 2015 tornou a sua exigência obrigatória (art. 319, II, do CPC de 2015).[486]

Além desses dados, é interessante fazer constar o nome da mãe do reclamante, uma vez que o banco de dados da Previdência Social costuma fazer uso dessa informação.

Caso o reclamante venha a juízo por intermédio de advogado, é essencial mencionar o nome, o número da OAB e o endereço profissional e eletrônico[487] do causídico, com CEP, o qual deve ser citado expressamente (art. 77, V, c/c art. 103 e 105, § 2º, do CPC de 2015).

A parte reclamada não necessita dessa quantidade de informações, bastando o nome e o endereço, lembrando que este é essencial no rito sumaríssimo. Quanto ao nome, pode ser a firma, a razão social e até mesmo o nome de fantasia do empregador, caso seja ele o réu. Todavia, se o CNPJ for conhecido, é interessante citá-lo, para fins de eventual cadastramento no Banco Nacional de Devedores Trabalhistas (art. 642-A da CLT).

Caso o estudante esteja realizando uma prova, deverá ter o cuidado de jamais *inventar* qualquer dado referente ao problema proposto, pena de ser desclassificado por identificação da prova. Nesse caso, sugere-se que o candidato acrescente reticências ao final do item, como, por exemplo: "CPF n..., endereço..."

O nome dado à ação pode ser, por exemplo, *Ação Trabalhista* ou *Reclamatória Trabalhista*". Caso haja pedido de tutela antecipada, é interessante acrescentar a nomenclatura correspondente ao nome da ação, a fim de evidenciar a necessidade de despachar a inicial, o que não é de praxe na Justiça do Trabalho. Em qualquer caso, é importante citar o art. 840 da CLT, que trata da petição inicial trabalhista.

A seguir, um exemplo da qualificação das partes:

> "**FULANO DE TAL**, brasileiro, solteiro, empregado rural, portador da CI..., CPF..., CTPS..., PIS..., filho de ..., nascido em..., residente e domiciliado à Rua ..., CEP ..., vem, à presença de V. Exa., por intermédio de seu advogado *in fine* assinado, SICRANO DE TAL, OAB..., com escritório profissional à Rua ..., CEP .., onde recebe intimações (art. 106, I, do CPC de 2015), nos termos do art. 840 da CLT, ajuizar **<u>AÇÃO TRABALHISTA</u>** em face de **BELTRANO LTDA**, CNPJ ..., estabelecida à Rua ..., CEP ..., nos termos seguintes:"

10.4. CAUSA DE PEDIR

A causa de pedir é composta pelas razões de fato (causa de pedir remota) e de direito (causa de pedir próxima) que fundamentam o pedido. A CLT exige apenas uma "breve exposição dos fatos", razão pela qual muitos acreditam que não há necessidade de citar normas e princípios, bastando os fatos, teoria que é chamada de *individuação*. É que "*juria novit curia*", ou seja, o Juiz conhece o direito.

Já para os adeptos da teoria da *substanciação*, tanto os fatos quanto o direito devem obrigatoriamente constar da inicial.

Pelo princípio da simplicidade, na prática não há necessidade de citar normas e princípios. Entretanto, no caso de uma prova, o candidato deve, obrigatoriamente, citar todas as normas e princípios relativos a cada fato.

A causa de pedir das petições do processo comum geralmente são divididas em duas partes, uma para os fatos e outra para o direito. No Processo do Trabalho, entretanto, essa metodologia poderá atrapalhar muito a inteligibilidade do texto. Como os pedidos geralmente são numerosos, o melhor é dividir a petição por tópicos, como ocorre em artigos e livros.

(486) Enunciado n. 139 do FPPC. "(art. 319; art. 15) No Processo do Trabalho, é requisito da inicial a indicação do número no cadastro de pessoas físicas ou no cadastro nacional de pessoas jurídicas, bem como os endereços eletrônicos do autor e do réu, aplicando-se as regras do novo Código de Processo Civil a respeito da falta de informações pertinentes ou quando elas tornarem impossível ou excessivamente oneroso o acesso à justiça."

(487) Enunciado n. 139 do FPPC. "(art. 287; art. 15) No Processo do Trabalho, é requisito da petição inicial a indicação do endereço, eletrônico ou não, do advogado, cabendo-lhe atualizá-lo, sempre que houver mudança, sob pena de se considerar válida a intimação encaminhada para o endereço informado nos autos."

Há um tópico essencial, o qual deve estar presente em primeiro lugar e em qualquer espécie de demanda. É o que relata os fatos pertinentes ao contrato de trabalho. Nele, o reclamante deve expor as informações ligadas aos elementos essenciais do contrato de trabalho, sempre conforme a verdade. Eventuais equívocos ou fraudes devem ser tratados em tópico próprio. Assim, por exemplo, se a admissão ocorreu em 01.01.2015, mas a CTPS só foi anotada em 01.02.2015, no tópico relativo ao contrato de trabalho deverá constar a informação de que o contrato teve início em 01/01/2015, a data real.

Os elementos são os seguintes: a) tipo de vínculo; b) período de trabalho; c) remuneração; e d) função. Exemplo:

> **"DO CONTRATO DE TRABALHO.**
> Manteve contrato de trabalho com a reclamada entre .../.../... e .../.../...., na função de ..., pelo que recebia o salário mensal de ....."

Os tópicos seguintes seguirão uma ordem lógica, conforme os reflexos que um pedido produz no outro. Assim, por exemplo, se o reclamante demanda horas extras habituais, equiparação salarial, adicional de periculosidade e indenização por danos morais, a ordem deverá ser a seguinte: a) equiparação salarial, porque fixará a base de cálculo de todas as demais parcelas; b) adicional de periculosidade, porque será calculado sobre o salário equiparado; c) horas extras, porque será calculada sobre o salário equiparado acrescido do adicional de periculosidade; e, por fim, d) dano moral, porque não se refere diretamente a nenhuma das demais parcelas.

O texto da causa de pedir deve conter o fato e o direito (norma e/ou princípio) relativo a cada tema. É de bom alvitre concluir, explicitando o respectivo pedido, desde já, a fim de que, caso o reclamante se esqueça de pedir ou, em uma prova, não dê tempo de chegar aos pedidos, a petição inicial não se torne inepta.

No caso de uma prova, sugere-se que o candidato adote os seguintes procedimentos: a) leia o texto, anotando os eventuais pedidos; b) procure na legislação o fundamento para cada pedido, com preferência pela Constituição Federal, lembrando-se de olhar também a CLT, as leis especiais, as súmulas do TST e os princípios pertinentes ao tema; c) numere cada pedido, conforme a ordem que será adotada na elaboração da peça; d) redija o texto com base nas anotações.

Veja-se um exemplo de duas causas de pedir:

> **"DO VÍNCULO**
> O reclamante trabalhou sem registro na CTPS (*fato*), contrariando o art. 29 da CLT (*direito*), razão pela qual tem direito à anotação de seu contrato, com data de admissão em...., dispensa em...., salário de.... e função de.... (*conclusão*).
>
> **DAS HORAS EXTRAS**
> A jornada de trabalho do reclamante era de segunda a sábado, das 8:00h às 17:00h, com uma hora de intervalo (*fato*), ultrapassando a jornada de quarenta e quatro horas semanais estabelecida pelo art. 7º, XIII, da CF (*fundamento*), motivo pelo qual faz jus ao pagamento de quatro horas extras por semana, com adicional de 50%, nos termos do art. 7º, XVI, da CF (*conclusão*)."

Em se tratando de uma prova, é bom que o candidato dê um espaço maior que o comum entre cada tópico a fim de inserir alguma informação que tenha sido percebida só depois que o texto foi concluído. Também é aconselhável não numerar os tópicos, a fim de que um eventual equívoco não implique na necessidade de renumerar todo o texto.

10.5. PEDIDOS

O *pedido* é a solicitação da providência judicial desejada, pela qual o Juiz julgará, a bem de satisfazer as pretensões que são objeto da demanda. É imprescindível tecer comentários sobre sua classificação.

1. *Pedidos imediatos e mediatos*. Os primeiros são chamados de *pedidos imediatos* porque constituem a primeira solicitação lógica em uma demanda, devendo ser elaborados em primeiro lugar. O reclamante, com fundamento no direito de ação, deduz suas pretensões em juízo por meio da demanda. A primeira providência que se espera

do juízo, portanto, é que a demanda seja admitida, para dar início ao processo, o qual terminará com uma decisão, que é a prestação jurisdicional em sentido estrito. Assim, os pedidos devem começar com a solicitação de que a demanda seja: a) admitida; b) processada; e c) julgada procedente.

Em toda ação trabalhista haverá sempre o mesmo pedido imediato, qual seja, o de admissão, processamento e procedência da demanda. Mas a finalidade do processo está na entrega do bem jurídico pretendido. Assim é que, depois do pedido imediato, o reclamante deve fazer o *pedido mediato*, a fim de que o juízo constitua ou desconstitua uma relação jurídica, declare a existência ou inexistência de uma situação jurídica ou condene o reclamado a pagar, fazer, não fazer ou entregar alguma coisa.

2. *Pedido certo, determinado e líquido.* O pedido certo é o que é expresso, isto é, está explícito na petição inicial. Pedido determinado, por sua vez, é o que traz três informações: a) tipo de tutela, é dizer, declaratória, constitutiva ou condenatória; b) quantidade; e c) qualidade.

A *quantidade* do pedido não se confunde com o seu *valor*. Este só será necessário, quando a lei determinar que seja líquido. É o caso das demandas submetidas ao rito sumaríssimo, cujos pedidos, além de certos e determinados, deverão ser líquidos, ou seja, deverão ser acompanhados dos respectivos valores (art. 852-A da CLT).

Imagine-se, por exemplo, que o reclamante peça "a condenação da reclamada a pagar 03/12 de 13º salário de 2015, no valor de R$ 500,00". A quantidade é "03/12", a qualidade é "13º salário de 2015" e o valor é "R$ 500,00". O pedido é certo (expresso) determinado (condenação a pagar, 03/12 de 13º salário de 2015) e líquido (R$ 500,00).

O art. 292, V, do CPC de 2015, tornou obrigatória a atribuição de valor ao pedido de compensação por danos morais, o qual foi considerado como aplicável pela IN 39/16, do C. TST (art. 3º, IV). No nosso sentir, contudo, o aludido dispositivo só se aplica ao rito sumaríssimo, por força do art. 852-B, I, da CLT, uma vez que a liquidação dos pedidos não é exigida pelo art. 840, § 1º, da CLT, tampouco pelo art. 2º, da Lei n. 5.584/70, que só se refere ao *valor da causa*.

Há quem entenda que, no rito sumaríssimo, a exigência de valoração dos pedidos (art. 852-B, I, da CLT) faz com que o montante deferido pela sentença não possa ultrapassar o valor atribuído aos pedidos na petição inicial, por ocasião da fase de liquidação, salvo em relação à correção monetária e juros de mora. Assim, se a parte atribuiu ao pedido de horas extras o valor de R$2.000,00, na petição inicial, por exemplo, a apuração da quantia de R$2.300,00, na liquidação, não poderá ser executada integralmente, estando limitada ao valor inicialmente informado.

No nosso sentir, *data venia*, a liquidação dos pedidos na petição inicial serve apenas para fixar o procedimento e facilitar a conciliação. Nos termos do art. 492, do CPC de 2015, o juízo está vinculado apenas à quantidade (pena de julgamento ultra e cita petita) e à qualidade (pena de julgamento extra petita) dos pedidos, mas não ao respectivo valor. Caso contrário, a sentença deveria ser também obrigatoriamente líquida. Ademais, exigir a liquidação exata de pedidos cumulados, cujos cálculos são por vezes complexos, atenta contra o princípio da proteção, que norteia todo o Direito Processual do Trabalho. Vale sublinhar, ainda, que essa limitação também fere o princípio da extrapetição, que permite ao Juiz deferir pedidos de ordem pública, como a multa do art. 467, da CLT.

Dessa forma, não há óbices para que a liquidação de sentença apure valor superior ao atribuído aos pedidos da petição inicial.

3. *Pedido genérico e específico.* O objeto do pedido mediato pode ser genérico (art. 324, § 1º, do CPC de 2015), mas, em regra, os pedidos devem ser específicos, ou seja, devem ser certos e determinados.

4. *Pedido alternativo, subsidiário e sucessivo.* O primeiro permite que a prestação seja cumprida por mais de um modo, em função da natureza da obrigação (art. 325 do CPC de 2015). É o caso, por exemplo, de o pedido de entrega das guias de CD/SD, para recebimento do seguro desemprego, ser feito juntamente com o pedido de pagamento da respectiva indenização substitutiva, quando o réu poderá escolher entre entregar as guias ou pagar a indenização.

A doutrina diverge quanto aos conceitos de pedido subsidiário e pedido sucessivo, sendo comum encontrar inversões de significado de um autor para outro. Pelo texto do art. 326, *caput*, do CPC de 2015, no entanto, vê-se que a opção do legislador foi de considerar o pedido subsidiário como aquele que é feito residualmente, isto é, para que seja apreciado, na eventualidade de o pedido principal ser negado. É o caso, por exemplo, de pedir o reconhecimento de vínculo, com o pagamento de salários, e, subsidiariamente, o reconhecimento de relação de trabalho, com o pagamento de remuneração.

No CPC de 1973, no entanto, esse pedido era chamado de *sucessivo* (art. 289). No novel código, não há mais a referência ao pedido sucessivo. Por isso, no nosso sentir, o pedido subsidiário também se refere ao pedido que depende de outro, que é o principal (art. 292, VIII, do CPC de 2015). Sendo este deferido, aquele também o será. É o caso, por exemplo, de se pedir o reconhecimento do vínculo de emprego, cuja procedência ensejará o acolhimento do pedido de anotação da CTPS, acessoriamente.

5. *Cumulação de pedidos*. Os pedidos podem ser cumulados em uma só demanda. Em regra, cada pretensão deveria ser deduzida em juízo em uma só demanda. Entretanto, pelo princípio da economia processual, o art. 327 do CPC de 2015 autoriza a cumulação de pedidos, desde que, em relação ao mesmo reclamado, ainda que não haja conexão entre eles. Essa cumulação é bastante comum nas ações trabalhistas.

6. *Extrapetição*. Por fim, vale lembrar que no Processo do Trabalho vigora o princípio da extrapetição, o qual autoriza ao Juiz acolher determinados pedidos, ainda que eles não tenham sido elaborados de forma específica, isso por força na natureza de ordem pública que os reveste. É o caso, por exemplo, da multa do art. 467 da CLT, que pode ser deferida, ainda que a parte não tenha feito pedido específico nesse sentido.

7. *Modelo de pedidos*. Considerando todas as informações apresentadas, sugere-se um exemplo da organização dos pedidos na petição inicial:

"**DOS PEDIDOS**

NESSES TERMOS, requer o recebimento da presente ação trabalhista, em todos os seus termos e com os documentos que a acompanham, para, ao final, serem julgados procedentes os seguintes pedidos:

a) a declaração de vínculo de emprego;

b) a condenação do réu a assinar a CTPS, pelo período de .../.../... a .../.../..., na função de..., com o salário de....; e

c) a condenação do réu a pagar:

c.1) 30 dias de aviso prévio......R$ 622,00;

c.2) 05/12 de 13º salário.......... R$ 259,16; e

c.3) 05/12 de férias + 1/3.........R$ 345,54."

8. *O pedido a partir da Lei n. 13.467/17 (reforma trabalhista)*. A aludida lei altera o art. 840 da CLT, para exigir que no procedimento ordinário, assim como já ocorre no sumaríssimo, caberá ao reclamante atribuir valor a cada um dos pedidos que fizer, pena de extinção do processo, sem resolução de mérito (art. 840, §§ 1º e 3º da CLT).

10.6. REQUERIMENTOS FINAIS

Os requerimentos são a solicitação de providências judiciais ligadas ao procedimento, isto é, a maneira pela qual o Juiz conduzirá o processo. Os principais são: a) a notificação do reclamado; b) a concessão da justiça gratuita; c) os protestos pela produção das provas; e d) o deferimento.

A CLT não exige a atribuição do valor da causa, até porque a Lei n. 5.584/70 autoriza que o próprio Juiz o fixe. Ocorre que, desde o advento do procedimento sumaríssimo (Lei n. 9.957/00), o valor da causa passou a determinar o rito processual. Por isso é que, desde então, o valor da causa passou a ser considerado como um requisito da petição inicial (art. 291 e ss do CPC de 2015). O C. TST entende ser aplicável a exigência do valor da causa, podendo o Juiz corrigi-lo de ofício (IN 39/16, art. 3º, V)

Após todos esses requerimentos, o reclamante deverá lançar a data, o local e sua firma.

Veja-se um exemplo dos requerimentos a serem feitos após os pedidos:

> "Requer, ainda:
>
> a) a notificação da reclamada, no endereço fornecido, para comparecer à audiência designada e apresentar defesa, se for de seu interesse, sob pena de revelia;
>
> b) a concessão dos benefícios da justiça gratuita, por ser o reclamante pobre, no sentido legal, como aqui expressamente o declara ser, sob as penas da lei; e
>
> c) a possibilidade de poder provar o alegado por todos os meios de prova em direito admitidos, especialmente pelos meios documentais e testemunhais.
>
> Atribui-se à causa o valor de R$...
>
> Termo em que, pede e espera deferimento.
>
> Local, data e assinatura."

Feito isso, a petição inicial estará pronta para ser apresentada ou distribuída perante a Vara do Trabalho.

10.7. *ANEXOS OBRIGATÓRIOS*

A petição inicial deverá vir acompanhada de alguns anexos, a depender do caso. Se o reclamante dispuser de provas documentais, deverá apresentá-las juntamente com a prefacial, sob pena de preclusão. Na hipótese de o reclamante requerer os benefícios da justiça gratuita, será importante juntar a declaração de pobreza, caso não prefira fazê-la na própria petição inicial.

As normas expedidas pelas Corregedorias dos Tribunais geralmente exigem que os documentos devam ser colados em uma folha de papel, ao máximo de dez por página, com espaço suficiente para numeração e rubrica das folhas, na parte de cima, e para carimbo de certificação de quantidade de documentos, na parte de baixo. Nos processos eletrônicos deverá ser observado o limite máximo de *megabytes*, como será visto no capítulo específico.

Caso o reclamante venha a juízo por intermédio de um advogado, deverá juntar, ainda, a respectiva procuração. Esta deverá sempre ser o último documento anexado à inicial.

10.8. *INDEFERIMENTO, ADITAMENTO E EMENDA*

O *indeferimento da petição inicial* é a sua recusa, ou não recebimento, por conter vícios insanáveis, entre os quais está a inépcia da inicial (art. 330, § 1º, do CPC de 2015). Caso o vício seja sanável, o Juiz deverá conceder ao reclamante o prazo de quinze dias para *emendar a inicial*, isto é, para corrigir os equívocos (art. 321 do CPC de 2015).

Contra essa decisão, que tem natureza terminativa do processo, caberá recurso ordinário (art. 895 da CLT). O CPC de 2015 prevê a possibilidade de retratação, pelo juiz, no prazo de 5 dias (art. 331), instituto que, no nosso sentir, não se aplica ao Processo do Trabalho, porque o recurso ordinário é regido por normas próprias, pelo que não há omissão (art. 769, da CLT).

O *aditamento da inicial*, por sua vez, consiste no ato de acrescentar ou alterar pedidos ou causa de pedir constantes da reclamação, o que só poderá ser feito até a citação (art. 329, I, do CPC de 2015). No Processo do Trabalho, todavia, como a notificação é feita pela via postal e a resposta do réu é apresentada na audiência, o aditamento poderá ser feito até o recebimento da defesa, que é um ato formal e deve ser registrado na respectiva ata. Uma vez recebida a defesa, o aditamento só poderá ser feito com a concordância do réu (art. 329, II, do CPC de 2015).

10.9. MODELO DE PETIÇÃO INICIAL

A fim de auxiliar o estudante na elaboração de suas peças, oferta-se o seguinte modelo:

Exmo. Sr. Dr. Juiz da Vara do Trabalho de....

FULANO DE TAL, brasileiro, solteiro, comerciário, portador da CI..., CPF..., CTPS..., PIS..., filho de ..., nascido em..., residente e domiciliado à Rua ..., CEP ..., vem, à presença de V. Exa., por intermédio de seu advogado *in fine* assinado, SICRANO DE TAL, OAB..., com escritório profissional à Rua ..., CEP .., onde recebe intimações (art. 106, I, do CPC de 2015), nos termos do art. 840 da CLT, ajuizar **AÇÃO TRABALHISTA** em face de **BELTRANO LTDA**, CNPJ ..., estabelecida à Rua ..., CEP ..., nos termos seguintes:"

1 DO CONTRATO DE TRABALHO

Manteve contrato de trabalho com a reclamada entre .../.../... e .../.../...., na função de ..., pelo que recebia o salário mensal de ....."

2 DO VÍNCULO

O reclamante trabalhou sem registro na CTPS, contrariando o art. 29 da CLT, razão pela qual tem direito à anotação de seu contrato, com data de admissão em...., dispensa em...., salário de.... e função de.....

3 DAS PARCELAS DECORRENTES DA RESILIÇÃO CONTRATUAL

Foi dispensado imotivadamente, mas não recebeu as parcelas decorrentes da resilição contratual, quais sejam, 30 dias de aviso prévio (art. 7º, XXI, da CF), 05/12 de 13º salário (art. 7º, VIII, da CF) e 05/12 de férias + 1/3 (art. 7º, XVII, da CF), os quais a reclamada deve ser condenada a pagar.

4 DOS PEDIDOS

NESSES TERMOS, requer o recebimento da presente ação trabalhista, em todos os seus termos e com os documentos que a acompanham para, ao final, serem julgados procedentes os seguintes pedidos:

a) a declaração de vínculo de emprego;

b) a condenação do réu a assinar a CTPS, pelo período de .../.../... a .../.../..., na função de..., com o salário de....; e

c) a condenação do réu a pagar:

c.1) 30 dias de aviso prévio......R$ 622,00;

c.2) 05/12 de 13º salário...... R$ 259,16; e

c.3) 05/12 de férias + 1/3......R$ 345,54."

Requer, ainda:

a) a notificação da reclamada, no endereço fornecido, para comparecer à audiência designada e apresentar defesa, se for de seu interesse, sob pena de revelia;

b) a concessão dos benefícios da justiça gratuita, por ser o reclamante pobre, no sentido legal, como aqui expressamente o declara ser, sob as penas da lei; e

c) a possibilidade de poder provar o alegado por todos os meios de prova em direito admitidos, especialmente pelos meios documentais e testemunhais.

Atribui-se à causa o valor de R$...

Termo em que,

Pede e espera deferimento.

Local, data e assinatura.

11 Defesa

Uma vez notificado, o reclamado tem o ônus de se defender, sob pena de haver preclusão da prática desse ato. É que o direito ao contraditório e à ampla defesa, como qualquer outro no Estado Democrático de Direito, não é absoluto.

Na técnica processual, o melhor seria dizer que o demandado tem direito a apresentar uma *resposta*, o que inclui não se manifestar. Assim é que, no Processo do Trabalho, o reclamado poderá apresentar as seguintes espécies de manifestação, às quais podemos chamar, genericamente, de *defesa*: a) *exceções*; b) *contestação*; c) *reconvenção*; e d) não se manifestar, hipótese em que poderá ocorrer a *revelia*. Além dessas manifestações, o réu poderá, ainda, reconhecer a procedência do pedido, o que dispensa análise aprofundada.

No Processo do Trabalho, todas essas defesas devem ser apresentadas na primeira audiência designada, seja do rito ordinário ou do sumaríssimo. Elas podem ser ofertadas separadamente ou em uma mesma petição, ou até mesmo de forma verbal, em função dos princípios da simplicidade e da oralidade. Por isso, no nosso sentir, no processo trabalhista é inócua a regra do art. 64 e do art. 337, II, do CPC de 2015 (que permitem a apresentação de exceção de incompetência relativa como preliminar da contestação), tendo em vista que, no Processo do Trabalho isso sempre ocorreu.

De se ressaltar que a Lei n. 13.467/17 (reforma trabalhista) acrescenta parágrafo único ao art. 847 da CLT, para estabelecer que a parte poderá apresentar defesa escrita pelo sistema de processo judicial eletrônico até a audiência.

A seguir, será feita uma análise de cada uma dessas espécies de resposta, priorizando, ao máximo, a abordagem prática.

11.1. EXCEÇÕES

O termo *exceção* tem dois significados na técnica processual. Pode ser sinônimo de *defesa* e de *defesa processual*. No primeiro caso, é um gênero, de maneira que qualquer resposta do réu seria uma exceção. Assim, enquanto o autor tem o direito de *ação*, o réu tem o de *exceção*.

Se o réu tiver alguma pretensão contra o autor, deverá deduzi-la também pela via da *ação*. Entretanto, por questões de economia processual, a lei permitiu que o réu, ao se defender, pudesse exercer o seu direito de ação no mesmo ato, ao qual se deu o nome de *reconvenção*.

Nesse tópico, o termo *exceção* designa defesa processual, referindo-se a determinadas alegações que não atacam o mérito da causa, mas, sim, o processo, isto é, os pressupostos processuais. Não são todos os pressupostos processuais que constituem matéria de exceção, mas apenas aqueles a que a lei conceder o efeito de suspender o processo, de modo a exigir uma decisão interlocutória.

Essa característica levou a doutrina a classificar as exceções como *defesa indireta*, em contraponto à *defesa direta*, que é feita por meio de *contestação*, na qual o mérito é atacado.

Será *dilatória* a exceção que não implicar na extinção do processo e *peremptória* a que o fizer.

No processo comum, justamente por constituírem um procedimento incidental, as exceções costumam tramitar em autos apartados, de maneira que a sua suscitação deve ser feita em petição individualizada. Contudo, no Processo do Trabalho, isso não ocorre. As exceções podem ser apresentadas juntamente com a contestação, na mesma petição, mas devem vir em primeiro lugar, uma vez que o Juiz deverá examiná-las e decidi-las antes de prosseguir no exame da defesa de mérito.

O Processo do Trabalho dá tratamento próprio às exceções, nos arts. 799 a 802 da CLT. Segundo dispõe o art. 799 da CLT, somente as exceções de suspeição e incompetência suspendem o feito. As demais devem constar da contestação, como preliminar (art. 799, § 1º, da CLT). É o caso da impugnação ao valor da causa (art. 2º, § 2º, da Lei n. 5.584/70).

Calha examinar mais de perto as exceções trabalhistas.

1. *Exceção de suspeição*

1.1. *Hipóteses.* A diferença entre *suspeição* e *impedimento*(488) é inovação trazida pelo Código de Processo Civil de 1973. O anterior, de 1939, dispunha apenas sobre a suspeição, termo que, na prática, abrangia os casos de impedimento. A CLT foi criada para dialogar com o CPC de 1939, razão pela qual, quando diz da exceção de *suspeição*, em linhas modernas, refere-se tanto às causas de suspeição quanto de impedimento.

A prova disso é que o art. 801,(489) "c", da CLT, enumera como hipótese de suspeição o "parentesco por consaguinidade ou afinidade até o terceiro grau civil", que é causa de impedimento no Código de Processo Civil de 1973 (art. 134, V). O CPC de 2015 manteve a diferenciação.

Dessa forma, com fulcro no art. 769 da CLT, as causas de suspeição e impedimento do CPC devem ser aplicadas ao Processo do Trabalho, considerando a existência de lacuna ontológica, já que a norma processual comum é mais moderna.

O Juiz estará *impedido* de atuar nos processos (art. 144 do CPC de 2015): a) em que interveio como mandatário da parte, oficiou como perito, funcionou como membro do Ministério Público ou prestou depoimento como testemunha; b) de que conheceu em outro grau de jurisdição, tendo proferido decisão; c) quando nele estiver postulando, como defensor público, advogado ou membro do Ministério Público, seu cônjuge ou companheiro, ou qualquer parente, consanguíneo ou afim, em linha reta ou colateral, até o terceiro grau, inclusive; d) quando for parte no processo ele próprio, seu cônjuge ou companheiro, ou parente, consanguíneo ou afim, em linha reta ou colateral, até o terceiro grau, inclusive; e) quando for sócio ou membro de direção ou de administração de pessoa jurídica parte no processo; f) quando for herdeiro presuntivo, donatário ou empregador de qualquer das partes; g) em que figure como parte instituição de ensino com a qual tenha relação de emprego ou decorrente de contrato de prestação de serviços; h) em que figure como parte cliente do escritório de advocacia de seu cônjuge, companheiro ou parente, consanguíneo ou afim, em linha reta ou colateral, até o terceiro grau, inclusive, mesmo que patrocinado por advogado de outro escritório; i) quando promover ação contra a parte ou seu advogado.

O CPC de 2015 padronizou o terceiro grau como o grau de parentesco capaz de gerar o impedimento nas hipóteses legais. Além disso, criou as hipóteses descritas nas letras "g", "h" e "i" citadas. Vale lembrar que, pelo

(488) Nas situações de impedimento (art. 134 do CPC), haverá presunção absoluta de que o juiz é imparcial. Nas de suspeição (art. 135), essa presunção será relativa.

(489) Art. 801. "O juiz, presidente ou vogal, é obrigado a dar-se por suspeito, e pode ser recusado, por algum dos seguintes motivos, em relação à pessoa dos litigantes: a) inimizade pessoal; b) amizade íntima; c) parentesco por consangüinidade ou afinidade até o terceiro grau civil; d) interesse particular na causa".

art. 26, II, "a", da LC 35/79 (LOMAN), é vedado ao magistrado exercer qualquer outra função, salvo um cargo de magistério superior, público ou particular. Acrescente-se, ainda, que a hipótese "f" era caso de suspeição no CPC de 1973, tendo sido alçada à condição de impedimento no CPC de 2015.

De conseguinte, o Juiz será *suspeito*, quando (art. 145 do CPC): a) amigo íntimo ou inimigo de qualquer das partes ou de seus advogados; b) que receber presentes de pessoas que tiverem interesse na causa antes ou depois de iniciado o processo, que aconselhar alguma das partes acerca do objeto da causa ou que subministrar meios para atender às despesas do litígio; c) quando qualquer das partes for sua credora ou devedora, de seu cônjuge ou companheiro ou de parentes destes, em linha reta até o terceiro grau, inclusive; d) interessado no julgamento do processo em favor de qualquer das partes; e e) assim se declarar, por motivo de foro íntimo.

Ainda em relação à suspeição, haverá duas situações nas quais a alegação de suspeição não poderá ser feita pelas partes (art. 801, parágrafo único, da CLT): a) se o recusante houver praticado algum ato pelo qual haja consentido na pessoa do juiz, salvo sobrevindo novo motivo; e b) se do processo constar que o recusante deixou de alegá-la anteriormente, quando já a conhecia, ou que, depois de conhecida, aceitou o Juiz recusado ou, finalmente, se procurou de propósito o motivo de que ela se originou.

Imagine-se, por exemplo, que José, reclamado na ação trabalhista, tenha mantido um rápido relacionamento amoroso com a juíza. Ao receber a notificação fica sabendo quem é a juíza e, mesmo assim, comparece à audiência normalmente, vindo a celebrar um acordo parcial em relação aos pedidos do reclamante, pagando o aviso-prévio e as férias vencidas. Em seguida, lembrando-se de que a juíza ficou um pouco "magoada" com o término da relação, José apresenta exceção de suspeição no momento de apresentar a defesa. Essa exceção não será cabível, tendo em vista que José, ao celebrar o acordo parcial, fez presumir que aceitou o Juízo. Não pode peitá-lo depois, portanto. Por outro lado, se o caso fosse de impedimento (*v. g.*, na hipótese da juíza ser esposa do autor), José poderia suscitá-lo a qualquer tempo, inclusive após o trânsito em julgado da sentença, mediante da ação rescisória.

1.2. *Processamento.* Apresentada a exceção de suspeição, o Juiz suspenderá o feito. Se houver necessidade, poderá designar audiência, dentro de quarenta e oito horas, para instrução e julgamento (art. 802 da CLT). Reconhecendo a suspeição, o Juiz oficiará à Corregedoria do respectivo TRT, a qual designará outro Juiz para atuar no feito. Entretanto, caso o Juiz não reconheça a exceção, aduzirá suas razões, no prazo de quinze dias (art. 146, § 1º, do CPC) e, tendo feito isso, remeterá os autos ao órgão competente do respectivo TRT, que geralmente é a Corregedoria do Tribunal.

Desde o advento da EC n. 24/99, que extinguiu a representação classista na Justiça do Trabalho, o julgamento da exceção de suspeição não mais é feito pelo próprio Juiz de primeiro grau, uma vez que agora atua sozinho. Assim, o § 1º do art. 802, da CLT, que previa essa hipótese, está revogado.

O Tribunal poderá acolher a exceção, quando então designará outro Juiz para atuar no processo e condenará o Juiz suspeito nas custas, ou rejeitá-la, determinando o seu arquivamento (art. 146, § 4º, do CPC de 2015). É de se dizer que o Juiz, atuando como agente do Estado, não deverá quitar as custas com seus próprios recursos, uma vez que haverá responsabilidade objetiva do Estado (art. 143 do CPC de 2015 c/c art. 37, § 6º, da CF), mas somente em uma eventual ação de regresso.

A decisão do Tribunal será irrecorrível de imediato (art. 799, § 2º, da CLT), por se tratar de decisão interlocutória. Mas as alegações poderão ser renovadas em sede de recurso ordinário.

2. *Exceção de incompetência.* O termo *incompetência* refere-se somente à competência territorial, uma vez que as demais são de natureza absoluta e, por isso, conhecidas de ofício pelo Juiz, quais sejam, a funcional e a material, razão pela qual deverá a incompetência ser alegada como preliminar da contestação, a fim de que seja a exceção julgada na sentença.

O CPC de 2015 extinguiu a exceção de incompetência relativa ao dispor que tal alegação deve ser feita como matéria preliminar da contestação, como ocorre com a incompetência absoluta (arts. 64 e 337, II, do CPC de 2015). Todavia, a nosso ver, não produz efeitos no Processo do Trabalho, tendo em vista que a CLT possui regramento próprio (art. 799 e ss, da CLT). Em verdade, a exceção de incompetência relativa sempre pôde ser oferecida como preliminar de contestação, por força do princípio da simplicidade.

Pelo mesmo argumento (de possuir regramento próprio), o art. 340, do CPC de 2015, que autoriza a apresentação de contestação no foro de domicílio do réu, para remessa ao juízo competente, também não tem aplicação no Processo do Trabalho, tendo em vista que, na Justiça do Trabalho, a defesa deve ser apresentada em audiência (art. 847 da CLT).(490)

As regras de competência territorial trabalhista estão dispostas no art. 651 da CLT. Se o reclamado não opuser a exceção de incompetência, haverá preclusão e a competência será prorrogada.

Todavia, uma vez oposta, a exceção de incompetência suspenderá o feito, como se disse. Em regra, o Juiz deverá abrir vista ao excepto, por vinte e quatro horas, improrrogáveis, devendo a decisão ser proferida na primeira audiência ou sessão que se seguir (art. 800 da CLT).

Caso a parte autora confesse, respondendo a interrogatório, os fatos necessários para julgamento da exceção de incompetência, ainda assim o Juiz deve abrir vista para que ele se manifeste em 24h? Corrente majoritária entende que sim, por se tratar de norma cogente de ordem pública, decorrente do devido processo legal.(491) No nosso sentir, contudo, nessa hipótese o Juiz pode decidir a exceção de incompetência relativa imediatamente, uma vez que, havendo a confissão, a manifestação será meramente protelatória (art. 765 da CLT).

A natureza dessa decisão é interlocutória, de maneira que, nessa situação, a parte autora poderá lançar seus protestos de imediato e, caso realmente necessite se manifestar, poderá fazê-lo no recurso ordinário, ocasião em que o Juízo pode se retratar (art. 458, § 7º, do CPC de 2015).

Vale dizer que, caso a exceção seja acolhida e se reconheça como competente o juízo do trabalho vinculado a outro Tribunal Regional, caberá recurso ordinário, nos termos da Súmula 214 do TST.(492)

Para memorizar:

- **Exceção de incompetência relativa: o prazo para manifestação do excepto é 24h**
- **Exceção de suspeição: a audiência de instrução será reaizada em 48h**

Por fim, cabe sublinhar que, a partir da vigência da Lei n. 13.467/17 (reforma trabalhista), a exceção de incompetência territorial passará a poder ser apresentada antes da audiência, em petição a ser protocolada no prazo de até cinco dias a contar da notificação, observando-se o seguinte procedimento (art. 800 da CLT): a) protocolada a petição, o processo será suspenso e a audiência inicialmente designada será cancelada; b) o juiz ouvirá o reclamante, para se manifestar em cinco dias; c) havendo necessidade de produção de prova oral, o juízo designará audiência de instrução, situação em que o excipiente (reclamado) poderá ouvir suas testemunhas por meio de carta precatória; d) decidida a exceção, o processo retomará seu curso no juízo competente, com a designação de audiência para apresentação de defesa e instrução do processo.

(490) Enunciado n. 13 do I FNPT. "[...] O art. 340 do NCPC, no que diz respeito à arguição de incompetência relativa, não se aplica ao Processo do Trabalho, na medida em que a resposta deverá ser deduzida em audiência, na forma do art. 847 da CLT, por existir regramento próprio, sendo, portanto, incompatível com a norma processual trabalhista na forma dos arts. 769 da CLT e 15 do NCPC (art. 847 da CLT e art. 340 do NCPC)."

(491) "[...]. Apresentada a Exceção de Incompetência em razão do lugar apenas em audiência, o Juízo deverá conceder prazo de 24 (vinte e quatro) horas improrrogáveis ao Exceto para se manifestar acerca do teor dessa defesa processual. Somente após esta providência prevista no art. 800 da CLT é que poderá julgar a exceção oposta, sob pena de, ao não facultar o prazo legal para manifestação do Exceto, incorrer em nulidade por cerceamento de defesa." (TRT da 3.ª Região; Processo: 0000511-65.2015.5.03.0033 RO; Data de Publicação: 13.04.2016; Disponibilização: 12/04/2016, DEJT/TRT3/Cad.Jud, Página 187; Órgão Julgador: Segunda Turma; Relator: Sebastiao Geraldo de Oliveira; Revisor: Jales Valadao Cardoso).

(492) Súmula do TST n. 214. "Decisão interlocutória. Irrecorribilidade. Na Justiça do Trabalho, nos termos do art. 893, § 1º, da CLT, as decisões interlocutórias não ensejam recurso imediato, salvo nas hipóteses de decisão: a) de Tribunal Regional do Trabalho contrária à Súmula ou Orientação Jurisprudencial do Tribunal Superior do Trabalho; b) suscetível de impugnação mediante recurso para o mesmo Tribunal; c) que acolhe exceção de incompetência territorial, com a remessa dos autos para Tribunal Regional distinto daquele a que se vincula o juízo excepcionado, consoante o disposto no art. 799, § 2º, da CLT."

11.2. CONTESTAÇÃO

11.2.1. CONCEITO, NATUREZA E PRINCÍPIOS

A *contestação* é o instrumento pelo qual o réu exerce, propriamente, o seu direito ao contraditório, razão pela qual possui natureza de *defesa direta*.

O prazo para a apresentação da contestação é imediatamente após a leitura da inicial pelo juiz, na primeira audiência (art. 847 da CLT), de maneira que o art. 335, do CPC de 2015, que fixa prazo para sua apresentação, não é aplicável ao Processo do Trabalho (art. 2º, V, da IN 39/16, do C. TST). Como essa leitura é geralmente dispensada pelas partes, na prática, a contestação acaba sendo apresentada após a frustração da primeira proposta de conciliação. Se for verbal, a contestação deverá ser aduzida em vinte minutos (art. 847 da CLT). O comum, entretanto, é que ela seja entregue ao Juiz na forma escrita.

A Lei n. 13.467/17 (reforma trabalhista) acrescenta parágrafo único ao art. 847 da CLT, para estabelecer que a parte poderá apresentar defesa escrita pelo sistema de processo judicial eletrônico até a audiência.

Se o réu for a Fazenda Pública, a Recomendação n. 2/2013, da CGJT, orienta a adoção dos seguintes procedimentos: a) não deve ser designada audiência inicial, para conciliação, a não ser que as partes requeiram conjuntamente; b) a Fazenda Pública será citada para apresentação de defesa no prazo de 20 dias, na Secretaria ou no PJe; c) a defesa só será apresentada em audiência na hipótese de requerimento conjunto das partes.

Assim como ocorre em relação à petição inicial, a contestação também pode ser aditada,[(493)] a fim de acrescentar informações. A doutrina tem aceitado o aditamento até o início da instrução processual.

Dois princípios norteiam a elaboração da contestação, que são o da *eventualidade* e o da *impugnação específica*.

1. *Eventualidade*. Este princípio determina que toda a matéria de defesa deverá ser arguída na contestação, a qual deverá conter as razões de fato e de direito do réu, bem como a impugnação dos pedidos do autor (art. 336 do CPC de 2015). Até o início da instrução, porém, o reclamado poderá aditar a defesa. Depois, toda a matéria de defesa não alegada estará preclusa.

2. *Impugnação específica*. Tanto a ausência de defesa (*revelia*) quanto a sua oferta genérica ou a defesa evasiva têm o efeito de estabelecer a presunção de veracidade dos fatos alegados na inicial. Caberá, pois, ao reclamado, manifestar-se, precisamente, sobre os fatos narrados pelo reclamante (art. 341 do CPC de 2015).

Essa presunção, todavia, não prevalece em face do defensor público, advogado dativo e curador especial (art. 341, parágrafo único, do CPC de 2015). O referido dispositivo não mais estende essa prerrogativa ao Ministério Público.

Também não serão presumidamente verdadeiros os fatos contra os quais não se admitir a confissão, os que demandarem prova por instrumento público não trazido aos autos e os que estiverem em contradição com a defesa, considerada em seu conjunto (art. 341, I a III do CPC de 2015).

A contestação será dividida em duas partes, conforme as alegações do reclamado sejam dirigidas ao processo ou ao mérito.

11.2.2. DEFESA PROCESSUAL

A defesa processual constante da contestação é chamada de *preliminar*. Duas características a tornam diferente das exceções: a) não suspendem o feito, ao contrário das exceções; e b) são dirigidas contra o que consta da petição inicial, enquanto nas exceções é possível aduzi-las sem que sequer se tenha lido a reclamação.

(493) "Compensação. Momento oportuno. A compensação só pode ser arguida como matéria de defesa, mas, este pedido pleiteado oralmente na audiência de instrução, a título de aditamento de defesa, não foge dos parâmetros impostos pela norma." (TRT 3ª Região. RO 2161/92. Relator: Desembargador Orestes Campos Gonçalves. 4ª Turma. DJMG 20.11.1992).

As preliminares abrangem três temas: a) pressupostos processuais; b) impugnação ao valor da causa; e c) condições da ação. Uma vez acolhidas, caso as preliminares conduzam à extinção do processo, serão chamadas de *peremptórias*. Lado outro, na hipótese de poderem ser sanadas, serão classificadas como *dilatórias*.

O exame pormenorizado dessas questões foi feito no Capítulo 9, ao qual remetemos o leitor.

Ultrapassadas as razões de índole processual, caberá ao reclamado aduzir as de mérito, pelo princípio da eventualidade.

11.2.3. DEFESA DE MÉRITO

No mérito, o reclamado pode atacar os fatos constitutivos do direito do reclamante ou apresentar novos, os quais têm por objetivo impedir, extinguir ou modificar aqueles direitos. No primeiro caso, a defesa de mérito será denominada *direta* e, no segundo, *indireta*. Além disso, o reclamado poderá suscitar a ocorrência da prescrição ou da decadência, que também são matéria de mérito (art. 487, II, do CPC de 2015).

1. *Prejudiciais de mérito*. Já foi dito que a *pretensão* é a vontade de exigir do sujeito passivo o cumprimento de algum dever ou obrigação e que, quando essa pretensão é efetivamente deduzida em juízo, ela ganha a nomenclatura de *demanda*. Quando o direito material é subjetivo, a lei pode fixar um prazo para que a pretensão seja transformada em demanda, ao final do qual terá ocorrido a prescrição (art. 189 do CC). Esta é, pois, a perda da pretensão, relativa a um direito subjetivo.

Pode ocorrer que o direito do sujeito ativo seja potestativo, situação em que a natureza do eventual prazo previsto para exercício desse direito é decadencial. Nesses casos, como o direito pode ser exercido sem a necessidade da manifestação da parte passiva, não há falar em pretensão, mas sim em perda do próprio direito. Os prazos decadenciais podem ser previstos na lei ou no contrato.

De toda sorte, a ocorrência da prescrição ou da decadência extingue a relação jurídica processual, com julgamento do mérito (art. 487, II, do CPC de 2015), uma vez que a responsabilidade do réu não poderá mais ser exigida em juízo.

Os prazos prescricionais trabalhistas são os estabelecidos pelo art. 7º, XXIX, da CF, os quais são objeto de análise pelo Direito Material do Trabalho, que foge aos objetivos desta obra.

O art. 487, II, do CPC de 2015, com a redação que lhe foi dada pela Lei n. 11.280/05, determina que o Juiz pronunciará a prescrição de ofício. Já o art. 210 do CC dispõe que o Juiz deve conhecer, de ofício, a decadência, quando estabelecida em lei. Considerando a omissão da CLT, seriam tais normas aplicáveis ao Processo do Trabalho? A corrente majoritária nega esta possibilidade, considerando que a inovação não perpassa pelo princípio da proteção. Esse é o entendimento do TST.[494]

2. *Defesa de mérito indireta*.

2.1. *Fatos modificativos, extintivos ou impeditivos*. Nesta espécie de defesa, o reclamado reconhece a existência do fato constitutivo do direito do autor, mas apresenta, em contrapartida, um outro fato capaz de modificar, extinguir ou impedir esse direito. Suponha-se, por exemplo, que o reclamante alegue ter feito horas extras, sem o recebimento da devida contraprestação. Em defesa indireta, o reclamado poderia alegar que: a) houve pagamento

(494) "Recurso de Revista. 1. Prescrição. Declaração *ex officio*. Impossibilidade. O cerne da controvérsia está em saber se o juízo de primeiro grau poderia, *ex officio*, declarar a prescrição quinquenal de pretensões declinadas na inicial do reclamante. A jurisprudência desta colenda Corte Superior caminha no sentido de que o art. 219, § 5º, do CPC, com a redação dada pela Lei 11.280/2006, não é aplicável à Justiça do Trabalho, que, por seus princípios e peculiaridades, impedem que seja declarada, de ofício, a prescrição de pretensões dos trabalhadores. Isso porque o trabalhador, além de parte hipossuficiente, busca com o Processo do Trabalho o reconhecimento de verbas alimentares, que, apesar de protegidas constitucionalmente (artigo 7º, X, da Constituição Federal), deixaram de ser pagas no curso do contrato de trabalho. Dessa forma, seja pela incidência do princípio tuitivo ou da proteção ao hipossuficiente, seja pelo caráter alimentar das verbas trabalhistas, a prescrição de pretensões relacionadas aos contratos de trabalho não podem ser declaradas *ex officio*. Com esse entendimento privilegia-se não só a dignidade do trabalhador, mas a especialidade do ramo jus laboral, que não tem regra legal específica permitindo tal declaração. Precedentes. Incidência da Súmula n. 333 e do art. 896, § 4º, da CLT. Recurso de revista não conhecido[...]." (TST. RR — 78600-23.2007.5.05.0132. Relator: Ministro Guilherme Augusto *Caputo* Bastos. 2ª Turma. DEJT: 04.11.2011).

parcial (modificativo); b) quitou integralmente (extintivo); ou c) todas as horas extras foram compensadas ou que há diferença superior a dois anos entre equiparando e equiparado (impeditivo).

Em quaisquer desses casos, será do reclamado o ônus de provar novos fatos por ele alegados (art. 818, da CLT, c/c art. 373, II do CPC de 2015).

2.2. *Compensação, retenção e dedução*. Uma defesa de mérito indireta muito comum é a *compensação*. Haverá *compensação* sempre que duas pessoas forem, ao mesmo tempo, credora e devedora uma da outra, de dívidas da mesma natureza, fenômeno que resultará na extinção recíproca delas, até onde se compensarem (art. 368 do CC). É o caso, por exemplo, do empregado que, dolosamente, causar prejuízos ao empregador, situação em que este poderá compensá-los no ato do pagamento do salário que deve àquele (art. 462, § 1º, da CLT).

A compensação não se confunde com a *retenção* e a *dedução*. A primeira é uma prerrogativa conferida ao credor, exclusivamente, pela lei, que o possibilita ficar na posse de um bem do devedor, como forma de compeli-lo a se adimplir. A exigência de autorização legal reduz bastante a aplicabilidade da retenção no Processo do Trabalho. Com este fundamento, por exemplo, o TRT da 3ª Região já negou a um trabalhador rural o direito de permanecer no imóvel que ocupava, de propriedade do empregador, até que houvesse o pagamento das verbas decorrentes da resilição contratual.[(495)] Um exemplo reconhecido pela jurisprudência do TST é o do trabalhador que prestou serviços à Administração Pública sem concurso público, o qual terá o direito de reter os salários pagos, apesar da declaração de nulidade do contrato de trabalho.[(496)]

Já a *dedução* é o abatimento do que já foi pago ao credor, sob o mesmo título. Tem como fundamento o não enriquecimento ilícito, razão pela qual o Juiz pode deferir de ofício. É o caso, por exemplo, dos adiantamentos de salário, que podem ser abatidos, quando de seu pagamento na data correta. O termo *dedução* também é usado para o abatimento de tributos, como o Imposto de Renda e as Contribuições Sociais Previdenciárias.

É muito comum o uso do termo *compensação* em vez de *dedução*. A própria jurisprudência do TST faz essa confusão, como na Súmula 202,[(497)] que trata da dedução entre duas gratificações e na OJ n. 325,[(498)] da SDI-I, que autoriza a dedução do aumento real concedido por convenção coletiva com aquele voluntariamente oferecido pelo empregador.

O critério para dedução das quantias já pagas deve obedecer ao vencimento de cada parcela. Por exemplo, quando se tratar das horas extras, a dedução daquelas pagas, em relação às deferidas, deverá ocorrer mês a mês.[(499)]

---

(495) "Ocupação de imóvel a título de salário "*in natura*" — Rescisão contratual — Invocação de direito de retenção. O direito do empregado a ocupar o imóvel que lhe foi cedido pelo empregador, a título de salário "*in natura*", se exaure inapelavelmente decorrido o prazo de 30 dias após a rescisão do respectivo contrato de trabalho, a teor do disposto no art. 9º, § 3º da Lei 5889/73. Não há falar em direito de retenção do ex-empregado com relação ao imóvel que lhe fora cedido no curso do contrato como condição para o seu cumprimento, posto que o direito de retenção, como restrição que é ao direito de propriedade assegurado pela Constituição Federal, exige expressa previsão legal a autorizá-lo. Por conseguinte, à ausência de expressa autorização legal, descabe a invocação ao direito de retenção que se choca com o disposto no art. 9º, § 3º da Lei 5889/73 que exclui tal possibilidade." (TRT da 3ª Região. RO — 6156/91. Relator: Desembargador Luiz Carlos da Cunha Avellar. 1ª Turma. DJMG: 03.07.1992).

(496) "[...] Recurso de Revista do Município de Tabuleiro do Norte. Nulidade do contrato de trabalho — Ente público — Efeitos. O contrato de trabalho nulo de pleno direito (arts. 37, inciso II e § 2º, da Constituição Federal) gera apenas direito de reter verbas pactuadas e recebidas como contraprestação pela força de trabalho do reclamante — entenda-se salário stricto sensu — por impossibilidade de restabelecimento do statu quo ante mediante a restituição dessa força. Assim, de tal contrato não resultam outros efeitos jurídicos, nem mesmo o de perceber salário não inferior ao mínimo legal: a ordem constitucional não tutela situações que a contrariem. Inteligência do Enunciado n.º 363 do TST. Recurso de revista conhecido e provido neste tema." (TST. RR — 564192-21.1999.5.07.5555. Relator: Ministro Ronaldo Lopes Leal. 1ª Turma. DJ: 05.10.2001).

(497) Súmula do TST n. 202. "Gratificação por tempo de serviço. Compensação. Existindo, ao mesmo tempo, gratificação por tempo de serviço outorgada pelo empregador e outra da mesma natureza prevista em acordo coletivo, convenção coletiva ou sentença normativa, o empregado tem direito a receber, exclusivamente, a que lhe seja mais benéfica".

(498) Orientação Jurisprudencial da SDI-I do TST n. 325. "Aumento salarial concedido pela empresa. Compensação no ano seguinte em antecipação sem a participação do sindicato profissional. Impossibilidade. O aumento real, concedido pela empresa a todos os seus empregados, somente pode ser reduzido mediante a participação efetiva do sindicato profissional no ajuste, nos termos do art. 7º, VI, da CF/1988.

(499) "Agravo de Instrumento em Recurso de Revista. Horas extras. Compensação de dívidas. Critério de apuração. Mês a mês. Nos termos da jurisprudência pacificada no Tribunal Superior do Trabalho: "A compensação, na Justiça do Trabalho, será restrita a dívidas de natureza trabalhista" (Súmula n. 18). Quanto ao critério a ser adotado para o referido cômputo, os julgados reiterados desta Corte pautam-se no sentido de que deve ocorrer no próprio mês, em relação às mesmas rubricas, com vistas a se referirem ao mesmo fato gerador. Agravo de instrumento a que se nega provimento." (TST. AIRR — 9649700-15.2003.5.04.0900. Relator: Ministro Pedro Paulo Manus. 7ª Turma. DEJT: 31.07.2009).

Para ser válida, a compensação deve observar as seguintes regras: a) dívidas recíprocas, líquidas, vencidas, de coisas fungíveis e de mesma natureza[500] (arts. 368 e 369 do CC); b) tanto a compensação quanto a retenção só podem ser arguidas na contestação (art. 767 da CLT);[501] c) na relação processual, o valor a ser compensado não pode exceder ao valor do pedido;[502] e d) na rescisão do contrato de trabalho, a quantia compensada não pode exceder a uma remuneração do empregado (art. 477, § 5º, da CLT).[503]

Quanto à compensação, é preciso dar especial destaque à necessidade de que as dívidas possuam a mesma natureza. A jurisprudência consolidada do TST não reconhece como da mesma natureza e, portanto, não passíveis de compensação, as verbas rescisórias e os valores pagos decorrentes do Programa de Incentivo à Demissão Voluntária (PDV).[504]

2.3. *Pedido contraposto*. Diferentemente da reconvenção, o pedido contraposto não é outra demanda, mas apenas um pedido, como o próprio nome diz, feito pelo réu em face do autor. Ele está vinculado à demanda original, sendo dela dependente, de maneira que não pode resultar na condenação do autor, mas apenas no abatimento do que lhe for deferido.

O pedido contraposto está previsto no art. 31, da Lei n. 9.099/95 (Lei dos Juizados Especiais), razão pela qual a jurisprudência só o tem admitido no rito sumaríssimo, por analogia (art. 769 da CLT). Ele também tinha cabimento no rito sumário previsto no CPC de 1973 (278, § 1°), o qual foi extinto pelo CPC de 2015, que agora apenas trata do *procedimento comum* (art. 318).

Dessa forma, seus requisitos são: a) rito sumaríssimo; b) causa de pedir fundamentada nos mesmos fatos que constituem o objeto da demanda; c) apresentação no corpo da contestação; d) limitação ao pedido da demanda principal se o pedido consistir em obrigação de pagar quantia.

O autor responderá ao pedido contraposto na impugnação à contestação, feita na própria audiência una (art. 31, parágrafo único, da Lei 9.099/95).

Imagine-se, por exemplo, que o empregado tenha ajuizado ação trabalhista com pedido de rescisão indireta, alegando a infração, pelo empregador, de um dos tipos do art. 483, da CLT. Na defesa, é lícito ao empregador formular pedido contraposto, para que o autor seja considerado demissionário, ao argumento de que o réu não cometeu falta grave.

3. *Defesa de mérito direta*. Na defesa direta, o reclamado nega a ocorrência do fato alegado na causa de pedir do reclamante, ou os seus efeitos, sem opor outro fato. Imagine-se, por exemplo, que o reclamante sustente que foi transferido, sem recebimento do respectivo adicional. Negando o fato, o reclamado pode dizer que não houve transferência e, negando os efeitos, que a transferência definitiva não gera o adicional.

Nesse caso, o ônus será do reclamante, uma vez que só ele alegou um fato (art. 818 da CLT).

11.3. RECONVENÇÃO

A *reconvenção* é uma demanda do réu contra o autor, no mesmo processo em que este é o demandante e aquele, o demandado. Este fenômeno é possível, em função do princípio da economia processual e da segurança jurídica. O regramento, por sua vez, é dado pelo art. 343 do CPC de 2015, aplicado subsidiariamente ao Processo do Trabalho (art. 769 da CLT).

(500) Súmula do TST n. 18. "Compensação. A compensação, na Justiça do Trabalho, está restrita a dívidas de natureza trabalhista."

(501) Súmula do TST n. 48. "Compensação. A compensação só poderá ser argüida com a contestação".

(502) O crédito excedente deverá ser objeto de reconvenção.

(503) O valor excedente deve ser objeto de ação própria.

(504) Orientação Jurisprudencial da SDI-I do TST n. 356. "Programa de Incentivo à Demissão Voluntária (PDV). Créditos trabalhistas reconhecidos em juízo. Compensação. Impossibilidade. Os créditos tipicamente trabalhistas reconhecidos em juízo não são suscetíveis de compensação com a indenização paga em decorrência de adesão do trabalhador a Programa de Incentivo à Demissão Voluntária (PDV)".

Nos termos da lei processual comum, são requisitos para a admissão da reconvenção: a) que o Juiz da causa principal não seja absolutamente incompetente para a reconvenção, razão pela qual o objeto do pedido deverá ter como causa a relação de trabalho; b) identidade das partes; c) litispendência, uma vez que não poderá haver reconvenção em processos com coisa julgada formada; e d) conexão entre a reconvenção e a ação principal ou com o fundamento da defesa.

As polêmicas em torno da reconvenção referem-se ao seu cabimento. Em apertada síntese, está pacificado na jurisprudência trabalhista o cabimento da reconvenção nos seguintes casos: a) cobrança dos valores que excederam aos limites da compensação; b) ações declaratórias (Súmula 258, do STF); c) reclamações de rito ordinário e d) dissídios coletivos, inclusive nos de greve.(505)

Por outro lado, também está pacificado o não cabimento nas seguintes situações: a) rito sumaríssimo, nos quais só cabe pedido contraposto;(506) b) no Processo de Execução, já que a litispendência é um requisito.

Antes do advento do CPC de 2015, a reconvenção não era admitida em sede de Ação Civil Pública, bem como na hipótese de o autor ser substituto processual. Todavia, o art. 343, § 5º, do CPC de 2015 dispôs que "se o autor for substituto processual, o reconvinte deverá afirmar ser titular de direito em face do substituído, e a reconvenção deverá ser proposta em face do autor, também na qualidade de substituto processual."

Há dúvidas quanto ao cabimento da reconvenção em outra reconvenção e nas ações dúplices, como na Consignação em Pagamento e no Inquérito para Apuração de Falta Grave. No primeiro caso, há de se ter em mente que, apesar de a lei não vedar expressamente, dificilmente a situação perpassaria pelo princípio da celeridade. No segundo, não se vislumbra a necessidade prática, uma vez que nessas ações a sentença pode condenar o autor por sua própria natureza, sem a necessidade de reconvenção.

No caso específico da Consignação em Pagamento, entretanto, caso seja interesse do consignatário pleitear o pagamento das verbas tipicamente trabalhistas, deverá fazê-lo por reconvenção, como no caso de reintegração.(507)

(505) "[...] Preliminar de não cabimento da reconvenção em processo de Dissídio Coletivo. I — Não obstante o processo coletivo se distinga do processo individual, na medida em que aqui se aplica direito preexistente e lá se constitui direito novo, ambos se identificam como instrumentos de atuação jurisdicional do Estado, pelo que não se divisa nenhum óbice à aplicação subsidiária do art. 315 do CPC. II — Mesmo porque o Processo do Trabalho, quer o seja coletivo, quer o seja individual, singulariza-se pela ênfase dada à celeridade e simplicidade processuais, que igualmente ilustram a finalidade da reconvenção, de sorte que há sobejas razões jurídicas para sua aplicação incondicional no dissídio coletivo, mesmo que o seja de greve. III — Isso por ser norma do art. 8º da Lei n. 7.783/89 caber a Justiça do Trabalho, ao examinar a legalidade ou abusividade do exercício do direito de greve, deliberar, por iniciativa de qualquer das partes ou do Ministério Público, sobre a procedência, total ou parcial, ou improcedência das reivindicações. IV — Significa dizer que o sindicato patronal, ao suscitar o dissídio de greve a fim de que o Judiciário examine a higidez jurídico-material do movimento, há de deduzir pretensão referente às condições de trabalho, a permitir que o sindicato profissional, opondo-se à declaração de abusividade da greve, ofereça reconvenção na qual deduza pretensão relativa a outras condições de trabalho, tendo em conta o concurso do pressuposto do art. 315 do CPC, relativo indiferentemente à conexão com a ação principal e com o fundamento da defesa. Preliminar rejeitada. [...]" (TST. RODC — 8200-59.2005.5.23.0000. Relator: Ministro Antônio José de Barros Levenhagen. SDC. DJ: 18.08.2006).

(506) "Recurso de Revista — Procedimento sumaríssimo — Reconvenção — Incompatibilidade. A Lei n. 9.957/2000, que acrescentou os dispositivos da CLT em que instituído o procedimento sumaríssimo para dissídios individuais cujo valor não exceda a quarenta vezes o salário-mínimo, não contém disposição expressa quanto à admissão de reconvenção nos processos sob esse rito. A questão deve ser analisada a partir da interpretação simétrica com as leis que disciplinam mecanismos de celeridade na prestação jurisdicional em causas de valores limitados. Nesse sentido, a Lei n. 9.099/95, que disciplina os Juizados Especiais Cíveis para causas cujo valor não exceda a quarenta vezes o salário-mínimo, e a Lei n. 9.245/95, que instituiu dispositivos do Código de Processo Civil para adoção do rito sumário nas causas cujo valor não exceda a 60 (sessenta) vezes o valor do salário-mínimo, não admitem a reconvenção, restringindo a resposta do réu à formulação de pedido contraposto, que deve ser fundado nos mesmos fatos da inicial. A Jurisdição como exercício do poder soberano do Estado é una, motivo pelo qual a instituição de procedimentos que busquem impingir celeridade na prestação jurisdicional a causas com valores limitados deve buscar a harmonia entre institutos correlatos. Com fulcro no princípio da duração razoável do processo e amparo no art. 769 da CLT, a lacuna de norma específica na legislação do trabalho deve ser suprida pela observação do disposto no art. 278, § 1º, do CPC. Assim, destacando a possibilidade de os réus formularem pedidos contrapostos nas reclamações trabalhistas sob o rito sumaríssimo, não se revela violação do art. 5º, II, XXXV, LIV e LV, da Constituição Federal em decisão em que se afirma a incompatibilidade de propositura de reconvenção em processo sumaríssimo. Acrescente-se, por fim, que, na hipótese tratada, houve a realização de audiência única para recebimento de defesa e instrução, motivo pelo qual se admitir o processamento da reconvenção implicaria inevitável prejuízo, ou pelo retardamento do feito, ou pela ausência de similitude de prazo para o autor responder as assertivas e pretensões da reconvenção. Recurso de revista não conhecido." (TST. RR — 3385-06.2007.5.12.0016. Relator: Ministro Luiz Philippe Vieira de Mello Filho. 1ª Turma. DEJT: 17.06.2011).

(507) "[...]A ação de consignação em pagamento possui natureza dúplice (artigo 899, § 2º, do CPC), isto é, há a possibilidade de condenação do consignante, independentemente de reconvenção. Esse caráter dúplice, no entanto, restringe-se às obrigações em dinheiro objeto da consignatória, não alcançando o pedido de reintegração ao emprego formulado pela consignatária, para o qual se faz necessária a apresentação de reconvenção. Por outro lado, em observância aos princípios da oralidade e informalidade, inerentes ao Processo do Trabalho, se a reconvenção e a contestação podem ser ofertadas de

É preciso destacar, todavia, que o TST tem entendido ser plenamente cabível a reconvenção na Consignação em Pagamento.[(508)]

No Processo do Trabalho, a reconvenção pode ser ajuizada no próprio texto da contestação,[(509)] bastando abrir um capítulo próprio, para preservar a boa organização do texto. Essa simplicidade também teve a adesão do CPC de 2015 (art. 343).[(510)] Entretanto, o ideal é que seja apresentada em petição separada, uma vez que assim fica fácil de diferenciar uma demanda da outra, bem como de preencher com zelo os requisitos da petição inicial.

11.4. REVELIA

1. *Introdução.* Antes de analisar o instituto da revelia, é preciso ter em mente que os fatos alegados pelas partes devem ser comprovados pelos meios de prova lícitos e moralmente legítimos (art. 369 do CPC de 2015), podendo ser *diretos* ou *indiretos.*

Os *meios diretos* mais comuns são: a) confessional; b) testemunhal; c) documental; d) pericial; e) inspeção judicial; e f) a prova emprestada, a qual não está arrolada no CPC, mas, doutrinariamente, é concebida como um meio autônomo de prova.

Já os *meios indiretos* de prova podem ser de dois tipos: a) presunção; e b) indício. A primeira é a certeza empírica (na prática) da existência de um fato em função da comprovação de outro, por força da lei ou da interpretação do Juiz (art. 374, IV, do CPC). O indício, por sua vez, é a circunstância conhecida e provada, que, tendo relação com o fato, autorize, por indução (na teoria), concluir-se sobre outra ou outras circunstâncias (art. 239 do CPP[(511)]).

Para o estudo da revelia, interessa compreender a *confissão* e a *presunção.* Aquela é um ato pessoal, de maneira que ela só será possível, se a parte estiver presente à audiência, ou, embora ausente, houver sido intimada, pessoalmente, para a ela comparecer. A presunção, por sua vez, não decorre de um ato pessoal da parte, mas da lei ou da interpretação do Juiz.

A confissão pode ser *real* ou *ficta.* No primeiro caso, a parte comparece à audiência e admite, espontaneamente, a ocorrência de fatos alegados pela outra. Já no segundo, a parte, pessoalmente intimada, não comparece, ou, comparecendo, se silencia sobre fatos que deveriam ser do seu conhecimento. Imagine-se, por exemplo, que o Juiz interrogue o reclamado, perguntando-lhe se o reclamante fazia horas extras. Se o reclamado foi intimado pessoalmente e não comparecer, haverá confissão ficta; se comparecer e admitir a prestação das horas extras, haverá confissão real; se disser que não houve trabalho suplementar, o ônus da prova será do reclamante; se disser que não sabe, haverá confissão ficta, uma vez que o empregador tem o dever de controlar a jornada de trabalho do empregado, para pagar-lhe corretamente as horas extras.

forma oral, constando da mesma ata de audiência, nos termos do art. 847 da CLT, nada impede que tais espécies de defesa sejam apresentadas na mesma peça processual. Desse modo, não se revela imprescindível o oferecimento da reconvenção em peça autônoma, sendo admissível o seu manejo na peça contestatória. Assim, como o pedido de reintegração ao emprego constitui verdadeira reconvenção, a ausência de concessão de prazo ao reconvindo para se manifestar sobre tal pretensão caracteriza cerceamento do direito de defesa. Recurso de revista conhecido e provido." (TST. RR — 151240-07.2007.5.05.0461. Relator: Ministro Guilherme Augusto *Caputo* Bastos. 2ª Turma. DEJT: 19.11.2010).

(508) "Recurso de Revista. Ação de consignação em pagamento. Reconvenção. Possibilidade. Reputam-se conexas duas ou mais ações quando lhes for comum o objeto ou a causa de pedir (art. 103 do CPC). Assim, é perfeitamente possível a reconvenção em sede de ação de consignação em pagamento na Justiça do Trabalho, conforme entendimento pacífico desta Corte. Recurso de revista provido." (TST. RR — 741599-81.2001.5.02.5555. Relator: Ministro Mauricio Godinho Delgado. 6ª Turma. DEJT: 11.12.2009).

(509) "[...] Reconvenção. Possibilidade de apresentação na peça contestatória. Pedido de restituição de valores. Não se cogita de violação do art. 299 do CPC, pois se admite a apresentação da contestação e da reconvenção numa mesma peça processual, em observância aos princípios da instrumentalidade das formas, da celeridade e da economia processual. Recurso de revista de que se conhece e a que se nega provimento." (TST. RR — 49000-37.2008.5.12.0031. Relatora: Ministra Kátia Magalhães Arruda. 5ª Turma. DEJT: 09.09.2011).

(510) Enunciado n. 18 do I FNPT. "[...] Diante de lacuna da CLT quanto à reconvenção, a regra do art. 343 que possibilita ao réu apresentar essa ação contra o autor na contestação, aplica-se no Processo do Trabalho. Não se admite a possibilidade de ampliação subjetiva da lide prevista nos parágrafos 3º e 4º do art. 343 do NCPC."

(511) Art. 239. Considera-se indício a circunstância conhecida e provada, que, tendo relação com o fato, autorize, por indução, concluir-se a existência de outra ou outras circunstâncias.

Tanto na confissão ficta quanto na presunção, o Juiz deverá levar em conta a prova pré-constituída nos autos. Assim, se os fatos já tiverem sido provados por outros meios, não há razão para prevalecer a confissão ficta ou a presunção.[512]

Presunção e confissão ficta também não prevalecem diante da exigência legal de uma prova específica. É o que acontece em relação aos pedidos de adicional de insalubridade e periculosidade, cuja prova deve ser pericial (art. 195 da CLT), bem como quanto à prova do pagamento de salários e de concessão de férias, porque ambas devem ser feitas, necessariamente, mediante recibo (art. 464 da CLT).

2. *Conceito.* Nos termos do art. 344 do CPC de 2015, a revelia é ausência de defesa (contestação). Não obstante, o art. 844 da CLT dispõe que ela é o não comparecimento do reclamado à audiência. Diante desse conflito de normas, indaga-se se a razão está com o CPC ou com a CLT.

Na verdade, o conflito entre os dois diplomas processuais é apenas aparente. O que de fato ocorre é que, no Processo do Trabalho, a defesa é apresentada na audiência, logo após as partes recusarem a proposta de acordo (art. 847 da CLT). Dessa forma, a revelia ocorrerá, no Processo do Trabalho, quando o reclamado não comparecer à audiência, na qual deveria apresentar defesa. Se ele deixar de comparecer a outras audiências, portanto, não haverá revelia.

Mas o que aconteceria se o reclamado, apesar de não comparecer à audiência, enviasse sua defesa por terceiros, como é o caso do seu advogado, ou por meio eletrônico? Nesse caso, haveria defesa, mas o reclamado não teria comparecido à audiência. Ocorre que a defesa é um ato processual que deve ser praticado pessoalmente pelo reclamado ou por seus prepostos, de maneira que a sua remessa por terceiros, que não os prepostos da reclamada, não será válida, como vem entendendo o TST.[513] Portanto, se o advogado da reclamada, por exemplo, comparecer munido de defesa, porém sem a companhia do preposto do reclamado, este será revel.

A Lei n. 13.467/17 (reforma trabalhista) acrescenta um terceiro parágrafo ao art. 843 da CLT, para estabelecer que o preposto não mais precisa ser empregado da parte ré, inclusive para grandes empresas.

A Fazenda Pública também pode ser reputada revel, consoante entendimento consolidado da SDI-I do TST.[514]

O reclamado deve comparecer à audiência no dia e hora designados pelo Juiz. A SDI-I do TST já firmou entendimento no sentido de não tolerar atrasos das partes, por inexistência de previsão legal, razão pela qual haverá revelia.[515]

3. *Efeitos.* A revelia não deve ser confundida com os seus efeitos. Como foi dito, a revelia é a ausência do reclamado à audiência na qual deveria apresentar sua defesa (contestação) e seus efeitos são os seguintes: a) desnecessidade de intimação do reclamado dos atos posteriores do processo, salvo se tiver advogado constituído nos autos e no caso da sentença, da qual a parte deverá ser intimada pela via postal, uma vez que não compareceu à audiência (art. 852 da CLT); b) *confissão* da parte revel quanto à matéria de fato (art. 844 da CLT); e c) julgamento antecipado da lide (art. 355, II, do CPC de 2015).

(512) Súmula do TST n. 74. "Confissão. (atualizada em decorrência do CPC de 2015) I — Aplica-se a confissão à parte que, expressamente intimada com aquela cominação, não comparecer à audiência em prosseguimento, na qual deveria depor. A prova pré-constituída nos autos pode ser levada em conta para confronto com a confissão ficta (arts. 442 e 443, do CPC de 2015 — art. 400, I, do CPC de 1973), não implicando cerceamento de defesa o indeferimento de provas posteriores. (ex-OJ n. 184 da SBDI-1 — inserida em 08.11.2000). III — A vedação à produção de prova posterior pela parte confessa somente a ela se aplica, não afetando o exercício, pelo magistrado, do poder/dever de conduzir o processo."

(513) Súmula do TST n. 122. "Revelia. Atestado médico. A reclamada, ausente à audiência em que deveria apresentar defesa, é revel, ainda que presente seu advogado munido de procuração, podendo ser ilidida à revelia mediante a apresentação de atestado médico, que deverá declarar, expressamente, a impossibilidade de locomoção do empregador ou do seu preposto no dia da audiência."

(514) Orientação Jurisprudencial da SDI-I do TST n. 152. "Revelia. Pessoa Jurídica de Direito Público. Aplicável. (art. 844 da CLT). Pessoa jurídica de direito público sujeita-se à revelia prevista no art. 844 da CLT".

(515) Orientação Jurisprudencial da SDI-I do TST n. 245. "Revelia. Atraso. Audiência. Inexiste previsão legal tolerando atraso no horário de comparecimento da parte na audiência."

Para nós, no entanto, a *confissão* da parte não é um efeito da revelia, como consta do art. 852 da CLT. Isso porque a confissão, assim como a defesa, é um ato processual pessoal, que depende da intimação pessoal da parte (art. 385, § 1º, do CPC de 2015), o que não ocorre com a notificação, a qual é remetida via postal, podendo ser recebida por qualquer preposto do reclamado.

Dessa forma, como a notificação não é pessoal, o efeito da revelia não pode ser a confissão ficta, mas sim a presunção legal de que os fatos alegados pelo reclamante são verdadeiros (art. 344 do CPC de 2015).

Os efeitos da revelia não ocorrerão nos seguintes casos, conforme art. 345 do CPC de 2015:

a) no litisconsórcio, desde que o pedido em relação aos litisconsortes seja o mesmo, tal qual sucede na ação trabalhista ajuizada contra a empresa tomadora e a prestadora de serviços terceirizados;

b) em litígios cujo objeto seja direito indisponível, como na ação rescisória;(516)

c) se a petição estiver desacompanhada de documento que a lei considere indispensável à prova do ato, como a certidão de nascimento, no pedido de salário-família; e

d) no caso de as alegações de fato formuladas pelo autor forem inverossímeis ou estiverem em contradição com prova constante dos autos. (517)

Esta última hipótese (letra "d") é uma novidade trazida pelo CPC de 2015, que também deixou claro que o réu, muito embora seja revel, tem o direito de produzir provas, desde que se faça representar nos autos a tempo de praticar os atos processuais. Destarte, no nosso sentir, se apenas o advogado comparecer à audiência, sem o preposto da empresa, não será possível afastar a revelia, mas o Juiz deverá admitir o recebimento da defesa, eventualmente com documentos (prova pré-constituída), já que ela antecede ao depoimento pessoal do réu. A oitiva de testemunhas, no entanto, ficará prejudicada, porque não podem subsistir em face da confissão ficta da parte ré (muito embora o nome correto fosse a presunção de veracidade das alegações do autor), nos termos do art. 443, I, do CPC de 2015.

O C. STJ já decidiu que "reconhecida a revelia, a presunção de veracidade quanto aos danos narrados na petição inicial não alcança a definição do quantum indenizatório indicado pelo autor."(518)

4. *Contumácia e revelia.* No rito ordinário, é comum os Juízes do Trabalho designarem duas audiências, sendo uma para realização da proposta de acordo, com eventual apresentação de defesa, e outra para a instrução do processo, na qual serão prestados depoimentos pelas partes e testemunhas. No rito sumaríssimo, tudo isso ocorre em uma audiência só, pelo que é chamada de audiência una.

O não comparecimento das partes a essas audiências tem consequências distintas, a depender do tipo da audiência e da posição da parte no processo (reclamante ou reclamado).

---

(516) Súmula do TST n. 398. "Ação Rescisória. Ausência de defesa. Inaplicáveis os efeitos da revelia. Na ação rescisória, o que se ataca na ação é a sentença, ato oficial do Estado, acobertado pelo manto da coisa julgada. Assim sendo, e considerando que a coisa julgada envolve questão de ordem pública, a revelia não produz confissão na ação rescisória".

(517) Enunciado n. 33 do I FNPT. "CLT, art. 769 e NCPC, art. 345, IV. Revelia. Diante de lacuna da CLT quanto ao regramento da revelia, a regra do art. 345, IV, se aplica ao Processo do Trabalho."

(518) "Direito processual civil. Limites dos efeitos da revelia. Reconhecida a revelia, a presunção de veracidade quanto aos danos narrados na petição inicial não alcança a definição do *quantum* indenizatório indicado pelo autor. Como assentado na doutrina, a revelia não viola o processo justo, o devido processo legal, porque não significa a formação de um contraditório virtual ou presumido, muito menos a existência de uma confissão ficta. A própria existência da ação atesta a inconformação entre a pretensão do autor e a resistência do réu. Por isso, os efeitos da revelia não são absolutos, conduzindo à automática procedência dos pedidos. A revelia produz efeitos relativos, apenas autorizando o julgador, como destinatário do comando inserto no art. 319 do CPC, a considerar verdadeiros os fatos afirmados pelo autor. Caberá ao juiz a análise conjunta das alegações e das provas produzidas (REsp 1.128.646-SP, Terceira Turma, DJe de 14.9.2011; e EDcl no Ag 1.344.460-DF, Quarta Turma, DJe de 21.8.2013). A par disso, a revelia permite ao juiz considerar verdadeiros os fatos relacionados à ocorrência de dano suportado pelo autor em razão da conduta do réu. Assim, o que deve ser considerado "verdadeiro" é a ocorrência do dano. Importa destacar que não se pode confundir a existência do dano com a sua correta quantificação feita pelo autor na petição inicial. O *quantum* é decorrência do dano, e seu valor deve corresponder ao prejuízo efetivamente sofrido pela parte lesada, a ser ressarcido pelo causador, não sendo permitido o enriquecimento sem causa. Precedentes citados: AgRg no AREsp 450.729-MG, Quarta Turma, DJe de 28.5.2014; e AgRg no REsp 1.414.864-PE, Segunda Turma, DJe de 11.2.2014. REsp 1.520.659-RJ, Rel. Min. Raul Araújo, julgado em 1º.10.2015, DJe 30.11.2015." (STJ. REsp 1.520.659-RJ, Rel. Min. Raul Araújo, julgado em 1º.10.2015, DJe 30.11.2015).

Primeiro, analisa-se a ausência do reclamante, a qual é chamada de *contumácia*. Se o reclamante não comparecer à primeira audiência do rito ordinário ou à una, do rito sumaríssimo, a consequência lógica seria a presunção de veracidade dos fatos alegados pelo reclamado, como efeito da sua contumácia. Todavia, essa presunção depende de previsão legal. Como o Processo do Trabalho visa proteger o trabalhador vulnerável, a CLT previu que, nesse caso, não haverá presunção de veracidade dos fatos alegados pela parte contrária, mas, sim, *arquivamento* (art. 844 da CLT), que resulta na extinção do processo, sem julgamento do mérito. Trata-se, portanto, de um benefício para o reclamante, que poderá ajuizar outra ação trabalhista, ao invés de ter seus pedidos julgados improcedentes.

Entretanto, se a audiência for de instrução, no rito ordinário, e o reclamante tiver sido intimado, pessoalmente, para depor, sob as cominações do art. 385, § 1º, do CPC de 2015, haverá confissão ficta quanto aos fatos alegados pelo reclamado,[519] porque a sua ausência equivale ao silêncio em relação aos fatos sobre os quais deveria depor.

Em relação ao reclamado, quando sua ausência ocorrer na primeira audiência do rito ordinário ou na una, do rito sumaríssimo, haverá revelia, cujo efeito será a presunção de veracidade dos fatos alegados pelo reclamante. Isso porque nessas audiências o reclamado deveria apresentar sua defesa.

Se, porém, a ausência do reclamado ocorrer na audiência de instrução, no rito ordinário, e a defesa já tiver sido apresentada na primeira audiência, não haverá revelia, uma vez que esta só ocorre com a ausência da audiência designada para apresentação de defesa. Se não há revelia, também não há falar em presunção de veracidade das alegações do reclamante. Nesse caso, se o reclamado tiver sido intimado, pessoalmente, para comparecer à audiência de instrução, sua ausência implicará em *confissão ficta*, porque o não comparecimento equivale ao silêncio em relação aos fatos sobre os quais deveria depor (art. 384, § 1º, do CPC de 2015).

Em resumo, havendo revelia, o efeito será a presunção de veracidade dos fatos alegados pelo reclamante. Lado outro, se o reclamado apresentar defesa, mas não comparecer à audiência da qual foi intimado, pessoalmente, para depor, o efeito será a confissão ficta.

5. *Elisão da revelia*. A revelia pode ser elidida, caso o reclamado comprove a nulidade da citação e a impossibilidade de locomoção do preposto do empregador, por questões de saúde, consoante Súmula 122 do TST.[520] Esse mesmo entendimento tem sido aplicado ao empregado, por analogia.

6. *Limites*. Por fim, cabe destacar que a revelia só ocorre em relação aos pedidos constantes da inicial, dos quais o reclamado foi notificado, para contestar. Por isso, o reclamante só poderá fazer a alteração do pedido ou da causa de pedir e demandar declaração incidente (ação declaratória incidental), mediante nova citação do reclamado (art. 329, II, do CPC de 2015).

7. *Revelia a partir da Lei n. 13.467/17 (reforma trabalhista)*. A referida lei regula o instituto da revelia no processo do trabalho, acrescentando os §§ 4º e 5º ao art. 844 da CLT. Em linhas gerais, o § 4º repete o texto do art. 345 do CPC, relacionando as mesmas hipóteses em que a revelia não produzirá os efeitos da presunção de veracidade das alegações de fato feitas pelo reclamante. A novidade fica por conta do § 5º, que estabelece que, na hipótese de ausência do preposto e presença do advogado da parte reclamada, o juiz deverá receber a contestação e os documentos eventualmente apresentados. Isso significa que haverá revelia, com produção de todos os efeitos, mas a contestação e os documentos apresentados deverão ser levados em conta pelo juízo no julgamento dos pedidos.

11.5. MODELO DE DEFESA

A elaboração de uma defesa trabalhista deve observar a mesma forma da petição inicial, atentando-se para o fato de que, por já serem conhecidos, o juízo e o número do processo devem constar do texto.

(519) Súmula do TST n. 74. "Confissão. (Atualizada em decorrência do CPC de 2015) I — Aplica-se a confissão à parte que, expressamente intimada com aquela cominação, não comparecer à audiência em prosseguimento, na qual deveria depor. [...]"

(520) Súmula do TST n. 122. "Revelia. Atestado médico. A reclamada, ausente à audiência em que deveria apresentar defesa, é revel, ainda que presente seu advogado munido de procuração, podendo ser ilidida a revelia mediante a apresentação de atestado médico, que deverá declarar, expressamente, a impossibilidade de locomoção do empregador ou do seu preposto no dia da audiência.

Caso a contestação seja objeto de prova, o estudante deverá adotar os seguintes procedimentos, a fim de trilhar um caminho rápido e seguro para sua aprovação: a) ler com atenção o problema proposto, tomando nota de toda a matéria impugnável; b) colocar ao lado de cada assunto os artigos de lei, os princípios, as súmulas e OJs do TST referentes a cada matéria; c) estabelecer uma ordem de abordagem, colocando números à frente de cada assunto, em ordem crescente, começando pelas exceções, vindo depois as preliminares, as prejudiciais de mérito, o mérito e, por fim, a reconvenção; d) no caso de haver reconvenção, para evitar equívocos, sugere-se que seja feita em peça separada, seguindo todas as orientações feitas em relação à petição inicial; e) apresentar as razões por tema, a exemplo da petição inicial, com fato, fundamento e conclusão; e f) ao final, na conclusão, requerer o acolhimento das exceções e preliminares, pugnar pelo pronunciamento da prescrição e impugnar, um a um, os pedidos da inicial referentes ao mérito.

Abaixo, oferta-se um modelo de defesa.

Exmo. Sr. Dr. Juiz da Vara do Trabalho de ....

Processo n.: ...

BELTRANO LTDA, CNPJ ..., estabelecida à Rua ..., CEP ..., vem, à presença de V. Exa., por intermédio de seu advogado *in fine* assinado, **DELTRANO,** OAB/MG..., com escritório profissional à Rua ... CEP .., onde recebe intimações (art. 106, I, do CPC), com fulcro no art. 847 da CLT, apresentar sua **DEFESA** à ação trabalhista que lhe é movida por **FULANO DE TAL** , já qualificado nos autos, nos termos seguintes:

1. DAS EXCEÇÕES

1.1 Do impedimento

O art. 144, IV estabelece que é defeso ao Juiz exercer as suas funções no processo *quando for parte no processo ele próprio, seu cônjuge ou companheiro, ou parente, consanguíneo ou afim, em linha reta ou colateral, até o terceiro grau, inclusive.* No caso dos autos, o advogado do reclamante é cunhado de V. Exa., razão pela qual requer seja declarado o seu impedimento, devendo ser designado outro Juiz para atuar no presente feito.

1.2 Da incompetência relativa

A CLT estabelece, através do art. 651, que a competência para processar e julgar a ação trabalhista é do juízo do local da prestação dos serviços. O reclamante prestou serviços na filial da reclamada em Itaúna, MG, razão pela qual deve este douto juízo declinar da competência e remeter os autos à Vara do Trabalho daquele Município.

2. DAS PRELIMINARES

2.1. Da incompetência absoluta

O autor pleiteia indenização decorrente de acidente de trânsito. Entretanto, o art. 114 da CF estabelece rol taxativo, no qual não está incluída a pretensão do reclamante. Destarte, os autos devem ser remetidos à Justiça Comum. Na eventualidade de assim não entender V. Exa., deve ser extinto o processo, sem resolução do mérito (art. 485, IV, do CPC).

2.2 Da inépcia da inicial

O pedido relativo ao FGTS não possui causa de pedir, pelo que a inicial deverá ser declarada inepta, nos termos do art. 330, § 1º, I, do CPC, e o processo, extinto, sem resolução do mérito (art. 485, I do CPC).

2.3 Da Incorreção do valor da causa

Estabelece o art. 292, VI, do CPC, que o valor da causa será igual à soma dos valores dos pedidos. *In casu,* o autor liquidou os pedidos, totalizando o valor de R$50.000,00, mas atribuiu à causa o valor de R$2.000,00. Assim, é imperioso que este douto juízo retifique o valor da causa e determine que o processo siga o rito ordinário, na forma do art. 852-A da CLT.

2.4 Carência de ação

O art. 625-D da CLT determina que *qualquer demanda de natureza trabalhista será submetida à Comissão de Conciliação Prévia se, na localidade da prestação de serviços, houver sido instituída a Comissão no âmbito da empresa ou do sindicato da categoria.* Destarte, considerando que no Município de Pará de Minas há uma CCP relativa à categoria do reclamante, o autor deve ser declarado carecedor de ação, pelo que deverá o processo ser extinto, sem julgamento do mérito.

3. DA PREJUDICIAL DE MÉRITO

3.1 Da prescrição quinquenal

Na eventualidade de ser a reclamada condenada ao pagamento de alguma parcela, argúi-se a prescrição quinquenal, devendo ser declaradas prescritas todas as parcelas cuja exigibilidade seja anterior a cinco anos, a contar da data do ajuizamento da ação, nos termos do art. 7º, XXIX, da CF.

4. DO MÉRITO

Caso não sejam acolhidas as preliminares arguidas, ainda assim, no mérito, os pedidos devem ser julgados improcedentes, pelos fatos e fundamentos a seguir expostos.

4.1 Do aviso prévio

O aviso prévio foi devidamente indenizado, conforme documento em anexo, de maneira que não há que se falar em seu pagamento.

4.2 Das férias + 1/3

O reclamante percebeu auxílio-doença da Previdência Social por 7 (sete) meses, razão pela qual não tem direito a férias, na forma do art. 133, IV da CLT.

5. DA CONCLUSÃO

DIANTE DE EXPOSTO, pede e espera a reclamada o acolhimento das exceções e preliminares e o pronunciamento da prescrição.

Na eventualidade de se chegar ao mérito, quanto a ele melhor sorte não socorre o reclamante que ver julgados improcedentes todos os pedidos da exordial, nos seguintes termos:

a) aviso prévio: devidamente quitado;

b) férias + 1/3: indevidas, na forma do art. art. 133, IV da CLT.

c) ...

Protesta por provar o alegado por todos os meios de prova em direito admitidos, especialmente pelos meios documentais, testemunhais e periciais.

Termos em que,

Pede e espera deferimento.

Local, data e assinatura.

Para memorizar:

Disposição da matéria de defesa:

- Exceções:
  - Suspeição e impedimento (arts. 801 e 802 da CLT c/c art. 144 e 145 do CPC);
  - Incompetência relativa (arts. 651 e 800 da CLT).
- Preliminares:
  - Incompetência absoluta (art. 337, II, do CPC);
  - Inexistência ou nulidade da citação (art. 337, I, do CPC);
  - Inépcia da inicial (art. 295, I c/c 301, III, do CPC);
  - Perempção (arts. 731 e 732 da CLT c/c art. 337, V, do CPC);
  - Litispendência (art. 337, VI, do CPC);
  - Coisa julgada (art. 337, VII, do CPC);
  - Conexão (art. 337, VIII, do CPC);
  - Incapacidade, representação e falta de autorização (art. 337, IX, do CPC);
  - Convenção de arbitragem (art. 337, X, do CPC);
  - Falta de caução ou outra prestação (art. 337, XII, do CPC);
  - Incorreção do valor da causa (art. 337, III, do CPC);
  - Impugnação à gratuidade de Justiça (art. 337, XIII, do CPC);
  - Carência de ação (art. 337, XI, do CPC).
- Prejudiciais de mérito:
  - Prescrição bienal ou quinquenal (art. 7º, XXIX, da CF);
  - Decadência (Ação Rescisória, Inquérito para apuração de falta grave).
- Mérito:
  - Defesa indireta:
    - Fato modificativo, extintivo ou impeditivo;
    - Compensação, retenção e dedução (art. 767 da CLT);
    - Pedido contraposto.
  - Defesa direta:
    - Negativa dos fatos;
    - Negativa dos efeitos dos fatos;
- Reconvenção (melhor em peça separada);
- Conclusão.

12 Provas

12.1. TEORIA GERAL

Provas são meios destinados a demonstrar a verdade dos fatos. O princípio do devido processo legal tem como um dos seus corolários o direito fundamental à prova (art. 5º, LV e LVI, da CF), que compreende o direito de *produzir*, *participar* e *manifestar*.

No Processo do Trabalho, a disciplina das provas é feita pelos arts. 818 a 830. Entretanto, é assente na doutrina o entendimento da necessidade de que esse regramento seja complementado pelas disposições do Código de Processo Civil (art. 769 da CLT).[521]

A seguir, será realizada uma análise acerca dos principais temas correlatos à teoria geral das provas.

12.1.1. MEIOS

A prova pode ser produzida por todos os instrumentos previstos em lei, bem como pelos que não sejam vedados por ela, desde que sejam moralmente legítimos (art. 369 do CPC de 2015).

1. *Meios diretos*. Os meios de prova podem ser *diretos*, quando se referem diretamente ao fato que se pretende provar, ou *indiretos*, quando relativos a outros fatos que, indiretamente, levam ao conhecimento da verdade do fato principal. Os meios diretos mais comuns são: a) *depoimento das partes*, que é um direito da parte contrária; b) *interrogatório das partes*, cuja iniciativa é do juiz; c) *confissão* judicial ou extrajudicial; d) *testemunhal*; e) *documental*; f) *pericial*; e g) *inspeção judicial*.

O CPC de 2015 também introduziu a *ata notarial* como meio autônomo de prova, a qual consiste no registro de fatos realizado pelo Tabelião de cartório em uma ata, a pedido do interessado (art. 384). Ocorre que essa ata possui apenas presunção relativa de veracidade dos fatos que registra, por força do princípio da verdade real. Assim é que, por exemplo, o depoimento registrado em ata notarial não se sobrepõe ao prestado pela testemunha perante o Juiz; pelo contrário, terá seu valor minorado, porque desprestigia o princípio da imediatidade.

Sem embargo, outros meios podem ser criados, como é o caso da prova *estatística*,[522] por exemplo.

---

(521) Enunciado n. 26 do II FNPT. "CPC, arts. 2º, 371 e 372. CLT, art. 765. Produção de prova. Aplicação supletiva ao Processo do Trabalho. Os arts. 2º, 371 e 372 do CPC reafirmam a dicção do art. 765 da CLT acerca da liberdade do juiz na direção do processo, notadamente na produção das provas. Aplicáveis, portanto, supletivamente, ao Processo do Trabalho."

(522) Nessa modalidade de prova, são utilizadas estatísticas para demonstrar a ocorrência de fatos, como, por exemplo, no caso de uma empresa que, apesar de ter entre seus quadros maioria feminina, nunca promoveu uma mulher a gerente. Em casos assim, a estatística pode provar a existência de discriminação.

2. *Meios indiretos*. Já os meios *indiretos* de prova podem ser de dois tipos: a) *presunção*; e b) *indício*.

2.1. *Presunção*. A presunção é a certeza da existência de um fato em função da comprovação de outro, por força da lei ou da interpretação do Juiz (art. 374, IV, do CPC de 2015). Ela é dedutiva ("*a priori*"), isto é, independe da experiência e do caso concreto, de maneira que o simples acontecimento do fato "A" já será capaz de provar a verdade relativa ao fato "B". Dessa forma, a presunção deriva da lógica, isto é, da ilação (nexo de causalidade) que o julgador faz de um fato provado para se convencer da ocorrência de outro fato.[523]

A presunção pode ser *absoluta* ("*juris et de iure*") ou *relativa* ("*juris tantum*"). A primeira não admite a produção de prova em contrário e a segunda, sim. É exemplo de presunção absoluta o fato de o Juiz ser irmão de uma das partes, gerando a presunção absoluta de parcialidade (art. 134, IV, do CPC). Já as anotações constantes da CTPS geram presunção relativa de veracidade (Súmula n. 12, do TST[524]).

2.2. *Indício*. Nos termos do art. 239 do Código de Processo Penal, *indício* é a circunstância conhecida e provada, que, tendo relação com o fato, autorize, por indução, concluir-se sobre outra ou outras circunstâncias. Ele é, pois, indutivo ("*a posteriori*"), isto é, dependerá dos elementos (sinais) do caso concreto, para ser formado. Não se pode, portanto, estabelecer indícios previamente, de forma abstrata, como ocorre com a presunção.

Imagine-se, por exemplo, que um empregado, que também seja sócio minoritário da empresa, ajuíze uma ação trabalhista e celebre um acordo milionário, pago à vista pelo empregador, contra o qual correm outras ações trabalhistas e fiscais. Tais fatos, uma vez provados, constituem indícios de simulação das partes, a fim de transferir o patrimônio da empresa para o seu sócio, em prejuízo dos credores.[525]

12.1.2. FONTES

Quaisquer fatos naturais ou humanos que provoquem efeitos no mundo jurídico podem ser considerados como fonte da prova. Por isso é que o art. 369 do CPC de 2015 foi bem abrangente, estabelecendo que "as partes têm o direito de empregar todos os meios legais, bem como os moralmente legítimos, ainda que não especificados neste Código [...]."

12.1.3. OBJETO

Em regra, o objeto da prova são os fatos, uma vez que o Juiz conhece o direito ("*juria novit curia*"). Constituem exceção a essa regra o direito municipal, estadual, estrangeiro ou consuetudinário, os quais devem ter o teor e a vigência provados pela parte, se assim determinar o Juiz (art. 375 do CPC de 2015). No Processo do Trabalho, a mesma regra se aplica às Convenções Coletivas de Trabalho e aos Acordos Coletivos de Trabalho,[526] às Convenções da OIT não ratificadas e aos regulamentos de empresa.

(523) É o caso, *v. g.*, do assédio moral: Enunciado n. 29 do II FNPT. "Psicoterror evidenciado por assédio moral do empregador. Para a caracterização do assédio moral dispensa-se a prova da intenção do assediador, se pretendia ou não comprometer aspectos da personalidade do trabalhador. Todavia, eventual conduta subjetiva pode ser valorada na quantificação da indenização do dano moral."

(524) Súmula do TST n. 12. "Carteira Profissional. As anotações apostas pelo empregador na carteira profissional do empregado não geram presunção "*juris et de jure*", mas apenas '*juris tantum*'."

(525) "Recurso Ordinário. Ação Rescisória. Das provas produzidas nos autos. Colusão. Na linguagem jurídica, colusão designa o concerto, o conchavo ou a combinação maliciosa ajustada entre duas ou mais pessoas, com o objetivo de fraudarem ou iludirem uma terceira pessoa, o que se constata por evidências e fortes indícios. O fato do então reclamante ter trabalhado por longo período para as empresas reclamadas, não elide a situação fática de ter sido consolidado crédito trabalhista expressivo em lide simulada, especialmente se considerado que o empregado também era sócio daquelas empresas, que possuíam elevado passivo tributário, previdenciário e trabalhista, e que essa situação não se verificou em outros feitos intentados por empregados que não eram sócios ou familiares deles. Assim, as provas produzidas confirmam o convencimento do Juízo, de que houve colusão entre as partes, a ensejar a rescisão da sentença proferida na reclamação trabalhista. Recurso ordinário a que se nega provimento". (TST. RO — 143100-75.2003.5.04.0000. Relator: Ministro: Pedro Paulo Manus. SDI-II. DEJT: 15.06.2012).

(526) "Recurso de Revista. Julgamento *extra petita*. Inexistência. Sabe-se que os acordos e convenções coletivos são uma forma de manifestação normativa no direito do trabalho. Do disposto no art. 337 do CPC, a parte que alegar — direito municipal, estadual, estrangeiro ou consuetudinário, provar-lhe-á o teor e a vigência, se assim o determinar o juiz-. Se o direito está previsto em norma coletiva, e essa norma foi juntada aos autos, tem-se que restaram comprovados — sem sequer haver determinação de juntada pelo julgador — o teor e a vigência de norma de aplicação de âmbito restrito. Feito isso e a correta exposição dos fatos pela parte da parte, cabe ao juiz dizer qual a norma aplicável. Portanto, não constitui julgamento *extra petita* a aplicação de norma coletiva diferente da indicada pelo reclamante,

Alguns fatos, no entanto, não precisam ser provados. É o caso dos seguintes fatos (art. 374 do CPC): a) *notórios*; b) afirmados por uma parte e *confessados* pela parte contrária; c) admitidos, no processo, como *incontroversos* (como a confissão real ou a ficta); e d) em cujo favor milita *presunção legal* de existência ou de veracidade.

Os *fatos notórios* não devem ser confundidos com as *máximas de experiência*. Os primeiros são conhecimentos comuns e não individuais do juiz, como, *v. g.*, a existência de quadro de carreira em uma empresa muito conhecida.(527) Para ser notório, o fato ainda deve ter grande abrangência, de maneira que possa ser do conhecimento dos juízes de todas as instâncias. Nesse sentido, o TST vem negando ser fato notório o aniversário de grandes cidades, como São Paulo.(528)

As *máximas de experiência*, por sua vez, são conhecimentos individuais, adquiridos pelo Juiz em decorrência de sua cultura ou da experiência no exercício de suas funções, os quais o auxiliam na identificação e interpretação dos fatos. O Juiz deve levá-las em conta (art. 375 do CPC), sobretudo no rito sumaríssimo (art. 852-D da CLT), mas não poderá deixar de determinar a produção da prova técnica, ainda que disponha de conhecimentos dessa natureza.

Imagine-se, por exemplo, que o Juiz tenha formação em medicina ou engenharia. Isso certamente o ajudará na formação de seu convencimento quanto à caracterização da insalubridade, mas não o autorizará a dispensar a prova técnica (art. 197 da CLT).

12.1.4. FINALIDADE

Tradicionalmente, a finalidade da prova é destinada a formar a convicção do Juiz acerca dos fatos relativos à demanda (art. 369 do CPC de 2015).(529) É equívoco produzir a prova no sentido de convencer a parte contrária de que ela não possui razão.

Todavia, tem sido crescente a doutrina que defende que a verdadeira finalidade da prova é descobrir a verdade dos fatos. A nosso ver, apesar de a verdade possuir profundas raízes subjetivas (porque alguém pode, por exemplo, supor que seja verdade um truque de mágica), antes de formar a convicção do juízo, a prova deve se destinar a demonstrar a verdade dos fatos, mormente porque nem sempre um único Juiz julga a causa, como acontece nas situações em que há interposição de recursos.

Em vista disso, o CPC de 2015 procurou enfatizar a importância da descoberta da verdade, a fim de que esta, e não propriamente a prova, influencie na convicção do juiz, como dispõe o art. 369: "As partes têm o direito de empregar todos os meios legais, bem como os moralmente legítimos, ainda que não especificados neste Código,

---

porque, dentre todas as colacionadas aos autos, cabe ao juiz verificar qual delas se subsume ao pleito autoral. Incólumes os arts. 128, 283 e 460 do Código de Processo Civil. Não conhecido. [...]" (TST. RR — 171500-30.2002.5.15.0097. Relator: Ministro Emmanoel Pereira. 5ª Turma. DEJT: 03.09.2010).

(527) "[...] Equiparação salarial. Quadro de carreira. Comprovação. Fato notório e admitido pela parte contrária. Indevida equiparação salarial quando sabido que a empregadora tem quadro de carreira organizado, nos termos do art. 461 da CLT, mesmo que tal quadro não tenha sido juntado nos autos, visto tratar-se de fato notório, bem como alegado pelas reclamadas e admitido pelo reclamante ao se referir a ele por muitas vezes. Recurso de revista de que não se conhece.[...]" (TST. RR — 70100-30.1997.5.04.0751. Relator: Ministro Guilherme Augusto *Caputo* Bastos. 2ª Turma. DEJT: 24.08.2012).

(528) "Agravo. Agravo de instrumento em recurso de revista. Tempestividade. Aniversário da cidade de São Paulo. Ausência de expediente forense. Comprovação. A existência de feriado local não se encarta no conceito de fato notório, que não possui tal amplitude, sendo certo que o dia do aniversário da cidade de São Paulo (25/01), como sucede com outros feriados estaduais/municipais pelo país afora, é limitado, segundo o conceito de fato notório, que independe de prova, à região do Município de São Paulo. O conceito de notoriedade, na doutrina, não ostenta a amplitude que lhe empresta a agravante, sendo restrito à região e à época na qual o litígio se instaurou. Vale dizer, fato notório é aquele de conhecimento do homem de cultura mediana no local onde caberá o julgamento. Cabe à parte comprovar, quando da interposição do recurso, a existência de feriado local ou de dia útil em que não haja expediente forense que justifique a prorrogação do prazo recursal, ônus do qual a agravante não se desincumbiu. Nesse sentido a Súmula n. 385 desta Corte. Agravo a que se nega provimento." (TST. Ag-AIRR — 147500-76.2009.5.02.0001. Relator: Ministro Walmir Oliveira da Costa. 1ª Turma. DEJT: 10.08.2012).

(529) Enunciado n. 30 do II FNPT. "CPC, art. 371. CLT, arts. 832, *caput*, e 852D. Sistema do livre convencimento ou da persuasão racional. Mantença de sincronia entre processo civil e processo laboral. O art. 371 do CPC, tal qual os arts. 832, *caput*, e 852D, da CLT, continua consagrando o sistema do livre convencimento ou da persuasão racional, de modo que ao juiz remanesce a liberdade de, fundamentadamente, conferir às provas produzidas no processo o peso que entender devido, tudo a revelar que o processo civil e o Processo do Trabalho, no particular, prosseguem em perfeita sincronia técnica."

para provar a verdade dos fatos em que se funda o pedido ou a defesa *e influir eficazmente na convicção do juiz*." (Grifo nosso).

12.1.5. PRINCÍPIOS

1. *Necessidade*. As provas são necessárias à elucidação dos fatos, de maneira que um fato não provado será tido como inexistente (art. 369 do CPC de 2015). Isso autoriza o Juiz a indeferir as diligências inúteis ou meramente protelatórias (art. 370, parágrafo único, do CPC de 2015).

2. *Obrigatoriedade*. As provas são destinadas à formação do juiz, razão pela qual este deve determiná-las, na eventualidade de as partes não a produzirem (art. 370 do CPC de 2015 e 765 da CLT).

3. *Oportunidade*. Cada prova tem seu momento próprio para ser produzida, como é o caso da prova documental que é pré-constituída (arts. 787 e 845 da CLT).

4. *Unidade*. As provas formam um todo, o qual deverá ser analisado como tal, em conjunto. Em vista disso, existindo vários depoimentos de testemunhas, cabe ao Juiz considerá-los em conjunto, podendo, no entanto, desconstituir o que se mostrar viciado, como o contraditório, por exemplo. Isso não impede, ainda, que o Juiz atribua especial valor a um dos depoimentos, em desprestígio dos demais, de forma fundamentada, como acontece no caso em que apenas uma das testemunhas, entre outras 5, presenciou o fato de uma distância mais próxima.

5. *Proibição de provas ilícitas*. A Constituição (art. 5º, LVI) veda as provas contrárias à lei e à moral, as quais podem ser eventualmente admitidas, de acordo com a regra de ponderação entre os direitos fundamentais.

6. *Oralidade*. No Processo do Trabalho, em regra, as provas devem ser produzidas em audiência, de forma oral, na presença do Juiz (art. 848 da CLT). O fato de os depoimentos serem reduzidos a termo não alteram essa forma, tendo em vista que a prova foi oral, mas apenas o seu registro foi escrito.

7. *Aquisição*. Uma vez produzida, a prova passa a pertencer ao processo e não à parte que a produziu, de maneira que o Juiz deverá apreciá-la independentemente do sujeito que a tiver promovido (art. 371 do CPC de 2015). Por isso, não é tecnicamente adequado dizer que a testemunha é *do autor* ou *do réu*, mas sim que ela é *do juízo* ou *do processo*.

8. *Imediatidade*. Não deve haver obstáculo entre o Juiz e a prova, razão pela qual é dele o dever de tomar os depoimentos das partes e testemunhas (art. 820 da CLT). O CPC de 2015, no entanto, prevê que a parte possa fazer perguntas diretamente às testemunhas (art. 459), o que, no nosso sentir, não se aplica ao Processo do Trabalho, já que a CLT possui norma específica (art. 820). No mesmo sentido é o art. 11, da IN 39/16, do C. TST.

9. *Livre convencimento motivado*. Como se viu, além de provar a verdade dos fatos, a prova também é destinada à formação da convicção do juiz, a qual deve ser devidamente motivada (art. 93, IX, da CF, e art. 371 do CPC de 2015).

10. *Contraditório e ampla defesa*. A parte tem o direito de produzir todas as provas que se fizerem necessárias, participar da produção da prova pela parte contrária e manifestar-se sobre todas as provas realizadas (art. 5º, LV, da CF).

11. *Verdade real*. Reiteramos que o Juiz deve conduzir a produção das provas a fim de esclarecer a verdade dos fatos, conforme eles tenham efetivamente ocorrido. Isso reforça, portanto, o entendimento pelo qual a finalidade imediata da prova é desvelar a verdade, formando a convicção do Juiz mediatamente.

12. "*In dubio pro misero*". Em peso, a doutrina não vem admitindo a aplicação do princípio do "*in dúbio pro misero*", em matéria de prova. É que, na dúvida, o Juiz deve determinar a produção de mais provas, a fim de apurar a verdade real, e não simplesmente decidir a favor do empregado.[530] Ademais, ausente disposição expressa de lei, a aplicação desse princípio feriria a isonomia e o devido processo legal.

(530) "[...] Prova dividida. Horas extras. Ônus da prova. A regra da distribuição do ônus da prova, nos termos do art. 333 do CPC, é a de que cabe ao autor a prova do fato constitutivo de seu direito, e ao réu, o da existência do fato impeditivo, modificativo ou extintivo do direito do autor. Ademais, a teor do art. 818 da CLT, a prova das alegações incumbe à parte que as fizer. Em tal contexto, o princípio *in dubio pro misero* não pode ser aplicado no presente caso, pois, ao alegar a invalidade dos registros de ponto, porque não era permitido o registro da

12.1.6. *ÔNUS DA PROVA*

O *ônus* não é uma penalidade, mas sim uma característica afeta a determinado tipo de ato que, quando não praticado, gera uma consequência, como a preclusão.

De conseguinte, o ato de alegar um fato tem por característica a necessidade de prová-lo, razão pela qual se pode dizer que quem alega tem o ônus de provar (art. 818 da CLT). Por consequência, o fato que não for provado não será considerado como verdadeiro (princípio da necessidade da prova).

O ônus da prova surge, portanto, a cada alegação feita pelas partes. Todavia, a sua incumbência pode alterar durante o processo, antes ou depois da produção da prova. Entretanto, o Juiz só deve decidir com base no ônus da prova quando não tiver sido produzida a prova sobre um fato, porque, caso a prova tenha sido produzida, ela será do processo e não da parte, pelo princípio da aquisição (art. 371 do CPC de 2015). Dessa forma, se o ônus de provar determinado fato for de "A", mas a prova for feita por "B", o Juiz conhecerá da prova normalmente, sem qualquer empecilho.

Por força do princípio da cooperação, o CPC de 2015 permite que as partes convencionem sobre a forma de distribuição do ônus da prova, o que pode ser feito antes ou durante o processo (art. 373, § 4º). Sem embargo, o TST se pronunciou contrário à aplicação desse instituto no Processo do Trabalho (art. 2º, VII, da IN 39/16). No nosso sentir, o negócio processual sobre a distribuição do ônus da prova é aplicável ao Processo do Trabalho, desde que não cause manifesto prejuízo ao trabalhador, por força do princípio da finalidade social, devendo o Juiz verificar caso a caso a respectiva legalidade.

Há três formas de distribuição do ônus da prova: *estática*, *dinâmica* e *invertida*.

1. *Distribuição estática*. Em regra, quem alega fatos é o demandante. Entretanto, o demandado também poderá fazê-lo, na hipótese de apresentar defesa de mérito indireta (fatos modificativos, extintivos e impeditivos do direito do autor), quando então o ônus de provar tais fatos será dele (art. 373, I e II, do CPC de 2015). A essa distribuição do ônus da prova, a doutrina dá o nome de *estática*, porque ela é regra, já estando estabelecida de forma genérica, antes do processo.

2. *Distribuição dinâmica*. Nessa modalidade, o Juiz atribui o ônus da prova não a quem alega, mas sim a quem tem melhores condições de produzir a prova, levando em conta o dever que as partes têm de colaborar na busca pela decisão justa e real (princípio da cooperação). Essa forma de distribuição agora está expressamente prevista na lei (art. 373, § 1º, do CPC de 2015).

O CPC de 2015, no entanto, estabeleceu os seguintes requisitos para que o Juiz faça a distribuição dinâmica do ônus da prova (art. 373): a) verificação de que uma das partes possui maior facilidade de obtenção da prova (§ 1º); b) decisão fundamentada (§ 2º); c) garantia de oportunidade para a parte se desincumbir do seu ônus (§ 2º, "*in fine*"); d) proibição de distribuição dinâmica quando a prova se tornar impossível ou excessivamente difícil (§ 3º).

Por exemplo, quando o empregado alega que merecia ser promovido, é dele o ônus de provar que preencheu os requisitos do regulamento do empregador (art. 818, da CLT). Todavia, não se deve perder de vista que é a empresa quem realiza o procedimento de aferição do merecimento, razão pela qual ela é quem possui mais aptidão para produzir a prova sobre o preenchimento ou não dos requisitos pelo empregado. Outro exemplo, citado pelo FNPT, é o da terceirização realizada pela Administração Pública, a qual tem mais aptidão para provar que fiscalizou o contrato, a fim de saber de sua eventual responsabilidade.[531]

O C. TST se manifestou favorável à aplicação da distribuição dinâmica do ônus da prova, nos termos do art. 3º, VII, da IN 39/16.

---

real jornada laborada, o reclamante efetivamente atraiu para si o ônus de provar tal alegação, do qual não se desincumbiu, já que a prova testemunhal por ele apresentada foi contraditória com a que foi produzida pelo reclamado. Recurso de revista conhecido e não provido. (TST. E-RR — 116800-62.2003.5.18.0008. Relatora: Ministra Dora Maria da Costa. 8ª Turma. DEJT: 04.05.2009).

(531) Enunciado n. 28 do II FNPT. "CPC, art. 373, § 1º. Aptidão para a prova. Súmula 331, item V, do TST. O princípio da aptidão para a prova (CPC, art. 373, § 1º) é aplicável à hipótese elencada no item V da Súmula 331 do TST, incumbindo ao ente da Administração Pública direta ou indireta a prova de que cumpriu com seu dever de fiscalização do contrato de trabalho do terceirizado."

No nosso sentir, a distribuição dinâmica é aplicável ao Processo do Trabalho, pois há lacuna axiológica na CLT (o CPC de 2015 é mais avançado) e não há ofensa aos princípios processuais trabalhistas.(532)

3. *Distribuição invertida ou inversão do ônus da prova.* A *inversão do ônus da prova* é uma técnica aplicada à produção da prova. Ela está prevista n. 6º, VIII, do CPC, e agora também no art. 373, § 3º, do CPC de 2015.

A leitura conjunta dos referidos dispositivos permite identificar as seguintes regras sobre sua utilização:

a) o Juiz não é obrigado a utilizá-la;

b) pode ser requerida pelas partes (convencional) ou determinada de ofício pelo Juiz (judicial);

c) a parte autora deve ser juridicamente hipossuficiente;

d) deve haver verossimilhança da alegação, ou seja, os fatos alegados pelo reclamante devem ser acompanhados de uma motivação lógica e racional que os aproxime da verdade;

e) não será admitida a inversão por convenção das partes quando o ônus da prova recair sobre direito indisponível ou quando tornar excessivamente difícil a uma parte o exercício do direito (art. 373, § 3º, do CPC de 2015).

Como se percebe, a concordância da parte contrária não é um requisito para aplicação da técnica da inversão do ônus da prova.(533)

Pelo que foi dito, é possível concluir que, considerando que os direitos trabalhistas são em regra indisponíveis e que só o empregado é juridicamente hipossuficiente, a técnica da inversão do ônus da prova no Processo do Trabalho só pode ser aplicada ao trabalhador.

Imagine-se, por exemplo, que o empregado alegue que, ao ligar uma máquina, levou um choque que gerou consequências danosas à sua saúde, trazendo aos autos apenas uma cópia do prontuário de atendimento médico, realizado no dia do acidente. Em regra, caberia ao empregado provar que o choque foi provocado por culpa do empregador (art. 818, CLT). Sem embargo, o Juiz pode inverter o ônus da prova, considerando que o reclamante é hipossuficiente (ele sequer tinha a prerrogativa de poder escolher trabalhar naquela máquina, de saber se ela apresentava defeito ou se estava com a manutenção em dia) e que suas alegações são verossímeis (o prontuário médico não prova a culpa do empregador, mas torna plausível a hipótese de que o reclamante realmente havia sofrido um acidente do trabalho). Nesse caso, caberia ao empregador provar que a máquina estava em perfeito funcionamento, ônus que não era originariamente seu.

Vale dizer que não é nítida a fronteira entre a distribuição dinâmica do ônus da prova e a da técnica da inversão do ônus probatório. Há quem não distinga as figuras, mas para nós é relevante destacar as possíveis diferenças, a bem de munir o leitor de conhecimento mais vasto sobre a temática.

4. *Momento de distribuição do ônus da prova.* Há polêmica quanto ao momento correto para a adoção do critério de distribuição do ônus da prova. Para a primeira corrente, a inversão do ônus da prova é uma regra de *instrução processual* ou de *atividade*, razão pela qual deve ocorrer em audiência, antes de a prova ser produzida. Esse é o entendimento do STJ.(534)

(532) Enunciado n. 27 do II FNPT. "CPC, art. 373, §§ 1º e 2º. CLT, art. 765. Teoria dinâmica do ônus da prova. Aplicação ao Processo do Trabalho. Reafirmando a essência constante do art. 765 da CLT, aplica-se ao Processo do Trabalho a teoria dinâmica do ônus da prova, consubstanciada no art. 373, §§ 1º e 2º do CPC."

(533) Enunciado n. 31 do I FNPT. "CLT, art. 765 e NCPC, arts. 139, VI, e 456, parágrafo único. Inversão do ônus da prova. No Processo do Trabalho a concordância das partes é desnecessária para a inversão da ordem da produção de provas, inclusive depoimentos pessoais, interrogatório e inquirição de testemunhas. Inteligência dos art. 765 da CLT e art. 139, VI, e art. 456, parágrafo único, ambos do NCPC."

(534) "Embargos de Divergência. Inversão do ônus da prova. Código de Defesa do Consumidor. Lei 8.078/90, Art. 6º, Inc. VIII. Regra de instrução. Divergência Configurada. 1. [...] 2. Hipótese em que o acórdão recorrido considera a inversão do ônus da prova prevista no art. 6º, inciso VIII, do CDC regra de julgamento e o acórdão paradigma trata o mesmo dispositivo legal como regra de instrução. Divergência configurada. 3. A regra de imputação do ônus da prova estabelecida no art. 12 do CDC tem por pressuposto a identificação do responsável pelo produto defeituoso (fabricante, produtor, construtor e importador), encargo do autor da ação, o que não se verificou no caso em exame. 4. Não podendo ser identificado o fabricante, estende-se a responsabilidade objetiva ao comerciante (CDC, art. 13).

Para a segunda corrente, a inversão do ônus da prova é uma *regra de julgamento*, isto é, deve ser realizada após a instrução, no momento de confecção da sentença. É que o Juiz só pode saber quem teve melhores condições de produzir a prova após a instrução processual. Nesse sentido é o posicionamento do TST.[535]

No nosso sentir, a técnica da *inversão do ônus da prova* é de natureza dedutiva, porque tem requisitos fixados na lei (hipossuficiência e verossimilhança da alegação). Tanto é que, invertido o ônus da prova, a parte sobre o qual ele recair tem o direito de produzir prova em contrário, para se desincumbir dele (art. 373, § 1º, do CPC de 2015). É que a relação jurídica processual está regida pelos princípios do contraditório e da ampla defesa, os quais garantem à parte o direito de produzir e participar da produção das provas. Caso o Juiz não avise previamente às partes que inverterá o ônus da prova, a parte sobre o qual este recairá será pega de surpresa (o que é vedado pelos arts. 9º e 10 do CPC de 2015) e não poderá apresentar novas provas, uma vez que terá operado a preclusão. Dessa forma, havendo hipossuficiência e verossimilhança da alegação, o Juiz deve avisar às partes acerca da utilização da técnica da inversão.

Todavia, quanto à *distribuição dinâmica*, pensamos que a regra deve ser mais flexível, dada a natureza eminentemente empírica dessa técnica. É que, como ela é dinâmica, sua aplicação está vinculada às circunstâncias da instrução processual, as quais ordinariamente são mais bem conhecidas pelo magistrado após a produção da prova. Ora, saber ou não se alguém tem mais aptidão para produzir a prova geralmente depende do sucesso de cada parte na tentativa de se desincumbir de seu ônus. Além disso, será irrelevante a distribuição caso a prova simplesmente já conste dos autos, não importando quem a produziu. Essa flexibilidade também está presente nas conclusões do FPPC.[536]

5. *Casuística.* Analisando a jurisprudência do TST, quanto à distribuição do ônus da prova, é possível estabelecer as seguintes regras:

a) *anotações da CTPS* — essas anotações têm presunção relativa de veracidade, razão pela qual será do reclamante o ônus de provar eventuais vícios (Súmula 12, do TST[537]);

b) *equiparação salarial* — é ônus do empregado provar a identidade de função e a prestação de serviços ao mesmo empregador e na mesma localidade. É ônus do empregador provar as diferenças de produtividade, técnica e de tempo na função, superior a dois anos, a existência de quadro de carreira e a condição de paradigma readaptado (art. 461 da CLT e Súmula 6, do TST[538]);

Tendo o consumidor optado por ajuizar a ação contra suposto fabricante, sem comprovar que o réu foi realmente o fabricante do produto defeituoso, ou seja, sem prova do próprio nexo causal entre ação ou omissão do réu e o dano alegado, a inversão do ônus da prova a respeito da identidade do responsável pelo produto pode ocorrer com base no art. 6º, VIII, do CDC, regra de instrução, devendo a decisão judicial que a determinar ser proferida "preferencialmente na fase de saneamento do processo ou, pelo menos, assegurando-se à parte a quem não incumbia inicialmente o encargo, a reabertura de oportunidade." (RESP 802.832, STJ 2ª Seção, DJ 21.9.2011). 5. Embargos de divergência a que se dá provimento." (STJ. EREsp 422778 / SP. Relator: Ministro João Otávio de Noronha. 2ª Seção. DJe: 21.06.2012).

(535) "Agravo de Instrumento. Recurso de Revista. Rescisão indireta. Vínculo de emprego não configurado. Ônus da prova [...]. Observe-se que a regra acerca do ônus da prova é regra de julgamento e, portanto, deve ser aplicada pelo magistrado no momento em que vai proferir sua decisão, não importando quem produziu as provas que, após realizadas, passam a pertencer ao processo (princípio da aquisição processual), somente tendo relevância caso não existam outras provas nos autos, quando então aquele a quem incumbia o encargo de provar poderá sofrer as consequências de não ter se desincumbido corretamente desse mister [...]. (TST. AIRR — 162940-40.2006.5.18.0012. Relator: Ministro Walmir Oliveira da Costa. 1ª Turma. DEJT: 17.04.2009).

(536) Enunciado n. 302 do FPPC. "(arts. 373, §§ 1º e 2º, e 15). Aplica-se o art. 373, §§ 1º e 2º, ao Processo do Trabalho, autorizando a distribuição dinâmica do ônus da prova diante de peculiaridades da causa relacionadas à impossibilidade ou à excessiva dificuldade da parte de cumprir o seu encargo probatório, ou, ainda, à maior facilidade de obtenção da prova do fato contrário. O juiz poderá, assim, atribuir o ônus da prova de modo diverso, desde que de forma fundamentada, preferencialmente antes da instrução e necessariamente antes da sentença, permitindo à parte se desincumbir do ônus que lhe foi atribuído"

(537) Súmula do TST n. 12. "Carteira profissional. As anotações apostas pelo empregador na carteira profissional do empregado não geram presunção '*juris et de jure*', mas apenas '*juris tantum*'."

(538) Súmula do TST n. 6. "Equiparação salarial. Art. 461 da CLT. I — Para os fins previstos no § 2º do art. 461 da CLT, só é válido o quadro de pessoal organizado em carreira quando homologado pelo Ministério do Trabalho, excluindo-se, apenas, dessa exigência o quadro de carreira das entidades de direito público da administração direta, autárquica e fundacional aprovado por ato administrativo da autoridade competente. II — Para efeito de equiparação de salários em caso de trabalho igual, conta-se o tempo de serviço na função e não no emprego. III — A equiparação salarial só é possível se o empregado e o paradigma exercerem a mesma função, desempenhando as mesmas tarefas, não importando se os cargos têm, ou não, a mesma denominação. IV — É desnecessário que, ao tempo da reclamação

c) *jornada de trabalho* — nas empresas com mais de dez empregados, o ônus da prova deve ser invertido, cabendo ao empregador provar a jornada de trabalho, a qual pode ser elidida por prova em contrário (Súmula 338, do TST[539]);

d) *salário-família* — o empregado deverá provar o preenchimento dos requisitos necessários à concessão do benefício, como a entrega da certidão de nascimento;[540]

e) *vale-transporte* — O TST entendia que o ônus de provar a entrega dos documentos exigidos para a concessão desse benefício era do empregado, mas a OJ n. 215, da SDI-I, do TST, foi cancelada, razão pela qual a jurisprudência passou a considerar que o Juiz deveria verificar quem tivesse mais condições de produzir essa prova no caso concreto (distribuição dinâmica).[541] Sem embargo, o C. TST editou a Súmula n. 460 e definiu que o ônus da prova é do empregador;[542]

f) *depósitos de FGTS* — a OJ n. 301, da SDI-I, do TST, que dizia ser do empregado o ônus de provar os depósitos de FGTS, quando a reclamada alegasse a sua regularidade, também foi cancelada, razão pela qual a jurisprudência, assim como no caso do vale-transporte, passou a entender que o Juiz deveria realizar a distribuição dinâmica do ônus da prova, conforme o caso concreto.[543] Todavia, o C. TST editou a Súmula n. 461, pela qual o ônus da prova é do empregador;[544] e

g) *término do contrato de trabalho* — é do empregador o ônus de provar o pedido de demissão (situação na qual o empregador alega que não houve prestação de serviços, nem despedimento), uma vez que o princípio da continuidade da relação de emprego constitui presunção favorável ao empregado.[545]

---

sobre equiparação salarial, reclamante e paradigma estejam a serviço do estabelecimento, desde que o pedido se relacione com situação pretérita. V — A cessão de empregados não exclui a equiparação salarial, embora exercida a função em órgão governamental estranho à cedente, se esta responde pelos salários do paradigma e do reclamante. VI — Presentes os pressupostos do art. 461 da CLT, é irrelevante a circunstância de que o desnível salarial tenha origem em decisão judicial que beneficiou o paradigma, exceto: a) se decorrente de vantagem pessoal ou de tese jurídica superada pela jurisprudência de Corte Superior; b) na hipótese de equiparação salarial em cadeia, suscitada em defesa, se o empregador produzir prova do alegado fato modificativo, impeditivo ou extintivo do direito à equiparação salarial em relação ao paradigma remoto, considerada irrelevante, para esse efeito, a existência de diferença de tempo de serviço na função superior a dois anos entre o reclamante e os empregados paradigmas componentes da cadeia equiparatória, à exceção do paradigma imediato. VII — Desde que atendidos os requisitos do art. 461 da CLT, é possível a equiparação salarial de trabalho intelectual, que pode ser avaliado por sua perfeição técnica, cuja aferição terá critérios objetivos. VIII — É do empregador o ônus da prova do fato impeditivo, modificativo ou extintivo da equiparação salarial. IX — Na ação de equiparação salarial, a prescrição é parcial e só alcança as diferenças salariais vencidas no período de 5 (cinco) anos que precedeu o ajuizamento. X — O conceito de "mesma localidade" de que trata o art. 461 da CLT refere-se, em princípio, ao mesmo município, ou a municípios distintos que, comprovadamente, pertençam à mesma região metropolitana.

(539) Súmula do TST n. 338. "Jornada de trabalho. Registro. Ônus da prova. I — É ônus do empregador que conta com mais de 10 (dez) empregados o registro da jornada de trabalho na forma do art. 74, § 2º, da CLT. A não-apresentação injustificada dos controles de frequência gera presunção relativa de veracidade da jornada de trabalho, a qual pode ser elidida por prova em contrário. II — A presunção de veracidade da jornada de trabalho, ainda que prevista em instrumento normativo, pode ser elidida por prova em contrário. III — Os cartões de ponto que demonstram horários de entrada e saída uniformes são inválidos como meio de prova, invertendo-se o ônus da prova, relativo às horas extras, que passa a ser do empregador, prevalecendo a jornada da inicial se dele não se desincumbir."

(540) Súmula do TST n. 254. "Salário Família. Termo inicial da obrigação. O termo inicial do direito ao salário-família coincide com a prova da filiação. Se feita em juízo, corresponde à data de ajuizamento do pedido, salvo se comprovado que anteriormente o empregador se recusara a receber a respectiva certidão."

(541) "[...] 2. Vale-Transporte. Indenização. Ônus da Prova. Este colendo Tribunal Superior do Trabalho, por meio da Orientação Jurisprudencial n. 215 da SBDI-I, entendia ser ônus do empregado provar o preenchimento dos requisitos indispensáveis à obtenção do vale-transporte. Contudo, revendo seu posicionamento, referida Orientação foi cancelada. Desse modo, pela própria teoria da distribuição dinâmica do ônus da prova, é notório que se apresenta mais propício ao empregador comprovar que o empregado não satisfez os requisitos para a concessão do vale-transporte que ao trabalhador provar que o satisfez. Nesse contexto, incumbe à reclamada a prova de que o reclamante não satisfazia os requisitos para concessão dos vales-transporte, ônus do qual não se desincumbiu. Recurso de revista não conhecido [...]." (TST. RR — 54200-56.2007.5.04.0201. Relator: Ministro Guilherme Augusto *Caputo* Bastos. 2ª Turma. DEJT: 24.08.2012).

(542) Súmula do TST n. 460. "Vale-transporte. Ônus da prova. É do empregador o ônus de comprovar que o empregado não satisfaz os requisitos indispensáveis para a concessão do vale-transporte ou não pretenda fazer uso do benefício."

(543) "[...] 4. FGTS. Ônus da prova. Com o cancelamento da Orientação Jurisprudencial n. 301 da SBDI-I, o entendimento desta colenda Corte Superior passou a ser no sentido de que cabe ao empregador o ônus da prova quanto aos depósitos do FGTS, mormente em razão de ter ele documentos para tanto, diferentemente do empregado. Precedentes. Recurso de revista de que não se conhece. [...]" (TST. RR — 58800-56.2007.5.02.0402. Relator: Ministro Guilherme Augusto *Caputo* Bastos. 2ª Turma. DEJT: 24.08.2012).

(544) Súmula do TST n. 461. "FGTS. Diferenças. Recolhimento. Ônus da prova. É do empregador o ônus da prova em relação à regularidade dos depósitos do FGTS, pois o pagamento é fato extintivo do direito do autor (art. 373, II, do CPC de 2015)."

(545) Súmula do TST n. 212. "Despedimento. Ônus da prova. O ônus de provar o término do contrato de trabalho, quando negados a prestação de serviço e o despedimento, é do empregador, pois o princípio da continuidade da relação de emprego constitui presunção favorável ao empregado."

6. Ônus da prova na Lei n. 13.467/17 (reforma trabalhista). A reforma trabalhista altera o art. 818 da CLT, para regular, de forma mais profunda, o ônus da prova no processo do trabalho. Em linhas gerais, o citado artigo passará a ter redação muito parecida com a do art. 373 do CPC de 2015, com apenas duas diferenças: a) no processo do trabalho não haverá distribuição do ônus da prova por convenção das partes (art. 373, §§ 3º e 4º, do CPC de 2015); b) se o juiz inverter o ônus da prova, deverá fazê-lo antes da audiência de instrução e, a requerimento da parte a quem competir suportar o ônus, a decisão implicará o adiamento da audiência, para possibilitar a prova dos fatos por qualquer meio em direito admitido (art. 818, § 2º, da CLT).

12.1.7. VALORAÇÃO

Uma vez produzida, a prova será valorada pelo Juiz livremente, conforme sua convicção e convencimento, desde que sua apreciação seja devidamente motivada (art. 371 do CPC de 2015).[546] Pode acontecer, entretanto, de o Juiz verificar que a prova está dividida, ou seja, as duas partes produziram provas do que alegaram, de maneira que a decisão está empatada.

Em situações como essa, quatro correntes apontam a solução para o impasse. Pela *primeira*, o julgador deve decidir a favor do empregado ("*in dubio pro misero*"). A *segunda* afirma que o Juízo deverá decidir conforme as regras de distribuição do ônus da prova, sendo esta a mais adotada pelos Tribunais. A *terceira*, por sua vez, determina que o Juiz simplesmente deve optar por uma delas, motivando sua decisão. A *quarta*, por fim, estabelece que o magistrado leve em conta as alegações apresentados pelas partes, a bem de saber qual delas apresentou são mais verossímeis (teoria da verossimilhança preponderante).

Data venia, nenhuma das quatro correntes parece satisfazer ao princípio da verdade real e os anseios de Justiça. A primeira corrente peca por aplicar um princípio de interpretação da lei material no direito processual, o que pode afetar a imparcialidade do Juiz. A segunda, embora resolva a causa, nem sempre é capaz de realizar justiça. A terceira confere ao Juízo um poder sem limites, colocando em xeque a razoabilidade da fundamentação adotada. A quarta também pode causar injustiças, tendo em vista que, na relação processual trabalhista, as partes não são iguais, de maneira que o empregador pode encontrar mais facilidade em formular alegações supostamente verossímeis.

Para nós, se a prova está dividida, o ideal seria que o Juiz prosseguisse na busca pela verdade, mandando, *v. g.*, repetir ou determinar a produção de novas provas, se necessário, uma vez que seus atos não estão sujeitos à preclusão. Todavia, a prática forense revela que nem sempre isso é possível, porque o aumento da duração do processo pode ser tão prejudicial quanto uma decisão dissociada da verdade dos fatos. Por isso, entre as correntes citadas, a segunda (julgamento pelo ônus da prova) parece produzir efeitos menos danosos.

Pelo princípio da *unidade*, o Juiz deve considerar a prova como um todo. No entanto, é permitido que ele atribua valores diferentes a cada uma delas, mediante decisão fundamentada. Assim, se uma testemunha prestou informações mais precisas e lógicas, é possível atribuir a ela maior valoração do que as demais provas. Isso pode ocorrer entre meios diferentes de prova, como entre uma prova documental e testemunhal, por exemplo. O que não é admissível é a tarifação da prova, isto é, a valoração prévia (dedutiva), como seria o caso, por exemplo, de considerar que um documento vale mais que uma testemunha, ou que duas testemunhas valem mais que uma.

Por isso é que não há necessidade de *reforçar* a prova. Se uma testemunha narrou um fato, a oitiva de outra testemunha para confirmá-los é desnecessária, contrariando o princípio da economia processual, razão pela qual o Juiz deve indeferir a produção dessa prova (art. 370, parágrafo único, do CPC de 2015).[547]

---

(546) "Confissão real. Valoração. Existência de prova em contrário. Princípio do livre convencimento do juiz. O princípio do livre convencimento do juiz, consubstanciado no art. 131 do CPC, que estabelece a liberdade do julgador no exame das provas produzidas no curso da instrução processual, permite concluir que a confissão real não se sobrepõe, por si só, ao conjunto das demais provas constantes dos autos, cabendo ao juiz definir seu valor, à luz das circunstâncias de cada caso. Com esse entendimento, a SBDI-I, por unanimidade, conheceu dos embargos por divergência jurisprudencial e, no mérito, por maioria, negou-lhes provimento, mantendo decisão turmária que, na hipótese, reconheceu a possibilidade de se elidir os efeitos da confissão resultante de depoimento pessoal por meio de prova em contrário juntada aos autos e não impugnada. Vencidos os Ministros Milton de Moura França, Horácio Senna Pires, Renato de Lacerda Paiva, Aloysio Corrêa da Veiga, Augusto César de Carvalho e Delaíde Miranda Arantes." (TST. E-ED-ED-ED-RR-112300-51.2000.5.02.0024. Relator: Ministro Lelio Bentes Corrêa. SDI-I. DEJT: 21.6.2012). (inf 14)

(547) "[...] 2. O juiz aprecia a prova em atenção ao princípio do livre convencimento motivado, cabendo-lhe a condução do processo e o indeferimento das provas que reputar inúteis e protelatórias, diante dos limites da lide e do conjunto probatório, consoante às balizas

Na valoração da prova, o Juiz pode fazer uso das *máximas da experiência*, isto é, o seu conhecimento particular, formado por sua cultura e erudição (ar. 375 do CPC de 2015).

12.1.8. PODERES INSTRUTÓRIOS DO JUIZ

É polêmica a questão acerca da possibilidade de o Juiz determinar a produção de provas. A doutrina conservadora é contrária a essa hipótese, fixando sua ideologia no dever de imparcialidade do Juiz. Já a corrente progressista defende o poder do Juiz de complementar a prova, a fim de formar sua convicção quanto à verdade dos fatos. A segunda corrente parece mais acertada, uma vez que o Juiz que se omite certamente é mais perigoso que o Juiz que julga de forma equivocada, pois, neste caso, o recurso poderá sanar os defeitos da decisão, servindo de válvula de controle dessa iniciativa do magistrado.(548) Assim, não é lógico deduzir que o Juiz agirá de forma parcial.

Nesse sentido, o CPC de 2015 expressamente dispõe que "*caberá ao juiz, de ofício ou a requerimento da parte, determinar as provas necessárias ao julgamento do mérito*" (art. 370).

Ademais, como se pode esperar que o Juiz julgue com base na verdade real sem que ele tenha, em contrapartida, o poder-dever de determinar a produção da prova?

Vale ressaltar que, no Processo do Trabalho, o princípio da finalidade social é uma porta aberta para que o Juiz exerça poderes instrutórios.

A consequência prática do exercício do poder instrutório é que o Juiz, cujo único interesse é a descoberta da verdade, não está sujeito à preclusão probatória, podendo determinar a realização de diligências mesmo depois de encerrada a instrução processual, além disso ele está livre das limitações da instrução, como o número de testemunhas e a ordem de sua oitiva. Por exemplo, pode o juiz escutar mais de três testemunhas e inquiri-las ou reinquiri-las, antes, durante ou depois das perguntas realizadas pelas partes.

Por fim, insta dizer que a Lei n. 13.467/17 (reforma trabalhista) cria parágrafo segundo no art. 775 da CLT, estabelecendo que o juízo pode alterar a ordem de produção dos meios de prova, para adequá-la às necessidades do conflito, a fim de conferir maior efetividade à tutela do direito.

12.1.9. PROVAS ILÍCITAS

A CF veda a admissão de provas ilícitas no processo (art. 7º, LVI). A doutrina tradicional diz que *ilícita* é o gênero da qual são espécies as provas ilegítimas e as ilegais. Estas dizem respeito ao conteúdo da prova, segundo as regras de direito material. Aquelas, por sua vez, têm pertinência com a forma, ou seja, com as normas de direito processual.

---

dos arts. 130 e 131 do CPC e 765 da CLT. 3. Nesse contexto, e tendo o Tribunal Regional consignado que os depoimentos colhidos se revelaram suficientes para a formação do convencimento do juízo, bem como que o reclamante pretendia, mediante a oitiva de uma segunda testemunha, comprovar os mesmos fatos já narrados pela primeira, não há falar em cerceamento do direito de defesa, restando ileso o art. 5º, XXXV e LV, da Lei Maior. [...]" (TST- AIRR — 223340-43.2007.5.02.0040 , Relator Ministro: Hugo Carlos Scheuermann, Data de Julgamento: 03.06.2015, 1ª Turma, Data de Publicação: DEJT 12.06.2015)

(548) "[...] No caso deste processo, ambas as partes apresentaram, oportunamente, documentos relativos ao recolhimento dos depósitos do FGTS, respectivamente com a ação trabalhista e com a defesa. Contudo, o juízo de primeiro grau, ante a conclusão de que não seria seguro decidir apenas com base nas provas documentais juntadas, achou por bem determinar de ofício que a Reclamada juntasse as RE's e GR's, para realização da perícia com a finalidade de aferir a existência ou não de diferenças. Afigura-se correto o procedimento adotado na primeira instância. De acordo com o princípio da obrigatoriedade da prova, é de interesse das partes a proposição das provas, assim como é de interesse do Estado a produção das provas na busca do esclarecimento da verdade. Daí que o julgador tem ampla liberdade na condução do processo (art. 765 da CLT), não estando vinculado somente às provas indicadas pelas partes, mas podendo mandar complementá-las e esclarecê-las. Cabe ao juiz, de ofício ou a requerimento, determinar as provas necessárias à instrução do processo (art. 130 do CPC). A atividade probatória compreende o conjunto de atos praticados não apenas pelas partes, mas também por terceiros (testemunhas, peritos, etc.) e pelo juiz. Encontra-se ultrapassada no moderno direito processual a concepção do juiz sem iniciativa probatória. Hodiernamente, prevalece o princípio do juiz ativo, o qual tem a função de dirigir o processo (art. 125 do CPC). Ante esse contexto, admite-se a intervenção complementar e supletiva do órgão jurisdicional na apuração da verdade do processo. Em nenhum momento foi afrontado o direito ao contraditório e à ampla defesa, pois ambas as partes puderam se manifestar oportunamente a respeito dos referidos documentos juntados. Recurso de Revista não conhecido. (TST. RR — 646256-92.2000.5.02.5555, Relator Ministro: Carlos Alberto Reis de Paula, Data de Julgamento: 27.10.2004, 3ª Turma, Data de Publicação: DJ 19.11.2004).

Pela teoria dos *frutos da árvore envenenada* (art. 157 do CP), as provas que derivarem de uma prova ilícita também será contaminada pela ilicitude, tal qual os frutos de uma árvore que está envenenada. Não obstante, no Processo do Trabalho, o rigor dessa regra deve ser temperado pelo princípio da proteção, de maneira que deverá ser analisada caso a caso. Veja-se que no próprio Direito Penal, essa regra não é aplicada à defesa, tendo em vista a proteção que é destinada ao réu, de forma similar à que o Direito do Trabalho dispensa ao trabalhador.

Parte da doutrina entende que a prova ilícita é sempre inadmissível, sendo esta uma regra absoluta. Outra corrente, no entanto, entende que, desde que o conteúdo da prova seja lícito, ela poderá ser utilizada, mesmo que tenha sido obtida por meio ilícito (forma). Em outras palavras, desde que a prova ateste a verdade dos fatos, a maneira pelo qual ela foi obtida não terá relevância. Seria o caso de uma das partes furtar da outra um documento verdadeiro, capaz de provar os fatos.

A terceira corrente opta pela aplicação do princípio da proporcionalidade (art. 8º do CPC de 2015) ou da ponderação, segundo o qual, os interesses devem ser sopesados, a fim de que o Juiz dê a decisão mais justa para o caso concreto. Em se tratando de direitos fundamentais, para nós, essa parece ser a melhor tese.

Para se ter uma noção de como o tema vem sendo administrado pelo TST, vale dizer que este tribunal já considerou válida a gravação por um dos interlocutores da conversa[549] e até a interceptação telefônica, esta quando não tiver sido a única prova a servir de fundamento para a decisão.[550]

12.1.10. PRODUÇÃO ANTECIPADA DE PROVAS

No CPC de 1973, o procedimento da produção antecipada de provas era um tipo de processo cautelar. O CPC de 2015, no entanto, pôs fim ao processo cautelar, substituindo-o pelas tutelas de urgência (art. 300 e seguintes).

Com isso, a produção antecipada de provas passou a ser um procedimento autônomo (*ação autônoma*), que pode ser instaurado antes ou depois (incidentalmente) do processo principal, ou seja, no que se discute o mérito da causa. O procedimento está previsto nos arts. 381 a 383 do CPC de 2015, o qual é aplicável ao Processo do Trabalho, diante da lacuna normativa na CLT e da inexistência de ofensa aos princípios processuais trabalhistas.[551]

O CPC de 2015 também pôs fim à cautelar de justificação, que era prevista nos arts. 861 a 866, do CPC de 1973. A justificação tinha por fim inquirir testemunhas sobre a existência de algum fato ou relação jurídica, facultando ao autor juntar documentos. Após a realização desse ato, cabia ao juiz entregar os autos ao autor, sem defesa, sentença ou recursos, limitando-se a verificar se foram observadas as formalidades legais. No CPC de 2015, a cautelar de justificação foi incorporada ao procedimento da produção antecipada de provas (art. 381, § 5º).

1. *Cabimento*. A parte poderá requerer a produção antecipada de provas nos casos em que (art. 381 do CPC de 2015): a) haja fundado receio de que venha a tornar-se impossível ou muito difícil a verificação de certos fatos na pendência da ação; b) a prova a ser produzida seja suscetível de viabilizar a autocomposição ou outro meio

(549) "Recurso de Revista. Dano moral. Gravação ambiental de reunião. Ato ilícito não demonstrado. A gravação por um dos interlocutores de reunião, em ambiente de trabalho, não caracteriza interceptação ilícita, nem há se falar em prova ilícita, devendo ser mantida a v. decisão que, alinhada à jurisprudência, considera lícita a prova consistente em gravação ambiental realizada por um dos interlocutores sem o conhecimento do outro, com o fim de utilização na defesa de direito. Recurso de revista conhecido e desprovido." (TST. RR — 150181-04.2010.5.05.0000. Relator: Ministro Aloysio Corrêa da Veiga. 6ª Turma. DEJT: 15.06.2012).

(550) "[...] Prova Ilícita. Interceptação telefônica. Reconhecimento de vínculo de emprego. Não é possível conhecer do recurso de revista por violação do art. 5º, incisos X, XII, LIV, LV e LVI, da Constituição Federal. O debate relacionado à apresentação de prova obtida por meio ilícito, em que o empregado buscou provar o reconhecimento do vínculo de emprego, torna-se desnecessário na medida que outros meios de prova foram suficientes e levou elementos de convicção ao julgador, a determinar o reconhecimento do vínculo de emprego da empresa com a autora. Recurso de revista não conhecido. [...]" (TST. RR — 155900-35.2005.5.02.0061. Relator: Ministro Aloysio Corrêa da Veiga. 6ª Turma. DEJT: 23.04.2010).

(551) Enunciado n. 31 do II FNPT. "CPC, arts. 381 a 383. CLT, arts. 769 e 889. Ação probatória autônoma. Omissão legal e compatibilidade principiológica. Incidência no Processo do Trabalho. A ação autônoma probatória, importante medida de redução de litigiosidade prevista nos arts. 381 a 383 do CPC, é aplicável ao Processo do Trabalho, tendo em vista a omissão da CLT e sua perfeita compatibilidade com os princípios da conciliação responsável, economia processual e efetividade jurisdicional (CLT, arts. 769 e 889)."

adequado de solução de conflito; c) o prévio conhecimento dos fatos possa justificar ou evitar o ajuizamento de ação.

No nosso sentir, o procedimento da produção antecipada de provas é cabível no Processo do Trabalho, por força dos princípios da economia e da celeridade processual.

2. *Competência.* O pedido deve ser dirigido ao juízo do local da prestação dos serviços, aplicando-se as regras do art. 651, da CLT. Todavia, a instauração do incidente não é causa de prevenção (art. 381, § 3º, do CPC de 2015), isto é, uma vez ajuizado perante a 1ª Vara do Trabalho de Belo Horizonte, por exemplo, a ação principal poderá ser posteriormente distribuída a qualquer uma das demais Varas da Capital mineira.

3. *Procedimento.* A petição inicial, dirigida ao juízo competente, deverá indicar as razões que justificam a instauração do procedimento, mencionando os fatos sobre os quais a prova deve recair (art. 382 do CPC de 2015).

Se o meio probatório for o testemunhal, o Juiz notificará o réu para comparecer à audiência (art. 841, da CLT). Todavia, o réu não precisará apresentar defesa, de maneira que a sua notificação terá por fim convocá-lo a participar da produção da prova, por força do princípio do contraditório (art. 382, § 1º, do CPC de 2015).

Após a instrução (oitiva da testemunha), o Juiz não se pronunciará sobre os fatos (art. 382, § 2º, do CPC de 2015), nem colherá defesa ou recurso (art. 382, § 4º, do CPC de 2015), limitando-se a deixar os autos à disposição das partes durante um mês, para extração de cópias e certidões, ao final do qual os autos serão entregues ao autor (art. 383 do CPC de 2015).

12.2. PROVAS EM ESPÉCIE

A CLT apresenta regramento específico para algumas provas, o qual deve ser complementado pelas disposições do CPC.

12.2.1. PROVA DOCUMENTAL

O reclamante deve apresentar os documentos de que dispuser, juntamente com a petição inicial (art. 787 da CLT) e o reclamado, com a defesa em audiência (art. 845 da CLT).

1. *Documento novo.* Com o recebimento da defesa ocorre a estabilidade da demanda, havendo a preclusão da prova pré-constituída (art. 434 do NCPC), exceção que é feita no caso de *documento novo*, isto é, aquele que: a) fizer prova de fatos ocorridos depois dos articulados ou para contrapô-los aos que foram produzidos nos autos (art. 435 do NCPC); b) é cronologicamente velho, já existente ao tempo da apresentação da petição inicial ou da defesa, mas ignorado pelo interessado ou de impossível utilização, à época, no processo (Súmula 402 do C. TST).

Havendo juntada de documento novo, dele o Juiz deve dar vista à parte contrária, por força do princípio do contraditório.(552)

2. *Revelia.* Pode o réu revel juntar documentos?

A jurisprudência tradicional não admitia a produção de prova documental pelo réu revel, uma vez que os documentos deveriam acompanhar a defesa, a qual não existe na revelia.(553)

(552) Enunciado n. 109 do FPPC. "(arts. 10 e 15) No Processo do Trabalho, quando juntadas novas provas ou alegado fato novo, deve o juiz conceder prazo, para a parte interessada se manifestar a respeito, sob pena de nulidade."

(553) "[...] Nos termos do art. 844 da CLT, o não comparecimento da reclamada importa revelia, além de confissão quanto à matéria de fato. Esta Corte pacificou o entendimento de que "a reclamada, ausente à audiência em que deveria apresentar defesa, é revel, ainda que presente seu advogado munido de procuração". Destaca-se que, no presente caso, sequer houve comparecimento do advogado. Nesse contexto, inviável o exame dos documentos colacionados com a contestação, uma vez que a ausência da reclamada na audiência inaugural, com a consequente

Não obstante, a nosso ver, o CPC de 2015 passou a permitir a juntada de documentos, independentemente da contestação, ao estabelecer que "ao réu revel será lícita a produção de provas, contrapostas às alegações do autor, desde que se faça representar nos autos a tempo de praticar os atos processuais indispensáveis a essa produção" (art. 349), positivando a jurisprudência consolidada do STF que se referia à legislação processual revogada.[554]

A Lei n. 13.467/17 (reforma trabalhista) regula o instituto da revelia no processo do trabalho, acrescentando os §§ 4º e 5º ao art. 844 da CLT. Em linhas gerais, o § 4º repete o texto do art. 345 do CPC, relacionando as mesmas hipóteses em que a revelia não produzirá os efeitos da presunção de veracidade das alegações de fato feitas pelo reclamante. A novidade fica por conta do § 5º, que estabelece que, na hipótese de ausência do preposto e presença do advogado da parte reclamada, o juiz deverá receber a contestação e os documentos eventualmente apresentados. Isso significa que haverá revelia, com produção de todos os efeitos, mas a contestação e os documentos apresentados deverão ser levados em conta pelo juízo no julgamento dos pedidos.

3. *Forma.* Em regra, os documentos deverão ser apresentados na via original ou em cópias autenticadas ou simplesmente declaradas autênticas pelo próprio advogado, sob sua responsabilidade pessoal, desde que não haja impugnação de sua autenticidade (art. 830 da CLT). Havendo a impugnação, a parte que apresentou o documento será intimada para apresentar cópias devidamente autenticadas ou o original (art. 830, parágrafo único, da CLT). Persistindo a dúvida, será instaurado incidente de falsidade documental, o qual seguirá os trâmites previstos nos arts. 430 a 433 do CPC de 2015.

Os documentos apresentados por pessoa jurídica de direito público não precisam ser autenticados.[555]

4. *Exibição de documentos.* Também é aplicável ao Processo do Trabalho, o procedimento incidental de exibição de documentos, previsto nos arts. 396 e 404 do CPC de 2015.

Para ver seu requerimento de exibição atendido, a parte deve provar que: a prova existe, individualizando-a; está na posse da outra parte ou de terceiro; e justificar a sua finalidade (art. 397, do CPC de 2015).

Deferida a exibição, a não apresentação pela parte terá como efeito *a presunção de veracidade dos fatos em relação aos quais a prova se destinava a provar* (art. 400 do CPC de 2015). Se a recusa for de terceiro, o Juiz pode determinar a *busca e apreensão do documento*, sem prejuízo da responsabilidade de crime de desobediência e da fixação de outras medidas coercitivas, como a imposição de multa, por exemplo (art. 403 do CPC de 2015), pelo que fica superada a Súmula n. 372 do STJ.[556]

A parte e o terceiro não estão obrigados a exibirem documento se (art. 404 do CPC de 2015): a) concernente a negócios da própria vida da família; b) sua apresentação puder violar dever de honra; c) sua publicidade redundar em desonra à parte ou ao terceiro, bem como a seus parentes consanguíneos ou afins até o terceiro grau, ou lhes representar perigo de ação penal; d) sua exibição acarretar a divulgação de fatos a cujo respeito, por estado ou profissão, devam guardar segredo; e) subsistirem outros motivos graves que, segundo o prudente arbítrio do juiz, justifiquem a recusa da exibição; f) houver disposição legal que justifique a recusa da exibição.

5. *Vinculação.* Alguns fatos estão vinculados à prova documental, como é o caso do pagamento de salários e de quitação das verbas trabalhistas que devem ser feitos mediante recibos (arts. 464 e 477 da CLT). Caso a

---

declaração de sua revelia, não lhe confere o direito de juntar contestação e documentos. [...]" (TST. AIRR — 1581-46.2013.5.02.0444 , Relatora Ministra: Dora Maria da Costa, Data de Julgamento: 31/08/2016, 8ª Turma, Data de Publicação: DEJT 02.09.2016)

(554) Súmula do STF n. 231: O revel, em processo cível, pode produzir provas, desde que compareça em tempo oportuno.

(555) Orientação Jurisprudencial da SDI-I do TST n. 134. "Autenticação. Pessoa jurídica de direito público. Dispensada. Medida Provisória n. 1.360, de 12.03.96. São válidos os documentos apresentados, por pessoa jurídica de direito público, em fotocópia não autenticada, posteriormente à edição da Medida Provisória n. 1.360/96 e suas reedições".

(556) Súmula do STJ n. 372: Na ação de exibição de documentos, não cabe a aplicação de multa cominatória.

reclamada não os apresente, mesmo após a determinação judicial, em sede de exibição de documentos, poderá ser configurada a confissão ficta, como vem decidindo o TST.[557]

12.2.2. INTERROGATÓRIO E DEPOIMENTO PESSOAL

A doutrina costuma diferenciar o interrogatório do depoimento pessoal, ao argumento de que o primeiro é feito de ofício pelo juiz, com a finalidade de esclarecer os fatos, enquanto o segundo depende de requerimento das partes, sendo destinado à obtenção da confissão. Vale lembrar que esta só ocorrerá caso a parte seja intimada pessoalmente, com a cominação de confissão (Súmula 74 do TST). De qualquer sorte, em ambos os casos, será do Juiz a prerrogativa de fazer as perguntas, inclusive intermediando as que forem elaboradas pelas partes, por disposição específica na CLT (art. 820).

O art. 820 da CLT faz menção apenas ao interrogatório, razão pela qual há quem negue a existência de depoimento pessoal no Processo do Trabalho,[558] o que parece equivocado, já que isso, em tese, excluiria a possibilidade de produção da confissão ficta, contrariando o princípio da ampla defesa. Todavia, é pacífico o entendimento de que a parte tem direito apenas ao depoimento da outra, não ao seu próprio.

A CLT não dita a ordem dos depoimentos, motivo porque caberá ao Juiz tomá-los segundo as regras do ônus da prova (art. 818 da CLT). Se as partes não souberem falar a língua nacional, o Juiz deverá nomear intérprete, mesmo que domine a língua estrangeira, cujos honorários serão custeados pela parte a que interessar o depoimento, salvo se beneficiário da justiça gratuita. O mesmo procedimento será adotado no caso do surdo-mudo que não saiba escrever (art. 819 da CLT).

Na prática,[559] interrogatório e depoimento pessoal ocorrem em um único ato, o qual pode se repetir várias vezes durante a audiência e também no processo. O art. 385, § 2º, do CPC de 2015, estabelece, todavia, que a parte contrária não deve presenciar o depoimento da outra, sob pena de inviabilizar tomada de novos depoimentos.

Findo o interrogatório, poderá qualquer dos litigantes retirar-se, prosseguindo a audiência com o advogado (art. 848, § 1º, da CLT).

Não é permitida a consulta a escritos, salvo notas breves, necessárias a complementar os esclarecimentos (art. 387 do CPC de 2015).

A parte não é obrigada a depor sobre fatos (art. 388 do CPC de 2015): a) criminosos ou imorais que lhe forem imputados; b) a cujo respeito, por estado ou profissão, deva guardar sigilo; c) acerca dos quais não possa responder sem desonra própria, de seu cônjuge, de seu companheiro ou de parente em grau sucessível; d) que coloquem em perigo a vida do depoente ou das pessoas referidas na letra anterior.

(557) "[...] Diferenças de comissões e de repousos semanais remunerados. Documentos. Não Apresentação. Confissão ficta. Efeitos. 1. Não afronta a literalidade do art. 359, inciso I, do Código de Processo Civil a recusa do julgador em aceitar a justificativa do empregador que, intimado, deixou de carrear aos autos os recibos de pagamento da remuneração a empregados sob a alegação de que tais documentos não mais existiam nos arquivos da empresa. Em hipótese que tal, a recusa ao cumprimento da determinação de juntada dos documentos conduz ao reconhecimento da confissão ficta, consoante inteligência do disposto no inciso II do preceito legal em comento. 2. Plenamente justificada a determinação judicial de exibição de documentos produzidos no período prescrito, se do exame do seu conteúdo depende o balizamento dos critérios a serem observados na fixação de obrigações referentes ao período não prescrito. 3. Recurso de revista de que não se conhece. [...]" (Processo: RR — 164800-06.2001.5.01.0051, Data de Julgamento: 08/08/2012, Relator Ministro: Lelio Bentes Corrêa, 1ª Turma, Data de Publicação: DEJT 17.08.2012).

(558) "Cerceamento de defesa. Depoimento pessoal indeferido. Diferentemente do processo civil, onde a iniciativa compete tanto ao juiz quanto às partes (arts. 342 e 343 do Código de Processo Civil), no Processo do Trabalho a prerrogativa do depoimento pessoal é exclusiva da Junta de Conciliação e Julgamento, facultando-se às partes apenas a reinquirição (arts. 820 e 848 da Consolidação das Leis do Trabalho). Assim, inexiste direito ao depoimento pessoal do outro litigante no processo trabalhista. [...]"(TRT da 3ª Região. RO -13649/95. Relator: Desembargador Hiram dos Reis Correa. 2ª Turma. DJMG: 08.03.1996)

(559) Em se tratando de prática, compartilhamos com o leitor impressões de nossa atuação jurisdicional. O interrogatório, na presença da parte contrária, tem se mostrado muito eficaz na descoberta de fatos menos complexos, em temas como competência territorial, bem como nas causas submetidas ao rito sumaríssimo, em que o número de fatos controvertidos costuma ser menor. É que, olhando nos olhos da parte contrária e podendo ser contestada por ela imediatamente, o interrogado tende a prestar declarações de forma mais espontânea. Já nos casos mais complexos, com mais temas controvertidos, a técnica do isolamento das partes tem demonstrado resultados melhores, uma vez que o que foi dito por uma parte pode influenciar na resposta da outra, gerando desequilíbrio, a depender de qual parte foi ouvida primeiro.

12.2.3. *CONFISSÃO*

A confissão é o ato pelo qual a parte admite como verdadeiro um fato que lhe é contrário e favorável ao adversário (art. 389, do CPC de 2015). Ela pode ser (art. 390 do CPC de 2015): a) ficta (presumida) ou real (obtida pelo depoimento da parte); b) judicial (na relação processual) ou extrajudicial (na relação material); c) tácita (pela omissão) ou expressa (por ação); d) espontânea (por ato voluntário da parte ou seu representante) ou provocada (por interrogatório ou depoimento pessoal).

Não é válida a confissão relativa a direitos indisponíveis (art. 392, *caput*, do CPC de 2015). Já a feita por incapaz é ineficaz, apesar de ser válida (art. 392, § 1º, do CPC de 2015).

A confissão é irrevogável, só podendo ser anulada por erro de fato ou coação (art. 393 do CPC de 2015). Já a confissão ficta pode ser elidida por prova em contrário.[560]

Por fim, vale dizer que a confissão é indivisível, ou seja, a parte a quem ela aproveitar não pode fatiá-la, a fim de aceitar apenas a parte que for benéfica e rejeitar a desfavorável (art. 395 do CPC de 2015).

12.2.4. *PROVA TESTEMUNHAL*

1. *Inquirição.* Assim como ocorre em relação ao depoimento das partes, é o Juiz quem toma o depoimento das testemunhas, as quais podem ser reinquiridas por ele, a requerimento das partes (art. 820 da CLT).

Considerando a citada regra celetista, não há espaço para aplicação da inquirição direta das testemunhas pelas partes, nos termos do art. 459, do CPC de 2015, sendo este também o entendimento do C. TST (art. 11, da IN 39/16).

2. *Intérprete.* Cabe ao Juiz determinar a nomeação de intérprete para as testemunhas que não souberem falar Português, ou que, sendo mudas, não souberem escrever (art. 819 da CLT).

3. *Número de testemunhas.* O número de testemunhas varia conforme o procedimento (arts. 821 e 852-H, da CLT): a) rito ordinário — até três testemunhas para cada parte; b) rito sumaríssimo — até duas testemunhas para cada parte; e c) inquérito para apuração de falta grave — até seis testemunhas para cada parte.

No caso de litisconsórcio ativo, esses números devem ser mantidos, pois essa espécie de litisconsórcio é sempre facultativa (ninguém pode ser obrigado a ajuizar uma ação). Assim, por exemplo, havendo dois autores, o número de testemunhas (2, 3 ou 6) será único para os dois.

Já no litisconsórcio passivo, o número de testemunhas será relativo a cada demandado, de maneira que, por exemplo, se forem dois réus no procedimento ordinário, cada qual terá o direito de ouvir duas, três ou seis testemunhas. Isso ocorre porque o réu não teve a opção de formar o litisconsórcio.

Esse limite do número de testemunhas não se aplica ao juiz. Se necessário for, ele pode determinar a oitiva de quantas desejar, a fim de formar sua convicção.

4. *Natureza do testemunho.* O comparecimento da testemunha para prestar depoimento em juízo é um *múnus público*. Em consequência disso:

a) a testemunha não pode se recusar a depor, salvo motivo justificado (art. 645 da CLT);

b) a recusa imotivada em depor enseja a aplicação de multa (art. 730 da CLT);

c) uma vez intimada, a testemunha que não comparecer para depor será conduzida coercitivamente, respondendo pelas despesas do adiamento da audiência (art. 455, § 5º, do CPC de 2015);

(560) Súmula do TST n. 74. "Confissão. (atualizada em decorrência do CPC de 2015). I — Aplica-se a confissão à parte que, expressamente intimada com aquela cominação, não comparecer à audiência em prosseguimento, na qual deveria depor. (ex-Súmula n. 74 — RA 69/1978, DJ 26.09.1978); II — A prova pré-constituída nos autos pode ser levada em conta para confronto com a confissão ficta (arts. 442 e 443, do CPC de 2015 — art. 400, I, do CPC de 1973), não implicando cerceamento de defesa o indeferimento de provas posteriores. (ex-OJ n. 184 da SBDI-1 — inserida em 08.11.2000); III- A vedação à produção de prova posterior pela parte confessa somente a ela se aplica, não afetando o exercício, pelo magistrado, do poder/dever de conduzir o processo."

d) a falta ao trabalho decorrente do dever de depor não pode ser descontada (art. 822 da CLT);

e) a testemunha deverá prestar o compromisso de dizer a verdade, logo após sua qualificação, a qual consistirá da prestação de informações acerca de seu nome, nacionalidade, profissão, idade, residência e, quando empregada, o tempo de serviço prestado ao empregador (art. 828 da CLT);

f) o falso testemunho é crime, punível com pena de reclusão de um a três anos e multa (art. 342 do Código Penal).

Em relação à citada letra "f", o STF já decidiu que "ofende o princípio da não-autoincriminação denúncia baseada unicamente em confissão feita por pessoa ouvida na condição de testemunha, quando não lhe tenha sido feita a advertência quanto ao direito de permanecer calada." (RHC 122.279)

5. *Produção da prova testemunhal.* A CLT estabelece, ainda, as seguintes regras quanto ao depoimento das testemunhas:

a) o depoimento de servidores públicos, inclusive militares, será requisitado ao respectivo chefe, caso o horário coincida com o da jornada de trabalho (art. 823 da CLT);

b) o Juiz deverá cuidar para que o depoimento de uma testemunha não seja ouvido pelas demais, a fim de evitar a direção no conteúdo do depoimento (art. 824 da CLT);

c) os depoimentos serão resumidos e assinados pelo Juiz e pelas partes (art. 828, parágrafo único, da CLT);

d) as partes deverão levar suas testemunhas à audiência, independentemente de apresentação de rol ou de intimação.[561] Caso elas não compareçam, o Juiz determinará a intimação, ato que as sujeitará à condução coercitiva e multa (art. 825 c/c art. 730 da CLT); e

e) são impedidas de depor as testemunhas com parentesco com a parte até o terceiro grau civil, e suspeitas as que forem amigas íntimas ou inimigas de qualquer das partes, de maneira que o seu depoimento valerá como simples informação (art. 829 da CLT).

O rol do art. 447 do CPC de 2015, que enumera os casos de impedimento, suspeição e incapacidade das testemunhas, tem sido aplicado ao Processo do Trabalho, sem maiores polêmicas.

O art. 401 do CPC de 1973 vedava a prova exclusivamente testemunhal nos contratos cujo valor superasse o montante correspondente a dez salários mínimos, dispositivo que não era aplicável ao Processo do Trabalho, por não passar pelo filtro do princípio da proteção, uma vez que a prova testemunhal costuma ser o único meio de prova de que dispõe o empregado para provar o vínculo empregatício (art. 769 da CLT). Todavia, esse artigo não foi repetido pelo CPC de 2015, o que põe fim à polêmica.

6. *Casuística.* A jurisprudência do TST revela os seguintes entendimentos quanto à prova testemunhal:

a) o empregado que exerce cargo de confiança não é suspeito só por ocupar esse cargo,[562] podendo ser compromissado, salvo se ficar demonstrado o seu interesse na causa;[563]

(561) Sobre a intimação, remetemos o leitor ao Capítulo 7, no qual tratamos dos atos processuais.

(562) "[...] Contradita. Testemunha que exercia cargo de confiança. O único julgado colacionado pela recorrente não possui a identidade fática exigida pela Súmula n. 296, item I, do TST, pois retrata a hipótese em que foi acolhida contradita da testemunha que exercia cargo de confiança no reclamado, quando havia outros elementos de prova suficientes para a comprovação dos fatos. Por outro lado, o exercício de cargo de confiança pela testemunha do reclamado não a torna suspeita, não se inserindo em nenhuma das hipóteses previstas no art. 405, § 3º, do CPC. Assim, não há falar em ofensa ao citado dispositivo. Recurso de revista não conhecido.[...]" (TST. RR — 2558100-38.2000.5.09.0014. Relator: Ministro José Roberto Freire Pimenta. 2ª Turma. DEJT: 27.04.2012).

(563) "Testemunha. Gerente. Contradita. Tendo o Tribunal Regional aplicado o art. 405, § 3°, inc. IV, do CPC, sob o fundamento de que a testemunha da reclamada, na condição de gerente e superior hierárquico da reclamante, não tinha isenção para depor, uma vez que suas declarações revelaram-se tendenciosas e flagrantemente inverídicas, não há falar em violação ao art. 829 da CLT [...]." (TST. RR — 22400-34.2009.5.09.0093. Relator: Ministro João Batista Brito Pereira. 5ª Turma. DEJT: 16.09.2011).

b) o simples fato de estar litigando ou de ter litigado contra o mesmo empregador não torna a testemunha suspeita,[564] salvo se ficar comprovada a troca de favores;[565]

c) se a testemunha não estiver portando documento de identidade, o Juiz deverá abrir prazo para apresentação do documento, pena de configurar cerceamento de defesa;[566] e

d) o indeferimento da oitiva de testemunha não caracterizará cerceamento de defesa se outras provas serviram para a formação da convicção do juiz.[567]

12.2.5. PERÍCIA

1. *Cabimento*. Sempre que a análise dos fatos demandar conhecimentos técnicos, ainda que o Juiz os tenha ou que o réu seja revel, deverá ser produzida a prova pericial.

A prova pericial pode ser produzida no rito sumaríssimo, mas somente quando *a prova do fato o exigir*, como no caso de acidente do trabalho, ou *for legalmente imposta*, como nas hipóteses de insalubridade e periculosidade (art. 852-H, § 4º, da CLT).

2. *Espécies*. Nos termos do art. 464 do CPC de 2015, a prova pericial pode consistir em: a) *exame* — em pessoas, semoventes e coisas; b) *vistoria* — em imóveis ou lugares; e c) *avaliação* — estimação do valor de coisas, bens e obrigações. A doutrina ainda acrescenta mais uma finalidade, a do *arbitramento*, destinado a estabelecer o valor, a quantidade ou a qualidade de um objeto em litígio.

3. *Prova técnica simplificada*. O CPC de 2015 trouxe interessante inovação, que é a *prova técnica simplificada*, que pode ser determinada de ofício ou a requerimento das partes, quando o ponto controvertido for de menor complexidade (art. 464, § 2º). Ela consistirá "apenas na inquirição de especialista, pelo juiz, sobre ponto controvertido da causa que demande especial conhecimento científico ou técnico" (art. 464, § 3º).

Essa espécie de prova técnica poderá ser útil, por exemplo, nas demandas que envolvem horas "*in itinire*," nas quais, um perito que já tenha realizado perícia em um determinado trecho, poderá prestar simples depoimento na audiência (quanto à eventual existência de transporte público e o tempo de trajeto) ao invés de elaborar novo laudo.

4. *Produção*. O Juiz nomeará um perito de sua confiança, fixando-lhe prazo para entrega do laudo (art. 3º da Lei n. 5.584/70). Em vista dessa disposição específica para o Processo do Trabalho, no nosso sentir, o art. 471 do CPC de 2015, que permite a escolha do perito de comum acordo pelas partes, tem aplicação restrita, dependendo da autorização do Juiz, de maneira que a indicação não é direito das partes.

---

(564) Súmula do TST n. 357. "Testemunha. Ação contra a mesma reclamada. Suspeição. Testemunha. Não torna suspeita a testemunha o simples fato de estar litigando ou de ter litigado contra o mesmo empregador".

(565) "[...] Contradita de testemunha. Súmula n. 357. A existência de ações com identidade de pedidos movidas pela reclamante e por sua testemunha não afasta a incidência do entendimento contido na Súmula n. 357, sendo declarada a suspeição somente quando comprovada a troca de favores, hipótese não reconhecida pela instância ordinária. Precedente da SBDI-1. Recurso de revista não conhecido [...]." (TST. RR — 103300-92.2007.5.04.0002. Relator: Ministro Guilherme Augusto *Caputo* Bastos. 2ª Turma. DEJT: 17.08.2012).

(566) "Recurso de Revista. Cerceamento de defesa. Indeferimento de oitiva de testemunha. Não há de se exigir da testemunha postura que a ordem jurídica pátria não o faz. Esta é a exegese que se faz do art. 828 da Legislação Trabalhista Consolidada, que não exige da testemunha a apresentação do documento de identidade. Nestes casos, à ausência de outros elementos de identificação da testemunha, deve-se conceder prazo para que apresente o documento, ficando devidamente identificada. O indeferimento da oitiva de testemunha pelo simples fato de não se apresentar em audiência portando o documento de identidade, configura cerceamento de defesa, que deve ser repelido no âmbito desta Justiça Especializada. Recurso de revista de que se conhece e a que se dá provimento." (TST. RR — 40000-27.2007.5.03.0151. Relator: Ministro Pedro Paulo Manus. 7ª Turma. DEJT: 12.08.2011).

(567) "Processo do Trabalho. Prova. Testemunha. Indeferimento de inquirição. Cerceamento de defesa. Não caracterização. O indeferimento de prova testemunhal não configura cerceamento de defesa, quando os outros elementos de convicção bastam para formar o convencimento do juiz, em virtude dos princípios da persuasão racional, insculpido no art. 131 do CPC, e da ampla liberdade na direção do processo da qual está investido o magistrado trabalhista (art. 765 da CLT). Recurso de revista não conhecido." (TST. RR — 547418-56.1999.5.09.5555. Relator: Juiz Convocado Aloysio Santos. 5ª Turma. DJ: 26.04.2002).

A fim de acompanhar a legitimidade do trabalho pericial, as partes poderão indicar um assistente técnico (art. 826 da CLT). As partes e seus assistentes devem ser previamente intimados da data e do local da perícia (art. 474 do CPC de 2015).

O laudo do perito deve adotar linguagem simples, apresentar encadeamento lógico das ideias e ser conclusivo, sem emissão de opiniões pessoais que excedam o exame técnico ou científico (art. 473, § 1º e § 2º, do CPC de 2015). O perito deve ter em mente que o seu parecer é técnico, sendo do Juiz a tarefa de dar o tratamento jurídico aos fatos apurados. Por isso é que o perito pode valer-se de todos os meios necessários, como ouvir testemunhas e solicitar documentos (art. 473, § 3º, da CLT), sem que isso configure usurpação dos poderes do Juiz, que poderá reinquirir as testemunhas ou reexaminar os documentos.

O prazo para os assistentes apresentarem seus laudos será o mesmo fixado pelo Juiz ao perito, sob pena de desentranhamento (art. 3º, parágrafo único, da Lei n. 5.584/70), não sendo aplicável, portanto, a regra do art. 477, § 1º, do CPC de 2015, que fixa o prazo de 15 dias, após a entrega do laudo pelo perito oficial.

Após a elaboração do laudo, o Juiz deverá abrir vista às partes, para impugnação, a ser feita no prazo comum de 15 dias (art. 477, § 1º, do CPC de 2015). Não obstante, no rito sumaríssimo, o prazo será igualmente comum, porém, de cinco dias (art. 852-H, § 6º, da CLT). Os peritos e assistentes poderão ser também arguidos pelo Juiz em audiência, a fim de esclarecer pontos duvidosos do laudo (art. 827 da CLT).

5. *Valoração.* O Juiz não está vinculado ao laudo pericial, podendo formar sua convicção, a partir de outros elementos ou de fatos comprovados nos autos (art. 479 do CPC de 2015). Pode ocorrer também que o Juiz determine a realização de nova perícia, por outro profissional, a fim de esclarecer melhor os fatos (art. 480 do CPC de 2015). Nesse caso, no entanto, a nova perícia não substituirá a anterior, mas apenas a complementará (art. 480, §§ 1º e 3º, do CPC de 2015), de maneira que o Juiz deve levar em conta as duas na formação de sua convicção, por força do princípio da unidade da prova.

6. *Honorários periciais.* No Processo do Trabalho, a responsabilidade pelo pagamento dos honorários periciais é da parte sucumbente no objeto da perícia, salvo se beneficiária da justiça gratuita (art. 790-B da CLT), hipótese em que o pagamento será feito por fundo público específico, até o limite de R$ 1.000,00, nos termos da Resolução n. 66/10 do CSJT. Contudo, esse valor pode ser majorado, desde que o Juiz o faça por meio de decisão fundamentada. Os honorários dos assistentes, por sua vez, serão custeados pela respectiva parte.[568]

Nas lides decorrentes da relação de emprego, não será exigido do reclamante o adiantamento de honorários periciais. O TST vem admitindo a impetração de mandado de segurança, a fim de se garantir a realização da perícia, independentemente da antecipação dos honorários.[569] Já nas relações de trabalho, os honorários poderão ser deferidos, a critério do Juiz (art. 5º, parágrafo único, da IN 27/05 do TST).[570]

A Lei n. 13.467/17 (reforma trabalhista) estabelece que a justiça gratuita não mais isenta seu beneficiário do pagamento de honorários periciais, quando ele for sucumbente no objeto da perícia (art. 790-B da CLT). Além disso, a aludida lei dispõe que (§§ 1º ao 4º, do art. 790-B, da CLT): a) os valores deverão respeitar o limite estabelecido por norma do CSJT; b) o valor fixado pode ser parcelado; c) não será possível exigir adiantamento de honorários periciais; d) caso o beneficiário da justiça gratuita não tenha obtido créditos capazes de suportar o

(568) Súmula do TST n. 341. "Honorários do assistente técnico. A indicação do perito assistente é faculdade da parte, a qual deve responder pelos respectivos honorários, ainda que vencedora no objeto da perícia."

(569) Orientação Jurisprudencial da SDI-II do TST n. 98. "Mandado de Segurança. Cabível para atacar exigência de depósito prévio de honorários periciais. É ilegal a exigência de depósito prévio para custeio dos honorários periciais, dada a incompatibilidade com o Processo do Trabalho, sendo cabível o mandado de segurança visando à realização da perícia, independentemente do depósito."

(570) Enunciado n. 34 do I FNPT. "CLT, art. 769 e NCPC, art. 95, §§ 1º, 2º e 3º, I E II. Perícia judicial. Pagamento. Em se tratando de perícia requerida por ambas as partes ou determinada de ofício pelo Juiz, cabe a elas o pagamento, "pro rata", do adiantamento dos honorários periciais, exceto ao beneficiário da justiça gratuita, sendo plenamente aplicável no Processo do Trabalho as hipóteses previstas no art. 95, §§ 1º, 2º e 3º, I e II,do NCPC."

pagamento dos honorários periciais, seja na demanda ou em qualquer outro processo, o encargo será suportado pela União.

12.2.6. INSPEÇÃO JUDICIAL

Havendo necessidade, o Juiz poderá se dirigir a determinado local, a fim de perceber diretamente as qualidades ou circunstâncias físicas de pessoas e coisas relacionadas à demanda (art. 481 do CPC de 2015).

Em rol exemplificativo, o art. 483 do CPC de 2015 cita três casos em que a inspeção judicial terá lugar: a) quando o juiz julgar necessário para a melhor verificação ou interpretação dos fatos que deva observar; b) na hipótese de a coisa não puder ser apresentada em juízo sem consideráveis despesas ou graves dificuldades; c) se ela for útil para determinar a reconstituição dos fatos.

A inspeção judicial somente será obrigatória nos casos de interdição (art. 751, § 1º, do CPC de 2015), daí porque ela será sempre facultativa no Processo do Trabalho.

Um exemplo prático de inspeção judicial é a realização de um determinado percurso pelo juiz, a fim de apurar a duração do trajeto em uma demanda relativa ao pagamento de horas "*in itinere*".[571]

O princípio do contraditório garante às partes o direito de acompanhar a inspeção, razão pela qual devem ser previamente intimadas do dia, hora e local do ato (art. 483, parágrafo único, do CPC de 2015). Todavia, no Processo do Trabalho, o princípio da verdade real permite que o Juiz postergue o contraditório para depois da inspeção, a fim de garantir que o cenário a ser visitado não seja maliciosamente alterado, frustrando a inspeção.

Concluída a diligência, o Juiz deve determinar a lavratura do respectivo auto, do qual constará tudo quanto for útil ao julgamento da causa, podendo ser instruído com desenho, gráfico ou fotografia (art. 484 do CPC de 2015)

12.2.7. PROVA EMPRESTADA

A prova emprestada consiste no transporte, para o processo, de uma prova produzida em outro. Parte da doutrina considera a prova emprestada como um meio autônomo de prova. Outra parte a considera como prova documental. No nosso sentir, no entanto, ela conserva a natureza da prova original, possuindo apenas a forma *documentada*. Assim, se a prova produzida originariamente for uma perícia, um depoimento ou um documento, essa natureza será conservada no novo processo. O efeito prático disso é que, em se tratando de prova testemunhal, o respectivo depoimento será contado para fins de limitação do número de testemunhas.

Com o advento do CPC de 2015, a prova emprestada passou a ser legalmente prevista, no art. 372: "*o juiz poderá admitir a utilização de prova produzida em outro processo, atribuindo-lhe o valor que considerar adequado, observado o contraditório.*"[572]

São requisitos de validade da prova emprestada: a) a colheita em processo judicial, inclusive o criminal, no qual tenha estado presente ao menos a parte contrária; b) a observância das formalidades estabelecidas na lei, quando da produção no processo do qual foi extraída; e c) a identidade entre os fatos que se pretende provar.

(571) "Horas *in itinere*. Hipótese de redução do tempo gasto. [...] 2. E, quanto ao trecho compreendido entre o Núcleo Urbano de Carajás e a Mina N-4, não se verifica contrariedade à Súmula 90 do TST nem violação ao art. 58, § 2º, da CLT, porque o Tribunal Regional apenas reduziu o tempo gasto em horas *in itinere*, não deixou de deferi-las, tampouco excluiu os reflexos em outras verbas ou o acréscimo de 50% durante a contratualidade, conforme deferido pela sentença. E, ao reduzir o valor das horas *in itinere*, o fez com base em auto de inspeção judicial (trecho compreendido entre o Núcleo Urbano de Carajás e a Mina N-4). [...]" (TST. RR — 127400-84.2009.5.08.0114. Relator: Ministro João Batista Brito Pereira. 5ª Turma. DEJT: 20.04.2012).

(572) Enunciado n. 32 do II FNPT. "CLT, art. 769 e CPC, art. 372. Prova emprestada. Diante da lacuna da CLT e compatibilidade principiológica com a processualística laboral, o regramento da prova emprestada, disposto no art. 372 do CPC, aplica-se ao Processo do Trabalho."

Há quem entenda que a parte contrária deve autorizar o uso da prova. A nosso ver, no entanto, essa não é uma condição "*sine qua non*" para a admissão da prova. Caso a parte contrária não autorize, basta que o Juiz observe o contraditório, dando à parte a oportunidade para se manifestar sobre ela.[573] Reforça essa tese o fato de que o CPC de 2015 não exigiu, no art. 372, a concordância da parte contrária. Ademais, a produção da prova não é exclusiva das partes, cabendo ao Juiz envidar esforços na descoberta da verdade, que não pode ficar oculta sob o arbítrio exclusivo de uma das partes.

(573) "Agravo de Instrumento em Recurso de Revista. [...] Prova emprestada. Ausência de anuência da ré. Cerceamento do direito de defesa. Não ocorrência. Reexame de fatos e provas. A partir das premissas fáticas e jurídicas delineadas no acórdão, não se vislumbra violação aos incisos II, LIV e LV, do art. 5º, da CF, pela utilização de prova pericial emprestada, porquanto foram observados os princípios do contraditório e da ampla defesa pelo Juiz condutor do processo que apreciou livremente as provas e imputou-lhes o valor que entendeu pertinente, nos termos do art. 765 da CLT e 131 do CPC. [...]" (TST. AIRR — 1226-94.2012.5.09.0567, Relator: Desembargador Convocado Tarcísio Régis Valente, 5ª Turma, DEJT 31.03.2015).

13 Audiência trabalhista

O Processo do Trabalho é regido, entre outros princípios, pela oralidade, a qual abriga a concentração. Isso significa que a audiência trabalhista concentra praticamente todos os atos processuais da fase de conhecimento, uma vez que ela abrange a conciliação, a defesa, a instrução, as razões finais e a sentença. Em tese, apenas a petição inicial não é feita na audiência trabalhista.

A *audiência* é um ato formal e solene, envolvendo o comparecimento das partes e de seus representantes perante o Juiz competente, a fim de que sejam produzidas as provas e prolatada a decisão. Ela não se confunde com a *sessão*, que é o conjunto de audiências realizadas no mesmo dia.

A CLT dispõe sobre a audiência trabalhista em três momentos. No primeiro, entre os arts. 813 e 817, ela é tratada como ato processual genérico, de maneira que as regras ali descritas têm aplicabilidade em qualquer audiência.

Em um segundo momento, do art. 843 ao 852, a CLT rege a audiência de instrução e julgamento, relativa ao rito ordinário, nos dissídios individuais, regras que se aplicam de forma subsidiária aos demais ritos.

Já nos arts. 852-C a 852-I estão as adaptações relativas ao procedimento sumaríssimo, as quais vale também para o rito sumário.

13.1. REGRAS GERAIS

13.1.1. PRINCÍPIOS

A audiência trabalhista é regida pelos seguintes princípios:

a) *presença obrigatória das partes* (art. 853 da CLT);

b) *concentração* — a audiência do rito ordinário é *contínua*, não sendo interrompida, salvo por força maior, de maneira que nela será praticada a maior parte dos atos processuais relativos ao processo de conhecimento (art. 849 da CLT). Já a audiência do rito sumaríssimo será *única* ou *una* (art. 852-C), isto é, não poderá ser dividida em audiência inicial e de instrução e julgamento, como tem sido a praxe no rito ordinário;

c) *inquisitivo* — o Juiz tem poderes acentuados na audiência, devendo indeferir as providências inúteis, determinar as diligências necessárias e mandar retirar do recinto os assistentes que a perturbarem (art. 816 da CLT);

d) *publicidade* — a audiência será aberta à comunidade, salvo no caso de segredo de justiça;

e) *conciliação* — o Juiz deve empregar sempre seus bons ofícios, a fim de estimular as partes a se conciliarem (art. 764, § 1º, da CLT), o que não significa que o Juiz esteja obrigado a homologar acordos contrários à ordem pública e aos bons costumes;[574]

f) *imediatidade* — não deve haver obstáculos entre o Juiz e a prova, razão pela qual caberá a ele, por exemplo, inquirir as partes e as testemunhas diretamente (art. 820 da CLT); e

g) *oralidade* — todos os atos produzidos na audiência poderão ser feitos pela forma verbal e reduzidos a termo.

13.1.2. LUGAR, TEMPO E REGISTRO

1. *Lugar*. Em regra, as audiências ocorrerão na sede do juízo, em dias úteis, entre *oito* e *dezoito* horas, mas poderão ser realizadas em outro local, em casos especiais, desde que constem de edital fixado na sede com antecedência mínima de *vinte e quatro* horas (art. 813 da CLT). Este prazo também deverá ser observado, quando da designação de audiências extraordinárias (art. 813, § 2º, da CLT).

2. *Tempo*.

2.1. *Duração*. O tempo máximo de duração de uma audiência é de cinco horas seguidas, salvo quando houver matéria urgente (art. 813 da CLT) ou relevante, como na hipótese de instrução do feito, a fim de que a produção da prova não seja cindida.

2.2. *Pauta*. O art. 334, § 12, do CPC de 2015 inovou ao estabelecer que "a pauta das audiências de conciliação ou de mediação será organizada de modo a respeitar o intervalo mínimo de 20 (vinte) minutos entre o início de uma e o início da seguinte." No nosso sentir, contudo, essa não é uma regra cogente, mas apenas indicativa de que as audiências deverão observar um intervalo mínimo razoável (art. 8º do CPC de 2015), a fim de que as partes não fiquem aguardando por horas até o momento de sua audiência. Por isso é que esse tempo pode ser maior, o que é desejável, como sugere o Enunciado n. 152 do FPPC.[575]

A organização da pauta de audiências é uma prerrogativa do Juiz, que é gestor do processo e do órgão ao qual está vinculado. Dessa forma, cabe exclusivamente ao Juiz organizar a pauta das audiências que presidirá, a qual, contudo, deve observar critérios razoáveis, de modo a equilibrar a celeridade e a qualidade dos serviços prestados.

Não obstante, o C. TST entende que as regras do art. 334 do CPC de 2015 não são aplicáveis ao Processo do Trabalho (art. 2º, IV, da IN 39/16). O Enunciado n. 19, do I FNPT, também concluiu que a regra do art. 334, § 12, do CPC de 2015 é inaplicável ao Processo do Trabalho.[576]

2.3. *Atraso*. À hora marcada, devem estar presentes as partes, os servidores e o Juiz (art. 814 da CLT). Estes têm a prerrogativa de se atrasarem pelo prazo máximo de *quinze* minutos, ao final dos quais as partes poderão se retirar, certificando-se o ocorrido em ata (art. 815, parágrafo único, da CLT). No entanto, esse prazo é para o Juiz *chegar ao fórum*, ou a outro local para o qual a audiência estava designada. Assim, o eventual atraso nos horários das audiências não autoriza a retirada das partes, uma vez que o Juiz está presente no local designado.

(574) Súmula do TST n. 418. "Mandado de Segurança visando à concessão de liminar ou homologação de acordo. A homologação de acordo constitui faculdade do juiz, inexistindo direito líquido e certo tutelável pela via do mandado de segurança."

(575) Enunciado n. 152 do FPPC. "(arts. 334, § 12; art. 357, § 9º; art. 15) Na Justiça do Trabalho, as pautas devem ser preparadas com intervalo mínimo de uma hora entre as audiências designadas para instrução do feito. Para as audiências para simples tentativa de conciliação, deve ser respeitado o intervalo mínimo de vinte minutos."

(576) Enunciado n. 19 do I FNPT. "[...] Não se aplica ao Processo do Trabalho a fixação de intervalo mínimo entre as audiências, prevista no NCPC, quer pelas peculiaridades do Processo do Trabalho, quer pela independência funcional do juiz, que tem ampla liberdade na direção dos processos, conforme preceitua o art. 765 da CLT."

As partes não têm essa mesma prerrogativa de se atrasar (OJ n. 245 da SDI, do TST[(577)]), mas, a nosso ver, cabe ao Magistrado agir com razoabilidade. Veja-se, por exemplo, que o C. TST já excluiu a revelia de um reclamado, cujo preposto adentrou à sala de audiências *três*[(578)] e *sete*[(579)] minutos depois de iniciada, na qual já estava presente o seu advogado, mas não a relevou em um atraso de *trinta e sete* minutos,[(580)] tempos que servem como indicativos dos limites do razoável.

O art. 362, III, do CPC de 2015 inovou ao estabelecer que o adiamento da audiência em razão de atraso superior a trinta minutos autoriza o seu adiamento. Todavia, o C. TST entendeu que essa regra é inaplicável ao Processo do Trabalho (art. 2º, VI, da IN 39/16). No nosso sentir, uma vez mais, a transposição dessa regra deve ser feita com observância do princípio da razoabilidade, tendo em vista que o adiamento da audiência sempre causa prejuízo às partes, principalmente ao trabalhador. Em vista disso, tomado o tempo de trinta minutos apenas como indicativo, não há razão para considerar inaplicável a nova regra do processo comum.

2.4. *Adiamento*. Além do atraso superior a trinta minutos, o art. 362 do CPC de 2015 indica mais duas causas de adiamento da audiência, que são, a *convenção das partes* e a *ausência de pessoa* da qual dela deva necessariamente participar, como é o caso de uma testemunha intimada que se fizer ausente. O respectivo § 1º, no entanto, estabelece que o impedimento deve ser comprovado até a abertura da audiência.

Trata-se de regra aplicável ao Processo do Trabalho, porque a finalidade do processo, em última análise, é solucionar o litígio entre as partes, de maneira que, se de comum acordo elas requererem o adiamento, não haverá ofensa a nenhum princípio processual trabalhista. E, ainda, estando ausente pessoa da qual dela deva participar, a continuidade da audiência implicaria em cerceamento de defesa.

3. *Registro*. O registro das audiências será consignado em ata, na qual deverão constar os processos apreciados e a respectiva decisão, bem como das demais ocorrências (art. 817 da CLT).

Não obstante, o CPC de 2015 inovou ao estabelecer que "a audiência poderá ser integralmente gravada em imagem e em áudio, em meio digital ou analógico, desde que assegure o rápido acesso das partes e dos órgãos julgadores, observada a legislação específica" (art. 367, § 5º). Além disso, permitiu que essa gravação seja feita por qualquer das partes, independentemente de autorização judicial (art. 367, § 6º).

Esse dispositivo desperta várias indagações, pelo que optamos dar nossa opinião sobre as mais polêmicas:

a) *pode ser feita por qualquer meio, como um celular, por exemplo*? A audiência é uma sessão solene, na qual são praticados atos processuais. A finalidade do seu registro é, portanto, exclusivamente processual, de maneira que o

(577) Orientação Jurisprudencial da SDI-I do TST n. 245. "Revelia. Atraso. Audiência. Inexiste previsão legal tolerando atraso no horário de comparecimento da parte na audiência."

(578) "[...] O atraso de três minutos à audiência não acarreta, por si só, a decretação de revelia do reclamado, se, no momento em que a preposta adentrou a sala de audiência, nenhum ato processual havia sido praticado, nem mesmo a tentativa de conciliação. [...]" (TST-E-ED-RR-179500-77.2007.5.09.0657, SBDI-I, rel. Min. João Oreste Dalazen, 20.8.2015).

(579) "Revelia e confissão ficta. Atraso do preposto à audiência inaugural. Comparecimento antes da tentativa de conciliação. Ausência de contrariedade à Orientação Jurisprudencial n.º 245 da SBDI-I. Conquanto a Orientação Jurisprudencial n.º 245 da SBDI-I estabeleça que "inexiste previsão legal tolerando o atraso no horário de comparecimento da parte na audiência", esse entendimento deve ser conjugado com os princípios da informalidade e da simplicidade que regem o Processo do Trabalho. Assim, tendo em conta que, no caso, a audiência teve início com a presença do advogado da reclamada e o preposto adentrou a sala sete minutos após o início, no momento em que o juiz designava perito, porém antes da tentativa de conciliação, participando da sessão até seu término, a SBDI-I, em sua composição plena, decidiu, pelo voto prevalente da Presidência, não conhecer dos embargos, ressaltando que, no caso, não há registro de que o comparecimento tardio do preposto tenha causado prejuízo à audiência ou retardado ato processual. Vencidos os Ministros Rosa Maria Weber, relatora, Antônio José de Barros Levenhagen, Lelio Bentes Corrêa, Horácio Raymundo de Senna Pires, Augusto César Leite de Carvalho, José Roberto Freire Pimenta e Delaíde Miranda Arantes, os quais conheciam do recurso por contrariedade à Orientação Jurisprudencial n.º 245 da SBDI-I e, no mérito, davam-lhe provimento para declarar a revelia e aplicar a confissão à reclamada quanto à matéria de fato." (TST. E-RR-28400-60.2004.5.10.0008. Relatora: Ministra Rosa Maria Weber, red. p/ acórdão Ministras Maria Cristina Irigoyen Peduzzi. SDI-I. DEJT: 24.5.2012). (inf 10).

(580) "[...] Na hipótese em que a reclamada somente se fez presente, por meio de seu preposto, 37 minutos após o início da audiência, e em momento posterior à tomada do depoimento do reclamante, não é possível, ainda que excepcionalmente, afastar a incidência da Orientação Jurisprudencial n. 245 da SBDI-I. [...]"
(TST-E-ED-RR-265500-36.2005.5.02.0046, SBDI-I, rel. Min. José Roberto Freire Pimenta, 2.6.2016).

meio para fazê-lo deve ser oficial. O uso de equipamentos eletrônicos na audiência só se justifica para registrar os atos processuais *no* processo, como ocorre com os computadores, por exemplo.

O aparelho de telefone celular serve ao uso privado de seu proprietário e não ao registro de atos processuais. Em verdade, seu uso na sala de audiências pode ser proibido pelo Juiz (art. 816 da CLT), porque permite a comunicação com pessoas que não participam do processo, como é o caso das testemunhas que aguardam do lado de fora da sala de audiências para serem ouvidas.

Destarte, no nosso sentir, o registro só pode ser feito por meio oficial, reconhecido e validado pelo Tribunal.

b) *a parte pode gravar sem o conhecimento do Juiz*? Havendo o meio oficial, a gravação poderá ser feita pela parte independentemente da autorização do Juiz. Todavia, este deve ser informado da realização da gravação, assim como deve ser informado de todos os fatos que se passam na sala de audiências, a fim de que possa exercer o seu poder-dever de conduzi-la.

A falta de aviso prévio pode configurar a gravação como *clandestina*, a qual, muito embora seja lícita,[581] pode causar danos morais quando utilizada fora do processo, por atentar contra a imagem (de todos os presentes na sala de audiências, inclusive do Juiz e da parte contrária), a qual requer autorização para ser registrada (art. 5º, V e X, da CF).

c) *aplica-se ao Processo do Trabalho?* A CLT não veda o registro das audiências por meio eletrônico, valendo dizer que o art. 817, que trata do registro físico, possui lacuna ontológica, estando desatualizado em relação aos avanços dos fatos sociais. Ademais, o uso dos meios tecnológicos muito contribuem para a celeridade processual. Em vista disso, com as ressalvas apresentadas, não vemos obstáculo à aplicação do art. 367, §§ 5º e 6º, do CPC de 2015, ao Processo do Trabalho.

13.2. DINÂMICA

A audiência trabalhista, tanto do rito ordinário quando do sumaríssimo, pode ser dividida em oito partes, que serão examinadas a seguir.

13.2.1. PREGÃO

1. *Pregão.* É o ato pelo qual as partes são chamadas a adentrarem à sala de audiência. Geralmente, esse chamado é feito pelo servidor que auxiliar o Juiz na audiência, digitando os termos. De qualquer sorte, o pregão deve ser audível, de maneira que os presentes à porta da sala de audiência possam escutar o nome das partes e o número do processo. A ausência do pregão gera a nulidade do processo.

O não comparecimento do reclamante à audiência importa no arquivamento da reclamação. No caso da ausência do reclamado, haverá revelia (art. 844 da CLT).

Realizado o pregão, as partes deverão adentrar à sala de audiência acompanhadas de seus advogados, se for o caso, mas sem as testemunhas, as quais deverão ser chamadas posteriormente, se houver necessidade.

2. *Assento das partes.* Na Justiça do Trabalho, a ordem de assento das partes é inversa à da Justiça comum. Usualmente, a parte autora deve se sentar à *esquerda* do Juiz e a parte ré à *direita*.

3. *Identificação.* Após tomarem assento, as partes deverão identificar-se, entregando ao Juiz seus respectivos documentos. Como já foi dito alhures, o empregado poderá fazer-se representar pelo seu sindicato ou por colega de profissão, a fim de adiar a audiência, evitando o arquivamento (art. 843, § 2º, da CLT).

(581) "[...] Gravação clandestina (Gravação de conversa telefônica por um interlocutor sem o conhecimento do outro). Licitude da prova. Por mais relevantes e graves que sejam os fatos apurados, provas obtidas sem a observância das garantias previstas na ordem constitucional ou em contrariedade ao disposto em normas de procedimento não podem ser admitidas no processo; uma vez juntadas, devem ser excluídas. O presente caso versa sobre a gravação de conversa telefônica por um interlocutor sem o conhecimento de outro, isto é, a denominada "gravação telefônica" ou "gravação clandestina". Entendimento do STF no sentido da licitude da prova, desde que não haja causa legal específica de sigilo nem reserva de conversação. Repercussão geral da matéria (RE 583.397/RJ). [...]" (STF. HC 91.613. Relator: Min. Gilmar Mendes. 2ª Turma. DJe 17.09.2012).

Já o empregador, por preposto, o qual deverá ser seu empregado, salvo em se tratando de empregador doméstico, micro e pequena empresa (Súmula n. 377, do TST). A prova da situação de empregado se faz com a apresentação da CTPS e, de preposto, pela carta de preposição, documento escrito que contenha, expressamente, a autorização para que o preposto atue como tal. O preposto que não apresentar essa documentação causará a decretação de revelia do empregador.

A Lei n. 13.467/17 (reforma trabalhista) acrescenta um terceiro parágrafo ao art. 843 da CLT, para estabelecer que o preposto não mais precisa ser empregado da parte ré, inclusive para grandes empresas.

A falta de algum documento de identificação é vício sanável, de maneira que as partes podem requerer ao Juiz prazo para a sua juntada.

13.2.2. PRIMEIRA PROPOSTA DE CONCILIAÇÃO

Após estar certo de que as partes estão presentes, o Juiz deverá fazer a primeira proposta de conciliação (art. 846 da CLT). Ela não deverá consistir apenas em uma mera pergunta acerca da possibilidade ou não de celebração do acordo, mas sim em uma persuasão, de maneira a levar as partes ao esgotamento das possibilidades de transação.

Os termos do acordo serão mais bem examinados no item 13.3.2, neste Capítulo.

13.2.3. LEITURA DA INICIAL

Se não houver acordo, o Juiz deverá proceder à leitura da petição inicial, a fim de viabilizar a defesa do reclamado. Esse ato é, contudo, geralmente dispensado pelas partes, uma vez que o reclamado costuma apresentar sua defesa por escrito (art. 847 da CLT).

13.2.4. DEFESA E IMPUGNAÇÃO

1. *Defesa.* O passo seguinte será receber a defesa, se for escrita, ou conceder o prazo de *vinte* minutos para que o reclamado a produza, se for verbal (art. 847 da CLT).

Até o recebimento da defesa, o reclamante ainda poderá aditar pedidos, emendar a inicial e desistir de um ou de todos os pedidos, sem necessidade da aprovação do reclamado. Após o recebimento, entretanto, tais atos só poderão ser praticados com a concordância expressa do reclamado.

De se ressaltar que a Lei n. 13.467/17 (reforma trabalhista) altera o art. 841 da CLT, acrescentando-lhe um terceiro parágrafo, para instituir que a desistência da ação só poderá ocorrer, sem o consentimento do réu, até o momento em que a contestação for oferecida. A novidade está na hipótese em que a contestação é feita de forma eletrônica, pelo PJe. Antes, a parte autora poderia desistir da ação até o momento em que, na audiência, o juiz declarasse o respectivo recebimento. Com a modificação, o marco para a desistência será o simples envio da contestação pelo sistema do PJe, de maneira que, ocorrendo esse envio, a parte autora só poderá desistir da ação com a concordância do réu. A alteração é polêmica, já que o recebimento da defesa é ato formal e precisa ocorrer em audiência (art. 847 da CLT).

No rito ordinário, geralmente o Juiz encerra a audiência aqui, designando outra, a fim de dar prosseguimento à instrução processual, da qual as partes já devem sair devidamente intimadas. No rito sumaríssimo, porém, a audiência, por ser uma, prossegue sem interrupções, salvo na existência de: a) necessidade de perícia técnica; b) grande quantidade de documentos para serem impugnados pelo reclamante; e c) ausência de testemunha comprovadamente convidada.

2. *Impugnação.* Muito embora a CLT não tenha previsto o ato da impugnação à contestação, é dever do Juiz conceder prazo ao reclamante para que o faça, sempre que o reclamado apresentar fatos novos ou documentos, em atendimento ao princípio do contraditório. No rito ordinário, a impugnação costuma ser apresentada por escrito, em um prazo que varia entre cinco e dez dias. No rito sumaríssimo, em função da audiência una, a impugnação deve ser feita de forma verbal, pelo mesmo prazo de vinte minutos, que é concedido à defesa, por questões de isonomia.

3. *Designação de perícia*. Tanto nas audiências do rito ordinário quanto nas do sumaríssimo, havendo necessidade de realização de perícia técnica, o Juiz assinalará prazo para a perícia e elaboração do laudo, de maneira que a audiência ficará suspensa. Geralmente, a prova técnica antecede a prova testemunhal, por questões de política processual, visando o andamento lógico e célere do processo.

13.2.5. INSTRUÇÃO

No *rito ordinário*, a audiência em que são ouvidas as partes e as testemunhas é chamada de audiência de instrução. No *rito sumaríssimo*, em regra, haverá apenas uma audiência.

As partes deverão levar suas próprias testemunhas à audiência, independentemente de intimação, bem como as demais provas que desejarem produzir (art. 845 da CLT).[(582)]

A ausência do reclamante a essa audiência não implicará em arquivamento, mas sim em contumácia, havendo presunção de veracidade dos fatos alegados pelo reclamado (Súmula n. 74, do TST).

O depoimento das testemunhas será precedido da qualificação e do compromisso. Caso exista algum impedimento ou suspeição, a parte interessada deverá contraditar a testemunha, apontando o fato que obsta a lisura de seu depoimento. A contradita deverá ser feita após a qualificação e antes do compromisso, pena de preclusão.[(583)]

Se o Juiz rejeitar a contradita, a parte deverá fazer constar os seus protestos em ata e renová-los por ocasião das razões finais, a fim de que a matéria não sofra preclusão e possa ser objeto de recurso ordinário, uma vez que as decisões interlocutórias não desafiam recurso imediato.

13.2.6. RAZÕES FINAIS

Nas razões finais, as partes devem renovar seus protestos, impugnar outras decisões interlocutórias tomadas pelo Juiz durante a audiência, sob pena de preclusão,[(584)] e fazer considerações acerca da prova produzida. Tudo isso deverá ser feito no prazo de *dez* minutos para cada parte (art. 850 da CLT).

É bem de se ver que, em muitos Tribunais, não é comum as partes apresentarem razões finais. Para evitar a preclusão dos protestos[(585)] realizados, o Juiz costuma constar em ata que as razões finais foram *remissivas*.

O TST já decidiu que o protesto por si só tem o condão de evitar a preclusão da matéria, sem a necessidade de renovação nas razões finais.[(586)] Entretanto, como a matéria ainda desperta divergência na jurisprudência, é aconselhável que a parte renove os protestos nas razões finais, a não ser que elas sejam remissivas.

---

(582) Sobre a intimação das testemunhas, verificar o Capítulo7 desta obra.

(583) A produção das provas na audiência foi examinada no Capítulo 12, ao qual remetemos o leitor.

(584) "Recursos de Revista. Cerceamento de defesa. Indeferimento de oitiva de testemunhas. Protesto em audiência não ratificado nas razões finais. Preclusão. Caracterização. art. 795 da CLT. Cinge-se a controvérsia a se saber se há ou não preclusão da arguição de cerceamento de defesa resultante do indeferimento de oitiva de testemunhas quando as Reclamadas, havendo protestado em audiência contra aquela decisão, nada mencionaram a respeito nas razões finais que se seguiram. Com efeito, do art. 795 da CLT resulta a necessidade absoluta não apenas de as Reclamadas protestarem já na audiência em que se deu o indeferimento da oitiva de suas testemunhas, como se verificou, mas também de renovarem expressamente a arguição de tal nulidade nas razões finais, sob pena de demonstrarem conformação com o indeferimento e desistido do possível apelo quanto ao tema. Finalmente, como a arguição de nulidade não foi ratificada nas razões finais das Reclamadas, correta a conclusão do v. acórdão recorrido acerca da preclusão de tal matéria quando da interposição do recurso ordinário. Recursos de revista não providos." (TST. RR — 48900-92.2003.5.17.0007. Relator: Ministro Horácio Raymundo de Senna Pires. 3ª Turma. DEJT: 26.02.2010).

(585) O protesto é ato que consiste em declarar ao Juiz a discordância em relação a uma decisão interlocutória, contra a qual não caiba recurso imediato. É admitido por costuem. Sugerimos a leitura do Capítulo 2, item 2.2.

(586) "[...] II — Recurso de Revista. Cerceamento de defesa. Produção de prova testemunhal. Dano moral. Ausência de renovação do protesto nas razões finais. Preclusão — Inocorrência. 1.1. Nos termos do art. 795 da CLT, -as nulidades não serão declaradas senão mediante provocação das partes, as quais deverão argui-las à primeira vez em que tiverem de falar em audiência ou nos autos-. 1.2. A despeito de tal exigência, o dispositivo não determina que a parte, após insurgir-se em momento oportuno, ratifique seu ato. 1.3. A ausência de renovação explícita do protesto nas razões finais não configura preclusão do direito de a parte arguir a nulidade, na medida em que tal exigência não encontra respaldo legal. 1.4. Destarte, tratando-se de matéria fática, o indeferimento de oitiva de testemunha configura cerceamento de

No sumaríssimo, não há previsão de razões finais. Todavia, ela deve ser feita aplicando-se subsidiariamente o disposto para o rito ordinário, por força do princípio da conciliação.

13.2.7. SEGUNDA PROPOSTA DE CONCILIAÇÃO

Após as razões finais, o Juiz deverá renovar a proposta de conciliação. A ausência da primeira proposta é sanada pela realização da segunda; mas a ausência da última pode gerar a nulidade do processo.

13.2.8. DECISÃO

A intenção do legislador foi de que as decisões fossem proferidas em audiência. Ocorre que, na prática, isso é quase impossível. É que o tempo gasto para proferir as decisões nas próprias audiências comprometeria a pauta do dia, levando à realização de poucas audiências. Assim, por questões de política processual, os juízes costumam designar as audiências para uma parte do dia, como à tarde, deixando o tempo restante para a elaboração das decisões.

O certo é que, ao menos formalmente, as decisões serão proferidas em audiência, uma vez que constarão da respectiva ata (art. 851 da CLT). Na prática, o Juiz designa a data e o horário em que a sentença será proferida, dispensando o comparecimento das partes. Contudo, isso implicará na ciência das partes (Súmula 197 do TST), de maneira que o prazo terá início no dia útil seguinte, independentemente de intimação.

Caso a data e o horário da decisão não tenham sido informados previamente às partes, elas deverão ser intimadas, inclusive o reclamado revel, pela via postal (art. 852 da CLT).

Os demais assuntos pertinentes à decisão serão vistos no capítulo seguinte.

13.3. CASUÍSTICA

A finalidade desse tópico é apresentar algumas situações práticas, em relação às quais nem sempre a lei prevê uma solução explícita.

13.3.1. AUDIÊNCIA INICIAL

1. *Partes sem advogado.* Pelo princípio da finalidade social, cabe ao Juiz zelar pela eficácia da lei processual, que protege a parte vulnerável. Como já foi dito, o "*jus postulandi*" permite que as partes litiguem sem advogado. Todavia, verificando que a ausência do advogado torna a parte ainda mais vulnerável, é recomendável que o juiz esclareça a parte dos riscos da demanda, recomendando que procure um advogado ou o seu sindicato, o que pode ser feito com o pedido de desistência da ação, a fim de que outra possa ser ajuizada.

Caso a vulnerabilidade seja da parte ré, não será possível adiar a audiência sem a concordância da parte autora. Todavia, pode o magistrado nomear advogado "*ad hoc*" (para um único ato), entre os que se colocarem à disposição no momento da audiência.

2. *Defesa oral.* Quando a parte ré comparece sem advogado, geralmente também se apresenta sem defesa escrita, pelo que necessita realizar a defesa oral. Para realizá-la, o réu deve fazer sua defesa sem a intervenção do Juiz? Ou este pode prestar algum tipo de auxílio?

No nosso sentir, o princípio da finalidade social do Processo do Trabalho não se aplica apenas ao trabalhador, mas também ao empregador, uma vez que seu objetivo é corrigir as desigualdades, para fazer prevalecer o princípio da isonomia. De um lado, o Juiz não pode prestar auxílio sobre o conteúdo da defesa, mas, de outro, deve auxiliar na forma em que a defesa é apresentada. Por exemplo, a CLT prevê, como já se disse, que a inicial seja lida, antes do recebimento da defesa. Já tivemos a oportunidade de realizar uma leitura completa da petição inicial, pausando

defesa, restando violado o art. 5º, LV, da Carta Magna. Recurso de revista conhecido e provido.[...]" (TST. RR — 19618-46.2010.5.04.0000. Relator: Ministro Alberto Luiz Bresciani de Fontan Pereira. 3ª Turma. DEJT: 19.04.2011).

tema após tema, para que a parte ré, sem advogado, pudesse expor suas razões de fato e de direito sobre cada um. No caso concreto, a defesa supriu o interrogatório do réu, inclusive, pois esclareceu os pontos controvertidos.

3. *Preliminares*. A finalidade do processo é por fim aos conflitos. Todavia, modernamente, o processo deve caminhar para a resolução do mérito, porque só esta, de fato, é capaz de decidir o conflito. Esse é o espírito do CPC de 2015 (art. 6º). Assim, é recomendável que, tão logo o Juiz receba a defesa, examine o texto a fim de localizar alegações processuais, como a irregularidade do valor da causa (porque pode alterar o rito processual), inépcia da inicial, litispendência, etc, e não somente as exceções (incompetência relativa, suspeição e impedimento), a fim de que, identificando a presença de alguma matéria processual, possa dar a oportunidade à parte autora de sanar o vício, esclarecendo os termos da petição inicial, a fim de que o processo possa prosseguir. Nesse sentido, é uma boa prática fazer constar da ata se a parte autora pretende emendar ou não a petição inicial.

4. *Requisitos da petição inicial no rito sumaríssimo*. Como já foi explicado, a petição inicial do rito sumaríssimo tem requisitos especiais, como a liquidação dos pedidos e a correta indicação do endereço das partes. É importante que o Juiz seja rigoroso quanto ao cumprimento desses requisitos, tendo em vista que esse rito confere à parte o benefício da celeridade. Caso não o faça, surge para as partes mal intencionadas a oportunidade de ajuizar ações pelo rito sumaríssimo que, em verdade, seriam afetas ao rito ordinário, burlando a intenção da lei, que é de decidir as causas mais simples de modo mais rápido. Dessa forma, havendo defeito na petição inicial, deve ele ser sanado na própria audiência, sob pena de indeferimento da exordial.

5. *Parte menor de idade*. Havendo um menor de idade entre as partes da demanda, o Juiz deve se certificar se o menor está devidamente representado ou assistido. Caso não esteja, é possível designar um representante "*ad hoc*", que pode ser o próprio advogado da parte.

6. *Intimação do MPT*. Versando a causa sobre trabalho de menor de 18 anos na época da prestação de serviços, ainda que na data da audiência o trabalhador já tenha completado 18 anos, é imprescindível a intimação do Ministério Público do Trabalho (art. 83, V, da LC 75/93 c/c o princípio do "*tempus regit actum*").

O MPT também deverá ser obrigatoriamente intimado em demanda relativa a interesse de incapaz e pessoas com deficiência (art. 83, inciso II e V, da LC n. 75/93).

Nos casos citados, o MPT ingressará na demanda como "*custus legis*."

7. *Designação de perícia*. O efeito colateral da gratuidade judiciária para o trabalhador é que, sendo os honorários periciais pagos pelo Estado, quando ele é sucumbente, a petição inicial pode conter pedidos que necessitam de perícia sem que a causa de pedir seja clara quando à possibilidade de sucesso, sem o que a lide passa a ser temerária. Imagine-se, por exemplo, que a parte autora alegue ser empregado doméstico, cuidador de idoso, e peça adicional de insalubridade, ou que diga ser vigia e requeira adicional de periculosidade.

Nessas hipóteses, é razoável que o Juiz interrogue a parte na audiência inicial, a fim de esclarecer se realmente haverá necessidade de realização de perícia técnica, uma vez que os aludidos profissionais não fazem jus aos adicionais que pleiteiam.

8. *Falta do quinquídio*. Entre o recebimento da notificação e a audiência inicial deve haver um lapso de cinco dias (art. 841 da CLT). Caso a parte ré não disponha da prova do dia em que recebeu a notificação e o aviso de recebimento não tenha voltado, é razoável que o Juiz adie a audiência, a fim de que o quinquídio seja respeitado, ainda que a parte tenha trazido defesa escrita, uma vez que o prejuízo é presumido. A juntada posterior do aviso recebimento, demonstrando que o quinquídio havia sido observador, dá ensejo à aplicação das sanções decorrentes de litigância de má-fé, mas não gera revelia, pois a parte compareceu à audiência na qual deveria apresentar defesa.

9. *Falta de notificação de um dos réus*. Havendo pluralidade de réus, caso um deles não tenha sido notificado, a nós parece mais razoável adiar a audiência inicial, sem recebimento da defesa dos réus presentes, a fim de que esse ato seja praticado em relação a todos os réus, no mesmo momento. É que o recebimento da defesa de um réu pode dar ao outro uma vantagem indevida, pois possibilitará atacar os respectivos fundamentos, o que o primeiro réu não poderá fazer, já que sua defesa já estará nos autos.

10. *Reconvenção*. A reconvenção consiste em uma outra ação, que é apresentada juntamente com a defesa, ou mesmo dentro desta (art. 343 do CPC de 2015), mas que com ela não se confunde. Por isso, no caso em que a parte ré apresenta reconvenção, no nosso sentir, o procedimento mais razoável a ser seguindo é designar nova audiência inicial, na qual a parte autora apresentará defesa, tendo em vista que esta deve ser apresentada em audiência (art. 847 da CLT), o que torna irregular a prática de apresentá-la juntamente com a impugnação aos documentos.

11. *Exibição de documentos*. Na hipótese em que a petição inicial requer a exibição de documentos pela parte ré, é recomendável que o Magistrado interrogue as partes, a fim de saber se o documento de fato existe, se está na posse da parte ré e se sua apresentação é realmente necessária (art. 397 do CPC de 2015).

12. *Expedição de ofícios*. A expedição de ofício para que terceiro apresente documento que está na sua posse só e justifica quando a parte não teve acesso a ele e sua apresentação se mostre relevante para a lide. Imagine-se, por exemplo, que a parte autora requeira expedição de ofício a uma instituição financeira, a fim de apresentar o extrato bancário de sua própria conta. Ora, o extrato bancário é um documento do qual a parte autora tem acesso amplo, de maneira que era seu o ônus de apresentá-lo, pelo que não se justifica a movimentação da máquina judicial do Estado para satisfazer uma pretensão particular, a qual não sofreu qualquer violação ou obstáculo.

13. *Prova emprestada*. É comum a petição inicial e a defesa se fazerem acompanhar de sentenças, laudos periciais e atas de audiência, com depoimentos pessoais e testemunhais.

É certo que, como já foi dito no capítulo próprio, a prova emprestada é admitida como meio de prova (art. 332 do CPC), desde que produzida perante juízo competente, com observância do contraditório. Sua natureza é de prova documentada, pelo que conserva a mesma natureza da prova originária. Ocorre que as *decisões judiciais* não podem ser admitidas como meio de prova, porque tem natureza jurídica de jurisprudência, que não vinculam o juízo.

No que se refere ao *laudo pericial*, caso a parte adversa não concorde com sua utilização, o mais razoável é designar a perícia técnica. É que, apesar de a prova emprestada independer da concordância da outra parte, a perícia técnica leva em conta fatos e circunstâncias peculiares, de maneira que o simples acolhimento da perícia apresentada pelas partes poderia gerar cerceamento de defesa. Sem embargo, os laudos juntados devem permanecer nos autos e podem ser levados em conta pelo Juízo para apreciar a prova pericial designada, preservando a sua natureza de prova emprestada.

Quanto à *ata de audiência*, a parte interessada deve ter o cuidado de esclarecer qual depoimento pretende aproveitar, o que é essencial, haja vista a limitação legal quanto ao número de testemunhas, já que o depoimento testemunhal continua a ser depoimento testemunhal, em sede de prova emprestada. Além disso, deve esclarecer se a parte contrária foi parte naquele processo, a fim de se apurar se o contraditório em relação a ela foi observado.

13.3.2. ACORDO

1. *Transação e renúncia*. Questão polêmica é a que envolve a possibilidade de transação de direitos trabalhistas. É que, considerando que os direitos trabalhistas são indisponíveis por princípio, como pode o Processo do Trabalho realizar conciliações?

Na verdade, os direitos trabalhistas são *indisponíveis*, porém, somente são *absolutamente* indisponíveis os que estão estabelecidos por normas de ordem pública, como é o caso dos direitos ligados à saúde e à segurança do trabalhador. Aqueles de natureza meramente pecuniária são de *indisponibilidade relativa*.

Além disso, é preciso diferenciar a *transação* da *renúncia*. Na transação, as partes fazem *concessões recíprocas*, porque os direitos são incertos ou controvertidos ("*res dubia*"). Já na renúncia, há certeza quanto ao direito, razão pela qual a parte poderá *abdicar* dele.

A renúncia dos direitos trabalhistas só é possível em relação aos direitos de indisponibilidade relativa, ainda assim quando houver autorização legal. É o caso da estabilidade decenal, hipótese em que a lei autorizou os empregados estáveis a optarem pelo regime do FGTS, mediante indenização não inferior a 60% do tempo de serviço. Aqueles que optaram, renunciaram à estabilidade, mas somente porque a lei autorizou.

A transação também só poderá versar sobre direitos trabalhistas de indisponibilidade relativa; mas, nesse caso, deve pairar dúvida acerca da existência do direito. Imagine-se, por exemplo, que o empregado esteja pleiteando horas extras e o empregador negue o labor extraordinário. Não é possível afirmar que o empregado ganhará as horas extras pretendidas, razão pela qual poderá transacioná-las.

Nas relações individuais do trabalho, a transação tem mais um requisito. Ela somente pode ser feita na presença do juiz, razão pela qual a conciliação trabalhista é sempre judicial. O Juiz deverá zelar para que exista, de fato, transação, e não renúncia de direitos. Por isso é que o Juiz não é obrigado a homologar acordos.

2. *Acordos extrajudiciais.* O TST vem reconhecendo a validade dos acordos extrajudiciais (art. 515, III, do CPC de 2015), desde que homologados pelo juiz, em audiência especialmente designada. Nesse caso, o processo será de jurisdição voluntária e, por isso, não fará coisa julgada material.(587)

3. *Objeto do acordo.* Os acordos podem abranger matérias não postas em juízo, a fim de prevenir conflitos; mas os acordos relativos a lides simuladas são passíveis de desconstituição por ação rescisória.(588)

4. *Cláusula penal.* Se realizado o acordo, seus termos constarão da respectiva ata (art. 846, § 1º, da CLT), entre os quais pode ser estabelecida uma cláusula penal,(589) para o caso de descumprimento (art. 846, § 2º, da CLT), a qual geralmente consiste no vencimento antecipado das parcelas vincendas e a fixação de uma multa (de 50% a 100%) sobre o valor remanescente.

5. *Quitação.* É costume inserir no acordo a cláusula "*quitação pelo objeto do pedido e do extinto contrato de trabalho*" ou "*quitação pelo objeto do pedido e da extinta a relação jurídica*", forma que, apesar de não estar prevista em lei, tem sido reconhecida como válida pelo TST.(590) No primeiro caso, a cláusula veda o ajuizamento de nova reclamação trabalhista, seja para pleitear os pedidos que foram objeto do acordo, seja para requerer outros, cujo fato gerador tenha surgido durante o contrato de emprego. Estão fora, portanto, os fatos *supervenientes*,(591) como as doenças do trabalho, que se manifestarem após a data do acordo, bem como pedidos que tenham natureza distinta da trabalhista, como diferenças de complementação de aposentadoria.(592)

A segunda cláusula tem os mesmos efeitos, mas são pertinentes às relações de trabalho, sem vínculo de emprego.

(587) "Recurso de Revista. Homologação de acordo extrajudicial- Justiça do Trabalho. Efeitos. Coisa Julgada. Os arts. 652 e 831, da CLT, referem-se às decisões proferidas em juízo, após a tentativa frustrada de conciliação e à hipótese específica em que a primeira instância possui competência para exercer a atividade jurisdicional. Logo, é inviável a subsunção do comando desses dispositivos à hipótese dos autos, em que se analisam os efeitos de acordo celebrado e homologado em jurisdição voluntária. Ademais, não se há falar em atribuição de efeitos da coisa julgada a matéria relativa à homologação de acordo em jurisdição voluntária, eis que a res iudicata só se opera em processo contencioso. Precedentes. Prejudicada a análise dos demais temas veiculados no recurso de revista. Recurso de revista conhecido e provido." (TST. RR — 1058-30.2010.5.18.0012. Relator: Ministro Aloysio Corrêa da Veiga. 6ª Turma. DEJT: 27.04.2012).

(588) Orientação Jurisprudencial da SDI-II do TST n. 154. "Ação rescisória. Acordo prévio ao ajuizamento da reclamação. Quitação geral. Lide simulada. Possibilidade de rescisão da sentença homologatória de acordo apenas se verificada a existência de vício de consentimento. A sentença homologatória de acordo prévio ao ajuizamento de reclamação trabalhista, no qual foi conferida quitação geral do extinto contrato, sujeita-se ao corte rescisório tão somente se verificada a existência de fraude ou vício de consentimento".

(589) Geralmente essa cláusula fixa multa de 50% sobre o valor das parcelas vincendas, com o respectivo vencimento antecipado. Esse valor é revertido ao reclamante.

(590) Orientação Jurisprudencial da SDI-II do TST n. 132. "Ação rescisória. Acordo homologado. Alcance. Ofensa à coisa julgada. Acordo celebrado — homologado judicialmente — em que o empregado dá plena e ampla quitação, sem qualquer ressalva, alcança não só o objeto da inicial, como também todas as demais parcelas referentes ao extinto contrato de trabalho, violando a coisa julgada, a propositura de nova reclamação trabalhista".

(591) Súmula do TST n. 394. "Fato superveniente. Art. 493 do CPC de 2015. Art. 462 do CPC de 1973. O art. 493 do CPC de 2015 (art. 462 do CPC de 1973), que admite a invocação de fato constitutivo, modificativo ou extintivo do direito, superveniente à propositura da ação, é aplicável de ofício aos processos em curso em qualquer instância trabalhista. Cumpre ao juiz ou tribunal ouvir as partes sobre o fato novo antes de decidir."

(592) "[...] Não obstante celebrado acordo nos autos de reclamação trabalhista anterior, conferindo quitação ampla, geral e irrestrita das parcelas trabalhistas, não ofende a coisa julgada a concessão de diferenças de complementação de aposentadoria nos autos de demanda posterior, porquanto o benefício previdenciário postulado, embora decorrente do contrato de trabalho, tem natureza jurídica diversa. Assim, não há falar em identidade entre as ações, por falta de correspondência entre os pedidos e entre as causas de pedir, não podendo ter o acordo judicial entabulado a amplitude pretendida, quitando direitos alheios àqueles debatidos na primeira demanda, e que, ademais, são regidos pelo regulamento da entidade previdenciária e não pela legislação trabalhista. [...] (TST-E-RR-1221- 35.2010.5.09.0020, SBDI-I, rel. Min. Dora Maria da Costa, red. p/ acórdão Min. Aloysio Corrêa da Veiga, 12.2.15).

Para memorizar:

Quitação de direitos trabalhistas

- Rescisão: há quitação apenas das parcelas constantes do recibo (TRCT), salvo ressalva expressa (art. 477 da CLT c/c Súmula n. 330 do TST);
- Comissões de Conciliação Prévia: quitação liberatória geral, relativa a todas as parcelas do contrato, constantes ou não do termo (art. 625-E, § único da CLT);
- Plano de demissão voluntária: há quitação apenas das parcelas constantes do recibo (OJ n. 270 da SDI-I do TST);
- Judicial: quitação liberatória geral (OJ n. 132 da SDI-II do TST). Cláusulas:
  - o Com vínculo de emprego: "quitação pelo objeto do pedido e pelo extinto contrato de trabalho";
  - o Sem vínculo de emprego: "quitação pelo objeto do pedido e pela extinta relação jurídica".

6. *Contribuições previdenciárias.* As partes devem declarar a espécie e a natureza das parcelas objeto do acordo, a fim de que se possa definir o fato gerador das contribuições sociais previdenciárias.

Se a discriminação das parcelas não for feita, as contribuições sociais previdenciárias incidirão sobre o valor total do acordo.(593)

O recolhimento destas é de responsabilidade do empregador,(594) mas sua inadimplência não exime a responsabilidade do empregado pelos pagamentos do Imposto de Renda devido e da contribuição previdenciária que recaia sobre sua quota-parte.(595)

---

(593) Orientação Jurisprudencial da SDI-I do TST n. 368. "Descontos previdenciários. Acordo homologado em juízo. Inexistência de vínculo empregatício. Parcelas indenizatórias. Ausência de discriminação. Incidência sobre o valor total. É devida a incidência das contribuições para a Previdência Social sobre o valor total do acordo homologado em juízo, independentemente do reconhecimento de vínculo de emprego, desde que não haja discriminação das parcelas sujeitas à incidência da contribuição previdenciária, conforme parágrafo único do art. 43 da Lei n. 8.212, de 24.07.1991, e do art. 195, I, "a", da CF/1988."

(594) Súmula do TST n. 368. "Descontos previdenciários e fiscais. Competência. Responsabilidade pelo pagamento. Forma de cálculo. I — A Justiça do Trabalho é competente para determinar o recolhimento das contribuições fiscais. A competência da Justiça do Trabalho, quanto à execução das contribuições previdenciárias, limita-se às sentenças condenatórias em pecúnia que proferir e aos valores, objeto de acordo homologado, que integrem o salário de contribuição. (ex-OJ n. 141 da SBDI-1 — inserida em 27.11.1998). II — É do empregador a responsabilidade pelo recolhimento das contribuições previdenciárias e fiscais, resultantes de crédito do empregado oriundo de condenação judicial. A culpa do empregador pelo inadimplemento das verbas remuneratórias, contudo, não exime a responsabilidade do empregado pelos pagamentos do imposto de renda devido e da contribuição previdenciária que recaia sobre sua quotaparte. (ex-OJ n. 363 da SBDI-1, parte final) III — Os descontos previdenciários relativos à contribuição do empregado, no caso de ações trabalhistas, devem ser calculados mês a mês, de conformidade com o art. 276, § 4º, do Decreto n. 3.048/1999 que regulamentou a Lei n. 8.212/1991, aplicando-se as alíquotas previstas no art. 198, observado o limite máximo do salário de contribuição (ex-OJs nºs 32 e 228 da SBDI-1 — inseridas, respectivamente, em 14.03.1994 e 20.06.2001). IV — Considera-se fato gerador das contribuições previdenciárias decorrentes de créditos trabalhistas reconhecidos ou homologados em juízo, para os serviços prestados até 4.3.2009, inclusive, o efetivo pagamento das verbas, configurando-se a mora a partir do dia dois do mês seguinte ao da liquidação (art. 276, "caput", do Decreto n. 3.048/1999). Eficácia não retroativa da alteração legislativa promovida pela Medida Provisória n. 449/2008, posteriormente convertida na Lei n. 11.941/2009, que deu nova redação ao art. 43 da Lei n. 8.212/91. V — Para o labor realizado a partir de 5.3.2009, considera-se fato gerador das contribuições previdenciárias decorrentes de créditos trabalhistas reconhecidos ou homologados em juízo a data da efetiva prestação dos serviços. Sobre as contribuições previdenciárias não recolhidas a partir da prestação dos serviços incidem juros de mora e, uma vez apurados os créditos previdenciários, aplica-se multa a partir do exaurimento do prazo de citação para pagamento, se descumprida a obrigação, observado o limite legal de 20% (art. 61, § 2º, da Lei n. 9.460/96). VI — O imposto de renda decorrente de crédito do empregado recebido acumuladamente deve ser calculado sobre o montante dos rendimentos pagos, mediante a utilização de tabela progressiva resultante da multiplicação da quantidade de meses a que se refiram os rendimentos pelos valores constantes da tabela progressiva mensal correspondente ao mês do recebimento ou crédito, nos termos do art. 12-A da Lei n. 7.713, de 22/12/1988, com a redação conferida pela Lei n. 13.149/2015, observado o procedimento previsto nas Instruções Normativas da Receita Federal do Brasil."

(595) Orientação Jurisprudencial da SDI-I do TST n. 363. "Descontos previdenciários e fiscais. Condenação do empregador em razão do inadimplemento de verbas remuneratórias. Responsabilidade do empregado pelo pagamento. Abrangência. A responsabilidade pelo

A União deverá ser intimada, através da Procuradoria Geral Federal (art. 832, § 4º, da CLT), podendo recorrer da decisão homologatória, quanto à natureza das parcelas objeto do acordo. Vale lembrar que, em relação às partes, o acordo transita em julgado na data de sua celebração, sendo irrecorrível (art. 831, parágrafo único, da CLT).(596)

Caso o acordo seja celebrado após a prolação de sentença, as contribuições sociais previdenciárias incidirão sobre o valor do acordo, mas a natureza das parcelas observará a proporcionalidade definida na sentença.(597)

Se o acordo é celebrado após a liquidação da sentença, as contribuições previdenciárias serão as apuradas no cálculo homologado, porque a União já terá direito subjetivo a elas.

Para memorizar:

Momento do acordo	Contribuições previdenciárias
Até a sentença	Valor e natureza conforme declaração das partes
Entre a sentença e a liquidação	Valor do acordo e natureza proporcional às parcelas da sentença
Após a liquidação	Valor e natureza conforme cálculo homologado

7. *Verbas rescisórias.* Sempre que possível, o Juiz deve cuidar para que o valor relativo ao pagamento das verbas rescisórias seja pago à vista, uma vez que o parcelamento, muito comum nos acordos, não é admitido em se tratando dessas verbas, quando do seu pagamento por ocasião da cessação do contrato de trabalho. Caso contrário, o acordo judicial será sempre mais vantajoso para o empregador, que acabará transformando a Justiça do Trabalho em um órgão homologador de rescisões, desviando sua finalidade.

8. *Rescisão indireta.* A resilição imotivada do contrato de trabalho pode ocorrer por pedido de demissão, de iniciativa do trabalhador, ou por dispensa, que parte do empregador. Além disso, havendo cometimento de falta grave, o contrato pode ser resolvido por *rescisão indireta*, por culpa do empregador, ou por *justa causa*, por culpa do empregado.

Ocorre que, por vezes, o empregado, ao invés de pedir demissão, ajuíza ação pleiteando a rescisão indireta do contrato de trabalho, a fim de que o seu empregador pague as parcelas típicas da demissão (sem aviso-prévio e multa de 40% do FGTS), mas lhe forneça as guias para recebimento do seguro-desemprego. No nosso sentir, trata-se de nítida fraude, voltada à obtenção de benefício público por parte de quem não tem direito a ele.

Para evitar fraudes como essa, é recomendável que o magistrado procure saber qual é o real motivo da cessação do contrato. Caso não tenha êxito, a maneira mais segura de evitar fraudes é condicionar a homologação do acordo à efetiva dispensa imotivada pelo empregador, o que significa dizer que as verbas rescisórias devam ser pagas de forma integral (com aviso prévio e multa de 40% do FGTS).

9. *FGTS.* Quando o acordo envolver o pagamento de FGTS, o correto é que a parcela seja depositada na conta vinculada do empregado, para só depois ser sacada. É que, se o valor for pago diretamente ao empregado,

---

recolhimento das contribuições social e fiscal, resultante de condenação judicial referente a verbas remuneratórias, é do empregador e incide sobre o total da condenação. Contudo, a culpa do empregador pelo inadimplemento das verbas remuneratórias não exime a responsabilidade do empregado pelos pagamentos do imposto de renda devido e da contribuição previdenciária que recaia sobre sua quota-parte".

(596) Súmula do TST n. 259. "Termo de conciliação. Ação rescisória. Só por ação rescisória é impugnável o termo de conciliação previsto no parágrafo único do art. 831 da CLT".

(597) Orientação Jurisprudencial da SDI-I do TST n. 376. "Contribuição previdenciária. Acordo homologado em juízo após o trânsito em julgado da sentença condenatória. Incidência sobre o valor homologado — É devida a contribuição previdenciária sobre o valor do acordo celebrado e homologado após o trânsito em julgado de decisão judicial, respeitada a proporcionalidade de valores entre as parcelas de natureza salarial e indenizatória deferidas na decisão condenatória e as parcelas objeto do acordo."

a Caixa Econômica Federal — CEF não terá como cobrar as multas próprias do atraso, bem como não registrará o respectivo tempo de serviço no cadastro do empregado, gerando problemas futuros, quando o empregado pretender receber benefícios previdenciários, como a aposentadoria, por exemplo.

9.1. *Cláusula "garantida a integralidade"*. Se as partes não souberem o valor que está depositado, a fim de fazer acordo sobre os depósitos faltantes, é possível fazer constar do acordo a cláusula *garantida a integralidade*, que significa que o empregador depositará as quantias em atraso, assim que forem identificadas perante a CEF.

9.2. *Cláusula "pelo que estiver depositado"*. Essa cláusula significa que no valor do acordo que está sendo realizado já estão incluídas as eventuais diferenças devidas de FGTS, de maneira que nenhum valor a mais será depositado a esse título.

9.3. *Multa de 40%*. Vale dizer que, para que o empregado tenha acesso ao benefício do seguro desemprego, é imprescindível que o acordo abranja a respectiva multa de 40%, sem a qual a dispensa imotivada não será configurada.

10. *Obrigações de fazer e parcelas "in natura"*. Havendo obrigações de fazer, como anotar a CTPS, ou pagamento por meio de bens ("*in natura*"), o Juiz deve zelar para que todos os detalhes constem do acordo, a fim de torná-lo exequível, caso haja necessidade. Assim, por exemplo, se a parte for dar um cavalo em pagamento, é preciso individualizá-lo, inclusive fixando o seu valor.

11. *Devedor subsidiário*. Não é raro que um empregado ajuíze ação trabalhista em face de duas empresas, por exemplo, nos casos de terceirização, em que as partes rés serão a empresa prestadora de serviços e a tomadora. Ocorre que, apesar de a parte autora e a empresa prestadora entabularem um acordo, a empresa tomadora não concorda com ele e não está disposta a ser responsável subsidiária pelo seu cumprimento. O autor, por sua vez, não abre mão da responsabilidade subsidiária.

Para casos assim, há três soluções mais comuns a serem adotadas pelo Juiz. A primeira delas consiste em simplesmente não homologar o acordo e prosseguir na instrução processual, a fim de apurar os direitos devidos e a eventual responsabilidade da empresa tomadora. Ocorre que, nessa hipótese, o Juiz acaba por negar a solução do conflito, quando ele, em verdade, já foi resolvido pelas partes.

Outra solução consiste em homologar o acordo, com a ressalva de que, havendo o inadimplemento, o processo retornará à fase de instrução, para colheita de provas e prolação de sentença somente quanto à responsabilidade subsidiária da empresa tomadora. O problema dessa conduta é processual, porque o acordo transita em julgado na data de sua homologação, razão pela qual a reabertura da instrução não seria tecnicamente possível. Ademais, a empresa tomadora ficaria tolhida no seu direito de defesa, porque não poderia se manifestar sobre os valores do acordo.

A terceira saída é condicionar a homologação a uma condição resolutiva (art. 212 do CC), que é o cumprimento do acordo. Até que este ocorra, o processo ficará suspenso. Havendo o adimplemento, o acordo será homologado e o processo extinto, já que não haverá interesse da parte autora na responsabilidade subsidiária. Caso o acordo seja inadimplido, a instrução pode ser reaberta e, sobrevindo uma sentença condenatória, as quantias pagas seriam deduzidas do montante devido. Essa é, a nosso ver, a melhor alternativa.

12. *Terceiros*. Não há empecilho para o envolvimento de terceiros na celebração do acordo, desde que estejam presentes na audiência e concorde com os termos acordados.[598] É caso, por exemplo, do pai que se compromete a responder subsidiariamente pelo filho empregador doméstico, na hipótese de este não conseguir quitar as parcelas assumidas no acordo com seu empregado doméstico.

(598) Enunciado n. 67 do I FNPT. "[...] O acordo judicial trabalhista pode envolver sujeito estranho ao processo e objeto mais amplo, sendo-lhe aplicável o disposto no art. 515, II e § 2º, do NCPC."

13.3.3. AUDIÊNCIA DE INSTRUÇÃO

1. *Compromisso e contradita.*

1.1. *Impedimento e suspeição.* Antes de tomar o *compromisso* (de dizer a verdade, pena de incorrer no crime de falso testemunho) da testemunha, o Juiz deve se certificar de que ela não é impedida ou suspeita de prestar depoimento. Pela CLT, o Juiz deve perguntar se a testemunha é parente, amiga ou inimiga de qualquer das partes (art. 829).

Ocorre que, geralmente, o polo passivo no Processo do Trabalho é ocupado por uma empresa, que tem personalidade jurídica, a qual é distinta da de seus sócios. Dessa forma, não será possível que a testemunha seja parente, amiga ou inimiga da empresa. Por isso, é recomendável que o Juiz só tome o compromisso da testemunha que responder negativamente às seguintes perguntas, por exemplo: possui parentesco com algum dos sócios da parte ré? possui cargo de alta confiança (art. 62, II, da CLT)? Foi orientada ou coagida a mudar seu depoimento?

Outra importante pergunta, para qualquer testemunha, é que indaga se a parte está confortável para depor ou se tem medo de sofrer graves danos caso diga a verdade. Se a resposta for de que a testemunha tem medo, no nosso sentir, ela está desobrigada do seu ônus de depor, por força do art. 448, I, do CPC de 2015.

1.2. *Instrução da contradita.* Questão relevante é saber do número de testemunhas permitido para a prova da contradita suscitada. Imagine-se, por exemplo, que uma parte alegue que a testemunha é amiga da outra parte, que a trouxe para depor, mas que isso seja negado por ambas. Surge para a parte que suscitou a contradita o direito de produzir provas, como a testemunhal. Nesse caso, o CPC de 2015 fixou o número máximo de três testemunhas, as quais devem ser indicadas (qualificação) no ato, para serem ouvidas em separado (art. 457, § 1º).

No nosso sentir, todavia, o número de testemunhas deve ser diminuído para duas, no rito sumaríssimo, sob pena de haver uma inversão da lógica do processo, que somente admite duas testemunhas para provar todas as matérias que são objeto da demanda.

2. *Perguntas para o próprio cliente.* A CLT só faz referência expressa ao *interrogatório* (art. 848), que é prerrogativa exclusiva do Juiz, podendo ser feito a qualquer momento. Todavia, no nosso sentir, como a confissão é um meio de prova, as partes têm direito ao depoimento pessoal da parte contrária, oportunidade em que poderão formular suas perguntas, para serem feitas por intermédio do Juiz, como manda o art. 848 da CLT.

Sem embargo, é possível que o advogado da parte queira fazer perguntas para o seu cliente. Isso seria possível? A nosso ver, o Juiz não deve permitir que o advogado faça as perguntas, tendo em vista que o objeto do depoimento pessoal é, como foi dito, a confissão que ocorre no interesse da parte contrária. Ademais, presume-se que tudo o que a parte tinha a dizer para o seu advogado já foi dito quando de sua contratação como patrono da causa.

3. *Testemunha menor de 18 anos.* O menor de 16 anos de idade não pode ser testemunha (art. 447, § 1º, III, da CLT).

Já o menor entre 16 e 18 anos pode ser testemunha, mas o compromisso de dizer a verdade deve ser tomado sob as advertências do Estatuto da Criança e do Adolescente e não do Código Penal, tendo em vista que o crime de falso testemunho constitui ato infracional (art. 103 do ECA).

Além disso, o menor deve estar acompanhado de seu representante legal. A falta desse, no nosso sentir, não gera nulidade absoluta, mas apenas mera irregularidade, sanável com a ratificação do depoimento pelo representante legal, posteriormente. Nada impede, além disso, que o Juiz designe um representante "*ad hoc*", que pode ser o próprio advogado da parte.

4. *Tumulto.* Se houver tumulto durante a audiência, como o decorrente de uma briga entre as partes e/ou seus advogados, o Juiz deve mandar tirar do recinto a pessoa causadora do transtorno e, se isso não for possível, suspender a audiência (art. 818 da CLT).

5. *Ausência das partes*. Na audiência de instrução, a ausência das partes importa em confissão ficta (Súmula 74 do TST), a não ser que ela seja justificada por justo motivo, situação em que a audiência deverá ser adiada. Não há falar, portanto, em arquivamento ou revelia, os quais só ocorrem na audiência inicial.

Se o motivo for doença, a prova da enfermidade tem que ser feita em audiência (art. 362, § 1º, do CPC de 2015). Essa prova deve ser feita por meio de atestado médico que comprove a incapacidade de locomoção, aplicando-se, analogicamente, a Súmula 122 do TST, que estabelece essa condição para o empregador.

Havendo outros motivos, o empregado deve ser fazer representar pelo sindicato ou colega de mesma profissão (art. 843, § 2º, da CLT) e, o empregador, por um preposto (art. 842, da CLT). Mas, quanto ao empregado, essa exigência só é válida para a audiência inicial, a fim de evitar o arquivamento. Se a audiência for de instrução, basta que a parte justifique sua ausência, sem a necessidade de se fazer representar por colega de mesma profissão.

Vale dizer que, por força do "*jus postulandi*" (art. 791 da CLT), a ausência do advogado não gera o adiamento da audiência.

6. *Assinatura da ata*. Nos termos do art. 851, § 2º, da CLT, a ata da audiência será assinada apenas pelo Juiz, o que dispensa a assinatura pelas partes e testemunhas. Todavia, em se tratando de acordo e depoimento testemunhal, é razoável exigir a assinatura das partes e da testemunha, tendo em vista que, no primeiro caso, fica constituído um título executivo judicial e, no segundo, há a possibilidade de a testemunha responder pelo crime de falso testemunho.

14 Sentença e coisa julgada

14.1. SENTENÇA TRABALHISTA

14.1.1. CONCEITO

Sentença é o ato judicial que põe fim ao processo de conhecimento, com fundamento nos arts. 485 e 487 do CPC de 2015 (art. 203, § 1º, do CPC de 2015).

14.1.2. PRINCÍPIOS

Os princípios mais relevantes para a temática da sentença trabalhista serão examinados a seguir.

1. *Legalidade.* O Juiz não pode julgar de maneira contrária ao que dispõe a lei, razão pela qual só poderá decidir por equidade nos casos em que a lei autorizar (art. 140, parágrafo único, do CPC de 2015). Todavia, no rito sumaríssimo, o Juiz do Trabalho está autorizado a adotar, caso a caso, a decisão que reputar mais justa e equânime (art. 852-I, § 1º, da CLT).

2. *Livre convencimento motivado.* Estando o Juiz vinculado à lei, surge o dever de motivar suas convicções, as quais são livres, dentro dos limites legais (art. 93, IX, da CF e art. 11, do CPC de 2015). Mais que isso, considerando que os Juízes do Trabalho não são eleitos pelo povo, a legitimidade de suas decisões fica atrelada à fundamentação adotada.

3. *Congruência.* Pelo princípio da congruência, o Juiz não deve conhecer de questões não suscitadas pelas partes, a não ser quanto às matérias de ordem pública. Isso faz com que as decisões *ultra*,[599] *extra*[600] e *citra*[601] *petita* sejam vedadas (art. 492 do CPC de 2015).

Imagine-se, por exemplo, que a petição inicial tenha trazido o pedido de aviso prévio de trinta e seis dias. A sentença poderá rejeitar ou acolher o pedido, mas não poderá ser omissa (*citra petita*). Acolhendo, ela pode

(599) É a decisão que condena o réu em *quantidade* superior à pedida. É anulável.

(600) É a sentença que concede direito de *qualidade* diferente do pedido. É nula.

(601) Ocorre quando a sentença se *omite* quanto a algum pedido. É nula.

fazê-lo integral ou parcialmente, deferindo os trinta e seis dias ou menos, mas nunca em quantidade superior (*ultra petita*). Também não pode deferir os reflexos do aviso prévio, uma vez que não foi pedido (*extra petita*).

Além disso, a decisão deve ser certa, ou seja, não deve relegar a conclusão para momento posterior (art. 493, parágrafo único, da CLT). Uma sentença condicional seria, por exemplo, a que defere horas extras "se ficar provado que elas não foram pagas". Ora, nesse caso, o Juiz deve, ao menos por amostragem, verificar que alguma hora extra ficou inadimplida, a fim de que transmita a certeza do provimento deferido. Caso contrário, apesar de procedente, a sentença poderia acabar sendo improcedente na prática, gerando prejuízos à parte condenada.

4. *Extrapetição*. Dispõe a CLT que o Juiz decidirá as causas sempre de maneira que nenhum interesse de classe ou particular prevaleça sobre o interesse público (art. 8º, "*in fine*"). Em vista disso, cabe ao Juiz do Trabalho conhecer das matérias de ordem pública, ainda que quanto a elas não tenha havido pedido explícito.

É o caso, por exemplo, da ação que busca o reconhecimento de vínculo, mas não deduz pedido de anotação do contrato na CTPS. Ora, a citada anotação é obrigatória (art. 39 da CLT), devendo ser feita por ordem do Juiz, sem que isso configure ofensa ao princípio da congruência. Outros exemplos são: multa do art. 467 da CLT; multa do art. 137 da CLT (dobra das férias); o terço das férias (art. 7º, XVII, CF); juros e correção monetária (Súmula n. 211, do TST[(602)]); e deduções de quantias pagas sob o mesmo título das parcelas deferidas.

Há também no CPC de 2015 um exemplo de extrapetição, constante do art. 491, que permite o deferimento, nas obrigações de pagar, da fixação da extensão da obrigação, ainda que o pedido tenha sido genérico.

5. *Inalterabilidade após a decisão ou preclusão "pro judicato"*. Uma vez publicada, a sentença só poderá ser alterada para corrigir erros ou enganos de escrita, datilografia ou de cálculo, mesmo assim, só até a execução (art. 833 da CLT c/c art. 494, I, do CPC de 2015). Nesse caso, as alterações poderão ser requeridas pelas partes e pelo MPT, bem como ser ordenadas pelo próprio juiz, de ofício.

Outra hipótese de alteração da sentença é a oposição de embargos de declaração pelas partes, no caso de existir omissão, contradição ou obscuridade no julgado (art. 494, II, do CPC de 2015). Se já ocorrido o trânsito em julgado, a única forma de modificar a decisão será por meio da ação rescisória, que tem cabimento na Justiça do Trabalho, nos termos do art. 836 da CLT.

Não obstante, o CPC de 2015 possui outro caso de alteração da decisão, que decorre da possibilidade de retratação do Juiz nos casos de interposição de Apelação contra a decisão de indeferimento da petição inicial (art. 331), de improcedência liminar do pedido (art. 332, § 3º) e de extinção do processo sem julgamento do mérito (art. 485, § 7º).

14.1.3. REQUISITOS

Quanto à forma, o art. 489 do CPC diz que as sentenças deverão ter três partes, quais sejam, *relatório*, *fundamentação* e *dispositivo*. Em outras palavras, a CLT acaba dizendo o mesmo, por regramento próprio, estabelecendo no art. 832: a) nome das partes; b) resumo do pedido e da defesa; c) apreciação das provas; d) fundamentos da decisão; e e) conclusão.

O *relatório* é o único requisito que, se ausente, não gera a nulidade da sentença. Ele é dispensado nas demandas relativas ao rito sumaríssimo (art. 852-I da CLT), de maneira que a sentença mencionará apenas os elementos da convicção do juízo, com o resumo dos fatos relevantes ocorridos em audiência.

Na *fundamentação*, o Juiz deve analisar os pedidos e os incidentes processuais em uma ordem lógica, considerando a influência de um pedido no outro. Essa ordem vai depender de cada caso concreto, mas é possível definir uma tendência, baseada no que ordinariamente ocorre. Assim, sugere-se a seguinte ordem:

a) Providências saneadoras: retificação do nome das partes; renumeração dos autos; protestos; intervenção de terceiros; desistência de pedidos; e fixação do valor da causa, caso a parte não tenha feito;

(602) Súmula do TST n. 211. "Juros de mora e correção monetária. Independência do pedido inicial e do título executivo judicial. Os juros de mora e a correção monetária incluem-se na liquidação, ainda que omisso o pedido inicial ou a condenação."

b) Pressupostos processuais: suspeição e impedimento; incompetência relativa; incompetência absoluta; inépcia da inicial; perempção; litispendência; coisa julgada; conexão; e incapacidade da parte, defeito de representação ou falta de autorização;

c) Condições da ação: legitimidade e interesse de agir;

d) Prejudiciais de mérito: prescrição e decadência;

e) Mérito:

e.1) Mérito indireto: quitação; consignação; sub-rogação; imputação de pagamento; novação; compensação; transação; confusão; remissão; e outros fatos impeditivos, modificativos e extintivos;

e.2) Mérito direto: fatos relativos à celebração do contrato; pedidos decorrentes da forma de cessação do contrato (dispensa, demissão, término, justa causa, rescisão indireta e verbas rescisórias); parcelas salariais (diferenças de salário, salário normativo, equiparação, substituição, desvio e acúmulo de função, redução de salário); adicionais (insalubridade, periculosidade e noturno); horas extras (suplementares, intrajornada, interjornada e *in itinere*); indenizações (danos morais e materiais); multas (arts. 467 e 477 da CLT); responsabilidade da parte ré (terceirização, grupo econômico); justiça gratuita; honorários advocatícios e periciais; e parâmetros de liquidação e deduções (INSS, IRRF, valores pagos, juros e correção monetária).

No *dispositivo*, a sentença deve definir quais preliminares foram acolhidas, pronunciar ou não a prescrição e dizer quais pedidos foram acolhidos. Nos termos do art. 832 da CLT, a sentença ainda deverá conter: a) o prazo e as condições de cumprimento dos pedidos deferidos; b) o valor das custas, a serem pagas pela parte vencida; e c) a natureza das parcelas constantes da condenação, para fins de cálculo das contribuições sociais previdenciárias e do imposto de renda, inclusive estabelecendo o limite de responsabilidade de cada parte, se for o caso.

Também deve constar do dispositivo a intimação das partes ou, se já tenham sido intimadas da data e horário da decisão, a dispensa de nova intimação (art. 834 da CLT).

14.2. EXAME DOS REFLEXOS DO CPC DE 2015 NA SENTENÇA TRABALHISTA

14.2.1. PREPONDERÂNCIA DA TUTELA DE MÉRITO OU PRIMAZIA DO JULGAMENTO DE MÉRITO

Como já afirmamos no capítulo referente aos princípios, o CPC de 2015 está permeado da ideologia de persecução da tutela de mérito, a qual deve ser buscada pelas partes e pelo Juiz, sempre que as irregularidades de forma puderem ser superadas. Isso corresponde a uma conduta mais intensa em favor do julgamento do mérito da causa, mais do que o princípio da instrumentalidade das formas foi capaz de fazer.

Pelo novo princípio, o Juiz deve, sempre que possível, julgar o mérito integral da causa, incluída a atividade satisfativa (art. 4º).

Ocorre que esta nova ideologia do processo civil já era aplicada no Processo do Trabalho por meio do princípio da simplicidade, o qual sempre municiou o Juiz para sanar as irregularidades, seja concedendo à parte a oportunidade para corrigir vícios, seja simplesmente interpretando os seus atos de maneira a conservá-los ao máximo. Cite-se, por exemplo, a petição inicial, a qual, parte por força da lei (art. 840, § 1º, da CLT), parte por esforço do Juiz, quase nunca é indeferida ou declarada inepta, mas sim aproveitada ao máximo a fim de dar prosseguimento ao processo, até a prestação da tutela de mérito.

Por isso, no nosso sentir, o novo princípio é compatível com o Processo do Trabalho. É o que também concluiu o I FNPT.[603]

(603) Enunciado n. 48 do I FNPT. "[...] O princípio da primazia do julgamento de mérito, inserido no sistema processual pelo art. 4º do NCPC tem aplicação no direito processual do trabalho, uma vez que o Poder Judiciário deve buscar a solução definitiva da lide em qualquer espécie de conflito, com o fim de que a jurisdição possa atingir seus escopos jurídicos e sociais. Tal dispositivo se coaduna, ainda, com o princípio da simplicidade que permeia o Processo do Trabalho, observando, assim, a regra do art. 769 da CLT.

14.2.2. *SISTEMA DE PRECEDENTES*

1. *Sistema híbrido*. Como o advento da Súmula Vinculante do STF (EC 45/04 e Lei n. 11.417/06), o sistema jurídico brasileiro deu o primeiro passo para a instituição do sincretismo entre a ideologia da família *romano-germânica* (*"civil law"*) e da *anglo-saxônica* (*"common law"*), ambas de base democrática. Tradicionalmente, a primeira família citada está fundamentada na lei escrita, elaborada por um processo político promovido por representantes eleitos pelo povo. Já a outra, tem suas bases nas decisões judiciais, porque os Juízes são eleitos, o que os legitima a *criar* decisões para casos que a lei não resolve, as quais vinculam todos os órgãos do Poder Judiciário (*"stare decisis"*). Por isso, na família anglo-saxônica, os precedentes judiciais são aplicados com a mesma força das leis.

O CPC de 2015 deu mais um passo para essa simbiose, porque, apesar de não autorizar o Judiciário a criar o Direito: a) impôs aos tribunais o dever de uniformizarem sua jurisprudência, por meio da edição de súmulas[(604)] e teses jurídicas prevalecentes (art. 926);[(605)] b) obrigou os juízes e tribunais a observarem as decisões do STF no controle concentrado de constitucionalidade, as súmulas vinculantes, os acórdãos de incidente de assunção de competência e de resolução de demandas repetitivas (inclusive de Recurso Extraordinário e Especial repetitivos), as súmulas do STF e do STJ e a orientação do plenário ou do órgão especial aos quais estiverem vinculados (art. 927 do CPC de 2015);[(606)] c) determinou que todos os juízes e órgãos fracionários dos tribunais ficam vinculados ao acórdão proferido em incidente de assunção de incompetência, exceto se houver revisão de tese (art. 947, § 3º).[(607)]

Além disso no julgamento *"prima facie"*, autorizou o Juiz a julgar liminarmente improcedente o pedido que contrariar decisões do STF e STJ proferidas em sede de julgamento de recursos repetitivos (art. 332, II).[(608)] Por fim, estabeleceu que não será considerada como fundamentada a decisão que *"deixar de seguir enunciado de súmula, jurisprudência ou precedente invocado pela parte, sem demonstrar a existência de distinção no caso em julgamento ou a superação do entendimento"* (art. 489, § 1º, VI).[(609)]

2. *Aplicabilidade no Processo do Trabalho*. Essa mesma tendência se observa o Processo do Trabalho há mais tempo. A jurisprudência do TST tem sido aplicada com força de lei, como é o caso da Súmula 331, que trata da terceirização, fenômeno que ainda não foi completamente regulado pela lei. Além disso, a Lei n. 13.015/14 estabeleceu nova dinâmica para os recursos no âmbito do TST, como adoção do julgamento de recursos repetitivos (art. 896-B da CLT).

Foi por isso que, com certa facilidade, o C. TST manifestou sua concordância com a aplicação do sistema de precedentes ao Processo do Trabalho, nos termos do art. 15 da IN 39/16, mas com várias ressalvas, as quais serão vistas a seguir.

(604) Aprovadas por unanimidade.

(605) Aprovadas por maioria.

(606) Para o I FNPT, o art. 927 do CPC de 2015 é inconstitucional: Enunciado n. 53 do I FNPT. "[...] Os incisos III, IV e V do art. 927 do NCPC são inconstitucionais, pois somente a Constituição da República Federativa do Brasil pode autorizar um Tribunal a adotar súmula ou construção jurisprudencial vinculativa dos outros órgãos integrantes do Poder Judiciário brasileiro, ou normas de caráter impositivo, genéricas e abstratas."

(607) Seguindo a mesma linha: Enunciado n. 54 do I FNPT. "[...] É inconstitucional o § 3º do art. 947 do NCPC, que determina que o acórdão emitido nos casos de assunção de competência terá efeito vinculativo para todos os juízes e órgãos fracionários, pois somente a Constituição da República pode autorizar a lei a atribuir a um Tribunal a competência para editar súmulas ou adotar decisão com efeito vinculante."

(608) Enunciado n. 294 do FPPC. "(arts. 332 e § 1º e 15). O julgamento liminar de improcedência, disciplinado no art. 333, salvo com relação ao § 1º, se aplica ao Processo do Trabalho quando contrariar: a) enunciado de súmula ou de Orientação Jurisprudencial do TST; b) acórdão proferido pelo TST em julgamento de recursos de revista repetitivos; c) entendimento firmado em resolução de demandas repetitivas."

(609) Enunciado n. 304 do FPPC. "(art. 489; art. 15). As decisões judiciais trabalhistas, sejam elas interlocutórias, sentenças ou acórdãos, devem observar integralmente o disposto no art. 489, sobretudo o seu § 1º, sob pena de se reputarem não fundamentadas e, por conseguinte, nulas."

3.3. *Precedente*. Em matéria trabalhista, o C. TST considera como *precedente vinculante* apenas (considerando as regras do CPC com as da CLT, nos termos da IN n. 39/16):

a) acórdão proferido pelo STF (recurso extraordinário) ou pelo TST (recurso de revista) em julgamento de recursos repetitivos (CPC, art. 1046, § 4º; CLT, art. 896-B);

b) entendimento firmado em incidente de resolução de demandas repetitivas ou de assunção de competência. Aqui deve ser acrescentado o Incidente de Uniformização de Jurisprudência;

c) decisão do STF em controle concentrado de constitucionalidade, como ocorre na ADI, ADC, ADO e ADPF;

d) tese jurídica prevalecente de TRT e não conflitante com súmula ou OJ do TST (CLT, art. 896, § 6º). A tese jurídica prevalecente em tudo é igual a uma súmula, com exceção do fato de que ela ter sido aprovada por maioria dos membros do Pleno do TRT, ao passo que a súmula é resultado de votação unânime;

e) decisão do plenário, do órgão especial ou de seção especializada competente para uniformizar a jurisprudência do tribunal a que o juiz estiver vinculado ou do TST. É o caso, por exemplo, de todas as decisões da SDI ou da SDC do TST.

Além dos precedentes citados, os juízes e tribunais trabalhistas estão vinculados (ou seja, devem aplicar, obrigatoriamente) a jurisprudência firmada em (art. 15, II, da IN n. 39/16): a) súmulas do STF, inclusive as vinculantes e as comuns; b) OJ e Súmula do TST; e c) súmula de TRT não conflitante com a súmula ou OJ do TST.[610]

A Lei n. 13.467/17 (reforma trabalhista) acrescenta a alínea *"f"* ao art. 702 da CLT, para regulamentar a edições de súmulas pelo TST. Consta da aludida lei que a criação ou alteração de súmulas deverá ser aprovada por voto de pelo menos 2/3 dos Ministros. Todavia, a matéria debatida deverá ter sido objeto de apreciação e decisão idêntica por ao menos 2/3 das Turmas do TST, por unanimidade dos membros, em pelo menos dez sessões diferentes em cada uma das Turmas. Além disso, os efeitos da súmula aprovada poderão ser modulados, pelo voto da maioria de 2/3.

Ainda em relação ao procedimento de edição de súmulas, o referida lei estabelece que as sessões de julgamento sobre criação ou alteração de súmulas deverão ser públicas, com divulgação prévia de, no mínimo, 30 dias, com possibilidade de sustentação oral pelo Procurador-Geral do Trabalho, pelo Conselho Federal da OAB, pelo Advogado-Geral da União e por confederações sindicais e entidades de classe de âmbito nacional (art. 702, § 3º, da CLT).

Vale tecer, por fim, breves palavras acerca das decisões proferidas em Recurso Extraordinário — RE, pelo STF. Até o advento da Lei n. 11.418/16, não existira o requisito da "repercussão geral", para admissibilidade do RE. Após a citada lei, para ser conhecido, o RE passou a ter que possuir repercussão geral. Finalmente, no CPC de 2015 trouxe regras sobre o RE repetitivo (art. 1.036 e seguintes), estabelecendo, ainda, que as decisões judiciais que não observarem os precedentes do RE com repercussão geral e o RE repetitivo desafiam Reclamação para o STF, desde que esgotadas as instâncias ordinárias. Isso fez com que, muito embora não esteja no rol do art. 927, do CPC de 2015, o RE com repercussão geral e o RE repetitivo tenham força vinculante, ficando sem essa eficácia apenas o RE comum, interposto antes da Lei n. 11.418/16.

4. *Limites da vinculação.*

4.1. *Paradigmas ou teses jurídicas vinculativas.* No nosso sentir, o citado art. 15 da IN 39/16, do C. TST, não é completo, uma vez que os juízes e tribunais do trabalho também estão vinculados às decisões proferidas pelo STJ em conflito de competência, como já abordado no capítulo sobre competência trabalhista.

(610) Por força do princípio da coerência das decisões, concordamos com os Enunciados do FPPC: a) n. 167 — "(art. 926; art. 947, § 3º; art. 976; art. 15) Os tribunais regionais do trabalho estão vinculados aos enunciados de suas próprias súmulas e aos seus precedentes em incidente de assunção de competência ou de resolução de demandas repetitivas." e b) n. 171 — "(art. 927, II, III e IV; art. 15) Os juízes e tribunais regionais do trabalho estão vinculados aos precedentes do TST em incidente de assunção de competência em matéria infraconstitucional relativa ao direito e ao Processo do Trabalho, bem como às suas súmulas."

Além disso, há de se saber se, de fato, todas as decisões citadas são realmente vinculantes. Em outras palavras, os precedentes, súmulas e teses jurídicas anteriores à vigência do CPC de 2015 também têm efeitos vinculantes? Os juristas do II FNPT entendem que não.[611] A nosso ver, contudo, há de se ter em mente que o CPC de 2015 não estabeleceu um novo procedimento[612] como condição para a elaboração de precedentes, súmulas e teses, mas apenas se limitou a dizer que essas espécies jurisprudenciais passam a ter efeito vinculante. Como o CPC de 2015 não fez qualquer ressalva intertemporal sobre o tema, as espécies jurisprudenciais citadas foram recepcionadas pela novel legislação, pelo que possuem efeito vinculante. Mas reconhecemos que o tema é polêmico e ambas as correntes possuem forte argumentação, de forma que a questão não pode ser dada como pacificada.

4.2. *Ratio decidendi*. Outra limitação que merece destaque é a de conteúdo. O que de fato vincula o juiz ou o tribunal não é apenas os fundamentos determinantes da decisão, chamados de "*ratio decidendi*" (art. 15º, II, da IN 39/16), e não os argumentos ditos apenas de passagem ("*obiter dictum*").

Por exemplo, ao julgar o pedido de aplicação do multa do art. 477, § 8º, da CLT, suponha que determinado tribunal tenha adotado a seguinte fundamentação: "a multa do art. 477, § 8º, da CLT, só tem incidência quando o pagamento das verbas rescisórias não ter sido realizado nos prazos do respectivo § 6º, ainda que a homologação da rescisão não tenha sido feita naquele prazo, sem prejuízo de que o atraso na homologação possa dar ensejo à reparação por danos morais."

Nesse caso, a "*ratio decidendi*" foi o fato gerador da multa, que é apenas a *falta de pagamento das verbas rescisórios no prazo legal*. É apenas isso que vincula o julgador. Quando a decisão disse que o atraso na homologação, muito embora não gerasse a multa, pudesse causar danos morais, não vincula o julgador a condenar o empregador a pagar compensação por danos morais todas as vezes em que isso ocorrer, porque essa parte da decisão apenas foi *dita de passagem*, para enriquecer a argumentação.

4.3. *Distinguishing e overruling*. O Juiz não estará vinculado à jurisprudência nos casos em que houver fundamentação sólida capaz de *afastar a sua adequação ao caso concreto* ("*distinguishing*") ou a *superação do entendimento* ("*overruling*") (art. 489, § 1º, VI).[613]

O "*Distinguishing*" consiste na técnica de demonstrar que o caso concreto possui diferenças em relação à jurisprudência paradigma. O Juiz pode aplicá-la de ofício, mas é ônus da parte "identificar os fundamentos determinantes ou demonstrar a existência de distinção no caso em julgamento ou a superação do entendimento, sempre que invocar precedente ou enunciado de súmula" (art. 15, VI, da IN 39/16 do C. TST).

Já o "*Overruling*" significa a superação do precedente, o que geralmente ocorre quando a jurisprudência dá tratamento diferente ao que vinha sendo dispensado ao mesmo caso concreto. Se, por um lado, a cultura dos precedentes gera mais segurança jurídica e previsibilidade dos julgados, de outro, a alteração da jurisprudência não pode ser proibida, a bem de garantir a evolução do direito. Por isso é que, para não perder de vista as vantagens da adoção de precedentes, os tribunais podem fazer usos de técnicas destinadas a amenizar os efeitos nocivos da alteração da jurisprudência.

O primeiro deles é a adoção de *sinais* ("*signaling*"), que nada mais são do que fundamentos em sentido diferente precedente, os quais, muito embora não sirvam para alterar a jurisprudência, possuem a tarefa de advertir que a matéria não é pacífica e que pode ser alterada. É o que ocorre, por exemplo, quando o Juiz aplica o precedente e, na mesma decisão, apresenta argumentos para manifestar sua discordância, embora deixe de considerá-los na conclusão do julgado, por força da existência de precedente sobre o tema.

(611) Enunciado n. 40 do II FNPT. "CPC, art. 927. Precedentes. Súmulas do STF e TST anteriores ao NCPC. Inaplicabilidade do caráter obrigatório. As Súmulas do Supremo Tribunal Federal e do Tribunal Superior do Trabalho anteriores ao início de vigência do Novo CPC não se inserem dentro do conceito de precedentes estabelecido pelo art. 927 do CPC."

(612) Por isso não se pode aplicar, por exemplo, o mesmo entendimento usado nos tratados internacionais sobre direitos humanos em relação à EC 45/04. É que esta EC, ao incluir o § 3º, no art. 5º, da CF, criou um procedimento para aprovação dos tratados, como condição para que eles tivessem força de Emenda Constitucional. Por isso é que os tratados anteriores à EC 45/04 não poderiam ser considerados como Emenda.

(613) Enunciado n. 326 do FPPC. "(arts. 927 e 15). O órgão jurisdicional trabalhista pode afastar a aplicação do precedente vinculante quando houver distinção entre o caso sob julgamento e o paradigma, desde que demonstre, fundamentadamente, tratar-se de situação particularizada por hipótese fática distinta, a impor solução jurídica diversa."

Outra importante técnica é a que consiste em instaurar um debate acerca da jurisprudência, a fim de que a sociedade possa apresentar argumentos de superação. No art. 927, § 2º, do CPC de 2015, por exemplo, consta que "*a alteração de tese jurídica adotada em enunciado de súmula ou em julgamento de casos repetitivos poderá ser precedida de audiências públicas e da participação de pessoas, órgãos ou entidades que possam contribuir para a rediscussão da tese.*"(614)

Por fim, uma vez superada a jurisprudência, para evitar surpresa, o Tribunal pode modular os efeitos de sua decisão, de "*ex tunc*" (retroativos) para "*ex nunc*" (prospectivos), isto é, para definir uma espécie de "*vacatio legis*", fixando data a partir da qual a jurisprudência será considerada alterada. É com base nessa técnica que o art. 927, § 3º, do CPC de 2015 dispõe que "a hipótese de alteração de jurisprudência dominante do Supremo Tribunal Federal e dos tribunais superiores ou daquela oriunda de julgamento de casos repetitivos, pode haver modulação dos efeitos da alteração no interesse social e no da segurança jurídica."

5. *Reclamação.* Havendo julgamento contrário à jurisprudência dos Tribunais, caberá ação de *reclamação* (art. 988 do CPC de 2015), a fim de garantir a autoridade das decisões e a observância de "acórdão proferido em julgamento de incidente de resolução de demandas repetitivas ou de incidente de assunção de competência." Mas ela só será admitida após o esgotamento de todas as vias de impugnação (art. 988, § 5º, II, do CPC de 2015).

14.2.3. FUNDAMENTAÇÃO INTEGRAL OU EXAURIENTE

Fundamentar ou *motivar* consiste em analisar e explicitar as questões de fato e de direito, apresentadas ou não pelas partes, que foram levadas em conta para a conclusão da decisão (art. 489, II, do CPC de 2015). É direito das partes empregar todos os meios legais, bem como os moralmente legítimos, para provar a verdade dos fatos em que se funda o pedido ou a defesa e influir eficazmente na convicção do Juiz (art. 369 do CPC de 2015).

É comum que, diante de determinados fatos, as partes apresentem teses (de direito) em relação a eles, a fim de tentar influenciar a decisão judicial. Por isso é que se tornou crescente o clamor das partes para que o Juiz enfrentasse essas teses em sua decisão.

Encapando esse clamor, o CPC de 2015 considera como não fundamentada a decisão que (art. 489, § 1º):

a) se limitar à indicação, à reprodução ou à paráfrase de ato normativo, sem explicar sua relação com a causa ou a questão decidida;

b) empregar conceitos jurídicos indeterminados, sem explicar o motivo concreto de sua incidência no caso;

c) invocar motivos que se prestariam a justificar qualquer outra decisão;

d) não enfrentar todos os argumentos deduzidos no processo capazes de, em tese, infirmar a conclusão adotada pelo julgador;

e) se limitar a invocar precedente ou enunciado de súmula, sem identificar seus fundamentos determinantes nem demonstrar que o caso sob julgamento se ajusta àqueles fundamentos;

f) deixar de seguir enunciado de súmula, jurisprudência ou precedente invocado pela parte, sem demonstrar a existência de distinção no caso em julgamento ou a superação do entendimento.

No nosso sentir, essas regras do CPC de 2015 são aplicáveis ao Processo do Trabalho,(615) porque apenas reproduzem exigências lógicas decorrentes dos princípios da congruência e do dever de fundamentação. Nesse sentido é o art. 3º, IX, da IN 39/16, do C. TST. Todavia, é preciso explicar o sentido da regra descrita na letra "b", o qual tem sido chamado como o dever de motivar integralmente a decisão.

(614) Enunciado n. 325 do FPPC. "(arts. 927 e 15). A modificação de entendimento sedimentado pelos tribunais trabalhistas deve observar a sistemática prevista no art. 927, devendo se desincumbir do ônus argumentativo mediante fundamentação adequada e específica, modulando, quando necessário, os efeitos da decisão que supera o entendimento anterior."

(615) No mesmo sentido: Enunciado n. 304 do FPPC. "(art. 489; art. 15). As decisões judiciais trabalhistas, sejam elas interlocutórias, sentenças ou acórdãos, devem observar integralmente o disposto no art. 489, sobretudo o seu § 1º, sob pena de se reputarem não fundamentadas e, por conseguinte, nulas."

Em verdade, não cabe ao Juiz se manifestar sobre *todos* os argumentos deduzidos pelas partes, mas somente sobre aqueles que estão ligados à conclusão do julgador,[(616)] isto é, que poderiam contrariá-la, caso fossem aceitos. Esse também é o entendimento do C. TST, conforme art. 15, III, da IN 39/16, e do C. STJ.[(617)]

Na prática, o julgador deve examinar as teses da parte vencida que, caso fossem acolhidas, implicassem no julgamento favorável a ela.

Por exemplo, a parte autora pede vínculo de emprego e a parte ré contesta sob a alegação de que não havia subordinação, apresentando um contrato de prestação de serviços, inscrição em CNPJ e cadastro no Conselho dos Representantes Comerciais. Todavia, ao ouvir testemunhas, estas descrevem um trabalho subordinado, com cumprimento de horários e aplicação de penalidades. Em vista disso, o Juiz pode julgar procedente o pedido, com fundamento na subordinação, a qual repele todas as demais alegações da parte ré, sem a necessidade de examiná-las expressamente. Ora, se há subordinação, as demais alegações ficam superadas. Todavia, para bem atender ao requisito da citada letra "b", é desejável que o Juiz diga quais as alegações ficaram automaticamente repelidas pela conclusão adotada.

De outro lado, se a parte autora pede equiparação salarial e a parte ré afirma que havia diferença superior a dois anos nas funções, quadro de carreira e diferença de perfeição técnica, o Juiz será obrigado a se manifestar sobre cada um desses argumentos, porque cada um deles é determinante para impedir, modificar ou extinguir o direito do autor.

Em se tratando da aplicação de tese jurídica vinculativa (*v. g.*, precedentes, súmulas e OJs), o Juiz "não precisa enfrentar os fundamentos já analisados na decisão paradigma, sendo suficiente, para fins de atendimento das exigências constantes no art. 489, § 1º, do CPC, a correlação fática e jurídica entre o caso concreto e aquele apreciado no incidente de solução concentrada" (art. 15º, V, da IN 39/16 do C. TST). Noutros termos, o Juiz não pode simplesmente abrir um tópico na sentença, citar a súmula e julgar procedente ou improcedente. Ele deve descrever o motivo pelo qual a súmula tem aplicabilidade no caso dos autos, mas sem necessidade de explicar as razões de fato e de direito que foram levadas em conta para a edição da súmula, ou mesmo os debates e as teses vencedoras e vencidas que envolveram a proclamação do resultado.

Finalmente, caso haja uma tese jurídica vinculativa, ela já afasta, por si só, todos os argumentos da parte que a ela são contrários (ressalvados os relativos às técnicas do "*distinguishing*" e do "*overruling*"), de maneira que o julgador não estará obrigado "a enfrentar os fundamentos jurídicos invocados pela parte, quando já tenham sido examinados na formação dos precedentes obrigatórios ou nos fundamentos determinantes de enunciado de súmula" (art. 15º, V, da IN 39/16 do C. TST).

14.2.4. VEDAÇÃO DE INOVAÇÃO OU SURPRESA

Além de enfrentar as teses da parte vencida, que poderiam levar à conclusão contrária na decisão, o Juiz não pode fazer uso de uma tese totalmente nova para fundamentar sua decisão, algo que as partes não poderiam prever e, exatamente por isso, em momento algum tiveram a oportunidade de se manifestar previamente sobre ela, a fim de tentar participar da formação da convicção do Juiz.

(616) "A jurisprudência do Supremo Tribunal Federal é no sentido de que o referido dispositivo constitucional exige a explicitação, pelo órgão jurisdicional, das razões do seu convencimento, dispensando o exame detalhado de cada argumento suscitado pelas partes. [...]" (STF. AG. REG. NO ARE N. 940.307-RS).

(617) "[...] Mesmo após a vigência do CPC/2015, não cabem embargos de declaração contra decisão que não se pronuncie tão somente sobre argumento incapaz de infirmar a conclusão adotada. Os embargos de declaração, conforme dispõe o art. 1.022 do CPC/2015, destinam-se a suprir omissão, afastar obscuridade ou eliminar contradição existente no julgado. O julgador não está obrigado a responder a todas as questões suscitadas pelas partes, quando já tenha encontrado motivo suficiente para proferir a decisão. A prescrição trazida pelo inciso IV do § 1º do art. 489 do CPC/2015 ["§ 1º Não se considera fundamentada qualquer decisão judicial, seja ela interlocutória, sentença ou acórdão, que: (...) IV — não enfrentar todos os argumentos deduzidos no processo capazes de, em tese, infirmar a conclusão adotada pelo julgador"] veio confirmar a jurisprudência já sedimentada pelo STJ, sendo dever do julgador apenas enfrentar as questões capazes de infirmar a conclusão adotada na decisão." (STJ. EDcl no MS 21.315-DF, Rel. Min. Diva Malerbi — Desembargadora convocada do TRF da 3ª Região -, julgado em 8.6.2016, DJe 15.6.2016).

Isso também foi regulado pelo Novo CPC. No art. 10, o CPC de 2015 dispõe que "*o juiz não pode decidir, em grau algum de jurisdição, com base em fundamento a respeito do qual não se tenha dado às partes oportunidade de se manifestar, ainda que se trate de matéria sobre a qual deva decidir de ofício.*" Já o art. 493, parágrafo único, do mesmo novel diploma, prevê que "*se constatar de ofício o fato novo, o juiz ouvirá as partes sobre ele antes de decidir.*" Esses dispositivos estão calcados no princípio da *não surpresa*, o qual fixa limites de fato ao julgamento, dando novos contornos ao princípio da congruência.

Oferta-se um exemplo. Pedro ajuíza ação de cobrança contra a empresa Mundo do Comércio Ltda., que oferece defesa dizendo que a dívida prescreveu. Somente na sentença, o juiz conclui que a dívida ainda não havia vencido, porque pendia uma cláusula suspensiva, e decide pela improcedência, com esse fundamento. Pelo novel art. 10, do CPC de 2015, a sentença teria adotado uma tese nova, sobre a qual as partes não puderam se manifestar, o que gera a nulidade do julgamento.

Na terceira edição dessa obra, fundamentamos a inaplicabilidade desse princípio da seguinte forma:

> "[...] esse princípio não passa pelo filtro do art. 769, da CLT, porque ofende o princípio da simplicidade. Ora, o art. 840 da CLT exige apenas uma "breve exposição dos fatos", o que significa que as partes não precisam expor todos os fundamentos jurídicos, isso por causa da oralidade, que permite que os fundamentos sejam expostos e debatidos em audiência. Como exigir de um trabalhador, que ajuíza sua ação fazendo uso da prerrogativa do "jus postulandi", a fundamentação completa para cada uma de suas pretensões? Pensamos que essa exigência não levou em consideração as peculiaridades da Justiça do Trabalho.
>
> Além disso, o Processo do Trabalho tem por característica a cumulação objetiva extensa de pedidos, ou seja, uma única ação costuma abrigar muitos pedidos, o que dificulta, na prática, que tanto as partes quanto o Juiz saibam de antemão todos os fundamentos possíveis para a solução da demanda."

Refletindo melhor sobre o tema, no entanto, decidimos rever nosso posicionamento, por meio dos fundamentos que já foram apresentados no início da obra e que agora pedimos vênia ao caro leitor para repeti-los.

Já foi dito que atualmente, além do binômio *informação-reação*, o contraditório abrange a participação democrática das partes no convencimento do Juiz e a proibição de surpresa, a qual obriga que as partes sejam intimadas das decisões e dos demais atos do Juiz e das outras partes (perspectiva substancial).

O CPC de 2015 tratou expressamente da temática, estabelecendo a vedação de *decisão surpresa*, isto é, a proferida sem que manifestação prévia das partes, salvo nos casos de tutelas provisórias e ação monitória (art. 9º do CPC de 2015), bem assim a decisão que estiver embasada "em fundamento a respeito do qual não se tenha dado às partes oportunidade de se manifestar, ainda que se trate de matéria sobre a qual deva decidir de ofício (art. 10 do CPC de 2015).

Há vozes no sentindo de que esse princípio não é aplicável ao Processo do Trabalho, por conta dos princípios da simplicidade, da celeridade e da informalidade.[618]

No nosso sentir, contudo, o princípio deve ser aplicado ao Processo do Trabalho, tendo em vista que os próprios princípios do direito processual trabalhista devem guardar compatibilidade com a Constituição. Os arts. 9º e 10 do CPC de 2015 nada mais fizeram que consolidar uma anterior intepretação do art. art. 5º, LIV, da Constituição.[619] Vale lembrar que o interesse público está acima do particular, inclusive nas relações de trabalho (art. 8º, da CLT).

(618) Nesse sentido é o Enunciado n. 17 do I FNPT: "NCPC, art. 10. art. 769 da CLT. Proibição de fundamento "surpresa", em decisão sem prévio contraditório. Inaplicabilidade no Processo do Trabalho. Prevalência da simplicidade, celeridade e informalismo. Não se aplica ao Processo do Trabalho o art.10 do NCPC, que veda motivação diversa da utilizada pelas partes, ainda que se trate de matéria sobre a qual deva decidir de ofício. Prevalência dos princípios da simplicidade, da celeridade, da informalidade e do *jus postulandi*, norteadores do Processo do Trabalho.

(619) Veja-se, por exemplo, a seguinte ementa, de 2012: "PRINCÍPIO DO CONTRADITÓRIO. DIMENSÃO SUBSTANCIAL. O princípio do contraditório, na sua dimensão substancial, impõe não só a mera possibilidade de participação das partes, mas também a exigência de condições de poder influenciar o órgão julgador. Se uma das partes não teve a oportunidade de manifestar-se previamente sobre documentos

A IN 39/16 do C. TST também orienta a aplicar o *contraditório substancial*, definindo a *decisão surpresa* como sendo "a que, no julgamento final do mérito da causa, em qualquer grau de jurisdição, aplicar fundamento jurídico ou embasar-se em fato não submetido à audiência prévia de uma ou de ambas as partes" (art. 4º, § 1º). Por isso é que o C. TST já pacificou o entendimento pelo qual o Juiz, antes de considerar fato superveniente, deve dar às partes oportunidade para se manifestarem sobre ele.[620]

O Enunciado n. 108[621] do Fórum Permanente de Processualistas Civis — FPPC também conclui pela aplicabilidade dos arts. 9º e 10 do CPC de 2015 ao Processo do Trabalho.

Contudo, vale dizer que a hipótese não se aplica às questões preliminares (como as condições da ação e os pressupostos processuais), porque elas são previsíveis pelas partes. Com efeito, o art. 4º, § 2º, da IN 39/16 do C. TST, bem acrescenta que não pode ser considerada como *surpresa* a decisão que "[...] as partes tinham obrigação de prever, concernente às condições da ação, aos pressupostos de admissibilidade de recurso e aos pressupostos processuais, salvo disposição legal expressa em contrário."

14.2.5. PRAZO

No Processo do Trabalho, a sentença é proferida em audiência, depois da rejeição, pelas partes, da segunda proposta de conciliação (art. 831 da CLT). Contudo, é comum os juízes adiarem a audiência de decisão para o prazo que, no CPC de 1973, era de dez dias após encerramento da instrução, nos termos dos arts. 189, II, e 456, mas que o CPC de 2015 ampliou o prazo para trinta dias (art. 366).

No nosso sentir, apesar de o novo prazo aparentemente contrariar o princípio da celeridade, ele deve ser aplicado ao Processo do Trabalho, porque a CLT não estabelece qualquer prazo, já que as decisões são proferidas em audiência. Ademais, no sistema do PJe, não há necessidade de designar audiência para prolação de sentença, a qual pode ser simplesmente lançada nos autos, nos moldes do processo comum. Por isso, a necessidade de aplicação de um prazo é imperiosa, o que atrai a aplicação subsidiária do CPC de 2015.

Tanto as Corregedorias dos Tribunais regionais, quando a Corregedoria-Geral, do TST, têm aplicado o prazo de 30 dias, sem maiores polêmicas.

14.2.6. ORDEM DE JULGAMENTO

Pelo art. 12, do CPC de 2015, o julgamento das causas deve ser feito na ordem cronológica da conclusão para a decisão. Todavia, a Lei n. 13.256/16 alterou a redação do aludido artigo, para explicar que essa ordem é apenas *preferencial*, o que autoriza o magistrado a alterá-la, com base na razoabilidade. Dessa forma, a alteração da ordem não gera nulidade.

Veja-se que o prazo é contado da *conclusão* para o Juiz e não da data do *ajuizamento* da causa, ou seja, a ordem de preferência está relacionada ao tempo em que o processo ficou em condições de ser decidido. *Conclusão* é o ato que entrega o processo ao juiz, para decidir. Isso significa dizer que, por exemplo, se o processo 345/2015 for concluso no dia 10 e o processo 234/2010, no dia 11, aquele deve ser julgado primeiro, muito embora seja mais recente.

---

juntados pelo adversário, que foram determinantes na decisão do Magistrado, o prejuízo é manifesto e a violação ao princípio constitucional está configurada." (TRT da 3.ª Região; Processo: 0123500-40.2004.5.03.0104 AP; Data de Publicação: 16/07/2012; Órgão Julgador: Terceira Turma; Relator: Camilla G.Pereira Zeidler; Revisor: Convocado Vitor Salino de Moura Eca)

(620) Súmula do TST n. 394. "Fato superveniente. Art. 493 do CPC de 2015. Art. 462 do CPC de 1973 (atualizada em decorrência do CPC de 2015). O art. 493 do CPC de 2015 (art. 462 do CPC de 1973), que admite a invocação de fato constitutivo, modificativo ou extintivo do direito, superveniente à propositura da ação, é aplicável de ofício aos processos em curso em qualquer instância trabalhista. Cumpre ao juiz ou tribunal ouvir as partes sobre o fato novo antes de decidir."

(621) "(art. 9º; art. 15) No Processo do Trabalho, não se proferirá decisão contra uma das partes, sem que esta seja previamente ouvida e oportunizada a produção de prova, bem como não se pode decidir com base em causa de pedir ou fundamento de fato ou de direito a respeito do qual não se tenha oportunizado manifestação das partes e a produção de prova, ainda que se trate de matéria apreciável de ofício."

Essa novel regra tem aplicação no Processo do Trabalho? Entendemos que não, porque o próprio art. 12, § 2º, I, do CPC de 2015, dispõe que o julgamento por ordem cronológica não se aplica às sentenças proferidas em audiência, como o são as sentenças do Processo do Trabalho.

Além disso, ainda que não seja designada audiência para prolação da sentença (como no caso do PJe), não se pode olvidar de que a CLT dispõe de ordem de preferência própria, que não é o critério cronológico, mas sim o de *relevância social da causa*, em decorrência do princípio da proteção. É o que dispõe, por exemplo, o art. 652, parágrafo único, da CLT: "terão preferência para julgamento os dissídios sobre pagamento de salário e aqueles que derivarem da falência do empregador, podendo o Presidente da Junta, a pedido do interessado, constituir processo em separado, sempre que a reclamação também versar sobre outros assuntos."

Foi com base no critério da relevância social da causa que a CGPJT estabeleceu os seguintes temas para tramitação preferencial (art. 43): a) Idoso[622] (Lei 12.008/2009); b) Recuperação Judicial ou Falência; c) Rito Sumaríssimo; d) matéria reiterada em Recurso de Revista (Resolução Administrativa 874/2002 do TST); e) Acidente de Trabalho (Recomendação Conjunta 1/GP.CGJT, de 3 de maio de 2011).

Vale destacar que o PJe organiza automaticamente esses processos para o Juiz, com base na CGPJT, de maneira que, em sua página de *conclusões*, a ordem dos processos a serem julgados obedece ao critério da relevância social.

Dessa forma, o dispositivo não passa pelo filtro do art. 769, da CLT.

14.2.7. JULGAMENTO LIMINAR DE IMPROCEDÊNCIA OU JULGAMENTO "PRIMA FACIE"

O CPC de 1973 abrigava o julgamento "*prima facie*", previsto no art. 285-A. Este dispositivo, incluído pela Lei n. 11.277/06, foi criado para solucionar demandas em massa, as quais possuem mesma causa de pedir e pedidos. Segundo o citado artigo, "*quando a matéria controvertida for unicamente de direito e no juízo já houver sido proferida sentença de total improcedência em outros casos idênticos, poderá ser dispensada a citação e proferida sentença, reproduzindo-se o teor da anteriormente prolatada.*"

Essa decisão desafiava recurso de apelação, podendo o Juiz retratar-se no prazo de cinco dias ou manter a sentença, determinando a citação do réu para responder ao recurso (art. 285-A, §§ 1º e 2º, da CPC de 1973).

Na Justiça comum, essa norma se aplicava, por exemplo, nas demandas contra uma empresa de telefonia, que estivesse cobrando uma determinada tarifa, já reconhecida como válida inúmeras vezes pelo juízo. As ações supervenientes que trouxessem demandas idênticas poderiam ser decididas de imediato, antes mesmo da citação do réu, desde que improcedentes.

O CPC de 2015 trouxe regra parecida, chamada de *julgamento liminar de improcedência*. Ocorre que, ao invés de tomar como base decisões anteriores do próprio juízo de primeira instância, o art. 332 estabeleceu que o julgamento liminar de improcedência terá lugar nas ações cujo pedido contrariar Súmula e acórdãos (estes decidindo recursos repetitivos) do STF e do STJ, entendimento firmado pelos Tribunais em resolução de demandas repetitivas ou assunção de competência e súmula de Tribunais de Justiça. Além disso, o Juiz também decidirá pela improcedência liminar nos casos de decadência e prescrição (art. 332, § 1º, do CPC de 2015). Quanto ao mais, o CPC de 2015 prevê a possibilidade de retratação quando da interposição de apelação, a citação do réu para apresentar contrarrazões e a intimação do réu do trânsito em julgado da sentença, caso não haja interposição de recurso (art. 332, §§ 2º ao 4º, do CPC de 2015).[623]

A CLT é omissa quanto a esse assunto, mas isso não é o bastante. É preciso que o aludido dispositivo seja analisado à luz do princípio da proteção. Em regra, as demandas em massa na Justiça do Trabalho têm como parte autora o empregado. Nesse passo, o julgamento imediato de improcedência parece incompatível com a necessidade de proteger o empregado, que é quem precisa da tutela jurisdicional, em regra, uma vez que o empregador possui o poder diretivo, de maneira que suas decisões são autoexecutáveis.

(622) A partir dos 60 anos de idade.

(623) Enunciado n. 49 do I FNPT. "[...] A regra do art. 322, § 2º, do NCPC é recebida pelo Processo do Trabalho, pois está de acordo com suas finalidades, pondo fim às interpretações restritivas e impondo nova mentalidade para interpretar observando o conjunto da postulação e boa-fé. Trata-se de adequado preenchimento da lacuna normativa e compatibilidade do instituto."

De toda sorte, a doutrina tem admitido a aplicabilidade desse instituto ao Processo do Trabalho, adaptando-o de forma a tomar como paradigmas as Súmulas, OJs e acórdãos do TST, estes nos Recursos de Revista repetitivos.[(624)] O C. TST também declarou (art. 7º, da IN 39/16) seu entendimento de aplicabilidade do julgamento liminar de improcedência, nos casos de decadência[(625)] e de o pedido contrariar: a) enunciado de súmula do STF ou do TST; b) acórdão proferido pelo STF ou pelo TST em julgamento de recursos repetitivos; c) entendimento firmado em incidente de resolução de demandas repetitivas ou de assunção de competência; d) enunciado de súmula de TRT sobre direito local, CCT, ACT, sentença normativa ou regulamento empresarial de observância obrigatória em área territorial que não exceda à jurisdição do respectivo Tribunal.

14.2.8. JULGAMENTO PARCIAL ANTECIPADO DE MÉRITO

O Processo do Trabalho nasceu para ser rápido, de maneira que todo o processo de conhecimento se desenvolva em uma única audiência, inclusive. Por isso, vários institutos do Processo comum acabam não encontrando lugar no procedimento trabalhista, como é o caso do recurso imediato das decisões interlocutórias. Ora, se a sentença será proferida no final da audiência, qual seria a razão para recorrer separadamente de uma decisão proferida minutos antes?

Ocorre que algumas circunstâncias quebram essa lógica do processo trabalhista, atraindo institutos do processo comum. Há Varas do Trabalho em grandes Municípios do Brasil que estão com a pauta sobrecarregada, de maneira que entre a audiência inicial e a instrução o tempo chega a quase dois anos. Em casos assim, o instituto do julgamento parcial antecipado de mérito torna-se um importante instrumento de justiça, tornando-se aplicável ao Processo do Trabalho. Esse também é o entendimento do C. TST (art. 5º, da IN 39/16).[(626)]

Nos termos do art. 356 do CPC de 2015, o juiz decidirá parcialmente o mérito quando um ou mais dos pedidos formulados ou parcela deles: a) mostrar-se incontroverso; b) estiver em condições de imediato julgamento, por desnecessidade de produção de outras provas e no caso da revelia.

Imagine-se, por exemplo, que a petição inicial apresente pedido de pagamento de verbas rescisórias e de horas extras suplementares e que a defesa não negue o inadimplemento das primeiras, mas conteste o labor extraordinário. O Juiz pode proferir sentença apenas em relação às verbas rescisórias, que não demandam dilação probatória, contra a qual caberá Recurso Ordinário imediatamente,[(627)] tendo em vista que no Processo do Trabalho o Agravo de Instrumento não cabe contra sentenças (art. 5º da IN 39/16). O processo, no entanto, terá seguimento quanto ao pedido de horas extras, ao final do qual será proferida outra sentença, que também desafiará Recurso Ordinário, oportunamente.

Haverá a possibilidade, portanto, de as duas decisões serem atacadas por recursos separadamente e, também de forma separada, transitarem em julgado. De se ressaltar que o C. TST já admitia o trânsito em julgado parcial, ao dispor, na Súmula 100, II, que, "havendo recurso parcial no processo principal, o trânsito em julgado dá-se em momentos e em tribunais diferentes, contando-se o prazo decadencial para a ação rescisória do trânsito em julgado de cada decisão [...]."

Sem embargo, vale destacar que o C. STJ não admitia a multiplicidade de sentenças em um mesmo processo, fruto da cisão do mérito, por meio da sentença parcial, na vigência do CPC de 1973.[(628)] Resta esperar pela jurisprudência relativa ao CPC de 2015.

---

(624) Enunciado n. 294 do FPPC. "(arts. 332 e § 1º e 15). O julgamento liminar de improcedência, disciplinado no art. 333, salvo com relação ao § 1º, se aplica ao Processo do Trabalho quando contrariar: a) enunciado de súmula ou de Orientação Jurisprudencial do TST; b) acórdão proferido pelo TST em julgamento de recursos de revista repetitivos; c) entendimento firmado em resolução de demandas repetitivas."

(625) Deixando de lado a prescrição, tendo em vista o posicionamento do C. TST de que ela não pode ser pronunciada de ofício.

(626) A nós parece que quanto mais o Processo do Trabalho demora, mais se aplica o CPC subsidiariamente.

(627) Enunciado n. 58 do I FNPT. "[...] O recurso ordinário, e não o mandado de segurança é o meio impugnativo adequado para atacar, de imediato, as decisões parciais de mérito."

(628) "[...] Mesmo após as alterações promovidas pela Lei 11.232/2005 no conceito de sentença (arts. 162, § 1º, 269 e 463 do CPC), não se admite a resolução definitiva fracionada da causa mediante prolação de sentenças parciais de mérito. A reforma processual oriunda da Lei 11.232/2005 teve por objetivo dar maior efetividade à entrega da prestação jurisdicional, sobretudo quanto à função executiva,

14.2.9. RETRATAÇÃO NAS DECISÕES ANTECIPADAS

Não obstante, o CPC de 2015 instituiu inédita hipótese de alteração da decisão, além das previstas no art. 494 (erro material e embargos de declaração), que decorre da possibilidade de retratação do Juiz nos casos de interposição de Apelação contra a decisão de *indeferimento da petição inicial* (art. 331), de *improcedência liminar do pedido* (art. 332, § 3º) e de *extinção do processo sem julgamento do mérito* (art. 487, § 7º).

De início, cumpre esclarecer que o instituto da retratação tem dois requisitos cumulativos, que são a natureza da decisão (decisão antecipada de extinção do processo, sem resolução mérito) e a espécie recursal (apelação), tendo em vista que ele não se aplica a outros casos e recursos.

Do ponto de vista da *natureza das decisões*, não há óbice à aplicação subsidiária ao Processo do Trabalho.

De outra face, quanto ao *tipo de recurso*, a lei é clara em se referir à Apelação, a qual não existe no Processo do Trabalho. Este possui tipologia recursal própria, a qual prevê o recurso ordinário como o meio adequado para atacar a sentença de primeiro grau (art. 895 da CLT). Ademais, a natureza e a norma de regência do recurso ordinário não admitem o instituto da retratação, que é própria dos recursos de agravo. Em vista disso, no nosso sentir, essa regra não é aplicável ao Processo do Trabalho.

Todavia, o C. TST declarou que o instituto da retratação, no caso de extinção do processo, sem resolução de mérito (art. 485, § 7º, do CPC de 2015), é aplicável ao recurso ordinário trabalhista (art. 3º, VIII, da IN 39/16).

14.2.10. REMESSA NECESSÁRIA

Caso a sentença tenha sido proferida em desfavor da Fazenda Pública (União, Estados, Distrito Federal, Município e suas respectivas autarquias e fundações públicas), o Juiz deverá determinar na sentença a *remessa necessária* dos autos ao juízo "*ad quem*", como *condição de eficácia da decisão* (art. 496 do CPC de 2015).

O C. TST declarou que o instituto da remessa necessária é aplicável ao Processo do Trabalho (art. 3º, X, da IN 39/16), com o que concordamos, tendo em vista que o interesse público também prepondera no âmbito trabalhista (art. 8º da CLT).

O exame do instituto depende da compreensão prévia acerca da dinâmica recursal trabalhista, motivo pelo qual o postergamos para o Capítulo 15, referente aos recursos.

14.2.11. HIPOTECA JUDICIÁRIA

Um dos efeitos mais relevantes da sentença é a sua eficácia como título constitutivo de hipoteca judiciária. Esta consiste em uma inscrição de garantia (hipoteca) no registro dos bens imóveis do devedor. Ela já era prevista no art. 466 do CPC de 1973 e tinha aplicação subsidiária é pacificamente aceita pelo TST.[629]

---

pois o processo passou a ser sincrético, tendo em vista que os processos de liquidação e de execução de título judicial deixaram de ser autônomos para constituírem etapas finais do processo de conhecimento; isto é, o processo passou a ser um só, com fases cognitiva e de execução (cumprimento de sentença). Daí porque houve a necessidade de alteração, entre outros dispositivos, dos arts. 162, 269 e 463 do CPC, visto que a sentença não mais "põe fim" ao processo, mas apenas a uma de suas fases. Alguns processualistas, a partir do novo conceito, em uma interpretação literal do art. 162, § 1º, do CPC, passaram a enxergar a sentença exclusivamente quanto ao seu conteúdo, de modo a admitirem que o juiz julgue apenas parcela da demanda, remetendo para outro momento processual o julgamento do restante da controvérsia. Entretanto, a exegese que melhor se coaduna com o sistema lógico-processual brasileiro é a sistemática e teleológica, devendo, portanto, ser levados em consideração, para a definição de sentença, não só o art. 162, § 1º, do CPC, mas também os arts. 162, §§ 2º e 3º, 267, 269, 459, 475-H, 475-M, § 3º, 504, 513 e 522 do CPC. Logo, pelo atual conceito, sentença é o pronunciamento do juiz de primeiro grau de jurisdição (i) que contém uma das matérias previstas nos arts. 267 e 269 do CPC e (ii) que extingue uma fase processual ou o próprio processo. A nova Lei apenas acrescentou mais um parâmetro (conteúdo do ato) para a identificação da decisão como sentença, já que não foi abandonado o critério da finalidade do ato (extinção do processo ou da fase processual). Permaneceu, assim, no CPC/1973, a teoria da unidade estrutural da sentença, a obstar a ocorrência de pluralidade de sentenças em uma mesma fase processual. Isso não impede, todavia, a prolação de certas decisões interlocutórias que contenham matérias de mérito (art. 269 do CPC), tais quais as que apreciam a liquidação, mas, por não encerrarem o processo ou a fase processual, não podem ser consideradas sentença. Ademais, apesar de o CPC de 2015 (Lei 13.105/2015), que entrará em vigor no dia 17 de março de 2016, ter disciplinado o tema com maior amplitude no art. 356, este diploma não pode incidir antes da referida data nem de forma retroativa, haja vista os princípios do devido processo legal, da legalidade e do *tempus regit actum*." (ST. REsp 1.281.978-RS, Rel. Min. Ricardo Villas Bôas Cueva, julgado em 5/5/2015, DJe 20.5.2015).

(629) Recurso de revista. Hipoteca judiciária. Aplicabilidade ao Processo do Trabalho. A jurisprudência desta Corte é no sentido de que a hipoteca judiciária é aplicável no processo trabalhista e pode ser declarada de ofício pelo julgador, nos termos do art. 466 do CPC,

O CPC de 1973 previa que a hipoteca judiciária teria lugar (art. 466, parágrafo único): a) embora a condenação fosse genérica; b) pendendo arresto de bens do devedor; c) ainda quando o credor pudesse promover a execução provisória da sentença. A essas hipóteses o CPC de 2015 acrescentou que ela será instituída "*mesmo que impugnada por recurso dotado de efeito suspensivo*" (art. 495, parágrafo único).

Outra inovação foi a previsão pormenorizada do procedimento pelo qual a hipoteca judiciária deve passar para ser efetivada. No CPC de 1973, a inscrição da hipoteca era determinada pelo Juiz, de ofício. No novel código, porém, o art. 495 dispôs que, proferida a sentença, a parte poderá apresentar ao cartório de registro de imóveis a cópia da decisão (§ 2º), após o que terá o prazo de 15 dias para informar o registro ao juízo, o qual deverá intimar a parte contrária para tomar ciência do ato (§ 3º). Havendo reforma ou anulação da sentença em sede de recurso ordinário, a parte autora responderá pelas perdas e danos (§ 4º). A nosso ver, a previsão de responsabilidade por perdas e danos é um empecilho à determinação da hipoteca judiciária de ofício, porque, suportando a parte autora o ônus da hipoteca, a respectiva inscrição deve ser volitiva.

Por fim, o CPC de 2015 esclareceu que, uma vez constituída, a hipoteca judiciária "*implicará, para o credor hipotecário, o direito de preferência, quanto ao pagamento, em relação a outros credores, observada a prioridade no registro*" (art. 466, § 4º).

A nosso ver, a hipoteca judiciária continua aplicável ao Processo do Trabalho, com a peculiaridade de que, agora, ela não mais poderá ser determinada de ofício pelo Juiz. Nesse mesmo sentido é o entendimento do C. TST (art. 17, da IN 39/16).

14.2.12. PROTESTO JUDICIÁRIO

Além da hipoteca, a sentença também pode ser levada a protesto, nos termos da lei. Todavia, ele só poderá ser realizado após o prazo para cumprimento da condenação imposta (art. 517 do CPC de 2015). Para tanto, a parte deve extrair certidão de teor da decisão, a qual deverá conter o nome e qualificação das partes, o número do processo, o valor da condenação e a data do decurso do prazo de cumprimento espontâneo da condenação (art. 517, §§ 1º e 2º, do CPC de 2015).

Comprovada a quitação do débito, o executado deverá requerer ao juiz a expedição de ofício para cancelamento do protesto, o que deverá ser feito no prazo de três dias (art. 517, § 4º, do CPC de 2015).

O C. TST declarou que o protesto judiciário é aplicável ao Processo do Trabalho (art. 17, da IN 39/16), contra o que não temos objeções.

14.2.13. TUTELA ESPECÍFICA

O CPC de 2015 apresenta regramento específico para o julgamento das ações que tenham como objeto a prestação de *fazer* ou de *não fazer* e *entrega de coisa* (arts. 497 a 501), o que foi considerado aplicável ao Processo do Trabalho pelo C. TST (art. 3º, XI, da IN 39/16).

Nessa espécie de ação, o Juiz terá amplos poderes para conceder a tutela específica (de fazer ou não fazer e entregar a coisa), podendo determinar providências que assegurem a obtenção da tutela pelo resultado prático equivalente (art. 497 do CPC de 2015), bem como medidas coercitivas, como a multa "*astreintes*" (art. 500 do CPC de 2015), de maneira que a indenização substitutiva só terá lugar quando for impossível as medidas citadas forem ineficazes (art. 499 do CPC de 2015).

Os casos mais comuns de tutela específica na sentença trabalhista são a anotação ou retificação de dados anotados na CTPS e a entrega de guias (TRCT e CD/SD), para obtenção do seguro-desemprego. Em ambos os casos o Juiz pode fixar multa diária ("*astreintes*"), sem prejuízo da determinação de anotação da CTPS pela Secretaria da Vara (resultado prático equivalente), da expedição de ofício ao Ministério do Trabalho (tutela específica) e da indenização correspondente ao valor do seguro-desemprego (indenização por perdas e danos), caso o recebimento do benefício seja prejudicado pela omissão do réu.

---

independentemente de requerimento da parte interessada. Precedentes. Recurso de revista não conhecido. (TST. RR — 233-78.2010.5.04.0561. Relatora: Ministra Dora Maria da Costa. 8ª Turma. DEJT: 21.09.2012).

14.3. COISA JULGADA NAS DEMANDAS INDIVIDUAIS

1. *Conceito e fundamento*. A *coisa julgada* é uma qualidade da sentença, a qual não poderá mais desafiar recursos. Ela tem natureza jurídica de preclusão, pelo que também costuma ser denominada de preclusão máxima.

Do ponto de vista da parte, a coisa julgada é também um direito fundamental (art. 5º, XXXVI, da CF), corolário do princípio constitucional da segurança jurídica (art. 5º, "*caput*", da CF). Nesse aspecto, a coisa julgada impede a alteração das decisões judiciais em decorrência de fatos jurídicos futuros, como a alteração das leis que estavam vigentes à época em que a decisão foi proferida.

2. *Efeito e eficácia*. Uma vez transitada em julgado, a sentença produz o *efeito* de solucionar a demanda, sendo este a própria prestação jurisdicional. Ela também possuirá dupla *eficácia*, a qual poderá ser *formal* (que é a aptidão para produzir efeitos endoprocessuais) e *material* (que é a aptidão para produzir efeitos *panprocessuais*).

Na primeira hipótese, haverá coisa julgada formal, que implicará na extinção do processo, sem julgamento do mérito (art. 485 do CPC de 2015).

Na outra, a coisa julgada será material, extinguindo-se o processo, mas com resolução do mérito (art. 487 do CPC de 2015).

A coisa julgada material torna a sentença imutável e indiscutível (art. 502 do CPC de 2015), ao passo que a coisa julgada formal permite novo ajuizamento da ação (art. 486 do CPC de 2015).

3. *Modificação*. Durante o prazo de dois anos, desde o trânsito em julgado da sentença, esta ainda poderá ser modificada por via de Ação Rescisória (art. 836 da CLT c/c art. 966 do CPC de 2015). Depois, a alteração será impossível, pelo que se diz que haverá *coisa soberanamente julgada*.

4. *Limites*. A coisa julgada possui limites: *subjetivos*, relativos às pessoas que sofrerão os efeitos da decisão; e *objetivos*, pertinentes à matéria que se tornará imutável.

4.1. *Limites subjetivos*. A coisa julgada vinculará: a) as partes que participaram do processo, por força do efeito "*inter partes*" (art. 506 do CPC de 2015); b) terceiros juridicamente interessados, como os sócios da sociedade empresarial e as demais empresas do grupo econômico; c) os sucessores das partes.

Os sócios e as empresas do mesmo grupo econômico não precisam constar do título executivo (sentença) para responderem pelo inadimplemento de parte do empregador, podendo ingressar na demanda na fase de execução, quanto aos primeiros, pelo incidente de desconsideração da personalidade jurídica (art. 133 do CPC de 2015). Esse entendimento decorre do cancelamento da Súmula 205 do TST, que dispunha em sentido contrário.

Já nas hipóteses de terceirização, sucessão de empresas e de subempreitada, é necessário que a ação seja ajuizada também em face do tomador,[630] do sucedido e do empreiteiro, caso o demandante pretenda condená-los, subsidiária ou solidariamente.

4.2. *Limites objetivos*. Em relação à matéria (limite objetivo), pelo princípio do *deduzido e dedutível*, a coisa julgada impedirá a sua rediscussão em outro processo, reputando-se deduzidas e repelidas todas as alegações e defesas que a parte poderia opor ao acolhimento ou à rejeição do pedido (art. 508 do CPC de 2015).

Entretanto, estão fora desses limites e, portanto, não transitam em julgado (art. 504 do CPC de 2015): a) os motivos; b) a verdade dos fatos; e c) a apreciação de questões prejudiciais, decididas incidentalmente no processo, salvo nos casos de relação jurídica de trato continuado, quando será possível ajuizar ação revisional com base na superveniência de modificação no estado de fato ou de direito (art. 505, I, do CPC de 2015).

Um exemplo de relação jurídica de caráter continuativo é o da sentença que condena o empregador a pagar adicional de insalubridade ao empregado que continuar trabalhando. Caso o empregador, posteriormente, consiga

(630) "[...] Para efeitos de reconhecimento da responsabilidade subsidiária, o tomador de serviços deve ter participado da mesma relação jurídica processual e constar do título executivo judicial. [...]" (TST; RR — 1167800-22.2006.5.09.0011. Relatora: Ministra Maria de Assis Calsing. 4ª Turma. DEJT: 08.10.2010).

neutralizar o agente insalubre com um equipamento de proteção individual, deverá ajuizar uma ação revisional, a fim de que o Juiz exclua o direito ao pagamento do referido adicional.(631)

Mas o cabimento de *ação revisional* em matéria trabalhista não é pacífico, tendo em vista a existência da ação rescisória (art. 966 do CPC de 2015 e art. 836 da CLT), a qual foi especialmente criada para atacar a coisa julgada.(632)

5. *Questões incidentais e prejudiciais.* Se, *no mesmo processo*, surgir dúvida acerca a existência ou inexistência de relação jurídica, fica caracterizada uma *questão incidental*. No CPC de 1973, via de regra, essa questão incidental podia ser objeto da sentença, mas esta, quanto àquela, só faria coisa julgada se fosse ajuizada ação declaratória incidental. Em verdade, o instituto foi muito pouco usado, pelo que foi extinto pelo CPC de 2015.

De outra face, se, *em outro processo*, estiver sendo apurado direito (incluindo a declaração de existência ou inexistência de relação jurídica), fato ou prova, cuja decisão possa influenciar no processo,(633) este poderá ser suspenso no prazo de até um ano (art. 313, § 4º, do CPC de 2015) ao final do qual a parte tem direito líquido e certo à retomada do processo (art. 313, § 5º, do CPC de 2015).(634)

Esgotado o prazo de um ano, o Juiz deverá apreciar a *questão prejudicial*.(635)

Tanto no caso das questões incidentais quanto nas prejudiciais, a decisão do Juiz, com o advento do CPC de 2015, fará coisa julgada, desde que preenchidos os seguintes requisitos (art. 503, § 1º, do CPC de 2015): a) dessa resolução depender o julgamento do mérito; b) a seu respeito tiver havido contraditório prévio e efetivo, não se aplicando no caso de revelia; c) o juízo tiver competência em razão da matéria e da pessoa para resolvê-la como questão principal.(636) Por isso, a ação declaratória incidental deixou de ser, de fato, necessária.

7. *Relativização.* Hodiernamente, tem sido muito discutida a teoria da relativização da coisa julgada material no Processo Civil. Segundo seus defensores, a coisa julgada não seria formada, quando a decisão contrariasse

---

(631) "Agravo de Instrumento. Recurso de Revista. Ação revisional. Equipamento de proteção individual. Neutralização do agente insalubre. Adicional de insalubridade indevido. Efeitos da decisão. O art. 471, I, do CPC traduz a possibilidade de se retirar a proteção relativa à imutabilidade da coisa julgada nas hipóteses em que, em se tratando de relação jurídica continuada, as circunstâncias fáticas ou jurídicas da causa forem alteradas de maneira tal a compor nova causa de pedir, resultando na possibilidade de se dar ensejo a nova ação. Em suma, a possibilidade jurídica da revisão para efeito do art. 471, I, do CPC está atrelada a duplo comando: relação de natureza continuada (sentenças que apresentem implicitamente a cláusula *rebus sic stantibus*) e modificação do estado de fato ou de direito. Na presente hipótese, que envolve a pretensão da empregadora à revisão da decisão judicial que a condenou à inclusão do adicional de insalubridade em folha de pagamento, consta do acórdão regional que o perito do Juízo concluiu pela inexistência de insalubridade nas funções do trabalhador em razão do fornecimento de equipamentos de proteção individual, que a neutralizaram. Nesse sentido, não tem direito o trabalhador a continuar a receber adicional de insalubridade pela Reclamada, ante a modificação do estado de fato revelada na neutralização do agente insalubre — sendo inviável nesta instância recursal o revolvimento da matéria, diante do óbice da Súmula 126/TST. Assim, do cotejo entre as razões de decidir adotadas pelo Tribunal Regional e as alegações constantes do recurso de revista interposto, evidenciam-se fundamentos obstativos do seu seguimento. Agravo de instrumento desprovido." (TST. AIRR — 201700-50.2005.5.02.0461. Relator: Ministro Mauricio Godinho Delgado. 3ª Turma. DEJT: 17.08.2012).

(632) "[...] Ação revisional. Pretensão de desconstituição da coisa julgada. Impossibilidade. A imutabilidade da coisa julgada só pode ser afastada mediante a estreita via da ação rescisória (art. 485 do CPC) ou na hipótese de configuração de inexigibilidade do título executivo judicial (art. 741, parágrafo único, do CPC). Logo, impossível acolher a pretensão de, por meio de ação revisional, rescindir sentença de mérito transitada em julgado. Agravo de instrumento conhecido e desprovido." (Processo: AIRR — 1419-38.2010.5.08.0008 Data de Julgamento: 20.03.2013, Relator Ministro: Alberto Luiz Bresciani de Fontan Pereira, 3ª Turma, Data de Publicação: DEJT 26.03.2013).

(633) O inciso VII, do art. 313, também determina a suspensão do processo "quando se discutir em juízo questão decorrente de acidentes e fatos da navegação de competência do Tribunal Marítimo."

(634) "[...] A suspensão de reclamação trabalhista para além do prazo de um ano previsto no art. 265, § 5º, do Código de Processo Civil fere direito líquido e certo da parte de ver entregue a prestação jurisdicional. [...]" (TST-RO-185-54.2014.5.17.0000, SBDI-II, rel. Min. Delaíde Miranda Arantes, 1.9.2015).

(635) "[...] A suspensão do processo determinada com base no art. 110 do CPC não pode superar um ano, de modo que, ultrapassado esse prazo, pode o juiz apreciar a questão prejudicial. [...]" (STJ. REsp 1.198.068-MS, Rel. Min. Marco Buzzi, julgado em 2.12.2014, DJe 20/2/2015.)

(636) Enunciado n. 52 do I FNPT. "[...] Presentes os requisitos legais, a resolução de questão prejudicial pode ser realizada ainda sem pedido das partes. A alteração legislativa deve ser aplicada aos processos iniciados apenas após a vigência da Lei n. 13.105/2015. Aplicação harmônica dos art.. 503, § 1º, I a III, § 2º, e 1.054, ambos do NCPC."

a *Constituição Federal*, a *lei processual*, o *princípio da justiça* e a *supremacia da efetividade processual.* O tema é bastante polêmico, mas parece mais razoável a corrente contrária a ela, uma vez que o art. 5º, "*caput*" e XXXVI, CF, respectivamente estabelecem como direitos fundamentais a segurança jurídica e o respeito à coisa julgada.

De toda sorte, a CLT possui uma interessante peculiaridade. O art. 884, § 5º, dispõe que a sentença fundada em lei ou ato normativo declarados inconstitucionais pelo STF é inexigível, podendo ser objeto de embargos à execução, para promover a sua desconstituição. Trata-se de clara hipótese de relativização da coisa julgada.

Imagine-se, por exemplo, que o Juiz do Trabalho tenha condenado o empregador a pagar a seu empregado, quantia relativa ao adicional de insalubridade, por contato com um determinado agente químico constante de norma regulamentar do Ministério do Trabalho e Emprego. Em seguida, durante a execução da sentença, suponha-se que o STF tenha proferido decisão julgando inconstitucional a referida norma, por vício de forma. Esse fato que possibilitaria ao executado desconstituir a sentença através da oposição de embargos à execução.

A situação se mostra ainda mais surpreendente se for levado em conta que o referido parágrafo foi acrescentado pela Medida Provisória n. 2.180-35, de 2001, de duvidosa constitucionalidade, considerando a inexistência de urgência que justificasse a edição de norma processual de tamanha polêmica por ato unilateral do Presidente da República. Trata-se, ademais, de manifesto ultraje à segurança jurídica.

Com efeito, o TST tem entendido pela inaplicabilidade do art. 884, § 5º, da CLT, em prestígio ao direito fundamental à coisa julgada (art. 5º, XXXVI, da CF).(637)

8. *Conflito de coisas julgadas*. Havendo duas decisões em ações que, embora distintas, possuam identidade de partes, pedido e causa de pedir, qual delas deve prevalecer?

Caso a segunda decisão ainda possa ser rescindida (art. 966, IV, do CPC de 2015), a situação desafiará o cabimento de Ação Rescisória, para fazer valer a primeira decisão.

Todavia, ultrapassado o prazo para ajuizamento da Ação Rescisória em relação às duas decisões, haverá conflito entre coisas *soberanamente julgadas*, cuja resolução é polêmica.

Para a primeira corrente, a hipótese atrairá a aplicação do art. 2º, da LINDB, de modo que a segunda decisão *revogará* a primeira.

Outra corrente, a qual sempre nos filiamos, a melhor solução é dar efetividade à primeira decisão, tendo em vista que a existência da segunda desprestigia a segurança jurídica. Veja-se que, não fosse o decurso do prazo para a ação rescisória, ela poderia ter sido rescindida. Esse também é o posicionamento do C. STJ.(638)

(637) [...] Inexigibilidade de título executivo. Inconstitucionalidade. Vigência da norma. MP 2180-35. Coisa julgada. Relativização. Esta Corte tem entendido pela inaplicabilidade do art. 884, § 5º, da CLT e do parágrafo único do art. 741 do CPC, que tratam da inexigibilidade de títulos executivos judiciais fundados em lei ou ato normativo declarados inconstitucionais pelo STF, às decisões que tenham transitado em julgado anteriormente à vigência da MP n. 2.180-35, com fins de resguardar os limites da coisa julgada prevista no art. 5º, XXXVI, da CF. Precedentes. Agravo de instrumento a que se nega provimento. (TST. AIRR — 115400-92.2005.5.13.0004 . Relator: Ministro Alexandre de Souza Agra Belmonte. 3ª Turma. DEJT: 17.05.2013).

(638) "É possível acolher alegação de coisa julgada formulada em sede de exceção de pré-executividade caso se verifique, na fase de execução, que o comando da sentença exequenda transitada em julgado conflita com o comando de outra sentença, anteriormente transitada em julgado, proferida em idêntica demanda. Efetivamente, existe grande polêmica na doutrina a respeito do conflito entre sentenças transitadas em julgado, especificamente no que se refere à definição de qual decisão deve prevalecer, a primeira ou a segunda. Diante da ausência de disposição específica no CPC, cabe ao intérprete colmatar essa lacuna legislativa, sempre tomando como norte a CF. Nessa tarefa integrativa, a primeira questão que se coloca é saber se a ausência de uma condição da ação causaria a invalidade ou a inexistência da sentença proferida. Consoante parte da doutrina, não há atividade jurisdicional autêntica nesse caso, mas apenas aparência de jurisdição — ou a forma externa de jurisdição -, de modo que a carência de ação conduziria à própria inexistência da sentença. Firmada essa premissa, tem-se por inexistente a segunda sentença proferida em demanda idêntica a outra já transitada em julgado, tendo em vista que o autor na segunda demanda careceria de interesse jurídico em provocar a jurisdição. A propósito, reforça essa conclusão o fato de a coisa julgada ser um pressuposto processual negativo (ou extrínseco). Ressalte-se, ademais, que persiste o entendimento de que deve prevalecer a primeira sentença também quando se tem em foco o plano da validade, ou seja, ainda que se admita o ingresso da segunda sentença no mundo jurídico como ato judicial existente. Isso porque a segunda sentença traz em si as máculas da inconstitucionalidade e da ausência de boa-fé. Superada a polêmica acerca de qual das sentenças deve prevalecer, há controvérsia também em torno do instrumento processual adequado para se alegar o vício coisa julgada. Em que pese a existência de dissenso a respeito do tema, firmada a premissa de que a segunda sentença é inexistente, cabe concluir que não há necessidade de ação rescisória, podendo-se obter a declaração de inexistência perante o próprio juízo

9. *Efeitos prospectivos*. É preciso distinguir as *parcelas vincendas* que decorrem de relação continuada daquelas que, muito embora ocorram nessa espécie de relação, têm fato gerador (pretensão ou "*actio nata*") desvinculado das prestações de trato sucessivo, gerando pretensões futuras, isoladas, em que pese possam se repetir de forma eventual.

No primeiro caso, verifica-se que algumas prestações são incorporadas às obrigações contratuais pela *lei* (é o caso do salário, por exemplo, pelo princípio da irredutibilidade salarial, art. 7º, VI, da CF) ou pelo *princípio da condição mais benéfica*. Outras obrigações são incorporadas ao contrato porque decorrem do *trabalho em determinadas condições*, como os adicionais, mas somente são devidas enquanto elas permanecerem ativas. Portanto, a coisa julgada que decide essas obrigações tem efeitos prospectivos, isto é, projeta-se para o futuro.(639)

De outra face, há prestações que não são necessariamente de trato sucessivo. É o caso das gratificações (de horas extras, de funções de confiança etc) e outras parcelas que remuneram o trabalho realizado em situações sujeitas ao *arbítrio*(640) *do poder empregatício*, razão pela qual não são abrangidas pela coisa julgada, mostrando-se mera expectativa de direito.

É que essas parcelas não se incorporam ao patrimônio jurídico do empregado, seja por lei ou pelo princípio da condição mais benéfica, tendo em vista que o empregador pode decidir, por exemplo, destituir a função comissionada ou mesmo deixar de exigir o trabalho extraordinário. Ou pode acontecer de haver modificação na norma jurídica, como a superveniência de negociação coletiva que estabeleça o regime de banco de horas.

Em vista disso, o efeito prospectivo da coisa julgada, nessas situações, resultaria em decisão condicional, sujeita a evento futuro e incerto (art. 121 do CC), o que contraria o princípio da segurança jurídica. Por isso é que esta espécie de pedido está limitada à data de ajuizamento da ação, ou seja, a eventual sentença de procedência só condenará o réu ao pagamento das obrigações até o dia em que a ação foi distribuída.

O tipo de relação a qual o art. 323 do CPC de 2015 se refere é a de trato sucessivo:

> Art. 323. Na ação que tiver por objeto cumprimento de *obrigação em prestações sucessivas*, essas serão consideradas incluídas no pedido, independentemente de declaração expressa do autor, e serão incluídas na condenação, enquanto durar a obrigação, se o devedor, no curso do processo, deixar de pagá-las ou de consigná-las. (Grifei)

Seria o caso, por exemplo, de uma pensão mensal (art. 950 do CC), de diferenças salariais (art. 7º, VI, da CF), equiparação salarial (art. 461 da CLT) e de adicional de insalubridade (OJ 172 da SDI-I, do TST). Essa espécie de prestação deve ser executada à luz dos arts. 890 a 892, da CLT:

> Art. 890 — A execução para pagamento de *prestações sucessivas* far-se-á com observância das normas constantes desta Seção, sem prejuízo das demais estabelecidas neste Capítulo.
>
> Art. 891 — Nas *prestações sucessivas* por tempo determinado, a execução pelo não-pagamento de uma prestação compreenderá as que lhe sucederem.
>
> Art. 892 — Tratando-se de *prestações sucessivas* por tempo indeterminado, a execução compreenderá inicialmente as prestações devidas até a data do ingresso na execução. (Grifei)

Nas relações jurídicas de trato sucessivo, continuativas ou de prestações sucessivas, possuem efeitos prospectivos (para além da data de ajuizamento da ação e da própria decisão) e, por isso, torna-se possível rever a coisa julgada nessas hipóteses. Com efeito, o art. 505, I, CPC, estabelece que o Juiz pode decidir novamente questões já decididas, relativas à mesma lide "*se, tratando-se de relação jurídica de trato continuado, sobreveio modificação no estado de fato ou de direito, caso em que poderá a parte pedir a revisão do que foi estatuído na sentença.*"

---

de origem, por meio de ação ou objeção, esteja ou não transcorrido o prazo decadencial do art. 495 do CPC." (STJ. REsp 1.354.225-RS, Rel. Min. Paulo de Tarso Sanseverino, julgado em 24/2/2015, DJe 5.3.2015).

(639) "A sentença que reconhece ao trabalhador ou servidor o direito a determinado percentual de acréscimo remuneratório deixa de ter eficácia a partir da superveniente incorporação definitiva do referido percentual nos seus ganhos. [...]" (STF. RE 596663/RJ, rel. orig. Min. Marco Aurélio, red. p/ o acórdão Min. Teori Zavascki, 24.9.2014).

(640) No sentido de liberdade, o que não se confunde com *arbitrário*, que é abusivo.

Já o pedido de horas extras, por exemplo, não decorre de prestações sucessivas, tendo em vista que a respectiva gratificação depende de uma determinada situação, que é o trabalho em tempo superior ao limite legal. Trata-se, portanto, de típica *condição*.

Em relação a essas situações, o art. 492, parágrafo único, do CPC de 2015, veda a prolação de sentença condicional, ainda que decida relação jurídica condicional.

14.4. COISA JULGADA NAS DEMANDAS COLETIVAS

Como se viu, nas demandas individuais, a coisa julgada é regida pelo CPC, o qual, em regra, atribui à coisa julgada efeitos subjetivos "*inter partes*" e objetivos amplos, relativo a toda matéria deduzida e dedutível.

Nas demandas coletivas, todavia, a norma de regência será o Código de Defesa do Consumidor (art. 103) e a Lei da Ação Civil Pública (Lei n. 7.347/85). Isso se deve em função das peculiaridades dos sujeitos e da matéria tratada nessas ações. Os sujeitos são substitutos processuais, os quais estão descritos no art. 82 do CDC e no art. 5º da LAP, quais sejam: a) Ministério Público; b) União, Estados, DF e Municípios; c) Autarquias, fundações públicas, empresas públicas e sociedades de economia mista; d) Defensoria Pública; e) Sindicatos; e f) Associações constituídas há mais de um ano, cujos estatutos incluam, entre suas finalidades, a defesa das pretensões que serão demandados.

Quanto à matéria, as ações coletivas podem envolver (art. 81 do CDC): a) *direitos difusos* — transindividuais, de natureza indivisível, de que sejam titulares pessoas indeterminadas e ligadas por circunstâncias de fato; b) *direitos coletivos* — transindividuais, de natureza indivisível de que seja titular grupo, categoria ou classe de pessoas ligadas entre si ou com a parte contrária por uma relação jurídica-base; e c) *direitos individuais homogêneos* — decorrentes de origem comum.

1. *Limites subjetivos*. Em relação aos sujeitos, as decisões das demandas coletivas farão coisa julgada (art. 103 do CDC): a) "*erga omnes*",[641] se o direito debatido for difuso; b) "*ultra partes*",[642] na hipótese de direitos coletivos; e c) "*erga omnes*", caso os direitos demandados sejam individuais homogêneos.

2. *Limites objetivos*. Em regra, o que foi decidido em uma demanda coletiva não poderá mais ser discutido pelos sujeitos abrangidos pela coisa julgada, tenha sido a ação julgada procedente ou não.

Entretanto, existem duas exceções: a) nas demandas relativas a direitos *difusos*, se o pedido for julgado improcedente por insuficiência de provas, qualquer legitimado poderá ajuizar novamente a ação; b) nas demandas pertinentes aos direitos *individuais homogêneos*, só haverá coisa julgada, se a ação for julgada procedente ("*in utilibus*"), de maneira que a improcedência da ação não fará coisa julgada material, salvo para os litisconsortes ativos (ou seja, que também foram parte no processo) e, segundo a jurisprudência do C. STJ, para os demais substitutos processuais, ainda que não tenham sido parte na causa.[643]

(641) Contra todos, mesmo aqueles que não tiverem participado da demanda.

(642) Somente em relação à classe, grupo ou categoria.

(643) "[...] Após o trânsito em julgado de decisão que julga improcedente ação coletiva proposta em defesa de direitos individuais homogêneos, independentemente do motivo que tenha fundamentado a rejeição do pedido, não é possível a propositura de nova demanda com o mesmo objeto por outro legitimado coletivo, ainda que em outro Estado da federação. Inicialmente, saliente-se que a leitura precipitada do disposto no inciso III do art. 103 do CDC poderia levar à equivocada conclusão de que apenas a procedência da ação coletiva emanaria efeitos capazes de obstar a nova propositura de demanda coletiva idêntica. Ocorre que a interpretação do referido inciso deve se dar com a observância do disposto no § 2º, que é claro ao estabelecer que, mesmo diante de solução judicial pela improcedência do pedido coletivo original, apenas os interessados que não tiverem intervindo na ação coletiva na condição de litisconsortes é que poderão propor demanda análoga e, ainda assim, única e exclusivamente a título individual. Ciente disso, a simples leitura dos arts. 81, III, e 103, III, § 2°, do CDC evidencia que, para a aferição da exata extensão dos efeitos da sentença proferida em ação coletiva que tenha por objeto direitos individuais homogêneos — diversamente do que ocorre em se tratando de direitos difusos e coletivos -, é juridicamente irrelevante investigar se o provimento judicial de improcedência do pedido resultou ou não de eventual insuficiência probatória. Isso porque a redação do inciso III do art. 103 do CDC não repete a ressalva (incisos I e II do referido dispositivo) de que a sentença de improcedência por insuficiência de provas seria incapaz

Para se beneficiar da coisa julgada coletiva, a parte que tiver ajuizado ação individual deverá requerer a suspenção do feito, no prazo de 30 dias, contado da ciência da parte autora do ajuizamento da ação coletiva (art. 104 do CDC). Entretanto, cabe à parte ré dar ciência à parte autora, na ação individual, da existência da ação coletiva, sem o que as duas ações tramitarão de forma conjunta e a parte autora poderá se beneficiar da coisa julgada da ação coletiva.(644)

3. *Limite espacial*. Nos termos do art. 16 da Lei da Ação Civil Pública, a sentença coletiva fará coisa julgada nos limites da competência territorial do órgão julgador. Assim, por exemplo, se a sentença for proferida pelo Juízo de Belo Horizonte, os efeitos subjetivos e objetivos citados anteriormente estariam limitados à circunscrição da capital mineira, o que permitiria o ajuizamento de outras ações coletivas fora desses limites, gerando o risco de haver conflito entre coisas julgadas "*erga omnes*", fato que desprestigiaria o manejo das ações coletivas.

Por outro lado, ao tratar dos limites subjetivos, o art. 103, I e II, do CDC, não traça qualquer limite espacial para a decisão, pelo que sua abrangência é nacional. Considerando que a essência da demanda coletiva é a facilitação do acesso à justiça, com eficiência, celeridade, economia e uniformidade das decisões, merece prosperar a regência do CDC. Dessa forma, o limite espacial das decisões coletivas deve ser o território nacional.

A seguir oferta-se um quadro sinótico da coisa julgada coletiva:

Direitos	Difusos	Coletivos	Individuais homogêneos
Coisa julgada objetiva	Faz coisa julgada material, salvo decisão de improcedência por insuficiência de provas (*secundum eventum probationis*). Nesse caso, só haverá coisa julgada formal		Transporte *in utilibus*: só haverá coisa julgada material em caso de procedência (*secundum eventum litis*)
Coisa julgada subjetiva	*Erga omnes*	*Ultra partes*	*Erga omnes*

14.5. MODELO DE SENTENÇA

Em uma prova de sentença, o candidato deve ler com atenção o enunciado da questão, verificando as orientações, como, por exemplo, se haverá necessidade de criar um cabeçalho para a sentença. Além disso, deve procurar verificar se a prova exigirá *aprofundamento* ou *velocidade*. No primeiro caso, o examinador, provavelmente, quer conhecer o poder de fundamentação do candidato e, no segundo, sua capacidade de concluir a prova a tempo.

Uma boa técnica para ganhar tempo na resolução da prova é tomar uma folha de papel em branco e fazer o seguinte: a) lendo primeiro a contestação, identificar e anotar apenas as preliminares e prejudiciais de mérito eventualmente suscitadas; b) depois de ler a inicial, anotar os pedidos; c) ler novamente a contestação, agora na parte do mérito, e anotar a defesa da reclamada na frente de cada pedido da inicial; d) ler as provas documentais

---

de fazer coisa julgada. Dessa forma, para os direitos individuais homogêneos, o legislador adotou técnica distinta, ressalvando a formação de coisa julgada somente em favor dos "interessados que não tiverem intervindo no processo como litisconsortes", de modo que somente esses poderão propor ação de indenização a título individual, independentemente do resultado negativo — de improcedência por qualquer motivo — da demanda coletiva anteriormente proposta." (STJ. REsp 1.302.596-SP, Rel. Min. Paulo de Tarso Sanseverino, Rel. para acórdão Min. Ricardo Villas Bôas Cueva, julgado em 9.12.2015, DJe 1º.2.2016).

(644) "[...] Os autores de ações individuais em cujos autos não foi dada ciência do ajuizamento de ação coletiva e que não requereram a suspensão das demandas individuais podem se beneficiar dos efeitos da coisa julgada formada na ação coletiva. Ao disciplinar a execução de sentença coletiva, o art. 104 da Lei n. 8.078/1990 (CDC) dispõe que os autores devem requerer a suspensão da ação individual que veicula a mesma questão em ação coletiva, a fim de se beneficiarem da sentença que lhes é favorável no feito coletivo. Todavia, compete à parte ré dar ciência aos interessados da existência desta ação nos autos da ação individual, momento no qual começa a correr o prazo de 30 dias para a parte autora postular a suspensão do feito individual. Constitui ônus do demandado dar ciência inequívoca da propositura da ação coletiva àqueles que propuseram ações individuais, a fim de que possam fazer a opção pela continuidade do processo individual, ou requerer a sua suspensão para se beneficiar da sentença coletiva. (STJ. REsp 1.593.142-DF, Rel. Min. Napoleão Nunes Maia Filho, julgado em 7.6.2016, DJe 21.6.2016).

e a ata da audiência, anotando observações sobre elas na frente de cada pedido; e) buscar no índice remissivo dos códigos os números dos artigos e das súmulas que serão utilizados na resolução de cada pedido; f) estabelecer a ordem de apreciação de cada matéria, colocando números na frente; e g) redigir a sentença.

A sentença tem três pontos-chaves: a) dizer o que realmente pensa, sem tentar adivinhar o posicionamento da banca ou do TST; b) fundamentar tudo o que for decidido; e c) terminar a prova, integralmente, dentro do tempo estabelecido.

Para auxiliar o candidato na elaboração da sentença, oferta-se o modelo abaixo.

(CABEÇALHO)

Vara do Trabalho de ...

Aos ... de ... de ..., às ...hs, na sede da Vara do Trabalho de ..., sob o exercício jurisdicional do MM Juiz do Trabalho, Dr..., realizou-se a audiência de julgamento da ação trabalhista ajuizada por ..., em face de ...

Aberta a audiência, por ordem do MM. Juiz, foram apregoadas as partes. Ausentes.

Conciliação final prejudicada.

Submetido o processo a julgamento, foi prolatada a seguinte SENTENÇA.

RELATÓRIO[645]

"A" ajuíza Ação Trabalhista em face de "B" formulando os seguinte pedidos:

Atribuiu à causa o valor de R$...

Citada, a reclamada apresentou defesa escrita, contendo preliminares. No mérito, pugnou pela improcedência dos pedidos.

Juntaram documentos.

Na audiência inicial a conciliação foi recusada.

Foram tomados depoimentos das partes e de testemunhas e produzida a prova pericial.

Sem mais provas, a instrução foi encerrada.

Razões finais remissivas.

Conciliação fracassada, apesar dos esclarecimentos às partes sobre as vantagens da composição.

É o relatório

FUNDAMENTAÇÃO

1 Saneamento

1.1 Retificação do nome

Retifique-se o polo passivo para que conste a correta denominação da reclamada (f....)

1.2 Renumeração dos autos

Determino a retificação dos autos, uma vez que verificada a incorreção a partir de f. ...

1.3 Protestos

Rejeito os protestos das reclamadas, pela mesma fundamentação já exposta em Ata. Além disso, o juízo tem ampla liberdade na direção do processo (art. 765 da CLT e art. 125 do CPC), podendo indeferir as diligências que entender desnecessárias.

1.4 Valor da causa

Não há interesse processual para impugnar o montante declinado na petição inicial, pois a causa seguirá o mesmo rito. O valor atribuído é razoável. Rejeito.

2 Preliminares

2.1 Exceção de incompetência relativa

Considerando que o reclamante é viajante, é lícito ajuizar a ação perante a Vara do Trabalho de seu domicílio (art. 651, § 1º, da CLT). Rejeito.

2.2 Incompetência absoluta

O art. 114, I e IX, da CF, dispõe, expressamente, que cabe à Justiça do Trabalho julgar demandas oriundas e decorrentes da relação de trabalho, situação versada nos autos. Rejeito.

(645) No rito sumaríssimo, basta dizer: "Dispensado o relatório, nos termos do art. 852-I da CLT."

2.3 Inépcia da inicial

A inicial preenche os requisitos do art. 840 da CLT, apresentando pedidos certos e determinados, com suas respectivas causas de pedir. De outro lado, não há falar em inépcia da inicial, que permite à reclamada a apresentação de defesa completa e exaustiva. Rejeito.

2.4 Condições da ação

A relação jurídica material difere da relação jurídica processual. Nesta, a mera assertiva de que o reclamado é devedor já é suficiente para legitimá-lo como parte, uma vez que as condições da ação devem ser analisadas abstratamente (teoria da asserção). Rejeito.

3 Prejudicial de mérito

Ajuizada a ação em .../.../..., pronuncio a prescrição das pretensões anteriores a .../.../..., nos termos do art. 7º, XXIX, da CF.

4 Mérito

4.1 Horas extras

A parte autora alega ter cumprido jornada semanal da seguinte forma:

A parte ré, por sua vez, afirma que toda a jornada consta dos cartões de ponto.

Cartões de ponto britânicos são inválidos como meio de prova da jornada, invertendo-se o ônus da prova relativo às horas extras, que passa a ser da reclamada, prevalecendo o horário da inicial, se dele não se desincumbir (Súmula 338 do TST). São válidos, entretanto, para a aferição da frequência.

Fixo a jornada de segunda a sexta, das ...

Verifico que há acordo de compensação de jornada (f...).

No caso dos autos, a jornada legal é de 44 horas semanais (art. 7º, XIII, da CF).

Julgo procedente o pedido de horas extras além 44ª hora semanal, observando-se:

a) evolução salarial (art. 475 da CLT);

b) dias efetivamente trabalhados (conforme cartões de ponto);

c) base cálculo (Súmula 264 do TST);

d) divisor 220 (art. 65 da CLT);

e) prescrição pronunciada;

f) dedução dos valores pagos ao mesmo título;

g) adicional de 50%;

h) reflexos no 13º salário, férias + 1/3, RSR e FGTS + 40%.

4.2 Justiça gratuita

Concedo ao reclamante os benefícios da justiça gratuita, conforme requerido na inicial (art. 98 do CPC de 2015).

5 Parâmetros de liquidação

A liquidação de sentença será processada sob a forma de cálculos, ficando autorizada outra modalidade, caso aquela se revele inadequada.

A atualização monetária será devida a partir do vencimento da obrigação (art. 459 da CLT), até a data do respectivo pagamento, observando-se as súmulas 187, 304, 311 e 381 do TST e a OJ302 da SDI-I do TST, no que couber.

Os juros de mora de 1% incidirão de forma simples ("*pro rata die*"), a partir da data do ajuizamento da ação (art. 833 da CLT), observando-se o Decreto-Lei n. 2.322/87, o art. 39 da Lei n. 8.177/91, as súmulas 200, 304 e 307, do TST, e a OJ 7, do Tribunal Pleno do TST, no que couber.

A reclamada deverá recolher as contribuições sociais incidentes sobre a seguinte parcela de natureza salarial: horas extras. Os valores serão apurados mês a mês (art. 276 do Dec. 3.048/99) e atualizados pela taxa SELIC (art. 979, § 4º da CLT), observando-se a Súmula 368, do TST.

O Imposto de Renda deverá observar o período contratual, com cálculo mensal (art. 12-A da Lei n. 7.713/88), sem incidência de juros (OJ 400 da SDI-I do TST), respeitadas as respectivas alíquotas, limitações e isenções, "*ex vi legis*" e deverão ser recolhidos e comprovados pela reclamada, na forma da legislação pertinente, aplicando-se a Súmula 368, do TST.

DISPOSITIVO

Isso posto, decido, na Ação Trabalhista proposta por "A" em face de "B":

a) rejeitar as preliminares;

b) pronunciar a prescrição, a partir de ...

c) julgar procedentes, em parte, os seguintes pedidos, os quais deverão ser pagos pela reclamada ao reclamante: horas extras...

Demais pedidos improcedentes.

Deferem-se ao reclamante os benefícios da justiça gratuita.

Parâmetros de liquidação conforme fundamentação.

Para os fins do art. 832 da CLT, possui natureza salarial a seguinte parcela: horas extras.

Custas pela reclamada, no importe de R$ ..., calculadas sobre R$ ..., valor arbitrado à condenação.

Cientes as partes (Súmula 197, do TST).

Intime-se a União.

Cumpra-se.

Juiz do Trabalho

15 Recursos

15.1. TEORIA GERAL

A CLT dispõe de regramento próprio sobre recursos, de maneira que é possível falar em uma teoria geral dos recursos trabalhistas, com aplicação apenas subsidiária ou supletiva do CPC (art. 769 da CLT c/c art. 15 do CPC de 2015).

Para a boa compreensão do tema, esclarecemos que *juízo "a quo"* é prolator da decisão recorrida, enquanto *juízo "ad quem"* é o que vai julgar o recurso.

15.1.1. CONCEITO E NATUREZA JURÍDICA

Na relação jurídica processual, *recurso* é um remédio voluntário e incidental destinado a invalidar, reformar, esclarecer ou integrar uma decisão judicial. Ele é uma extensão do direito de ação, para o reclamante, e do direito de defesa, para o reclamado.

15.1.2. PRINCÍPIOS

1. *Duplo grau de jurisdição*. Apesar de não estar previsto na Constituição, este princípio consta do art. 8º, § 2º, "h", da Convenção Americana de Direitos Humanos (1969)(646) e das leis processuais, determinando que os órgãos jurisdicionais se organizem, de maneira a permitir a revisão dos julgados por juízes mais experientes.

2. *Taxatividade ou tipicidade*. Para que um recurso exista, ele deve estar expressamente previsto na lei. Em vista disso, o I FNPT não reconhece a natureza recursal de reclamações correicionais, por exemplo.(647)

3. *Fungibilidade ou conversibilidade*. A interposição equivocada de um recurso por outro não prejudicará a sua análise, desde que estejam preenchidos os pressupostos do recurso correto. O TST vem aplicando o princípio

(646) "Artigo 8º — Garantias judiciais. [...] 2. Toda pessoa acusada de um delito tem direito a que se presuma sua inocência, enquanto não for legalmente comprovada sua culpa. Durante o processo, toda pessoa tem direito, em plena igualdade, às seguintes garantias mínimas: [...] h) direito de recorrer da sentença a juiz ou tribunal superior."

(647) Enunciado n. 12 do I FNPT. "[...] O art. 22 da Constituição Federal confere privativamente à União a competência para legislar em matéria processual. O ordenamento legal não comporta a criação de remédio jurídico de natureza recursal, denominado de reclamação correicional e disposto em regimento interno de Tribunal. Aplicação dos 22 da CF/88 e Art. 709 DA CLT."

da fungibilidade, por exemplo, no caso da interposição errônea de recurso ordinário contra liminar deferida em ação rescisória ou mandado de segurança, o qual deve ser recebido como agravo regimental, que é, em verdade, o recurso cabível.[648]

4. *Voluntariedade.* A interposição de recursos não é obrigatória. Ela constitui um ônus para a parte, cuja consequência, no caso de optar por não recorrer, será a preclusão máxima, operando-se o trânsito em julgado da decisão.

O instituto da remessa necessária (art. 1º, V, do Decreto Lei n. 779/69 e art. 496 do CPC) não afeta a voluntariedade dos recursos, uma vez que sua natureza jurídica é de condição de eficácia da sentença e não de recurso.

5. "*Non reformatio in pejus*". Aquele que recorreu não pode ter sua situação piorada por ocasião do julgamento do recurso por ele interposto. No entanto, vale lembrar que é comum que a outra parte também recorra, circunstância que autoriza a piora da decisão para a parte recorrida.

6. *Variabilidade.* Na eventualidade de poderem ser interpostos dois recursos contra a mesma decisão, o segundo implica na desistência tácita do primeiro, pelo que se diz que a espécie recursal pode variar de uma para outra.

Imagine-se, por exemplo, que a parte oponha embargos de declaração contra uma sentença que lhe pareceu contraditória, porque não apreciou corretamente uma prova constante dos autos. Todavia, no dia seguinte, resolva interpor recurso ordinário, o qual considerou ser mais adequado para o fim que pretendia (obter a reapreciação da prova). O segundo recurso (o ordinário) fará com que o primeiro (embargos de declaração) perca seu objeto e será admitido em lugar deste, pelo princípio da variabilidade.

7. *Irrecorribilidade imediata das decisões interlocutórias.* Estas, no Processo do Trabalho, só poderão ser objeto de recurso interposto contra a decisão final (sentença ou acórdão), desde que não estejam preclusas (art. 893, § 1º, da CLT). Para tanto, a parte poderá fazer uso do protesto oral (quando a decisão for tomada em audiência) ou escrito (quando a decisão for escrita).

Mesmo com o advento do CPC de 2015, o C. TST reafirmou seu entendimento pela prevalência desse princípio, salvo as exceções da Súmula 214 (art. 1º, § 1º, da IN 39/16).

Caso a decisão interlocutória fira direito líquido e certo da parte, esta poderá fazer uso do Mandado de Segurança, para corrigir a ilegalidade, tema que será objeto de exame mais detalhado no Capítulo 18 desta obra.

Como o instituto da reclamação (art. 988 do CPC de 2015) ainda é recente no Processo do Trabalho, as cortes trabalhistas ainda não possuem entendimento consolidado quanto ao seu cabimento para atacar decisões interlocutórias, já que a reclamação só é admissível quando esgotados os meios de impugnação da decisão (art. 988, § 5º, II, do CPC de 2015). A nosso ver, contundo, os meios de impugnação às decisões interlocutórias, no Processo do Trabalho, só se esgotam após a interposição do recurso da decisão definitiva (recurso ordinário, por exemplo, na 1ª instância). O que a CLT veda é o recurso *imediato* das decisões interlocutórias, as quais podem ser atacadas, no entanto, por ocasião do recurso da decisão definitiva. Assim é que a reclamação do art. 988 do CPC de 2015 não é cabível para atacar decisões interlocutórias.

15.1.3. CLASSIFICAÇÃO

A doutrina costuma classificar os recursos da forma seguinte.

1. *Quanto à finalidade.* Considerando o fim colimado pelo recorrente, os recursos podem se destinar:

a) à *reforma* — para reexame do mérito da demanda;

(648) Orientação jurisprudencial da SDI-II do TST n. 69. "Fungibilidade recursal. Indeferimento liminar de ação rescisória ou mandado de segurança. Recurso para o TST. Recebimento como agravo regimental e devolução dos autos ao TRT. Recurso ordinário interposto contra despacho monocrático indeferitório da petição inicial de ação rescisória ou de mandado de segurança pode, pelo princípio de fungibilidade recursal, ser recebido como agravo regimental. Hipótese de não conhecimento do recurso pelo TST e devolução dos autos ao TRT, para que aprecie o apelo como agravo regimental."

b) à *invalidação* — para anular a decisão que contenha vícios processuais, com a prolação de outra em seu lugar; e

c) ao *esclarecimento* ou à *integração* — para sanar os vícios de omissão, contradição e obscuridade eventualmente constantes da decisão impugnada.

O recurso ordinário é um exemplo de recurso que visa tanto à reforma quanto à invalidação da sentença. Os embargos de declaração, por sua vez, são exemplo de recurso destinado à integração da decisão.

2. *Quanto ao juízo "ad quem"*. A depender do órgão que julgará o recurso, este poderá ser:

a) *reiterativo* ou *devolutivo* — quando o órgão julgador será diferente do prolator da decisão impugnada; ou

b) *iterativo* ou *não devolutivo* — na hipótese de haver identidade entre o juízo que proferiu a decisão e o que vai julgar o recurso, como acontece com nos embargos declaratórios.

O recurso de revista e os embargos de declaração são, respectivamente, exemplos de recursos reiterativos e iterativos.

3. *Quanto ao momento da interposição*. Se interposto no prazo, o recurso será chamado de *principal*. Todavia, quando a parte não o faz tempestivamente, ainda poderá recorrer juntamente com as contrarrazões, caso a outra parte tenha recorrido. Nessa hipótese, o recurso será chamado de *adesivo*.

4. *Quanto à natureza*. Os recursos de natureza *ordinária* permitem que o juízo "*ad quem*" reexamine integralmente a decisão atacada, levando em conta todos os fatos, as provas e o direito que envolvem a demanda. É o que ocorre, *v. g.*, no caso do recurso ordinário. Já nos recursos de natureza *extraordinária*, o órgão que julgará o recurso somente examinará as questões de direito, a fim de verificar se a decisão contrariou a Constituição Federal, a lei ou a jurisprudência consolidada, como acontece no recurso de revista.

15.1.4. EFEITOS

Quando interpostos, os recursos podem influenciar no andamento do processo, a depender dos efeitos em que for recebido.

1. *Devolutivo*. Esse efeito apenas devolve a demanda ao Judiciário, para reexame da decisão, permitindo que a parte vencedora na primeira instância dê início à execução provisória da sentença. Em regra, os recursos do Processo do Trabalho possuem efeito devolutivo (art. 899 da CLT), a não ser os embargos de declaração, cujo efeito é iterativo.

O efeito devolutivo pode ser:

a) *horizontal ou em extensão* (art. 1.013 do CPC de 2015) — pelo qual o juízo "*ad quem*" reexaminará apenas a matéria expressamente consignada nas razões do recurso, deixando de lado as questões decididas que não foram impugnadas. Esse é o feito, por exemplo, do recurso de revista; ou

b) *vertical ou em profundidade* (art. 1.013, § 1º, do CPC de 2015) — hipótese em que a devolução permitirá que o órgão julgador do recurso conheça de qualquer questão ventilada, mesmo que não conste das razões recursais, como é o caso de uma tese levantada pela defesa, sobre a qual a sentença de primeiro grau sequer tenha se manifestado. Esse efeito está presente, *v. g.*, no recurso ordinário.

O efeito devolutivo em profundidade foi ampliado pelos artigos do CPC de 2015: a) 1.013, § 3º, que permite o exame, pelo Juízo "*ad quem*", inclusive na hipótese em que a sentença tenha se omitido no exame de um dos pedidos;[(649)] b) e 1.014, que autoriza o conhecimento, pelo Juízo "*ad quem*", de questões de fato não propostas no juízo "*a quo*", quando a parte provar que deixou de fazê-lo por motivo de força maior.

(649) Súmula do TST n. 393. "Recurso Ordinário. Efeito devolutivo em profundidade. Art. 1.013, § 1º, do CPC DE 2015. ART. 515, § 1º, DO CPC de 1973. I — O efeito devolutivo em profundidade do recurso ordinário, que se extrai do § 1º do art. 1.013 do CPC de 2015 (art. 515, § 1º, do CPC de 1973), transfere ao Tribunal a apreciação dos fundamentos da inicial ou da defesa, não examinados pela sentença, ainda

Essa ampliação do efeito devolutivo em profundidade foi declarada como aplicável ao Processo do Trabalho, pelo TST (art. 3º, XXVIII, da IN 39/16), contra o que não temos objeções.

2. *Suspensivo*. Recebido nesse efeito, o recurso obstará a execução provisória da decisão atacada. Como a regra no Processo do Trabalho é o efeito devolutivo, a suspensão do processo tradicionalmente somente era possível com o ajuizamento de uma ação cautelar perante o juízo "*ad quem*".(650)

Com o advento do CPC de 2015, que extinguiu a autonomia do processo cautelar, o instrumento para tentar atribuir efeito suspensivo ao recurso será o *incidente de efeito suspensivo*, que nada mais é que uma petição dirigida ao Tribunal "*ad quem*", com o pedido de atribuição de efeito suspensivo ao recurso (art. 1.012, § 3º, do CPC de 2015).(651) Todavia, a nós parece que a fundamentação será a mesma, de maneira que caberá ao requerente demonstrar a existência de "*fumus boni iuris*" e "*periculum in mora*" para ver deferido liminarmente seu requerimento de suspensão dos efeitos da decisão.

Nos dissídios coletivos, entretanto, o Presidente do Tribunal pode conceder efeito suspensivo ao recurso, o qual só terá validade pelo prazo improrrogável de 120 (cento e vinte) dias (art. 9º da Lei n. 7.701/88). A cassação ou o término do efeito suspensivo retroage à data do despacho que o deferiu.(652)

3. *Translativo*. Transladar significa *transferir*. Esse efeito transfere ao juízo "*ad quem*" todas as questões de ordem pública relativas ao processo, independentemente de terem sido abordadas da decisão impugnada ou constarem das razões recursais, uma vez que o Juiz deve conhecê-las de ofício. É o caso, por exemplo, de o Tribunal verificar a ausência de uma das condições da ação.(653)

4. *Substitutivo*. A decisão que julga o mérito do recurso substitui a sentença recorrida (art. 1.008 do CPC). Todavia, se o juízo "*ad quem*" anular a decisão atacada, não haverá substituição, mas sim *cassação*.

5. *Extensivo*. Na hipótese de o recurso ter sido interposto por apenas um dos litisconsortes, a decisão poderá ser estendida aos demais, caso os interesses sejam convergentes (art. 1.005 do CPC de 2015). Por isso é que se diz que o efeito é *extensivo*.

6. *Regressivo*. Alguns recursos, geralmente os da espécie *agravo* permitem a retratação pelo juízo "*a quo*" antes da remessa ao juízo "*ad quem*", pelo que terão efeito regressivo. Vale relembrar que o art. 485, § 7º, do CPC de 2015, atribuiu efeito regressivo à apelação em relação à sentença que extingue o processo sem resolução de mérito, tendo o C. TST declarado que essa novidade se aplica ao Processo do Trabalho (art. 3º, VIII, da IN 39/16).(654)

---

que não renovados em contrarrazões, desde que relativos ao capítulo impugnado. II — Se o processo estiver em condições, o tribunal, ao julgar o recurso ordinário, deverá decidir desde logo o mérito da causa, nos termos do § 3º do art. 1.013 do CPC de 2015, inclusive quando constatar a omissão da sentença no exame de um dos pedidos."

(650) Súmula do TST n. 414. "Mandado de Segurança. Antecipação de Tutela (ou liminar) concedida antes ou na sentença. I — [...] A ação cautelar é o meio próprio para se obter efeito suspensivo a recurso [...]."

(651) Enunciado n. 65 do I FNPT. "CLT, arts. 769 e 899. Direito de Petição (art. 5º, XXXIV, CF). NCPC, arts. 15, 1.012, V, arts. 294 e seguintes, 1.029, § 5º. Tutelas provisórias concedidas em sentença. Recurso ordinário com efeito meramente devolutivo. Extinção da ação cautelar disciplinada pelo CPC/1973. O recurso ordinário trabalhista não tem efeito suspensivo, ainda que a sentença tenha concedido tutela provisória. Inaplicável o previsto no art. 1.012, V, NCPC, ao Processo do Trabalho. Demonstrando a ausência dos requisitos legais para a concessão da medida ou equívoco em sua concessão, o recorrente deverá solicitar excepcionalmente o efeito suspensivo ao recurso ordinário em razões recursais dirigidas ao Tribunal e requerer em petição, devidamente instruída, o efeito suspensivo ao recurso imediatamente ao Tribunal Regional (incidente de efeito suspensivo) (art. 1.012, § 3º, do NCPC)."

(652) Súmula do TST n. 279. "Recurso contra sentença normativa. Efeito suspensivo. Cassação. A cassação de efeito suspensivo concedido a recurso interposto de sentença normativa retroage à data do despacho que o deferiu".

(653) "Extinção sem resolução do mérito de demanda julgada improcedente em primeiro grau. Efeito translativo. *Reformatio in pejus* que não se reconhece. A extinção sem resolução de mérito de feito julgado improcedente pelo Juízo de primeiro grau não configura reforma *in pejus*, visto que, no caso, por força do efeito translativo, está o Tribunal Regional obrigado a se pronunciar de ofício sobre matéria de ordem pública. A legitimidade das partes trata-se de condição da ação, cujo exame independe de provocação (artigo 267, VI, § 3º, do Código de Processo Civil). No caso, ante a ausência de responsabilidade da sucedida, concluiu o Tribunal Regional pela ilegitimidade passiva *ad causam*. Agravo de instrumento a que se nega provimento." (TST. AIRR — 116440-97.2006.5.15.0011. Relator: Ministro Lelio Bentes Corrêa. 1ª Turma. DEJT: 30.09.2011).

(654) Entendimento com o qual não concordamos, conforme fundamentos apresentados no Capítulo 14, item 14.2.9.

7. *Diferido.* Esse efeito é típico do recurso adesivo, fazendo com que este somente seja apreciado caso o recurso principal seja recebido e conhecido.

15.1.5. PRESSUPOSTOS

Os pressupostos recursais são espécie de pressupostos processuais específicos dos recursos. Para que estes sejam recebidos e conhecidos, todos os pressupostos devem estar devidamente preenchidos, a não ser que sejam dispensados pela lei.

1. *Pressupostos intrínsecos.* Esses são os pressupostos relativos ao *direito de recorrer.*

Para facilitar a compreensão, basta lembrar que *intrínseco* é o que está *dentro.* Antes mesmo de a parte interpor o recurso e, portanto, juntá-lo aos autos, já existem pressupostos recursais aferíveis dentro do processo, como a existência de uma decisão recorrível, por exemplo. Para identificá-los, portanto, não se faz uma análise da peça de interposição do recurso, mas sim do processo em si. Em outras palavras, esses pressupostos definem a *existência* do direito de recorrer.

São eles: a) *cabimento*; b) *interesse*; e c) *legitimidade.* Entre esses pressupostos, os relativos aos sujeitos são chamados de *subjetivos*, e os pertinentes ao processo de *objetivos.* A legitimidade é o único pressuposto intrínseco subjetivo, sendo os demais, objetivos.

1.1. *Cabimento.* Para que o recurso seja cabível, é preciso que exista nos autos uma decisão que desafie recurso (*recorribilidade*) específico (*adequação*), expressamente previsto na lei (*tipicidade*) e que não tenha havido preclusão (*consumativa* ou *lógica*, uma vez que a *temporal* é pressuposto extrínseco).

1.1.1. *Decisões interlocutórias.* No Processo do Trabalho, em regra, só a sentença é recorrível. Os despachos não desafiam recurso e as decisões interlocutórias não ensejam recurso imediato (art. 893, § 1º, da CLT).[655] Estas, porém, serão imediatamente recorríveis, nas hipóteses de decisão (Súmula 214 do TST[656]):

a) *de TRT, contrária a Súmula ou OJ do TST*, como no caso de um acórdão do Regional, contrariando o disposto em alguma súmula do TST, anular a sentença de primeiro grau e determinar o retorno dos autos à origem, quando então caberá recurso de revista;

b) *suscetível de impugnação mediante recurso para o mesmo Tribunal*, como na eventualidade de o relator deferir tutela provisória de urgência, o que desafiará agravo regimental;

c) *que acolhe exceção de incompetência territorial, com a remessa dos autos para Tribunal Regional distinto daquele a que se vincula o juízo excepcionado*, situação que ensejará a interposição de recurso ordinário.

Nas demais situações, as decisões interlocutórias só poderão ser atacadas por mandado de segurança (se ferir direito líquido e certo), a não ser se tiverem sido deferidas em sede de sentença, quando então caberá recurso ordinário.[657]

1.1.2. *Alçada recursal.* As decisões dos dissídios de *alçada* (com valor da causa de até dois salários mínimos) são irrecorríveis, salvo se versarem sobre matéria constitucional (art. 2º, § 4º, da Lei n. 5.584/70). Contudo, é

(655) Isso significa que, prolatada uma decisão interlocutória, a parte não poderá recorrer imediatamente, devendo aguardar a prolação de sentença, a fim de interpor recurso ordinário, por meio do qual poderá impugnar a decisão interlocutória.

(656) Súmula do TST n. 214. "Decisão interlocutória. Irrecorribilidade. Na Justiça do Trabalho, nos termos do art. 893, § 1º, da CLT, as decisões interlocutórias não ensejam recurso imediato, salvo nas hipóteses de decisão: a) de Tribunal Regional do Trabalho contrária a Súmula ou Orientação Jurisprudencial do Tribunal Superior do Trabalho; b) suscetível de impugnação mediante recurso para o mesmo Tribunal; c) que acolhe exceção de incompetência territorial, com a remessa dos autos para Tribunal Regional distinto daquele a que se vincula o juízo excepcionado, consoante o disposto no art. 799, § 2º, da CLT".

(657) Súmula do TST n. 414. "Mandado de segurança. Antecipação de tutela (ou liminar) concedida antes ou na sentença. I — A antecipação da tutela concedida na sentença não comporta impugnação pela via do mandado de segurança, por ser impugnável mediante recurso ordinário. A ação cautelar é o meio próprio para se obter efeito suspensivo a recurso. II — No caso da tutela antecipada (ou liminar) ser concedida antes da sentença, cabe a impetração do mandado de segurança, em face da inexistência de recurso próprio. III — A superveniência da sentença, nos autos originários, faz perder o objeto do mandado de segurança que impugnava a concessão da tutela antecipada (ou liminar)".

controvertida a espécie recursal cabível, se recurso extraordinário (para o STF) ou ordinário (para o TRT). Quem conclui pelo primeiro o faz com base na Súmula n. 640, do STF, que diz ser "*cabível recurso extraordinário contra decisão proferida por Juiz de primeiro grau nas causas de alçada, ou por turma recursal de juizado especial cível e criminal.*"

Data venia, no nosso sentir, somente o *recurso ordinário* poderá ser interposto, pelas seguintes razões: a) os precedentes que deram origem à Súmula n. 640, do STF, excluem expressamente os dissídios de alçada da Justiça Eleitoral e da Justiça do Trabalho; b) o recurso extraordinário só é admitido se a causa possuir repercussão geral, o que raramente ocorreria nos dissídios de alçada; c) a decisão proferida pelo juízo de primeiro grau, ainda que contrarie a Constituição, não preenche o requisito do art. 102, III, da CF (decisão proferida em única ou última instância); d) a jurisprudência dos TRTs e do TST têm aceitado, sem maiores discussões, a interposição do recurso ordinário, bem como dos demais recursos, como o recurso de revista, desde que a causa verse sobre matéria constitucional.(658)

Vale lembrar que a alçada não se aplica aos mandados de segurança e às ações rescisórias.(659)

1.1.3. *Preclusão*. O recurso também não será cabível na eventualidade de ter ocorrido preclusão *consumativa* ou *lógica*. A primeira impede a interposição de recurso, quando outro já tiver sido interposto. A segunda, por sua vez, impede o recurso contra decisão que a parte expressa ou tacitamente reputar como justa. Seria o caso, por exemplo, em que parte peticionasse dizendo que não pretende recorrer ou cumprisse espontaneamente a decisão.

1.2. *Interesse*. Só existirá o direito de recorrer se a decisão for prejudicial ao recorrente, é dizer, havendo a sucumbência, uma vez que ninguém tem interesse em reformar uma decisão que lhe é favorável.(660)

1.3. *Legitimidade*. O direito de recorrer pertence a quem a lei o atribuir, como é o caso da parte, do MPT (art. 746, "f", da CLT)(661) e do terceiro juridicamente interessado (art. 996 do CPC de 2015), este desde que demonstre nexo de interdependência entre o seu interesse de intervir e a relação jurídica submetida à apreciação judicial, como é o caso do assistente da parte,(662) do INSS(663) e do sócio de uma sociedade empresarial.

(658)"Agravo de Instrumento. Recurso de Revista. Rito ordinário. Causa de alçada. Matéria constitucional. Competência da Justiça do Trabalho. Honorários de defensor dativo. Demonstrado no agravo de instrumento que o recurso de revista preenchia os requisitos do art. 896 da CLT, dá-se provimento ao agravo de instrumento, para melhor análise da arguição de violação do art. 2º, § 4º, da Lei n. 5.584/70 suscitada no recurso de revista. Agravo de instrumento provido. Recurso de Revista. Rito ordinário. Causa de alçada. Matéria constitucional. Competência da Justiça do Trabalho. Honorários de defensor dativo. Segundo o art. 2º, § 4º, da Lei n. 5.584/70, -salvo se versarem sobre matéria constitucional, nenhum recurso caberá das sentenças proferidas nos dissídios da alçada a que se refere o parágrafo anterior, considerado, para esse fim, o valor do salário mínimo à data do ajuizamento da ação-. Nesse sentido, em se tratando de procedimento comum sumário instituído pela Lei 5.584/70, o recurso ordinário apenas terá pertinência caso trate de matéria constitucional, nos termos do § 4º, da Lei 5.584/70. Na hipótese dos autos, o Tribunal Regional não conheceu do recurso ordinário do ente público por entender que a matéria debatida em primeiro plano, ou seja, o pagamento de honorários de defensor dativo, não possui viés constitucional. Ocorre que, a despeito de o objeto da demanda (pagamento de honorários do advogado dativo) não envolver matéria constitucional, verifica-se que o recurso ordinário também tratava sobre a competência da Justiça do Trabalho para apreciar a lide, matéria nitidamente de índole constitucional. Nesse sentido, o recurso ordinário lograva conhecimento. Recurso de revista conhecido e provido." (TST-RR — 1573-62.2010.5.09.0094, Relator: Ministro Mauricio Godinho Delgado, 3ª Turma, DEJT 10.08.2012)

(659) Súmula do TST n. 365. "Alçada. Ação rescisória e mandado de segurança. Não se aplica a alçada em ação rescisória e em mandado de segurança."

(660) "[...] Relação de emprego. Unicidade contratual. Ausência de interesse recursal. 1. A sucumbência constitui requisito indispensável à caracterização do interesse em recorrer e pressupõe que a parte experimente prejuízo em consequência da decisão proferida. É o gravame que qualifica o interesse da parte, legitimando-a a percorrer a via recursal, visando a obter a reversão do pronunciamento judicial que lhe foi desfavorável. 2. Não se justifica a interposição de recurso a decisão que se revela totalmente favorável à parte, porque dela não resulta nenhum gravame apto a legitimar o interesse em recorrer. 3. Não configurado o trinômio necessidade — utilidade — adequação, necessário à caracterização do interesse recursal, resulta inviável o apelo. Inteligência dos arts. 267, inciso VI, e 499 do Código de Processo Civil. 4. Agravo de instrumento não provido. [...]" (TST. AIRR — 1107-73.2008.5.10.0009. Relator: Ministro Lelio Bentes Corrêa. 1ª Turma. DEJT: 17.08.2012).

(661) Súmula do STJ n. 99: O Ministério Público tem legitimidade para recorrer no processo em que oficiou como fiscal da lei, ainda que não haja recurso da parte.

(662)"[...] Titular do cartório de registro de títulos e documentos. Assistência. Legitimidade para recorrer. A assistência simples é admitida no Processo do Trabalho, conforme a Súmula n.º 82 do TST, sendo cabível a interposição de recurso ordinário pelo assistente que, nos termos do art. 52 do CPC, — exercerá os mesmos poderes e sujeitar-se-á aos mesmos ônus processuais que o assistido -. Recurso de revista de que não se conhece. [...] (TST. RR — 211100-39.1995.5.02.0041. Relatora: Ministra Kátia Magalhães Arruda. 5ª Turma. DEJT: 24.02.2012).

(663) "[...] O INSS possui interesse recursal e legitimidade para interpor recurso ordinário contra decisão de mérito proferida na fase de conhecimento, pretendendo a incidência de contribuições previdenciárias sobre parcelas remuneratórias objeto da condenação. Nos termos

O TST já consolidou o entendimento pelo qual os Estados e os Municípios não têm legitimidade para recorrer em nome de suas respectivas autarquias,[664] tampouco o MPT, na defesa de interesse patrimonial privado, inclusive de empresas públicas e sociedades de economia mista.[665] O pretório trabalhista também já decidiu que o perito judicial não tem legitimidade para recorrer da decisão que fixa e lhe concede honorários.[666]

2. *Pressupostos extrínsecos*. Os pressupostos em epígrafe estão ligados ao *exercício do direito de recorrer*. Para fins didáticos, deve-se lembrar que *extrínseco* é algo que está *fora*, no caso do processo. Assim, os pressupostos extrínsecos serão encontrados na petição de interposição do recurso e nos documentos[667] que eventualmente a acompanharem, porque são os instrumentos do exercício do direito de recorrer. São eles: a) *regularidade formal*; b) *tempestividade*; e c) *preparo*.

2.1. *Regularidade formal*. Em função dos princípios da *informalidade* e da *simplicidade*, no Processo do Trabalho, os recursos são interpostos por simples petição (art. 899 da CLT), até mesmo por fax,[668] o que significa dizer que não há necessidade de apresentar razões recursais, bastando uma manifestação que informe ao Juiz o interesse em recorrer, o que pode ser feito até mesmo pela forma verbal, por meio de termo nos autos.[669]

2.1.1. *Razões recursais*. No entanto, as razões recursais são exigidas nos recursos de natureza extraordinária, a eles se aplicando o art. 1.010, II, do CPC de 2015, uma vez que têm fundamentação vinculada.[670] Andou bem

---

do § 3º do art. 832 da CLT, as decisões cognitivas devem indicar a natureza jurídica das parcelas constantes da condenação, inclusive o limite de responsabilidade de cada parte no recolhimento da contribuição previdenciária. A partir da prolação da sentença condenatória, portanto, surgem o interesse e a legitimidade da autarquia federal para recorrer e suscitar todas as questões que entender pertinentes ao conteúdo da decisão cognitiva, em homenagem ao princípio da eventualidade. De outra sorte, ainda que não integre a relação processual, o INSS é terceiro juridicamente prejudicado, na medida em que afetado diretamente pela sentença quanto ao seu direito de cobrar as contribuições previdenciárias. [...]" (TST-E-RR-29941-92.2003.5.04.0732, SBDI-I, rel. Min. Luiz Phillipe Vieira de Mello Filho, red. p/ acórdão Min. João Oreste Dalazen, 12.5.2016).

(664) Orientação jurisprudencial da SDI-I do TST n. 318. "Representação irregular. Autarquia. Os Estados e os Municípios não têm legitimidade para recorrer em nome das autarquias detentoras de personalidade jurídica própria, devendo ser representadas pelos procuradores que fazem parte de seus quadros ou por advogados constituídos".

(665) Orientação jurisprudencial da SDI-I do TST n. 237. "Ministério Público do Trabalho. Ilegitimidade para recorrer. O Ministério Público não tem legitimidade para recorrer na defesa de interesse patrimonial privado, inclusive de empresas públicas e sociedades de economia mista".

(666) "Recurso de embargos regido pela lei n.º 11.496/2007. Perito judicial. Ilegitimidade para recorrer. De acordo com o art. 499, *caput* e § 1º, do CPC, só ostenta legitimidade para recorrer a parte vencida, o Ministério Público e o terceiro prejudicado, sendo que a este último ainda se exige a demonstração do nexo de interdependência entre o seu interesse de intervir e a relação jurídica submetida à apreciação judicial. O perito judicial não pode ser tido como parte no processo e sim auxiliar do Juízo, na forma do art. 139 do CPC, exercendo função meramente administrativa; tampouco, por óbvio, integra o Ministério Público; também, no caso, não é terceiro prejudicado, pois não se verifica o nexo de interdependência entre o interesse de intervir, a saber, pagamento de honorários periciais, e a relação jurídica submetida à apreciação judicial, qual seja, implementação de medidas coletivas de proteção à saúde dos trabalhadores da empresa reclamada quanto aos agentes físicos ruídos e vibrações, além de indenização dos danos produzidos à saúde dos trabalhadores decorrentes. Na realidade, o perito judicial apresenta interesse próprio meramente econômico, falecendo, portanto, de legitimidade para recorrer. Precedentes de Turmas desta Corte e do STJ. Recurso de embargos conhecido e provido." (TST. E-ED-RR — 710729-88.2001.5.04.0013. Relator: Juiz Convocado Flávio Portinho Sirangelo. SDI-I. DEJT 03.12.2010).

(667) Súmula do TST n. 8. "Juntada de documento. A juntada de documentos na fase recursal só se justifica quando provado o justo impedimento para sua oportuna apresentação ou se referir a fato posterior à sentença".

(668) Súmula do TST n. 387. "Recurso. Fac-símile. Lei n. 9.800/1999 (atualizada em decorrência do CPC de 2015) — Res. 208/2016, DEJT divulgado em 22, 25 e 26.04.2016. I — A Lei n. 9.800, de 26.05.1999, é aplicável somente a recursos interpostos após o início de sua vigência. II — A contagem do quinquídio para apresentação dos originais de recurso interposto por intermédio de fac-símile começa a fluir do dia subsequente ao término do prazo recursal, nos termos do art. 2º da Lei n. 9.800, de 26.05.1999, e não do dia seguinte à interposição do recurso, se esta se deu antes do termo final do prazo. III — Não se tratando a juntada dos originais de ato que dependa de notificação, pois a parte, ao interpor o recurso, já tem ciência de seu ônus processual, não se aplica a regra do art. 224 do CPC de 2015 (art. 184 do CPC de 1973) quanto ao "dies a quo", podendo coincidir com sábado, domingo ou feriado. IV — A autorização para utilização do fac-símile, constante do art. 1º da Lei n.º 9.800, de 26.05.1999, somente alcança as hipóteses em que o documento é dirigido diretamente ao órgão jurisdicional, não se aplicando à transmissão ocorrida entre particulares."

(669) Em função do "*jus postulandi*", a parte pode atuar diretamente no processo até o final (art. 791 da CLT), mas não há o serviço da atermação de recursos. Haverá apenas um registro de que a parte deseja recorrer, sem apresentação de razões recursais.

(670) Súmula do TST n. 422. "Recurso. Fundamento ausente ou deficiente. Não conhecimento (redação alterada, com inserção dos itens I, II e III) — Res. 199/2015, DEJT divulgado em 24, 25 e 26.06.2015. Com errata publicado no DEJT divulgado em 01.07.2015. I — Não se conhece de recurso para o Tribunal Superior do Trabalho se as razões do recorrente não impugnam os fundamentos da decisão

o C. TST em revisar, portanto, a Súmula 422, para esclarecer que o recurso ordinário não exige apresentação de razões recursais, pelo que o aludido verbete sumular a ele não é aplicável, ficando a ressalva por conta do recurso ordinário cujas razões apresentadas estejam dissociadas da realidade fática e jurídica da sentença, porque, uma vez apresentadas, elas limitam a matéria recursal.[671]

Nos recursos de natureza extraordinária, o juízo "*ad quem*" só examinará as questões de direito, a fim de verificar se a decisão contrariou a Constituição Federal, a lei ou a jurisprudência, o que explica o fato de as razões recursais só serem exigidas nessa espécie recursal. No Processo do Trabalho, são extraordinários os recursos de revista e de embargos no TST. Todavia, o agravo de petição, apesar de possuir natureza ordinária, também tem fundamentação vinculada (art. 897, § 1º, da CLT).

Considerando a necessidade da apresentação de razões nesses recursos, as quais exigem o manejo de técnica jurídica, quanto a eles o TST não admite o "*jus postulandi*",[672] razão pela qual sua admissão está condicionada à representação por advogado.

2.1.2. *Representação*. A procuração deve ser juntada até a interposição do recurso, uma vez que o TST não tem reputado o ato de recorrer como urgente. Todavia, antes de decretar a nulidade, cabe ao relator intimar a parte para saná-la, na forma do art. 76, § 2º, do CPC de 2015).[673] Na hipótese do mandato tácito, entretanto, não será necessário juntar a procuração. [674]

O estagiário não poderá assinar sozinho a petição de interposição do recurso, porém, se o tiver feito, a superveniência de sua habilitação como advogado sana o vício.[675] Já o recurso sem assinatura será tido por inexistente, caso o advogado não supra a falta em cinco dias, mas será válido se contiver a assinatura pelo menos nas razões recursais.[676]

---

recorrida, nos termos em que proferida. II — O entendimento referido no item anterior não se aplica em relação à motivação secundária e impertinente, consubstanciada em despacho de admissibilidade de recurso ou em decisão monocrática. III — Inaplicável a exigência do item I relativamente ao recurso ordinário da competência de Tribunal Regional do Trabalho, exceto em caso de recurso cuja motivação é inteiramente dissociada dos fundamentos da sentença."

(671) "[...] A nova redação da Súmula n. 422 do Tribunal Superior do Trabalho alinha-se aos princípios da celeridade e economia processual e do máximo aproveitamento dos atos processuais praticados, prestigia a garantia constitucional de acesso à justiça (art. 5º, XXXV, CF) e confere efetividade à outorga da prestação jurisdicional ao mitigar a exacerbação da forma em detrimento do alcance da jurisdição plena. Assim, veio aclarar o real sentido da exigência de fundamentação, atrelando-a à efetiva ratio decidendi da decisão recorrida, dissociada de qualquer motivação secundária e/ou impertinente, afastando-se o rigor formalístico que visa obstaculizar o seguimento de recursos, sob a pecha de ausência de fundamentação, de forma indiscriminada e sem qualquer critério de razoabilidade. [...] (TST-E-Ag-RR-125100-32.2006.5.01.0056, SBDI-I, rel. Min. João Oreste Dalazen, 27.8.2015).

(672) Súmula do TST n. 425. "*Jus postulandi* na Justiça do Trabalho. Alcance — O jus postulandi das partes, estabelecido no art. 791 da CLT, limita-se às Varas do Trabalho e aos Tribunais Regionais do Trabalho, não alcançando a ação rescisória, a ação cautelar, o mandado de segurança e os recursos de competência do Tribunal Superior do Trabalho".

(673) Enunciado n. 63 do I FNPT. "[...] É admissível, em fase recursal, a regularização da representação processual, na forma do art. 76, § 2º do NCPC, bem como o oferecimento tardio de procuração, nos termos do art. 104 do NCPC."

(674) Súmula do TST n. 383 "Recurso. Mandato. Irregularidade de representação. CPC de 2015, arts. 104 e 76, § 2º (nova redação em decorrência do CPC de 2015) — Res. 210/2016, DEJT divulgado em 30.06.2016 e 01 e 04.07.2016. I — É inadmissível recurso firmado por advogado sem procuração juntada aos autos até o momento da sua interposição, salvo mandato tácito. Em caráter excepcional (art. 104 do CPC de 2015), admite-se que o advogado, independentemente de intimação, exiba a procuração no prazo de 5 (cinco) dias após a interposição do recurso, prorrogável por igual período mediante despacho do juiz. Caso não a exiba, considera-se ineficaz o ato praticado e não se conhece do recurso. II — Verificada a irregularidade de representação da parte em fase recursal, em procuração ou substabelecimento já constante dos autos, o relator ou o órgão competente para julgamento do recurso designará prazo de 5 (cinco) dias para que seja sanado o vício. Descumprida a determinação, o relator não conhecerá do recurso, se a providência couber ao recorrente, ou determinará o desentranhamento das contrarrazões, se a providência couber ao recorrido (art. 76, § 2º, do CPC de 2015)."

(675) Orientação jurisprudencial da SDI-I do TST n. 319. "Representação regular. Estagiário. Habilitação posterior. Válidos são os atos praticados por estagiário se, entre o substabelecimento e a interposição do recurso, sobreveio a habilitação, do então estagiário, para atuar como advogado".

(676) Orientação jurisprudencial da SDI-I do TST n. 120. "Recurso. Assinatura da petição ou das razões recursais. Art. 932, parágrafo único, do CPC de 2015. (alterada em decorrência do CPC de 2015) I — Verificada a total ausência de assinatura no recurso, o juiz ou o relator concederá prazo de 5 (cinco) dias para que seja sanado o vício. Descumprida a determinação, o recurso será reputado inadmissível (art. 932, parágrafo único, do CPC de 2015). II — É válido o recurso assinado, ao menos, na petição de apresentação ou nas razões recursais."

Diferentemente do que ocorria na vigência do CPC de 1973, a procuração outorgada na fase de conhecimento é eficaz para todas as fases do processo, tal qual é o caso de recursos, por exemplo (art. 105, § 4º, do CPC de 2015). Destarte, a procuração juntada com a petição inicial e a defesa também é válida para a interposição de agravo de instrumento, razão pela qual a OJ n. 110 da SDI-I, do C. TST, que dispunha de forma contrária, foi cancelada.

2.1.3. *Autenticação de documentos.* Outro requisito de regularidade formal é a autenticação das cópias dos documentos que acompanharem o recurso, a qual pode ser feita pelo próprio advogado (art. 365, IV, do CPC e art. 830 da CLT).

Na eventualidade de serem distintos os documentos contidos no verso e no anverso de uma folha, a autenticação deve constar de ambos os lados da cópia.[677]

A juntada de cópias não autenticas ou sem declaração de autenticação do advogado constitui vício sanável, o que atrai a aplicação do art. 938, § 1º, do CPC de 2015, devendo o relator intimar a parte para juntar os originais.[678]

2.2. *Tempestividade.* Nos termos do art. 6º da Lei n. 5.584/70, será de *oito* dias o prazo para interpor e contrarrazoar qualquer recurso no Processo do Trabalho, com exceção daqueles recursos cujos prazos sejam expressamente estabelecidos pela lei, como é o caso dos embargos de declaração, que tem prazo de cinco dias (art. 897-A, da CLT). Essa regra foi reafirmada pelo C. TST, no art. 1º, § 2º, da IN 39/16.

Em vista disso, o art. 1.070 do CPC de 2015, que fixa em 15 dias o prazo para interposição de qualquer agravo, não é aplicável ao Processo do Trabalho (art. 2º, XIII, da IN 39/16, do TST).

2.1.1. *Recurso interposto antes do início do prazo.* Na vigência do CPC de 1973, o C. TST entendia que a extemporaneidade de um recurso não ocorria só na hipótese de interposição fora do prazo, mas também quando houvesse interposição antes do prazo (Súmula 434). Ocorre que o art. 218, § 4º, do CPC de 2015 expressamente estabeleceu que "será considerado tempestivo o ato praticado antes do termo inicial do prazo," o que é aplicável ao Processo do Trabalho.[679] Dessa forma, o recurso interposto antes do prazo não é mais considerado intempestivo.

2.1.2. *Início do prazo.* O prazo para recorrer tem início com a intimação das partes, o que ocorre na própria audiência de decisão (art. 834 da CLT). É comum, porém, que o Juiz designe outro dia para a prolação da sentença. Se as partes já saírem da audiência de instrução intimadas da data da sentença, o prazo terá início na data de sua publicação,[680] ainda que as partes não tenham comparecido à audiência de decisão (Súmula 197 do TST).[681] Isso evita o expediente protelatório de não comparecer à audiência de decisão, a fim de provocar sua intimação e ganhar tempo.

Entretanto, se a sentença não for disponibilizada no prazo de quarenta e oito horas, contadas da data designada para o julgamento, haverá necessidade de intimar as partes, pela via postal, de maneira que o prazo do recurso só será contado da data da intimação.[682]

O art. 852-I, § 3º, da CLT, dispõe que, no rito sumaríssimo, as partes serão intimadas da sentença na própria audiência em que prolatada. Isso faz com que boa parte da doutrina entenda inaplicável a esse rito a Súmula 197 do TST, com o que não se pode concordar, haja vista que se o Juiz designar outra data para proferir a sua decisão, da qual as partes já tenham sido intimadas, ocorrerá fato idêntico ao rito ordinário, o que atrai a aplicação da referida súmula.

---

(677) Orientação jurisprudencial da SDI-I do TST n. 287. "Autenticação. Documentos distintos. Despacho denegatório do recurso de revista e certidão de publicação. Distintos os documentos contidos no verso e anverso, é necessária a autenticação de ambos os lados da cópia".

(678) Enunciado n. 332 do FPPC. "(arts. 938, § 1º, e 15). Considera-se vício sanável, tipificado no art. 938, § 1º, a apresentação da procuração e da guia de custas ou depósito recursal em cópia, cumprindo ao relator assinalar prazo para a parte renovar o ato processual com a juntada dos originais."

(679) Enunciado n. 266 do FPPC. "(arts. 218, § 4º, 15) Aplica-se o art. 218, § 4º, ao Processo do Trabalho, não se considerando extemporâneo ou intempestivo o ato realizado antes do termo inicial do prazo."

(680) O prazo terá início, portanto, nesse dia, e sua contagem, no dia útil seguinte.

(681) Súmula do TST n. 197. "Prazo. O prazo para recurso da parte que, intimada, não comparecer à audiência em prosseguimento para a prolação da sentença conta-se de sua publicação".

(682) Súmula do TST n. 30. "Intimação da sentença. Quando não juntada a ata ao processo em 48 horas, contadas da audiência de julgamento (art. 851, § 2º, da CLT), o prazo para recurso será contado da data em que a parte receber a intimação da sentença".

Em todo caso, se a sentença for publicada em data da qual as partes não estavam cientes de antemão, haverá a necessidade de que o Juiz determine a intimação, devendo o prazo recursal ter início dessa intimação. É isso que tem ocorrido nos processos que tramitam no PJe.

2.2.3. *Fazenda Pública.* Para a Fazenda Pública (União, Estados, DF, Munícipios e suas autarquias e fundações públicas) e a Empresa Brasileira de Correios e Telégrafos — EBCT (porque é empresa pública *prestadora de serviço público*), os prazos para recurso são contados em dobro (Decreto-Lei n. 779/69). Isso não prevalece, no entanto, para as contrarrazões, pois o art. 1º, III, do Decreto-Lei n. 779/69 só cria o privilégio para *apresentação* de recursos.

2.2.4. *Litisconsortes.* A regra do art. 229 do CPC de 2015, que prevê a concessão de prazo em dobro para litisconsortes com advogados de escritórios distintos, no entanto, não é aplicável ao Processo do Trabalho, segundo entendimento consolidado do TST.[683]

2.2.5. *Feriado.* O prazo recursal que recair em dia feriado deve ser prorrogado para o dia útil seguinte. Todavia, em se tratando de feriado local, é ônus da parte provar a sua existência, muito embora devam ser certificados nos autos por ordem do juízo "*a quo*".[684] Já o recesso forense e as férias dos Ministros do TST suspendem os prazos recursais automaticamente.[685]

2.3. *Preparo.* Para recorrer, a parte vencida deve realizar o pagamento integral das custas a que foi condenada e do depósito recursal (art. 899 da CLT). A essa quitação se dá o nome de *preparo*, sem o qual o recurso será reputado *deserto*.

2.3.1. *Natureza jurídica.* O *preparo* do processo comum tem natureza jurídica de despesa processual. Todavia, no Processo do Trabalho, apenas as custas conservam essa natureza. Já o depósito recursal trabalhista, regido pelo art. 899 da CLT, tem natureza jurídica especial, porque tem por fim garantir, ainda que parcialmente, a efetividade da tutela jurisdicional. Isto é, a parte não realiza o depósito recursal para ter o direito de recorrer, mas sim para garantir a execução da sentença condenatória. A prova disso é que ele só ser exigido quando há condenação de pagamento em pecúnia.[686] Em outras palavras, não havendo condenação em pagamento de dinheiro, a parte condenada pode exercer seu direito de recorrer sem necessidade de realizar depósito recursal.

Esse também é o entendimento do Enunciado n. 57 do I FNPT.[687]

O depósito recursal trabalhista tem, portanto, a finalidade imediata de garantir a execução. De forma mediata, constitui um pressuposto recursal, apenas como medida coercitiva, para forçar a parte a realizá-lo.

2.3.2. *Valores.* No processo de conhecimento, *as custas* são fixadas a partir do percentual de 2% incidente sobre o valor da causa (quando vencido o reclamante), da condenação (vencida a reclamada) ou do acordo (1% para o reclamante e 1% para a reclamada). Nas ações plúrimas, incidirão sobre o respectivo valor global.[688]

As custas têm o valor mínimo de R$ 10,64 (art. 789 da CLT). Dessa forma, em termos práticos, para o reclamante ajuizar uma ação trabalhista, não é necessário recolher previamente as custas. Estas somente serão

---

(683) Orientação Jurisprudencial da SDI-I do TST n. 310. "Litisconsortes. Procuradores distintos. Prazo em dobro. Art. 229, *caput* e §§ 1º e 2º, do CPC de 2015. Art. 191 do CPC de 1973. Inaplicável ao Processo do Trabalho. (atualizada em decorrência do CPC de 2015) — Res. 208/2016, DEJT divulgado em 22, 25 e 26.04.2016. Inaplicável ao Processo do Trabalho a norma contida no art. 229, *caput* e §§ 1º e 2º, do CPC de 2015 (art. 191 do CPC de 1973), em razão de incompatibilidade com a celeridade que lhe é inerente.

(684) Súmula do TST n. 385. "Feriado local. Ausência de expediente forense. Prazo recursal. Prorrogação. Comprovação. Necessidade. Ato administrativo do juízo *a quo*. I- Incumbe à parte o ônus de provar, quando da interposição do recurso, a existência de feriado local que autorize a prorrogação do prazo recursal. II — Na hipótese de feriado forense, incumbirá à autoridade que proferir a decisão de admissibilidade certificar o expediente nos autos. III — Na hipótese do inciso II, admite-se a reconsideração da análise da tempestividade do recurso, mediante prova documental superveniente, em Agravo Regimental, Agravo de Instrumento ou Embargos de Declaração.

(685) Súmula do TST n. 262. "Prazo judicial. Notificação ou intimação em sábado. Recesso forense. I — Intimada ou notificada a parte no sábado, o início do prazo se dará no primeiro dia útil imediato e a contagem, no subseqüente. II — O recesso forense e as férias coletivas dos Ministros do Tribunal Superior do Trabalho suspendem os prazos recursais."

(686) Súmula do TST n.161. "Depósito. Condenação a pagamento em pecúnia. Se não há condenação a pagamento em pecúnia, descabe o depósito de que tratam os §§ 1º e 2º do art. 899 da CLT".

(687) Enunciado n. 57 do I FNPT. "[...] O depósito recursal tem natureza jurídica de garantia, em razão do princípio protetivo do direito do trabalho (CLT, art. 899, § 1º e Lei n. 8177/1991, art. 40). Assim, o art. 98, VIII do NCPC é inaplicável ao Processo do Trabalho."

(688) Súmula do TST n. 36. "CUSTAS. Nas ações plúrimas, as custas incidem sobre o respectivo valor global".

pagas pelo vencido, conforme determinar a sentença. Para recorrer, no entanto, a parte vencida deverá recolher as custas (art. 789, § 1º, da CLT). Informações mais detalhadas sobre as custas foram ofertadas no capítulo sobre despesas processuais, nesta obra.

A Lei n. 13.467/17 (reforma trabalhista) altera o *caput* do art. 789 da CLT, para criar um valor máximo para as custas processuais, qual seja, o de quatro vezes o limite máximo dos benefícios do Regime Geral de Previdência Social.

Os limites do depósito recursal são atualizados pelo TST. Atingido o teto, nenhum valor será exigido. Entretanto, a parte deverá fazê-lo a cada novo recurso, até atingir o valor total da condenação. Ele deve ser efetuado uma vez a cada recurso, havendo necessidade de novo recolhimento apenas nas hipóteses em que haja alteração de instância.(689) Tendo sido realizado o depósito recursal, não será exigido do réu qualquer depósito para recorrer na fase de execução.

Imagine-se, por exemplo, que a empresa "Construtora Ltda." tenha sido condenada a pagar R$ 15.000,00 a seu empregado e que, os limites dos recursos ordinário e de revista sejam, respectivamente, de R$ 5.000,00 e R$ 10.000,00. Se quiser interpor recurso ordinário, a empresa deverá depositar apenas R$ 5.000,00. Na eventualidade de também desejar recorrer de revista, deverá depositar mais R$ 10.000,00, totalizando R$ 15.000,00.

Havendo *condenação solidária*, o depósito realizado por um reclamado aproveitará ao outro, salvo se o depositante pleitear sua exclusão da lide.(690)

Na fase de execução, não haverá necessidade de realizar qualquer depósito para interpor agravo de petição, pois o valor do débito já estará garantido pelos depósitos recursais dos demais recursos. Ainda que assim não fosse, o depósito seria dispensado na hipótese de o executado já ter garantido a execução quando da oposição de embargos à execução (art. 884 da CLT).

Nos termos da Lei n. 13.467/17 (reforma trabalhista), o valor do depósito recursal será reduzido à metade para entidades sem fins lucrativos, empregadores domésticos, microempreendedores individuais, microempresas e empresas de pequeno porte (art. 899, § 9º, da CLT). A referida lei também cria isenções do depósito recursal para os beneficiários da justiça gratuita, as entidades filantrópicas e as empresas em recuperação judicial (art. 899, § 10, da CLT), e permite sua substituição por fiança bancária ou seguro garantia judicial (art. 899, § 11, da CLT).

2.3.3. *Forma de recolhimento*. Nos termos do Ato Conjunto n. 21/TST-CSJT.GP.SG, de 7/12/2010,(691) as *custas* devem ser recolhidas em uma Guia de Recolhimento Único — GRU, do Tesouro Nacional, ou DARF eletrônico,(692)

---

(689) "Recurso ordinário. Deserção. Não configuração. Acolhimento da preliminar de cerceamento de defesa. Nova sentença. Interposição de segundo recurso ordinário. Realização de novo depósito recursal. Inexigibilidade. O depósito recursal deve ser efetuado uma vez a cada recurso, havendo necessidade de novo recolhimento apenas nas hipóteses em que haja alteração de instância. Assim, o reclamado que, no julgamento de seu primeiro recurso ordinário, teve a preliminar de cerceamento de defesa acolhida, para determinar o retorno dos autos à Vara do Trabalho a fim de que proferisse nova sentença, não necessita efetuar outro depósito recursal para interpor, pela segunda vez, recurso ordinário. Com esse entendimento, a SBDI-I, à unanimidade, conheceu do recurso de embargos, por divergência jurisprudencial e, no mérito, deu-lhe provimento para determinar o retorno dos autos ao TRT, a fim de que, superada a deserção do segundo recurso ordinário, prossiga no julgamento como entender de direito. No caso, ressaltou o relator que a parte completou o valor depositado de forma a atingir o limite legal em vigor à época da interposição, sendo inegável, portanto, a não ocorrência de deserção." (TST. TST-E-ED-RR-87200-72.1994.5.02.0261. Relator: Ministro Renato de Lacerda Paiva. SDI-I. DEJT: 15.03.2012).

(690) Súmula do TST n. 128. "Depósito recursal. I — É ônus da parte recorrente efetuar o depósito legal, integralmente, em relação a cada novo recurso interposto, sob pena de deserção. Atingido o valor da condenação, nenhum depósito mais é exigido para qualquer recurso. II — Garantido o juízo, na fase executória, a exigência de depósito para recorrer de qualquer decisão viola os incisos II e LV do art. 5º da CF/1988. Havendo, porém, elevação do valor do débito, exige-se a complementação da garantia do juízo. III — Havendo condenação solidária de duas ou mais empresas, o depósito recursal efetuado por uma delas aproveita as demais, quando a empresa que efetuou o depósito não pleiteia sua exclusão da lide".

(691) "Custas processuais. Art. 790 da CLT. Ato Conjunto n. 21/TST.CSJT.GP.SG de 7/12/2010. Recolhimento em guia imprópria. Deserção configurada. O Ato Conjunto n. 21/TST-CSJT.GP.SG, de 7.12.2010, editado nos termos da competência delegada pelo art. 790, *caput*, da CLT, preconiza, em seu art. 1º, que "a partir de 1º de janeiro de 2011, o pagamento das custas e dos emolumentos no âmbito da Justiça do Trabalho deverá ser realizado, exclusivamente, mediante Guia de Recolhimento da União — GRU Judicial, sendo ônus da parte interessada efetuar seu correto preenchimento." [...] (TST-E-ED-RR-1388-34.2010.5.10.0017, SBDI-I, rel. Min. Alexandre Agra Belmonte, 21.5.2015).

(692) Orientação Jurisprudencial da SDI-I do TST n. 158. "Custas. Comprovação de recolhimento. DARF eletrônico. Validade. O denominado "DARF eletrônico" é válido para comprovar o recolhimento de custas por entidades da administração pública federal, emitido conforme a IN-SRF 162, de 04.11.88".

este para as pessoas jurídicas de direito público, e o *depósito recursal*, na conta do FGTS do empregado, através da guia GFIP,[(693)] ou em conta judicial,[(694)] caso não haja vínculo de emprego. Não é necessário, entretanto, anotar na guia GFIP o número do PIS do empregado,[(695)] porém, é imprescindível colocar o número correto do processo e da Vara onde tramitou o feito.[(696)]

Não obstante, o Novo CPC dispôs que "O equívoco no preenchimento da guia de custas não implicará a aplicação da pena de deserção, cabendo ao relator, na hipótese de dúvida quanto ao recolhimento, intimar o recorrente para sanar o vício no prazo de 5 (cinco) dias," o que, no nosso sentir, é aplicável ao Processo do Trabalho, diante da omissão da CLT e por ser compatível com o princípio da prevalência da tutela de mérito.[(697)] O mesmo se aplica no caso de arquivo eletrônico corrompido.[(698)]

A Lei n. 13.467/17 (reforma trabalhista) modifica a forma de recolhimento do depósito recursal, que deverá passar a ser recolhido em conta judicial, não mais na conta do FGTS do empregado, estabelecendo, ainda, que o valor será corrigido com os mesmos índices da poupança (art. 899, § 4º, da CLT).

2.3.4. *Falta ou insuficiência*. Tanto as custas quanto o depósito recursal devem ser feitos integralmente[(699)] e no prazo alusivo ao recurso, ainda que este tenha sido interposto antecipadamente,[(700)] salvo no caso de agravo de instrumento, por expressa disposição de lei (art. 899, § 7º, da CLT). Nesse recurso, o preparo deve ser comprovado no ato da interposição.

Imagine-se, por exemplo, que o recorrente tenha apresentado a petição de recurso ordinário no primeiro dia do prazo recursal. Ele ainda terá mais sete dias (do total de oito) para comprovar o recolhimento do preparo (depósito recursal e custas), a não ser no caso de agravo de instrumento, situação que obriga a comprovação no dia primeiro, data de interposição do recurso.

É importante destacar que a quitação do banco pode ser dada por chancela mecânica ou por carimbo.[(701)]

---

(693) Súmula do TST n. 426. "Depósito recursal. Utilização da guia GFIP. Obrigatoriedade. Nos dissídios individuais o depósito recursal será efetivado mediante a utilização da Guia de Recolhimento do FGTS e Informações à Previdência Social — GFIP, nos termos dos §§ 4º e 5º do art. 899 da CLT, admitido o depósito judicial, realizado na sede do juízo e à disposição deste, na hipótese de relação de trabalho não submetida ao regime do FGTS".

(694) Súmula do TST n. 217. "Depósito recursal. Credenciamento bancário. Prova dispensável — O credenciamento dos bancos para o fim de recebimento do depósito recursal é fato notório, independendo da prova".

(695) Orientação Jurisprudencial da SDI-I do TST n. 264. "Depósito recursal. PIS/PASEP. Ausência de indicação na guia de depósito recursal. Validade. Não é essencial para a validade da comprovação do depósito recursal a indicação do número do PIS/PASEP na guia respectiva".

(696) "Depósito recursal. Guia GFIP. Indicação equivocada do número do processo e da vara na guia de recolhimento. Deserção. Configuração. O preenchimento incorreto da guia de depósito recursal constitui irregularidade que compromete a eficácia do ato processual praticado, visto que não atendida a sua finalidade de garantia do juízo. Na hipótese, a guia GFIP foi preenchida erroneamente quanto ao número do processo e da vara por onde tramitou o feito, em desacordo com a diretriz da Instrução Normativa n.º 18/99 do TST. Com esse entendimento, a SBDI-I, por maioria, conheceu dos embargos e deu-lhes provimento para restabelecer o acórdão do Regional que julgou deserto o recurso ordinário da reclamada. Vencidos os Ministros Renato de Lacerda Paiva, relator, Maria Cristina Irigoyen Peduzzi, Antônio José de Barros Levenhagen, Brito Pereira, Aloysio Corrêa da Veiga e João Oreste Dalazen." (TST. E-ED-RR-877540-47.2001.5.09.0013. Relator: Ministro Renato de Lacerda Paiva. Redator: Ministro Lelio Bentes Corrêa. SDI-I. DEJT: 08.03.2012).

(697) Enunciado n. 353 do FPPC. "(arts. 1.007, § 7º, e 15) No Processo do Trabalho, o equívoco no preenchimento da guia de custas ou de depósito recursal não implicará a aplicação da pena de deserção, cabendo ao relator, na hipótese de dúvida quanto ao recolhimento, intimar o recorrente para sanar o vício no prazo de cinco dias."

(698) Enunciado n. 333 do FPPC. "(arts. 938, § 1º e 15). Em se tratando de guia de custas e depósito recursal inseridos no sistema eletrônico, estando o arquivo corrompido, impedido de ser executado ou de ser lido, deverá o relator assegurar a possibilidade de sanar o vício, nos termos do art. 938, § 1º."

(699) Orientação Jurisprudencial da SDI-I do TST n. 140. "Depósito recursal e custas. Diferença ínfima. Deserção. Em caso de recolhimento insuficiente das custas processuais ou do depósito recursal, somente haverá deserção do recurso se, concedido o prazo de 5 (cinco) dias previsto no § 2º do art. 1.007 do CPC de 2015, o recorrente não complementar e comprovar o valor devido."

(700) Súmula do TST n. 245 "Depósito recursal. Prazo. O depósito recursal deve ser feito e comprovado no prazo alusivo ao recurso. A interposição antecipada deste não prejudica a dilação legal".

(701) Orientação jurisprudencial da SDI-I do TST n. 33. "Deserção. Custas. Carimbo do banco. Validade. O carimbo do banco recebedor na guia de comprovação do recolhimento das custas supre a ausência de autenticação mecânica".

Sublinhe-se que o depósito recursal não será exigido quando o agravo de instrumento tiver por finalidade destrancar um recurso de revista que combata uma decisão contrária a súmula ou OJ do TST (art. 899, § 8º, da CLT).

Havendo a *falta* ou a *insuficiência* no valor do preparo, a parte tem o direito de ser intimada para complementá-lo, no prazo de cinco dias, conforme determina o art. 1.007, § 2º, do CPC de 2015. [702] Com base nisso o FPPC concluiu que a OJ n. 140, da SDI-I, do C. TST ficou superada. [703] A nosso ver, contudo, o art. 1.007, § 2º, do CPC de 2015, apenas determina a intimação da parte para complementar o preparo, de maneira que se a parte não realizar o preparo integral, mesmo após a intimação para fazê-lo, o recurso será deserto, ainda que a diferença seja ínfima.

Em seguida, o C. TST declarou que esse dispositivo é aplicável ao Processo do Trabalho, mas somente em relação às custas, não ao depósito recursal (art. 10, parágrafo único, da IN n. 39/16), com o que concordamos à época, tendo em vista a natureza especial do depósito recursal trabalhista. Esse também é o entendimento do I FNPT.[704]

Todavia, na sessão plenária do dia 17/04/2017, o C. TST alterou a redação da OJ n. 140, para dispor que *"em caso de recolhimento insuficiente das custas processuais ou do depósito recursal, somente haverá deserção do recurso se, concedido o prazo de 5 (cinco) dias previsto no § 2º do art. 1.007 do CPC de 2015, o recorrente não complementar e comprovar o valor devido."* Em vista disso, o C. TST cancelou o parágrafo único, do art. 10, da IN n. 39/16, que dispunha em sentido contrário.

Dessa forma, havendo falta ou diferença no valor do preparo, seja em relação às custas, seja em relação ao depósito recursal, só haverá deserção se a parte não complementar a diferença, após ser intimada a fazê-lo.

2.3.5. *Justiça gratuita*. A concessão dos benefícios da justiça gratuita tem efeitos distintos em relação às custas e ao depósito recursal.

As *custas* possuem natureza jurídica de despesa processual, por isso não são exigidas do beneficiário da justiça gratuita. Ainda que ela não tenha sido concedida pelo juízo "*a quo*", o mero requerimento na petição de interposição do recurso já será suficiente para isentar o respectivo recolhimento.[705]

Sob o fundamento de que o *depósito recursal*, na Justiça do Trabalho, não tem natureza jurídica de despesa processual, mas sim de garantia do juízo recursal, o C. TST vinha entendendo que ele não estava abrangido pela justiça gratuita,[706] para fins do art. 3º, VII, da Lei 1.060/50. Ocorre que o CPC de 1973 revogou art. 3º, VII, da Lei n. 1.060/50, e dispôs, no art. 98, VIII, que a gratuidade de justiça abrange "os depósitos previstos em lei para interposição de recurso [...]."

No nosso sentir, o depósito recursal está previsto em lei especial (art. 899, da CLT), razão pela qual está imune à lei geral (CPC de 2015), pelo que não pode ser revogado por esta. E o motivo para constar de lei especial é

(702) Concordamos com o Enunciado n. 44 do II FNPT. "[...] Não se aplica a regra do art. 932, parágrafo único e §§ 2º e 4º do art. 1.007, ambos do CPC, à parte que, em seu recurso, declara expressamente que não recolherá custas e depósito recursal, não cabendo, pois, a intimação para sanar tal vício."

(703) Enunciado n. 214 do FPPC. "(art. 1.007, § 2º; art. 15) Diante do § 2º do art. 1.007, fica prejudicada a OJ n. 140 da SDI-I do TST ("Ocorre deserção do recurso pelo recolhimento insuficiente das custas e do depósito recursal, ainda que a diferença em relação ao "quantum" devido seja ínfima, referente a centavos")."

(704) Enunciado n. 62 do I FNPT. "[...] A necessidade de intimação da parte para complementar ou efetuar o preparo recursal prevista no art. 1007, §§ 2º e 4º, do NCPC é incompatível com o Processo do Trabalho por existência de regra própria."

(705) Enunciado n. 246 do FPPC. "(arts. 99, § 7º, e 15). Dispensa-se o preparo do recurso quando houver pedido de justiça gratuita em sede recursal, consoante art. 99, § 6º, aplicável ao Processo do Trabalho. Se o pedido for indeferido, deve ser fixado prazo para o recorrente realizar o recolhimento."

(706) "I — Agravo de instrumento das litisconsortes. Pessoa jurídica. Assistência judiciária. Preparo. Dispensa. Recurso de revista. Deserção. 1. Consoante estabelecido no item I da Instrução Normativa n. 3/93, o depósito recursal tem natureza jurídica de garantia do juízo recursal. Logo, a postulação do Reclamado de auferir o benefício da assistência judiciária gratuita não tem o condão de isentá-lo do pagamento do depósito recursal, sendo irrefutável que a sua não- comprovação implica deserção do recurso interposto. Ademais, o depósito recursal é ônus do qual o Reclamado deve se desincumbir quando da interposição do apelo por força do disposto no art. 899 da Consolidação das Leis do Trabalho. 2. Agravo de instrumento desprovido. [...]"(TST. AIRR e RR — 794759-91.2001.5.03.5555. Relator: Ministro Emmanoel Pereira. 1ª Turma. DJ: 17.06.2005).

justamente o fato de que o depósito recursal do Processo Trabalhista não se destina a custear o direito de recorrer, mas sim de garantir a execução de uma parte da condenação, como já foi dito. Trata-se de regra protecionista, que visa à efetividade da tutela jurisdicional. Por isso, o art. 98, VIII, do CPC de 2015, na parte em que isenta o depósito recursal, não se aplica ao Processo do Trabalho.

Todavia, vale ressaltar que a questão é polêmica, haja vista que o FPPC concluiu que a justiça gratuita abrange o depósito recursal.(707)

Vale repetir que a Lei n. 13.467/17 (reforma trabalhista) pretende por fim à polêmica, estabelecendo isenção para os beneficiários da justiça gratuita (art. 899, § 10, da CLT).

2.3.6. *Isentos da realização do depósito recursal.* Estão isentos da obrigação de efetuar o depósito recursal as *pessoas jurídicas de direito público* (art. 1º, IV, Decreto-Lei n. 779/69) — que seguem regras especiais para a quitação de suas dívidas, como a expedição de precatório (art. 100, da CF) — o *MPT* e a *massa falida*. Já as empresas em recuperação judicial ou extrajudicial não estão dispensadas do depósito recursal.(708)

A jurisprudência do C. TST tem estendido essa isenção aos *conselhos de fiscalização profissional*, tendo em vista a sua natureza de autarquia em regime especial.(709)

De se ressaltar que a Lei n. 13.467/17 (reforma trabalhista) cria isenções do depósito recursal para os beneficiários da justiça gratuita, as entidades filantrópicas e as empresas em recuperação judicial (art. 899, § 10, da CLT).

2.3.7. *Alteração do valor das custas.*

2.3.7.1. *Majoração.* Em relação às custas, pode acontecer de, em sede de recurso, o valor da condenação ser majorado. Ocorrendo isso, caso a parte queira interpor outro recurso, deverá complementar o valor recolhido, desde que conste do acórdão o novo valor (não pode, pois, ser omisso) e que a parte dele seja intimada,(710) pena de serem exigidas somente ao final.

2.3.7.2. *Inversão do ônus da sucumbência.* Outra situação possível é a de inversão do ônus da sucumbência, situação que é objeto da Súmula 25 do C. TST, a qual merece exame especial:

> Súmula n. 25 do TST. CUSTAS PROCESSUAIS. INVERSÃO DO ÔNUS DA SUCUMBÊNCIA. (alterada a Súmula e incorporadas as Orientações Jurisprudenciais ns. 104 e 186 da SBDI-1) — Res. 197/2015 — DEJT divulgado em 14, 15 e 18.05.2015
>
> I — A parte vencedora na primeira instância, se vencida na segunda, está obrigada, independentemente de intimação, a pagar as custas fixadas na sentença originária, das quais ficara isenta a parte então vencida;
>
> II — No caso de inversão do ônus da sucumbência em segundo grau, sem acréscimo ou atualização do valor das custas e se estas já foram devidamente recolhidas, descabe um novo pagamento pela parte vencida, ao recorrer. Deverá ao final, se sucumbente, reembolsar a quantia; (ex-OJ n. 186 da SBDI-I)
>
> III — Não caracteriza deserção a hipótese em que, acrescido o valor da condenação, não houve fixação ou cálculo do valor devido a título de custas e tampouco intimação da parte para o preparo do recurso, devendo ser as custas pagas ao final; (ex-OJ n. 104 da SBDI-I)
>
> IV — O reembolso das custas à parte vencedora faz-se necessário mesmo na hipótese em que a parte vencida for pessoa isenta do seu pagamento, nos termos do art. 790-A, parágrafo único, da CLT.

---

(707) Enunciado n. 246 do FPPC. "(arts. 99, § 7º, e 15). Dispensa-se o preparo do recurso quando houver pedido de justiça gratuita em sede recursal, consoante art. 99, § 6º, aplicável ao Processo do Trabalho. Se o pedido for indeferido, deve ser fixado prazo para o recorrente realizar o recolhimento."

(708) Súmula do TST n. 86. "Deserção. Massa falida. Empresa em liquidação extrajudicial. Não ocorre deserção de recurso da massa falida por falta de pagamento de custas ou de depósito do valor da condenação. Esse privilégio, todavia, não se aplica à empresa em liquidação extrajudicial."

(709) "[...] Os conselhos de fiscalização profissional são autarquias em regime especial, sendo-lhes aplicáveis os privilégios da Fazenda Pública, previstos no Decreto Lei n. 779/69. Assim, estão dispensados do recolhimento de custas processuais e de depósito recursal. [...]" (TST-AIRO-11086- 96.2012.5.01.0000, SBDI-II, rel. Min. Emmanoel Pereira, 23.6.2015).

(710) Súmula do TST n. 53. "Custas. O prazo para pagamento das custas, no caso de recurso, é contado da intimação do cálculo".

No caso de as custas serem invertidas no julgamento do recurso, em razão da parte vencedora na primeira instância se tornar vencida na segunda, estará obrigada a pagar as custas fixadas na sentença originária, independentemente de intimação.(711)

Mas pode acontecer de a outra parte ter recorrido e efetuado o pagamento das custas. Nesse caso, se o valor for majorado na segunda instância, a parte sucumbente deve complementá-lo para interpor novo recurso. Todavia, se o valor permaneceu o mesmo, o recorrente não precisará recolher as custas imediatamente. Ele fará uso do valor já recolhido pela outra parte, devendo restituí-lo no final, se sua sucumbência for confirmada, mesmo se estiver isento, tal qual é o caso do beneficiário da justiça gratuita e dos entes descritos no art. 790-A, da CLT.(712)

Oferta-se um exemplo. Imagine-se que o trabalhador "Antônio" tenha sido vencido em uma reconvenção proposta por seu empregador, "Casa de Peças LTDA.", cujas custas foram fixadas em R$30,00. Ele interpõe recurso ordinário e recolhe as custas. No TRT, obtém o provimento do recurso para reverter a condenação, ficando isento do pagamento das custas. Assim, a empresa é quem deverá arcar com as custas. Se o valor destas ficou inalterado, Casa de Peças LTDA. não precisará recolher novas custas para recorrer de revista. Todavia, se o valor foi majorado para, *v. g.*, R$35,00, o empregador deverá pagar a diferença, no valor de R$5,00. Em todo caso, ao final do processo, a empresa deverá restituir a Antônio o valor de R$30,00.

2.3.8. *Multas*. Como se disse, o preparo abrange as custas processuais e o depósito recursal. Assim é que, em regra, na eventual fixação de multas, como a decorrente da litigância de má-fé, não será exigido o seu depósito.(713)

A exceção fica por conta do que a lei expressamente determinar, como é o caso das multas de 2% e 10% sobre o valor da causa, relativas à oposição e *reiteração*,(714) respectivamente, de embargos de declaração manifestamente protelatórios (art. 1.026, §§ 2º e 3º, do CPC de 2015), e da multa por interposição de agravo manifestamente inadmissível ou infundado (art. 1.021, § 4º, do CPC de 2015).

Todavia, essas multas não são imediatamente exigidas da Fazenda Pública(715) e do beneficiário da justiça gratuita, os quais só ficam obrigados a pagá-las ao final.(716)

O beneficiário da justiça gratuita não está isento do pagamento dessas multas (art. 98, § 4º, do CPC de 2015), mas a exigência ficará suspensa por cinco anos ou até que possa pagar, sem prejuízo do sustento próprio ou da família.(717)

---

(711) "[...] Reputa-se inviável o conhecimento de recurso que se encontra deserto por falta de pagamento de custas processuais, não se aplicando à hipótese o § 11 do art. 896 da CLT, inserido pela Lei n. 13.015/2014, o qual se refere a "defeito formal que não se repute grave". Na espécie, as custas ainda não haviam sido recolhidas em virtude da isenção assegurada à ré sucumbente nas instâncias ordinárias. Todavia, em sede de recurso de revista, houve a inversão do ônus da sucumbência, tendo a autora permanecido inerte quanto ao cumprimento do encargo a ela imposto. [...]" (TST-E-ED-RR-2285-53.2013.5.09.0092, SBDI-I, rel. Min. Márcio Eurico Vitral Amaro 17.12.2015).

(712) "Art. 790-A. São isentos do pagamento de custas, além dos beneficiários de justiça gratuita: I — a União, os Estados, o Distrito Federal, os Municípios e respectivas autarquias e fundações públicas federais, estaduais ou municipais que não explorem atividade econômica; II — o Ministério Público do Trabalho. Parágrafo único. A isenção prevista neste artigo não alcança as entidades fiscalizadoras do exercício profissional, nem exime as pessoas jurídicas referidas no inciso I da obrigação de reembolsar as despesas judiciais realizadas pela parte vencedora."

(713) Orientação jurisprudencial da SDI-I do TST n. 409. "Multa por litigância de má-fé. Recolhimento. Pressuposto Recursal. Inexigibilidade. O recolhimento do valor da multa imposta como sanção por litigância de má-fé (art. 81 do CPC de 2015 — art. 18 do CPC de 1973) não é pressuposto objetivo para interposição dos recursos de natureza trabalhista."

(714) Na primeira condenação, no importe de 1%, a multa não precisará ser recolhida. No entanto, havendo a reiteração de oposição de embargos de declaração protelatórios, a multa será majorada para 20%, quando então será exigido o respectivo recolhimento como condição para a interposição do recurso.

(715) Enunciado n. 64 do I FNPT. "[...] É compatível com o Processo do Trabalho a dispensa de pagamento da multa como pressuposto recursal pela pessoa jurídica de direito público (arts. 897-A, 1.021, §§ 4º e 5º,ambos do NCPC)."

(716) Orientação Jurisprudencial da SDI-I, do TST, n. 389. "Multa prevista no art. 1.021, §§ 4º e 5º, do CPC de 2015. Art. 557, § 2º, do CPC de 1973. Recolhimento. Pressuposto recursal. Beneficiário da justiça gratuita e fazenda pública. Pagamento ao final. (nova redação em decorrência do CPC de 2015) — Res. 209/2016 — DEJT divulgado em 01, 02 e 03.06.2016 Constitui ônus da parte recorrente, sob pena de deserção, depositar previamente a multa aplicada com fundamento nos §§ 4º e 5º, do art. 1.021, do CPC de 2015 (§ 2º do art. 557 do CPC de 1973), à exceção da Fazenda Pública e do beneficiário de justiça gratuita, que farão o pagamento ao final."

(717) "As partes beneficiárias da justiça gratuita não estão isentas do pagamento da multa do art. 557, § 2º do CPC (contra recurso manifestamente inadmissível ou infundado), porém, o recolhimento do numerário deve ficar suspenso, nos termos do art. 12 da Lei 1.060/1950 ("Art. 12. A parte beneficiada pela isenção do pagamento das custas ficará obrigada a pagá-las, desde que possa fazê-lo, sem

2.3.9. *Mandado de segurança*. Em mandado de segurança, o recurso só exigirá o preparo das *custas*,[718] salvo se houver condenação pecuniária. Já na ação rescisória, o depósito judicial só será exigido quando o pedido for julgado procedente, com imposição de condenação em pecúnia.[719]

15.1.6. DECISÕES ANTECIPADAS

15.1.6.1. Procedimento de exame de admissibilidade recursal

O CPC dispõe sobre algumas situações que ensejam decisões antecipadas em recursos, as quais despertam polêmica acerca de sua aplicação ao Processo do Trabalho. Para bem compreender essas situações, calha lembrar algumas regras sobre o procedimento de exame de admissibilidade dos recursos.

1. *No Juízo "a quo"*. Quando o recurso é interposto, o Juiz "*a quo*" faz o primeiro exame dos pressupostos recursais. Se estiver tudo certo, ele *receberá* o recurso, caso contrário, *não o receberá*. Depois de recebido, o Juiz intima o recorrido para apresentar suas contrarrazões e, em seguida, realiza uma segunda análise de admissibilidade recursal, antes de remeter o recurso ao juízo "*ad quem*".

Ocorre que, no CPC de 2015, o juízo "*a quo*" não mais realiza o exame de admissibilidade recursal da Apelação (art. 1.010, § 3º). O C. TST declarou que esse dispositivo, contudo, não tem aplicabilidade no Processo do Trabalho (art. 2º, XI, da IN 39/16), mesmo entendimento do I FNPT,[720] pois os recursos trabalhistas possuem regras próprias.

Analisando melhor o tema, decidimos alterar nosso entendimento em relação ao exposto na 3ª edição desta obra, para concluir essa alteração *não repercute no Processo do Trabalho*, porque o exame de admissibilidade pelo juízo de primeira instância, quando da interposição do recurso ordinário, era feita com base no disposto no CPC apenas de forma subsidiária, já que o art. 659, VI, da CLT, apesar de singelo, aduz que compete ao Juiz do Trabalho "despachar os recursos interpostos pelas partes, fundamentando a decisão recorrida antes da remessa ao Tribunal Regional [...]."

Reiteramos que, no caso do recurso de revista, o exame de admissibilidade também deve continuar a ser feito tanto pelo juízo "*a quo*" quanto pelo juízo "*ad quem*", por força do art. 896, § 1º, da CLT.

2. *No Juízo "ad quem"*. Uma vez no Tribunal, o recurso será distribuído a um relator (arts. 929 a 931 do CPC de 2015), o qual fará novo exame de admissibilidade do recurso.

Estando tudo correto, ele *dará seguimento* ao recurso e, havendo vícios, *o negará*. Na primeira hipótese, o processo será remetido ao revisor, que também formulará o seu voto. No dia da sessão de julgamento, *relator*, *revisor* e o *vogal* (ou terceiro votante) decidirão se o recurso será *conhecido* ou *não*, conforme seus pressupostos específicos estejam ou não presentes. Sendo conhecido, o mérito do recurso será julgado, quando então lhe será *dado provimento*, integral ou parcialmente, com a procedência dos pedidos, ou *negado provimento*, com improcedência.

Os trâmites mais pormenorizados do julgamento dos recursos são regidos pelos Regimentos Internos de cada Tribunal.

Isso posto, já se pode traçar comentários sobre as decisões antecipadas em sede de recurso.

---

prejuízo do sustento próprio ou da família, se dentro de cinco anos, a contar da sentença final, o assistido não puder satisfazer tal pagamento, a obrigação ficará prescrita")." (STF. RE 775.685)

(718) Orientação jurisprudencial da SDI-II do TST n.148. "Custas. Mandado de segurança. Recurso ordinário. Exigência do pagamento. É responsabilidade da parte, para interpor recurso ordinário em mandado de segurança, a comprovação do recolhimento das custas processuais no prazo recursal, sob pena de deserção".

(719) Súmula do TST n. 99. "Ação rescisória. Deserção. Prazo — Havendo recurso ordinário em sede de rescisória, o depósito recursal só é exigível quando for julgado procedente o pedido e imposta condenação em pecúnia, devendo este ser efetuado no prazo recursal, no limite e nos termos da legislação vigente, sob pena de deserção".

(720) Enunciado n. 56 do I FNPT. "CLT, art. 659, VI e § 1º do art. 897; NCPC, art. 1.010, § 3º. Dispensa de exame de admissibilidade. inaplicabilidade no Processo do Trabalho em recursos interpostos na primeira instância (Vara Do Trabalho). O art. 1.010, § 3º do NCPC é inaplicável ao Processo do Trabalho por existir regra própria, art. 659, VI e § 1º do art. 897 da CLT."

15.1.6.2. Súmula impeditiva de recursos (no juízo "a quo")

A fim de inibir a interposição de recursos meramente protelatórios, a Lei n. 11.276/06 criou o § 1º, do art. 518, do CPC de 1973, estabelecendo que o juízo "*a quo*" não receberia o recurso de Apelação se a sentença recorrida estivesse em conformidade com súmula do STF e do STJ. A aplicação desse artigo no Processo do Trabalho, em relação ao recurso ordinário, por analogia, despertava muita polêmica, porque ele não se referia ao TST.

Ocorre que, no CPC de 2015, houve a extinção do juízo de admissibilidade realizado pelo juízo "*a quo*" (art. 1.010, § 3º), pondo fim, por via de consequência, à *súmula impeditiva de recursos.* Em verdade, isso ocorreu em razão da aplicação do instituto, com a adoção do *sistema de precedentes.*

Não obstante, calha dizer que, em relação ao recurso de revista, o exame de admissibilidade continua a ser feito pelo juízo "*a quo*" (Presidente do TRT de origem), que não receberá o recurso que contrariar o disposto em Súmula do TST (art. 896, §§ 1º e 7º, da CLT).

15.1.6.3. Julgamento da causa madura (pelo Tribunal "ad quem")

A Lei n. 10.352/11 incluiu os §§ 3º e 4º no art. 515 do CPC de 1973, criando a possibilidade de o juízo "*ad quem*", verificando a existência de um caso de extinção do processo, sem julgamento do mérito, julgasse desde logo a lide, ao invés de anular a sentença e determinar o retorno dos autos à origem, sem que isso configurasse supressão de instância. Para que isso fosse possível, entretanto, a causa deveria versar sobre questão exclusivamente de direito, ou seja, deveria ter sido esgotada a instrução probatória.

O art. 1.013, §§ 3º e 4º, do CPC de 2015, ampliou as hipóteses de julgamento antecipado, permitindo que o Tribunal, ao anular ou reformar a sentença, prossiga no julgamento da Apelação, sem configuração de supressão de instância. Pelo novel dispositivo, juntam-se aos casos de extinção do processo sem julgamento do mérito as sentenças: a) *extra, ultra* e *citra petita*; b) anuladas por falta de fundamentação; c) reformadas por pronúncia da prescrição e da decadência.

Além disso, no CPC de 2015, o julgamento da causa madura passou a ser *obrigatório*, contrapondo-se ao CPC de 1973, no qual ele era apenas *facultativo*.[721]

Imagine-se, por exemplo, que o juízo de primeiro grau, após a instrução do processo, tenha acolhido preliminar de inépcia da inicial e determinado a extinção do processo sem resolução do mérito. Se o Tribunal "*ad quem*" cassar a sentença, decretando que a inicial não é inepta, poderá julgar de logo o mérito, se a causa estiver madura.

Outro exemplo é dado pelos juristas do I FNPT: vigente o contrato de trabalho, pode o Tribunal, em grau de recurso, apreciar aquelas parcelas que tiverem vencimento posterior à decisão de primeira instância.[722]

O C. TST declarou-se favorável à aplicação do art. 1.013 ao Processo do Trabalho (art. 3º, XXVIII, da IN 39/16), assim como o I FNPT,[723] com os quais concordamos.

---

(721) Enunciado n. 38 do II FNPT. "CPC, arts. 932, I, 938, §§ 1º a 4º c/c 1.013, § 3º, I a IV, e § 4º. Causa madura. Obrigatoriedade versus faculdade de julgamento pelo tribunal estando o processo em condições de imediato julgamento. Diferentemente do modelo do CPC/1973, que facultava ao tribunal julgar o mérito quando afastada a sentença terminativa, sendo a matéria exclusivamente de direito (CPC/1973, art. 515, § 3º, cujo parágrafo foi inserido no direito positivo pela Lei 10.352/2001), a novel ordem jurídica processual determina, se o processo estiver em condições de imediato julgamento, que o tribunal, desde logo, julgue o mérito (causa madura)."

(722) Enunciado n. 39 do II FNPT. "CPC, art. 1.013, § 3º, III c/c 323 e 505, I. Contrato de trabalho vigente. Prestações de trato continuado. Ausência de condenação na origem. Apreciação pelo Tribunal. Compatibilidade com o processo laboral. Em demanda que envolve prestações de trato sucessivo (parcelas vincendas), enquanto vigente a relação objeto da lide, a condenação deve abranger as vencidas até o ajuizamento da ação e as que vencerem durante o processo, competindo ao juízo recursal analisar as prestações vincendas, quando impugnado o pedido principal no apelo (CPC, art. 1.013, *caput, in fine*), pela ampliação das hipóteses de causa madura (CPC, art. 1.013, § 3º, III). As parcelas vincendas reputar-se-ão incluídas no pedido principal, mesmo quando não expressamente deduzidas (pedido implícito), justamente para evitar a repetição de idêntica ação entre os contendores, a cada inadimplemento, enquanto inalterada a realidade fática relativa à causa (CPC, arts. 323 e 505, I)."

(723) Enunciado n. 59 do I FNPT. "CLT, art. 769 e NCPC, art. 1.013, § 3º, I a IV, e § 4º. Recurso. Causa madura. É compatível com o Processo do Trabalho a ampliação das hipóteses de cabimento da complementação do ato decisório pelos Tribunais em razão da causa madura (art. 1.013, § 3º, I a IV, e § 4º, NCPC)."

15.1.6.4. *Julgamento monocrático (do relator no juízo "ad quem")*

Em regra, o Tribunal deve se manifestar de forma colegiada, especialmente no exercício de sua competência recursal.

Não obstante, a Lei n. 9.756/98, alterando o CPC de 1973, dotou o relator de competência para, monocraticamente, sem a necessidade de submeter sua decisão à ratificação do colegiado, decidir sobre os recursos que lhes forem distribuídos. O CPC de 2015 ampliou ainda mais a competência do relator, a quem incumbe (art. 932):

a) *não conhecer* de recurso inadmissível, prejudicado ou que não tenha impugnado especificamente os fundamentos da decisão recorrida;

b) *negar provimento* ao recurso que for contrário a Súmula (do STF, do STJ ou do próprio Tribunal), acórdão (do STF e do STJ) de julgamento de recursos repetitivos e a entendimento firmado em incidente de resolução de demandas repetitivas ou de assunção de competência;

c) *dar provimento* ao recurso se a decisão recorrida contrariar as mesmas decisões citadas na letra anterior.

Sem embargo, determina o parágrafo único do citado artigo que, "antes de considerar inadmissível o recurso, o relator concederá o prazo de 5 (cinco) dias ao recorrente para que seja sanado vício ou complementada a documentação exigível." O STF já decidiu que esse prazo "só se aplica aos casos em que seja necessário sanar vícios formais, como ausência de procuração ou de assinatura, e não à complementação da fundamentação" (ARE 953221 AgR/SP, rel. Min. Luiz Fux, 7.6.2016).

Como o art. 557 do CPC de 1973 referia-se a súmula de "Tribunal Superior", o TST vinha admitindo a sua aplicação ao Processo do Trabalho, nos termos da Instrução Normativa 17/00, do TST, salvo em sede de recurso de revista, embargos e agravo de instrumento, os quais possuem regramento próprio.

No nosso sentir, o art. 932 do CPC de 2015 deve ser igualmente aplicado, porque a terminologia usada foi súmula "do próprio Tribunal", o que inclui, por certo, os TRTs e o TST. Sublinhe-se que a Lei n. 13.015/15 criou o *incidente de recursos repetitivos* e o de *assunção de competência*, pelo que a ampliação realizada pelo CPC de 2015 já encontra correspondência com o Processo do Trabalho.

A propósito, o C. TST também considera aplicável o art. 932 do CPC de 2015 (art. 10, da IN 39/16), assim como o I FNPT, este ressalvando a necessidade de previsão nos regimentos internos dos tribunais e que a Constituição não autoriza a atribuição de efeito vinculativo às súmulas simples do STF, do STJ, do TST e do TRT.(724)

No que tange ao inciso III ("não conhecer de recurso inadmissível, prejudicado ou que não tenha impugnado especificamente os fundamentos da decisão recorrida"), vale destacar que a parte final, relativa à impugnação específica, não se aplica ao recurso ordinário, nos termos da nova redação da Súmula 422 do C.TST, como já analisado anteriormente.

As decisões monocráticas do relator desafiam *agravo interno* (art. 1.021 do CPC de 2015), o que é aplicável ao Processo do Trabalho, porém, no prazo de oito dias (art. 3º, XXIX, da IN 39/16, do TST). Todavia, se este for manifestamente inadmissível ou infundado, o agravante poderá ser condenado a pagar multa entre 1 e 5% do valor corrigido da causa, ficando a interposição de qualquer outro recurso condicionada ao depósito do respectivo valor, à exceção da Fazenda Pública e do beneficiário da justiça gratuita, que farão o pagamento ao final (art. 1.021, §§ 4º e 5º, do CPC de 2015).

O TST já havia consolidado o entendimento pelo qual o julgamento monocrático previsto no art. 557 do CPC 1973 era constitucional, uma vez que a lei expressamente previu a possibilidade de interposição do recurso de agravo regimental,(725) o que vale para o art. 932 do CPC de 2015, por questão de lógica jurídica.

(724) Enunciado n. 55 do I FNPT. "[...] São admissíveis as decisões monocráticas dos relatores, nos TRTs, com base nos incisos II, III, IV e V do art. 932, desde que previstas nos regimentos internos, com a ressalva de que não há autorização constitucional para que a norma atribua efeito vinculativo às súmulas simples do STF, do STJ, do próprio Tribunal, ou mesmo do TST."

(725) Súmula do TST n. 435. "Decisão monocrática. Relator. Art. 932 do CPC de 2015. Art. 557 do CPC de 1973. Aplicação subsidiária ao Processo do Trabalho. Aplica-se subsidiariamente ao Processo do Trabalho o art. 932 do CPC de 2015".

15.1.6.5. *Poderes do relator*

Além as hipóteses de decisões antecipadas, convém abordar brevemente acerca das inovações do art. 932 do CPC de 2015, no que tange ao poder dos relatores de recursos.

1. *Produção de prova.* Em regra, a produção da prova é feita na primeira instância, pelo que a função precípua da segunda instância é revisional. Todavia, não se pode perder de vista que nos Tribunais de segunda instância também há juízes.(726)

E, como Juízes, os membros do Tribunal também são destinatários da prova, de maneira que a formação de sua convicção não é *emprestada* da primeira instância, mas sim *independente.* Por isso, ao Juiz de segundo grau é dada a faculdade de determinar a realização da prova (NERY Jr; ANDRADE NERY; 2008, p. 389).

Nos termos do art. 932, I, incumbe ao relator "dirigir e ordenar o processo no tribunal, inclusive em relação à produção de prova [...]." Pela redação do citado dispositivo, fica evidente para nós que o relator possui poder de instrução probatória, porém, limitando-se ao esclarecimento dos *fatos que foram objeto de prova na primeira instância.*

Imagine-se, por exemplo, que a parte pretendesse comprovar o pagamento de salário por meio de depósitos bancários, feitos por cheques, e que tivesse requerido a expedição de ofício à instituição financeira correspondente, a fim de prestar as informações, mas que o pleito tivesse sido indeferido em audiência, pelo Juiz de primeiro grau. Ao recorrer, o relator poderia, caso concluísse pelo cerceamento de defesa, determinar a expedição de ofício à instituição financeira, sem a necessidade de determinar a devolução do processo ao Juízo de primeira instância.

No nosso sentir, o citado dispositivo é compatível com o Processo do Trabalho, mormente em se tratando da necessidade de concretizar o princípio da verdade real. Esse também é o entendimento do I FNPT.(727)

2. *Tutela provisória.* A tutela provisória, de urgência ou de evidência, pode ser requerida em sede de recursos e em processos de competência originária do tribunal, pelo que será do relator a competência para apreciá-la (art. 932, II, do CPC de 2015).

3. *Apuração de fato superveniente.* Havendo, porém, a ocorrência de fato superveniente à decisão recorrida, os poderes instrutórios do relator *não ficarão limitados ao esclarecimento dos fatos que foram objeto de prova da primeira instância*, tendo em vista que o art. 933 do CPC de 2015 estabelecer que "se o relator constatar a ocorrência de fato superveniente à decisão recorrida ou a existência de questão apreciável de ofício ainda não examinada que devam ser considerados no julgamento do recurso, intimará as partes para que se manifestem no prazo de 5 (cinco) dias."

Seria o caso, por exemplo, da demanda que versa sobre compensação por danos morais decorrentes de doença do trabalho, na qual, somente após o recurso, o trabalhador teve uma melhora ou uma piora considerável em sua saúde, fruto de um procedimento cirúrgico, pelo que esse fato, embora superveniente, deve ser considerado pelo relator, por ser determinante para a prestação de tutela justa.

Pelos mesmos fundamentos apresentados no tópico anterior, no nosso sentir, o dispositivo é aplicável ao Processo do Trabalho.

---

(726) "Aplica-se ao tribunal o art. 130 do CPC, que confere poderes instrutórios ao juiz — e em tribunal também há juízes; com competência funcional diversa, é claro, mas juízes. Nada justifica restringir a incidência do artigo à atuação do juízo de primeira instância. Não se pode restringir o exercício da função jurisdicional do tribunal, em competência recursal. Se a causa há de ser rejulgada no procedimento recursal, não se pode retirar do órgão ad quem a possibilidade de produzir provas que fundamentem o seu convencimento." (DIDIER Jr.; CUNHA, 2008, p. 504)

(727) Enunciado n. 60 do I FNPT. "[...] O novo direcionamento do modelo do processo civil para converter o julgamento do recurso em diligência quando houver necessidade de produção de prova é compatível com o Processo do Trabalho (art. 932, I c/c art. 938, §§ 1º a 4º, NCPC)."

4. *Desconsideração da personalidade jurídica.* O incidente de desconsideração da personalidade jurídica também pode ser insaturado na segunda instância, circunstância em que a respectiva decisão será tomada pelo relator (art. 932, VI, do CPC de 2015). Nos termos do art. 6º, III, da IN n. 39/10, o C. TST declarou que a citada decisão desafiará agravo interno, o que nos parece correto, mas no prazo de oito dias (art. 3º, XXIX, da IN n. 39/16).

Cabe destacar que a Lei n. 13.467/17 (reforma trabalhista) pretende regulamentar o incidente de desconsideração da personalidade jurídica no processo do trabalho, estabelecendo que ele será aplicado nos mesmos moldes do CPC (art. 855-A da CLT), com as seguintes especificidades: a) da decisão interlocutória que acolher ou rejeitar o incidente não caberá recurso imediato, quando ela ocorrer na fase de conhecimento. Caso o incidente tenha lugar na fase de execução, a decisão desafiará agravo de petição, independentemente de garantia do juízo. Se a decisão for proferida pelo relator, em sede recursal, será cabível agravo interno; b) a instauração do incidente suspenderá o processo, sem prejuízo de concessão de tutela de urgência de natureza cautelar, na forma do art. 301 do CPC de 2015.

5. *Saneamento de nulidades relativas.* O art. 938, § 1º, do CPC de 2015, repetindo o art. 515, § 4º, do CPC de 1973, permite que o juízo "*ad quem*" saneie as nulidades relativas, sem prejuízo do julgamento do recurso.

É o caso, por exemplo, do Juiz "*a quo*" não ter intimado o recorrido para apresentar contrarrazões. Em situações como essa, o Tribunal poderá abrir vista ao recorrido, antes de conhecer do recurso, sanando o vício, ao invés de devolver o processo à origem.

O I FNPT também cita o exemplo de problemas na visualização das guias de preparo ou documentos apresentados em sede recursal.(728)

6. *Denegação de recurso de revista, nos termos da Lei n. 13.467/17 (reforma trabalhista).* Com a vigência da citada lei, o ministro relator do recurso de revista, no TST, poderá denegar seguimento ao recurso, em decisão monocrática, nas hipóteses de intempestividade, deserção, irregularidade de representação ou ausência de qualquer outro pressuposto extrínseco ou intrínseco de admissibilidade (art. 896, § 14º, da CLT), inclusive por falta de transcendência (art. 896-A, §§ 2º ao 5º).

15.1.7. MATÉRIA ADMINISTRATIVA

As decisões em matéria administrativa(729) também desafiam recurso. Em regra, contra elas caberá *agravo regimental* para o Tribunal Pleno ou Órgão Especial, *v. g.*, no caso das decisões do Presidente do Tribunal, do Vice-Presidente, do Corregedor e de qualquer desembargador, em decisão monocrática (art. 235 do RITST). Caso o regimento interno do respectivo tribunal não faça previsão expressa ao prazo para interposição do agravo regimental, ele será de oito dias, nos termos da Lei n. 5.584/70.(730)

O TST tem admitido a impetração de *mandado de segurança* para anular as decisões do Presidente do Tribunal Regional em sede de procedimento de *precatório*, o qual se destina ao pagamento dos débitos da Fazenda Pública (art. 100 da CF), como consta da OJ n. 10 do Tribunal Pleno do TST.(731)

(728) Enunciado n. 61 do I FNPT. "[...] Em caso de problemas na visualização das guias do preparo ou documentos apresentados em sede recursal ou ainda de parte do recurso por problemas do arquivo eletrônico, o relator deve permitir ao recorrente sanar a irregularidade do ato processual antes da decisão, assegurando o exercício do contraditório. Interpretação conforme o art. 5º, LV, CF; art. 769 da CLT e arts. 10, 15, 938, § 1º, todos do NCPC."

(729) São as que dizem respeito a questões internas do Tribunal, como a gestão de pessoas (eleições, licenças, afastamentos etc) e materiais (criação e extinção de órgãos, obras, licitações etc.).

(730) Orientação Jurisprudencial do Tribunal Pleno do TST n. 11 "Recurso em matéria administrativa. Prazo. Órgão colegiado. Oito dias. Art. 6º da Lei n. 5.584, de 26.06.1970. Se não houver norma específica quanto ao prazo para interposição de recurso em matéria administrativa de decisão emanada de órgão Colegiado do Tribunal Regional do Trabalho, aplica-se, por analogia, a regra geral dos prazos adotados na Justiça do Trabalho, ou seja, oito dias, conforme estabelecido no art. 6º da Lei n. 5.584, de 26.06.1970. O prazo de dez dias a que alude o art. 59 da Lei n. 9.784, de 29.01.1999, aplica-se somente à interposição de recursos de decisões prolatadas monocraticamente."

(731) Orientação Jurisprudencial do Tribunal Pleno do TST n. 10. "Precatório. Processamento e pagamento. Natureza administrativa. Mandado de segurança. Cabimento. É cabível mandado de segurança contra atos praticados pela Presidência dos Tribunais Regionais

Seja no caso de mandado de segurança, seja no caso de agravo regimental, a *competência originária* será sempre do Tribunal ao qual estiver vinculado o agente público que tiver praticado o ato. No caso de processo administrativo disciplinar envolvendo magistrado, no entanto, a *competência recursal* será do TST.(732)

Nos recursos em matéria administrativa é vedada a exigência de depósito prévio, consoante Súmula Vinculante n. 21, do STF,(733) e Súmula 424, do TST.(734)

Por fim, resta dizer que, em matéria administrativa, as decisões não têm sua eficácia condicionada à remessa necessária.(735)

15.1.8. INCIDENTES RECURSAIS

1. *Incidentes da Lei n. 13.015/16.* A Lei n. 13.015/14, antecipando-se ao CPC de 2015, estabeleceu uma nova sistemática para os recursos, principalmente os de natureza extraordinária típicos do Processo do Trabalho (recurso de revista e de embargos), alterando regras e criando novos incidentes recursais, quais sejam, os de *uniformização de jurisprudência*, de *recursos de revista repetitivos* e de *assunção de competência recursal*. De conseguinte, o TST editou o Ato n. 491/14, a fim de fixar parâmetros procedimentais mínimos para dar efetividade às inovações trazidas pela Lei n. 13.015/14.

Nos termos do art. 1º, do Ato 491/14, a Lei n. 13.015/14 só se aplica aos recursos interpostos das decisões publicadas a partir da data de sua vigência. A exceção fica por conta das normas que não afetarem o direito processual adquirido das partes, tais como as relativas ao incidente de recursos repetitivos, o efeito interruptivo dos embargos de declaração e a afetação do recurso de Embargos ao Pleno do TST (art. 1º, parágrafo único, do Ato n. 491/14).

O objetivo dessa alteração legislativa foi, em síntese, transformar o TST em uma instância especial, a exemplo do STF e do STJ, deixando de ser a terceira instância da Justiça do Trabalho, revisora de causas, para se transformar em um tribunal de teses, atuando como guardião da lei trabalhista.

Para isso, a Lei n. 13.015/14 passou a exigir que a uniformização de jurisprudência seja feita pelos Tribunais Regionais do Trabalho, seja pela edição de súmulas, seja pela fixação de teses, função esta que, em verdade, sempre lhes pertenceu, mas que simplesmente não era cumprida, o que sobrecarregava o TST.

Oferta-se um exemplo. Imagine-se que um TRT tenha vinte Turmas na Segunda instância. De todas elas, apenas a Primeira Turma entenda não serem devidas férias proporcionais ao empregado que pediu demissão, sendo as outras Turmas, assim como o TST, pelo deferimento das férias. *Antes* da Lei n. 13.015/14, a decisão da

---

em precatório em razão de sua natureza administrativa, não se aplicando o disposto no inciso II do art. 5º da Lei n. 1.533, de 31.12.1951."

(732) "Recurso administrativo. Decisão de Tribunal Regional que indefere pedido de remoção de magistrado. Não cabimento. Nos termos do art. 69, II, -q-, do RITST, a competência do Órgão Especial desta Corte no tocante ao julgamento de recursos administrativos interpostos a decisões dos Tribunais Regionais restringe-se àquelas proferidas em processo administrativo disciplinar envolvendo magistrado. Excetuada essa hipótese, não há nenhuma previsão legal ou regimental que autorize a interposição de recurso a esta Corte contra as decisões proferidas pelos Tribunais Regionais em matéria administrativa, a exemplo daquela que indefere pedido de remoção formulado por magistrado, como no caso dos autos. Nessa esteira, o recurso administrativo ora analisado não alcança conhecimento, porquanto incabível. Recurso administrativo não conhecido." (TST. RecAdm — 245-79.2012.5.14.0000. Relatora: Ministra Dora Maria da Costa. Órgão Especial. DEJT: 17.08.2012).

(733) Súmula Vinculante do STF n. 21: "É inconstitucional a exigência de depósito ou arrolamento prévios de dinheiro ou bens para admissibilidade de recurso administrativo".

(734) Súmula do TST n. 424. "Recurso administrativo. Pressuposto de admissibilidade. Depósito prévio da multa administrativa. Não recepção pela Constituição Federal do § 1º do art. 636 da CLT — O § 1º do art. 636 da CLT, que estabelece a exigência de prova do depósito prévio do valor da multa cominada em razão de autuação administrativa como pressuposto de admissibilidade de recurso administrativo, não foi recepcionado pela Constituição Federal de 1988, ante a sua incompatibilidade com o inciso LV do art. 5º".

(735) "1. Remessa de ofício. Não cabimento. Matéria administrativa. OJ n.º 8 do Pleno/Órgão Especial. Em sede de precatório, por se tratar de decisão de natureza administrativa, não se determina a remessa necessária em caso de decisão desfavorável a ente público (OJ n. 8 do Tribunal Pleno/Órgão Especial). Reexame Necessário de que não se conhece. [...]" (TST. Processo: ReeNec e RO — 4800-70.2008.5.03.0038 Data de Julgamento: 04/06/2012, Relator Ministro: Carlos Alberto Reis de Paula, Órgão Especial, Data de Publicação: DEJT 15.06.2012).

Primeira Turma desafiaria recurso para o TST. *Depois* dela, no entanto, o próprio TRT teria que editar uma súmula ou fixar uma tese sobre o assunto, as quais, uma ou outra, acabariam por modificar a decisão da Primeira Turma, evitando que o recurso subisse para o TST. Este, contudo, julgaria apenas as divergências entre TRTs, como na hipótese de dois destes possuírem súmulas em sentido contrário.

Nos tópicos seguintes serão analisados os incidentes recursais da Lei n. 13.015/14. Antes, porém, convém tecer breves palavras sobre os incidentes do CPC de 2015.

2. *Incidentes do CPC de 2015.* O Livro III do CPC de 2015 dispõe sobre os processos nos tribunais e os meios de impugnação das decisões judiciais. O Título I, do citado Livro, trata da ordem dos processos e dos processos de competência originária dos tribunais, apresentando em capítulos os incidentes recursais e as ações de competência originária.

A seguir será examinada a eventual aplicabilidade dos institutos do CPC de 2015 ao Processo do Trabalho. Já a análise pormenorizada dos institutos aplicáveis, por questões didáticas, está distribuída ao longo deste capítulo.

2.1. *Disposições gerais (arts. 926 a 928).* As disposições gerais do CPC de 2015, sobre os processos nos tribunais, são, em regra, aplicáveis ao Processo do Trabalho (art. 3º, XXIII, da IN 39/16, do TST), porque traçam diretrizes gerais sobre as instâncias recursais, entre as quais vale destacar as seguintes: a) dever de uniformização da jurisprudência (art. 926); b) sistema de precedentes (art. 927); c) julgamento de casos repetitivos (art. 928), assim considerados os provenientes de *incidente de resolução de demandas repetitivas* e nos *recursos especial e extraordinário repetitivos*. Insta salientar que, no Processo do Trabalho, não há recurso especial, mas sim recurso de revista, para o TST.

2.2. *Ordem dos processos no tribunal (arts. 929 a 946).* O art. 909, da CLT, estabelece que "a ordem dos processos no Tribunal Superior do Trabalho será regulada em seu regimento interno". Por sua vez, o art. 673, da CLT, dispõe que "a ordem das sessões dos Tribunais Regionais será estabelecida no respectivo Regimento Interno".

Dessa forma, o CPC de 2015 não prevalece sobre o Regimento Interno dos tribunais trabalhistas, mas pode ser aplicado subsidiariamente.

O CPC de 2015 rege, em síntese, os seguintes temas: a) distribuição dos processos (arts. 929 e 930); b) poderes do relator (arts. 931 a 933); c) julgamento (arts. 934 a 942 e 946); d) sistema de registro (arts. 943 a 944).

Em relação à *distribuição dos processos*, o CPC de 2015 não trouxe inovação capaz de afetar o disposto nos regimentos internos dos tribunais trabalhistas.

Os *poderes do relator* são aplicáveis ao Processo do Trabalho e já foram examinados neste Capítulo (tópico 15.1.6.5).

Quanto ao *julgamento*, calha tecer considerações sobre os seguintes dispositivos:

a) *arts. 936 e 937*, em que se estabelecem regras sobre a *sustentação oral*, a qual terá lugar nas sessões de julgamento, depois da exposição da causa pelo relator, com duração de 15 minutos para a parte recorrente e a recorrida, sucessivamente, inclusive em processos de competência originária, como ação rescisória, mandado de segurança e na reclamação. O art. 937, § 4º, prevê, ainda, a possiblidade de realização e sustentação oral por meio de videoconferência ou outro recurso tecnológico de transmissão de sons e imagens em tempo real. Trata-se de novidade aplicável ao Processo do Trabalho de forma geral, observadas as peculiaridades de cada regimento interno;

b) art. *940*, o qual rege o pedido de *vista regimental*, pelo relator ou outro Juiz, quando não se considerar habilitado para proferir imediatamente seu voto. O prazo será 10 dias, prorrogáveis por igual período, ao final do qual o presidente do órgão fracionário poderá requisitar o processo para julgamento, inclusive convocando substituto, caso aquele que fez o pedido de vista não tenha votado. O C. TST declarou que esse dispositivo é aplicável ao Processo do Trabalho (art. 3º, XIV, da IN 39/16), em relação ao que não temos objeções;

c) art. *942*, que substituiu o recurso de embargos infringentes por um artifício processual, que consiste no *prosseguimento do julgamento* em sessão a ser designada com a presença de outros julgadores, isso quando o resultado a apelação não for unânime. Para nós esse instrumento não é aplicável ao Processo do Trabalho, tendo em vista que o recurso ordinário é regido por regras próprias, na CLT. De ressaltar, ainda, que o recurso de embargos infringentes não era admitido na seara trabalhista, pelo que seu substituto também não deve ser. Esse também é o entendimento do C. TST (art. 2º, IX, da IN 39/16) e do I FNPT.[736]

No que tange ao *sistema de registro*, vale dizer que o art. 944 autorizou a substituição do acórdão pelas notas taquigráficas do julgamento, caso aquele não seja publicado no prazo de 30 dias a respectiva sessão. Todavia, o C. TST declarou que tal inovação não é aplicável ao Processo do Trabalho (art. 2º, X, da IN 39/16).

2.3. *Incidente de assunção de competência (artigo 947).* A Lei n. 13.015/14 criou um incidente próprio de assunção de competência no âmbito do TST (art. 896-C da CLT). Por isso, o incidente previsto no CPC de 2015 só se aplica aos Tribunais Regionais do Trabalho.[737] A aplicabilidade desse incidente ao Processo do Trabalho foi declarada pelo C. TST, no art. 3º, XXV, da IN 39/16.

2.3.1. *Cabimento.* O incidente tem cabimento em julgamento de *recursos*, de *remessa necessária* e de *processos de competência originária*, quando houver *relevante questão de direito, com grande repercussão social*, mas sem *repetição de múltiplos processos* (art. 947). Havendo repetição de múltiplos processos, o incidente cabível será o de *demandas repetitivas*.

Também será cabível o incidente para prevenir a existência de divergências entre os órgãos do TRT, em relação a relevante questão de direito (art. 947, § 4º, do CPC de 2015).

2.3.2. *Legitimidade.* O incidente em comento pode ser proposto pelo relator (de ofício), pela parte, pelo MPT ou pela Defensoria Público (art. 947, § 1º, do CPC de 2015).

2.3.3. *Julgamento.* Com a instauração do incidente, a competência funcional do TRT será modificada, de forma que o órgão originalmente competente para julgar o processo dará lugar a órgão colegiado especial, previsto no Regimento Interno do Tribunal, o qual, via de regra, será o Tribunal Pleno (art. 947, § 2º, do CPC de 2015).

2.3.4. *Efeitos.* O acórdão proferido em incidente de assunção de competência vinculará todos os juízes e órgãos fracionários do Tribunal, até que seja revisto (art. 947, § 3º, do CPC de 2015).

2.4. *Incidente de arguição de inconstitucionalidade (arts. 948 a 950).* A CLT é omissa quanto ao incidente em comento, pelo que o CPC é aplicável tanto aos TRTs quanto ao TST, sem prejuízo do disposto nos respectivos regimentos internos.

A finalidade do incidente de arguição de inconstitucionalidade é concretizar a *cláusula de reserva de plenário* (art. 97, da CF, c/c Súmula Vinculante n. 10, do STF[738]), segundo a qual, no controle difuso de constitucionalidade (por via de exceção, no caso concreto), os Tribunais só podem declarar a inconstitucionalidade de lei ou ato normativo por meio de deliberação colegiada.

Arguido, o incidente passará por juízo de admissibilidade no órgão fracionário (turma ou seção especial), que pode rejeitá-lo ou acolhê-lo (art. 949 do CPC de 2015).

Acolhido, o processo na qual surgiu a arguição de inconstitucionalidade deve ser suspenso e a respectiva questão ser remetida ao plenário ou órgão especial do Tribunal, com oitiva do Ministério Público, das pessoas jurídicas de direito público responsáveis pela edição do ato e dos legitimados para propor ação direita de inconstitucionalidade (art. 950 do CPC de 2015).

---

(736) Enunciado n. 37 do II FNPT. "CPC, arts. 942, *caput*. Prosseguimento do julgamento havendo voto vencido ("nova técnica de julgamento"). Inaplicabilidade no Processo do Trabalho. A inovação do direito processual civil, que implica na substituição dos embargos infringentes do CPC/1973 por outra técnica de julgamento consistente na continuidade do julgamento mediante convocação de julgadores em número suficiente para garantir a possibilidade de inversão do resultado inicial, não possui aplicação em nenhum dos casos de recorribilidade em dissídio individual trabalhista pela inexistência, no processo laboral, do manuseio dos embargos infringentes do CPC/1973."

(737) Enunciado n. 335 do FPPC. "(arts. 947 e 15). O incidente de assunção de competência aplica-se ao Processo do Trabalho."

(738) Súmula Vinculante do STF n. 10: Viola a cláusula de reserva de plenário (CF, art. 97) a decisão de órgão fracionário de Tribunal que embora não declare expressamente a inconstitucionalidade de lei ou ato normativo do poder público, afasta sua incidência, no todo ou em parte.

Havendo manifestação o STF sobre a questão, o procedimento não será cabível (art. 949, parágrafo único, do CPC de 2015).

2.5. *Conflito de competência (arts. 951 a 959)*. Em regra, como já foi explicado alhures, caberá à Justiça do Trabalho solucionar seus próprios conflitos de competência, os quais podem ser suscitados pelos próprios juízes e desembargadores, pelo Ministério Público do Trabalho e por qualquer parte interessada ou seu representante (art. 805 da CLT), salvo, quanto a estes, se já tiverem oposto na causa exceção de incompetência (art. 806 da CLT).

Os tribunais trabalhistas possuem delegação legal para regular o processamento dos conflitos de competência (arts. 673, 812 e 909 da CLT). Não obstante, o CPC de 2015 pode ser aplicado subsidiariamente.

Entre as regras do CPC de 2015, valem ser destacas as seguintes, por não estarem normalmente previstas nos regimentos internos: a) possibilidade de delegação de competência provisória sobre medidas urgentes (art. 955, "*caput*"); b) julgamento antecipado pelo relator (art. 955, parágrafo único).

2.6. *Homologação de decisão estrangeira e concessão de exequatur (arts. 960 a 965)*. Os tribunais trabalhistas não possuem competência para homologar decisão estrangeira e conceder exequatur, pelo que o CPC de 2015 não é aplicável nessa parte.

2.7. *Ação rescisória (arts. 966 a 975)*. A CLT determina que a ação rescisória é cabível no Processo do Trabalho, que deverá observar as normas do CPC (art. 836 da CLT), entendimento que também foi abraçado pelo C. TST (art. 3º, XXVI, da IN 39/16).

A ação rescisória será objeto de estudo no Capítulo 18, ao qual remetemos o leitor.

2.8. *Incidente de resolução de demandas repetitivas (arts. 976 a 987)*. O incidente em comento (IRDR) destina-se aos recursos de natureza ordinária, como a apelação, na Justiça comum. No nosso sentir, esse incidente não tem aplicação na Justiça do Trabalho, tendo em vista que o recurso ordinário, apesar de análogo à apelação, é regido pela CLT e não foi contemplado com esse mecanismo de julgamento. Em verdade, a opção do legislador, para o recurso ordinário, foi a adoção do incidente de uniformização de jurisprudência (IUJ), instituído pela Lei n. 13.015/14.

Todavia, os arts. 976 a 987 do CPC de 2015 podem ser aplicados de forma subsidiária, apenas para integrar as lacunas do incidente de uniformização de jurisprudência. Nesse mesmo sentido é o entendimento do I FNPT.[739]

Ocorre que o C. TST declarou que, no seu entendimento, o IRDR é aplicável ao Processo do Trabalho (art. 8º da IN 39/16),[740] observando-se o seguinte procedimento:

a) admitido o incidente, o relator suspenderá o julgamento dos processos pendentes, individuais ou coletivos, que tramitam na Região, no tocante ao tema objeto de IRDR, sem prejuízo da instrução integral das causas e do julgamento dos eventuais pedidos distintos e cumulativos igualmente deduzidos em tais processos, inclusive, se for o caso, do julgamento antecipado parcial do mérito;

b) do julgamento do mérito do incidente caberá recurso de revista para o TST, dotado de efeito meramente devolutivo, nos termos dos arts. 896 e 899 da CLT;

c) apreciado o mérito do recurso, a tese jurídica adotada pelo TST será aplicada no território nacional a todos os processos, individuais ou coletivos, que versem sobre idêntica questão de direito.

---

(739) Enunciado n. 36 do II FNPT. "CPC, arts. 976/987. IRDR (incidente de resolução de demandas repetitivas) versus IUJ (incidente de uniformização de jurisprudência). Inaplicabilidade daquele no Processo do Trabalho, exceto em complementaridade. A uniformização da jurisprudência no âmbito dos TRTs, mediante edição de súmula ou TJP (tese jurídica prevalecente), deve ser efetuada segundo a fonte legislativa, própria e específica, por força da lei 13.015/2014 (DOU de 22.7.2014), sem prejuízo da aplicação, "no que couber", dos dispositivos do IUJ facultativo do CPC/1973 (arts. 476/479), substituídos pelo IRDR (CPC/2015), apenas em termos de complementaridade (CLT, art. 896, § 3º)."

(740) Assim também entendeu o FPPC, no Enunciado n. 347: "(arts. 976 e 15). Aplica-se ao Processo do Trabalho o incidente de resolução de demandas repetitivas, devendo ser instaurado quando houver efetiva repetição de processos que contenham controvérsia sobre a mesma questão de direito."

Data venia ao C. TST, haverá confusão entre o IRDR e o IUJ nos Tribunais Regionais, pois amos se destinam, em última análise, à uniformização da jurisprudência, tanto é que o CPC de 2015, ao criar o IRDR, extinguiu o IUJ.

Não obstante, vale dizer que o IRDR é *cabível* quando houver, simultaneamente (art. 976 do CPC de 2015): a) efetiva repetição de processos que contenham controvérsia sobre a mesma questão unicamente de direito; b) risco de ofensa à isonomia e à segurança jurídica.

Já o IUJ tem como requisito apenas a divergência jurisprudencial no âmbito do TRT.

O IRDR é instaurado, como se percebe, em função de um interesse público de garantir a isonomia e a segurança jurídica, razão pela qual a desistência ou abandono do processo não impede seu julgamento (art. 976, § 1º, do CPC de 2015) e, além disso, a sua inadmissão por ausência de pressupostos não impede que, uma vez satisfeito o requisito, seja o incidente novamente suscitado (art. 976, § 3º, do CPC de 2015).

A *legitimidade ativa* é concorrente entre o Juiz ou relator (de ofício), as partes, o Ministério Público e a Defensoria Pública (art. 977 do CPC de 2015).

A *competência* para exame de admissibilidade e julgamento será de órgão indicado no regimento interno do tribunal (arts. 978 e 981 do CPC de 2015).

O *prazo para julgamento* do IRDR é de um ano (art. 980 do CPC de 2015), durante o qual os processos pendentes ficarão suspensos (art. 982, I, do CPC de 2015).

Julgado o incidente, a tese jurídica será aplicada (art. 985 do CPC de 2015), sob pena de reclamação: a) a todos os processos individuais ou coletivos que versem sobre idêntica questão de direito e que tramitem na área de jurisdição do respectivo tribunal, inclusive àqueles que tramitem nos juizados especiais do respectivo Estado ou região; b) aos casos futuros que versem idêntica questão de direito e que venham a tramitar no território de competência do tribunal, salvo revisão na forma do art. 986, do CPC de 2015.

2.9. *Reclamação (arts. 988 a 993).* A ação de reclamação é aplicável ao Processo do Trabalho (art. 3º, XXVII, da IN 39/16, do TST), diante da omissão celetista. Por questões didáticas, sua análise será feita em tópico próprio apresentado mais à frente.

15.1.8.1. Incidente de uniformização de jurisprudência

1. *Regência.* Como foi dito, com o advento da Lei n. 13.015/14, os Tribunais Regionais do Trabalho passaram a ter que uniformizar sua jurisprudência, para que não haja mais divergências entre os julgamentos de suas Turmas ou outros órgãos fracionários (art. 896, § 3º, da CLT). Para tanto, pela redação da CLT, deverão utilizar as normas previstas no Código de Processo Civil de 1973 (arts. 476 a 479).

Ocorre que o CPC de 2015 deixou de estabelecer regras para o incidente de uniformização de jurisprudência, delegando essa tarefa para os regimentos internos dos Tribunais (art. 926, § 1º, do CPC de 2015, c/c art. 2º, da IN 40/16, do C. TST). Sem embargo, a própria Lei n. 13.015/14 trouxe regras sobre o incidente em epígrafe, as quais serão aqui examinadas.

2. *Finalidade.* O objetivo do incidente de uniformização de jurisprudência é fixar *teses jurídicas* estáveis, íntegras e coerentes (art. 926 do CPC de 2015), que podem constar de súmula ou simplesmente de ementas (art. 896, § 6º, da CLT), desde que sejam organizadas por questão jurídica decidida e divulgadas, preferencialmente, na internet (art. 6º, do Ato n. 491/14, do TST). Essas teses sanarão divergências entre decisões atuais e conflitantes no âmbito do mesmo TRT, sobre tema que seja objeto de recurso de revista, para o TST (art. 896, § 4º, da CLT). No entanto, elas não poderão contrariar as súmulas e orientações jurisprudenciais do TST (art. 896, § 6º, da CLT).

O dever de dar publicidade às teses jurídicas também é do TST, que cuidará de divulgar as suas próprias decisões acerca das teses confrontadas (art. 22, do Ato n. 491, do TST).

3. *Legitimidade ativa.* A legitimidade ativa para instaurar o incidente foi conferida às partes, ao MPT, aos desembargadores dos TRTs e aos Ministros do TST (art. 896, § 4º, da CLT).

4. *Competência*. Em regra, o incidente deve ser instaurado no próprio TRT (art. 896, § 5º, da CLT):

a) *pelo relator*, tão logo se dê conta de que uma matéria constante do recurso sob sua análise possui decisões divergentes entre os órgãos fracionários do TRT;

b) *pelo Presidente do TRT*, ao despachar o recurso de revista e verificar a existência da divergência no âmbito do Tribunal. Em ambos os casos, a decisão será irrecorrível.

Caso o relator ou o Presidente do TRT não provoque o incidente, pode o *Ministro relator do recurso*, no TST, determinar o retorno dos autos ao Tribunal de origem, para que proceda à uniformização da jurisprudência (art. 896, § 4º, da CLT).

Não obstante, a qualquer tempo, as *partes* ou o *membro do MPT* podem suscitar a controvérsia e requerer a instauração do incidente.

5. *Julgamento*. No âmbito do TST, o art. 896, § 13, da CLT, estabeleceu que, a depender da relevância da matéria, por iniciativa de um dos membros da SDI do TST, aprovada pela maioria dos integrantes da Seção, ele poderá ser afeto ao *Tribunal Pleno*. Trata-se do instituto da *afetação*.

Com a devida vênia, a redação do aludido parágrafo ficou confusa, de maneira a gerar dúvidas acerca de qual "Tribunal Pleno" a norma se refere, se do TRT ou do TST. No nosso sentir, a melhor interpretação é a proposta por Gustavo Filipe Barbosa Garcia:

> "Por se tratar de uniformização de jurisprudência pelos Tribunais Regionais do Trabalho, a competência, no caso, seria, em princípio, do Pleno ou do Órgão Especial do TRT. Entretanto, tendo em vista a relevância da matéria, admite-se que a decisão possa ser afetada ao Pleno do TST, com o objetivo de uniformizar a jurisprudência em termos nacionais." (2014, p. 1205).

É possível, portanto, que, na omissão do TRT, o TST decida uniformizar a sua própria jurisprudência, para que seu entendimento tenha eficácia nacional.

De toda sorte, a *afetação* de julgamento ao Tribunal Pleno somente será feita nos processos em tramitação na SDI do TST e não exige que a matéria seja repetitiva, bastando apenas que seja relevante (art. 7º, do Ato n. 491/14, do TST).

Na eventualidade de um órgão do TRT, *v. g.*, uma Turma, insistir em decidir de forma contrária à tese jurídica do Tribunal ao qual pertence, o relator do recurso de revista devolverá os autos ao TRT, para que este promova a adequação à decisão (art. 3º, do Ato n. 491/14, do TST).

Aplicam-se ao IUJ as técnicas do "*distinguishing*" e do "*overruling*", comentadas no Capítulo 14.[741]

6. *Revogação pela Lei n. 13.467/17 (reforma trabalhista)*. A lei em comento extingue o incidente de uniformização de jurisprudência, revogando o § 3º, do art. 896, da CLT. A partir da vigência da lei, os Regionais deverão uniformizar a sua jurisprudência por meio do incidente de resolução de demandas repetitivas.

15.1.8.2. Incidente de recursos de revista repetitivos

No Processo do Trabalho, os recursos geralmente versam sobre muitas matérias. No entanto, no caso dos recursos de natureza extraordinária, apenas as matérias de direito (excluídas as relativas a fatos e provas, portanto) podem ser objeto de apreciação pelo TST.

(741) Enunciado n. 42 do II FNPT. "Dever de uniformização de jurisprudência. TRT's. Deveres de unidade, coerência, estabilidade, autorreferência e integridade. Súmulas e/ou teses jurídicas prevalecentes. Técnicas de distinção e superação dos precedentes. A Lei n. 13.015/2014 alterou a CLT e impôs a uniformização de jurisprudência nos tribunais trabalhistas (IUJ), buscando-se sempre os deveres de unidade, coerência, estabilidade, autorreferência às próprias decisões e, primordialmente, integridade. O procedimento do IUJ resultará na edição de Súmulas ou Teses Jurídicas Prevalecentes e também em adotar, quando necessárias, técnicas de distinção e superação dos precedentes, para se adequar à interpretação contemporânea do ordenamento jurídico (CLT, art. 896 e CPC, art. 926)."

Entre as matérias de direito, no entanto, muitas são repetitivas, isto é, são objeto de inúmeros recursos parecidos, razão pela qual o incidente de recursos repetitivos foi concebido para que, julgando um desses recursos, a matéria nele abrangente decida todos os demais que com ele guardem pertinência. Nos termos do art. 896-B, da CLT, *o incidente de recursos repetitivos terá cabimento apenas nos recursos de revista.*

A exemplo do que fez em relação ao incidente de uniformização de jurisprudência, a Lei n. 13.015/14 não estabeleceu um procedimento próprio para os recursos repetitivos no Processo do Trabalho, mas apenas limitou-se a determinar a aplicação do CPC de 1973 (arts. 543-B e 543-C), relativamente aos recursos extraordinário e especial. Renova-se aqui a crítica à Lei n. 13.015/14, por ter feito referência expressa ao CPC de 1973, ao invés de ter sido genérica, a bem de alcançar o CPC de 2015. Neste, a matéria é objeto dos arts. 1.036 a 1.041, que tratam do julgamento dos recursos extraordinário e especial repetitivos.

No Processo do Trabalho, levando em conta também as disposições do CPC de 2015, o incidente de recursos repetitivos tem como requisito a existência de multiplicidade de recursos de revista com fundamento em questão de direito. Diante desse cenário, o Presidente do TRT, ao examinar a admissibilidade de cada recurso de revista (art. 1.036, § 1º, do CPC): a) *selecionará dois ou mais* representativos da controvérsia, a fim de que sejam encaminhados ao TST; b) determinará *o sobrestamento dos demais*, até que os recursos selecionados sejam julgados.

Em relação ao item "a" (seleção dos temas):

1) somente podem ser selecionados recursos admissíveis que contenham abrangente argumentação e discussão a respeito da questão a ser decidida (art. 1.036, § 6º, do CPC de 2015, c/c art. 8º, do Ato n. 491/14);

2) a escolha não vinculará o relator, no TST, que poderá selecionar outros processos (art. 1.036, § 4º, do CPC);

3) a omissão do TRT não impede que o relator, no TST, a supra, escolhendo dois ou mais processos, pelos mesmos critérios (art. 1.036, § 5º, do CPC). Nesse caso, o relator submeterá a proposta de afetação ao Presidente da Turma, o qual a submeterá ao Presidente da SDI, que, por sua vez, levará a questão ao colegiado (art. 9º, do Ato n. 491/14). Rejeitada a proposta, o recurso de revista seguirá seu trâmite normal. Aprovada a proposta por maioria simples, será instaurado o *incidente de assunção de competência* (que será examinado no próximo item), devendo o colegiado decidir se a questão será analisada pela própria SDI ou pelo Tribunal Pleno. Definido o órgão julgador, o relator identificará a questão (a qual será a única a ser julgada), determinará a suspensão dos demais processos e requisitará aos Presidentes de todos os TRTs a remessa de um recurso representativo da controvérsia (art. 1.037, III, do CPC de 2015). Neste último caso, o relator, no TST, deverá dar ciência a todos os TRTs, na hipótese de concluir pena não afetação dos recursos (art. 1.037, § 1º, do CPC de 2015).

Quanto ao item "b" (sobrestamento):

1) as partes deverão ser intimadas da suspensão de seu processo (art. 1.037, § 8º, do CPC de 2015, c/c art. 18, do Ato n. 491/14, do TST);

2) se, entre os recursos sobrestados, existir algum que não deva ser admitido por intempestividade, a parte interessada pode requerer a sua exclusão do sobrestamento, a fim de que seja declarado o trânsito em julgado (art. 1.036, § 2º, do CPC). Ouvida a parte contrária, em 5 dias, o Presidente do TRT decidirá, cabendo agravo regimental da decisão que indeferir o requerimento, para o Pleno, haja vista que no Processo do Trabalho não há o recurso de agravo extraordinário previsto no art. 1.042, do CPC;

3) havendo, entre os recursos suspensos, algum que não seja abrangido pelo recurso afetado, poderá a parte interessada requerer o prosseguimento do seu processo ao juízo em cujo Tribunal estiver o seu processo, que julgará após ouvir a parte contrária, em decisão que desafia agravo regimental (art. 1.037, §§ 9º a 11, c/c art. 19, do Ato n. 419/14, do TST);

4) caso os recursos afetados (paradigmas) não sejam julgados no prazo de um ano, a contar da publicação da decisão de sobrestamento, cessam automaticamente a afetação e a suspensão, voltando todos os processos ao seu curso normal (art. 1.037, § 5º, do CPC de 2015);

5) vencido o prazo do item "4", outro relator poderá afetar novamente processos de mesma matéria entre os que lhe competir relatar (art. 1.037, § 6º, do CPC de 2015);

6) havendo matérias remanescentes nos recursos afetados, isto é, que não sejam repetidas nos recursos sobrestados, caberá ao Tribunal decidi-las em primeiro lugar, para só depois decidir as questões repetitivas, situação em que haverá um acórdão específico para cada julgamento (art. 1.037, § 7º, do CPC de 2015). Dessa decisão caberá agravo de instrumento, se proferida no âmbito do TRT, ou *agravo interno*, quando prolatada por Ministro relator no TST (art. 1.037, § 13, do CPC de 2015), no prazo de oito dias (art. 3º, XXIX, da IN 39/16).

Além disso, o CPC de 2015 prevê as seguintes regras procedimentais:

a) o relator pode requisitar informações dos Tribunais inferiores, situação que obriga a concessão de vista ao MPT, após a respectiva prestação, e faculta a oitiva de terceiros, inclusive em audiência pública (art. 1.038, I ao III);

b) o conteúdo do acórdão abrangerá a análise de todos os fundamentos suscitados à tese jurídica discutida, favoráveis ou contrários (art. 1.038, § 3º, do CPC, c/c art. 17, do Ato n. 491/14, do TST);

c) decidido o recurso representativo da controvérsia, os órgãos colegiados declararão prejudicados os demais recursos versando sobre idêntica controvérsia ou os decidirão aplicando a tese (art. 1.039);

d) a parte pode desistir da ação em curso no primeiro grau de jurisdição, antes de proferida a sentença, se a questão nela discutida for idêntica à resolvida pelo recurso representativo da controvérsia, independentemente do consentimento do réu, mesmo após apresentada a defesa, hipótese em que a parte autora ficará isenta das custas (art. 1.040, §§ 1º ao 3º).

Por fim, publicado o acórdão no processo paradigma (arts. 1.040 e 1.041, do CPC de 2015, c/c arts. 20 e 21, do Ato n. 491/14, do TST):

a) se a tese do TST confirmar a do TRT, todos os recursos sobrestados terão seguimento denegado;

b) se a tese do TST contrariar a do TRT, este efetuará juízo de retratação, devendo reexaminar a causa para adequá-la o julgamento à decisão do TST. Caso o TRT mantenha sua decisão, o respectivo recurso de revista será remetido ao TST;

c) os processos suspensos, ainda sem decisão, terão seu curso retomado, para julgamento e aplicação da tese do TST.

Do mesmo modo que o IRDR, o incidente de recurso repetitivo é instaurado em função de um interesse público de garantir a isonomia e a segurança jurídica, razão pela qual, no nosso sentir, a desistência ou abandono do processo não impede seu julgamento (art. 976, § 1º, do CPC de 2015, subsidiariamente).(742)

15.1.8.3. Incidente de assunção de competência

Compete às Turmas do TST julgar os recursos de revista interpostos de decisões dos Tribunais Regionais do Trabalho (art. 5º, "a", da Lei n. 7.701/88). Essa regra, no entanto, pode ser excepcionada por meio do instituto do *incidente de assunção de competência* (IAC), que transfere a competência da Turma para a SDI, do TST.

São requisitos para o cabimento do incidente (art. 896-C, "*caput*", da CLT):

a) requerimento de um dos Ministros que integram a SDI;

b) aprovação da SDI por maioria simples;

c) multiplicidade de recursos de revista fundados em idêntica questão de direito (repetitivos);

d) relevância da matéria ou existência de divergência entre os Ministros da SDI ou das Turmas do TST.

A diferença entre os incidentes de *recursos repetitivos* e de *assunção de competência* reside, em síntese, na origem. No primeiro caso, os recursos paradigmas são afetados pelo Presidente do TRT, para serem julgados por uma das Turmas do TST; no segundo, a afetação é realizada por um Ministro do TST (Presidente de Turma ou de

(742) Enunciado n. 352 do FPPC. "(arts. 998, *caput* e parágrafo único, e 15) É permitida a desistência do recurso de revista repetitivo, mesmo quando eleito como representativo da controvérsia, sem necessidade de anuência da parte adversa ou dos litisconsortes; a desistência, contudo, não impede a análise da questão jurídica objeto de julgamento do recurso repetitivo."

SDI), para que a SDI ou o Tribunal Pleno julgue o recurso, mediante o cumprimento dos requisitos supra citados. Além disso, vale destacar que o *incidente de recursos repetitivos* é regido pelo CPC de 2015, ao passo que o *incidente de assunção de competência* tem regramento próprio na CLT (art. 896-C, da CLT), sendo peculiar da Justiça do Trabalho, porque ele é processado apenas no TST, cujos órgãos internos são específicos e diferentes dos demais Tribunais da Justiça comum.

Nos termos do art. 896-C e do Ato n. 491/14, o incidente tramitará da seguinte forma:

1) o Ministro relator, na Turma do TST, identificará um ou mais recursos de revista paradigmas (representativos da controvérsia repetitiva) e o indicará ao Presidente da Turma ou de uma das Seções Especializadas;

2) o Presidente da Turma ou de SDI afetará o recurso de revista paradigma e expedirá comunicação aos demais Presidentes de Turmas ou de SDI, para que eles eventualmente possam afetar outros processos sobre a questão em debate;

3) a afetação do recurso de revista será submetida ao crivo da SDI, que decidirá, em 30 dias, por maioria simples, rejeitar o incidente ou admiti-lo. Rejeitando-o, promoverá sua devolução à Turma. Admitindo-o, a SDI definirá se o recurso será julgado por ela própria ou pelo Tribunal Pleno, a depender da relevância e das divergências existentes em torno do tema;

4) definido o órgão julgador, o Presidente do TST oficiará aos Presidentes dos TRTs, para que estes admitam um ou mais recursos representativos da controvérsia e os remetam ao TST, suspendendo os demais os recursos interpostos em casos idênticos aos afetados;

5) os recursos de revista afetados serão distribuídos a um relator, que será um dos Ministros da SDI ou do Tribunal Pleno, e a um revisor;

6) o relator, antes de elaborar seu voto:

a) identificará com precisão a questão a ser submetida a julgamento;

b) poderá determinar a suspensão dos recursos de revista ou de embargos;

c) requisitará aos Presidentes dos TRTs a remessa de até dois recursos de revista representativos da controvérsia;

d) poderá solicitar informações aos TRTs (a serem prestadas em 15 dias); e

e) poderá admitir a manifestação de qualquer pessoa, órgão ou entidade com interesse na causa ("*amicus curiae*"), em audiência pública ou por memoriais, inclusive como assistente simples. Ultrapassados esses incidentes, o relator deverá abrir vista ao MPT, para manifestação em 15 dias.

Quando os recursos requisitados ao TRT contiverem outras questões além daquela que é objeto da afetação, caberá ao órgão julgador decidir esta em primeiro lugar, depois as demais, em acórdão específico para cada processo;

7) elaborado o voto, o relator remeterá cópias aos demais Ministros e incluirá o processo em pauta na SDI ou no Tribunal Pleno, o qual terá preferência de julgamento sobre os demais feitos. Se o julgamento não correr no prazo de até um ano, cessam automaticamente a afetação e a suspensão, sem prejuízo de que outro relator possa afetar dois ou mais recursos representativos da mesma controvérsia;

8) a decisão da SDI ou do Tribunal Pleno constará de acórdão, que só poderá versar sobre a questão delimitada na decisão de afetação. Se a tese do TST confirmar a do TRT, todos os recursos sobrestados terão seguimento denegado; caso contrário, se a tese do TST contrariar a do TRT, este efetuará juízo de retratação (devendo reexaminar a causa para adequá-la o julgamento à decisão do TST) ou fará o exame de admissibilidade do recurso de revista, na hipótese de decidir manter sua decisão, para remetê-lo ao TST. Em qualquer caso, a decisão não será aplicada aos casos em que se demonstrar que a situação de fato ou de direito é distinta das presentes no acórdão do TST;

9) o acórdão desafiará recurso extraordinário, para o STF, caso a questão afetada e julgada afronte direta e literalmente a Constituição, situação que deflagrará incidente de recursos repetitivos no STF, cabendo ao Presidente do TST (a) selecionar um ou mais recursos representativos da controvérsia para encaminhá-los ao Excelso, (b) sobrestar os demais recursos idênticos e (c) oficiar aos TRTs para que também suspendam os processos idênticos.

Após o trânsito em julgado, a decisão do TST poderá ser alterada, mediante o instituto da *revisão*. Trata-se de um novo instrumento, cabível somente quando houver modificação na situação econômica, social ou jurídica, desde que seja respeitada a segurança jurídica, preservando-se as situações consolidadas nas relações firmadas sob a égide da decisão anterior. A revisão também permite ao TST modular os efeitos da decisão alterada.

A nosso ver, a ação rescisória permanece cabível para os casos em que não forem admitidos como passíveis de *revisão*.

A CLT não previu, mas a nós parece que a intervenção do Ministério Público do Trabalho, como fiscal da lei, é obrigatória, em analogia ao que ocorre no incidente de recursos repetitivos (art. 896-C, § 9º, da CLT), porque o incidente é de relevante interesse social (art. 178, I, do CPC de 2015. Essa também foi a conclusão do II FNPT.[743]

15.1.9. RECLAMAÇÃO

O instituto da *reclamação* foi criado para preservar a competência e garantir a autoridade da decisão proferida pelo STF (art. 102, I, "l", da CF). Todavia, o art. 988, § 1º, do CPC de 2015 estendeu esse instrumento para todos os Tribunais, abrangendo, portanto, os TRTs e o TST.[744] Nesse sentido é o entendimento do C. TST (art. 3º, XXVII, da IN 39/16).

A *natureza jurídica* da reclamação é polêmica. Todavia, desde o advento da Lei n. 11.417/06, que estabeleceu o cabimento da reclamação contra o descumprimento de súmula vinculante, tem prevalecido a tese de que ela tem natureza jurídica de *ação*. Muito embora não seja um *recurso*, optamos por tratar do tema nesse Capítulo, porque a sua análise depende da compreensão prévia da teoria geral dos recursos trabalhistas.

Como já decidiu o STF, a reclamação constitui um instrumento de mutação das decisões, o qual ganha relevância ímpar no sistema de precedentes, evitando a petrificação da jurisprudência por meio da criação de um mecanismo de revisão dos julgados.[745]

No Processo do Trabalho, a reclamação deve observar as regras do CPC de 2015.

1. *Cabimento*. As hipóteses de cabimento são as seguintes (art. 988, com as alterações da Lei n. 13.256/16):

a) *preservação da competência do tribunal*, como no caso de uma ação rescisória ajuizada na primeira instância, por exemplo;

b) *garantia da autoridade das decisões do tribunal*, tal qual na hipótese de um Juiz de primeira instância se recusar a ouvir uma testemunha por determinação da decisão do Tribunal, que anulou a sentença;

c) *garantia da observância de enunciado de súmula vinculante e decisão do STF em controle concentrado de constitucionalidade*, a exemplo de uma decisão em Recurso Extraordinária ou em ADI, ADC, ADO e ADPF;

d) *garantia da observância de acórdão proferido em julgamento de IRDR* (incidente de resolução de demandas repetitivas) *ou de IAC* (incidente de assunção de competência). Assim, fixada uma tese em sede de IRDR ou em IAC, por um TRT ou pelo TST, será cabível o ajuizamento de reclamação no respectivo Tribunal. No nosso sentir, como o CPC substituiu o IUJ pelo IRDR, a reclamação também será cabível contra decisão que contrariar a decisão proferida em sede de IUJ.

(743) Enunciado n. 43 do II FNPT. "CPC, arts. 179, 947, 976, § 2º, 982, III, 984, II, "a". Incidente de assunção de competência (IAC). Ministério público do trabalho. Intervenção obrigatória. Fiscal da ordem jurídica. O Ministério Público do Trabalho será notificado nos Incidentes de Assunção de Competência, intervindo como fiscal da ordem jurídica e, inclusive, assumindo a titularidade, caso seja necessário (CPC, arts. 179, 947, 976, § 2º, 982, III, 984, II, "a")."

(744) Enunciado n. 350 do FPPC. "(arts. 988 e 15) Cabe reclamação, na Justiça do Trabalho, da parte interessada ou do Ministério Público, nas hipóteses previstas no art. 988, visando a preservar a competência do tribunal e garantir a autoridade das suas decisões e do precedente firmado em julgamento de casos repetitivos."

(745) "Ao julgar uma reclamação, o STF realiza um juízo de confronto e de adequação entre o objeto (ato impugnado) e o parâmetro (decisão do STF tida por violada). Isso pode fazer com que se conclua pela necessidade de redefinição do conteúdo e do alcance do parâmetro (decisão que havia sido proferida). Ao analisar uma reclamação, o STF faz uma espécie de "balançar de olhos" (expressão cunhada por Karl Engisch) entre o ato impugnado (objeto) e o que havia sido decidido (parâmetro) e poderá chegar a conclusão diferente do que já tinha deliberado anteriormente. É por meio da reclamação, portanto, que as decisões do STF permanecem abertas a esse constante processo hermenêutico de reinterpretação realizado pelo próprio Tribunal. A reclamação, dessa forma, constitui um instrumento para a realização de mutação constitucional e de inconstitucionalização de normas que muitas vezes podem levar à redefinição do conteúdo e do alcance, e até mesmo à superação, total ou parcial, de uma antiga decisão." (STF. Plenário. Rcl 4374/PE, rel. Min. Gilmar Mendes, 18.4.2013).

O rol citado é chamado de *parâmetro de controle*. Sempre que uma *decisão judicial* (*sentença* ou *acórdão*, tendo em vista o princípio da irrecorribilidade imediata das decisões interlocutórias) afrontar um desses parâmetros de controle, poderá ser atacada pela via da *reclamação*. Todavia, é ônus da parte demonstrar a existência de relação entre o ato reclamado e o parâmetro de controle (STF. RCL 8.168).

2. *Competência*. Os regimentos internos dos Tribunais poderão estabelecer regras sobre competência funcional para julgamento da reclamação. Sem embargo, a petição inicial deve ser dirigida ao Presidente do Tribunal, mas o processo será distribuído a um relator (art. 988, §§ 2º e 3º, do CPC de 2015) que, no caso do TST, será o relator da causa principal, aplicando-se as regras de prevenção.(746) Por questão de simetria, essa regra também deve ser seguida pelos TRTs.

3. *Legitimidade*. A legitimidade ativa pertence à parte interessada e ao MPT (art. 988 do CPC de 2015). Sem embargo, qualquer interessado poderá impugnar o pedido do reclamante (art. 990 do CPC de 2015).

A legitimidade passiva é da autoridade que tiver incorrido na violação de alguma das hipóteses de cabimento.

4. *Admissibilidade*. A admissibilidade da reclamação fica restrita às decisões que *não transitaram em julgado*, porque a reclamação não tem natureza rescisória, sendo irrelevante que estejam ou não em grau de recurso (art. 988, §§ 5º e 6º, do CPC de 2015). Por isso é que, a nosso ver, ainda que o processo já esteja em instância superior, caberá reclamação no juízo "*a quo*", para fazer respeitar seus precedentes. No mesmo sentido é o Enunciado n. 41, do II FNPT.(747)

Nos termos da Lei n. 13.256/16, também não será admissível a reclamação "proposta para garantir a observância de acórdão de recurso extraordinário com repercussão geral reconhecida ou de acórdão proferido em julgamento de recursos extraordinário ou especial repetitivos, quando não esgotadas as instâncias ordinárias" (art. 988, § 5º, II, do CPC de 2015). Em outras palavras, no âmbito do STF (no controle difuso, isto é, no julgamento de recursos extraordinários) e do STJ (nos recursos especiais repetitivos), a reclamação só terá cabimento quando estiverem esgotadas as vias ordinárias de impugnação (STF. RCL 24.686). No nosso sentir, isso também se aplica ao TST, quanto ao recurso de revista repetitivo.

5. *Procedimento*. Após a distribuição, o processo tramitará da seguinte forma (arts. 989, 991, 992 e 993 do CPC de 2015):

a) requisição de informações à autoridade a quem foi imputada a prática do ato impugnado, que as prestará no prazo de 10 dias;

b) citação do beneficiário da decisão impugnada, para apresentar defesa no prazo de 15 dias;

c) parecer do MPT, no prazo de 5 dias;

d) decisão, que, sendo procedente, determinará o imediato cumprimento, antes mesmo da lavratura do acórdão, cassando a decisão exorbitante ou estabelecendo a medida adequada à solução da controvérsia.

15.1.10. CORREIÇÃO E PEDIDO DE PROVIDÊNCIAS

1. *Correição*. Além da função de julgar, a lei impõe aos tribunais o dever de organizar e fiscalizar o serviço jurisdicional (art. 96, I, "b", da CF; arts. 682, XI, e 709 da CLT), o que ocorre através da *correição*. Esta pode ser feita pela via *ordinária*, de forma periódica (geralmente anual), e *extraordinária*, geral ou parcial.

---

(746) "[...] Embora não haja regra de competência específica para processar e julgar a reclamação no âmbito do TST e caiba ao Órgão Especial deliberar sobe as matérias jurisdicionais não incluídas na competência dos outros órgãos da Corte (art. 69, I, "h", do RITST), aplica-se a regra de prevenção prevista no art. 988, §§ 1º e 3º, do CPC de 2015, quanto ao órgão jurisdicional e ao relator da causa principal, aos casos em que a causa de pedir na reclamação visa à garantia da autoridade de decisão proferida por Turma. [...]" (TST-AgR-Rcl-4852-86.2016.5.00.0000, Órgão Especial, rel. Min. Augusto César Leite de Carvalho, 5.9.2016).

(747) Enunciado n. 41 do II FNPT. "Reclamação. Justiça do Trabalho. Dever de autorreferência. Respeito aos Precedentes. Cabimento TRT, ainda que causa esteja no TST. Dever de coerência. A reclamação é cabível na Justiça do Trabalho e se apresenta como importante instrumento de proteção da isonomia e dos deveres de coerência e estabilidade, pois é expressão do dever de autorreferência em que os Tribunais devem respeitar os seus próprios precedentes."

No âmbito do TST, a correição é regida pelo Regimento Interno da Corregedoria-Geral da Justiça do Trabalho — RICGJT. Nos TRTs, a matéria é tratada nos Regimentos Internos das respectivas Corregedorias.

1.1. *Correição ordinária.* Na Justiça do Trabalho, as correições ordinárias são feitas anualmente, obedecendo a ordem hierárquica, de forma que o TST realiza correição nos Tribunais Regionais e estes, nas Varas do Trabalho.

Os aspectos de exame nas correições em Varas do Trabalho são os seguintes:

> Art. 26. Por ocasião da correição ordinária anual em cada vara do trabalho, são aspectos de exame e registro obrigatório em ata:
>
> I — a averiguação da existência de pronunciamento explícito sobre a admissibilidade dos recursos ordinários e agravos de petição interpostos, não se reputando atendida a exigência em caso de despacho nos quais haja referência às locuções "Processe-se o recurso, na forma da lei" ou "Admito o recurso, na forma da lei";
>
> II — a assiduidade na vara do trabalho do juiz titular ou substituto;
>
> III — a quantidade de dias da semana em que se realizam audiências;
>
> IV — os principais prazos da vara do trabalho (inicial, instrução e julgamento) e o número de processos aguardando sentença na fase de conhecimento e incidentais à fase de execução;
>
> V — a análise de processos, por amostragem, na fase de execução, em especial para averiguar-se:
>
> a) o exaurimento das iniciativas do juiz objetivando tornar exitosa a execução mediante a utilização do BACEN JUD, INFOJUD, RENAJUD, SIMBA — Sistema de Investigação de Movimentações Bancárias e a aplicação subsidiária dos arts. 772 a 777 do CPC;
>
> b) o registro, no sistema informatizado, de todos os atos processuais relevantes praticados, mormente liquidação de sentença, quitação, oposição de embargos e data de conclusão ao juiz para sentença em processos incidentais;
>
> c) a fiscalização do uso regular dos sistemas BACEN JUD e INFOJUD;
>
> d) se o juiz, imediatamente após a liquidação da sentença, em que se apure crédito de valor inequivocamente superior ao do depósito recursal, haja ordenado a pronta liberação deste em favor do credor, de ofício ou a seu requerimento;
>
> e) se há inclusão em pauta de processos na fase de execução;
>
> f) se há registro fidedigno, no sistema informatizado, dos atos processuais praticados;
>
> g) se foi determinada pelo juiz a citação do sócio em caso de desconsideração da personalidade jurídica da empresa executada, por meio de decisão fundamentada, para que, no prazo de 48 (quarenta e oito) horas, indique bens da sociedade (art. 795 do CPC) ou, não os havendo, garanta a execução, sob pena de penhora, com o fim de habilitá-lo à via dos embargos à execução para imprimir, inclusive, discussão sobre a existência da sua responsabilidade executiva secundária.

A correição ordinária também é um importante instrumento de planejamento de ações de gestão, para melhorar a qualidade da prestação do serviço jurisdicional, com adequação de custos, pessoal e tempo.

1.2. *Correição extraordinária geral.* Além das correições anuais, incumbe ao Corregedor-Geral realizar correições extraordinárias gerais, de ofício ou por provocação dos órgãos da Justiça do Trabalho, sempre que houver necessidade.

1.3. *Correição extraordinária parcial.* A *correição parcial* é um instrumento destinado a corrigir *tumulto processual* provocado pelo Juiz. Ela não ocorre no órgão "em geral", mas apenas no processo em que houve tumulto, pelo que é chamada de parcial.

A sua natureza jurídica é polêmica, havendo quem entenda ser *processual, recursal* e até "*sui generis*".

Com efeito, os recursos estão vinculados ao princípio da taxatividade e da legalidade, de maneira que não se pode cria-los por interpretação. Além disso, constituem remédios voltados à anulação e reforma de decisões judiciais. Por isso é que, a nosso ver, a correição parcial tem natureza administrativa, afetando o processo apenas indiretamente, quando corrige tumulto processual decorrente de conduta (erro ou abuso) e omissão do Juiz.

Reforça esse entendimento o fato de que a correição parcial não será admitida na hipótese de haver recuso específico ou de o tumulto processual desafiar mandado de segurança (art. 13 do RICGJT).

Nos termos do art. 13, do RICGJT, a "Correição Parcial é cabível para corrigir erros, abusos e atos contrários à boa ordem processual e que importem em atentado a fórmulas legais de processo, quando para o caso não haja recurso ou outro meio processual específico." É o caso, por exemplo, de ordem judicial para reunião de processos de execução em fases distintas, que cause transtornos ao seu célere andamento.[748]

(748) "[...] A medida liminar concedida em sede de reclamação correcional, determinando o processamento autônomo das execuções indevidamente reunidas pela vara do trabalho, bem como o cancelamento de todos os atos constritivos decorrentes da unificação,

A legitimidade para fazer uso da medida é dos sujeitos do processo no qual tenha havido o tumulto.

A correição parcial será instaurada mediante petição inicial, dirigida ao Corregedor-Geral, acompanhada dos documentos necessários à fundamentação dos pedidos (arts. 14 e 15 do RICGJT).

O prazo para instauração é de cinco dias (art. 17 do RICGJT).

Recebida a petição, o Corregedor-Geral notificará a autoridade requerida, para prestar informações no prazo de dez dias, ao final dos quais o procedimento será concluso, para decisão no prazo de dez dias (arts. 19 e 21 do RICGTJ).

Na decisão, o Corregedor-Geral adotará providências para fazer o processo retomar à sua marcha natural, e, em "situação extrema ou excepcional, poderá o Corregedor-Geral adotar as medidas necessárias a impedir lesão de difícil reparação, assegurando, dessa forma, eventual resultado útil do processo, até que ocorra o exame da matéria pelo órgão jurisdicional competente" (art. 13, parágrafo único, do RICGTJ).

A decisão do Corregedor-Geral desafia recurso de Agravo Regimental, para o Tribunal Pleno do TST (art. 709, § 1º, da CLT).

2. *Pedido de Providência.* As pessoas físicas e jurídicas podem requerer o cadastramento de conta única para bloqueio de valores pelo sistema BACENJUD. A vantagem dessa medida é que o executado não sofrerá bloqueios nas contas que utiliza para realizar suas atividades econômicas.

Pode acontecer, no entanto, de uma conta cadastrada não conter dinheiro, pelo que esse fato dará ensejo a um *pedido de providências*, a pedido do Juiz que preside a execução (arts. 24 e 25 do RICGJT).

15.1.11. HONORÁRIOS ADVOCATÍCIOS

Como já foi dito alhures, o CPC de 2015 inovou ao prever o pagamento de honorários sucumbenciais na fase de recursos. Nos termos do art. 85, § 11, "o tribunal, ao julgar recurso, majorará os honorários fixados anteriormente levando em conta o trabalho adicional realizado em grau recursal [...]." Todavia, essa previsão fica limitada às ações que não decorram da relação de emprego, inclusive em se tratando de recurso extraordinário, para o STF.(749)

Essa regra se aplica também ao recurso de Embargos de Declaração.(750)

15.1.12. REMESSA NECESSÁRIA

Caso a sentença tenha sido proferida em desfavor da Fazenda Pública (União, Estados, Distrito Federal, Município e suas respectivas autarquias e fundações públicas) do da EBCT (Empresa Brasileira de Correios e Telégrafos), o Juiz deverá determinar na sentença a *remessa necessária* dos autos ao juízo "*ad quem*", como *condição de eficácia da decisão* (art. 496 do CPC de 2015). Não se trata, portanto, de recurso, mas optamos por tratar o tema nesse Capítulo, porque a sua análise dependia da compreensão prévia acerca da teoria geral dos recursos trabalhistas.

A finalidade do instituto da remessa necessária é prevenir fraudes aos cofres públicos, estabelecendo a obrigatoriedade de revisão das decisões que imponham condenações à Fazenda Pública.

não obsta o prosseguimento das execuções de forma individualizada perante o juízo competente, razão pela qual a ordem de bloqueio de valores da impetrante, visando à satisfação do crédito trabalhista, não se mostra conflitante com a liminar obtida. [...]" (TST-RO-10190-96.2012.5.03.0000, SBDI-II, rel. Min. Douglas Alencar Rodrigues, 10.3.2015).

(749) "[...] Descabe a fixação de honorários recursais, preconizados no art. 85, § 11 do Código de Processo Civil de 2015, quando tratar-se de extraordinário formalizado no curso de processo cujo rito os exclua." (STF. AG. REG. NO ARE N. 948.578-RS).

(750) "Após 18 de março de 2016, data do início da vigência do Novo Código de Processo Civil, é possível condenar a parte sucumbente em honorários advocatícios na hipótese de o recurso de embargos de declaração não atender os requisitos previstos no art. 1.022 do referido diploma e tampouco se enquadrar em situações excepcionais que autorizem a concessão de efeitos infringentes." (STF. RE 929925 AgR-ED/RS, rel. Min. Luiz Fux, 7.6.2016).

Por isso é que, na remessa necessária, o Tribunal pode reexaminar todas as parcelas da condenação,[751] mas não pode agravar a condenação imposta à Fazenda Pública.[752] Também é por esse motivo que a lei dispensa a obrigatoriedade do instituto em alguns casos em que o risco de lesão ao erário seja pequeno, o que ocorre quando o valor da condenação for inferior ao limite estabelecido no art. 496, § 3º, do CPC de 2015 ou quando a sentença estiver de acordo com *acórdão do STF, súmula* ou *decisão de recurso com efeito repetitivo do TST* (Súmula 303 do TST[753]) ou *entendimento vinculante do próprio ente*[754] (súmulas, pareceres, etc).

O C. TST declarou que o instituto da remessa necessária é aplicável ao Processo do Trabalho (art. 3º, X, da IN 39/16), com o que concordamos, tendo em vista que o interesse público também prepondera no âmbito trabalhista (art. 8º da CLT).

O CPC de 2015 ampliou as hipóteses de dispensa da remessa necessária e aumentou o valor dos limites, diferenciando-os em relação a cada ente, o que certamente resultará na drástica redução do número de processos com remessa necessária:

> Art. 496. Está sujeita ao duplo grau de jurisdição, não produzindo efeito senão depois de confirmada pelo tribunal, a sentença:
>
> [...]
>
> § 3º Não se aplica o disposto neste artigo quando a condenação ou o proveito econômico obtido na causa for de valor certo e líquido inferior a:
>
> I — 1.000 (mil) salários-mínimos para a União e as respectivas autarquias e fundações de direito público;
>
> II — 500 (quinhentos) salários-mínimos para os Estados, o Distrito Federal, as respectivas autarquias e fundações de direito público e os Municípios que constituam capitais dos Estados;
>
> III — 100 (cem) salários-mínimos para todos os demais Municípios e respectivas autarquias e fundações de direito público.
>
> § 4º Também não se aplica o disposto neste artigo quando a sentença estiver fundada em:
>
> I — súmula de tribunal superior;
>
> II — acórdão proferido pelo Supremo Tribunal Federal ou pelo Superior Tribunal de Justiça em julgamento de recursos repetitivos;
>
> III — entendimento firmado em incidente de resolução de demandas repetitivas ou de assunção de competência;
>
> IV — entendimento coincidente com orientação vinculante firmada no âmbito administrativo do próprio ente público, consolidada em manifestação, parecer ou súmula administrativa.

No Processo comum, esses valores só são utilizados quando as sentenças são líquidas, de maneira que as sentenças ilíquidas não dispensam a remessa necessária.[755] Todavia, no Processo do Trabalho, todas as sentenças têm um valor arbitrado, ao menos para fim de apuração das custas processuais (art. 832, § 2º, da CLT), ainda que não sejam líquidas, razão pela qual os valores citados deverão ser aferidos segundo esse arbitramento.

As decisões antecipadas do relator do recurso (art. 932 do CPC) também são cabíveis na remessa necessária.[756]

---

(751) Súmula do STJ n. 325: A remessa oficial devolve ao Tribunal o reexame de todas as parcelas da condenação suportadas pela Fazenda Pública, inclusive dos honorários de advogado.

(752) Súmula do STJ n. 45: No reexame necessário, é defeso, ao tribunal, agravar a condenação imposta à Fazenda Pública.

(753) Súmula do TST n. 303. ""Fazenda pública. Reexame necessário (nova redação em decorrência do CPC de 2015) I — Em dissídio individual, está sujeita ao reexame necessário, mesmo na vigência da Constituição Federal de 1988, decisão contrária à Fazenda Pública, salvo quando a condenação não ultrapassar o valor correspondente a: a) 1.000 (mil) salários mínimos para a União e as respectivas autarquias e fundações de direito público; b) 500 (quinhentos) salários mínimos para os Estados, o Distrito Federal, as respectivas autarquias e fundações de direito público e os Municípios que constituam capitais dos Estados; c) 100 (cem) salários mínimos para todos os demais Municípios e respectivas autarquias e fundações de direito público. II — Também não se sujeita ao duplo grau de jurisdição a decisão fundada em: a) súmula ou orientação jurisprudencial do Tribunal Superior do Trabalho; b) acórdão proferido pelo Supremo Tribunal Federal ou pelo Tribunal Superior do Trabalho em julgamento de recursos repetitivos; c) entendimento firmado em incidente de resolução de demandas repetitivas ou de assunção de competência; d) entendimento coincidente com orientação vinculante firmada no âmbito administrativo do próprio ente público, consolidada em manifestação, parecer ou súmula administrativa. III — Em ação rescisória, a decisão proferida pelo Tribunal Regional do Trabalho está sujeita ao duplo grau de jurisdição obrigatório quando desfavorável ao ente público, exceto nas hipóteses dos incisos anteriores; IV — Em mandado de segurança, somente cabe reexame necessário se, na relação processual, figurar pessoa jurídica de direito público como parte prejudicada pela concessão da ordem. Tal situação não ocorre na hipótese de figurar no feito como impetrante e terceiro interessado pessoa de direito privado, ressalvada a hipótese de matéria administrativa."

(754) União, Estados, DF ou Municípios e suas respectivas autarquias e fundações públicas.

(755) Súmula do STJ n. 490: A dispensa de reexame necessário, quando o valor da condenação ou do direito controvertido for inferior a sessenta salários mínimos, não se aplica a sentenças ilíquidas.

(756) Súmula do STJ n. 253: O art. 557 do CPC, que autoriza o relator a decidir o recurso, alcança o reexame necessário.

A sentença que não determina a remessa necessária, quando for o caso, será existente e válida, mas não será capaz de produzir efeitos.[757] A remessa necessária não é, portanto, um "recurso de ofício", uma vez que os recursos têm por característica a voluntariedade, mas a relação entre a remessa necessária e o recurso gera efeitos recíprocos.

Veja-se, por exemplo, o caso em que o juiz não determina a remessa necessária, apesar da condenação imposta à Fazenda Pública ter sido superior ao limite legal, mas o reclamante ou a própria Fazenda Pública interpõem voluntariamente o recurso ordinário. Essa circunstância geraria nulidade processual? Para um setor da doutrina, definitivamente a remessa necessária e o recurso não se confundem, razão pela qual a nulidade deveria ser decretada pelo juízo, pena de impossibilidade de operação do trânsito em julgado da decisão.

No nosso sentir, entretanto, as nulidades no Processo do Trabalho só devem ser decretadas quanto resultar dos atos inquinados manifesto prejuízo às partes (art. 794 da CLT). No caso em exame, o recurso ordinário possui efeito devolutivo amplo,[758] tanto vertical quanto horizontal, que permite ao Tribunal "*ad quem*" conhecer de todas as questões de fato e de direito, ainda que não tenham sido objeto das razões recursais. Por isso, a ausência da remessa necessária não gera qualquer prejuízo para a Fazenda Pública, de maneira que a nulidade não deveria ser decretada, mas sim convalidada (art. 796, "a", da CLT).

Outra situação tem sido motivo de polêmica. Imagine-se, por exemplo, que a sentença de primeiro grau tenha julgado improcedentes os pedidos em face da Fazenda Pública. Insatisfeito, o reclamante recorre e, na segunda instância, obtém o provimento do recurso para reformar a sentença, condenando a Fazenda Pública a pagar quantia superior ao limite legal, havendo a inversão do ônus da sucumbência. Nesse caso, o Tribunal deverá determinar a remessa necessária da decisão ao TST? Há quem diga que sim, porque a remessa tem lugar em relação à primeira decisão condenatória. Além disso, a remessa necessária seria realizada sem a necessidade de observância dos pressupostos recursais relativos ao recurso de revista, uma vez que não é recurso, mas apenas condição de eficácia da decisão.

Data venia, parece mais razoável a corrente que dispensa a remessa necessária em casos como esse, de inversão da sucumbência. Isso porque o instituto em epígrafe tem por finalidade forçar o duplo grau de julgamento da matéria, objetivo que já foi alcançado, uma vez que o processo alcançou a instância recursal.

Por fim, calha analisar a hipótese em que o juiz de primeira instância determina a remessa necessária, sem interposição de recurso pelas partes. Havendo a confirmação da decisão pelo Tribunal Regional, poderia a Fazenda Pública interpor recurso de revista? É razoável crer que não. Isso porque o art. 896 da CLT expressamente dispõe que cabe recurso de revista para a Turma do TST das decisões proferidas *em grau de recurso ordinário*, em dissídio individual, pelos Tribunais Regionais do Trabalho. Dessa forma, se o recurso ordinário não foi anteriormente interposto, não há lugar para o recurso de revista.

15.1.13. ESPÉCIES RECURSAIS

A tabela seguinte apresenta os recursos tipicamente trabalhistas, os quais serão vistos separadamente, logo a seguir.

Não estão entre eles o *recurso extraordinário*, de competência do STF (art. 266 do RITST[759]), e o *agravo de instrumento* contra despacho denegatório do recurso extraordinário (art. 269 do RITST[760]), por não serem tipicamente trabalhista. Todavia, fica a advertência que, esgotados os recursos na Justiça do Trabalho, caberá o

(757) Súmula do STF n. 423: Não transita em julgado a sentença por haver omitido o recurso "*ex officio*", que se considera interposto "*ex lege*".

(758) Para compreender melhor os efeitos recursais, remetemos o leitor ao capítulo sobre recursos.

(759) RITST: "Art. 266. Cabe recurso extraordinário das decisões do Tribunal proferidas em única ou última instância, nos termos da Constituição da República. § 1.º O recurso será interposto em petição fundamentada, no prazo de quinze dias da publicação do acórdão ou de suas conclusões no órgão oficial. § 2.º A petição do recurso extraordinário será juntada aos autos após transcorrido o prazo legal sem a interposição de recurso de competência do Tribunal Superior do Trabalho, abrindo-se, de imediato, vista dos autos à parte contrária para apresentação das contrarazões no prazo de quinze dias."

(760)RITST: "Art. 269. Cabe agravo de instrumento contra despacho denegatório do recurso extraordinário, no prazo de dez dias, contados de sua publicação no órgão oficial."

recurso extraordinário no prazo de quinze dias para o pretório excelso, caso a matéria tenha índole constitucional, nos mesmos moldes previstos para o processo comum.

Recurso	*Juízo a quo*	*Juízo "ad quem"*	Prazo	Formalidades
Ordinário	Vara do Trabalho	TRT (Pleno ou Turma)	8 dias	Petição de interposição. Preparo.
Revista	TRT	TST (Turma)	8 dias	Petição de interposição. Razões recursais. Preparo.
Embargos no TST	Turma do TST SDC do TST	SDI do TST SDC do TST	8 dias 8 dias	Petição de interposição. Razões recursais. Preparo.
Embargos de declaração	Qualquer órgão do Judiciário	O mesmo órgão que prolatou a decisão.	5 dias	Petição de interposição. Razões recursais.
Agravo de Instrumento	Qualquer órgão do Judiciário	Órgão a que incumbia julgar o recurso indeferido	8 dias	Petição de interposição. Razões recursais. Preparo. Formação do traslado.
Agravo de Petição	Vara do Trabalho	TRT (Pleno ou Turma)	8 dias	Petição de interposição. Razões recursais.
Agravo Regimental	Relator, Presidente do Tribunal ou Corregedor	Órgão Especial, Seção ou Turma	8 dias	Petição de interposição. Razões recursais.
Agravo Inominado ou Interno	Relator	Turma	8 dias	Petição de interposição. Razões recursais.
Recurso adesivo	Qualquer órgão do Judiciário	Mesmo órgão do recurso principal	Mesmo prazo	Mesmas formalidades do recurso que substitui, inclusive quanto ao preparo.
Pedido de Revisão do valor da causa	Vara do Trabalho	Presidente do TRT	48h	Petição instruída com cópia da inicial e da ata da audiência.

15.2. RECURSO ORDINÁRIO

1. *Cabimento.* No Processo do Trabalho, o recurso ordinário corresponde à apelação no Processo Civil. Contudo, ele tem regras próprias, estando previsto no art. 895 da CLT, e tem cabimento contra decisões *definitivas* (com resolução de mérito) ou *terminativas* (sem resolução de mérito) de Juiz do Trabalho para o respectivo TRT, ou destes para o TST, nas seguintes ações ajuizadas originariamente nos Tribunais Regionais (art. 225 do RITST[(761)]): a) ação anulatória; b) ação declaratória; c) agravo regimental; d) ação rescisória; e) dissídio coletivo; f) *habeas corpus*; g) *habeas data*; e h) mandado de segurança.

Em outras palavras, o recurso ordinário tem cabimento contra decisões proferidas em primeira instância (Vara do Trabalho ou TRT), inclusive em sede de mandado de segurança e ação rescisória.[(762)]

(761) Esse dispositivo também prevê a ação cautelar, a qual excluímos nesta obra, tendo em vista a sua extinção pelo CPC de 2015.

(762) Orientação jurisprudencial da SDI-II do TST n. 152. "Ação rescisória e mandado de segurança. Recurso de revista de acórdão regional que julga ação rescisória ou mandado de segurança. Princípio da fungibilidade. Inaplicabilidade. Erro grosseiro na interposição do recurso. A interposição de recurso de revista de decisão definitiva de Tribunal Regional do Trabalho em ação rescisória ou em mandado de segurança, com fundamento em violação legal e divergência jurisprudencial e remissão expressa ao art. 896 da CLT, configura erro grosseiro, insuscetível de autorizar o seu recebimento como recurso ordinário, em face do disposto no art. 895, "b", da CLT".

2. *Prazo*. Ele deve ser interposto no prazo de oito dias (art. 895 da CLT).

3. *Natureza jurídica*. A natureza jurídica do recurso ordinário, como informa seu próprio nome, é *ordinária*, razão pela qual ele poderá versar sobre matéria de fato e de direito, reexaminando provas, com efeito devolutivo amplo,[763] tanto vertical quanto horizontal.[764]

4. *Preparo e regularidade formal*. Ele está sujeito a preparo e pode ser interposto por mera petição, sem a necessidade de apresentação de razões recursais (art. 899 da CLT).

5. *Rito sumário*. Nas causas cujo valor não exceda a dois salários mínimos, o rito processual será o sumário, no qual o recurso ordinário só será cabível nos casos de violação direita à Constituição Federal (art. 2º, § 4º, da Lei n. 5.584/70).

6. *Rito sumaríssimo*. No rito sumaríssimo, nos termos do § 1º, do art. 895, da CLT, o recurso ordinário será imediatamente distribuído ao relator, o qual terá o prazo de dez dias para elaborar seu voto, ao final do qual o incluirá em pauta de imediato, sem necessidade de revisor. Durante a sessão de julgamento, a intervenção do MPT será feita por parecer oral, se necessário. A certidão de julgamento servirá de acórdão, caso a sentença seja confirmada por seus próprios fundamentos.

7. *Rito ordinário*. No rito ordinário, o processamento do recurso ordinário observará o regimento interno do Tribunal, o qual, geralmente, estabelece prazos maiores que os previstos para o sumaríssimo, além de prever a necessidade de remessa dos autos ao revisor e ao MPT, antes da sessão de julgamento, cuja certidão não poderá substituir o acórdão.

8. *Dissídio coletivo*. Já no dissídio coletivo, uma vez publicada a decisão, as partes poderão interpor recurso ordinário para o TST, no caso de o dissídio coletivo ter sido julgado pelo TRT (art. 895, II, da CLT). Se o dissídio foi originariamente instaurado perante o TST, só caberá recurso se a decisão não tiver sido unânime (embargos infringentes). O Presidente do Tribunal pode conceder efeito suspensivo ao recurso, pelo prazo improrrogável de cento e vinte dias (art. 9º da Lei n. 7.701/88).

Caso a sentença normativa não seja publicada nos vinte dias subsequentes ao julgamento, poderá qualquer dos litigantes ou o MPT, quando autor do dissídio coletivo, interpor recurso ordinário, fundado, apenas, na certidão de julgamento, inclusive com pedido de efeito suspensivo. Publicado o acórdão, reabrir-se-á o prazo para eventual aditamento do recurso interposto (art. 7º, § 2º, da Lei n. 7.701/88).

9. *Matéria administrativa*. Em matéria administrativa, como se disse, a regra é a interposição de agravo regimental. A decisão que julgá-lo desafiará recurso ordinário (art. 225, IV, do RITST), exceto das decisões proferidas em sede de Correição Parcial ou Pedido de Providência,[765] pelo Corregedor do Tribunal Regional.

---

(763) "Prescrição suscitada em contestação e não analisada em sentença. Exame em sede de recurso ordinário do reclamante. Não arguição em contrarrazões. Possibilidade. Princípio da ampla devolutividade. Em face do princípio da ampla devolutividade, a prejudicial de prescrição arguida em contestação e não examinada em sentença que julgou improcedente a reclamação trabalhista é automaticamente devolvida ao exame do colegiado quando do julgamento do recurso ordinário do reclamante, mesmo que não suscitada em contrarrazões. [...]" (TST. E-RR-589200-82.2006.5.12.0036. Relator: Ministro Renato de Lacerda Paiva. SDI-I. DEJT: 14.06.12).

(764) Súmula do TST n. 393. "Recurso Ordinário. Efeito devolutivo em profundidade. Art. 1.013, § 1º, do CPC DE 2015. ART. 515, § 1º, DO CPC de 1973. I — O efeito devolutivo em profundidade do recurso ordinário, que se extrai do § 1º do art. 1.013 do CPC de 2015 (art. 515, § 1º, do CPC de 1973), transfere ao Tribunal a apreciação dos fundamentos da inicial ou da defesa, não examinados pela sentença, ainda que não renovados em contrarrazões, desde que relativos ao capítulo impugnado. II — Se o processo estiver em condições, o tribunal, ao julgar o recurso ordinário, deverá decidir desde logo o mérito da causa, nos termos do § 3º do art. 1.013 do CPC de 2015, inclusive quando constatar a omissão da sentença no exame de um dos pedidos."

(765) Orientação Jurisprudencial do Tribunal Pleno do TST n. 5. "Recurso ordinário. Cabimento. Não cabe recurso ordinário contra decisão em agravo regimental interposto em reclamação correicional ou em pedido de providência".

15.3. RECURSO DE REVISTA

Na Justiça do Trabalho, o recurso de revista equivale ao recurso especial, no Processo Civil. Ele é apreciado pelo TST, por intermédio de uma de suas Turmas, e se destina a corrigir a má aplicação ou interpretação da lei ou súmula vinculante do STF, nas decisões proferidas pelos TRTs, no julgamento de recurso ordinário, em dissídios individuais (art. 896 da CLT).

Sua natureza jurídica é de recurso *extraordinário*,(766) isto é, seu objeto é apenas o direito,(767) não comportando o reexame de fatos e provas.(768)

O recurso deve ser interposto perante o Presidente do Tribunal regional recorrido, que poderá recebê-lo ou denegá-lo, fundamentadamente, conforme o preenchimento ou não dos pressupostos de admissibilidade (art. 896, § 1º, da CLT). Se o Presidente do TRT denegar seguimento ao recurso de revista, caberá agravo de instrumento, no prazo de oito dias, para o TST (art. 897, "b", da CLT). Se recebê-lo, remetê-lo-á ao TST para julgamento.

Recebido o recurso de revista por um fundamento, entre muitos apresentados pela parte, o TST poderá examinar todos (art. 1.034, parágrafo único, do CPC de 2015, aplicável ao Processo do Trabalho, nos termos do art. 12, da IN 39/16, do TST, com o qual concordamos).

Pode acontecer, porém, de o Presidente do TRT admitir apenas parte do recurso de revista. Nesse caso, a parte tem o ônus de impugnar, "mediante agravo de instrumento, o capítulo denegatório da decisão, sob pena de preclusão" (art. 1º da IN 40/16 do C. TST).

Ao despachar o recurso de revista, o Presidente do TRT deve verificar se a decisão recorrida está de acordo com o entendimento do Tribunal sobre a matéria. Concluindo pela existência de divergências (por exemplo, uma das Turmas está julgando de forma diferente), o Presidente do TRT deve provocar o *incidente de uniformização de jurisprudência*, na forma do regimento interno do Tribunal (art. 896, § 5º, da CLT).

No entendimento do C. TST, com o advento do CPC de 2015, a decisão do Presidente do TRT, sobre a admissibilidade do recurso de revista, desafia embargos de declaração, se houver omissão quanto ao exame de um ou mais temas (art. 1º, § 1º, da IN 40/16).

Além disso, o C. TST visualiza nulidade na decisão regional que não exercer o controle de admissibilidade sobre os temas que foram objeto dos embargos (art. 1º, § 2º, da IN 40/16), nulidade que deverá ser atacada com a interposição de agravo de instrumento (art. 1º, § 3º, da IN 40/16), no qual o Ministro relator, no TST, pode determinar a devolução do recurso ao Presidente do TRT de origem, para que complemente o juízo de admissibilidade do recurso de revista, tendo em conta o conteúdo dos embargos de declaração (art. 1º, § 3º, da IN 40/16). Trata-se de mudança radical de entendimento, pois o C. TST não admitia a oposição de embargos de declaração dessa decisão, que tem natureza interlocutória. O exame acerca dessa conclusão será realizado no tópico referente aos embargos de declaração, ao qual remetemos o leitor.

Chegando ao TST, o recurso de revista é distribuído a um relator. Este, assim como o Presidente do TRT, deverá fazer o exame dos pressupostos de admissibilidade, podendo mandar sanar os vícios que reputar leves, salvo o de intempestividade (art. 896, § 11, da CLT).

Nos termos da Lei n. 13.467/17 (reforma trabalhista), o ministro relator do recurso de revista, no TST, poderá denegar seguimento ao recurso, em decisão monocrática, nas hipóteses de intempestividade, deserção, irregularidade de representação ou ausência de qualquer outro pressuposto extrínseco ou intrínseco de admissibilidade (art. 896, § 14, da CLT).

(766) O recurso de revista, inclusive, foi denominado de "recurso extraordinário" até 1949, quanto então essa nomenclatura passou a ser utilizada para designar o recurso que é dirigido ao STF.

(767) Súmula do STF n. 457: O Tribunal Superior do Trabalho, conhecendo da revista, julgará a causa, aplicando o direito à espécie.

(768) Súmula do TST n. 126. "Recurso. Cabimento. Incabível o recurso de revista ou de embargos (arts. 896 e 894, "b", da CLT) para reexame de fatos e provas".

Decidindo o relator pela denegação do recurso, caberá agravo, no prazo de oito dias (art. 896, § 12, da CLT). Além disso, o relator, verificando a existência de decisões atuais e conflitantes no âmbito do mesmo TRT sobre o tema objeto de recurso de revista, determinará o retorno dos autos à Corte de origem, para que proceda à uniformização de sua jurisprudência (art. 896, §§ 4º e 5º, da CLT).

Vale lembrar que o recurso de revista admite os incidentes de *recursos repetitivos* e de *assunção de competência* (art. 896, § 13, da CLT), os quais já foram objeto de análise.

A seguir, serão examinados os *pressupostos de admissibilidade* do recurso de revista.

1. *Cabimento*. Nos termos do art. 896 da CLT, o recurso de revista tem cabimento quando a decisão do Tribunal Regional, em sede de recurso ordinário, em dissídio individual, contiver:

a) *ilegalidade*, por violação literal de disposição de lei federal ou afronta direta e literal à Constituição; ou

b) *divergência*, na interpretação de dispositivo de lei federal entre o acórdão recorrido e outro TRT (pela Turma ou pelo Pleno), o TST(769) (pela SDI ou constante de Súmula e OJ(770)) ou o STF (somente por súmula vinculante) e, na hipótese de possuir abrangência maior que a jurisdição do TRT de origem,(771) lei estadual, acordo coletivo de trabalho, convenção coletiva de trabalho, sentença normativa e regulamento de empresa.(772)

Dessa forma, não cabe recurso de revista por divergência jurisprudencial do próprio Regional prolator da decisão recorrida (*v. g.*, entre Turmas do mesmo TRT) e desta com a de Turma do TST, pois compete a cada Tribunal uniformizar sua própria jurisprudência (art. 896, § 3º, da CLT).

1.1. *Ilegalidade*. As razões por violação de lei devem indicar expressamente o dispositivo de lei ou da Constituição tido por violado,(773) além de demonstrar que a interpretação do juízo "*a quo*" não é razoável, considerando a literalidade do dispositivo legal.(774)

Não é necessário, porém, que a parte utilize as expressões "contrariar", "ferir", ou "violar".(775)

1.2. *Divergência*. A divergência jurisprudencial apta a ensejar o recurso de revista deverá ser específica, revelando, expressamente, as teses diversas na interpretação de um mesmo dispositivo legal.(776)

(769) Súmula do STF n. 401: Não se conhece do recurso de revista, nem dos embargos de divergência, do processo trabalhista, quando houver jurisprudência firme do Tribunal Superior do Trabalho no mesmo sentido da decisão impugnada, salvo se houver colisão com a jurisprudência do Supremo Tribunal Federal.

(770) Orientação jurisprudencial da SDI-I do TST n. 219. "Recurso de revista ou de embargos fundamentado em orientação jurisprudencial do TST. É válida, para efeito de conhecimento do recurso de revista ou de embargos, a invocação de Orientação Jurisprudencial do Tribunal Superior do Trabalho, desde que, das razões recursais, conste o seu número ou conteúdo".

(771) Orientação jurisprudencial da SDI-I do TST n. 147. "Lei estadual, norma coletiva ou norma regulamentar. Conhecimento indevido do recurso de revista por divergência jurisprudencial. I — É inadmissível o recurso de revista fundado tão-somente em divergência jurisprudencial, se a parte não comprovar que a lei estadual, a norma coletiva ou o regulamento da empresa extrapolam o âmbito do TRT prolator da decisão recorrida. II — É imprescindível a argüição de afronta ao art. 896 da CLT para o conhecimento de embargos interpostos em face de acórdão de Turma que conhece indevidamente de recurso de revista, por divergência jurisprudencial, quanto a tema regulado por lei estadual, norma coletiva ou norma regulamentar de âmbito restrito ao Regional prolator da decisão".

(772) Súmula do TST n. 312. "Constitucionalidade. Alínea "b" do art. 896 da CLT — É constitucional a alínea "b" do art. 896 da CLT, com a redação dada pela Lei n. 7.701, de 21.12.1988".

(773) Súmula do TST n. 459. "Recurso de revista. Nulidade por negativa de prestação jurisdicional. O conhecimento do recurso de revista, quanto à preliminar de nulidade, por negativa de prestação jurisdicional, supõe indicação de violação do art. 832 da CLT, do art. 489 do CPC de 2015 (art. 458 do CPC de 1973) ou do art. 93, IX, da CF/1988."

(774) Súmula do TST n. 221. "Recurso de revista. Violação de lei. Indicação de preceito.A admissibilidade de recurso de revista por violação tem como pressuposto a indicação expressa do dispositivo de lei ou da Constituição tido como violado.".

(775) Orientação jurisprudencial da SDI-I do TST n. 257. "Recurso de revista. Fundamentação. Violação de lei. Vocábulo violação. Desnecessidade. A invocação expressa no recurso de revista dos preceitos legais ou constitucionais tidos como violados não significa exigir da parte a utilização das expressões "contrariar", "ferir", "violar", etc".

(776) Súmula do TST n. 296. "Recurso. Divergência jurisprudencial. Especificidade. I — A divergência jurisprudencial ensejadora da admissibilidade, do prosseguimento e do conhecimento do recurso há de ser específica, revelando a existência de teses diversas na interpretação de um mesmo dispositivo legal, embora idênticos os fatos que as ensejaram. II — Não ofende o art. 896 da CLT decisão de

Como já foi dito, se existir divergência no âmbito do mesmo TRT, a matéria deverá ser necessariamente pacificada, pelo do *incidente de uniformização e jurisprudência*,[777] do qual será editada uma súmula ou tese jurídica, que então servirão como paradigma para viabilizar o reconhecimento do recurso de revista por divergência (art. 896, § 6º, da CLT).

A divergência há de ser, portanto, entre Regionais diferentes[778] ou em relação à SDI do TST ou suas Súmulas e Orientações Jurisprudenciais. Ela só ensejará o recurso de revista, se for atual,[779] não se considerando como tal aquela ultrapassada por súmula ou orientação jurisprudencial do TST ou súmula do STF (não precisa ser vinculante) (art. 896, § 7º, da CLT), e se abranger todos os fundamentos da decisão atacada.[780]

Para comprovar a divergência jurisprudencial, é necessário que o recorrente (art. 896, § 8º, da CLT, c/c Súmula n. 337, do TST[781]): a) junte certidão, cópia ou citação do repositório de jurisprudência, oficial ou credenciado, inclusive em mídia eletrônica (inclusive a internet, com indicação da fonte), em que houver sido publicada a decisão divergente; e b) transcreva, nas razões recursais, as ementas ou trechos dos acórdãos divergentes; c) demonstre o confronto analítico de teses, apresentando argumentação que comprove o conflito entre os arestos.[782]

O Diário Oficial (DEJT) apenas disponibiliza ementas de julgados, pelo que o recorrente, caso opte em utilizá-lo como fonte de jurisprudência, deve citar o site de onde ele foi retirado. Já os repositórios autorizados pelo TST constam de rol disponibilizado no site do referido tribunal (<http://www.tst.jus.br/documents/1295387/1391696/repositorio_tabela. pdf>, acesso em 07/05/2017).

Oferta-se um exemplo de como deve ser feita a referência da jurisprudência retirada da internet, para fins de comprovação da divergência jurisprudencial, nos termos da Súmula n. 377 do TST:

> "*Texto da ementa com o trecho divergente*". (TST. Processo 000000-00.0000.0.00.0000, Relator Ministro ..., SDI-I, DEJT ../../..., página ...; extraído de: <http://www.tst.jus.br/>, acesso em ../../...)

Turma que, examinando premissas concretas de especificidade da divergência colacionada no apelo revisional, conclui pelo conhecimento ou desconhecimento do recurso".

(777) Orientação jurisprudencial da SDI-I do TST n. 111. "Recurso de revista. Divergência jurisprudencial. Aresto oriundo do mesmo Tribunal Regional. Lei n. 9.756/1998. Inservível ao conhecimento. Não é servível ao conhecimento de recurso de revista aresto oriundo de mesmo Tribunal Regional do Trabalho, salvo se o recurso houver sido interposto anteriormente à vigência da Lei n. 9.756/1998".

(778) A hipótese de lei estadual com abrangência maior que a do TRT está restrita ao Estado de São Paulo, que possui dois TRT's, o da primeira e o da décima quinta região.

(779) Súmula do TST n. 333. "Recursos de revista. Conhecimento — Não ensejam recurso de revista decisões superadas por iterativa, notória e atual jurisprudência do Tribunal Superior do Trabalho".

(780) Súmula do TST n. 23. "Recurso. Não se conhece de recurso de revista ou de embargos, se a decisão recorrida resolver determinado item do pedido por diversos fundamentos e a jurisprudência transcrita não abranger a todos".

(781) Súmula do TST n. 337. "Comprovação de divergência jurisprudencial. Recursos de revista e de embargos. I — Para comprovação da divergência justificadora do recurso, é necessário que o recorrente: a) Junte certidão ou cópia autenticada do acórdão paradigma ou cite a fonte oficial ou o repositório autorizado em que foi publicado; e b) Transcreva, nas razões recursais, as ementas e/ou trechos dos acórdãos trazidos à configuração do dissídio, demonstrando o conflito de teses que justifique o conhecimento do recurso, ainda que os acórdãos já se encontrem nos autos ou venham a ser juntados com o recurso. II — A concessão de registro de publicação como repositório autorizado de jurisprudência do TST torna válidas todas as suas edições anteriores. III — A mera indicação da data de publicação, em fonte oficial, de aresto paradigma é inválida para comprovação de divergência jurisprudencial, nos termos do item I, "a", desta súmula, quando a parte pretende demonstrar o conflito de teses mediante a transcrição de trechos que integram a fundamentação do acórdão divergente, uma vez que só se publicam o dispositivo e a ementa dos acórdãos; IV - É válida para a comprovação da divergência jurisprudencial justificadora do recurso a indicação de aresto extraído de repositório oficial na internet, desde que o recorrente: a) transcreva o trecho divergente; b) aponte o sítio de onde foi extraído; e c) decline o número do processo, o órgão prolator do acórdão e a data da respectiva publicação no Diário Eletrônico da Justiça do Trabalho."

(782) "[...]. Para a demonstração de divergência jurisprudencial justificadora do recurso, não é suficiente que o recorrente apenas transcreva a ementa de aresto potencialmente discordante do acórdão atacado, sendo indispensável que haja o confronto analítico de teses, conforme exigido pela Súmula n. 337, I, "b", do TST. [...]" (TST-E-ED-RR-33200-08.2004.5.04.0006, SBDI-I, rel. Min. Augusto César Leite de Carvalho, 26.2.2015).

1.3. *Rito sumaríssimo*. Nas causas sujeitas ao procedimento sumaríssimo somente será admitido recurso de revista por contrariedade a súmula do TST (contra OJ não cabe, portanto[783]), súmula vinculante do STF ou violação direta da CF (art. 896, § 9º, da CLT). Os recursos interpostos nas causas de valor inferior a quarenta salários mínimos antes da criação do rito sumaríssimo (pela Lei n. 9.957/00), no entanto, serão admitidos.[784]

1.4. *Execução*. No processo de execução, o recurso de revista será cabível nas seguintes hipóteses: a) nas execuções de sentença, incluindo embargos de terceiro, só por ofensa direta e literal de norma da Constituição (art. 896, § 2º, da CLT); b) nas execuções fiscais e nas que envolvam controvérsias sobre a Certidão Negativa de Débitos Trabalhistas (CNDT), será possível o cabimento por violação à lei federal, por divergência jurisprudencial e por ofensa à Constituição.

No nosso sentir, se a execução for de um termo de acordo judicial, aplica-se a hipótese da letra "a" citada, uma vez que esse acordo possui força de sentença irrecorrível.

Quanto aos demais títulos executivos extrajudiciais (*v. g.*, o termo de conciliação das Comissões de Conciliação Prévia e os acordos extrajudiciais, ainda que homologados judicialmente), a CLT não impôs qualquer restrição, razão pela qual deve ser aplicada a regra da letra "b", como já vinha sinalizando a jurisprudência do TST, mesmo antes da Lei n. 13.015/14.[785]

1.5. *Dissídios coletivos*. As sentenças normativas, proferidas em dissídios coletivos não desafiam recurso de revista (art.896 da CLT), mas recurso ordinário (art. 895, II, da CLT) e, quando originariamente julgados pelo TST, embargos *infringentes* (art. 894, I, "a", da CLT).

1.6. *Agravos de instrumento*. Também não caberá recurso de revista de acórdão que decidir agravo de instrumento.[786]

1.7. *Remessa necessária*. Se a pessoa jurídica de direito público não tiver interposto recurso ordinário, não caberá remessa necessária em sede recurso de revista, salvo se houver gravame à condenação originária.[787]

2. *Tempestividade*. O prazo do recurso de revista é de oito dias (art. 6º da Lei 5.584/70).

Quando o recurso for tempestivo, eventuais defeitos formais que não sejam graves podem ser desconsiderados ou sanados, a fim de que o julgamento prossiga para exame do mérito (art. 896, § 11, da CLT).

Essa inovação trazida pela Lei n. 13.015/14 abre as portas, por exemplo, para que o relator intime o recorrente para complementar o depósito recursal, quando verificar que a diferença é ínfima. Isso fez com que o TST alterasse sua jurisprudência.[788]

---

(783) Súmula do TST n. 442. "Procedimento sumaríssimo. Recurso de revista. Fundamentado em contrariedade a orientação jurisprudencial. Inadmissibilidade. Art. 896, § 6º, da CLT, acrescentado pela lei n. 9.957, de 12.01.2000. Nas causas sujeitas ao procedimento sumaríssimo, a admissibilidade de recurso de revista está limitada à demonstração de violação direta a dispositivo da Constituição Federal ou contrariedade a Súmula do Tribunal Superior do Trabalho, não se admitindo o recurso por contrariedade a Orientação Jurisprudencial deste Tribunal (Livro II, Título II, Capítulo III, do RITST), ante a ausência de previsão no art. 896, § 6º, da CLT".

(784) Orientação Jurisprudencial da SDI-I do TST n. 260. "Agravo de instrumento. Recurso de revista. Procedimento sumaríssimo. Lei n. 9.957/00. Processos em curso. I — É inaplicável o rito sumaríssimo aos processos iniciados antes da vigência da Lei n. 9.957/00. II — No caso de o despacho denegatório de recurso de revista invocar, em processo iniciado antes da Lei n. 9.957/00, o § 6º do art. 896 da CLT (rito sumaríssimo), como óbice ao trânsito do apelo calcado em divergência jurisprudencial ou violação de dispositivo infraconstitucional, o Tribunal superará o obstáculo, apreciando o recurso sob esses fundamentos".

(785) "Agravo de instrumento. Recurso de revista. Execução fiscal. Cabimento. Inaplicabilidade do art. 896, § 2.º, da CLT. É inaplicável o disposto no art. 896, § 2.º, da CLT para a análise do recurso de revista interposto pela União em autos de execução fiscal, mesmo quando a própria União utilizou-se de agravo de petição perante o TRT, visto que não se trata de execução fundada em sentença judicial. [...]" (TST. AIRR — 218500-45.2007.5.18.0007. Relatora: Ministra Kátia Magalhães Arruda. 6ª Turma. DEJT: 29.06.2012).

(786) Súmula do TST n. 218. Recurso de revista. Acórdão proferido em agravo de instrumento. É incabível recurso de revista interposto de acórdão regional prolatado em agravo de instrumento.

(787) Orientação jurisprudencial da SDI-I do TST n. 334. "Remessa "ex officio". Recurso de revista. Inexistência de recurso ordinário voluntário de ente público. Incabível. Incabível recurso de revista de ente público que não interpôs recurso ordinário voluntário da decisão de primeira instância, ressalvada a hipótese de ter sido agravada, na segunda instância, a condenação imposta".

(788) Orientação Jurisprudencial da SDI-I do TST n. 140. "Depósito recursal e custas. Diferença ínfima. Deserção. Em caso de recolhimento insuficiente das custas processuais ou do depósito recursal, somente haverá deserção do recurso se, concedido o prazo de 5 (cinco) dias previsto no § 2º do art. 1.007 do CPC de 2015, o recorrente não complementar e comprovar o valor devido."

3. *Preparo*. Para recorrer de revista, a parte deve realizar o preparo, que consiste no pagamento das custas processuais e do depósito recursal, na eventualidade de haver condenação em pecúnia (art. 899, § 1º, da CLT).

4. *Regularidade formal*. O recurso de revista tem fundamentação vinculada, razão pela qual é obrigatória a apresentação de razões recursais, atacando os fundamentos da decisão recorrida,(789) feitas por advogado. Por isso é que o efeito do recurso de revista é, em regra, *devolutivo horizontal* (art. 896, § 1º, da CLT), de maneira que a apreciação das matérias estará limitada ao que constar das razões recursais. O *efeito suspensivo* pode ser obtido com uma petição, mediante a qual será instaurado um incidente de efeito suspensivo, como já abordado na teoria geral dos recursos apresentada.

Com efeito, nos termos do art. 896, § 1º-A, da CLT, sob pena de não conhecimento, é ônus da parte: a) indicar, de forma explícita e fundamentada, contrariedade a dispositivo de lei, súmula ou OJ do TST que conflite com a decisão regional atacada; b) expor as razões do pedido de reforma, impugnando todos os fundamentos jurídicos da decisão recorrida, inclusive mediante demonstração analítica de cada dispositivo de lei, da Constituição Federal, de súmula ou OJ cuja contrariedade aponte.

5. *Prequestionamento*. Em razão da natureza extraordinária do recurso de revista, o TST só pode apreciar a matéria de direito que tenha sido *prequestionada*, ou seja, que tenha constado da decisão do TRT e das razões recursais como tese explícita,(790) ainda que não tenha sido arguida pela parte recorrente,(791) a qual é um *assunto* e não um dispositivo de lei.(792)

Por isso, sob pena de não conhecimento, é ônus da parte indicar o trecho da decisão recorrida que consubstancia o prequestionamento da controvérsia objeto do recurso de revista (art. 896, § 1º-A, I, da CLT). Apesar de ser um requisito antigo do recurso de revista, somente com o advento da Lei n. 13.015/14, o prequestionamento passou a ser previsto expressamente na lei.

Muitas vezes, porém, entre várias teorias possíveis, o TRT adota apenas uma como fundamento de sua decisão. As demais somente poderão ser objeto de recurso de revista, na hipótese de terem sido ao menos ventiladas na decisão do juízo "*a quo*". Caso essas matérias não tenham sido objeto do acórdão recorrido, a parte deverá provocar a manifestação do TRT sobre elas, o que poderá ser feito com a oposição de embargos declaratórios.(793)

Imagine-se, por exemplo, que o reclamado tenha contestado o pedido de horas extras com base nos seguintes fundamentos: a) exercício de atividade externa; e b) cargo de gerência. O Juiz de primeiro grau, considerando o labor externo, negou o pedido de horas extras, sem se manifestar sobre a gerência. O TRT fez o mesmo e

---

(789) Súmula do TST n. 422. "Recurso. Fundamento ausente ou deficiente. Não conhecimento (redação alterada, com inserção dos itens I, II e III) — Res. 199/2015, DEJT divulgado em 24, 25 e 26.06.2015. Com errata publicado no DEJT divulgado em 01.07.2015. I — Não se conhece de recurso para o Tribunal Superior do Trabalho se as razões do recorrente não impugnam os fundamentos da decisão recorrida, nos termos em que proferida. II — O entendimento referido no item anterior não se aplica em relação à motivação secundária e impertinente, consubstanciada em despacho de admissibilidade de recurso ou em decisão monocrática. III — Inaplicável a exigência do item I relativamente ao recurso ordinário da competência de Tribunal Regional do Trabalho, exceto em caso de recurso cuja motivação é inteiramente dissociada dos fundamentos da sentença."

(790) Orientação jurisprudencial da SDI-I do TST n. 256. "Prequestionamento. Configuração. Tese explícita. Súmula n. 297. Para fins do requisito do prequestionamento de que trata a Súmula n. 297, há necessidade de que haja, no acórdão, de maneira clara, elementos que levem à conclusão de que o Regional adotou uma tese contrária à lei ou à súmula".

(791) "[...] O prequestionamento não resulta da circunstância de a matéria haver sido arguida pela parte recorrente. A configuração pressupõe debate e decisão prévios pelo Colegiado, ou seja, emissão de entendimento. O instituto visa o cotejo indispensável a que se diga enquadrado o recurso extraordinário no permissivo constitucional. (STF. Ag.Reg. no RE n. 390.536-SP. Relator: Min. Marco Aurélio).

(792) Orientação jurisprudencial da SDI-I do TST n.118. "Prequestionamento. Tese explícita. Inteligência da súmula n. 297. Havendo tese explícita sobre a matéria, na decisão recorrida, desnecessário contenha nela referência expressa do dispositivo legal para ter-se como prequestionado este".

(793) Súmula do TST n. 297. "Prequestionamento. Oportunidade. Configuração. I. Diz-se prequestionada a matéria ou questão quando na decisão impugnada haja sido adotada, explicitamente, tese a respeito. II. Incumbe à parte interessada, desde que a matéria haja sido invocada no recurso principal, opor embargos declaratórios objetivando o pronunciamento sobre o tema, sob pena de preclusão. III. Considera-se prequestionada a questão jurídica invocada no recurso principal sobre a qual se omite o Tribunal de pronunciar tese, não obstante opostos embargos de declaração".

manteve a decisão.[794] O reclamante poderá recorrer de revista, para o TST, o qual só versará sobre o exercício de atividade externa. Nas contrarrazões, o reclamado só poderá utilizar o fundamento de cargo de gerência, se opuser, previamente, embargos declaratórios, a fim de que o TRT se manifeste sobre essa tese. Nesse caso, independentemente de seu acolhimento ou não, a matéria será considerada prequestionada e o recurso de revista poderá versar sobre a gerência.

Até mesmo as matérias de ordem pública, como pressupostos processuais,[795] condições da ação e prescrição,[796] só poderão ser conhecidas pelo TST, se tiverem sido prequestionadas nas instâncias ordinárias (Juiz do Trabalho e TRT). O TST não admite, portanto, a tese de que as questões de ordem pública dispensariam a exigência do prequestionamento.

Não há falar em prequestionamento, entretanto, quando a violação decorre da própria decisão recorrida.[797] É o caso, por exemplo, do acórdão do Regional ter julgado procedente um pedido diferente do que foi objeto do recurso ("*extra petita*").

Por tudo quanto foi dito, a doutrina costuma classificar o prequestionamento em: a) *explícito*, quando a decisão atacada adota a tese de forma explícita; b) *implícito* ou *ficto*, na hipótese em que a parte opõe embargos de declaração para obter o pronunciamento da tese, mas não obtém provimento (Súmula n. 297, III, do TST);[798] c) *inexigível*, situação em que o vício nasce do próprio acórdão (OJs n. 118 e 119, da SDI-I, do TST).

Há também quem faça distinção entre o prequestionamento *implícito* e o *ficto*, argumentando que o primeiro ocorre quando, apesar de não fazer expressa menção a artigo de lei ou da Constituição, a matéria constante do dispositivo tenha sido objeto de manifestação na decisão recorrida. Já o prequestionamento ficto ocorreria na hipótese em que a parte opõe embargos de declaração para obter do tribunal a manifestação de sua tese e não obtém provimento, como já examinado.

Essa distinção é mais relevante para o processo civil, uma vez que a jurisprudência do STJ admite apenas o prequestionamento implícito,[799] rejeitando o ficto (Súmula n. 211[800]). Já o STF, apenas admitia o implícito, por considerá-lo igual ao explícito, e rejeitava o ficto (Súmula n. 356[801]), mas passou a admiti-lo também, no julgamento do RE 219.934/SP (DJ 16/02/2001). O TST, por sua vez, como se viu, admite os dois.

6. *Transcendência*. O TST, no recurso de revista, examinará previamente se a causa oferece *transcendência* jurídica, política, econômica e social (art. 896-A da CLT). Muito embora o TST ainda não tenha regulamentado o assunto, a bem de definir, objetivamente, o que seja uma causa transcendente, é possível citar os seguintes exemplos: a) *jurídica* — direitos fundamentais; b) *política* — princípios sensíveis da Constituição; c) *econômica*

(794) Orientação jurisprudencial da SDI-I do TST n. 151. "Prequestionamento. Decisão regional que adota a sentença. Ausência de prequestionamento. Decisão regional que simplesmente adota os fundamentos da decisão de primeiro grau não preenche a exigência do prequestionamento, tal como previsto na Súmula n. 297".

(795) Orientação jurisprudencial da SDI-I do TST n. 62. "Prequestionamento. Pressuposto de recorribilidade em apelo de natureza extraordinária. Necessidade, ainda que se trate de incompetência absoluta. É necessário o prequestionamento como pressuposto de admissibilidade em recurso de natureza extraordinária, ainda que se trate de incompetência absoluta".

(796) Súmula do TST n. 153. "Prescrição. Não se conhece de prescrição não argüida na instância ordinária".

(797) Orientação jurisprudencial da SDI-I do TST n. 119. "Prequestionamento inexigível. Violação nascida na própria decisão recorrida. Súmula n. 297 do TST. Inaplicável. É inexigível o prequestionamento quando a violação indicada houver nascido na própria decisão recorrida. Inaplicável a Súmula n. 297 do TST".

(798) No art. 9º, parágrafo único, da IN 39/16, o C. TST ratificou que no seu entendimento, o prequestionamento ficto "[...] dá-se no caso de o Tribunal Regional do Trabalho, mesmo instado mediante embargos de declaração, recusar-se a emitir tese sobre questão jurídica pertinente [...]."

(799) "[...] A falta do prequestionamento explícito não prejudica o exame do recurso especial, uma vez que a jurisprudência desta Corte é uníssona em admitir o prequestionamento implícito. [...]" (STJ, REsp 783.471/GO, Relator: Ministro Luis Felipe Salomão, 4ª Turma, DJe 25/03/2011).

(800) Súmula do STJ n. 211. "Inadmissível recurso especial quanto à questão que, a despeito da oposição de embargos declaratórios, não foi apreciada pelo tribunal *a quo*."

(801) Súmula do STF n. 356. "O ponto omisso da decisão, sobre o qual não foram opostos embargos declaratórios, não pode ser objeto de recurso extraordinário, por faltar o requisito do prequestionamento."

— valores de grande vulto; e d) *social* — atuais e que sejam objeto de grave perturbação da relação entre capital e trabalho, como trabalho infantil, trabalho escravo e discriminação.

Todavia, a transcendência só será exigida como pressuposto de admissibilidade de recurso de revista, quando for regulamentada pelo TST.[802]

A Lei n. 13.467/17 (reforma trabalhista) cria seis parágrafos no art. 896-A da CLT, a fim de regulamentar o requisito da transcendência, a qual será regida da seguinte forma: a) econômica — elevado valor da causa; b) política — desrespeito do juízo *a quo* à jurisprudência sumulada do TST ou do STF; c) social — a postulação, por reclamante-recorrente, de direito social constitucionalmente assegurado; d) jurídica — existência de questão nova em torno da interpretação da legislação trabalhista.

Segundo a citada lei, somente o relator do recurso de revista (ministro do TST) poderá fazer o exame de admissibilidade do requisito da transcendência, de maneira que o Presidente do TRT somente deverá analisar os demais pressupostos intrínsecos e extrínsecos de admissibilidade (art. 896-A, § 6º, da CLT).

A Lei n. 13.467/17 (reforma trabalhista) ainda dispõe que a falta do requisito da transcendência dará ao relator (no TST) poder de denegar seguimento ao recurso de revista em duas situações: a) na hipótese de o recurso de revista ter sido admitido pelo Presidente do TRT, ainda assim o relator poderá proferir decisão denegatória de forma monocrática, a qual desafiará agravo para o colegiado (art. 896-A, § 2º, da CLT). O julgamento do agravo admitirá sustentação oral pelo prazo de 5 minutos (art. 896-A, § 3º, da CLT) e a decisão será irrecorrível (art. 896-A, § 4º, da CLT); b) no caso de o Presidente do TRT não admitir o recurso de revista (por ausência de outros pressupostos, que não o da transcendência) e a parte conseguir forçar a remessa do recurso de revista por meio da interposição de agravo de instrumento, o relator também poderá decidir sobre a questão de forma monocrática. Todavia, dessa decisão não caberá recurso (art. 896-A, § 5º, da CLT).

7. *Nulidade de julgamento por negativa de prestação jurisdicional nos termos da Lei n. 13.467/17 (reforma trabalhista).* A novel legislação cria o inciso IV, no art. 896, da CLT, para exigir que, no recurso de revista destinado a obter a nulidade do julgamento do TRT por omissão sobre algum tema, a parte recorrente transcreva na peça recursal o trecho dos embargos de declaração opostos com a finalidade de sanar o vício (omissão) e o correspondente trecho da decisão do TRT que rejeitou os embargos.

Essa providência já tinha respaldo na jurisprudência do TST, que já decidiu que "nos casos em que a parte busca o reconhecimento da negativa de prestação jurisdicional no recurso de revista, exige-se, com fulcro no art. 896, § 1º-A, I, da CLT, a transcrição do trecho dos embargos de declaração em que a parte, de forma inequívoca, provoca o Tribunal Regional a se manifestar sobre determinada matéria e, em consequência o acórdão prolatado no julgamento dos aludidos embargos." (TST-E-RR-1522-62.2013.515.0067, SBDI-I, rel. Min. Cláudio Mascarenhas Brandão, 16.3.2017).

15.4. EMBARGOS NO TST

1. *Noções gerais.* O recurso de *embargos*, interposto somente no TST, pode ser de duas espécies (art. 894 da CLT): a) *infringentes*; e b) por *divergência*. Em ambos os casos, o prazo será de oito dias, no qual também deverá ser comprovado o preparo, nos mesmos moldes do recurso de revista (art. 894, da CLT).

A natureza jurídica do recurso de embargos é *extraordinária*, pelo que só se admitirá rediscussão da matéria de direito que envolver a causa, exigindo a apresentação de razões recursais, devidamente elaboradas por advogado.

(802) "Recurso de revista. 1. Princípio da transcendência. A questão pertinente à transcendência mencionada no § 2º da Medida Provisória n. 2.226, de 4/9/2001, que acrescentou o art. 896-A da CLT, depende de regulamentação no âmbito desta Corte, de modo que não se pode invocá-la como pressuposto de admissibilidade do recurso de revista. [...]" (TST. RR — 21200-63.2009.5.15.0080. Relatora Ministra Dora Maria da Costa. 8ª Turma. DEJT: 31/08/2012).

Se a decisão do TST desafiar recurso de embargos, eles deverão ser opostos, sob pena de não ser admitida a interposição de recurso extraordinário para o STF, tendo em vista que apenas com a oposição deles é que haverá decisão em última instância (art. 102, III, da CF).

2. *Embargos Infringentes*. Estes têm cabimento nos dissídios coletivos julgados originariamente pelo TST, pela SDC. Se a decisão que conciliar, julgar ou homologar conciliação em dissídios coletivos da SDC for unânime, a sentença normativa não desafiará recurso, tendo em vista que o TST é a última instância da Justiça do Trabalho. Todavia, se a decisão for por maioria de votos, a parte prejudicada pode interpor o recurso de embargos infringentes, a fim de submeter o dissídio coletivo a novo julgamento, pela mesma SDC do TST (art. 894, I, da CLT, c/c art. 70, II, "c", do RITST). Na prática, portanto, o recurso de embargos infringentes consiste em um segundo julgamento da mesma causa.

Os dissídios coletivos de revisão e extensão igualmente admitem o recurso de embargos infringentes (art. 894 da CLT). O TST também o admite nos dissídios de greve.[(803)]

3. *Embargos de Divergência*.

3.1. *Cabimento*. Nos dissídios individuais, caberão embargos de divergência das decisões das Turmas do TST, em sede de recurso de revista, que (art. 894, II, da CLT): a) divergirem de outra Turma[(804)] ou da SDI do TST; b) contrariarem súmula ou OJ, do TST, ou súmula vinculante do STF. A divergência apta a ensejar os embargos deve ser atual, não se considerando tal a ultrapassada por súmula ou OJ do TST ou súmula do STF (art. 894, § 2º, da CLT).

Esses embargos não se confundem com aqueles previstos nos arts. 1.043 e 1.044, do CPC de 2015, os quais não são aplicáveis ao Processo do Trabalho (art. 2º, XII, da IN 39/16, do TST).

3.2. *Processamento*. Eles serão interpostos perante a Turma (que proferiu a decisão atacada) e julgados pela SDI-I do TST, que é a Seção responsável pela uniformização da jurisprudência daquele Tribunal. O Ministro relator, na SDI, denegará seguimento aos embargos (art. 894, § 3º, do CPC):

a) se a decisão recorrida estiver em consonância com súmula e OJ do TST ou súmula do STF (não precisa ser vinculante);

b) nas hipóteses de intempestividade, deserção, irregularidade de representação ou de ausência de qualquer outro pressuposto extrínseco de admissibilidade. Também o Presidente da Turma (juízo "*a quo*") poderá denegar seguimento aos embargos, nos mesmos casos e quando a divergência apresentada não se revelar atual.

A decisão que denega seguimento aos embargos desafia agravo, no prazo de oito dias (art. 894, § 4º, da CLT).

De se ressaltar que o conteúdo da súmula ou da OJ do TST deve ser de direito material do trabalho, uma vez que o exame das divergências de direito processual equivaleria ao cotejo da decisão com o próprio dispositivo

---

(803) "Embargos infringentes em embargos de declaração em dissídio coletivo. Greve. Desconto dos dias parados. Pedido de compensação. O exercício do direito de greve, assegurado ao trabalhador pelo art. 9º, *caput*, da Constituição Federal, veio a ser regulado com a edição da Lei n. 7.783/1989 — conforme previsto nos §§ 1º e 2º do mesmo dispositivo constitucional -, que impôs limites e estabeleceu requisitos a serem observados quando da deflagração do movimento. Nesse sentido, dispondo o art. 7º daquele diploma legal que a participação em greve suspende o contrato de trabalho — e esse tem sido o entendimento do Supremo Tribunal Federal — não cabe a esta Corte decidir de forma diversa daquilo que a Lei estabelece. Por tais razões e ante a inocorrência das hipóteses que poderiam alterar a suspensão da greve em interrupção, a exemplo da mora salarial por parte do empregador, este não pode ser compelido a remunerar os grevistas pelos dias não trabalhados, tampouco a aceitar a compensação, por meio do labor, dos dias paralisados. Assim, não tendo havido ajuste das partes quanto a esta questão, a decisão cabe a esta SDC, cuja jurisprudência encontra-se pacificada no sentido dos descontos, a serem efetuados dos salários dos trabalhadores, assim, mantém-se a decisão. Nega-se, pois, provimento aos embargos infringentes. Embargos infringentes conhecidos e não providos". (TST. EI-ED-DC — 2173626-89.2009.5.00.0000. Relatora: Ministra Dora Maria da Costa. SDC. DEJT: 25.03.2011).

(804) Orientação Jurisprudencial da SDI-I do TST n. 95. "Embargos para SDI. Divergência oriunda da mesma turma do TST. Inservível. Em 19.05.1997, a SDI-Plena, por maioria, decidiu que acórdãos oriundos da mesma Turma, embora divergentes, não fundamentam divergência jurisprudencial de que trata a alínea "b", do art. 894 da Consolidação das Leis do Trabalho para embargos à Seção Especializada em Dissídios Individuais, Subseção I".

da lei processual.[805] Além disso, mesmo que a decisão da Turma do TST contrarie a Constituição, só caberão embargos infringentes, se demonstrada a divergência na interpretação do dispositivo constitucional[806], e não na sua aplicação literal.

3.3. *Súmula 353 do C. TST*. Em regra, os embargos de divergência terão lugar para atacar decisão do TST proferida no julgamento de recurso de revista, pelas Turmas, de maneira que não cabem contra *decisões monocráticas* do relator[807] ou em sede de *agravos*. As exceções estão descritas na Súmula 353 do TST:

> Súmula 353. EMBARGOS. AGRAVO. CABIMENTO (atualizada em decorrência do CPC de 2015) — Res. 208/2016, DEJT divulgado em 22, 25 e 26.04.2016
>
> Não cabem embargos para a Seção de Dissídios Individuais de decisão de Turma proferida em agravo, salvo:
>
> a) da decisão que não conhece de agravo de instrumento ou de agravo pela ausência de pressupostos extrínsecos;
>
> b) da decisão que nega provimento a agravo contra decisão monocrática do Relator, em que se proclamou a ausência de pressupostos extrínsecos de agravo de instrumento;
>
> c) para revisão dos pressupostos extrínsecos de admissibilidade do recurso de revista, cuja ausência haja sido declarada originariamente pela Turma no julgamento do agravo;
>
> d) para impugnar o conhecimento de agravo de instrumento;
>
> e) para impugnar a imposição de multas previstas nos arts. 1.021, § 4º, do CPC de 2015 ou 1.026, § 2º, do CPC de 2015 (art. 538, parágrafo único, do CPC de 1973, ou art. 557, § 2º, do CPC de 1973);
>
> f) contra decisão de Turma proferida em agravo em recurso de revista, nos termos do art. 894, II, da CLT.

O termo *agravo* empresta nome a vários recursos na seara trabalhista, quais sejam:

a) *agravo de instrumento* (art. 899, "b", da CLT), manejado para tentar destrancar os recursos que não forem recebidos pelo juízo "a quo";

b) *agravo de petição* (art. 897, "a", da CLT), destinado a atacar decisões definitivas ou terminativas proferidas no processo de execução;

c) *agravo regimental* (previsto nos Regimentos Internos, no caso do TST, no art. 235[808] do respectivo digesto), cuja finalidade é provocar a manifestação do órgão colegiado ao qual pertence o Juiz que houver proferido uma decisão monocrática;

---

(805) "Embargos interpostos sob a égide da Lei n. 11.496/07. Alegação de contrariedade à súmula de índole processual. Impossibilidade. Diante da função exclusivamente uniformizadora atribuída à SBDI-I por meio da Lei n. 11.496/2007, que alterou a redação do art. 894 da CLT, afigura-se inviável o conhecimento de embargos por contrariedade a súmulas e orientações jurisprudenciais de índole processual, visto que equivaleria ao cotejo da decisão com o próprio dispositivo da lei processual. Com esse entendimento, a SBDI-I, por unanimidade, afastando a alegação de contrariedade à Súmula n. 126 do TST, decidiu não conhecer dos embargos." (TST. E-RR-113500-64.2003.5.04.0402. Relator: Ministro Lelio Bentes Corrêa. SDI-I. DEJT: 31.05.2012).

(806) Súmula do TST n. 433. "Embargos. Admissibilidade. Processo em fase de execução. Acórdão de turma publicado na vigência da Lei n. 11.496, de 26.06.2007. Divergência de interpretação de dispositivo constitucional. A admissibilidade do recurso de embargos contra acórdão de Turma em recurso de revista em fase de execução, publicado na vigência da Lei n. 11.496, de 26.06.2007, condiciona-se à demonstração de divergência jurisprudencial entre Turmas ou destas e a Seção Especializada em Dissídios Individuais do Tribunal Superior do Trabalho em relação à interpretação de dispositivo constitucional".

(807) Orientação Jurisprudencial da SDI-I do TST n. 378. "Embargos. Interposição contra decisão monocrática. Não cabimento. (atualizada em decorrência do CPC de 2015) — Res. 208/2016, DEJT divulgado em 22, 25 e 26.04.2016. Não encontra amparo no art. 894 da CLT, quer na redação anterior quer na redação posterior à Lei n. 11.496, de 22.06.2007, recurso de embargos interposto à decisão monocrática exarada nos moldes do art. 932 do CPC de 2015 (art. 557 do CPC de 1973), pois o comando legal restringe seu cabimento à pretensão de reforma de decisão colegiada proferida por Turma do Tribunal Superior do Trabalho."

(808) RITST: "Art. 235. Cabe agravo regimental, no prazo de oito dias, para o Órgão Especial, Seções Especializadas e Turmas, observada a competência dos respectivos órgãos, nas seguintes hipóteses: I — do despacho do Presidente do Tribunal que denegar seguimento aos embargos infringentes; II — do despacho do Presidente do Tribunal que suspender execução de liminares ou de decisão concessiva de mandado de segurança; III — do despacho do Presidente do Tribunal que conceder ou negar suspensão da execução de liminar, antecipação de tutela ou da sentença em cautelar; IV — do despacho do Presidente do Tribunal concessivo de liminar em mandado de segurança ou em ação cautelar; V — do despacho do Presidente do Tribunal proferido em pedido de efeito suspensivo; VI — das decisões e despachos proferidos pelo Corregedor-Geral da Justiça do Trabalho; VII — do despacho do Relator que negar prosseguimento a recurso, ressalvada a hipótese do art. 239; VIII — do despacho do Relator que indeferir inicial de ação de competência originária do Tribunal; e IX — do despacho ou da decisão do Presidente do Tribunal, de Presidente de Turma, do Corregedor-Geral da Justiça do Trabalho ou Relator que causar prejuízo ao direito da parte, ressalvados aqueles contra os quais haja recursos próprios previstos na legislação ou neste Regimento."

d) *agravo inominado* ou *interno* (previsto no art. 239 do RITST[809] e nos arts. 894, § 4º, e 895, § 12, da CLT), que é cabível, no prazo de oito dias, para atacar a decisão monocrática do relator, que denegar seguimento ou negar provimento ao recurso. No CPC de 2015, ele é chamado de *agravo interno* (art. 1.021). O C. TST declarou que o agravo interno é aplicável ao Processo do Trabalho, mas no prazo geral de oito dias (art. 3º, XXIX, da IN 39/16).

Destarte, as decisões proferidas nesses remédios denominados genericamente de *agravo* não desafiam recurso de embargos de divergência, no âmbito do TST.

Mas a lei também comporta interpretação sistemática, necessária para não provocar situações que firam o direito ao direito de ação, ao contraditório, à ampla e ao duplo grau de jurisdição, em outras palavras, uma interpretação ampliativa é necessária para que o princípio do devido processo legal seja respeitado (art. 5º, LV, da CF). Aliás, a interpretação a partir da Constituição é escopo que agora reside de forma expressa na novel legislação processual civil (art. 1º, da CF).

Dessa forma, o C. TST, a fim de dar segurança jurídica e pacificar os debates acerca das exceções à regra de que os embargos de divergência só cabem contra decisões em sede de recursos de revista, bem andou em editar a Súmula 353, rol que pode ser ampliado a depender de novas situações processuais que não estejam abraçadas pelos precedentes que deram origem à súmula.

Ao exame da Súmula 353 do TST.

Os itens "a" a "e" tiveram como precedente o IUJEAIRR 786345/2001, julgado em 03.03.2005, cujo relator foi o Ministro João Batista Brito Pereira. Como são muitas as hipóteses, a nós parece mais apropriada a apresentação de um caso fictício, como amostra prática.

Imagine-se que a empresa "A" tenha sido condenada a pagar determinada quantia ao empregado "B". Ela então interpõe recurso ordinário, o qual, no entanto, tem provimento negado pelo TRT. "A" então interpõe recurso de revista, perante o Presidente do TRT. A partir desse caso, sugerimos exemplos para elucidar o conteúdo da Súmula 353.

a) *Decisão que não conhece de agravo de instrumento ou de agravo regimental, pela ausência de seus próprios pressupostos extrínsecos (regularidade formal, tempestividade e preparo).*

No exemplo proposto, suponhamos que o Presidente do TRT tenha negado seguimento ao recurso de revista. Então, "A" interpõe agravo de instrumento, para uma das Turmas do TST. Se esta, ao examinar a admissibilidade do agravo de instrumento, decidir deste não conhecer, *v. g.*, por falta de preparo (art. 899, § 7º, da CLT), "A" pode interpor embargos de divergência, para a SDI do TST.

b) *Decisão que nega provimento a agravo regimental contra decisão monocrática do relator, em que este proclamou a ausência de pressupostos extrínsecos de agravo de instrumento (regularidade formal, tempestividade e preparo);*

Seguindo o caso proposto, se o Presidente do TRT der seguimento ao recurso de revista, mas o relator, no TST, decidir monocraticamente negar prosseguimento ao recurso, por intempestividade, "A" poderá interpor agravo regimental (art. 253, VII, do RITST) para a respectiva Turma do TST. Caso esta, ao julgar o agravo regimental, vier a confirmar a decisão do relator, "A" poderá interpor embargos de divergência, para a SDI do TST.

c) *Para revisão dos pressupostos extrínsecos de admissibilidade do recurso de revista (regularidade formal, tempestividade e preparo) pela SDI-I, cuja ausência haja sido declarada originariamente pela Turma do TST, no julgamento do agravo de instrumento, quando então será obrigatório constar, expressamente, a ofensa ao art. 896 da CLT, isso para os recursos interpostos antes da Lei n. 11.496/07;*[810]

(809) RITST: "Art. 239. Caberá agravo ao órgão colegiado competente para o julgamento do respectivo recurso, no prazo de oito dias, a contar da publicação no órgão oficial: I — da decisão do Relator, tomada com base no § 5º do art. 896 da CLT; II — da decisão do Relator, dando ou negando provimento ou negando seguimento a recurso, nos termos do art. 557 e § 1º-A do CPC".

(810) Orientação Jurisprudencial Transitória da SDI-I do TST n. 78. "Embargos à SDI contra decisão em recurso de revista não conhecido quanto aos pressupostos intrínsecos. Recurso interposto antes da vigência da Lei n. 11.496, de 22.06.2007, que conferiu nova redação ao art. 894 da CLT. Necessária a indicação expressa de ofensa ao art. 896 da CLT. Para a admissibilidade e conhecimento de embargos,

Desde o advento da Lei n. 11.496/07, não são mais admitidos embargos por nulidade ou violação de lei, de maneira que o cabimento dos embargos está restrito à comprovação da divergência jurisprudencial. As súmulas e as orientações jurisprudenciais do TST são criadas para solucionar divergências, razão pela qual a decisão que estiver em consonância com quaisquer delas não desafiará recurso de embargos de divergência (art. 894 da CLT).

Os recursos de embargos de nulidade interpostos antes da Lei n. 11.496/07 são válidos e serão julgados pelo TST.(811)

Dessa forma, o item em comento só se aplica aos embargos opostos antes da Lei n. 11.467/08.

No exemplo sugerido, imagine-se que o Presidente do TRT tenha negado seguimento ao recurso de revista e que "A" tenha interposto agravo de instrumento, para uma das Turmas do TST. Se esta conhecer do agravo, mas, no mérito decidir que o recurso de revista era intempestivo, "A" pode interpor embargos de nulidade, para a SDI do TST.

d) *Para impugnar o conhecimento de agravo de instrumento pela Turma do TST, por ausência de seus pressupostos;*

Ainda no exemplo citado, imagine-se que o Presidente do TRT negue seguimento ao recurso de revista. Então, "A" interpõe agravo de instrumento, para uma das Turmas do TST. Se esta, ao examinar a admissibilidade do agravo de instrumento, decidir deste conhecer, "B" pode interpor embargos de divergência, para a SDI do TST.

e) *Para impugnar a imposição de multas previstas no art. 1.026, §§ 2º e 3º, do Novo CPC (embargos declaratórios protelatórios, no valor de 2 a 10% do valor da causa), ou no art. 1.021, § 4º, do Novo CPC (agravo regimental protelatório, no valor de 1 a 5% do valor da causa);*

Se, em sede de agravo, a parte recorrente for condenada pela Turma do TST ao pagamento de multa pela interposição de recurso com intenção de protelar o feito, poderá fazer uso dos embargos de divergência, para tentar se livrar da penalidade.

f) *Contra decisão de Turma proferida em agravo em recurso de revista, nos termos do art. 894, II, da CLT.*

Finalmente, a hipótese do item "f" nasceu do entendimento firmado no IUJ 28000-95.2007.5.02.0062, julgado em 27.02.2013, cujo relator foi o Ministro Aloysio Corrêa da Veiga. No caso, o empregador foi condenado a pagar uma indenização ao empregado, decorrente dos frutos da posse de má-fé. Inconformado com a decisão do Regional, a parte ré interpôs recurso de revista, o qual teve seguimento negado pelo Presidente do TRT. Contra essa decisão, a parte ré interpôs agravo de instrumento, para o TST.

Ao julgar o agravo, 7ª Turma do TST não conheceu do recurso, argumentando que a parte recorrente não logrou demonstrar divergência jurisprudencial.

A rigor, contra essa decisão não caberia embargos, pois o motivo do não conhecimento do agravo foi a falta de demonstração de divergência jurisprudencial, a qual não é pressuposto recursal extrínseco.

Ocorre que, em situações como essa, o agravo de instrumento, uma vez conhecido, teve seu mérito fundido com o mérito do próprio recurso de revista, qual seja, a demonstração de que a decisão do regional contraria a jurisprudência do TST. Na prática, portanto, ao não conhecer o agravo de instrumento, a 7ª Turma acabou se manifestando sobre o mérito do próprio recurso de revista. Não é razoável que, em casos desse jaez, a parte fique sem a possibilidade de buscar a adequação de sua pretensão ao entendimento consubstanciado na jurisprudência uniformizada do TST, o que só seria possível com a interposição de embargos de divergência.

Por isso, quando a decisão do agravo de instrumento for firmada no sentido de que o pressuposto da *divergência jurisprudencial* não foi preenchido, desafiará recurso de embargos de divergência.

interpostos antes da vigência da Lei n. 11.496/2007, contra decisão mediante a qual não foi conhecido o recurso de revista pela análise dos pressupostos intrínsecos, necessário que a parte embargante aponte expressamente a violação ao art. 896 da CLT.

(811) Orientação Jurisprudencial da SDI-I do TST n. 336. "Embargos. Recurso não conhecido com base em orientação jurisprudencial. Desnecessário o exame das violações legais e constitucionais alegadas na revista. Estando a decisão recorrida em conformidade com orientação jurisprudencial, desnecessário o exame das divergências e das violações de lei e da Constituição alegadas em embargos interpostos antes da vigência da Lei n. 11.496/2007, salvo nas hipóteses em que a orientação jurisprudencial não fizer qualquer citação do dispositivo constitucional".

Fora da Súmula 353 existem hipóteses em que decisões proferidas em sede de agravo podem ser impugnadas pelo recurso de embargos de divergência. É o caso, por exemplo, do agravo de petição.

No processo de execução, o recurso de revista, contra decisão proferida no julgamento de agravo de petição pelo TRT, será cabível nas seguintes hipóteses: a) nas execuções de sentença, incluindo embargos de terceiro, só por ofensa direta e literal de norma da Constituição (art. 896, § 2º, da CLT); b) nas execuções fiscais e nas que envolvam controvérsias sobre a Certidão Negativa de Débitos Trabalhistas (CNDT), será possível o cabimento por violação à lei federal, por divergência jurisprudencial e por ofensa à Constituição.

Antes da Lei n. 11.467/08, contra uma decisão em sede de embargos à execução que contrariasse dispositivo da CF, a parte poderia interpor os seguintes recursos, sucessivamente: recurso ordinário, para o TRT; recurso de revista, para a Turma do TST; recurso de embargos de nulidade, para a SDI do TST.

Após a Lei n. 11.467/08, a parte passou a dispor apenas do recurso ordinário e do recurso de revista. Entretanto, no nosso sentir, se demonstrar a existência de divergência jurisprudencial (entre a decisão do TRT e a de uma Turma do TST, ou a da SDI do TST) acerca da interpretação do dispositivo constitucional invocado (e não em relação à sua mera aplicabilidade), será cabível o recurso de embargos (de divergência).

Pode acontecer de a Turma do TST não conhecer o recurso de revista, por vício em seus pressupostos recursais. Por ocasião do julgamento dos respectivos embargos, pode a SDI-I do TST julgar desde logo o mérito do recurso de revista, ao invés de determinar o seu retorno à Turma, na hipótese de entender que os pressupostos foram preenchidos e de estar madura a causa.[812]

3.4. *Rito sumaríssimo*. Como já foi visto, no rito sumaríssimo, só será cabível recurso de revista, por contrariedade a súmula do TST ou violação direta da CF (art. 896, § 9º, da CLT). Se o recurso de revista for admitido, a simples existência de divergência jurisprudencial na aplicação de súmula do TST ou de dispositivo da CF ensejará o cabimento dos embargos de divergência.[813]

4. *Embargos de nulidade*. Desde o advento da Lei n. 11.496/07, não são mais admitidos embargos por nulidade ou violação de lei, de maneira que o cabimento dos embargos está restrito à comprovação da divergência jurisprudencial. As súmulas e as orientações jurisprudenciais do TST são criadas para solucionar divergências, razão pela qual a decisão que estiver em consonância com quaisquer delas não desafiará recurso de embargos de divergência (art. 894 da CLT).

Os recursos de embargos de nulidade interpostos antes da Lei n. 11.496/07 são válidos e serão julgados pelo TST.[814]

15.5. EMBARGOS DE DECLARAÇÃO

1. *Conceito* e *natureza jurídica*. Os embargos de declaração são um meio destinado a aperfeiçoar a decisão judicial.

(812) Orientação Jurisprudencial Transitória da SDI-I do TST n. 79. "Embargos. Recurso interposto antes da vigência da Lei n. 11.496, de 22.06.2007, que conferiu nova redação ao art. 894 da CLT. Revista não conhecida por má aplicação de súmula ou de orientação jurisprudencial. Exame do mérito pela SDI. A SDI, ao conhecer dos embargos, interpostos antes da vigência da Lei n. 11.496/2007, por violação do art. 896 — por má aplicação de súmula ou de orientação jurisprudencial pela Turma -, julgará desde logo o mérito, caso conclua que a revista merecia conhecimento e que a matéria de fundo se encontra pacificada neste Tribunal."

(813) Súmula do TST n. 458. "Embargos. Procedimento sumaríssimo. Conhecimento. Recurso interposto após vigência da lei n. 11.496, de 22.06.2007, que conferiu nova redação ao art. 894, da CLT. (conversão da Orientação Jurisprudencial n. 405 da SBDI-1 com nova redação) Em causas sujeitas ao procedimento sumaríssimo, em que pese a limitação imposta no art. 896, § 6º, da CLT à interposição de recurso de revista, admitem-se os embargos interpostos na vigência da Lei n. 11.496, de 22.06.2007, que conferiu nova redação ao art. 894 da CLT, quando demonstrada a divergência jurisprudencial entre Turmas do TST, fundada em interpretações diversas acerca da aplicação de mesmo dispositivo constitucional ou de matéria sumulada."

(814) Orientação Jurisprudencial da SDI-I do TST n. 336. "Embargos. Recurso não conhecido com base em orientação jurisprudencial. Desnecessário o exame das violações legais e constitucionais alegadas na revista. Estando a decisão recorrida em conformidade com orientação jurisprudencial, desnecessário o exame das divergências e das violações de lei e da Constituição alegadas em embargos interpostos antes da vigência da Lei n. 11.496/2007, salvo nas hipóteses em que a orientação jurisprudencial não fizer qualquer citação do dispositivo constitucional".

Sua natureza jurídica é polêmica. Seriam eles uma espécie de recurso? Para uma primeira vertente, sua natureza não é de recurso, mas sim de instrumento ou incidente de complementação da prestação jurisdicional. Pesa para essa corrente o fato dos embargos declaratórios serem dirigidos e julgados pelo mesmo órgão prolator da decisão.

Não obstante, tem prevalecido a corrente que sustenta a natureza recursal dos embargos de declaração. O principal fundamento é o fato de constar da lei expressamente a natureza recursal dos embargos declaratórios (art. 1.022 do CPC de 2015 e art. 897-A da CLT).

2. *Cabimento*. Até a edição da Lei 9.957/00, os embargos de declaração no Processo do Trabalho eram admitidos com base na aplicação analógica do CPC. Com o advento da referida lei, foi introduzido na CLT o art. 897-A, que estabeleceu o seu cabimento nos casos de:

a) *omissão*, que é a ausência de manifestação judicial sobre um dos pedidos da demanda.

b) *contradição*, que é o descompasso entre a fundamentação e a conclusão da decisão.

c) *manifesto equívoco no exame dos pressupostos extrínsecos do recurso* consiste em espécie de erro material, todavia calcado na negligência na análise do preenchimento dos pressupostos relativos ao exercício do direito de recorrer (tempestividade, preparo, etc), como na hipótese de o recurso ter sido interposto no prazo, mas o Juiz o considerar intempestivo por confundir a data constante do recibo do protocolo.

Essas são as hipóteses tradicionais. A seguir serão examinadas as polêmicas.

2.1. *Obscuridade*. A redação do art. 897-A, da CLT, não menciona expressamente o vício da *obscuridade*. Esta consiste na falta de clareza quanto a uma questão decidida, capaz de gerar confusão quanto ao que foi decidido. Sem embargo, no nosso sentir, a obscuridade está implícita, porque os demais casos foram citados apenas para definir como sendo aqueles em que o efeito modificativo é admitido, ou seja, este só não seria aceito no caso de obscuridade:

> Art. 897-A Caberão embargos de declaração da sentença ou acórdão, no prazo de cinco dias, devendo seu julgamento ocorrer na primeira audiência ou sessão subseqüente a sua apresentação, registrado na certidão, *admitido efeito modificativo da decisão nos casos de omissão e contradição no julgado e manifesto equívoco no exame dos pressupostos extrínsecos do recurso*. (Grifo nosso)

Destarte, além dos casos citados, também a obscuridade autoriza o cabimento dos embargos declaratórios.

2.2. *Erro material*. Trata-se de um equívoco evidente, tão claro que nem chega a gerar contradição ou obscuridade, por ser identificável e cognitivamente corrigível pela simples leitura do texto. É o caso dos erros de digitação ou do sobrenome da parte, por exemplo. No CPC de 2015, os embargos de declaração são admitidos para corrigir erro material (art. 1.022, III). No Processo do Trabalho, todavia, os erros materiais poderão ser corrigidos de ofício ou a requerimento das partes, independentemente da oposição de embargos declaratórios (art. 879-A, § 1º, da CLT).

2.3. *Erro in "judicando"*. O erro "*in judicando*" é o *erro de julgamento*, em função do qual o julgador não examina corretamente as provas ou aplica de forma equivocada o direito aos fatos. O erro de julgamento é causa de *reforma* da sentença e não de *cassação*, por isso desafia a interposição de recurso ordinário, já que o Juiz prolator não pode reformar sua própria decisão, mas apenas aperfeiçoar o que já foi julgado e está imperfeito por omissão, contradição ou obscuridade (art. 897-A da CLT).

Em vista disso, "os embargos de declaração não se prestam a corrigir possíveis erros de julgamento" (STF. RE 194.662).

2.4. *Decisões interlocutórias*. A redação do art. 879-A provocou outro debate, desta vez acerca do cabimento ou não dos embargos de declaração contra decisões interlocutórias. É que o referido artigo expressamente diz *sentença* ou *acórdão*, ao passo que a parte final do "*caput*" admite os embargos contra *decisão* nos casos de "*manifesto equívoco no exame dos pressupostos extrínsecos do recurso*", a qual, por vezes, tem natureza interlocutória. A questão é que a CLT veda o recurso imediato das decisões interlocutórias (art. 893, § 1º).

Uma primeira vertente é pela admissão dos embargos de declaração em face das decisões interlocutórias, ao menos no caso de manifesto equívoco no exame dos pressupostos extrínsecos do recurso.

Oferta-se um exemplo. Imagine-se que o Juiz tenha negado seguimento ao recurso ordinário da parte por ausência de preparo, sem observar que a guia de depósito recursal foi juntada no último dia do prazo. Nesse caso, para essa corrente, seria possível a oposição de embargos de declaração, nos termos do art. 897-A da CLT.

Para o TST, no entanto, somente as sentenças e os acórdãos desafiariam a oposição de embargos de declaração, mesmo se a decisão interlocutória contiver manifesto equívoco na análise dos pressupostos extrínsecos do recurso. Por isso, na OJ n. 377 da SDI-I, o TST havia consolidado o entendimento pelo qual os embargos de declaração não eram cabíveis contra a decisão (interlocutória) do Presidente de TRT que denega seguimento a recurso de revista.(815) Ocorre que a referida OJ foi cancelada em 2016.

O CPC de 2015 lançou mais dúvidas sobre o tema, uma vez que estabeleceu, no art. 1.022, que "cabem embargos de declaração contra qualquer decisão judicial [...]." De outra face, a CLT, no art. 897-A, diz que "caberão embargos de declaração da sentença ou acórdão [...]."

O disposto no art. 1.022, do CPC de 2015, convenceu o C. TST de que os embargos de declaração são admissíveis em face de decisões interlocutórias, nos termos do art. 9º, da IN 39/16:

> Art. 9º O cabimento dos embargos de declaração no Processo do Trabalho, para impugnar qualquer decisão judicial, rege-se pelo art. 897-A da CLT e, supletivamente, pelo Código de Processo Civil (arts. 1022 a 1025; §§ 2º, 3º e 4º do art. 1026), excetuada a garantia de prazo em dobro para litisconsortes (§ 1º do art. 1023).
>
> Parágrafo único. A omissão para fins do prequestionamento ficto a que alude o art. 1025 do CPC dá-se no caso de o Tribunal Regional do Trabalho, mesmo instado mediante embargos de declaração, recusar-se a emitir tese sobre questão jurídica pertinente, na forma da Súmula n. 297, item III, do Tribunal Superior do Trabalho.

Esse entendimento foi determinante para o cancelamento da OJ 377. Por isso, o atual entendimento do C. TST é de que *os embargos de declaração são cabíveis em face quaisquer decisões, inclusive as interlocutórias*. Essa conclusão está, por exemplo, no art. 1º, § 1º, da IN 40/16, o C. TST, do qual consta que "se houver omissão no juízo de admissibilidade do recurso de revista quanto a um ou mais temas, é ônus da parte interpor embargos de declaração para o órgão prolator da decisão embargada supri-la (CPC, art. 1024, § 2º), sob pena de preclusão."

No nosso sentir, o recurso de embargos de declaração é regido pelo art. 897-A, da CLT, que tem natureza de norma especial. O referido dispositivo não é omisso, pois demonstra uma opção explícita do legislador em não admitir os embargos declaratórios em face de decisões interlocutórias, mas tão somente contra sentenças e acórdãos, em homenagem ao princípio da celeridade. Ao adotar interpretação extensiva em relação à matéria recursal, importando regras do processo comum sem existência de omissão e contra princípio do Processo do Trabalho, o C. TST abre perigoso precedente, pois fere mortalmente o art. 769 da CLT.

2.5. *Manifesto equívoco no exame dos pressupostos extrínsecos do recurso*. Com o novo entendimento do C. TST sobre o cabimento de embargos de declaração em face de decisões interlocutórias, no que tange aos pressupostos extrínsecos dos recursos, os remédios seriam os seguintes:

a) se o recurso não for admitido pelo juízo "*a quo*", em decisão interlocutória caberão embargos de declaração, sem prejuízo da interposição de o agravo de instrumento (art. 897, "b", da CLT);

b) caso o recurso tenha seguimento negado pelo relator do processo no juízo "*ad quem*", em decisão monocrática, caberão embargos de declaração somente se seu objetivo não for a modificação do julgado; caso

(815) Orientação Jurisprudencial da SDI-I do TST n. 377. "Embargos de declaração. Decisão denegatória de recurso de revista exarado por presidente do TRT. Descabimento. Não interrupção do prazo recursal. Não cabem embargos de declaração interpostos contra decisão de admissibilidade do recurso de revista, não tendo o efeito de interromper qualquer prazo recursal". (CANCELADA)

contrário, o remédio será o agravo regimental, pelo que os embargos serão convertidos em agravo, pelo princípio da fungibilidade (Súmula n. 421, do TST[816]); e

c) na hipótese de o recurso não tiver sido conhecido pela turma de um Regional, em decisão colegiada, por intermédio de acórdão, os embargos de declaração também seriam cabíveis.

2.6. *Fundamentação integral ou exauriente.* Como analisado no Capítulo 14, o art. 489, § 1º, do CPC de 2015, exige a fundamentação integral ou exauriente da sentença, sob pena nulidade. Todavia, não cabe ao Juiz se manifestar sobre *todos* os argumentos deduzidos pelas partes, mas somente sobre *aqueles que estão ligados à conclusão do julgador.*[817] Esse também é o entendimento do C. TST, conforme art. 15, III, da IN 39/16, e do C. STJ,[818] pelo que não serão cabíveis embargos de declaração com o objetivo de ver analisado fundamento que não interfira na conclusão da decisão.

3. *Efeitos.*

3.1. *Iterativo.* O primeiro e mais relevante efeito dos embargos de declaração é o *iterativo* (não *devolutivo*), que permite ao próprio órgão prolator da decisão aperfeiçoá-la.

3.2. *Interruptivo.* Outro efeito é o da *interrupção* do prazo de outros recursos. Isso significa, por exemplo, que o prazo para interposição do recurso ordinário só começaria a fluir após a decisão dos embargos de declaração.

Todavia, não haverá o efeito interruptivo se os embargos declaratórios forem intempestivos ou padecerem de vício de representação da parte, *v. g.*, por falta de procuração ou ausência de assinatura do mandante (art. 897-A, § 3º, da CLT).

3.3. *Modificativo ou infringente.* É possível que os embargos de declaração tenham efeito *modificativo* ou *infringentes*, na hipótese de sua procedência alterar a decisão principal, como ocorre quando há omissão,[819] contradição ou manifesto equívoco na análise dos pressupostos extrínsecos de recurso. Fora dessas hipóteses, portanto, os embargos de declaração não podem modificar o que foi julgado, pelo que não deve ser confundido com o *pedido de reconsideração.*[820]

---

(816) Súmula do TST n. 421. "Embargos de declaração. Cabimento. Decisão monocrática do relator calcada no art. 932 do CPC de 2015. Art. 557 do CPC de 1973. I — Cabem embargos de declaração da decisão monocrática do relator prevista no art. 932 do CPC de 2015 (art. 557 do CPC de 1973), se a parte pretende tão somente juízo integrativo retificador da decisão e, não, modificação do julgado. II — Se a parte postular a revisão no mérito da decisão monocrática, cumpre ao relator converter os embargos de declaração em agravo, em face dos princípios da fungibilidade e celeridade processual, submetendo-o ao pronunciamento do Colegiado, após a intimação do recorrente para, no prazo de 5 (cinco) dias, complementar as razões recursais, de modo a ajustá-las às exigências do art. 1.021, § 1º, do CPC de 2015."

(817) "A jurisprudência do Supremo Tribunal Federal é no sentido de que o referido dispositivo constitucional exige a explicitação, pelo órgão jurisdicional, das razões do seu convencimento, dispensando o exame detalhado de cada argumento suscitado pelas partes. [...]" (STF. AG. REG. NO ARE N. 940.307-RS).

(818) "[...] Mesmo após a vigência do CPC/2015, não cabem embargos de declaração contra decisão que não se pronuncie tão somente sobre argumento incapaz de infirmar a conclusão adotada. Os embargos de declaração, conforme dispõe o art. 1.022 do CPC/2015, destinam-se a suprir omissão, afastar obscuridade ou eliminar contradição existente no julgado. O julgador não está obrigado a responder a todas as questões suscitadas pelas partes, quando já tenha encontrado motivo suficiente para proferir a decisão. A prescrição trazida pelo inciso IV do § 1º do art. 489 do CPC/2015 ["§ 1º Não se considera fundamentada qualquer decisão judicial, seja ela interlocutória, sentença ou acórdão, que: (...) IV — não enfrentar todos os argumentos deduzidos no processo capazes de, em tese, infirmar a conclusão adotada pelo julgador"] veio confirmar a jurisprudência já sedimentada pelo STJ, sendo dever do julgador apenas enfrentar as questões capazes de infirmar a conclusão adotada na decisão." (STJ. EDcl no MS 21.315-DF, Rel. Min. Diva Malerbi — Desembargadora convocada do TRF da 3ª Região -, julgado em 8/6/2016, DJe 15.6.2016).

(819) Súmula do TST n. 278. "Embargos de declaração. Omissão no julgado. A natureza da omissão suprida pelo julgamento de embargos declaratórios pode ocasionar efeito modificativo no julgado".

(820) "[...] Os embargos de declaração, ainda que contenham pedido de efeitos infringentes, não devem ser recebidos como "pedido de reconsideração". Os embargos de declaração são um recurso taxativamente previsto na Lei Processual Civil e, ainda que contenham indevido pedido de efeitos infringentes, não se confundem com mero "pedido de reconsideração", este sim, figura processual atípica, de duvidosa existência. Inclusive, a hipótese sequer comporta a aplicação do princípio da fungibilidade recursal, pois "pedido de reconsideração" não é recurso. Assim, deve-se reconhecer que os embargos de declaração apresentados tempestivamente com pedido de efeitos infringentes não devem ser recebidos como "pedido de reconsideração", porque tal mutação não atende a nenhuma previsão legal, tampouco aos requisitos de aplicação do princípio da fungibilidade. [...]" (STJ. REsp 1.522.347-ES, Rel. Min. Raul Araújo, julgado em 16/9/2015, DJe 16.12.2015).

Se a decisão for omissa, haverá preclusão da matéria, inclusive em sede de julgamento dos recursos de revista e de embargos no TST.(821) Por isso os embargos de declaração são fundamentais para modificar o julgado e obter do juízo "*a quo*" a manifestação sobre o pedido esquecido ("*citra petita*"). Nesse caso, porém, a matéria omitida não transitará em julgado.

Opostos os embargos e havendo a possibilidade de a decisão ser modificada, o juízo deverá previamente abrir vista à parte contrária, para manifestação em 5 dias pena de nulidade.(822)

Com o advento da Lei n. 13.015/14, a intimação da parte contrária passou a ser exigida também para as sentenças e não mais somente para os acórdãos (art. 897-A, § 2º, da CLT). No nosso sentir, no entanto, no caso das sentenças, a ausência da oitiva da parte contrária não geraria prejuízo, tendo em vista o efeito devolutivo amplo, horizontal e vertical, do recurso ordinário, que permite ao juízo "*ad quem*" conhecer até mesmo de matéria que não foi impugnada, afastando qualquer preclusão.

Pode acontecer de serem interpostos recursos na pendência de julgamento de embargos de declaração. Nesse caso, se os embargos declaratórios modificarem a decisão combatida, as partes deverão ser intimadas para ratificarem os recursos interpostos. Mas, se os embargos não modificarem a decisão atacada, não haverá necessidade dessa intimação.(823)

3.4. *Prequestionador*. Por fim, os embargos declaratórios podem ser opostos para o efeito de *prequestionamento*, que é requisito do recurso de revista,(824) como já foi examinado, de maneira que os embargos opostos com essa finalidade não podem ser considerados como protelatórios.(825)

Nunca é demais repetir que o recurso ordinário não exige prequestionamento, pelo que os embargos de declaração opostos contra sentenças não possuem o efeito prequestionador, situação em que podem ser considerados como protelatórios.

4. *Decisão*. Assim como as sentenças trabalhistas (art. 832, da CLT), a decisão dos embargos de declaração será proferida em audiência ou sessão, sendo a primeira subsequente à sua apresentação (art. 879-A, da CLT), razão pela qual o dia e o horário constarão da pauta do órgão prolator do julgado. Para parte da doutrina, portanto, o prazo de 05 (cinco) dias para julgamento dos embargos, previsto no art. 1.024 do CPC de 2015 não tem aplicação subsidiária no Processo do Trabalho, já que a CLT não é omissa (art. 769 da CLT). Não obstante, a jurisprudência tem admitido o prazo de 05 (cinco) dias para a decisão dos embargos declaratórios.

5. *Prazo*. O prazo para oposição dos embargos de declaração é de 05 (cinco) dias (art. 879-A, da CLT), salvo para as pessoas jurídicas de direito público, as quais dispõem de prazo dobrado.(826) O C. TST não admite o prazo em dobro para litisconsortes (art. 9º da IN 39/16).

6. *Abuso*. Infelizmente é comum a utilização dos embargos de declaração apenas para protelar o feito, com a finalidade de obter a dilação do prazo para interposição de outros recursos.

---

(821) Súmula do TST n. 184. "Embargos declaratórios. Omissão em recurso de revista. Preclusão. Ocorre preclusão se não forem opostos embargos declaratórios para suprir omissão apontada em recurso de revista ou de embargos".

(822) Orientação Jurisprudencial da SDI-I do TST n. 142. "Embargos de declaração. Efeito modificativo. Vista à parte contrária. É passível de nulidade decisão que acolhe embargos de declaração com efeito modificativo sem que seja concedida oportunidade de manifestação prévia à parte contrária."

(823) "[...] Deveras, é autorizado ao recorrente que já tenha interposto o recurso principal complementar as razões de seu recurso, caso haja integração ou alteração do julgado objeto de aclaratórios acolhidos, aduzindo novos fundamentos no tocante à parcela da decisão que foi modificada. Porém, ele não poderá apresentar novo recurso nem se valer da faculdade do aditamento se não houver alteração da sentença ou acórdão, porquanto já operada, de outra parte, a preclusão consumativa — o direito de recorrer já foi exercido. [...]" (STJ. REsp 1.129.215-DF, Rel. Min. Luis Felipe Salomão, julgado em 16/9/2015, DJe 3/11/2015).

(824) Súmula do TST n. 297. "Prequestionamento. Oportunidade. Configuração. I. Diz-se prequestionada a matéria ou questão quando na decisão impugnada haja sido adotada, explicitamente, tese a respeito. II. Incumbe à parte interessada, desde que a matéria haja sido invocada no recurso principal, opor embargos declaratórios objetivando o pronunciamento sobre o tema, sob pena de preclusão. III. Considera-se prequestionada a questão jurídica invocada no recurso principal sobre a qual se omite o Tribunal de pronunciar tese, não obstante opostos embargos de declaração".

(825) Súmula do STJ n. 98: Embargos de declaração manifestados com notório propósito de prequestionamento não tem caráter protelatório.

(826) Orientação Jurisprudencial da SDI-I do TST n. 192. "Embargos declaratórios. Prazo em dobro. Pessoa jurídica de direito público. Decreto-Lei n. 779/69. É em dobro o prazo para a interposição de embargos declaratórios por pessoa jurídica de direito público".

Essa prática é abusiva e desleal, pelo que a lei processual comina sanção de multa de 2% sobre o valor da causa ao infrator, a qual deve ser elevada para 10%, na hipótese de reiteração (art. 1.026, §§ 2º e 3º, do CPC de 2015). Havendo a oposição pela terceira vez, os embargos nãos serão admitidos (art. 1.026, § 4º, do CPC de 2015). Vale lembrar que, havendo a reiteração, a eventual interposição de outro recurso ficará condicionada ao recolhimento da multa fixada.

15.6. AGRAVO DE INSTRUMENTO

1. *Cabimento*. No Processo do Trabalho, o agravo de instrumento é destinado apenas a destrancar os recursos que não forem recebidos pelo juízo "*a quo*", perante o qual deverá se interposto, no prazo de 8 (oito) dias (art. 899, "b", da CLT).

Não obstante também se tratar de hipótese de destrancamento de recurso, vale reiterar os ditames da IN 40/16, do C. TST. Nos termos da referida Instrução Normativa, a decisão do Presidente do TRT, sobre a admissibilidade do recurso de revista, desafia embargos de declaração, se houver omissão quanto ao exame de um ou mais temas (art. 1º, § 1º, da IN 40/16).

Havendo a oposição dos embargos de declaração, o C. TST considera nula a decisão regional que não exerce o controle de admissibilidade sobre os temas que foram objeto dos embargos (art. 1º, § 2º, da IN 40/16).

Em vista disso, a parte deverá interpor agravo de instrumento (art. 1º, § 3º, da IN 40/16), no qual o Ministro relator, no TST, pode determinar a devolução do recurso ao Presidente do TRT de origem, para que complemente o juízo de admissibilidade do recurso de revista, tendo em conta o conteúdo dos embargos de declaração (art. 1º, § 3º, da IN 40/16).

Destarte, podemos concluir que o agravo de instrumento tem a finalidade de destrancar recursos não recebidos, inclusive o de embargos de declaração opostos em face de decisão de Presidente de TRT, que se nega a apreciar temas do recurso de revista.

2. *Preparo*. Em regra, a parte agravante deverá efetuar depósito recursal, que corresponde a 50% do valor do depósito recursal do recurso principal (art. 899, § 7º, da CLT).

Todavia, o depósito recursal não será exigido quando o agravo de instrumento tiver por finalidade destrancar um recurso de revista que combata uma decisão contrária a súmula ou OJ do TST (art. 899, § 8º, da CLT). Com efeito, a dispensa do depósito não ocorrerá:

a) se entre as matérias do agravo de instrumento houver ao menos uma que não seja objeto de arguição de contrariedade a súmula ou OJ do TST, o depósito será exigido (art. 23, do Ato n. 491/14, do TST); ou

b) quando os fundamentos do agravo forem infundados, temerários ou artificiosos, situação em que o agravo de instrumento será considerado deserto (art. 23, parágrafo único, do Ato n. 491/14, do TST).

O preparo deve ser comprovado no ato de interposição do recurso e está limitado ao valor da condenação, sendo esta a posição do TST (IN n. 3 do TST), de maneira que a justiça gratuita também é capaz de isentar o seu recolhimento. Mas há quem entenda que esse depósito tem natureza de multa, razão pela qual não estaria limitado ao valor da condenação e, em se tratando de justiça gratuita, seu recolhimento estaria dispensado.

Não é demais repetir que a Lei n. 13.467/17 (reforma trabalhista) estabelece que o valor do depósito recursal será reduzido à metade para entidades sem fins lucrativos, empregadores domésticos, microempreendedores individuais, microempresas e empresas de pequeno porte (art. 899, § 9º, da CLT). A nova lei também cria isenções do depósito recursal para os beneficiários da justiça gratuita, as entidades filantrópicas e as empresas em recuperação judicial (art. 899, § 10, da CLT), e permite sua substituição por fiança bancária ou seguro garantia judicial (art. 899, § 11, da CLT).

3. *Regularidade formal.* O agravo de instrumento exige a apresentação de minuta (razões), da qual constem os fundamentos destinados a mostrar o equívoco do juízo "*a quo*" no exame dos pressupostos recursais do recurso principal.

Além disso, a parte agravante deverá fornecer cópia das peças processuais relativas aos seus fundamentos, a fim de que seja formado o *instrumento*. São peças obrigatórias (art. 897, § 5º, I, da CLT): a) a decisão agravada; b) a certidão da intimação da decisão; c) as procurações; d) a petição inicial; e) a contestação; f) a decisão originária; g) o depósito recursal referente ao recurso que se pretende destrancar; e h) a comprovação do recolhimento das custas e do depósito recursal do próprio agravo. Não será necessário juntar cópia do comprovante de recolhimento das custas e do depósito recursal do recurso que se pretende destrancar, se o preparo não for o objeto da controvérsia que envolve a admissão do recurso.[827]

O recurso trancado também deve formar o instrumento, a fim de que, conhecendo do agravo, o tribunal também possa julgá-lo.[828]

Demais documentos são facultativos (art. 897, § 5º, II, da CLT).

No CPC de 2013, o agravante tinha que ter o cuidado de juntar a procuração tanto nos autos do agravo quanto do recurso que pretende destrancar, uma vez que a juntada apenas nos naqueles não legitimava a atuação do advogado nos autos principais, conforme entendia o TST (OJ 110 da SDI-I). Todavia, com o advento do CPC de 2015, a OJ foi cancelada.

Com o advento do processo eletrônico, a regra que determina a juntada de documentos para a formação do instrumento do agravo ficará obsoleta (lacuna ontológica), uma vez que os autos ficarão integralmente à disposição do juízo "*ad quem*" na forma virtual.

4. *Efeito.* Assim como os demais recursos no Processo do Trabalho, o agravo de instrumento tem efeito devolutivo, não suspendendo a execução provisória da decisão (art. 897, § 2º, da CLT).

Muito embora a CLT não tenha previsto, os recursos de agravo têm por natureza o efeito regressivo, que admite a retratação pelo juízo "*a quo*", razão pela qual ela deve ser considerada cabível no Processo do Trabalho.[829]

5. *Julgamento.* O agravo de instrumento deve ser interposto perante o juízo "*a quo*", que trancou o recurso principal, mas será julgado pelo Tribunal que seria competente para conhecer o recurso cuja interposição foi denegada (art. 897, § 4º, da CLT).

O agravado será intimado para contraminutar o agravo, no prazo de oito dias, podendo juntar as peças que considerar necessárias ao julgamento de ambos os recursos (art. 897, § 6º, da CLT).

No juízo "*ad quem*", que julgará o agravo, uma vez verificado pelo relator que a decisão recorrida está em conformidade com Súmula do TST ou, se for o agravo intempestivo, deserto ou irregular, o relator poderá negar seguimento ao recurso (art. 895, § 5º, da CLT).

---

(827) Orientação Jurisprudencial da SDI-I do TST n. 217. "Agravo de instrumento. Traslado. Lei n. 9.756/1998. Guias de custas e de depósito recursal. Para a formação do agravo de instrumento, não é necessária a juntada de comprovantes de recolhimento de custas e de depósito recursal relativamente ao recurso ordinário, desde que não seja objeto de controvérsia no recurso de revista a validade daqueles recolhimentos".

(828) Súmula do STF n. 315: Indispensável o traslado das razões da revista, para julgamento, pelo Tribunal Superior do Trabalho, do agravo para sua admissão.

(829) "Agravo de instrumento em recurso de revista. Intempestividade. Protocolo realizado diretamente no Tribunal Superior do Trabalho. Ingresso no órgão competente fora do prazo legal. Nos termos do art. 544, § 2.º, do CPC, da Instrução Normativa 16/99 e da Resolução Administrativa 1418/2010 do TST, o agravo de instrumento deve ser apresentado no Tribunal Regional de origem, onde será exercido o juízo de retratação, realizada nova autuação do processo e intimada a parte adversa para a apresentação de contrarrazões. No caso, o Agravo de instrumento foi protocolado diretamente no Tribunal Superior do Trabalho, somente tendo ingressado no Tribunal Regional após o decurso do prazo legal de oito dias. Tem-se como intempestivo, portanto, o apelo. Agravo de instrumento não conhecido." (TST. AIRR — 51900-26.2009.5.04.0404. Relatora: Ministra Delaíde Miranda Arantes. 7ª Turma. DEJT: 24/08/2012).

No julgamento do agravo de instrumento, o fato de o Tribunal "*ad quem*" afastar o vício apontado pelo juízo "*a quo*" não o impede de examinar os demais pressupostos do recurso, mesmo os que não foram apreciados pelo juízo de origem.[830] De toda sorte, provido o agravo, o Tribunal "*ad quem*" julgará de imediato o recurso destrancado (art. 879, § 7º, da CLT).

15.7. *AGRAVO DE PETIÇÃO*

No Processo de Execução, as decisões *definitivas* ou *terminativas* desafiarão agravo de petição (art. 897, "a", da CLT). É o caso das decisões que julgam embargos à execução e das que extinguem a execução ou julgam procedente a objeção de pré-executividade, respectivamente.

Com o advento do incidente de desconsideração da personalidade jurídica, o C. TST passou a entender que o agravo de petição também é cabível para combater a respectiva decisão, independentemente de garantia do juízo (art. 6º, § 1º, II, da IN 39/16).

Cabe destacar a Lei n. 13.467/17 (reforma trabalhista) regulamenta o incidente de desconsideração da personalidade jurídica no processo do trabalho, estabelecendo que ele será aplicado nos mesmos moldes do CPC (art. 855-A da CLT), com as seguintes especificidades: a) da decisão interlocutória que acolher ou rejeitar o incidente não caberá recurso imediato, quando ela ocorrer na fase de conhecimento. Caso o incidente tenha lugar na fase de execução, a decisão desafiará agravo de petição, independentemente de garantia do juízo. Se a decisão for proferida pelo relator, em sede recursal, será cabível agravo interno; b) a instauração do incidente suspenderá o processo, sem prejuízo de concessão de tutela de urgência de natureza cautelar, na forma do art. 301 do CPC de 2015.

O agravo de petição somente será recebido se o agravante apresentar minuta (razões), delimitando, justificadamente, as matérias e os valores impugnados, ficando permitida a execução imediata da parte remanescente até o final, nos próprios autos ou por carta de sentença (art. 897, § 1º, da CLT).

Ele será interposto perante o juízo prolator da decisão e julgado por uma das Turmas do Tribunal Regional (art. 897, § 3º, da CLT).

Se o agravo de petição versar apenas sobre contribuições sociais previdenciárias, o Juiz da execução determinará a formação de autos apartados, a fim de que neles tramite o agravo, permitindo o prosseguimento da execução quanto à matéria não impugnada (art. 897, § 8º, da CLT).

O agravo de petição também admite juízo de retratação[831] (efeito regressivo).

15.8. *AGRAVO REGIMENTAL*

O agravo regimental é recurso previsto nos regimentos internos dos Tribunais, destinados a provocar a manifestação do órgão colegiado ao qual pertence o Juiz que houver proferido uma decisão monocrática. Ele jamais poderá ser interposto contra decisão de órgão colegiado do Tribunal,[832] mas apenas de decisão monocrática.

(830) Orientação Jurisprudencial da SDI-I do TST n. 282. "Agravo de instrumento. Juízo de admissibilidade "*ad quem*". No julgamento de Agravo de Instrumento, ao afastar o óbice apontado pelo TRT para o processamento do recurso de revista, pode o juízo "ad quem" prosseguir no exame dos demais pressupostos extrínsecos e intrínsecos do recurso de revista, mesmo que não apreciados pelo TRT".

(831)"Agravo de instrumento. Execução contra Município. Decisão denegatória de processamento de agravo de petição. Cabimento do recurso. É cabível o recurso de agravo de petição, de imediato, contra decisão proferida pelo juízo da execução envolvendo município, que determina a expedição de requisição de pequeno valor a que se refere o § 3º, do art. 100 da CR. Isto porque ao ente federado será impossível fazer garantia prévia do juízo para manejo dos embargos à execução, e é no recurso de agravo de petição, sujeito inclusive a juízo de retratação, que ele poderá demonstrar o não cabimento da medida adotada pelo juízo da execução." (TRT da 3.ª Região; Processo: 01150-2011-132-03-00-8 AIAP; Data de Publicação: 01/12/2011; Órgão Julgador: Turma Recursal de Juiz de Fora; Relator: Joao Bosco Pinto Lara; Divulgação: 01/12/2011).

(832) Orientação Jurisprudencial da SDI-I do TST n. 412. "Agravo Interno ou Agravo Regimental. Interposição em face de decisão colegiada. Não cabimento. Erro grosseiro. Inaplicabilidade do princípio da fungibilidade recursal. É incabível agravo interno (art. 1.021 do CPC de

Os casos específicos de cabimento do agravo regimental e sua tramitação dependem das disposições do regimento interno de cada Tribunal. Entretanto, há uma tendência em se repetir a sistemática do TST (art. 235,[833] do RITST), cujo regimento interno prevê o cabimento do agravo regimental para atacar as decisões monocráticas proferidas: a) pelos Ministros, para as respectivas turmas ou seções; b) pelo Corregedor-Geral, em reclamações correcionais, para o Órgão Especial; e c) pelo Presidente do Tribunal, para o Órgão Especial.

Caso o regimento interno do respectivo Tribunal não faça previsão expressa ao prazo para interposição do agravo regimental, ele será de oito dias, nos termos da Lei n. 5.584/70.[834]

A competência originária para julgar o agravo regimental será do Tribunal ao qual estiver vinculado o agente público que tiver praticado o ato monocraticamente, salvo no caso de processo administrativo disciplinar envolvendo magistrado, cuja competência será do TST.

Vale lembrar que nos recursos em matéria administrativa, é vedada a exigência de depósito prévio, consoante Súmula Vinculante n. 21, do STF,[835] e Súmula 424, do TST.[836]

Em regra, o agravo regimental será julgado próprios autos, razão pela qual não exige a apresentação de cópias das peças essenciais.[837]

Como é típico dessa espécie recursal, o agravo regimental admite a retratação pelo juízo "*a quo*"[838] (efeito regressivo).

15.9. AGRAVO INOMINADO OU INTERNO

O agravo inominado está previsto no art. 239 do RITST[839] e nos arts. 894, § 4º, e 895, § 12, da CLT, e é cabível, no prazo de oito dias, para atacar a decisão monocrática do relator, que denegar seguimento ou negar provimento ao recurso. No CPC de 2015, ele é chamado de *agravo interno* (art. 1.021).

2015, art. 557, § 1º, do CPC de 1973) ou agravo regimental (art. 235 do RITST) contra decisão proferida por Órgão colegiado. Tais recursos destinam-se, exclusivamente, a impugnar decisão monocrática nas hipóteses previstas. Inaplicável, no caso, o princípio da fungibilidade ante a configuração de erro grosseiro.

(833) RITST: "Art. 235. Cabe agravo regimental, no prazo de oito dias, para o Órgão Especial, Seções Especializadas e Turmas, observada a competência dos respectivos órgãos, nas seguintes hipóteses: I — do despacho do Presidente do Tribunal que denegar seguimento aos embargos infringentes; II — do despacho do Presidente do Tribunal que suspender execução de liminares ou de decisão concessiva de mandado de segurança; III — do despacho do Presidente do Tribunal que conceder ou negar suspensão da execução de liminar, antecipação de tutela ou da sentença em cautelar; IV — do despacho do Presidente do Tribunal concessivo de liminar em mandado de segurança ou em ação cautelar; V — do despacho do Presidente do Tribunal proferido em pedido de efeito suspensivo; VI — das decisões e despachos proferidos pelo Corregedor-Geral da Justiça do Trabalho; VII — do despacho do Relator que negar prosseguimento a recurso, ressalvada a hipótese do art. 239; VIII — do despacho do Relator que indeferir inicial de ação de competência originária do Tribunal; e IX — do despacho ou da decisão do Presidente do Tribunal, de Presidente de Turma, do Corregedor-Geral da Justiça do Trabalho ou Relator que causar prejuízo ao direito da parte, ressalvados aqueles contra os quais haja recursos próprios previstos na legislação ou neste Regimento."

(834) Orientação Jurisprudencial do Tribunal Pleno do TST n. 11. "Recurso em matéria administrativa. Prazo. Órgão colegiado. Oito dias. Art. 6º da Lei n. 5.584, de 26.06.1970. Se não houver norma específica quanto ao prazo para interposição de recurso em matéria administrativa de decisão emanada de órgão Colegiado do Tribunal Regional do Trabalho, aplica-se, por analogia, a regra geral dos prazos adotados na Justiça do Trabalho, ou seja, oito dias, conforme estabelecido no art. 6º da Lei n. 5.584, de 26.06.1970. O prazo de dez dias a que alude o art. 59 da Lei n. 9.784, de 29.01.1999, aplica-se somente à interposição de recursos de decisões prolatadas monocraticamente."

(835) Súmula Vinculante do STF n. 21: "É inconstitucional a exigência de depósito ou arrolamento prévios de dinheiro ou bens para admissibilidade de recurso administrativo".

(836) Súmula do TST n. 424. "Recurso administrativo. Pressuposto de admissibilidade. Depósito prévio da multa administrativa. Não recepção pela Constituição Federal do § 1º do art. 636 da CLT — O § 1º do art. 636 da CLT, que estabelece a exigência de prova do depósito prévio do valor da multa cominada em razão de autuação administrativa como pressuposto de admissibilidade de recurso administrativo, não foi recepcionado pela Constituição Federal de 1988, ante a sua incompatibilidade com o inciso LV do art. 5º".

(837) Orientação Jurisprudencial da SDI-I do TST n. 132. "Agravo regimental. Peças essenciais nos autos principais. Inexistindo lei que exija a tramitação do agravo regimental em autos apartados, tampouco previsão no Regimento Interno do Regional, não pode o agravante ver-se apenado por não haver colacionado cópia de peças dos autos principais, quando o agravo regimental deveria fazer parte dele".

(838) "Agravo. Prêmio incentivo criado pela lei estadual de São Paulo. Natureza jurídica. Juízo de retratação. Considerando-se que, na hipótese sob exame, a decisão regional violou, em tese, o art. 37, X, da CF, quanto à natureza jurídica do prêmio de incentivo, faz-se o juízo de retratação do agravo para determinar o processamento do agravo de instrumento. Agravo provido." (TST. RR — 52100-92.2009.5.15.0059. Relator: Ministro Mauricio Godinho Delgado. 3ª Turma. DEJT: 10/08/2012).

(839) RITST: "Art. 239. Caberá agravo ao órgão colegiado competente para o julgamento do respectivo recurso, no prazo de oito dias, a contar da publicação no órgão oficial: I — da decisão do Relator, tomada com base no § 5º do art. 896 da CLT; II — da decisão do Relator,

Com o advento do incidente de desconsideração da personalidade jurídica, o C. TST passou a entender que o agravo interno também é cabível para combater a respectiva decisão, quando o incidente é insaturado na segunda instância (art. 932, VI, do CPC de 2015), independentemente de garantia do juízo (art. 6º, § 1º, II, da IN 39/16).

Cabe destacar que a Lei n. 13.467/17 (reforma trabalhista) regulamenta o incidente de desconsideração da personalidade jurídica no processo do trabalho, estabelecendo que ele será aplicado nos mesmos moldes do CPC (art. 855-A da CLT), com as seguintes especificidades: a) da decisão interlocutória que acolher ou rejeitar o incidente não caberá recurso imediato, quando ela ocorrer na fase de conhecimento. Caso o incidente tenha lugar na fase de execução, a decisão desafiará agravo de petição, independentemente de garantia do juízo. Se a decisão for proferida pelo relator, em sede recursal, será cabível agravo interno; b) a instauração do incidente suspenderá o processo, sem prejuízo de concessão de tutela de urgência de natureza cautelar, na forma do art. 301 do CPC de 2015.

De se ressaltar que o C. TST declarou que o agravo interno é aplicável ao Processo do Trabalho, mas no prazo geral de oito dias (art. 3º, XXIX, da IN 39/16).

Se o agravo inominado ou interno for manifestamente inadmissível ou infundado, o agravante poderá ser condenado a pagar multa entre 1 e 5% do valor corrigido da causa, ficando a interposição de qualquer outro recurso condicionada ao depósito do respectivo valor, salvo em relação à Fazenda Pública e ao beneficiário da justiça gratuita, que farão o pagamento ao final (art. 1.021, §§ 4º e 5º, do CPC de 2015).

Como o agravo inominado ou interno só cabe contra decisão monocrática de relator de recurso, o órgão julgador será a Turma recursal, ou outro órgão do qual ele seja membro.

Os demais pressupostos e o processamento do agravo inominado ou interno são os mesmos do agravo regimental (art. 240 do RITST).

15.10. RECURSO ADESIVO

A parte que não tiver apresentado recurso poderá fazê-lo, juntamente com as contrarrazões ao recurso interposto pela parte contrária (art. 997, § 1º, do CPC de 2015). Este será o *principal*, e aquele, o *adesivo*.

O recurso adesivo será dependente do recurso principal, possuindo os mesmos pressupostos, de maneira que o não recebimento ou não conhecimento do segundo dará a mesma sorte ao primeiro. No entanto, a matéria vinculada no recurso adesivo é independente em relação ao principal. Por isso é que, por exemplo, a parte que recorrer adesivamente pode pleitear a majoração da quantia indenizatória decorrente de dano moral.[840]

No Processo do Trabalho, caberá recurso adesivo, no prazo de oito dias, nos seguintes recursos:[841] a) recurso ordinário; b) recurso de revista; c) embargos no TST; e d) agravo de petição.

15.11. PEDIDO DE REVISÃO DO VALOR DA CAUSA

O valor da causa não fixa competência na Justiça do Trabalho, mas apenas o rito. Dessa forma, não é um requisito explícito da inicial (art. 840 da CLT), podendo ser fixado de ofício pelo juiz, nos dissídios individuais, na eventualidade de não ter sido atribuído pela parte (art. 2º da Lei n. 5.584/70).

---

dando ou negando provimento ou negando seguimento a recurso, nos termos do art. 557 e § 1º-A do CPC".

(840) "[...] O recurso adesivo pode ser interposto pelo autor da demanda indenizatória, julgada procedente, quando arbitrado, a título de danos morais, valor inferior ao que era almejado, uma vez configurado o interesse recursal do demandante em ver majorada a condenação, hipótese caracterizadora de sucumbência material. [...]" (STJ. REsp 1.102.479-RJ, Rel. Min. Marco Buzzi, Corte Especial, julgado em 4.3.2015, DJe 25.5.2015).

(841) Súmula do TST n. 283. "Recurso adesivo. Pertinência no Processo do Trabalho. Correlação de matérias. O recurso adesivo é compatível com o Processo do Trabalho e cabe, no prazo de 8 (oito) dias, nas hipóteses de interposição de recurso ordinário, de agravo de petição, de revista e de embargos, sendo desnecessário que a matéria nele veiculada esteja relacionada com a do recurso interposto pela parte contrária".

Se, na audiência, o Juiz fixar o valor da causa de ofício, em razão da omissão da inicial, as partes poderão impugná-lo por ocasião das razões finais (art. 2º, § 1º, da Lei n. 5.584/70). Caso o Juiz rejeite as impugnações, as partes poderão interpor recurso de *pedido de revisão do valor da causa*, mediante petição acompanhada da ata de audiência, no prazo de quarenta e oito horas, perante o Presidente do Tribunal, que o julgará em igual prazo (art. 2º, § 2º, da Lei n. 5.584/70).

Outro será o procedimento, se a parte tiver atribuído valor à causa e o juiz, na sentença, vier a modificá-lo. Nessa hipótese, a parte deverá interpor recurso ordinário.[842]

15.12. MODELO DE RECURSO ORDINÁRIO

O recurso mais cobrado, em sede de concursos e exames da Ordem, é o recurso ordinário. Apesar de poder ser interposto por mera petição, é imprescindível que o estudante elabore razões recursais.

A peça de interposição do recurso deverá ser endereçada ao juízo "*a quo*", prolator da decisão. É importante fazer constar da peça, expressamente, os pressupostos extrínsecos do recurso (regularidade formal, tempestividade e preparo), além de requerer a juntada da procuração, se for o caso. Outro requisito importante é a citação do art. 895 da CLT, bem como os requerimentos de *recebimento* do recurso e de *remessa* ao TRT.

As razões recursais deverão ser divididas em duas partes. Na primeira, chamada de preliminar, o candidato deverá apresentar os fundamentos relativos à *anulação* da decisão, quais sejam: a) erro "*in procedendo*" (nulidades); b) decisão "*extra petita*" (qualidade); e c) decisão "*citra petita*" (omissão).

A segunda parte deverá conter as razões de mérito do recurso, destinadas à *reforma* da decisão, nas quais o candidato deverá alegar: a) erro "*in judicando*" (reexame de fatos, das provas e do direito); e b) decisão "*ultra petita*" (quantidade). No final das razões, o estudante deve requerer o *conhecimento* (relativo aos pressupostos) e o *provimento* (pertinente ao mérito) do recurso.

Caso o recurso cobrado seja outro, o candidato poderá utilizar a mesma forma do recurso ordinário, acrescentando apenas os pressupostos específicos do recurso, como a alegação de divergência, no caso do Recurso de Revista, por exemplo.

Para fins de ilustração, oferta-se o modelo seguinte.

Exmo. Sr. Dr. Juiz da ___ Vara do Trabalho de ____.

Autos n. 00000-0000-000-000-00-0

FULANO DE TAL, por seu procurador infra-assinado, nos autos da reclamação trabalhista em que contende com **BELTRANO**, tendo ciência da r. decisão proferida e por não se conformar com ela, vem, perante Vossa Excelência, com fundamento no art. 895 da CLT, dela recorrer, para o que interpõe o presente **RECURSO ORDINÁRIO** para o TRT da ...Região, requerendo seja recebido e encaminhado à superior instância, após os trâmites legais.

O recurso é tempestivo, considerando que a decisão foi proferida no dia .../.../.....

Requer a juntada do preparo (custas e depósito recursal), da procuração e das razões recursais.

Requer, ainda, a admissão e remessa do recurso ao e. TRT.

Nestes Termos,

(842) Orientação Jurisprudencial da SDI-II do TST n. 88. "Mandado de segurança. Valor da causa. Custas processuais. Cabimento. Incabível a impetração de mandado de segurança contra ato judicial que, de ofício, arbitrou novo valor à causa, acarretando a majoração das custas processuais, uma vez que cabia à parte, após recolher as custas, calculadas com base no valor dado à causa na inicial, interpor recurso ordinário e, posteriormente, agravo de instrumento no caso de o recurso ser considerado deserto".

Pede Deferimento.

Local, data e assinatura

Egrégio Tribunal Regional do Trabalho da ...Região

Recorrente: Fulano de Tal (Reclamada);

Recorrida: Beltrana de Tal (Reclamante);

Autos: 00000-0000-000-000-00-0

Natureza: Recurso Ordinário

Colenda Turma,

A r. sentença do douto juízo "*a quo*" merece ser *anulada* ou, na eventualidade de não serem decretadas as nulidades, reformada, nos termos das seguintes

RAZÕES DE RECURSO ORDINÁRIO

1 Preliminares.

1.1 Erro "*in procedendo*".

O juízo "*a quo*" não abriu vista do laudo pericial de f. 120 às partes, incorrendo em erro "*in procedendo*", nos termos do art. 852-H, § 6º, da CLT, de maneira que a anulação da sentença é medida que se impõe.

1.2 Decisão "*extra petita*".

A r. sentença deferiu ao reclamante o aviso prévio proporcional, sem que houvesse pedido na inicial (f. 5), incorrendo em manifesto vício, nos termos do art. 492 do CPC. Requer, desde já, sua anulação.

1.3 Decisão "*citra petita*".

Muito embora a recorrente tenha apresentado pedido contraposto, relativamente à compensação dos adiantamentos salariais do reclamante, a r. sentença não se pronunciou sobre ele, mesmo após a oposição de embargos de declaração (f. 142), razão pela qual deve ser anulada, por ser omissa.

2 Mérito

2.1 Horas extras

A recorrente anexou aos autos cópia de acordo individual escrito, autorizando a compensação das horas extras (f. 82). Entretanto, a r. sentença entendeu que somente a CCT poderia autorizar a compensação, contrariando o entendimento do TST (Súmula n. 85), pelo que deve ser reformada.

2.2 Decisão "*ultra petita*"

Consta da inicial o pedido de 10/12 de 13º salário. Todavia, a decisão do juízo "*a quo*" deferiu 11/12 de 13º salário, pela projeção do aviso prévio, razão pela qual deve ser reformada.

PEDIDOS E REQUERIMENTOS

Isso posto, requer o conhecimento e provimento do recurso, para, acolhendo as preliminares, anular a r. sentença. Eventualmente ultrapassadas as preliminares, requer seja a decisão reformada, a fim de excluir da condenação as horas extras e um mês de 13º salário.

Local, data e assinatura.

16 Execução trabalhista

16.1. PROCEDIMENTOS PREPARATÓRIOS

16.1.1. LIQUIDAÇÃO DE SENTENÇA

A liquidação é a fase preparatória do Processo de Execução. Ela é um procedimento destinado a apurar a quantia relativa a cada pedido deferido na sentença ilíquida, constituindo o crédito exequendo ("*quantum debeatur*").

O erro na liquidação pode comprometer a certeza, a liquidez e a exigibilidade do título executivo, caso em que gerará a nulidade de toda a execução.(843)

1. *Princípios.* Na liquidação, independentemente da metodologia adotada, não será possível modificar ou inovar o que já tiver sido decidido na sentença, tampouco rediscutir a matéria relativa à causa principal, em obediência ao princípio da *inalterabilidade da sentença* (art. 879, § 1º, da CLT).

Outro princípio orientador da liquidação é o da *extrapetição*, pelo qual a apuração da correção monetária e dos juros de mora não dependerá de pedido ou condenação expressos (art. 39, § 1º, da Lei n. 8.177/91 e Súmula 211 do TST(844)). O mesmo se pode dizer das contribuições sociais previdenciárias (art. 43 da Lei n. 8.212/91) e do Imposto de Renda (art. 12-A da Lei n. 7.713/88), por estarem instituídos por norma jurídica de ordem pública, de observância obrigatória pelo Juiz.

(843) "[...] A certeza, liquidez e exigibilidade do título executivo são pressupostos de validade da execução. Nesse sentido, erro de liquidação que aumenta sensivelmente o valor devido torna inexigível o título executivo judicial e a execução nele pautada é nula, nos termos da lei. Na hipótese, posteriormente à arrematação de bem imóvel em hasta pública, o juízo verificou a ocorrência de erro nos cálculos homologados, razão pela qual procedeu à nova liquidação que apurou valores sensivelmente menores do que o efetivamente exigível. Não obstante tal constatação, convalidou os atos expropriatórios já praticados, causando prejuízo ao executado, que não pode substituir o bem arrematado por outro compatível com o cálculo refeito. Ressalte-se, ademais, que o excesso de execução decorrente do cálculo equivocadamente homologado não estava acobertado pela coisa julgada que se formou na ação trabalhista, de modo que a parcela excedente apresentava-se como pedido sem título executivo, o que também torna nula a execução. [...]" (TST-RO-10126-09.2013.5.01.0000, SBDI-II, rel. Luiz Philippe Vieira de Mello Filho, 15.12.2015).

(844) Súmula do TST n. 211. "Juros de mora e correção monetária. Independência do pedido inicial e do título executivo judicial. Os juros de mora e a correção monetária incluem-se na liquidação, ainda que omisso o pedido inicial ou a condenação".

2. *Modalidades*. A liquidação poderá ser feita por (art. 879 da CLT): a) *cálculos*, quando a determinação do valor da condenação depender apenas de cálculo; b) *arbitramento*, se houver determinação na sentença, acordo entre as partes ou quando assim o exigir a natureza do objeto da liquidação; e c) *artigos*, na hipótese de ser necessário alegar e provar fatos novos.

Geralmente a modalidade de sentença consta da sentença. Todavia, se houver necessidade de adotar modalidade diferente, isso será possível, sem ofensa à coisa julgada.[845]

Na maioria das vezes, a liquidação, no Processo do Trabalho, é feita por cálculos; mas as outras modalidades não são incomuns. A liquidação será por *arbitramento*, por exemplo, quando o empregador não juntar aos autos os recibos de salário relativos a todo o contrato de trabalho, quando então o Juiz poderá nomear perito, a fim de arbitrar a média salarial.[846] Será por *artigos, v. g.*, se a sentença deferir o pagamento de horas extras, mas sem definir a quantidade, mencionando apenas que a apuração será feita pela juntada dos cartões de ponto na fase de liquidação. Nesse caso, haverá um verdadeiro processo de conhecimento incidental, com apresentação dos cartões, impugnação da outra parte e decisão.[847]

Em quaisquer das modalidades citadas, o Juiz pode nomear perito, caso a aferição dos valores dependa de conhecimentos técnicos, inclusive em se tratando de liquidação por cálculos (art. 879, § 6º, da CLT).

3. *Procedimento*. Após trânsito em julgado da decisão, o Juiz determinará o processamento da liquidação de ofício (art. 879 da CLT). Todavia, se da decisão ainda pender recurso, a liquidação deverá ser iniciada a requerimento do credor, em sede de execução provisória (art. 520 do CPC de 2015), a qual vai até a penhora (art. 899 da CLT).

Na modalidade mais comum de liquidação, por cálculos, o Juiz deverá mandar intimar as partes, para que apresentem as respectivas contas (art. 879, § 1º-A, da CLT). É muito comum os Juízes determinarem a intimação do empregador, em primeiro lugar. A uma, porque o valor apresentado por ele já poderá ser imediatamente executado, uma vez que será incontroverso. A duas, porque o empregador é quase sempre uma sociedade empresarial, dispondo de contadores e de toda a documentação necessária para a elaboração dos cálculos.

Se o sistema adotado for o da intimação do empregador em primeiro lugar, o Juiz fixará prazo para que o empregado possa impugnar os cálculos apresentados, o que só será possível de forma fundamentada, com a apresentação da conta correta.

Havendo divergência entre os cálculos das partes, o Juiz poderá nomear perito.

Em regra, considerando os termos do art. 879 da CLT, o contador judicial só elaborará a conta, se a parte autora litigar sob o pálio do "*jus postulandi*" ou se a parte ré for a Fazenda Pública.

Elaborada a conta, o Juiz decidirá qual cálculo está correto, a fim de que possa ser homologado. Após realizar esse juízo de valor e antes de homologar os cálculos, o Juiz poderá abrir vista às partes, para que, no prazo sucessivo de dez dias, apresentem impugnação fundamentada, com a indicação dos itens e valores objeto da discordância, sob pena de preclusão (art. 879, § 2º). Veja-se que o Juiz só abrirá vista, se julgar conveniente, de maneira que esse ato não é para ele um dever, mas sim um poder[848] discricionário. É bem de se ver que, com a Lei n. 13.467/17 (reforma trabalhista), o juiz não mais terá a faculdade, mas sim o dever de abrir vista às partes, pelo prazo comum

(845) Súmula do STJ n. 344: A liquidação por forma diversa da estabelecida na sentença não ofende a coisa julgada.

(846) "Liquidação. Arbitramento. Face à ausência de parâmetros para apuração da média salarial, é razoável a apuração desta por meio de arbitramento, conforme dispõem os arts. 879, "*caput*", da CLT e 606, do CPC, vez que a natureza da liquidação o exige, cabendo ao perito estimar o débito, na impossibilidade de se calcular o seu valor exato, diante da ausência de prova documental por todo o pacto laboral." (TRT da 3ª Região. AP — 2115/01. Relator: Juiz convocado Rodrigo Ribeiro Bueno. 3ª Turma. DJMG: 29.05.2001).

(847) "Horas extras. Liquidação por artigos. Na hipótese de ter sido provado o labor em sobrejornada, impugnada a jornada declinada na inicial como cumprida e sem elementos probatórios para quantificar o trabalho extra, determinar-se-á a liquidação por artigos. A liquidação por artigos se impõe diante da necessidade de serem alegados e provados "fatos novos", de forma a quantificar o valor da condenação, nos termos do art. 608/CPC, aplicável subsidiariamente ao Processo do Trabalho. A rigor, há impropriedade do adjetivo novo nessa forma de liquidação, porque o que se deve provar na liquidação por artigo não são fatos novos e sim fatos que já foram reconhecidos pela decisão, mas que à mingua de elementos concretos nos autos, não se pode precisar." (TRT da 3ª Região. RO 00484-2002-003-03-00-0. Relator: Hegel de Brito Boson. 6ª Turma. DJMG: 28.11.2002).

(848) Fora da linguagem técnica, o melhor seria dizer que é uma faculdade. Ocorre que o Juiz não tem "faculdades", mas sim poder, o qual deve sempre ser exercido de forma fundamentada.

de oito dias, para que elas possam impugnar a conta de forma fundamentada, com a indicação dos itens e valores objeto da discordância, sob pena de preclusão (art. 879, § 2º, da CLT).

Lado outro, o Juiz *deverá* ordenar a intimação da União, por meio da Procuradoria-Geral Federal,[(849)] a fim de que se manifeste quanto às contribuições sociais previdenciárias apuradas no cálculo, sob pena de preclusão (art. 879, 3º, da CLT). Nesse caso, o ato do Juiz é vinculado, constituindo a intimação um *dever*.

Se o Juiz entender ser desnecessária a intimação das partes, sendo isso o que geralmente ocorre, os cálculos serão homologados por sentença, a qual colocará fim ao procedimento de liquidação e dará início ao Processo de Execução.

Mas, se o Juiz abrir vista às partes, do cálculo que pretende homologar, haverá preclusão para a parte que não se manifestar. A eventual manifestação servirá apenas como *protesto*, para evitar a preclusão, uma vez que o momento correto para impugnar os cálculos será nos embargos à execução (art. 884 da CLT). Quando estes forem opostos, aí sim, o Juiz apreciará e julgará a matéria, cuja decisão desafiará agravo de petição.

Nada impede, porém, que o Juiz aprecie e acolha as impugnações, determinando a retificação dos cálculos ou simplesmente homologando os que foram apresentados pela outra parte.

A manifestação da União/PGF também terá natureza jurídica de *protesto*. Nos termos do art. 879, § 5º, da CLT, por razões de economia, o Ministro de Estado da Fazenda poderá, mediante ato fundamentado, dispensar a manifestação da União em processos cujo salário de contribuição for baixo. Esse valor atualmente é de R$ 20.000,00 (Portaria RFB n. 582/13, c/c a Medida Provisória n. 475, de 23/12/2009).

4. *Cálculos*. Além do valor principal, relativo à quantificação das parcelas de natureza trabalhista deferidas ao exequente,[(850)] os cálculos de liquidação abrangerão (art. 879, § 1º-A, da CLT): a) a correção monetária; b) os juros de mora; c) as contribuições sociais previdenciárias; d) o imposto de renda; e) o FGTS a ser depositado; e f) as despesas processuais (custas, emolumentos e honorários periciais e advocatícios).

Entre os créditos citados, a Justiça do Trabalho só não será competente para executar o imposto de renda, o qual apenas será discriminado nos cálculos. Seu eventual inadimplemento ensejará a expedição de ofício à Receita Federal, para que tome as medidas pertinentes.

2.1. *Correção monetária*. A correção monetária é a recomposição dos valores da moeda, pela perda de seu poder aquisitivo, em razão de fatos históricos, como a inflação.

No Processo do Trabalho, a atualização dos débitos de natureza trabalhista é regida pela Lei n. 8.177/91, que atrela a atualização à Taxa Referencial — TR acumulada no período compreendido entre a data de vencimento da obrigação e o seu efetivo pagamento (art. 39).

Já as demais despesas processuais (custas processuais, honorários advocatícios, honorários periciais e demais débitos judiciais), por não possuírem natureza trabalhista, serão corrigidas pela metodologia da Lei n. 6.899/81, que dispõe sobre a atualização de qualquer débito resultante de decisão judicial. Nesse sentido é o entendimento do TST.[(851)]

2.1.1. *Inconstitucionalidade da TR*. Por ocasião do julgamento das ADIs n. 4.357/DF e n. 4.425/DF, que versavam sobre o regime de precatórios, o STF declarou a inconstitucionalidade, em parte, por arrastamento, do art. 1º-F da Lei n. 9.494/97,[(852)] com a redação dada pelo art. 5º da Lei n. 11.690/09, na parte em que estabelece o

(849) Desde o advento da "super-receita" (Lei n. 11.457/07), o Instituto Nacional do Seguro Social — INSS deixou de ter a atribuição de executar as contribuições sociais previdenciárias em processos judiciais, o que passou a ser feito pela União. Como o INSS é uma autarquia federal, a União passou a ser representada, nesses casos, pela Procuradoria-Geral Federal, órgão vinculado à Advocacia-Geral da União — AGU.

(850) O cálculo das parcelas trabalhistas é assunto do Direito do Trabalho, razão pela qual sua metodologia não será abordada nesta obra, por fugir do seu objeto.

(851) Orientação Jurisprudencial da SDI-I do TST n. 198. "Honorários periciais. Atualização monetária. Diferentemente da correção aplicada aos débitos trabalhistas, que têm caráter alimentar, a atualização monetária dos honorários periciais é fixada pelo art. 1º da Lei n. 6.899/81, aplicável a débitos resultantes de decisões judiciais".

(852) "Art. 1º-F. Nas condenações impostas à Fazenda Pública, independentemente de sua natureza e para fins de atualização monetária, remuneração do capital e compensação da mora, haverá a incidência uma única vez, até o efetivo pagamento, dos índices oficiais de remuneração básica e juros aplicados à caderneta de poupança."

"índice oficial de remuneração básica da caderneta de poupança" como indexador para atualização monetária das condenações impostas à Fazenda Pública.[853]

Para entender os efeitos da decisão do STF, é preciso lembrar que a Lei n. 8.177/91 estabeleceu a TR como índice de correção monetária para a *poupança* (art. 12, I), para o *FGTS* (art. 17) e para os *créditos trabalhistas* (art. 39).

A TR é calculada pelo Banco Central, a partir da remuneração mensal média líquida de impostos, dos depósitos a prazo fixo captados pelos Bancos comerciais, Bancos de investimentos, Bancos múltiplos com carteira comercial ou de investimentos, Caixas Econômicas, ou dos títulos públicos federais, estaduais e municipais, de acordo com metodologia aprovada pelo Conselho Monetário Nacional e enviada ao conhecimento do Senado Federal (art. 1º da Lei n. 8.177/91). Ela reflete, portanto, a movimentação financeira do Estado e dos Bancos, mas não os fatos históricos que influenciam na desvalorização da moeda, como a inflação.

O art. 100, § 12, da CF, por sua vez, previa que os débitos da Fazenda Pública decorrentes de precatórios seriam atualizados pelo índice oficial de remuneração básica da caderneta de poupança, ou seja, pela TR. Isso gerava uma situação de desigualdade, já que os créditos da Fazenda Pública são atualizados pela taxa SELIC.

No referido julgamento, o STF entendeu que a TR não pode ser aplicada como índice de correção monetária, justamente por não recompor, na prática, as perdas do poder aquisitivo em decorrência da inflação.

Dessa forma, se o STF entende que a TR não recompõe as perdas geradas pela inflação, no nosso sentir, ela também não pode servir de índice de correção monetária para os demais créditos que a utilizam como tal, como é o caso da atualização monetária dos créditos trabalhistas e dos depósitos de FGTS.

A alternativa seria utilizar um índice que, de fato, refletisse a inflação do período. Entre os existentes, o que mais se aproxima dessa missão é o Índice Nacional de Preços ao Consumidor — INPC, elaborado pelo Instituto Brasileiro de Geografia e Estatística — IBGE, a partir da coleta de dados relativos ao aumento dos preços de produtos e serviços utilizados pelos consumidores. A comparação entre os índices INPC e TR, acumulados no ano e relativos ao mesmo período, revela que o entendimento do STF é bastante razoável, como demonstra a tabela a seguir:

TR x INPC

Ano	TR	INPC
2012	0,2897%	6,17%
2011	1,2079%	6,07%
2010	0,6887%	6,46%
2009	0,7090%	4,11%

A Lei n. 8.177 foi editada em 1991. De seu advento até 1999, a TR era mais benéfica à recomposição das perdas decorrentes da inflação, conforme se verifica a seguir:

TR x INPC

Ano	TR	INPC
1999	5,7295%	8,43%
1998	7,7938%	2,49%
1997	9,7849%	4,34%

(853) "Em conclusão, o Plenário, por maioria, julgou parcialmente procedente pedido formulado em ações diretas, propostas pelo Conselho Federal da Ordem dos Advogados do Brasil e pela Confederação Nacional das Indústrias — CNI, para declarar a inconstitucionalidade: a) da expressão "na data de expedição do precatório", contida no § 2º do art. 100 da CF; b) dos §§ 9º e 10 do art. 100 da CF; c) da expressão "índice oficial de remuneração básica da caderneta de poupança", constante do § 12 do art. 100 da CF, do inciso II do § 1º e do § 16, ambos do art. 97 do ADCT; d) do fraseado "independentemente de sua natureza", inserido no § 12 do art. 100 da CF, para que aos precatórios de natureza tributária se apliquem os mesmos juros de mora incidentes sobre o crédito tributário; e) por arrastamento, do art. 5º da Lei 11.960/2009; e f) do § 15 do art. 100 da CF e de todo o art. 97 do ADCT (especificamente o *caput* e os §§ 1º, 2º, 4º, 6º, 8º, 9º, 14 e 15, sendo os demais por arrastamento ou reverberação normativa)." (STF. ADIs 4357/DF e 4425/DF. Relator: Ministro Ayres Britto, com acórdão redigido pelo Ministro Luiz Fux. Tribunal Pleno. Informativo n. 698).

Dessa forma, para nós, a atualização monetária dos créditos trabalhistas, incluindo o FGTS, não mais deve ser feita pelo índice da TR, mas pelo INPC, em homenagem ao princípio da norma mais favorável, bem assim por força da decisão do STF que tem efeitos vinculantes.

Instaurada a polêmica, o C. TST também entendeu que a TR era inconstitucional, o que declarou por ocasião do julgamento da Ação Trabalhista 0000479-60.2011.5.04.0231.(854) Sem embargo, o índice adotado pelo TST passou a ser o Índice de Preços ao Consumidor Amplo Especial — IPCA-E, com efeitos retroativos, a partir de 30/06/2009. Por força dessa decisão, o CSJT editou *tabela única* para apuração da correção monetária no âmbito da Justiça do Trabalho, adotando o IPCA-E como índice oficial.

Rapidamente, a Federação Nacional dos Bancos — FENABAN ajuizou Ação de Reclamação perante o STF (Rcl 22.012), na qual, liminarmente, em 14/10/2015, foi determinada a suspensão dos efeitos da decisão do TST e da tabela única do CSJT.

Dessa forma, até o julgamento da Rcl 22.012, o qual ainda não ocorreu, o índice de correção monetária dos créditos trabalhistas continua a ser a TR.

Nesse meio tempo, o STF decidiu: a) que a questão relativa ao índice de correção monetária do FGTS é matéria infraconstitucional, pelo que não recebeu o recurso extraordinário sobre o tema (RE 584.608); b) modular os efeitos das ADIs n. 4.357/DF e n. 4.425/DF, conferindo eficácia prospectiva à declaração de inconstitucionalidade da TR apenas para os precatórios expedidos a partir de 25/03/2015, data após a qual os créditos de precatórios devem ser corrigidos pelo IPCA-E (ADI 4.425).

Julgando embargos de declaração no citado Processo 0000479-60.2011.5.04.0231, o TST decidiu modular os efeitos, para, em cumprimento à decisão liminar concedida no processo STF-Rcl-22.012, rel. Min. Dias Toffoli, excluir "a determinação contida na decisão embargada de reedição da Tabela Única de cálculo de débitos trabalhistas, a fim de que fosse adotado o índice IPCA-E, visto que tal comando poderia significar a concessão de efeito *'erga omnes'*, o que não é o caso." Por isso, os efeitos da decisão ficaram restritos ao caso concreto.

Pretendendo colocar fim à polêmica, a Lei n. 13.467/17 (reforma trabalhista) estabelece que a atualização dos créditos decorrentes de condenação judicial será feita pela TR (art. 879, § 7º, da CLT).

2.1.2. *Marco inicial.* Os créditos trabalhistas serão corrigidos a partir do mês seguinte ao do vencimento da obrigação(855) (art. 459, § 1º, da CLT e Súmula n. 381 do TST(856)), inclusive os valores relativos ao FGTS (OJ n. 302 da SDI-I do TST(857)).

Já a indenização por danos morais e materiais, desde a data da decisão judicial que a arbitrar (Súmulas n. 362 do STJ(858) e 439 do TST(859)), independentemente da data do trânsito em julgado.

(854) "[...] É inconstitucional a expressão "equivalentes à TRD", contida no art. 39 da Lei n. 8.177/91, que define o índice de correção monetária aplicável aos créditos trabalhistas, porquanto o uso da aludida Taxa Referencial Diária (TRD), por não refletir a variação da taxa inflacionária, impede o direito à recomposição integral do crédito reconhecido pela sentença transitada em julgado. No caso, declarou-se a inconstitucionalidade por arrastamento, baseando-se na ratio decidendi definida nas decisões proferidas pelo Supremo Tribunal Federal nas ADIs ns. 4.357, 4.372, 4.400 e 4.425, bem como nos autos da Ação Cautelar n. 3.764 MC/DF: a atualização monetária incidente sobre obrigações expressas em pecúnia constitui direito subjetivo do credor e deve refletir a exata recomposição do poder aquisitivo decorrente da inflação do período em que apurado — sob pena de violar o direito fundamental de propriedade do credor, a coisa julgada, a isonomia, o princípio da separação dos Poderes e o postulado da proporcionalidade, além da eficácia e efetividade do título judicial, a vedação ao enriquecimento ilícito do devedor. [...]" (TST-ArgInc-479-60.2011.5.04.0231, Tribunal Pleno, rel. Min. Cláudio Mascarenhas Brandão, 4.8.2015).

(855) Em termos práticos, basta corrigir a parcela trabalhista com o índice de correção do mês subsequente, seguindo a tabela vigente no mês em que os cálculos foram elaborados.

(856) Súmula do TST n. 381. "Correção monetária. Salário. Art. 459 da CLT. O pagamento dos salários até o 5º dia útil do mês subseqüente ao vencido não está sujeito à correção monetária. Se essa data limite for ultrapassada, incidirá o índice da correção monetária do mês subseqüente ao da prestação dos serviços, a partir do dia 1º".

(857) Orientação Jurisprudencial da SDI-I do TST n. 302. "FGTS. Índice de correção. Débitos trabalhistas. Os créditos referentes ao FGTS, decorrentes de condenação judicial, serão corrigidos pelos mesmos índices aplicáveis aos débitos trabalhistas".

(858) Súmula do STJ n. 362. "A correção monetária do valor da indenização do dano moral incide desde a data do arbitramento".

(859) Súmula do TST n. 439. "Danos morais. Juros de mora e correção monetária. Termo inicial. Nas condenações por dano moral, a atualização monetária é devida a partir da data da decisão de arbitramento ou de alteração do valor. Os juros incidem desde o ajuizamento da ação, nos termos do art. 883 da CLT".

Quando a base de cálculo for formada por comissões, o valor destas deve ser corrigido monetariamente e, a partir dele, deve ser obtida a média dos últimos doze meses, para efeito de cálculo das demais parcelas, como férias e 13º salário.[860]

2.1.3. *Débitos do empregado*. Por força do princípio da proteção, a correção monetária não incide sobre o débito do trabalhador reclamante.[861]

2.1.4. *Tabela única*. A tabela de correção monetária é elaborada pelo CSJT e é válida para todo o território nacional, nos termos da Resolução 08/2005. Ela está disponível, gratuitamente, no sítio do CSTJ na internet.

2.2. *Juros*. Os juros de mora têm dupla finalidade. Visam punir o devedor e remunerar o capital. Por isso é que sempre terão natureza indenizatória.

No Processo do Trabalho, os juros de mora incidirão sobre o montante devidamente corrigido,[862] a partir da data de ajuizamento da ação (art. 883 da CLT),[863] à razão de 1% ao mês, "*pro rata die*",[864] de forma simples[865] (art. 39, § 1º, da Lei n. 8.177/91), isto é, não incidem sobre os juros acumulados, mas apenas sobre o principal.

2.2.1. "*Bis in idem*". O "*caput*" do art. 39 da Lei n. 8.177/91 trata da correção monetária, mas utiliza o termo "juros de mora", para se referir à taxa TR. Já o parágrafo primeiro fala dos juros de mora:

> Art. 39. Os débitos trabalhistas de qualquer natureza, quando não satisfeitos pelo empregador nas épocas próprias assim definidas em lei, acordo ou convenção coletiva, sentença normativa ou cláusula contratual sofrerão juros de mora equivalentes à TRD acumulada no período compreendido entre a data de vencimento da obrigação e o seu efetivo pagamento.
>
> § 1º Aos débitos trabalhistas constantes de condenação pela Justiça do Trabalho ou decorrentes dos acordos feitos em reclamatória trabalhista, quando não cumpridos nas condições homologadas ou constantes do termo de conciliação, serão acrescidos, nos juros de mora previstos no *caput* juros de um por cento ao mês, contados do ajuizamento da reclamatória e aplicados *pro rata die*, ainda que não explicitados na sentença ou no termo de conciliação.

Isso levantou a tese de que os juros do "*caput*" e do parágrafo primeiro seriam idênticos, razão pela qual não poderiam incidir conjuntamente, pena de "*bis in idem*". Todavia, venceu a teoria contrária, para a qual o texto do "*caput*" equivocadamente utilizou a expressão "juros de mora" para se referir à correção monetária, enquanto o parágrafo primeiro usou a terminologia adequada. Esse é o entendimento consolidado do TST.[866]

2.2.2. *Período em que os juros eram cumulativos*. Já dissemos que a capitalização dos juros no Processo do Trabalho é simples. Todavia, entre 26.02.1987 (data de entrada em vigor do Decreto-Lei n. 2.322/87) e 03.03.91 (data de entrada em vigor da Lei n. 8.177/91), os juros incidiram de forma cumulativa, isto é, incluindo o principal e os juros acumulados.[867]

2.2.2.1. *Massa falida*. Contra massa falida não são exigíveis juros vencidos após data da falência (art. 124 da Lei n. 10.101/05), mas apenas os que incidirem até a respectiva decretação. A empresa em liquidação extrajudicial

(860) Orientação Jurisprudencial da SDI-I do TST n. 181. "Comissões. Correção monetária. Cálculo. O valor das comissões deve ser corrigido monetariamente para em seguida obter-se a média para efeito de cálculo de férias, 13º salário e verbas rescisórias".

(861) Súmula do TST n. 187. "Correção monetária. Incidência. A correção monetária não incide sobre o débito do trabalhador reclamante".

(862) Súmula do TST n. 200. "Juros de mora. Incidência. Os juros de mora incidem sobre a importância da condenação já corrigida monetariamente".

(863) Diante da disposição expressa da CLT, fica superada a Súmula do STF n. 224: Os juros da mora, nas reclamações trabalhistas, são contados desde a notificação inicial.

(864) Ou 0,0333% ao dia.

(865) Não capitalizados ou cumulados.

(866) Orientação Jurisprudencial da SDI-I do TST n. 300. "Execução trabalhista. Correção monetária. Juros. Lei n. 8.177/91, art. 39, e Lei n. 10.192/01, art. 15. Não viola norma constitucional (art. 5º, II e XXXVI) a determinação de aplicação da TRD, como fator de correção monetária dos débitos trabalhistas, cumulada com juros de mora, previstos no art. 39 da Lei n. 8.177/91 e convalidado pelo art. 15 da Lei n. 10.192/01".

(867) Súmula do TST n. 307. "Juros. Irretroatividade do Decreto-Lei n. 2.322, de 26.02.1987. A fórmula de cálculo de juros prevista no Decreto-Lei n. 2.322, de 26.02.1987 somente é aplicável a partir de 27.02.1987. Quanto ao período anterior, deve-se observar a legislação então vigente".

também gozará do mesmo privilégio,[868] salvo no caso de sucessão trabalhista, hipótese em que a sucessora suportará juros, os quais correrão normalmente.[869]

2.2.2.2. *Fazenda Pública*. Se a condenada for a Fazenda Pública, a metodologia dos juros de mora dependerá da espécie de responsabilidade. Nos termos da Lei n. 9.494/07, quando ela for condenada sozinha ou solidariamente, os juros de mora serão:[870] a) de 1%, até agosto de 2001; b) de 0,5%, entre setembro de 2001 e junho de 2009; e c) iguais aos da caderneta de poupança, a partir de 30/06/2009.

Outra será a sistemática, se a Fazenda Pública for condenada *subsidiariamente*. Nesse caso, os juros serão os mesmos pagos pelo devedor principal, não incidindo os privilégios da Lei n. 9.494/07[871].

2.2.3. *Juros regressivos*. Quando a decisão judicial condena o réu a pagar parcelas *vencidas*, os juros são progressivos, contados a partir da propositura da ação até o efetivo pagamento.

Todavia, nas parcelas *vincendas*, isto é, aquelas cujo vencimento é posterior ao ajuizamento da ação (como uma pensão, por exemplo), os juros devem ser decrescentes ou regressivos, o que significa dizer que só incidirão a partir do vencimento da obrigação.

2.3. *Contribuições sociais previdenciárias*. O Juiz deve determinar o imediato recolhimento das contribuições sociais, se houver *condenação*[872] ao pagamento de verbas salariais, sob pena de responsabilidade (art. 43 da Lei n. 8.212/91). Como já foi dito, as contribuições previdenciárias do período laborado (relativas ao mês em que houve pagamento de salário, durante o contrato de trabalho) não são da competência da Justiça do Trabalho.

2.3.1. *Atualização*. A atualização das contribuições sociais segue o regime próprio da legislação previdenciária (art. 879, § 4º, da CLT). Portanto, elas devem ser apuradas mês a mês (art. 276, § 4º, do Decreto n º 3.048/1999, que regulamentou a Lei n. 8.212/1991), aplicando-se as alíquotas previstas no art. 198 e observando-se o limite máximo do salário de contribuição.[873]

2.3.2. *Regime*. Nas ações trabalhistas, as contribuições sociais devidas até *04/03/2009*, data de entrada em vigor da Medida Provisória n. 499/08, aplica-se o *regime de caixa*: a) o *fato gerador* é o pagamento da parcela salarial ao empregado; b) os *juros de mora* (pela taxa SELIC) e a *multa* (de até 20%) incidirão a partir do segundo dia do mês subsequente à data de homologação dos cálculos (art. 276 do Decreto 3.048/99), até o efetivo recolhimento das contribuições.

---

(868) Súmula do TST n. 304. "Correção monetária. Empresas em liquidação. art. 46 do ADCT/CF. Os débitos trabalhistas das entidades submetidas aos regimes de intervenção ou liquidação extrajudicial estão sujeitos a correção monetária desde o respectivo vencimento até seu efetivo pagamento, sem interrupção ou suspensão, não incidindo, entretanto, sobre tais débitos, juros de mora".

(869) Orientação Jurisprudencial da SDI-I do TST n. 408. "Juros de mora. Empresa em liquidação extrajudicial. Sucessão trabalhista. É devida a incidência de juros de mora em relação aos débitos trabalhistas de empresa em liquidação extrajudicial sucedida nos moldes dos arts. 10 e 448 da CLT. O sucessor responde pela obrigação do sucedido, não se beneficiando de qualquer privilégio a este destinado".

(870) Orientação Jurisprudencial do Tribunal Pleno do TST n. 7. "Juros de mora. Condenação da Fazenda Pública. I — Nas condenações impostas à Fazenda Pública, incidem juros de mora segundo os seguintes critérios: a) 1% (um por cento) ao mês, até agosto de 2001, nos termos do § 1º do art. 39 da Lei n. 8.177, de 01.03.1991; b) 0,5% (meio por cento) ao mês, de setembro de 2001 a junho de 2009, conforme determina o art. 1º-F da Lei n. 9.494, de 10.09.1997, introduzido pela Medida Provisória n. 2.180-35, de 24.08.2001. II — A partir de 30 de junho de 2009, atualizam-se os débitos trabalhistas da Fazenda Pública, mediante a incidência dos índices oficiais de remuneração básica e juros aplicados à caderneta de poupança, por força do art. 5º da Lei n. 11.960, de 29.06.2009. III — A adequação do montante da condenação deve observar essa limitação legal, ainda que em sede de precatório".

(871) Orientação Jurisprudencial da SDI-I do TST n. 382. "Juros de mora. Art. 1º-F da Lei n. 9.494, de 10.09.1997. Inaplicabilidade à Fazenda Pública quando condenada subsidiariamente. A Fazenda Pública, quando condenada subsidiariamente pelas obrigações trabalhistas devidas pela empregadora principal, não se beneficia da limitação dos juros, prevista no art. 1º-F da Lei n. 9.494, de 10.09.1997".

(872) Súmula Vinculante do STF n. 53: A competência da Justiça do Trabalho prevista no art. 114, VIII, da Constituição Federal alcança a execução de ofício das contribuições previdenciárias relativas ao objeto da condenação constante das sentenças que proferir e acordos por ela homologados.

(873) Súmula do TST n. 368. "[...] III. Em se tratando de descontos previdenciários, o critério de apuração encontra-se disciplinado no art. 276, § 4º, do Decreto n. 3.048/1999 que regulamentou a Lei n. 8.212/1991 e determina que a contribuição do empregado, no caso de ações trabalhistas, seja calculada mês a mês, aplicando-se as alíquotas previstas no art. 198, observado o limite máximo do salário de contribuição".

Já as contribuições sociais devidas a partir de *05/03/2009* seguirão o *regime de competência*: a) o fato gerador será a prestação do serviço; b) os *juros de mora* (pela taxa SELIC) incidirão a partir do mês seguinte ao da prestação de serviços, independentemente de ter ou não havido o pagamento; c) a *multa* (de até 20%) incidirá a partir do primeiro dia subsequente ao término do prazo de citação para pagamento das parcelas previdenciárias.

Por exemplo, se o empregado trabalhou durante o mês de janeiro de 2012, a contribuição social será devida a partir de fevereiro de 2012, mês de competência da parcela trabalhista que dela se origina, tenha havido ou não o efetivo pagamento.

Essas regras foram detalhadamente descritas pelo C. TST, no julgamento do E-RR-293-78.2010.5.15.0065, que pedimos vênia para citar:

> Contribuição previdenciária. Fato gerador. Incidência de multa e juros de mora. Data da prestação dos serviços. Alteração do art. 43 da Lei n. 8.2012/1991 pela Medida Provisória n. 449/2008, convertida na Lei n. 11.941/2009. Na vigência do art. 276, *caput*, do Decreto n. 3.048/99, o fato gerador da contribuição previdenciária era o pagamento do crédito devido ao trabalhador e, no caso de decisão judicial trabalhista, somente seria cabível a incidência de multa e juros de mora após o dia dois do mês subsequente ao trânsito em julgado da decisão que pôs fim à discussão acerca dos cálculos de liquidação. Porém, desde a edição da Medida Provisória n. 449/2008, convertida na Lei n. 11.941/2009, que modificou o art. 43 da Lei n. 8.212/1991, as contribuições sociais apuradas em virtude de sentença judicial ou acordo homologado judicialmente passaram a ser devidas a partir da data de prestação do serviço, considerando-se como marco de incidência do novo dispositivo de lei o dia 5.3.2009, em atenção aos princípios da anterioridade tributária e nonagesimal (arts. 150, III, "a", e 195, § 6º, da CF). A multa, todavia, incide a partir do primeiro dia subsequente ao término do prazo de citação para pagamento das parcelas previdenciárias, observado o limite legal de 20% (art. 61, § 2º, da Lei n. 9.430/96). Entendimento consolidado pelo Tribunal Pleno no julgamento do processo TST-E-RR-1125-36.2010.5.06.0171, em 20.10.2015. Sob esses fundamentos, a SBDI-I, por unanimidade, conheceu do recurso de embargos, por divergência jurisprudencial, e, no mérito, deu-lhe provimento parcial para determinar a aplicação de multa a partir do exaurimento do prazo decorrente da citação para o pagamento dos créditos previdenciários apurados em juízo, observado o limite de 20%. (TST-E-RR-293-78.2010.5.15.0065, SBDI-I, rel. Min. José Roberto Freire Pimenta, 16.6.2016.)

2.3.3. *Responsabilidade*. A responsabilidade pelo recolhimento das contribuições sociais é do empregador,[(874)] de maneira que o reclamante receberá seu crédito líquido após serem descontados os encargos legais.

2.4. *Imposto de renda*. A partir da Lei n. 12.350/10, o Imposto de Renda deverá ser calculado, levando-se em conta o número de meses trabalhados.[(875)] Por exemplo, se o empregado trabalhou seis anos e recebeu R$ 100.000,00 referentes a horas extras, a base de cálculo do Imposto de Renda deverá ser o resultado da divisão da quantia auferida pelo número de meses trabalhados, qual seja, R$ 1.388,88. Nesse caso, como a alíquota mínima atual é de R$ 1.499,15, não haverá incidência de Imposto de Renda (art. 12-A da Lei n. 7.713/88).

Os recolhimentos fiscais devem observar os termos da Instrução Normativa da Receita Federal do Brasil n. 1.127, de 07/02/2011.

Os juros de mora, por possuírem natureza indenizatória, não integram a base de cálculo do Imposto de Renda, nos termos do art. 404 do CC.[(876)]

2.5. *Tabela de incidências*. A seguir, oferta-se uma tabela para memorização das parcelas sobre as quais incidem as contribuições sociais previdenciárias.

---

(874) Súmula do TST n. 368. "[...] II. É do empregador a responsabilidade pelo recolhimento das contribuições previdenciárias e fiscais, resultantes de crédito do empregado oriundo de condenação judicial. A culpa do empregador pelo inadimplemento das verbas remuneratórias, contudo, não exime a responsabilidade do empregado pelos pagamentos do imposto de renda devido e da contribuição previdenciária que recaia sobre sua quotaparte. (ex-OJ n. 363 da SBDI-1, parte final)".

(875) Súmula do TST n. 368. "[...] VI. O imposto de renda decorrente de crédito do empregado recebido acumuladamente deve ser calculado sobre o montante dos rendimentos pagos, mediante a utilização de tabela progressiva resultante da multiplicação da quantidade de meses a que se refiram os rendimentos pelos valores constantes da tabela progressiva mensal correspondente ao mês do recebimento ou crédito, nos termos do art. 12-A da Lei n. 7.713, de 22/12/1988, com a redação conferida pela Lei n. 13.149/2015, observado o procedimento previsto nas Instruções Normativas da Receita Federal do Brasil."

(876) Orientação Jurisprudencial da SDI-I do TST n. 400. "Imposto de renda. Base de cálculo. Juros de mora. Não integração. Art. 404 do Código Civil Brasileiro. Os juros de mora decorrentes do inadimplemento de obrigação de pagamento em dinheiro não integram a base de cálculo do imposto de renda, independentemente da natureza jurídica da obrigação inadimplida, ante o cunho indenizatório conferido pelo art. 404 do Código Civil de 2002 aos juros de mora".

TABELA DE INCIDÊNCIAS

Débito trabalhista	INSS	FGTS	IRRF
Abono pecuniário de férias (arts. 143 e 144 da CLT)	Não	Não	Não
Abonos salariais			
a) Abonos salariais vinculados ao salário	Sim	Sim	Sim
b) Expressamente desvinculados dos salários	Não	Não	Sim
Adicionais de insalubridade, periculosidade, noturno, transferência e de função	Sim	Sim	Sim
Ajuda de custo	Não	Não	Não
Auxílio-doença			
a)15 primeiros dias	Sim	Sim	Sim
b) Complementação salarial	Não	Não	Sim
c) Benefício pago pela Previdência da União, DF e Municípios	Não	Não	Não
Aviso-prévio trabalhado	Sim	Sim	Sim
Aviso-prévio indenizado	Até 12/2008: não; a partir de 01/2009: Sim	Sim	Não
13º salário, inclusive o proporcional da rescisão	Sim	Sim	Sim
Comissões	Sim	Sim	Sim
Complementação de aposentadoria	Não	Não	Sim
Diárias para viagem			
a)até 50% da remuneração	Não	Não	Não
b)superiores a 50% da remuneração			
Dobra de feriados	Sim	Sim	Sim
Férias normais gozadas na vigência do contrato e o terço legal	Sim	Sim	Sim
Férias em dobro na vigência do contrato (art. 137 da CLT)			
Valor das férias gozadas — remuneração + 1/3	Sim	Sim	Sim
Valor da dobra, art. 137, CLT	Não	Não	Sim
Férias indenizadas na rescisão e seu terço (simples, em dobro e proporcionais)	Não	Não	Não
Férias e licença prêmio não gozadas por necessidade de serviço	Não	Não	Não
FGTS	Não	Não	Não
Gorjetas (espontâneas ou compulsórias)	Sim	Sim	Sim
Gratificações ajustadas ou contratuais	Sim	Sim	Sim
Honorários sindicais	Não	Não	Não
Honorários periciais	Não	Não	Sim
Horas extraordinárias, de "sobreaviso" e *in itinere*	Sim	Sim	Sim
Indenização adicional (Lei n. 7.238/84, art. 9º)	Não	Não	Não
Indenização por tempo de serviço (anterior a 05/10/88, empregado não optante pelo FGTS)	Não	Não	Não
Indenização do art. 479/CLT (metade da remuneração devida até o término da do contrato a prazo determinado, rescindido antecipadamente)	Não	Não	Não
Indenização acidente de trabalho	Não	Não	Não

Débito trabalhista	INSS	FGTS	IRRF
Indenização prevista nos arts. 496 e 497 da CLT	Não	Não	Não
Indenização por danos morais	Não	Não	Sim
Indenização art. 14 da Lei n. 5889/73 (contrato de safra)	Não	Não	Não
Incentivo à demissão ou indenização paga a título de PDV	Não	Não	Não
Juros de mora	Não	Não	Sim
Licença-paternidade (art. 7º, XIX, da CF)	Sim	Sim	Sim
Licença prêmio indenizada	Não	Não	Sim
Multa de 40% do FGTS	Não	Não	Não
Multa do art. 477, §§ 6º e 8º, da CLT (um salário)	Não	Não	Sim
Multa do art. 467 da CLT	Não	Não	Sim
Participação nos lucros, quando paga ou creditada de acordo com lei específica	Não Entre a CF e a MP 794/94: Sim (RE 569,441)	Não	Sim
Prêmios	Sim	Sim	Sim
Quebra-de-Caixa	Sim	Sim	Sim
Salário-Família, sem ultrapassar o valor legal	Não	Não	Não
Salário *in natura* (utilidades — art. 458 da CLT)	Sim	Sim	Sim
a) Salário-maternidade	Sim	Sim	Sim
b) O valor pago à empregada gestante, inclusive, à doméstica, em função da dispensa arbitrária ou sem justa causa, quando resultado da conversão estabilidade gestante em indenização prevista nos arts. 496 e 497 da CLT	Não	Não	Não
Saldo de salário e salários atrasados	Sim	Sim	Sim
Vale-transporte	Não	Não	Não

Fonte: Manual de Cálculos da Justiça do Trabalho da 3ª Região. 2012.

16.1.2. OUTRAS MEDIDAS

1. *Liberação do depósito recursal.* Após a liquidação de sentença e antes de determinar o início da execução, o Juiz deverá ordenar a pronta liberação do depósito recursal, em favor do reclamante, de ofício ou a requerimento, desde que o valor da execução seja igual ou superior ao do depósito, prosseguindo a execução em relação à eventual diferença (art. 66, I, da CGPJT).

2. *Conciliação.* Em atendimento ao princípio da conciliação e da celeridade processual, é recomendável que o Juiz determine a realização de audiências de conciliação no Processo de Execução, independentemente de requerimento das partes, sempre que julgar conveniente e verificar a possibilidade de acordo (art. 77, II, da CGPJT).

16.2. TEORIA GERAL DA EXECUÇÃO

16.2.1. CONCEITO, NATUREZA JURÍDICA E FUNDAMENTOS

As decisões de natureza *declaratória* e *constitutiva* produzem efeitos por si só, uma vez que não exigem uma atitude do reclamado para satisfazer o direito do reclamante. É o caso da sentença que declara a existência de vínculo de emprego e da que desconstituiu a coisa julgada, esta em sede de Ação Rescisória, por exemplo.

Noutro espeque, as decisões de natureza *condenatória* dependem da participação do reclamado, a fim de fazer, não fazer, entregar ou pagar. Se o cumprimento dessas condenações não for feito de modo espontâneo pelo reclamado, restará ao reclamante executar a sentença.

O Processo de Execução é, portanto, o instrumento pelo qual o Estado exige do reclamado o cumprimento de uma obrigação de fazer, não fazer, entregar ou pagar, objeto de sentença condenatória, mediante atos de coerção ou de expropriação de bens.

No Processo do Trabalho, a execução é um processo autônomo,[877] possuindo seus próprios princípios e metodologia. Todavia, ele tramita nos mesmos autos do processo de conhecimento.

A fonte normativa imediata da execução trabalhista é a CLT, a qual regula a matéria entre os arts. 876 e 892. Havendo lacuna e desde que sejam respeitados os princípios do Processo do Trabalho, será aplicada, subsidiariamente, a Lei n. 6.830/80, que trata da Execução Fiscal (art. 889 da CLT).[878] O CPC só será aplicado, se a lacuna não tiver sido preenchida pela lei dos executivos fiscais.

16.2.2. PRINCÍPIOS

Tal qual ocorre no processo de conhecimento, o *princípio da proteção* rege também o Processo de Execução. Tanto é assim, que o crédito trabalhista goza dos mesmos privilégios dos créditos da Fazenda Pública (art. 889 da CLT). Ora, não teria sentido proteger o hipossuficiente apenas na fase de conhecimento de seu direito e deixá-lo desamparado no momento da satisfação. Seria como "dar com uma mão e tirar com a outra".

Na verdade, portanto, os princípios específicos da execução são peculiaridades resultantes da filtragem que o princípio da proteção faz dos princípios do Processo Civil. É nessa ótica que se devem analisar os *princípios específicos* do Processo de Execução trabalhista, o que será feito a seguir.

1. *Iniciativa do Juiz.* Transitada em julgado a decisão, a respectiva execução poderá ser promovida pelo reclamante, por qualquer interessado ou pelo Juiz do Trabalho, *ex officio*, nos termos do art. 878.

Muito embora a CLT não diga expressamente, se a execução for *provisória*[879] ou de *títulos executivos extrajudiciais*, somente a parte interessada poderá dar início à execução, pena de afronta ao dever de imparcialidade do Juiz. Ademais, pode não ser interessante para o exequente dar início à execução provisória, a depender do grau de probabilidade de a decisão ser modificada pelo juízo *ad quem*. É visivelmente mais prudente que o Juiz aguarde a manifestação do credor, portanto.

A questão é, porém, controvertida. A Quinta Turma do TRT da 3ª Região, por exemplo, já decidiu, no espaço de um mês, pela possibilidade[880] e pela impossibilidade[881] da execução provisória de ofício. O TST, por sua vez, não vê qualquer empecilho à iniciativa do Juiz nas execuções provisórias e de títulos executivos extrajudiciais.[882]

---

(877) Há quem entenda que o processo de execução é sincrético, isto é, constitui apenas uma fase do processo de conhecimento. Mas essa corrente é menos expressiva e não explica o fenômeno da existência de uma nova citação, o que dá início a uma outra relação processual.

(878) Enunciado n. 66 do I FNPT. "[...] As leis que regem a execução fiscal continuam a anteceder as normas de execução previstas no NCPC para efeitos de aplicação subsidiária e supletiva ao Processo do Trabalho à luz do art. 889 da CLT."

(879) De uma decisão que ainda não transitou em julgado.

(880) "Execução provisória. Impulso *ex officio*. Celeridade processual. O art. 878 da CLT autoriza o Juiz a promover a execução, *ex officio*, sem distinguir, entretanto, a execução provisória da definitiva. Subsidiariamente esclarece o CPC, em seu art. 588, que "a execução provisória da sentença far-se-á do mesmo modo que a definitiva", donde se conclui, sem desgaste de raciocínio, que cabe ao Juiz propulsionar ambas, nos limites de suas atribuições, em favor da celeridade processual. Como, *in casu*, não foi seguida de atos que a viabilizassem, a determinação *ex officio* na sentença tornou-se inócua, devendo ser retirada da condenação." (TRT da 3ª Região. RO 1146/93. Relator: Desembargador Paulo Araújo. 5ª Turma. DJMG: 26.03.1994).

(881) "Execução provisória de ofício. Embora o art. 878 da CLT atribua ao Juiz a faculdade de promover a execução definitiva, no que tange à execução provisória determinada de ofício não se pode deixar de por a frente o fato de que esta é da conveniência exclusiva do credor e que a iniciativa do Juiz, em determiná-la, pode configurar imprudente quebra do dever de neutralidade ao qual está submetido (CPC, art. 125, I)." (TRT da 3ª Região. RO 2427/93. Relator: Desembargador Márcio Ribeiro do Valle. 5ª Turma. DJMG: 19.02.1994)

(882) "[...] Ademais, o art. 878 CLT concede ao magistrado a faculdade de, *ex officio*, promover a execução provisória. [...]" (TST. RR 211-78.2010.5.03.0001. Relatora: Ministra Dora Maria da Costa. 8ª Turma. DEJT: 20.04.2012).

A execução de ofício está prevista desde a edição da CLT, em 1943, tratando-se de um dos princípios que mais diferencia a execução trabalhista da execução do processo civil comum (do CPC). Todavia, a Lei n. 13.467/17 (reforma trabalhista) modifica esse princípio, fazendo com que a execução de ofício fique restrita à hipótese em que as partes não tiverem advogado (art. 818 da CLT). Trata-se de alteração que, no nosso sentir, colocará em cheque a efetividade da execução trabalhista e a própria identidade do processo do trabalho, pois a execução trabalhista, que já é dificultosa, poderá se tornar ainda mais demorada e menos efetiva. É possível que a alteração ainda gere efeitos negativos sobre o papel do advogado, porque o processo sem esse profissional, que é essencial à Justiça, pode acabar ficando mais rápido, gerando um contrassenso.

2. *Impulso oficial.* A *iniciativa do Juiz* não se confunde com o *impulso oficial.* Naquela, o Juiz tem o poder de quebrar a inércia da jurisdição, enquanto neste, o Juiz apenas ordena a prática dos atos destinados à prestação jurisdicional.

O Impulso oficial é um princípio comum ao Processo Civil e ao Processo do Trabalho; mas a iniciativa *ex officio* da execução só ocorre neste. Ela é mais vigorosa do que o mero impulso, uma vez que atribui ao Juiz a legitimidade para dar início aos atos durante o Processo de Execução.

Imagine-se, por exemplo, que o credor requeira a penhora de um veículo. O impulso oficial determina que o Juiz expeça o respectivo mandado. Se o veículo não for encontrado, o mesmo princípio criaria o dever de abrir vista ao exequente, para manifestação. Isso é o que ocorre no Processo Civil. No Processo do Trabalho, nada impede que o Juiz, após receber o pedido de penhora de veículo, determine a penhora *on-line* de dinheiro, pelo sistema Bacenjud, considerando a sua maior liquidez e preferência (art. 882 da CLT c/c art. 835 do CPC de 2015), para só depois apreciar o requerimento de penhora do outro bem.

3. *Natureza real.* Foi-se o tempo em que a execução era *pessoal*, quando o devedor pagava a dívida com sua liberdade ou seu próprio corpo,[(883)] na eventualidade de não possuir recursos. Nos dias atuais, a execução recai sobre os bens do executado, motivo pelo qual se diz que ela é *real.* A única exceção é a do devedor de alimentos, o qual pode ser preso, se descumprir a obrigação de maneira voluntária e inescusável (art. 5º, LXVII, da CF), uma vez que o Pacto de São José da Costa Rica vedou a prisão do depositário infiel.[(884)]

4. *Não aviltamento.* Muito embora a execução seja voltada contra os bens do executado, não deve resultar no seu empobrecimento, uma vez que a proteção à dignidade da pessoa humana antecede a qualquer interesse patrimonial (art. 1º, III, da CF). Assim, a expropriação não pode ser de todos os bens do devedor, mas apenas daqueles que não lhe retirem a condição mínima de subsistência, como os instrumentos de seu trabalho (art. 833, V do CPC de 2015) ou o único imóvel residencial da família (Lei n. 8.009/90).

5. *Modo menos gravoso.* Se o devedor possuir vários bens, o Juiz deverá determinar a expropriação daquele que lhe cause menos gravames, mediante a adoção das medidas menos prejudiciais (art. 805 do CPC de 2015).

Todavia, cabe ao executado indicar os meios que reputa serem menos gravosos, sob pena de o serem considerados como tal os já determinados (art. 805, parágrafo único, do CPC de 2015).[(885)] A propósito, o C. TST declarou que esse dispositivo do CPC de 2015 é aplicável ao Processo do Trabalho (art. 3º, XIV, da IN 39/16).[(886)]

6. *Primazia do credor*. Em contraponto ao princípio do modo menos gravoso, a execução trabalhista deve ser pautada pela primazia do credor trabalhista, já que o princípio da proteção também produz efeitos no Processo

(883) Sobre essa época, recomendamos a leitura do livro "O mercador de Veneza", de William Shakespeare.

(884) Súmula Vinculante do STF n. 25. "É ilícita a prisão civil de depositário infiel, qualquer que seja a modalidade do depósito".

(885) Enunciado n. 47 do II FNPT. "[...] O estado de sujeição do devedor ao credor, à sociedade e ao Poder Judiciário impõe ao executado que indique meio mais eficaz e menos gravoso a sua posição jurídica, sempre respeitando, em ordem de prejudicialidade, o art. 835 do CPC."

(886) Enunciado n. 76 do I FNPT. "[...] Desde que o executado requeira, indicando meio mais eficaz para solução da execução, a execução trabalhista correrá pelo meio menos oneroso (NCPC, art. 805, parágrafo único)."

de Execução, como já visto e dito. Por isso é, por exemplo, que havendo concurso de credores (*v. g.*, crédito trabalhista, previdenciário e despesas processuais), o trabalhador receberá em primeiro lugar.

No Estado Democrático de Direito, a execução é um direito fundamental do credor (art. 5º, LIV, da CF), o qual deve receber, exatamente, tudo o que lhe foi concedido pela sentença, já que a soberania exige que as decisões judiciais sejam respeitadas e cumpridas (art. 1º, I, da CF). Assim, além de buscar o meio menos gravoso para o devedor, o Juiz deve voltar a execução para os bens de maior liquidez (art. 882 da CLT c/c art. 835 do CPC), por exemplo.

Destarte, o princípio do modo menos gravoso não pode ser levado às últimas consequências, a ponto de prejudicar o direito fundamental à satisfação dos direitos trabalhistas do credor. Deve o Juiz, pois, agir com base na proporcionalidade e na razoabilidade, a bem de conciliar os dois princípios.

7. *Especificidade e efetividade*. Sempre que possível, a execução deve dar ao credor exatamente o que lhe foi concedido. Assim sendo, se a condenação foi ao cumprimento de uma obrigação de fazer, como a anotação da CTPS, por exemplo, cabe ao Estado coagir o executado a cumprir a obrigação, ao invés de revertê-la em pagamento de indenização pecuniária. Por isso é que, no exemplo citado, o Juiz pode determinar que a própria Secretaria da Vara do Trabalho realize as anotações na CTPS do empregado (art. 39, § 1º, da CLT) ou fixar multa diária pelo descumprimento do executado (art. 537 do CPC de 2015).

8. *Disponibilidade*. Os direitos trabalhistas são indisponíveis, mas os atos da execução, não. É que ninguém pode ser obrigado a litigar como demandante e também porque a relação jurídica processual é autônoma, como já foi dito alhures.

O exequente pode desistir de um ou mais atos executivos (art. 569 do CPC de 2015), em relação a um ou a todos os executados.(887) Havendo desistência total, a execução será extinta, podendo ser recomeçada (considerando que não houve renúncia) dentro do prazo prescricional de dois anos, isso para aqueles que admitem a prescrição intercorrente, tema que será visto adiante. Para os que não a admitem, o credor poderia reiniciá-la a qualquer momento.

Também é possível que o exequente renuncie à execução (art. 924, IV, do CPC de 2015),(888) situação que extinguirá a execução e não possibilitará a sua posterior retomada.

9. *Utilidade para o credor*. Os atos manifestamente inúteis à satisfação do crédito do exequente devem ser evitados pelo juiz, uma vez que a execução se processa no interesse do credor (art. 797 do CPC de 2015). Tanto é que, como visto, o exequente pode até renunciar à execução.

É o caso, por exemplo, da penhora que recai em bem de duvidosa legitimidade ou liquidez, como títulos da dívida pública muito antigos. Nessa situação, o Juiz pode recusar o bem oferecido em garantia.(889)

10. *Contraditório mitigado*. Muito embora o direito já esteja "acertado" pela decisão proveniente do Processo de Conhecimento, no Processo de Execução o contraditório não é vedado. Pelo contrário, ele deve existir, mas

(887) "Execução trabalhista. Desistência do exequente em relação a um dos executados. Possibilidade. A teor do que dispõe o art. 569 do CPC é possível a desistência na execução em relação a qualquer dos demandados. [...]" (TRT da 3ª Região. AP 0126800-71.1999.5.03.0108. Relator: Convocado Jesse Claudio Franco de Alencar. 3ª Turma. DETJ: 18.11.2011).

(888) "Desistência/renúncia à execução. Devedores solidários. A desistência/renúncia na execução é possível em face dos arts. 569/CPC e 794, III do mesmo Código, pois de acordo com o primeiro dos dispositivos legais mencionados esta independe da anuência da parte contrária uma vez que apenas faz ressalva quanto à extinção dos embargos apresentados, o que é uma faculdade do embargante, especialmente quando há mais de um executado como no caso. [...]" (TRT da 3ª Região. AP 00986-2007-001-03-00-2 AP. Relator: Luiz Ronan Neves Koury. 2ª Turma. DEJT: 29.04.2009).

(889) "Penhora. Nomeação de bem. Título da dívida pública. Risco manifesto à eficácia executória. Observância do princípio da utilidade da execução. Justifica-se a recusa de bem nomeado à penhora quando, constituído por título da dívida pública muito antigo (1926) e de difícil alienação em hasta pública, tornando inútil a constrição judicial, outro haja de garantia mais eficaz, na mesma ou noutra das classes da ordem legal." (TRT da 3ª Região. AP 3191/99. Relator: Rogerio Valle Ferreira. 4ª Turma. DJMG: 27.11.1999).

de forma mitigada, somente em relação aos fatos relativos à própria execução e não quanto ao mérito do título executivo.

O executado dispõe de instrumentos de defesa, como os embargos à execução, por exemplo, nos quais poderá atacar a conta de liquidação ou vícios nos atos executivos.

11. *Despesas executivas em prejuízo do executado.* O princípio da proteção faz com que o crédito trabalhista fique intangível quanto às despesas da execução, já que o Processo de Execução somente teve início em função da inadimplência do executado. Por isso, as custas executivas devem ser pagas pelo executado, ao final do processo, isto é, depois que os créditos trabalhistas forem integralmente quitados (art. 789-A da CLT).

12. *Identidade de competência.* Este princípio determina que, em regra, o juízo competente para o Processo de Conhecimento também o será para o respectivo Processo de Execução (arts. 877 e 877-A da CLT).

16.2.3. TÍTULOS EXECUTIVOS

O título executivo é um pressuposto processual de validade da execução. O processo de execução só será válido se estiver amparado por título executivo igualmente válido.

Nos termos do art. 876 da CLT, são *títulos executivos judiciais* as decisões passadas em julgado, as decisões com recurso sem efeito suspensivo e os acordos não cumpridos e *extrajudiciais*, os termos de ajustamento de conduta do MPT e os termos de conciliação das Comissões de Conciliação Prévia.

Mas esse rol é exemplificativo. Além dos citados, existem a sentença penal condenatória transitada em julgado e a Certidão de Dívida Ativa decorrentes da relação de trabalho.

É polêmica a competência da Justiça do Trabalho para executar títulos de crédito oriundos ou decorrentes da relação de trabalho (como cheques, notas promissórias, etc), bem como os termos de acordo extrajudicial levados à homologação pela Justiça trabalhista. Quanto aos primeiros, pesa o fato de esses títulos serem abstratos e não-causais, razão pela qual não se pode dizer que decorram de matéria trabalhista. Em relação aos segundos, a resistência decorre da impossibilidade de transacionar direitos individuais fora da Justiça do Trabalho. Ambas as justificativas parecem bem razoáveis, mas a questão não está fechada. Veja-se, por exemplo, que o C. TST declarou a aplicabilidade supletiva do art. 784, I, do CPC de 2015, reconhecendo o cheque e a nota promissória como títulos extrajudiciais trabalhistas, quando emitidos em reconhecimento de dívida inequivocamente de natureza trabalhista (art. 13 da IN 39/16).

Havendo pluralidade de títulos executivos extrajudiciais, as respectivas execuções podem ser feitas no mesmo processo, desde que todos estejam vinculados ao mesmo negócio.[890]

16.2.4. LEGITIMIDADE

A legitimidade diz respeito à autorização legal para praticar atos no Processo de Execução. Ela pode ser ativa (exequente) ou passiva (executado).

1. *Legitimidade ativa.* Nos termos do art. 878 da CLT, podem dar início ao Processo de Execução: a) a parte vencedora no Processo de Conhecimento; b) o Juiz do Trabalho; c) o Presidente do Tribunal competente; d) qualquer interessado, como é o caso dos sucessores do credor; e e) o Ministério Público do Trabalho, quando a decisão for de Tribunal Regional.

A *cessão de créditos* trabalhistas não é vedada (art. 286 do Código Civil). Entretanto, o art. 100 da Consolidação dos Provimentos da CGJT a considera ineficaz no Processo do Trabalho, razão pela qual, na eventualidade de ter sido o crédito trabalhista cedido pelo trabalhador a terceiro, a execução deverá prosseguir com a pessoa do credor. A relação entre o trabalhador (cedente) e o terceiro (cessionário) será objeto de julgamento pela Justiça comum.[891]

(890) Súmula do STJ n. 27: Pode a execução fundar-se em mais de um título extrajudicial relativos ao mesmo negócio.

(891) "[...] Fato novo. Cessão de crédito. Questão não afeta à Justiça do Trabalho. Consoante previsto no art. 100 da Consolidação dos Provimentos da Corregedoria-Geral da Justiça do Trabalho, publicado no DEJT de 30/10/2008, -a cessão de crédito prevista no art. 286 do

Também não há vedação para a *assunção de dívida* (cessão de débito). Por esta, o terceiro assume a obrigação do devedor, com o consentimento expresso do credor (art. 299 da CLT). Entretanto, os efeitos da eventual sub-rogação do crédito deverão ser julgados pela Justiça comum. Assim, uma vez pago o débito trabalhista por um terceiro, o processo será extinto.

2. *Legitimidade passiva.*

2.1. *Responsabilidade patrimonial.* No CPC de 2015, as regras sobre a responsabilidade patrimonial, primária e secundária, estão dispostas nos arts. 789 a 796, os quais foram considerados como aplicáveis ao Processo do Trabalho pelo C. TST (art. 3º, XIII, da IN 39/16).

A *responsabilidade patrimonial primária* é do devedor que constar do título executivo, o qual responderá com os seus bens pelo adimplemento da condenação (art. 789 do CPC de 2015).

No entanto, algumas pessoas podem responder de forma *secundária*, isto é, apenas se o devedor primário não responder. É o caso do sucessor, do sócio e do espólio, nos termos do art. 790 do CPC de 2015.

2.2. *Necessidade de constar do título executivo?* O CPC de 2015, contudo, estabeleceu que a execução da sentença só poderá recair sobre fiador, coobrigado ou corresponsável que constar do título executivo, isto é, que tiver participado da fase de conhecimento (art. 513, § 5º).

Em vista disso, a doutrina se divide entre os que concordam e os que discordam[892] da aplicação desse dispositivo ao Processo do Trabalho.

No nosso sentir, a primeira fonte subsidiária da execução trabalhista é a LEF, cujo art. 4º estabelece que a legitimidade passiva é concorrente entre o devedor principal, o fiador, o espólio, a massa falida, o sócio e os sucessores. Além disso, o art. 513, § 5º, do CPC de 2015 não passa pelo filtro da *proteção*, pelo que ele não é aplicável ao Processo do Trabalho.

2.3. *Grupo econômico.* Existem responsáveis secundários tipicamente trabalhistas. O primeiro deles é o *grupo econômico*. Ele é formado por sociedades empresariais que se relacionam de forma coordenada ou subordinadamente (art. 2º, § 2º da CLT) e, para fins trabalhistas, é considerado um único empregador. Por isso a responsabilidade pelo pagamento do débito exequendo será solidária entre as empresas pertencentes ao mesmo grupo econômico, independentemente de constarem ou não do título executivo.

A caracterização do grupo econômico é tema de direito material do trabalho, pelo que não é objeto desta obra. Não obstante, vale dizer que, conforme a Lei n. 13.467/17 (reforma trabalhista), o grupo econômico não está mais limitado a sociedades empresariais (assim consideradas as que possuem finalidade lucrativa), podendo ser caracterizado em relação a qualquer tipo de empregador, como os produtores rurais e as entidades de beneficência (art. 2º, § 2º, da CLT). De outra face, novel legislação expressamente afasta a caracterização do grupo econômico pela mera identidade de sócios das empresas, sendo necessário demonstrar que haja efetiva comunhão de interesses na integração das sociedades, por meio de atuação conjunta (art. 2º, § 3º, da CLT).

Código Civil não se aplica na Justiça do Trabalho-. Nesse contexto, a juntada aos autos de documento informando a cessão dos créditos oriundos da presente demanda a terceiro não envolvido na lide não tem o condão de interferir no regular processamento do feito, por se tratar de relação jurídica de natureza civil. Não há falar, portanto, em violação dos arts. 267, IV e VI, e 462 do CPC, 114 da Constituição da República e 896 da CLT, tampouco em contrariedade às Orientações Jurisprudenciais de ns. 81 e 270 da SBDI-I do TST. Precedente da SBD-I. Recurso de embargos não conhecido. [...]" (TST. E-ED-RR — 643127-28.2000.5.04.0661. Relator: Ministro Lelio Bentes Corrêa. SDI-I. DEJT: 19.08.2011).

(892) Enunciado n. 60 do II FNPT. "[...] Desnecessária é a participação do fiador, do coobrigado ou do corresponsável, na fase de conhecimento, para que se possa promover a execução de título judicial em desfavor destes, considerando que, no Processo do Trabalho, a Lei n. 6.830/1980 constitui a primeira fonte subsidiária do direito processual do trabalho, no que tange à execução, e dita lei não ressalva a necessidade de que tais sujeitos constem no título executivo (Lei n. 6.830/1980, art. 4º)."

2.4. *Sucessão de empresas.* Na eventualidade de haver *sucessão de empresas* (arts. 10 e 448 da CLT), responderá pelo débito exequendo apenas a empresa sucessora, salvo em caso de fraude.(893) Mas o tema é polêmico na jurisprudência.(894) De toda sorte, também não haverá necessidade de o sucessor constar do título executivo.

2.5. *Sócio da empresa.* O sócio da sociedade empresarial que figura como executada no Processo do Trabalho igualmente poderá ter a execução voltada contra si, independentemente de ter participado do Processo de Conhecimento e de ter sido condenado, bastando apenas que a pessoa jurídica não tenha conseguido suportar o pagamento do débito exequendo, por força da teoria menor (art. 28, § 5º, do CDC), aplicável, subsidiariamente, ao Direito do Trabalho (art. 8º da CLT).(895) De toda sorte, como já foi explicado no Capítulo 6, a desconsideração da personalidade jurídica deve ser feita por meio de incidente processual especial (arts. 133 a 137 do CPC de 2015).

Até a desconsideração da personalidade jurídica, o sócio não é parte no processo, motivo porque deverá ser intimado da respectiva decisão (art. 79, III, da CGPJT), podendo opor embargos de terceiro.(896) Todavia, uma vez incluído como parte, o remédio contra a constrição ilegal de seus bens serão os embargos à execução.(897)

O art. 795, § 3º, do CPC de 2015, garante ao sócio o direito de executar a sociedade no mesmo processo. Todavia, a dívida terá natureza mercantil, pelo que deverá ser executada na Justiça comum.(898)

A responsabilidade do sócio é subsidiária, uma vez que a solidariedade decorre da lei (art. 265 do CC). Por isso, o sócio poderá invocar benefício de ordem (art. 1.024 do CC e art. 795, § 1º, do CPC de 2015), indicando os bens do devedor primário passíveis de penhora. No entanto, se sua indicação não for bem-sucedida, responderá pelo débito.

---

(893) "A sucessão trabalhista transfere para a empresa sucessora a exclusiva responsabilidade pelo adimplemento e pela execução dos contratos de trabalho da empresa sucedida já existentes ao tempo da sucessão. Assim, não há respaldo para a condenação solidária ou subsidiária da empresa sucedida. " (TST. RR — 1898-88.2010.5.09.0562 , Relatora Ministra: Maria Helena Mallmann, Data de Julgamento: 09.11.2016, 2ª Turma, Data de Publicação: DEJT 18.11.2016).

(894) "Sucessão Trabalhista. Responsabilidade da Sucedida. Princípio protetivo da dignidade do trabalhador. Caracterizada a sucessão trabalhista, impõe-se a aplicação dos preceitos contidos nos arts. 10 e 448 da CLT. Tanto o empregador anterior quanto o que assumiu o empreendimento e para o qual o empregado também prestou serviços respondem pela satisfação do crédito trabalhista, na medida em que a finalidade precípua dos citados dispositivos legais é proteger o trabalhador em face de tais transformações. A responsabilização da sucessora não implica o afastamento da responsabilidade da sucedida, pois a intenção dos arts. 10 e 448 da CLT é garantir ao empregado maior possibilidade de solvência de seus créditos, permitindo a cobrança de seus créditos daquele que detém atualmente o patrimônio, tendo em vista o princípio protetivo da dignidade do trabalhador." (TRT da 3ª Região; PJe: 0011178-69.2015.5.03.0176 (RO); Disponibilização: 09.05.2016, DEJT/TRT3/Cad.Jud, Página 255; Órgão Julgador: Decima Turma; Relator: Rosemary de O. Pires)

(895) "Execução. Desconsideração da personalidade jurídica da empresa. É questão pacífica na doutrina e na jurisprudência que, insolvente a pessoa jurídica, os sócios respondem com seus bens pelas dívidas por ela contraídas. Trata-se da aplicação da teoria da desconsideração da personalidade jurídica da empregadora, instituto jurídico previsto no Código Tributário Nacional, no art. 28 da Lei 8.078/90 (Código de Defesa do Consumidor) e hoje albergada pelos arts. 50, 1.001 e 1.024 do Código Civil, daí advindo a responsabilização dos sócios pelas dívidas da sociedade, alcançando a execução os bens particulares daqueles. Neste sentido, constatada a ausência de bens da pessoa jurídica, capazes de satisfazer a dívida, respondem os sócios pelo crédito reconhecido judicialmente, hipótese que se verifica de forma especial no Processo do Trabalho, considerando a natureza alimentar e o privilégio assegurado ao crédito." (TRT da 3ª Região. AP 00545-31.2010.5.03.0028. Relatora: Mônica Sette Lopes. 9ª Turma. DEJT: 07.08.2012).

(896) "[...] A defesa dos interesses do sócio que é chamado para responder pela execução se faz através de Embargos de Terceiro, e somente ele, como terceiro, tem legitimidade para ajuizar a ação de embargos de terceiro e, se for o caso, de interpor agravo de petição ulteriormente à instância revisora (art. 1046 do CPC). Da mesma forma, o sócio não tem legitimidade para propor Embargos de Execução na defesa de interesses da empresa." (TRT da 3ª Região. AP 00994-2007-084-03-00-6. Relatora: Convocada Taísa Maria M. de Lima. 2ª Turma. DEJT: 23.07.2008).

(897) "Embargos de terceiro. Ilegitimidade ativa. Não detém legitimidade para manejar embargos de terceiro o sócio que, em razão da desconsideração da personalidade jurídica da executada, passou a figurar como executado nos autos principais, uma vez que não possui o status processual de terceiro estranho à lide. Assim, a discussão a respeito da legitimidade de sua condição de executado somente pode ser processada naqueles autos, em meio próprio." (TRT da 3ª Região. AP 01657-2008-075-03-00-6. Relatora: Denise Alves Horta. 8ª Turma. DEJT: 16.03.2009).

(898) Enunciado n. 75 do I FNPT. "[...] Os §§ 3º e 4º do art. 795 do NCPC, que autorizam a execução regressiva do sócio pagador contra a sociedade devedora e condicionam a desconsideração da personalidade à instauração de incidente autônomo, não se aplicam ao Processo do Trabalho por incompatibilidade."

Nos termos do art. 1003, parágrafo único, do Código Civil, o sócio que se retirou da sociedade há mais de dois anos do ajuizamento da ação não responderá pela dívida. Nos termos do art. 1003, parágrafo único, do Código Civil, o sócio que se retirou da sociedade há mais de dois anos do ajuizamento da ação não responderá pela dívida.

Ocorre que a Lei n. 13.467/17 (reforma trabalhista) regula, de forma especial, a situação do sócio retirante, em relação aos processos trabalhistas. Pela nova lei, o sócio retirante responderá de forma subsidiária pelas obrigações trabalhistas da empresa, mas apenas em relação ao período em que ele figurou como sócio e desde que a ação seja ajuizada até dois anos depois de averbada a modificação do contrato (art. 10-A da CLT). Além disso, a citada lei estabelece benefício de ordem, de maneira que a responsabilidade deverá ser, em primeiro grau, da empresa devedora; em segundo grau, dos sócios atuais; e, em terceiro grau, dos sócios retirantes, salvo em caso de retirada fraudulenta (art. 10-A, I a III, e parágrafo único, da CLT).

2.6. *Cônjuge do devedor*. Os bens do cônjuge do devedor responderão pelos débitos trabalhistas, pois o patrimônio adquirido na constância do casamento presume-se fruto da atividade explorada pelo devedor,[899] salvo no regime de separação absoluta de bens[900] ou, nos demais, se houver prova de que foi adquirido separadamente.

2.7. *Demais devedores*. Os demais devedores subsidiários só responderão se tiverem sido partes no Processo de Conhecimento e constarem do título executivo, como é o caso do tomador de serviços terceirizado (Súmula n. 331, IV do TST[901]). Eles terão o benefício de ordem, respondendo somente a partir do esgotamento dos meios executórios contra o responsável primário.

2.8. *Fundo especial*. O art. 3º da EC n. 45/04 estabeleceu que a lei deverá criar um Fundo de Garantia das Execuções Trabalhistas, integrado pelas multas decorrentes de condenações trabalhistas e administrativas oriundas da fiscalização do trabalho, a exemplo do modelo espanhol. Ele objetiva assegurar a execução, com o adimplemento do débito trabalhista pelo Estado, que passaria a ser o responsável secundário, nos casos de falência e insolvência do devedor. Todavia, sua instituição depende de lei específica, por expressa exigência da EC n. 45/04, norma essa que ainda não foi editada.

16.2.5. CLASSIFICAÇÃO

Quanto à *espécie de obrigação* a ser executada, a execução poderá ser por quantia *certa* ou *específica*, esta para cumprimento de obrigações de fazer, não fazer ou entregar coisa. Nesse caso, o juízo poderá fazer uso das medidas coercitivas do processo comum, como a fixação da multa, "*astreintes*" (art. 537 do CPC de 2015).

Em relação à *natureza do título executivo*, a execução poderá ser *definitiva* ou *provisória*, esta para os títulos executivos judiciais que ainda não transitaram em julgado. No Processo do Trabalho, a execução provisória seguirá os mesmos trâmites da execução definitiva, com a exceção da prática de atos expropriatórios, que são vedados. Dessa forma, pode-se dizer que a execução provisória vai até a penhora (art. 899 da CLT), após a qual ficará suspensa, aguardando o provimento definitivo.

(899) "Embargos de terceiro. Meação. Casamento em comunhão de bens. Ausência de prova de aquisição com atividade ou renda própria. Viabilidade da penhora: Em se tratando de união conjugal regida pelo regime da comunhão de bens, o patrimônio adquirido na constância da sociedade conjugal presume-se fruto da atividade explorada pelo esposo que atuou como empregador do trabalhador exequente, se não evidenciada a aquisição com renda própria e exclusiva do outro cônjuge. Tratando-se de mulher que se qualifica como "do lar", é evidente que a aquisição do patrimônio se deu como consequência da atividade econômica do marido. Em havendo o cônjuge virago se beneficiado dos frutos do trabalho, responde com sua meação à execução. Isto se dá tanto na comunhão universal quanto na parcial, regidas, em período anterior à vigência da nova Lei Civil, pelos arts. 262 e 271, do Código "Bevilacqua"." (TRT da 3ª Região. AP 00245-48.2011.5.03.0153. Relator: Convocado Frederico Leopoldo Pereira. 3ª Turma. DEJT: 09.09.2011).

(900) "Penhora de bem imóvel pertencente ao cônjuge da executada. Impossibilidade legal. Regime de separação de bens. Art. 1.687 CC. No regime da separação absoluta de bens (art. 1.687, CC), os cônjuges mantêm a propriedade e a administração dos bens adquiridos antes e após o casamento, bem como a responsabilização pelas dívidas anteriores e posteriores ao enlace matrimonial, inexistindo comunicabilidade entre os patrimônios do casal. Destarte, configura-se a impossibilidade legal da incidência de penhora sobre bem imóvel adquirido pelo cônjuge da executada, na constância do casamento regido pelo aludido regime de separação de bens. Agravo de petição a que se nega provimento." (TRT da 3ª Região. AP 0147100-80.1993.5.03.0038. Relator: Heriberto de Castro. Turma Recursal de Juiz de Fora. DEJT: 05.10.2011).

(901) Súmula do TST n. 331. "IV — O inadimplemento das obrigações trabalhistas, por parte do empregador, implica a responsabilidade subsidiária do tomador dos serviços quanto àquelas obrigações, desde que haja participado da relação processual e conste também do título executivo judicial".

A depender da *natureza jurídica da demanda*, a execução poderá ser *coletiva* ou *individual*. Veja-se que o critério não é o número de litigantes, haja vista que em ações coletivas pode haver uma única parte em cada polo da ação, como o sindicato e uma empresa, e, nas ações individuais, poderá haver pluralidade de autores e de réus. Em vez disso, será coletiva a execução promovida nos autos da respectiva ação coletiva, na qual serão apurados os créditos dos substituídos. Isso não impede que cada um destes promova a execução, individualmente (art. 98 do CDC).

A execução individual é a promovida em sede de dissídio individual, singular ou plúrimo.

Por fim, conforme a *forma de adimplemento*, a execução poderá ser *única* ou *sucessiva*. No primeiro caso, a obrigação deverá ser feita mediante o adimplemento integral e em única parcela da obrigação. Na segunda, de forma parcelada, como ocorre com o pagamento de pensão mensal.

16.2.6. COMPETÊNCIA

Em regra, no Processo de Execução, vigora o princípio da *identidade de competência*, segundo o qual o juízo competente para o Processo de Conhecimento também o será para a respectiva execução (arts. 877 e 877-A da CLT).

Na execução por carta precatória, no entanto, a competência para os atos de penhora, avaliação e expropriação de bens é do Juízo deprecado.(902)

Pode acontecer, por exemplo, de um ente público editar lei que institua regime estatutário para seus servidores, em substituição ao celetista, após o trânsito em julgado de uma decisão condenatória proferida pela Justiça do Trabalho. Nesse caso, pelo princípio da identidade de competência, esta permanecerá sendo da Justiça do Trabalho. Nesse sentido é o entendimento consolidado do o TST.(903)

Nos títulos executivos judiciais, será competente o Juiz ou Presidente do Tribunal que tiver prolatado a decisão originariamente (art. 877 da CLT). Se o título executivo for extrajudicial, a competência para a execução será do Juiz que teria competência originária para julgar o Processo de Conhecimento relativo à matéria (art. 877-A da CLT).

Em ações coletivas, porém, a competência para execuções individuais poderá ser descolada para o domicílio do credor, em aplicação subsidiária do CDC (art. 98). Nesse sentido é o entendimento da SDI-II do TST.(904)

---

(902) "[...] Na execução por carta precatória, os atos de penhora, avaliação e expropriação de bem imóvel submetido à jurisdição distinta do local da execução são de competência do Juízo deprecado, na forma preconizada pelo art. 658 do CPC. Na espécie, foi solicitada a devolução de carta precatória em razão da existência de requerimento de venda judicial do bem penhorado, com o qual havia concordado a empresa executada, mediante o pagamento da quantia de R$ 290.000,00 (duzentos e noventa mil reais). Ocorre que o imóvel penhorado fora avaliado em R$ 11.000.000,00 (onze milhões de reais) perante o Juízo deprecado, tendo este, inclusive, recusado uma proposta de arrematação apresentada em hasta pública no valor de R$ 6.000.000,00 (seis milhões de reais), para pagamento parcelado. Assim, não há razão para a devolução da carta precatória, cabendo ao Juízo deprecado apreciar o pedido de aquisição do bem penhorado. [...]" (TST-CC-474-52.2013.5.08.0103, SBDI-II, rel. Min. Douglas Alencar Rodrigues, 24.11.2015).

(903) Orientação Jurisprudencial da SDI-I do TST n. 138. "Competência residual. Regime jurídico único. Limitação da execução. Compete à Justiça do Trabalho julgar pedidos de direitos e vantagens previstos na legislação trabalhista referente a período anterior à Lei n. 8.112/90, mesmo que a ação tenha sido ajuizada após a edição da referida lei. A superveniência de regime estatutário em substituição ao celetista, mesmo após a sentença, limita a execução ao período celetista".

(904) "Conflito de competência. Ação coletiva. Decisão com efeitos *erga omnes*. Execução individual. A previsão constante do art. 877 da CLT, surgida ainda sob a influência de estremado individualismo processual, não se mostra adequada e aplicável à hipótese das ações coletivas, cujo procedimento é específico e regulamentado na Lei de Ação Civil Pública, combinada com o Código de Defesa do Consumidor, ambos plenamente compatíveis com o Processo do Trabalho. Execução Individual que deve ser procedida no domicílio da exequente. Entendimento em contrário acaba por violar toda a principiologia do Direito Processual do Trabalho, impingindo aos beneficiários da ação coletiva um ônus processual desarrazoado, tornando ineficaz todo o arcabouço construído com enfoque no pleno, rápido e garantido acesso à jurisdição, violando a garantia constitucional do Devido Processo Legal Substancial. Conflito negativo de competência que se julga procedente, para declarar que a competência para apreciar e julgar a execução individual, em relação à exequente Candida Maria Sales Leal, é da 4ª Vara do Trabalho de Fortaleza/CE." (TST. CC — 1421-83.2012.5.00.0000. Relator: Ministro Alexandre de Souza Agra Belmonte. SDC-II. DEJT: 06.09.2012).

Noutro giro, o TST não vem aceitando a aplicação subsidiária do art. 516, parágrafo único, do CPC, que permite o deslocamento da competência do Processo de Execução para o juízo do domicílio do credor ou da localização dos bens, ao argumento de que a CLT não é omissa quanto à competência (art. 877).[905]

16.3. *EXECUÇÃO POR QUANTIA CERTA*

16.3.1. CITAÇÃO

1. *Trâmite previsto na CLT*. A execução por quantia certa é a espécie de execução mais comum na Justiça do Trabalho, a qual decorre da condenação de pagamento em pecúnia. Após a homologação dos cálculos, o Juiz do Trabalho deverá determinar, de ofício, a expedição de mandado de citação, para que o executado pague ou garanta a execução em quarenta e oito horas (art. 880 da CLT).

O mandado de citação deve ser cumprido por oficial de justiça (art. 880, § 2º, da CLT), no prazo de nove dias (art. 721, § 2º, da CLT), e deverá conter cópia do título executivo (art. 880, § 1º, da CLT).

A citação deverá ser feita pessoalmente, isto é, na pessoa do executado ou de seu representante ou preposto, no caso de sociedades empresariais. No entanto, se o executado não for encontrado após duas diligências do Oficial de Justiça, espaçadas em quarenta e oito horas, a citação será feita por edital, que poderá ser publicado no DEJT ou afixado na sede da Vara do Trabalho, durante cinco dias (art. 880, § 3º, da CLT).[906]

2. *Multa do art. 523, § 1º, do CPC de 2015*. Tema que tem gerado controvérsias é o da aplicação da multa do art. 523, § 1º, do CPC de 2015,[907] que manteve a redação do antigo art. 475-J, do CPC de 1973, introduzido pela Lei n. 11.232/05.

De uma maneira geral, o TST tem se posicionado contra a aplicação desenfreada do processo de execução comum ao processo trabalhista, considerando que a CLT dispõe de capítulo próprio (Capítulo V do Título X).[908] Além disso, há de ser considerado que, nos termos do art. 889 da CLT, a fonte subsidiária imediata do Processo de Execução trabalhista é a Lei de Execuções Ficais e não o CPC.

Outra corrente, no entanto, entende pela aplicação da referida multa, uma vez que ela seria compatível com o princípio da proteção.

(905) "Conflito negativo de competência. Art. 475-P, parágrafo único, do CPC. Aplicação subsidiária no Processo do Trabalho. Impossibilidade. Ausência de omissão na CLT. 1. O princípio do devido processo legal é garantia constitucional de que as regras pré-estabelecidas pelo legislador ordinário devem ser observadas na condução do processo, assegurando-se aos litigantes, na defesa dos direitos levados ao Poder Judiciário, todas as oportunidades processuais conferidas por lei. 2. A aplicação das regras de direito processual comum no âmbito do Processo do Trabalho pressupõe a omissão da CLT e a compatibilidade das respectivas normas com os princípios e dispositivos que regem este ramo do Direito, nos termos dos arts. 769 e 889 da CLT. 3. Existindo previsão expressa na CLT acerca da competência para a execução das decisões, a aplicação subsidiária do parágrafo único do art. 475-P do CPC, no sentido de, a requerimento do exequente, ser autorizada a remessa dos autos ao juízo do local onde se encontram bens do executado passíveis de expropriação, também seu atual domicílio, implica contrariedade aos princípios da legalidade e do devido processo legal e respectiva ofensa ao art. 5º, II e LIV, da Carta Magna. 4. Diante desse quadro, a competência para prosseguir na execução é do Juízo Suscitado, na forma do art. 877 da CLT. Conflito de competência que se julga procedente, para declarar competente o Juízo Suscitado." (TST. CC — 3533-59.2011.5.00.0000. Relator: Ministro Alberto Luiz Bresciani de Fontan Pereira. SDI-II. DEJT: 16.03.2012).

(906) Súmula do STJ n. 414: A citação por edital na execução fiscal é cabível quando frustradas as demais modalidades.

(907) "Art. 523. No caso de condenação em quantia certa, ou já fixada em liquidação, e no caso de decisão sobre parcela incontroversa, o cumprimento definitivo da sentença far-se-á a requerimento do exequente, sendo o executado intimado para pagar o débito, no prazo de 15 (quinze) dias, acrescido de custas, se houver. § 1º Não ocorrendo pagamento voluntário no prazo do *caput*, o débito será acrescido de multa de dez por cento e, também, de honorários de advogado de dez por cento."

(908) "[...] Multa. Art. 475 -J do CPC. Aplicabilidade ao Processo do Trabalho afastada. O fato juridicizado pelo art. 475 -J do CPC — não-pagamento espontâneo da quantia certa advinda de condenação judicial — possui disciplina própria no âmbito do Processo do Trabalho (art. 883 da CLT), não havendo falar em aplicação da norma processual comum. Recurso de Revista parcialmente conhecido e provido." (TST. RR 25600-91.2008.5.13.0022. Relatora: Min. Maria Cristina Irigoyen Peduzzi. 8ª Turma. DEJT: 26.02.2010).

De fato, a segunda corrente é mais razoável, especialmente se for levado em consideração também o princípio da finalidade social, o qual permite que o Juiz ajuste a norma que não for capaz de proteger o trabalhador. Ora, se o Processo Civil dispõe de norma mais moderna e protetiva que a CLT, evidencia-se que há uma lacuna axiológica no regulamento celetista, porque o detrimento da norma processual civil conduziria o processo a uma injusta situação: o processo civil seria mais protetor que o trabalhista.

Corroborando com essa visão, o CPC de 2015 previu que as normas do direito processual comum podem ser aplicadas ao Processo do Trabalho supletivamente, isto é, ainda que a CLT não seja omissa, mas desde que seja compatível com o princípio da proteção (art. 15, do CPC de 2015, c/c art. 769, da CLT).

Não se está aqui a defender a substituição do procedimento trabalhista pelo comum, mas apenas a aplicação da multa. Assim, o mandado de citação seria expedido para pagamento em quarenta e oito horas, nos termos do art. 880 da CLT, e não em quinze dias, como consta do CPC de 2015. A única alteração seria fazer constar do mandado de citação a advertência de que a inadimplência geraria a incidência da multa de 10%.

Essa multa certamente contribuiria para o cumprimento espontâneo das decisões judiciais, razão pela qual se traduz como instrumento de concretização da soberania do Estado (art. 1º, I, da CF). Ademais, a aplicação de multas previstas no CPC é extremamente comum em outras situações, como na execução das obrigações de fazer ("*astreintes*"), na litigância de má-fé e no ato atentatório à dignidade da Justiça.

De se ressaltar que o C. STJ tem entendimento de que, em se tratando de sentença ilíquida, a imposição da multa em comento só terá lugar após a liquidação e a intimação do devedor, podendo ser por intermédio de seu advogado, para pagar o débito em 15 dias.(909)

3. *Parcelamento*. O art. 916 do CPC de 2015 permite que o executado, nas execuções de título executivo extrajudicial (§ 7º), possa parcelar sua dívida, desde que, no prazo para oposição dos embargos à execução (cinco dias), reconheça a dívida e deposite 30% do débito exequendo. O pagamento poderá ser feito em até seis vezes.

O C. TST, por sua vez, declarou que o parcelamento é aplicável ao Processo do Trabalho (art. 3º, XXI, da IN 39/16). Esse tema será mais aprofundado quando do estudo da suspensão da execução.

16.3.2. MEDIDAS COERCITIVAS

Após a citação do executado, o Juiz pode determinar algumas medidas coercitivas, para forçar o devedor a pagar a dívida sem a necessidade de expropriar bens, as quais são aplicáveis ao Processo do Trabalho (art. 17, da IN 39/16 e Enunciados 72,(910) do I FNPT, e 48(911) e 50(912) do II FNPT) e serão examinadas a seguir.

Vale ressaltar que quando o executado é a Fazenda Pública, todas as medidas coercitivas só podem ser determinadas após a sua oitiva.(913)

---

(909) "[...] No caso de sentença ilíquida, para a imposição da multa prevista no art. 475-J do CPC, revela-se indispensável (i) a prévia liquidação da obrigação; e, após o acertamento, (ii) a intimação do devedor, na figura do seu advogado, para pagar o *quantum* ao final definido no prazo de 15 dias. [...]" (REsp 1.147.191-RS, Rel. Min. Napoleão Nunes Maia Filho, Segunda Seção, julgado em 4.3.2015, DJe 24.4.2015).

(910) Enunciado n. 72 do I FNPT. "[...] Sem prejuízo da inclusão dos devedores no Banco Nacional de Devedores Trabalhistas (CLT, art. 642-A), são aplicáveis à execução trabalhista os arts. 495, 517 e 782, § 3º, do NCPC, que tratam da hipoteca judiciária, do protesto de decisão judicial e da inclusão do nome do executado em cadastros de inadimplentes (SPC, SERASA, CADIN etc.)."

(911) Enunciado n. 48 do II FNPT. "[…] Contemporaneamente, os arts. 765 e 832 da CLT correspondem ao poder geral de cautela dos magistrados para impor meios indiretos e conducentes ao cumprimento da sentença, sendo os arts. 536 e 537 do CPC exemplos não exaurientes de imposição de meios indiretos de execução e satisfação do título, perfeitamente compatíveis com o Processo do Trabalho."

(912) Enunciado n. 50 do II FNPT. "[...] A ampliação dos poderes conferidos ao Juiz do Trabalho na execução, inclusive quanto à imposição de medidas necessárias à satisfação do crédito exequente, plenamente aplicável ao Processo do Trabalho, faculta ao julgador definir meios efetivos de coerção, desde que respeitados os direitos e garantias previstos na Constituição de 1988 (art. 536 c/c art. 139, IV do CPC; art. 5º da CF/1988). Neste sentido, a inserção do nome do devedor nos cadastros de restrição de crédito, a proibição de participar de licitações e de contrair empréstimos públicos são medidas coercitivas para satisfação do crédito trabalhista, que compõem rol aberto de possibilidades de ampla utilização pelo Juiz do Trabalho."

(913) "É necessária a observância da garantia do devido processo legal, em especial, do contraditório e da ampla defesa, relativamente à inscrição de entes públicos em cadastros federais de inadimplência." (STF. ACO 732/AP, rel. Min. Marco Aurélio, 10.5.2016).

Todavia, é preciso advertir que a Lei n. 13.467/17 (reforma trabalhista) pretende abrandar a execução trabalhista nesse tema, ao dispor que as medidas coercitivas a serem citadas só poderão ser levadas a efeito depois de transcorrido o prazo de quarenta e cinco dias, a contar da citação do executado, ainda assim se não houver garantia do juízo (art. 883-A da CLT).

1. *Banco Nacional de Devedores Trabalhistas.* A Lei n. 12.444/11 instituiu o Banco Nacional de Devedores Trabalhistas — BNDT, introduzindo o Título VII-A na CLT. Ele corresponde a um banco de dados nacional, que abriga o cadastro de débitos trabalhistas inadimplidos, decorrentes de processos judiciais e dos termos de acordos firmados perante o MPT e as Comissões de Conciliação Prévia, abrangendo, também, os valores relativos às contribuições sociais e despesas processuais (art. 642-A da CLT).

Destarte, uma vez citado, o executado que não pagar o débito exequendo em quarenta e oito horas ou não nomear bens à penhora será incluído como devedor no BNDT, por ordem do Juiz, de ofício, ficando impossibilitado de obter a CNDT — Certidão Negativa de Débitos Trabalhistas, necessária à transferência de bens imóveis e à participação em procedimentos licitatórios, por exemplo.

A CNDT certificará a empresa em relação a todos os seus estabelecimentos e terá validade pelo prazo de cento e oitenta dias, contados de sua emissão (art. 642-A, §§ 3º e 4º, da CLT).

2. *Cadastro de devedores.* A exemplo do Processo do Trabalho, que já dispunha do BNDT, o CPC de 2015 expressamente previu a possibilidade de o Juiz, a requerimento da parte, poder determinar a inclusão do nome do executado em cadastro de inadimplentes (art. 782, § 3º), a exemplo do SCP, SERASA e CADIN.

Nos termos do CPC de 2015, a inscrição só será cancelada mediante o pagamento do débito, a garantia da execução ou a extinção do processo (art. 782, § 4º).

No nosso sentir o instituto é aplicável ao Processo do Trabalho, por possuir a mesma natureza do BNDT.

3. *Hipoteca judiciária.* Como já foi dito, um dos efeitos mais relevantes da sentença é a sua eficácia como título constitutivo de hipoteca judiciária. Esta consiste em uma inscrição de garantia (hipoteca) no registro dos bens imóveis do devedor. Ela já era prevista no art. 466 do CPC de 1973 e tinha aplicação subsidiária é pacificamente aceita pelo TST.[914]

O CPC de 1973 previa que a hipoteca judiciária teria lugar (art. 466, parágrafo único): a) embora a condenação fosse genérica; b) pendendo arresto de bens do devedor; c) ainda quando o credor pudesse promover a execução provisória da sentença.

A essas hipóteses o CPC de 2015 acrescentou que ela será instituída "*mesmo que impugnada por recurso dotado de efeito suspensivo*" (art. 495, parágrafo único).

Outra inovação foi a previsão pormenorizada do procedimento pelo qual a hipoteca judiciária deve passar para ser efetivada. No CPC de 1973, a inscrição da hipoteca era determinada pelo Juiz, de ofício. No novel código, porém, o art. 495 dispôs que, proferida a sentença, a parte poderá apresentar ao cartório de registro de imóveis a cópia da decisão (§ 2º), após o que terá o prazo de 15 dias para informar o registro ao juízo, o qual deverá intimar a parte contrária para tomar ciência do ato (§ 3º). Havendo reforma ou anulação da sentença em sede de recurso ordinário, a parte autora responderá pelas perdas e danos (§ 4º). No nosso entendimento, a previsão de responsabilidade por perdas e danos é um empecilho à determinação da hipoteca judiciária de ofício, porque, suportando a parte autora o ônus da hipoteca, a respectiva inscrição deve ser volitiva.

Por fim, o CPC de 2015 esclareceu que, uma vez constituída, a hipoteca judiciária "implicará, para o credor hipotecário, o direito de preferência, quanto ao pagamento, em relação a outros credores, observada a prioridade no registro" (art. 466, § 4º).

(914) Recurso de revista. Hipoteca judiciária. Aplicabilidade ao Processo do Trabalho. A jurisprudência desta Corte é no sentido de que a hipoteca judiciária é aplicável no processo trabalhista e pode ser declarada de ofício pelo julgador, nos termos do art. 466 do CPC, independentemente de requerimento da parte interessada. Precedentes. Recurso de revista não conhecido. (TST. RR — 233-78.2010.5.04.0561. Relatora: Ministra Dora Maria da Costa. 8ª Turma. DEJT: 21.09.2012).

A nosso ver, a hipoteca judiciária continua aplicável ao Processo do Trabalho, com a peculiaridade de que, agora, ela não mais poderá ser determinada de ofício pelo Juiz.

4. *Protesto judiciário.* Vale repetir que, além da hipoteca, a sentença também pode ser levada a protesto, nos termos da lei. Todavia, ele só poderá ser realizado após o prazo para cumprimento da condenação imposta (art. 517 do CPC de 2015). Para tanto, a parte deve extrair certidão de teor da decisão, a qual deverá conter o nome e qualificação das partes, o número do processo, o valor da condenação e a data do decurso do prazo de cumprimento espontâneo da condenação (art. 517, §§ 1º e 2º, do CPC de 2015).

Comprovada a quitação do débito, o executado deverá requerer ao juiz a expedição de ofício para cancelamento do protesto, o que deverá ser feito no prazo de três dias (art. 517, § 4º, do CPC de 2015).

Considerando o princípio da iniciativa do Juiz, o protesto judiciário pode ser determinado de ofício.(915)

5. *Multa "astreintes".* O art. 536 do CPC atribuiu ao Juiz poder para aplicar multa coercitiva ("*atreintes*"), pelo que há vozes no sentido de que ela é aplicável também nas obrigações de pagar quantia.(916) No nosso sentir, contudo, o referido dispositivo é claro ao restringir a multa apenas ao "cumprimento de sentença que reconheça a exigibilidade de obrigação de fazer ou de não fazer."

De se ressaltar que não é obrigatória a fixação de um limite para essa multa, pelo que ela pode superar o valor da obrigação principal, mas é razoável que o Juiz arbitre um teto, pena de correr o risco de transformar a execução em algo totalmente inexequível, em razão de um valor de proporções infinitas.(917)

6. *Intervenção judicial.* Como já foi demonstrado no Capítulo 5, o Código de Processo Penal prevê, como medida assecuratória, a intervenção judicial, que consiste no "sequestro de bens imóveis, adquiridos pelo indiciado com os proventos da infração, ainda que já tenham sido transferidos a terceiro" (art. 125), bastando, para a decretação da medida, "a existência de indícios veementes da proveniência ilícita dos bens" (art. 126).

Considerando o poder geral de cautela do Juiz Trabalhista (art. 300 do CPC de 2015 c/c art. 765 da CLT), o qual permite a determinação, de ofício, de tutelas provisórias (art. 297 do CPC de 2015), tanto de evidência, quanto de urgência, é razoável admitir que a medida de intervenção judicial tenha lugar na Justiça do Trabalho, nos casos em que houve indícios da dilapidação do patrimônio com a finalidade fugir da responsabilidade trabalhista. Nesse sentido é o Enunciado n. 11 do I FNPT.(918)

7. *Decretação de indisponibilidade de bens.* O art. 185-A, do CTN, estabelece que o devedor tributário que, devidamente citado, não pagar nem apresentar bens à penhora no prazo legal, fixa sujeito à decretação de indisponibilidade de seus bens e direitos, o que impedirá a transferência de bens imóveis, veículos e ações societárias,

(915) Enunciado n. 45 do II FNPT. "[...] O art. 517 do CPC é aplicável ao Processo do Trabalho, porque lacunosa a CLT, além da sintonia da disposição normativa com os princípios que o formatam, podendo o protesto extrajudicial ser determinado de ofício, nos termos do art. 878 da CLT."

(916) Enunciado n. 49 do II FNPT. "[...] A ampliação dos poderes conferidos ao Juiz do Trabalho na execução, inclusive quanto à imposição de medidas coercitivas para assegurar o cumprimento de obrigação de pagar, aplica-se ao Processo do Trabalho. A racionalidade da execução das obrigações de fazer, não fazer e dar coisa certa estendeu-se à obrigação de pagar, sendo que a coercitividade deve ser a mesma. Assim, tornou-se possível, inclusive, a imposição de astreintes para forçar o cumprimento de decisão, cujo objeto corresponde à prestação pecuniária (CPC, arts. 139, IV, e 536)."

(917) "[...] O valor de multa cominatória pode ser exigido em montante superior ao da obrigação principal. O objetivo da *astreinte* não é constranger o réu a pagar o valor da multa, mas forçá-lo a cumprir a obrigação específica. Dessa forma, o valor da multa diária deve ser o bastante para inibir o devedor que descumpre decisão judicial, educando-o. Nesse passo, é lícito ao juiz, adotando os critérios da razoabilidade e da proporcionalidade, limitar o valor da *astreinte*, a fim de evitar o enriquecimento sem causa, nos termos do § 6º do art. 461 do CPC. [...]" (STJ. REsp 1.352.426-GO, Rel. Min. Moura Ribeiro, julgado em 5/5/2015, DJe 18.5.2015).475-J

(918) "[...] Após a Emenda Constitucional n. 45/2004, a Justiça do Trabalho não está adstrita a controvérsias alusivas às relações de emprego, comportando a intervenção judicial em empresas e organizações para evitar a dilapidação patrimonial, garantir a manutenção dos postos de trabalho e promover a regularidade das obrigações trabalhistas. Inteligência dos art. 114 da CF/88 e art. 15 NCPC."

por exemplo. Também é necessário que a busca por bens penhoráveis tenha sido infrutífera.[919] Como o referido dispositivo tem a finalidade de dar efetividade à execução fiscal e esta, por sua vez, é aplicável subsidiariamente à execução trabalhista (art. 889 da CLT), a nosso ver, o instituto tem aplicabilidade ao Processo do Trabalho.

8. *Multa do art. 832, § 1º, da CLT.*[920] Algumas sentenças fazem uso do citado dispositivo para fixar multas em razão do não pagamento ou de ausência de garantia de execução. Trata-se de uma via criativa para a aplicação da multa do art. 523, § 1º, do CPC de 2015. Todavia, o C. TST não tem admitido esse tipo de cominação na sentença, sob o argumento de que a única cominação prevista no art. 880 da CLT é a penhora.[921]

16.3.3. PENHORA

Pode o executado pagar o débito exequendo diretamente ao exequente, circunstância que lhe garantirá o direito de obter certidão de quitação, contendo assinatura do exequente e do Diretor de Secretaria. Entretanto, o mais usual é o executado depositar a quantia devida em uma conta judicial, em instituição financeira oficial (Banco do Brasil ou da Caixa Econômica Federal), situação em que a própria guia de depósito, com o carimbo ou chancela do banco, servirá de recibo (art. 881 da CLT).

Se o executado pretender opor embargos à execução, deverá garanti-la integralmente, seja pelo depósito da respectiva quantia, seja por nomeação de bens à penhora, observando-se a ordem do art. 835 do CPC de 2015, que substituiu o art. 655 do CPC de 1973[922] (art. 882 da CLT).

Vale reiterar que cabe ao executado indicar os meios que reputa serem menos gravosos, sob pena de o serem considerados como tal os já determinados (art. 805, parágrafo único, do CPC de 2015). A propósito, o C. TST declarou que esse dispositivo do CPC de 2015 é aplicável ao Processo do Trabalho (art. 3º, XIV, da IN 39/16).

Nos termos a Lei n. 13.467/17 (reforma trabalhista), o executado também poderá garantir a execução por meio da apresentação de seguro-garantia judicial (art. 882 da CLT). A aludida lei pretende isentar da garantia da execução ou penhora as entidades filantrópicas e/ou àqueles que compõem ou compuseram a diretoria dessas instituições (art. 884, § 6º, da CLT).

1. *Mandado de penhora e avaliação.* A inércia do executado em pagar ou garantir a execução será certificada nos autos e dará ensejo à expedição "*ex officio*" de *mandado de penhora e avaliação* de tantos bens quantos bastarem para garantir o pagamento do débito exequendo (art. 883 da CLT), também sob a ordem do art. 835 do CPC de 2015. A diligência deve ser cumprida no prazo de dez dias (art. 721, § 3º, c/c 888 da CLT).

A oposição de resistência à penhora pelo executado pode ensejar a autorização, no mandado, para que o Oficial de Justiça arrombe portas e demais obstáculos que estejam atrapalhando o acesso ao bem (art. 846 do CPC de 2015).

---

(919) Súmula do STJ n. 560: A decretação da indisponibilidade de bens e direitos, na forma do art. 185-A do CTN, pressupõe o exaurimento das diligências na busca por bens penhoráveis, o qual fica caracterizado quando infrutíferos o pedido de constrição sobre ativos financeiros e a expedição de ofícios aos registros públicos do domicílio do executado, ao Denatran ou Detran.

(920) "Art. 832. [...] § 1º — Quando a decisão concluir pela procedência do pedido, determinará o prazo e as condições para o seu cumprimento."

(921) "Multa de 20% sobre o valor da condenação em razão do não pagamento ou de ausência de garantia da execução. Art. 832, § 1º, da CLT. Impossibilidade. Existência de regramento específico. Art. 880 da CLT. O art. 880 da CLT determina o pagamento ou a garantia da execução no prazo de 48 horas, sob pena de penhora. Assim, havendo regramento específico para o não cumprimento espontâneo da decisão judicial ou para a ausência de garantia do juízo, não subsiste a multa de 20% sobre o valor da condenação imposta à reclamada com fundamento no art. 832, § 1º, da CLT. No caso concreto, ressaltou-se que o referido dispositivo tem caráter genérico e deve ser interpretado em conjunto com a disciplina que a CLT confere à execução trabalhista. [...]" (TST-E-ED-RR-1228- 29.2011.5.08.0114, SBDI-I, rel. Min. Guilherme Augusto *Caputo* Bastos, 26.11.2015).

(922) Art. 655 do CPC. "A penhora observará, preferencialmente, a seguinte ordem: I — dinheiro, em espécie ou em depósito ou aplicação em instituição financeira; II — veículos de via terrestre; III — bens móveis em geral; IV — bens imóveis; V — navios e aeronaves; VI — ações e quotas de sociedades empresárias; VII — percentual do faturamento de empresa devedora; VIII — pedras e metais preciosos; IX — títulos da dívida pública da União, Estados e Distrito Federal com cotação em mercado; X — títulos e valores mobiliários com cotação em mercado; XI — outros direitos".

2. *Ordem preferencial.* A penhora observará a ordem de bens descrita no art. 835 do CPC de 2015, que substituiu o art. 655 do CPC de 1973[(923)] (art. 882 da CLT). Esse também é o entendimento do C. TST (art. 3º, XVI, da IN 39/16).

A ordem é a seguinte: a) dinheiro, em espécie ou em depósito ou aplicação em instituição financeira; b) títulos da dívida pública da União, dos Estados e do Distrito Federal com cotação em mercado; c) títulos e valores mobiliários com cotação em mercado; d) veículos de via terrestre; e) bens imóveis; f) bens móveis em geral; g) semoventes; h) navios e aeronaves; i) ações e quotas de sociedades simples e empresárias; j) percentual do faturamento de empresa devedora; k) pedras e metais preciosos; l) direitos aquisitivos derivados de promessa de compra e venda e de alienação fiduciária em garantia; m) outros direitos.

O Juiz deve sempre dar prioridade ao dinheiro. Todavia, pode alterar a ordem dos demais bens, de acordo com as circunstâncias do caso concreto (art. 835, § 1º, do CPC de 2015).[(924)]

Possuem a mesma natureza de dinheiro a *fiança bancária*[(925)] e o *seguro acrescido de 30% do débito exequendo* (art. 835, § 2º, do CPC de 2015).

Também é passível de penhora o estabelecimento da empresa,[(926)] bem como plantações e edifícios em construção (art. 11, § 1º, da LEF).

Os semoventes referidos na letra "g" não abrangem os animais de estimação.[(927)]

3. *Depositário.* O Oficial de Justiça deverá lavrar *auto de penhora e avaliação*, no qual constem as características do bem e seu respectivo valor. Se houver necessidade, o meirinho lavrará *auto de depósito*, destinado a designar depositário responsável pela guarda e conservação do bem penhorado. O encargo de depositário é *facultativo*,[(928)] razão pela qual pode ser recusado.[(929)] O executado também poderá ser depositário do bem, comprometendo-se a apresentá-lo no dia e no horário designados pelo Juiz.

O art. 840 do CPC de 2015[(930)] estabelece prioridades na nomeação do depositário, mas o Juiz pode, de forma fundamentada, alterar as preferências, conforme o caso concreto,[(931)] inclusive objetivando a coerção do executado.[(932)]

---

(923) Art. 655 do CPC. "A penhora observará, preferencialmente, a seguinte ordem: I — dinheiro, em espécie ou em depósito ou aplicação em instituição financeira; II — veículos de via terrestre; III — bens móveis em geral; IV — bens imóveis; V — navios e aeronaves; VI — ações e quotas de sociedades empresárias; VII — percentual do faturamento de empresa devedora; VIII — pedras e metais preciosos; IX — títulos da dívida pública da União, Estados e Distrito Federal com cotação em mercado; X — títulos e valores mobiliários com cotação em mercado; XI — outros direitos".

(924) Súmula do STJ n. 417: Na execução civil, a penhora de dinheiro na ordem de nomeação de bens não tem caráter absoluto.

(925) Orientação Jurisprudencial da SDI-II do TST n. 59. "Mandado de segurança. Penhora. Carta de fiança bancária. Seguro garantia judicial. A carta de fiança bancária e o seguro garantia judicial, desde que em valor não inferior ao do débito em execução, acrescido de trinta por cento, equivalem a dinheiro para efeito da gradação dos bens penhoráveis, estabelecida no art. 835 do CPC de 2015 (art. 655 do CPC de 1973).

(926) Súmula do STJ n. 451: É legítima a penhora da sede do estabelecimento comercial.

(927) Enunciado n. 57 do II FNPT. "[...] A expressa previsão de penhora de semoventes inscrita no inciso VII do art. 835 do CPC alcança apenas os animais submetidos à exploração econômica, não englobando os animais de estimação sem proveito econômico, sob pena de ofensa à dimensão objetiva dos direitos fundamentais e configuração de maus tratos aos animais por retirada de seu 'habitat'."

(928) Orientação Jurisprudencial da SDI-II do TST n. 89. "*Habeas corpus.* Depositário. Termo de depósito não assinado pelo paciente. Necessidade de aceitação do encargo. Impossibilidade de prisão civil. A investidura no encargo de depositário depende da aceitação do nomeado que deve assinar termo de compromisso no auto de penhora, sem o que, é inadmissível a restrição de seu direito de liberdade".

(929) Súmula do STJ n. 319: O encargo de depositário de bens penhorados pode ser expressamente recusado.

(930) "Art. 840. Serão preferencialmente depositados: I — as quantias em dinheiro, os papéis de crédito e as pedras e os metais preciosos, no Banco do Brasil, na Caixa Econômica Federal ou em banco do qual o Estado ou o Distrito Federal possua mais da metade do capital social integralizado, ou, na falta desses estabelecimentos, em qualquer instituição de crédito designada pelo juiz; II — os móveis, os semoventes, os imóveis urbanos e os direitos aquisitivos sobre imóveis urbanos, em poder do depositário judicial; III — os imóveis rurais, os direitos aquisitivos sobre imóveis rurais, as máquinas, os utensílios e os instrumentos necessários ou úteis à atividade agrícola, mediante caução idônea, em poder do executado."

(931) Enunciado n. 53 do II FNPT. "[...] A manutenção do devedor na condição de depositário judicial constitui evidente conflito de interesses e risco para a satisfatividade da execução, podendo o juízo nomear depositário judicial que cuide da conservação e exibição dos imóveis aos potenciais arrematantes ou adquirentes, determinando a desocupação do imóvel pelo devedor, como preconiza o art. 840, inciso II, do CPC."

(932) Enunciado n. 58 do II FNPT. "[... Na ausência de depositário judicial, o exequente tem preferência em relação ao executado para investidura de depositário de bens móveis e imóveis, na conformidade do art. 840, § 1º, do CPC, compatível com o Processo do Trabalho, por ser meio de coerção indireta na busca da efetividade processual."

É importante ressaltar que a figura do depositário infiel ainda existe. Apenas a sua prisão é que foi considerada inconstitucional pelo STF (Súmula Vinculante n. 25). Caso o depositário desrespeite a ordem judicial de apresentação do bem, não caberá mais a sua prisão civil, mas poderá responder por crime de desobediência (art. 330 do CP),(933) por perdas e danos e por ato atentatório à dignidade da Justiça (art. 161, parágrafo único, do CPC de 2015).

No caso de penhora que recaia sobre *coisa futura e incerta*, como é o caso de depósito mensal sobre o faturamento bruto da empresa, não há que se falar em depositário, mas apenas na obrigação de, surgindo a coisa, apresentá-la ao juízo que, só então, nomeará depositário. Por isso é que, nesses casos, a pessoa obrigada a apresentar o bem não será reputado depositário infiel.(934)

4. *Documentação*. Em se tratando de *bem móvel*, a regra é de que a penhora seja feita no lugar onde se encontrem, ainda que estejam sob a posse, detenção ou guarda de terceiros (art. 845 do CPC de 2015). De outra face, se o bem for *imóvel*, o Oficial de Justiça deverá diligenciar junto ao Cartório de Registro correspondente e obter certidão da respectiva matrícula, o que será suficiente para realizar a penhora por *termo nos autos* (art. 845, § 1º), sem a necessidade de ir ao local onde está situado. Todavia, como no Processo do Trabalho o mandado é de penhora *e avaliação*, é razoável exigir que esta seja feita de forma presencial, pelo meirinho. Já ocorreu, por exemplo, de haver penhora sobre um lote, o qual foi avaliado como tal, e somente no dia do leilão o Juiz descobriu que nele havia uma casa, o que dobrava o valor do bem.

O CPC de 2015 trouxe novidade sobre a *penhora de veículos*. Apesar de ser bem móvel, a penhora será realizada nos moldes dos imóveis, por simples termo nos autos, bastando para isso certidão que ateste a sua existência (art. 845, § 1º).

5. *Ferramentas eletrônicas*. Antes mesmo de expedir o mandado de penhora e avaliação, bem assim a qualquer momento no processo de execução, o magistrado pode, de ofício, fazer uso de ferramentas eletrônicas a fim de encontrar bens passíveis de penhora.

5.1. *Bacenjud*. Com o advento do sistema Bacenjud, o Juiz do Trabalho passou a dispor de importante ferramenta para a realização da penhora em dinheiro. Esse sistema permite ao Juiz, mediante senha pessoal, efetuar o bloqueio *on-line* de numerários depositados em qualquer agência bancária do País. Mesmo que o executado indique bens à penhora, o Juiz poderá determinar a penhora de dinheiro via Bacenjud, de ofício,(935) inclusive nas execuções de título executivo extrajudicial, como é o caso das execuções fiscais.(936) Somente na execução provisória, é que essa regra será excepcionada, como será visto no momento oportuno.

As pessoas físicas e jurídicas poderão requerer o cadastramento de conta especial para realização dos bloqueios pelo sistema Bacenjud, a fim de evitar que a constrição recaia sobre conta necessária ao atendimento imediato das atividades do executado (art. 90 da CGPJT). Entretanto, se a conta única indicada não contiver o numerário suficiente, o bloqueio será direcionado às demais (art. 94 da CGPJT).

(933) Enunciado n. 59 do II FNPT. "[...] A proteção supralegal conferida ao depositário infiel não alcança sua responsabilidade criminal, sendo vedada apenas a prisão civil, podendo o magistrado oficiar o órgão policial e/ou o Ministério Público para aferição de cometimento de tipo penal."

(934) Orientação Jurisprudencial da SDI-II do TST n. 143. "*Habeas corpus*. Penhora sobre coisa futura e incerta. Prisão. Depositário infiel. Não se caracteriza a condição de depositário infiel quando a penhora recair sobre coisa futura e incerta, circunstância que, por si só, inviabiliza a materialização do depósito no momento da constituição do paciente em depositário, autorizando-se a concessão de "*habeas corpus*" diante da prisão ou ameaça de prisão que sofra".

(935) Art. 83 do CGPJT. "Em execução definitiva por quantia certa, se o executado, regularmente citado, não efetuar o pagamento do débito nem garantir a execução, conforme dispõe o art. 880 da CLT, o Juiz deverá, de ofício ou a requerimento da parte, emitir ordem judicial de bloqueio mediante o Sistema BACEN JUD, com precedência sobre outras modalidades de constrição judicial".

(936) "MS. Execução fiscal para cobrança de multa administrativa imposta por infração à legislação trabalhista. Determinação de penhora de numerário via BacenJud. Legalidade do ato coator. Aplicação analógica da Súmula n. 417, I, do TST. Em sede de execução definitiva de título executivo extrajudicial, in casu, execução fiscal para cobrança de multa administrativa imposta por infração à legislação trabalhista, não viola direito líquido e certo o ato judicial que indefere a penhora de bens indicados e determina a constrição sobre dinheiro, via BacenJud, em contas bancárias da executada, porquanto atendida a gradação contida no art. 655 do CPC. Aplicação, por analogia, da Súmula n. 417, I, do TST. [...]" (TST. RXOF e ROMS-1353800-27.2007.5.02.0000. Relator: Ministro Emmanoel Pereira. SDI-II. DEJT:17.04.12).

O art. 854 do CPC de 2015 traça regras sobre penhora de dinheiro em depósito ou em aplicação financeira, as quais são aplicáveis ao Processo do Trabalho, no entendimento do C. TST (art. 3º, XIX, da IN 39/16), sem prejuízo da determinação de ofício, pelo Juiz.[937]

5.2. *Renajud.* O Renajud é um sistema on-line de restrição judicial de veículos, desenvolvido pelo CNJ, que interliga o Judiciário ao DENATRAN, permitindo acessar os dados de veículos pelas respectivas placas, bem como lançar vários tipos de gravame, que vão desde a indisponibilidade da transferência do veículo, passando pelo registro de penhora, até a ordem para sua apreensão em operações policiais.

5.3. *Infojud.* Pelo Infojud o Juiz tem acesso à declaração de Imposto de Renda de pessoas físicas e jurídicas, permitindo encontrar bens passíveis de penhora.

5.4. *CCS.* O CCS, assim como o Bacenjud, acessa o banco de dados do Banco Central e permite solicitar dados detalhados das contas dos executados, principalmente a identidade das pessoas que fazem as movimentações financeiras, facilitando a descoberta de sócios ocultos.

5.5. *SIMBA.* O SIMBA é acessado pela plataforma digital do CSJT e permite que o magistrado quebre o sigilo bancário do executado.

6. *Intimação.*

6.1. *Do executado.* Realizada a penhora, o executado dela deverá ser intimado (art. 841 do CPC de 2015 c/c art. 3º, XVIII, da IN 39/16), sendo-lhe facultada a oposição de *embargos à penhora*, a fim de proteger bem revestido de impenhorabilidade.

6.2. *Do cônjuge e coproprietário.* Se o bem for imóvel ou indivisível, o cônjuge e o coproprietário também devem ser intimados (art. 12, § 2º, da LEF), podendo ajuizar *embargos de terceiro.*[938] Nesse caso, a execução recairá apenas sobre o produto da alienação do bem (art. 843 do CPC de 2015).[939]

7. *Impenhorabilidade.* Esta pode ser *absoluta* ou *relativa.* O C. TST declarou serem aplicáveis ao Processo do Trabalho as regras constantes do art. 833, do CPC de 2015, que trata da impenhorabilidade de bens (art. 3º, XV, da IN 39/16).

7.1. *Impenhorabilidade absoluta.* Destina-se a proteger a dignidade do devedor, razão pela qual pode ser oposta contra toda sorte de crédito, salvo os decorrentes da própria aquisição do bem e do pagamento de pensão alimentícia.

7.1.1. *CPC de 2015.* No CPC de 2015, os bens absolutamente impenhoráveis estão descritos no art. 833.[940]

---

(937) Enunciado n. 79 do I FNPT. "[...] É inaplicável o art. 854 do NCPC, visto que o art. 878 da CLT prevê o impulso de ofício da execução, portanto, após a citação da parte e tendo em vista o caráter primordial da penhora em dinheiro, independe de requerimento da parte a utilização do sistema BACEN-JUD."

(938) Súmula do STJ n. 134: Embora intimado da penhora em imóvel do casal, o cônjuge do executado pode opor embargos de terceiro para defesa de sua meação.

(939) Enunciado n. 51 do II FNPT. "[...] A penhora de bens indivisíveis somente assegura o direito ao equivalente monetário na alienação, ao quinhão ou a quota parte, quando se demonstra a inexistência de prática de ato societário e a participação na aquisição com renda própria e alheia à atividade econômica do executado, sendo aplicável o art. 843 do CPC a qualquer forma de copropriedade."

(940) "Art. 833. São impenhoráveis: I — os bens inalienáveis e os declarados, por ato voluntário, não sujeitos à execução; II — os móveis, os pertences e as utilidades domésticas que guarnecem a residência do executado, salvo os de elevado valor ou os que ultrapassem as necessidades comuns correspondentes a um médio padrão de vida; III — os vestuários, bem como os pertences de uso pessoal do executado, salvo se de elevado valor; IV — os vencimentos, os subsídios, os soldos, os salários, as remunerações, os proventos de aposentadoria, as pensões, os pecúlios e os montepios, bem como as quantias recebidas por liberalidade de terceiro e destinadas ao sustento do devedor e de sua família, os ganhos de trabalhador autônomo e os honorários de profissional liberal, ressalvado o § 2º; V — os livros, as máquinas, as ferramentas, os utensílios, os instrumentos ou outros bens móveis necessários ou úteis ao exercício da profissão do executado; VI — o seguro de vida; VII — os materiais necessários para obras em andamento, salvo se essas forem penhoradas; VIII — a pequena propriedade rural, assim definida em lei, desde que trabalhada pela família; IX — os recursos públicos recebidos por instituições privadas para aplicação compulsória em educação, saúde ou assistência social; X — a quantia depositada em caderneta de poupança, até o limite de 40 (quarenta) salários-mínimos; XI — os recursos públicos do fundo partidário recebidos por partido político, nos termos da lei; XII — os créditos oriundos de alienação de unidades imobiliárias, sob regime de incorporação imobiliária, vinculados à execução da obra."

Entre os bens absolutamente impenhoráveis enumerados pela lei processual comum, destaca-se a *conta salário*. O TST já consolidou o entendimento pelo qual os valores depositados em conta destinada ao recebimento de salários do executado são impenhoráveis e o desrespeito a essa garantia fere direito líquido e certo, sendo cabível mandado de segurança para desfazer a ilegalidade.[941]

Todavia, o CPC de 2015 trouxe uma novidade, ao dispor que o *salário* depositado em conta corrente será penhorável em se tratando de cobrança de "prestação alimentícia, independentemente de sua origem, bem como às importâncias excedentes a 50 (cinquenta) salários-mínimos mensais [...]" (art. 833, § 2º).

Como é cediço, os créditos trabalhistas possuem natureza alimentar, com origem na relação de trabalho. Por isso, no nosso sentir, eles também fazem jus à prerrogativa de estarem imunes à regra de impenhorabilidade absoluta do salário.[942] O I FNPT sugere a penhora de salário para as importâncias acima de cinquenta salários mínimos.[943]

Ainda quanto à *poupança*, a impenhorabilidade fica restrita ao limite de quarenta salários-mínimos (art. 833, X, do CPC de 2015). É muito comum que o banco forneça ao seu cliente uma conta mista, daquelas em que funciona tanto como conta corrente quanto como poupança. Nesse caso, a conta deve ser considerada como conta corrente, sem a proteção específica do art. 833, X, do CPC de 2015.[944]

7.1.2. *Bem de família voluntário*. Também é absolutamente impenhorável o *bem de família voluntário*, previsto nos arts. 1.711 a 1.722 do Código Civil, protegendo prédio residencial urbano ou rural, com suas pertenças e acessórios, destinado ao domicílio familiar e gravado como tal na respectiva escritura pública, desde que não ultrapasse um terço do patrimônio líquido do casal. Todavia, a impenhorabilidade não prevalecerá em relação às dívidas anteriores à sua constituição, tampouco quanto às que provierem de tributos relativos a esse prédio ou a despesas de condomínio. A impenhorabilidade do bem de família voluntário será extinta com a morte de ambos os cônjuges e a maioridade dos filhos, salvo se sujeitos à curatela.

7.1.3. *Bem público*. Outro bem absolutamente impenhorável é o *bem público* (art. 100 da CF). Por isso é que a jurisprudência do STJ considera impenhoráveis os valores referentes às reservas bancárias mantidas no Banco Central.[945] Entretanto, será válida a penhora que tiver sido realizada antes de o bem ser incorporado ao patrimônio do poder público.[946]

7.2. *Impenhorabilidade relativa*. São relativamente impenhoráveis, por sua vez: a) a pequena propriedade rural, em relação aos débitos decorrentes de sua atividade produtiva (art. 5º, XXVI, da CF[947]); b) os frutos e os

(941) Orientação Jurisprudencial da SDI-II do TST n. 153. "Mandado de segurança. Execução. Ordem de penhora sobre valores existentes em conta salário. Art. 649, IV, do CPC. Ilegalidade. Ofende direito líquido e certo decisão que determina o bloqueio de numerário existente em conta salário, para satisfação de crédito trabalhista, ainda que seja limitado a determinado percentual dos valores recebidos ou a valor revertido para fundo de aplicação ou poupança, visto que o art. 649, IV, do CPC contém norma imperativa que não admite interpretação ampliativa, sendo a exceção prevista no art. 649, § 2º, do CPC espécie e não gênero de crédito de natureza alimentícia, não englobando o crédito trabalhista".

(942) Enunciado n. 70 do I FNPT. "[...] O art. 833, § 2º, do NCPC, que autoriza a penhora sobre salários e caderneta de poupança para pagamento de prestação alimentícia, independentemente de sua origem, aplica-se às execuções trabalhistas (art. 899, CLT; art. 833, § 2º, NCPC; e OJ 153/SDI-2/TST)."

(943) Enunciado n. 71 do I FNPT. "[...] Nos termos do art. 833, § 2º, do NCPC é admitida em qualquer execução trabalhista, a penhora de salário para as importâncias excedentes a 50 (cinquenta) salários-mínimos, considerada a remuneração bruta recebida pelo executado (art.. 899 daCLT; art . 833, § 2º, e art. 529, § 3º, ambos do NCPC)."

(944) "[...] A impenhorabilidade de que trata o art. 649, X, do CPC não alcança valores depositados em conta poupança quando esta é utilizada como conta corrente, sem o cunho de economia futura e segurança pessoal. No caso, registrou-se que os valores em depósito eram empregados em necessidades corriqueiras ou como suporte a transações financeiras efetuadas na conta corrente. [...]" (TST-RO-20598-85.2013.5.04.0000, SBDI-II, rel. Min. Luiz Philippe Vieira de Mello Filho, 16.2.2016).

(945) Súmula do STJ n. 328: Na execução contra instituição financeira, é penhorável o numerário disponível, excluídas as reservas bancárias mantidas no Banco Central.

(946) Orientação Jurisprudencial da SDI-I do TST n. 343. "Penhora. Sucessão. Art. 100 da CF/1988. Execução. É válida a penhora em bens de pessoa jurídica de direito privado, realizada anteriormente à sucessão pela União ou por Estado-membro, não podendo a execução prosseguir mediante precatório. A decisão que a mantém não viola o art. 100 da CF/1988".

(947) Art. 5º, XXVI, da CF. "A pequena propriedade rural, assim definida em lei, desde que trabalhada pela família, não será objeto de penhora para pagamento de débitos decorrentes de sua atividade produtiva, dispondo a lei sobre os meios de financiar o seu desenvolvimento;"

rendimentos dos bens impenhoráveis, salvo se não existirem outros bens passíveis de penhora (art. 834 do CPC de 2015[948]); e c) o bem de família legal (Lei n. 8.009/90).

O *bem de família legal* é o único imóvel residencial ou o de menor valor,[949] de propriedade da família, destinado à moradia permanente, abrangidos a construção, as plantações, as benfeitorias de qualquer natureza, todos os equipamentos, inclusive de uso profissional, e os móveis que guarnecem a casa, desde que estejam quitados (art. 1º da Lei n. 8.009/90).

O conceito de *família* é amplo, abrangendo as famílias monoparentais.[950]

Ele não pode ser objeto de penhora, salvo em se tratando de: a) veículos de transporte, obras de arte e adornos suntuosos; b) crédito decorrente do financiamento destinado à construção ou à aquisição do imóvel, no limite dos créditos e acréscimos constituídos em função do respectivo contrato; c) pensão alimentícia, resguardados os direitos, sobre o bem, do seu coproprietário que, com o devedor, integre união estável ou conjugal, observadas as hipóteses em que ambos responderão pela dívida; d) cobrança de impostos, predial ou territorial, taxas e contribuições devidas em função do imóvel familiar; e) execução de hipoteca sobre o imóvel oferecido como garantia real pelo casal ou pela entidade familiar; f) bem adquirido com produto de crime ou para execução de sentença penal condenatória a ressarcimento, indenização ou perdimento de bens; e g) obrigação decorrente de fiança concedida em contrato de locação.

A LC n. 150/15 revogou a impenhorabilidade "em razão dos créditos de trabalhadores da própria residência e das respectivas contribuições previdenciárias."

Se o imóvel for locado, a impenhorabilidade recairá apenas sobre os bens móveis quitados que guarnecem a casa (art. 2º, parágrafo único, da Lei n. 8.009/90).

Já se o único imóvel do devedor tiver sido locado a terceiro, ele também será impenhorável, desde que a renda obtida com o aluguel seja revertida para subsistência ou moradia da família.[951]

Quando executado possuir mais de um imóvel, a impenhorabilidade recairá sobre o de menor valor, salvo se outro estiver registrado, valendo ressaltar que, em qualquer caso, a falta de registro não impede a condição do bem como sendo de família.[952]

6.3. *Bens com restrições.* Existem bens que, muito embora não sejam impenhoráveis, possuem certas restrições, geralmente decorrentes de gravame ou ônus real instituído por terceiros. No Processo do Trabalho, dois casos recorrentes merecem comentários.

O primeiro é o caso dos *imóveis hipotecados* (1.473 do CC), os quais garantem o cumprimento da obrigação, por vínculo real de garantia (art. 1.419 do CC). Nos termos do art. 30 da Lei n. 8.630/80, aplicável ao Processo do Trabalho, subsidiariamente (art. 889 da CLT), os imóveis gravados com ônus real respondem pelo pagamento das Dívidas Ativas da Fazenda Pública e, por consequência, pelos débitos exequendos dos processos trabalhistas.

---

(948) Art. 650 do CPC. "Podem ser penhorados, à falta de outros bens, os frutos e rendimentos dos bens inalienáveis, salvo se destinados à satisfação de prestação alimentícia."

(949) "Bem de família. Impenhorabilidade. Lei n.º 8.009/90. Existência de outros imóveis. Irrelevância. O bem residencial do executado é impenhorável, sendo irrelevante o fato de possuir outros imóveis, visto que a impenhorabilidade, nos termos do art. 5º da Lei n.º 8.009/90, recairá, obrigatoriamente, apenas sobre a propriedade destinada à residência da família. [...]". (TST. RO-122000-38.2009.5.01.0000. Relatora: Ministra Maria de Assis Calsing. SDI-II. DEJT: 12/06/2012)

(950) Súmula do STJ n. 364. O conceito de impenhorabilidade de bem de família abrange também o imóvel pertencente a pessoas solteiras, separadas e viúvas.

(951) Súmula do STJ n. 486: É impenhorável o único imóvel residencial do devedor que esteja locado a terceiros, desde que a renda obtida com a locação seja revertida para a subsistência ou a moradia da sua família.

(952) [...] a Lei n. 8.009/90 não exige que conste no registro do imóvel a condição de bem de família. Ao prever a situação do executado que possui vários imóveis e estabelecer que, neste caso, a impenhorabilidade recairá sobre o de menor valor, salvo se outro tiver sido registrado como bem de família, pretendeu o legislador apenas impedir que o devedor possa se valer do benefício da impenhorabilidade para resguardar mais de um imóvel. [...]" (TST-RO-232-31.2012.5.23.0000, SBDI-II, rel. Min. Luiz Philippe Vieira de Mello Filho, 17.5.2016).

Assim é que o credor hipotecário não poderá impugnar a penhora que recair sobre o imóvel recebido em garantia,[953] mas terá preferência no recebimento de seu crédito na eventual alienação do bem em hasta pública, após a quitação do débito trabalhista.

O segundo caso refere-se aos veículos gravados com cláusula de *alienação fiduciária* ou *reserva de domínio* (art. 1.361 do CC). Em contratos dessa espécie, a propriedade resolúvel do bem é transferida ao credor, permanecendo o devedor apenas com a posse direta, como depositário. Há quem defenda que a alienação fiduciária não impede a penhora do veículo, mas o arrematante ou o adjudicante adquiririam o bem com o gravame, desde que este constasse do edital expressamente.

Outra corrente entende pela impossibilidade da penhora, uma vez que o bem é de propriedade de terceiros. De fato, esse é o entendimento mais razoável, pois o executado apenas detém a posse direta do bem, com a possibilidade de adquiri-lo após o pagamento da última parcela. Nesse sentido é a Súmula n. 31 do TRT da 3ª Região.[954]

8. *Modificação da penhora.*

8.1. *Substituição.* A substituição da penhora por dinheiro, fiança bancária ou seguro garantia é admitida em qualquer fase do processo (art. 15, I, da LEF), até a sua expropriação. No que tange aos requisitos formais para a substituição da penhora, diante da omissão da CLT e da LEF, a nosso ver, são aplicáveis ao Processo do Trabalho os descritos no art. 847 da CLT.

De outra face, considerando que a LEF não opôs condições para o deferimento da substituição, no nosso sentir as hipóteses do art. 848 do CPC de 2015 são apenas exemplificativas no Processo do Trabalho.

8.2. *Reforço.* Caso os bens penhorados sejam insuficientes para o pagamento do débito exequendo, o Juiz determinará o reforço da penhora, o que também poderá acontecer em qualquer fase do processo (art. 15, II, da LEF).

Seguindo a lógica descrita no item anterior, considerando que a LEF não opôs condições para o deferimento do reforço da penhora, para nós as hipóteses do art. 851 do CPC de 2015 são apenas exemplificativas no Processo do Trabalho.

9. *Concurso de penhoras.* Se recaírem sobre o mesmo bem várias penhoras, a jurisprudência (STJ, Resp 976.522) vinha aplicando o art. 1.018, do CPC de 1939, o qual estabelecia que "havendo, em juízos diferentes, mais de uma penhora com o mesmo devedor, o concurso efetuar-se-á naquele em que se houver feito a primeira".

O CPC de 2015, por sua vez, apesar de não ter sido explícito como o de 1939, adotou o mesmo princípio, ao dispor que "recaindo mais de uma penhora sobre o mesmo bem, cada exequente conservará o seu título de preferência" (art. 797, parágrafo único).

No Processo do Trabalho essa também é a regra. Contudo, em função do princípio da finalidade social, o Juiz pode realizar o concurso de credores trabalhista adotando o *critério da proporcionalidade.*

Imagine-se, por exemplo, que haja três penhoras sobre um bem avaliado em R$100.000,00 e que a primeira penhora refira-se a um crédito de R$150.000,00, sendo que os demais são de R$5.000,00. Pela regra do CPC de 2015, apenas o primeiro credor receberia, ainda assim, apenas parte do seu crédito. Em vista disso, considerando

(953) "Imóvel gravado com ônus real. Hipoteca. Penhora. O crédito trabalhista tem natureza alimentar ou alimentícia — o que o torna privilegiado, na ordem jurídica brasileira -, tendo preferência sobre outros de qualquer natureza, inclusive, em relação aos créditos de natureza tributária. Por força do art. 889, da CLT, aplica-se à hipótese dos autos a norma contida no art. 30, da Lei 6.830/80, segundo o qual responde pela dívida a totalidade dos bens e rendas do devedor, de qualquer origem ou natureza, seu espólio ou massa, inclusive, os gravados por ônus real ou cláusula de inalienabilidade ou impenhorabilidade, seja qual for a data da constituição do ônus ou da cláusula. Logo, a hipoteca não gera qualquer óbice à constrição judicial, sendo irrelevante a data da constituição do ônus." (TRT da 3ª Região. AP 00093-02.2010.5.03.0002. Relator: Manuel Candido Rodrigues. 1ª Turma. DEJT: 09.07.2010).

(954) Súmula do TRT da 3ª Região n. 31. "Penhora. Veículo. Alienação fiduciária. Impossibilidade. Não se admite, no Processo do Trabalho, a penhora de veículo gravado com ônus de alienação fiduciária."

que os créditos de pequena monta geralmente pertencem aos credores mais vulneráveis, o Juiz pode determinar a quitação proporcional dos débitos, de maneira que cada exequente receba pagamento em proporções iguais.

10. *Regras especiais.* O CPC de 2015 trouxe regras especiais para a penhora de *créditos* (arts. 855 a 860), *quotas e ações de sociedades personificadas* (art. 861), *empresa, estabelecimento e semoventes* (arts. 862 a 865), *percentual de faturamento de empresa* (art. 866) e *frutos e rendimentos de coisa móvel ou imóvel* (arts. 867 a 869).

Tanto a CLT quando a LEF são omissas, o que atrai a aplicação subsidiária do CPC.

Entre as regras citadas, selecionamos as mais relevantes, comentadas a seguir.

10.1. *Penhora no rosto dos autos.* No Processo do Trabalho, a penhora no rosto dos autos é muito confundida com o concurso de penhoras, pelo que vale esclarecer a diferença entre elas.

O concurso de penhoras, como já relatado, consiste na existência de várias penhoras sobre o mesmo bem, cada qual com seu próprio auto de penhora, nos respectivos processos em que tramitam as várias execuções. Dessa forma, haverá um auto de penhora para cada processo, todos referentes ao mesmo bem.

Já a penhora no rosto dos autos consiste na penhora de créditos do executado, os quais estão sendo cobrados ou executados em outro processo judicial. Nesse caso, o Juiz expedirá ofício para que a penhora seja averbada no "rosto dos autos" do outro processo — ou seja, na capa do processos físicos ou simplesmente nos registros do processo eletrônico — a fim de que seja reservado o valor para a quitação do crédito trabalhista, que tem preferência sobre todos os demais. Essa regra está escrita no art. 860 do CPC de 2015, o qual se aplica ao Processo do Trabalho: "quando o direito estiver sendo pleiteado em juízo, a penhora que recair sobre ele será averbada, com destaque, nos autos pertinentes ao direito e na ação correspondente à penhora, a fim de que esta seja efetivada nos bens que forem adjudicados ou que vierem a caber ao executado."

10.2. *Administrador judicial.* Quando a penhora recair sobre empresa ou fazenda — ou até mesmo sobre percentual de seu faturamento, frutos e rendimentos -, por exemplo, o Juiz deve nomear um *administrador*, o qual, em verdade, é um depositário, com a função adicional de administrar o empreendimento, enquanto durar a penhora (arts. 862, 866 e 868 do CPC de 2015). Ele não se confunde, portanto, com a figura do *administrador judicial* da Lei n. 11.101/05, que é nomeado pelo Juiz em processos de recuperação judicial, recuperação extrajudicial e falência de empresário e de sociedade empresária.

A figura do administrador judicial também pode ser muito útil na execução de sentenças coletivas, devido ao impacto que essa espécie de decisão costuma causar na empresa.[955]

11. *Casuística.*

11.1. *Depósito recursal.* Quando um executado possui vários processos de execução contra si, o dinheiro que remanescer de um pode ser penhorado, para garantir o pagamento de outros, inclusive valores referentes ao depósito recursal.[956]

11.2. *Hipoteca não registrada.* A impenhorabilidade do bem de família, como foi visto, não é oponível em relação à dividia da comprova do próprio imóvel, como no caso de uma hipoteca, por exemplo. Mas e se essa hipoteca não tiver sido registrada no Cartório de Registro de Imóveis? O C. STJ já decidiu que, ainda assim, o direito real prevalece e não haverá impenhorabilidade do bem de família.[957]

(955) Enunciado n. 46 do I FNPT. "Art. 769 da CLT. Ação civil pública. Ação civil coletiva. Cumprimento de sentença. Interventor. No cumprimento de sentença do processo coletivo o magistrado poderá nomear interventor judicial para acompanhar o cumprimento das obrigações de fazer, devendo este ser responsável pela prestação de contas periódica à Justiça do Trabalho no lapso determinado em sentença."

(956) "Mandado de segurança. Execução. Penhora do depósito recursal. Transferência para saldar execução em outro feito. Legalidade. [...]" (TST-RO-1000989-22.2014.5.02.0000, SBDI-II, rel. Min. Alberto Luiz Bresciani de Fontan Pereira, 15.12.2015).

(957) "[...] A ausência de registro da hipoteca em cartório de registro de imóveis não afasta a exceção à regra de impenhorabilidade prevista no art. 3º, V, da Lei n. 8.009/1990, a qual autoriza a penhora de bem de família dado em garantia hipotecária na hipótese de dívida constituída em favor de entidade familiar. [...]" (STJ. REsp 1.455.554-RN, Rel. Min. João Otávio de Noronha, julgado em 14/6/2016, DJe 16.6.2016).

11.3. *Sócio que reside em imóvel da empresa.* Se o sócio reside em imóvel cujo registro esteja em nome da sociedade empresarial da qual participa, em sendo sua única morada, ainda assim subsistirá a impenhorabilidade do bem de família.(958)

11.4. *Verbas rescisórias.* As verbas rescisórias, pagas por ocasião da cessão do contrato de trabalho, são impenhoráveis (art. 833, IV, do CPC de 2015). Essa impenhorabilidade acompanha os respectivos valores, ainda que sejam divididos em várias contas ou aplicações financeiras.(959)

11.5. *Honorários advocatícios.* Em regra, os honorários advocatícios também são impenhoráveis (art. 833, IV, do CPC de 2015). Todavia, a jurisprudência tem admitido a penhora da verba devida ao advogado que ultrapassar o razoável para o seu sustento e de sua família.(960)

11.6. *FGTS.* Os depósitos de FGTS são impenhoráveis (art. 2º, § 2º, da Lei n. 8.036/90), as a jurisprudência do STJ tem admitido a sua penhorabilidade para satisfação de crédito de natureza alimentar.(961)

11.7. *Vaga de garagem.* Os edifícios de apartamentos geralmente possuem garagens individualizadas. Entretanto, se essas vagas de garagem não possuírem registro próprio, com descrição distinta dos apartamentos, são consideradas como parte da área comum, pertencente a todos os condôminos, de forma indivisível. Dessa forma, a penhora de vaga de garagem só é possível quando ela possui registro separado na matrícula do imóvel.(962)

16.3.4. AVALIAÇÃO, EXPROPRIAÇÃO E TRÂMITES FINAIS

1. *Avaliação.* Realizada a penhora, o Oficial de Justiça deverá avaliar o bem no prazo de dez dias (art. 888 da CLT), mas esse ato costuma ser realizado juntamente com a própria penhora. O § 2º, do art. 887 da CLT, que veda a designação de avaliadores entre os servidores, foi tacitamente revogado pela Lei n. 5.442/68, que deu nova redação ao art. 721 da CLT, a fim de permitir que os Oficiais de Justiça possam realizar a avaliação dos bens que penhorarem.

(958) "[...] A impenhorabilidade do bem de família no qual reside o sócio devedor não é afastada pelo fato de o imóvel pertencer à sociedade empresária. [...]" (STJ. AgRg no AREsp 537.034-MS, Quarta Turma, DJe 1º.10.2014; e REsp 1.126.173-MG, Terceira Turma, DJe 12.4.2013).

(959) "[...] É impenhorável a quantia oriunda do recebimento, pelo devedor, de verba rescisória trabalhista posteriormente poupada em mais de um fundo de investimento, desde que a soma dos valores não seja superior a quarenta salários mínimos. De fato, a jurisprudência do STJ vem interpretando a expressão salário, prevista no inciso IV do art. 649 do CPC, de forma ampla, de modo que todos os créditos decorrentes da atividade profissional estão abrangidos pela impenhorabilidade. Cabe registrar, entretanto, que a Segunda Seção do STJ definiu que a remuneração protegida é apenas a última percebida — a do último mês vencido — e, mesmo assim, sem poder ultrapassar o teto constitucional referente à remuneração de ministro do STF (REsp 1.230.060-PR, DJe 29.8.2014). Após esse período, eventuais sobras perdem a proteção. Todavia, conforme esse mesmo precedente do STJ, a norma do inciso X do art. 649 do CPC merece interpretação extensiva, de modo a permitir a impenhorabilidade, até o limite de quarenta salários mínimos, de quantia depositada não só em caderneta de poupança, mas também em conta corrente ou em fundos de investimento, ou guardada em papel-moeda. Dessa maneira, a Segunda Seção admitiu que é possível ao devedor poupar, nesses referidos meios, valores que correspondam a até quarenta salários mínimos sob a regra da impenhorabilidade. Por fim, cumpre esclarecer que, de acordo com a Terceira Turma do STJ (REsp 1.231.123-SP, DJe 30/8/2012), deve-se admitir, para alcançar esse patamar de valor, que esse limite incida em mais de uma aplicação financeira, na medida em que, de qualquer modo, o que se deve proteger é a quantia equivalente a, no máximo, quarenta salários mínimos." (STJ. EREsp 1.330.567-RS, Rel. Min. Luis Felipe Salomão, julgado em 10.12.2014, DJe 19.12.2014).

(960) "[...] Excepcionalmente é possível penhorar parte dos honorários advocatícios — contratuais ou sucumbenciais — quando a verba devida ao advogado ultrapassar o razoável para o seu sustento e de sua família. Com efeito, toda verba que ostente natureza alimentar e que seja destinada ao sustento do devedor e de sua família — como os honorários advocatícios — é impenhorável. Entretanto, a regra disposta no art. 649, IV, do CPC não pode ser interpretada de forma literal. Em determinadas circunstâncias, é possível a sua relativização, como ocorre nos casos em que os honorários advocatícios recebidos em montantes exorbitantes ultrapassam os valores que seriam considerados razoáveis para sustento próprio e de sua família. Ademais, o princípio da menor onerosidade do devedor, insculpido no art. 620 do CPC, tem de estar em equilíbrio com a satisfação do credor, sendo indevida sua aplicação de forma abstrata e presumida. Precedente citado: REsp 1.356.404-DF, Quarta Turma, DJe 23.8.2013." (STJ. REsp 1.264.358-SC, Rel. Min. Humberto Martins, julgado em 25.11.2014, DJe 5.12.2014).

(961) "[...] A vedação de impenhorabilidade de saldo de conta vinculada ao FGTS, constante do art. 2º, § 2º, da Lei n. 8.036/90, e as possibilidades de levantamento de referidos valores, consoante o disposto no art. 20 do mesmo diploma legal, devem ser mitigadas quando para satisfazer crédito de natureza alimentar ante a prevalência do princípio constitucional da dignidade da pessoa humana e do direito à vida. [...]" (STJ. AgRg no RMS 34440. Rel. Min. Ricardo Villas Bôas Cueva. Terceira Turma. DJe 23.11.2011).

(962) Súmula do STJ n. 449: A vaga de garagem que possui matrícula própria no registro de imóveis não constitui bem de família para efeito de penhora.

O CPC de 2015 seguiu a mesma linha da CLT e determinou que a avaliação seja feita pelo Oficial de Justiça (art. 870).

Tanto a CLT quanto a LEF são omissas em relação à *reavaliação* do bem penhorado, o que atrai a aplicação subsidiária do art. 873 do CPC de 2015, que autoriza nova avaliação quando: a) qualquer das partes arguir, fundamentadamente, a ocorrência de erro na avaliação ou dolo do avaliador; b) se verificar, posteriormente à avaliação, que houve majoração ou diminuição no valor do bem; c) o juiz tiver fundada dúvida sobre o valor atribuído ao bem na primeira avaliação.

As partes podem impugnar a avaliação dos bens, situação que autoriza o Juiz a nomear perito avaliador, após o que, uma vez apresentado o laudo, o Juiz decidirá de plano (art. 13 da LEF).

Estando o bem penhorado e avaliado, o Juiz dará início à expropriação (art. 875 do CPC de 2015).

2. *Expropriação.* No Processo Civil, a expropriação consiste na prática dos seguintes atos, em ordem de preferência (art. 825 do CPC de 2015): a) adjudicação; b) alienação; c) apropriação de frutos e rendimentos de empresa ou de estabelecimento e de outros bens.

Já no Processo do Trabalho, a ordem é a seguinte (art. 888 da CLT): a) hasta pública; b) adjudicação; e c) alienação extrajudicial. Em qualquer momento anterior à assinatura do termo relativo ao ato de expropriação pode haver a remição da execução.

2.1. *Hasta pública.* Após a avaliação, os bens penhorados serão levados à venda em hasta pública, que pode ser presencial ou eletrônica (art. 879, II, do CPC de 2015). Esta deve ser anunciada por edital afixado na sede do juízo e publicada no Diário Eletrônico da Justiça do Trabalho, com antecedência de vinte dias (art. 888 da CLT).

O executado deve ser intimado pessoalmente do dia e hora do leilão,[963] com ao menos cinco dias de antecedência (art. 889, "*caput*", do CPC de 2015). Além dele, também deverão ser intimados, com a mesma antecedência: a) o coproprietário de bem indivisível; b) o usufrutuário; c) o proprietário de direitos reais (de superfície, enfiteuse, uso etc); d) o credor com gravame sobre o bem (hipoteca, anticrese etc); e) o promitente comprador e o promitente vendedor (que têm contrato de processa de compra e venda do bem); f) a União, o Estado e o Município, no caso se alienação de bem tombado.

No dia, hora e lugar designados, os bens serão vendidos pelo maior lance (art. 888, § 1º, da CLT). Não alcançado o valor mínimo, o leiloeiro procederá imediatamente à segunda praça (art. 888, § 3º, da CLT),[964] desta vez com lances livres, vedado, porém, o lanço que oferecer preço vil, que corresponde ao preço mínimo fixado pelo Juiz no edital ou, na omissão, o valor inferior a 50% da avaliação (art. 891, parágrafo único, do CPC de 2015).[965]

O arrematante, vencedor das ofertas, deverá depositar, imediatamente, a quantia referente a 20% do valor da arrematação, como garantia do lanço (art. 888, § 2º, da CLT). O valor restante deverá ser pago em até vinte e quatro horas, sob pena de perda do sinal (art. 888, § 4º, da CLT).

O art. 895 do CPC de 2015 permite que o lanço seja parcelado em até 30 meses, desde que ao menos 25% do valor seja pago à vista e que seja dada caução idônea, em se tratando de bem móvel, ou constituída hipoteca sobre o próprio bem, no caso de imóvel. Trata-se de medida que pode dar efetividade à execução, motivo pelo qual deve ser aplicada ao Processo do Trabalho, sendo este também o entendimento do C. TST (art. 3º, XX, da IN 39/16), do I FNPT[966] e do FPPC.[967] Vale destacar que, em se tratando de bem imóvel, a jurisprudência do C. STJ não admite a arrematação por valor inferior ao da avaliação, mesmo em segunda praça.[968]

(963) Súmula do STJ n. 121: Na execução fiscal o devedor deverá ser intimado, pessoalmente, do dia e hora da realização do leilão.

(964) Súmula do STJ n. 128: Na execução fiscal haverá segundo leilão, se no primeiro não houver lanço superior à avaliação.

(965) A doutrina costuma denominar a primeira hasta de praça e, a realizada pelo leiloeiro, de leilão. Não obstante, no processo comum, a praça costuma ser designada para a venda de bens imóveis, enquanto o leilão, para bens móveis.

(966) Enunciado n. 81 do I FNPT. "[...] O juiz do trabalho pode deferir a aquisição parcelada do bem penhorado (NCPC, art. 895 e seus parágrafos) uma vez que o art. 888 da CLT não contém correspondente normativo e o preceito se compatibiliza com a efetividade da execução trabalhista."

(967) Enunciado n. 330 do FPPC. "(arts. 895 e 15). Na Justiça do trabalho, o juiz pode deferir a aquisição parcelada do bem penhorado em sede de execução, na forma do art. 895 e seus parágrafos."

(968) "[...] A arrematação de bem imóvel mediante pagamento em prestações (art. 690, § 1º, do CPC) não pode ser realizada por preço inferior ao da avaliação, mesmo que realizada em segunda praça. [...]" (STJ. REsp 1.340.965-MG, Rel. Min. Raul Araújo, julgado em 3.9.2015, DJe 11.9.2015).

O exequente pode participar da hasta pública, fazendo ofertas em igualdade de condições, podendo arrematar o bem, inclusive por valor inferior ao da avaliação e fazendo uso do seu crédito(969) (art. 24 da Lei n. 8.630/80 c/c art. 889 da CLT).

O cônjuge e o coproprietário do bem indivisível, além de possuírem direito à reserva de sua quota parte (art. 843 do CPC de 2015) também podem participar da arrematação, com igualdade de condições.(970)

Quando um bem é arrematado, as condições da alienação são registradas por escrito em um documento chamado *auto de arrematação*, o qual será lavrado de imediato (art. 901, do CPC de 2015). Uma vez assinado o auto pelo juiz, pelo arrematante e pelo leiloeiro (servidor ou profissional), a arrematação será considerada perfeita, acabada e irretratável (art. 903 do CPC de 2015).

Sem embargo, no caso de arrematação de bens imóveis, além do *auto de arrematação*, o juízo deverá providenciar uma *carta de arrematação*, que conterá a descrição do imóvel, cópia do auto de arrematação e a prova de quitação do ITBI (art. 902, § 2º, do CPC de 2015). Essa carta é necessária para a averbação no competente Cartório de Registro de Imóveis.

Assinado o auto de arrematação, seja de bem móvel ou imóvel, a parte não poderá, portanto, desconstituir a arrematação por meio de embargos à execução (na antiga modalidade de embargos à arrematação), mas somente por *ação anulatória*.

Apesar de suprimir os embargos à arrematação, o CPC de 2015 admite que a parte provoque o juízo por mera petição, no prazo de até dez dias, nos casos de invalidação citados na letra "a" do parágrafo anterior (art. 903, § 2º). Somente após esse prazo serão expedidos a carta de arrematação e o mandado de imissão na posse (art. 903, § 3º, do CPC de 2015).

Não obstante, de ofício ou a requerimento da parte (por meio da citada petição), o Juiz pode, em relação à arrematação (art. 903, § 1º, do CPC de 2015): a) invalidá-la, quando realizada por preço vil ou outro vício; b) torná-la ineficaz, se não intimado o credor pignoratício, hipotecário ou anticrético; c) resolvê-la, se não for pago o preço ou não for prestada a caução.

O arrematante só poderá desistir da arrematação se: a) provar a existência de ônus real ou gravame não mencionado no edital, no prazo de 10 dias após a arrematação; b) o juiz tornar a arrematação inválida, ineficaz ou resolvida (art. 903, § 1º, do CPC de 2015), mas somente até a expedição da carta de arrematação ou a ordem de entrega; c) ajuizada a ação anulatória pelo executado, manifeste sua desistência no prazo da respectiva contestação.

Nos termos do art. 903, § 6º, do CPC de 2015: "*considera-se ato atentatório à dignidade da justiça a suscitação infundada de vício com o objetivo de ensejar a desistência do arrematante, devendo o suscitante ser condenado, sem prejuízo da responsabilidade por perdas e danos, ao pagamento de multa, a ser fixada pelo juiz e devida ao exequente, em montante não superior a vinte por cento do valor atualizado do bem.*"

O arrematante de bens em hasta pública só responde pelos ônus que expressamente constem do edital (art. 886, VI, do CPC de 2015), sendo-lhe facultado desistir da arrematação caso descubra um ônus real ou grave nele não mencionado (art. 903, § 5º, I, do CPC de 2015). Ainda assim, o valor da arrematação será usado para quitação de eventuais ônus, de maneira que o arrematante deve se imitir na posse do bem de forma livre, sem pagamento de qualquer quantia a mais do que o seu lanço. É o caso, por exemplo, de tributo sobre o bem, como o IPVA atrasado de um veículo arrematado.(971)

---

(969) "Agravo de petição. Hasta pública. Arrematação pelo credor exequente. Valor inferior ao da avaliação. Possibilidade. O credor exequente, que participa da hasta pública em igualdade de condições com os outros licitantes, pode arrematar por preço inferior ao de avaliação, observada apenas a vedação do preço vil (art. 692 do CPC). É irrelevante, inclusive, que não haja outros licitantes. [...]" (TRT da 3ª Região. AP 00356-2007-070-03-00-2. Relator: Márcio Ribeiro do Valle. 8ª Turma. DEJT: 12.07.2010).

(970) Enunciado n. 329 do FPPC. "(arts. 843, *caput* e § 1º, e 15). Na execução trabalhista deve ser preservada a quota parte de bem indivisível do coproprietário ou do cônjuge alheio à execução, sendo-lhe assegurado o direito de preferência na arrematação do bem em igualdade de condições."

(971) "[...] O adquirente do veículo em hasta pública não responde por qualquer ônus, inclusive tributo em atraso, que recaia sobre o bem arrematado, o qual deve ser entregue, livre e desembaraçado de qualquer encargo tributário, já que as dívidas anteriores sub-rogam-se no preço, nos termos do art. 130 do CTN, aplicado a bens móveis por analogia. Assim, a Fazenda Pública não tem direito líquido e certo

Todavia, se o bem contiver restrições lançadas por outros juízos, as respectivas liberações devem requeridas em cada um dos processos.[972]

2.2. *Adjudicação*. Não havendo licitantes na hasta pública, o exequente poderá adjudicar os bens (art. 888, § 3º, da CLT), pelo valor não inferior ao da avaliação (art. 876 do CPC de 2015). No entanto, é possível que a adjudicação seja feita antes da hasta pública (art. 24 da Lei n. 8.630/80 c/c art. 889 da CLT), bastando para isso que o exequente manifeste o seu interesse, pois a execução visa à sua satisfação.[973]

Há polêmica, entretanto, em relação à possibilidade de haver adjudicação após a hasta pública bem-sucedida, isto é, naquela em que tenha havido arrematação. É que esta se torna perfeita, acabada e irretratável com a assinatura do respectivo auto pelo Juiz, pelo arrematante e pelo leiloeiro (art. 903 do CPC de 2015), razão pela qual a adjudicação só seria possível antes da última dessas assinaturas, no caso de arrematação.

Como a CLT e a Lei n. 8.630/80 são omissas, o prazo para a assinatura era o do art. 693 do CPC 1973, que previa o lapso de vinte e quatro horas. Assim, o exequente teria o prazo de vinte e quatro horas para adjudicar o bem após a arrematação.

Ocorre que a Lei n. 11.382/06 alterou a redação do citado dispositivo, determinando que a assinatura do auto seja feita imediatamente, o que foi mantido pelo art. 901, do CPC de 2015. Destarte, parece razoável crer que a adjudicação após a arrematação não será mais possível.

Se o valor do crédito do exequente for inferior ao da avaliação dos bens, a adjudicação só será possível com o depósito de imediato da diferença, que deverá ser entregue ao executado. Contudo, se o valor do crédito for superior, a adjudicação não impedirá o prosseguimento da execução quanto ao remanescente (art. 876, § 4º, do CPC de 2015).

A adjudicação será concluída com assinatura do respectivo auto (art. 877, § 1º, do CPC de 2015).

No caso da adjudicação, diferentemente da arrematação, vale ressaltar que o C. STJ tem entendimento no sentido de que o exequente deve arcar com despesas condominiais anteriores à praça, ainda que omitidas no edital de hasta pública.[974]

à cassação da decisão que determinou a baixa das dívidas de IPVA que recaíam sobre o veículo arrematado, devendo exigir do antigo proprietário o pagamento do tributo. [...]" (TST-RO-6626-42.2013.5.15.0000, SBDI-II, rel. Min. Douglas Alencar Rodrigues, 18.8.2015).

(972) "[...] Arrematado bem imóvel, o Juízo da execução que conduziu a arrematação não pode determinar o cancelamento automático de constrições determinadas por outros Juízos de mesma hierarquia e registradas na matrícula do bem, mesmo que o edital de praça e o auto de arrematação tivessem sido silentes quanto à existência dos referidos gravames. Isso porque, além de o Juízo da execução não deter competência para o desfazimento ou cancelamento de constrições e registros determinados por outros Juízos de mesma hierarquia, os titulares dos direitos decorrentes das decisões judiciais proferidas em outros processos, as quais geraram as constrições e registros imobiliários que os arrematantes pretendem cancelar, têm direito ao devido processo legal, com seus consectários contraditório e ampla defesa. Ademais, as possíveis falhas nos atos judiciais que antecederam a arrematação, porque não mencionavam as outras constrições de outros Juízos sobre o imóvel a ser arrematado, não possibilitam ao Juízo da arrematação determinar a baixa de outras constrições levadas a efeito por outros juízos." (STJ. RMS 48.609-MT, Rel. Min. Raul Araújo, julgado em 19/5/2016, DJe 8.6.2016).

(973) "[...] A adjudicação poderá ser requerida após resolvidas as questões relativas à avaliação do bem penhorado e antes de realizada a hasta pública. [...]" (STJ. REsp 1.505.399-RS, Rel. Min. Maria Isabel Gallotti, julgado em 12.4.2016, DJe 12.5.2016).

(974) "[...] De fato, a jurisprudência consolidada no STJ estabelece que, diante da ausência de previsão no edital da hasta pública acerca de débitos condominiais anteriores à praça, não haverá a responsabilização do arrematante pelo pagamento da dívida, a qual deverá ser quitada com o valor obtido na alienação judicial. Cumpre esclarecer, entretanto, que a adjudicação e a arrematação, apesar de ambos os institutos visarem à satisfação do direito do credor, ostentam características diversas e, portanto, merecem tratamento distinto no que diz respeito à vinculação ao edital. Efetivamente, a adjudicação consiste na aquisição espontânea pelo exequente do bem penhorado por preço não inferior ao da avaliação, não havendo sua subordinação ao edital de praça, haja vista que essa forma de aquisição da propriedade não se insere no conceito de hasta pública. A propósito, cabe ressaltar que a Lei 11.382/2006 — que revogou o art. 714 do CPC — alterou a sistemática tradicional da alienação forçada na tutela executiva prevista no CPC, evidenciando ainda mais a independência do ato de adjudicar em relação ao edital, ao colocar a adjudicação como a primeira técnica expropriativa, seguida pela alienação por iniciativa particular e, apenas subsidiariamente, a arrematação ou alienação em hasta pública. É o que se infere do *caput* do art. 686, que prevê que somente será expedido o edital da arrematação se não requerida a adjudicação e não realizada a alienação particular do bem penhorado. Assim, é certa a responsabilização do adjudicante pelo pagamento das contribuições condominiais inadimplidas no período anterior à adjudicação, aplicando-se o art. 1.345 do CC em sua íntegra: "O adquirente de unidade responde pelos débitos do alienante, em relação ao condomínio, inclusive multa e juros moratórios". (STJ. REsp 1.186.373-MS, Rel. Min. Luis Felipe Salomão, julgado em 24/3/2015, DJe 14.4.2015).

3. *Alienação extrajudicial*. Na eventualidade de a hasta pública ter fracassado e de o exequente não manifestar a intenção de adjudicar os bens, o Juiz determinará que a venda seja feita extrajudicialmente pelo leiloeiro (art. 888, § 3º, da CLT).

O Juiz fixará o prazo para que a alienação seja realizada, a forma de publicidade, o preço mínimo, as condições de pagamento, as garantias e a comissão do leiloeiro (art. 685-C da CLT).

A alienação será formalizada por termo nos autos (art. 880, § 2º, do CPC de 2015).

4. *Remição*. O termo *remição*, grafado com "ç", é o pagamento do débito. Ela não pode ser feita em relação a um único bem, devendo abranger a dívida integralmente (art. 13 da Lei n. 5.584/70). Assim, por exemplo, se o valor da execução é de R$ 8.000,00 e houve penhora de uma motocicleta, avaliada em R$ 4.000,00, o executado só conseguirá impedir a expropriação do bem se pagar R$ 8.000,00.

Em qualquer momento anterior à assinatura do termo relativo ao ato de expropriação,[(975)] pode haver a remição da execução. Ela terá preferência, inclusive, sobre a adjudicação.[(976)]

Já a palavra *remissão*, gravada com "ss", significa perdão. É possível que o exequente desista ou renuncie à execução, situação em que haverá remissão da execução.

5. *Alienação antecipada de bens*. O CPC de 2015 passou a dispor expressamente sobre a alienação antecipada dos bens penhorados, instituto que pode ser muito útil à eficácia da execução trabalhista. Segundo o art. 852 do CPC de 2015, ela será determinada quando: a) se tratar de veículos automotores, de pedras e metais preciosos e de outros bens móveis sujeitos à depreciação ou à deterioração; b) houver manifesta vantagem.

16.3.5. SUSPENSÃO E EXTINÇÃO

1. *Suspensão*. São causas de suspensão da execução:

a) a oposição de embargos à execução (art. 884 da CLT);

b) a morte das partes (art. 313, I do CPC de 2015);

c) a convenção das partes (art. 313, II do CPC de 2015);

d) a penhora, nas execuções provisórias, salvo se houver prestação de caução (art. 520, IV, do CPC de 2015);

e) o pedido de parcelamento do débito (art. 916 do CPC de 2015);

f) a não localização de bens do devedor passíveis de penhora (art. 40 da Lei n. 6.830/80);

g) decretação de falência e deferimento da recuperação judicial (art. 6º da Lei n. 11.101/05);

h) a oposição de embargos de terceiro (art. 888 do CPC de 2015);[(977)]

i) o parto ou a concessão de adoção, quando a advogada ou o advogado responsável pelo processo constituir o único patrono da causa (art. 313, IX e X, do CPC de 2015).

A maior parte dessas hipóteses está descrita no art. 921 do CPC de 2015, cujo rol, como se vê, é exemplificativo.

---

(975) "Remição da execução pelo devedor realizada antes da assinatura do auto de arrematação. Possibilidade. Interpretação conjunta dos arts. 651 e 694 do CPC. [...]" (TST-RO-2003-75.2010.5.10.0000, SBDI-II, rel. Min. Alberto Luiz Bresciani de Fontan Pereira, 10.11.2015).

(976) Remição da execução pelo devedor que se sobrepõe ao pedido de adjudicação. Embora o parágrafo 1º, do art. 888, da CLT, "*in fine*", estabeleça que o exequente terá preferência para a adjudicação, cumpre ressaltar, todavia, que essa preferência que se lhe concede não pode prejudicar o direito de remição conferido ao executado. Se ele paga o valor da condenação e acessórios, mais as custas para o Erário Público, nas vinte e quatro horas que sucedem à arrematação e antes da assinatura do respectivo auto (artigo 694 do CPC) — e a remição segundo dispõe o art. 13 da Lei no. 5.584/70, em qualquer hipótese será deferida se o devedor oferecer preço igual ao importe total da condenação -, não há como negar-lhe o direito pretendido. (TRT da 3ª Região. AP — 3406/96. Relator: Carlos Alberto Reis de Paula. 4ª Turma. DJMG: 17.05.1997).

(977) Enunciado n. 52 do II FNPT. "[...]" A eficácia e autoridade próprias da coisa julgada coloca o exequente em posição proeminente, e somente a demonstração cabal da propriedade ou da posse e da condição de terceiro frente à execução permite a suspensão dos atos executivos, inclusive os alienatórios, como dimana da redação do art. 678 do CPC vigente."

1.1. *Pedido de parcelamento*. Como já exposto, o pedido de parcelamento judicial do débito, previsto no art. 916 do CPC de 2015, será deferido ao executado que, no prazo para oposição de embargos à execução (cinco dias), depositar 30% do débito exequendo, reconhecendo a dívida. Ele poderá ser feito em até seis vezes.

Entretanto, esse parcelamento tem aplicação polêmica no Processo do Trabalho.

De início, cumpre dizer que o § 7º, do aludido art. 916, expressamente dispõe que o parcelamento não se aplica ao cumprimento de sentença, o que permite concluir que ele não se aplica aos títulos executivos judiciais.

No TRT da 3ª Região, por exemplo, o parcelamento tem sido considerado inaplicável nas execuções fundadas em títulos executivos judiciais,(978) mas permitido nos títulos executivos extrajudiciais.(979)

O C. TST, por sua vez, declarou que o parcelamento é aplicável ao Processo do Trabalho, sem fazer ressalvas (art. 3º, XXI, da IN 39/16). Ocorre que esse posicionamento é, data vênia, contraditório, uma vez que o TST não admite a aplicação da multa do art. 523, § 1º, do CPC de 2015, sob o argumento de que a CLT não é omissa. E ela também não é omissa quanto ao parcelamento, tendo em vista que determina que o executado pagará ou oferecerá bens à penhora.

O Enunciado n. 69 do I FNPT também é pela aplicabilidade do parcelamento na execução trabalhista, inclusive nas execuções de títulos executivos judiciais, mas somente nas execuções de difícil solução.(980)

Já o FPPC concluiu que o parcelamento só se aplica às execuções fundadas em título executivo extrajudicial.(981)

No nosso sentir, tanto o parcelamento, quanto a multa do art. 523, § 1º, do CPC de 2015, constituem valiosos instrumentos para a efetividade da execução, pelo que devem ser aplicados ao Processo do Trabalho.

Todavia, no que tange aos títulos executivos judiciais, considerando a necessidade de dar eficácia à execução, no caso de pedido de parcelamento seria razoável que o Juiz concedesse vista ao exequente ou designasse audiência de conciliação, tendo em vista que o princípio da conciliação também incide na fase de execução.

1.2. *Ausência de bens.*

1.2.1. *Arquivamento provisório*. O processo também será suspenso quando não forem localizados bens do devedor passíveis de penhora. Nesse caso, a suspensão durará um ano, ao final do qual o processo será arquivado provisoriamente, assim permanecendo até que os bens sejam localizados (art. 40, §§ 2º e 3º, da Lei n. 8.630/80).

Não havendo bens penhoráveis, nos termos do art. 836, §§ 1º e 2º, do CPC de 2015, o Oficial de Justiça deverá elaborar certidão com descrição de todos os bens que guarnecem a residência ou o estabelecimento do executado,

---

(978) "Aplicação do disposto no art. 745-A do Código De Processo Civil ao Processo do Trabalho. O art. 745-A do CPC não guarda compatibilidade com o Processo do Trabalho, pois, conforme o estipulado pelo art. 880 da CLT, requerida a execução, será expedido mandado de citação ao executado, a fim de que cumpra a decisão ou o acordo no prazo, pelo modo e sob as cominações estabelecidas, ou, quando se tratar de pagamento em dinheiro, inclusive de contribuições sociais devidas à União, para que o faça em 48 horas, ou garanta a execução, sob pena de penhora. Deste modo, o parcelamento da dívida só poderá ser acatado no caso de transação entre as partes, devidamente homologada pelo juízo, uma vez que o art. 769 da CLT veda a aplicação supletiva do art. 745-A do CPC." (TRT da 3ª Região. AP 01408-2008-103-03-00-5. Relator: Convocado Helder Vasconcelos Guimaraes. 5ª Turma. DEJT: 24.08.2012).

(979) "Art. 745-A do CPC. Parcelamento do débito. O parcelamento do débito, previsto no art. 745-A do CPC, a princípio, só tem razão de ser nas execuções de títulos extrajudiciais em que se visa abreviar o procedimento daquele que recém ingressa em juízo, conquanto nas execuções de títulos judiciais o devedor já se valeu de todas as possibilidades de discussão e pagamento da dívida, o que se deflui da topografia legislativa em que se encontra inserido o dispositivo. No caso, entretanto, a medida adotada pelo Juízo de origem teve por escopo tão-somente facilitar a satisfação do crédito exequendo, com vantagens, tanto para a executada, quanto para a exequente, razão pela qual o parcelamento deve ser mantido, sendo indevida a multa do art. 475-j pretendida pelo exequente, em face do não pagamento da dívida integral no prazo de 15 dias." (TRT da 3ª Região. AP 01680-2009-152-03-00-6. Relator: Anemar Pereira Amaral. 6ª Turma. DEJT: 19.03.2012).

(980) Enunciado n. 69 do I FNPT. "[...] A vedação expressa de parcelamento do débito nas execuções fundadas em título judicial (NCPC, art. 916, § 7º) retira do executado o direito subjetivo líquido e certo a esse modo de facilitação de pagamento. Contudo, dentro da amplitude de poderes conferidos ao juiz do trabalho na execução (NCPC, art. 139, IV), poderá o magistrado, mediante decisão devidamente fundamentada, autorizar o pagamento parcelado do débito, com juros e correção monetária, com ou sem o consentimento do exequente, nas execuções de difícil solução."

(981) Enunciado n. 331 do FPPC. "(arts. 916 e 15). O pagamento da dívida objeto de execução trabalhista fundada em título extrajudicial pode ser requerido pelo executado nos moldes do art. 916."

que será nomeado como depositário. Esse artigo foi declarado como aplicável ao Processo do Trabalho pelo TST (art. 3º, XVII, da IN 39/16).

1.2.2. *Prescrição intercorrente*. Nas execuções fiscais, o arquivamento provisório marca o termo inicial da prescrição intercorrente, a qual poderá ser reconhecida de ofício[982] pelo Juiz (art. 40, § 4º, da Lei n. 8.630/80).

Todavia, quanto aos créditos trabalhistas, já foi dito que o TST não admite a incidência da prescrição intercorrente (art. 2º, VIII, da IN 39/16), razão pela qual o processo ficará no arquivo provisório por tempo indeterminado.[983]

Sem embargo, há uma hipótese em que a prescrição intercorrente pode ter lugar na execução trabalhista, qual seja, a que o exequente deixar de praticar ato que lhe competia, causando a paralisação do processo por cinco anos.[984] Imagine-se, por exemplo, que, na liquidação por artigos, o exequente não apresente a prova que lhe foi exigida, causando a suspensão do processo por cinco anos, ao final dos quais a prescrição intercorrente poderá ser pronunciada, a pedido do executado.

A Lei n. 13.467/17 (reforma trabalhista) regula o tema acrescentando o art. 11-A à CLT, dispondo que a prescrição intercorrente será aplicada ao processo do trabalho, no prazo de dois anos, a contar do dia em que o exequente deixar de cumprir determinação judicial no curso da execução, o que poderá ser pronunciado de ofício pelo juízo, em qualquer grau de jurisdição.

2. *Extinção*. O Processo de Execução será extinto quando (art. 924 do CPC de 2015, adaptado ao Processo do Trabalho):

a) o devedor satisfizer a obrigação;

b) o devedor obtiver, por transação ou outro meio, a remissão total da dívida;

c) o credor renunciar ao crédito.

2.1. *Parcelamento de débito fiscal*. Além das hipóteses citadas, a execução (fiscal) também será extinta quando o devedor obtiver o parcelamento administrativo dos débitos fiscais (art. 360, I, do CC).

O executado que obtiver, junto ao órgão competente, o parcelamento administrativo de seu débito fiscal, como é o caso das contribuições sociais previdenciárias ou dos débitos inscritos em dívida ativa, deverá requerer a extinção do processo e não a mera suspensão, considerando que o benefício possui natureza jurídica de novação. A eventual inadimplência do parcelamento deverá ser objeto de execução na Justiça comum.[985]

Esse não é, contudo, o entendimento do TST, para quem a execução deverá ser suspensa, considerando que o art. 151, VI, do Código Tributário, determina que o parcelamento administrativo é hipótese de suspensão do crédito tributário.[986]

(982) Súmula do STJ n. 409: Em execução fiscal, a prescrição pode ser decretada de ofício (art. 219 § 5º do CPC)

(983) Súmula do TST n. 114. "Prescrição intercorrente. É inaplicável na Justiça do Trabalho a prescrição intercorrente".

(984) Enunciado n. 82 do I FNPT. "[...] A prescrição intercorrente (CLT, art. 884, § 1º) somente será reconhecida, nas execuções trabalhistas, nas hipóteses em que a paralisação do processo for imputável exclusivamente ao exequente, não se aplicando às situações de desconhecimento do paradeiro do executado ou de bens deste para garantia da execução (NCPC, art. 921, III, §§ 1º a 5º)."

(985) "Multa administrativa. Parcelamento. Novação. Extinção da execução. Segundo o entendimento dominante, o parcelamento administrativo da dívida implica novação da dívida anterior, criando-se nova obrigação. Assim, a execução que se processa em face de determinada multa administrativa, aplicada pela atuação da Fiscalização do Trabalho, deve ser extinta quando comprovada a adesão do executado ao parcelamento especial, porque, unificada e consolidada a dívida fiscal através do parcelamento, a competência para a sua execução em caso de eventual inadimplemento é deslocada para a Justiça Federal." (TRT da 3ª Região. AP 00763-2006-145-03-00-7. Relatora: Monica Sette Lopes. 9ª Turma. DEJT: 22.08.2012).

(986) Execução fiscal. Multa por descumprimento da legislação trabalhista. Inclusão em programa de parcelamento. Suspensão da execução trabalhista. 1. Nos termos dos arts. 151, VI, da Lei n. 5.172/66 (Código Tributário Nacional) e 8º da Lei n. 11.941/09, o parcelamento da dívida implica mera suspensão de exigibilidade do crédito tributário até que o débito seja quitado, e não sua novação, de modo a se preservarem as garantias oferecidas pelo executado, para o caso de descumprimento no pagamento das parcelas. 2. Destarte, merece reforma a decisão que extingue a execução fiscal de dívida ativa, referente a multa administrativa, ante a adesão ao programa de parcelamento de que trata a citada Lei n. 11.941/09, pois atenta contra a literalidade dos retromencionados dispositivos de lei, determinando-se, por conseguinte, a suspensão

2.2. *Recurso.* O ato do Juiz que extingue a execução tem natureza jurídica de sentença (art. 925 do CPC de 2015), a qual desafia agravo de petição[987] e, transitada em julgado, ação rescisória.

16.4. EXECUÇÃO ESPECÍFICA

Na execução das obrigações de fazer, não fazer e entregar coisa, o Juiz deverá determinar o cumprimento específico da obrigação, de maneira que sua conversão em indenização só deve ser feita em último caso. O prazo, o modo e as cominações para cumprimento das obrigações específicas fixados na sentença deverão constar do mandado (art. 880 da CLT). No silêncio da decisão, o prazo será de quarenta e oito horas.

Não obstante, o C. TST declarou que o CPC de 2015 (arts. 536 a 538) são aplicáveis ao Processo do Trabalho (art. 3º, XII, da IN 39/16).

1. *Execução por sub-rogação.* Em algumas situações, o cumprimento da obrigação independe da participação do executado, de maneira que o juízo poderá determinar o seu cumprimento por terceiros, à custa do executado. Essa modalidade de execução é chamada de *execução por sub-rogação*. A CLT dispõe de regramento próprio dessa espécie de execução para as anotações da CTPS. Visando o cumprimento específico da obrigação, a CLT dispõe que a Secretaria da Vara do Trabalho poderá realizar o registro por ordem do Juiz, na hipótese de recusa do executado (art. 39, § 1º, da CLT).

2. *Execução indireta.* Caso o cumprimento da obrigação só possa ser realizado pelo executado (obrigação personalíssima), o juízo poderá adotar medidas coercitivas, como a fixação de multas ("*astreintes*"), aplicando-se os procedimentos do CPC de 2015 (arts. 536 e 537). A essa modalidade de execução se dá o nome de *execução indireta*.

3. *Indenização substitutiva.* Se a execução não puder ser realizada pelo modo específico, a obrigação será convertida em indenização, seguindo os trâmites normais da execução por quantia certa. Na Justiça do Trabalho, exemplo recorrente é o da obrigação de entregar as guias de seguro desemprego (CD/SD). Caso o executado não o faça, a obrigação pode ser convertida em indenização substitutiva, equivalente ao valor que o trabalhador receberia a título de seguro-desemprego.

16.5. EXECUÇÃO PROVISÓRIA

A execução provisória será igual à definitiva, com algumas peculiaridades (art. 520 do CPC de 2015 c/c art. 899 da CLT):

a) corre por iniciativa e responsabilidade do exequente, que se obriga, se a sentença for reformada, a reparar os danos que o executado haja sofrido;

b) tramita até a efetivação da penhora, a partir de quando o processo ficará suspenso;

c) fica sem efeito, sobrevindo decisão que modifique ou anule a sentença objeto da execução, restituindo-se as partes ao estado anterior e liquidando-se eventuais prejuízos nos mesmos autos;

d) se a sentença objeto de cumprimento provisório for modificada ou anulada apenas em parte, somente nesta ficará sem efeito a execução;

do processo executivo fiscal, retomando-se a execução em caso de não se honrar com o pagamento das parcelas. Recurso de revista provido. (TST. RR — 27800-66.2006.5.03.0104. Relator: Ministro Ives Gandra Martins Filho. 7ª Turma. DEJT: 21.09.2012).

(987) "Execução. Prosseguimento. Extinção. Previsão legal. Segundo o comando do art. 795, do Código de Processo Civil, "a extinção da execução só produz efeito quando declarada por sentença". Assim, se os autos encontram-se apenas arquivados, o agravo de petição é o instrumento hábil para o exequente demonstrar a sua irresignação contra a decisão que indeferiu o requerimento de prosseguimento da execução." (TRT da 3ª Região. AP — 1663/91. Relatora: Ana Etelvina Lacerda Barbato. 3ª Turma. DJMG: 24.04.2012).

e) o levantamento de depósito em dinheiro e a prática de atos que importem transferência de posse ou alienação de propriedade ou de outro direito real, ou dos quais possa resultar grave dano ao executado, dependem de caução suficiente e idônea, arbitrada de plano pelo juiz e prestada nos próprios autos.

1. *Atos expropriatórios*. Em regra, como se viu, na execução provisória não são praticados atos expropriatórios. Mas essa regra comporta exceção.

No CPC de 1973, o levantamento de dinheiro e a prática de atos expropriatórios podiam ser realizados desde que o exequente prestasse caução idônea, a qual ficava dispensada em relação aos créditos alimentares de valor até sessenta salários mínimos (art. 475-O, § 2º, I, do CPC).

Ocorre que o CPC de 2015 não repetiu a limitação de sessenta salários mínimos para o levantamento de dinheiro em execução provisória. No art. 521, estabelece que a caução será dispensada nos casos em que o crédito for de natureza alimentar, *independentemente de sua origem*.

Em vista disso, no nosso sentir, na execução provisória de créditos trabalhistas, poderão ser realizados levantamento de dinheiro e atos expropriatórios, independentemente do valor e de caução idônea. Todavia, a prática desses atos não deve ser feita de ofício, pelo Juiz, porque a ele cabe cumprir a regra de suspensão da execução, no momento da realização da penhora (art. 899 da CLT).

2. *Ordem dos bens*. Na vigência do CPC de 1973, o C. TST entendia que, na execução provisória, a ordem dos bens penhoráveis não era a do CPC, mas sim aquela que fosse a mais benéfica ao devedor, nos termos do art. 620 do CPC de 73. Por isso é que, se houvesse a nomeação de um bem, a penhora de dinheiro era considerada ilegal, sendo impugnável pela via do mandado de segurança, conforme antiga redação da Súmula 417.

Todavia, o CPC de 2015, apesar de manter a previsão da execução menos gravosa (art. 805), trouxe duas novidades: a primeira, no *caput* do art. 520, ao dizer que a execução provisória será *igual* à definitiva, excluindo a expressão "no que couber", que havia no CPC de 1973 (art. 475-O), razão pela qual não mais há motivo para distinguir a ordem de penhora na execução provisória e na definitiva; a segunda, no art. 835, § 1º, ao dispor que o juiz pode alterar a ordem de preferência da penhora, de maneira que o executado não tem mais direito líquido e certo à ordem rígida de penhora de bens.

Em vista disso, o TST alterou sua jurisprudência, consolidando o entendimento pelo qual a ordem de execução dos bens será sempre a mesma descrita no art. 835, seja na execução definitiva, seja na provisória, de maneira que a penhora de dinheiro não mais dá ensejo à impetração de mandado de segurança.(988)

Por isso, o dinheiro será o bem de primeira preferência, tanto na execução provisória, quanto na definitiva.(989)

3. *Pendência de recurso extraordinário*. Ao tempo do CPC de 1939, era definitiva a execução processada na pendência de recurso extraordinário ou de seu respectivo agravo de instrumento, nos termos do art. 893, § 2º da CLT e Súmula 228 do STF. Todavia, no julgamento do RE 84334, em sessão plenária, STF entendeu que, em face

(988) Súmula do TST n. 417. "Mandado de segurança. Penhora em dinheiro (alterado o item I, atualizado o item II e cancelado o item III, modulando-se os efeitos da presente redação de forma a atingir unicamente as penhoras em dinheiro em execução provisória efetivadas a partir de 18.03.2016, data de vigência do CPC de 2015) — Res. 212/2016, DEJT divulgado em 20, 21 e 22.09.2016. I — Não fere direito líquido e certo do impetrante o ato judicial que determina penhora em dinheiro do executado para garantir crédito exequendo, pois é prioritária e obedece à gradação prevista no art. 835 do CPC de 2015 (art. 655 do CPC de 1973). II — Havendo discordância do credor, em execução definitiva, não tem o executado direito líquido e certo a que os valores penhorados em dinheiro fiquem depositados no próprio banco, ainda que atenda aos requisitos do art. 840, I, do CPC de 2015 (art. 666, I, do CPC de 1973). (ex-OJ n. 61 da SBDI-2 — inserida em 20.09.2000).

(989) Enunciado n. 80 do I FNPT. "[...] Por força do disposto no art. 835, § 1º, do NCPC, a penhora em dinheiro é sempre prioritária, inclusive em execução provisória, não estando ao alcance do juiz alterar esta ordem de prioridade para oportunizar constrição sobre outro tipo de bem disponível no patrimônio do devedor (art.. 899daCLT; art. 835, § 1º, do NCPC; Súmula 417/III/TST)."

do CPC de 1973, é provisória a execução de sentença, enquanto pende o julgamento do recurso extraordinário. No mesmo sentido é o entendimento atual do TST.(990)

16.6. EXECUÇÃO COLETIVA

As execuções coletivas dizem respeito à execução contra a massa falida ou empresa em recuperação judicial e das decisões proferidas em ações coletivas.

1. *Execução contra a massa falida e empresa em recuperação judicial.* Se o executado encontra-se em um desses dois processos, os quais correm perante a Justiça comum, o Processo de Execução trabalhista será suspenso (art. 6º da Lei n. 11.101/05). O exequente deverá habilitar o seu crédito perante o administrador judicial (art. 6º, § 2º, da CLT).

Na hipótese de, ao tempo da decretação da falência ou da recuperação judicial, já tiver sido designada hasta pública, o produto da venda do bem deverá ser entregue ao administrador judicial (art. 180, § 3º da Lei n. 11.101/05).

Em qualquer caso, o Processo de Conhecimento trabalhista tramitará normalmente, até o trânsito em julgado da decisão. Apenas o Processo de Execução é que ficará suspenso.

Na recuperação judicial, os créditos de natureza fiscal, como as contribuições sociais e as despesas processuais, não ficarão suspensos (art. 6º, § 7º da Lei n. 11.101/05).

Já na recuperação extrajudicial, não há suspensão, motivo porque a execução trabalhista prosseguirá normalmente,(991) inclusive em relação às sociedades cooperativas.(992)

A polêmica existente em torno das execuções coletivas em comento está no prazo de suspensão da recuperação judicial. Diferentemente da falência, as recuperações judiciais suspendem a execução trabalhista apenas pelo prazo de cento e oitenta dias. Nos termos dos §§ 4º e 5º, do art. 6º, da Lei n. 11.101/05,(993) esse prazo é improrrogável e o seu decurso autoriza a retomada da execução trabalhista normalmente, ainda que o crédito já esteja inscrito no quadro-geral de credores. Nesse sentido é o entendimento do TST.(994)

Não há como negar a literalidade dos aludidos dispositivos, os quais determinam o prosseguimento da execução trabalhista. Todavia, a prática forense demonstra que o prosseguimento é inútil e prejudica o interesse

(990) Orientação Jurisprudencial da SDI-II do TST n. 56. "Mandado de segurança. Execução. Pendência de recurso extraordinário. Não há direito líquido e certo à execução definitiva na pendência de recurso extraordinário, ou de agravo de instrumento visando a destrancá-lo".

(991) Orientação Jurisprudencial da SDI-I do TST n. 143. "Empresa em liquidação extrajudicial. Execução. Créditos trabalhistas. Lei n. 6.024/74. A execução trabalhista deve prosseguir diretamente na Justiça do Trabalho mesmo após a decretação da liquidação extrajudicial. Lei n. 6.830/80, arts. 5º e 29, aplicados supletivamente (CLT, art. 889 e CF/1988, art. 114)".

(992) Orientação Jurisprudencial da SDI-II do TST n. 53. "Mandado de segurança. Cooperativa em liquidação extrajudicial. Lei n. 5.764/71, art. 76. Inaplicável. Não suspende a execução. A liquidação extrajudicial de sociedade cooperativa não suspende a execução dos créditos trabalhistas existentes contra ela".

(993) Art. 6º da Lei 11.101/05. "[...] A decretação da falência ou o deferimento do processamento da recuperação judicial suspende o curso da prescrição e de todas as ações e execuções em face do devedor, inclusive aquelas dos credores particulares do sócio solidário. [...] § 4º Na recuperação judicial, a suspensão de que trata o *caput* deste artigo em hipótese nenhuma excederá o prazo improrrogável de 180 (cento e oitenta) dias contado do deferimento do processamento da recuperação, restabelecendo-se, após o decurso do prazo, o direito dos credores de iniciar ou continuar suas ações e execuções, independentemente de pronunciamento judicial. § 5º Aplica-se o disposto no § 2º deste artigo à recuperação judicial durante o período de suspensão de que trata o § 4º deste artigo, mas, após o fim da suspensão, as execuções trabalhistas poderão ser normalmente concluídas, ainda que o crédito já esteja inscrito no quadro-geral de credores."

(994) "Agravo de instrumento. Recurso de revista. Execução. Habilitação do crédito trabalhista junto ao processo de recuperação judicial. Prazo fixado pela Lei 11.101/2005 ultrapassado. Os incisos XXXV e LIV do art. 5º da CF não estão violados em sua literalidade, porque o Regional, ao entender que a execução deve prosseguir nesta justiça especializada, pois o prazo fixado pela Lei 11.101/2005 para a suspensão do feito já transcorreu há muito tempo, decidiu em conformidade com a legislação infraconstitucional (artigo 6º, parágrafos 4º e 5º da Lei 11.101/2005). Incidência da Súmula 266 do TST e do art. 896, § 2º, da CLT. Agravo de instrumento conhecido e não provido." (TST. AIRR — 220840-70.1999.5.02.0044. Relatora: Ministra Dora Maria da Costa. 8ª Turma. DEJT: 21.05.2010).

social. Como prosseguir a execução, se todos os bens estão arrecadados? É certo que o crédito trabalhista tem preferência, mas como organizar a ordem de pagamento desses créditos?

Por exemplo, imagine-se que contra a empresa Indústria de Parafusos Ltda. existam mil ações trabalhistas, ajuizadas nas Varas do Trabalho de Belo Horizonte, São Paulo e Rio de Janeiro. Decorridos os cento e oitenta dias, cada juízo determina o prosseguimento da execução em relação aos bens da empresa, os quais estão arrecadados pela Justiça comum. Isso inviabilizaria a atuação do administrador judicial e a recuperação judicial fracassaria, ferindo o interesse social, que é pela recuperação da empresa. Ademais, os bens poderiam ser levados a mil hastas públicas. Caso contrário, para serem levados a uma só, o procedimento seria o mesmo da recuperação judicial, mas custando prazo maior, uma vez que todo o trabalho do administrador não foi aproveitado.

Na prática, portanto, o prosseguimento da execução trabalhista pode não ser eficaz, como tampouco será útil ao exequente.

Por isso é que o STJ tem considerado incabível o prosseguimento automático das execuções, mesmo após decorrido o prazo de cento de oitenta dias previsto no art. 6º, § 4º, da Lei n. 11.101/05.[995] Destarte, em atendimento ao princípio da finalidade social do Processo do Trabalho, parece mais razoável que o prazo de cento e oitenta dias não seja observado, a fim de se proteger o trabalhador, uma vez que a lei não o faz.

2. *Execução das sentenças proferidas em ações coletivas*. As ações coletivas são aquelas nas quais a demanda envolve direitos metaindividuais, quais sejam, os difusos, coletivos e individuais homogêneos (art. 81 do CDC). As duas espécies mais frequentes são o *dissídio coletivo* e a *ação civil pública*. A execução das sentenças normativas proferidas em sede de dissídio coletivo é feita por meio de *ação de cumprimento*, cuja análise já foi feita em tópico anterior.

Na *ação civil pública* e nas demais ações coletivas, geralmente a condenação é de fazer, não fazer ou entregar alguma coisa. Nesses casos, a execução deverá ser promovida pelo próprio autor da ação coletiva, que tem legitimidade extraordinária para atuar em nome próprio, na defesa de direitos alheios. É o caso, por exemplo, da sentença que determina a instalação de sanitários em um determinado estabelecimento.

Caso o autor da ação coletiva não promova a execução, esta caberá ao Ministério Público do Trabalho (art. 15 da LACP), pois, nessa situação, haverá presunção de existência de interesse público na satisfação do crédito coletivo.

Não obstante, a execução deverá ser promovida de ofício pelo Juiz (art. 878 da CLT).

Já nas obrigações de pagar, a legitimidade para executar a decisão varia conforme a natureza do direito metaindividual. Nos direitos difusos, os titulares são indeterminados e entre eles não há qualquer relação jurídica, senão a coincidência de terem sido atingidos pelo mesmo fato. Na seara trabalhista, um exemplo dessa espécie de direito é o anúncio de emprego discriminatório, publicado em jornais e na televisão.

Como os sujeitos são indeterminados, a condenação deve determinar o recolhimento pecuniário em um fundo público, geralmente o FAT — Fundo de Amparo ao Trabalhador, situação em que a legitimidade continuará a ser do substituto processual (sindicato ou MPT) e do próprio Juiz.

Nos direitos individuais homogêneos, também não há relação jurídica entre os sujeitos titulares dos direitos materiais, mas eles são determinados. Em matéria trabalhista, o exemplo seria um acidente com um ônibus, em função da má conservação dos pneus. Nesse caso, cada vítima teria um direito individual, mas como a origem foi comum e a natureza é a mesma (pretensão indenizatória), os direitos são homogêneos. Os passageiros devem deduzir suas pretensões na Justiça comum e os trabalhadores (motoristas e trocadores), na Justiça do Trabalho.

(995) "[...] 1. Em regra, uma vez deferido o processamento ou, *a fortiori*, aprovado o plano de recuperação judicial, revela-se incabível o prosseguimento automático das execuções individuais, mesmo após decorrido o prazo de 180 dias previsto no art. 6º, § 4, da Lei 11.101/2005. Precedentes." (STJ. AgRg no CC 119624. Relator: Ministro Luis Felipe Salomão. 2ª Seção. DJe 18.06.2012).

No exemplo citado, a ação poderia ser ajuizada pelo sindicato da respectiva categoria ou pelo MPT, os quais também terão legitimidade para executar a decisão. Como os sujeitos são determinados, cada qual poderá habilitar-se no processo, mediante a simples comprovação de sua identidade. O valor devido a cada um pode ter sido arbitrado na própria decisão. Caso tal não tenha sido feito, a liquidação deverá ser por artigos ou por arbitramento.

Quando se trata de direitos metaindividuais trabalhistas, eles são, em regra, coletivos. Estes são os direitos pertencentes a titulares determináveis, que possuem, entre si ou com a parte contrária, uma relação jurídica base. No Direito do Trabalho, essa relação jurídica é a de trabalho, a qual abrange a de emprego.

Destarte, qualquer direito trabalhista que atinja a *classe* profissional, uma *categoria* de trabalhadores ou um *grupo* de operários de determinada empresa será um direito coletivo. É o caso, por exemplo, do pagamento de salários, adicionais e indenizações. Havendo condenação em pecúnia, será preciso verificar se ela foi destinada diretamente aos indivíduos ou a um fundo público. Neste caso, o procedimento será o mesmo dos direitos difusos; mas se houve determinação de pagamento individual, cada indivíduo deverá habilitar-se, provando apenas que pertence à classe, ao grupo ou à categoria. Se o valor devido a cada um não tiver sido arbitrado, deverá haver liquidação por artigos ou por arbitramento.

Os substituídos, tanto nos direitos coletivos quanto nos direitos individuais homogêneos, terão o prazo de um ano para habilitarem suas pretensões, ao final do qual, o produto da indenização devida será revertida ao fundo público apropriado, situação que é chamada pela doutrina de reparação fluida (art. 100 do CPC).

Seria a reparação fluida ("*fluid recovery*") aplicável ao Processo do Trabalho?

Como a CLT é omissa quanto à execução coletiva, há corrente no sentido de que esse prazo tem aplicabilidade no Processo do Trabalho, por força do art. 769 da CLT. Outra corrente não admite a aplicação da reparação fluida, ao argumento de que no Processo do Trabalho não há prescrição da pretensão executória dos créditos trabalhistas (Súmula 114 do TST).

Data venia, oferta-se uma corrente mista. Ora, se a prescrição intercorrente não é admitida no Processo do Trabalho (Súmula 114 do TST), esse prazo deve servir apenas como um parâmetro para a destinação dos recursos. Assim, ao final de um ano, o valor residual das condenações deverá ser destinado ao FAT — Fundo de Amparo do Trabalhador, mas o substituído poderá habilitar seu crédito a qualquer tempo, recebendo seu crédito diretamente do FAT.

A Lei n. 13.467/17 (reforma trabalhista) regula o tema acrescentando o art. 11-A à CLT, dispondo que a prescrição intercorrente será aplicada ao processo do trabalho, no prazo de dois anos, a contar do dia em que o exequente deixar de cumprir determinação judicial no curso da execução, o que poderá ser pronunciado de ofício pelo juízo, em qualquer grau de jurisdição.

Os demais trâmites da execução coletiva serão os mesmos das individuais, com expedição de mandado de citação, inscrição do devedor no BNDT, penhora, avaliação e expropriação dos bens.

16.7. EXECUÇÃO POR PRESTAÇÕES SUCESSIVAS

O título executivo pode conter obrigação de pagar quantia em prestações sucessivas, por tempo determinado ou indeterminado. Exemplo do primeiro caso é do acordo judicial, pelo qual o executado se compromete a saldar a dívida em um número determinado de parcelas. Nessa situação, a execução de uma parcela compreenderá as que lhe sucederem (art. 891 da CLT).

Já nas prestações sucessivas por prazo indeterminado, a execução compreenderá, inicialmente, as prestações devidas até a data do ingresso na execução (art. 892 da CLT). É o caso da pensão vitalícia decorrente de danos materiais sofridos em função de um acidente do trabalho que reduziu a capacidade laboral do trabalhador.

Quanto ao mais, a execução para pagamento das prestações sucessivas será a mesma do pagamento por quantia certa.

16.8. EXECUÇÃO CONTRA A FAZENDA PÚBLICA

Se o executado for a *Fazenda Pública*[(996)] ou *empresa pública prestadora de serviço público* (o exemplo mais corrente é o da Empresa Brasileira de Correios e Telégrafos — EBCT[(997)]), a execução das obrigações de fazer, de não fazer ou de entregar coisa seguirá a mesma dinâmica das execuções contra devedores privados.

Mas, se a obrigação for de *pagar*, haverá tratamento diferenciado. É que, para pagar, a Fazenda Pública depende da inclusão das despesas na lei orçamentária anual (art. 165 da CF), sem o que, em regra, os pagamentos em dinheiro não poderão ser realizados. Isso também vale para os honorários advocatícios.[(998)]

Dessa forma, "os pagamentos devidos pelas Fazendas Públicas Federal, Estaduais, Distrital e Municipais, em virtude de sentença judiciária, far-se-ão exclusivamente na ordem cronológica de apresentação dos precatórios [...]" (art. 100, "*caput*", da CF), ressalvados os créditos definidos em lei como sendo de pequeno valor (art. 100, § 3º, da CF), os quais serão pagos mediante requisição. Vale ressaltar que a Fazenda Pública também pode ser executada com base em título executivo extrajudicial.[(999)]

Em se tratando de condenações em ações coletivas, a execução individual também será possível, sem prejuízo da expedição de Requisição de Pequeno Valor — RPV e Precatório,[(1000)] incluindo os respectivos honorários advocatícios.[(1001)] Mas se a ação for plúrima (litisconsórcio ativo simples), os honorários advocatícios não poderão ser fracionados.[(1002)]

Dessa forma, liquidado o débito exequendo, a Fazenda Pública e as empresas públicas prestadoras de serviço público serão citadas para oferecerem embargos à execução no prazo de 30 dias (art. 910 do CPC de 2015 c/c art. 844 da CLT) e não para pagarem o débito em 48 (quarenta e oito) horas, como ocorre com os devedores comuns (art. 880 da CLT).

Não sendo opostos os embargos ou, no caso de serem eles julgados improcedentes, o pagamento dos débitos decorrentes das sentenças trabalhistas condenatórias será realizado de duas formas, a depender do "*quantum debeatur*", como será visto a seguir.

1. *Requisição de Pequeno Valor*. Para os débitos de pequeno valor, assim fixados em lei para o respectivo ente, o Juízo deverá expedir Requisição de Pequeno Valor — RPV, a ser cumprida no prazo de sessenta dias, sob pena de sequestro da respectiva quantia (OJ n. 1 do Pleno do TST[(1003)] c/c art. 15, parágrafo único, da IN n. 32/07, do TST).

(996) A Fazenda Pública é o nome dado à União, aos Estados, aos Distrito Federal, aos Municípios e às suas respectivas autarquias e fundações públicas, quando estão demandando como partes em um processo judicial (art. 1º do Decreto-Lei n. 779/69 c/c art. 100 da CF e art. 1º da IN n. 32/07, do TST).

(997) "Recurso de Revista. ECT. Prerrogativas da Fazenda Pública. Forma de execução. Precatório. O Tribunal Pleno do TST, no julgamento do Incidente de Uniformização de Jurisprudência n. IUJROMS 652135/2000, em 6.11.2003, decidiu alterar a redação do item n. 87 da Orientação Jurisprudencial da SBDI-1, para excluir a Empresa Brasileira de Correios — EBCT, por entender que a execução contra ela se dá por meio de precatório. Com efeito, nos termos do Decreto-Lei n. 509/69, instituidor da Empresa Brasileira de Correios e Telégrafos, a ela são conferidos os mesmos privilégios inerentes à Fazenda Pública. Recurso de revista conhecido e provido. (TST. RR — 145240-54.2000.5.01.0038. Relator: Ministro Luiz Philippe Vieira de Mello Filho. 1ª Turma. DEJT: 19.09.2008).

(998) Súmula Vinculante do STF n. 47: Os honorários advocatícios incluídos na condenação ou destacados do montante principal devido ao credor consubstanciam verba de natureza alimentar cuja satisfação ocorrerá com a expedição de precatório ou requisição de pequeno valor, observada ordem especial restrita aos créditos dessa natureza.

(999) Súmula do STJ n. 279: É cabível execução por título extrajudicial contra a Fazenda Pública.

(1000) "[...] Não viola o art. 100, § 8º, da Constituição Federal a execução individual de sentença condenatória genérica proferida contra a Fazenda Pública em ação coletiva visando à tutela de direitos individuais homogêneos. [...]" (STF. ARE n. 925.754-PR).

(1001) "É legítima a execução de honorários sucumbenciais proporcional à respectiva fração de cada um dos substituídos processuais em ação coletiva contra a Fazenda Pública." (RE 919.269, 913.544 e 913.568).

(1002) "Não é possível fracionar o crédito de honorários advocatícios em litisconsórcio ativo facultativo simples em execução contra a Fazenda Pública por frustrar o regime do precatório." (STF. RE 949383 AgR/RS, rel. Min. Cármen Lúcia, 17.5.2016).

(1003) Orientação Jurisprudencial do Tribunal Pleno do TST n. 1. "Precatório. Crédito trabalhista. Pequeno valor. Emenda Constitucional n. 37/02. Há dispensa da expedição de precatório, na forma do art. 100, § 3º, da CF/1988, quando a execução contra a Fazenda Pública

Até que a lei aplicável a cada ente seja editada, são considerados débitos de pequeno valor (art. 97, § 12, do ADCT c/c art. 3º da IN n. 32/07 do TST): a) para a União, sessenta salários mínimos; b) para os Estados e o DF, quarenta salários mínimos; e c) para os Municípios, trinta salários mínimos. Se o valor da execução ultrapassar essas quantias, o pagamento será feito por meio de precatório.

É de se ressaltar, contudo, que o teto para expedição de RPV não pode ser inferior ao valor do maior benefício do regime geral de previdência social (art. 100, § 4º, da CF).

O credor de importância superior a esses limites pode renunciar ao valor excedente e optar pelo pagamento através de RPV (art. 4º da IN n. 32/07 do TST).

Nas ações plúrimas, será considerado o valor devido a cada litisconsorte (OJ n. 9 do Pleno do TST[(1004)] c/c art. 7º da IN n. 32/07 do TST), mas os honorários advocatícios, como já informado, serão indivisíveis.

Nos casos de créditos de pequeno valor de responsabilidade das Fazendas Públicas Estadual, Distrital ou Municipal, as requisições serão encaminhadas pelo Juiz da execução, diretamente, ao próprio devedor (art. 6º da IN n. 32/07 do TST). Por outro lado, se o executado for a Fazenda Pública da União, a RPV deve ser expedida pelo Juiz da execução e dirigida ao presidente do Tribunal, a quem compete, nos termos do art. 5º, da IN n. 32/07, do TST: a) examinar a regularidade formal da requisição; b) corrigir, de ofício ou a requerimento das partes, inexatidões materiais ou retificar erros de cálculos, vinculados à utilização de critério em descompasso com a lei ou com o título executivo judicial, desde que o critério não haja sido objeto de debate, quer na fase de conhecimento, quer na fase de execução; c) expedir o ofício requisitório; e d) zelar pela obediência à ordem de preferência de pagamento dos créditos, na hipótese de precatórios.

2. *Precatório*. Para os débitos que não se encaixarem na definição de pequeno valor, o juízo deverá encaminhar ofício ao Presidente do Tribunal Regional respectivo, o qual instaurará o procedimento do *Precatório*, regulado pelo art. 100 da CF.

A EC n. 62/09 realizou profundas mudanças no regime de precatórios, alterando o art. 100 da CF e acrescentando o art. 97 ao respectivo ADCT. Em apertada síntese, considerando as inovações da referida Emenda, a atual sistemática dos precatórios obedece às seguintes regras:

2.1. *Créditos privilegiados*. Os débitos trabalhistas obedecem a uma ordem cronológica própria, distinta daquela dos precatórios destinados ao pagamento de dívidas de outra natureza, devendo ser pagos com preferência sobre estes (art. 100, § 1º, da CF).[(1005)]

2.2. *Créditos superprivilegiados*. Entre os débitos trabalhistas, terão preferência os que tiverem como titulares pessoas com sessenta anos de idade ou mais ou com doença grave, definida na forma da lei, até o limite de três vezes o valor estabelecido para expedição de RPV. Nesse caso, excepcionalmente, será admitido o fracionamento do valor referente a um único exequente, de maneira que o titular com essas características poderá receber, de forma mais rápida, a quantia que ficar abaixo do referido limite e o restante, pela ordem cronológica dos demais precatórios trabalhistas (art. 100, §§ 2º e 3º, da CF).

não exceder os valores definidos, provisoriamente, pela Emenda Constitucional n. 37/02, como obrigações de pequeno valor, inexistindo ilegalidade, sob esse prisma, na determinação de sequestro da quantia devida pelo ente público.

(1004) Orientação Jurisprudencial do Tribunal Pleno do TST n. 9. "Precatório. Pequeno valor. Individualização do crédito apurado. Reclamação trabalhista plúrima. Execução direta contra a Fazenda Pública. Possibilidade. Tratando-se de reclamações trabalhistas plúrimas, a aferição do que vem a ser obrigação de pequeno valor, para efeito de dispensa de formação de precatório e aplicação do disposto no § 3º do art. 100 da CF, deve ser realizada considerando-se os créditos de cada reclamante".

(1005) "Súmula do STF n. 655. A exceção prevista no art. 100, "*caput*", da Constituição, em favor dos créditos de natureza alimentícia, não dispensa a expedição de precatório, limitando-se a isentá-los da observância da ordem cronológica dos precatórios decorrentes de condenações de outra natureza." E também: "Súmula do STJ n. 144. Os créditos de natureza alimentícia gozam de preferência, desvinculados os precatórios da ordem cronológica dos créditos de natureza diversa."

2.3. *Período de graça.* Os precatórios apresentados à Fazenda Pública até o dia 1º de julho deverão ser pagos até o dia 31 de dezembro do ano seguinte. Os que forem apresentados após o dia 1º de julho poderão ser pagos até o segundo ano (art. 100, § 5º, da CF).

Entre o dia 1º de julho e o prazo final para pagamento do precatório (31 de dezembro do ano seguinte ou o segundo ano, a depender da data de apresentação), não há incidência de juros de mora, mas apenas de correção monetária, nos termos da Súmula Vinculante n. 17 do STF[(1006)]. Trata-se do chamado *período de graça.*

Por exemplo, se o precatório foi apresentado no dia 1º de julho de 2015, ele poderá ser quitado sem a incidência de juros, até o dia 31 de dezembro de 2016. Noutra mão, se ele foi apresentado entre os dias 02 de julho de 2015 e 31 de junho de 2016, o período de graça estender-se-á até 31 de dezembro de 2017.

A correção monetária será apurada no momento do pagamento do precatório (art. 100, § 5º, da CF). Já os juros de mora só incidirão na hipótese de a Fazenda Pública não realizar o pagamento no prazo estabelecido, situação em que serão apurados retroativamente, a partir da data de sua expedição.[(1007)]

Vale lembrar que os juros de mora da Fazenda Pública são de 0,5% ao mês (art. 1ª-F, da Lei n. 9.494/07), com as exceções da OJ n. 9 do Tribunal Pleno do TST[(1008)], a não ser nos casos em que sua responsabilidade for subsidiária, hipótese em que esse privilégio não terá lugar.[(1009)]

2.4. *Ofício Precatório.* Transitado em julgado o processo de execução,[(1010)] o Juiz determinará a elaboração de um Ofício Precatório, contendo os dados essenciais à caracterização do débito,[(1011)] para ser remetido ao Presidente do respectivo Tribunal Regional do Trabalho, que analisará o preenchimento dos requisitos legais e, concluindo por sua adequação, determinará a expedição de Ofício Requisitório à Fazenda Pública devedora (art. 100, § 6º, da CF c/c art. 5º da IN nº32/07 do TST).

Se o Presidente do Tribunal retardar ou tentar frustrar o pagamento dos precatórios, por ação ou omissão, incorrerá em crime de responsabilidade, respondendo também perante o Conselho Nacional de Justiça (art. 100, § 7º, da CF).

(1006) Súmula Vinculante do STF n. 17. "Durante o período previsto no parágrafo 1º do art. 100 da Constituição, não incidem juros de mora sobre os precatórios que nele sejam pagos."

(1007) "Precatório. Pagamento com atraso. Juros de mora. Incidência desde a expedição. Súmula Vinculante 17 do STF. Os juros de mora não são devidos durante o chamado 'período de graça', desde que o precatório seja pago no prazo constitucional. Efetuado o pagamento fora do prazo previsto no art. 100, § 1º, da CF, os juros moratórios devem ser computados desde a expedição do precatório, conforme inteligência da Súmula Vinculante 17 do STF. Com esse entendimento, o Órgão Especial, por maioria, conheceu do recurso ordinário e, no mérito, negou-lhe provimento. Vencidos os Ministros Luiz Philippe Vieira de Mello Filho, Guilherme Augusto *Caputo* Bastos e Dora Maria da Costa." (TST. RO-2519-45.2011.5.07.0000. Relator: Ministro Fernando Eizo Ono. Órgão Especial. Decisão: 03.09.2012. Informativo n. 20).

(1008) Orientação Jurisprudencial do Tribunal Pleno do TST n. 7. "Juros de mora. Condenação da Fazenda Pública. I — Nas condenações impostas à Fazenda Pública, incidem juros de mora segundo os seguintes critérios: a) 1% (um por cento) ao mês, até agosto de 2001, nos termos do § 1º do art. 39 da Lei n.º 8.177, de 01.03.1991; b) 0,5% (meio por cento) ao mês, de setembro de 2001 a junho de 2009, conforme determina o art. 1º-F da Lei n. 9.494, de 10.09.1997, introduzido pela Medida Provisória n. 2.180-35, de 24.08.2001. II — A partir de 30 de junho de 2009, atualizam-se os débitos trabalhistas da Fazenda Pública, mediante a incidência dos índices oficiais de remuneração básica e juros aplicados à caderneta de poupança, por força do art. 5º da Lei n.º 11.960, de 29.06.2009. III — A adequação do montante da condenação deve observar essa limitação legal, ainda que em sede de precatório".

(1009) Orientação Jurisprudencial da SDI-I do TST n. 382. "Juros de mora. Art. 1º-F da Lei n.º 9.494, de 10.09.1997. Inaplicabilidade à Fazenda Pública quando condenada subsidiariamente. A Fazenda Pública, quando condenada subsidiariamente pelas obrigações trabalhistas devidas pela empregadora principal, não se beneficia da limitação dos juros, prevista no art. 1º-F da Lei n.º 9.494, de 10.09.1997".

(1010) Tecnicamente, o trânsito em julgado é da decisão de embargos de execução opostos pela Fazenda Pública, mas o termo foi empregado dessa forma para abranger o decurso "*in albis*" do prazo de sua interposição.

(1011) "Art. 9º. O Juiz da execução informará na requisição os seguintes dados constantes do processo: I — número do processo; II — nomes das partes e de seus procuradores; III — nomes dos beneficiários e respectivos números no CPF ou no CNPJ, inclusive quando se tratar de advogados, peritos e outros; IV — natureza do crédito (comum ou alimentar) e espécie da requisição (RPV ou precatório); VI — valor individualizado por beneficiário e valor total da requisição; VII — data-base considerada para efeito de atualização monetária dos valores; e VIII — data do trânsito em julgado da sentença ou acórdão. Parágrafo único. Ausentes quaisquer dos dados especificados, o Tribunal restituirá a requisição à origem, para regularização." (IN n. 32/07 do TST).

2.5. *Sequestro de valores.* O Presidente do Tribunal poderá determinar o sequestro da quantia devida, sempre a requerimento do credor, em duas hipóteses, quais sejam, quando o credor que figurar em primeiro lugar na ordem cronológica dos precatórios for preterido ou se a Fazenda Pública não fizer a alocação orçamentária do valor necessário à satisfação do débito (art. 100, § 6º, da CF e art. 731 do CPC). Na primeira situação, o requerimento só pode ser feito pelo credor que estiver em primeiro lugar na ordem de pagamento do precatório.(1012) No segundo, o termo "alocação orçamentária" refere-se à inclusão do valor na lei orçamentária da Fazenda Pública e não ao inadimplemento. Dessa forma, se o executado tiver realizado a alocação orçamentária (inclusão na lei de orçamento), porém não quitar o débito no prazo, não há que se falar em sequestro.(1013)

É possível haver acordo entre a Fazenda Pública e o credor, quanto à forma de quitação do precatório. Para isso, os Tribunais Regionais do Trabalho instituirão Juízo Auxiliar de Conciliação de Precatórios, a fim de realizar audiências de conciliação (art. 21 da IN n. 32/07 do TST). Somente em caso de frustração da tentativa de conciliação é que o Presidente do Tribunal deliberará sobre eventual pedido de intervenção (art. 21 da IN nº32/07 do TST), nos termos dos arts. 34, V, e 35, I, da CF;

2.6. *Vedação de fracionamento.* O valor do débito *um único exequente* não pode ser fracionado, de modo a possibilitar que o titular receba uma parte por RPV e a outra, por precatório (art. 100, § 8º, da CF). Mas é possível fracionar e os créditos de vários exequentes,(1014) como ocorre nas ações plúrimas (OJ n. 9 do Pleno do TST c/c art. 7º da IN n. 32/07 do TST) e nas ações coletivas, propostas por substituto processual.(1015)

Ficara superado, portanto, o entendimento de algumas Turmas do TST, que vinham entendendo que, quando o sindicato atua como substituto processual, o valor a ser considerado para fins de expedição de RPV ou de precatório será o do débito total e não o de cada beneficiário, individualmente considerado.(1016)

Quanto aos honorários advocatícios e periciais, serão considerados parcela autônoma, de maneira que não serão somados ao débito exequendo, para fins de classificação de RPV ou Precatório (art. 7º, parágrafo único, da IN n. 32/07 do TST).(1017)

2.7. *Formas alternativas de quitação.* A EC n. 62/09 institui formas alternativas para pagamento dos precatórios. A primeira delas é a *dação em pagamento*, que faculta ao credor optar por receber o seu crédito para compra de imóveis públicos do respectivo ente federado, conforme lei editada por este (art. 100, § 11, da CF).

Outra forma é a *cessão do crédito* a terceiro, que, geralmente, costuma ser uma instituição financeira. Nesse caso, o credor poderá ceder, total ou parcialmente, seu crédito, mas o cessionário (adquirente) não se beneficiará da ordem preferencial do crédito trabalhista, situação em que o precatório será deslocado para a ordem cronológica comum (art. 100, § 13, da CF).

(1012) Orientação Jurisprudencial do Tribunal Pleno do TST n. 13. "Precatório. Quebra da ordem de precedência. Não demonstração da posição do exequente na ordem cronológica. Sequestro indevido. É indevido o sequestro de verbas públicas quando o exequente/requerente não se encontra em primeiro lugar na lista de ordem cronológica para pagamento de precatórios ou quando não demonstrada essa condição".

(1013) Orientação Jurisprudencial do Tribunal Pleno do TST n. 3. "Precatório. Seqüestro. Emenda Constitucional n. 30/00. Preterição. ADIN 1662-8. art. 100, § 2º, da CF/1988. O seqüestro de verbas públicas para satisfação de precatórios trabalhistas só é admitido na hipótese de preterição do direito de precedência do credor, a ela não se equiparando as situações de não inclusão da despesa no orçamento ou de não-pagamento do precatório até o final do exercício, quando incluído no orçamento".

(1014) "O fracionamento do valor da execução, em caso de litisconsórcio facultativo, para expedição de requisição de pequeno valor em favor de cada credor, não implica violação ao art. 100, § 8º, da CF, com a redação dada pela EC 62/2009 [...]." (STF. RE 568.645)

(1015) "Sindicato. Substituição processual. Execução. Fracionamento. Expedição de Requisição de Pequeno Valor. Possibilidade. [...]" (TST-EED-RR-10247-58.2010.5.04.0000, SBDI-I, rel. Min. Lelio Bentes Corrêa, red. p/acórdão Min. João Oreste Dalazen, 26.11.2015).

(1016) "Recurso de Revista. Execução. Reclamação trabalhista ajuizada por sindicato. Substituição processual. Precatório. Impossibilidade de desmembramento do valor da execução. A orientação deste Tribunal firmou-se no sentido de reconhecer como válido o parcelamento do valor do crédito devido em decorrência de litisconsórcio ativo, observando o crédito individual com o fim de Requisição de Precatório de Pequeno Valor — RPV. Entretanto, diferentemente do que ocorre nas ações plúrimas, esta Corte tem entendido que nos casos de substituição processual deve-se considerar o valor total da execução e não o valor do crédito individualizado de cada substituído, para fins da dispensa da formalização de precatórios. Precedentes. Recurso de revista conhecido e provido." (TST. RR — 9091200-66.1991.5.04.0016. Relator: Ministro Luiz Philippe Vieira de Mello Filho. 4ª Turma. DEJT: 15.02.2013).

(1017) "É possível o fracionamento de precatório para pagamento de honorários advocatícios." (STF. RE 564.132)

A cessão não depende da concordância da Fazenda Pública, mas só produzirá efeitos após comunicação à entidade devedora, por meio de petição protocolizada perante o Tribunal de origem (art. 100, §§ 13 e 14, da CF).

Por fim, a EC n. 62/09 permitiu a *assunção de dívida*, instituto que faculta à União assumir os débitos dos precatórios dos Estados, Distrito Federal e Municípios, refinanciando-os diretamente (art. 100, § 16, da CF).

2.8. *Regras inconstitucionais*. A EC n. 62/09 também trouxe outras regras. Todavia, por ocasião do julgamento das ADIs n. 4357/DF e n. 4425/DF, o STF declarou a respectiva inconstitucionalidade, como constou da seguinte conclusão:

> Em conclusão, o Plenário, por maioria, julgou parcialmente procedente pedido formulado em ações diretas, propostas pelo Conselho Federal da Ordem dos Advogados do Brasil e pela Confederação Nacional das Indústrias — CNI, para declarar a inconstitucionalidade: a) da expressão "na data de expedição do precatório", contida no § 2º do art. 100 da CF; b) dos §§ 9º e 10 do art. 100 da CF; c) da expressão "índice oficial de remuneração básica da caderneta de poupança", constante do § 12 do art. 100 da CF, do inciso II do § 1º e do § 16, ambos do art. 97 do ADCT; d) do fraseado "independentemente de sua natureza", inserido no § 12 do art. 100 da CF, para que aos precatórios de natureza tributária se apliquem os mesmos juros de mora incidentes sobre o crédito tributário; e) por arrastamento, do art. 5º da Lei 11.960/2009; e f) do § 15 do art. 100 da CF e de todo o art. 97 do ADCT (especificamente o *caput* e os §§ 1º, 2º, 4º, 6º, 8º, 9º, 14 e 15, sendo os demais por arrastamento ou reverberação normativa). (STF. ADIs 4357/DF e 4425/DF. Relator: Ministro Ayres Britto, com acórdão redigido pelo Ministro Luiz Fux. Tribunal Pleno. Informativo n. 698/2013).

Sem embargo, em julgamento posterior, o STF modulou os efeitos da referida decisão:

> O Plenário, em conclusão de julgamento e por maioria, resolveu questão de ordem na qual proposta a modulação dos efeitos, no tempo, do quanto decidido no julgamento conjunto de ações diretas de inconstitucionalidade em que declarados parcialmente inconstitucionais dispositivos da EC 62/2009, que instituíra regime especial de pagamento de precatórios pelos Estados-membros, Distrito Federal e Municípios — v. Informativos 725, 739 e 778. [...] A Corte resolveu a questão de ordem nos seguintes termos: 1) modulou os efeitos para que se desse sobrevida ao regime especial de pagamento de precatórios, instituído pela EC 62/2009, por cinco exercícios financeiros a contar de 1º.1.2016; 2) conferiu eficácia prospectiva à declaração de inconstitucionalidade dos seguintes aspectos da ADI, fixado como marco inicial a data de conclusão do julgamento da questão de ordem (25.3.2015) e mantendo-se válidos os precatórios expedidos ou pagos até esta data, a saber: 2.1.) seria mantida a aplicação do índice oficial de remuneração básica da caderneta de poupança (TR), nos termos da EC 62/2009, até 25.3.2015, data após a qual (i) os créditos em precatórios deveriam ser corrigidos pelo Índice de Preços ao Consumidor Amplo Especial (IPCA-E) e (ii) os precatórios tributários deveriam observar os mesmos critérios pelos quais a Fazenda Pública corrige seus créditos tributários; e 2.2.) seriam resguardados os precatórios expedidos, no âmbito da Administração Pública Federal, com base nos arts. 27 das Leis 12.919/2013 e Lei 13.080/2015, que fixam o IPCA-E como índice de correção monetária; 3) quanto às formas alternativas de pagamento previstas no regime especial: 3.1) seriam consideradas válidas as compensações, os leilões e os pagamentos à vista por ordem crescente de crédito previstos na EC 62/2009, desde que realizados até 25.3.2015, data a partir da qual não seria possível a quitação de precatórios por essas modalidades; 3.2) seria mantida a possibilidade de realização de acordos diretos, observada a ordem de preferência dos credores e de acordo com lei própria da entidade devedora, com redução máxima de 40% do valor do crédito atualizado; 4) durante o período fixado no item 1, seria mantida a vinculação de percentuais mínimos da receita corrente líquida ao pagamento dos precatórios (ADCT, art. 97, § 10), bem como as sanções para o caso de não liberação tempestiva dos recursos destinados ao pagamento de precatórios (ADCT, art. 97, § 10); 5) delegação de competência ao CNJ para que considerasse a apresentação de proposta normativa que disciplinasse (i) a utilização compulsória de 50% dos recursos da conta de depósitos judiciais tributários para o pagamento de precatórios e (ii) a possibilidade de compensação de precatórios vencidos, próprios ou de terceiros, com o estoque de créditos inscritos em dívida ativa até 25.3.2015, por opção do credor do precatório; e 6) atribuição de competência ao CNJ para que monitorasse e supervisionasse o pagamento dos precatórios pelos entes públicos na forma da decisão proferida na questão de ordem em comento. Vencidos o Ministro Marco Aurélio, que não modulava os efeitos da decisão, e, em menor extensão, a Ministra Rosa Weber, que fixava como marco inicial a data do julgamento da ação direta de inconstitucionalidade. Reajustaram seus votos os Ministros Roberto Barroso, Dias Toffoli e Gilmar Mendes. ADI 4357 QO/DF, rel. Min. Luiz Fux, 25.3.2015. (ADI-4357). (STF. ADI 4425 QO/DF, rel. Min. Luiz Fux, 25.3.2015).

Calha analisar, um a um, os dispositivos que foram objeto de declaração de inconstitucionalidade pelo STF, com a ressalva da modulação dos efeitos, a fim de se compreender como ficou a dinâmica dos precatórios após a referida decisão.

a) O primeiro dispositivo é o § 2º, cuja inconstitucionalidade restringiu-se à expressão "na data da expedição do precatório":

> § 2º Os débitos de natureza alimentícia cujos titulares tenham 60 (sessenta) anos de idade ou mais *na data de expedição do precatório*, ou sejam portadores de doença grave, definidos na forma da lei, serão pagos com preferência sobre todos os demais débitos, até o

valor equivalente ao triplo do fixado em lei para os fins do disposto no § 3º deste artigo, admitido o fracionamento para essa finalidade, sendo que o restante será pago na ordem cronológica de apresentação do precatório. (Grifo nosso).

Da forma como foi originalmente redigido, o referido parágrafo criava uma distinção ilógica, pois somente concedia o benefício da ordem preferencial aos credores que já tivessem completado sessenta anos de idade na data de expedição do precatório. Quem completasse sessenta anos de idade em data posterior, ainda que no dia seguinte à expedição, por exemplo, não seria contemplado com o mesmo privilégio. Com a declaração de inconstitucionalidade, basta que o credor complete sessenta anos de idade para que seu precatório seja incluído na ordem preferencial.

b) Os §§ 9º e 10 foram integralmente declarados inconstitucionais:

> § 9º No momento da expedição dos precatórios, independentemente de regulamentação, deles deverá ser abatido, a título de compensação, valor correspondente aos débitos líquidos e certos, inscritos ou não em dívida ativa e constituídos contra o credor original pela Fazenda Pública devedora, incluídas parcelas vincendas de parcelamentos, ressalvados aqueles cuja execução esteja suspensa em virtude de contestação administrativa ou judicial.
>
> § 10. Antes da expedição dos precatórios, o Tribunal solicitará à Fazenda Pública devedora, para resposta em até 30 (trinta) dias, sob pena de perda do direito de abatimento, informação sobre os débitos que preencham as condições estabelecidas no § 9º, para os fins nele previstos.

Os referidos parágrafos previam mais uma forma alternativa de quitação dos precatórios: a *compensação*. Prevista nos arts. 368 a 380 do Código Civil, a compensação é o instituto que extingue dívidas recíprocas, até onde se compensarem, desde que sejam líquidas, vencidas e de coisas fungíveis (arts. 368 e 369 do CC).

No caso concreto, a Fazenda Pública deveria ser intimada para apresentar planilha de cálculos, demonstrando a existência de eventuais débitos do exequente para com o erário. Em seguida, no momento da expedição do precatório, do valor devido pelo exequente seria, compulsoriamente, deduzido o crédito da Fazenda Pública.

Imagine-se, por exemplo, que "Augusto" seja titular de um precatório no valor de R$200.000,00, em desfavor da União, mas que estivesse devendo a quantia de R$80.000,00, relativamente a impostos federais. Dessa forma, Augusto só teria direito a receber R$120.000,00, em virtude da compensação compulsória.

Ocorre que, se o caso se invertesse, isto é, se a Fazenda Pública da União estive executando uma certidão de dívida ativa no valor de R$80.000,00 contra Augusto, este não poderia obrigar a exequente a compensar o seu crédito decorrente do precatório e quitar o débito (art. 16, § 3º, da Lei n. 6.830/80). Nesses termos, a compensação resultava em uma afronta à garantia constitucional da isonomia, razão pela qual foi declarada inconstitucional pelo STF.[1018]

Além disso, na hipótese narrada, a compensação ocorreria entre dívidas de natureza distinta (tributária e trabalhista), o que contrariaria a jurisprudência consolidada do TST, como já foi exposto alhures.[1019]

c) Em relação ao § 12, foi declarada inconstitucional apenas a expressão "índice oficial de remuneração básica da caderneta de poupança", estabelecida originariamente da seguinte forma:

(1018) Consta do informativo n. 698 do STF a seguinte nota, extraída do julgamento das ADIs n. 4357/DF e n. 4425/DF: "[...] a sistemática, entretanto, encontraria óbice na garantia constitucional da isonomia, pois, ao cobrar o crédito, a Fazenda não seria obrigada a compensá-lo com eventual débito em face do credor-contribuinte. Ademais, a própria Lei 6.830/80, ao disciplinar a execução fiscal, vedaria a compensação. [...] as mesmas razões que justificariam a compensação de débitos caberiam para a compensação de créditos. Não haveria razoabilidade na diferenciação das hipóteses. Prestigiar apenas o credor fazendário oprimiria o particular. [...] a igualdade seria agredida quando o fator diferencial adotado para qualificar os atingidos pela regra não guardasse relação de pertinência lógica com a inclusão ou exclusão no benefício deferido ou com a inserção ou arrendamento do gravame imposto. O fator de discrímen não teria relação com o tratamento jurídico dispensado às partes. Se o custo do ajuizamento de execuções fiscais pela Fazenda seria elevado e poderia ser evitado pela compensação, também seria elevado para o indivíduo litigante e para a sociedade em geral, que arcaria com os custos da multiplicidade de demandas judiciais. A medida deveria valer para credores e devedores públicos e privados, sob pena de se tornar privilégio odioso."

(1019) Súmula do TST n. 18. "Compensação. A compensação, na Justiça do Trabalho, está restrita a dívidas de natureza trabalhista."

§ 12. A partir da promulgação desta Emenda Constitucional, a atualização de valores de requisitórios, após sua expedição, até o efetivo pagamento, independentemente de sua natureza, será feita pelo *índice oficial de remuneração básica da caderneta de poupança*, e, para fins de compensação da mora, incidirão juros simples no mesmo percentual de juros incidentes sobre a caderneta de poupança, ficando excluída a incidência de juros compensatórios. (Grifo nosso)

O tema em apreço já foi objeto de análise no tópico relativo aos cálculos da correção monetária na liquidação de sentença, ao qual se remete o leitor. Não obstante, insta reproduzir a nota que consta do informativo n. 698 do STF, extraída do julgamento das ADIs n. 4357/DF e n. 4425/DF:

No que se refere ao novo regime da atualização monetária e dos juros moratórios no precatório (CF, art. 100, § 12; e ADCT art. 97, § 1º, II, e § 16), acompanhou o relator para pronunciar a inconstitucionalidade parcial da EC 62/2009 e afastar a expressão "índice oficial de remuneração da caderneta de poupança", introduzido no § 12 do art. 100 da CF. Demonstrou que o índice oficial de correção monetária dos créditos inscritos em precatórios — o da caderneta de poupança — não seria idôneo a mensurar a variação do poder aquisitivo da moeda. Este índice seria fixado *ex ante*, a partir de critérios técnicos não relacionados com a inflação empiricamente considerada, fenômeno insuscetível de captação apriorística. Todo índice definido *ex ante*, assim, seria incapaz de refletir a real flutuação de preços apurada no período em referência. Logicamente, não se poderia quantificar em definitivo determinado fenômeno empírico antes mesmo de sua ocorrência. O meio escolhido pelo legislador seria, portanto, inidôneo a traduzir a inflação do período. Enfatizou que a finalidade da correção monetária consistiria em deixar as partes equitativa e qualitativamente na situação econômica na qual se encontravam quando formada a relação obrigacional. Nesse sentido, o direito à correção monetária seria reflexo imediato da proteção da propriedade. Acentuou que o Poder Público teria, por sua vez, créditos corrigidos pela taxa SELIC, cujo valor superaria o rendimento da poupança, a reforçar o argumento de violação à isonomia.

d) Por fim, o STF declarou inconstitucional o Regime Especial de Precatórios, responsável pela alcunha de "emenda do calote", atribuída popularmente à EC n. 62/09. O art. 100, § 15, da CF e o art. 97 do ADCT criaram, em apertada síntese, um regime de pagamento de precatórios vencidos para Estados, Distrito Federal e Municípios, o qual lhes permitia parcelar a dívida unilateralmente, por até quinze anos, em valores limitados a um pequeno percentual de sua receita. O referido regime causa ainda mais espécie, pelo fato de ter sucedido a EC n. 30, que, em 2000, já havia prorrogado o prazo para pagamento dos precatórios por 10 anos (art. 78 do ADCT).

É oportuno trazer a lume os principais trechos constantes do informativo n. 698 do STF, extraídos do julgamento das ADIs n. 4.357/DF e n. 4.425/DF:

[...] registrou-se que os preceitos impugnados subverteriam os valores do Estado de Direito, do devido processo legal, do livre e eficaz acesso ao Poder Judiciário e da razoável duração do processo. Frisou-se que esses artigos ampliariam, por mais 15 anos, o cumprimento de sentenças judiciais com trânsito em julgado e desfavoráveis ao Poder Público, cujo prazo já teria sido, outrora, prorrogado por 10 anos pela Emenda Constitucional 30/2000.

[...] Entendeu-se adequada a referência à EC 62/2009 como a "emenda do calote". Mencionou-se que esse calote feriria o princípio da moralidade administrativa, haja vista o inadimplemento, por parte do Estado, de suas próprias dívidas. Além disso, sublinhou-se que o Estado: a) reconheceria o descumprimento, durante anos, de ordens judiciais de pagamento em desfavor do erário; b) propor-se-ia a adimpli-las, mas limitado a percentual pequeno de sua receita; c) forçaria, com esse comportamento, que os titulares de crédito assim inscritos os levassem a leilão.

Os efeitos da decisão do STF, relativamente ao Regime Especial de Precatórios, porém, foram objeto de modulação, como já citado.

3. *Disposições comuns.* Tanto os precatórios quanto as requisições de pequeno valor serão processados nos próprios autos do processo que os originaram (art. 10 da IN nº32/07 do TST) e só terão lugar nas execuções definitivas (art. 8º da IN n. 32/07 do TST).

Os valores serão depositados pela Fazenda Pública em instituição bancária oficial, em conta remunerada e individualizada para cada beneficiário (art. 12 da IN n. 32/07 do TST).

É possível que a parte requeira a revisão dos cálculos, desde que:[1020] a) o requerente aponte e especifique, claramente, quais são as incorreções existentes nos cálculos, discriminando o montante que seria correto, pois,

(1020) Orientação Jurisprudencial do Tribunal Pleno do TST n. 2. "Precatório. Revisão de cálculos. Limites da competência do presidente do TRT. O pedido de revisão dos cálculos, em fase de precatório, previsto no art. 1º-E da Lei n. 9.494/97, apenas poderá ser acolhido desde

do contrário, a incorreção torna-se abstrata; b) o defeito nos cálculos esteja ligado à incorreção material ou à utilização de critério em descompasso com a lei ou com o título executivo judicial; e c) o critério legal aplicável ao débito não tenha sido objeto de debate nem na fase de conhecimento, nem na fase de execução.

Os atos do Presidente em sede de precatório e RPV têm natureza administrativa e podem ser impugnados pela via do mandado de segurança.(1021) Justamente por possuírem natureza administrativa, os atos do Presidente não abrangem a competência para declarar a inexigibilidade do título exequendo.(1022)

16.9. *EXECUÇÃO CONTRA ESTADOS ESTRANGEIROS E ORGANISMOS INTERNACIONAIS*

Como já visto no capítulo relativo à competência da Justiça do Trabalho, os Estados estrangeiros e as Organizações Internacionais têm imunidade absoluta de execução (art. 81 da CGPJT(1023)), razão pela qual este só poderá ser processado na ocorrência de renúncia ou se houver autorização do tratado constitutivo, no caso das Organizações.

Havendo condenação em face de quaisquer desses entes, a execução deverá ser feita mediante carta rogatória (art. 82 da CGPJT(1024)) ou pela via diplomática.

Todavia, a jurisprudência do C. TST tem entendido que os bens que não estejam vinculados ao exercício das atividades de representação consultar e diplomática podem ser penhorados.(1025)

16.10. *EXECUÇÃO DAS CONTRIBUIÇÕES SOCIAIS PREVIDENCIÁRIAS*

16.10.1. COMPETÊNCIA

Antes da EC n. 20/98, a Justiça do Trabalho apenas apurava os valores relativos às contribuições sociais previdenciárias decorrentes das sentenças e acordos processuais. A inadimplência do empregador gerava apenas a expedição de ofício ao INSS, dando-lhe ciência do débito para cobrança na Justiça comum.

Já a EC n. 45/07 foi responsável por ampliar a competência da Justiça do Trabalho para apurar e executar as contribuições sociais previdenciárias, abrangendo não só as relações de emprego, como também as relações de trabalho.

---

que: a) o requerente aponte e especifique claramente quais são as incorreções existentes nos cálculos, discriminando o montante que seria correto, pois do contrário a incorreção torna-se abstrata; b) o defeito nos cálculos esteja ligado à incorreção material ou à utilização de critério em descompasso com a lei ou com o título executivo judicial; e c) o critério legal aplicável ao débito não tenha sido objeto de debate nem na fase de conhecimento, nem na fase de execução."

(1021) Orientação Jurisprudencial do Tribunal Pleno do TST n. 10. "Precatório. Processamento e pagamento. Natureza administrativa. Mandado de segurança. Cabimento. É cabível mandado de segurança contra atos praticados pela Presidência dos Tribunais Regionais em precatório em razão de sua natureza administrativa, não se aplicando o disposto no inciso II do art. 5º da Lei n. 1.533, de 31.12.1951".

(1022) Orientação Jurisprudencial do Tribunal Pleno do TST n. 12. "Precatório. Procedimento de natureza administrativa. Incompetência funcional do Presidente do TRT para declarar a inexigibilidade do título exequendo. O Presidente do TRT, em sede de precatório, não tem competência funcional para declarar a inexigibilidade do título judicial exequendo, com fundamento no art. 884, § 5º, da CLT, ante a natureza meramente administrativa do procedimento".

(1023) Art. 81 da CGPJT. "Salvo renúncia, é absoluta a imunidade de execução do Estado estrangeiro e dos Organismos Internacionais."

(1024) Art. 82 da CGPJT. "Havendo sentença condenatória em face de Estado estrangeiro ou Organismos Internacionais, expedir-se-á, após o trânsito em julgado da decisão, carta rogatória para cobrança do crédito."

(1025) "[...] Ao entendimento de que a imunidade de jurisdição reconhecida aos Estados estrangeiros, em execução de sentença, possui caráter relativo, concluiu a SBDI-II que somente estarão imunes à constrição judicial os bens comprovadamente vinculados ao exercício das atividades de representação consular e diplomática. Sob esse entendimento, a Subseção, à unanimidade, conheceu do recurso ordinário e, no mérito, deu-lhe provimento para conceder parcialmente a segurança, determinando que os atos de expropriação do imóvel penhorado — em razão da presunção de não afetação à atividade de representação diplomática ou consular, extraída do silêncio do ente estrangeiro executado, regularmente intimado — sejam interrompidos, somente podendo prosseguir se demonstrado, efetivamente, que o bem não se encontra afetado à missão diplomática ou consular." (TST-RO-188-04.2014.5.10.0000, SBDI-II, rel. Min. Douglas Alencar Rodrigues, 29.9.2015).

Ocorre que, pelo texto do art. 114, VIII, da CF, a execução de ofício será apenas das contribuições sociais previstas no art. 195, I, a , e II, e seus acréscimos legais, decorrentes das sentenças que proferir. Assim, a Justiça do Trabalho não será competente para executar as contribuições sociais decorrentes da relação material de trabalho, inclusive das relativas às parcelas constantes dos termos homologados pelas Comissões de Conciliação Prévia. Somente as contribuições originárias da relação processual é que serão executadas perante a Justiça especializada.

Por questões de lógica jurídica, se as sentenças podem ser executadas, também os acordos poderão. Assim, havendo acordo em relação ao pagamento de parcelas salariais, as contribuições sociais previdenciárias incidentes sobre elas serão executadas na Justiça do Trabalho.

A polêmica gira em torno das sentenças meramente declaratórias, como a que declara o vínculo de emprego, sem condenar o reclamado ao pagamento de qualquer parcela. Declarado o vínculo, as contribuições sociais previdenciárias relativas à relação material de trabalho passariam a ser devidas. Entretanto, como não houve pagamento no processo (na relação jurídica processual), a Justiça do Trabalho não seria competente para executá-las. Esse é o entendimento do TST, consolidado na Súmula 368.[1026]

De olho nessa importante receita, notadamente considerando a rapidez das causas trabalhistas em relação às causas da Justiça comum, o Estado editou a Lei n. 11.457/07, acrescentando o parágrafo único ao art. 876 da CLT, com a seguinte redação: "serão executadas *ex-officio* as contribuições sociais devidas em decorrência de decisão proferida pelos Juízes e Tribunais do Trabalho, resultantes de condenação ou homologação de acordo, *inclusive sobre os salários pagos durante o período contratual reconhecido*." (Grifo nosso).

Ocorre que a lei é que deve ser interpretada à luz da Constituição Federal e não o contrário. Assim, qualquer tentativa de modificação da competência constitucional só terá validade se operada por Emenda.

Destarte, somente as contribuições sociais previdenciárias decorrentes das sentenças condenatórias e acordos que envolvam o pagamento de parcelas salariais serão executadas na Justiça do Trabalho.

A Lei n. 13.467/17 (reforma trabalhista) altera o art. 876, parágrafo único, da CLT, para consolidar esse entendimento, excluindo do texto a referência aos "salários pagos durante o período contratual reconhecido."

16.10.2. PROCEDIMENTO

A liquidação de sentença abrangerá o cálculo das parcelas devidas à Previdência Social (art. 879, § 1º-A, da CLT). O executado pode recolher as contribuições sociais previdenciárias espontaneamente, antes mesmo da liquidação ou da expedição do mandado de citação (art. 878-A, da CLT). A vantagem desse pagamento antecipado existe em função dos juros e da multa incidentes sobre o débito previdenciário, conforme foi analisado no tópico relativo à liquidação de sentença.

A apuração do débito previdenciário deve ser feita independentemente de constar ou não esta determinação, na sentença ou no acordo homologado[1027]. Este não fará coisa julgada perante a União, senão após o decurso do prazo para interposição de agravo de petição, sobre a parte que lhe interessar, pelo que deverá ser aquela intimada. Quando o agravo de petição versar somente sobre a contribuição previdenciária, o juízo da execução determinará a extração de cópias das peças necessárias, que serão autuadas em apartado e remetidas à instância superior, para a devida apreciação, após concessão de prazo para contraminuta (art. 897, § 3º, CLT).

(1026) Súmula do TST n. 368. "Descontos previdenciários e fiscais. Competência. Responsabilidade pelo pagamento. Forma de cálculo. I. A Justiça do Trabalho é competente para determinar o recolhimento das contribuições fiscais. A competência da Justiça do Trabalho, quanto à execução das contribuições previdenciárias, limita-se às sentenças condenatórias em pecúnia que proferir e aos valores, objeto de acordo homologado, que integrem o salário-de-contribuição. II. É do empregador a responsabilidade pelo recolhimento das contribuições previdenciárias e fiscais, resultante de crédito do empregado oriundo de condenação judicial, devendo ser calculadas, em relação à incidência dos descontos fiscais, mês a mês, nos termos do art. 12-A da Lei n. 7.713, de 22.12.1988, com a redação dada pela Lei n. 12.350/2010. III. Em se tratando de descontos previdenciários, o critério de apuração encontra-se disciplinado no art. 276, § 4º, do Decreto n. 3.048/1999 que regulamentou a Lei n. 8.212/1991 e determina que a contribuição do empregado, no caso de ações trabalhistas, seja calculada mês a mês, aplicando-se as alíquotas previstas no art. 198, observado o limite máximo do salário de contribuição."

(1027) Súmula n. 401 do TST. "Ação rescisória. Descontos legais. Fase de execução. Sentença exequenda omissa. Inexistência de ofensa à coisa julgada. Os descontos previdenciários e fiscais devem ser efetuados pelo juízo executório, ainda que a sentença exequenda tenha sido omissa sobre a questão, dado o caráter de ordem pública ostentado pela norma que os disciplina. A ofensa à coisa julgada somente poderá ser caracterizada na hipótese de o título exequendo, expressamente, afastar a dedução dos valores a título de imposto de renda e de contribuição previdenciária."

No caso de o acordo prever o pagamento parcelado, a contribuição previdenciária será recolhida na mesma data e proporcionalmente ao valor de cada parcela (art. 276, § 1º, do Decreto 3.048/99).

Se houver concessão de parcelamento administrativo do débito previdenciário, o devedor deverá juntar aos autos o documento comprobatório, ficando suspensa a execução até o final e integral cumprimento do parcelamento (art. 889-A, § 1º).

No concurso dos créditos, terá preferência o trabalhista, de maneira que o previdenciário somente será pago quando aquele estiver integralmente quitado.

O recolhimento das contribuições sociais previdenciárias será efetuado nas agências locais da Caixa Econômica Federal ou do Banco do Brasil S/A, por intermédio da GPS — Guia da Previdência Social, da qual deverá constar o número do processo (art. 889-A da CLT). As Varas do Trabalho encaminharão mensalmente à Secretaria da Receita Federal do Brasil informações sobre os recolhimentos efetivados nos autos, salvo se outro prazo for estabelecido em regulamento (art. 889-A, § 2º, da CLT).

16.11. EXECUÇÃO FISCAL

A execução fiscal consiste em um procedimento especialmente criado para executar a dívida ativa da Fazenda Pública, seja ou não tributária. Ele é regido pela LEF (Lei n. 6.830/80), que tem aplicabilidade subsidiária ao processo executivo trabalhista (art. 889 da CLT).

Com o advento da EC 45/04, a Justiça do Trabalho passou a ser competente para julgar as "ações relativas penalidades administrativas impostas aos empregadores pelos órgãos de fiscalização das relações de trabalho" (art. 114, VII, da CF).

Uma vez imposta a multa pelos órgãos de fiscalização das relações de trabalho (v. g., fiscais do MTE e do INSS), o inadimplemento do empregador terá como consequência a inscrição do débito na dívida ativa da União, da qual é extraída uma Certidão de Dívida Ativa — CDA, que tem força executiva extrajudicial (art. 784, IX, do CPC de 2015) e será cobrada pela PFN,(1028) órgão vinculado à AGU.

Como a competência da execução segue a competência do processo de conhecimento (arts. 877 e 877-A da CLT), a Justiça do Trabalho tem competência material para executar CDA decorrente de multas aplicadas pelos órgãos de fiscalização das relações de trabalho. O procedimento seguirá as regras da LEF.

A petição inicial pode ser preparada por sistema manual, mecânico ou eletrônico (art. 2º, § 7º) e deverá ser instruída com a CDA (art. 6º, § 1º), sendo dispensado o requerimento de produção de provas, o qual será sempre admitido (art. 6º, § 3º), bem como a apresentação de planilha de cálculos.(1029) Havendo erro material ou formal na CDA, ele poderá ser corrigido até a prolação da sentença de embargos, vedada a alteração do executado.(1030) O erro na indicação do número do registro do executado não é causa de indeferimento da inicial.(1031)

Não há necessidade de participação do MPT.(1032)

A citação do executado será pela via postal, para pagamento do débito em cinco dias (art. 8º), sendo admitida a citação por edital apenas quando as demais modalidades restarem frustradas (Súmula 414 do STJ) ou na hipótese de o executado estar ausente do país (art. 8º, § 1º).

Uma vez citado, o executado poderá pagar ou garantir a execução, mediante depósito, fiança bancária ou indicação de bem à penhora (art. 9º), bem como crédito decorrente de Precatório,(1033) podendo opor *embargos à*

(1028) Súmula do STJ n. 521: A legitimidade para a execução fiscal de multa pendente de pagamento imposta em sentença condenatória é exclusiva da Procuradoria da Fazenda Pública.

(1029) Súmula do STJ n. 559: Em ações de execução fiscal, é desnecessária a instrução da petição inicial com o demonstrativo de cálculo do débito, por tratar-se de requisito não previsto no art. 6º da Lei n. 6.830/1980.

(1030) Súmula do STJ n. 392: A Fazenda Pública pode substituir a certidão de dívida ativa (CDA) até a prolação da sentença de embargos, quando se tratar de correção de erro material ou formal, vedada a modificação do sujeito passivo da execução.

(1031) Súmula do STJ n. 558: Em ações de execução fiscal, a petição inicial não pode ser indeferida sob o argumento da falta de indicação do CPF e/ou RG ou CNPJ da parte executada.

(1032) Súmula do STJ n. 189: É desnecessária a intervenção do Ministério Público nas execuções fiscais.

(1033) Súmula do STJ n. 406: A Fazenda Pública pode recusar a substituição do bem penhorado por precatório.

execução no prazo de 30 dias (art. 16), bem como *exceção de pré-executividade*, relativamente às matérias conhecidas de ofício que não demandem dilação probatória.[1034]

Opostos os embargos, o Juiz ouvirá a Fazenda Pública, também no prazo de 30 dias (art. 17), que não poderá opor reconvenção, nem compensação (art. 16, § 3º). Não obstante, o embargante pode requerer a compensação de valores de Imposto de Renda retidos indevidamente na fonte.[1035] Se necessário, pode ser designada audiência de instrução (at. 17).

Mesmo que o executado desista dos embargos, não ficará isento dos ônus da sucumbência,[1036] a qual inclui uma taxa de 20%, fixada pelo DL n. 1.025/69, que é exigível inclusive da massa falida.[1037]

Após o julgamento dos embargos, o que ocorrerá no prazo de 30 dias (art. 17, parágrafo único), se for o caso, a execução prosseguirá com intimação do executado para, no prazo de 15 dias, remir o bem dado em garantia ou pagar o valor da dívida, com juros e multa, além das despesas processuais (art. 20). Caso o executado permaneça inerte, terá início a fase de expropriação dos bens (art. 21), devendo o representante da Fazenda Pública ser intimado pessoalmente do leilão, com antecedência mínima de 10 e máxima de 30 dias (art. 22, §§ 1º e 2º).

Caso seja do seu interesse, a Fazenda Pública pode adjudicar os bens penhorados (art. 24).

O direito de meação do cônjuge do executado sobre os bens do casal deve ser respeitado, salvo se ele tiver se enriquecido com o produto do ato ilícito.[1038]

O processo será suspenso quando não forem localizados bens do devedor passíveis de penhora. Nesse caso, a suspensão durará um ano, ao final do qual o processo será arquivado provisoriamente, o que marca o termo inicial da prescrição intercorrente,[1039] a qual poderá ser reconhecida de ofício[1040] pelo Juiz (art. 40, § 4º, da Lei n. 8.630/80).

Havendo pluralidade de processos contra o mesmo executado, o Juiz *poderá*[1041] reuni-los (art. 28).

16.12. DEFESAS DO EXECUTADO

16.12.1. MODALIDADES

São três as modalidades de defesa do executado na Justiça do Trabalho, quais sejam, os embargos à execução (*latu senso*), a impugnação à liquidação e a exceção de pré-executividade. Nos tópicos seguintes, serão analisadas as principais modalidades de defesas do executado aplicáveis ao Processo do Trabalho.

O quadro a seguir apresenta as espécies de embargos (*latu senso*), abrangendo os específicos do Processo do Trabalho e os relativos ao Processo Civil.

(1034) Súmula do STJ n. 393: A exceção de pré-executividade é admissível na execução fiscal relativamente às matérias conhecíveis de ofício que não demandem dilação probatória.

(1035) Súmula do STJ n. 394: É admissível, em embargos à execução fiscal, compensar os valores de Imposto de Renda retidos indevidamente na fonte com os valores restituídos apurados na declaração anual.

(1036) Súmula do STJ n. 153: A desistência da execução fiscal, após o oferecimento dos embargos, não exime o exequente dos encargos da sucumbência.

(1037) Súmula do STJ n. 400: O encargo de 20% previsto no DL n. 1.025/1969 é exigível na execução fiscal proposta contra a massa falida.

(1038) Súmula do STJ n. 251: A meação só responde pelo ato ilícito quando o credor, na execução fiscal, provar que o enriquecimento dele resultante aproveitou ao casal.

(1039) Súmula do STJ n. 314: Em execução fiscal, não localizados bens penhoráveis, suspende-se o processo por um ano, findo o qual se inicia o prazo da prescrição quinquenal intercorrente.

(1040) Súmula do STJ n. 409: Em execução fiscal, a prescrição pode ser decretada de ofício (art. 219 § 5º do CPC)

(1041) Súmula do STJ n. 515: A reunião de execuções fiscais contra o mesmo devedor constitui faculdade do Juiz.

CLT			
Espécie	**Prazo**	**Alegação**	**Garantia**
Execução	5 dias	Vícios subjetivos do título, cumprimento, quitação, prescrição e inconstitucionalidade do título executivo	Total
Penhora	5 dias	Vícios objetivos do título e cálculos de liquidação	Parcial

CPC			
Título executivo extrajudicial			
	Espécie	**Prazo**	**Alegação**
À Execução	Execução de pagar quantia, entregar coisa certa ou incerta e fazer ou não fazer	15 dias	Inexequibilidade do título ou inexigibilidade da obrigação; penhora incorreta ou avaliação errônea; excesso de execução ou cumulação indevida de execuções; retenção por benfeitorias necessárias ou úteis, nos casos de execução para entrega de coisa certa; incompetência absoluta ou relativa do juízo da execução; qualquer matéria que lhe seria lícito deduzir como defesa em processo de conhecimento. Não depende de penhora, depósito ou caução.
	Quantia certa contra insolvente	10 dias	Falta ou nulidade da citação, inexigibilidade, penhora ou avaliação errônea, ilegitimidade, excesso de execução e qualquer causa impeditiva, modificativa ou extintiva da obrigação Obs.: aplica-se o CPC de 1973 até edição de lei específica (art. 1.052 do Novo CPC).

CPC		
Título executivo extrajudicial		
Espécie	**Prazo**	**Alegação**
Monitórios*	15 dias	Livre
À Execução Fiscal*	30 dias	Livre
Título executivo judicial		
Espécie	**Prazo**	**Alegação**
Impugnação do devedor	15 dias	Falta ou nulidade da citação se, na fase de conhecimento, o processo correu à revelia; ilegitimidade de parte; inexequibilidade do título ou inexigibilidade da obrigação; penhora incorreta ou avaliação errônea; excesso de execução ou cumulação indevida de execuções; incompetência absoluta ou relativa do juízo da execução; qualquer causa modificativa ou extintiva da obrigação, como pagamento, novação, compensação, transação ou prescrição, desde que supervenientes à sentença.
Impugnação da Fazenda Pública*	30 dias	

* Aplicável ao Processo do Trabalho

16.12.2. EMBARGOS À EXECUÇÃO

Os embargos à execução são um meio de impugnação destinados a corrigir os atos processuais da execução. Muito embora o art. 880 determine que executado será citado através do Oficial de Justiça, para cumprir a decisão ou acordo, essa citação refere-se ao processo de execução — esse sim autônomo em relação ao processo de conhecimento.

No Processo do Trabalho, sua nomenclatura costuma variar, conforme a natureza do ato impugnado. Assim, se o ato é: a) a penhora, ele recebe o nome de *embargos à penhora*; b) a execução, *embargos à execução*. Vale dizer que o CPC de 2015 extinguiu a figura dos embargos à avaliação, à arrematação e à adjudicação.

Quando o objeto dos embargos for a sentença de liquidação, também serão chamados de embargos à penhora (art. 884, § 3º, da CLT). Em todas as demais situações, os embargos deverão ser chamados de embargos à execução. Na verdade, a nomenclatura pouco importa, uma vez que todos esses embargos são, em última análise, espécies de embargos à execução.

O CPC de 2015 deixou de prever os embargos à *arrematação*, à *adjudicação* e à *alienação* (art. 746 do CPC de 1973).[1042] Dessa forma, após a expedição da carta de arrematação ou da ordem de entrega, a invalidação da arrematação, da adjudicação ou da alienação só poderá ser feita mediante ação anulatória, em cujo processo o arrematante será litisconsorte necessário (art. 903, § 4º do CPC de 2015). Como os esses embargos eram aplicados de forma subsidiária, também não serão mais cabíveis no Processo do Trabalho.

Os embargos à execução são processados nos autos principais, não havendo a necessidade de formação de autos apartados, uma vez que sua oposição suspende a execução.

Eles deverão ser opostos por meio de petição dirigida ao juízo da execução. Se esta ocorrer em sede de Carta Precatória, a competência será do juízo deprecante, salvo se versarem sobre vícios relativos à penhora, à avaliação ou à alienação (art. 914, § 2º, do CPC de 2015).[1043]

De toda sorte, o CPC de 2015 permite que os embargos sejam apresentados em qualquer juízo, no deprecante ou no deprecado, cabendo a estes analisar a competência (art. 914, § 2º, do CPC de 2015), salvo se o bem constrito já vier indicado pelo juízo deprecante.[1044] Entretanto, o art. 20 da Lei n. 8.630/80 estabelece que os embargos sejam apresentados no juízo deprecado, que os remeterá ao juízo deprecante. É certo que, nos termos do art. 889 da CLT, a fonte subsidiária do Processo de Execução é a LEF. Ocorre que as nulidades só serão declaradas se houver manifesto prejuízo (art. 794 da CLT), não havendo, assim, óbice à aplicação do art. 914, § 2º, do CPC de 2015.

Vale dizer que a jurisprudência do C. STJ não vem admitindo a *reconvenção* em sede de embargos à execução.[1045]

O CPC de 2015 estabeleceu que embargos à execução podem ser *liminarmente rejeitados* (isto é, sem necessidade de ouvir a outra parte) pelo Juiz, nas seguintes hipóteses (art. 918 do CPC de 2015): a) quando intempestivos; b) nos casos de indeferimento da petição inicial e de improcedência liminar do pedido; c) manifestamente protelatórios, situação que configura conduta atentatória à dignidade da justiça. O C. TST declarou que a rejeição liminar dos embargos à execução é aplicável ao Processo do Trabalho (art. 3º, XXII, da IN 39/16).

(1042) Orientação Jurisprudencial da SDI-II do TST n. 66. "Mandado de segurança. Sentença homologatória de adjudicação. Incabível. É incabível o mandado de segurança contra sentença homologatória de adjudicação, uma vez que existe meio próprio para impugnar o ato judicial, consistente nos embargos à adjudicação (CPC, art. 746)". A redação dessa OJ está, portanto, desatualizada.

(1043) Súmula do STJ n. 46: Na execução por carta, os embargos do devedor serão decididos no juízo deprecante, salvo se versarem unicamente vícios ou defeitos da penhora, avaliação ou alienação dos bens.

(1044) Súmula do TST n. 419. "Competência. Embargos de terceiro. Execução por carta precatória. Juízo deprecado. (alterada em decorrência do CPC de 2015) Na execução por carta precatória, os embargos de terceiro serão oferecidos no juízo deprecado, salvo se indicado pelo juízo deprecante o bem constrito ou se já devolvida a carta (art. 676, parágrafo único, do CPC de 2015)."

(1045) "[...] É incabível o oferecimento de reconvenção em embargos à execução. O processo de execução tem como finalidade a satisfação do crédito constituído, razão pela qual se revela inviável a reconvenção, na medida em que, se admitida, ocasionaria o surgimento de uma relação instrumental cognitiva simultânea, o que inviabilizaria o prosseguimento da ação executiva. Com efeito, na execução, a doutrina ensina que: "a cognição é rarefeita e instrumental aos atos de satisfação. Daí a falta de espaço para a introdução de uma demanda do executado no processo puramente executivo". Dessa forma, como a reconvenção demanda dilação probatória e exige sentença de mérito, ela vai de encontro com a fase de execução, na qual o título executivo já se encontra definido, de sorte que só pode ser utilizada em processos de conhecimento. Por fim, entendimento em sentido contrário violaria o princípio da celeridade e criaria obstáculo para a satisfação do crédito, porquanto a ideia que norteia a reconvenção é o seu desenvolvimento de forma conjunta com a demanda inicial, o que não ocorreria caso ela fosse admitida em sede de embargos à execução, na medida em que as demandas não teriam pontos de contato a justificar a reunião. Precedente citado: REsp 1.085.689-RJ, Primeira Turma, DJe 4.11.2009. (STJ. REsp 1.528.049-RS, Rel. Min. Mauro Campbell Marques, julgado em 18.8.2015, DJe 28.8.2015).

Os pressupostos de admissibilidade dos embargos à execução são os seguintes: a) tempestividade; b) garantia; c) vinculação da matéria; e d) legitimidade.

1. *Tempestividade*. O prazo para interposição de qualquer espécie de embargos à execução é de cinco dias (art. 884 da CLT), contados da ciência do ato que se pretende impugnar.

2. *Garantia*. Em regra, os embargos só serão recebidos se a execução estiver integralmente garantida (art. 884 da CLT). Todavia, no caso dos *embargos à penhora*, nos quais o embargante objetiva apenas a desconstituição do ato específico relativo a determinado bem, não haverá necessidade de prestar garantia integral da execução, uma vez que o próprio bem é garantia da matéria tratada nos embargos.

3. *Vinculação da matéria*. Os embargos à execução só poderão versar sobre (art. 884, §§ 1º e 5º, da CLT): a) cumprimento da decisão ou do acordo; b) quitação; c) prescrição da dívida (em relação ao crédito tributário, uma vez que a prescrição intercorrente não é admitida no Processo do Trabalho); e d) inexigibilidade do título judicial, o que ocorrerá quando estiver fundado em lei ou ato normativo declarados inconstitucionais pelo STF.

A Lei n. 13.467/17 (reforma trabalhista) regula o tema acrescentando o art. 11-A à CLT, dispondo que a prescrição intercorrente será aplicada ao processo do trabalho, no prazo de dois anos, a contar do dia em que o exequente deixar de cumprir determinação judicial no curso da execução, o que poderá ser pronunciado de ofício pelo juízo, em qualquer grau de jurisdição.

Os embargos à penhora, por sua vez, somente poderão versar sobre a impenhorabilidade do bem que foi objeto da constrição e sobre os cálculos homologados pelo juízo (art. 844, § 3º, da CLT).

A matéria não depende, exclusivamente, da prova pré-constituída (documental). É possível, pois, que o embargante produza a prova testemunhal, por exemplo, situação em que deverá apresentar o respectivo rol. Nesse caso, o juízo designará audiência de instrução, a qual deverá realizar-se dentro de cinco dias (art. 884, § 2º, da CLT).

4. *Legitimidade*. A legitimidade é exclusiva do executado. Quem não for parte passiva na execução deverá manejar embargos de terceiro, se não for parte no processo, ou Impugnação à Liquidação, se for o exequente.

Uma vez interpostos os embargos à execução, o juízo deverá intimar o exequente, para impugná-los, no prazo de cinco dias (art. 884 da CLT). Decorrido este prazo, não sendo o caso de designação de audiência, o processo será concluso para julgamento, em quarenta e oito horas (art. 886 da CLT), o qual deverá ser feito no prazo de cinco dias. No caso dos embargos à penhora, o Juiz deverá julgá-la subsistente ou insubsistente (art. 885 da CLT). Na primeira hipótese, mandará proceder logo à avaliação dos bens penhorados (art. 885, § 2º, da CLT).

As partes devem ser intimadas da decisão (art. 885, § 1º, da CLT), uma vez que ela não será prolatada na audiência.

A decisão de embargos à execução desafia o recurso de agravo de petição, a ser interposto no prazo de oito dias e que deverá delimitar, justificadamente, a matéria e os valores objeto de discordância, permitindo que a execução prossiga em relação aos tópicos da matéria agravada[(1046)] e às quantias excluídas.

16.12.3. EMBARGOS DA FAZENDA PÚBLICA

A Fazenda Pública e a EBCT serão citadas para oferecerem embargos e não para pagar ou garantir a execução. Há polêmica quanto ao prazo para oposição desses embargos.

A regra geral é que o prazo é de cinco dias (art. 884 da CLT), também aplicado à Fazenda Pública, até o advento da Medida Provisória 2.180-35/01, que o ampliou para trinta dias na redação que deu ao art. 1º-B da Lei n. 9.494/97.

(1046) Súmula do TST n. 416. "Mandado de segurança. Execução. Lei n. 8.432/1992. Art. 897, § 1º, da CLT. Cabimento. Devendo o agravo de petição delimitar justificadamente a matéria e os valores objeto de discordância, não fere direito líquido e certo o prosseguimento da execução quanto aos tópicos e valores não especificados no agravo".

Ao tempo dessa Medida Provisória, sua vigência não estava limitada pelo prazo de sessenta dias, razão pela qual, em tese, ela continuaria em vigor até os dias de hoje. Todavia, considerando a inexistência de urgência em relação à matéria (art. 62 da CF), o Pleno do TST declarou a inconstitucionalidade da MP 2.180-35/01, no dia 05/08/2005, no processo IUJ-RR-70/1992-011-04-00.7.

Ocorre que, em 2007, o STF concedeu liminar na ADC n. 11, a fim de considerar constitucional a alteração realizada pela referida Medida Provisória. Essa liminar, porém, só teve eficácia por cento e oitenta dias, nos termos do art. 21 da Lei n. 9.868/99. Assim é que o TST voltou a entender que o prazo para a oposição de embargos à execução pela Fazenda Pública, no Processo do Trabalho, é de cinco dias,[1047] e não de trinta, como determina a MP 2.180-35/01.

A polêmica ganhou um novo capítulo em setembro de 2013, quando o Tribunal Pleno do TST, por unanimidade, decidiu suspender os efeitos da declaração incidental de inconstitucionalidade formal do art. 4º da Medida Provisória n. 2.180-35/01, pronunciada nos autos do processo IUJ-RR-70/1992-011-04-00.7, até que o STF se manifeste em definitivo sobre a matéria nos autos da ADC n. 11.[1048] Dessa forma, até o julgamento definitivo da ADC n. 11, o prazo para a Fazenda Pública e a EBCT oferecerem embargos à execução é de 30 (trinta) dias.

No Processo Civil, a polêmica será resolvida por força dos arts. 535 e 910, que estabelecem o prazo de 30 dias para a Fazenda Pública apresentar impugnação (título executivo judicial) ou embargos (título executivo extrajudicial), respectivamente.

16.12.4. EXCEÇÃO DE PRÉ-EXECUTIVIDADE

A exceção ou *objeção de pré-executividade* é uma criação da jurisprudência. Ela consiste em uma petição simples, destinada a noticiar ao juízo a existência de questões de ordem pública, que devem ser decretadas de ofício pelo Juiz. É o caso das condições da ação, dos pressupostos processuais e da prescrição.[1049]

Ela exige a apresentação de prova pré-constituída, não admitindo dilação probatória, com a oitiva de testemunhas. Entretanto, a grande popularidade dessa medida está no fato de que ela não exige a garantia da execução para ser apresentada.

A matéria objeto da exceção de pré-executividade não poderá ser repetida em sede de embargos à execução, uma vez que já terá sido decidida. A decisão que julga a exceção de pré-executividade tem natureza interlocutória, razão pela qual não será recorrível de imediato (art. 893, § 1º, da CLT), a não ser que sua procedência implique na extinção da execução, situação em que desafiará agravo de petição.

(1047) Agravo. Agravo de instrumento em recurso de revista. Decisão monocrática denegatória de seguimento. Fazenda Pública. Embargos à execução. Prazo. Art. 4º da MP 2.184-35/2001. Em execução, a admissibilidade do recurso de revista condiciona-se à demonstração inequívoca de violação direta e literal de norma da Constituição Federal, como disposto no § 2º do art. 896 da CLT e na Súmula 266 do TST, o que não ocorreu no caso em exame. De todo modo, a jurisprudência desta Corte Trabalhista tem compreendido que o prazo para interposição de embargos à execução pela Fazenda Pública é o previsto no art. 884 da CLT, em face da decisão plenária do TST no IUJ-RR-70/1992-011-04-00.7. Assim, afigura-se irretocável a decisão monocrática que denegou seguimento ao agravo de instrumento com base no art. 557, *caput*, do CPC. Agravo desprovido. (TST. Ag-AIRR — 15300-75.2008.5.21.0013. Relator: Ministro Maurício Godinho Delgado. 3ª Turma. DEJT: 21.09.2012).

(1048) "Execução. Prazo para interposição de embargos à execução pela Fazenda Pública. Art. 4º da MP 2.180-35/2001. Declaração incidental de inconstitucionalidade. Efeitos suspensos. ADC 11 pendente de julgamento. O Tribunal Pleno, por unanimidade, decidiu suspender os efeitos da declaração incidental de inconstitucionalidade formal do art. 4º da Medida Provisória n.º 2.180-35/01, pronunciada nos autos do processo TST-RR-7000-66.1992.5.04.0011, julgado em 4.8.2005, até que o Supremo Tribunal Federal se manifeste em definitivo sobre a matéria nos autos da ADC 11." (TST. E-RR-110200-18.2003.5.21.0921. Relator: Ministro Renato Lacerda Paiva. Tribunal Pleno. 02.09.2013. Informativo n. 57).

(1049) "Agravo de petição. Exceção de pré-executividade. No Processo do Trabalho, admite-se a utilização da exceção de pré-executividade, sem a exigência da garantia do juízo, para atender a situações verdadeiramente excepcionais e especialíssimas, nas quais se discutam as condições da ação, os pressupostos de constituição e de desenvolvimento válido e regular do processo, bem como outras questões que impliquem nulidade absoluta do processo executivo. Alegando a executada fato capaz de obstar o prosseguimento da execução, consubstanciado no cumprimento integral da obrigação que lhe foi imposta, devidamente provado nos autos, o incidente deve ser apreciado." (TRT da 3ª Região. AP 00789-30.2010.5.03.0037. Relator: Jose Miguel de Campos. Turma Recursal de Juiz de Fora. DEJT: 13.09.2012).

Se a exceção de pré-executividade possuir evidente intuito protelatório, o ato poderá ser considerado como atentatório à dignidade da Justiça, autorizando o juízo a aplicar multa ao excipiente em valor não excedente a 20% do valor da execução, a qual será revertida em benefício do excepto.

Como a exceção de pré-executividade é uma mera petição, não suspende a execução, tampouco o prazo para o oferecimento de embargos à execução.

16.13. IMPUGNAÇÃO À LIQUIDAÇÃO

O termo "*impugnação*" dá nome a vários institutos, entre os quais três merecem ser distinguidos, a fim de evitar confusões indesejadas.

1. *Impugnação à conta de liquidação.* No processo de execução trabalhista, há pelo menos três momentos para a apresentação de impugnação. Na fase de liquidação, o Juiz pode abrir vista às partes, para *impugnação à conta*, tenha sido ela apresentada pela parte contrária, pelo setor de cálculos ou por um perito (art. 879, § 2º, da CLT). Se, uma vez intimadas, as partes não se manifestarem, não poderão mais questionar a conta, ainda que ela lhes tenha sido prejudicial, pois haverá a preclusão.

2. *Impugnação à sentença de liquidação.* Após a elaboração da conta e, havendo ou não impugnação a ela pelas partes, o Juiz a homologará por sentença, a qual decidirá sobre as eventuais impugnações apresentadas. A sentença de liquidação, por sua vez, só poderá ser questionada pelo executado por meio de embargos à execução e, pelo exequente, por meio de *impugnação à sentença de liquidação* (art. 884 da CLT). O prazo para ambos é de 5 dias, contados da garantia do juízo, no caso do executado, e da intimação da penhora, no caso do exequente (art. 884, § 3º, da CLT). A União (PGF) também poderá fazê-lo no mesmo prazo do exequente, em relação à conta das contribuições sociais previdenciárias, considerando que a impugnação não possui natureza de recurso ou de defesa, mas meio de impugnação, decorrente do contraditório e da ampla defesa, a exemplo dos embargos à execução.

Dessa forma, por exemplo, se o executado oferecer um bem que garanta integralmente a execução, iniciará o prazo de 5 dias para apresentação de embargos à execução (pelo executado) e impugnação à sentença de liquidação (pelo exequente), prazo que será contado a partir da ciência de cada qual da realização da garantia, que geralmente ocorre com a penhora.

Vale dizer que, se as partes tiverem sido intimadas da conta de liquidação (art. 879, § 2º, da CLT) e não se manifestarem, haverá a preclusão, razão pela qual não poderão questionar mais a sentença de liquidação, seja por embargos, seja por impugnação. Caso se manifestem, a impugnação à liquidação só será admitida em relação às matérias anteriormente impugnadas..

Todavia, se a intimação não tiver sido ordenada, a impugnação à liquidação será o momento apropriado para atacar os vícios da conta pelo exequente.

Aplica-se a impugnação à liquidação as mesmas regras relativas aos embargos à penhora, os quais serão julgados conjuntamente (art. 884, § 4º, da CLT).

3. *Impugnação aos embargos ou à impugnação à sentença de liquidação.* A terceira espécie de impugnação é a resposta do embargado ou do impugnado. Havendo apresentação de embargos à execução ou impugnação à sentença de liquidação, a parte contrária será intimada para apresentar sua defesa, no prazo de 5 dias, a qual é chamada de impugnação.

16.14. FRAUDE DE EXECUÇÃO E ATO ATENTATÓRIO À DIGNIDADE DA JUSTIÇA

Os princípios da lealdade e da boa-fé também são aplicados no Processo de Execução, motivo porque os atos processuais praticados em desacordo com eles devem ser reprimidos pelo juízo. Entre as condutas desleais, duas merecem destaque, considerando a sua recorrência, quais sejam, a *fraude de execução* e o *ato atentatório à dignidade da Justiça*.

1. *Fraude de execução*. Fraude de execução consiste na alienação ou oneração ilegal de bens pela parte executada em um processo de execução. A *ilegalidade* da conduta ficará caracterizada com a prática de atos tipificados em lei. Como não dispõe de lei própria sobre o tema, o Processo do Trabalho faz uso da aplicação subsidiária.

1.1. *Fonte subsidiária*. Nos termos do art. 889, da CLT, a primeira fonte subsidiária da execução trabalhista é a LEF. Por isso é que uma primeira vertente[(1050)] defende que as condutas caracterizadoras da fraude de execução trabalhista devem ser as descritas no art. 185 do CTN, que adota redação genérica:

> Art. 185. Presume-se fraudulenta a alienação ou oneração de bens ou rendas, ou seu começo, por sujeito passivo em débito para com a Fazenda Pública, por crédito tributário regularmente inscrito como dívida ativa.
>
> Parágrafo único. O disposto neste artigo não se aplica na hipótese de terem sido reservados, pelo devedor, bens ou rendas suficientes ao total pagamento da dívida inscrita.

Por esse dispositivo, a fraude de execução fica caracterizada com a simples alienação ou oneração de bens e rendas após o início do processo de execução.

Não obstante, o CPC de 2015 também apresenta rol de condutas caracterizadoras da fraude de execução:

> Art. 792. A alienação ou a oneração de bem é considerada fraude à execução:
>
> I — quando sobre o bem pender ação fundada em direito real ou com pretensão reipersecutória, desde que a pendência do processo tenha sido averbada no respectivo registro público, se houver;
>
> II — quando tiver sido averbada, no registro do bem, a pendência do processo de execução, na forma do art. 828;
>
> III — quando tiver sido averbado, no registro do bem, hipoteca judiciária ou outro ato de constrição judicial originário do processo onde foi arguida a fraude;
>
> IV — quando, ao tempo da alienação ou da oneração, tramitava contra o devedor ação capaz de reduzi-lo à insolvência;
>
> V — nos demais casos expressos em lei.

Prevalece na doutrina o entendimento de que o simples fato de a execução trabalhista fazer uso da aplicação subsidiária da LEF não atrais as normas de direito material tributário, dispostas no CTN, pois o crédito trabalhista não se confunde com o tributário. Em verdade, apenas o procedimento executório é o mesmo. Por isso, a ausência de normas procedimentais sobre a fraude de execução na LEF leva o aplicador do direito ao processo comum.

Do rol de condutas descritas no art. 792, do CPC de 2015, somente a hipótese do inciso I não tem aplicação no Processo do Trabalho, uma vez que a Justiça do Trabalho não tem competência para julgar ações fundadas em direito real. Todas as demais hipóteses podem ocorrer na execução trabalhista.

A alienação ou oneração de bens, *após a citação* do executado, bem como o registro de hipoteca judicial ou da pendência do processo de execução geram a presunção de fraude de execução.

De outra face, realizada a alienação ou oneração de bens *antes da citação*, o caso será de *fraude contra credores*, cujo remédio é o ajuizamento de ação anulatória, chamada de *pauliana*, cuja competência será da Justiça comum.

A fim de prevenir a ocorrência da fraude de execução, concordamos com a sugestão do I FNPT, pela qual o Juiz deve notificar o executado para que informem ao comprador de quaisquer de seus bens a existência de ação judicial contra si e declarem nos autos se a alienação gera riscos à sua solvência.[(1051)]

(1050) Enunciado n. 74 do I FNPT. "[...] Nas execuções trabalhistas, aplica-se o regime especial da fraude à execução fiscal previsto no art. 185 do CTN e não o regime geral da fraude à execução previsto no art. 792, IV do NCPC, tendo como marco inicial a notificação válida do executado."

(1051) Enunciado n. 77 do I FNPT e Enunciado 46 do II FNPT. "[...] Em busca da máxima cooperação e da boa fé objetiva dos litigantes diretos e indiretos, pode o magistrado, de ofício ou a pedido das partes, emitir ordem mandamental com base no art. 765 da CLT, para

1.2. *Efeitos*. Havendo provas da configuração de fraude de execução, o juiz deve decretá-la de ofício, anulando as alienações ou onerações, a fim de que os bens respectivos possam responder pela execução.

1.3. *Contraditório*. Antes de decretar a fraude de execução, o Juiz deve intimar o terceiro adquirente para opor embargos de terceiro, no prazo de 15 dias (art. 792, § 4º, do CPC de 2015). Caso a fraude de execução fique provada nos autos dos embargos de terceiro, nada impede que ela seja decretada de imediato.(1052)

1.4. *Terceiro adquirente de boa-fé*. É polêmica a relevância da *boa-fé do terceiro* adquirente dos bens. Suponha-se, por exemplo, que *Aparício*, executado em uma ação trabalhista, venda o seu único bem a *Beatriz*, que não sabia da existência da execução. A boa-fé de Beatriz afastaria a fraude de execução?

Há quem entenda que a fraude de execução decorre simplesmente da prática das condutas descritas no art. 792 do CPC de 2015, sendo irrelevante a intenção dolosa ou culposa do terceiro (adquirente).

Ocorre que o art. 828, § 4º, do CPC de 2015 diz que a fraude de execução será presumida quando a alienação ou a oneração de bens for efetuada após a averbação da penhora, do arresto ou da indisponibilidade "no cartório de registro de imóveis, de veículos ou outros bens." Esse dispositivo impõe ao exequente, portanto, o ônus de registrar o ato de constrição do bem, o que causa polêmica, já que a execução trabalhista é realizada de ofício.(1053)

Convergindo o disposto no CPC, o posicionamento do STJ é no sentido de que "*o reconhecimento da fraude à execução depende do registro da penhora do bem alienado ou da prova de má-fé do terceiro adquirente*" (Súmula 375). Nesse sentido também é o entendimento do C. TST.(1054)

De conseguinte, o art. 792, § 2º, do CPC de 2015, dispõe que, em relação a *bens que não estejam sujeitos a registro*, o terceiro adquirente pode opor sua boa-fé, provando que adotou todas as cautelas necessárias para a aquisição, por exemplo, exigindo a exibição de certidões pertinentes. Dessa forma, o ônus da prova de boa-fé passa a ser do terceiro adquirente.

Nos demais casos (bens sujeitos a registro), portanto, a boa-fé do terceiro adquirente não impedirá a configuração da fraude de execução, de modo que lhe restará demandar contra o executado na Justiça comum, com fundamento na evicção.

1.5. *Fraude de execução ou fraude à execução?* A fraude de execução não se confunde com a fraude à execução. Aquela é modalidade de ato ilícito processual, enquanto esta tem natureza jurídica de crime, estando prevista no art. 179 do Código Penal. (1055) Isso permanece na vigência do CPC de 2015 que, de forma indiferente, adotou em seu texto ambas as expressões (*v. g.*, nos arts. 137 e 792).

---

prevenir ato ilícito na execução e exigir dos sócios das reclamadas que sempre informem ao comprador a existência da ação judicial contra sua empresa e declarem se a alienação poderá reduzi-lo à insolvência.

(1052) Enunciado n. 55 do II FNPT. "[...] Com esteio no art. 9º da CLT e com base nos princípios da instrumentalidade, concentração e simplicidade, é plenamente cabível a declaração incidental de fraude contra credores no Processo do Trabalho pelo julgador que analisa os embargos de terceiro e constata a existência de conluio fraudatório entre devedor e embargante.

(1053) Enunciado n. 56 do II FNPT. "[...] O art. 828, § 4º, do CPC não é aplicável ao Processo do Trabalho. A uma, por alocar a responsabilidade na emissão e apresentações de certidões ao exequente, enquanto a praxe trabalhista, baseada na celeridade e efetividade da satisfação do crédito exequendo, já disponibiliza uma série de ferramentas ao Juiz, para que, à exegese do art. 878 da CLT, os órgãos competentes tenham ciência das restrições impostas pela execução. E, a duas, porque tal previsão do CPC não considera a notificação válida do executado como marco inicial à consubstanciação da fraude à execução, na forma do regime especial previsto no art. 185 do CTN, mais compatível com os princípios basilares do Processo do Trabalho."

(1054) "Ação rescisória. Penhora não inscrita no registro imobiliário ao tempo da alienação do imóvel. Terceiro de boa-fé. Fraude à execução. Não ocorrência. Para a caracterização da fraude à execução, quando inexistente penhora inscrita no registro imobiliário, não basta a mera constatação de que o negócio jurídico se operou quando corria processo em desfavor do alienante capaz de reduzi-lo à insolvência (requisito objetivo), sendo necessária a demonstração de má-fé do terceiro adquirente (requisito subjetivo). Na hipótese, o TRT, nos autos do processo matriz, negou provimento a agravo de petição ao fundamento de que o preenchimento do requisito objetivo (alienação no curso de processo pendente) cumulado com a ausência/dispensa de pesquisa quanto aos débitos capazes de conduzir o alienante à insolvência caracterizaram a fraude à execução, porque denotada a má-fé do adquirente. Todavia, documento constante dos autos revelou que em 23.1.2007, a penhora ocorrida em 28.1.2003 não estava registrada junto ao cartório de registro de imóveis. Assim, o Tribunal Regional, ao afastar a boa-fé do adquirente, mesmo diante da realização de pesquisa de eventual óbice à transação imobiliária, violou o art. 593, II, do CPC. [...]" (TST-RO-239-94.2012.5.06.0000, SBDI-II, rel. Min. Alberto Luiz Bresciani de Fontan Pereira, 2.2.2016).

(1055) Fraude à execução. Art. 179 — Fraudar execução, alienando, desviando, destruindo ou danificando bens, ou simulando dívidas: Pena — detenção, de seis meses a dois anos, ou multa. Parágrafo único — Somente se procede mediante queixa.

Para memorizar:

Bens sujeitos a registro: a boa-fé do terceiro adquirente é irrelevante

Bens não sujeitos a registro: a boa-fé do terceiro adquirente exclui a fraude de execução

2. *Ato atentatório à dignidade da Justiça*. O CPC de 1973 fazia distinção entre duas figuras que, na realidade, tinham a mesma natureza, quais sejam, o *ato atentatório ao exercício da jurisdição* (art. 14, parágrafo único) e o *ato atentatório à dignidade da Justiça* (art. 600). O primeiro dizia respeito ao descumprimento dos deveres da parte de uma maneira geral, sendo que o segundo estava previsto para atos especiais do processo de execução.

O CPC de 2015 unificou as nomenclaturas, passando a designar todos esses atos apenas pela denominação de *ato atentatório à dignidade da Justiça*. As hipóteses gerais estão no art. 77 e, as relativas ao processo de execução, no art. 774.

No processo de execução, são considerados atentatórios à dignidade da Justiça o ato do executado que (art. 774 do CPC de 2015): a) frauda a execução; b) se opõe maliciosamente à execução, empregando ardis e meios artificiosos; c) dificulta ou embaraça a realização da penhora; d) resiste injustificadamente às ordens judiciais; e e) intimado, não indica ao juiz quais são e onde estão os bens sujeitos à penhora e os respectivos valores, nem exibe prova de sua propriedade e, se for o caso, certidão negativa de ônus. O tipo da letra "c" foi acrescentado pelo CPC de 2015.

Configurado o ato atentatório à dignidade da Justiça, o juízo poderá fixar multa não superior a 20% sobre o valor atualizado do débito exequendo, sem prejuízo de outras sanções de natureza processual ou material. Essa multa será revertida em favor do credor e poderá ser exigida nos próprios autos do processo (art. 774, parágrafo único, do CPC de 2015).

Trata-se de instrumento de eficiência do processo de execução, pelo que deve ser aplicado à execução trabalhista.(1056)

16.15. DIREITO FUNDAMENTAL À EXECUÇÃO TRABALHISTA EFETIVA

16.15.1. ONTOLOGIA DA EXECUÇÃO TRABALHISTA: VISÃO PANORÂMICA

Poucos se queixam da fase de conhecimento da ação trabalhista, dotada que está, por exemplo, da sistemática de marcação automática das audiências pela Secretaria, do sistema de notificações por AR e do princípio da oralidade na instrução processual. Diferentemente, a fase de execução tem sido o grande ponto de estrangulamento do Processo do Trabalho para a maioria dos que dele necessitam.

Em regra, se, de um lado, o crédito trabalhista é urgente, dada a sua natureza alimentar, de outro, parte dos executados está em grande maioria, *em situação de precariedade financeira e, não raro, sendo* acionada *em muitos outros processos na área civil, federal (tributária e previdenciária) e também municipal (tributária), e já não conta com um patrimônio para se responsabilizar diante da execução*. (AMARAL, 2004, p. 105).

Na menor parte dos executados, outra maioria causa incômodo: aqueles que inserem o processo na lógica empresarial do lucro, como adverte José Roberto Freire Pimenta:

> Pode-se dizer, em síntese, que, hoje, o verdadeiro problema do Direito do Trabalho em nosso país é *a falta de efetividade da tutela jurisdicional trabalhista* (que torna extremamente vantajoso para grande

(1056) Enunciado n. 68 do I FNPT. "[...] Aplicam-se ao Processo do Trabalho as disposições dos arts. 772, 773 e 774 do NCPC que tratam dos poderes do juiz na execução e dos atos atentatórios à dignidade da justiça."

> número de empregadores, do ponto de vista econômico, descumprir as mais elementares obrigações trabalhistas), criando uma verdadeira "cultura do inadimplemento", em verdadeira concorrência desleal com a parcela ainda significativa dos empregadores que cumprem rigorosamente suas obrigações trabalhistas, legais e convencionais. (2004, p. 341).

Fruto dos abusos outrora cometidos contra a integridade física do devedor, o princípio do *menor sacrifício possível do executado* aparece no Processo Civil brasileiro como sinal de evolução do Direito, *decorrente da própria evolução da civilização.* (CÂMARA, 2006, p. 162). Ao estabelecer que *quando por vários meios o credor puder promover a execução, o juiz mandará que se faça pelo modo menos gravoso para o devedor*, o art. 805 do CPC de 2015 pretende tratar isonomicamente as partes do Processo de Execução, onde, em tese, o devedor estaria em desvantagem em relação ao credor. O mesmo princípio orienta o Processo do Trabalho, a exemplo do conteúdo da Súmula 417, III, do TST.[1057]

Lado outro, o mesmo Código de Processo Civil determina, no art. 797, que, ressalvado o caso de insolvência do devedor, em que tem lugar o concurso universal, realiza-se a execução no interesse do credor.

Como regular e dirigir a coexistência, em um mesmo ordenamento jurídico, de um processo ideal, que pende para garantir a isonomia através do menor sacrifício do executado, com a realidade da execução trabalhista, onde o peso revela uma tutela jurisdicional que não é capaz de efetivar o direito do credor já ajustado por sentença? Esse é o tema do tópico seguinte.

16.15.2. DEONTOLOGIA DA EXECUÇÃO: DIREITO FUNDAMENTAL DO CREDOR

1. *Teoria geral dos direitos fundamentais.* A Revolução Francesa inaugurou a codificação dos direitos até então chamados naturais. Estes, antes identificados com a ética grega, depois com a moral cristã, passaram a ser ditados pela razão, única responsável pela classificação do que corresponderia à dignidade da pessoa humana, matriz de todos os novos direitos.[1058]

A elevação dos direitos naturais codificados para o andar dos direitos fundamentais, curiosamente, ocorreu pela necessidade de se lhes conferir máxima efetividade:

> Os direitos fundamentais, como categoria jurídica dotada de contornos próprios, como atualmente se reconhece que eles são, nascem no constitucionalismo do século XX. Contudo, boa parte dos valores e exigências que os têm como conteúdo são há muito reivindicados pelo humanismo e incorporados à cultura jurídica. O que caracteriza os direitos fundamentais, como uma *nova categoria jurídica*, é, precisamente, *a força jurídica reconhecida a tais valores*. Em outras palavras, é o regime jurídico a que se acham submetidos os direitos fundamentais o *novum* que os identifica como uma categoria jurídica específica. (GUERRA, 2003, p. 83).

E porque possuem eficácia potencializada, os direitos fundamentais produzem efeitos jurídicos concretos nas relações jurídicas, de forma imediata (CF, art. 5º, § 1º) e com conteúdo progressivamente vinculativo (CF, art. 60, § 4º, IV), o que veda a sua retrocessão.

Como corolário das duas características mencionadas, os direitos fundamentais são considerados como verdadeiros *mandados de otimização*.

Segundo Robert Alexy, as normas jurídicas podem ser divididas, de acordo com a estrutura lógica, em *regras* e *princípios*.

(1057) Súmula do TST n. 417. "[...] III- Em se tratando de execução provisória, fere direito líquido e certo do impetrante a determinação de penhora em dinheiro, quando nomeados outros bens à penhora, pois o executado tem direito a que a execução se processe da forma que lhe seja menos gravosa, nos termos do art. 620 do CPC."

(1058) Sobre o tema, verificar SARLET, Ingo Wolfgang. *Dignidade da Pessoa Humana e Direitos Fundamentais na Constituição Federal de 1988*. 2. ed. Porto Alegre: Livraria do Advogado, 2002.

Os princípios possuem uma *estrutura aberta*, destinada a ordenar a realização de algo na maior medida possível em relação às possibilidades jurídicas e fáticas, aplicando-se por ponderação, por constituírem *mandados de otimização*.

As regras, por sua vez, possuem *estrutura fechada*, a fim de determinar condutas, qualificando-as como *obrigatórias, proibidas* ou *permitidas*. Aplicam-se por subsunção, consistindo em *mandados definitivos*.

A diferença entre tais normas jurídicas gera reflexos no resultado dos conflitos entre si. O conflito de regras gera uma *antinomia jurídica*, que é resolvida pelos critérios de *coerência* do ordenamento jurídico (BOBBIO, 1999), de forma a aplicar-se somente uma das regras, excluindo-se a outra (GUERRA, 2003, p. 85). Os princípios, quando em conflito, mantêm-se igualmente válidos, devendo ser compatibilizados por meio de critérios de proporcionalidade (adequação, necessidade e proporcionalidade em sentido estrito).

Vistos dessa forma, os direitos fundamentais transcendem à intervenção do legislador infraconstitucional:

> Ora, os direitos fundamentais são positivados no ordenamento jurídico através de normas com estrutura de princípio. Mais ainda: tais normas situam-se no ápice da pirâmide normativa, ou seja, ocupam a posição hierárquica mais elevada no ordenamento. Dessa forma, impõe-se reconhecer que os direitos fundamentais são juridicamente exigíveis, vale dizer *justiciáveis*, e que, para tanto, não podem estar a depender de normas de posição hierárquica inferior àquelas que os prevêem. Superada, assim, a subordinação dos direitos fundamentais à intervenção do legislador infraconstitucional.

A compreensão dos direitos fundamentais envolve, por fim, saber que possuem tanto a dimensão *subjetiva*, como fonte de posições subjetivas de vantagens facultadas aos seus titulares, quanto a *objetiva*, ora influenciando o seu próprio conteúdo, ora orientando a sua realização e concreção pelos órgãos públicos. (GUERRA, 2003, p. 98).

2. *Direito fundamental à tutela executiva.* A cláusula constitucional do devido processo legal (CF, art. 5º, LIV) comporta significado amplo, de forma a abranger, em seu campo semântico, todos aqueles valores nos quais deve se inspirar a disciplina normativa do processo, também conhecidos como "garantias constitucionais do processo". (GUERRA, 2003, p. 99). Entre esses valores, está o de que o processo deve dar à parte vitoriosa tudo aquilo e exatamente aquilo[(1059)] que lhe foi declarado pelo Estado-juiz:

> [...] o que se denomina direito fundamental à tutela executiva corresponde, precisamente, à peculiar manifestação do postulado da máxima coincidência possível no âmbito da tutela executiva. No que diz com a prestação da tutela executiva, a máxima coincidência traduz-se na exigência de que existam meios executivos capazes de proporcionar a satisfação integral de qualquer direito consagrado em título executivo. (GUERRA, 2003, p. 98).

Concretamente, o direito fundamental à tutela executiva atribui ao Juiz as seguintes funções:

a) o juiz tem o poder-dever de interpretar as normas relativas aos meios executivos de forma a extrair delas um significado que assegure a maior proteção e efetividade ao direito fundamental à tutela executiva;

b) o juiz tem o poder-dever de deixar de aplicar normas que imponham uma restrição a um meio executivo, sempre que tal restrição — a qual melhor caracteriza-se, insista-se, uma restrição ao direito fundamental à tutela executiva — não for justificável pala proteção devida a outro direito fundamental que venha a prevalecer, no caso concreto, sobre o direito fundamental à tutela executiva;

c) o juiz tem o poder-dever de adotar os meios executivos que se revelem necessários à prestação integral de tutela executiva, mesmo que não previstos em lei, e ainda que expressamente vedados em lei, desde que observados os limites impostos por eventuais direitos fundamentais colidentes àquele relativo aos meios executivos. (GUERRA, 2003, p. 103).

(1059) Conforme a clássica lição de Chiovenda.

Compreendido o direito fundamental à tutela executiva, tem-se que haverá sua violação sempre que o meio executivo previsto na lei não for capaz de proporcionar uma pronta e integral satisfação do credor. (GUERRA, 2003, p. 104). Assim, o § 1º, do art. 536, do CPC, na parte em que autoriza o Juiz a determinar medidas executivas não previstas em lei, deve ter ampliado o âmbito de sua aplicação, para alcançar qualquer caso de prestação de tutela executiva, a fim de proporcionar uma integral satisfação do direito fundamental do credor, inclusive *ex officio*, em face de sua dupla dimensão (objetiva e subjetiva).

3. *Direito fundamental à duração razoável do processo*. Para que a execução trabalhista seja um instrumento eficaz na efetividade dos direitos fundamentais do credor, não basta que entregue o bem da vida a contento, devendo fazê-lo, também, em tempo.

Considerando os critérios da complexidade da causa e o comportamento das partes, dos órgãos estatais e de todos aqueles que participam do processo, uma fórmula pode ser extraída para a compreensão do que seja um processo com duração razoável, conforme Marcelo Lima Guerra:

> [...] no marco da teoria dos direitos fundamentais, é lícito sintetizar a noção de *duração razoável do processo* na seguinte fórmula: é razoável toda a duração do processo que seja decorrente do indispensável respeito aos direitos fundamentais em jogo, sobretudo os processuais. (2003, p. 106)."

A ausência de efetividade do direito fundamental em tela pode decorrer de atos das partes ou do órgão jurisdicional. No primeiro caso, o Juiz poderá dissuadir as partes, por intermédio de medidas coercitivas (execução indireta), por exemplo. No segundo, a parte lesada tanto poderá fazer uso de remédios administrativos, como a correição parcial, quanto judiciais, a fim de obter a reparação devida.

4. *Aplicação subsidiária do CPC ao Processo do Trabalho na fase de execução*. As recentes reformas no Código de Processo Civil fomentaram a manifestação da doutrina e da jurisprudência quanto à aplicabilidade das inovações do direito processual comum ao especializado.

O TST vem sinalizando um entendimento contrário à aplicação subsidiária do Processo Civil ao Processo do Trabalho, no que se refere às novidades introduzidas no ordenamento processual pela Lei n. 11.232/05:

> Duas turmas do Tribunal Superior do Trabalho (TST) decidiram vetar o uso das novas regras da execução civil no processo trabalhista, impedindo a aplicação da multa de 10% nos casos em o devedor não paga voluntariamente a dívida quando é condenado. Criada pela Lei n. 11.232, de 2005, que alterou o processo de execução civil, a multa tem a preferência da maioria dos juízes trabalhistas desde que entrou em vigor, em meados de 2006. O entendimento do TST, segundo o qual não é possível aplicar regras do Código de Processo Civil (CPC) em substituição às da Consolidação das Leis do Trabalho (CLT), é o primeiro indício de que a posição, até agora popular na primeira instância e nos tribunais regionais do trabalho (TRTs), pode não prevalecer no fim das disputas.
>
> [...] Relatora de uma das decisões do TST contrárias à multa, a ministra Maria Cristina Peduzzi diz entender a insatisfação dos juízes com o processo trabalhista, mas afirma que não é juridicamente possível que eles "escolham" um artigo do Código de Processo Civil que lhes interesse e passem a aplicá-lo nas ações. Isto só é possível, diz a ministra, quando há lacuna na CLT e compatibilidade entre as normas — o que, segundo ela, não é o caso. Para ela, apesar de a mudança na execução civil ser uma forma a mais para satisfazer as demandas trabalhistas, deve-se buscar outra saída, como mudar o próprio processo trabalhista. 'O processo trabalhista sempre foi mais evoluído, mas com as reformas é o processo civil que está mais simplificado', diz. (PEREIRA, 2008, n/p).

É bem de se ver que qualquer regra de importação da legislação comum para o âmbito especializado deve obedecer aos critérios estabelecidos pela Constituição, conforme explica Maurício Godinho Delgado:

> Se a regra externa importada vier reforçar o princípio constitucional da efetividade da jurisdição (art. 5º, LXXVIII, CR/1988), os princípios constitucionais da dignidade da pessoa humana (com a dimensão sócio-laborativa deste princípio), da valorização do trabalho e do emprego, da subordinação da propriedade à sua função sócio-ambiental, a par dos princípios trabalhistas cardeais, como, ilustrativamente, da proteção e da norma mais favorável (a propósito, estes dois também com assento constitucional), ajustando-se, desse

modo, a regra externa à matriz especializada do Direito do Trabalho e Direito Processual do Trabalho, às suas funções normativas basilares e teleológicas, pode e deve a regra externa prevalecer no plano interno especializado destes ramos jurídicos.

Se, ao invés, a regra legal civilista ou processual civil externa essencialmente vier a afrontar tais princípios constitucionais de repercussão no segmento trabalhista ou afrontar os princípios justrabalhistas especiais ou, ainda, agredir toda a matriz normativo-cultural do Direito do Trabalho e Direito Processual do Trabalho, não pode, simplesmente, ser importada, por não ser compatível, mantendo-se atuante apenas no plano original exterior a estes ramos jurídicos especializados. Não há como tergiversar no tocante a esta dinâmica normativa, sob pena de se provocar profundo retrocesso e descaracterização no âmbito especial destes fundamentais segmentos jurídicos. (2007, p. 553-554)

Por tudo quanto já foi exposto, como direito fundamental do credor, a efetiva execução trabalhista deve dotar o Juiz dos meios executivos que se mostrem mais eficazes na prestação integral da tutela executiva, mesmo que pertencentes a outro ramo do Direito.

Diga-se, ainda, que o Direito constitui ciência, cujo objeto somente se divide em ramos para facilitar a compreensão do estado da arte, jamais para dificultar o progresso científico, especialmente quando se está diante de temas relativos aos direitos fundamentais.

5. *Meios alternativos de eficácia das execuções.* O Tribunal Superior do Trabalho, nas vozes de ministros como Vantuil Abdala e alguns juristas, como Wagner Giglio, defendem a promulgação imediata do Fundo de Garantia das Execuções Trabalhistas, através do qual o credor receberia diretamente o valor total ou parcial de seu crédito, sub-rogando-se o fundo nos direitos do credor.

Para custeio do fundo, sugere Radson Duarte e Delaíde Arantes:

> Para formar o fundo, poder-se-ia destinar as despesas processuais existentes na execução, ou também retirar parcela dos depósitos do fundo de garantia por tempo de serviço (o qual passaria, assim, a ter uma relevante função social, não apenas a de financiar a formação de fabulosas riquezas, uma vez que o destino habitacional nem sempre é observado). (2002, p. 229).

Podem ser citadas, ainda, outras possíveis soluções para a crise de efetividade do Processo de Execução, tais como a realização de audiências de conciliação, a prática de sentenças líquidas e a extensão, por meio de lei, das garantias dos créditos fiscais e previdenciários aos créditos trabalhistas, com negativação do devedor e certidões negativas de débitos trabalhistas, e a implantação dos sistemas de informações negativas do devedor inadimplente, a exemplo do SERASA e o do SPC. A criação do BNDT seguiu dessa ideia e já aponta indícios de que é uma ferramenta eficaz, a qual merece ser ampliada, alcançando, por exemplo, o sistema de concessão de créditos financeiros e de benefícios fiscais.

Vista como direito fundamental do credor, a tutela executiva torna-se efetiva quando realizada em um processo cuja duração seja razoável, porque passa a irradiar um novo tipo de pensamento, do plano político ao jurídico, cujas consequências práticas são capazes de realizar um giro na perspectiva processual da execução: todo o sistema passa a se orientar para a satisfação do credor, uma vez que a proteção do devedor já lhe foi suficientemente conferida na cognição exauriente.

Certamente, essa nova perspectiva da execução contribuirá para o aumento no cumprimento espontâneo das decisões judiciais. É que o devedor não mais estará sob o pálio de uma execução que lhe seja menos gravosa, mas submetido a diversas ações voltadas para a celeridade e a eficiência na prestação da tutela executiva. Nessa medida, as soluções cogitadas passam a ser elevadas à condição de instrumentos legítimos na persecução da satisfação do credor, ainda que não previstas em lei, posto que constituirão regras destinadas a atingir o fim colimado pelo direito fundamental à tutela executiva.

O Processo de Execução não é um processo neutro, mas de um único resultado: a satisfação do credor.

17 Processo Judicial Eletrônico Trabalhista

17.1. TEORIA GERAL

1. *Apresentação*. As transformações da sociedade irradiam efeitos em todas as áreas do Direito. As descobertas genéticas, as relações virtuais e o contínuo avanço tecnológico não podem ser ignorados na atualização da norma jurídica, uma vez que esta tem como finalidade primária a concretização da dignidade humana, no tempo e no espaço de cada geração.

O Direito Material do Trabalho costuma sentir esses efeitos de forma mais imediata. O contato com a jurisprudência atual, por exemplo, revela a existência de demandas impensáveis na década de 1940, quando foi editada a CLT. Isso porque algumas empresas de hoje são compostas de empregados virtuais, conectados por uma subordinação informatizada, produzindo bens e serviços imateriais, com é o caso dos *softwares* e dos sites de busca e publicidade na internet. Nesse contexto, com um pouco de atraso, o processo também passa a ser repensado e reconstruído, para fugir do risco de se tornar obsoleto e ultrapassado.

O *upgrade*[(1060)] do processo já conta três estágios evolutivos, sendo o mais recente o do *Processo Judicial eletrônico — PJe*. O *primeiro* surgiu a partir da experiência introduzida nos Juizados Especiais Federais, no final da década de 1990, pela qual os autos físicos (de papel) do processo foram substituídos por cópias digitalizadas (ou *scaneadas*). Todavia, o trâmite e os atos processuais não sofreram alterações significativas nessa época.

O *passo seguinte* foi dado pela Lei n. 11.419/06,[(1061)] a lei do processo eletrônico, responsável por introduzir a automação no processo. Ela inovou, ao regular a prática e a comunicação de atos eletrônicos, com assinatura virtual, além de apresentar uma nova metodologia na contagem dos prazos, por exemplo. Com respaldo na novel legislação, cada Tribunal passou a desenvolver seu próprio sistema operacional, em um ambiente virtual privado ("*intranet*"), marcando a fase do *e-Processo*.

O *terceiro estágio*, que é o atual, surgiu em 2009, a partir da iniciativa do Conselho Nacional de Justiça, de reunir as experiências do e-Processo dos Tribunais, na busca pela adoção de um sistema único. A grande novidade

(1060) "*Upgrade*" é uma expressão utilizada entre os profissionais da computação, para designar a atualização mais recente de um produto eletrônico.

(1061) Vale ressaltar, porém, que a própria Lei n. 11.419/06 já previa o uso da internet, mas de forma programática, de forma preferencial e não impositiva (art. 1º, § 2º, II).

está na substituição do sistema privado (*intranet*), pelo público (*internet*), lançando o processo na rede mundial de computadores, com acesso amplo e ininterrupto. Surgiu a fase do *i-Processo*.

2. *Conceito*. O PJe não é apenas um *software* de automação dos atos processuais. Ele constitui uma nova fase do Direito Processual, marcada pelo surgimento de novos princípios, normas e institutos, com a finalidade de estabelecer uma nova dinâmica nas atividades jurisdicionais desenvolvidos pelo Poder Judiciário. Nesse sentido, José Eduardo Resende Chaves Júnior destaca que:

> O processo eletrônico tem potencial para ser muito mais do que mera infra-estrutura de TI para o processo tradicional. Não se reduz, tampouco, a simples procedimento judiciário digital e, muito menos, concebe-se tão somente como autos de papel digitalizados. As novas tecnologias de informação e comunicação transformam radicalmente a natureza do processo tradicional que se caracteriza, primordialmente, pela separação dos autos do mundo. O processo eletrônico é, sobretudo, processo em rede, o que torna beneficiário, concomitantemente, da inteligência coletiva, da lei da abundância, dos rendimentos crescentes e da sinergia da interação em tempo real. (2013, p. 776).

São muitas as mudanças produzidas pelo PJe no Processo do Trabalho. Entre elas, a guarda dos processos em meio eletrônico, a rapidez e a economia na remessa dos autos entre os órgãos da Justiça e a ampliação do acesso ao processo pelas partes e por todos aqueles que dele participam.

Algumas práticas tradicionais simplesmente desaparecerão, como é o caso da disponibilização dos autos para vista pelas partes, a carga feita pelos advogados, a forma postal de intimação e a autuação. Em compensação, outras darão novos contornos ao processo, como é o caso do julgamento dos recursos, já que os depoimentos das partes e das testemunhas ficarão à disposição do Tribunal *ad quem*, para exame direto da prova colhida, fato que sepultará, por exemplo, o princípio da imediatidade.

3. *Normas de regência*. Como já foi dito, o processo eletrônico, incluindo a comunicação e transmissão de atos, termos e peças processuais, é regido pela Lei n. 11.419/06, a qual se aplica, indistintamente, aos Processos Civil, Penal e Trabalhista (art. 1º, § 1º, da Lei n. 11.419/06). Não obstante, o art. 18 da referida lei autoriza os órgãos do Poder Judiciário a regulamentarem-na.

No âmbito da Justiça do Trabalho, o PJe foi inicialmente regulado pela Resolução n. 94/12, do Conselho Superior da Justiça do Trabalho — CSJT, a qual foi substituída pela Resolução n. 136/14, também do CSJT, a qual foi substituída, a partir de 24.03.2017, pela Resolução n. 185/17. O art. 61 da Res. n. 185/17 estabelece que os Tribunais Regionais do Trabalho não poderão realizar novas soluções de informática para o PJe, a fim de garantir a padronização do sistema.

Para garantir a implantação progressiva do PJe, a Resolução n. 94/12 do CSJT (art. 48) vedava a instalação de novas Varas do Trabalho, sem a concomitante implantação do PJe, a partir de sua vigência. Todavia, a Resolução n. 136/12 dispôs justamente em sentido contrário (art. 61), tendo em vista que problemas de ordem técnica impuseram sérias dificuldades na implementação do PJe, sobretudo nos grandes Tribunais, como os de São Paulo e de Minas Gerais. Citem-se, por exemplo, as inconsistências do sistema decorrentes do acesso simultâneo em massa, nos horários de pico de tráfego na internet.

Atualmente, o TST e todos os Tribunais Regionais do Trabalho já estão fazendo uso do PJe, em maior ou menor escala, o qual está em franco processo de substituição do processo físico nas Varas do Trabalho de todo o País.

4. *Princípios*. Com o auxílio da doutrina de José Eduardo Resende Chaves Júnior (2010 e 2013), é possível identificar a existência de princípios específicos do PJe, os quais serão apresentados a seguir.

4.1. *Princípio da imaterialidade*. Com o advento do PJe, não há mais razão para formação de autos físicos, já que as petições, as provas, os recursos e os demais atos processuais, bem como a respectiva comunicação (intimações, notificações e cartas precatórias, por exemplo), tudo pode e deve ser armazenado de forma imaterial (art. 1º da Lei n. 11. 419/06).(1062)

4.2. *Princípio da conexão.* O termo "conexão" é utilizado pelo direito processual para designar a existência de duas ou mais demandas com identidade de objeto ou de causa de pedir (art. 103 do CPC). Todavia, o PJe acrescenta um outro significado para esse epíteto, fruto do jargão da informática, em que a palavra conexão indica a existência de uma ligação direta entre dois computadores. Em outras palavras, estar "conectado" significa estar *on-line* ou, simplesmente, estar ligado à internet (art. 1º, § 2º, II, da Lei n. 11. 419/06).

O PJe está conectado à internet, o que permite colocá-lo em permanente disponibilidade para acesso por qualquer usuário da rede. Isso possibilita o acesso simultâneo por dois ou mais usuários, em tempo real, de qualquer lugar do mundo, vinte quatro horas por dia. Também dispensa a remessa de autos de um órgão para outro, o que economiza tempo e dinheiro.

Segundo Chaves Júnior (2013), o princípio da conexão faz com que o processo deixe de ser linear, com um encadeamento de atos processuais materializados em folhas de papel, rubricadas e numeradas, formando volumes e apensos. No PJe, os autos estão no mundo virtual, fazendo com que a geometria do processo passe a ser reticular: em uma única página de seu *layout* é possível visualizar os "ícones" de todas as peças e atos processuais, os quais podem ser acessados por um simples "clique" do *mouse*.

A conexão também torna o processo mais *inquisitivo*. Primeiro, porque a automação dos procedimentos dispensa a realização de atos preparatórios pela Secretaria, como a juntada de petições e a conclusão dos autos para despacho ou decisão. Depois, porque o contato do Juiz com a prova será direta e real. Conectado à internet, o Juiz poderá acessar os depoimentos das partes e das testemunhas, bem como realizar pesquisas nos autos e até mesmo na rede, para formar sua convicção quanto à verdade dos fatos.

Nesse aspecto, vale lembrar que o art. 374, I, do CPC de 2015, dispensa a prova dos fatos notórios, entre os quais, com o advento do PJe, devem ser incluídos os fatos que estão na internet. Dessa forma, não há mais que se falar em verdade "formal" ou "real", mas, sim, em *verdade virtual* (CHAVES JÚNIOR, 2013, p. 765). E isso modifica radicalmente a produção das provas no processo. Tradicionalmente, as provas obedecem ao *princípio da escritura*, pelo qual "*quod non est in actis non est in mundo*", ou seja, "o que não está nos autos não está no mundo". Nessa perspectiva, o Juiz não poderia buscar a verdade dos fatos fora dos autos. Todavia, como os autos do PJe são a internet, tudo que nesta estiver estará também nos autos. Nesse sentido, já decidiu o E. TRT da 3ª Região.(1063)

Imagine-se, por exemplo, que, em uma demanda, "Antônio" afirme que seu posto de trabalho estava situado em um local de difícil acesso, não servido por transporte público, fato negado por seu empregador. Pelo princípio da escritura, seria de Antônio o ônus de provar as condições de acesso ao local de trabalho (art. 818 da CLT), de maneira que a ausência dessa prova determinaria a improcedência do pedido de horas "*in itinere*" (art. 58, § 2º, da CLT). No PJe, pelo princípio da conexão, o Juiz poderia tomar a iniciativa de descobrir a verdade sobre fato, bastando que ele, durante a redação da sentença, realizasse uma rápida busca na internet, *v. g.*, em mapas

(1062) Enunciado n. 11 do II FNPT: "[...] Os princípios da imaterialidade e instantaneidade vedam que o processo eletrônico trâmite por fluxos estanques, devendo os autos eletrônicos ter a liberdade para estar em mais de uma tarefa ao mesmo tempo, abrindo-se a uma racionalidade em rede, dialógica, fluida e em tempo real, que privilegia a prática de atos por meio dos recursos tecnológicos disponíveis, preferentemente o de menor custo, considerada sua eficiência."

(1063) "Princípio da Conexão. Os autos estão no mundo virtual. Na atual era da informação em rede, na qual o "poder dos fluxos (da rede) é mais importante que os fluxos do poder" (CASTELLS), já não pode mais vigorar o princípio da escritura, que separa os autos do mundo. A Internet funda uma nova principiologia processual, regida pelo novo princípio da conexão. O chamado princípio da escritura — *quod non est in actis non est in mundo* — encerrou no Código Canônico a fase da oralidade em voga desde o processo romano e até no processo germânico medieval. Com o advento das novas tecnologias de comunicação e informação e as possibilidades ampliadas de conectividade por elas proporcionadas, rompe-se, finalmente, com a separação rígida entre o mundo do processo e o das relações sociais, porquanto o link permite a aproximação entre os autos e a verdade (real e virtual) contida na rede. O princípio da conexão torna naturalmente, por outro lado, o processo mais inquisitivo. A virtualidade da conexão altera profundamente os limites da busca da prova. As denominadas TICS passam, portanto, a ter profunda inflexão sobre a principiologia da ciência processual e redesenham a teoria geral tradicional do processo, a partir desse novo primado da conexão." (TRT3. AP 0113900-25.2006.5.03.0039. Relator: Desembargador Jose Eduardo Resende Chaves Jr.. 1ª Turma. DEJT: 23.04.2013, p. 71).

fotográficos e sites de empresas de transporte coletivo, os quais seriam capazes de demonstrar o grau de dificuldade de acesso ao local de trabalho, bem como a eventual existência de transporte público regular até ele.

Essa perspectiva do princípio da conexão também tem sido tratada pela doutrina como princípio autônomo, chamado de *inquisitoriedade eletrônica*.

4.3. *Princípio da intermidialidade*. Este princípio determina que todos os atos processuais e provas produzidas devam ser convertidos para a mídia eletrônica (art. 1º, da Resolução n. 136, do CSJT). Mas isso não significa a alteração da natureza desses atos e provas para a documental; pelo contrário, uma vez que será possível conservá-la de modo integral, o que não era possível nos autos físicos. Dessa forma, um vídeo, por exemplo, constará dos autos eletrônicos como tal, o mesmo ocorrendo com depoimentos, testemunhos, fotografias etc. Ao invés de ser reduzida a termo, a prova poderá ser conservada, tal qual foi produzida, porém, na forma eletrônica.

4.4. *Princípio da hiper-realidade*. Os autos físicos são uma representação da realidade. Tudo é transformado em linguagem escrita, desde o depoimento da parte até acontecimentos externos, como a penhora e a avaliação de bens. Com o PJe, os autos poderão abrigar a própria realidade, apresentando-a ao invés de representá-la. O oficial de justiça pode, *v. g.*, ao avaliar o bem, filmá-lo ou fotografá-lo, além de consultar a variação de valores através da internet.

4.5. *Princípio da interação*. Trata-se de princípio destinado a atualizar o princípio do contraditório. Como a demanda passou a ser dinâmica, de forma hiper-real, a defesa também deve ser remodelada. Para isso, o PJe transforma a contradição em interação, permitindo que o reclamado possa de-fender-se em tempo real e de forma mais participativa, durante todo o processo. Durante a audiência, por exemplo, o reclamado terá a oportunidade de opor-se aos fatos alegados, fazendo uso dos mesmos meios tecnológicos de que dispõe o reclamante, em tempo real e imediato, inclusive de forma oral (art. 22, da Resolução n. 185/17, do CSJT).

4.6. *Princípio da instantaneidade*. No processo físico, a serventia judicial cumpre um papel essencial na organização dos trabalhos, intermediando o contato entre as partes e o Juiz. Quando a parte apresenta uma petição, por exemplo, ela é protocolada e separada para ser juntada aos autos. Cabe ao servidor encontrar o processo, numerar a petição, registrar com um carimbo o ato de juntar a petição aos autos e levá-la ao conhecimento do Juiz, ato que é chamado de conclusão. Com o PJe, o contato entre as partes e o Juiz será instantâneo, sem necessidade da intermediação da Secretaria. Ao apresentar uma petição, ela será automaticamente juntada aos autos e posta à conclusão do Juiz.

4.7. *Princípio da desterritorialização*. A organização judiciária, feita com base na competência territorial, será fortemente afetada pelo PJe. Isso porque a internet flutua em um ambiente que relativiza o paradigma de espaço. Para praticar um ato processual, a parte não necessitará comparecer à Vara do Trabalho, podendo fazê-lo de qualquer parte do mundo. O Juiz também poderá praticar determinados atos fora de sua jurisdição, como determinar a penhora de bens. Se bem que isso já era possível de ser feito por meio do sistema BacenJud, que bloqueia numerários depositados em contas do executado, em qualquer lugar do Brasil. É possível, também por isso, que as cartas precatórias e de ordem se tornem obsoletas, já que a distância não será empecilho para que o Juiz tome o depoimento de uma testemunha que resida em outro lugar, através de uma audiência virtual, por exemplo.

4.8. *Princípio ubiquidade*. Este princípio está estreitamente ligado ao da desterritorialização. Ubíquo é o que é onipresente, ou seja, está em todos os lugares ao mesmo tempo. Como o PJe está na rede, poderá ser acessado pelas partes de qualquer lugar do mundo, inclusive ao mesmo tempo. Ele será onipresente, o que tornará obsoleto o ato de fazer carga dos autos.

4.9. *Princípio da automatização de rotinas*. O II FNPT fez referência a esse princípio, relativo ao processamento de dados do processo eletrônico, que será automatizado, com mínima intervenção humana, vislumbrando nele uma porta aberta para facilitar a uniformização da jurisprudência dos Tribunais.(1064)

(1064) Enunciado n. 10 do II FNPT: "[...] O princípio da automaticidade que informa o processamento de dados extraídos do processo eletrônico é premissa para o estímulo à uniformização da jurisprudência."

5. *Acesso ao sistema.* O art. 2º da Resolução n. 185/17 considera usuário interno *"magistrados e servidores da Justiça do Trabalho, bem como outros a que se reconhecer acesso às funcionalidades internas do Sistema, tais como estagiários e prestadores de serviço"* e, usuário externo, *"as partes, estagiários e membros da Advocacia e do Ministério Público, defensores públicos, peritos, leiloeiros, as sociedades de advogados, os terceiros intervenientes e outros auxiliares da justiça"*.

O acesso ao sistema do PJe pelos advogados pode ser feito de duas formas, quais sejam, através de certificado digital ou de "login" e senha. Os demais usuários, no entanto, só podem acessar o PJe por meio de certificado digital.

Por intermédio do primeiro é possível praticar atos e acessar integralmente todos as funcionalidades do PJe, permitindo, com exclusividade, assinar documentos e acessar autos que tramitam em sigilo ou em segredo de justiça (art. 5º, da Resolução 136/14). Já o acesso ao sistema mediante "login" e senha permite apenas a visualização de autos, ainda assim daqueles que não tramitam em sigilo ou em segredo de justiça.

Para obter o certificado ou assinatura digital, o interessado deve visitar a página do Instituto Nacional de Tecnologia da Informação — ITI, no seguinte endereço: <http://www.iti.gov.br/index.php/certificacao-digital/como-obter>. De posse do certificado (padrão A3 ou A4), o usuário do PJe poderá acessar o sistema através de duas espécies de mídias móveis, quais sejam, um "*token*" (ou "*pen drive*") ou um "*smartcard*" (ou cartão com "*chip*"). No caso de usuários internos, o próprio Tribunal ao qual estiverem vinculados costuma orientá-los quanto aos procedimentos a serem adotados para obter o certificado digital.

De outra face, para conseguir um "*login*" e senha, o usuário advogado deve solicitá-los à Ordem dos Advogados do Brasil.

Estando de posse do certificado digital ou do "*login*" e senha, o advogado ainda precisa preencher um formulário que aparece automaticamente no sistema a fim de se cadastrar.

O PJe utiliza o sistema operacional Windows e o navegador Firefox, versão 3.0 ou superior, o qual pode ser obtido gratuitamente em: <http://br.mozdev.org/firefox/download>. Além disso, o computador deve possuir e manter atualizado o sistema "Java", que pode ser baixado sem custos no site: <https://www.java.com/pt_BR/>.

Todos os documentos gerados e utilizados pelo PJe têm o formato PDF, razão pela qual o respectivo "*software*" também é indispensável.

17.2. PROCEDIMENTO ELETRÔNICO

1. *Atos e termos processuais eletrônicos.* Com o advento do PJe, todos os atos processuais serão praticados sob a forma de mídia eletrônica, pelo princípio da intermidialidade (art. 3º, da Resolução n. 185/17, do CSJT).

Os atos serão considerados como realizados no dia e hora de seu envio ao sistema do Poder Judiciário, contra o qual será emitido protocolo eletrônico. Havendo fixação de prazo, a petição eletrônica será considerada tempestiva quando transmitida até as 24 horas do seu último dia (art. 3º da Lei n. 11.419/06).

Para a comunicação dos atos, os Tribunais podem fazer uso de um Diário Oficial eletrônico (art. 4º Lei n. 11.419/06). Este já é uma realidade na maior parte dos Tribunais Regionais do Trabalho, com a nomenclatura de Diário Eletrônico da Justiça do Trabalho — DEJT. Ele é o substituto do Diário Oficial físico, de papel. Editais, portarias e todos os demais atos do Judiciário trabalhista podem ser veiculados no DEJT, cuja presunção de conhecimento da população do que nele é publicado continua inalterada, como já acontecia com o Diário Oficial veiculado em papel.

As intimações também podem ser feitas diretamente pelo sistema do PJe, dispensando-se a publicação no DEJT (art. 5º da Lei n. 11.419/06). A intimação da parte ou de seu advogado ficará disponível no portal do PJe para consulta, sendo esta considerada realizada no dia em que o intimando efetivamente realizá-la, a não ser que isso ocorra em dia não útil, quando então a consulta será considerada como realizada no primeiro dia útil seguinte (art. 5º, §§ 1º e 2º da Lei n. 11.419/06). Se, no prazo de 10 dias, do envio da intimação, o intimando não a consultar, haverá a presunção de que dela teve conhecimento no dia do término do prazo (art. 5º, § 3º, da Lei n. 11.419/06).

É possível também fazer uso do e-mail para intimar a parte ou seu advogado (art. 5º, § 4º, da Lei n. 11.419/06), em endereço eletrônico previamente cadastrado, cuja sistemática de presunção de sua realização dar-se-á da mesma forma que a intimação feita pelo portal do PJe. Nos casos urgentes, a intimação também poderá ser realizada por outro meio capaz de atingir sua finalidade, conforme determinar o Juiz (art. 5º, § 5º, da Lei n. 11.419/06).

Nos termos do art. 25 da Lei 6.830/80, aplicável, subsidiariamente, ao Processo de Trabalho (art. 889 da CLT), a intimação do representante judicial da Fazenda Pública deverá ser feita pessoalmente, com a remessa dos autos. Esse artigo, no entanto, está obsoleto no contexto do PJe, uma vez que os autos estarão à disposição da Fazenda Pública ininterruptamente na internet. Dessa forma, as intimações da Fazenda Pública serão feitas de forma eletrônica, como acontece em relação às demais partes, sendo consideradas pessoais para todos os efeitos legais (art. 5º, § 6º, da Lei n. 11.419/06).

Quanto às citações e notificações, inclusive da Fazenda Pública, também serão realizadas por meio eletrônico (art. 17, da Resolução n. 185/17, do CSJT), devendo viabilizar-se o acesso integral do processo ao qual correspondem.

As cartas precatórias, rogatórias e de ordem, por sua vez, adotarão, preferencialmente, o meio eletrônico (art. 7º, da Lei n. 11.419/06), o que permitirá a sua transmissão imediata, reduzindo-se significativamente o lapso de seu cumprimento.

Os avisos de recebimento (AR) e os atos praticados pelos Oficiais de Justiça (normalmente em diligências externas) poderão ser digitalizados e juntados aos autos eletrônicos (o que tinha previsão nos artigos 30 e 31, da Res. n. 136/14, do CSJT, e, apesar de não mantidos pela Res. 185/17, não impede a adoção da prática).

O princípio da publicidade dos atos processuais (art. 770) também se aplica ao PJe. Todavia, a consulta do inteiro teor dos documentos juntados, somente estará disponível pela internet para as partes, advogados, Ministério Público, magistrados e servidores, mediante prévio credenciamento no sistema. Essa consulta, no entanto, pode ser ainda mais restringida pelo Juiz, em casos de segredo de justiça.

Segredo de justiça e *sigilo* não se confundem. O primeiro constitui uma exceção ao princípio da publicidade, por força da proteção à intimidade (art. 93, IX, da CF), e, uma vez deferido, priva os usuários externos do acesso ao processo. Já o sigilo é destinado a ocultar apenas determinados, normalmente a contestação e seus documentos, para que não seja visualizado pela parte contrária ou por terceiros.

Por derradeiro, quanto aos atos processuais, é importante destacar o surgimento de uma nova modalidade de ato processual ilícito: o uso inadequado do sistema. Este consiste na prática de atividades que configurem ataques ou o uso desproporcional dos ativos computacionais, devidamente comprovados. Configurado o uso inadequado do sistema, o usuário poderá ser privado do acesso ao sistema, mediante bloqueio provisório de seu cadastro, determinado pelo juiz, observadas as prerrogativas legais, no caso de magistrados, advogados e membros do Ministério Público (art. 63, da Resolução n. 185/17, do CSJT).

2. *Petições*. As partes devem peticionar de forma eletrônica, diretamente, acessando o portal do PJe para anexar sua petição inicial, defesa ou recurso. A Resolução n. 185/17 não mais limita os arquivos a um tamanho máximo (que era de 1,5 megabytes, ao tempo da Resolução n. 136/14 do CSJT). Vale destacar que os Tribunais Regionais não podem liminar o número de páginas das petições.[1065]

A parte que, por qualquer motivo, tiver dificuldades em cumprir os requisitos eletrônicos poderá ofertar a sua peça processual de forma física, impressa em papel, a qual será digitalizada pela Secretaria da Vara do Trabalho (art. 4º, da Resolução n. 185/17 do CSJT), através de equipamentos que também poderão ser usados diretamente pelo peticionante.

(1065) "Sistema de peticionamento eletrônico e-DOC. Limitação do número de páginas. Inexistência de restrição expressa na legislação pertinente. Impossibilidade. [...]" (TST-RO-10704-15.2013.5.03.0000, SBDI-II, rel. Min. Douglas Alencar Rodrigues, 7.4.2015).

No caso de petição inicial, o sistema fornecerá protocolo, que conterá informações sobre o número do processo, o órgão para o qual este foi distribuído e a data e horário da audiência automaticamente designada (art. 19, § 2º, da Resolução n. 185/17 do CSJT). Além dos requisitos do art. 840, § 1º, da CLT, a petição inicial deve indicar, sempre que possível, o CPF e CNPJ das partes, além do CEI, NIT, PIS, PASEP, CTPS e CNAE (art. 15, da Lei n. 11.419/06 c/c art. 19, da Res. 185/17, artigo este que contém o significado dessas siglas, caso o leitor não conheça).

A Resolução n. 185/17 (art. 22, § 2º), liberou a atribuição de sigilo a quaisquer atos, incluindo a petição, desde que de forma justificada, apontando alguma das hipóteses do art. 770, *caput*, da CLT, e dos artigos 189 ou 773 do CPC de 2015.

A parte reclamada que quiser apresentar sua defesa (exceção, contestação ou reconvenção) deverá encaminhar a peça eletronicamente, com os respectivos documentos, antes da realização da audiência (art. 22, da Resolução n. 185/17). De se ressaltar que a Lei n. 13.467/17 (reforma trabalhista) acrescenta parágrafo único ao art. 847 da CLT, para estabelecer que a parte poderá apresentar defesa escrita pelo sistema de processo judicial eletrônico até a audiência. Por ocasião da realização desta, a parte ré deverá comparecer normalmente, sem a necessidade de levar consigo a petição de defesa. Se, eventualmente, a primeira proposta de acordo não for aceita, o Juiz disponibilizará a defesa ao reclamante, para eventual impugnação.

De toda sorte, a apresentação de defesa oral continuará sendo admitida, pelo tempo de até 20 minutos, nos termos do art. 847 da CLT (art. 22, da Resolução n. 185/17).

Mediante justificativa fundamentada, a parte ré pode atribuir sigilo à sua defesa, situação que permitirá apenas o Juiz visualizá-la (art. 22, § 2º, da Resolução n. 185/17). Não obstante, o Juiz pode indeferir o sigilo, determinando sua retirada, igualmente de forma fundamentada. Vale repetir que não mais é vedado atribuir sigilo à petição inicial.

3. *Audiências.* Frustrada a primeira proposta de acordo e uma vez lida ou dispensada a leitura da petição inicial (art. 847, da CLT), o Juiz registrará em ata o recebimento da defesa, o qual se trata de ato formal. Dessa forma, até que o referido registro seja feito, a defesa não será considerada como apresentada, pelo que será possível aditar a petição inicial, por exemplo.

As audiências permanecerão sendo reduzidas a termo, o qual, porém, será eletrônico. Por isso, apenas o Juiz deverá assinar digitalmente a respectiva da qual constarão todos os acontecimentos, como os depoimentos das partes e das testemunhas (art. 23, da Resolução n. 185/17). Havendo acordo, no entanto, e desde que a parte requeira, a ata pode ser impressa pela Secretaria da Vara do Trabalho, assinada manualmente e, posteriormente, digitalizada para inserção no PJe (art. 23, § 3º, da Resolução n. 185/17).

4. *Prazos.* O PJe está conectado à internet ininterruptamente, razão pela qual a prática dos atos processuais não depende do expediente forense nos dias úteis. Como consequência disso, os prazos também estão desvinculados dos horários da serventia judicial, de maneira que os respectivos termos finais têm vencimento no último segundo do dia, sendo considerados tempestivos os atos transmitidos até as 24 (vinte e quatro) horas do último dia do prazo (art. 3º, parágrafo único, da Lei n. 11.419/06). Dessa forma, os atos do PJe estão imunes à regra do art. 770 da CLT, que estabelece que os atos processuais serão realizados nos dias úteis, das 6 (seis) às 20 (vinte) horas.

Quanto ao termo inicial para a contagem do prazo, é imperioso saber distinguir os institutos da *disponibilização* e da *publicação*. Todos os dias, os Tribunais que adotam o DEJT enviam, ao final de cada expediente, as matérias que deverão constar do DEJT, geralmente para serem publicadas dois dias depois. Entretanto, a velocidade da transmissão dos dados é tão grande, que, no dia seguinte do envio das matérias, já é possível acessá-las, pelo que se diz que elas estão disponíveis.

A data da publicação, por sua vez, corresponde ao primeiro dia útil seguinte ao da disponibilização da informação no DEJT (art. 4º, § 3º, da Lei n. 11.419/06), enquanto a contagem do prazo tem início no primeiro dia útil seguinte ao da publicação (art. 4º, § 4º, da Lei n. 11.419/06). Por exemplo, se, na quinta-feira, por volta das 19h, o DEJT for disponibilizado, a publicação será feita na sexta-feira. A contagem do prazo, por sua vez, terá início na segunda-feira. Caso a disponibilização seja feita na sexta-feira, a publicação será na segunda-feira e o início do prazo, na terça-feira seguinte. Apesar de o sábado ser dia útil, não é considerado como tal para fins de contagem de prazos, uma vez que nesse dia não há expediente forense (art. 25, II, da Resolução n. 136/14 do CSJT c/c Súmulas ns. 1 e 262 do TST).

O Diário Oficial de papel costumava ter publicações aos sábados, o que não ocorre com o DEJT, cuja publicação é feita de segunda a sexta-feira.

A petição encaminhada será considerada tempestiva, quando enviada,[(1066)] integralmente, e até às 24h do dia em que se encerra o prazo processual, salvo decisão em contrário do Juiz (art. 55).

Os prazos que vencerem no dia em que o sistema do PJe estiver indisponível, por problemas técnicos, serão prorrogados para o dia útil seguinte à retomada do funcionamento (art. 10, da Lei n. 11.419/06).

5. *Procedimento nos Tribunais.* Outra grande inovação do PJe está na tramitação dos recursos nos Tribunais de recurso. O primeiro destaque fica para a desnecessidade de remeter o processo ao Tribunal *ad quem*, uma vez que, estando disponível na internet, haverá apenas a sua distribuição a um relator. Também por isso, fica dispensada a formação de autos suplementares, em casos como de agravo de instrumento, de petição e regimentais, bem assim de precatórios e execução provisória (art. 26, da Resolução n. 185/17 do CSJT).

O PJe permite que os membros do órgão do Tribunal realizem a votação antecipada, agilizando as sessões de julgamento, que servirão apenas para a realização da sustentação oral e a divulgação do resultado.

(1066) A Resolução n. 94 considerava o horário de recebimento da petição pelo sistema, deixando o usuário, por vezes, à mercê da sorte.

18 Ações Especiais Cíveis no Processo do Trabalho

Além dos dissídios tipicamente trabalhistas (individuais e coletivos), o Processo do Trabalho faz uso de procedimentos especiais do processo comum, para satisfazer interesses de natureza cível, mas que, por decorrem da relação de trabalho, devem ser ajuizados perante a Justiça do Trabalho (art. 114, I e IX, da CF).

Como esses procedimentos possuem rito especial, muito se debateu acerca de como eles tramitariam na Justiça trabalhista, até que o TST editou a Instrução Normativa n. 27, de 22 de fevereiro de 2005, que dispõe sobre normas procedimentais aplicáveis aos procedimentos especiais cíveis ajuizados perante a Justiça do Trabalho.

Com efeito, foi estabelecido que procedimentos especiais cíveis ajuizados na Justiça do Trabalho tramitarão pelo rito especial previsto para eles (art. 1º, da IN27/05). Não obstante, a sistemática recursal a ser observada é a prevista na CLT, inclusive quanto à nomenclatura, à alçada, aos prazos e às competências (art. 2º). Dessa forma, por exemplo, ajuizada uma ação de consignação em pagamento na Justiça do Trabalho, o recurso da decisão de primeira instância será o ordinário, sendo exigidos até mesmo o depósito recursal, se houver condenação (art. 2º, parágrafo único), e custas, estas, porém, regidas pelo princípio da sucumbência recíproca (art. 3º).

Tanto nos procedimentos especiais cíveis quanto nas ações decorrentes da relação de trabalho, isto é, naquelas em que não há vínculo de emprego entre as partes, a presença do advogado é obrigatória (não há *jus postulandi*), motivo pelo qual os honorários advocatícios são devidos pela mera sucumbência (art. 5º). Além disso, o Juiz pode exigir o depósito prévio de honorários periciais, os quais serão suportados, ao final, pela parte sucumbente no objeto da perícia, salvo se for beneficiária da justiça gratuita (art. 6º).

Por fim, a IN 27/05 sublinha que aos emolumentos dessas ações aplicam-se as regras previstas na CLT, conforme previsão dos arts. 789-B e 790 (art. 4º).

Vistas as regras gerais acerca das ações cíveis admitidas na Justiça do Trabalho, o próximo passo consiste em conhecer suas peculiaridades. Sublinhe-se que as ações de "*habeas corpus*" e "*habeas data*" já foram objeto de análise no capítulo V, que trata da competência da Justiça do Trabalho.

18.1. AÇÃO RESCISÓRIA

1. *Conceito, natureza jurídica e finalidade.* A ação rescisória é uma ação autônoma, que tramita em sede de processo de conhecimento, com rito especial. Sua finalidade é rescindir a coisa julgada, isto é, desconstituir uma

decisão de mérito proferida em outro processo, contra a qual já não caiba recurso. Ela difere, portanto, do recurso, uma vez que este é um meio de impugnação (decorrente da extensão do direito de ação do autor ou de defesa do réu) incidental (dentro do mesmo processo) cuja sentença ainda não transitou em julgado.

2. *Fundamento.* O ordenamento jurídico tem como um de seus pilares a segurança jurídica (art. 5º, "*caput*", da CF), razão pela qual a Constituição protege o direito adquirido, o ato jurídico perfeito e a coisa julgada (art. 5º, XXXVI). É desejável, portanto, em nome da segurança jurídica, que as decisões judiciais sejam cumpridas e mantidas. Entretanto, há decisões que contêm certos tipos de vícios que, uma vez preservadas, colocariam em risco a própria segurança jurídica. É o caso, por exemplo, de uma sentença proferida por um Juiz militar, que condenasse um empregador a pagar horas extras a seu empregado. Uma decisão dessa natureza, proferida por um Juiz absolutamente incompetente, colocaria em risco a organização da jurisdição nacional, o que justifica a sua rescisão.

Com efeito, as decisões judiciais podem conter vícios de *existência* (impedem a própria constituição da decisão), de *validade* (embora constituída, a decisão fere normas cogentes de ordem pública) e de *eficácia* (a decisão está validamente constituída, mas ainda não pode produzir todos os seus efeitos). Por exemplo, uma sentença proferida por alguém que não seja Juiz é inexistente; se o Juiz for absolutamente incompetente, como no exemplo citado no parágrafo anterior, ela será inválida; caso o Juiz seja competente, mas não tenha determinado a remessa necessária, em caso de decisão judicial desfavorável a ente público (art. 496 do CPC de 2015), a sentença será ineficaz.

As decisões inexistentes e ineficazes não transitam em julgado. Por isso, esses vícios podem ser objeto de saneamento por quaisquer meios, como recurso, exceção de pré-executividade, mera petição ou até mesmo de ofício pelo Juiz. É o que dispõe o CPC de 2015: "*os atos de disposição de direitos, praticados pelas partes ou por outros participantes do processo e homologados pelo juízo, bem como os atos homologatórios praticados no curso da execução, estão sujeitos à anulação, nos termos da lei*" (art. 966, § 4º).

Já as decisões inválidas, muito embora eivadas de vícios, transitam em julgado após o decurso do prazo para interposição de recurso. Em outras palavras, a decisão permanece, presumidamente, válida, e deve ser cumprida, a não ser que seja desconstituída pela ação rescisória.

Entretanto, nem todos os vícios de validade autorizam o ajuizamento da ação rescisória, senão aqueles descritos no rol taxativo do art. 966 do CPC de 2015.[1067] O fundamento para o ajuizamento da ação rescisória é, pois, a existência de um vício de validade descrito no art. 966 do CPC de 2015. O cabimento dessa ação no Processo do Trabalho está autorizado pelo art. 836, da CLT, pelo que fica superada a Súmula n. 338 do STF.[1068]

3. *Objeto.* As ações rescisórias visam a desconstituir acordos e decisões judiciais, estas podendo ser sentenças (de Juízes do Trabalho) ou acórdãos (de Tribunais). Despachos e decisões interlocutórias, portanto, não podem ser objeto de ação rescisória.

No entanto, nem toda sentença ou acórdão podem ser rescindidos, senão aqueles que possuam decisão de mérito e que tenham transitado em julgado, ou seja, as decisões que fizerem coisa julgada material. Por isso, *v. g.*, a decisão que considera preclusa a oportunidade de impugnação da sentença de liquidação não está sujeita ao corte rescisório.[1069]

(1067)Art. 485. A sentença de mérito, transitada em julgado, pode ser rescindida quando: I — se verificar que foi dada por prevaricação, concussão ou corrupção do juiz; II — proferida por juiz impedido ou absolutamente incompetente; III — resultar de dolo da parte vencedora em detrimento da parte vencida, ou de colusão entre as partes, a fim de fraudar a lei; IV — ofender a coisa julgada; V — violar literal disposição de lei; VI — se fundar em prova, cuja falsidade tenha sido apurada em processo criminal ou seja provada na própria ação rescisória; VII — depois da sentença, o autor obtiver documento novo, cuja existência ignorava, ou de que não pôde fazer uso, capaz, por si só, de lhe assegurar pronunciamento favorável; VIII — houver fundamento para invalidar confissão, desistência ou transação, em que se baseou a sentença; IX — fundada em erro de fato, resultante de atos ou de documentos da causa; § 1º Há erro, quando a sentença admitir um fato inexistente, ou quando considerar inexistente um fato efetivamente ocorrido. § 2º É indispensável, num como noutro caso, que não tenha havido controvérsia, nem pronunciamento judicial sobre o fato.

(1068) Súmula do STF n. 338: Não cabe ação rescisória no âmbito da Justiça do Trabalho.

(1069) Orientação jurisprudencial da SDI-II n. 134. "Ação rescisória. Decisão rescindenda. Preclusão declarada. Formação da coisa julgada formal. Impossibilidade jurídica do pedido. A decisão que conclui estar preclusa a oportunidade de impugnação da sentença de liquidação, por ensejar tão-somente a formação da coisa julgada formal, não é suscetível de rescindibilidade."

O mesmo acontece em relação aos acordos. Estes podem ser extrajudiciais ou judiciais. Apenas os acordos judiciais, surgidos durante o processo e homologados pelo Juiz, é que podem ser objeto de ação rescisória.

Sem embargo, o CPC de 2015 estabeleceu uma exceção, pela qual, desde que configurada uma das hipóteses do art. 966, uma sentença transitada em julgado sem julgamento de mérito poderá ser rescindida quando impedir (art. 966, § 2º):[(1070)] a) nova propositura da demanda;[(1071)] b) a admissibilidade do recurso correspondente.[(1072)]

Via de regra, a rescisão se faz em relação às questões que constam da decisão rescindenda, mais propriamente em sua parte dispositiva. Todavia, existem questões processuais que, a despeito de não constarem da conclusão da sentença ou do acórdão, podem dar ensejo à ação rescisória, desde que tenham servido de base para a decisão de mérito.

Por isso, pode acontecer de uma decisão perfeita, sem vícios aparentes, ser rescindida, por estar fundamentada em questões processuais viciadas.

Questões processuais são aquelas que dizem respeito ao procedimento, que não fazem coisa julgada. O defeito das questões processuais é comumente chamado de "*error in procedendo*". Se uma questão processual viciada tiver servido de pressuposto de validade de uma sentença de mérito, esta pode ser rescindida (Súmula n. 412[(1073)]). É o caso, por exemplo, da nulidade de citação, como será visto mais adiante, por questões didáticas. No CPC de 2015 a rescisão de um capítulo da decisão foi expressamente admitida (art. 966, § 3º).

Já o "*error in judicando*" não pode ser objeto de rescisão. Ele decorre da má interpretação da lei ou da formação equivocada da convicção do magistrado, ao analisar as provas (Súmula n. 410,[(1074)] do TST).

4. *Competência*. Em relação à competência material, ela pertence ao mesmo Tribunal que proferiu a decisão que se pretende rescindir. De conseguinte, se a decisão é proveniente da Justiça do Trabalho, é esta a competente para conhecer e julgar a respectiva ação rescisória.

Uma vez no âmbito da Justiça do Trabalho, o passo seguinte consiste em saber qual órgão possui competência hierárquica ou funcional, o qual será o TRT ou o TST, necessariamente. É que os Juízes do Trabalho não têm competência para julgar ações rescisórias.[(1075)]

Originariamente, a competência para julgar a ação rescisória será do Tribunal onde a decisão tiver transitado em julgado. Assim, por exemplo, se a decisão transitou em julgado perante o Juiz do Trabalho ou o TRT, a competência será deste (art. 678, I, "c", "2", da CLT). Apenas na situação em que a decisão transita em julgado no TST é que este terá a competência para rescindi-la (Lei n. 7.701/88).

Em grau de recurso, no entanto, a competência será sempre do TST, que julgará tanto os recursos das suas próprias decisões quanto os das proferidas pelo TRT, o que será analisado em tópico próprio.

Como já foi afirmado no capítulo sobre a organização da Justiça do Trabalho, o TST está dividido em seções especializadas (o que pode ser copiado pelos regimentos internos dos TRTs), competindo à Subseção II (SDI-II) o julgamento das ações rescisórias propostas contra suas decisões, as da Subseção I e as das Turmas do Tribunal

(1070) Enunciado n. 83 do I FNPT: "[...] A competência da ação rescisória fundada no art. 966, § 2º, II, do NCPC, é do juízo que proferiu a decisão negativa de admissibilidade do recurso. Nessa hipótese, o Tribunal limita-se a proferir o juízo rescindente."

(1071) Enunciado n. 85 do I FNPT: "[...] A decisão rescindenda que extingue o processo sem resolução de mérito por acolhimento da coisa julgada, apesar de possuir conteúdo meramente processual, comporta corte rescisório, pois impede a propositura de nova demanda."

(1072) Enunciado n. 86 do I FNPT: "[...] A decisão do TST que nega provimento ao agravo de instrumento interposto contra decisão do Regional que não conheceu do recurso de revista é rescindível, ainda que não examine o mérito, uma vez que impede a admissibilidade do recurso correspondente."

(1073) Súmula do TST n. 412. "Ação rescisória. Sentença de mérito. Questão processual. "Sob a égide do CPC de 1973, pode uma questão processual ser objeto de rescisão desde que consista em pressuposto de validade de uma sentença de mérito. (ex-OJ n. 46 da SBDI-2 — inserida em 20.09.2000)."

(1074)Súmula do TST n. 410. "Ação rescisória. Reexame de fatos e provas. Inviabilidade. A ação rescisória calcada em violação de lei não admite reexame de fatos e provas do processo que originou a decisão rescindenda."

(1075) Há na doutrina a tese de que, na Justiça comum, existe uma hipótese de ação rescisória ajuizada perante o Juízo de primeira instância, a qual está prevista no art. 19 da Lei de Falências, que permite ao Juiz rescindir o quadro geral de credores. Essa situação, no entanto, jamais ocorrerá no seio da Justiça do Trabalho.

(art. 3º, I, "a", da Lei 7.701/88 c/c art. 71, III, "a", 1, do RITST), cuja decisão será irrecorrível. Quanto às decisões da Seção de Dissídios Coletivos, ela própria possui competência para julgar as respectivas ações rescisórias (art. 2º, I, "c", da Lei n. 7.701/88).

Caberá também à SDI-II julgar o recurso ordinário interposto contra decisão proferida em ação rescisória pelo TRT (art. 71, III, "c", 1, do RITST), bem como o agravo regimental manejado contra decisão monocrática de um de seus membros, que negue seguimento ao recurso ordinário ou que indefira a inicial da ação rescisória (art. 71, III, "b", 1, do RITST).

Contudo, às vezes, é difícil saber onde a sentença transitou em julgado. Para tanto, é preciso ter em mente que: a) a decisão rescindenda é a que examinou o mérito da causa; b) o julgado que analisa aplicação de lei, súmula ou orientação jurisprudencial examina o mérito da causa; c) a competência para julgar a rescisória é do Tribunal que proferiu a decisão rescindenda de mérito.

Isso posto, imagine-se, por exemplo, que:

a) a parte tenha interposto um recurso de revista, almejando modificar a decisão proferida em acórdão do TRT. No TST, se o recurso foi conhecido, a competência para uma eventual ação rescisória será do TST. Caso contrário, se o recurso não foi conhecido, a competência será do TRT. Sem embargo, se o não conhecimento houver sido fundamentado em interpretação de lei, súmula ou orientação jurisprudencial (conforme Súmula n. 333, do TST[(1076)]), haverá exame de mérito pelo TST, pelo que este será o competente para julgar a ação rescisória;

b) o recurso não tenha sido conhecido pelo relator, no TST, também com fundamento na interpretação de lei, súmula ou orientação jurisprudencial. Inconformada, a parte interpõe agravo regimental para a SDI-II. Nesse caso, a decisão desta também comporta corte rescisório, por emitir juízo de mérito, situação em que a competência para julgar a ação rescisória será da própria SDI-II, do TST;

c) no TST, um recurso não tenha sido conhecido, mas sem exame de mérito (interpretação de lei, súmula ou orientação jurisprudencial). Ocorrendo isso, a decisão do TST não substituirá a decisão anterior, de maneira que não caberá ação rescisória no âmbito do TST;

d) houve ajuizamento de ação rescisória para desconstituir uma sentença contra a qual tenha havido recurso ou que venha a ser substituída por um acordo superveniente. Em casos assim, o acórdão do Tribunal e o acordo geram o efeito de substituir a sentença, razão pela qual esta já não pode ser objeto de ação rescisória.

Todas essas hipóteses são objeto da Súmula 192[(1077)] do TST.

Em homenagem ao princípio da *primazia da tutela de mérito*, aplica-se ao Processo do Trabalho as regras do art. 968, §§ 5º e 6º, do CPC de 2015, segundo as quais, uma vez ajuizada a ação rescisória perante juízo incompetente, deste deverá remetê-la ao competente, não sem antes dar a oportunidade de o autor emendar a petição inicial, para adequação de seus fundamentos.[(1078)]

(1076)Súmula do TST n. 333. "Recursos de revista. Conhecimento — Não ensejam recurso de revista decisões superadas por iterativa, notória e atual jurisprudência do Tribunal Superior do Trabalho".

(1077)"Súmula do TST n. 192. Ação rescisória. Competência. (atualizada em decorrência do CPC de 2015) I — Se não houver o conhecimento de recurso de revista ou de embargos, a competência para julgar ação que vise a rescindir a decisão de mérito é do Tribunal Regional do Trabalho, ressalvado o disposto no item II. II — Acórdão rescindendo do Tribunal Superior do Trabalho que não conhece de recurso de embargos ou de revista, analisando arguição de violação de dispositivo de lei material ou decidindo em consonância com súmula de direito material ou com iterativa, notória e atual jurisprudência de direito material da Seção de Dissídios Individuais (Súmula n. 333), examina o mérito da causa, cabendo ação rescisória da competência do Tribunal Superior do Trabalho. III — Sob a égide do art. 512 do CPC de 1973, é juridicamente impossível o pedido explícito de desconstituição de sentença quando substituída por acórdão do Tribunal Regional ou superveniente sentença homologatória de acordo que puser fim ao litígio. IV — Na vigência do CPC de 1973, é manifesta a impossibilidade jurídica do pedido de rescisão de julgado proferido em agravo de instrumento que, limitando-se a aferir o eventual desacerto do juízo negativo de admissibilidade do recurso de revista, não substitui o acórdão regional, na forma do art. 512 do CPC. V- A decisão proferida pela SBDI, em agravo regimental, calcada na Súmula n. 333, substitui acórdão de Turma do TST, porque emite juízo de mérito, comportando, em tese, o corte rescisório.

(1078) Enunciado n. 87 do I FNPT: "[...] Em sede de ação rescisória, o vício de incompetência pode ser solucionado pela intimação do autor para emendar a petição inicial, a fim de adequar o objeto e fundamentos da ação, com posterior remessa dos autos ao juízo competente, não havendo falar em extinção do processo sem resolução do mérito, por inépcia da inicial."

5. *Legitimidade*. Nos termos do art. 967 do CPC de 2015, quem foi parte na ação originária tem legitimidade ativa e passiva para, respectivamente, demandar e ser demandado em uma ação rescisória. Além deles, o sucessor das partes, o terceiro juridicamente interessado e o Ministério Público do Trabalho também podem ajuizar a ação rescisória.

Em relação ao MPT, o art. 967, III, do CPC de 2015, estabelece que o ajuizamento da ação rescisória ocorrerá: a) quando não foi ouvido no processo, em que lhe era obrigatória a intervenção; b) quando a sentença é o efeito de colusão das partes, a fim de fraudar a lei; e c) em outros casos em que se imponha sua atuação. Esse rol não é, portanto, taxativo, de maneira que o MPT poderá ajuizar ação rescisória nas demais hipóteses do art. 966 do CPC de 2015 (Súmula n. 407(1079), do TST), sempre que estiver presente o interesse público primário.(1080)

O terceiro juridicamente interessado também pode ajuizar ação rescisória, por exemplo, por colusão entre as partes, (1081) situação em que o prazo decadencial terá início a partir da ciência do vício.(1082)

Quando a ação originária é coletiva, havendo dela participado substitutos processuais, como é o caso de um sindicato, por exemplo, este poderá ser réu na ação rescisória, sendo inexigível a citação de todos os empregados substituídos (item II, da Súmula n. 406, do TST). Se a ação originária possuía litisconsortes, a repetição destes na ação rescisória torna-se obrigatória apenas em relação ao polo passivo, uma vez que ninguém pode ser obrigado a ajuizar uma ação, já que está é um direito subjetivo (item I, da Súmula n. 406, do TST(1083)).

6. *Requisitos*. São requisitos para a propositura da ação rescisória a realização de *depósito prévio* e a *comprovação do trânsito em julgado da decisão rescindenda*.

6.1. *Depósito prévio*. A ação rescisória trabalhista tem a peculiaridade de exigir a realização de um depósito prévio, correspondente a 20% do valor da causa (art. 836 da CLT), ao passo que, no processo civil, esse percentual é de apenas 5% (art. 968, II, do CPC de 2015).

Como a CLT dispõe de regra própria, não se aplica ao Processo do Trabalho o limite de mil salários-mínimos previsto no art. 968, § 2º, do CPC de 2015.(1084)

(1079)Súmula do TST n. 407. "Ação rescisória. Ministério Público. Legitimidade "ad causam" prevista no art.. 967, III, "a", "b" e "c" do CPC de 2015. Art. 487, III, "a" e "b", do CPC de 1973. Hipóteses meramente exemplificativas. A legitimidade "ad causam" do Ministério Público para propor ação rescisória, ainda que não tenha sido parte no processo que deu origem à decisão rescinden-da, não está limitada às alíneas "a", "b" e "c" do inciso III do art. 967 do CPC de 2015 (art. 487, III, "a" e "b", do CPC de 1973), uma vez que traduzem hipóteses meramente exemplificativas."

(1080)"Ação rescisória. Ministério Público do Trabalho. Defesa de interesse público secundário. Ilegitimidade ativa. Apesar de restar consolidado que o Ministério Público do Trabalho possui legitimidade ativa para ajuizar ação rescisória em outros casos além daqueles previstos nas alíneas "a" e "b" do art. 487, III do CPC (Súmula n. 407 do TST), a atuação do Parquet está restrita à defesa de interesses públicos primários. [...]" (TST-ROAR-124000-95.2007.5.04.0000, Relator: Ministro Emmanoel Pereira, SDI-II, DEJT 21.5.2013).

(1081) "[...] Embora o item VI da Súmula n. 100 do TST, ao excepcionar o início da contagem do prazo decadencial para a propositura da ação rescisória fundada em colusão para o momento que se tem ciência da suposta fraude, se refira tão somente à atuação do Ministério Público do Trabalho que não interveio no processo principal, a tese nele consagrada deve prevalecer nas hipóteses em que o terceiro tenha interesse jurídico em rescindir a coisa julgada maculada por suposta lide simulada. No caso, aplica-se o brocardo latino '*ubi eadem ratio, ibi eadem legis dispositio*', segundo o qual onde existe a mesma razão deve haver a mesma regra de Direito, não se podendo admitir, portanto, que o terceiro que se sinta prejudicado não possa rescindir o julgado cuja existência ignorava. [...]" (TST-RO- 10353-74.2010.5.02.0000, SBDI-II, rel. Min. Douglas Alencar Rodrigues, 7.4.2015).

(1082) "[...] O termo inicial para a contagem do prazo decadencial para ajuizamento de ação rescisória por terceiros juridicamente interessados é o momento em que eles efetivamente tomaram ciência da decisão que pretendem rescindir. Incidência, por analogia, do item VI da Súmula n. 100, do TST. [...]" (TST. RO-1011-21.2011.5.05.0000, SBDI-II, rel. Min. Hugo Carlos Scheuermann, red. p/ acórdão Min. Luiz Philippe Vieira de Mello Filho, 24.11.2015).

(1083)Súmula do TST n. 406. Ação rescisória. Litisconsórcio. Necessário no polo passivo e facultativo no ativo. Inexistente quanto aos substituídos pelo sindicato. I — O litisconsórcio, na ação rescisória, é necessário em relação ao polo passivo da demanda, porque supõe uma comunidade de direitos ou de obrigações que não admite solução díspar para os litisconsortes, em face da indivisibilidade do objeto. Já em relação ao polo ativo, o litisconsórcio é facultativo, uma vez que a aglutinação de autores se faz por conveniência e não pela necessidade decorrente da natureza do litígio, pois não se pode condicionar o exercício do direito individual de um dos litigantes no processo originário à anuência dos demais para retomar a lide. II — O Sindicato, substituto processual e autor da reclamação trabalhista, em cujos autos fora proferida a decisão rescindenda, possui legitimidade para figurar como réu na ação rescisória, sendo descabida a exigência de citação de todos os empregados substituídos, porquanto inexistente litisconsórcio passivo necessário.

(1084) Enunciado n. 84 do I FNPT: "[...] O limite de 1.000 salários mínimos ao depósito para ajuizamento da ação rescisória, previsto no § 2º do art.968 do NCPC não se aplica ao Processo do Trabalho, pois este contém regra específica acerca do tema (art. 836 da CLT), inexistindo lacuna apta a permitir a aplicação subsidiária ou supletiva do NCPC."

O beneficiário da justiça gratuita, a Fazenda Pública, o Ministério Público e a Defensoria Pública estão dispensados da realização do depósito (arts. 836, da CLT, e 968, § 1º, do CPC de 2015). Não obstante, a Instrução Normativa n. 31/2007, do TST, que regulamenta o depósito prévio da ação rescisória no âmbito da Justiça do Trabalho, estende a isenção à massa falida (art. 6º).

A referida norma ainda esclarece acerca da base de cálculo do depósito prévio (arts. 2º e 3º da IN 31/07), estabelecendo que:

a) se a ação rescisória visa desconstituir decisão da fase de conhecimento, corresponderá, no caso de improcedência, ao valor dado à causa no processo originário ou àquele que for fixado pelo Juiz, ou, no caso de procedência, total ou parcial, ao respectivo valor arbitrado na condenação;

b) se a ação visa desconstituir decisão da fase de execução, corresponderá ao valor apurado em liquidação de sentença. Em ambos os casos, o valor será reajustado pela variação cumulada do INPC (IBGE), até a data do seu ajuizamento (art. 4º da IN 31/07), e será revertido em favor do réu, a título de multa, caso o pedido deduzido na ação rescisória seja julgado improcedente (art. 5º da IN 31/07).

O art. 968, § 2º, do CPC de 2015 dispõe que o depósito não poderá ser superior a mil salários mínimos. No nosso sentir, essa limitação não se aplica ao Processo do Trabalho, tendo em vista que o valor do depósito é regulado pelo art. 836 da CLT, que fixa montante superior ao exigido no processo civil.

Caso seja insuficiente, a lei não autoriza a complementação do depósito prévio, razão pela qual a petição inicial será indeferida[1085] (art. 968, § 3º, do CPC de 2015).

6.2. *Certidão de trânsito em julgado*. Outro requisito da ação rescisória é a demonstração inequívoca da ocorrência do trânsito em julgado da decisão de mérito objeto do pedido rescisório, o que deve ser feito por meio documental, no ato de ajuizamento da ação.

O trânsito em julgado deve ser sempre antecedente ao ajuizamento da ação rescisória, tendo em vista ser inexistente ação rescisória preventiva (Súmula n. 299, III, do TST).

De se ressaltar que vícios de ineficácia da decisão, como a ausência de remessa necessária, impedem o trânsito em julgado da decisão, o que torna o pedido impossível e impõe a extinção da ação rescisória por carência de ação (Súmula n. 299, IV, do TST).[1086]

Ao contrário do que ocorre em relação ao depósito prévio, na ausência do requisito da prova do trânsito em julgado, o relator deve intimar o autor para, no prazo de 15 dias, comprovar o trânsito em julgado, pena de indeferimento da petição inicial (Súmula n. 299, I e II, do TST).

Vale dizer o requisito em comento refere-se tão somente ao *trânsito em julgado* da decisão rescindenda, sendo irrelevante se contra ela houve ou não o esgotamento de todos os recursos.[1087]

7. *Prazo*. Como se sabe, os pedidos condenatórios são limitados, no tempo, por prazos prescricionais; os constitutivos, por prazos decadenciais; e os declaratórios, por sua vez, não sofrem limitação temporal. No caso da

(1085) "[...] O depósito prévio previsto no *caput* do art. 836 da CLT constitui pressuposto processual específico da ação rescisória, de modo que sua realização integral deve ser comprovada no momento da protocolização da petição inicial. A jurisprudência da SBDI-2 do TST segue firme no sentido da impossibilidade de concessão de prazo para ulterior comprovação do depósito, inclusive para sua complementação, quando efetuado a menor. [...]" (TST. RO — 1607-86.2011.5.02.0000, Relator: Ministro Emmanoel Pereira, SDI-II, DEJT 19/12/2014).

(1086)Súmula do TST n. 299. Ação rescisória. Decisão rescindenda. Trânsito em julgado. Comprovação. Efeitos. I — É indispensável ao processamento da ação rescisória a prova do trânsito em julgado da decisão rescindenda. II — Verificando o relator que a parte interessada não juntou à inicial o documento comprobatório, abrirá prazo de 15 (quinze) dias para que o faça (art. 321 do CPC de 2015), sob pena de indeferimento. III — A comprovação do trânsito em julgado da decisão rescindenda é pressuposto processual indispensável ao tempo do ajuizamento da ação rescisória. Eventual trânsito em julgado posterior ao ajuizamento da ação rescisória não reabilita a ação proposta, na medida em que o ordenamento jurídico não contempla a ação rescisória preventiva. IV — O pretenso vício de intimação, posterior à decisão que se pretende rescindir, se efetivamente ocorrido, não permite a formação da coisa julgada material. Assim, a ação rescisória deve ser julgada extinta, sem julgamento do mérito, por carência de ação, por inexistir decisão transitada em julgado a ser rescindida"

(1087) Súmula do STF n. 514: Admite-se ação rescisória contra sentença transitada em julgado, ainda que contra ela não se tenha esgotado todos os recursos.

ação rescisória, cujo pedido é desconstitutivo, a lei estabeleceu o prazo decadencial de dois anos como limite ao seu ajuizamento, contados do trânsito em julgado da decisão rescindenda (art. 975 do CPC de 2015),[(1088)] após o qual a ação não poderá ser manejada, de maneira que haverá *coisa soberanamente julgada*.

Relativamente ao prazo decadencial, calha trazer à baila as regras constantes da Súmula n. 100, do TST, que são de fácil entendimento, dispensando maiores comentários:

> Súmula do TST n. 100. Ação rescisória. Decadência.
>
> I — O prazo de decadência, na ação rescisória, conta-se do dia imediatamente subsequente ao trânsito em julgado da última decisão proferida na causa, seja de mérito ou não.
>
> II — Havendo recurso parcial no processo principal, o trânsito em julgado dá-se em momentos e em tribunais diferentes, contando-se o prazo decadencial para a ação rescisória do trânsito em julgado de cada decisão, salvo se o recurso tratar de preliminar ou prejudicial que possa tornar insubsistente a decisão recorrida, hipótese em que flui a decadência a partir do trânsito em julgado da decisão que julgar o recurso parcial.
>
> III — Salvo se houver dúvida razoável, a interposição de recurso intempestivo ou a interposição de recurso incabível não protrai o termo inicial do prazo decadencial.
>
> IV — O juízo rescindente não está adstrito à certidão de trânsito em julgado juntada com a ação rescisória, podendo formar sua convicção através de outros elementos dos autos quanto à antecipação ou postergação do "dies a quo" do prazo decadencial.
>
> V — O acordo homologado judicialmente tem força de decisão irrecorrível, na forma do art. 831 da CLT. Assim sendo, o termo conciliatório transita em julgado na data da sua homologação judicial.
>
> VI — Na hipótese de colusão das partes, o prazo decadencial da ação rescisória somente começa a fluir para o Ministério Público, que não interveio no processo principal, a partir do momento em que tem ciência da fraude.
>
> VII — Não ofende o princípio do duplo grau de jurisdição a decisão do TST que, após afastar a decadência em sede de recurso ordinário, aprecia desde logo a lide, se a causa versar questão exclusivamente de direito e estiver em condições de imediato julgamento.
>
> VIII — A exceção de incompetência, ainda que oposta no prazo recursal, sem ter sido aviado o recurso próprio, não tem o condão de afastar a consumação da coisa julgada e, assim, postergar o termo inicial do prazo decadencial para a ação rescisória.
>
> IX — Prorroga-se até o primeiro dia útil, imediatamente subsequente, o prazo decadencial para ajuizamento de ação rescisória quando expira em férias forenses, feriados, finais de semana ou em dia em que não houver expediente forense. Aplicação do art. 775 da CLT.
>
> X — Conta-se o prazo decadencial da ação rescisória, após o decurso do prazo legal previsto para a interposição do recurso extraordinário, apenas quando esgotadas todas as vias recursais ordinárias.

Ainda quanto ao prazo para ajuizamento, a SDI-II, do TST, consolidou os seguintes entendimentos: a) a Medida Provisória n. 1.577/97 ampliou o prazo para a Fazenda Pública, mas foi suspensa pelo STF, pelo que, se o prazo da rescisória terminou depois da vigência da MP, mas antes da suspensão pelo STF, vale o prazo ampliado, ao passo que o término do prazo antes da vigência da MP faz prevalecer o prazo geral de dois anos (OJ n. 12[(1089)]); b) a LC n. 73/93, que versa sobre a Advocacia-Geral da União, interrompeu o prazo da ação rescisória em favor da União (OJ n. 18[(1090)]); e c) no recurso não conhecido por deserção, a contagem do prazo tem início a partir da respectiva decisão (OJ n. 80[(1091)]).

(1088) Súmula do STJ n. 401: O prazo decadencial da ação rescisória só se inicia quando não for cabível qualquer recurso do último pronunciamento judicial.

(1089)Orientação jurisprudencial da SDI-II n. 12. "Ação rescisória. Decadência. Consumação antes ou depois da edição da Medida Provisória n. 1.577/97. Ampliação do prazo. I — A vigência da Medida Provisória n. 1.577/97 e de suas reedições implicou o elastecimento do prazo decadencial para o ajuizamento da ação rescisória a favor dos entes de direito público, autarquias e fundações públicas. Se o biênio decadencial do art. 495 do CPC de 1973 findou após a entrada em vigor da referida medida provisória e até sua suspensão pelo STF em sede liminar de ação direta de inconstitucionalidade (ADIn 1753-2), tem-se como aplicável o prazo decadencial elastecido à rescisória. II — A regra ampliativa do prazo decadencial para a propositura de ação rescisória em favor de pessoa jurídica de direito público não se aplica se, ao tempo em que sobreveio a Medida Provisória n. 1.577/97, já se exaurira o biênio do art. 495 do CPC de 1973. Preservação do direito adquirido da parte à decadência já consumada sob a égide da lei velha."

(1090)Orientação jurisprudencial da SDI-II n. 18. Ação rescisória. Decadência. União. Lei Complementar n. 73/93, art. 67. Lei n. 8.682/93, art. 6º. O art. 67 da Lei Complementar n. 73/93 interrompeu todos os prazos, inclusive o de decadência, em favor da União no período compreendido entre 14.02.93 e 14.08.93.

(1091)Orientação jurisprudencial da SDI-II n. 80. Ação rescisória. Decadência. "dies a quo". Recurso deserto. Súmula n. 100, do TST. O não-conhecimento do recurso por deserção não antecipa o "dies a quo" do prazo decadencial para o ajuizamento da ação rescisória, atraindo, na contagem do prazo, a aplicação da Súmula n. 100 do TST.

Finalmente, o CPC de 2015 trouxe as seguintes inovações sobre o prazo para ajuizamento da ação rescisória (art. 975):

a) prorroga-se até o primeiro dia útil imediatamente subsequente o prazo a que se refere o *caput*, quando expirar durante férias forenses, recesso, feriados ou em dia em que não houver expediente forense;

b) se fundada a ação na obtenção de prova nova, o termo inicial do prazo será a data de sua descoberta, observado o prazo máximo de cinco anos, contado do trânsito em julgado da última decisão proferida no processo;

c) nas hipóteses de simulação ou de colusão das partes, o prazo começa a contar, para o terceiro prejudicado e para o Ministério Público, que não interveio no processo, a partir do momento em que têm ciência da simulação ou da colusão.

8. *Cabimento*. As hipóteses de cabimento da ação rescisória são taxativas e estão descritas no art. 966 do CPC de 2015. Este promoveu três significativas alterações, que são: a) a modificação da hipótese de *violação de lei* para violação de *norma jurídica*, que tem sentido mais amplo (alcança princípios e atos normativos, por exemplo); b) a supressão da hipótese de vício na confissão, desistência ou transação;[1092] c) a mudança do fundamento *documento novo* para *prova nova*, que abrange outras espécies de prova, como a testemunhal, por exemplo.

As situações remanescentes podem ser agrupadas em situações relativas *ao Juiz*, *às partes* e *à decisão*.

Quanto ao *Juiz*, as hipóteses são: a) prevaricação, concussão e corrupção; b) impedimento; c) incompetência absoluta.

Em relação às *partes*, são elas: a) dolo da parte vencedora em detrimento da parte vencida; b) colusão entre as partes, a fim de fraudar a lei.

No que tange à *decisão*, ela poderá ser rescindida por: a) ofensa à coisa julgada; b) violação manifesta de norma jurídica; c) se fundar em prova, cuja falsidade tenha sido apurada em processo criminal ou seja provada na própria ação rescisória; d) surgimento de prova nova capaz, por si só, de assegurar ao autor pronunciamento favorável, cuja existência o autor ignorava ou não pode fazer uso; e) erro de fato verificável no exame dos autos.

Para memorizar

Hipóteses de ação rescisória:

- Juiz: corrupto, impedido e incompetente;
- Parte: dolo e colusão;
- Decisão: prova falsa, prova nova, coisa julgada, violação de norma e erro de fato.

8.1. *Prevaricação, concussão ou corrupção do juiz*. Nessas três situações, o fundamento para a rescisão do julgado é a falta de imparcialidade do Juiz. Todas constituem crime, mas também são ilícitos civis (vícios de validade).

Os conceitos das citadas práticas podem ser extraídos do Código Penal, no qual prevaricar é "retardar ou deixar de praticar, indevidamente, ato de ofício, ou praticá-lo contra disposição expressa de lei, para satisfazer interesse ou sentimento pessoal" (art. 319). A prática de concussão, por sua vez, consiste em "exigir, para si ou para outrem, direta ou indiretamente, ainda que fora da função ou antes de assumi-la, mas em razão dela, vantagem indevida" (art. 316). Já a corrupção, a qual se refere a lei processual civil, é a passiva, cujo tipo é "solicitar ou receber, para si ou para outrem, direta ou indiretamente, ainda que fora da função ou antes de assumi-la, mas em razão dela, vantagem indevida, ou aceitar promessa de tal vantagem (art. 317, do CP).

(1092) Com a extinção dessas hipóteses, ocorrendo vício na confissão, desistência (que, em verdade, é renúncia, porque apenas esta faz coisa julgada material) ou transação, a parte prejudicada poderá fazer uso da ação anulatória, com fundamento em vício de vontade.

Em função da independência entre a jurisdição cível e a criminal, a fundamentação da ação rescisória não depende do ajuizamento de ação penal, tampouco da condenação do Juiz pela prática dessas condutas criminosas. Basta que os ilícitos sejam provados na própria ação rescisória, portanto. Não obstante, uma vez comprovada a ausência de autoria e materialidade no juízo criminal, essa decisão produzirá efeitos na ação rescisória.

8.2. *Impedimento e incompetência absoluta.* Os casos de impedimento estão descritos no art. 144 do CPC de 2015, caracterizando-se por proibir o Juiz de exercer suas funções em situações objetivas, como ser parte na causa, por exemplo.(1093)

Por se tratar de norma que restringe direitos (segurança jurídica), não se admite a interpretação extensiva para alcançar as hipóteses de suspeição (art. 145 do CPC de 2015).

Pelo mesmo motivo, somente a incompetência absoluta (assim definida pelos critérios material e funcional) autoriza o ajuizamento da ação rescisória.

8.3. *Dolo da parte vencedora ou colusão entre as partes.* Age com dolo a parte que impede ou dificulta a atuação processual da outra parte, chegando ao ponto de influenciar o juízo a decidir a seu favor.(1094)

Todavia, como o próprio nome indica, a parte é parcial, porque age com interesse na causa. Por isso, muito embora tenha o dever de expor os fatos em juízo conforme a verdade e proceder com lealdade e boa-fé (art. 5º do CPC de 2015), é lícito a ela silenciar a respeito de fatos que lhes forem contrários, sem que essa conduta caracterize dolo processual. Também não há falar em dolo nos acordos, tendo em vista que nesses não há parte vencedora ou vencida.(1095)

Nas *lides simuladas*, as partes agem em conluio para fraudar a lei ou para prejudicar terceiros. Seria o caso, por exemplo, de uma empresa que, à beira da falência, tenta transferir os bens para um parente dos sócios, a fim de livrá-los dos credores. Para isso, registra o parente como empregado, para que ele ajuíze uma ação milionária e, em um acordo, todos os bens sejam transferidos a ele, os quais ficarão imunes aos credores, tendo em vista o privilégio dos créditos trabalhistas. Trata-se de uma relação falsa, simulada, em que não há lide, razão pela qual o Juiz deve extinguir o processo, não sem antes aplicar as penalidades da litigância de má-fé (art. 142 do CPC de 2015), e oficiar ao Ministério Público, para tomar as medidas cabíveis, como o oferecimento de denúncia por crime falimentar, por exemplo.

Pois bem. Caso a lide simulada só venha a ser descoberta após a celebração do acordo (que, vale lembrar, transita em julgado na data de sua homologação), caberá ação rescisória para desconstituí-lo (OJ n. 94, da SDI-II(1096)). Não obstante, curiosamente, o TST tem entendido que a lide simulada não configura litigância de má-fé, ao argumento de que a rescisão do julgado já caracteriza sanção suficiente para as partes (OJ n. 158, da SDI-II(1097)).

(1093) O instituto do impedimento foi mais bem examinado no Capítulo 11, ao qual remetemos o leitor.

(1094)"[...] No que concerne à alegação de dolo da parte vencedora em detrimento da vencida a ensejar a ação rescisória, nos termos do art. 485, III, do Código de Processo Civil, apenas ocorre a hipótese quando a parte impede ou dificulta a atuação processual da parte contrária e, com isso, influencia o juízo, de modo que o pronunciamento teria sido diferente se não houvesse a atuação reprovável do vencedor, o que não se verifica no caso em tela. Recurso ordinário a que se nega provimento." (TST. RO — 2222-45.2010.5.08.0000, Relator: Ministro Cláudio Mascarenhas Brandão. SDI-II. DEJT 10/10/2014).

(1095)Súmula do TST n. 403. "Ação rescisória. Dolo da parte vencedora em detrimento da vencida. Art. 485, III, do CPC. I — Não caracteriza dolo processual, previsto no art. 485, III, do CPC, o simples fato de a parte vencedora haver silenciado a respeito de fatos contrários a ela, porque o procedimento, por si só, não constitui ardil do qual resulte cerceamento de defesa e, em conseqüência, desvie o juiz de uma sentença não-condizente com a verdade. II — Se a decisão rescindenda é homologatória de acordo, não há parte vencedora ou vencida, razão pela qual não é possível a sua desconstituição calcada no inciso III do art. 485 do CPC (dolo da parte vencedora em detrimento da vencida), pois constitui fundamento de rescindibilidade que supõe solução jurisdicional para a lide.

(1096)Orientação jurisprudencial da SDI-II n. 94. "Ação rescisória. Colusão. Fraude à lei. Reclamatória simulada extinta. A decisão ou acordo judicial subjacente à reclamação trabalhista, cuja tramitação deixa nítida a simulação do litígio para fraudar a lei e prejudicar terceiros, enseja ação rescisória, com lastro em colusão. No juízo rescisório, o processo simulado deve ser extinto."

(1097)Orientação jurisprudencial da SDI-II n. 158. "Ação rescisória. Declaração de nulidade de decisão homologatória de acordo em razão de colusão (art. 485, III, do CPC). Multa por litigância de má-fé. Impossibilidade. A declaração de nulidade de decisão homologatória de acordo, em razão da colusão entre as partes (art. 485, III, do CPC), é sanção suficiente em relação ao procedimento adotado, não havendo que ser aplicada a multa por litigância de má-fé."

No nosso sentir a rescisão do julgado não é sanção suficiente, pois as partes não guardaram o seu dever de boa-fé processual. No mesmo sentido é o enunciado n. 89 do I FNPT.(1098)

8.4. *Coisa julgada.* A coisa julgada refere-se a processos distintos, sendo um antecedente e outro posterior, entre os quais haja identidade de partes, causa de pedir e pedidos, bem como que ambas as decisões tenham enfrentado explicitamente as mesmas questões nas razões de decidir,(1099) de forma que seja desnecessário interpretá-las.(1100)

Não cabe ação rescisória, portanto, para desconstituir decisões contraditórias em um mesmo processo, como seria o caso do conflito entre a sentença e a decisão de embargos à execução. Em casos assim, o correto é fundamentar a ação rescisória na violação de lei, citando o art. 5º, XXXVI, da CF, o qual protege a coisa julgada.(1101)

Em sendo distintos os processos, a contradição pode dar-se entre sentenças, acórdãos e acordos, entre si ou uns com os outros.(1102)

Calha mencionar o posicionamento do TST quanto às sentenças que deferem diferenças salariais decorrentes de planos econômicos (OJ 262, da SDI-I, e OJ 35, da SDI-II).

Em tempos pretéritos, era comum os planos econômicos instituírem reajustes automáticos de salários ("gatilhos"), concedendo aumento salarial a partir de determinada data. Ocorre que cada categoria tem a sua data-base, dia em que as convenções e acordos coletivos de salário passam a vigorar, os quais também costumam contemplar aumentos salariais. Dessa forma, os aumentos concedidos no gatilho eram deduzidos na data-base, para que não fossem cumulativos.

No entanto, nem sempre as sentenças fixavam de modo expresso essa dedução e o problema acabava surgindo na execução, já que os exequentes pretendiam o recebimento cumulado dos reajustes, enquanto os executados sustentavam a dedução, mesmo na omissão da sentença. Dessa forma, o TST entendeu que: a) se a sentença não estabelece limite para o pagamento das diferenças, a dedução ocorrerá na data-base da categoria, fato que não ofende a coisa julgada; b) se sentença estabelece data diferente da data-base, expressamente, a dedução dos reajustes na data-base ofende a coisa julgada, comportando ação rescisória.

A ação rescisória de plano econômico também pode ser ajuizada com fundamento em *violação de norma jurídica*, o que pressupõe a invocação expressa de ofensa ao art. 5º, XXXVI, da CF (coisa julgada).(1103)

(1098) Enunciado n. 89 do I FNPT: "[...] Diante da redação do art. 142 do NCPC, antigo art. 129 do CPC/73, acrescentando a expressão "aplicando, de ofício, as penalidades da litigância de má-fé", é possível, inclusive na ação rescisória, a condenação de ofício dos litigantes em colusão."

(1099) Orientação jurisprudencial da SDI-II n. 101. "Ação Rescisória. Inciso IV do art. 966 do CPC de 2015. Art. 485, IV, do CPC de 1973. Ofensa a coisa julgada. Necessidade de fixação de tese na decisão rescindenda. Para viabilizar a desconstituição do julgado pela causa de rescindibilidade do inciso IV do art. 966 do CPC de 2015 (inciso IV do art. 485 do CPC de 1973), é necessário que a decisão rescindenda tenha enfrentado as questões ventiladas na ação rescisória, sob pena de inviabilizar o cotejo com o título executivo judicial tido por desrespeitado, de modo a se poder concluir pela ofensa à coisa julgada."

(1100)Orientação jurisprudencial da SDI-II n. 123. "Ação rescisória. Interpretação do sentido e alcance do título executivo. Inexistência de ofensa à coisa julgada. O acolhimento da ação rescisória calcada em ofensa à coisa julgada supõe dissonância patente entre as decisões exeqüenda e rescindenda, o que não se verifica quando se faz necessária a interpretação do título executivo judicial para se concluir pela lesão à coisa julgada."

(1101) Orientação jurisprudencial da SDI-II n. 157. "Ação rescisória. Decisões proferidas em fases distintas de uma mesma ação. Coisa julgada. Não configuração. A ofensa à coisa julgada de que trata o inciso IV do art. 966 do CPC de 2015 (inciso IV do art. 485 do CPC de 1973) refere-se apenas a relações processuais distintas. A invocação de desrespeito à coisa julgada formada no processo de conhecimento, na correspondente fase de execução, somente é possível com base na violação do art. 5º, XXXVI, da Constituição da República."

(1102) Orientação jurisprudencial da SDI-II n. 132. "Ação rescisória. Acordo homologado. Alcance. Ofensa à coisa julgada. Acordo celebrado — homologado judicialmente — em que o empregado dá plena e ampla quitação, sem qualquer ressalva, alcança não só o objeto da inicial, como também todas as demais parcelas referentes ao extinto contrato de trabalho, violando a coisa julgada, a propositura de nova reclamação trabalhista."

(1103) Orientação jurisprudencial da SDI-II n. 34. "Ação rescisória. Planos econômicos. I — O acolhimento de pedido em ação rescisória de plano econômico, fundada no art. 485, inciso V, do CPC de 1973, pressupõe, necessariamente, expressa invocação na petição inicial de afronta ao art. 5º, inciso XXXVI, da Constituição Federal de 1988. A indicação de ofensa literal a preceito de lei ordinária atrai a incidência da Súmula n. 83 do TST e Súmula n. 343 do STF. II — Se a decisão rescindenda é posterior à Súmula n. 315 do TST (Res. 07, DJ 22.09.93), inaplicável a Súmula n. 83 do TST."

8.5. *Violação de norma jurídica.*

8.5.1. *Norma jurídica.* No conceito de *norma jurídica* estão inseridas todas as normas gerais, abstratas e cogentes impostas pelo Estado (normas jurídicas heterônomas), *v. g.*, lei ordinária, lei complementar, lei delegada, decreto-lei, medida provisória, resolução legislativa, decreto legislativo e decreto executivo.

O conceito também abrange a Constituição Federal, pelo que é cabível, por exemplo, a ação rescisória destinada a considerar nula a contratação, sem concurso público, de servidor, a qual pressupõe, por sinal, a invocação de ofensa ao art. 37, II e § 2º, da CF/1988.[1104] Já a ação rescisória calcada em violação do art. 37, "*caput*", da CF, por desrespeito ao princípio da legalidade administrativa, exige que ao menos o princípio constitucional tenha sido prequestionado na decisão, sendo dispensada a citação do artigo.[1105]

De outra face, o conceito de *norma jurídica*, no entendimento do C. TST, não abrange convenções e acordos coletivos de trabalho, regulamentos, portaria, súmula e orientações jurisprudenciais, por não serem normas genéricas, cogentes e heterônomas.[1106] Tampouco a invocação de princípios genéricos, como os da legalidade, devido processo legal, contraditório e ampla defesa é suficiente para fundamentar a ação rescisória por violação de lei.[1107]

Ocorre que esse entendimento estava sustentado pelo CPC de 1973, que tinha como paradigma a *lei*. Por isso, no nosso sentir, tanto as normas coletivas quanto os princípios citados possuem natureza jurídica de norma jurídica, pelo que, com o advento do CPC de 2015, devem servir de paradigma para o ajuizamento de ação rescisória.

É possível que a decisão esteja alicerçada em mais de um fundamento normativo. Nesse caso, a ação rescisória deverá atacar todos eles, à maneira das razões adotadas na decisão rescindenda.[1108]

8.5.2. *Prequestionamento ou pronunciamento explícito.* Como foi visto, a ação rescisória não se confunde com os recursos, porque é uma demanda autônoma, de maneira que não está sujeita aos pressupostos recursais. Todavia, ela guarda certa semelhança com eles, porque ambos têm como objeto a alteração de decisões judiciais. Destarte, enquanto os recursos exigem o depósito recursal, a ação rescisória possui o depósito prévio, por exemplo.

Outro pressuposto bastante parecido é o prequestionamento. Nos recursos, ele é exigível para aqueles que possuem natureza extraordinária, como o recurso de revista e de embargos de divergência, porque versam exclusivamente sobre teses, as quais só podem ser levadas ao crivo do TST, após terem sido examinados pelos Regionais, de forma definitiva, os fatos e as provas.

Na ação rescisória que tenha como fundamento a violação a norma jurídica, é preciso que a sentença rescindenda tenha adotado tese explícita, a bem de permitir que seja confrontada com o texto da lei, para saber

(1104) Orientação jurisprudencial da SDI-II n. 10. "Ação rescisória. Contrato nulo. Administração Pública. Efeitos. Art. 37, II e § 2º, da CF/1988. Somente por ofensa ao art. 37, II e § 2º, da CF/1988, procede o pedido de rescisão de julgado para considerar nula a contratação, sem concurso público, de servidor, após a CF/1988."

(1105) Orientação jurisprudencial da SDI-II n. 135. "Ação rescisória. Violação do art. 37, "*caput*", da CF/1988. Necessidade de prequestionamento. A ação rescisória calcada em violação do art. 37, "*caput*", da Constituição Federal, por desrespeito ao princípio da legalidade administrativa exige que ao menos o princípio constitucional tenha sido prequestionado na decisão."

(1106) Orientação jurisprudencial da SDI-II n. 25. "Ação rescisória. Regência pelo CPC de 1973. Expressão "lei" do art. 485, V, do CPC de 1973. Não inclusão do ACT, CCT, portaria, regulamento, súmula e orientação jurisprudencial de tribunal. (atualizada em decorrência do CPC de 2015) Não procede pedido de rescisão fundado no art. 485, V, do CPC de 1973 quando se aponta contrariedade à norma de convenção coletiva de trabalho, acordo coletivo de trabalho, portaria do Poder Executivo, regulamento de empresa e súmula ou orientação jurisprudencial de tribunal."

(1107) Orientação jurisprudencial da SDI-II n. 97. "Ação rescisória. Violação do art. 5º, II, LIV e LV, da Constituição Federal. Princípios da legalidade, do devido processo legal, do contraditório e da ampla defesa. Os princípios da legalidade, do devido processo legal, do contraditório e da ampla defesa não servem de fundamento para a desconstituição de decisão judicial transitada em julgado, quando se apresentam sob a forma de pedido genérico e desfundamentado, acompanhando dispositivos legais que tratam especificamente da matéria debatida, estes sim, passíveis de fundamentarem a análise do pleito rescisório."

(1108) Orientação jurisprudencial da SDI-II n. 112. "Ação rescisória. Violação de lei. Decisão rescindenda por duplo fundamento. Impugnação parcial. Para que a violação da lei dê causa à rescisão de decisão de mérito alicerçada em duplo fundamento, é necessário que o Autor da ação rescisória invoque causas de rescindibilidade que, em tese, possam infirmar a motivação dúplice da decisão rescindenda."

se houve ou não violação. Todavia, tecnicamente, o que se exige não é um *prequestionamento*, mas sim um *pronunciamento explícito* sobre a aplicação de determinado dispositivo normativo.

Esse pronunciamento explícito diz respeito à matéria e ao enfoque específico da tese debatida na ação, ou seja, não é preciso que a decisão rescindenda tenha citado o dispositivo normativo tido por violado ou a ele se tenha referido, porquanto é justamente a ignorância acerca de sua existência o motivo mais frequente para a norma não ter sido respeitada.

Em se tratando de remessa necessária, basta que o Tribunal confirme a sentença, para que haja substituição do julgado e, por conseguinte, seja passível do corte rescisório.

Já nos casos de acordo, nos quais a sentença é meramente homologatória e não se pronuncia sobre os motivos de convencimento do juiz, não será possível ajuizar ação rescisória por violação a norma jurídica, por ausência de pronunciamento explícito.

É de se observar, porém, que a exigência do pronunciamento explícito não é absoluta, porque o vício pode nascer do próprio julgamento, como ocorre nas sentenças "*extra*", "*citra*" e "*ultra petita*".

Os comentários feitos até aqui são objeto da Súmula n. 298, do TST;(1109) mas, além dela, a OJ n. 124,(1110) da SDI-II, estabelece que a arguição de incompetência absoluta não necessita de pronunciamento explícito.

8.5.3. *Interpretação controvertida*. Quanto ao mérito da ação rescisória por violação a norma jurídica, o TST entende que não haverá tal violação, se a decisão estiver baseada em *interpretação controvertida*, a qual deixa de sê-la com a edição de uma orientação jurisprudencial (Súmula n. 83, do TST(1111)). No mesmo sentido é a jurisprudência do STF.(1112)

8.5.4. *Casuística*. De conseguinte, a jurisprudência consolidada da SDI-II, do TST, estabelece que não viola a lei a decisão que: a) defere horas extras após a sexta diária ao bancário do Banco do Brasil, com adicionais AP, ADI ou AFR, desde que seja anterior à OJ n. 17 (OJ n. 5(1113)); b) defere correção monetária decorrente da implantação tardia do Plano de Cargos de Universidade Federal, na época em que a matéria era controvertida (OJ n. 11(1114));

(1109) Súmula do TST n. 298. "Ação rescisória. Violação a disposição de lei. Pronunciamento explícito. I — A conclusão acerca da ocorrência de violação literal a disposição de lei pressupõe pronunciamento explícito, na sentença rescindenda, sobre a matéria veiculada. II — O pronunciamento explícito exigido em ação rescisória diz respeito à matéria e ao enfoque específico da tese debatida na ação, e não, necessariamente, ao dispositivo legal tido por violado. Basta que o conteúdo da norma reputada violada haja sido abordado na decisão rescindenda para que se considere preenchido o pressuposto. III — Para efeito de ação rescisória, considera-se pronunciada explicitamente a matéria tratada na sentença quando, examinando remessa de ofício, o Tribunal simplesmente a confirma. IV — A sentença meramente homologatória, que silencia sobre os motivos de convencimento do juiz, não se mostra rescindível, por ausência de pronunciamento explícito. V — Não é absoluta a exigência de pronunciamento explícito na ação rescisória, ainda que esta tenha por fundamento violação de dispositivo de lei. Assim, prescindível o pronunciamento explícito quando o vício nasce no próprio julgamento, como se dá com a sentença "*extra, citra e ultra petita*".

(1110) Orientação jurisprudencial da SDI-II n. 124. "Ação Rescisória. Art. 966, inciso II, do CPC de 2015. Art. 485, inciso II, do CPC de 1973. Arguição de incompetência absoluta. Prequestionamento inexigível. Na hipótese em que a ação rescisória tem como causa de rescindibilidade o inciso II do art. 966 do CPC de 2015 (inciso II do art. 485 do CPC de 1973), a arguição de incompetência absoluta prescinde de prequestionamento."

(1111) Súmula do TST n. 83. "Ação rescisória. Matéria controvertida. I — Não procede pedido formulado na ação rescisória por violação literal de lei se a decisão rescindenda estiver baseada em texto legal infraconstitucional de interpretação controvertida nos Tribunais. II — O marco divisor quanto a ser, ou não, controvertida, nos Tribunais, a interpretação dos dispositivos legais citados na ação rescisória é a data da inclusão, na Orientação Jurisprudencial do TST, da matéria discutida."

(1112) Súmula do STF n. 343: Não cabe ação rescisória por ofensa a literal disposição de lei, quando a decisão rescindenda se tiver baseado em texto legal de interpretação controvertida nos tribunais.

(1113) Orientação jurisprudencial da SDI-II n. 5. "Ação rescisória. Banco do Brasil. AP e ADI. Horas extras. Súmula n. 83 do TST. Aplicável. Não se acolhe pedido de rescisão de julgado que deferiu a empregado do Banco do Brasil S.A. horas extras após a sexta, não obstante o pagamento dos adicionais AP e ADI, ou AFR quando a decisão rescindenda for anterior à Orientação Jurisprudencial n. 17, da Seção de Dissídios Individuais do TST (07.11.94). Incidência das Súmulas n. 83 do TST e 343 do STF."

(1114) Orientação jurisprudencial da SDI-II n. 11. "Ação rescisória. Correção monetária. Lei n. 7.596/87. Universidades Federais. Implantação tardia do plano de classificação de cargos. Violação de lei. Súmula n. 83 do TST. Aplicável. Não se rescinde julgado que acolhe pedido de correção monetária decorrente da implantação tardia do Plano de Classificação de Cargos de Universidade Federal previsto na Lei n. 7.596/87, à época em que era controvertida tal matéria na jurisprudência. Incidência da Súmula n. 83 do TST."

c) impõe multa (cláusula penal) em acordo, antes da OJ n. 54 (OJ n. 30[(1115)]); d) assegura ou nega estabilidade pré-eleitoral, antes da OJ n. 51 (OJ n. 23[(1116)]); e) defere complementação de aposentadoria a empregado do BANESPA (OJ n. 8[(1117)]); f) reconhece garantia de emprego com base do Aviso DIREH 0284, da CONAB (OJ n. 9[(1118)]); g) versa sobre incidência do Imposto de Renda na parcela "abono pecuniário" de Plano de Demissão Voluntária (OJ n. 19[(1119)]); h) estende a gratificação da SUFRAMA aos celetistas de nível superior (OJ n. 26[(1120)]); i) defere cumulação de reajustes bimestrais e quadrimestrais (OJ n. 39[(1121)]); e j) fixa salário do professor em múltiplos do salário mínimo, salvo correção automática (OJ n. 71[(1122)]).

De outra face, a SDI-II entende que viola a lei a decisão que: a) defere adicional de insalubridade com base na remuneração do empregado (OJ n. 2[(1123)]), muito embora essa tese seja anterior à edição da Súmula Vinculante n. 4, do STF; b) defere Adicional de Caráter Pessoal de empregado do Banco do Brasil (OJ n. 4[(1124)]); c) nega estabilidade a membro suplente de CIPA (OJ n. 6[(1125)]); d) determina a reintegração, quando já exaurido o período de estabilidade (OJ n. 24[(1126)]); e) defere assunção de professor-adjunto ao cargo de titular,

---

(1115) Orientação jurisprudencial da SDI-II n. 30. "Ação rescisória. Multa. Art. 920 do Código Civil de 1916 (art. 412 do Código Civil de 2002). Não se acolhe, por violação do art. 920 do Código Civil de 1916 (art. 412 do Código Civil de 2002), pedido de rescisão de julgado que: a) em processo de conhecimento, impôs condenação ao pagamento de multa, quando a decisão rescindenda for anterior à Orientação Jurisprudencial n. 54 da Subseção I Especializada em Dissídios Individuais do TST (30.05.94), incidindo o óbice da Súmula n. 83 do TST; b) em execução, rejeita-se limitação da condenação ao pagamento de multa, por inexistência de violação literal."

(1116) Orientação jurisprudencial da SDI-II n. 23. "Ação rescisória. Estabilidade. Período pré-eleitoral. Violação de lei. Súmula n. 83 do TST. Aplicável. Não procede pedido de rescisão de sentença de mérito que assegura ou nega estabilidade pré-eleitoral, quando a decisão rescindenda for anterior à Orientação Jurisprudencial n. 51, da Seção de Dissídios Individuais do TST (25.11.96). Incidência da Súmula n. 83 do TST."

(1117) Orientação jurisprudencial da SDI-II n. 8. "Ação rescisória. Complementação de aposentadoria. Banespa. Súmula n. 83 do TST. Não se rescinde julgado que acolheu pedido de complementação de aposentadoria integral em favor de empregado do BANESPA, antes da Súmula n. 313 do TST, em virtude da notória controvérsia jurisprudencial então reinante. Incidência da Súmula n. 83 do TST."

(1118) Orientação jurisprudencial da SDI-II n. 9. Ação rescisória. CONAB. Aviso DIREH 2/84. Súmula n. 83 do TST. Aplicável. Não se rescinde julgado que reconheceu garantia de emprego com base no Aviso DIREH 02/84 da Conab, antes da Súmula n. 355, em virtude da notória controvérsia jurisprudencial então reinante. Incidência da Súmula n. 83 do TST.

(1119) Orientação jurisprudencial da SDI-II n. 19. "Ação rescisória. Desligamento incentivado. Imposto de renda. Abono pecuniário. Violação de lei. Súmula n. 83 do TST. Aplicável. Havendo notória controvérsia jurisprudencial acerca da incidência de imposto de renda sobre parcela paga pelo empregador ("abono pecuniário") a título de "desligamento incentivado", improcede pedido de rescisão do julgado. Incidência da Súmula n. 83 do TST."

(1120) Orientação jurisprudencial da SDI-II n. 26. "Ação rescisória. Gratificação de nível superior. SUFRAMA. A extensão da gratificação instituída pela SUFRAMA aos servidores celetistas exercentes de atividade de nível superior não ofende as disposições contidas nos arts. 37, XIII e 39, § 1º, da CF/88."

(1121) Orientação jurisprudencial da SDI-II n. 39. "Ação rescisória. Reajustes bimestrais e quadrimestrais. Lei n. 8.222/91. Súmula n. 83 do TST. Aplicável. Havendo controvérsia jurisprudencial à época, não se rescinde decisão que aprecia a possibilidade de cumulação das antecipações bimestrais e reajustes quadrimestrais de salário previstos na Lei n. 8.222/91. Incidência da Súmula n. 83 do TST."

(1122) Orientação jurisprudencial da SDI-II n. 71. "Ação rescisória. Salário profissional. Fixação. Múltiplo de salário mínimo. Art. 7º, IV, da CF/88. A estipulação do salário profissional em múltiplos do salário mínimo não afronta o art. 7º, inciso IV, da Constituição Federal de 1988, só incorrendo em vulneração do referido preceito constitucional a fixação de correção automática do salário pelo reajuste do salário mínimo."

(1123) Orientação jurisprudencial da SDI-II n. 2. "Ação rescisória. Adicional de insalubridade. Base de cálculo. Salário mínimo. Cabível. Viola o art. 192 da CLT decisão que acolhe pedido de adicional de insalubridade com base na remuneração do empregado."

(1124) Orientação jurisprudencial da SDI-II n. 4. "Ação rescisória. Banco do Brasil. Adicional de caráter pessoal. ACP. Procede, por ofensa ao art. 5º, inciso XXXVI, da CF/88, o pedido de rescisão de julgado que acolheu Adicional de Caráter Pessoal em favor de empregado do Banco do Brasil S.A."

(1125) Orientação jurisprudencial da SDI-II n. 6. "Ação rescisória. Cipeiro suplente. Estabilidade. ADCT da CF/88, Art. 10, II, "A". Súmula n. 83 do TST. Rescinde-se o julgado que nega estabilidade a membro suplente de CIPA, representante de empregado, por ofensa ao art. 10, II, "a", do ADCT da CF/88, ainda que se cuide de decisão anterior à Súmula n. 339 do TST. Incidência da Súmula n. 83 do TST."

(1126) Orientação jurisprudencial da SDI-II n. 24. "Ação rescisória. Estabilidade provisória. Reintegração em período posterior. Direito limitado aos salários e consectários do período da estabilidade. Rescinde-se o julgado que reconhece estabilidade provisória e determina a reintegração de empregado, quando já exaurido o respectivo período de estabilidade. Em juízo rescisório, restringe-se a condenação quanto aos salários e consectários até o termo final da estabilidade."

sem concurso OJ n. 38[1127]); e f) revela-se "*citra petita*", mesmo sem oposição de embargos declaratórios (OJ n. 41[1128]).

8.5.5. *Falta ou má aplicação da técnica do "disginguishing"*. A Lei n. 13.256/16 incluiu os §§ 5º e 6º ao art. 966 do CPC de 2015, estabelecendo que cabe ação rescisória contra julgamento baseado em precedente ou súmula que não tenha considerado a distinção entre os casos (técnica do "*distinguishing*"[1129]), sendo ônus do autor demonstrar a distinção na petição inicial, de forma fundamentada, sob pena de inépcia.

8.6. *Prova falsa*. Tanto as falsidades materiais quanto ideológicas da prova autorizam o manejo da ação rescisória, desde que a prova viciada tenha sido determinante para o julgamento do mérito da causa. Existentes outras provas hígidas e capazes de sustentar o julgado, não há falar em rescisão.

8.7. *Prova nova*. A *novidade* em questão está na sua obtenção pela parte (que só descobriu a prova ou pode dela fazer uso após o trânsito em julgado da decisão) e não na criação da prova, de maneira que documento novo, por exemplo, "*é o cronologicamente velho, já existente ao tempo da decisão rescindenda, mas ignorado pelo interessado ou de impossível utilização, à época, no processo*" (Súmula n. 402, do TST). Por isso é que a negligência da parte em apresentar o documento ou a confecção deste após a decisão primeva descaracterizam a novidade capaz de rescindir o julgado, tal qual ocorre nos casos em que a parte, ciente da existência de uma sentença normativa (que decide dissídio coletivo), deixa de juntar aos autos a decisão, ou na hipótese em que a referida sentença é proferida após a sentença rescindenda.[1130]

Vale dizer que o CPC de 1973 só admitia a prova documental como fundamento para o ajuizamento de ação rescisória.

8.8. *Vícios na confissão, na desistência ou na transação*. O CPC de 2015 suprimiu essa hipótese de rescisão da decisão. Todavia, é importante examiná-la, já que muitos processos ainda podem tramitar com esse argumento, por questões de direito intertemporal. Além disso, algumas hipóteses podem ser subsumidas a outros incisos do art. 966, de maneira que precisam ser examinadas.

A *confissão* a que se refere o art. 485, VIII, do CPC de 1973, é a real, decorrente de erro, dolo ou coação, e não a confissão ficta, advinda, por exemplo, da revelia ou da ausência à audiência da qual foi a parte foi previamente intimada para prestar depoimento.[1131]

Quando o art. 485, VIII, do CPC de 1973, faz referência à *desistência*, em verdade, comete uma impropriedade técnica, tendo em vista que a desistência é causa de extinção do processo sem julgamento do mérito (art. 485, VIII, do CPC de 1973), fato que inviabilizaria o manejo da ação rescisória. Dessa forma, a melhor interpretação do citado inciso é de que a hipótese é de *renúncia*, quando há decisão de mérito (art. 269, V, do CPC de 1973).

A *transação*, por sua vez, é a que ocorre na conciliação judicial, homologada pelo Juiz, não podendo ser rescindida a extrajudicial.

(1127) Orientação jurisprudencial da SDI-II n. 38. "Ação rescisória. Professor-adjunto. Ingresso no cargo de professor-titular. Exigência de concurso público (Lei n. 7.596/87, Decreto n. 94.664/87 e art. 206, V, CF/88). A assunção do professor-adjunto ao cargo de professor titular de universidade pública, sem prévia aprovação em concurso público, viola o art. 206, inciso V, da Constituição Federal. Procedência do pedido de rescisão do julgado."

(1128) Orientação jurisprudencial da SDI-II n. 41. "Ação rescisória. Sentença "citra petita". Cabimento. Revelando-se a sentença "citra petita", o vício processual vulnera os arts. 141 e 492 do CPC de 2015 (arts. 128 e 460 do CPC de 1973), tornando-a passível de desconstituição, ainda que não interpostos embargos de declaração.

(1129) Essa técnica foi explicada no Capítulo 14, ao qual remetemos o leitor.

(1130) Súmula do TST n. 402. "Ação rescisória. Documento novo. Dissídio coletivo. Sentença normativa. I — Sob a vigência do CPC de 2015 (art. 966, inciso VII), para efeito de ação rescisória, considera-se prova nova a cronologicamente velha, já existente ao tempo do trânsito em julgado da decisão rescindenda, mas ignorada pelo interessado ou de impossível utilização, à época, no processo. II — Não é prova nova apta a viabilizar a desconstituição de julgado: a) sentença normativa proferida ou transitada em julgado posteriormente à sentença rescindenda; b) sentença normativa preexistente à sentença rescindenda, mas não exibida no processo principal, em virtude de negligência da parte, quando podia e deveria louvar-se de documento já existente e não ignorado quando emitida a decisão rescindenda. (ex-OJ n. 20 da SBDI-2 — inserida em 20.09.2000)."

(1131) Súmula do TST n. 404. "Ação rescisória. Fundamento para invalidar confissão. Confissão ficta. Inadequação do enquadramento no art. 485, VIII, do CPC. O art. 485, VIII, do CPC, ao tratar do fundamento para invalidar a confissão como hipótese de rescindibilidade da decisão judicial, refere-se à confissão real, fruto de erro, dolo ou coação, e não à confissão ficta resultante de revelia."

No nosso sentir, o *patrocínio infiel*[(1132)] continua a ser uma causa de rescisão do julgado, mas agora com fundamento no inciso III, do art. 966 do CPC de 2015.

8.9. *Erro de fato.* Inicialmente, cumpre dizer que o art. 966, § 1º, do CPC de 2015 explica que o erro capaz de rescindir a decisão ocorre quando esta *admitir um fato inexistente* ou quando *considerar inexistente um fato efetivamente ocorrido*. Num ou noutro caso, no entanto, é indispensável que, ao tempo da decisão, não tenha havido controvérsia, nem pronunciamento judicial sobre o fato.

A SDI-II, do TST, firmou o entendimento pelo qual a caracterização do *erro de fato* supõe que a decisão rescindenda tenha afirmado um fato que não corresponde à realidade dos autos, o qual tenha servido de base (e não de conclusão) para o fundamento adotado na decisão.[(1133)]

Imagine, por exemplo, que a decisão primeira, partindo do pressuposto de que a CTPS do empregado não havia sido assinada, determine que o empregador o faça, sob pena de multa, embora o contrato de trabalho já estivesse registrado no documento do trabalhador. Após o trânsito em julgado da decisão, o empregador poderia rescindi-la fazendo prova de que a CTPS tinha sido corretamente assinada.

Em outra situação, imagine que, analisando a prova acerca da ocorrência ou não de um assédio moral, o Juiz entenda que ele tenha existido, com base em vários fatos provados nos autos. Após o trânsito em julgado, a parte deseja rescindir a decisão, sob o argumento de que o assédio moral inexistiu, o que não será possível, porque a configuração ou não do assédio moral decorreu de uma interpretação acerca dos fatos provados nos autos.

8.10. *Hipóteses polêmicas.*

8.10.1. *Inexistência ou nulidade da citação.* A citação válida é um pressuposto de validade do processo e, portanto, de uma sentença de mérito. Todavia, o vício de *inexistência ou de nulidade da citação* não consta do rol do art. 966, do CPC de 2015. Isso levou à elaboração do entendimento de que esse vício deveria ser atacado por ação anulatória (art. 966, § 4º, do CPC de 2015[(1134)]).

Ocorre, *data venia*, que a *ação anulatória* é destinada, via de regra, à desconstituição de atos *extrajudiciais* (nas relações materiais, como contratos, por exemplo), só sendo cabível para atacar *atos de disposição de direitos homologados pelo juízo*, ou os *atos homologatórios praticados no curso da execução* (art. 966, § 4º, do CPC de 2015). Com efeito, uma sentença não se encaixa em nenhuma dessas duas espécies, razão pela qual o TST vem admitindo ação rescisória para desconstituir *questões processuais*, ou seja, defeitos processuais ("*error in procedendo*"), que consistam em pressuposto de validade de uma sentença de mérito, (Súmula n. 412[(1135)]). Destarte, considerando que a citação válida é um pressuposto de validade da sentença de mérito, o meio adequado para sanar o vício é a ação rescisória.[(1136)]

(1132) Art. 355, do Código Penal: "Trair, na qualidade de advogado ou procurador, o dever profissional, prejudicando interesse, cujo patrocínio, em juízo, lhe é confiado [...]."

(1133) Orientação jurisprudencial da SDI-II n. 136. "Ação rescisória. Erro de fato. Caracterização. A caracterização do erro de fato como causa de rescindibilidade de decisão judicial transitada em julgado supõe a afirmação categórica e indiscutida de um fato, na decisão rescindenda, que não corresponde à realidade dos autos. O fato afirmado pelo julgador, que pode ensejar ação rescisória calcada no inciso VIII do art. 966 do CPC de 2015 (inciso IX do art. 485 do CPC de 1973), é apenas aquele que se coloca como premissa fática indiscutida de um silogismo argumentativo, não aquele que se apresenta ao final desse mesmo silogismo, como conclusão decorrente das premissas que especificaram as provas oferecidas, para se concluir pela existência do fato. Esta última hipótese é afastada pelo § 1º do art. 966 do CPC de 2015 (§ 2º do art. 485 do CPC de 1973), ao exigir que não tenha havido controvérsia sobre o fato e pronunciamento judicial esmiuçando as provas."

(1134) Art. 486. Os atos judiciais, que não dependem de sentença, ou em que esta for meramente homologatória, podem ser rescindidos, como os atos jurídicos em geral, nos termos da lei civil.

(1135) Súmula do TST n. 412. "Ação rescisória. Sentença de mérito. Questão processual. Sob a égide do CPC de 1973, pode uma questão processual ser objeto de rescisão desde que consista em pressuposto de validade de uma sentença de mérito. (ex-OJ n. 46 da SBDI-2 — inserida em 20.09.2000)."

(1136)"Agravo de instrumento. Recurso de Revista. Ação anulatória. *Querela nullitatis.* Citação inválida. Carência de ação. Decisão judicial transitada em julgado. Inadequação da via eleita. A Súmula n. 412 do c. TST dispõe sobre a possibilidade de se discutir, através de ação rescisória, questão processual atinente a pressuposto de validade de decisão de mérito, como na presente hipótese, onde se pretende declaração da nulidade de citação. Nessa mesma esteira, esta Corte Superior tem reiteradamente concluído pela impossibilidade jurídica de se acolher ação anulatória contra decisão judicial já transitada em julgado. A ação anulatória prevista no art. 486 do CPC se destina a anular atos praticados no curso do processo pelas partes envolvendo relação de direito material e que não dependam de sentença ou quando esta for meramente homologatória. As decisões de mérito transitadas em julgado devem ser desconstituídas por meio da cabível ação rescisória,

Destarte, considerando que a citação válida é um pressuposto de validade da sentença de mérito, o meio adequado para sanar o vício é a ação rescisória.[1137]

8.10.2. *Sentença normativa.* As sentenças normativas são proferidas em dissídios coletivos. Elas têm natureza "*sui generis*", porque, a despeito de possuírem forma de sentença, na realidade são verdadeiras normas jurídicas, a exemplo das leis.

O mérito de uma sentença normativa é a criação de novas condições de trabalho, podendo ser revisto por um procedimento especial chamado de dissídio de revisão (arts. 873 a 875, da CLT). Sua execução é levada a efeito por via da ação de cumprimento, que pode ser ajuizada desde logo, isto é, antes do trânsito em julgado da sentença.

Essas características peculiares da sentença normativa levaram o TST a firmar o entendimento pelo qual ela apenas faz coisa julgada formal. Por isso, caso a sentença normativa venha a ser modificada em grau de recurso, a ação de cumprimento deve ser obstada por exceção de pré-executividade ou mandado de segurança, conforme o caso, mas nunca por ação rescisória.[1138]

Sem embargo, a jurisprudência dos Tribunais Trabalhistas vinha admitindo a ação rescisória para desconstituir sentenças normativas proferidas com os vícios descritos no art. 485, do CPC de 1973. Esse entendimento encontra guarida no art. 2º, I, "c", da Lei 7.701/88, que estabelece a competência da SDC, do TST, para julgar as ações rescisórias propostas contra suas sentenças normativas.

8.10.3. *Decisões inconstitucionais.* Pode acontecer que um título executivo, seja uma sentença ou um acórdão, esteja fundado em lei ou ato normativo que tenham sido declarados inconstitucionais pelo STF. Como desconstituir esse título e extinguir a respectiva execução?

Há quem sustente ser possível rescindi-lo por violação de lei. Todavia, a Medida Provisória n. 2.185-35/01 incluiu o § 5º no art. 884, da CLT, dispondo que se considera "*inexigível o título judicial fundado em lei ou ato normativo declarados inconstitucionais pelo Supremo Tribunal Federal ou em aplicação ou interpretação tidas por incompatíveis com a Constituição Federal.*" Dessa forma, o meio adequado para atacar o título seriam os embargos à execução e não a ação rescisória. Em que pese a polêmica acerca da constitucionalidade desse dispositivo, não se pode deixar de considerar que, mesmo que ele não existisse, as decisões do STF possuem efeito "*erga omnes*", pelo que devem ser observados em todos os processos em trâmite.

8.10.4. *Conflito de coisas soberanamente julgadas.* Decorrido o prazo decadencial de dois anos para ajuizamento da ação rescisória, diz-se que a coisa julgada ficou soberana, fato que impossibilita sua rescisão. De conseguinte, existindo duas coisas soberanamente julgadas em conflito, qual delas deve prevalecer?

---

nas hipóteses taxativamente previstas no art. 485 do digesto processual, inclusive quando estiver em debate questão processual classificada como pressuposto de validade. Logo, a ação anulatória é inadequada para a desconstituição de decisão de mérito transitada em julgado, sendo a ação rescisória o único meio processual cabível para tanto. Precedentes. Agravo de Instrumento a que se nega provimento. (TST. AIRR — 152600-73.2012.5.21.0002, Relator: Ministro Américo Bedê Freire. 6ª Turma. DEJT 21.11.2014).

(1137) "Agravo de instrumento. Recurso de Revista. Ação anulatória. *Querela nullitatis.* Citação inválida. Carência de ação. Decisão judicial transitada em julgado. Inadequação da via eleita. A Súmula n. 412 do c. TST dispõe sobre a possibilidade de se discutir, através de ação rescisória, questão processual atinente a pressuposto de validade de decisão de mérito, como na presente hipótese, onde se pretende declaração da nulidade de citação. Nessa mesma esteira, esta Corte Superior tem reiteradamente concluído pela impossibilidade jurídica de se acolher ação anulatória contra decisão judicial já transitada em julgado. A ação anulatória prevista no art. 486 do CPC se destina a anular atos praticados no curso do processo pelas partes envolvendo relação de direito material e que não dependam de sentença ou quando esta for meramente homologatória. As decisões de mérito transitadas em julgado devem ser desconstituídas por meio da cabível ação rescisória, nas hipóteses taxativamente previstas no art. 485 do digesto processual, inclusive quando estiver em debate questão processual classificada como pressuposto de validade. Logo, a ação anulatória é inadequada para a desconstituição de decisão de mérito transitada em julgado, sendo a ação rescisória o único meio processual cabível para tanto. Precedentes. Agravo de Instrumento a que se nega provimento. (TST. AIRR — 152600-73.2012.5.21.0002, Relator: Ministro Américo Bedê Freire. 6ª Turma. DEJT 21.11.2014).

(1138) Súmula do TST n. 397. "Ação Rescisória. Art. 966, IV, do CPC de 2015. Art. 485, IV, do CPC de 1973. Ação de cumprimento. Ofensa à coisa julgada emanada de sentença normativa modificada em grau de recurso. Inviabilidade. Cabimento de mandado de segurança. Não procede ação rescisória calcada em ofensa à coisa julgada perpetrada por decisão proferida em ação de cumprimento, em face de a sentença normativa, na qual se louvava, ter sido modificada em grau de recurso, porque em dissídio coletivo somente se consubstancia coisa julgada formal. Assim, os meios processuais aptos a atacarem a execução da cláusula reformada são a exceção de pré-executividade e o mandado de segurança, no caso de descumprimento do art. 514 do CPC de 2015 (art. 572 do CPC de 1973)."

Para uma vertente, o conflito deve ser resolvido pela aplicação das regras relativas ao conflito de leis, analogicamente. Dessa forma, como já fundamentado no Capítulo 14, a decisão posterior revogaria a anterior. Para nós, no entanto, a melhor solução é dar efetividade à primeira, tendo em vista que a existência da segunda desprestigia a segurança jurídica. Veja-se que, não fosse o decurso do prazo para a ação rescisória, ela poderia ter sido rescindida. Esse também é o posicionamento do C. STJ (REsp 1.354.225-RS).

8.11. *Hipóteses pacificadas.* Há muitos casos polêmicos envolvendo a ação rescisória, vários deles já pacificados na jurisprudência consolidada do TST, os quais serão vistos neste tópico.

Segundo o TST, a ação rescisória é cabível para:

a) desconstituir outra ação rescisória, desde que relativamente a vícios de validade desta (Súmula n. 400[(1139)]);

b) corrigir contradição entre o dispositivo e a fundamentação de uma decisão, por erro de fato na retratação do que foi decidido (OJ n. 103, da SDI-II[(1140)]);

c) rescindir decisão que declara extinta a execução (OJ n. 107, da SDI-II[(1141)]); e

d) desconstituir sentença que homologa acordo judicial (Súmula n. 259[(1142)]) e extrajudicial, mas quanto a este apenas nos casos de fraude ou vício de vontade (OJ n. 154, da SDI-II[(1143)]).

Por outro lado, não cabe ação rescisória para:

a) impugnar decisão homologatória de adjudicação, de arrematação ou de cálculos, salvo, quanto a essa, se enfrentar as questões da conta de liquidação (Súmula n. 399[(1144)]);

b) rescindir sentença que omitiu a determinação de recolhimento de contribuições previdenciárias e imposto de renda, a não ser que ela afaste, expressamente, a incidência dos tributos (Súmula n. 401[(1145)]);

(1139)Súmula do TST n. 400. "Ação rescisória de ação rescisória. Violação manifesta de norma jurídica. Indicação da mesma norma jurídica apontada na rescisória primitiva (Mesmo dispositivo de lei sob o CPC de 1973). Em se tratando de rescisória de rescisória, o vício apontado deve nascer na decisão rescindenda, não se admitindo a rediscussão do acerto do julgamento da rescisória anterior. Assim, não procede rescisória calcada no inciso V do art. 966 do CPC de 2015 (art. 485, V, do CPC de 1973) para discussão, por má aplicação da mesma norma jurídica, tida por violada na rescisória anterior, bem como para arguição de questões inerentes à ação rescisória primitiva."

(1140)Orientação jurisprudencial da SDI-II n. 103. "Ação rescisória. Contradição entre fundamentação e parte dispositiva do julgado. Cabimento. Erro de fato. É cabível a rescisória para corrigir contradição entre a parte dispositiva do acórdão rescindendo e a sua fundamentação, por erro de fato na retratação do que foi decidido."

(1141)Orientação jurisprudencial da SDI-II n. 107. "Ação rescisória. Decisão rescindenda de mérito. Sentença declaratória de extinção de execução. Satisfação da obrigação. Embora não haja atividade cognitiva, a decisão que declara extinta a execução, nos termos do art. 924, incisos I a IV c/c art. 925 do CPC de 2015 (art. 794 c/c art. 795 do CPC de 1973), extingue a relação processual e a obrigacional, sendo passível de corte rescisório."

(1142)Súmula do TST n. 259. "Termo de conciliação. Ação rescisória. Só por ação rescisória é impugnável o termo de conciliação previsto no parágrafo único do art. 831 da CLT."

(1143)Orientação jurisprudencial da SDI-II n. 154. "Ação rescisória. Acordo prévio ao ajuizamento da reclamação. Quitação geral. Lide simulada. Possibilidade de rescisão da sentença homologatória de acordo apenas se verificada a existência de vício de consentimento. A sentença homologatória de acordo prévio ao ajuizamento de reclamação trabalhista, no qual foi conferida quitação geral do extinto contrato, sujeita-se ao corte rescisório tão somente se verificada a existência de fraude ou vício de consentimento."

(1144)Súmula do TST n. 399. "Ação rescisória. Cabimento. Sentença de mérito. Decisão homologatória de adjudicação, de arrematação e de cálculos. I — É incabível ação rescisória para impugnar decisão homologatória de adjudicação ou arrematação. II — A decisão homologatória de cálculos apenas comporta rescisão quando enfrentar as questões envolvidas na elaboração da conta de liquidação, quer solvendo a controvérsia das partes quer explicitando, de ofício, os motivos pelos quais acolheu os cálculos oferecidos por uma das partes ou pelo setor de cálculos, e não contestados pela outra."

(1145)Súmula do TST n. 401. "Ação rescisória. Descontos legais. Fase de execução. Sentença exeqüenda omissa. Inexistência de ofensa à coisa julgada. Os descontos previdenciários e fiscais devem ser efetuados pelo juízo executório, ainda que a sentença exeqüenda tenha sido omissa sobre a questão, dado o caráter de ordem pública ostentado pela norma que os disciplina. A ofensa à coisa julgada somente poderá ser caracterizada na hipótese de o título exeqüendo, expressamente, afastar a dedução dos valores a título de imposto de renda e de contribuição previdenciária."

c) desconstituir decisão que não conhece recurso de revista com base em divergência jurisprudencial, por não se tratar de sentença de mérito, tendo com paradigma o CPC de 1973 (Súmula n. 413[(1146)]);

d) discutir prescrição total ou parcial, porque é tema infraconstitucional (Súmula n. 409[(1147)]);

e) atacar decisão na pendência de reexame necessário, porque ainda não há trânsito em julgado (OJ n. 21[(1148)], da SDI-II);

f) na vigência do CPC de 1973, desfazer decisão que julgava extinto o processo, sem julgamento do mérito, por reconhecer a existência de coisa julgada (OJ n. 150[(1149)], da SDI-II), o que foi modificado no CPC de 2015, o qual admite a rescisão de decisão que, embora não seja de mérito, impeça a nova propositura da demanda ou a admissibilidade do recurso correspondente (art. 966, § 2º), como é o caso da coisa julgada; e

g) reexaminar fatos e provas do processo originário, se o fundamento for violação de lei (Súmula n. 410[(1150)]).

9. *Postulação*. A ação rescisória deve ser ajuizada mediante uma petição inicial que contenha os requisitos do art. 319, do CPC de 2015 (como estabelece o art. 968, do CPC de 2015), perante o juízo competente,[(1151)] acompanhada da prova de recolhimento do depósito de 20% sobre o valor da causa (art. 836, da CLT) e do trânsito em julgado da decisão rescindenda, além dos demais documentos necessários a provar os fatos alegados, entre os quais deve estar a cópia da decisão rescindenda, obrigatoriamente.[(1152)]

A ação rescisória não admite o "*jus postulandi*", razão pela qual a parte deve vir a juízo por intermédio de um advogado (Súmula n. 425[(1153)], do TST).

A procuração deve ser específica, não sendo aproveitável a constante da ação originária,[(1154)] e a parte deve atribuir valor à causa, o qual, mesmo sem impugnação da parte contrária, passou a poder ser alterado pelo Juiz a

---

(1146) Súmula do TST n.413. "Ação rescisória. Sentença de mérito. Violação do art. 896, "a", da CLT (nova redação em decorrência do CPC de 2015) — Res. 209/2016, DEJT divulgado em 01, 02 e 03.06.2016 É incabível ação rescisória, por violação do art. 896, "a", da CLT, contra decisão transitada em julgado sob a égide do CPC de 1973 que não conhece de recurso de revista, com base em divergência jurisprudencial, pois não se cuidava de sentença de mérito (art. 485 do CPC de 1973)."

(1147) Súmula do TST n. 409. "Ação rescisória. Prazo prescricional. Total ou parcial. Violação do art. 7º, XXIX, da CF/1988. Matéria infraconstitucional. Não procede ação rescisória calcada em violação do art. 7º, XXIX, da CF/1988 quando a questão envolve discussão sobre a espécie de prazo prescricional aplicável aos créditos trabalhistas, se total ou parcial, porque a matéria tem índole infraconstitucional, construída, na Justiça do Trabalho, no plano jurisprudencial."

(1148) Orientação jurisprudencial da SDI-II n. 21. Ação rescisória. Duplo grau de jurisdição. Trânsito em julgado. Inobservância. Decreto-lei n. 779/69, art. 1º, V. Incabível. É incabível ação rescisória para a desconstituição de sentença não transitada em julgado porque ainda não submetida ao necessário duplo grau de jurisdição, na forma do Decreto-Lei n. 779/69. Determina-se que se oficie ao Presidente do TRT para que proceda à avocatória do processo principal para o reexame da sentença rescindenda.

(1149) Orientação jurisprudencial da SDI-II n. 150. "Ação rescisória. Regência pelo CPC de 1973. Decisão rescindenda que extingue o processo sem resolução de mérito por acolhimento de coisa julgada. Conteúdo meramente processual. Impossibilidade jurídica do pedido (atualizada em decorrência do CPC de 2015) Reputa-se juridicamente impossível o pedido de corte rescisório de decisão que, reconhecendo a existência de coisa julgada, nos termos do art. 267, V, do CPC de 1973, extingue o processo sem resolução de mérito, o que, ante o seu conteúdo meramente processual, a torna insuscetível de produzir a coisa julgada material."

(1150) Súmula do TST n. 410. "Ação rescisória. Reexame de fatos e provas. Inviabilidade. A ação rescisória calcada em violação de lei não admite reexame de fatos e provas do processo que originou a decisão rescindenda."

(1151) Orientação jurisprudencial da SDI-II n. 70. "Ação rescisória. Manifesto e inescusável equívoco no direcionamento. Inépcia da inicial. Extinção do processo.O manifesto equívoco da parte em ajuizar ação rescisória no TST para desconstituir julgado proferido pelo TRT, ou vice-versa, implica a extinção do processo sem julgamento do mérito por inépcia da inicial."

(1152) Orientação jurisprudencial da SDI-II n. 84. "Ação rescisória. Petição inicial. Ausência da decisão rescindenda e/ou da certidão de seu trânsito em julgado devidamente autenticadas. Peças essenciais para a constituição válida e regular do feito. Argüição de ofício. Extinção do processo sem julgamento do mérito. A decisão rescindenda e/ou a certidão do seu trânsito em julgado, devidamente autenticadas, à exceção de cópias reprográficas apresentadas por pessoa jurídica de direito público, a teor do art. 24 da Lei n. 10.522/02, são peças essenciais para o julgamento da ação rescisória. Em fase recursal, verificada a ausência de qualquer delas, cumpre ao Relator do recurso ordinário argüir, de ofício, a extinção do processo, sem julgamento do mérito, por falta de pressuposto de constituição e desenvolvimento válido do feito."

(1153) Súmula do TST n. 425. "Jus postulandi na Justiça do Trabalho. Alcance. O jus postulandi das partes, estabelecido no art. 791 da CLT, limita-se às Varas do Trabalho e aos Tribunais Regionais do Trabalho, não alcançando a ação rescisória, a ação cautelar, o mandado de segurança e os recursos de competência do Tribunal Superior do Trabalho."

(1154) Orientação jurisprudencial da SDI-II n.151. "Ação rescisória e mandado de segurança. Irregularidade de representação processual verificada na fase recursal. Procuração outorgada com poderes específicos para ajuizamento de reclamação trabalhista. Vício processual

partir do CPC de 2015 (art. 292, § 3º), o que levou o C. TST a cancelar a OJ 155 da SDI-II, que dispunha de modo contrário.[(1155)]

Salvo na rescisória calcada na violação de lei, a petição inicial não precisa indicar o inciso do art. 966, do CPC, na sua causa de pedir, tendo em vista a incidência do princípio do "*iura novit curia*",[(1156)] mas deve deixar claro o fundamento do pedido.

Da petição inicial devem constar dois pedidos, sendo um *rescindente* e outro *rescisório* (art. 968, I, do CPC de 2015). No primeiro, o autor pede a rescisão da decisão originária para, no segundo, requerer um novo julgamento, que corrija os vícios do julgado anterior. Observa-se, portanto, que o pedido da ação rescisória é constitutivo negativo ou desconstitutivo, tendo em vista que almeja revogar uma decisão judicial. Nos casos de vícios relativos ao Juiz, porém, apenas o pedido rescindente deve ser feito, porque o julgamento ficará a cargo de outro Juiz, que seja competente e imparcial (juiz natural).

Caso a parte fique em dúvida quanto à substituição ou não da sentença por um acórdão, dificultando a certeza acerca de qual deles deve ser rescindido, admite-se a cumulação de pedidos sucessivos, para que o tribunal rescinda a última decisão de mérito.[(1157)]

10. *Tutela provisória*. A propositura da ação rescisória não impede o cumprimento da decisão rescindenda, ressalvada a concessão de tutela provisória (art. 969 do CPC de 2015). Destarte, por vezes pode acontecer de, ao tempo do ajuizamento da ação rescisória, a decisão rescindenda estar na fase de execução, na qual se praticam atos expropriatórios que, levados a efeito, poderiam trazer riscos irreparáveis ou de difícil reparação ao executado ("*periculum in mora*"). Em casos assim, o art. 969 do CPC de 2015 permite a concessão de tutela provisória de urgência ou evidência (art. 294 do CPC de 2015), a fim de sobrestar o andamento da ação originária, de forma excepcional.

Não há falar em efeito suspensivo da ação rescisória, tendo em vista que ela não é recurso, motivo pelo qual a solução para evitar danos é mesmo o uso das referidas medidas.

Em todo caso, os pedidos de tutela de urgência deverão vir acompanhados dos documentos indispensáveis para comprovar a possibilidade de êxito na decisão do julgado ("*fumus boni juris*").[(1158)]

No nosso sentir, desde o advento da Lei n. 11.280/06, o entendimento consolidado na Súmula n. 405, do TST que não admitia a tutela antecipada em ação rescisória, tinha sido superado. Ademais, o CPC de 2015 não mais faz distinção entre tutela antecipada e medida cautelar, tendo em vista que ambas agora fazem parte do mesmo

---

insanável. A procuração outorgada com poderes específicos para ajuizamento de reclamação trabalhista não autoriza a propositura de ação rescisória e mandado de segurança, bem como não se admite sua regularização quando verificado o defeito de representação processual na fase recursal, nos termos da Súmula n. 383, item II, do TST."

(1155) Enunciado n. 88 do I FNPT: "[...] O juiz corrigirá de ofício o valor da causa quando verificar que não corresponde ao conteúdo patrimonial em discussão ou ao proveito econômico perseguido pelo autor."

(1156)Súmula do TST n. 408. "Ação rescisória. Petição inicial. Causa de pedir. Ausência de capitulação ou capitulação errônea no art. 966 do CPC de 2015. Art. 485 do CPC de 1973. Princípio '*iura novit curia*' (nova redação em decorrência do CPC de 2015). Não padece de inépcia a petição inicial de ação rescisória apenas porque omite a subsunção do fundamento de rescindibilidade no art. 966 do CPC de 2015 (art. 485 do CPC de 1973) ou o capitula erroneamente em um de seus incisos. Contanto que não se afaste dos fatos e fundamentos invocados como causa de pedir, ao Tribunal é lícito emprestar-lhes a adequada qualificação jurídica ('*iura novit curia*'). No entanto, fundando-se a ação rescisória no art. 966, inciso V, do CPC de 2015 (art. 485, inciso V, do CPC de 1973), é indispensável expressa indicação, na petição inicial da ação rescisória, da norma jurídica manifestamente violada (dispositivo legal violado sob o CPC de 1973), por se tratar de causa de pedir da rescisória, não se aplicando, no caso, o princípio '*iura novit curia*'. "

(1157)Orientação jurisprudencial da SDI-II n. 78. Ação rescisória. Cumulação sucessiva de pedidos. Rescisão da sentença e do acórdão. Ação única. Art. 326 do CPC de 2015. Art. 289 do CPC de 1973. É admissível o ajuizamento de uma única ação rescisória contendo mais de um pedido, em ordem sucessiva, de rescisão da sentença e do acórdão. Sendo inviável a tutela jurisdicional de um deles, o julgador está obrigado a apreciar os demais, sob pena de negativa de prestação jurisdicional.

(1158)Orientação jurisprudencial da SDI-II n. 76. "Ação rescisória. Ação cautelar para suspender execução. Juntada de documento indispensável. Possibilidade de êxito na rescisão do julgado. É indispensável a instrução da ação cautelar com as provas documentais necessárias à aferição da plausibilidade de êxito na rescisão do julgado. Assim sendo, devem vir junto com a inicial da cautelar as cópias da petição inicial da ação rescisória principal, da decisão rescindenda, da certidão do trânsito em julgado da decisão rescindenda e informação do andamento atualizado da execução."

instituto que foi denominado de *tutela provisória*. Em boa hora, o C. TST deu nova redação à Súmula n. 405, admitindo expressamente o cabimento de tutela provisória em sede de ação rescisória.[1159]

Deferida a tutela provisória, a suspensão da execução da decisão rescindenda permanece até o trânsito em julgado da ação rescisória, cuja decisão confirmará ou cassará os efeitos da medida deferida, conforme o resultado de procedência ou improcedência da rescisória.[1160]

11. *Defesa e instrução*. Admitida a petição inicial, o relator mandará citar o réu, assinando-lhe prazo de 15 a 30 dias para se manifestar (art. 970 do CPC de 2015), sob pena de revelia. Contudo, esta não produzirá seus efeitos, mormente o da presunção de veracidade das alegações iniciais, tendo em vista que o que se ataca na ação é a sentença, ato oficial do Estado.[1161]

Citado o réu, o prazo para defesa tem início com a ciência da parte e não a partir da juntada do aviso de recebimento ou do mandado.[1162]

A jurisprudência do TST tem admitido a reconvenção em ação rescisória, na hipótese de, no processo original, ambas as partes terem sido vencidas em parte.[1163]

Em seguida, o relator pode expedir uma carta de ordem, determinando ao juízo da Vara do Trabalho que realize audiência para apuração de fatos que dependam de prova testemunhal, o que deverá ser cumprido no prazo de um a três meses (art. 972 do CPC de 2015). Não sendo o caso de designação de audiência, o relator, nessa ordem: a) abrirá vista para razões finais, pelo prazo sucessivo de 10 dias (art. 973 do CPC de 2015); b) remeterá os autos ao MPT (art. 218, parágrafo único, do RITST); c) proferirá seu voto; d) fará conclusos os autos ao revisor; e e) incluirá o feito na pauta de julgamento do órgão competente, na forma dos regimentos internos de cada Tribunal (art. 973, parágrafo único, do Novo).

12. *Decisão*. O acórdão que rescindir o julgado originário proferirá, se for o caso, novo julgamento, o qual, sendo procedente, determinará a restituição do depósito prévio ao autor; uma vez improcedente, a importância do depósito se reverterá em favor do réu (art. 974 do CPC de 2015).

Quando a ação rescisória estiver fundamentada em vícios relativos ao Juiz ou às partes (vícios subjetivos), a decisão de procedência rescinde a totalidade da decisão primitiva. Diferentemente, em se tratando de vício relativo à própria decisão (vícios objetivos), a rescisão pode ser apenas parcial.

(1159) Súmula do TST n. 405. "Ação rescisória. Tutela provisória (nova redação em decorrência do CPC de 2015). Em face do que dispõem a MP 1.984-22/2000 e o art. 969 do CPC de 2015, é cabível o pedido de tutela provisória formulado na petição inicial de ação rescisória ou na fase recursal, visando a suspender a execução da decisão rescindenda."

(1160) Orientação jurisprudencial n.131. Ação rescisória. Ação cautelar para suspender execução da decisão rescindenda. Pendência de trânsito em julgado da ação rescisória principal. Efeitos. A ação cautelar não perde o objeto enquanto ainda estiver pendente o trânsito em julgado da ação rescisória principal, devendo o pedido cautelar ser julgado procedente, mantendo-se os efeitos da liminar eventualmente deferida, no caso de procedência do pedido rescisório ou, por outro lado, improcedente, se o pedido da ação rescisória principal tiver sido julgado improcedente.

(1161) Súmula do TST n. 398. "Ação rescisória. Ausência de defesa. Inaplicáveis os efeitos da revelia. Na ação rescisória, o que se ataca é a decisão, ato oficial do Estado, acobertado pelo manto da coisa julgada. Assim, e considerando que a coisa julgada envolve questão de ordem pública, a revelia não produz confissão na ação rescisória. (ex-OJ n. 126 da SBDI-2 — DJ 09.12.2003)."

(1162) Orientação jurisprudencial da SDI-II n. 146. "Ação rescisória. Início do prazo para apresentação da contestação. Art. 774, da CLT. A contestação apresentada em ação rescisória obedece à regra relativa à contagem de prazo constante do art. 774 da CLT, sendo inaplicável o art. 231 do CPC de 2015 (art. 241 do CPC de 1973)."

(1163) "[...] II — Ação rescisória e reconvenção. Sucumbência recíproca. Despesas processuais. Compensação. 1. Hipótese em que a ação rescisória e a reconvenção foram julgadas improcedentes e o TRT condenou ambos os vencidos em custas e honorários advocatícios, no âmbito de suas respectivas sucumbências (ação principal e reconvenção), isentando a ex-empregada reconvinte, por ser beneficiária da Justiça gratuita (Lei n. 1.060/1950). 2. A Autora da rescisória pleiteia a compensação de tais despesas. 3. Inviável a compensação quanto ao pagamento das custas processuais, porque, no caso, a credora é a União, pessoa diversa das partes do processo. Também não é possível a compensação dos honorários advocatícios fixados em sentença, uma vez que eles são devidos aos advogados e não às partes, não devendo confundi-los com os honorários contratuais, logo a Autora e a Reconvinte não são credoras de tais parcelas fixadas em sentença. Ademais, a Reconvinte foi isentada do pagamento de honorários advocatícios, não havendo débito a ser compensado. Finalmente, há que se destacar que as partes ficaram vencidas integralmente em cada ação autônoma, não havendo sucumbência proporcional no âmbito da rescisória ou no âmbito da reconvenção. Recurso ordinário não provido. (TST. RO — 1873-46.2011.5.03.0000. Relator: Ministro Emmanoel Pereira. SDI-II. DEJT 14.11.2014)

Frise-se que na ação rescisória calcada nos vícios pertinentes ao Juiz (impedimento ou incompetência absoluta), a decisão implicará apenas no juízo rescindendo, ou seja, seu efeito será apenas de rescindir o julgado primitivo, ficando o novo julgamento a cargo do juízo competente ou imparcial, como já visto, ao qual o Tribunal remeterá os autos.

A decisão da ação rescisória condenará o vencido ao pagamento de honorários advocatícios à parte contrária,(1164) os quais, no entanto, serão fixados com base no CPC e não na Lei 5.584/70.(1165)

De se ressaltar que os juízes que participaram do julgamento rescindendo não estão impedidos de participar do rescisório.(1166)

13. *Recursos.*

13.1. *Regras gerais.* A alçada, que impede recursos em causas cujo valor seja inferior a dois salários mínimos (Lei n. 5.584/70), não é aplicável à ação rescisória.(1167)

Havendo interposição de recurso, o depósito recursal só será exigido da parte contra a qual foi imposta condenação em pecúnia (Súmula nº. 99, do TST(1168)).

Assim como ocorre no ajuizamento, o recurso na ação rescisória depende da representação por advogado, não sendo admitido o "*jus postulandi*" (Súmula n. 425(1169), do TST).

O art. 942 do CPC de 2015 substituiu os embargos infringentes, que eram opostos contra decisões tomadas por maioria, pela técnica do *prosseguimento do julgamento*, como explicado no Capítulo 15. Reiteramos aqui nosso entendimento no sentido de que essa técnica não é aplicável ao Processo do Trabalho, inclusive em se tratando de *ação rescisória*, tendo em vista que o recurso ordinário é regido por regras próprias, na CLT. De ressaltar, ainda, que o recurso de embargos infringentes não era admitido na seara trabalhista, pelo que seu substituto também não deve ser. Esse também é o entendimento do C. TST (art. 2º, IX, da IN 39/16) e do I FNPT.(1170)

13.2. *Recursos em espécie.* Do acórdão do TRT que decidir a ação rescisória caberá recurso ordinário para o TST, em última instância (Súmula n. 158, do TST(1171)). Não há, portanto, a possibilidade de interposição de recurso de revista para o TST, situação que, uma vez ocorrida, será considerada erro grosseiro, impedindo a fungibilidade entre os recursos (OJ n. 152, da SDI-II, do TST(1172)).

(1164) Súmula do TST n. 219. "Honorários advocatícios. Cabimento. [...] II — É cabível a condenação ao pagamento de honorários advocatícios em ação rescisória no processo trabalhista. [...]"

(1165) "AR. Honorários advocatícios. Percentual. Fixação. Não obstante seja cabível a condenação em honorários advocatícios em ação rescisória na Justiça do Trabalho, consoante o disposto no item II da Súmula n. 219 do TST, a fixação do percentual devido a esse título deve levar em consideração os critérios estabelecidos no art. 20, §§ 3º e 4º, do CPC, e não na Lei n. 5.584/70. Assim, reiterando posicionamento anterior, a SBDI-II, por unanimidade, negou provimento ao recurso ordinário, mantendo a condenação em honorários advocatícios no percentual de 20% sobre o valor da causa."(TST-RO-90100-15.2009.5.09.0000, Relator: Ministro Pedro Paulo Teixeira Manus, SBDI-II, DEJT 23.10.2012).

(1166) Súmula do STF n. 252: Na ação rescisória, não estão impedidos juízes que participaram do julgamento rescindendo.

(1167) Súmula do TST n. 365. "Alçada. Ação rescisória e mandado de segurança. Não se aplica a alçada em ação rescisória e em mandado de segurança."

(1168) Súmula do TST n. 99. "Ação rescisória. Deserção. Prazo. Havendo recurso ordinário em sede de rescisória, o depósito recursal só é exigível quando for julgado procedente o pedido e imposta condenação em pecúnia, devendo este ser efetuado no prazo recursal, no limite e nos termos da legislação vigente, sob pena de deserção."

(1169) Súmula do TST n. 425. "Jus postulandi na Justiça do Trabalho. Alcance. O jus postulandi das partes, estabelecido no art. 791 da CLT, limita-se às Varas do Trabalho e aos Tribunais Regionais do Trabalho, não alcançando a ação rescisória, a ação cautelar, o mandado de segurança e os recursos de competência do Tribunal Superior do Trabalho."

(1170) Enunciado n. 41 do I FNPT. "[...] Não se aplica a técnica do art. 942 do NCPC no mandado de segurança e na ação rescisória, porque no Processo do Trabalho está assegurado o recurso ordinário em ambas as hipóteses."

(1171) Súmula do TST n. 158. Ação rescisória. "Da decisão de Tribunal Regional do Trabalho, em ação rescisória, é cabível recurso ordinário para o Tribunal Superior do Trabalho, em face da organização judiciária trabalhista."

(1172) Orientação Jurisprudencial da SDI-II n. 152. "Ação rescisória e mandado de segurança. Recurso de revista de acórdão regional que julga ação rescisória ou mandado de segurança. Princípio da fungibilidade. Inaplicabilidade. Erro grosseiro na interposição do recurso. A interposição de recurso de revista de decisão definitiva de Tribunal Regional do Trabalho em ação rescisória ou em mandado de segurança,

Em ações rescisórias cujas decisões rescindam dissídios individuais, a competência para julgar o recurso ordinário será da SDI (art. 71º, III, "c", "1", do RITST). Já nas decisões que rescindam julgados de dissídios coletivos e ações anulatórias de acordos e convenções coletivas, a competência recursal é da SDC (art. 70, II, "b", do RITST).

De outra face, se o acórdão foi originariamente proferido pelo TST, por meio da SDI-II ou da SDC, a decisão só desafia recurso extraordinário, para o STF, desde que contrarie a Constituição.(1173) Vale lembrar que os embargos infringentes, no âmbito da SDC, só são admitidos contra decisões de dissídios coletivos (art. 232, do RITST).

Outro recurso cabível, em sede de ação rescisória, é o agravo regimental, quando o relator, monocraticamente, nega seguimento ao recurso ordinário ou indefere a petição inicial. Nesse caso, este deverá proferir voto referente ao agravo e, obrigatoriamente, submeter o feito a julgamento pelo órgão colegiado competente do respectivo Tribunal. No âmbito do TST, o agravo regimental está previsto no art. 235, VII e VIII, do RITST.

As súmulas 83(1174), do TST, e 343(1175), do STF, estabelecem que a ação rescisória por violação literal de lei não é cabível, quando a decisão rescindenda tiver baseada em texto legal de interpretação controvertida nos tribunais. Com base nessas súmulas, os relatores das ações rescisórias passaram a indeferir a petição inicial de imediato, sempre que percebiam que a matéria era controvertida, decisão que desafiava agravo regimental para o respectivo Colegiado. Após a decisão deste, havia a dúvida acerca do cabimento de recurso ordinário para o TST, por se tratar de uma decisão em sede de agravo regimental. O TST, no entanto, pôs fim à polêmica, ao argumento de que a análise de aplicação das referidas súmulas, em verdade, consiste em julgamento de mérito (Súmula n. 411(1176)), pelo que desafiam recurso ordinário.

14. *Execução*. Em regra, a competência para a execução de uma decisão pertence ao Juízo que a proferiu (art. 877, da CLT). Todavia, no caso da ação rescisória, cuja competência para decidir é originária dos Tribunais, a lei processual trabalhista adotou critério diferente, por razões de economia processual. Rescindida a sentença, os atos subsequentes, que dela dependiam, devem ser anulados, mas outros podem ser aproveitados, razão pela qual a CLT estabeleceu que a decisão da ação rescisória será executada nos mesmos autos da ação originária, bastando que sejam juntadas cópias do acórdão e da respectiva certidão de trânsito em julgado (art. 836, parágrafo único).

Como a decisão foi proferida pelo Tribunal, além do exequente e de qualquer interessado, também o Ministério Público do Trabalho poderá promover a execução (art. 878, parágrafo único, da CLT).

18.2. AÇÃO ANULATÓRIA

1. *Conceito, natureza jurídica e finalidade*. A ação anulatória tem por fim desconstituir um ato ou negócio jurídico maculado de vícios, de maneira autônoma ou incidental. Difere da ação rescisória, porque o seu objeto não é uma sentença transitada em julgado, mas, sim, um ato ou negócio jurídico, frutos de uma relação jurídica material, como a cláusula de um contrato, por exemplo.

---

com fundamento em violação legal e divergência jurisprudencial e remissão expressa ao art. 896 da CLT, configura erro grosseiro, insuscetível de autorizar o seu recebimento como recurso ordinário, em face do disposto no art. 895, "b", da CLT."

(1173) "[...] A jurisprudência mais recente do Supremo Tribunal Federal tem-se orientado no sentido de admitir a alegação de afronta a coisa julgada, por ato jurisdicional, como fundamento de recurso extraordinário por ofensa a Constituição. [...]" (STF-RE-117060/MG, Relator: Ministro Celso de Mello, 1ª Turma, DJ de 08.03.1991).

(1174) Súmula do TST n. 83. "Ação rescisória. Matéria controvertida. I — Não procede pedido formulado na ação rescisória por violação literal de lei se a decisão rescindenda estiver baseada em texto legal infraconstitucional de interpretação controvertida nos Tribunais. II — O marco divisor quanto a ser, ou não, controvertida, nos Tribunais, a interpretação dos dispositivos legais citados na ação rescisória é a data da inclusão, na Orientação Jurisprudencial do TST, da matéria discutida."

(1175) Súmula do STF n. 343. "Não cabe ação rescisória por ofensa a literal dispositivo de lei, quando a decisão rescindenda se tiver baseado em texto legal de interpretação controvertida nos tribunais."

(1176) Súmula do TST n. 411. "Ação rescisória. Sentença de mérito. Decisão de Tribunal Regional do Trabalho em agravo regimental confirmando decisão monocrática do relator que, aplicando a súmula n. 83 do TST, indeferiu petição inicial de ação rescisória. Cabimento. Se a decisão recorrida, em agravo regimental, aprecia a matéria na fundamentação, sob o enfoque das Súmulas ns. 83 do TST e 343 do STF, constitui sentença de mérito, ainda que haja resultado no indeferimento da petição inicial e na extinção do processo sem julgamento do mérito. Sujeita-se, assim, à reforma pelo TST, a decisão do Tribunal que, invocando controvérsia na interpretação da lei, indefere a petição inicial de ação rescisória."

2. *Fundamento*. Muito embora a ação anulatória tenha sido pensada como meio para anular ato ou negócio jurídico nas relações materiais, o CPC a indicou como instrumento para desconstituir atos de disposição de direitos homologados judicialmente e os atos processuais homologatórios praticados no curso da execução (art. 966, § 4º, do CPC de 2015[(1177)]). Além disso, a doutrina e a jurisprudência têm admitido a ação anulatória para obter a declaração de inexistência ou ineficácia de decisões judiciais.

3. *Espécies*.

3.1. *Ação anulatória genérica*. Em sua forma genérica ou comum, a ação anulatória tem por finalidade desconstituir atos nas relações materiais e processuais. Nestas, porém, desde que não se trate de uma sentença, salvo se ela for meramente homologatória, isto é, que não se tenha manifestado sobre o mérito da causa. No primeiro caso, a ação é ajuizada de forma autônoma; no segundo, de maneira incidental, fazendo-se uso de instrumentos, como a exceção de pré-executividade, os embargos à execução ou as impugnações.

No Processo do Trabalho, o exemplo mais comum de ação anulatória de atos materiais é aquela ajuizada para desconstituir cláusulas de convenção ou acordo coletivo de trabalho. Imagine-se, por exemplo, que uma convenção coletiva de trabalho tenha autorizado o desconto de contribuições assistenciais de empregados não associados. Trata-se de uma cláusula nula, porque apenas a Contribuição Sindical pode ser cobrada de empregados não associados, pelo que ela pode ser anulada mediante a ação anulatória genérica.[(1178)]

Nos termos da Lei n. 13.467/17 (reforma trabalhista), as ações anulatórias de cláusulas convencionais deverá estar limitada à análise dos elementos de validade dos negócios jurídicos previstos no art. 104 do Código Civil (agente capaz; objeto lícito, possível, determinado ou determinável; e forma prescrita ou não defesa em lei), devendo intervir o mínimo possível na autonomia da vontade coletiva (art. 2º, § 3º, da CLT). De outra face, o art. 611-A, da CLT, acrescentada pela referida lei, apresenta rol de direitos que podem ser objeto de negociação coletiva, enquanto o art. 611-B lista os direitos que não podem ser objeto de supressão ou redução por negociação coletiva. A aludida ainda estabelece que os sindicatos signatários nas normas coletivas que são objeto da ação anulatória deverão participar desta na condição de litisconsortes necessários (art. 611-A, § 5º, da CLT).

Quanto aos atos processuais, o caso mais frequente é o da arrematação. Por exemplo, ainda que a arrematação de um bem de família tenha sido concluída sem impugnações, a qualquer tempo ela pode ser desconstituída, porque sua realização não depende de sentença.[(1179)]

3.2. *Ação anulatória especial ("querela nullitatis insanabilis")*. Como já foi dito por ocasião do presente estudo da ação rescisória, as sentenças transitadas em julgado, que contenham vícios de validade, podem ser desconstituídas no prazo de dois anos. Todavia, se o vício for de inexistência ou ineficácia, não será possível ajuizar a ação rescisória, razão pela qual a ação anulatória tem sido admitida, numa versão especial, que é chamada de "*querela nullitatis insanabilis*", ou, em Português, ação de nulidade insanável (nulidade que não pode ser convalidada).

Ela tem como objeto uma decisão judicial, transitada em julgado ou não, que contenha vícios que a tornam inexistente ou ineficaz. Em verdade, ela não visa desconstituir a decisão judicial, mas, sim, declarar a sua inexistência ou ineficácia. Dessa forma, o pedido de uma ação anulatória do tipo "*querela nullitatis insanabilis*" tem natureza declaratória. Indiretamente, contudo, o julgado acaba sendo desconstituído, permitindo que outro seja proferido em seu lugar.

(1177) Art. 966. [...] § 4º Os atos de disposição de direitos, praticados pelas partes ou por outros participantes do processo e homologados pelo juízo, bem como os atos homologatórios praticados no curso da execução, estão sujeitos à anulação, nos termos da lei.

(1178) "[...] É inválida a cláusula contemplando contribuição assistencial quando dirigida, igualmente, a trabalhadores não sindicalizados. À luz dos princípios da liberdade de associação sindical e da intangibilidade do salário, impõe-se o ajuste da cláusula aos termos do Precedente Normativo n. 119 do TST, com redução do valor. Recurso Ordinário integralmente provido." (TST-RO-4027-73.2012.5.04.0000, Relatora: Ministra Maria de Assis Calsing, SDC, DEJT 15.04.2014).

(1179) "Recurso de Revista. Ação anulatória para anular arrematação de bem de família, perfeita e acabada em autos de execução — Possibilidade (alegação de violação aos arts. 5º, XXXVI, da CF/88 e 3º da Lei n. 8.009/90 e divergência jurisprudencial). [...]" (TST-RR-112200-31.2006.5.24.0006, Relator: Ministro Renato de Lacerda Paiva, 2ª Turma, DEJT 04.08.2014).

A rigor, como o vício é processual, o mais correto seria dizer que o pedido é de *decretação* da nulidade, tendo em vista que as nulidades processuais dependem da intervenção judicial, não se operando de pleno direito.

Quando uma sentença impõe condenação à Fazenda Pública em quantia superior a sessenta salários mínimos, por exemplo, o Juiz deve determinar a remessa necessária ao TRT, a fim de se reexaminar a decisão (art. 496, do CPC de 2015), procedimento sem o qual a sentença não se torna eficaz. Todavia, imagine-se que o Juiz tenha, por desatenção, deixado de fazer a remessa necessária, em um processo cuja condenação tenha superior ao limite legal. Ainda que o processo tenha sido arquivado, será possível ajuizar-se ação anulatória, a fim de se obter a decretação de ineficácia da decisão. Nesse caso específico, a decisão será mantida e remetida ao TRT, de maneira que não haverá desconstituição do julgado, mas, apenas, a decretação de sua ineficácia.

Há um caso polêmico, envolvendo a nulidade da citação, assunto também já abordado por ocasião desse estudo sobre a ação rescisória. Em rápidas linhas, vale salientar que a jurisprudência do TST não tem admitido a ação anulatória para decretar a ineficácia da sentença por vício de citação, ao argumento de que tal vício não impede o trânsito em julgado, por ser, em verdade, pressuposto de validade do processo. Dessa forma, uma sentença baseada em uma citação defeituosa possui vício de validade e não de ineficácia, desafiando, portanto, o manejo da ação rescisória.[1180]

De se ressaltar que o C. STJ já decidiu que "não é possível utilizar ação declaratória de nulidade (*querela nullitatis*) contra título executivo judicial fundado em lei declarada não recepcionada pelo STF em decisão proferida em controle incidental que transitou em julgado após a constituição definitiva do referido título." (REsp 1.237.895-ES, Rel. Min. Og Fernandes, julgado em 15/9/2015, DJe 12/2/2016).

Vale dizer ainda que, com a extinção da hipótese de rescisão da coisa julgada por vício na confissão, desistência (que, em verdade, é renúncia, porque apenas esta faz coisa julgada material) ou transação, a parte prejudicada poderá fazer uso da ação anulatória, com fundamento em vício de vontade.

4. *Competência.* Em se tratando de competência, a cizânia reside em relação ao critério funcional. Via de regra, a competência será sempre do juízo perante o qual o ato foi praticado ou que proferiu a decisão inexistente ou ineficaz.

Mas as ações anulatórias de convenção ou acordo coletivo de trabalho despertam debate.

Como é cediço, o poder normativo da Justiça do Trabalho está restrito aos Tribunais (art. 678, I, "a", da CLT), razão pela qual nenhuma ação que decorra dele pode ser ajuizada perante um Juiz do Trabalho, como dissídios coletivos jurídicos, econômicos, de greve, de revisão ou de extensão. Todos esses dissídios são decididos pela sentença normativa, que muito se assemelha às convenções e aos acordos coletivos, fixando novas condições de trabalho. Aliás, cabe lembrar que as sentenças normativas, geralmente, apenas substituem convenções e acordos coletivos, à exceção dos dissídios coletivos originais.

Pois bem. Se a competência para proferir e rescindir uma sentença normativa é dos Tribunais, como já foi visto, por questão de lógica jurídica, a competência para anular uma cláusula de convenção ou acordo coletivo deve ser, igualmente, dos Tribunais, por se assemelhar, do ponto de vista pragmático, ao poder normativo.[1181]

(1180) "Recurso de Revista. Coisa julgada. Ação anulatória. Querela nullitatis insanabilis. Citação inválida. Descabimento. Carência de ação. Inadequação da via eleita. A ação anulatória prevista no art. 486 do CPC se destina a anular atos praticados no curso do processo pelas partes envolvendo relação de direito material e que não dependam de sentença ou quando ela for meramente homologatória. As sentenças de mérito transitadas em julgado devem ser desconstituídas por meio de ação rescisória, nas hipóteses taxativamente previstas no art. 485 do CPC, inclusive quando estiver em debate questão processual classificada como pressuposto de validade da sentença de mérito, como no caso da nulidade da citação, nos termos da Súmula n. 412 do TST. Logo, a ação anulatória — querela nullitatis insanabilis — é inadequada para a desconstituição da sentença trabalhista de mérito transitada em julgado, sendo a ação rescisória o único meio processual cabível para tanto, ainda que se discuta questão processual. Recurso de revista conhecido e provido." (TST-RR-118100-77.2008.5.19.0001, Relator: Ministro Luiz Philippe Vieira de Mello Filho, 4ª Turma, DEJT 19.10.2012).

(1181) "Ação anulatória ajuizada pelo Ministério Público. Recurso ordinário. Preliminar de incompetência funcional do Tribunal Regional do Trabalho. Segundo a jurisprudência desta Corte Superior, embora não haja lei que disponha sobre a competência funcional para julgamento de ação anulatória, aplica-se por analogia o disposto no art. 678, I, 'a', da CLT, atribuindo-se aos Tribunais Regionais a competência funcional originária para conhecer e julgar a ação anulatória que objetiva a declaração de nulidade de cláusula coletiva. [...]" (TST-RO-14300-85.2011.5.17.0000, Relatora: Ministra Kátia Magalhães Arruda, SDC, DEJT 21.02.2014).

Todavia, há corrente em sentido contrário, sustentando que a anulação de cláusula de convenção ou acordo coletivo de trabalho não está inserida no âmbito do poder normativo, razão pela qual a competência para julgar a respectiva ação anulatória seria do Juiz do Trabalho.

No âmbito do TST, a competência para julgar, originariamente, a ação anulatória de acordo ou convenção coletiva de trabalho é da SDC (art. 70, I, "c", do RITST), que também tem competência para julgar o recurso ordinário interposto da decisão proferida pelo TRT (art. 70, II, "b").

É importante salientar que, se o pedido for de privação dos efeitos da cláusula da convenção ou do acordo coletivo de trabalho, a competência será do Juiz do Trabalho. Imagine-se, por exemplo, que uma CCT autorize o desconto de contribuição assistencial de empregados não sindicalizados. Se o pedido for de anulação da cláusula, a ação a ser ajuizada será uma ação anulatória autônoma, cuja competência será do Tribunal. Todavia, se um empregado pretende, de forma individual, que essa cláusula não produza efeitos em seu contrato de trabalho, é possível ajuizar uma ação trabalhista, na qual o Juiz do Trabalho decretará a ineficácia da cláusula apenas em relação a ele. É que, nesse caso, o pedido não foi de sua nulidade, mas de sua inaplicabilidade, não havendo qualquer semelhança com o poder normativo.[(1182)]

Por fim, é preciso sublinhar que, em sede de ação civil pública, as cláusulas de convenções e acordos coletivos de trabalho não podem ser anuladas com efeito "*erga omnes*", mas apenas de forma incidental. Em outras palavras, como o julgamento da ação civil pública é de competência do Juiz do Trabalho, o pedido deve ser similar ao da ação trabalhista, qual seja o de inaplicabilidade da cláusula viciada, sendo vedado o pedido de nulidade da cláusula, porque implicaria na burla da regra de competência hierárquica, pela qual o poder normativo é exclusivo dos Tribunais (art. 678, I, "a", da CLT), como já foi explicado.[(1183)]

5. *Legitimidade*. A legitimidade ativa é conferida a quem quer que tenha sido prejudicado pelo vício do ato impugnado, tendo em vista que os atos e negócios jurídicos materiais e processuais não podem prejudicar terceiros. Se, porém, houver ofensa ao interesse público, a legitimidade será exclusiva do Ministério Público do Trabalho.

No que toca à ação anulatória de cláusula de convenção e acordo coletivo do trabalho, havendo interesse econômico, é admissível o ajuizamento pelo sindicato que tenha celebrado os referidos instrumentos. Inicialmente, a jurisprudência lhes negava essa legitimidade, ao argumento de que, sendo parte em um acordo, o sindicato seria carente de interesse jurídico em sua anulação; mas a prática cuidou de ofertar exemplos curiosos. Ora, o sindicato possui alternância em sua administração, com eleições periódicas de novos dirigentes. Por isso, se um sindicato celebra um acordo coletivo de trabalho que, no entender da nova administração, lesa o interesse da categoria, por que não admiti-lo como parte legítima para postular a anulação de uma cláusula? Por isso, em casos assim, o TST tem admitido o sindicato como legitimado ativo.[(1184)]

(1182) "Ação declaratória de inexigibilidade do cumprimento das obrigações contraídas em ACT ou CCT — Competência da vara. Na hipótese em que o interesse dos autores não diz respeito à declaração de nulidade de convenção coletiva de trabalho, mas à inaplicabilidade do instrumento coletivo em razão da ilegitimidade do Sindicato do Comércio Varejista de Gêneros Alimentícios da Cidade do Salvador para representar os supermercados e atacados de autosserviço no Estado da Bahia, em face de cisão operada na categoria econômica, compete à Vara do Trabalho, e não ao TRT, processar e julgar ação declaratória de inexigibilidade do cumprimento das obrigações contraídas em convenção coletiva de trabalho. Com esse entendimento, a SDC, por maioria, deu provimento ao recurso ordinário para, declarando a incompetência do TRT da 5ª Região, na forma do art. 795, § 2º, da CLT, decretar a nulidade dos atos processuais e determinar o retorno dos autos à Vara de Trabalho de origem, para que prossiga no exame da lide, como entender de direito. Vencida a Ministra Maria de Assis Calsing, relatora. (TST-RO-997-71.2010.5.05.0000, Relatora: Ministra Maria de Assis Calsing, red. p/ acórdão Min. Walmir Oliveira da Costa, SDC, DEJT 11.3.2013).

(1183) "Recurso de revista. Ação civil pública. Nulidade de cláusula convencional. Impossibilidade. A questão é sobre qual a ação cabível, pois o Ministério Público do Trabalho interpôs ação civil pública com a finalidade de anular cláusula coletiva. A Ação civil pública tem natureza estritamente cominatória, ou seja, busca o cumprimento de uma obrigação de fazer ou não-fazer estabelecida em lei ou em contrato, bem como a pena pelo seu inadimplemento, e não é possível sua utilização para pretensão não-cominatória. O entendimento no âmbito desta Corte é de que a ação anulatória é o instrumento próprio para que o Ministério Público pleiteie declaração de nulidade de cláusula de acordo coletivo de trabalho. Precedentes. Recurso de revista a que a que se nega provimento. [...]" (TST-RR-662000-96.2008.5.09.0012, Relatora: Ministra Kátia Magalhães Arruda, 6ª Turma, DEJT 06.07.2012).

(1184) "Ação anulatória de acordo coletivo de trabalho. [...] Recurso ordinário em ação anulatória interposto pela empresa ré. 1. Ilegitimidade do sindicato profissional. Nos termos do art. 83, III e IV, da Lei Complementar n. 75/1993, compete ao Ministério Público do Trabalho o

Quanto ao polo passivo, a legitimidade é conferida às partes que celebraram o instrumento, por força de litisconsórcio necessário, a não ser, por óbvio, que uma delas tenha sido admitida no polo ativo.

6. *Procedimento.* A lei não estabelece procedimento específico para a ação anulatória, razão pela qual ela deverá tramitar pelo rito comum, previsto no CPC. Todavia, considerando que ela versa sobre matéria de direito, sem dilação probatória, fica dispensada, em regra, a realização de audiência, mesmo quando ajuizada perante o Juiz do trabalho. Entretanto, os regimentos internos dos Tribunais podem estabelecer as rotinas a serem observadas durante a tramitação das ações anulatórias, quando ajuizadas perante seus ofícios.

7. *Decisão.* A decisão proferida em sede de ação anulatória possui o efeito imediato e incidental de suspender o processo primitivo (art. 313, V, "a", do CPC de 2015), bem como o efeito final de desconstituir o ato impugnado. Cabe, porém, ao Juiz modular os efeitos, quando o ato atacado for processual, ao passo que nas relações materiais, os efeitos serão "*ex tunc*", anulando-se o ato desde seu advento.

Nas ações anulatórias de ACT ou CCT, o efeito é "*erga omnes*", ou seja, contra todos. De outra face, se o pedido for de inaplicabilidade da cláusula, em sede de ação trabalhista individual, o efeito será apenas "*inter partes*", isto é, somente entre as partes.

8. *Recurso.* O recurso cabível contra decisões em ações anulatórias é o ordinário, nos termos dos arts. 224 e 225, do RITST.

9. *Execução.* Como a natureza das ações anulatórias é constitutivo-negativa, não há necessidade de se iniciar a execução ou mesmo o cumprimento da sentença, porque, por si só, ela gera a desconstituição do ato impugnado.

18.3. MANDADO DE SEGURANÇA

18.3.1. MANDADO DE SEGURANÇA INDIVIDUAL

1. *Conceito, natureza jurídica e finalidade.* Antes da criação do mandado de segurança, pela Constituição de 1932, quaisquer liberdades (hodiernamente chamados de direitos fundamentais) podiam ser tuteladas pelo "*habeas corpus*", o qual, a partir de então, passou a ser impetrado apenas em caso de ofensa à liberdade de locomoção. O "*writ*" ou "*mandamus*", como é chamado o mandado de segurança, surgiu como uma ação peculiar do direito brasileiro.

O mandado de segurança é uma ação constitucional, autônoma, de natureza civil, regida por lei especial, que estabelece rito sumário, destinada a proteger, por meio de um provimento mandamental, o direito líquido e certo de alguém contra ato ilegal ou abusivo praticado por autoridade pública.

Seu espectro de incidência é residual, uma vez que só tutelará o direito que não for amparado por "*habeas corpus*" ou "*habeas data*", como dispõe o art. 1º, da Lei n. 12.016/09:

ajuizamento de ações anulatórias de cláusulas de contrato, acordo coletivo ou convenções coletivas de trabalho. Todavia, o entendimento atual desta Seção Especializada é o de que essa competência se estende também aos entes sindicais subscreventes do instrumento pactuado, quando demonstrado vício de vontade, ou aos sindicatos representantes das categorias econômicas ou profissionais, que não subscreveram a norma coletiva, mas que se sintam prejudicados em sua esfera jurídica, em decorrência do acordo ou da convenção coletiva de trabalho firmado. Nesse contexto, não há falar na ilegitimidade do Sindicato dos Trabalhadores nas Indústrias da Fabricação do Álcool, Etanol, Bioetanol, Biocombustível, Químicas e Farmacêuticas de Ribeirão Preto e Região para ajuizar ação na qual pretende obter a declaração de nulidade do acordo firmado entre o Sindicato dos Trabalhadores nas Indústrias da Alimentação de Morro Agudo e a Empresa LDC SEV Bioenergia S.A. — Unidade MB, ao argumento de ser o legítimo representante dos trabalhadores que laboram na empresa acordante. Precedentes. Assim, nega-se provimento ao recurso." (TST-AIRO-1610-44.2012.5.15.0000, Relatora: Ministra Dora Maria da Costa, SDC, DEJT 17/10/2014). *No mesmos sentido*: "[...] A competência conferida ao Ministério Público do Trabalho para o ajuizamento de ações anulatórias de cláusulas de acordos coletivos ou convenções coletivas de trabalho, nos termos do art. 83, III e IV, da Lei Complementar n. 75/1993, se estende, excepcionalmente, aos entes sindicais subscreventes da norma coletiva, quando demonstrado vício de vontade ou alguma das irregularidades descritas no art. 166 do Código Civil, ou aos sindicatos representantes das categorias econômicas e/ou profissionais, que não subscreveram a norma coletiva, mas que se sintam prejudicados em sua esfera jurídica, em decorrência do instrumento pactuado. [...]" (TST-RO-3434-13.2011.5.10.0000, SDC, rel. Min. Dora Maria da Costa, 13.4.2015).

"Art. 1º Conceder-se-á mandado de segurança para proteger direito líquido e certo, não amparado por *habeas corpus* ou *habeas data*, sempre que, ilegalmente ou com abuso de poder, qualquer pessoa física ou jurídica sofrer violação ou houver justo receio de sofrê-la por parte de autoridade, seja de que categoria for e sejam quais forem as funções que exerça."

A leitura do referido artigo também revela que o mandado de segurança pode ser impetrado de forma *preventiva*, isto é, mesmo sem que o direito líquido e certo do impetrante tenha sido violado, desde que haja justo receio de que a violação possa ocorrer.[1185]

O mandado de segurança, incluindo seus recursos, terá prioridade sobre todos os atos judiciais, salvo *habeas corpus* (art. 20, da Lei n. 12.016/09).

2. *Fundamento.* Nas relações com o Estado, a Constituição conferiu ao particular um remédio específico para obter uma ordem célere de repressão ao ato administrativo ilegal ou abusivo.

Atualmente, a regência do mandado de segurança é feita pela Lei n. 12.016/09, que regulamenta o art. 5º, LXIX, da CF.

3. *Condições (especiais) da ação.* A ação de *mandado de segurança* possui condições específicas, sem as quais o impetrante será considerado carecedor de ação e o processo será extinto, sem julgamento do mérito. Vale ressaltar que as condições da ação são examinadas em abstrato, ou seja, basta que a parte autora faça assertivas em relação a elas (teoria da asserção), para que possam ser consideradas existentes.

3.1. *Possibilidade jurídica do pedido (direito líquido e certo).* O direito líquido e certo é o objeto do pedido do mandado de segurança (art. 5º, LXIX, da CF). Havendo um ato que o atinja, de forma ilegal ou abusiva, tem o ofendido direito ao respectivo desfazimento, mediante a impetração do mandado de segurança. Mas o que é um direito líquido e certo?

Gramaticalmente, liquidez indica que o direito está quantificado. E certeza, por sua vez, é a característica que impede o direito de ser modificado. Não obstante, a interpretação desses vocábulos deve ser feita de forma conjunta, como uma locução ou um substantivo composto, quando, por razões sistemáticas e lógicas, seu significado passará a ser diferente. "*Líquido e certo*" significa que a pretensão: a) é protegida pela norma jurídica (incluindo princípios), que não tenha sido declarada inconstitucional pelo STF;[1186] e b) decorre de fato que pode ser provado por prova documental, sem necessidade de dilação probatória.

Com efeito, ao impetrar um mandado de segurança, a parte impetrante deve alegar que possui direito líquido e certo. Inicialmente, citando o fundamento jurídico que o protege e, em seguida, afirmando que os fatos alegados podem ser provados de plano, por prova documental, a qual já deverá acompanhar a petição inicial.

Entretanto, apenas a assertiva da proteção jurídica (letra "a") tem natureza de condição da ação. A outra, em verdade, pertence ao mérito do "*mandamus*".

Ela está ligada ao pedido (possibilidade jurídica), cuja análise será feita pelo Juiz, de imediato, antes de adentrar ao mérito. Trata-se de situação diversa das demais ações, em relação às quais o pedido será possível, desde que não seja vedado pela norma jurídica. Isso ocorre, porque o princípio da legalidade dá liberdade ao particular para fazer tudo o que a lei não proíbe, ao passo que vincula o administrador a fazer apenas o que a lei autoriza.

(1185) "Agravo de instrumento. Recurso de revista — descabimento. Mandado de segurança preventivo. Ameaça de imposição de multa por trabalho em feriado. Evento futuro e incerto. Incidência da compreensão depositada na orientação jurisprudencial n. 144 da SBDI-2 do TST. 1. O mandado de segurança preventivo reivindica a demonstração de iminente ameaça de lesão a direito, não sendo bastante a simples alegação de receio de ofensa. 2. A ameaça (justo receio) a que alude o art. 1º da Lei n. 12.016/2009 traduz a ideia de perigo concreto e atual, de modo que a cominação abstrata, remota e genérica desafia o indeferimento da petição inicial do *-mandamus-*, por ausência de interesse de agir, nos termos do art. 10 da Lei n. 12.016/2009. 3. -O mandado de segurança não se presta à obtenção de uma sentença genérica, aplicável a eventos futuros, cuja ocorrência é incerta-. Inteligência da Orientação Jurisprudencial n. 144 da SBDI-2 desta Corte. Agravo de instrumento conhecido e desprovido." (TST-AIRR — 39200-88.2008.5.01.0031, Relator: Ministro Alberto Luiz Bresciani de Fontan Pereira, 3ª Turma, DEJT 14/06/2013).

(1186) Súmula do STF n. 474: Não há direito líquido e certo, amparado pelo mandado de segurança, quando se escuda em lei cujos efeitos foram anulados por outra, declarada constitucional pelo Supremo Tribunal Federal.

Satisfeita essa exigência, cumpre ao Juiz analisar se os fatos alegados foram provados através de prova documental. Todavia, essa já é uma etapa que examina o mérito da causa, razão pela qual, somente após o processamento do mandado de segurança, que inclui a prestação de informações pela autoridade coatora e o parecer do Ministério Público, será possível ao Juiz, na decisão, dizer acerca da existência ou não do direito líquido e certo.

Com efeito, em relação ao direito líquido e certo, a petição inicial deve ser indeferida, se o impetrante não demonstrar que sua causa de pedir está respaldada em uma norma jurídica (art. 10, da Lei n. 12.016/09). De outra sorte, não havendo documentos suficientes para provar os fatos alegados, o caso será de improcedência, com exame do mérito.

Por isso é que: a) não é possível emendar a inicial, para juntar documentos, sendo vedada a aplicação do art. 321, do CPC de 2015 (Súmula n. 415, do TST[(1187)] e Enunciado n. 40, do I FNPT[(1188)]); b) a falta de documentos impede que outro mandado de segurança (com mesmas partes, mesmo pedido e mesma causa de pedir) seja impetrado (art. 6º, § 6º, da Lei n. 12.016/09).

O fundamento jurídico que invoca a concessão da segurança pode ser controvertido (Súmula n. 625, do STF[(1189)]), ao passo que os fatos devem ser certos, conforme atestado pela prova documental.

3.2. *Interesse de agir (impugnação a ato administrativo qualificado)*. Outra condição da ação de mandado de segurança, vinculada ao interesse de agir (causa de pedir), é a afirmação de que o ato jurídico impugnado possui as seguintes características: a) foi praticado por autoridade pública; b) é ilegal ou abusivo; c) viola ou tem aptidão para violar direito líquido e certo.

3.2.1. Ato de autoridade pública. Para os fins da Lei n. 12.016/09, "*considera-se autoridade coatora aquela que tenha praticado o ato impugnado ou da qual emane a ordem para a sua prática*" (art. 6º, § 3º, da Lei n. 12.016/09). Em outras linhas, é o agente público que exerce cargo ou função estatal, com poder de decisão, que praticou o ato viciado, ainda que por delegação (Súmula n. 510[(1190)] do STF), podendo estar vinculado à Administração Direta ou Indireta.

Todavia, particulares podem ser equiparados à autoridade, como "*os representantes ou órgãos de partidos políticos e os administradores de entidades autárquicas, bem como os dirigentes de pessoas jurídicas ou as pessoas naturais no exercício de atribuições do poder público*", mas somente no que disser respeito a essas atribuições (art. 1º, § 1º), ficando excluídos, portanto, os "*atos de gestão comercial praticados pelos administradores de empresas públicas, de sociedade de economia mista e de concessionárias de serviço público*" (art. 1º, § 2º).

Será considerada federal a autoridade coatora, quando as consequências patrimoniais de seu ato houverem de ser suportadas pela União ou por entidade por ela controlada (art. 2º, da Lei n. 12.016/09).

3.2.2. Ilegalidade do ato ou abuso de poder. O "*mandamus*" visa a desconstituir um ato administrativo de autoridade pública, que, na clássica definição de Hely Lopes Meirelles (1989), "*é toda manifestação unilateral de vontade da Administração Pública que, agindo nessa qualidade, tenha por fim imediato adquirir, resguardar, transferir, modificar, extinguir e declarar direitos, ou impor obrigações aos administrados ou a si própria*".

Os requisitos de validade (elementos) do ato administrativo são *competência, finalidade, forma, motivo* e *objeto*. Eles devem corresponder, exatamente, ao que dispuser a lei, sob pena de serem reputados viciados. O vício de competência é denominado de "abuso de poder"; os demais, de "ilegalidade".

(1187) Súmula do TST n. 415. "Mandado de Segurança. Petição inicial. Art. 321 do CPC de 2015. Art. 284 do CPC de 1973. Inaplicabilidade. Exigindo o mandado de segurança prova documental pré-constituída, inaplicável o art. 321 do CPC de 2015 (art. 284 do CPC de 1973) quando verificada, na petição inicial do "mandamus", a ausência de documento indispensável ou de sua autenticação"

(1188) Enunciado n. 40 do I FNPT: "[...] São incompatíveis com o Mandado de Segurança as modalidades de emenda e saneamento previstas nos arts. 321 e 932, parágrafo único do NCPC, em virtude da existência de norma especial (art. 6º e art. 10, ambos da Lei 12.016/2009)."

(1189) Súmula do STF n. 625. "Controvérsia sobre matéria de direito não impede concessão de mandado de segurança".

(1190) Súmula do STF n. 510. "Praticado o ato por autoridade, no exercício de competência delegada, contra ela cabe o mandado de segurança ou a medida judicial."

Além do ato (conduta comissiva), a falta da prática do ato (conduta omissiva) também pode dar ensejo à impetração de mandado de segurança, quando a autoridade tinha o dever de praticá-lo, ainda que tenha sido interposto recurso administrativo com efeito suspensivo.[1191]

3.2.3. Violação ou aptidão para violar. Por fim, é preciso que a parte exponha, ainda que apenas com assertivas, que o ato impugnado violou ou tem potencial para violar um direito líquido e certo. No primeiro caso, o "*writ*" será repressivo; no segundo, preventivo.

3.3. *Legitimidade.* Finalmente, em relação às condições da ação, cabe à parte autora afirmar sua legitimidade e a do impetrado, as quais estão submetidas a regras especiais.

3.3.1. *Legitimidade ativa.* A legitimidade ativa é conferida ao titular do direito líquido e certo violado, ou em vias de sê-lo, por ato ilegal ou abusivo de autoridade pública (art. 1º, da Lei n. 12.016/09). Sem embargo, se o direito ameaçado ou violado pertencer a vários titulares, qualquer deles pode impetrar o "*mandamus*" (art. 1º, § 3º, da Lei n. 12.016/09).

A Lei n. 12.016/09 também defere legitimidade ativa ao terceiro que seja titular de direito líquido e certo, que decorra do direito do titular originário, imediatamente ameaçado ou violado, caso este não impetre o mandado de segurança no prazo de trinta dias, após notificação judicial (art. 3º, da Lei n. 12.016/09).

Imagine-se, por exemplo, que a máquina da empresa A tenha sido interditada, de modo abusivo, por um Auditor Fiscal do Trabalho, vindo a prejudicar a entrega de uma peça essencial às atividades da empresa B. Esta poderia impetrar o mandado de segurança para levantar o embargo, caso a empresa A não o fizesse no prazo de trinta dias, após ser notificada judicialmente.

3.3.2. *Legitimidade passiva.* No mandado de segurança, a *legitimidade passiva* é da *pessoa jurídica* a qual a autoridade coatora estiver vinculada, tendo em vista o princípio da impessoalidade (art. 37, "*caput*", da CF), bem como pelo fato de que é o ente público quem suportará as consequências da desconstituição do ato ilegal ou abusivo praticado por seu agente. Não obstante, quem deverá *prestar as informações* é a *autoridade* que detém poder de decisão sobre o ato viciado, ainda que por delegação.[1192] De conseguinte, a petição inicial deverá individualizar a autoridade que possua tal competência, para que preste as informações em favor do ente público.

Sublinha-se, porém, que há vozes na doutrina, indicando a própria autoridade coatora como a detentora da legitimidade passiva.

4. *Pressupostos processuais (especiais).* Ultrapassadas as condições da ação, é de se saber dos requisitos de validade do mandado de segurança.

4.1. *Cabimento.* Muito embora o ato administrativo seja conduta típica do Poder Executivo, ele também é praticado pelos membros dos demais poderes, no exercício de função atípica (administrativa), quando então será passível de controle pela via do mandado de segurança. Todavia, não será admissível o "*writ*" contra ato administrativo passível de impugnação por recurso administrativo e sem exigência de caução (art. 5º, I, da Lei n. 12.016/2009).

De outra face, os atos típicos dos Poderes Legislativo (leis)[1193] e Judiciário (decisões), em regra, não podem ser controlados pelo "*writ*". As exceções são as seguintes: a) lei de efeitos concretos, como a que defere uma gratificação a empregados públicos; b) decisão judicial, sem trânsito em julgado, contra a qual não caiba recurso com efeito suspensivo (art. 5º, II e III, da Lei n. 12.016/09); c) ato judicial atacado por terceiro interessado, que poderá impetrar o "*mandamus*" ao invés de interpor recurso.[1194]

(1191) Súmula do STF n. 429: A existência de recurso administrativo com efeito suspensivo não impede o uso do mandado de segurança contra omissão da autoridade.

(1192) Súmula do STF n. 510: Praticado o ato por autoridade, no exercício de competência delegada, contra ela cabe o mandado de segurança ou a medida judicial.

(1193) Súmula do STF n. 266: Não cabe mandado de segurança contra lei em tese.

(1194) Súmula do STJ n. 202: A impetração de segurança por terceiro, contra ato judicial, não se condiciona à interposição de recurso.

De toda sorte, não cabe mandado se segurança contra decisão judicial transitada em julgado,[1195] tampouco contra ato judicial passível de recurso.[1196]

4.1.1. *Decisões interlocutórias*. Como já foi dito, no Processo do Trabalho, as decisões interlocutórias não desafiam recurso imediato (art. 893, § 1º, da CLT). Em vista disso, é cabível mandado de segurança para desconstituí-las, caso fiquem caracterizadas como ilegais e abusivas, ferindo direito líquido e certo não amparável por "*habeas corpus*" ou "*habeas data*". Calha sublinhar, porém, que o "*writ*" não tem natureza recursal, mas, sim, de ação autônoma, muito embora cumpra, afinal, a mesma função do recurso.

Por exemplo, o C. TST considera haver direito líquido e certo no deferimento de tutela provisória, quando presentes os requisitos legais, o que desafia a impetração de mandado de segurança.[1197]

Se a tutela provisória for julgada antes da sentença, caberá mandado de segurança, por se tratar de decisão interlocutória. Todavia, se a tutela provisória for julgada na sentença, a medida adequada será o recurso ordinário e não o mandado de segurança. Finalmente, se o mandado de segurança foi impetrado contra uma tutela provisória antes da sentença, a superveniência desta faz perder o objeto do "writ" (Súmula n. 414[1198], do TST).

4.1.2. *Casuística*. Além das hipóteses legais já referidas, a jurisprudência do TST é farta quanto às hipóteses de cabimento ou não do mandado de segurança. É de se observar que o critério mais frequentemente adotado para a Corte Superior trabalhista dizer do cabimento ou não do mandado de segurança é a legalidade do ato. Em vista disso, havendo autorização legal para a prática do ato, não há espaço para a impetração do "*writ*".

De forma sintética, por se tratar de casuística, vale destacar que o TST tem entendido que o mandado de segurança *é cabível* para desconstituir decisão judicial que:

a) determina a reintegração no emprego em ação cautelar (OJ, da SDI-II, n. 63[1199]);

b) rejeita carta de fiança bancária, já que ela equivale a dinheiro (OJ, da SDI-II, n. 59[1200]);

c) impõe ao INSS o reconhecimento de tempo de serviço (OJ, da SDI-II, n. 57[1201]);

d) indefere a suspensão do empregado até o final do inquérito (OJ, da SDI-II, n. 137[1202]).

O "*writ*" também tem *sido admitido* para impugnar:

a) penhora de dinheiro em conta-salário ou poupança, ainda que limitada a uma porcentagem (OJ, da SDI-II, n. 153[1203]);

(1195) Súmula do STF n. 268: Não cabe mandado de segurança contra decisão judicial com trânsito em julgado.

(1196) Súmula do STF n. 267: Não cabe mandado de segurança contra ato judicial passível de recurso ou correição.

(1197) "[...] Há direito líquido e certo tutelável pela via do mandado de segurança na hipótese em que, embora presentes os pressupostos do art. 273 do CPC de 1973, a antecipação de tutela não foi concedida pelo juízo de origem. [...]" (TST-RO-578-75.2015.5.05.0000, SBDI-II, rel. Min. Alberto Luiz Bresciani de Fontan Pereira, 2.8.2016).

(1198) Súmula do TST n. 414. "Mandado de segurança. Tutela provisória concedida antes ou na sentença. I — A tutela provisória concedida na sentença não comporta impugnação pela via do mandado de segurança, por ser impugnável mediante recurso ordinário. É admissível a obtenção de efeito suspensivo ao recurso ordinário mediante requerimento dirigido ao tribunal, ao relator ou ao presidente ou ao vice-presidente do tribunal recorrido, por aplicação subsidiária ao processo do trabalho do artigo 1.029, § 5º, do CPC de 2015. II — No caso de a tutela provisória haver sido concedida ou indeferida antes da sentença, cabe mandado de segurança, em face da inexistência de recurso próprio. III — A superveniência da sentença, nos autos originários, faz perder o objeto do mandado de segurança que impugnava a concessão ou o indeferimento da tutela provisória."

(1199) Orientação Jurisprudencial da SDI-II n. 63. "Mandado de segurança. Reintegração. Ação cautelar. Comporta a impetração de mandado de segurança o deferimento de reintegração no emprego em ação cautelar."

(1200) Orientação Jurisprudencial da SDI-II n. 59. "Mandado de segurança. Penhora. Carta de fiança bancária. Seguro garantia judicial (nova redação em decorrência do CPC 2015). A carta de fiança bancária e o seguro garantia judicial, desde que em valor não inferior ao do débito em execução, acrescido de trinta por cento, equivalem a dinheiro para efeito da gradação dos bens penhoráveis, estabelecida no art. 835 do CPC de 2015 (art. 655 do CPC de 1973)."

(1201) Orientação Jurisprudencial da SDI-II n. 57. "Mandado de segurança. INSS. Tempo de serviço. Averbação e/ou reconhecimento. Conceder-se-á mandado de segurança para impugnar ato que determina ao INSS o reconhecimento e/ou averbação de tempo de serviço."

(1202) Orientação Jurisprudencial da SDI-II n. 137. "Mandado de segurança. Dirigente sindical. Art. 494 da CLT. Aplicável. Constitui direito líquido e certo do empregador a suspensão do empregado, ainda que detentor de estabilidade sindical, até a decisão final do inquérito em que se apure a falta grave a ele imputada, na forma do art. 494, "*caput*" e parágrafo único, da CLT."

(1203) Orientação Jurisprudencial da SDI-II n. 153. "Mandado de segurança. Execução. Ordem de penhora sobre valores existentes em conta salário. Art. 649, IV, do CPC. Ilegalidade. Ofende direito líquido e certo decisão que determina o bloqueio de numerário existente em conta salário, para satisfação de crédito trabalhista, ainda que seja limitado a determinado percentual dos valores recebidos ou a valor revertido para fundo de

b) execução de cláusula normativa modificada em recurso (Súmula n. 397[(1204)] do TST); e

c) exigência de depósito prévio de honorários periciais (OJ, da SDI-II, n. 98[(1205)]).

Por outro lado, *não é cabível* o mandado de segurança para atacar decisão judicial que:

a) fixa valor da causa (OJ, da SDI-II, n. 88[(1206)]);

b) desafia recurso próprio, ainda que com efeito diferido (OJ, da SDI-II, n. 92[(1207)]);

c) transitou em julgado (Súmula n. 33[(1208)]), inclusive com coisa julgada formal (OJ, da SDI-II, n. 99[(1209)]);

d) indefere a suspensão da execução, havendo liquidação extrajudicial (OJ, da SDI-II, n. 53[(1210)]);

e) nega a execução definitiva, na pendência de recurso extraordinário ou do respectivo agravo (OJ, da SDI-II, n. 56[(1211)]);

f) defere ou indefere liminar em outro mandado de segurança (OJ, da SDI-II, n. 140[(1212)]);

g) concede liminar obstativa de transferência de empregado (OJ, da SDI-II, n. 67[(1213)]);

h) reintegra, liminarmente, anistiado, aposentado, integrante de comissão de fábrica, dirigente sindical, portador de doença profissional, portador de HIV e empregado estável em função de garantia de emprego prevista em ACT ou CCT (OJ, da SDI-II, n. 142[(1214)]) ou por força de lei (OJs, da SDI-II, n. 65[(1215)] e 64[(1216)]);

---

aplicação ou poupança, visto que o art. 649, IV, do CPC contém norma imperativa que não admite interpretação ampliativa, sendo a exceção prevista no art. 649, § 2º, do CPC espécie e não gênero de crédito de natureza alimentícia, não englobando o crédito trabalhista."

(1204) Súmula do TST n. 397. "Ação rescisória. Art. 966, IV do CPC de 2015. Art. 485, IV, do CPC de 1973. Ação de cumprimento. Ofensa à coisa julgada emanada de sentença normativa modificada em grau de recurso. Inviabilidade. Cabimento de mandado de segurança. Não procede ação rescisória calcada em ofensa à coisa julgada perpetrada por decisão proferida em ação de cumprimento, em face de a sentença normativa, na qual se louvava, ter sido modificada em grau de recurso, porque em dissídio coletivo somente se consubstancia coisa julgada formal. Assim, os meios processuais aptos a atacarem a execução da cláusula reformada são a exceção de pré-executividade e o mandado de segurança, no caso de descumprimento do art. 514 do CPC de 2015 (art. 572 do CPC de 1973)."

(1205) Orientação Jurisprudencial da SDI-II n. 98. "Mandado de segurança. Cabível para atacar exigência de depósito prévio de honorários periciais. É ilegal a exigência de depósito prévio para custeio dos honorários periciais, dada a incompatibilidade com o Processo do Trabalho, sendo cabível o mandado de segurança visando à realização da perícia, independentemente do depósito."

(1206) Orientação Jurisprudencial da SDI-II n. 88. "Mandado de segurança. Valor da causa. Custas processuais. Cabimento. Incabível a impetração de mandado de segurança contra ato judicial que, de ofício, arbitrou novo valor à causa, acarretando a majoração das custas processuais, uma vez que cabia à parte, após recolher as custas, calculadas com base no valor dado à causa na inicial, interpor recurso ordinário e, posteriormente, agravo de instrumento no caso de o recurso ser considerado deserto."

(1207) Orientação Jurisprudencial da SDI-II n. 92. "Mandado de segurança. Existência de recurso próprio. Não cabe mandado de segurança contra decisão judicial passível de reforma mediante recurso próprio, ainda que com efeito diferido."

(1208) Súmula do TST n. 33. "Mandado de segurança. Decisão judicial transitada em julgado. Não cabe mandado de segurança de decisão judicial transitada em julgado."

(1209) Orientação Jurisprudencial da SDI-II n. 99. "Mandado de segurança. Esgotamento de todas as vias processuais disponíveis. Trânsito em julgado formal. Descabimento. Esgotadas as vias recursais existentes, não cabe mandado de segurança."

(1210) Orientação Jurisprudencial da SDI-II n. 53. "Mandado de segurança. Cooperativa em liquidação extrajudicial. Lei n. 5.764/71, art. 76. Inaplicável. Não suspende a execução. A liqüidação extrajudicial de sociedade cooperativa não suspende a execução dos créditos trabalhistas existentes contra ela."

(1211) Orientação Jurisprudencial da SDI-II n. 56. "Mandado de segurança. Execução. Pendência de recurso extraordinário. Não há direito líqüido e certo à execução definitiva na pendência de recurso extraordinário, ou de agravo de instrumento visando a destrancá-lo."

(1212) Orientação Jurisprudencial da SDI-II n. 140. "Mandado de segurança contra liminar, concedida ou denegada em outra segurança. Incabível. (art. 8º da lei n. 1.533/51). Não cabe mandado de segurança para impugnar despacho que acolheu ou indeferiu liminar em outro mandado de segurança."

(1213) Orientação Jurisprudencial da SDI-II n. 67. "Mandado de segurança. Transferência. Art. 659, IX, da CLT. Não fere direito líqüido e certo a concessão de liminar obstativa de transferência de empregado, em face da previsão do inciso IX do art. 659 da CLT."

(1214) Orientação Jurisprudencial da SDI-II n. 142. "Mandado de segurança. Reintegração liminarmente concedida. Inexiste direito líquido e certo a ser oposto contra ato de Juiz que, antecipando a tutela jurisdicional, determina a reintegração do empregado até a decisão final do processo, quando demonstrada a razoabilidade do direito subjetivo material, como nos casos de anistiado pela Lei n. 8.878/94, aposentado, integrante de comissão de fábrica, dirigente sindical, portador de doença profissional, portador de vírus HIV ou detentor de estabilidade provisória prevista em norma coletiva."

(1215) Orientação Jurisprudencial da SDI-II n. 65. "Mandado de segurança. Reintegração liminarmente concedida. Dirigente sindical. Ressalvada a hipótese do art. 494 da CLT, não fere direito líqüido e certo a determinação liminar de reintegração no emprego de dirigente sindical, em face da previsão do inciso X do art. 659 da CLT."

(1216) Orientação Jurisprudencial da SDI-II n. 64. "Mandado de segurança. Reintegração liminarmente concedida. Não fere direito líqüido e certo a concessão de tutela antecipada para reintegração de empregado protegido por estabilidade provisória decorrente de lei ou norma coletiva."

i) nomeia banco distinto do executado como depositário do dinheiro penhorado (Súmula n. 417, II[(1217)]);

j) penhora dinheiro em execução definitiva (Súmula n. 417, I) ou renda mensal ou faturamento de empresa, limitada a determinado percentual (OJ, da SDI-II, n. 93[(1218)]);

k) versa sobre penhora já atacada em embargos de terceiro (OJ, da SDI-II, n. 54[(1219)]);

l) determina o prosseguimento da execução, quanto ao que não for objeto do agravo de petição (Súmula n. 416[(1220)]);

m) recusa deferir liminar ou homologar acordo (Súmula n. 418[(1221)]);

n) homologa adjudicação, tendo em vista a existência de embargos à adjudicação, na vigência do CPC de 1973, e a impugnação por petição, no CPC de 2015, ambos meiso adequados para impugná-la (OJ, da SDI-II, n. 66[(1222)]);

o) nega autenticação de cópias pela secretaria do TRT, salvo se justiça gratuita (OJ, da SDI-II, n. 91[(1223)]).

4.2. *Litisconsórcio.* É cabível a pluralidade de partes no polo ativo do mandado de segurança (art. 24, da Lei n. 12.016/2009), até o despacho da petição inicial (art. 10, § 2º, da Lei n. 12.016/2009).

O mesmo pode ocorrer em relação ao polo passivo, indicando-se várias autoridades, mas o litisconsórcio entre a pessoa jurídica e a autoridade coatora afigura-se impossível, uma vez que já age como representante daquela. Caso o litisconsórcio passivo necessário não seja corretamente formado, o processo deve ser extinto, sem resolução de mérito.[(1224)]

4.3. *Competência.* A competência do mandado de segurança é outro importante pressuposto processual. Ela é material e hierárquica.

4.3.1. *Competência material.* O art. 114, IV, da Constituição estabeleceu, de forma expressa, a competência da Justiça do Trabalho para julgar mandados de segurança. Antes dessa previsão, todavia, a competência material existia, no caso de a autoridade coatora ser uma autoridade da própria Justiça do Trabalho, como no caso de um

(1217) Súmula do TST n. 417. "Mandado de segurança. Penhora em dinheiro. I — Não fere direito líquido e certo do impetrante o ato judicial que determina penhora em dinheiro do executado, em execução definitiva, para garantir crédito exeqüendo, uma vez que obedece à gradação prevista no art. 655 do CPC. II — Havendo discordância do credor, em execução definitiva, não tem o executado direito líquido e certo a que os valores penhorados em dinheiro fiquem depositados no próprio banco, ainda que atenda aos requisitos do art. 666, I, do CPC. III — Em se tratando de execução provisória, fere direito líquido e certo do impetrante a determinação de penhora em dinheiro, quando nomeados outros bens à penhora, pois o executado tem direito a que a execução se processe da forma que lhe seja menos gravosa, nos termos do art. 620 do CPC.

(1218) Orientação Jurisprudencial da SDI-II n. 93. "Mandado de segurança. Possibilidade da penhora sobre parte da renda de estabelecimento comercial. É admissível a penhora sobre a renda mensal ou faturamento de empresa, limitada a determinado percentual, desde que não comprometa o desenvolvimento regular de suas atividades."

(1219) Orientação Jurisprudencial da SDI-II n. 54. "Mandado de segurança. Embargos de terceiro. Cumulação. Penhora. Incabível. Ajuizados embargos de terceiro (art. 674 do CPC de 2015 — art. 1.046 do CPC de 1973) para pleitear a desconstituição da penhora, é incabível mandado de se-gurança com a mesma finalidade."

(1220) Súmula do TST n. 416. "Mandado de segurança. Execução. Lei n. 8.432/1992. Art. 897, § 1º, da CLT. Cabimento. Devendo o agravo de petição delimitar justificadamente a matéria e os valores objeto de discordância, não fere direito líquido e certo o prosseguimento da execução quanto aos tópicos e valores não especificados no agravo."

(1221) Súmula do TST n. 418. "Mandado de Segurança visando à concessão de liminar ou homologação de acordo. A homologação de acordo constitui faculdade do juiz, inexistindo direito líquido e certo tutelável pela via do mandado de segurança."

(1222) Orientação Jurisprudencial da SDI-II n. 66. "Mandado de segurança. Sentença homologatória de adjudicação. Incabível (atualizado o item I e incluído o item II em decorrência do CPC de 2015) I — Sob a égide do CPC de 1973 é incabível o mandado de segurança contra sentença homologatória de adjudicação, uma vez que existe meio próprio para impugnar o ato judicial, consistente nos embargos à adjudicação (CPC de 1973, art. 746). II — Na vigência do CPC de 2015 também não cabe mandado de segurança, pois o ato judicial pode ser impugnado por simples petição, na forma do art. 877, *caput*, do CPC de 2015."

(1223) Orientação Jurisprudencial da SDI-II n. 91. "Mandado de segurança. Autenticação de cópias pelas secretarias dos tribunais regionais do trabalho. Requerimento indeferido. Art. 789, § 9º, da CLT. Não sendo a parte beneficiária da assistência judiciária gratuita, inexiste direito líquido e certo à autenticação, pelas Secretarias dos Tribunais, de peças extraídas do processo principal, para formação do agravo de instrumento."

(1224) Súmula do STF n. 631: Extingue-se o processo de mandado de segurança se o impetrante não promove, no prazo assinado, a citação do litisconsorte passivo necessário.

ato praticado por Juiz do Trabalho ou por Desembargador de TRT. A inovação introduzida pela EC n. 45/04 reside na ampliação dessa competência, para alcançar atos de qualquer autoridade pública, que decorra da relação de trabalho. É o caso, por exemplo, de um auto de infração lavrado de forma abusiva por um Auditor Fiscal do Trabalho.

De outra face, se o pano de fundo da matéria não for a relação de trabalho, não haverá competência da Justiça do Trabalho, como é o caso do ato que nega a concessão do seguro-desemprego, que tem natureza de benefício previdenciário.[1225]

4.3.2. *Competência hierárquica*. Uma vez na Justiça do Trabalho, a competência para julgar o mandado de segurança obedece a critérios funcionais, dos quais se extrai a regra de que a competência será do próprio Tribunal, cujo membro tenha praticado o ato ilegal ou abusivo (art. 678, I, "3", da CLT e Lei n. 7.701/88). Assim, uma vez praticado pelo Desembargador, a competência será do respectivo TRT;[1226] em sendo a autoridade um Ministro, a competência será do TST.

No âmbito do TST, caberá:

a) à SDC, julgar os mandados de segurança contra os atos praticados pelo Presidente do Tribunal ou por qualquer dos Ministros integrantes da seção especializada em processo de dissídio coletivo (art. 2º, I, "c", da Lei n. 7.701/88);

b) à SDI-II, os impetrados contra os atos praticados pelo Presidente do Tribunal, ou por qualquer dos Ministros integrantes da Seção Especializada em Dissídios Individuais, nos processos de sua competência; e

c) ao Órgão Especial, os manejados contra atos do Presidente ou de qualquer Ministro do Tribunal, ressalvada a competência das Seções Especializadas (art. 69, I, "b", do RITST).

Se o ato for praticado por um Juiz do Trabalho, a competência será do TRT ao qual estiver vinculado. Para todas as demais autoridades públicas, a competência é conferida ao Juiz do Trabalho, de forma residual.

A jurisprudência do STJ é firme, no sentido de que o mandado de segurança deve ser impetrado perante o juízo da sede da autoridade coatora, razão pela qual o critério territorial é absorvido pelo funcional, ou seja, a competência é absoluta.[1227]

4.4. *Capacidade postulatória*. Para a impetração do mandado de segurança, é exigida capacidade postulatória profissional, razão pela qual a representação por advogado é indispensável (Súmula n. 425, c/c IN 27/05, ambas do TST), o que se dará mediante outorga de mandato específico (OJ n. 151,[1228] da SDI-II, do TST).

5. *Prazo*. O provimento pretendido na ação de mandado de segurança é a desconstituição do ato administrativo viciado. Em vista disso, o prazo fixado pela lei, qual seja, de *120 (cento e vinte) dias*,[1229] possui natureza decadencial

(1225) "[...] A Justiça do Trabalho é incompetente para processar e julgar mandado de segurança contra ato do Superintendente Regional do Trabalho que obstou a concessão de seguro-desemprego. No caso, a pretensão ao pagamento de parcelas do benefício em questão tem natureza administrativa, pois não decorre de vínculo de emprego com o Estado, nem se caracteriza como obrigação atribuída ao empregador. Assim, não se trata de matéria sujeita à jurisdição da Justiça do Trabalho, nos termos do art. 114, IV, da CF. [...]" (TST-E-RR-144740-36.2008.5.02.0084, SBDI-I, rel. Min. João Oreste Dalazen, 5.5.2016).

(1226) Súmula do STF n. 433: É competente o Tribunal Regional do Trabalho para julgar mandado de segurança contra ato de seu presidente em execução de sentença trabalhista.

(1227) "[…] 1. Na linha de orientação desta Corte Superior, em se tratando de mandado de segurança, a competência para processamento e julgamento da demanda é estabelecida de acordo com a sede funcional da autoridade apontada como coatora e a sua categoria profissional, o que evidencia a natureza absoluta e a improrrogabilidade da competência, bem como a possibilidade de seu conhecimento *ex officio*.[…]" (STJ. CC 41.579/RJ, Relatora: Ministra Denise Arruda, 1ª Seção, DJ 24.10.2005, p. 156)

(1228) Orientação jurisprudencial da SDI-II n. 151. Ação rescisória e mandado de segurança. Irregularidade de representação processual verificada na fase recursal. Procuração outorgada com poderes específicos para ajuizamento de reclamação trabalhista. Vício processual insanável. A procuração outorgada com poderes específicos para ajuizamento de reclamação trabalhista não autoriza a propositura de ação rescisória e mandado de segurança, bem como não se admite sua regularização quando verificado o defeito de representação processual na fase recursal, nos termos da Súmula n. 383, item II, do TST."

(1229) Súmula do STF n. 632: É constitucional lei que fixa o prazo de decadência para a impetração de mandado de segurança.

(art. 23, da Lei n. 12.016/09), não podendo ser, portanto, prorrogado, salvo no caso de findar em domingo ou feriado, a fim de prestigiar o acesso à Justiça (Súmula n. 100, IX, do TST[(1230)], por analogia).

O pedido poderá ser renovado dentro do prazo decadencial, se a decisão denegatória não lhe houver apreciado o mérito (art. 6º, § 6º, da Lei n. 12.016/09).

O prazo tem início a partir da ciência, pelo interessado, do efetivo ato coator (art. 23, da Lei 12.016/2009), que é o primeiro em que se firmou a tese hostilizada e não aquele que apenas a ratificou.[(1231)] Por isso é que o pedido de reconsideração feito na via administrativa não interrompe o prazo decadencial.[(1232)]

De outro lado, se o ato atacado for fruto de uma omissão, o prazo começa a fluir do término do prazo legal para a prática do ato, ainda que tenha havido recurso administrativo com efeito suspensivo (Súmula n. 429, [(1233)] do STF).

Apesar de o prazo, que limita o exercício do "*writ*", ter sido fixado por norma infraconstitucional, não há violação da Constituição, tendo em vista que o mandado de segurança não é uma garantia absoluta (Súmula n. 632, [(1234)] do STF).

É bem de se ver que o prazo decadencial fulmina apenas o direito ao provimento desconstitutivo, pela via do mandado de segurança, não o direito material (líquido e certo) em si. Por isso, ultrapassado o referido prazo, o ofendido pode lançar mão de ação ordinária para obter a tutela jurídica de seu direito ameaçado ou violado.

6. *Postulação.*

6.1. *Petição inicial.* Para ser válida, a petição inicial do mandado de segurança deve observar os requisitos do art. 319 do CPC de 2015, com a peculiaridade de indicar a autoridade coatora e a pessoa jurídica a qual está integrada, além de se fazer acompanhar dos documentos destinados a provar os fatos alegados (art. 6º, da Lei n. 12.016/09). Quando, porém, estes estiverem em poder de terceiros, é possível requerer a exibição de documentos, cuja decisão de deferimento liminar marcará o prazo de 10 dias para ser cumprida (art. 6º, § 1º, da Lei n. 12.016/09).

Não será válida, devendo ser desde logo indeferida, a petição inicial que não preencher as condições da ação e os pressupostos processuais, bem como a que der ensejo à impetração fora prazo decadencial (art. 10, da Lei n. 12.016/09).

Havendo urgência, o mandado de segurança pode ser impetrado por qualquer meio eletrônico, *v. g.*, por e-mail (art. 4º, "*caput*", da Lei n. 12.016/09). O mesmo ocorre em relação aos demais atos, como o da notificação da autoridade coatora (art. 4º, § 1º, da Lei n. 12.016/09).

Como o "*mandamus*" visa a proteger direito líquido e certo, a causa de pedir deve fazer referência a um ato administrativo cuja existência viole ou tenha potencial para violar o direito do impetrante. Dessa forma, ainda que na modalidade preventiva do "*writ*", o pedido não pode ser genérico, referente a ato administrativo futuro ou incerto, tendo em vista que sua sentença não visa a servir de salvo conduto (OJ n. 144,[(1235)] da SDI-II, do TST).

(1230) Súmula do TST n. 100. "[...] IX — Prorroga-se até o primeiro dia útil, imediatamente subseqüente, o prazo decadencial para ajuizamento de ação rescisória quando expira em férias forenses, feriados, finais de semana ou em dia em que não houver expediente forense. Aplicação do art. 775 da CLT."

(1231) Orientação jurisprudencial da SDI-II n. 127. "Mandado de segurança. Decadência. Contagem. Efetivo ato coator. Na contagem do prazo decadencial para ajuizamento de mandado de segurança, o efetivo ato coator é o primeiro em que se firmou a tese hostilizada e não aquele que a ratificou."

(1232) Súmula do STF n. 430. "Pedido de reconsideração na via administrativa não interrompe o prazo para o mandado de segurança."

(1233) Súmula do STF n. 29. "A existência de recurso administrativo com efeito suspensivo não impede o uso do mandado de segurança contra omissão da autoridade."

(1234) Súmula do STF n. 632. "É constitucional lei que fixa o prazo de decadência para a impetração de mandado de segurança."

(1235) Orientação jurisprudencial da SDI-II n. 144. "Mandado de segurança. Proibição de prática de atos futuros. Sentença genérica. Evento futuro. Incabível. O mandado de segurança não se presta à obtenção de uma sentença genérica, aplicável a eventos futuros, cuja ocorrência é incerta."

Caso a petição inicial esteja inepta, o Juiz deverá conceder prazo para que a parte autora promova o respectivo saneamento (art. 284, do CPC), se isso for possível, ou, na impossibilidade de sê-lo, denegará a ordem (art. 6º, § 6º, da Lei n. 12.016/09). Sendo apta, o magistrado determinará a notificação da autoridade coatora para prestar informações, bem como da pessoa jurídica interessada, para que ingresse no feito, segundo seu crivo (art. 7º, da Lei n. 12.016/09).

6.2. *Liminar*. É possível fazer pedido de *medida liminar* na petição inicial, mediante fundamento relevante e demonstração de risco de ineficácia da medida,[1236] a fim de obter ordem para suspensão do ato combatido (art. 7º, III, da Lei n. 12.016/09), cujos efeitos persistirão até a prolação da sentença, que a confirmará ou não (art. 7º, § 3º, da Lei n. 12.016/09). Não obstante, a Lei n. 12.016/09 veda a concessão de medida liminar que tenha por objeto a compensação de créditos tributários, a entrega de mercadorias e bens provenientes do exterior, a reclassificação ou equiparação de servidores públicos e a concessão de aumento ou a extensão de vantagens ou pagamento de qualquer natureza. O art. 7º, § 5º, da Lei n. 12.016/09, também veda a concessão da medida liminar nas hipóteses em que a lei não admite a tutela antecipada (arts. 273 e 537, do CPC).

Uma vez concedida a medida liminar, o impetrante deverá velar pelo normal andamento do processo, não podendo deixar transcorrer mais de três dias úteis para praticar os atos e as diligências que lhe cumprirem, sob pena de decretação de caducidade ou perempção da medida, "*ex officio*" ou a requerimento do Ministério Público (art. 8º, da Lei n. 12.016/09).

A medida liminar perderá efeito automaticamente com a denegação do mandado de segurança.[1237]

6.3. *Tramitação preferencial*. A tramitação do mandado de segurança será prioritária, salvo em relação ao "*habeas corpus*" (art. 20, "*caput*", da Lei n. 12.016/09).

7. *Informações*. A autoridade coatora será notificada para prestar informações, pela pessoa jurídica à qual está integrada, no prazo de 10 dias, razão pela qual lhe deverão ser remetidas cópias dos documentos que instruírem a inicial (art. 7º, I, da Lei n. 12.016/09). A pessoa jurídica, por sua vez, será apenas cientificada da impetração do mandado de segurança, para que possa adotar as medidas administrativas que entender cabíveis, razão pela qual a lei dispensa a remessa das cópias dos documentos (art. 7º, II, da Lei n. 12.016/09).

A notificação será comunicada e respondida por ofício, contra recibo, cabendo ao servidor do órgão da Justiça do Trabalho, perante o qual tramita o mandado de segurança, certificar a eventual recusa em aceitá-la (art. 11, da Lei n. 12.016/09).

Considerando que o mandado de segurança versa sobre matéria de direito, a ausência de informações não gera revelia ou presunção de veracidade da matéria de fato, ressaltando-se que esta só pode ser provada por prova documental, que é pré-constituída.

Se competência for originária dos Tribunais, a autoridade coatora pode apresentar defesa oral na sessão de julgamento (art. 16, da Lei n. 12.016/09).

8. *Parecer ministerial*. Decorrido o prazo para prestar informações, o juiz ouvirá o representante do Ministério Público do Trabalho, cujo parecer deverá ser apresentado no prazo improrrogável de dez dias (art. 12, da Lei n. 12.016/09). No nosso sentir, essa regra especial prevalece sobre a geral, que concede ao MPT o prazo de oito dias (art. 5º, da Lei n. 5.584/70), principalmente em razão da ampliação do prazo, que favorece o interesse público.

Ainda que o parecer não seja apresentado, os autos serão conclusos para a decisão (art. 12, parágrafo único, da Lei n. 12.016/09). Todavia, a ausência de concessão de vista ao MPT gera a nulidade do processo.

9. "*Amicus curiae*". O STF já decidiu que "não é cabível a intervenção de 'amicus curiae' em mandado de segurança." (MS 29.192)

(1236) No nosso sentir, esses requisitos são os mesmos das medidas cautelares, quais sejam, "*fumus boni juris*" e "*periculum in mora*".

(1237) Súmula do STF n. 405: Denegado o mandado de segurança pela sentença, ou no julgamento do agravo, dela interposto, fica sem efeito a liminar concedida, retroagindo os efeitos da decisão contrária.

10. *Decisão*. Após o prazo concedido ao MPT, os autos serão conclusos ao Juiz em até cinco dias (art. 20, § 2º, da Lei n. 12.016/09), para proferir decisão no prazo de *trinta dias* (art. 12, parágrafo único, da Lei n. 12.016/09).

O resultado do julgamento será transmitido por ofício à autoridade coatora, pessoalmente, pela via postal com aviso de recebimento ou, em caso de urgência, por qualquer meio eletrônico (art. 13, parágrafo único, da Lei n. 12.016/09).

Se o julgamento for proferido em Tribunal, o processo deve ser incluído na pauta da primeira sessão de julgamento desimpedida (art. 20, § 1º, da Lei n. 12.016/2009). Caso a decisão não seja publicada no prazo de trinta dias, contados da data do julgamento, o acórdão será substituído pelas respectivas notas taquigráficas (art. 17, da Lei n. 12.016/09).

10.1. *Natureza jurídica*. A natureza da decisão do mandado de segurança é polêmica. Para aqueles que adotam a classificação trinária (pela qual as decisões são declaratórias, constitutivas ou condenatórias), a natureza dessa decisão é condenatória e desconstitutiva. Já para teoria quinaria (pela qual, além da classificação trinária, as decisões podem ser mandamentais e executivas "*lato sensu*"), a decisão é mandamental.

No nosso entendimento, a natureza da decisão do "*mandamus*" é mandamental, porque o ato administrativo atacado não é desconstituído automaticamente pela decisão judicial, mas, sim, pelo ato da autoridade competente para fazê-lo. Por isso é que consequência para o seu descumprimento enseja a prática de crime de desobediência (art. 330, do CP). Sem embargo, o efeito final da decisão do mandado de segurança acaba sendo, na prática, a desconstituição do ato, o que justifica, por exemplo, a natureza decadencial do prazo para a impetração do "*mandamus*".

10.2. *Honorários advocatícios*. Tanto a jurisprudência do STF,[1238] quanto a do STJ, não admitiam a condenação ao pagamento de honorários advocatícios em mandado de segurança,[1239] o que acabou sendo previsto no art. 25, da Lei n. 12.016/09.

10.3. *Efeito*. A decisão do mandado de segurança tem efeitos mandamentais, como visto, e, envolvendo matéria patrimonial, só alcança o período posterior ao ato atacado, de maneira que os valores anteriores devem ser reclamados administrativamente ou pela via judicial própria,[1240] uma vez que o "*writ*" não é substitutivo de ação de cobrança.[1241]

10.4. *Coisa julgada*. Somente a decisão concessiva do mandado de segurança faz coisa julgada material, de maneira que a denegação permite que o impetrante ajuíze ação própria.[1242]

11. *Recursos*.

11.1. *Regras gerais*. O direito de recorrer pertence ao impetrante, ao Ministério Público e à autoridade coatora (art. 14, § 2º, da Lei n. 12.016/09). O recorrente deverá recolher as custas no prazo do recursal, sob pena de deserção (OJ n. 148,[1243] da SDI-II).

A alçada recursal, que torna irrecorríveis as decisões proferidas em processos cujo valor da causa seja inferior a dois salários mínimos (Lei n. 5.584/70), não se aplica ao mandado de segurança (Súmula 365,[1244] do TST).

(1238) Súmula do STF n. 512. Não cabe condenação em honorários de advogado na ação de mandado de segurança.

(1239) Súmula do STJ n. 105: Na ação de mandado de segurança não se admite condenação em honorários advocatícios.

(1240) Súmula do STF n. 271: Concessão de mandado de segurança não produz efeitos patrimoniais em relação a período pretérito, os quais devem ser reclamados administrativamente ou pela via judicial própria.

(1241) Súmula do STF n. 269: O mandado de segurança não é substitutivo de ação de cobrança.

(1242) Súmula do STF n. 304: Decisão denegatória de mandado de segurança, não fazendo coisa julgada contra o impetrante, não impede o uso da ação própria.

(1243) Orientação Jurisprudencial da SDI-II n. 148. "Custas. Mandado de segurança. Recurso ordinário. Exigência do pagamento. É responsabilidade da parte, para interpor recurso ordinário em mandado de segurança, a comprovação do recolhimento das custas processuais no prazo recursal, sob pena de deserção."

(1244) Súmula do TST n. 365. "Alçada. Ação rescisória e mandado de segurança. Não se aplica a alçada em ação rescisória e em mandado de segurança."

Se a segurança for concedida, isto é, quando o mandado de segurança for julgado procedente, a decisão estará sujeita ao duplo grau de jurisdição, mediante a remessa necessária (art. 14, § 1º, da Lei n. 12.016/09), mas somente se a parte impetrada for pessoa jurídica de direito público (Súmula n. 303, IV,[1245] do TST).

11.1.2. *Efeito*. O efeito dos recursos interpostos em sede de mandado de segurança é devolutivo. Em vista disso, era comum haver o ajuizamento de ação cautelar perante o juízo *ad quem*, para conseguir o efeito suspensivo, o que não vinha sendo admitido pelo TST, tendo em vista que a finalidade do mandado de segurança já é acautelatória (OJ n. 113,[1246] da SDI-II). Não obstante, a parte poderá pedido de suspensão, na forma do art. 15, § 4º, da Lei n. 12.016/09, como será visto mais adiante.

11.1.3. *Prosseguimento do julgamento*. O art. 942 do CPC de 2015 substituiu os embargos infringentes, que eram opostos contra decisões tomadas por maioria, pela técnica do *prosseguimento do julgamento*, como explicado no Capítulo 15. Reiteramos aqui nosso entendimento no sentido de que essa técnica não é aplicável ao Processo do Trabalho, inclusive em se tratando de *manado de segurança*, tendo em vista que o recurso ordinário é regido por regras próprias, na CLT. De ressaltar, ainda, que o recurso de embargos infringentes não era admitido na seara trabalhista, pelo que seu substituto também não deve ser. Esse também é o entendimento do C. TST (art. 2º, IX, da IN 39/16) e do I FNPT.[1247]

11.1.4. *Prazo*. Nos termos do art. 1º, § 2º, da IN 39/16, do TST, "o prazo para interpor e contra-arrazoar todos os recursos trabalhistas, inclusive agravo interno e agravo regimental, é de oito dias (art. 6º da Lei n. 5.584/70 e art. 893 da CLT), exceto embargos de declaração (CLT, art. 897-A)." Concedida a segurança, o prazo tem início com a publicação oficial da decisão.[1248]

11.2. *Contra medida liminar*. A Lei n. 12.016/09 estabelece que da decisão que concede ou denega a medida liminar, cabe agravo de instrumento (art. 7º, § 1º, da Lei n. 12.016/09). Seria isso aplicável ao Processo do Trabalho?

Uma vertente se inclina pela inaplicabilidade, haja vista que as decisões interlocutórias são irrecorríveis de imediato (art. 893, da CLT). Outra, no entanto, é pela aplicação, uma vez que o mandado de segurança é uma ação especial, com rito próprio, que inclui recursos, nos termos da IN n. 27/05, do TST.

No nosso sentir, o rito especial do mandado de segurança não fica imune aos princípios do direito processual do trabalho, os quais irradiam seus efeitos na própria estrutura da Justiça do Trabalho. Dessa forma, caso a liminar seja concedida ou denegada pelos Tribunais, o recurso cabível será o agravo regimental (art. 16, parágrafo único, da Lei n. 12.16/09 e OJ n. 140,[1249] da SDI-II, do TST); em sendo a decisão proferida por Juiz do Trabalho, no entanto, o remédio será outro mandado de segurança, afastando-se a aplicação da OJ n. 140. Esse é o entendimento que mais se harmoniza com a principiologia do direito processual do trabalho.

11.3. *Contra sentença ou acórdão*. A decisão de primeiro grau, seja sentença ou acórdão, inclusive a que indefere a petição inicial (art. 10, parágrafo único, da Lei n. 12.016/09), desafia recurso ordinário (art. 14, "*caput*", da Lei n. 12.016/09, c/c IN n. 27/05 e Súmula 201,[1250] do TST). Por exemplo, se a decisão é do Juiz do Trabalho, caberá recurso ordinário para o TRT; sendo deste, o recurso ordinário será julgado pelo TST.

(1245) Súmula do TST n. 303. "[...] IV — Em mandado de segurança, somente cabe reexame necessário se, na relação processual, figurar pessoa jurídica de direito público como parte prejudicada pela concessão da ordem. Tal situação não ocorre na hipótese de figurar no feito como impetrante e terceiro interessado pessoa de direito privado, ressalvada a hipótese de matéria administrativa."

(1246) Orientação jurisprudencial da SDI-II n. 113. "Ação cautelar. Efeito suspensivo ao recurso ordinário em mandado de segurança. Incabível. Ausência de interesse. Extinção. É incabível medida cautelar para imprimir efeito suspensivo a recurso interposto contra decisão proferida em mandado de segurança, pois ambos visam, em última análise, à sustação do ato atacado. Extingue-se, pois, o processo, sem julgamento do mérito, por ausência de interesse de agir, para evitar que decisões judiciais conflitantes e inconciliáveis passem a reger idêntica situação jurídica."

(1247) Enunciado n. 41 do I FNPT. "[...] Não se aplica a técnica do art. 942 do NCPC no mandado de segurança e na ação rescisória, porque no Processo do Trabalho está assegurado o recurso ordinário em ambas as hipóteses."

(1248) Súmula do STF n. 392: O prazo para recorrer de acórdão concessivo de segurança conta-se da publicação oficial de suas conclusões, e não da anterior ciência à autoridade para cumprimento da decisão.

(1249) Orientação Jurisprudencial da SDI-II n. 140. "Mandado de segurança contra liminar, concedida ou denegada em outra segurança. Incabível. (art. 8º da Lei n. 1.533/51). Não cabe mandado de segurança para impugnar despacho que acolheu ou indeferiu liminar em outro mandado de segurança."

(1250) Súmula do TST n. 201. "Recurso ordinário em mandado de segurança. Da decisão de Tribunal Regional do Trabalho em mandado de segurança cabe recurso ordinário, no prazo de 8 (oito) dias, para o Tribunal Superior do Trabalho, e igual dilação para o recorrido e interessados apresentarem razões de contrariedade."

Supondo que o TRT tenha julgado um recurso ordinário interposto contra a sentença do Juiz do Trabalho, seria cabível algum recurso para o TST? O art. 896, da CLT, dispõe que o recurso de revista cabe para atacar "*decisões proferidas em grau de recurso ordinário, em dissídio individual, pelos Tribunais Regionais do Trabalho*." O mandado de segurança não é um *dissídio individual*, porém, o TST tem admitido a interposição de recurso de revista, atendidos os seus pressupostos legais,[(1251)] uma vez que o recurso ordinário constitucional, cabível contra decisão que denega mandado de segurança, só foi previsto para o STF (art. 102, II, da CF) e para o STJ (art. 105, II, da CF), apesar de o art. 18, da Lei n. 12.016/09, estender o cabimento do recurso ordinário para todos os tribunais, de forma genérica.

Para memorizar:

Recursos contra mandado de segurança

MS impetrado perante o Juiz do Trabalho:

- decisão liminar: novo mandado de segurança;
- sentença ou indeferimento da inicial: recurso ordinário;
- acórdão do recurso ordinário: recurso de revista.

MS impetrado perante o TRT, contra:

- decisão liminar ou indeferimento da inicial: agravo regimental;
- acórdão: recurso ordinário para o TST (SDI-II).

MS impetrado perante o TST, contra:

- liminar ou indeferimento da inicial: agravo regimental para a SDI-II;
- acórdão: recurso extraordinário para o STF.

No nosso sentir, portanto, a regra a ser aplicada é a do referido art. 18, de maneira que a decisão do TRT, em sede de recurso ordinário trabalhista (art. 895, CLT), desafiará recurso de revista, nas hipóteses legais, ou recurso ordinário constitucional, se denegada a segurança. Em ambos os casos a competência para julgamento do recurso será do TST.

Vale lembrar que, sempre que a segurança for concedida, isto é, que o mandado de segurança for julgado procedente, a decisão estará sujeita ao duplo grau de jurisdição, mediante a remessa necessária (art. 14, § 1º, da Lei n. 12.016/09).

12. *Pedido de suspensão*. É um meio de impugnação específico, criado para o impetrado obter a suspensão da eficácia de decisões (liminares ou definitivas, sentenças ou acórdãos), nos casos em que houver *fumaça do bom direito* (plausibilidade do direito invocado) e *perigo de demora* (possibilidade de grave lesão à ordem, à saúde, à segurança e à economia públicas), consoante o disposto no art. 15, § 4º, da Lei n. 12.016/09.

Trata-se de meio de impugnação autônomo, que independe da interposição de agravo de instrumento ou de recurso ordinário, podendo ser utilizado mesmo na pendência de julgamento deles (art. 15, § 3º, da Lei n. 12.016/09).

Para tanto, assim que for notificada da concessão da medida, a autoridade coatora deve remeter cópias ao órgão da pessoa jurídica responsável por sua representação judicial (que, no caso da União, é a AGU), com as

(1251) "Agravo de instrumento. Recurso de revista. Mandado de segurança — cabimento — Sociedade de Economia Mista — Ato de Gestão. Ante a razoabilidade da tese de violação ao art. 1º da Lei n. 1.533/51, recomendável o processamento do recurso de revista, para exame da matéria veiculada em suas razões. Agravo provido. [...]" (TST-RR — 8300340-79.2006.5.09.0021, Relator: Ministro Renato de Lacerda Paiva, 2ª Turma, DEJT 25.02.2011).

indicações e elementos necessários para providenciar o eventual manejo do pedido de suspensão (art. 9º, da Lei n. 12.016/09).

O pedido de suspensão pode ser requerido, além da pessoa jurídica interessada, pelo MPT. Ele deve ser ajuizado perante o Presidente do Tribunal *ad quem*, cuja decisão negativa desafia agravo, sem efeito suspensivo, no prazo de cinco dias, para o respectivo órgão colegiado (art. 15, da Lei n. 12.016/09). Se o órgão colegiado mantiver a denegação, caberá novo pedido de suspensão, desta vez perante o Presidente do Tribunal superior, que poderá ser o TST ou o STF, a depender do juízo "*a quo*" ser um TRT ou o próprio TST, respectivamente.

Assim, se o pedido de suspensão foi negado pelo Presidente do TRT, outro pedido de suspensão pode ser feito para o Presidente do TST. Caso a negativa inicial tenha sido do Presidente do TST, o novo pleito pode ser feito ao Presidente do STF.

A decisão do pedido de suspensão pode ser aplicada quantas forem as liminares de idêntico objeto, inclusive as supervenientes, o que poderá ser feito mediante simples aditamento do pedido (art. 15, § 5º, da Lei n. 12.016/09).

Deferida a suspensão da liminar, essa decisão vigorará até o trânsito em julgado da decisão definitiva, salvo disposição em contrário.[1252]

13. *Cumprimento*. Em função da natureza mandamental da decisão do mandado de segurança, não há necessidade de se dar início a um processo de execução, mas, simplesmente, exigir-se o seu cumprimento, nos próprios autos, por intermédio da expedição de ofício à autoridade coatora, para que obedeça à ordem do juízo, suspendendo ou desfazendo o ato administrativo impugnado, independentemente do trânsito em julgado (art. 14, § 3º, da Lei n. 12.016/09). Neste caso, não se trata, tecnicamente, de execução provisória, como menciona a Lei n. 12.016/09, mas, sim, de simples cumprimento.

Para garantir o cumprimento da decisão do "*writ*", a lei tipifica a recusa ou inércia da autoridade como crime de desobediência, previsto no art. 330, do CP, sem prejuízo de sanções de natureza administrativa (art. 26, da Lei n. 12.016/09).

Nos casos em que a decisão do mandado de segurança resultar no pagamento de vencimentos e vantagens pecuniárias a servidor público, somente será ele efetuado em relação às prestações que vencerem a contar da data do ajuizamento da inicial (art. 14, § 4º, da Lei n. 12.016/09).

18.3.2. MANDADO DE SEGURANÇA COLETIVO

Trata-se de ação constitucional, de natureza mandamental, ajuizada por sindicato (art. 5º, LXX, "b", da CF), para defender direito coletivo ou individual homogêneo, líquido e certo, da categoria que substitui, não amparado por *habeas corpus* ou *habeas data*, quando o responsável pela ilegalidade ou abuso de poder for autoridade pública ou agente de pessoa jurídica no exercício de atribuições do Poder Público (art. 5º, LXIX, da CF).

Dessa forma, entre os direitos metaindividuais, o mandado de segurança coletivo só não tutela os direitos difusos, mas ainda assim, é residual, só devendo ser impetrado quando não existir meio de impugnação específico.[1253]

A legitimidade das entidades de classe, como os sindicatos, é ampla, e persiste ainda que a pretensão esteja vinculada ao interesse de apenas uma parte da categoria[1254] e não depende de autorização desta.[1255]

(1252) Súmula do STF n. 626: A suspensão da liminar em mandado de segurança, salvo determinação em contrário da decisão que a deferir, vigorará até o trânsito em julgado da decisão definitiva de concessão da segurança ou, havendo recurso, até a sua manutenção pelo Supremo Tribunal Federal, desde que o objeto da liminar deferida coincida, total ou parcialmente, com o da impetração.

(1253) Súmula do STF n. 101: O mandado de segurança não substitui a ação popular.

(1254) Súmula do STF n. 630: A entidade de classe tem legitimação para o mandado de segurança ainda quando a pretensão veiculada interesse apenas a uma parte da respectiva categoria.

(1255) Súmula do STF n. 629: A impetração de mandado de segurança coletivo por entidade de classe em favor dos associados independe da autorização destes.

O prazo decadencial para impetração do mandado de segurança coletivo é de 120 (cento e vinte) dias, contados da ciência, pelo interessado, do ato impugnado (art. 23 da Lei n. 12.016/09).

Na prática, o mandado de segurança coletivo é um instrumento pouco utilizado pelos sindicatos na Justiça do Trabalho. Entretanto, há duas situações corriqueiras, que poderiam ser tuteladas por ele.

A primeira delas ocorre no caso do empregador pessoa jurídica de direito público. Imagine, por exemplo, que uma fundação pública, que mantenha com seus servidores vínculo celetista, possua um plano de cargos e salários, com previsão de promoções alternadas, por merecimento e antiguidade, levadas a efeito sempre no mês de setembro. Todavia, suponha-se que, chegando-se ao final do mês de outubro, a direção da fundação ainda não tivesse iniciado o procedimento promocional, ferindo o direito individual homogêneo, líquido e certo de seus empregados; dessa forma, o sindicato da respectiva categoria poderia impetrar um mandado de segurança coletivo, a fim de mandar a autoridade pública, que dirige a fundação, realizar o procedimento de promoção.

Outra hipótese de cabimento do mandado de segurança coletivo, que a nós parece clara, ocorre, incidentalmente, na ação civil pública. Como foi visto, nessa ação, o Juiz do Trabalho pode conceder ou negar requerimento de tutela antecipada, cuja decisão, por ter natureza interlocutória, não desafia recurso imediato. Nesse caso, a exemplo do que ocorre nas ações individuais, o ato do Juiz pode ser objeto de mandado de segurança, como uma espécie de sucedâneo recursal. Sendo a ação civil pública espécie de demanda metaindividual, com atuação de substituto processual na defesa de direitos difusos, coletivos e individuais homogêneos, também o mandado de segurança deve ostentar a forma coletiva.

Quanto à concessão de medida liminar no mandado de segurança coletivo, consta do art. 22, § 2º, da respectiva lei, uma peculiaridade interessante. O referido dispositivo estabelece que a liminar somente poderá ser concedida após a audiência do representante judicial da pessoa jurídica de direito público, que deverá se pronunciar no prazo de 72 (setenta e duas) horas.

Ao despachar a petição inicial do mandado de segurança, portanto, o Juiz decidirá sobre a medida liminar, eventualmente requerida, podendo indeferi-la de pronto, ou designar audiência de justificação, caso visualize a possibilidade de vir a conceder a medida. O art. 15 da Lei n. 12.016/09, a exemplo da LACP, prevê o recurso de agravo para atacar a decisão interlocutória que concede ou nega a liminar, bem como o pedido de suspensão dos efeitos dessa decisão perante o Presidente do Tribunal, cujo "*decisum*" também desafia agravo, para uma das Turmas. Para nós, também como sucede na ação civil pública, o art. 15 da Lei n. 12.016/09 não se aplica ao Processo do Trabalho, tendo em vista a irrecorribilidade das decisões interlocutórias (art. 893, § 1º, da CLT).

Em seguida, o Juiz determinará à autoridade coatora que preste informações, no prazo de 10 (dez) dias (art. 7º, I, da LMS).

Com ou sem a apresentação de informações, o Juiz ouvirá o Ministério Público do Trabalho, no prazo de 10 (dez) dias, e decidirá, no prazo de 30 (trinta) dias (art. 12 da Lei n. 12.016/09).

A decisão faz coisa julgada apenas para os membros do grupo ou categoria substituídos pelo impetrante (art. 22, da Lei n. 12.016/09). O "*writ*" coletivo não induz litispendência para as ações individuais. Todavia, o impetrante individual só poderá se beneficiar da coisa julgada, se desistir de seu mandado de segurança, no prazo de trinta dias, a contar da ciência comprovada do "*mandamus*" coletivo (art. 22, § 1º, da Lei n. 12.016/09).

A sistemática recursal é a da CLT, com interposição de recurso ordinário, no prazo de 8 (oito) dias, bem como os demais recursos, havendo preenchimento dos respectivos pressupostos extrínsecos.

Para os demais trâmites, aplicam-se as disposições relativas ao mandado de segurança individual, conforme análise constante do tópico anterior.

18.4. AÇÃO DE CONSIGNAÇÃO EM PAGAMENTO

1. *Conceito, natureza jurídica e finalidade.* A ação de consignação em pagamento é uma ação autônoma movida pelo devedor, para lograr atribuir efeito de pagamento a valores consignados em favor do credor. Tecnicamente, o provimento buscado pelo autor da ação é de declaração de quitação de débito.

Constam do CPC de 2015 duas modalidades de consignação, uma *extrajudicial* (art. 539, § 1º) e *outra judicial* (art. 592). Na primeira, exclusivamente para dívidas em dinheiro, o devedor realiza a consignação em estabelecimento bancário oficial, enquanto, na segunda, o faz perante o Judiciário, no exercício do direito de ação.

Na Justiça do Trabalho, portanto, apenas a forma judicial é cabível, sendo muito utilizada pelo empregador para pagar valores ao empregado valores, o que, pelos mais variados motivos, não foi possível fazer extrajudicialmente. Já a hipótese de o empregado ser autor é mais rara e geralmente tem lugar quando há a necessidade de devolver uma ferramenta que ficou na posse do trabalhador, após a cessação do contrato de emprego.

A ação de consignação em pagamento tem natureza *dúplice*, isto é, o autor pode ser condenado na ação que ele mesmo move, caso o depósito seja declarado insuficiente.

2. *Fundamento.* O interesse no pagamento de dívidas não pertence exclusivamente ao credor. Pelo contrário, o devedor também tem o direito de quitar seus débitos, seja por questões morais, seja para evitar as sanções advindas do adimplemento tardio, como é o caso da incidência de multa[1256] e juros de mora. Em vista disso, a ação de consignação em pagamento é o meio para o devedor obter a quitação de seu débito.

As hipóteses que autorizam o ajuizamento da ação de consignação em pagamento constam do art. 335 do Código Civil e ela será cabível se:

a) o credor não puder, ou, sem justa causa, recusar receber o pagamento, ou dar quitação na devida forma;

b) o credor não for, nem mandar receber a coisa no lugar, tempo e condição devidos;

c) o credor for incapaz de receber, for desconhecido, declarado ausente, ou residir em lugar incerto ou de acesso perigoso ou difícil;

d) ocorrer dúvida sobre quem deva legitimamente receber o objeto do pagamento; e) pender litígio sobre o objeto do pagamento.

3. *Objeto.* Podem ser objeto da ação de consignação em pagamento tanto obrigações de pagar quantia quanto de entregar coisa (art. 539, "*caput*", do CPC de 2015). Em vista disso, é comum o ajuizamento de ações de consignação em pagamento, pelo empregador, apenas para entregar ao empregado documentos, como a guia TRCT, por vezes "zerada", dadas as circunstâncias da cessão contratual. Nesse caso, porém, cabe ao empregador provar a recusa do empregado em receber o documento, ainda assim de forma injusta, isso como medida para evitar que a ação de consignação em pagamento tenha sua finalidade desviada, apenas para obter a homologação de rescisões contratuais, ato que não cabe à Justiça do Trabalho, mas, sim, às entidades descritas no rol do art. 477, §§ 1º e 3º, da CLT.[1257]

Apesar de ter caráter dúplice, é de se sublinhar que o rito especial da ação de consignação em pagamento não admite a cumulação de pedidos que não decorram diretamente do valor ou da coisa depositada, como cobranças de dívidas.[1258]

(1256) "[...] 2. Ajuizada ação de consignação em pagamento para quitação das verbas rescisórias, com devida observância do prazo previsto no art. 477, § 6º, da CLT, incabível a condenação ao pagamento da multa do art. 477, § 8º, da CLT. 3. Agravo de instrumento do Reclamante a que se nega provimento." (TST. AIRR — 488-10.2010.5.04.0020, Relator: Ministro João Oreste Dalazen, 4ª Turma, DEJT 12.12.2014).

(1257) "[...] Em relação à pretensão de entrega dos documentos rescisórios e da CTPS, deve ser mantida a ausência de interesse processual em relação a esse pedido, eis que não houve pretensão resistida que justificasse o acionamento da atividade jurisdicional, pois não houve recusa da reclamante em receber a CTPS e os documentos rescisórios. E, em relação à pretensão de homologação judicial do TRCT da reclamante, entendo que a via processual eleita é inadequada para a homologação de rescisão, pois a pretensão transcende a cognação parcial da ação de consignação em pagamento. A presente demanda não se presta em conferir quitação ao contrato de emprego, por se tratar de ato discricionário do empregado e por se tratar de ato administrativo, cuja atribuição é do sindicato da categoria ou de autoridade do Ministério do Trabalho, nos termos do art. 477, § 1º, da CLT ou, em último caso, do Ministério Público, do Defensor Público ou do Juiz de Paz, conforme previsto no art. 477, § 3º, da CLT, não sendo atribuição do Poder Judiciário. Logo, a ação de consignação em pagamento não se presta para a homologação da rescisão do contrato de trabalho. Recurso de revista não conhecido." (TST-RR — 24100-24.2008.5.17.0007, Relator: Ministro Renato de Lacerda Paiva, 2ª Turma, DEJT 26.09.2014).

(1258) "[...] A Ação de Consignação em Pagamento visa à quitação de verbas as quais o empregado recusou-se a receber, exonerando o devedor de sua obrigação, conforme regulado pelos arts. 890 e seguintes do CPC, enquanto a cobrança de suposta dívida do ex-empregado, ou outras questões ligadas à execução do contrato de trabalho, não se relaciona com as parcelas decorrentes da rescisão contratual. Recurso

4. *Competência.*

4.1. *Material.* A Justiça do Trabalho possui competência material para julgamento das ações de consignação em pagamento de decorram de relação de trabalho (art. 114, I, da CF). O SJT decidiu, por exemplo, que "a Justiça do Trabalho é competente para processar e julgar ação de consignação em pagamento movida pela União contra sociedade empresária por ela contratada para a prestação de serviços terceirizados, caso a demanda tenha sido proposta com o intuito de evitar futura responsabilização trabalhista subsidiária da Administração nos termos da Súmula 331 do TST." (CC 136.739-RS, Rel. Min. Raul Araújo, julgado em 23.9.2015, DJe 15.10.2015).

4.2. *Territorial.* No Processo Civil, o ajuizamento deve ser feito perante o juízo do lugar do pagamento (art. 540 do CPC de 2015). Todavia, no Processo do Trabalho, como a relação material é trabalhista, o lugar do pagamento deve ser entendido como o local da prestação do serviço, aplicando-se as regras do art. 651, da CLT.

5. *Legitimidade.*

5.1. *Passiva e ativa.* A legitimidade ativa pertence ao devedor, e a passiva ao credor. Não obstante, a lei também atribui ao terceiro a legitimidade ativa, para consignar valores em favor do credor, saldando a dívida do devedor (art. 540, "*caput*", do CPC de 2015). Se o terceiro for interessado, opera-se a sub-rogação da obrigação, com todas as garantias relativas ao objeto da dívida (art. 304, do CC); ausente o interesse, pode apenas reaver do devedor o que pagou (art. 305, do CC).

Havendo dúvidas sobre quem possui a legitimidade passiva para receber o pagamento, cabe ao consignante requerer a citação de tantos quantos possam tê-la (art. 547 do CPC de 2015).[1259]

5.2. *Empregado falecido.* O caso mais comum de ajuizamento de ação de consignação em pagamento na Justiça do Trabalho é o que envolve o pagamento de verbas rescisórias ao empregado falecido. Quanto a esse tema, vale repetir nosso entendimento, já apresentado em capítulo anterior.

No caso de morte do empregado, o art. 1º da Lei n. 6.858/50[1260] garante aos dependentes habilitados perante a Previdência Social e, na sua falta, os sucessores previstos na lei civil, a expedição de alvará para levantamento de valores relativos ao FGTS e ao PIS/PASEP, independentemente de inventário.

Os dependentes a que se refere o aludido dispositivo são, nos termos do art. 16 da Lei 8.213/91: a) o cônjuge, o companheiro e os filhos menores de 21 anos ou inválidos, desde que não tenham se emancipado entre 16 e 18 anos de idade; b) os pais; e c) os irmãos não emancipados, menores de 21 anos ou inválidos.

A jurisprudência do TST tem dado ao art. 1º da Lei 6.858/50 uma interpretação extensiva, permitindo que o procedimento ali previsto seja aplicado para quaisquer direitos do titular, não recebidos em vida, decorrentes da relação de emprego.[1261] Assim é que os dependentes do empregado poderão ajuizar ações, prosseguir naquelas

de Revista não conhecido. [...] (TST-ARR — 146900-40.2008.5.02.0082, Relatora: Juíza Convocada Maria Laura Franco Lima de Faria, 8ª Turma, DEJT 01.03.2013).

(1259) "[...] Na ação de consignação em pagamento fundada em dúvida sobre quem deve legitimamente receber o crédito, liberado o devedor, inicia-se a disputa entre os pretendentes aos valores consignados, já sem a presença do autor da consignatória. Há, pois, dois julgamentos distintos, em momentos diversos e com objetos inconfundíveis. No primeiro, é reconhecida a eficácia do depósito, a exoneração do autor do vínculo obrigacional e, conseqüentemente, a desoneração do devedor da relação jurídica, resultando na coisa julgada material no particular. No segundo, com a extinção do feito consignatório propriamente dito, instaura-se nova relação processual, nos mesmos autos, atendido o rito ordinário, para solucionar a titularidade do crédito, cuja decisão faz coisa julgada material apenas para os pretendentes aos valores consignados. In casu, verificando-se que pretendem as autoras neste feito tão-somente desconstituir o acórdão que não as contemplou com o crédito depositado, o pleito é de conformidade com o art. 485 do CPC, que pressupõe sentença de mérito. [...]" (TST-ROAR — 352394-93.1997.5.15.5555, Relator: Ministro Ronaldo Lopes Leal, SDI-II, DJ 09.06.2000).

(1260) Lei 6.858/50. Art. 1º. "Os valores devidos pelos empregadores aos empregados e os montantes das contas individuais do Fundo de Garantia do Tempo de Serviço e do Fundo de Participação PIS-PASEP, não recebidos em vida pelos respectivos titulares, serão pagos, em quotas iguais, aos dependentes habilitados perante a Previdência Social ou na forma da legislação específica dos servidores civis e militares, e, na sua falta, aos sucessores previstos na lei civil, indicados em alvará judicial, independentemente de inventário ou arrolamento".

(1261) "Recurso de Revista do reclamado. 1. Ilegitimidade ativa *ad causam*. Herdeiro. Esta Corte Superior, ao interpretar o art. 1º da Lei n. 6.858/80, tem entendido que os dependentes habilitados perante a Previdência Social e os sucessores previstos na lei civil têm legitimidade para pleitear os direitos do titular não recebidos em vida decorrentes da relação empregatícia, independentemente de inventário ou arrolamento [...]" (TST. RR — 13200-66.2009.5.06.0002. Relator: Ministro Guilherme Augusto *Caputo* Bastos. 2ª Turma. DEJT: 25.05.2012).

já ajuizadas e ainda receber, em ação de consignação em pagamento, os valores que são devidos ao empregado falecido.(1262)

Atualmente, o INSS não mais realiza o cadastro prévio dos dependentes, fazendo-o apenas por ocasião da concessão dos benefícios. Isso não retira a eficácia do art. 1º da Lei n. 6.858/50, uma vez que o TST tem admitido a prova da habilitação até a fase de liquidação de sentença. (1263) Caberá, dessa forma, aos herdeiros do empregado, realizar a habilitação perante a Previdência Social, tão logo ocorra a morte do titular dos direitos.

No nosso sentir, contudo, a exigência dessa certidão pode ser dispensada em alguns casos. Em se tratando de *cônjuge, companheiro (a) e o filho menor de 21 anos ou incapaz*, a dependência econômica é presumida (art. 16, § 4º, da Lei 8.213/91), o que dispensa a apresentação de certidão do INSS, prevista no art. 1º, da Lei 6.858/80. É que esta constitui norma jurídica em branco, admitindo a complementação de seu alcance por meio da referida norma previdenciária. Por isso, apenas com base na certidão de óbito (da qual consta a identificação do *cônjuge, companheiro (a) e o filho menor de 21 anos ou incapaz*), deve o Juiz considerar regular a representação do polo passivo, o que geralmente ocorre em ações de consignação em pagamento.

De outra face, quando os herdeiros são pai, mãe ou irmão do "*de cujus*", a sua dependência deve ser provada, seja por meio de declaração do INSS (art. 1º, da Lei 6.858/80), seja pela sua nomeação como inventariante.

Na hipótese de haver dependentes menores de dezoito anos, os valores que lhes forem devidos deverão ser depositados em caderneta de poupança, rendendo juros e correção monetária, até que a maioridade seja alcançada ou por ordem do juiz, para aquisição de imóvel destinado à residência familiar ou para atender a necessidades relativas à subsistência e educação do menor (art. 1º, § 1º, da Lei n. 6.858/50).

Somente no caso de o empregado falecido ter deixado bens, haverá a necessidade de proceder à abertura do inventário, de maneira que caberá ao inventariante a representação do espólio, nos termos do art. 75, VII, do CPC de 2015. Todavia, ainda assim, haverá legitimidade concorrente entre o espólio e os dependentes habilitados.(1264)

6. *Postulação*. O ajuizamento da ação de consignação em pagamento é realizado por meio de petição inicial, a qual será apta, desde que observados os requisitos do art. 319 do CPC de 2015.

É polêmica a necessidade de a parte se fazer representar por advogado, tendo em vista a natureza especial da ação de consignação em pagamento (art. 1°, da IN nº27/05, do TST). Há vertente que exige a contratação do causídico ou a representação pelo sindicato da categoria. No nosso modo de entender, todavia, o "*jus postulandi*" (art. 791, da CLT) também tem lugar na ação de consignação em pagamento, haja vista não se tratar de medida que exija conhecimentos técnicos, a exemplo da ação rescisória e do mandado de segurança. Não obstante, fazendo a parte uso da representação profissional, serão devidos honorários advocatícios sucumbenciais e assistenciais, conforme o caso (art. 5º, da IN n. 27/05, do TST).

O art. 542 do CPC de 2015 exige que a parte autora (ou consignante) faça constar da inicial o requerimento de depósito da quantia ou da coisa devida, a ser efetivado no prazo de cinco dias, a contar do deferimento. No entanto, esse requerimento não tem lugar na Justiça do Trabalho, uma vez que, após haver os dados relativos

(1262) "[...] 2. Legitimidade ativa. Sucessores do empregado falecido em nome próprio. O Tribunal Regional reconheceu a legitimidade dos autores, esposo e filho da empregada falecida, para propor ação visando a indenização por danos morais e materiais decorrentes de acidente do trabalho com resultado morte, entendendo que a legitimidade, nesse caso, pode ser tanto dos dependentes previdenciários quanto do espólio. [...]" (TST. RR — 91000-26.2005.5.18.0052. Relator: Ministro Guilherme Augusto *Caputo* Bastos. 2ª Turma. DEJT: 26.11.2010).

(1263) "[...] a falta de habilitação dos herdeiros perante a Previdência Social, por si só, não autoriza a extinção do processo sem julgamento do mérito, na medida em que a habilitação pode ser feita até mesmo quando da liquidação da sentença. Precedentes. [...]" (TST. RR — 13200-66.2009.5.06.0002. Relator: Ministro Guilherme Augusto *Caputo* Bastos. 2ª Turma. DEJT: 25.05.2012).

(1264)" [...] Na hipótese, ante a ausência de prova da abertura de inventário, não se aplicam as disposições insertas no art. 12, V, do CPC, conforme pretende a reclamada, mas sim, por analogia, a inteligência do § 1º do mesmo artigo, segundo o qual todos os herdeiros e sucessores do falecido estão legitimados como autores ou réus nas ações em que o espólio for parte. Precedentes. Recurso de revista não conhecido. [...] (TST. RR — 91000-26.2005.5.18.0052. Relator: Ministro Guilherme Augusto *Caputo* Bastos. 2ª Turma. DEJT: 26.11.2010).

ao ajuizamento da ação, incumbe ao consignante realizar um depósito bancário por conta própria, mediante guia de recolhimento judicial, em um banco público, fazendo referência expressa ao processo.[1265] Por ocasião da audiência inicial, o comprovante do depósito deve estar nos autos, a fim de possibilitar o levantamento por ordem judicial, servindo a própria guia ou a ata de audiência como alvará.

O pedido deve ser de declaração de quitação das obrigações de pagar ou de entregar coisa, cujo efeito será o de pagamento, ou seja, de extinção da dívida.

Se o consignante pretender a consignação de parcelas periódicas, o respectivo depósito poderá ser realizado na mesma conta, em até cinco dias antes do vencimento de cada qual (art. 541 do CPC de 2015).

7. *Defesa.* Assim como a petição inicial, a defesa deve possuir fundamentação vinculada, de maneira que caberá ao consignado alegar que (art. 544 do CPC de 2015): a) não houve recusa ou mora em receber a quantia ou coisa devida; b) foi justa a recusa; c) o depósito não se efetuou no prazo ou no lugar do pagamento; d) o depósito não é integral, devendo o consignado indicar o montante que entende devido.

Como já afirmado, a ação de consignação em pagamento tem natureza dúplice, isto é, o consignado pode discordar do valor depositado e, uma vez provada a diferença, levantar o valor incontroverso (art. 545, § 1º, do CPC de 2015) e exigir a complementação (art. 545, "*caput*", do CPC de 2015). Isso configura uma espécie de *reconvenção automática*, permitindo que o réu possa deduzir pretensão em seu favor, razão pela qual não há interesse na apresentação de reconvenção, nos seus moldes ordinários. Nessa situação, o autor tem a prerrogativa de poder complementar o depósito, desde que o faça no prazo de dez dias.

8. *Rito.* O art. 1º, da IN n. 27/05, do TST, estabelece que as ações ajuizadas na Justiça do Trabalho tramitarão pelo rito ordinário ou sumaríssimo, conforme previsto na CLT, excepcionando-se apenas as que, por disciplina legal expressa, estejam sujeitas a rito especial, tais como a ação de consignação em pagamento.

Ocorre que o CPC não estabelece procedimento especial para a ação de consignação em pagamento, além das peculiaridades comentadas, razão pela qual, em verdade, ela tramita pelo rito trabalhista, que, para uma corrente, tanto pode ser o ordinário quanto o sumaríssimo. No entanto, há quem entenda que apenas o rito ordinário serve às ações que não sejam reclamatórias trabalhistas. No nosso sentir, tanto o rito ordinário quanto o rito sumaríssimo podem abrigar a ação de consignação em pagamento, haja vista que, na prática, ela nada mais é que uma reclamação trabalhista invertida, na qual o devedor busca adimplir uma dívida trabalhista.

9. *Decisão.* No caso de procedência, a sentença julgará subsistente o depósito e declarará a quitação da obrigação; na improcedência, julgará insubsistente o valor ou a coisa consignada e declarará a mora. Neste caso, a decisão explicitará o montante devido, valendo como título executivo judicial, que pode ser executado nos mesmos autos (art. 545, § 2º, do CPC de 2015).

A eventual revelia tem efeito consistente na declaração de extinção da obrigação e condenação do consignado no pagamento de custas e honorários advocatícios (art. 546 do CPC de 2015), o mesmo ocorrendo no caso de submissão, quando o réu levanta o depósito, sem oposição, dando quitação (art. 546, parágrafo único, do CPC de 2015).

10. *Demais incidentes.* As outras fases do processo, como a recursal e a executória, serão regidas pelos trâmites das reclamatórias trabalhistas.

11. *Modelo.* Considerando que a ação de consignação em pagamento é ajuizada com muita frequência na Justiça do Trabalho, oferta-se a seguir um modelo, para auxiliar na redação da petição inicial.

(1265) "[...] A ação de consignação em pagamento, no Processo do Trabalho, segue o rito da reclamação trabalhista, sendo inaplicável o art. 893, I, do CPC, tendo em vista que não há na Justiça do Trabalho o despacho de que trata o art. 285 do CPC. Incólumes, portanto, os arts. 5º, LIV, da CF e 890, § 1º, e 893, I, do CPC. Agravo de instrumento conhecido e não provido." (TST-AIRR — 419-31.2013.5.05.0024, Relatora: Ministra Dora Maria da Costa, 8ª Turma, DEJT 21.11.2014).

Modelo de Ação de Consignação em Pagamento

Exmo. Sr. Dr. Juiz da __ Vara do Trabalho de_______

TELEFÔNES LTDA, com sede à Rua..., vem, por seu advogado, com escritório à Rua.., ajuizar

AÇÃO DE CONSIGNAÇÃO EM PAGAMENTO

em face de **JOSUÉ JANUÁRIO**, residente e domiciliado à Rua..., nos termos do art. 890, do CPC:

1 CONTRATO DE TRABALHO

O consignado trabalhou para a consignante entre 01/01/2014 e 01/02/2015, na função de atendente, pelo que recebia o salário mensal de R$2.000,00.

2 OBRIGAÇÃO DE PAGAR

Uma vez dispensado, o consignado foi convidado a comparecer na sede do sindicato de sua categoria, para receber o valor referente às verbas rescisórias, no dia 02/01/2015. Todavia, ele não compareceu, sem apresentar qualquer justificativa.

Considerando a obrigação de pagar e a recusa injustificada do consignado, bem como a multa prevista para o inadimplemento (art. 477, da CLT), a consignante propõe a presente, depositando as seguintes parcelas:

a) 33 dias de aviso prévio indenizado.... R$

b) 2/12 de 13º salário, com os reflexos do aviso prévio... R$

Total líquido: R$

3 PEDIDOS

Diante do exposto, requer o recebimento da presente ação de consignação em pagamento, para, ao final, julgá-la procedente, para declarar a subsistência do depósito e a quitação da obrigação.

Requer a notificação do consignado, para comparecer à audiência designada e receber o valor depositado.

Protesta por provar o alegado por todos os meios de prova admitidos em direito.

Atribui-se à causa o valor de R$

Termos em que,

pede e espera deferimento.

Local e data.

Fulano de tal

OAB...

18.5. AÇÕES POSSESSÓRIAS

1. *Conceito*. As ações possessórias são autônomas e têm por fim tutelar a posse de uma coisa, mediante procedimento especial previsto nos arts. 554 a 568, do CPC de 2015.

2. *Espécies*. A proteção da posse ocorre de forma preventiva (risco iminente), concomitante (turbação) ou posterior (esbulho) à sua violação. No primeiro caso, o risco iminente de turbação ou esbulho é tutelado pelo interdito proibitório (arts. 567 e 568, do CPC de 2015), cuja finalidade é impedir a violação da posse, mediante a obtenção de um provimento judicial que imponha ao réu uma obrigação de não fazer, pena de multa diária, sem prejuízo das demais cominações do art. 537, do CPC de 2015.

Uma vez iniciada a violação ao direito de posse, há de se saber o grau de sua extensão. Se o possuidor ainda conservar parte de sua posse (turbação), deverá manejar ação de manutenção de posse; caso tenha havido a sua perda total (esbulho), o remédio será a ação de reintegração de posse (art. 560 do CPC de 2015). Os respectivos provimentos serão de manutenção ou reintegração da posse. Sem embargo, há fungibilidade entre as ações possessórias, de maneira que a propositura de uma ação em vez de outra será admitida desde que os requisitos da ação correta estejam preenchidos (art. 554 do CPC de 2015).

3. *Cabimento*. São duas as hipóteses mais comuns de cabimento de ações possessórias na Justiça do Trabalho. A primeira refere-se aos casos em que a greve coloca risco, turba ou esbulha a posse do empregador sobre o seu estabelecimento, nos termos da Súmula Vinculante n. 23,[1266] do STF, como acontece, por exemplo, quando os grevistas organizam piquetes que impedem o acesso de clientes e empregados ao estabelecimento do empregador.[1267] Nesse caso, havendo grande número de pessoas no polo passivo, a citação pessoal será feita apenas em relação aos ocupantes que forem encontrados no local, devendo os demais serem citados por edital (art. 554. § 1º, do CPC de 2015). Além disso, o CPC de 2015 exige a realização de audiência de mediação em até 30 dias, caso o litígio coletivo tenha ocorrido há mais de ano e dia (art. 565).

A outra hipótese refere-se à retomada, pelo empregador ou pelo empregado possuidor, de instrumentos fornecidos para o trabalho — como, *v. g.*, imóveis, ferramentas ou computadores -, injustamente retidos pela outra parte, o que geralmente ocorre com a cessação do contrato de trabalho.

Especificamente quanto aos bens imóveis, no nosso sentir a regra para obter a retomada do bem é o ajuizamento de ação possessória, a qual se aplica tanto o imóvel dado em comodato (empréstimo *para* o trabalho, como ferramenta), quanto decorrente de salário "*in natura*" (fornecido *pelo* trabalho, mediante desconto de um percentual no salário do empregado). É o caso, por exemplo, do trabalhador rural, que recebe a posse de uma casa no campo (art. 9º, § 3º, da Lei n. 5.889/73).

A hipótese de despejo, portanto, fica restrita à existência de um contrato de locação civil, nos moldes da Lei n. 8.245/91.

4. *Legitimidade*. A legitimidade ativa é do possuidor da coisa, que, nos termos do art. 1.196, do CC, é "*todo aquele que tem de fato o exercício, pleno ou não, de algum dos poderes inerentes à propriedade*." A propriedade ou domínio confere ao seu titular o direito de usar, gozar e dispor da coisa, além de reavê-la de quem injustamente a obtiver (art. 1.228, do CC). Dessa forma, nas ações possessórias não há espaço para discutir o domínio da coisa, mas apenas a sua posse, de maneira que um possuidor pode manejar uma ação possessória para reaver o bem até mesmo de seu proprietário, caso tenha havido a tomada da posse de forma injusta (por turbação ou esbulho).

Em vista disso, o art. 557 do CPC de 2015 dispõe que "*na pendência de ação possessória é vedado, tanto ao autor quanto ao réu, propor ação de reconhecimento do domínio, exceto se a pretensão for deduzida em face de terceira pessoa*."

A legitimidade passiva, por sua vez, é do responsável pela violação da posse.

5. *Competência*. A competência funcional para julgamento das ações possessórias é das Varas do Trabalho, ainda que a turbação ou esbulho derive de movimento grevista.[1268] Já a competência territorial é da Vara do Trabalho do local da prestação de serviços, na forma do art. 651, da CLT.

(1266) Súmula Vinculante do STF n. 23. "A Justiça do Trabalho é competente para processar e julgar ação possessória ajuizada em decorrência do exercício do direito de greve pelos trabalhadores da iniciativa privada."

(1267) "Ementa: Constitucional. Competência jurisdicional. Justiça do Trabalho X Justiça Comum. Ação de interdito proibitório. Movimento grevista. Acesso de funcionários e clientes à agência bancária: 'Piquete'. Art. 114, inciso II, da Constituição da República. Jurisprudência do Supremo Tribunal Federal. Competência da Justiça do Trabalho. 1. 'A determinação da competência da Justiça do Trabalho não importa que dependa a solução da lide de questões de direito civil' (Conflito de Jurisdição n. 6.959), bastando que a questão submetida à apreciação judicial decorra da relação de emprego. 2. Ação de interdito proibitório cuja causa de pedir decorre de movimento grevista, ainda que de forma preventiva. 3. O exercício do direito de greve respeita a relação de emprego, pelo que a Emenda Constitucional n. 45/2003 incluiu, expressamente, na competência da Justiça do Trabalho conhecer e julgar as ações dele decorrentes (art. 114, inciso II, da Constituição da República). 4. Recurso extraordinário conhecido e provido para fixar a competência da Justiça do Trabalho." (STF-RE 579.648, Relator: Ministra Cármen Lúcia, Tribunal Pleno, julgamento em 10.9.2008, *DJe* de 6.3.2009).

(1268) "Interdito proibitório com pedido de liminar de manutenção de posse. Competência funcional das Varas do Trabalho. Ação Civil ligada à defesa da posse. 1. Nos termos do art. 114, II, da Constituição Federal e da Súmula Vinculante n. 23 do STF, inscreve-se na

6. *Postulação*. A petição inicial, devidamente adequada aos requisitos legais (arts. 840, § 1º, da CLT, c/c, art. 319, do CPC de 2015), deverá ser instruída com a prova da posse e da turbação ou esbulho (art. 561 do CPC de 2015). Se a prova pré-constituída for suficiente para provar a posse e a turbação ou esbulho, pode o autor requerer a expedição de mandado liminar de manutenção ou reintegração; se houver necessidade de produção de prova testemunhal ou de outros esclarecimentos, o mandado será antecedido de uma audiência de justificação (art. 562 do CPC de 2015).

As ações possessórias admitem a cumulação de pedidos de perdas e danos e de indenização dos frutos perdidos (art. 555 do CPC de 2015).

7. *Defesa*. O réu será citado para apresentar defesa no prazo de 15 dias (art. 564 do CPC de 2015), a qual, no Processo do Trabalho, no entanto, deverá ser ofertada em audiência (art. 847 da CLT). Na mesma peça, pode o réu deduzir pedido contraposto, demandando a proteção de sua posse e a indenização pelos prejuízos causados pelo esbulho ou turbação cometidos pelo autor (art. 556 do CPC de 2015).

Além disso, caso o réu prove a insuficiência econômica do autor provisoriamente mantido ou reintegrado na posse, poderá requerer que o Juiz exija caução, no prazo de cinco dias, salvo se for beneficiário da justiça gratuita (art. 559 do CPC de 2015).

8. *Demais trâmites*. As regras especiais estabelecidas para as ações possessórias, especialmente as relativas à concessão da medida liminar, somente são aplicadas quando a ação for ajuizada a menos de um ano e um dia, contados da turbação ou o esbulho (art. 558 do CPC de 2015). Ultrapassado esse prazo, o rito será o comum, que corresponde ao ordinário, no Processo do Trabalho.

Todos demais trâmites das ações possessórias observarão o rito comum (ordinário, no Processo do Trabalho), inclusive com a realização de audiência, instrução, decisão e recursos, por força do art. 566 do CPC de 2015.

18.6. AÇÃO DE DESPEJO

1. *Conceito*. A ação de despejo é uma espécie de ação especial destinada a desfazer um contrato de locação e devolver ao locador o bem imóvel locado na forma da Lei n. 12.112/09.

2. *Cabimento*. Como a ação de despejo tem como pressuposto a existência de um contrato de locação, a eventual competência da Justiça do Trabalho para julgá-la fica restrita à hipótese de haver esse tipo de contrato vinculado ao contrato de emprego, como previsto no art. 47, II, da Lei n. 8.245/91[1269] (denúncia cheia). Nos demais casos, a competência será da Justiça comum.

Seria o caso, por exemplo, de uma empresa que possua uma casa decidir locá-la a um de seus empregados, com cláusula resolutiva deflagrada pela extinção do contrato de trabalho.[1270] Todavia, a questão é polêmica, havendo decisões na Justiça comum reconhecendo sua própria competência.[1271]

---

competência originária das Varas do Trabalho julgar interdito proibitório cuja causa de pedir decorra de movimento grevista, ou seja, com o fim de garantir o livre acesso de funcionários e clientes a agências bancárias durante período de greve, na medida em que se trata de ação civil de natureza possessória, e não de dissídio coletivo de natureza econômica ou de greve, em que a Justiça do Trabalho exerce o Poder Normativo. 2. O acórdão regional divergiu dessa orientação ao declinar de sua competência recursal e determinar a remessa dos autos à Seção de Dissídios Coletivos do TST, órgão jurisdicional ao qual não foi outorgada constitucionalmente a competência originária para julgar ação possessória. Determinação de retorno dos autos ao TRT da 10ª Região para prosseguir no julgamento do recurso ordinário interposto pela entidade sindical." (TST-Pet — 5473-59.2011.5.00.0000, Relator: Ministro Walmir Oliveira da Costa, SDC, DEJT 30.09.2011).

(1269) Art. 47." Quando ajustada verbalmente ou por escrito e como prazo inferior a trinta meses, findo o prazo estabelecido, a locação prorroga — se automaticamente, por prazo indeterminado, somente podendo ser retomado o imóvel: [...] II — em decorrência de extinção do contrato de trabalho, se a ocupação do imóvel pelo locatário relacionada com o seu emprego;

(1270) "Ação de despejo — Competência da Justiça do Trabalho. No caso vertente, incontroverso que o imóvel foi ocupado pelo trabalhador em razão do contrato de trabalho. Portanto, a competência da Justiça do Trabalho se impõe, nos termos do art. 114, I, da CR/88, alterado pela EC 45/2004, uma vez que a questão litigiosa é oriunda, única e exclusivamente, da relação laboral havida entre as partes." (TRT3-RO-0000911-34.2011.5.03.0061, 9ª Turma, Relator: Convocada Olivia Figueiredo Pinto Coelho, DEJT 23.03.2012).

(1271) "Ação de despejo. Relação locatícia. Contrato de trabalho. Competência da Justiça do Distrito Federal. I — É competente a Justiça do Distrito Federal para processar demanda envolvendo relação locatícia, embora estabelecida em decorrência de contrato de trabalho firmado entre as partes. II — Apelação desprovida." (TJDF-AP-20110710103253, 6ª Turma, DJ 23.05.2012).

3. *Legitimidade.* Pertence ao locador (em regra, o empregador) e ao proprietário do imóvel a legitimidade ativa e ao locatário (geralmente o empregado), a passiva.

4. *Postulação.* A petição inicial deverá preencher os requisitos dos arts. 840, da CLT, c/c, art. 319 do CPC de 2015. Além disso, deverá vir acompanhada do contrato de locação e da prova escrita da cessação do contrato de trabalho, o que se faz pelo TRCT. Não obstante, a lei permite que essa prova seja feita pelo meio testemunhal (art. 59, § 1º, II, da Lei n. 8.245/91). Além disso, o autor pode requerer a concessão de liminar, para haver o imóvel de forma antecipada.

Em verdade, a ação de despejo ajuizada perante a Justiça do Trabalho terá por finalidade apenas a restituição do imóvel, com a cobrança de eventuais parcelas inadimplidas de aluguel, uma vez que o contrato de locação já terá sido automaticamente extinto pela cessão do contrato de trabalho.

O valor da causa corresponderá a três salários mínimos, na data de ajuizamento da ação, nos termos do art. 58, III, da Lei n. 8.245/91.

Os sublocatários devem ser intimados para intervierem como assistentes (art. 59, § 2º, da Lei n. 8.245/91).

5. *Trâmites.* Os demais trâmites da ação de despejo observarão o rito ordinário, inclusive com a realização de audiência, instrução, decisão e recursos.

6. *Decisão.* Relativamente à decisão, vale acrescentar que, julgada procedente a ação, o juiz determinara a expedição de mandado de desocupação, no prazo de trinta dias. Será de quinze dias, entretanto, se entre a notificação e a sentença de primeira instância houver decorrido prazo maior que quatro meses (art. 63, "*caput*" e § 1º, da Lei n. 8.245/91).

7. *Execução.* Não havendo a desocupação voluntária do imóvel, no prazo assinalado, será efetuado o despejo, inclusive com emprego de força e arrombamento, se necessário (art. 65, da Lei n. 8.245/91). Também é possível proceder à execução provisória, situação na qual o juiz fixará o valor da caução (art. 63, § 4º, da Lei n. 8.245/91).

O despejo não poderá ser executado, durante 30 dias, contados do falecimento do cônjuge, ascendente, descendente ou irmão de quaisquer dos habitantes do imóvel (art. 65, § 2º, da Lei n. 8.245/91).

18.7. AÇÃO DE EXIGIR CONTAS

1. *Conceito.* Consiste a ação de prestação de contas em uma ação de rito especial (arts. 550 a 553, do CPC de 2015), pelo qual são prestadas contas por alguém que tenha se obrigado a prestá-las (*v. g.*, quem administra bens ou movimenta dinheiro alheios) a outrem que tenha o direito de exigi-las.

O CPC de 1973 fazia uso da denominação "ação de prestação de contas" (art. 914), a qual passou a ser designada como "ação de exigir contas", pelo CPC de 2015. É que o CPC de 1973 conferia a legitimidade ativa a quem tinha o direito de prestar contas (art. 916), mas o CPC de 2015 suprimiu essa possibilidade. Dessa forma, a ação agora só serve a quem tem o direito de exigir contas.

2. *Cabimento.* A ação de prestação de contas deverá ser ajuizada quando o dever de prestar contas decorrer de uma relação de trabalho, como ocorre, por exemplo, no trabalho do vendedor externo, que tem a obrigação prestar informações acerca dos negócios que realizar.

As contas deverão ser prestadas na forma adequada, especificando receitas e despesas, com os respectivos valores e eventuais saldos, devidamente acompanhadas dos comprovantes das operações realizadas (art. 551 do CPC de 2015). Vale dizer que no CPC de 1973, a forma era a mercantil (art. 917).

3. *Legitimidade.* A legitimidade ativa é atribuída a quem tem o direito de exigir as contas (art. 550 do CPC de 2015). De conseguinte, a legitimidade passiva será de quem tem o dever de prestá-las.

4. *Tramitação*. A petição inicial deverá preencher os requisitos dos arts. 840, da CLT, e 319, do CPC de 2015, bem como esclarecer, na causa de pedir, se a ação é ajuizada para prestar contas ou para exigi-las.

Caso a ação seja ajuizada por quem tem o direito de exigir as contas, o réu será notificado para, no prazo de quinze dias, prestar as contas ou para contestar a ação (art. 550, "*caput*", do CPC de 2015). No primeiro caso, o autor terá igualmente o prazo de quinze dias para impugnar as contas eventualmente prestadas (art. 550, § 2º, do CPC de 2015), situação em que poderá ser designada audiência de instrução e julgamento, para produção de prova testemunhal, ou desde logo proferida a sentença, se as partes dispensarem a realização de outras provas ou se o réu for revel ou simplesmente negar o dever de prestar. Sublinhe-se que a revelia do réu dá ao autor a oportunidade de apresentar as suas contas, no prazo de quinze dias, as quais serão julgadas segundo o prudente arbítrio do juiz, que poderá determinar a realização de perícia contábil (art. 550, § 6º, do CPC de 2015).

Em que pese o procedimento especial previsto no CPC, no nosso sentir, os princípios da conciliação e da oralidade exigem a realização de uma audiência inicial, a fim de que seja feita a proposta de conciliação e colhida a defesa, na hipótese daquela ter sido frustrada.

5. *Decisão*. No caso de procedência, a sentença condenará o réu a prestar contas no prazo de 15 dias, sob pena de perder o direito de impugnar as que o autor apresentar (art. 550, § 5º, do CPC).

O procedimento da ação de prestação de contas pode ocorrer em duas fases. Na primeira, encerrada por decisão interlocutória, decidirá acerca da obrigatoriedade ou não da prestação das contas, caso o réu tenha negado estar obrigado a prestá-las. Na segunda fase, decidida por sentença, a decisão versará sobre a exatidão ou não das contas prestadas. Contudo, o procedimento será uno sempre que o réu não negar que esteja obrigado a prestar contas.

A sentença proferida em ação de prestação de contas pode ter natureza dúplice: havendo apuração de saldo, a decisão, além de declarar a regularidade ou não dos cálculos apresentados, terá provimento condenatório, o qual imporá ao réu a obrigação de quitar a dívida.

6. *Execução*. Apenas nos casos em que houver saldo remanescente será possível executar a sentença de prestação de contas (art. 552 do CPC de 2015), haja vista que apenas nesse caso a decisão terá natureza condenatória.

18.8. AÇÃO MONITÓRIA

1. *Conceito*. Trata-se de uma ação de rito especial (arts. 700 a 702 do CPC de 2015), destinada a atribuir força executiva a título líquido, certo e exigível, constitutivo de obrigação de pagar quantia ou de entregar coisa fungível ou móvel. A ação monitória também é chamada de ação de injunção.

A prova da dívida deve ser escrita, a qual pode consistir em prova oral documentada (art. 700, § 1º, do CPC de 2015).

2. *Natureza jurídica*. É polêmica a natureza da ação monitória, sendo que uns a veem como ação de conhecimento; outros, como de execução. A nosso ver, a ação monitória é sincrética, possuindo fase cognitiva (de conhecimento) e executiva, entendimento este que ganhou força com a criação da fase de cumprimento pela Lei n. 11.232/05.

3. *Objeto*. Como se disse, a ação monitória visar obter o cumprimento de uma obrigação, a qual deve, alternativamente, consistir em (art. 700 do CPC de 2015): a) pagamento de quantia em dinheiro; b) entrega de coisa fungível ou infungível ou de bem móvel ou imóvel; c) o adimplemento de obrigação de fazer ou de não fazer.

4. *Cabimento*. A doutrina diverge acerca do cabimento da ação monitória na Justiça do Trabalho. Quem é pelo não cabimento, sustenta seu pensamento no fato de que o procedimento contraria a oralidade e a conciliação, ao dispensar a realização de audiência. Quem admite o cabimento argumenta que a ação monitória prestigia a celeridade processual.

No nosso sentir, a ação monitória é cabível, desde que respeite todos os princípios do direito processual do trabalho (art. 769, da CLT). Dessa forma, a fim de prestigiar a oralidade e a conciliação, nada impede que o Juiz do trabalho designe audiência inicial, sem prejuízo dos trâmites previstos no CPC, com base no art. 765, da CLT. Não obstante, havendo oposição de embargos, a audiência será obrigatória.

Uma hipótese de cabimento seria, por exemplo, quando o empregado obtivesse a confissão de dívida, pelo empregador, relativa a créditos decorrentes de horas extras, feita por escrito, na qual o devedor reconhece o valor e se compromete a quitar a dívida quando obtiver recursos.

O II FNPT também se manifestou favorável à aplicação da ação monitória no Processo do Trabalho.(1272)

O STJ já havia consolidado o entendimento pelo qual a ação monitória é cabível contra a Fazenda Pública,(1273) já que esta poderá opor embargos tanto na fase de conhecimento quanto na execução, o que afasta qualquer alegação de nulidade por ofensa ao contraditório. Sem embargo, o CPC de 2015 passou a autorizar expressamente o ajuizamento da ação monitória em face da Fazenda Pública (art. 700, § 6º).

5. *Tramitação.* A petição inicial, além de preencher os requisitos legais comuns a toda exordial (arts. 840, § 1º, da CLT, e 319 do CPC de 2015), deve se fazer acompanhar, necessariamente, da prova escrita da obrigação, sem eficácia de título executivo (art. 700, "*caput*", do CPC de 2015), além de explicitar, conforme o caso (art. 700, § 2º, do CPC de 2015): a) a importância devida, instruindo-a com memória de cálculo;(1274) b) o valor atual da coisa reclamada; c) o conteúdo patrimonial em discussão ou o proveito econômico perseguido.

Se houver dúvida quanto à idoneidade da prova documental, o Juiz poderá determinar a emenda da inicial e a conversão do rito para o procedimento comum (art. 700, § 5º, do CPC de 2015).

A petição ser dirigida ao juízo de primeiro grau (Vara do Trabalho) do local da prestação de serviços (art. 651, da CLT).

Em seguida, será expedido mandado monitório ou injuntivo, para que o réu, no prazo de 15 dias (art. 701 do CPC de 2015), adote uma dessas condutas: a) efetue o pagamento da quantia ou entrega da coisa, acrescida de honorários advocatícios no importe de 5% sobre o valor da causa (art. 701 do CPC de 2015); b) apresente embargos monitórios, independentemente de garantia do juízo e com argumentação livre (art. 702, "*caput*" e § 1º, do CPC de 2015), devendo desde logo declarar o valor que entende correto, com memorial descritivo e atualizado da dívida, pena de serem liminarmente rejeitados (art. 702, § 2º, § 3º, do CPC de 2015). Para nós, no entanto, em se tratando de Processo do Trabalho, ambas as condutas devem ser realizadas em audiência, a fim de respeitar os princípios da concentração, da conciliação e da oralidade.

Estando em local incerto ou não sabível, o réu pode ser citado por edital.(1275)

É facultado ao réu requerer o parcelamento da dívida, na forma do ar. 916, do CPC de 2015.

O mandado monitório poderá ser cumprido por todos os meios permitidos para o procedimento comum (art. 700, § 7º, do CPC de 2015), como pela via postal, por exemplo.

Opostos os embargos, o embargado será ouvido no prazo de 15 dias (art. 702, § 5º, do CPC de 2015), o qual poderá apresentar impugnação e reconvenção,(1276) sendo vedado apenas a oferta de reconvenção à reconvenção pelo embargante (art. 702, § 6º, do CPC de 2015). O rito transforma-se, portanto, em um típico processo de conhecimento.

(1272) Enunciado n. 54 do II FNPT. "[...] O art. 700 do CPC, que trata da ação monitória, aplicas-se ao Processo do Trabalho, observado o procedimento especial ali previsto e, convertido o título apresentado em título executivo, o procedimento de cumprimento da sentença próprio da CLT (art. 880 e seguintes). A aprovação deste enunciado importa em revogação ao enunciado 73 do FNPT Curitiba."

(1273) Súmula do STJ n. 339. "É cabível ação monitória contra a Fazenda Pública."

(1274) "[...] A petição inicial da ação monitória para cobrança de soma em dinheiro deve ser instruída com demonstrativo de débito atualizado até a data do ajuizamento, assegurando-se, na sua ausência ou insuficiência, o direito da parte de supri-la, nos termos do art. 284 do CPC. [...]" (STJ. REsp 1.154.730-PE, Rel. Min. João Otávio de Noronha, Segunda Seção, julgado em 8/4/2015, DJe 15/4/2015).

(1275) Súmula do STJ n. 282: Cabe a citação por edital em ação monitória.

(1276) Súmula do STJ n. 292: A reconvenção é cabível na ação monitória, após a conversão do procedimento em ordinário.

Se parte da dívida for incontroversa, quanto a ela será formado título executivo (art. 701, § 7º, do CPC de 2015).

A oposição dos embargos tem efeito suspensivo (art. 702, § 4º, do CPC de 2015).

6. *Decisão*. Em sendo o réu revel ou no caso de os embargos apresentados serem desprovidos, o Juiz proferirá *sentença*,[1277] a qual atribuirá força executiva ao título apresentado, convertendo o mandado injuntivo em mandado de execução (art. 702, § 8º, do CPC de 2015).

Constatado o ajuizamento indevido e a má-fé do autor, este deverá pagar ao réu multa de até 10% sobre o valor da causa (art. 702, § 10, do CPC de 2015). Havendo má-fé do réu na oposição dos embargos, o Juiz o condenará em multa no mesmo valor (art. 702, § 11, do CPC de 2015).

7. *Recursos*. A sistemática recursal aplicável à ação monitória é a da CLT, nos termos da IN n. 27/05, do TST.

8. *Execução*. Uma vez constituído o título executivo judicial, a execução seguirá os trâmites normais da CLT, com a expedição de mandado para pagamento ou entrega da coisa (art. 880, da CLT), com a possibilidade de oposição de embargos à execução, mediante a garantia do juízo (art. 884, da CLT).

18.9. AÇÃO CIVIL PÚBLICA E AÇÃO COLETIVA

Neste tópico, serão apresentadas apenas as peculiaridades da ação civil pública e da ação coletiva, a fim de complementar as informações apresentadas nos itens 9.8, 14.4 e 16.6, que tratam dos dissídios metaindividuais, de forma genérica.

1. *Conceito e natureza jurídica*. Como já foi dito, a ação civil pública é uma espécie de *dissídio metaindividual*, destinada a tutelar direitos difusos e coletivos (art. 1º, IV, da Lei n. 7.347/85), sendo possível fazer pedido condenatório de pagamento pecuniário ou de cumprimento de obrigação de fazer ou de não fazer (art. 3º da Lei n. 7.347/85).

Em relação aos direitos individuais homogêneos, há corrente no sentido de que o art. 1º, IV, da Lei n. 7.347/85, somente faz referência aos direitos difusos e coletivos, razão pela qual os direitos individuais homogêneos seriam tutelados pela *ação civil coletiva*, prevista no o art. 91 do CDC, cujo rito é o disposto nos arts. 92 a 100 daquele diploma legal.

Com a devida licença, pensamos que o termo "ação civil coletiva" foi utilizado pelo Código de Defesa do Consumidor como sinônimo de ação civil pública. É que a interpretação da LACP e do CDC deve ser feita conjuntamente, de modo a criar um microssistema, razão pela qual o rito das duas seria o mesmo. Dessa forma, não há razão lógica, nem prática, para fundamentar a separação entre as duas demandas, ao menos do Processo do Trabalho. Para provas objetivas, no entanto, fica o alerta para o aluno, de que a resposta pode ser no sentido de

(1277) "[...] Na hipótese em que não há oposição de embargos monitórios, a ação monitória concretiza o objetivo a que se propõe: o de converter em título executivo judicial prova escrita da existência de obrigação, inviabilizando qualquer aprofundamento do conhecimento jurisdicional exigido para a prolação de uma sentença de mérito. Isso porque a conversão do mandado monitório em executivo é extraída como única solução possível e imposta por lei, diante da inércia do devedor em procedimento monitório. Por outro lado, manifestando-se o devedor, conforme sua deliberada intenção de opor-se à manifestação do credor — autor monitório -, inicia-se um incidente processual com contornos típicos de ação de conhecimento, admitindo-se amplo contraditório e dilação probatória, fases processuais absolutamente ausentes no procedimento monitório não embargado. Esse é, portanto, o âmbito adequado para o conhecimento e apreciação de matérias de mérito, às quais resultarão ao final na constituição, ou não, daquele documento monitório em título executivo. Noutros termos, mesmo as questões conhecíveis de ofício, só podem ser apreciadas se aberto o conhecimento pela oposição dos embargos monitórios. Ressalta-se que o novo CPC parece reconhecer essa transmudação da decisão inicial em definitiva em razão da mera inércia do devedor. Isso porque, além de dispensar expressamente a necessidade de qualquer ato para conversão do mandado monitório em executivo (art. 701, § 2º, do NCPC), ainda determina que se conte da decisão inicial (que determina a expedição do mandado monitório) o prazo para propositura de ação rescisória, na hipótese de ausência de oposição de embargos monitórios pelo devedor (art. 701, § 3º, do NCPC)." [...] (STJ. REsp 1.432.982-ES, Rel. Min. Marco Aurélio Bellizze, julgado em 17/11/2015, DJe 26.11.2015).

que a ação coletiva é o instrumento correto para a defesa dos direitos individuais homogêneos, enquanto a ação civil pública, para os direitos difusos e coletivos.

2. *Cabimento*. Entre os direitos difusos, coletivos e individuais homogêneos, o art. 1º da Lei n. 7.347/85 apresenta rol exemplificativo, mencionando direitos decorrentes de danos morais e patrimoniais causados ao meio ambiente, ao consumidor, a bens e direitos de valor artístico, estético, histórico, turístico e paisagístico, por infração da ordem econômica e à ordem urbanística.

Em seguida, no parágrafo primeiro do referido artigo, o legislador vedou o uso da ação civil pública para veicular pretensões que envolvam tributos, contribuições previdenciárias, Fundo de Garantia por Tempo de Serviço ou outros fundos de natureza institucional, cujos beneficiários possam ser individualmente determinados. Esse parágrafo foi incluído pela Medida Provisória n. 2.180-35/01, entre outros motivos, para evitar um conflito de interesses entre o substituto processual e os substituídos. No caso do FGTS, por exemplo, havia situações em que o sindicato postulava a liberação dos valores, enquanto alguns trabalhadores não tinham a intenção de sacá-los.

3. *Legitimidade*. A legitimidade ativa para ajuizamento de um dissídio metaindividual é extraordinária (para atuar em nome próprio, na defesa de direito alheio) ou autônoma (para atuar em nome próprio, da defesa de direito difuso), razão pela qual o substituto processual só será reconhecido como tal por lei (art. 6º do CPC). Os substitutos processuais são os descritos no art. 82 do CDC e no art. 5º da LAP, quais sejam: a) Ministério Público; b) União, Estados, DF e Municípios; c) Autarquias, fundações públicas, empresas públicas e sociedades de economia mista; d) Defensoria Pública; e) Sindicatos; e f) Associações constituídas há mais de um ano, cujos estatutos incluam, entre suas finalidades, a defesa das pretensões que serão objeto de demanda.

Em se tratando de associações, o STJ já decidiu que "Caso ocorra dissolução da associação que ajuizou ação civil pública, não é possível sua substituição no polo ativo por outra associação, ainda que os interesses discutidos na ação coletiva sejam comuns a ambas." (REsp 1.405.697-MG, Rel. Min. Marco Aurélio Bellizze, julgado em 17.9.2015, DJe 8.10.2015).

Quanto à *legitimidade passiva*, pertencerá ao responsável pela violação dos direitos difusos, coletivos e individuais homogêneos.

4. *Postulação*. O rito da ação civil pública no Processo do Trabalho é regido pela Lei n. 7.347/85, nos termos da IN n. 27/05 do TST, podendo ser complementado pelo CDC e, subsidiariamente, pela CLT e pelo CPC.

É admitida a cumulação de pedidos de obrigação de fazer e condenação em pecúnia.[(1278)]

Proposta a demanda, a petição inicial (com os requisitos dos arts. 840, § 1º, da CLT, e 319 do CPC de 2015) será levada à conclusão do Juiz do Trabalho. Havendo pedido de tutela antecipada, relativamente a uma obrigação de fazer ou de não fazer, o Juiz determinará o cumprimento ou a cessação da atividade, liminarmente ou após audiência de justificação, sob pena de multa diária ("*astreintes*") ou de execução específica, com adoção de providências que assegurem o resultado prático equivalente ao do adimplemento, nos termos dos arts. 11 da LACP e 84 do CDC. A multa cominada só será exigível do reclamado após o trânsito em julgado da decisão favorável ao reclamante, mas será devida desde o dia em que se houver configurado o descumprimento (art. 21, § 2º, da LACP).

O autor poderá optar pela conversão da obrigação de fazer ou de não fazer em indenização por perdas e danos, sem prejuízo da multa diária (art. 84, § 2º, do CDC), o que também ocorrerá, se a obtenção da tutela específica ou do resultado prático correspondente se tornar impossível (art. 84, § 1º, do CDC).

Em ato contínuo à apreciação liminar da tutela antecipada, o Juiz determinará a publicação de edital, a fim que os interessados possam intervir no processo como litisconsortes (art. 94 do CDC).

(1278) "Ação civil pública. Art. 3º da Lei n. 7.347/85. Obrigação de fazer e condenação em pecúnia. Cumulação de pedidos. Tutela inibitória e dano moral coletivo.[...]" (TST-E-ED-RR-133900-83.2004.5.02.0026, SBDI-I, rel. Min. Alexandre de Souza Agra Belmonte, 14.5.2015).

5. *Defesa.* A lei não fixa prazo para a resposta do réu. No nosso sentir, a lacuna deve ser preenchida pela CLT, que prevê a apresentação da defesa em audiência, após a recusa da primeira proposta de acordo (art. 847). Dessa forma, após determinar a publicação de edital, o Juiz do Trabalho deve designar audiência, determinando a notificação do reclamado, ainda que a matéria seja somente de direito.

6. *Instrução.* A ação civil pública não exige a produção de prova exclusivamente pré-constituída, razão pela qual são admitidos todos os meios de prova, como testemunhal e pericial, por exemplo.

Não obstante isso, ao Ministério Público do Trabalho foi concedida a prerrogativa exclusiva de instauração de inquérito civil público, que consiste em um procedimento administrativo para a coleta de provas destinadas a firmar termo de ajustamento de conduta (que é uma confissão de dívida, com efeito de título executivo extrajudicial, pela qual o aderente se compromete a cumprir determinadas obrigações, a fim de evitar as consequências do ajuizamento de uma ação civil pública) ou subsidiar a instrução da ação civil pública.

7. *Decisão.* Havendo procedência do pedido, a condenação será genérica, apenas fixando a responsabilidade do reclamado pelos danos causados (art. 95 do CDC), que poderá consistir na obrigação de pagar quantia, de fazer ou de não fazer.

No caso de direitos individuais homogêneos, os lesados, beneficiários das condenações em que há obrigação de pagar quantia, serão identificados na fase de liquidação, mediante habilitação no processo. Já no caso de direitos difusos e coletivos, a condenação da quantia é revertida para um fundo público, que, geralmente, tem vínculo com a natureza dos direitos violados.

8. *Recursos.* A sistemática recursal é a da CLT, com interposição de recurso ordinário bem como dos demais recursos, no prazo de 8 (oito) dias, havendo preenchimento dos respectivos pressupostos extrínsecos.

Sem embargo, o art. 12 da LACP dispõe que a decisão que conceder a tutela antecipada, liminarmente ou com justificação prévia, desafia o recurso de agravo. Estabelece, também, que a pessoa jurídica de direito público interessada poderá requerer ao Presidente do Tribunal, que julgará o recurso, a suspensão da liminar, para evitar grave lesão à ordem, à saúde, à segurança e à economia pública. Conclui, dispondo que da decisão do Presidente do Tribunal cabe agravo para uma das turmas julgadoras, no prazo de cinco dias.

Parece-nos razoável o entendimento segundo o qual os dois agravos previstos no art. 12 da LACP não são cabíveis no Processo do Trabalho, uma vez que as decisões interlocutórias não são passíveis de recurso imediato (art. 893, § 1º, da CLT). Já o pedido de suspensão da liminar, no nosso sentir, é aplicável ao Processo do Trabalho, por não possuir natureza recursal, mas de mera impugnação, justificada pelo interesse público, o qual prevalece sobre os interesses particulares (art. 8º, da CLT).

18.10. EMBARGOS DE TERCEIRO

1. *Conceito.* Os embargos de terceiro são uma ação autônoma, de rito especial, conexa (e não incidental) a um outro processo, no qual haja decisão de constrição de bem pertencente a alguém que não é parte nele (terceiro). Eles estão previstos nos arts. 674 a 681 do CPC de 2015.

2. *Natureza jurídica.* A finalidade dos embargos de terceiro é proteger a posse de terceiro, violada pela constrição de um bem por ordem judicial, através de um provimento de desconstituição dessa ordem. Em vista disso, a natureza dos embargos de terceiro é de ação possessória.

Nessa medida, os embargos de terceiro distinguem-se da oposição, uma vez que esta visa resguardar o domínio do bem (e não a posse), como também das demais ações possessórias, as quais não exigem que a constrição do bem seja decorrente de apreensão judicial.

3. *Cabimento.* Em ligeiras linhas, eles são destinados a desconstituir constrição ou ameaça de constrição judicial (*v. g.*, penhora, depósito, arresto, sequestro, alienação judicial, arrecadação, arrolamento, inventário e partilha) que tiver recaído sobre bens de terceiro, seja em processo de execução, seja em processo de conhecimento.

4. *Prazo.* Os embargos de terceiro podem ser opostos (art. 675 do CPC de 2015): a) a qualquer tempo, no Processo de Conhecimento, mas sempre até o trânsito em julgado; b) no Processo de Execução, até cinco dias depois da arrematação, adjudicação ou remição, enquanto não assinada a respectiva carta.

Quando um bem é arrematado, as condições da alienação são registradas por escrito em um documento chamado *auto de arrematação*, o qual será lavrado de imediato. Uma vez assinado o auto pelo juiz, pelo arrematante e pelo leiloeiro (servidor ou profissional), a arrematação será considerada perfeita, acabada e irretratável. Sem embargo, no caso de arrematação de bens imóveis, além do auto de arrematação, o juízo deverá providenciar uma *carta de arrematação*, que conterá a descrição do imóvel, cópia do auto de arrematação e a prova de quitação do ITBI.

Assinado o auto de arrematação, seja de bem móvel ou imóvel, a parte não poderá, portanto, desconstituir a arrematação por meio de embargos à execução, mas somente por ação anulatória. Sem embargo, o Juiz pode (art. 903, § 1º, do CPC de 2015): a) invalidá-la, quando realizada por preço vil ou outro vício; b) torná-la ineficaz, se não intimado o credor pignoratício, hipotecário ou anticrético; c) resolvê-la, se não for pago o preço ou não for prestada a caução.

No caso de bem imóvel, todavia, o terceiro poderá opor embargos à execução mesmo após a assinatura do *auto de arrematação*, mas desde que o faça antes da assinatura da *carta de arrematação*, de *adjudicação* ou de *alienação por iniciativa particular* (art. 675 do CPC de 2015), prazo que é de natureza decadencial.

5. *Legitimidade.* A legitimidade ativa pertence ao terceiro possuidor de bem constrito por decisão judicial. Ele não precisa ser o proprietário do bem. Basta que seja possuidor.

Em regra, portanto, terceiro é aquele que não é parte no processo. Mas pode acontecer de o executado, muito embora parte no processo, seja apenas o possuidor ou mero detentor de um bem que pertence a terceiro, como um veículo, por exemplo. Neste caso, o executado poderá opor embargos de terceiro, uma vez que a posse lhe dá legitimidade para defender o bem em favor do terceiro (art. 674, § 1º, do CPC de 2015).

Nos termos do art. 674, § 2º, do CPC de 2015, considera-se terceiro: a) o cônjuge ou companheiro, quando defende a posse de bens próprios ou de sua meação;[1279] b) o adquirente de bens cuja constrição decorreu de decisão que declara a ineficácia da alienação realizada em fraude à execução; c) quem sofre constrição judicial de seus bens por força de desconsideração da personalidade jurídica, de cujo incidente não fez parte; d) o credor com garantia real para obstar expropriação judicial do objeto de direito real de garantia, caso não tenha sido intimado, nos termos legais dos atos expropriatórios respectivos.

Insta dizer que, se o bem do cônjuge ou companheiro for indivisível (como um cavalo, por exemplo), o direito à meação recairá sobre o produto da alienação do bem (art. 843 do CPC de 2015).

Por sua vez, a legitimidade passiva é atribuída a quem tenha interesse na constrição do bem realizada no processo principal, seja porque o indicou ou nomeou à apreensão (como, por exemplo, o executado), seja porque será beneficiário de sua liquidação (*v.g.*, o exequente).

6. *Competência.* A competência será do juízo que tiver ordenado a apreensão dos bens no processo principal (pendente), deprecante ou deprecado, neste caso quando a execução tramitar por carta (art. 676, parágrafo único, do CPC de 2015).[1280]

(1279) Súmula do STJ n. 134: Embora intimado da penhora em imóvel do casal, o cônjuge do executado pode opor embargos de terceiro para defesa de sua meação.

(1280) Enunciado n. 78 do I FNPT: "[...] Nas execuções por carta, os embargos de terceiro serão oferecidos no juízo trabalhista deprecado, salvo se a penhora recair sobre bem indicado pelo juízo deprecante ou se já devolvida a carta (art. 676, parágrafo único, NCPC c/c art. 899 da CLT)."

A distribuição será feita por dependência, por força de conexão entre o processo principal e os embargos de terceiro (art. 676, "*caput*", do CPC de 2015).

É possível que, ao tempo do ajuizamento dos embargos de terceiro, o processo principal esteja em fase recursal, no TRT, por exemplo. Em casos assim, a competência funcional (absoluta) será do Juiz de primeira instância que julgou originariamente a causa.

7. *Postulação*. Por constituírem ação autônoma, não incidental, os embargos de terceiro deverão ser opostos por petição inicial escrita, contendo todos os requisitos do art. 840, § 1º, da CLT, inclusive a qualificação das partes[1281] e atribuição do valor da causa (art. 319 do CPC de 2015). Além disso, o embargante deverá fazer prova pré-constituída de sua condição de terceiro, da posse e da lesão da posse ou da iminente possibilidade de lesão (*v. g.*, auto de penhora), ou apresentar rol de testemunhas, caso a prova não seja documental (art. 677 do CPC de 2015).

Da petição poderá constar pedido de liminar, fundamentado com a prova da posse ("*fumus boni juris*") e da constrição do bem ("*periculum in mora*"), a qual será objeto de decisão interlocutória do juízo, não desafiando recurso imediato (art. 893, § 1º, da CLT). O Juiz ordenará a expedição de mandado de manutenção ou de restituição do bem em favor do embargante, podendo condicioná-la à prestação de caução, a fim de garantir a sua devolução, com seus rendimentos, caso a sentença seja de improcedência dos embargos (art. 678 do CPC de 2015). Não obstante, a jurisprudência do TST é pela inaplicabilidade da exigência da caução no Processo do Trabalho.[1282]

O CPC de 2015 suprimiu a previsão de que a execução ficaria suspensa somente em relação aos bens que forem objeto dos embargos (art. 1.052 do CPC de 1973).

8. *Defesa*. O embargado será notificado para, no prazo de quinze dias, apresentar contestação, pena de ser reputado revel (art. 679 do CPC de 2015).

Se o embargante for um terceiro com garantia real (*v. g.*, um banco, com hipoteca sobre um imóvel constrito), a defesa do embargado fica restrita às seguintes alegações de que (art. 680 do CPC de 2015): a) o devedor comum é insolvente; b) o título é nulo ou não obriga a terceiro; c) outra é a coisa dada em garantia.

Havendo alegação de fato extintivo, modificativo ou impeditivo pelo embargado, o Juiz deverá conceder o prazo de 15 dias ao embargante para impugnação, em atendimento aos princípios do contraditório e da isonomia.

9. *Instrução*. A matéria discutida nos embargos de terceiro deve ser comprovada por meio de prova pré-constituída (documental), o que torna dispensável a realização de audiência, constituindo exceção à regra das ações trabalhistas. Entretanto, havendo necessidade de esclarecer os fatos, pode o Juiz designar audiência, em homenagem à verdade real, à oralidade e à conciliação, princípios que pautam o processo trabalhista.

10. *Decisão*. A decisão de procedência proferida nos autos dos embargos de terceiro será mandamental, a fim de que possa produzir efeitos no processo pendente (principal), desconstituindo a constrição que nele foi determinada e desembaraçando o bem, para devolver a respectiva posse ao embargante (art. 681 do CPC de 2015).

11. *Recursos*. É polêmica a discussão quanto à espécie de recurso desafiado pela sentença proferida na ação de embargos de terceiro, uma vez que se trata de um Processo de Conhecimento destinado a impugnar um Processo de Execução; mas a corrente majoritária entende pelo cabimento do agravo de petição (art. 897, "a", da CLT).[1283]

(1281) É preciso frisar a necessidade de a parte embargante qualificar a parte embargada, tendo em vista que esse requisito é frequentemente desrespeitado, muitas vezes porque a parte embargante presume, equivocadamente, que os dados do processo principal podem ser transportados para os embargos de terceiro.

(1282) "Mandado de segurança. Cabimento de embargos de terceiro. Alegação, no mandado de segurança, de que o Impetrante não é devedor nem constou do título executivo. Cabimento de embargos de terceiro. Desnecessidade da exigência de prestação de caução, prevista no art. 1.051 do CPC, inaplicável no Processo do Trabalho. Processo que se extingue, sem julgamento do mérito." (TST-ROMS — 774221-40.2001.5.12.5555, Relator: Ministro Gelson de Azevedo, SDI-II, DJ 19.12.2002).

(1283) "[...] A controvérsia acerca da legalidade da decisão judicial em que determinada a imposição de restrições sobre a circulação de veículo automotor de propriedade de quem não participou da relação processual deve ser solucionada em ação incidental de embargos

Considerando a controvérsia, o recurso ordinário, eventualmente interposto, será admitido, pelo princípio da fungibilidade recursal.

Da decisão do TRT apenas caberá recurso de revista, se houver ofensa direta e literal a uma norma da Constituição Federal (art. 896, § 2º, da CLT).

12. *Casuística.*

12.1. *Cumulação com mandado de segurança.* Ajuizados os embargos de terceiro, não será cabível a impetração de mandado de segurança em relação ao mesmo ato judicial de constrição dos bens.[1284]

12.2. *Fraude de execução.* Uma hipótese de cabimento de embargos de terceiro que merece destaque é a fraude de execução. Imagine-se, por exemplo, uma execução em que o executado aliena bens a terceiro, com o propósito de livrá-los da penhora. De conseguinte, uma vez penhorado o bem, o terceiro lança mão dos embargos de terceiro, argumentando que o bem lhe pertence e é imune à penhora. É possível, portanto, que o embargado (exequente no processo principal) sustente em sua defesa a fraude de execução, a qual, uma vez provada, gerará a improcedência dos embargos.

12.3. *Fraude contra credores.* Se a alienação ou oneração fraudulenta do bem ocorrer antes da citação do executado, contudo, a sua anulação não pode ocorrer em sede de embargos de terceiro,[1285] mas somente por meio de ação pauliana.

12.4. *Honorários advocatícios.* Como se trata de ação movida por terceiro, de rito especial, deve haver condenação em honorários advocatícios, na forma da IN 27/05 c/c Súmula 219, IV, ambas do TST, cuja sucumbência recairá sobre quem deu causa á constrição indevida.[1286] Entretanto, tem prevalecido a tese de que, como se processam de forma incidental a um processo de execução trabalhista, os honorários advocatícios não são devidos.[1287]

12.5. *Contrato de promessa de compra e venda.* Se o terceiro for possuidor da coisa e tiver apenas um contrato de compressa de compra e venda, poderá defender sua posse por meio de embargos de terceiro?

A matéria é polêmica. A jurisprudência do STF só admite a oposição de embargos de terceiro se esse contrato estiver inscrito no cartório de registro de imóveis.[1288] Já a do STJ[1289] e o TST,[1290] dispensam o registro.

No nosso sentir, o art. 674, § 2º, II, do CPC de 2015, adotou um *silêncio eloquente*, ao dizer que se considera terceiro simplesmente "o adquirente de bens," sem fazer qualquer referência à necessidade de registro. Quando quis exigir o registro, o CPC de 2015 o fez expressamente, como se vê nos arts. 799, III e IV, e 804, § 1º, por exemplo.

Além disso, não se pode esquecer de que os embargos de terceiro têm a finalidade de defender a *posse*, independentemente da prova do *domínio*.

---

de terceiro (arts. 1.046 a 1.054 do CPC), de cuja decisão cabe a interposição de agravo de petição (art. 897, "a", da CLT). [...]" (TST-RO — 21640-72.2013.5.04.0000, Relator: Ministro Douglas Alencar Rodrigues, SDI-II, DEJT 06.02.2015).

(1284) Orientação Jurisprudencial da SDI-II do TST n. 54. "Mandado de segurança. Embargos de terceiro. Cumulação. Penhora. Incabível. Ajuizados embargos de terceiro (art. 674 do CPC de 2015 — art. 1.046 do CPC de 1973) para pleitear a desconstituição da penhora, é incabível mandado de segurança com a mesma finalidade.

(1285) Súmula do STJ n. 195: Em embargos de terceiro não se anula ato jurídico, por fraude contra credores.

(1286) Súmula do STJ n. 303: Em embargos de terceiro, quem deu causa à constrição indevida deve arcar com os honorários advocatícios.

(1287) "[...] Os embargos de terceiro se processam de forma incidental à execução, e, como estão sendo cobrados créditos decorrentes da relação de emprego na demanda principal, se incluem na exceção do art. 5º da IN n. 27 do TST, razão pela qual os honorários advocatícios não são devidos pela mera sucumbência." (TRT da 3.ª Região; Processo: 0000619-19.2014.5.03.0134 AP; Data de Publicação: 28.11.2014; Disponibilização: 27.11.2014, DEJT/TRT3/Cad.Jud, Página 146; Órgão Julgador: Setima Turma; Relator: Oswaldo Tadeu B.Guedes; Revisor: Paulo Roberto de Castro)

(1288) Súmula do STF n. 621: Não enseja embargos de terceiro à penhora a promessa de compra e venda não inscrita no registro de imóveis.

(1289) Súmula do STJ n. 84: É admissível a oposição de embargos de terceiro fundados em alegação de posse advinda do compromisso de compra e venda de imóvel, ainda que desprovido do registro.

(1290) "Ação rescisória. Embargos de terceiro. Defesa da posse decorrente de instrumento particular de compra e venda desprovido de registro na matrícula do imóvel. Possibilidade. Violação do art. 1.046, § 1º, do CPC. Configuração. [...]" (TST-RO-2035-68.2011.5.02.0000, SBDI-II, rel. Min. Alberto Luiz Bresciani de Fontan Pereira, 10.2.2015).

18.11. *OPOSIÇÃO*

No CPC de 1973, a oposição era considerada uma modalidade de intervenção de terceiros (arts. 56 a 61), pela qual um terceiro (opositor) ingressava voluntariamente na relação jurídica processual, antes de ser proferida a decisão, a fim de tutelar direito ou coisa sobre os quais litigam as partes.

No Novo, no entanto, a oposição passou a ser considerada uma ação autônoma, de rito especial, regida pelos arts. 682 a 686. Sem embargo, a sua lógica jurídica foi preservada.

A legitimidade ativa pertence a quem pretender, no todo ou em parte, a coisa ou o direito sobre que controvertem autor e réu (art. 682 do CPC de 2015), os quais são os detentores da legitimidade passiva, em litisconsórcio passivo necessário. Conclui-se, portanto, que a pretensão da parte autora não é possessória, mas dominial, circunstância que diferencia a ação de oposição dos embargos de terceiro.

O autor (opoente) deverá ajuizar a ação por meio de petição inicial que contenha os requisitos dos arts. 840, § 1º, da CLT, e 319 do CPC de 2015 (art. 683 do CPC de 2015). A oposição tem cabimento até a prolação da sentença (art. 682 do CPC de 2015), devendo ser distribuída por dependência (art. 682, parágrafo único, do CPC de 2015).

O CPC de 2015 determina que a ação de oposição seja apensada aos autos da ação originária, para que sejam julgadas na mesma sentença (art. 685), regra que não tem aplicação no Processo do Trabalho, tendo em vista que neste não há tramitação por penso. Em vista disso, o mais prudente é reunir os processos, por conexão, a fim de que sejam julgados pela mesma sentença.

Como os réus (opostos) já possuem representação no processo principal, a citação poderá ser feita na pessoa dos advogados de cada qual, para apresentar defesa no prazo de 15 dias, a qual, no Processo do Trabalho, no entanto, deverá ser entregue em audiência (art. 847 da CLT).

Caso um dos opostos reconheça a procedência do pedido, a ação prosseguirá somente contra o outro (art. 684 do CPC de 2015).

Na decisão, caberá ao Juiz decidir em primeiro lugar a ação de oposição e, posteriormente, a ação originária (art. 686 do CPC de 2015).

Desde o advento da EC n. 45/04, o cabimento da oposição na Justiça do Trabalho vinha sendo cada vez mais admitido, tendo em vista que a competência passou a ser material, razão pela qual a natureza das pessoas que ocupam os polos da relação processual não a modifica.

A doutrina costumava citar, como exemplo de oposição (intervenção de terceiros), o ingresso de um empregado em um processo, no qual o empregador e outro empregado disputam a patente de uma invenção que, na realidade, é dele. Outro exemplo, que já vinha sendo admitido na jurisprudência, é o da oposição apresentada por um sindicato em um dissídio coletivo, afirmando ser dele a legitimidade para representar a categoria.[1291]

Se a oposição já era admitida como intervenção de terceiros, muito mais o será como ação autônoma, tendo em vista que não mais atentará contra a celeridade do processo principal.

18.12. *AÇÃO DECLARATÓRIA*

Muito embora o CPC de 2015 não tenha previsto um rito especial para a ação declaratória, vale tecer breves palavras sobre ela, pois é um tipo de demanda comum na Justiça do Trabalho.

(1291) "Dissídio Coletivo — Intervenção de terceiros — Oposição — Representação da Categoria Profissional. Em decisões pretéritas, sustentou-se que a ação de oposição não se mostra cabível no processo de dissídio coletivo, mormente quando visa à discussão em torno da legitimidade de representação de determinada categoria profissional. Entretanto, o Colendo TST, por meio da sua Seção Especializada em Dissídios Coletivos, vem alterando o seu posicionamento acerca da questão de forma a amparar a pretensão do sindicato opoente, quando fundada em decisão já proferida pela Justiça Comum, que tenha dirimido a controvérsia em torno da representatividade da categoria." (TRT 3ª Região. DC/2/01. Relatora: Desembargadora Alice Monteiro de Barros. SDC. DJMG: 18.08.2011).

A ação declaratória tem como objetivo obter um provimento de declaração sobre existência ou inexistência de *fato* (*v. g.*, a falsidade ou autenticidade de um documento) ou *ato jurídico*, o que inclui o negócio jurídico, como a relação de emprego, por exemplo.

Seu ajuizamento pode ocorrer de forma *autônoma* ou no curso de um processo, situação em que é chamada de *incidental*. O CPC de 1973 previa expressamente essa figura jurídica nos arts. 4º e 5º. O CPC 2015, por sua vez, deixou de mencioná-la de forma expressa, mas não vedou o seu ajuizamento.

O caso mais comum de ajuizamento de ação declaratória na Justiça do Trabalho é o que envolve o vínculo de emprego. Muito embora a prescrição (art. 7º, XXIX, da CF) fulmine as pretensões condenatórias relativas ao contrato de trabalho, não há qualquer limite de para o pleito da simples declaração de existência do vínculo de emprego, pelo que o empregado tem interesse jurídico nessa pretensão, principalmente para fazer prova perante o INSS, no pleito relativo ao benefício da aposentadoria.[1292]

Mas a jurisprudência cuida de colocar limites na ação declaratória, para que o Judiciário não fique refém de demandas simuladas, pois a jurisdição não é um serviço de homologação de negócios jurídicos, tampouco de consulta jurídica. Assim é que, por exemplo, não é cabível a ação declaratória visando tão somente esclarecimentos acerca de cláusulas contratuais.[1293]

Vale ressaltar que, nas relações coletivas de trabalho, é possível ajuizar dissídio coletivo de natureza jurídica, que tem natureza jurídica de ação declaratória, para obter esclarecimentos sobre a interpretação de CCT, ACT e sentença normativa, contudo, desde que esteja em questão um caso concreto.[1294]

A jurisprudência do C. TST também não admite ação declaratória sobre *fatos futuros* — como é o caso da ação que busca declarar direito à complementação de aposentadoria, quando os respectivos requisitos de concessão ainda não foram atendidos[1295] — e sobre *atos* em relação aos quais não haja dúvida concreta, mas mera intenção de ver declarada (e homologada) a tese jurídica da parte autora.[1296]

18.13. HABEAS CORPUS

O *habeas corpus* é uma ação constitucional que visa garantir a *liberdade de locomoção* contra ato ilegal ou abusivo (art. 5º, LXVIII, da CF). Já tratamos do tema no Capítulo 5 mas, como se trata de ação de rito especial, pedimos licença para repetir algumas conclusões importantes sobre o tema também neste Capítulo.

A ação de *habeas corpus* é regida pelo CPP (arts. 647 a 667).

A impetração do *habeas corpus* ocorre, em regra, em matéria criminal. Ocorre que a Justiça do Trabalho não tem competência em matéria criminal, como reiteradamente já decidiu o STF.[1297] Assim, o uso do *habeas corpus* na Justiça do Trabalho está restrito às matérias cíveis.

(1292) Súmula do STJ n. 242: Cabe ação declaratória para reconhecimento de tempo de serviço para fins previdenciários.

(1293) Súmula do STJ n. 181: É admissível ação declaratória, visando a obter certeza quanto à exata interpretação de cláusula contratual.

(1294) Orientação Jurisprudencial da SDC do TST n. 7 "Dissídio coletivo. Natureza jurídica. Interpretação de norma de caráter genérico. Inviabilidade. Não se presta o dissídio coletivo de natureza jurídica à interpretação de normas de caráter genérico, a teor do disposto no art. 313, II, do RITST".

(1295) Orientação Jurisprudencial da SDI-I n. 276. "Ação declaratória. Complementação de aposentadoria. É incabível ação declaratória visando a declarar direito à complementação de aposentadoria, se ainda não atendidos os requisitos necessários à aquisição do direito, seja por via regulamentar, ou por acordo coletivo."

(1296) "Ação declaratória. Participação nos Lucros e Resultados. Afastamento da natureza indenizatória da parcela. Inadequação da via eleita. É incabível ação declaratória na hipótese em que o Ministério Público do Trabalho pretende afastar a natureza indenizatória da parcela paga sob o título de Participação nos Lucros e Resultados — PLR, prevista na Cláusula 29º do acordo impugnado, porque em desconformidade com os requisitos da Lei n. 10.101/2000. Na hipótese, registrou-se que o postulado não se coaduna com a ação declaratória, pois não se questiona a interpretação e o alcance da cláusula normativa, nem se invoca dúvida a respeito de seu conteúdo. Ao contrário, o fundamento da ação consiste na desconformidade dos termos da cláusula com a legislação que rege a PLR. [...]" (TST-RO-38300-81.2013.5.17.0000, SDC, rel. Min. Dora Maria da Costa, 22.2.2016).

(1297) "Competência criminal. Justiça do Trabalho. Ações penais. Processo e julgamento. Jurisdição penal genérica. Inexistência. Interpretação conforme dada ao art. 114, I, IV e IX, da CF, acrescidos pela EC 45/2004. Ação direta de inconstitucionalidade. Liminar

Ele pode ser impetrado de forma *preventiva* (quando há ameaça) ou *repressiva* (quando a liberdade de ir e vir já tiver sido afrontada ilícita ou abusivamente).

A *legitimidade ativa* é extremamente ampla, podendo ser impetrado por qualquer pessoa (art. 654 do CPP) que tenha interesse em fazer cessar a lesão ou a ameaça ao direito de liberdade do *paciente*, assim chamada a vítima da ordem ilegal ou abusiva. Em vista disso, não é exigida capacidade postulatória profissional, de maneira que a ação poderá ser impetrada sem advogado.

Já a *legitimidade passiva* é da autoridade coatora.

A *competência* será do órgão judiciário superior à autoridade coatora, da mesma forma que ocorre no mandado de segurança.

Quanto ao *recurso*, a sistemática é a trabalhista (IN 27/05, do TST), de forma que a primeira decisão desafiará recurso ordinário e, a segunda, recurso de revista. Entretanto, jurisprudência do TST firmou entendimento de que, ao invés do recurso, a parte impetrante pode fazer uso de novo habeas corpus, para atacar a decisão do primeiro, que lhe foi desfavorável.[1298]

Ocorre que a questão ainda desperta polêmica, tendo em vista que a 1ª Turma do STF vem decidindo pela inadmissibilidade do habeas corpus como substitutivo do *recurso ordinário constitucional* (HC 109.956, 11.09.2015), ao passo que a 2ª Turma continua admitindo (HC 111.201, 07.08.2012). A decisão do Pleno do pretório excelso, quando vier, certamente terá repercussão na jurisprudência do TST. De toda forma, o Pleno do STF já decidiu que a decisão de uma de suas Turmas, em sede de *habeas corpus*, não autoriza a impetração de novo HC para o Pleno.[1299]

18.13.1. *Depositário infiel*. No processo de execução, a inércia do executado em pagar ou garantir a execução gera a expedição de mandado de penhora e avaliação. O Oficial de Justiça, no cumprimento do mandado, deverá lavrar *auto de penhora e avaliação*, no qual constem as características do bem e seu respectivo valor. Se houver necessidade, o meirinho lavrará *auto de depósito*, destinado a designar depositário responsável pela guarda e conservação do bem penhorado.

O encargo de depositário é *facultativo*,[1300] razão pela qual pode ser recusado.[1301] O executado também poderá ser depositário do bem, comprometendo-se a apresentá-lo no dia e no horário designados pelo Juiz, pena de ser reputado como *depositário infiel*. Em tempo pretérito, a sanção por sua inconsequência era a *prisão civil*.

É importante ressaltar que a figura do depositário infiel ainda existe. Apenas a sua prisão é que foi considerada inconstitucional pelo STF (Súmula Vinculante n. 25). Caso o depositário desrespeite a ordem judicial de apresentação do bem, não caberá mais a sua prisão civil, mas poderá responder por crime de desobediência (art. 330 do CP),[1302] por perdas e danos e por ato atentatório à dignidade da Justiça (art. 161, parágrafo único, do CPC de 2015).

---

deferida com efeito *ex tunc*. O disposto no art. 114, I, IV e IX, da CF, acrescidos pela EC 45, não atribui à Justiça do Trabalho competência para processar e julgar ações penais." (STF. ADI 3.684-MC. Relator: Ministro Cezar Peluso. Plenário. DJ 03.08.2007).

(1298) "Habeas corpus" originário no TST. Substitutivo de recurso ordinário em "habeas corpus". Cabimento contra decisão definitiva proferida por Tribunal Regional Do Trabalho. É cabível ajuizamento de "habeas corpus" originário no Tribunal Superior do Trabalho, em substituição de recurso ordinário em "habeas corpus", de decisão definitiva proferida por Tribunal Regional do Trabalho, uma vez que o órgão colegiado passa a ser a autoridade coatora no momento em que examina o mérito do "habeas corpus" impetrado no âmbito da Corte local.

(1299) "Ao reafirmar o Enunciado 606 da Súmula do STF ("Não cabe 'habeas corpus' originário para o Tribunal Pleno de decisão de Turma ou do Plenário, proferida em 'habeas corpus' ou no respectivo recurso"), o Plenário, por maioria, não conheceu de "writ", impetrado contra decisão colegiada da 2ª Turma, em que se discutia suposta nulidade decorrente de ausência de publicação da pauta para o julgamento de "habeas corpus". [...] O "habeas corpus", cuja finalidade é a tutela da liberdade de locomoção, não é cabível para o reexame de pressupostos de admissibilidade de recursos." (HC 114.293)

(1300) Orientação Jurisprudencial da SDI-II do TST n. 89. "*Habeas corpus*. Depositário. Termo de depósito não assinado pelo paciente. Necessidade de aceitação do encargo. Impossibilidade de prisão civil. A investidura no encargo de depositário depende da aceitação do nomeado que deve assinar termo de compromisso no auto de penhora, sem o que, é inadmissível a restrição de seu direito de liberdade".

(1301) Súmula do STJ n. 319: O encargo de depositário de bens penhorados pode ser expressamente recusado.

(1302) Enunciado n. 59 do II FNPT. "[...] A proteção supralegal conferida ao depositário infiel não alcança sua responsabilidade criminal, sendo vedada apenas a prisão civil, podendo o magistrado oficiar o órgão policial e/ou o Ministério Público para aferição de cometimento de tipo penal."

Dessa forma, havendo a decretação de prisão civil do depositário infiel, caberá a impetração de *habeas corpus*, com pedido de imediata soltura.

2. *Liberdade de trabalho*. A doutrina costuma citar uma hipótese de sua aplicabilidade em matéria cível, que é a do depositário infiel. Mas existem outras hipóteses. Por exemplo, houve no TST a impetração de um *habeas corpus* em favor de um famoso jogador de futebol, a fim de garantir que pudesse jogar por outro clube, que não naquele que obteve em juízo trabalhista decisão determinando sua reapresentação imediata. As partes entraram em acordo, de maneira que o HC não foi julgado, mas fica o exemplo de um caso concreto, além da hipótese do depositário infiel, que ensejou a impetração do HC perante a Justiça do Trabalho.

18.14. HABEAS DATA

Assim como o *habeas corpus*, o *habeas data* também é um remédio constitucional, mas que serve para tutelar *o acesso a informações relativas à pessoa do impetrante*, constantes de registros ou bancos de dados de caráter público, a fim de conhecê-las e retificá-las, caso estejam equivocadas (art. 5º, LXXII, da CF). Ele está regulamentado pela Lei n. 9.507/97.

Veja-se que o *banco de dados* é que deve ser *público*, de maneira que a entidade que os gerencia pode ser pública ou privada, como já decidiu o STJ.(1303) Tanto é assim que o parágrafo único, do art. 1º, da Lei n. 9.507/97, considera de caráter público "todo registro ou banco de dados contendo informações que sejam ou que possam ser transmitidas a terceiros ou que não sejam de uso privativo do órgão ou entidade produtora ou depositária das informações".

Além disso, o *habeas data* só terá cabimento se o acesso às informações tiver sido negado por parte da autoridade administrativa.(1304)

O fato é que o cabimento do *habeas data* da Justiça do Trabalho é possível, mas é improvável, uma vez que as relações de trabalho são privadas, de maneira que os bancos de dados eventualmente existentes revestem-se da mesma natureza. Pode-se cogitar, hipoteticamente, do ajuizamento do *habeas data* por um empregado que deseja obter informações pessoais lançadas pelo empregador no Cadastro Geral dos Empregados e Desempregados — CAGED, pelo Relatório Anual de Informações Sociais — RAIS.

O *direito de informações* tutelado pelo *habeas data* não se confunde com o *direito de acesso à informação* constante do art. 5º, XXXIII, da CF. Este é mais amplo, pois garante a qualquer pessoa o direito de obter informações de interesse particular ou coletivo, enquanto aquele somente garante o direito de informações relativas à pessoa do impetrante.

O direito de acesso à informação (art. 5º, XXXIII, da CF) está regulamentado pela Lei n. 12.527/11. Caso esse direito seja violado, o remédio constitucional cabível será o mandado de segurança, que é residual, já que o *habeas data* só cabe no caso do art. 5º, LXXII, da CF.

(1303) "[...] 'Entidades governamentais' é uma expressão que abrange órgãos da administração direta ou indireta. Logo, a expressão 'entidades de caráter público' não pode referir-se a organismos públicos, mas a instituições, entidades e pessoas jurídicas privadas que prestem serviços para o público ou de interesse público, envolvendo-se aí não só concessionários, permissionários ou exercentes de atividades autorizadas, mas também agentes de controle e proteção de situações sociais ou coletivas, como as instituições de cadastramento de dados pessoais para controle ou proteção do crédito ou divulgadoras profissionais de dados pessoais, como as firmas de assessoria e fornecimento de malas-diretas [...]." (STJ. REsp 781969/RJ. Relator: Ministro Luiz Fux. 1ª Turma. DJ 31.05.2007).

(1304) Súmula do STJ n. 2: Não cabe o habeas data (CF, art. 5º, LXXII, letra "a") se não houve recusa de informações por parte da autoridade administrativa.

19 Tutela Provisória no Processo do Trabalho

19.1. *TUTELA ANTECIPADA X TUTELA CAUTELAR*

O *processo cautelar* foi concebido para servir a outro processo, a fim de garantir que o bem jurídico objeto do pedido de tutela pudesse ser preservado até o provimento final. No CPC de 1973, essa proteção era conferida pela *medida cautelar*, que tanto podia ser concedida em um processo autônomo quanto incidentalmente, dentro do próprio processo principal.

A *tutela antecipada*, por sua vez, foi idealizada para antecipar o próprio pedido deduzido no processo principal, sempre de forma incidental, pelo que se dizia que a sua natureza era satisfativa. Ela foi introduzida no CPC de 1973 pela Lei n. 8.952/94, que modificou a redação do art. 273. Posteriormente, a Lei n. 10.444/02 aperfeiçoou o instituto da tutela antecipada, estabelecendo, entre outras novidades, a fungibilidade entre a tutela antecipada e a cautelar, sempre que os respectivos pressupostos estivessem presentes.

Pelo CPC de 1973, o reclamante tinha a faculdade de pedir a antecipação dos efeitos dos pedidos, desde que demonstrasse o preenchimento dos requisitos do art. 273, quais sejam: a) reversibilidade da medida; b) prova inequívoca da verossimilhança das alegações (dos fatos); e c) alternativamente, c.1) receio de dano irreparável ou de difícil reparação; c.2) abuso de direito de defesa; ou c.3) manifesto propósito protelatório do réu.

Nos tribunais, o pedido de tutela antecipada devia ser dirigido ao relator, o qual submetia sua decisão ao colegiado respectivo, na sessão imediatamente subsequente.[1305]

Todo esse regramento era aplicável, subsidiariamente, ao Processo do Trabalho (art. 769 da CLT). Sem embargo, a CLT também tem previsão de duas medidas antecipatórias, quais sejam, a destinada a evitar a transferência abusiva do empregado (art. 659, IX) e a que objetiva reintegrar o dirigente sindical suspenso ou dispensado pelo empregador (art. 659, X, da CLT).

(1305) Orientação Jurisprudencial da SDI-II do TST n. 68. "Antecipação de tutela. Competência. Nos Tribunais, compete ao relator decidir sobre o pedido de antecipação de tutela, submetendo sua decisão ao Colegiado respectivo, independentemente de pauta, na sessão imediatamente subsequente".

O CPC de 2015 suprimiu o capítulo referente ao processo cautelar. Pela novel regra, tanto a medida cautelar quanto a tutela antecipada passaram a ser consideradas como espécies de *tutela provisória*, concedidas antes do provimento definitivo, seja para acautelar o direito ou para antecipar os efeitos da tutela definitiva.

19.2. TUTELA PROVISÓRIA

19.2.1. DISPOSIÇÕES GERAIS

Como foi dito, o CPC de 2015 divide as tutelas em *provisória* e *definitiva*. A provisória é concedida antes da definitiva, podendo ser revogada ou modificada a qualquer tempo, mas sua eficácia será conservada durante o período de suspensão do processo (art. 296 do CPC de 2015).

A tutela provisória, por sua vez, se divide em *tutela de urgência* e *tutela de evidência* (art. 294 do CPC de 2015).

A tutela de urgência pode ser ajuizada em processo autônomo, antes do ajuizamento do processo principal (*em caráter antecedente*), ou de forma *incidental* a este e sua finalidade pode ser cautelar ou de antecipação dos efeitos da tutela definitiva (art. 294, parágrafo único, do CPC de 2015).

A *competência* é funcional e será do juízo da causa (no Tribunal, o relator[1306]), quando incidental, ou do juízo competente para conhecer do processo principal (art. 299 do CPC de 2015).[1307]

O legislador optou por não especificar todas as tutelas provisórias. De modo diverso, cuidou de conferir ao Juiz um *poder geral*[1308] para determinar as medidas que considerar adequadas para a efetivação da tutela, mediante decisão fundamentada, de forma clara e precisa (arts. 297 e 298 do CPC de 2015).[1309] Por isso, no exame dos requisitos, o magistrado não pode se limitar dizer genericamente se os requisitos estão ou não presentes, mas deve demonstrar as circunstâncias de cada um deles, no caso concreto.

O C. TST declarou que as normas do CPC de 2015 (arts. 294 a 311), relativas à tutela provisória, são aplicáveis ao Processo do Trabalho (art. 3º, VI, da IN 39/16), assim como o I FNPT.[1310]

19.2.2. TUTELA DE URGÊNCIA

1. *Requisitos*. São requisitos da tutela de urgência, tanto para a cautelar quanto para a antecipada, o "*fumus boni jis*" e o "*periculum in mora*" (art. 300 do CPC de 2015). Esses são aferidos em sede *cognição sumária*, mediante a qual, no primeiro caso, o juízo verifica a plausibilidade das alegações, segundo as provas disponíveis, a fim de formar uma convicção provisória sobre a possibilidade da existência do direito pleiteado; no segundo, cabe ao juízo examinar a probabilidade de a espera pera decisão definitiva causar danos à parte.

Caso a oferta de alegações e provas pela parte interessada seja suficiente, o juízo poderá deferir a tutela *liminarmente*; não o sendo, pode o juízo determinar sua complementação, por exemplo, através de caução (art. 300, § 1º, do CPC de 2015) ou designação de audiência (art. 300, § 2º, do CPC de 2015).[1311]

(1306) Orientação Jurisprudencial da SDI-II n. 68. "Antecipação de tutela. Competência. Nos Tribunais, compete ao relator decidir sobre o pedido de antecipação de tutela, submetendo sua decisão ao Colegiado respectivo, independentemente de pauta, na sessão imediatamente subseqüente."

(1307) Enunciado n. 24 do I FNPT: "[...] Diante da lacuna normativa e por compatibilidade, é adequado aplicar ao Processo do Trabalho as regras do art. 299 do NCPC, que tratam da competência funcional para a apreciação dos requerimentos de tutela provisória. A tutela provisória deverá ser requerida ao juízo da causa e, quando antecedente, ao juízo competente para conhecer do pedido principal. (art. 769da CLT c/c art. 299 do NCPC)."

(1308) Enunciado n. 21 do I FNPT: "[...] Nas tutelas de urgência, autorizado pelo poder geral de cautela, o juiz poderá conceder tutela diversa da pleiteada para assegurar resultado prático à demanda, e, principalmente para asseguração de direitos e garantias fundamentais (art. 769daCLT c/c art. 297doNCPC)."

(1309) Enunciado n. 22 do I FNPT: "[...] É compatível com o Processo do Trabalho o art. 297 do NCPC (art. 769 daCLT c/c art. 297 do NCPC)."

(1310) Enunciado n. 20 do I FNPT: "[...] O art. 294, *caput* e parágrafo único, do NCPC, é aplicável ao Processo do Trabalho no que diz respeito à concessão de tutela provisória de urgência cautelar, seja de forma antecedente ou incidental, ou de tutela provisória de urgência antecipada em caráter incidental. Inteligência do art.769 da CLT e art. 294 do NCPC."

(1311) Enunciado n. 27 do I FNPT: "[...] aplicável ao Processo do Trabalho o § 2º do art. 300, segundo o qual as tutelas de urgência podem ser concedidas liminarmente ou após justificação prévia."

Como visto, o art. 300, § 1º, do CPC de 2015, autoriza o Juiz a exigir caução real ou fidejussória idônea como condição para a concessão da medida, mas a dispensa se a parte economicamente hipossuficiente não puder oferece-la, o que se aplica ao empregado, de forma presumida, e ao empregador, mediante prova.[1312]

Vale destacar que o CPC de 2015 não exige o requerimento da parte para a concessão das tutelas de urgência, razão pela qual tanto a medida cautelar quanto a tutela antecipada podem ser deferidas de ofício. Na vigência do CPC de 1973, isso já era permitido para as medidas cautelares, mas era vedado para a tutela antecipada.

Se a tutela provisória requerida for de natureza cautelar, o juízo negará o pleito que se mostrar *irreversível* (art. 300, § 3º, do CPC de 2015), mas isso não é absoluto, pois o Juiz deve sempre pesar dos interesses envolvidos e julgar com razoabilidade e proporcionalidade (art. 8º do CPC de 2015).[1313]

Não obstante, uma vez deferida a tutela, a parte beneficiária indenizará os prejuízos causados à parte contrária, com liquidação nos próprios autos, quando (art. 302 do CPC de 2015): a) a tutela definitiva lhe for desfavorável; b) não fornecer os meios necessários à citação do requerido, no prazo de 5 dias; c) ocorrer a cessação da eficácia da medida em qualquer hipótese legal; d) o Juiz pronunciar a prescrição ou a decadência.

Na vigência do CPC de 1973, a jurisprudência do C. TST se inclinava no sentido de que, presentes os requisitos da tutela antecipada, a parte tinha o direito subjetivo ao seu deferimento, contra o que seria cabível mandado de segurança. Essa tendência deve ser mantida em relação às tutelas provisórias.[1314]

2. *Medidas de natureza cautelar*. Em rol exemplificativo, o art. 301 do CPC de 2015 cita algumas medidas de natureza cautelar que podem ser determinadas pelo juízo, quais sejam, o arresto, o sequestro, o arrolamento de bens e o protesto contra alienação de bem.

No nosso sentir, teria andado melhor o legislador se mantivesse ao menos ligeiras linhas sobre cada instituto, a fim de que as hipóteses de cabimento e a diferença entre eles não ficassem somente a cargo da doutrina e da jurisprudência.

Não obstante, considerando a experiência jurídica decorrente do CPC de 1973, é possível dizer que o *arresto* é cabível para reunir e apreender todos os bens disponíveis e suficientes do devedor para saldar a dívida, ao passo que o *sequestro* recai sobre bens determinados, que são objeto do litígio. O *arrolamento*, por sua vez, consiste na enumeração e descrição de bens, para evitar o seu extravio ou dissipação, enquanto o *protesto* contra a alienação tem por fim promover a ressalva do direito da parte, a fim de conservar o seu direito de se opor à venda, prevenindo a responsabilidade do alienante.

3. *Tutela antecipada de caráter antecedente*. Como foi dito, sob a égide do CPC de 2015, a tutela antecipada, que visa obter seus efeitos de forma provisória, pode ser requerida incidentalmente a um processo em trâmite ou de forma antecedente a este. Neste caso, pode o autor ajuizar uma ação trabalhista exclusivamente com o pedido de tutela antecipada, bastando que indique qual seria o pedido da tutela definitiva e que demonstre o "*fumus boni juris*" e do "*periculum in mora*", além de atribuir valor à causa, que deve levar em conta o valor do pedido definitivo (art. 303, *caput* e §§ 4º e 5º, do CPC de 2015).

A partir daí o CPC de 2015 apresenta uma interessante novidade. A petição será apreciada pelo Juiz, que poderá deferir ou indeferir a tutela antecipada. Em qualquer caso, após a decisão interlocutória, *a parte deverá aditar a petição inicial*, a fim de acrescentar o pedido relativo à tutela definitiva, com a respectiva causa de pedir e documentos, sob pena de indeferimento da petição inicial e de extinção o processo sem julgamento de mérito. O aditamento deve ocorrer: a) no caso de indeferimento, no prazo de 5 dias (art. 303, § 6º, do CPC de 2015); b) na hipótese de deferimento, no prazo de 15 dias ou em prazo maior, que o Juiz fixar (art. 303, I, do CPC de 2015).

(1312) Enunciado n. 26 do I FNPT: "[...] Para os fins do § 1º do art. 300 do NCPC (exigência de caução), que é aplicável ao Processo do Trabalho, o trabalhador, em regra, é considerado economicamente hipossuficiente."

(1313) Enunciado n. 25 do I FNPT: "[...] A natureza e a relevância do direito em discussão na causa podem afastar o requisito da inexistência de perigo de irreversibilidade dos efeitos da decisão, quando da concessão de tutelas de urgência (art. 769daCLT c/c art. 300, § 3º do NCPC)."

(1314) "[...] Há direito líquido e certo tutelável pela via do mandado de segurança na hipótese em que, embora presentes os pressupostos do art. 273 do CPC de 1973, a antecipação de tutela não foi concedida pelo juízo de origem. [...]" (TST-RO-578-75.2015.5.05.0000, SBDI-II, rel. Min. Alberto Luiz Bresciani de Fontan Pereira, 2.8.2016).

Realizado o aditamento pela parte autora, o processo prosseguirá *nos mesmos autos*,[1315] com a notificação do réu para comparecer à audiência designada e, havendo a frustração da conciliação, apresentar defesa (art. 847 da CLT).

O art. 304 do CPC de 2015 dispõe que, se nenhuma das partes recorrer da decisão que deferir ou indeferir a tutela antecipada, *ela se tornará estável*, de maneira que o processo será extinto, mas a decisão poderá ser revista, reformada ou invalidada por decisão de mérito proferida em outra ação que trate da mesma demanda, a qual deverá ser ajuizada no prazo de até dois anos (art. 304, §§ 1º ao 6º, do CPC de 2015).

No nosso sentir, todavia, esse dispositivo não tem aplicação no Processo do Trabalho, tendo em vista que as decisões interlocutórias não são recorríveis de imediato (art. 893, § 1º, da CLT), pelo que a tutela provisória requerida de forma antecipada deverá necessariamente ser aditada, após sua apreciação, a fim de que tenha prosseguimento como ação trabalhista, sob pena de perder sua eficácia e não se estabilizar.[1316]

4. *Tutela cautelar de caráter antecedente*. Assim como acontece com a tutela antecipada, a tutela cautelar também poderá ser requerida antes do ajuizamento da ação principal, mediante petição inicial que demonstre o "*fumus boni juris*" e o "*periculum in mora*" (art. 305 do CPC de 2015). Convencendo-se o Juiz de que qualquer das medidas foi requerida em vez da outra, poderá receber cada qual como a medida correta, pelo princípio da fungibilidade (art. 305, parágrafo único, do CPC de 2015).

De conseguinte, o réu será citado para oferecer defesa no prazo de *cinco dias* e indicar as provas que pretende produzir, sob pena de revelia, a partir de quando o processo tramitará pelo rito comum (art. 306 e 307 do CPC de 2015).

A nosso ver, no Processo do Trabalho, o Juiz só deverá dispensar a audiência inicial ou una, a depender do rito, nos casos em que a matéria for estritamente de direito e não houver possibilidade de acordo, pela natureza das pretensões deduzidas. Caso contrário, a defesa deverá ser apresentada em audiência (art. 847 da CLT), por força do princípio da primazia da conciliação (art. 764 da CLT).

Proferida a decisão sobre a tutela cautelar, caberá ao autor formular o pedido principal no prazo de trinta dias, nos mesmos autos da tutela provisória (art. 308 do CPC de 2015), quando então nova audiência será designada, a fim de que o feito tenha prosseguimento mediante fase de conhecimento comum, com cognição exauriente.

Percebe-se, portanto, que a maior diferença entre o processo cautelar previsto no CPC de 1973 e a tutela cautelar de caráter antecedente, criada pelo CPC de 2015, é que, neste, o "processo principal" é desenvolvido nos mesmos autos do "processo cautelar". Quanto ao mais, o procedimento é muito parecido. Tanto é que, por exemplo, o art. 309, do CPC de 2015, repetindo o art. 808 do CPC de 1973, estabelece que a eficácia da tutela cautelar cessará, quando: a) o autor não deduzir o pedido principal no prazo legal; b) não for efetivada dentro de 30 (trinta) dias; c) o juiz julgar improcedente o pedido principal formulado pelo autor ou extinguir o processo sem resolução de mérito.

Por fim, o art. 310 do CPC de 2015 dispõe que o indeferimento da tutela cautelar não obsta o ajuizamento da ação principal, salvo se houver pronúncia de decadência ou prescrição, a exemplo do que já ocorria com o processo cautelar no CPC de 1973.

(1315) Enunciado n. 28 do I FNPT: "[...] A partir da vigência do NCPC, tanto o pedido de tutela cautelar, quer na modalidade antecedente ou na incidental, como o pedido principal, serão formulados nos mesmos autos (*caput* dos arts. 305 e 308), podendo ser concedida liminarmente ou após justificação prévia (art. 9º, parágrafo único, I, e art. 300, § 2º). A tutela cautelar, em suas modalidades, é compatível com o Processo do Trabalho e com as medidas liminares previstas art. 659, IX e X da CLT, devendo o autor indicar, na petição inicial, quando antecedente, "a lide e seu fundamento" e a "exposição sumária do direito que se objetiva assegurar e o perigo."

(1316) Súmula do STJ n. 482: A falta de ajuizamento da ação principal no prazo do art. 806 do CPC acarreta a perda da eficácia da liminar deferida e a extinção do processo cautelar.

19.2.3. *TUTELA DE EVIDÊNCIA*

A tutela de evidência já existia no CPC de 1973, nas hipóteses em que não se exigia o "*periculum in mora*" para o deferimento da tutela antecipada (art. 273). No CPC de 2015, no entanto, ela mereceu tratamento especial, inclusive com a denominação que já vinha sendo adotada pela doutrina e pela jurisprudência.

Dessa forma, os requisitos para a concessão da tutela de evidência são o "*fumus boni juris*" e a *evidência do direito*. Esta estará caracterizada quando (art. 311 do CPC de 2015):[(1317)]

a) ficar demonstrado o abuso do direito de defesa ou o manifesto propósito protelatório da parte;

b) as alegações de fato puderem ser comprovadas apenas documentalmente e houver tese firmada em julgamento de casos repetitivos ou em súmula vinculante;

c) se tratar de pedido reipersecutório fundado em prova documental adequada do contrato de depósito, caso em que será decretada a ordem de entrega do objeto custodiado, sob cominação de multa;

d) a petição inicial for instruída com prova documental suficiente dos fatos constitutivos do direito do autor, a que o réu não oponha prova capaz de gerar dúvida razoável.

Nos termos do art. 311, parágrafo único, do CPC, somente as situações descritas nas letras "b" e "c" podem ser objeto de deferimento liminar. Com exceção da hipótese descrita na letra "c", todas as demais são cabíveis na Justiça do Trabalho, pelo que, no Processo do Trabalho, o Juiz só poderá decidir liminarmente no caso da letra "b".

(1317) Enunciado n. 29 do I FNPT: "[...] A tutela de evidência é compatível com o Direito Processual do Trabalho e deve ser amplamente utilizada. Pode ser requerida na petição inicial junto com o pedido principal, bem como no curso do processo, mas sempre nos mesmos autos do pleito atinente à tutela de mérito (analogia do *caput* do art. 303, § 1º, II c/c *caput* dos arts. 305 e 308). A tutela da evidência, que não pressupõe demonstração de perigo de dano ou de risco ao resultado útil do processo, mas apenas de uma das situações legalmente elencadas (NCPC, art. 311, I a IV), pode ser concedida liminarmente nas hipóteses dos incisos II e III do art. 311 do NCPC (arts. 9º, parágrafo único, II, e 311, parágrafo único) e guarda compatibilidade com o Processo do Trabalho, notadamente por propiciar celeridade, razoável duração do processo."

20 Jurisdição Voluntária no Processo do Trabalho

20.1. TEORIA GERAL

1. *Conceito e natureza jurídica*. Na Jurisdição voluntária, o Poder Judiciário não exerce função típica, tendo em vista que entre as partes não há litígio, demanda e muito menos causa.[1318] Como já se disse, essa é uma constatação *imediata*, que não exclui uma outra *mediata*, segundo a qual o conflito de interesses, em verdade, também se faz presente, porém, de forma menos aparente, como explica Dinamarco:

> "[...] Na jurisdição voluntária é tênue o escopo jurídico de atuar a vontade do direito, incluído entre as características da jurisdição e do próprio sistema processual, mas isso não basta para desfigura-la porque o direito moderno dá primazia a outros escopos, notadamente o de solucionar conflitos para pacificar pessoas. A exclusividade do escopo jurídico da jurisdição, própria do período conceitual do direito processual civil mas repudiada na processualística moderna, seria no passado uma válida premissa para a negação do caráter jurisdicional à jurisdição voluntária mas hoje não tem mais essa força. Em todos os casos nos quais o juiz é chamado a exercer a jurisdição voluntária existe sempre alguma situação conflituosa e um estado de insatisfação que afligem pessoas e necessitam solução. Pode ser um conflito mais ou menos aparente ou intenso, mais explícito ou menos explícito na demanda apresentada ao juiz e que ele resolverá mais diretamente ou menos, — mas é sempre a realidade social de um conflito que leva o juiz a exercer a jurisdição voluntária, tanto quanto a contenciosa." (DINAMARCO, 340).

Nessa espécie de função jurisdicional, o Juiz atua como um gestor de interesses privados, que, por sua relevância, exigem a chancela do Estado.[1319] Para as demais situações, nas quais a relevância social é menor, as

(1318) Mas há *pretensão* em obter a chancela do Estado, por meio do exercício do direito ação. Por isso é que, ainda que de forma mediata, é possível falar em jurisdição. Dessa forma, com a máxima vênia, não nos parece adequado negar à jurisdição voluntária o uso do adjetivo "jurisdição", como faz Manoel Antônio Teixeira Filho, segundo o qual "a locução 'jurisdição voluntária', embora consagrada pela legislação, pela doutrina e pela jurisprudência, é equívoca, porquanto não há, aqui, jurisdição (mas administração pública de interesses privados), processo (mas mero procedimento), ou partes (mas simples interessados); nem há voluntariedade, pois o procedimento deve ser iniciado mediante provocação do interessado, do Ministério Público ou da Defensoria Pública (CPC, art. 720)." (TEIXEIRA FILHO, 2016, p. 109).

(1319) Como bem define Mauro Schiavi, "a atividade dos órgãos do Poder Judiciário, ao exercer a jurisdição voluntária, consiste em dar validade a negócio jurídico entre particulares que, pela importância e seriedade de que se reveste o ato, necessitam da chancela judicial." (SCHIAVI, 2016, p. 68).

partes podem fazer uso de outros instrumentos públicos (*v. g.*, os Cartórios de Registros Civis) ou privados, como o contrato, por exemplo.

2. *Características*. A Jurisdição voluntária tem pelo menos três características mais marcantes. A primeira delas é a *obrigatoriedade*, tendo em vista que as partes só podem conseguir concretizar o objetivo comum mediante a participação do Estado-Juiz. Caso contrário, não haverá interesse processual.

A segunda decorre do princípio do *inquisitivo temperado*. Ao contrário das ações em sede de jurisdição contenciosa, na voluntária o interesse das partes é comum, razão pela qual o Juiz não fica adstrito à provocação, podendo agir de ofício, com maior liberdade.

Finalmente, a terceira característica permite que o Juiz julgue por *equidade*, isto é, aplique a solução que lhe parecer mais justa para o caso concreto, independentemente do que dispuser a norma jurídica (art. 723, parágrafo único, do CPC de 2015).

Como é cediço, em regra, o Juiz não pode julgar de maneira contrária ao que impõe a lei (legalidade estrita), razão pela qual só poderá decidir por equidade nos casos em que a lei autorizar (art. 140, parágrafo único, do CPC de 2015). É justamente o caso dos procedimentos de jurisdição voluntária.

Não se trata, contudo, de julgar pura e simplesmente contrária ou independentemente do que diz a lei, mas sim de adaptar a lei aos anseios da justiça, no caso concreto, sem prescindir do dever de fundamentação, que é a fonte de legitimidade das decisões judiciais:

> "Enfim, não há de se vislumbrar nessa regra legal uma exceção ao dever de dar aplicação ao ordenamento jurídico, mas apenas a possibilidade de julgamento por equidade, sem olvidar os princípios jurídicos aplicáveis, o dever qualificado de fundamentar e as regras jurisprudenciais construídas, quando o julgador se deparar com questão ligada aos limites ou modo de ser do ato ou negócio jurídico *sub judice*, que não se encontre regulado em prévia disposição normativa. Ressalte-se: o julgador não se exime do dever de fundamentação (art. 93, IX, da CF/88 e art. 489, § 1º, do NCPC), impondo-se que exponha as razões que levaram ao sentido jurídico atribuído, tratando-as de forma objetivável, jurídica e socialmente consistente." (MACEDO, 2015, n/p).

No Processo do Trabalho, de forma peculiar, a jurisdição contenciosa também abriga o julgamento por equidade, no rito sumaríssimo, em sede do qual o Juiz pode dar especial atenção aos fins sociais (princípio da finalidade social) da lei e às exigências do bem comum, adotando, em cada caso, a decisão que reputar mais justa e equânime (art. 852-I, § 1º, da CLT).

3. *Procedimento geral*. O legislador optou por estabelecer um procedimento geral para a Jurisdição voluntária (art. 719 do CPC de 2015), ao invés de tratar separadamente sobre cada espécie procedimental, como fazia o CPC de 1973, muito embora tenha mantido algumas normas especiais, como as relativas às notificações e interpelações, por exemplo.

No nosso sentir, essas regras gerais têm aplicabilidade no Processo do Trabalho, por se tratarem de normas procedimentais especiais (art. 1º,[1320] da IN 27/05, do C. TST), sem prejuízo de passarem pelo filtro prévio da compatibilidade (art. 769 da CLT).

Nos termos do art. 725 do CPC de 2015, o procedimento geral é aplicável, por exemplo,[1321] aos pedidos de: a) emancipação; b) sub-rogação; c) alienação, arrendamento ou oneração de bens de crianças ou adolescentes, de

(1320) "Art. 1º As ações ajuizadas na Justiça do Trabalho tramitarão pelo rito ordinário ou sumaríssimo, conforme previsto na Consolidação das Leis do Trabalho, excepcionando-se, apenas, as que, por disciplina legal expressa, estejam sujeitas a rito especial, tais como o Mandado de Segurança, Habeas Corpus, Habeas Data, Ação Rescisória, Ação Cautelar e Ação de Consignação em Pagamento."

(1321) "[...] esse rol é apenas exemplificativo. O próprio diploma legal consagra como cautelar nominada o arrolamento (art. 659 a 677 do Novo CPC), de jurisdição voluntária, e a homologação do penhor legal (arts. 703 a 706 do Novo CPC), indevidamente colocado no rol dos procedimentos especiais de jurisdição contenciosa, quando, na verdade, é processo de jurisdição voluntária." (NEVES, 2016, p. 1138).

órfãos e de interditos; d) alienação, locação e administração da coisa comum; e) alienação de quinhão em coisa comum; f) extinção de usufruto, quando não decorrer da morte do usufrutuário, do termo da sua duração ou da consolidação, e de fideicomisso, quando decorrer de renúncia ou quando ocorrer antes do evento que caracterizar a condição resolutória; g) expedição de alvará judicial; h) homologação de autocomposição extrajudicial de qualquer natureza ou valor.

No Processo do Trabalho, considerando os limites da competência material da Justiça do Trabalho (art. 114 da CF), os casos mais comuns são os requerimentos das letras "g" e "h", sem empecilho a hipóteses específicas, como será examinado mais adiante.

Nos termos do art. 88 do CPC, as despesas serão adiantadas pela parte requerente e rateadas entre os interessados, posteriormente. Todavia, essa sistemática não se aplica ao Processo do Trabalho, por força do art. 789 da CLT, que constitui norma especial e determina o pagamento das despesas apenas ao final. (SILVA, 2016. p. 94).

Outra regra geral é a de que os procedimentos de jurisdição voluntária não são afetados pelas férias forenses, de maneira que sua marcha processual deve ter seguimento, nos termos do art. 215, I, do CPC de 2015.[1322]

3.1. *Legitimidade*. Podem propor o procedimento de jurisdição voluntária qualquer interessado, o Ministério Público ou a Defensoria Pública (art. 720 do CPC de 2015).

Em verdade, adverte Neves que "não é *qualquer* interessado que tem legitimidade para dar início a um processo de jurisdição voluntária," mas apenas àqueles que se afirmam como titulares na relação jurídica material. (NEVES, 2016, p. 1139).

Destarte, em regra, ainda que haja interesse público relevante, o procedimento não pode ser instaurado de ofício, pelo Juiz. As exceções ficam por conta situações expressamente previstas em lei, como é o caso da alienação judicial (art. 730 do CPC de 2015), da herança jacente (art. 738 do CPC de 2015), arrecadação de bens de ausentes (art. 744 do CPC de 2015) e de coisas vagas (art. 746 do CPC de 2015). (NEVES, 2016, p. 1139). Sem embargo, isso não torna o Juiz parte do processo, pois ele apenas instaura o processo e sua atuação se limita a isso, não lhe sendo admitido advogar por uma solução. (MACEDO, 2015, n/p).

3.2. *Fase postulatória.* O requerimento deve ser feito mediante *petição inicial*, a qual deverá indicar as providências exigidas e se fazer acompanhar dos documentos necessários.

Como não há lide, a fase postulatória não abriga a apresentação de defesa. Dessa forma, ao despachar a inicial, o Juiz deve mandar intimar os interessados (art. 721 do CPC de 2015), inclusive o Ministério Público e a Fazenda Pública, nos casos em que a lei determinar ou em que estiver presente o interesse público. O prazo para manifestação é de 15 dias. No caso do Ministério Público, porém, o prazo será em dobro (art. 180, § 2º, do CPC de 2015) e só terá início após a manifestação dos demais interessados. (NEVES, 2016, p. 1140).

3.3. *Fase instrutória.* Por força do princípio inquisitivo, o Juiz poderá determinar qualquer diligência necessária ao esclarecimento dos fatos ou ao aperfeiçoamento da tutela a ser deferida, como a expedição de ofícios e até mesmo a realização de audiência.

Em se tratando de interesses trabalhistas, é mesmo aconselhável a realização de audiência, não para conciliar, o que seria impróprio, mas sim para que o Juiz verifique pessoalmente as características e peculiaridades do pedido, visando dar efetividade tanto ao princípio da proteção ao trabalhador quanto o da prevalência do interesse público.

3.4. *Fase decisória.* Estando devidamente instruído o requerimento, o Juiz proferirá decisão no prazo de dez dias, podendo adotar a decisão que lhe parecer mais justa, com base na equidade, vale repetir (art. 723, parágrafo único, do CPC de 2015).

A primeira observação a ser feita é que, em razão da existência de norma específica, não se aplica, pois, o prazo de 30 dias para prolação da sentença, estabelecido no art. 226, III, do CPC de 2015. Para Neves, contudo,

(1322) Leciona Manuel Antônio Teixeira Filho que o dispositivo em comento, "substancialmente, repete-se a regra do § 1º do art. 174 do CPC revogado. Substituiu-se, apenas, a expressão 'atos de jurisdição voluntária', constante deste, por 'procedimentos de jurisdição voluntária.'" (TEIXEIRA FILHO, 2016, P. 247).

o prazo de 10 dias refere-se à hipótese em que o procedimento é decidido por decisão interlocutória de mérito, ao passo que, se o provimento judicial vier por sentença, o prazo será o de 30 dias (NEVES, 2016, p. 1141). No nosso sentir, porém, a lei não realizou essa distinção, de maneira que a natureza jurídica da decisão proferida nos procedimentos de jurisdição voluntária é de sentença, com prazo especial de 10 dias.

Outro importante comentário refere-se ao fato de que a sentença proferida em sede de procedimento de jurisdição voluntária não faz coisa julgada material, mas apenas formal. (TEIXEIRA FILHO, 2016, p. 834). Em vista disso, "as decisões proferidas em processos de jurisdição voluntária não podem ser objeto de ação rescisória." (SCHIAVI, 2016, p. 1408).

3.5. *Fase recursal.* A sentença proferida pelo Juiz desafia o recurso ordinário, que, no Processo do Trabalho, corresponde à apelação (art. 724 do CPC de 2015).

A nosso ver, a decisão proferida em sede de recurso ordinário em procedimento de jurisdição voluntária, em regra, não desafia recurso de revista, tendo em vista que, nos termos do art. 896 da CLT, o aludido recurso tem cabimento quando a decisão do Tribunal Regional, em sede de recurso ordinário, em dissídio individual, contiver vício de: a) *ilegalidade*, por violação literal de disposição de lei federal ou afronta direta e literal à Constituição; ou b) *divergência*, na interpretação de dispositivo de lei federal entre o acórdão recorrido e outro TRT (pela Turma ou pelo Pleno), o TST[1323] (pela SDI ou constante de Súmula e OJ[1324]) ou o STF (somente por súmula vinculante) e, na hipótese de possuir abrangência maior que a jurisdição do TRT de origem,[1325] lei estadual, acordo coletivo de trabalho, convenção coletiva de trabalho, sentença normativa e regulamento de empresa.[1326]

Assim, em se tratando de julgamento baseado *na equidade*, haverá manifesta incompatibilidade com a natureza *extraordinária*[1327] do recurso de revista, tendo em vista que o seu objeto é apenas o direito,[1328] não comportando o reexame de fatos e provas,[1329] bem assim de juízo de oportunidade e conveniência.

Não obstante, desde que a decisão do Regional tenha sido tomada com base na legalidade estrita, sem aplicação do juízo de equidade, não haverá empecilho ao cabimento do recurso de revista.

20.2. ESPÉCIES

20.2.1. HOMOLOGAÇÃO DE ACORDO EXTRAJUDICIAL

A lei não veda a celebração de acordo extrajudicial em matéria trabalhista. Pelo contrário, no dia a dia das relações de trabalho, o contrato fica sujeito a constantes ajustes,[1330] que podem ocorrer também quando de sua

(1323) Súmula do STF n. 401: Não se conhece do recurso de revista, nem dos embargos de divergência, do processo trabalhista, quando houver jurisprudência firme do Tribunal Superior do Trabalho no mesmo sentido da decisão impugnada, salvo se houver colisão com a jurisprudência do Supremo Tribunal Federal.

(1324) Orientação jurisprudencial da SDI-I do TST n. 219. "Recurso de revista ou de embargos fundamentado em orientação jurisprudencial do TST. É válida, para efeito de conhecimento do recurso de revista ou de embargos, a invocação de Orientação Jurisprudencial do Tribunal Superior do Trabalho, desde que, das razões recursais, conste o seu número ou conteúdo".

(1325) Orientação jurisprudencial da SDI-I do TST n. 147. "Lei estadual, norma coletiva ou norma regulamentar. Conhecimento indevido do recurso de revista por divergência jurisprudencial. I — É inadmissível o recurso de revista fundado tão-somente em divergência jurisprudencial, se a parte não comprovar que a lei estadual, a norma coletiva ou o regulamento da empresa extrapolam o âmbito do TRT prolator da decisão recorrida. II — É imprescindível a argüição de afronta ao art. 896 da CLT para o conhecimento de embargos interpostos em face de acórdão de Turma que conhece indevidamente de recurso de revista, por divergência jurisprudencial, quanto a tema regulado por lei estadual, norma coletiva ou norma regulamentar de âmbito restrito ao Regional prolator da decisão".

(1326) Súmula do TST n. 312. "Constitucionalidade. Alínea "b" do art. 896 da CLT — É constitucional a alínea "b" do art. 896 da CLT, com a redação dada pela Lei n. 7.701, de 21.12.1988".

(1327) O recurso de revista, inclusive, foi denominado de "recurso extraordinário" até 1949, quanto então essa nomenclatura passou a ser utilizada para designar o recurso que é dirigido ao STF.

(1328) Súmula do STF n. 457: O Tribunal Superior do Trabalho, conhecendo da revista, julgará a causa, aplicando o direito à espécie.

(1329) Súmula do TST n. 126. "Recurso. Cabimento. Incabível o recurso de revista ou de embargos (arts. 896 e 894, "b", da CLT) para reexame de fatos e provas".

(1330) Oferta-se o exemplo das horas extras suplementares, as quais, em regra e observados os limites legais, devem ser objeto de negociação individual entre empregado e empregador.

extinção, desde que não atentem contra as disposições da lei, como ocorre com o tempo e o modo de pagamento das verbas rescisórias (art. 477 da CLT).

Em vista disso, seria possível as partes celebrarem acordo extrajudicial e o levarem à homologação judicial, a fim de que tenha os efeitos da coisa julgada?

No nosso sentir, o princípio da primazia da conciliação (art. 764 da CLT) é uma porta aberta ao acordo, seja antes, durante ou depois do processo. Por isso, não há empecilho para que as partes levem o acordo à homologação, pelo Juiz, desde que comprovem a necessidade da tutela. Seria o caso, por exemplo, de um acordo sobre culpa recíproca ou rescisão indireta, em relação às quais a resolução contratual depende da chancela judicial. De outra face, ausente a obrigatoriedade da participação do Estado-Juiz, as partes careceriam de interesse.

O TST vem reconhecendo a validade dos acordos extrajudiciais, desde que homologados pelo juiz em audiência especialmente designada, condição esta que, a nosso ver, é essencial. Nesse caso, no entanto, como o procedimento é de jurisdição voluntária, o acordo não fará coisa julgada material.[1331]

Vale destacar que há pelo menos duas espécies de acordos extrajudiciais que possuem procedimento especial previsto em lei, os quais, por isso mesmo, não desafiam a homologação judicial, que são os acordos realizados na Comissão de Conciliação Prévia (art. 625-A e seguintes da CLT) e no Inquérito Civil Público (art. 8º, § 1º da Lei n. 7.347/85).

No que tange à *arbitragem*, no entanto, ela não tem sido admitida em dissídios individuais, por conta da indisponibilidade dos direitos trabalhistas.[1332] Esse princípio foi determinante para que o C. TST também considerasse inaplicável ao Processo do Trabalho as normas relativas à *mediação*, previstas no CPC de 2015 (art. 2º, IV, da IN 39/16).

Sobre o tema, a Lei n. 13.467/17 (reforma trabalhista) apresenta a novidade de que, para os empregados hipersuficientes, assim considerados os que perceberem remuneração superior a duas vezes o limite máximo estabelecido para os benefícios do Regime Geral de Previdência Social, será possível celebrar cláusula compromissória de arbitragem, desde que por iniciativa do empregado ou mediante sua concordância expressa (art. 507-A da CLT).

A Lei n. 13.467/17 (reforma trabalhista) também cria o processo de jurisdição voluntária para homologação de acordo extrajudicial, acrescentando à CLT os arts. 855-A, 855-B, 855-C, 855-D e 855-E. Esse procedimento tem a finalidade de suprimir a necessidade de homologação da rescisão dos empregados com mais de um ano de serviço, feita pelo sindicato, nos moldes do art. 477 da CLT. Em linhas gerais, o trâmite será o seguinte: a) havendo a dispensa, empregado e empregador poderão requerer, em petição conjunta, a homologação do respectivo Termo de Rescisão do Contrato de Trabalho — TRCT perante a Justiça do Trabalho, sendo facultada a representação por advogado, que pode ser individual, comum ou até mesmo o do sindicato da categoria do trabalhador; b) o juízo terá o prazo de 15 dias para analisar o acordo, podendo designar audiência, se entender necessário, e proferirá sentença; c) o ajuizamento da ação suspenderá o prazo prescricional relativo aos direitos constantes do TRCT, o qual voltará a fluir, pelo tempo que resta, a partir do dia útil seguinte ao trânsito em julgado que denegar a homologação do acordo; d) o procedimento não altera os prazos para quitação das parcelas constantes do TRCT, tampouco a respectiva multa pelo inadimplemento (art. 477, § 8º, da CLT).

(1331) "Recurso de Revista. Homologação de acordo extrajudicial- Justiça do Trabalho. Efeitos. Coisa Julgada. Os arts. 652 e 831, da CLT, referem-se às decisões proferidas em juízo, após a tentativa frustrada de conciliação e à hipótese específica em que a primeira instância possui competência para exercer a atividade jurisdicional. Logo, é inviável a subsunção do comando desses dispositivos à hipótese dos autos, em que se analisam os efeitos de acordo celebrado e homologado em jurisdição voluntária. Ademais, não se há falar em atribuição de efeitos da coisa julgada a matéria relativa à homologação de acordo em jurisdição voluntária, eis que a *res iudicata* só se opera em processo contencioso. Precedentes. Prejudicada a análise dos demais temas veiculados no recurso de revista. Recurso de revista conhecido e provido." (TST. RR — 1058-30.2010.5.18.0012. Relator: Ministro Aloysio Corrêa da Veiga. 6ª Turma. DEJT: 27.04.2012).

(1332) "[...] O instituto da arbitragem não se aplica como forma de solução de conflitos individuais trabalhistas, seja sob a ótica do art. 114, §§ 1º e 2º, da CF, seja à luz do art. 1º da Lei n. 9.307/1996, pois a intermediação da câmara de arbitragem (pessoa jurídica de direito privado) não é compatível com o modelo de intervencionismo estatal norteador das relações de emprego no Brasil. Quando se trata de Direito Individual do Trabalho, o princípio tuitivo do emprego inviabiliza qualquer tentativa de se promover a arbitragem, alcançando, inclusive, o período pós-contratual, ou seja, a homologação da rescisão, a percepção das verbas daí decorrentes e até mesmo eventual celebração de acordo. [...] (TST-E-ED-RR-25900-67.2008.5.03.0075, SBDI-I, rel. Min. João Oreste Dalazen, 16.4.2015)

20.2.2. *ALVARÁ PARA LEVANTAMENTO DE FGTS E PIS*

Comumente, ocorre de o empregador encerrar suas atividades sem entregar as guias necessárias ao levantamento do FGTS ou recebimento do PIS pelo empregado. Outras vezes, o empregado falece e seus dependentes passam a ter o direito ao saque do Fundo de Garantia ou ao pagamento do PIS, mas não dispõem da documentação necessária para tanto.

Em casos assim, é possível que a parte interessada requeira ao Juiz, em sede de jurisdição voluntária, a expedição de alvará judicial para levantamento do FGTS e do PIS, o que se dará independentemente de inventário ou arrolamento (art. 20, IV, da Lei n. 8.036/90 c/c art. 1º da Lei n. 6.858/80).

20.2.3. *NOTIFICAÇÃO, INTERPELAÇÃO E PROTESTO*

O CPC de 2015 estabeleceu procedimento específico para os requerimentos de *notificação* e de *interpelação judicial* (arts. 726 a 729 do CPC de 2015).

A *notificação* destina-se a levar a manifestação formal da vontade do interessado à parte contrária na relação jurídica (art. 726 do CPC de 2015). A *interpelação*, por seu turno, tem por fim provocar a parte contrária para que faça ou deixe de fazer o que o requerente entenda ser de seu direito (art. 727 do CPC de 2015).

No Processo do Trabalho a notificação poderia ser usada, por exemplo, pelo empregado, para dar ciência ao empregador de que não concorda com uma alteração promovida no contrato de trabalho, como a que lhe retira um benefício ou altera o local da prestação de serviços. Interpelação, por sua vez, poderia ser usada por uma empregada gestante, provocando o empregador para que altere sua função provisoriamente, a fim de resguardar a sua saúde.[(1333)]

Há duas diferenças entre esses procedimentos e o procedimento geral: a) o requerido será previamente ouvido antes do deferimento da notificação, sempre que houver necessidade de averbação em registro público ou suspeita de que o requerente pretende alcançar fim ilícito (art. 728); b) deferida e realizada a notificação ou interpelação, os autos são entregues ao requerente (art. 729 do CPC de 2015).

Além das citadas figuras jurídicas, o art. 726, § 2º, do CPC de 2015, rege a figura do *protesto*, que tem por fim manifestar a vontade de ressalvar ou conservar direitos e segue o mesmo procedimento previsto para a notificação e a interpelação. No Processo do Trabalho, o protesto é um instituto frequentemente usado para obter a interrupção da prescrição.[(1334)]

20.2.4. *AUTORIZAÇÃO PARA TRABALHO INFANTIL ARTÍSTICO E DESPORTIVO.*

Trabalho infantil é o realizado por pessoal menor de 16 anos, o qual é, em regra, proibido (art. 7º, XXXIII, da CF). Uma exceção muito conhecida é a do menor aprendiz, assim admitido a partir dos 14 anos de idade (art. 428 da CLT).

Outra exceção é o trabalho artístico e desportivo, o qual não tem limitação de idade, pois a arte é uma forma de expressão, vinculada ao direito fundamental da liberdade de pensamento (art. 5º, IV, da Constituição). Entretanto, o trabalho infantil artístico e desportivo depende de disciplina (por portaria) ou autorização (por alvará) do Juízo da Infância e da Adolescência, nos termos do art. 149, II, "a" e "b" do Estatuto da Criança e do Adolescente — ECA), que deverá fazer constar expressos os limites do trabalho, como duração, jornada, remuneração, etc.

No nosso sentir, com o advento da EC 45/04, a competência material para disciplina e autorização do trabalho infantil artístico e desportivo passou a ser da Justiça do Trabalho. Nesse sentido é a Recomendação Conjunta n.

(1333) Via de regra, o empregador não necessita desses meios, porque o poder empregatício lhe dá a prerrogativa tanto de manifestar sua vontade quanto de provocar o empregado para fazer ou deixar de fazer alguma coisa, sob pena de sanções disciplinares.

(1334) Orientação Jurisprudencial da SDI-I do TST n. 392. "Prescrição. Interrupção. Ajuizamento de protesto judicial. Marco inicial. (republicada em razão de erro material). O protesto judicial é medida aplicável no Processo do Trabalho, por força do art. 769 da CLT e do art. 15 do CPC de 2015. O ajuizamento da ação, por si só, interrompe o prazo prescricional, em razão da inaplicabilidade do § 2º do art. 240 do CPC de 2015 (§ 2º do art. 219 do CPC de 1973), incompatível com o disposto no art. 841 da CLT."

01/2014, da Corregedoria Geral da Justiça do Tribunal de Justiça do Estado de São Paulo, da Corregedoria Regional do TRT da 2ª Região, da Corregedoria Regional do TRT da 15ª Região, do MPT da 2ª Região, do MPT da 15ª Região e do MP do Estado de São Paulo.[1335] Todavia, o Ministro Marco Aurélio, do STF, concedeu, em 14.08.2015, medida liminar para suspender a eficácia da expressão "inclusive artístico", constante do citado ato conjunto.[1336] (SILVA, José 2016 b, P. 136).

20.2.5. PEDIDO DE HOMOLOGAÇÃO DE DISPENSA DE EMPREGADOS ESTÁVEIS

Nos termos do art. 500, da CLT, com a redação que lhe foi dada pela Lei n. 5.584/70, "O pedido de demissão do empregado estável só será válido quando feito com a assistência do respectivo Sindicato e, se não o houver, perante autoridade local competente do Ministério do Trabalho e Previdência Social ou da Justiça do Trabalho."

É que o pedido de demissão equivale à renúncia à estabilidade, pelo que o legislador andou em exigir forma específica para a sua validade, a fim de proteger o empregado das possíveis condutas de assédio contra seu direito.

Dessa forma, caso o empregado detentor da estabilidade tenha interesse em renunciar à estabilidade, poderá fazê-lo perante as citadas autoridades administrativas ou a Justiça do Trabalho, em sede de procedimento de jurisdição voluntária.

Em verdade, o citado dispositivo nasceu para proteger o empregado com estabilidade decenal, isto é, aquela que era adquirida pelo empregado após 10 anos de serviços prestados à mesma empresa (art. 492 da CLT), a qual foi substituída pelo regime do Fundo de Garantia por Tempo de Serviço.

Com base nesse dado histórico, há quem entenda que o procedimento do art. 500 da CLT só é exigível para os empregados que ainda gozam da citada estabilidade decenal. Todavia, é crescente a corrente que, assim como nós, estende a referida medida protetiva às demais espécies de garantia provisória de emprego, quais sejam: a) a do dirigente sindical (CLT 543, § 3º, da CLT); b) a do acidentado[1337] (art. 118 da Lei 8.213/92); c) a da gestante[1338] (art. 10, II, "b", do ADCT, da CF); d) a do membro eleito da CIPA[1339] (art. 165, da CLT, e art. 10, II, "a", do ADCT, da CF).

(1335) "[...] resolvem recomendar aos Juízes de Direito da Infância e da Juventude, aos Juízes do Trabalho da Segunda e da Décima Quinta Região e aos Membros do Ministério Público Estadual e do Ministério Público do Trabalho da Segunda e da Décima Quinta Região, que tomem como diretriz, para efeito de competência: I — as causas que tenham como fulcro os direitos fundamentais da criança e do adolescente e sua proteção integral, nos termos da Lei 8.069, de 13 de julho de 1990, inserem-se no âmbito da competência dos Juízes de Direito da Infância e da Juventude; II — As causas que tenham como fulcro a autorização para trabalho de crianças e adolescentes, inclusive artístico e desportivo, e outras questões conexas derivadas dessas relações de trabalho, debatidas em ações individuais e coletivas, inserem-se no âmbito da competência dos Juízes do Trabalho, nos termos do art. 114, incisos I e IX, da Constituição da República."

(1336) "Convencido da urgência da apreciação do tema, defiro a liminar pleiteada tal como o fiz no dispositivo do voto proferido: Diante do exposto, admito a ação direta de inconstitucionalidade e voto no sentido de implementar a medida acauteladora, para suspender, até o exame definitivo deste processo, a eficácia da expressão "inclusive artístico", constante do inciso II da Recomendação Conjunta n. 1/14 e do art. 1º, inciso II, da Recomendação Conjunta n. 1/14, bem como para afastar a atribuição, definida no Ato GP n. 19/2013 e no Provimento GP/CR n. 07/2014, quanto à apreciação de pedidos de alvará visando a participação de crianças e adolescentes em representações artísticas e a criação do Juizado Especial na Justiça do Trabalho, ficando suspensos, por consequência, esses últimos preceitos. Alfim, neste primeiro exame, assento ser da Justiça Comum a competência para analisar tais pedidos. Publiquem." (STF. ADI 5326).

(1337) "[...] O pedido de demissão de empregado detentor de estabilidade provisória implica renúncia ao seu direito constitucional de garantia e manutenção provisória do emprego, não podendo ser acolhido a menos que seja realizado com a indispensável assistência sindical ou de outra autoridade competente no acerto rescisório (aplicação analógica do art. 500 da CLT)." (TRT da 3.ª Região; Processo: 0000253-54.2015.5.03.0098 RO; Data de Publicação: 06.06.2016; Órgão Julgador: Quarta Turma; Relator: Maria Lucia Cardoso Magalhaes; Revisor: Convocada Martha Halfeld F. de Mendonca Schmidt)

(1338) "[...] É incontroverso nos autos que a reclamante encontrava-se em estado gestacional e que não houve assistência sindical no ato da homologação da rescisão do contrato de trabalho, portanto, o pedido de demissão é nulo, nos termos do art. 500 da CLT: "O pedido de demissão do empregado estável só será válido quando feito com a assistência do respectivo Sindicato e, se não o houver, perante autoridade local competente do Ministério do Trabalho e Previdência Social ou da Justiça do Trabalho [...]". (TST. RR — 2158-52.2013.5.15.0059, Relator Ministro: Márcio Eurico Vitral Amaro, Data de Julgamento: 25.05.2016, 8ª Turma, Data de Publicação: DEJT 30.05.2016)

(1339) "[...] Segundo o disposto no parágrafo 1º do art. 477 da CLT, o pedido de demissão ou o recibo de quitação de rescisão do contrato de trabalho firmado por empregado que, além de ser detentor de garantia de emprego prevista no art. 10, II, 'a' do ADCT, possui mais de um ano de serviço, só será válido se feito com assistência do respectivo Sindicato ou perante autoridade do Ministério do Trabalho. Não cumprida a formalidade presume-se seja a dispensa imotivada." (TRT da 3ª Região; PJe: 0010483-28.2014.5.03.0087 RO; Disponibilização: 03.02.2016; Órgão Julgador: Nona Turma; Relator: Joao Bosco Pinto Lara)

ANEXO I — TABELA DE PRECEDENTES VINCULANTES EM MATÉRIA TRABALHISTA

Tribunal	Precedente	Fundamento	Órgãos vinculados	Comentários	Controle extra recursal			
					Improcedência liminar	**Súmula impeditiva (agora só de RR)**	**Julgamento monocrático (nega/dá provimento)**	**Reclamação**
STF	Controle concentrado de constitucionalidade (ADI, ADO, ADC e ADPF)	Art. 102, § 2º, da CF; art. 927, I, do CPC; Leis 9.868/99 e 9.882/99; art. 15, I, "c" da IN 39/16, do TST.	Todos os órgãos do Judiciário e da Administração Pública	As decisões proferidas em controle concentrado de constitucionalidade já possuíam força de precedente vinculante desde a CF 88.	NÃO	NÃO	NÃO	SIM (art. 988, III, do CPC, c/c art. 3º, XXVII, da IN n. 39/TST)
STF	Súmulas vinculantes	Art. 103-A, da CF; art. 927, II, do CPC; Lei 11.417/06.	Todos os órgãos do Judiciário e da Administração Pública	As súmulas vinculantes já possuíam força de precedente vinculante desde a EC 45/04.	SIM (art. 332, I, do CPC)	SIM (art. 896, § 7º, da CLT)	SIM (art. 932, IV, "a", e V, "a", do CPC, c/c art. 10 da IN 39/TST)	SIM (art. 988, III, do CPC, c/c art. 3º, XXVII, da IN n. 39/TST)
STF	Súmulas	Art. 927, IV, do CPC.	Todos os órgãos do Judiciário	Prevalece na doutrina o entendimento de que apenas as súmulas aprovadas após a vigência do CPC (18/03/2016) possuem força vinculante.	SIM (art. 332, I, do CPC)	SIM (art. 896, § 7º, da CLT)	SIM (art. 932, IV, "a", e V, "a", do CPC, c/c art. 10 da IN 39/TST)	SIM (art. 988, IV e § 4º, do CPC, c/c art. 3º, XXVII, da IN n. 39/TST)
STF	Conflito de Competência	Art. 102, I, "o", da CF	Órgãos do conflito	Cabe ao STF decidir o conflito de competência que envolve o TST.	NÃO	NÃO	NÃO	SIM (art. 988, II, do CPC, c/c art. 3º, XXVII, da IN n. 39/TST)
STF	RE repetitivo	Arts. 927, III, e 1.040 do CPC; art. 15, "a", da IN 39/16, do TST.	Todos os órgãos do Judiciário	Por falta de dispositivo expresso de lei, os incidentes de demanda repetitiva e de assunção de competência não se aplicam aos processos que tramitam no STF. Portanto, o RER é a única espécie recursal que vincula o Juízo trabalhista. Todavia, o RE com repercussão geral, embora não esteja no rol do art. 927, do CPC, desafia Reclamação, pelo que a doutrina e a jurisprudência tendem a lhe atribuir efeito vinculante.	SIM (art. 332, II, do CPC)	NÃO	SIM (art. 932, IV, "b", e V, "b", do CPC, c/c art. 10 da IN 39/TST)	SIM, quando esgotadas as instâncias ordinárias (art. 988, II, § 5º, do CPC, c/c art. 3º, XXVII, da IN n. 39/TST)

Tribunal	Precedente	Fundamento	Órgãos vinculados	Comentários	Controle extra recursal			
					Improcedência liminar	Súmula impeditiva (agora só de RR)	Julgamento monocrático (nega/dá provimento)	Reclamação
STJ	Conflito de Competência	Art. 105, I, "f", da CF; arts. 988 e 992 do CPC. Art. 927, III e IV, do CPC.	Órgãos do conflito (salvo o TST)	Cabe ao STJ decidir conflitos de competência entre a Justiça comum e a Justiça do Trabalho, salvo se o conflito tiver como objeto a competência do TST, situação que configurará a competência do STF para julgar o conflito.	NÃO	NÃO	NÃO	SIM (art. 988, II, do CPC, c/c art. 3º, XXVII, da IN 39/ TST)
	Súmula sobre competência	Art. 927, IV, do CPC.	Órgãos do conflito (salvo o TST)	Se a decisão proferida no Conflito de Competência for convertida em Súmula, esta também será vinculante.	SIM (art. 332, I, do CPC)	NÃO	SIM (art. 932, IV, "a", e V, "a", do CPC, c/c art. 10 da IN 39/TST)	SIM (art. 988, IV e § 4º, do CPC, c/c art. 3º, XXVII, da IN 39/TST)
TST	Súmulas	Art. 927, IV, do CPC c/c art. 15, I, "b" da IN 39/16.	Todos os órgão da Justiça do Trabalho	Prevalece na doutrina o entendimento de que apenas as súmulas aprovadas após a vigência do CPC (18/03/2016) possuem força vinculante.	SIM (art. 332, I, do CPC, c/c art. 15, I, da IN 39/ TST)	SIM (art. 896, § 7º, da CLT)	SIM (art. 932, IV, "a", e V, "a", do CPC, c/c art. 10 da IN 39/TST)	SIM (art. 988, IV e § 4º, do CPC, c/c art. 3º, XXVII, da IN 39/TST)
	Orientações Jurisprudenciais	Art. 927, IV, do CPC c/c art. 15, I, "d", da IN 39/16, do TST.	Todos os órgão da Justiça do Trabalho	Prevalece na doutrina o entendimento de que apenas as OJ's aprovadas após a vigência do CPC (18/03/2016) possuem força vinculante.	SIM (art. 332, I, do CPC, c/c art. 15, I, da IN 39/ TST)	SIM (art. 896, § § 1º e 7º, da CLT)	SIM (art. 932, IV, "a", e V, "a", do CPC, c/c art. 10 da IN 39/TST)	SIM (art. 988, IV e § 4º, do CPC, c/c art. 3º, XXVII, da IN 39/TST)
	Recurso de Revista Repetitivo	Art. 896-B, da CLT, c/c art. 927, III, do CPC, e art. 15º, I, "a", da IN 39/16, do TST.	Todos os órgão da Justiça do Trabalho	Novidade introduzida pela Lei nº 13.015/14, que remete à aplicação do CPC, no que tange à regulamentação do recurso extraordinário repetitivo e do recurso especial repetitivo.	SIM (art. 332, II, do CPC, c/c art. 15, I, da IN 39/TST)	SIM (art. 896, § 7º, da CLT)	SIM (art. 932, IV, "b", e V, "b", do CPC, c/c art. 10 da IN 39/TST)	SIM, quando esgotadas as instâncias ordinárias (art. 988, II,§ 5º, do CPC, c/c art. 3º, XXVII, da IN 39/ TST)
	Incidente de Assunção de Competência	Art. 896-C, da CLT c/c Art. 927, III, do CPC c/c art. 15, I, "b" da IN 39/16.	Todos os órgão da Justiça do Trabalho	Novidade introduzida pela Lei nº 13.015/14. O CPC também prevê o IAC.	SIM (art. 332, III, do CPC)	SIM (art. 896, § 7º, da CLT)	SIM (art. 932, IV, "c", e V, "c", do CPC, c/c art. 10 da IN 39/TST)	SIM (art. 988, IV, do CPC, c/c art. 3º, XXVII, da IN 39/ TST)
	Acórdão do Tribunal Pleno, do Órgão Especial e da SBDI-I	Art. 927, V, do CPC c/c art. 15º, I, "e", da IN 39/16, do TST.	Todos os órgão da Justiça do Trabalho	Prevalece na doutrina o entendimento de que apenas as decisões aprovadas após a vigência do CPC (18/03/2016) possuem força vinculante. A SBDI-I do TST tem a função de uniformizar a jurisprudência das Turmas, o que ocorre por meio do recurso de Embargos. Todavia, a CLT não determina que as decisões da SBDI-I sejam convertidas em súmulas ou orientações	SIM (art. 332, IV, do CPC, c/c art. 15, I, da IN 39/TST)	SIM (art. 896, § 7º, da CLT)	NÃO	SIM (art. 988, IV, do CPC, c/c art. 3º, XXVII, da IN 39/ TST)

Tribunal	Precedente	Fundamento	Órgãos vinculados	Comentários	Controle extra recursal			
					Improcedência liminar	Súmula impeditiva (agora só de RR)	Julgamento monocrático (nega/dá provimento)	Reclamação
TST (cont.)				jurisprudenciais. Por isso, um acordão de julgamento de Embargos, pela SBDI-I, por si só, já constitui um precedente vinculante e desafia Reclamação. Vale dizer que a SBDI-II, a SDC e o Órgão Especial do TST não possuem competência uniformizadora, pelo que suas decisões não são diretamente vinculantes, salvo se derem origem a Súmula ou OJ.				
	Incidente de Arguição de Inconstitucionalidade	Art. 948 e ss do CPC.	Todos os órgão da Justiça do Trabalho	Trata-se de controle difuso de constitucionalidade, com observância da reserva de Plenário. O CPC não determina que as decisões em IAI sejam convertidas em súmulas ou orientações jurisprudenciais. Por isso, um acordão de IAI, por si só, já constitui um precedente vinculante.	NÃO	SIM (art. 896, § 7º, da CLT)	NÃO	SIM (art. 988, IV e § 4º, do CPC, c/c art. 3º, XXVII, da IN 39/TST)
TRT	Súmula	Art. 896, § 6º, da CLT c/c art. 15º, I, "d", da IN 39/16, do TST.	Todos os órgãos do TRT, incluindo Juízes do Trabalho	Prevalece na doutrina o entendimento de que apenas as súmulas aprovadas após a vigência do CPC (18/03/2016) possuem força vinculante.	SIM (art. 332, I, do CPC, c/c art. 15, I, da IN 39/TST)	NÃO	SIM (art. 932, IV, "a", e V, "a", do CPC, c/c art. 10 da IN 39/TST)	SIM (art. 988, IV e § 4º, do CPC, c/c art. 3º, XXVII, da IN 39/TST)
	Tese jurídica prevalecente	Art. 896, § 6º, da CLT c/c art. 15º, I, "d", da IN 39/16, do TST.	Todos os órgãos do TRT, incluindo Juízes do Trabalho	Prevalece na doutrina o entendimento de que apenas as teses aprovadas após a vigência do CPC (18/03/2016) possuem força vinculante.	SIM (art. 332, I, do CPC, c/c art. 15, I, da IN 39/TST)	NÃO	SIM (art. 932, IV, "a", e V, "a", do CPC, c/c art. 10 da IN 39/TST)	SIM (art. 988, IV e § 4º, do CPC, c/c art. 3º, XXVII, da IN 39/TST)
	Incidente de Resolução de Demandas Repetitivas	Art. 927, III, do CPC c/c art. 15, I, "b" da IN 39/16.	Todos os órgãos do TRT, incluindo Juízes do Trabalho	As decisões proferidas nesse incidente podem se tornar súmula ou tese prevalecente (art. 926, § 1º, do CPC). Prevalece o entendimento de que o IRDR (CPC) é compatível com o IUJ (CLT).	SIM (art. 332, III, do CPC)	NÃO	SIM (art. 932, IV, "c", e V, "c", do CPC, c/c art. 10 da IN 39/TST)	SIM (art. 988, IV, do CPC, c/c art. 3º, XXVII, da IN 39/TST)
	Incidente de Assunção de Competência	Art. 927, III, do CPC c/c art. 15, I, "b" da IN 39/16.	Todos os órgãos do TRT, incluindo Juízes do Trabalho	Novidade introduzida pela Lei nº 13.015/14, que rege o instituto no TST. O CPC também prevê o IAC, o que permite a sua aplicação aos TRTs.	SIM (art. 332, III, do CPC)	SIM (art. 896, § 7º, da CLT)	SIM (art. 932, IV, "c", e V, "c", do CPC, c/c art. 10 da IN 39/TST)	SIM (art. 988, IV, do CPC, c/c art. 3º, XXVII, da IN 39/TST)
	Incidente de Uniformização de Jurisprudência	Art. 896, §§ 3º ao 6º, da CLT.	Todos os órgãos do TRT, incluindo Juízes do Trabalho	Prevalece o entendimento de que o IUJ (CLT) é compatível com o IRDR (CPC). A nosso ver só se aplica aos TRT's (art. 896, § 3º, da CLT). As decisões proferidas nesse incidente podem se tornar súmula ou tese prevalecente (art. 926, § 1º, do CPC). A CLT remete à aplicação do CPC de 1973. Há duas correntes: a) agora o	SIM (art. 332, IV, do CPC, c/c art. 15, I, da IN 39/TST)	NÃO	NÃO	SIM (art. 988, IV, do CPC, c/c art. 3º, XXVII, da IN 39/TST)

Tribunal	Precedente	Fundamento	Órgãos vinculados	Comentários	Controle extra recursal			
					Improcedência liminar	Súmula impeditiva (agora só de RR)	Julgamento monocrático (nega/dá provimento)	Reclamação
TRT (cont.)				IUJ é regido pelo regimento interno do Tribunal; b) as regras do CPC de 1973 continuam vigentes por força da referência expressa feita pela CLT				
	Decisão do Tribunal Pleno, do Órgão Especial e da SDI ou equivalente (competente para uniformização da jurisprudência no âmbito do Tribunal, se houver)	Art. 927, V, do CPC c/c art. 15º, I, "e", da IN 39/16, do TST.	Todos os órgãos do TRT, incluindo Juízes do Trabalho	Os TRTs podem, a exemplo do TST, criar seções ou órgãos especializados com função de uniformizar a jurisprudência das Turmas. Todavia, a CLT e o CPC não determinam que essas decisões sejam convertidas em súmulas ou orientações jurisprudenciais. Por isso, um acordão proferido por esses órgãos, por si só, já constitui um precedente vinculante. Prevalece na doutrina o entendimento de que apenas as decisões aprovadas após a vigência do CPC (18/03/2016) possuem força vinculante.	SIM (art. 332, IV, do CPC, c/c art. 15, I, da IN 39/TST)	NÃO	NÃO	SIM (art. 988, IV, do CPC, c/c art. 3º, XXVII, da IN 39/TST)
	Incidente de Arguição de Inconstitucionalidade	Art. 948 e ss do CPC.	Todos os órgãos do TRT, incluindo Juízes do Trabalho	Trata-se de controle difuso de constitucionalidade, com observância da reserva de Plenário. O CPC não determina que as decisões em IAI sejam convertidas em súmulas ou orientações jurisprudenciais. Por isso, um acordão de IAI, por si só, já constitui um precedente vinculante.	NÃO	NÃO	NÃO	SIM (art. 988, IV e § 4º, do CPC, c/c art. 3º, XXVII, da IN 39/TST)

Para facilitar o acesso do leitor às informações relativas às modificações no processo do trabalho que ocorrerão por força da Lei n. 13.467/17, apresentamos a seguir os temas de forma capitulada. De se ressaltar que foram relacionadas apenas as modificações no processo do trabalho, as quais entrarão em vigor no dia 11/11/2017 e serão aplicadas aos processos em curso de forma imediata. A análise das alterações foi realizada ao longo do livro.

Justiça gratuita

Para fazer jus ao benefício, o interessado deverá comprovar a insuficiência de recursos para o pagamento das custas, salvo se perceber salário igual ou inferior a 40% do limite máximo dos benefícios do Regime Geral de Previdência Social, situação em que haverá presunção de insuficiência financeira e o benefício poderá ser concedido de ofício (art. 790, §§ 3º e 4º, da CLT)

Ficarão isentos do depósito recursal os beneficiários da justiça gratuita, as entidades filantrópicas e as empresas em recuperação judicial (art. 899, § 10, da CLT).

A justiça gratuita não mais isentará seu beneficiário do pagamento de honorários periciais, quando ele for sucumbente no objeto da perícia (art. 790-B da CLT).

O beneficiário da justiça gratuita também não ficará isento do pagamento de honorários advocatícios sucumbenciais. Nos termos do art. 791-A, acrescentado à CLT pela Lei n. 13.467/17, quando o vencido for beneficiário da justiça gratuita, o valor dos honorários deverá ser compensado da quantia que tiver sido obtida na demanda ou em qualquer outro processo, e, se não tiver obtido nenhum valor, o crédito ficará sob condição suspensiva de exigibilidade e somente poderá ser executado se, nos próximos dois anos, o credor demonstrar que o beneficiário deixou a situação de insuficiência financeira, extinguindo-se o crédito caso o credor não se desincumba desse ônus.

O arquivamento da ação, por ausência do reclamante à audiência, dará ensejo à condenação do reclamante ao pagamento de custas, ainda quando for beneficiário da justiça gratuita, ressalvada a hipótese de comprovação de que sua ausência decorreu de algum motivo legalmente justificável, o que deverá ser feito no prazo de quinze dias (art. 844, § 2º, da CLT). Além disso, o pagamento das citadas custas será condição para a propositura de nova demanda (art. 844, § 3º, da CLT).

Jurisprudência

A Lei n. 13.467/17 acrescenta a alínea *"f"* ao art. 702 da CLT, para regulamentar a edições de súmulas pelo TST. Consta da aludida lei que a criação ou alteração de súmulas deverá ser aprovada por voto de pelo menos 2/3 dos Ministros. Todavia, a matéria debatida deverá ter sido objeto de apreciação e decisão idêntica por ao menos 2/3 das Turmas do TST, por unanimidade dos membros, em pelo menos dez sessões diferentes em cada uma das Turmas. Além disso, os efeitos da súmula aprovada poderão ser modulados, pelo voto da maioria de 2/3.

Ainda em relação ao procedimento de edição de súmulas, a lei estabelece que as sessões de julgamento sobre criação ou alteração de súmulas deverão ser públicas, com divulgação prévia de, no mínimo, 30 dias, com possibilidade de sustentação oral pelo Procurador-Geral do Trabalho, pelo Conselho Federal da OAB, pelo Advogado-Geral da União e por confederações sindicais e entidades de classe de âmbito nacional (art. 702, § 3º, da CLT).

Quanto ao conteúdo, ficará instituído que as Súmulas e outros enunciados de jurisprudência do TST e de TRT não poderão restringir direitos legalmente previstos, nem criar obrigações que não estejam previstas em lei (art. 8º, § 2º, da CLT).

A lei em comento vai extinguir o incidente de uniformização de jurisprudência, revogando o § 3º, do art. 896, da CLT. Ocorrendo isso, os Regionais deverão uniformizar a sua jurisprudência por meio do incidente de resolução de demandas repetitivas.

Competência

Foi acrescentada a alínea "*f*" ao art. 652 da CLT, para estabelecer a competência material para decidir quanto à homologação de acordo extrajudicial.

Também foi alterado o art. 876, parágrafo único, da CLT, para consolidar o entendimento do STF, de que a Justiça do Trabalho só é competente para executar as contribuições previdenciárias decorrentes de sentenças e acordos, excluindo do texto a referência aos "salários pagos durante o período contratual reconhecido."

Preposto

O preposto não mais precisará ser empregado da parte ré, inclusive para grandes empresas (art. 843, § 3º, da CLT).

Desconsideração da personalidade jurídica

O incidente de desconsideração da personalidade jurídica será aplicado ao processo do trabalho nos mesmos moldes do CPC (art. 855-A da CLT), com as seguintes especificidades: a) da decisão interlocutória que acolher ou rejeitar o incidente não caberá recurso imediato, quando ela ocorrer na fase de conhecimento. Caso o incidente tenha lugar na fase de execução, a decisão desafiará agravo de petição, independentemente de garantia do juízo. Se a decisão for proferida pelo relator, em sede recursal, será cabível agravo interno; b) a instauração do incidente suspenderá o processo, sem prejuízo de concessão de tutela de urgência de natureza cautelar, na forma do art. 301 do CPC de 2015.

Dano processual

A responsabilidade por dano processual no processo do trabalho será regida pelos artigos 793-A, 793-B, 793-C e 793-D, na CLT, estabelecendo, em síntese, o seguinte: a) a parte que litigar por má-fé responderá por perdas e danos, seja reclamante, reclamado ou terceiro interveniente; b) as hipóteses de litigância de má-fé são as mesmas do art. 80 do CPC de 2015; c) a multa também é idêntica à prevista no art. 81 do CPC de 2015; d) a novidade ficar por conta da previsão, no art. 793-D, de que a multa por litigância de má-fé também será aplicada à testemunha que intencionalmente alterar a verdade dos fatos ou omitir fatos essenciais ao julgamento da causa, multa essa que será cobrada nos mesmos autos em que houve foi prestado o depoimento.

Prazos

Pelo novo texto do art. 775 da CLT, os prazos serão contados em dias úteis, com exclusão do dia do começo e inclusão do dia do vencimento, podendo ser prorrogados por decisão do juízo ou em virtude de força maior, devidamente comprovada (§ 1º). O juízo poderá dilatar os prazos e alterar a ordem de produção dos meios de prova, para adequá-la às necessidades do conflito, a fim de conferir maior efetividade à tutela do direito (art. 775, § 2º, da CLT).

Prescrição

A interrupção da prescrição somente ocorrerá pelo ajuizamento da ação trabalhista, ainda que perante juízo incompetente e mesmo que venha a ser extinta sem resolução do mérito, deixando claro que os efeitos só existirão em relação aos pedidos idênticos (art. 11, § 3º, da CLT).

Nos termos do novel art. 11-A à CLT, a prescrição intercorrente será aplicada ao processo do trabalho, no prazo de dois anos, a contar do dia em que o exequente deixar de cumprir determinação judicial no curso da execução, o que poderá ser pronunciado de ofício pelo juízo, em qualquer grau de jurisdição.

Custas

Pelo novo *caput* do art. 789 da CLT, será criado valor máximo para as custas processuais, qual seja, o de quatro vezes o limite máximo dos benefícios do Regime Geral de Previdência Social.

O arquivamento da ação, por ausência do reclamante à audiência, dará ensejo à condenação do reclamante ao pagamento de custas, ainda quando for beneficiário da justiça gratuita, ressalvada a hipótese de comprovação de que sua ausência decorreu de algum motivo legalmente justificável, o que deverá ser feito no prazo de quinze dias (art. 844, § 2º, da CLT). Além disso, o pagamento das citadas custas será condição para a propositura de nova demanda (art. 844, § 3º, da CLT).

Honorários periciais

A justiça gratuita não mais isentará seu beneficiário do pagamento de honorários periciais, quando ele for sucumbente no objeto da perícia (art. 790-B da CLT). Além disso, a Lei n. 13.467/17 dispõe que (§§ 1º ao 4º, do art. 790-B, da CLT): a) os valores deverão respeitar o limite estabelecido por norma do CSJT; b) o valor fixado poderá ser parcelado; c) não será possível exigir adiantamento de honorários periciais; d) caso o beneficiário da justiça gratuita não tenha obtido créditos capazes de suportar o pagamento dos honorários periciais, seja na demanda ou em qualquer outro processo, o encargo será suportado pela União.

Honorários advocatícios

A Lei n. 13.467/17 acrescenta o art. 791-A à CLT, para instituir honorários advocatícios em todas as ações trabalhistas, observando-se as seguintes regras: a) serão devidos pela parte vencida ao advogado da parte vencedora, ainda que esteja atuando em causa própria; b) serão fixados entre 5% e 15%, sobre o valor que resultar da liquidação da sentença, do proveito econômico obtido ou, não sendo possível mensurá-lo, sobre o valor atualizado da causa; c) os critérios para fixação serão o grau de zelo do profissional, o lugar da prestação do serviço, a natureza e a importância da causa, o trabalho realizado pelo advogado e o tempo exigido para o serviço; d) havendo procedência parcial, o juízo arbitrará honorários de sucumbência recíproca, vedada a compensação entre os honorários; e) se o vencido for beneficiário da justiça gratuita, o valor deverá ser compensado da quantia que tiver sido obtida na demanda ou em qualquer outro processo, e, se não tiver obtido nenhum valor, o crédito ficará sob condição suspensiva de exigibilidade e somente poderá ser executado se, nos próximos dois anos, o credor demonstrar que o beneficiário deixou a situação de insuficiência financeira, extinguindo-se o crédito caso o credor não se desincumba desse ônus.

Depósito recursal

Ficarão isentos do depósito recursal os beneficiários da justiça gratuita, as entidades filantrópicas e as empresas em recuperação judicial (art. 899, §10, da CLT).

Além disso, o valor do depósito recursal será reduzido à metade para entidades sem fins lucrativos, empregadores domésticos, microempreendedores individuais, microempresas e empresas de pequeno porte (art. 899, § 9º, da CLT).

Será permitida a substituição do depósito recursal por fiança bancária ou seguro garantia judicial (art. 899, § 11, da CLT).

O recolhimento do depósito recursal deverá passar a ser feito em conta judicial, não mais na conta do FGTS do empregado, e o valor será corrigido com os mesmos índices da poupança (art. 899, § 4º, da CLT).

Desistência da ação

Nos termos do art. 841, § 3º, da CLT, a desistência da ação só poderá ocorrer, sem o consentimento do réu, até o momento em que a contestação for oferecida. A novidade está na hipótese em que a contestação é feita de forma eletrônica, pelo PJe. Antes, a parte autora poderia desistir da ação até o momento em que, na audiência, o juiz declarasse o respectivo recebimento. Com a modificação, o marco para a desistência será o simples envio da contestação pelo sistema do PJe, de maneira que, ocorrendo esse envio, a parte autora só poderá desistir da ação com a concordância do réu.

Exceção de incompetência territorial

A exceção de incompetência territorial passará a poder ser apresentada antes da audiência, em petição a ser protocolada no prazo de até cinco dias a contar da notificação, observando-se o seguinte procedimento (art. 800 da CLT): a) protocolada a petição, o processo será suspenso e a audiência inicialmente designada será cancelada; b) o juiz ouvirá o reclamante, para se manifestar em cinco dias; c) havendo necessidade de produção de prova oral, o juízo designará audiência de instrução, situação em que o excipiente (reclamado) poderá ouvir suas testemunhas por meio de carta precatória; d) decidida a exceção, o processo retomará seu curso no juízo competente, com a designação de audiência para apresentação de defesa e instrução do processo.

Arquivamento

O arquivamento da ação, por ausência do reclamante à audiência, dará ensejo à condenação do reclamante ao pagamento de custas, ainda quando for beneficiário da justiça gratuita, ressalvada a hipótese de comprovação de que sua ausência decorreu de algum motivo legalmente justificável, o que deverá ser feito no prazo de quinze dias (art. 844, § 2º, da CLT). Além disso, o pagamento das citadas custas será condição para a propositura de nova demanda (art. 844, § 3º, da CLT).

Pedido

Pela nova redação do art. 840, da CLT, no procedimento ordinário, assim como já ocorre no sumaríssimo, caberá ao reclamante atribuir valor a cada um dos pedidos que fizer, pena de extinção do processo, sem resolução de mérito (art. 840, §§ 1º e 3º da CLT).

Defesa

Será acrescentado parágrafo único ao art. 847 da CLT, para estabelecer que a parte poderá apresentar defesa escrita pelo sistema de processo judicial eletrônico até a audiência.

Revelia

Serão acrescentados os §§ 4º e 5º ao art. 844 da CLT. Em linhas gerais, o § 4º repete o texto do art. 345 do CPC, relacionando as mesmas hipóteses em que a revelia não produzirá os efeitos da presunção de veracidade das alegações de fato feitas pelo reclamante. A novidade fica por conta do § 5º, que estabelece que, na hipótese de ausência do preposto e presença do advogado da parte reclamada, o juiz deverá receber a contestação e os documentos eventualmente apresentados. Isso significa que haverá revelia, com produção de todos os efeitos, mas a contestação e os documentos apresentados deverão ser levados em conta pelo juízo no julgamento dos pedidos.

Provas

O art. 818 da CLT será modificado, para regular, de forma mais profunda, o ônus da prova no processo do trabalho. Em linhas gerais, o citado artigo passará a ter redação muito parecida com a do art. 373 do CPC de 2015, com apenas duas diferenças: a) no processo do trabalho não haverá distribuição do ônus da prova por convenção das partes (art. 373, §§ 3º e 4º, do CPC de 2015); b) se o juiz inverter o ônus da prova, deverá fazê-lo antes da audiência de instrução e, a requerimento da parte a quem competir suportar o ônus, a decisão implicará o adiamento da audiência, para possibilitar a prova dos fatos por qualquer meio em direito admitido (art. 818, § 2º, da CLT).

Será criado o parágrafo segundo do art. 775 da CLT, para estabelecer que o juízo pode alterar a ordem de produção dos meios de prova, para adequá-la às necessidades do conflito, a fim de conferir maior efetividade à tutela do direito.

Recurso de Revista

A Lei n. 13.467/17 cria seis parágrafos no art. 896-A da CLT, a fim de regulamentar o requisito da transcendência, a qual será regida da seguinte forma: a) econômica — elevado valor da causa; b) política — desrespeito do juízo *a quo* à jurisprudência sumulada do TST ou do STF; c) social — a postulação, por reclamante-recorrente, de direito social constitucionalmente assegurado; d) jurídica — existência de questão nova em torno da interpretação da legislação trabalhista.

Segundo a Lei n. 13.467/17, somente o relator do recurso de revista (ministro do TST) poderá fazer o exame de admissibilidade do requisito da transcendência, de maneira que o Presidente do TRT somente deverá analisar os demais pressupostos intrínsecos e extrínsecos de admissibilidade (art. 896-A, § 6º, da CLT).

A referida lei ainda dispõe que falta do requisito da transcendência dará ao relator (no TST) poder de denegar seguimento ao recurso de revista em duas situações: a) na hipótese de o recurso de revista ter sido admitido pelo Presidente do TRT, ainda assim o relator poderá proferir decisão denegatória de forma monocrática, a qual que desafiará agravo para o colegiado (art. 896-A, § 2º, da CLT). O julgamento do agravo admitirá sustentação oral pelo prazo de 5 minutos (art. 896-A, § 3º, da CLT) e a decisão será irrecorrível (art. 896-A, § 4º, da CLT); b) no caso de o Presidente do TRT não admitir o recurso de revista (por ausência de outros pressupostos, que não o da transcendência) e a parte conseguir forçar a remessa do recurso de revista por meio da interposição de agravo de instrumento, o relator também poderá decidir sobre a questão de forma monocrática. Todavia, dessa decisão não caberá recurso (art. 896-A, § 5º, da CLT).

Por fim, a aludida lei cria o inciso IV, no art. 896, da CLT, para exigir que, no recurso de revista destinado a obter a nulidade do julgamento do TRT por omissão sobre algum tema, a parte recorrente transcreva na peça recursal o trecho dos embargos de declaração opostos com a finalidade de sanar o vício (omissão) e o correspondente trecho da decisão do TRT que rejeitou os embargos.

Liquidação

A atualização dos créditos decorrentes de condenação judicial será feita pela TR (art. 879, § 7º, da CLT).

Homologados os cálculos, o juiz não mais terá a faculdade, mas sim o dever de abrir vista às partes, pelo prazo comum de oito dias, para que elas possam impugnar a conta de forma fundamentada, com a indicação dos itens e valores objeto da discordância, sob pena de preclusão (art. 879, § 2º, da CLT).

Execução

A execução de ofício ficará restrita à hipótese em que as partes não tiverem advogado (art. 818 da CLT).

Medidas coercitivas, como a inclusão no banco nacional de devedores trabalhistas — BNDT, só poderão ser levadas a efeito depois de transcorrido o prazo de quarenta e cinco dias, a contar da citação do executado, ainda assim se não houver garantia do juízo (art. 883-A da CLT).

O executado poderá garantir a execução por meio da apresentação de seguro-garantia judicial (art. 882 da CLT). Ficarão isentos da garantia da execução ou da penhora as entidades filantrópicas e/ou aqueles que compõem ou compuseram a diretoria dessas instituições (art. 884, § 6º, da CLT).

Será alterado o art. 876, parágrafo único, da CLT, para consolidar o entendimento do STF, de que a Justiça do Trabalho só é competente para executar as contribuições previdenciárias decorrentes de sentenças e acordos, excluindo do texto a referência aos "salários pagos durante o período contratual reconhecido."

Ação anulatória

As ações anulatórias de cláusulas convencionais deverão estar limitadas à análise dos elementos de validade dos negócios jurídicos previstos no art. 104 do Código Civil (agente capaz; objeto lícito, possível, determinado ou determinável; e forma prescrita ou não defesa em lei), devendo intervir o mínimo possível na autonomia da vontade coletiva (art. 2º, § 3º, da CLT). De outra face, o art. 611-A, da CLT, apresenta rol de direitos que podem ser objeto de negociação coletiva, enquanto o art. 611-B lista os direitos que não podem ser objeto de supressão ou redução por negociação coletiva.

Será obrigatória a presença, no processo, como litisconsorte necessário, dos sindicatos signatários de normas coletivas que sejam objeto de ação anulatória (art. 611-A, § 5º, da CLT).

Jurisdição voluntária

A Lei n. 13.467/17 cria o processo de jurisdição voluntária para homologação de acordo extrajudicial, acrescentando à CLT os arts. 855-A, 855-B, 855-C, 855-D e 855-E. Esse procedimento tem a finalidade de suprimir a necessidade de homologação da rescisão dos empregados com mais de um ano de serviço, feita pelo sindicato, nos moldes do art. 477 da CLT.

Em linhas gerais, o trâmite será o seguinte: a) havendo a dispensa, empregado e empregador poderão requerer, em petição conjunta, a homologação do respectivo Termo de Rescisão do Contrato de Trabalho — TRCT perante a Justiça do Trabalho, sendo facultada a representação por advogado, que pode ser individual, comum ou até mesmo o do sindicato da categoria do trabalhador; b) o juízo terá o prazo de 15 dias para analisar o acordo, podendo designar audiência, se entender necessário, e proferirá sentença; c) o ajuizamento da ação suspenderá o prazo prescricional relativo aos direitos constantes do TRCT, o qual voltará a fluir, pelo tempo que resta, a partir do dia útil seguinte ao trânsito em julgado que denegar a homologação do acordo; d) o procedimento não altera os prazos para quitação das parcelas constantes do TRCT, tampouco a respectiva multa pelo inadimplemento (art. 477, § 8º, da CLT).

Referências Bibliográficas

ALMEIDA, Cléber Lúcio de. *Direito Processual do Trabalho*. 2. ed. Belo Horizonte: Del Rey, 2008.

ALMEIDA, Ísis de. *Manual de Direito Processual do Trabalho*. 8. ed. v. II. São Paulo: LTr, 1997.

AMARAL, Maria Alice Batista Gurgel do. *A Efetivação do Direito na Execução Trabalhista*. São Paulo: ME, 2004.

ARANTES, Delaíde Alves Miranda; DUARTE, Radson Rangel Ferreira. *Execução trabalhista célere e efetiva:* um sonho possível. São Paulo: LTR, 2002.

BATALHA, Wilson de Souza Campos. *Tratado de Direito Judiciário do Trabalho*. 2. ed. São Paulo: LTr, 1985.

BERNARDES, Simone Soares. *Processo do Trabalho*. Salvador: JusPodivm, 2016.

BONAVIDES, Paulo. *Curso de Direito Constitucional*. 15. ed. São Paulo: Malheiros, 2004.

BRITO, Tarcísio Corrêa. França. *In:* EÇA, Vitor S. de Moura; TOLEDO FILHO, Manuel Carlos. *Direito Processual do Trabalho Comparado*. Belo Horizonte: Del Rey, 2009.

CÂMARA, Alexandre Freitas. *Lições de Direito Processual Civil*. Lumen Juris: Rio de Janeiro, 2006.

CANOTILHO, J. J. Gomes. *Direito Constitucional*. Coimbra: Almedina, 1993.

CARRION, Valentin. *Comentários à Consolidação das Leis do Trabalho*. 30. ed. São Paulo: Saraiva, 2005.

CHAVES JÚNIOR, José Eduardo Resende. *Comentários à lei do processo eletrônico*. São Paulo: LTr, 2010.

________. Elementos para uma nova teoria do processo em rede. *In:* MIESSA, Élisson; CORREIA, Henrique; (Org.). *Estudos aprofundados da magistratura do trabalho*. Salvador: Juspodivm, 2013. p. 749-777.

DALLEGRAVE NETO, José Affonso; GOULART, Rodrigo Fortunato. *CPC de 2015 e o Processo do Trabalho*. São Paulo: LTr, 2016.

DELGADO, Mauricio Godinho. *Direito do Trabalho e Processo do Trabalho — Critérios para a importação de regras legais civis e processuais civis*. Revista LTr, São Paulo, vol. 71, n. 5, 2007.

DIDIER JÚNIOR, Fredie. *Curso de Direito Processual Civil*. 11. ed. v. I. Salvador: Juspodivm, 2009.

DINAMARCO, Cândido Rangel. *Instituições de Direito Processual Civil*. Vol. I. 5. ed. São Paulo: Malheiros, 2005.

EÇA, Vitor S. de Moura. *Direito Processual do Trabalho Globalizado*. Homenagem à Professora Alice Monteiro de Barros. São Paulo: LTr, 2012.

________; TOLEDO FILHO, Manuel Carlos. *Direito Processual do Trabalho Comparado*. Belo Horizonte: Del Rey, 2009.

GARCIA, Gustavo Filipe Barbosa. Integração à lide no processo trabalhista traz vantagens. *Revista Conjur*. Maio 2014. Disponível em: <http://www.conjur.com.br/2014-mai-05/gustavo-garcia-integracao-lide-processo-trabalhista-traz-vantagens>. Acesso em: 20 mar. 2015.

________. Processo do Trabalho. Revista LTr, São Paulo, v. 78, n. 10, out. 2014.

GIGLIO, Wagner D.; CORRÊA, Cláudia Giglio Veltri. *Direito Processual do Trabalho*. 16. ed. São Paulo: Saraiva, 2007.

GUERRA, Marcelo Lima. *Direitos Fundamentais e a proteção do credor na execução civil*. São Paulo: RT, 2003.

KOURY, Luiz Ronan Neves; FERNANDES, Nádia Soraggi; CARVALHO, Ricardo Wagner Rodrigues de. (Coord.). *Tendências do Processo do Trabalho*. São Paulo: LTr, 2010.

LEITE, Carlos Henrique Bezerra. *Curso de Direito Processual do Trabalho*. 5. ed. São Paulo: LTr, 2007.

________. *Ministério Público do Trabalho*. Doutrina, jurisprudência e prática. 5. ed. São Paulo: LTr, 2011.

LIMA, Leonardo Tibo Barbosa. *Centrais sindicais:* legitimidade de atuação e perspectivas. São Paulo: LTr, 2010.

________. *Lições de Direito Processual do Trabalho — teoria e prática*. 3. ed. São Paulo: LTr, 2015.

________. *Novo Código de Processo Civil anotado aplicado ao Processo do Trabalho*. Belo Horizonte: RTM, 2016.

________. *O conceito de legitimidade*. Jus Navigandi, Teresina, ano 16, n. 2898, 8 jun. 2011 . Disponível em: <http://jus.com.br/revista/texto/19278>. Acesso em: 27 jul. 2012.

MACEDO, Lucas Buril de. Novo CPC e contextualização: revisitando a jurisdição voluntária. *In: Revista Brasileira de Direito Processual — RBDPro*. Ano 23. N. 92. Belo Horizonte: Fórum, 2015.

MALTA, Christóvão Piragibe Tostes. *Prática do Processo Trabalhista*. 34. ed. São Paulo: LTr, 2007.

MARTINS, Sérgio Pinto. *Direito Processual do Trabalho*. 33. ed. São Paulo: Atlas, 2012.

MEDINA, Paulo Roberto de Gouvêa. *Cursos jurídicos*: alguns aspectos. Revista Del Rey Jurídica. Belo Horizonte, ano 12, n. 24, p. 60, 2. sem. 2010.

MEIRELLES, Hely Lopes. *Direito Administrativo Brasileiro*. 14. ed. São Paulo: RT, 1989.

MOREIRA, José Carlos Barbosa. *Comentários ao Código de Processo Civil*. v. V. Rio de Janeiro: Forense, 1974.

MOURA, Marcelo. *Consolidação das Leis do Trabalho para concursos*. Doutrina, jurisprudência e questões de concursos. 2. ed. Salvador: Juspodivm, 2012.

NASCIMENTO, Amauri Mascaro. *Compêndio de Direito Sindical*. 5. ed. São Paulo: LTr, 2008.

NERY JUNIOR, Nelson; ANDRADE NERY, Rosa Maria de. *Código de Processo Civil Comentado*. 10. ed. São Paulo: Revista dos Tribunais, 2008. p. 389.

NEVES, Daniel Amorim Assumpção. *Novo Código de Processo Civil comentado artigo por artigo*. Salvador: Juspodivm, 2016.

OLIVEIRA, Francisco Antônio de. *Manual de audiências trabalhistas*. 8. ed. São Paulo: LTr, 2013.

PALO NETO, Vito. Alemanha. *In:* EÇA, Vitor S. de Moura; TOLEDO FILHO, Manuel Carlos. *Direito Processual do Trabalho Comparado*. Belo Horizonte: Del Rey, 2009.

PEREIRA, Nelson Henrique Rezende. *TST veta uso de nova lei de execução civil em ação na Justiça do Trabalho*. São Paulo: Jornal Valor Econômico, 05/05/2008. Disponível em: <http://www.valoronline.com.br>. Acesso em: 9 maio 2008.

PIMENTA, José Roberto Freire e outros (Org.). *Direito do Trabalho: Evolução, Crise e Perspectivas*. São Paulo: LTr, 2004.

PINTO, José Augusto Rodrigues. *Manual dos recursos nos dissídios do trabalho*. São Paulo: LTr, 2006.

ROCCO, Alfredo. *Princípios de Direito Comercial*. São Paulo: LZN, 2003.

RODRIGUEZ, Américo Plá. *Princípios de Direito do Trabalho*. 3. ed. São Paulo: LTr, 2000.

SANTOS, Élisson Miessa dos; CORREIA, Henrique. *Súmulas e Orientações Jurisprudenciais do TST*. 2. ed. Salvador: Juspodivm, 2012.

SARAIVA, Renato. *Curso de Direito Processual do Trabalho*. 9. ed. São Paulo: Método, 2012.

SARLET, Ingo Wolfgang. *Dignidade da Pessoa Humana e Direitos Fundamentais na Constituição Federal de 1988*. 2. ed. Porto Alegre: Livraria do Advogado, 2002.

SCHIAVI, Mauro. *Manual de Direito Processual do Trabalho de acordo com o novo CPC*. 11. ed. São Paulo: LTr, 2016.

________. Manual de Direito Processual do Trabalho. 4. ed. São Paulo: LTr, 2011.

SILVA, Bruno Freire e. *O novo CPC e o Processo do Trabalho I — parte geral*. São Paulo: LTr, 2016.

SILVA, José Antônio Ribeiro de Oliveira (Coord.). *Comentários ao Novo CPC e sua aplicação ao Processo do Trabalho, volume 1. Parte geral. Arts. 1º ao 317*. Atualizado conforme a Lei n. 13.256/16. São Paulo: LTr, 2016 b.

SILVA, José Antônio Ribeiro de Oliveira (Org.). *Comentários ao CPC de 2015 e sua aplicação ao Processo do Trabalho*. Vol. I. São Paulo: LTr, 2016.

TEIXEIRA FILHO, Manoel Antônio. *Curso de Direito Processual do Trabalho*. v. I, II e III. São Paulo: LTr, 2009.

________. *Sistema dos Recursos Trabalhistas*. 8. ed. São Paulo: LTr, 1995.

________. *Comentários ao Novo Código de Processo Civil sob a perspectiva do Processo do Trabalho*. 2. ed. São Paulo: LTr, 2016.

TERCEIRA REGIÃO, Tribunal Regional do Trabalho da. *Manual de cálculos judiciais*. Belo Horizonte, 2012.

THEODORO JÚNIOR. H. Os princípios do direito processual civil e do Processo do Trabalho. *In:* BARROS, Alice Monteiro (Coord.). *Compêndio de direito processual do trabalho*. 3. ed. São Paulo: LTr, 2002, p. 48-64.

TRABALHO, Tribunal Superior do. *Súmula, Orientações Jurisprudenciais*: Tribunal Pleno, SBDI-I, SBDI-I transitória, SBDI-II e SDC. Precedentes normativos. Disponível em: <http://www.tst.gov.br/>. Acesso em: 24 out. 2013.

TST. *A história da justiça do trabalho no Brasil*. Multiplicidade de olhares. Brasília, Comissão de Documentação, 2011.

TST. *Relatório Geral da Justiça do Trabalho do Ano de 2006*. Disponível em: <http://www.tst.gov.br>. Acesso em: 1 jun. 2008.